国家出版基金项目
NATIONAL PUBLICATION FOUNDATION

中央革命根据地
历史资料文库·政权系统

6

中共江西省委党史研究室
中共赣州市委党史工作办公室　编
中共龙岩市委党史研究室

中央文献出版社　　江西人民出版社

《中央革命根据地历史资料文库·政权系统》编纂委员会

顾问

逄先知　中共中央文献研究室原主任

石仲泉　中共中央党史研究室原副主任

余伯流　江西省社会科学院首席研究员

林　强　中共福建省委党史研究室原巡视员、研究员

编委会主任

李　捷　中共中央文献研究室副主任

沈谦芳　中共江西省委党史研究室主任

编委会副主任

彭业明　中共赣州市委常委、市委秘书长

林晓英　中共龙岩市委常委、市委组织部部长

王瀚秋　中共江西省委党史研究室巡视员

刘　斌　中共江西省委党史研究室副主任

何友良　中共江西省委党史研究室副主任

熊华源　中共中央文献研究室第一编研部原主任

朱法元　江西出版集团公司（省出版总社）副总经理、副总社长

编委（以姓氏笔画为序）

马云飞　王瀚秋　史爱国　刘　斌　朱法元　阳振乐

徐建国　李　捷　林晓英　何友良　张孝忠　苏俊才

沈谦芳　凌步机　傅如通　游道勤　彭业明　熊华源

编委会下设编辑部

主　编　沈谦芳

副主编　王瀚秋　何友良　张孝忠　苏俊才

执行副主编　史爱国　凌步机　吴升辉　阳振乐

总编辑组组长　何友良

副组长　史爱国　凌步机

成　员　黄宗华　卫平光　彭志中　王　洁

编 辑 说 明

一、中央革命根据地的斗争历史曲折复杂，留下的历史资料十分丰富。其中仅文献资料，就有近万件、数千万字。过去各级各地党史、档案、文博等部门，已经陆续编辑出版了不少有关中央革命根据地的历史资料，但大都是分散的、不够系统的，而且还有大量的文献资料尚未编辑出版，分散保存在各个单位、各个地方，既不利于保存，也不方便研究利用。尽快汇编出版一套兼具全面性、准确性和可靠性的中央革命根据地历史资料文库，以供社会各界使用，既是党史工作部门重要责任，也是一项有利于存史、资政、育人的重要文化建设工程。基于这些考虑，中共江西省委党史研究室、中共赣州市委党史工作办公室和中共龙岩市委党史研究室通力协作，编辑出版这套《中央革命根据地历史资料文库》。

二、《中央革命根据地历史资料文库》所收录的资料，主要是与中央革命根据地斗争历史有关的文献资料、革命回忆录、口述资料和参考资料。

文献资料，包括：(一)党的中央领导系统，含中共中央、中共中央局、中共苏区中央局、中共中央分局和以上机构各工作部门，以及共产国际文件；(二)中央政权系统，含中国工农革命委员会、中国工农革命军事委员会、一苏大会中央准备委员会、中华苏维埃共和国中央执行委员会、中央人民委员会、中央政府各部门、苏维埃中央政府办事处等文件；(三)军事系统，含中共中央军事部、中共中央军委、中华苏维埃中央革命军事委员会、中华苏维埃共和国中央革命军事委员会、红一方面军总部和红军各军团、军、师、独立部队，以及各军区、军分区等文件；(四)中央群众团体，含少共国际、中国共青团系统、工会组织系统、妇女工作机构、革命互济会、反帝拥苏总同盟、贫农团等文件;(五)中央革命根据地所辖江西、福建、闽赣、粤赣、赣南五省及广东省有关文件(含各省党、政、群领导机关文件);(六)中央革命根据地党政军主要领导人毛泽东、周恩来、朱德、项英、刘少奇、陈云、任弼时、王稼祥、博古、张闻天、罗迈、顾作霖、邓发、杨尚昆、刘伯承、邓颖超、凯丰、吴亮平、李德等的文章、专论;(七)苏区报刊文章、资料(含苏区报刊刊发的重要社论、文章、消息报道等)。

革命回忆录与口述资料,主要收录当年曾亲历中央革命根据地斗争的老红军、老同志撰写的回忆录,或他们的口述记录材料。

参考资料,主要是国民党党政军机关"围剿"中央革命根据地和红军时发布的有关文件资料,以及国民党报纸刊物刊载的相关文章、报道,国民党军政人员在新中国成立后撰写的有关回忆文章。

三、《中央革命根据地历史资料文库》所收文献资料主要来源:(一)中央档案馆,军委档案馆和有关省市档案馆,中央和有关省市县党史工作机构保存的档案资料及他们编辑出版(含内部出版)的革命历史文件资料汇集;(二)各出版机构公开出版的中央文件汇集、领导人文集、革命历史资料汇集;(三)中共中央及中央革命根据地编辑出版的各类报刊与宣传品。

四、文献资料,按党的中央领导系统文件、中央政权系统文件、军事系统文件、中央群众团体文件、中央革命根据地所辖各省文件、中央革命根据地党政军主要领导人文章和专论、中央革命根据地报刊文章资料等七大类,依次分卷分册编排。其中,党的中央领导系统文件、中央政权系统文件、军事系统文件、中央群众团体文件和中央革命根据地所辖各省文件,均按文件形成或发布时间顺序编排;中央革命根据地党政军主要领导人文章和专论,按发表的时间顺序编排;苏区报刊文章资料以综合、政治、军事、经济、文化、教育、卫生、体育等内容分类,按发表时间顺序编排。革命回忆录与口述资料,编排顺序不作统一规定。参考资料,按国民党党政军机关文件、国民党报刊资料、国民党军政人员在新中国成立后撰写的回忆文章之顺序编排。

　　五、所有编入本文库的历史文献资料,均力求保持其历史原貌。原件中明显的错别字以〔 〕更正,漏字在【 】内填补,衍字(误增之文字)用〈 〉标明,残缺文字或字迹模糊不能辨明的文字以同等数量的□号代替。对于文献资料中需要加以说明的(包括历史事件,不常见的人名、地名、代号,经编者判明的文件形成或公布的时间,以及文件中的原地名现已正式改名的),均加注释,供读者参考。所有入编资料(含文献资料、革命回忆录及口述资料、参考资料)均在文末注明来源,以方便读者查找。文内数字(包括年、月、日)一律用阿拉伯数字,军队番号一律使用中文数字(一、二……)。历史文献的形成(颁布)时间,一律在标题下加括号说明,但原件的落款时间仍按原貌保留。入编本文库的文献资料,原编者对于原始件中"部份""份子""成份"的"份"字和"澈底"的"澈"字的处理不一致。为便于读者阅读,本文库依据《现代汉语词典》,统一规范为"部分""分子""成分"和"彻底"。

　　编辑出版《中央革命根据地历史资料文库》,是一项重大而又艰巨的系统工程。真实、准确、完整、系统的历史资料,是历史研究的基础。真实、准确,就是所有资料必须忠实于历史原件;完整、系统,就是尽可能囊括所有资料。《中央革命根据地历史资料文库》的编者在这方面尽了自己最大的努力。希望奉献给社会的这套文库,能得到社会各界的肯定与欢迎。

目 录

革命委员会组织纲要①

一、总纲

1. 革命委员会是工农兵代表会议——苏维埃政府没有产生以前工农兵的政权指挥机关,一切行动都要根据工农兵和贫民利益来决定的,同时对于小资产阶级和商人利益不加妨碍。

2. 革委会是工农兵贫民夺取政权前,指挥暴动的政权机关的组织。

3. 全县或全区工农兵贫民暴动夺取政权后,召集工农兵贫民代表会议产生苏维埃政府,革委会即行取消。

4. 凡年满16岁的男女有劳动能力者和被剥削者非宗教徒的工人、农民、士兵、贫民,均有选举权和被选举权。

5. 地主、富农、买办资产阶级及其家属子弟与僧道、巫尼、流氓等寄生阶级,均一律剥夺他们的选举权与被选举权。

6. 下级革委会不能代表工农兵和贫民利益时,得由上级革委会或本级代表会有下级群众的请求改组之。上级革委会不能代表工农兵和贫民利益时,有了群众三分之二的请求或本级代表会之代表三分之二提议,得改组之。

7. 各级代表会的代表如不能代表本身选出的团体的利益时,得

---

① 此件发文时间待考,依据内容应为第二次国内革命战争时期的文件。——本文库编者注。

由该团体撤回另选之。

二、组织

8. 县革委会在全县已成立工会 4 个,农民协会 4 个,赤卫队 1 个,得召集工农兵代表会议,选举 9 人组织革委会执行委员会,选举 3 人为常委,组织常务委员会。内选主席 1 人。

9. 县革委会管理全县工会、农协的组织及组织各区革委会,各级革委会或群众个人有诉讼事项,由县革委会接受管理。

10. 县革委会设组织、宣传、政治保卫、财务四科和秘书处,组织科下设职工、农民两股,秘书处下设文书、收发两股。其表如下:(见附表)

附表:

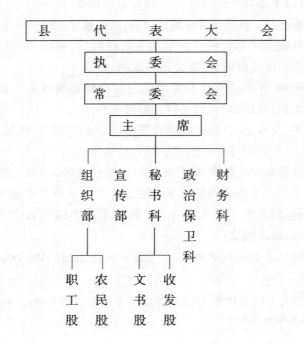

11. 各科设科长 1 人,干事若干人,各股设股长 1 人,股员若干人。

12. 各科斟酌工作,已〔依〕区域内情形而定增减各股。

13. 区革委会在该区域内有农协 3 个,工会 3 个,赤卫队 1 个,得召集区工农兵代表会选举 5 人至 7 人组织之,选 3 人组织常委会,内推主席 1 人,其内组织与县同。

14. 县、区两级革委会在没有工会和农协组织以前,得召集群众大会产生临时革命委员会。

15. 县城和各区内有两个工会,两个农协,得召集工农兵代表会产生 3 人至 5 人的执委会成立区革委会,内分主席、组织、宣传、秘书、财务各 1 人。如有 4 个工会,5 个农协会,会员亦有 100 以上者,须增加委员 2 人至 4 人。

16. 全县有两个区革委会时,得召集县工农兵代表会产生 7 人至 9 人执委会成立县革委会,内选主席、组织、宣传、秘书、财务各 1 人,由执委会互选 3 人组织常委会。有两个区革委会以上者,须增加 9 人至 11 人。

三、任期

17. 区或城市代表大会代表任期 6 月,但得连选连任。

18. 县代表大会之代表以 1 年为任期。

19. 各级代表大会之代表,在任期间有不能代表各产生团体之利益者,得随时撤换另选之。

20. 区或城市革委会执行委员任期以 6 月为限,但得连选连任。

21. 县革命委员会以 1 年为任期。

22. 各级执行委员会如不能代表各团体利益者,得召集临时代表大会改选之。

23. 各级代表及各级执行委员和各部办事人员,均有尽义务之责。

四、权限

24. 各级革命委员会是各区域内的最高政权机关。

25. 某区域内之群众团体应接受某一区域内革命委员会之指挥。

26. 各级革命委员会应接受群众团体及个人之控诉。

27. 各级革命委员会应筹划各该辖区之建设等事项。

28. 区革命委员会应绝对服从县革命委员会之指挥。

29. 区或城市之工会农协应经常向革命委员会作报告。

30. 本组织纲要如有未尽之事项,得由县以上三分之二代表(县革命委员会)之提议修改之。

选自福建省档案馆馆藏史料

(录自《中华苏维埃共和国法律文件选编》,江西人民出版社1984年版,第14—17页)

苏维埃组织法^①

一、选举

1. 凡年满 16 岁以上之男女而非从事剥削的劳动者,有选举权和被选举权。

2. 凡宗教徒和有反革命嫌疑者,剥夺其选举权和被选举权。

3. 凡有神经病和恶劣习惯——如吃大烟、以赌博为职业……或在反动机关服务者,剥夺其选举权与被选举权。

4. 凡残废人民,只有选举权,而无被选举权。

二、苏维埃委员必备条件

1. 忠于革命;

2. 为民众信仰;

3. 经济地位低(如佃农、雇农等……)。

三、乡苏维埃组织法

1. 最高权力机关为代表大会或群众大会。

---

① 此件发文时间待考,依据内容应为第二次国内革命战争时期的文件。——本文库编者注。

2.无〔每〕50人选举出席代表1人。

3.乡苏维埃人数大约在3000人以上,地域大约横直3里路之谱。

4.执行委员5人至7人,候补执行委员3人,共同组织执行委员会,执行委员互推常务委员3人(内主席1人)组织常务委员会。执行委员会并须推选财政委员1人(必须由常务委员会委员兼任),文化委员1人(管理教育宣传等),裁判(裁判群众纠纷)兼肃反(肃清反动派)委员1人,粮食委员1人,经济委员1人(办理农田、水利、森林、畜牧等……),赤卫委员1人(管理赤卫队),执行委员互推3人组织土地委员会,管理分配土地事宜,乡苏维埃常委会每三天开会一次,执行委员会每周开会一次。

四、区苏维埃组织法

1.一区内有两个以上之乡苏维埃时,即须召集由群众直接选举之代表会议——区代表大会为最高权力机关。

2.每500人得选举出席代表1人。

3.执行委员7人至9人,候补执行委员5人,组织区苏维埃执行委员会。其中最殊(?)有工人和兵士代表当选执行委员。其组织除常务委员可扩充至5人【外】,与乡苏维埃之组织同。执行委员会之下,还须组织经济委员会,以执行委员会一人为主席,计划本区范围内之经济建设事宜,常务委员会每周开会一次,执行委员会每周开会一次。

4.乡村中重要的市镇,可单独成立镇苏维埃,直隶于县苏维埃。

原载《新民主主义革命时期根据地法制文献选编》
第2卷第99—101页
(录自《中华苏维埃共和国法律文件选编》,江西人民出版社
1984年版,第18—19页)

土地暂行法
——全国苏维埃区域代表大会通过

（1930年5月）

一、凡属地主的土地，一律无偿的没收。

解释：

（一）凡占有土地自己不耕种，利用来榨取土租者，都是地主。这样的地主的土地，一律没收。

（二）富农占有土地，除自己使用外而出租一部分给他人耕种者，出租部分的土地一律没收。

二、凡属于祠堂、庙宇、教会、官产……占有的土地，一律无偿没收。

解释：

（三）这些祠堂、庙宇、教会、官产……等的土地，大半都是归豪绅、僧尼、牧师、族长所私有。即或表面上是一姓一族或者当地农民公有，实际上还是族长、会长、豪绅所垄断，利用来剥削农民，所以这样的土地一律没收。

三、积极参加反革命活动者的土地一律没收。

解释：

（四）反革命的以及违反苏维埃法令者的土地，一律没收。

（五）反革命的富农的土地，应一律没收。至于被地主、富农欺压之下的中农、贫农群众，应尽量用宣传教育的方法，不能与富农同样看待。

四、没收的土地,一律归苏维埃政府分配给地少与无地的农民使用。禁止一切土地的买卖、租佃、典押……等;以前田契、租约、押据等一律无效。

解释:

(六)取消土地买卖、租佃、典押制度,就是免除新的地主、豪绅的发生。

(七)分配给农民使用,即是不耕种土地的人,不能享有土地的使用权。

五、分配土地的方法,由乡苏维埃代表大会决定。

解释:

(八)分配土地以乡为单位,因为各地的关系与土地分配状况都极复杂,所以不能有一致的办法,只能就各乡的实际情形决定办法。

(九)土地分配,有两种办法:(1)土地平均分配;(2)只就没收土地分配,原耕农民不动。分配的标准,也有两种:(1)按人口分配;(2)按劳动力分配。各乡苏维埃,可以按照本乡的实际情形来决定适当的办法。

(十)大规模的农场,不得零碎分割。应组织集体农场、生产合作社等实行集体生产,以免减弱生产力。

(十一)在乡苏维埃分配土地发生困难时,应提到区苏维埃政府决定之。

(十二)没收地主或反动富农的耕具、房屋,应分配给缺少耕具、房屋的农民使用。不得无故破坏。

(十三)如乡苏维埃大会对于缺劳动力耕种的家庭(如孤儿、寡妇等),必须同时决定实际办法,来维持他们的生活。最好采取社会救济的办法。

(十四)红军士兵已分有土地者照旧,尚未分有土地者,俟全国苏维埃政府成立时,再行决定分与土地。

(十五)雇农按照苏维埃政府的劳动法令,享有特殊的保护,不必分取土地。如果苏维埃会议决定同样分与土地时,必须同时分与耕牛、耕具，并须让他们集合起来，组织集体农场。

（十六）土地分配以后，必须到县苏维埃政府领取土地证。

六、大规模的山林、河道、湖沼、盐场、农场、桑地，原归政府者，概归苏维埃政府管理经营。

七、以前军阀、豪绅剥削农民的田赋、契税及一切捐税等一律取消。分有土地的农民，应缴相当的公益费，其数目由当地苏维埃政府按照累进税的原则规定之。

解释：

（十七）以前军阀、豪绅用各种捐税的名义来剥削农民，有时比地主对农民剥削还更残酷，所以一律取消。

（十八）苏维埃政府，须办理一切公益事业，如建立农民银行，组织生产、消费合作社，办理教育事业，维持孤儿寡妇……等，特别是正在进行残酷的革命战争时候，一切红军军事用费更为重要。所以农民耕种所得，应缴纳相当的公益费。

（十九）累进税的原则是所【得】愈多者，缴纳公益费的比例应同时增【多】。特别是雇用雇农耕种的富农，缴纳公益费的比例，必须比独立劳动的农民增多。

八、各县如有特殊情形，本法令所不能包括者，由县苏维埃代表大会议决办法。

九、全国苏维埃政府成立，颁布了正式的土地法令时，本暂行法令即行取消。

见《红旗》第107期

（录自《中华苏维埃共和国法律文件选编》，江西人民出版社1984年版，第363—365页）

中国苏维埃的政纲①

（1930 年 5 月）

壹

苏维埃政府是极广泛的被压迫剥削的工农劳苦群众的政权，为着中国的解放与工农劳苦群众的解放而奋斗。豪绅买办资产阶级的任何一派（不管是蒋介石、冯玉祥、改组派、第三党），都已注定完全成为帝国主义的工具。因此要使中国在帝国主义统治之下解放出来，必须根本推翻豪绅买办资产阶级国民党的统治，所以中国的解放与工农劳苦群众的解放不可分离。只有工农劳苦群众解放的胜利，才能彻底解放中国现在所遭受的压迫束缚。工农劳苦群众痛苦的根源都是由于帝国主义残酷的经济政策的侵略、封建的军阀制度与官僚制度的统治、地主阶级封建特权的压迫剥削与资产阶级残酷的榨取，因此推翻豪绅资产阶级国民党的统治，建立了全国的苏维埃政府□□，要坚决的执行下列的政纲：

第一，取消帝国主义的一切特权，宣布一切帝国主义从前强迫订立的以及国民党献眉卖国订立的条约完全无效，取消一切外债，没收一切帝国主义在华的银行企业和工厂。

---

① 摘自《全国苏维埃区域代表大会政治决议案》，兴国县行委翻印。原文无标点，标点为本文库编者所加。——本文库编者注。

第二，取消军阀制度，实行工农武装，给现在士兵以土地与工作。消灭官僚制度，实行由工农、兵士、贫民代表会议来管理政权。

第三，颁布劳动保护法，实行8小时工作制，童工每日6小时工作，普通〔遍〕的增加工资，规定最低工资每月不得少过40元，女工产前产后休息8星期，工资照给。对资本征收失业保险费以救济失业工人，实行社会保险制度以救济工人的疾病、养育、老弱等。设立劳动检查所，由工会代表参加，以监督这一法令的实行。如果资本家违反劳动法，必须给与〔予〕严重的处分以致没收他的工厂。

第四，没收地主资产阶级的土地，没收教会、庙宇、祠堂占有的土地与反革命的富农的土地，分配给无地与地少的农民使用。禁止土地买卖、租佃、典押制度以肃清一切封建剥削并实行土地国有。

第五，根据民族自决的原则，一切少数民族有完全分立与自由联合之权。

第六，一切革命群众有完全的集会、结社、言论、罢工的自由权。

第七，取消一切苛捐杂税，实行统一累进税。

第八，由政府设立农民银行，借给农民资本以消灭高利贷资本的剥削，帮助协作社的组织以消灭投机商人的欺诈的剥削。

第九，由政府建设水利，供给新式耕具，改良种子，提倡协作农场，以提高农业的生产。

第十，联合苏联与全世界无产阶级，援助一切被压迫民族的革命运动。

贰

苏维埃政府为着工农劳苦群众的彻底解放，为着全社会全人类的福利，不只是要实行上面的政纲，而且要进一步的为社会主义而奋斗。只有社会主义的实现，才能消灭一切剥削压迫，消灭人吃人的社会制度，消灭一切战争屠杀的罪恶，消灭一切饥饿、贫困、逃亡的痛苦，消灭一切盗贼、娼妓等社会病态，消灭阶级的社会而进到无阶级、无贫富、无压迫、无剥削的光明的快乐的共产主义社会,因此苏维埃政府成立的开始便须开始为社会主义斗争,首先是实行大工业的国有,以渐次建设社会主义经济。

（根据江西省瑞金中央革命根据地纪念馆馆藏件刊印）

中国革命军事委员会为进攻
南昌会师武汉通电

（1930 年 6 月 25 日）

中国共产党中央委员会转各地党部，中华全国总工会转各地赤色工会、各省革命互济会、革命学生会，各地苏维埃政府、各军区红军、上海日报、香港日报、上海红旗报、闽西红报、各地红报转全国工农兵劳苦群众鉴：

自 1927 年国民党背叛革命、投降帝国主义，国民党各派都成为帝国主义的忠实走狗，以致帝国主义在华势力日益增长，资本进攻极其厉害，使中国日趋于殖民地化的恶运。工业衰落，市场凋敝，农村破产，造成中国经济极大的恐慌。特别是帝国主义、国民党军阀的矛盾冲突日益尖锐，造成极残酷的军阀混战延长扩大，这些都证明反动统治已走向崩溃。但另一方面革命势力走向平衡的发展，工人斗争激进，农民土地革命深入，红军苏维埃区域飞速的扩大，兵士日趋革命化，城市贫民小资产阶级日益左倾，全国革命胜利客观主观条件均十分成熟，革命高潮已来到我们面前。在这一政治形势之下，革命群众当前任务是集中一切革命力量，根本把反动统治推翻，夺取全国政权，争取全国革命胜利。本委员会为接受第一次全国苏维埃区域代表大会决议完成革命任务，统率红军第一军团向南昌进发，与红军第二、第三各军团会师武汉，夺取湘鄂赣数省首先胜利，以推动全国革命高潮。并号召工农兵贫民群众一致起来，工人实行政治罢工，农民实行地方暴动，白军兵士实行兵士暴动，变军阀战争为革命的阶级战争。我们相信只有广大的革命群众力量才能把一切反动的军阀力量根本推翻,我们相信只有根本把反动的国民党统治推翻才能统一中国,工农兵贫苦群众才能得到解放,劳苦工农兵群众为求自身解放,为求全国革命胜利,必须很坚决的很勇敢的与红军站在一条战线上,与一切反动势力,国民党军阀,帝国主义作一最后的决战。我们更要相信中国革命的胜利定可掀起全世界的革命。中国革命的胜利,不仅是中国反动统治国民党军阀的死灭,而且是帝国主义崩溃的前夜。我们这一决战,即是我们中国从帝国主义军阀铁蹄之下解放出来的决战。革命的火药已经爆破,革命的曙光快要到来,我们的红旗将要在全世界飘扬,工农兵贫苦群众们一致起来,将帝国主义国民党军阀所加于我们的锁链打一个粉碎。

中国革命军事委员会主席　毛泽东

委员　朱德、曾山、李文林、刘少奇、
邓子恢、黄公略、彭德怀、王怀、
林彪、彭清泉、伍中豪、谭震林、
陈毅、段月泉、方志敏、邵式平

（录自《江西党史资料》第 6 辑,1988 年 4 月内部版,第 50—51 页）

苏维埃土地法
——1930 年中国革命军事委员会①颁布
（1930 年）

第一章　土地之没收及分配

第一条　暴动推翻豪绅地主阶级政权后，须立刻没收一切私人的或团体的——豪绅、地主、祠堂、庙宇、会社、富农之田地、山林、池塘、房屋，归苏维埃政府公有，分配给无地、少地的农民及其他需要的贫民使用。只有农民协会，尚未建立起苏维埃的地方，农民协会亦可以执行没收及分配。

第二条　豪绅地主及反动派的家属，经苏维埃审查，准其在乡居住，又无他种方法维持生活的，得酌量分与田地。

第三条　现役红军官兵夫及从事革命工作的人，照例分田，并由苏维埃派人帮助其家属耕种。

第四条　乡村中工、商、学各业能够生活的，不分田，生活不够的，得酌量分与田地，以补足他的生活为限。

第五条　雇农及无业游民愿意分田的，应该分与田地。但游民分田的，须戒绝鸦片、赌博等恶嗜好，否则苏维埃收回他的田地。

―――――――――――

①　中国革命军事委员会于 1930 年 6 月在福建省长汀县城成立，主席毛泽东。——本文库编者注。

第六条　旅外不在家乡的,不分田。

第七条　分田以乡为单位,由某乡农民,将他们在本乡及邻乡所耕之田地总合起来,共同分配,如有三四乡互相毗连的,内中几乡田多,几乡田少,若以一乡为单位分配,那田少之乡不能维持生活,又无他种生产可以维持生活的,则以三四乡合为一个单位分配,但须经乡苏维埃要求,得区苏维埃批准。

第八条　为满足多数人的要求,并使农人迅速得到田地起见,应依乡村人口数目,男女老幼平均分配,不以劳动力为标准的分配方法。

第九条　城市商人及工人,以不分田为原则,但失业工人及城市贫民要求分田者,得酌量在可能条件之下分配之。

第十条　为求迅速破坏封建势力并打击富农起见,分田须按抽多补少,抽肥补瘦的原则,不准地主富农瞒田不报及把持肥田。分田后,由苏维埃制定木牌插于田中,载明此田生产数量,现归某人耕种。

第十一条　所有豪绅地主富农及祠庙公田的一切契约,限期缴交乡苏维埃或乡区农民协会,当众焚烧。

第十二条　田地分配后,由县苏维埃或区苏维埃发给耕种证。

第十三条　凡乡中死亡、改业和外出的,将他所分得之田地,收归苏维埃再行分配。外来或新生的,苏维埃应设法分与土地,但须在收获之后。

第十四条　暴动分配田地,在农民业已下种之时,田中生产即归分得该部田地之农民收获,原耕人不得把持。

第十五条　菜园、河坝、荒地(能耕种杂粮的)要分配,大规模池塘不便分配的,归苏维埃管理营业或定价出租。

第十六条　竹山、木梓山,须照其收成,折成田亩计算,合并田地分配,但其原来系雇用劳动,设厂制造,有工业资本性质的,由苏维埃整个出租,不必分配。

第十七条　松杉等项山林,由苏维埃政府经营或出租,但该乡人民须用以修坡圳,建造公物公屋,修理被反动派焚烧的房屋等等,要用木料时经区苏维埃政府批准,可以采用。

第十八条　柴火山由苏维埃政府公禁公采。

第十九条　为满足贫苦农民要求起见,应将所有没收田地,尽数分与他们,苏维埃不必保留。但在某种情形之下,得将分配不完的部分,建设模范农场,或临时出租,同时得保留没收房屋之一部分,为公共事业之用。

第二章　废除债务

第二十条　工农穷人欠豪绅地主富农之债,一律不还,债卷〔券〕契约,限期缴交苏维埃或农会焚烧。

第二十一条　豪绅地主及商人,欠公家或工农贫民之债,不论新旧,都要清还。

第二十二条　工人贫民在暴动前,欠商家交易之老帐〔账〕,无论是否商业高利贷的,或是否本身之帐〔财〕,一概不还。

第二十三条　工农穷人自己来往之帐〔账〕,在暴动前借的,原则上亦一概不还。只有那种以友谊扶助为目的,不取利息之债,经借债人自己愿意归还的,不在此例。

第二十四条　工农穷人典当物件及房屋与豪绅地主及典业商人的,无条件收回抵押品。

第二十五条　钱会、谷会,概行取消。

第二十六条　苏维埃政权之下,禁止高利借贷,由县苏维埃按照当地金融情形,规定适当利率,但不得超过普通资本在当地一般经济情形中所得利率之数。

第三章　土地税

第二十七条　为打倒反革命的需要(如为了扩大红军及赤卫队,供给政权机关等),及增加群众利益的需要(如设立学校,看病所,救济残废老幼,修理道路坡圳等),苏维埃得向农民征收土地税。

第二十八条　土地税,以保护贫农、联络中农、打击富农为原则,须在苏维埃建立之后,而且群众已经得到实际利益,经高级苏维埃批准时,才可征收。

第二十九条　土地税按照农民分田每年收谷数量,分等征收:

1. 每人分田收谷 5 担以下的,免收土地税。

2. 每人分田收谷 6 担的,收税百分之一。

3. 每人分田收谷 7 担的,收税百分之一点五。

4. 每人分田收谷 8 担的,收税百分之二点五。

5. 每人分田收谷 9 担的,收税百分之四。

6. 每人分田收谷 10 担的,收税百分之五点五。

7. 每人分田收谷 11 担的,收税百分之七。

8. 每人分田收谷 12 担的,收税百分之八点五。

以后每加收谷 1 担,加收土地税百分之一点五。

第三十条　土地税之收入支出,须统一于高级苏维埃政府,低级政府不得自由收支。支付标准,按照税收多寡及各级政府需要的缓急轻重,由高级政府决定。

第四章　工资

第三十一条　农村手工业工人及雇农,以前工资过低的应该提高。以后工资数目,由苏维埃依照生活物价涨跌及农民收入丰歉两个标准决定之。乡区苏维埃规定工资,须得县或省苏维埃批准。

选自福建省档案馆馆藏史料

(录自《中华苏维埃共和国法律文件选编》,江西人民出版社
1984 年版,第 366—369 页)

苏代会中央准备委员会临时
常委会通告第一号①

（1930 年 8 月 3 日）

全国苏代会各级准备委员会，各地工会、互济会、反帝大同盟，各革命团体，各省苏维埃，各红军：

一、第一次全国苏代会中央准备委员会全体会议前，已由苏区大会主席团决定于本年 8 月 20 日举行，并已通知全国各工农革命团体及各红军苏维埃区域临时常委成立后亦一再通知全国准备，现在开会在即，一切工作，更应加紧进行，尤其在目前全国各重要城市工人斗争的激起，红军苏维埃区域的猛烈扩大与包围武汉、南昌，攻下长沙等重要城市，以及全世界各国工人罢工及事〔失〕业斗争和殖民地革命浪潮的猛涨，国民党军阀混战之愈趋剧烈与双方巨大的损坏，使反动统治更濒于没落，这一切都显示中国新的革命高潮愈益逼近到我们的面前，争取武汉为中心的一省或数省的首先胜利，已经不是将来而是逼近在我们的面前了！中央准备委员会临时常委依照目前整个革命形势，为加紧扩大反军阀战争，拥护全国苏维埃大会的宣传和鼓动，并号召广大群众来庆祝苏代会中央准备委员会开幕，庆祝红军攻下长沙，以及庆祝全世界赤色工会最高的机关——赤色职工国际②

---

① 标题、文内标点符号与原文略有差别。——本文库编者注。

② 赤色职工国际，即赤色工会国际，于 1921 年建立，属共产国际领导，1938 年 2 月宣告解散。——本文库编者注。

的 10 周【年】纪念,及其第五次世界大会的开幕,特议决号召全国于 8 月 15 日举行全国的总示威运动。

二、这一示威运动的主要意义,是要动员全国工农兵贫民广大的群众起来拥护全国苏维埃代表大会,坚决的为建立全国苏维埃政权而奋斗,因此,必须在这一运动中作广泛而深入的宣传和鼓动的工作,必须将全国苏维埃大会和建立苏维埃政权的基本意义,传播到广大群众之中,使他们得到深切了解,引起他们起来热烈的拥护,坚决的奋斗,这才是这次示威运动的成功。

三、依照目前革命形势及此次示威运动的意义,又决定这次示威的中心口号是"拥护全国苏维埃代表大会!""为建立全国苏维埃政权而奋斗!""庆祝苏代会中央准备委员会开幕!""反对世界大战!""武装拥护苏联!""以革命战争消灭军阀战争!""拥护苏维埃区域!""庆祝红军攻下长沙!""庆祝赤色职工国际 10 周【年】纪念及第五次世界大会开幕!""拥护职工国际!""加紧武装暴动推翻反动统治!""驱逐帝国主义出中国!""推翻国民党统治!""反对法西斯蒂社会民主党及亚姆斯丹国际!""反对改组派取消派一切改良主义的派别!""罢工罢市罢课罢操举行'八一五'大示威!"此外各地应当依照当时情形,添上更实际的动员群众发动斗争的口号。这些中心口号,应与各地实际斗争的口号密切的联系起来,应以最大努力,运用各种有效的方法,将这些口号的意义,宣传鼓动深入到广大群众中去,以引起群众对这次示威热烈和坚决的行动。

四、组织这一示威运动,必须切实执行发动和汇合各级革命群众的革命斗争与公开号召统一指挥的路线,即是应由各省市县群众革命团体所组织之苏代会中央准备委员会出来公开号召全体革命群众,发起组织这一示威运动,并由各准备委员会统一指挥示威的一切组织和行动,不必要由各团体组织示威的筹备委员会和指挥机关。在示威之前要积极的迅速的将各级准备委员会组织起来,由各级准备委员会指挥示威的伟大行动。

五、在示威运动之前,必须猛烈的作宣传鼓动的工作,发动工人群众的政治同盟罢工,发动农民和士兵的斗争和暴动,发动学生和城市贫民群众的一切斗争,并汇合这一切的斗争,实现这一伟大的示威运动,在这一示威运动中要领导广大的群众实行巷战的演习,要使"罢工罢市罢课罢操举行'八一五'大示威"的口号,成为实际的行动。

六、在苏维埃及赤色区域,更要动员全体群众武装起来,猛烈的向外发展,扩大苏维埃的版图和彻底的继续的实行革命斗争,争取全国革命的胜利,红军在这一示威运动中,更应猛烈的扩大向中心城市及交通要道加紧的进攻,以摧毁白军的主力,促进反动统治迅速的灭亡!

七、在组织示威运动的工作中,不但要实现普通〔遍〕的宣传鼓动工作,加紧完成各级准备委员会的组织,特别是每个工厂农村街道兵营学校的准备委员会的建立,赤色工会及革命团体发起召集群众大会或代表会产生准备委员会。

八、在全国革命形势猛烈发展,反动统治趋于灭亡的时候,单独营垒中派出大批的奸细如汪精卫改组派、托洛茨基陈独秀等取消派及邓演达谭平山与社会民主党、中华革命党等,他们利用"民主势力""召集国民会议"等改良欺骗,企图维持资产阶级的反动统治,因此我们在一切的宣传和斗争中,特别在这次示威运动中,应加紧在广大群众面前,揭破他们的假面具。

九、各级准备委员会、各群众革命团体以及各地苏维埃政府、各红军接到此通告,望即召集会议,切实讨论具体执行的方法,并望将执行经过,群报本会,是为重要,特此通告。

苏代会中央准备委员会临时常委会

8 月 3 日

(根据江西省赣州市档案馆复印件刊印)

中华苏维埃共和国国家根本法
（宪法）大纲草案

（中国共产党中央提出，中国工农兵会议第一次
全国代表大会中央准备委员会全体会议通过）

（1930 年 9 月①）

一

　　中国工农兵会议（苏维埃）第一次全国代表大会的召集，正在革命的工农兵及城市贫民广大群众反对反革命的军阀——帝国主义列强的势力和中国豪绅地主资产阶级的统治，而实行坚决的残酷的斗争，并且领导着新生的中国工农红军和他们实行革命的战争的时候，这一革命战争的目的是要推翻帝国主义国民党军阀的统治而建立全国工农群众自己的政权。因为，这一战争正在日益剧烈和扩大，而苏维埃政权的建立还没有普遍到全中国，所以这次大会还不能够立刻就决定详细的国家根本法的具体条文。但是必须明确的规定苏维埃国家根本法的原则，使全国劳动民众深刻的认识苏维埃是真正的他们自己的政权。热烈地坚决地为这一政权而奋斗！

---

　　①　时间为本文库编者所判定。

二

苏维埃国家根本法最大原则之一,就是实现代表广大民众真正的民权主义(德谟克拉西)。只有苏维埃政权能够保障劳动群众一切自由。它不只是在法律的条文之上规定言论、出版、集会、结社、罢工等自由,而且它用群众政权的力量取得印刷机关(报馆、印刷厂等),开会场所等,在事实上保障劳动群众取得这些自由的物质基础。第二,也只有苏维埃政权能够保障劳动群众的平等。在苏维埃政权之下,凡选举权、被选举权以及一切法律命令等,对于劳动者不分男女,不分种族(如汉、满、蒙、回、藏、苗、黎以及高丽、安南等族),不分宗教的信仰,都是一律平等的看待。

三

苏维埃国家根本法最大原则之二,在于真正实现劳动群众自己的政权,使政治的权力握在最大多数工农群众自己的手里:

第一,苏维埃的选举法对劳动群众有最普及的最广泛的选举权。

第二,苏维埃组织的立法机关和执行机关融化在一起,劳动民众所选出来的代表自己直接地去执行代表选举人所决定的一切行政事务,自己直接对选举人负责。工农兵会议的代表和执行委员,不像资产阶级里的议员一样,他们要定期对选举人做报告,他们如果是不称职,不能代表大多数民众的意见时,选举人立刻可以决定撤消他们的代表资格。

第三,苏维埃政权的组织【是】最能够防止官僚主义的政治组织,各级苏维埃执行委员会、各部属(如各部、各局、各科等)能够吸引广大的群众参加种种事务的委员会,这种组织,使苏维埃政权密切地和民众联系起来。

第四,苏维埃政权的选举方法,着重于从事生产的劳动者,尤其是工厂工人。能够直接以工厂为单位,选举自己的代表,手工业工人和农人也能够直接从自己的组织和地域中选出自己的代表。这样,他们才真正能够密切地团结自己,训练自己,从斗争之中学习管理国家的政治和事务。

第五,苏维埃政权解除地主资本家的武装而组织自己的武装——工农红军,由工农自己来指挥军事力量,以保障自己的政权。因此,决不像资产阶级的国家一样,决不怕手里拿着武器的兵士——工人和农民来参加和干涉政治。【在】苏维埃政权【下】,一切红军士兵都有选举权。

苏维埃政权因此种种优点,就能够消灭各种形式的地主资本家国家里政府和人民互相对立的现象——工农兵会议(苏维埃)的政权真正是劳动群众自己的政权。

四

苏维埃国家根本法最大原则之三,就是不但彻底地实行妇女解放,定出合理的不受一切宗法封建关系和宗教迷信所束缚的男女关系以及家庭关系的法令,承认结婚离婚的自由,而且还要实行各种保护女性和母性的办法,要发展科学和技术,使妇女能够事实上有脱离家务束缚的物质基础而参加全社会的政治文化工作。苏维埃政权不但保障青年的一切权利和教育,而且积极地引进青年参加政治和文化生活,创造社会发展的新力量。

五

苏维埃国家根本法最大原则之四,就是彻底地承认并且实行民族自决,一直到承认各小民族有分立国家的权利。蒙古、回回①、

---

① 回回,即回回民族,简称回族。——本文库编者注。

苗、黎、高丽人等凡是居住在中国地域的这些弱小民族，他们可以完全自由决定加入或脱离中国苏维埃联邦，可以完全自愿地决定建立自己的自治区域。苏维埃政权还要努力去帮助这些弱小的或者落后的民族发展他们的民族文化和民族语言等等。还要努力帮助他们发展经济的生产力，造成进到苏维埃的以至于社会主义的文明的物质基础。

六

苏维埃国家根本法最大原则之五，就是争取并且确立中国经济上政治上真正的解放——推翻帝国主义对于中国的统治。取消帝国主义在中国的一切特权，确立中国劳动民众完全的主权。同时，亦就是与世界革命的无产阶级和被压迫民族，尤其是无产阶级独裁的国家——苏联，结成巩固的联盟。

七

苏维埃国家根本法的最大原则之六，是实行工农民权的革命独裁，在将来社会主义的阶段更进于无产阶级的独裁，所以苏维埃政权的选举法明白地毫不隐讳地规定出剥夺军阀官僚、士绅、乡董和一切剥削阶级（如地主、资本家、厂主、店主、作坊主及高利贷等等）的选举权和被选举权以及政治上的自由权。对于宗教问题是绝对实行政教分离的原则。一切公民可以自由的信教，但一切宗教不能得到国家的任何保护及供给费用。因为一切宗教服务人（僧、道、牧师等）都是统治阶级迷惑工农群众的工具，所以必须剥夺其选举权及被选举权。苏维埃的中国为着巩固土地革命的胜利，为着压服地主资本家的反革命的抵抗，将要无情地极严厉地处置一切反革命派的分子。

八

中国苏维埃国家根本法的最大原则之七,就是苏维埃的中国是工人阶级和农民群众的国家,所以苏维埃政府要彻底拥护工人利益,实行土地革命,消灭一切封建残余,没收地主阶级的土地废除一切封建式的资产阶级的税捐,实行统一的累进所得税的原则,税则完全由工农兵会议(苏维埃)决定。只有这样,农民群众才能够在无产阶级领导之下取得土地。无产阶级领导下的苏维埃政权,一定要坚决地拥护工人的利益,实行对于一切中外资本家的严厉监督——由工人群众组织执行监督生产的任务。镇压中外资本家一切怠工破坏等阴谋,坚决执行 8 小时工作制及劳动保护法。中国工农苏维埃的国家将要努力在保护工人和农民主要群众利益的原则之下,有系统的进攻资本主义的剥削关系,进行经济的建设,发展全国的生产力,不但要领导中国走出帝国主义压迫束缚之下的巨大恐怖状态,而且要在世界无产阶级和世界无产阶级国家——苏联的帮助之下,努力进到社会主义发展的道路。

九

中国苏维埃国家根本法的这七大原则,很明显和现在国民党的反动统治是绝对相反的。在国民党统治之下,任何人都没有选举权、被选举权及一切政治的自由。只有地主、豪绅、资本家、军阀、官僚——中国人民中万分之一的【人】享有任意屠杀,任意压榨剥削,任意卖国的自由权。只有列强帝国主义的资产阶级对于中国,有任意侵略、支配、鞭打以至任意屠杀的自由权。中国工农兵会议第一次全国代表大会,就是要集中革命势力的领导,为着推翻帝国主义国民党的统治,实现全国苏维埃政权而斗争。现在国民党改组派(汪精卫派)、……马克思列宁主义的叛徒取消派(托洛斯〔茨〕基陈独秀派)

都异口同声地宣传国民会议的口号，而反对并且咒骂苏维埃政权。这些豪绅、地主、资本家的走狗，提出这一资产阶级民〈主〉权主义的口号，很明显的是帮助帝国主义国民党来企图欺骗民众，阻碍革命，以救济国民党垂死的统治——即便是"最民权主义的"——国民会议也绝对不能给工农群众以平等自由。只有根据上列七大原则而建立的工农兵会议——苏维埃政权是工农兵群众用自己的力量斗争获得的政权，它才能真正保护工农群众的利益，才能使工人阶级和农民群众得到最后的胜利，达到真正的解放。

见《新民主主义革命时期根据地法制文献选编》第 1 卷
（录自《中华苏维埃共和国法律文件选编》，江西人民出版社
1984 年版，第 1—5 页）

中国工农革命委员会告江西工农兵革命群众①

（1930 年 10 月 6 日）

革命的江西工农兵劳苦群众们：

目前的全国政局，正是军阀战争弥满全国，劳苦群众水深火热，统治阶级急剧崩溃，革命浪潮奔腾澎湃，工农兵总暴动一触即发的形势。同志们！这个时机所于革命工农兵劳苦群众的任务是何等的严重呵！

江西是革命势力发展的一个省区，江西有 60 余县的苏维埃区，有数十万的红色武装，有千百万的红色群众，这些力量的发展，将成为爆发全国革命高潮一支主要的力量。红色的江西工农兵革命群众对于时局的任务，又是何等的严重呵！

苏维埃区域的江西工农兵劳苦群众们：三年来你们与反动国民党、军阀、AB 团、大同盟、靖卫队、守望队、红黄学会警察队肉搏、流血的英勇斗争，已表现了你们伟大的力量，同时你们英勇奋斗，结果，造成了红旗高竖的大大小小的苏维埃世界，因此迫成反动阶级垂死的挣扎，更加残酷的对革命工农群众的杀戮、摧残，经验已经告诉我们，

---

① 标题为本文库编者所拟。

要除掉痛苦的根源,永享太平的幸福,只有更加无情的,对敌人阶级猛烈的进攻,准备更加残酷的阶级决战,才能取得最后的胜利!

豪绅地主军阀国民党贪官污吏压迫下的江西工农兵劳苦群众们!你们呻吟展〔辗〕转在豪绅,地主,军阀,国民党的管辖之下,各受重租,重息,苛税,苛捐,挨打挨骂,受冻受饿的生活已不知几许年月了!有些工农同志也许曾抓定两个拳头反对过豪绅地主,资本家,贪官污吏,国民党部,有些士兵同志或许也会鼓起勇气反对过反革命的军官;但是终以力量单薄,或是反革命严重镇压,到头来遭了一个失败!但是革命的工农兵同志们哟,你们就此衰馁〔馁〕下去,任他失败下去吗?不!决不!全国的工农兵革命同志正在招呼你们,围绕着你们四周的红色群众都在鼓勇的前来援助你们,烈火已经在狂热的烧起来了,统治阶段〔级〕已在最后的挣扎了,这时候不容我们稍事迟疑,稍事规避了"武装暴露〔动〕起来"!这是你们唯一的出路。

全江西的工农兵劳苦群众,亲爱的同志们!红旗正在招展前行了,革命的怒潮正在飞奔前进了,一切革命的群众都在奋勇杀敌了,自动的武装起来,到红军去,到前线去!前进呵!此刻正是时候了!来,来,我们趁此狂热的时机把一切的人面兽心的反动派滚下水去罢!

全江西的工农兵劳苦群众武装暴动起来!

杀戮豪绅地主贪官污吏反革命军官!及一切【反】革命分子!

消灭军阀国民党 AB 团大同盟及靖卫队警察队的组织!

到红军去!

打到南昌九江去!

打到武汉去!

苏维埃的江西万岁!

苏维埃的中国万岁！

工农兵胜利万岁！

中国工农革命委员会印

1930 年 10 月 6 日

（根据江西省赣州市档案馆复印件刊印）

全国苏维埃大会各级准备委员会
组织及工作大纲

（1930 年 11 月 25 日）

（一）各级准备委员【会】的任务

一、目前的政治形势，一方面的反动统治愈益动摇而趋于崩溃，另一方面是群众革命的革命斗争愈益迫近了新的革命高潮，争取以武汉为中心的几省首先胜利乃至全国胜利，武装暴动推翻反动统治，消灭军阀混战，建立苏维埃政权，是目前全国民众革命斗争中最主要迫切的目标，因此各级准备委员会的任务是：

1. 动员千百万的工农兵贫民劳苦群众为建立全国苏维埃而奋斗。

2. 组织广大工农兵贫民劳苦群众在各级准备委员会之下，选举代表出席全国大会，建立苏维埃政权的基础。

3. 扩大和深入拥护全国苏维埃〈扩〉大会，建立苏维埃政权的宣传鼓动工作。

（二）各级准备委员会的组织

二、为要迅速的执行以上的任务，目前准备委员会的组织最重要的是在工厂农村、学校、军营、街道，建立下层群众的基础组织，但绝不是必须将工厂农村建立好后，才建立省、市、县、区的准备委员会，而是应同时进行各级组织同时建立的。

三、各省委员会的组织,应以这一省的职业组织(如工会、农会、兵士委员会、革命学生会、贫民协会等)革命组织(如共产党共产主义青年团反帝大同盟互济会等)苏维埃及红军组织之,但有许多重要城市之准委会可以兼全省的或兼市准委会。

四、各县区准备委员会的组织,应以这一县一区的"职业组织"及"革命组织"组织之,市准备委员会可以兼县准委会,县准委会亦可兼市,准委组织可依当地情形设常委及秘书处、组织部、宣传部和编辑委员会、组织委员会等,各部之下,可酌量情形,设各种【组织】书〔分〕担工作。

五、工厂及企业的组织在工厂中必须全长〔厂〕群众大会或代表大会成立准委会,在铁路以每条为单位,海员应以每只船船〔舶〕,小船以码头或公司为单位,产生准备委员会。

六、农村准备委员会的组织,以乡为单位召集每乡的群众大会,选举乡准备委员会会员。

七、军营学校的组织,在校必须召集各班级或各部院全体大会,在兵营必须召集各营或各连的群众大会选举准委会。

八、街道的组织,以区为单位,召集这一区的群众大会或代表会选举准委会。

九、各最下级准委会,应酌量情形,设主席、秘书、组织、宣传等分担工作。

十、苏维埃区域的组织,在苏维埃区域内,不再建立准委会,可由苏维埃直接召集群众大会选举出席大会代表。

十一、组织系统表另列之。

(三)各级准备委员会的工作

十二、各省市县区准备委员会，必须建立日常工作，特别是要号召群众各种斗争，建立与发展所属下级组织，必须努力扩大宣传鼓动工作，发动广大群众起来为建立全国苏维埃政权而斗争。因此，必须提出工人，农民，士兵，贫民的要求口号，来发动工人的政治同罢工，组织农民的地方暴动，士兵暴动和农民斗争。

十三、各省市县准备委员会必须发行自己的机关报，在工厂、企业、学校、军营、街道中，应发行工厂小报及壁报等，这些机关报，必须设置通讯员及发行员，经常向各级机关通讯，反对〔发动〕群众担任发行工作。

十四、对于每个问题进行广大的宣传鼓动，必须发出大批的宣言，图报小册子等，作广大的宣传鼓动工作。

十五、红军召集各工厂、军营、学校、街道等群众大会及各级代表大会，积极作动员群众的工作。

十六、建立宣传队，口号队，传单队等扩大宣传及作公开的露天讲演等工作。

十八、各级机关必须考察各最下级机关的工作，建立相互的密切关系，加紧指导工作。

十九、各项机关必须经常向上级作工作报告。

—完—

（根据江西省赣州市档案馆复印件刊印）

全苏大会的开幕词

项　英

（1931 年 11 月 7 日）

同志们：

中华苏维埃全国第一次代表大会，已于苏联十月革命胜利第 14 周年纪念的今天正式开幕了！

中国革命自 1925 年至 1927 年的大革命，被帝国主义的走狗豪绅地主资产阶级的代表——国民党叛背革命而遭受失败，可是中国工农劳苦群众在中国共产党领导之下，为打倒帝国主义和国民党军阀，为工农群众彻底解放作不断的斗争，1927 年 12 月 11 日广州暴动举起苏维埃旗子开辟了中国工农革命新道路——苏维埃革命道路。从此，苏维埃运动在中国南方各地发展和建立起来，推翻了这些地方的豪绅地主统治，农民平均分配了土地，建立真正工农兵的苏维埃政权，创造了真正工农红军。现在不仅在南方各省发展，而且在北方已创立了新的苏维埃区域。在中央区及各地苏区的工农群众和英勇的红军，三次击溃了敌人的进攻，取得伟大胜利，奠定了中国苏维埃运动胜利的基础，使苏维埃运动成为中国革命主要标志，成为中国千百万工农劳动群众唯一解放的旗子。

全国苏维埃代表大会的开幕，正值国际和中国的新的形势之下，革命运动有更大的新的发展,统治阶级的内部矛盾和崩溃的加紧,尤其是国民党南京政府,正是在革命势力打击下宣告破了产。全苏大会的开幕,即是宣告中国反动统治阶级要死亡的日子。

全苏大会是全国工农及英勇红军斗争的结晶,是统一全国的苏维埃运动,建立中华苏维埃共和国临时中央政府,来领导全国工农劳动群众推翻日本帝国主义在华统治,推翻中国豪绅地主资产阶级统治,为争取苏维埃新中国胜利而奋斗,为具体规定和保障工农群众在苏维埃政权下的积极胜利,在将要将中国统治阶级□□葬送到坟墓中去,从而实现工农群众的彻底解放。

全苏大会的成功,临时中央政府建立,是继续苏联十月革命的胜利在东方建立了第一个苏维埃共和国——世界第二个苏维埃共和国。她将领导中国千万万的工农劳动群众团结在她的周围,完成中国苏维埃的胜利。她将使东方无数万的被压迫工农劳动群众在她影响之下与全世界无产阶级联合起来,完成全世界十月革命胜利。最后高呼:

全苏大会成功万岁!

中华苏维埃共和国万岁!

世界苏维埃联邦共和国万岁!

全世界无产阶级和被压迫民族解放万岁!

（根据江西省瑞金中央革命根据地纪念馆馆藏之1931年
11月10日出版《一苏大会日刊》第4期复制件刊印）

中华苏维埃共和国临时政府对外宣言①

（1931 年 11 月 7 日）

全世界劳苦民众与各国的政府！

中华苏维埃共和国临时政府于 1931 年 11 月 7 日俄国十月革命纪念节于江西正式成立了。它是中国工农兵以及一切劳苦民众的政权，它是代替帝国主义与中国地主资产阶级的国民党的统治，并且继续号召与组织全中国劳苦民众起来推翻这一统治的政权。它正式宣布它是世界上唯一的无产阶级的祖国——苏联的最好的朋友与同盟者。它的目的是在联合全世界被压迫的民众起来推翻世界帝国主义的统治。它反对帝国主义对于殖民地与半殖民地任何侵掠，而主张彻底的民族自决。

中华苏维埃共和国临时政府，向全世界的劳苦民众与政府宣言：它主张取消一切帝国主义过去同中国地主资产阶级政府所订的不平等条约，一切中国的统治者为了镇压中国民众运动与屠杀民众借用的外债。它主张一切帝国主义的租借地都应该无条件的收回，一切帝国主义的海陆空军都应该滚出中国去。尤其为得要根本消灭帝国主义在中国的统治力量，它主张没收一切帝国主义在华的银行，工厂，矿山与交通工具等。中华苏维埃共和国临时政府向全世界劳苦

---

① 《中央革命根据地史料选编》下册（江西人民出版社 1982 年版，第119—120 页）亦收录了此件，篇名为《中华苏维埃共和国临时中央政府对外宣言》，内文个别文字、标点略有差别。——本文库编者注。

民众与各国的政府宣言：它的最后目的，不但在打倒帝国主义在中国的统治，而且打倒帝国主义在全世界的统治。

但是在目前，中华苏维埃共和国临时政府并不反对与世界各帝国资本主义的政府重新订立完全平等的条约。在苏维埃区域内，这些国家的人民在不违犯苏维埃一切法令的条件之下，可以有经营工商业的自由。但中华苏维埃共和国必须声明，任何违犯苏维埃法令的行动，立刻会使犯罪者失去一切自由与他们所有的一切财产。

中华苏维埃共和国临时政府更认为世界帝国主义国家与殖民地半殖民地地主资产阶级国家间的一切秘密外交的目的，是在欺骗本国的无产阶级与侵掠殖民地与半殖民地的民众，所以中华苏维埃共和国临时政府坚决的反对任何的秘密外交，而主张外交的完全公开。它将在全中国与全世界劳苦民众的监督与拥护之下，进行国际间的一切交涉。它将无条件的宣布过去地主资产阶级的政府同任何帝国主义国家所订的一切密约！

中华苏维埃共和国临时政府号召全世界劳苦民众起来帮助并拥护中国唯一的工农兵革命政府，并同他们的兄弟姊妹们在一起，去消灭全世界人剥削人的资本主义的制度，而走上苏联工农们所走的社会主义的道路！

中华苏维埃共和国临时政府，最后必须声明，它坚决的反对世界大战与中国国内的军阀战争，而主张和平，但是它认为：不打倒帝国主义与国民党的统治，就不能取得真正的和平。所以它号召全世界的劳苦民众起来，用革命的国内战争消灭一切反革命的战争，取得世界的永远和平！

中华苏维埃共和国临时政府

1931 年 11 月 7 日于江西

根据 1931 年 11 月 27 日出版的《红旗周报》第 24 期刊印

（录自《中共中央文件选集》第 7 册，中共中央党校出版社

1991 年版，第 802—803 页）

中华苏维埃第一次全国代表大会
告全中国工人与劳动民众

（1931 年 11 月 9 日）

起来！饥寒交迫的奴隶们！

打倒帝国主义！

打倒国民党！

起来！全中国的工人与劳动民众！

几十年来帝国主义地主资产阶级的统治，在全中国造成了贫穷，灾荒，战争，疫厉〔疠〕与死亡！千万万的外债，重重叠叠的苛捐杂税，百分之七八十的地租，高利贷等等一切重担，都加在全中国劳动民众的仔〔双〕肩上，再加上帝国主义政治经济的种种剥削，使全中国的经济完全破产，使全中国的劳动者失地失业，那帝国主义走狗国民党军阀官僚间的不断战争，更加速了这种过程。一切战争的负担，一切战争中所破坏的财产，所死亡的人民又都是我们劳动的民众！

全中国的工人与一切劳动民众们！我们过着的真是奴隶牛马的生活。我们的呼号是没有人听见的！我们的痛苦是没有人怜惜的。当我们的满腔热血，为愤怒而沸腾时，当我们拼着性命起来同我们的剥削者，帝国主义者，官僚，军阀，地主，资本家，高利贷者做反抗斗争时，我们就是"反动"，就是"叛逆"，就是"共匪"，我们就遭毒打，杀头、枪毙！在帝国主义国民党统治下，我们的生命真是蚂蚁都不如。在帝国主义国民党的统治下，我们是奴隶，我们是牛马，我们只有饥饿，流血而死！

　　然而这种压迫剥削与屠杀，我们终究再不能忍耐下去了。我们开始在中国无产阶级的政党，中国共产党的领导之下，觉醒了转来，我们开始知道了组织与团结的力量，我们开始同统治阶级做群众的斗争，我们后来知道夺取统治阶级的武装，来武装我们自己，我们最后知道怎样起来举行武装暴动，推翻帝国主义国民党的统治，而建立我们工人与劳动民众自己的政权了。我们在同帝国主义国民党长期的血战中，我们牺牲了千百万我们英勇的兄弟姊妹，我们在帝国主义国民党毒气炮，毒瓦斯弹，机关炮，机关枪底下，遭到悲惨的命运，我们过着艰苦卓绝的生活，然而我们前仆后继，我们奋勇杀敌，我们终究在残酷黑暗的帝国主义国民党的白色世界中打出了许多光明的红色的区域，创造出了我们工人与劳动民众自己的政权，工农兵苏维埃！我们更能在许多胜利的革命战斗中间，召集了我们全国第一次苏维埃代表会议，成立了中华苏维埃共和国临时中央政府！

　　起来！饥寒交迫的奴隶们！

　　起来！全中国的工人与劳动民众！

　　拥护全国苏维埃第一次代表大会！

　　拥护中华苏维埃共和国临时中央政府！

　　中华苏维埃共和国，是我们工农兵自己的国家！在中华苏维埃中间，我们已经没收了地主阶级的一切土地，把这些土地分配给了贫苦的农民；我们实行了 8 小时工作制，与工人监督生产，改良了工人的待遇与生活；我们取消了一切苛捐杂税，实行了统一的累进税，以及种种保护工农利益的经济政策。在中华苏维埃共和国中间，我们取消了一切帝国主义的特权，驱逐了帝国主义的一切武装力量，没收了它们的一切财产。中华苏维埃共和国剥夺了一切剥削者的政治权利，用武力镇压它们的一切阴谋与反革命，而宣布了不分民族，不分宗教，不分性别的一切劳动民众的自由平等。中华苏维埃共和国要同全世界的无产阶级与他们的祖国苏联，以及一切被压迫的民族联合起来，打倒造成全世界经济恐慌，贫穷，灾荒，战争与死亡的帝国主义，去永远消灭人剥削人的制度！

全中国的工人与劳动民众！只有消灭帝国主义，地主资产阶级的国民党政权，建立我们工人与劳动民众自己的政权，苏维埃政权，我们才能从一切剥削者的铁蹄之下得到解放。在江西瑞金集合的当中国苏维埃第一次代表大会的代表号召全中国的工人与劳动民众团结起来与武装起来，去实现这一目的，去为了中华苏维埃共和国在全中国的胜利与巩固而斗争！一切对于统治阶级的希望都是徒然的。必须打倒它们，必须把政权放在我们工人与劳动民众自己的手里，我们才能依照我们自己的希望与意志来安排与创造我们自己的生活！

帝国主义者地主资产阶级的国民党政权或是工农兵以及一切劳动民众的苏维埃政权：这就是全中国的工人与劳动民众所应该选择的！

在全中国的工人与劳动民众为了苏维埃共和国在全中国的胜利而斗争的时候，帝国主义者地主资产阶级，怎样在它们灭亡的命运之前，颤抖着挣扎着，怎样利用它们所有的一切力量来压迫与屠杀革命的民众，来向苏维埃共和国进攻呵！它们更驱使它们的走狗，国家主义派，改组派，第三党，AB团，人权派，陈托取消派等等向苏维埃政权狂吠，造出种种欺骗宣传，要我们工人与劳动民众在帝国主义国民党的统治之下，来"改善"我们自己的生活，叫我们不要梦想去建立我们自己的政权。它们把我们为了苏维埃政权而斗争的民众，目为洪水猛兽，它们把我们"赤色的苏维埃区域"描写成为人间的地狱。它们号召全世界的反动力量来反对中华苏维埃共和国，来实现它们消灭中华苏维埃共和国的企图！

然而这只是统治阶级与一切它们的走狗的造谣欺骗！只是因为在赤色区域内，不是帝国主义地主资产阶级的政权，而是工农劳动民众的政权，不是地主资产阶级对于广大民众的专政，而是工农对于地主资产阶级的专政，所以它们这样咒骂着苏维埃共和国，这样痛恨着"赤化"。但是正是"赤化"，是我们所希望实现的，正是苏维埃共和国是我们要建设的。"赤化"的苏维埃的区域，对于统治阶级与一切剥削者是地狱，然而对于我们却是天堂！在白色区域内我们是奴隶，然而在赤色区域内,我们是主人!

全中国苏维埃第一次代表大会的代表,向全世界全中国的统治者声明:一切它们对于中华苏维埃共和国的造谣欺骗,一切它们对于中华苏维埃共和国的进攻都是劳而无功的! 全中国的工人与劳动民众,将在中华苏维埃共和国临时中央政府的领导之下团结起来,更坚决更奋勇的同江西,两广,湖南,湖北,福建,安徽,河南等省的苏维埃区域内的工农以及一切劳动民众在一起,去反对帝国主义国民党,去推翻它们的统治,去争取全中国苏维埃革命的胜利! 胜利是属于我们的!

起来! 全中国饥寒交迫的奴隶们!

起来! 全中国的工人与劳动民众!

我们要失去的是锁链!

我们要得到的是全世界!

打倒帝国主义国民党!

中华苏维埃共和国万岁!

中华苏维埃第一次全国代表大会

1931 年 11 月 9 日江西瑞金

根据中央档案原油印件刊印

(录自《中共中央文件选集》第 7 册,中共中央党校出版社 1991 年版,第 804—808 页)

一苏大会主席团第一次会议记录

（1931 年 11 月 9 日）

时间：1931.11.9

到会：29 人。

一、通过议事日程

a. 发通电给南洋群岛工人，照提议通【过】。

b. 提议讨论婚姻法、决议，将来由中央政府制定颁布。

二、大会主要议题：劳动法、土地法、红军法、经济政策、工农检察处，接受中国共产党中央提出的草案，根据这些草案，大会讨论制定法令，并请下列同志到大会作报告：

1. 政治问题——中共苏区中央局代表毛泽东同志

2. 劳动法——项英同志

3. 土地法——张鼎丞同志

4. 红军问题——朱德同志

5. 经济政策——周以栗同志

6. 少数民族问题——王稼蔷同志

7. 工农检察处——邓广仁同志

三、组织代表团

决议：

1. 共组 7 个代表团：

（1）赣东代表团

（2）赣南代表团

（3）永吉太〔泰〕代表团

（4）闽西代表团

（5）瑞金代表团

（6）红军代表团

（7）湘鄂西、赣东北、琼岩〔崖〕、海员代表团

2. 每代表团设主任 1 人，副主任 1 人，主任由各代表团选举，每团依照区域将代表分编为组，每组 15 人左右，举一小组长。

3. 代表团任务：主要依据大会议题，分组讨论集中各代表意见，以便大会顺利讨论，

并使大会议案有一致有深刻的认识。

4. 推举常务主席：

决议：推举下列 7 个主席，组织常务主席会议，常驻主席团办公：

项英同志　张鼎丞同志　陈正人同志　周以栗同志

朱德同志　曾山同志　邓广仁同志。

5. 组织提案【审查委员会】审查各代表提案：

项　英同志　张鼎丞同志　陈正人同志　屈登高同志

朱　德同志　任弼时同志　邓广仁同志　曾　山同志

李家富同志　袁国平同志

以项英同志为主任

6. 组织代表资格审查委员会，审查各代表资格，决议推举周以栗同志为主任委员，由 7 代表团主任充当。共 8 人组织之。

7. 主席值日，大会共有 8 天，每天推 4 个主席轮流值日。

（根据江西省瑞金中央革命根据地纪念馆馆藏之 1931 年
11 月 10 日出版《一苏大会日刊》第 4 期复制件刊印）

一苏大会 11 月 9 日下午程序

（1931 年 11 月 9 日）

值日主席：项英、彭德怀、李福兴、屈登高
1. 办事处报告各处送来的贺件
2. 通过议事日程
3. 通过会议规则
4. 宣读贺电——中共中央少共中央贺电
5. 政治报告——中共【苏区】中央局代表毛泽东同志（另详）
6. 报告湘鄂赣湘赣代表来信
7. 宣读致中共中央、少共中央的电文（电文另载）
    致苏联共和国电
    致全世界无产阶级及被压迫民族电
    反对日本出兵东三省通电

一苏大会秘书股

（根据江西省瑞金中央革命根据地纪念馆馆藏复制件刊印）

中华苏维埃共和国第一次全国工农兵代表大会宣言

（1931 年 11 月）

第一篇①

一、中国 4 万万 5 千万人口当中，3 万万以上被剥削压迫的工农劳苦群众，长期的受着地主豪绅军阀资本家和凶恶帝国主义统治，现在的国民党政府，也就依靠帝国主义，并且就是帝国主义在中国巩固自己势力的工具。

二、自从中国民族资产阶级叛变革命，第一次大革命——1925—1927 这次失败以后，秋收暴动及广州暴动，开始了中国苏维埃运动的新的革命阶段。

三、中国苏维埃运动，现在在长江和珠江流域一带。许多省区有了很大的发展，黄河流域亦有新的苏维埃区域产生，这一运动，已被中国广大的工农劳苦群众认为是解放自己的唯一的革命旗帜，这一运动的发展，是将要以很快的速度——普及全中国的。

四、在苏维埃推翻豪绅地主和帝国主义的统治，实行了土地革命，建立了苏维埃政权，创造工农红军，实行 8 小时工作制，工农在政治上，得到完全的自由，生活上有了很大的改善，这一切工农群众，只有在苏

---

① 原文如此。——本文库编者注。

维埃旗帜下所得到的利益,在国民党的反动统治区域,是完全没有的。

五、中华工农苏维埃第一次全国【代表大会】宣布成立中华苏维埃共和国并产生中华苏维埃临时中央政府,一切权力都归苏维埃掌管。

六、现时阶段的苏维埃是工农民主专政的政权,这一政权对于占全国人口绝大多数的工人和农民群众,实行彻底的民主,对于豪绅地主资产阶级及一切反动派,则施行绝对的专政,揭破一切资产阶级用以欺骗工农的假民主主义。

七、苏维埃政权的组织,是采取民主集中制的原则,全国工农兵代表大会是最高政权机关,两次代表大会【之间】,中央执行委员会,是最高政权机关,下级苏维埃政府,应绝对服从上级苏维埃政府的决议与命令。

八、为保障工农劳苦群众的权利与自由,防止剥削阶级一切危害工农利益的阴谋活动,全国工农兵第一次代表大会将宣布如下:

(甲)苏维埃是工农政权,不分男女民族与宗教信仰,凡在 16 岁以上的工人农民兵士贫民及一切劳动者,均有参加政权的权利,一切剥削者,完全剥夺其参加权。

(乙)在苏维埃政权之下,工农劳苦群众,享有一切集会结社言论出版的绝对自由,剥夺剥削者的自由权。

(丙)工农劳苦群众,不论男子和女子,在社会、经济、政治和教育上完全享受同等的权利和义务。

(丁)一切工农劳苦群众及其子弟有享受国家免费教育之权,教育事业之权归苏维埃掌管,应取消一切麻痹人民的反动教育宣传。

(戊)只有工农劳苦群众,享有武装自己的权利,但在中华苏维埃共和国领土以内的一切人民,都有保护苏维埃共和国领土的义务,为着保卫并发展苏维埃政权,一切劳苦工农群众,应热烈拥护革命战争,并且负有参加红军及工农武装组织的义务。

(己)苏维埃政权,根本消灭一切民族对民族的压迫,在中华苏维埃共和国领土以内,不分民族界限,工农劳苦群众,都享受绝对平等的权利。

（庚）在苏维埃政权之下，取消各种宗教团体的特别权利，剥夺宗教事业者（如喇嘛、和尚道士、牧师、神父等）的公民权，政权组织教育机关，与宗教事业绝对了解，但人民有信仰宗教或反对宗教的自由。

九、在目前革命阶段中，主要的任务，第一，是驱逐帝国主义，推翻军阀统治，完成中国的真正解放与统一；第二，是要实行土地革命，根本消灭地主阶级私有土地制度，这就确定了中国革命性质，在这阶段当中，是资产阶级性的民权革命。

十、目前的具体政纲就是：

（甲）取消过去中国政府与各帝国主义国家，所订的一切条约和借的一切外债，推翻帝国主义在中国的一切政治势力，达到中国完全独立与统一，在互相平等的基础上，另行订定平等和条约。

（乙）没收帝国主义的资本在中国开设一切企业和银行，无代价的收回中国原地的租借地与租界，只要外国资本在完全遵守苏维埃政府的法律与法令的条件之下，苏维埃政府可与另订条约，允许某些企业继续营业。

（丙）推翻中国豪绅地主资产阶级的国民党军阀统治，在全中国建立工农兵苏维埃的工农民主专政。

（丁）取消过去中国政府对弱小民族所订定的一切压迫条约，承认各民族完全的自决权，但是本代表大会希望中国各民族，在自愿结合抵抗共同敌人完全平等的基础上，建立中华苏维埃联邦共和国，各民族愿否加入与如何加入此联邦，完全由苏维埃大会自行决定。

（戊）改善工人生活，实行8小时工作制，青年工作6小时，童工工作4小时，禁止14岁以下童工工作，改善女工待遇，增加工资，实行失业救济与社会保险等。

（己）无代价的没收一切封建地主军阀官僚祠堂庙宇，以及其他大私有主的土地与财产平均分配给贫农中农和其他失地的农民，苏维埃革命更向前发展，在重要区域取得了胜利，建立了巩固的苏维埃政权之后，即应开始实行土地与水利国有。

（庚）改善士兵的生活，发给士兵土地和工作，红军士兵及家属，应取得各种的优先权。

（辛）建立工农自己的武装，工农红军由志愿兵制，应逐渐过渡到实行征兵制，一切剥削者，应完全解除其武装以消灭他们一切掌握政权的企图与阴谋。

（壬）在遵守苏维埃政府一切法律与法令之下，准许和大资本营业与自由贸易，取消一切国民党政府、军阀豪绅地主所施行的关税，厘金，实行统一的累进税。

（癸）联合全世界的无产阶级和弱小民族的被压迫民众，尤其是无产阶级的祖国——苏维埃联邦共和国，他也领导全世界无产阶级革命和弱小民族解放运动的，他是中国革命的最好联盟者，应当与他建立密切的联合，一致对抗共同的敌人——帝国主义国民党的统治。

十一、为着实现上面的政纲，就必须揭破国民党反革命及三民主义，要由中国无产阶级领导的半无产阶级——贫民群众，并且要与中农建立巩固的同盟，用武装暴动与革命战争的方法去达到，一切和平的改良的方法，如国民会议等，都是帮助反动统治阶级长寿命的工具，与工农劳苦群众的利益是完全背驰的。

十二、现在是世界资本主义崩溃死亡的时期，是苏联社会主义获得伟大胜利更加巩固与发展的时期，民族解放运动尤其社会主义革命发展的时期，这些国际形势是便于中国革命发展与转变的。

十三、中国无产阶级领导的资产阶级性的民主革命时期，就会开辟社会主义革命发展的前途，以苏维埃为国家政权形势〔式〕的工农民主专政，就应当成为转变到无产阶级专政的出发点，由工农民主专政过渡到社会主义，须经过必须的步骤，苏维埃政府必须限制资本主义的发展，抑制富农，使工农劳苦群众减轻资本主义的剥削，准备无产阶级专政的前提，以达到中国社会主义革命的成功。

—完了—

1931 年 11 月
（根据江西省赣州市档案馆复印件刊印）

中华苏维埃共和国宪法草案①

（1931 年 11 月）

第二篇　苏维埃政权的构成②

第一章　中央苏维埃政权

（甲）全中华苏维埃代表大会

第一条　全中华苏维埃代表大会为中华苏维埃共和国的最高政权机关。

（注）全中华苏维埃代表大会，简称全苏大会。

第二条　全苏大会，由省苏维埃代表大会所产生的代表组成之（乡村居民每 10 万选举 1 人，城市居民每 2 万人选举 1 人为比例）。

第三条　全苏大会例【会】每年召集一次。

第四条　由中央执行委员会的提议，或全国居民三分之一以上的苏维埃的请求，得召集全中华苏维埃的非常会议。

第五条　因特别事故，全苏大会不能按期召集时，得延期召集

---

① 此"宪法草案"疑为全国苏维埃代表大会中央准备委员会于 1930 年下半年所起草，未提交中华工农兵苏维埃第一次全国代表大会讨论通过。——本文库编者注。

② 原文缺第一篇。——本文库编者注。

之。

第六条　中央执行委员会对全苏大会负责。

第七条　全苏大会闭幕之后,中央执行委员会为中华苏维埃共和国的最高政权机关。

(乙)中华苏维埃中央执行委员会

第八条　中央执行委员会是中华苏维埃共和国立法、行政、司法的最高管辖机关,指挥苏维埃政府一切行政机关的工作,监视苏维埃宪法、全苏大会及中央执行委员会的决议案和命令之施行。

第九条　中央执行委员会全会,每5个月召集一次。

第十条　由中央执行委员会主席团的提议或中央执行委员会委员半数以上的要求,得召集中央执行委员会的非常会议。

第十一条　中央执行委员会的委员额,不得超过150人。

第十二条　中央执行委员会对全苏大会负责,应向全苏大会报告政治和行政情形。

第十三条　由中央执行委员会召集全苏大会。

第十四条　中央执行委员会选任人民委员会苏维埃及各部的人民委员以总揽全国的行政事宜。

第十五条　中央执行委员会的委员得担任各部的职务和中央执行委员会的特别职务。

第十六条　中央执行委员会得颁发各种法律和命令,并施行于全中华苏维埃共和国境内。

第十七条　为保持法令颁布的统一,人民委员苏维埃和各部人民委员所颁布的法令草案,须交中央执行委员会去审查和批准。

第十八条　中央执行委员会主席团人民委员苏维埃及其他机关的决议和命令,中央执行委员会有停止执行和变更之权。

第十九条　中央执行委员会选出15人组织主席团,以为中央执行委员会闭会期中的最高政权机关。

(丙)中华苏维埃中央执行委员会主席团

第二十条　中央执行委员会主席团,为中央执行委员会闭会期间的最高政权机关,可由主席团中选出中央执行委员会的主席 3 人。

第二一条　中央执行委员会主席团,日常监督中华苏维埃共和国宪法的施行,全苏大会和中央执行委员会的各种决议的实施。

第二二条　中央执行委员会主席团,有停止或变更人民委员苏维埃和各人民委员会的决议和法令之权。

第二三条　中央执行委员会主席团,有停止各苏维埃大会的决议之执行,以待交给中央执行委员会审核之权。

第二四条　中央执行委员会主席团,有颁布各种法令之权,并有权审查和批准人民委员苏维埃及各人民委员会及其他机关所提出的法令、条例和命令。

第二五条　中央执行委员会主席团,解决人民委员苏维埃与各人民委员会的关系问题及各省苏维埃政府之间的关系问题。

第二六条　中央执行委员会主席团,对中央执行委员会完全负责。

（丁）人民委员苏维埃

第二七条　人民委员苏维埃,为中华苏维埃中央执行委员会的执行和行政机关,【负】中华苏维埃共和国全部政务的责任。

第二八条　人民委员苏维埃,为达到本宪法二八条①的目的,在中央执行委员会所规定的范围内得颁布各种法令,并得采取行政方针,以维持行政上的迅速和秩序。

第二九条　人民委员苏维埃的决议和所颁布的各种法令,须即随时通知中央执行委员会主席团。

第三十条　人民委员苏维埃的决议,而与大政方针有关系者,应提交中央执行委员会去审查和批准,紧急事项,由人民委员苏维埃的权力单独执行之。

第三一条　人民委员苏维埃得审核各人民委员会所提出的法令及其决议案。

---

①　疑为第二七条。——本文库编者注。

第三二条　人民委员苏维埃对中央执行委员会及其主席团负责。

第三三条　人民委员苏维埃的决议和命令,中央执行委员会及其主席团得变更或取消之。

第三四条　人民委员及各省苏维埃执行委员会,对于人民委员苏维埃的法令和命令有不同意时,得向中央执行委员会主席团控诉,但不得停止他的执行。

第三五条　人民委员苏维埃,由下列的人员组织之:

人民委员苏维埃主席

人民委员苏维埃副主席 2 人

外交人民委员

海陆空军人民委员

劳动人民委员

财政人民委员

土地人民委员

司法人民委员

卫生人民委员

教育人民委员

工农检察人民委员

内务人民委员

交通邮电人民委员

最高人民经济人民委员

粮食人民委员

社会保证人民委员

国内外贸易人民委员

第三六条　只有人民委员苏维埃的委员才能用人民委员这个名称,其他中央及地方的代表,不得用这个名称。

(戊)各人民委员会

第三七条　本宪法第三十六条①,所列举的 15 个人民委员,为便于在人民委员苏维埃监督之下,各部分直接进行部务起见,得各自设立人民委员会,根据中央执行委员会所许可的范围,行使他的职权。

第三八条　以各人民委员,为各人民委员会的主席。

第三九条　各人民委员会的委员,由人民委员苏堆埃【委任】。

第四十条　各人民委员在他的权限内,有单独解决一切问题之权,但须提交人民委员会去通过和承认,若人民委员会的委员,对于人民委员所解决的问题或决议有异议时,人民委员会的每个委员有提交人民委员苏维埃或中央执行委员会主席团之权。

第四一条　各人民委员会的决议,若显然违反中华苏维埃的宪法和法律时,中央执行委员会或中央执行委员会主席团得停止之,并得撤消他的职务。中央执行委员会或中央执行委员会主席团应将所停止的职务之名单,通知人民委员苏维埃及有关系的人民委员。

第四二条　各人民委员对人民委员苏维埃中央执行委员会及其主席团负责。

(己)中华苏维埃共和国最高法院

第四三条　为确定中华苏维埃共和国领土内革命法律的效力起见,在中央执行委员会设立最高法院。

第四四条　最高法院的组织如下:

一、最高法院全体委员会议。

二、最高法院的民事部。

三、最高法院的刑事部。

四、最高法院军事裁判部。

第四五条　最高法院会议的委员,由中央执行委员会主席团任命之,其人数为 7 人,其中包括最高法院的院长、副院长 2 人,中央政治保卫处的代表 1 人。

第四六条　最高法院的权限如下:

---

① 疑为第三五条。——本文库编者注。

一、组织和管理各省省法庭的工作。

二、解释关于一般的法律问题。

三、审查各省省法庭违反中华苏维埃共和国法律的裁判书及决议。

四、审查高级机关的职员在执行职务期间内的犯法案件。

第四七条　最高法院的检察官及其助理检察官,都由中央执行委员会主席团任命之。

第四八条　检察官的权限如下:

一、预先检查案件的证据,以备提到最高法院去审判。

二、在最高法院开庭审判时,代表国家出庭,襄〔襄〕助告发事宜。

三、对于最高法院全体委员会议的决议不同意时,得向中央执行委员会提出抗议。

第四九条　最高法院的全体委员会议之下,得组织特别司法委员会以审查下列的案件:

一、有全国意义的重要民刑案件。

二、中央执行委员会及人民委员苏维埃的委员个人所提出的责问案件,这种案件,最高法院得接受审查,但须经过中央执行委员会或中央执行委员会主席团特别决定之。

(庚)中央政治保卫处

第五十条　中华苏维埃共和国为压制和侦探在政治上和经济上的反革命活动、反革命的组织及其侦探盗匪等,在人民委员苏维埃之下,组织中央政治保卫处。

第五一条　中央政治保卫处的处长有列席人民委员苏维埃会议【之权】,有发言权而无表决权。

第五二条　中央政治保卫处直接指导各省的政治保卫分处机关的事宜,各级国家政治保卫处,与别的苏维埃政府不发生横的隶属关系。

第五三条　政治保卫处的权限以法律许可的特殊地位为根据。

第五四条　中央政治保卫处在法律范围内的一切行动受最高法

院检察官的制裁。

第二章　全中华苏维埃大会及其中央执行委员会的权限

第五五条　全中华苏维埃大会及中央执行委员会的权限如下：

一、颁布和修改宪法。

二、代表中华苏维埃共和国对外订立各种条约及批准国际条约。

三、制定法庭的组织系统并颁布民事刑事的诉讼立法。

四、颁布劳动法。

五、决定外交内政的大方针。

六、改正国家的边界并有放弃中华苏维埃共和国领土之权。

七、确定各地方苏维埃的权力并裁判各地方苏维埃间的争执。

八、划分行政区域并有建立和合并地方之权。

九、对外宣战及讲和。

十、制定度量衡和币制。

十一、发行内外公债。

十二、编制预算案。

十三、确定税率并征收国家的捐税。

十四、组织并指导海陆空军。

十五、制定中华苏维埃共和国国民的公民权及住居中华领土内外国人的公民权。

十六、允许全部或一部的赦免。

十七、制定国民教育的一般原则。

十八、管理交通和邮电。

十九、选任或撤消人民委员苏维埃的委员，并批准人民委员苏维埃的主席。

二十、制定国家经济建设的计划，并订立租借企业的协定。

二一、指导对外贸易并制定国内商业制度。

二二、代表中华苏维埃共和国与中国境内各民族订立组织联邦共和国的条约。

第三章　地方苏维埃政权

第五六条　地方苏维埃政权规定如下：

（甲）全省苏维埃代表大会为全省的最高政权机关，由各县苏维埃代表大会所选举的代表组织之，城市居民以1万人选举1人，乡村居民每5万人选举1人为比例，但代表总数不得超过500人。

（乙）全县苏维埃代表大会为全县的最高政权机关，由各区苏维埃代表大会选举的代表组织之（城市居民每1000人选举1人，乡村居民每5000人选举1人为比例），但代表总数不得超过300人。

（丙）全区苏维埃代表大会为全区的最高政权机关，由各乡苏维埃、各城市苏维埃选举的代表组织之（城市居民每500人选举1人，乡村每【?】居民选举代表1人为比例），但代表全数不得超过200人。

（丁）城市苏维埃为城市的最高政权机关，每250人选举代表1人组成之。

（戊）乡苏维埃为乡的最高政权机关，每居民10人选举代表1人组成之。

第五七条　全省苏维埃代表大会，由省执行委员会每年召集一次，全县和全区苏维埃代表大会，由县执行委员会和区执行委员会每半年召集一次，城市苏维埃大会，每月召集一次，乡苏维埃大会，每半月召集一次。

第五八条　省、县、区苏维埃的非常大会，由省、县、区苏维埃的执行委员会的提议或该境内居民三分【之一】以上的苏维埃之要求得上级苏维埃政府的许可以召集之。

第五九条　省县区苏维埃代表大会闭幕期间，以省县区苏维埃执行委员会为省县区的最高行政机关，省县区苏维埃执行委员会闭幕期间以主席团为最高机关，城市苏维埃乡苏维埃仅组织主席团。

第六十条　省执行委员会不得超过35人，县执行委员会不得超过25人，区执行委员会不得超过15人。

第四章　地方苏维埃政权的权限

第六一条　地方苏维挨政权权限如下：

一、执行上级机关的命令。

二、规划该地域内的行政事宜。

三、解决该地方范围内的地方问题。

四、计划地方内的文化教育事业的发展。

五、统一该地域内苏维埃的活动。

第六二条　省苏维埃大会及其执行委员会，有监督该省内苏维埃工作之权，有变更和取消该省内各级苏维埃决议之权，但重要者须报告中央执行委员会主席团。

第三篇　选举权

第五章　选举权之规定

第六三条　居住在中华苏维埃共和国领土内的居民，凡年满18岁者，无论男女宗教民族的区别，对于苏维埃都有选举权和被选举权，但以下列的几种人民为限：

一、工农商及其他企业机关和组织的雇佣劳动者，独立劳动者及一切不剥削他人劳动力者和他们的家属。

二、中华苏维埃共和国海陆空军中服军役者。

三、以上二种人民但现时不能工作者。

第六四条　前条的三种人民之一，而犯有下列各条之一者没有选举权和被选举权：

一、剥削他人的劳动力者。

二、靠土地、资本的盈利为生，而自己不劳动者。

三、商人资本家的代理人、中间及买办。

四、各宗教的传教师、牧师、僧侣、道士、地理阴阳先生及一切传教为职业者。

五、国民党及其他反动政府下的警察、侦探、宪兵、官僚、军阀及参加反对工农利益的反动派。

六、有神经病者。

七、经法庭判决有罪,而在犯罪〔服刑〕期间者。

第六章　选举的手续

第六五条　选举由当地苏维埃内所组织的选举委员会定日进行之。

第六六条　选举须在〔当〕选举委员会主席之前〔面〕进行之,倘若选举委员会主席不能到选举大会时,须由选举委员会派该委员会的副主席出席选举大会。

第六七条　选举的结果,应做成报告书,由选举委员会【主席】签名提到选举委员会。

第六八条　选举的详细手续和各生产机关劳动者之与闻选举,由本地苏维埃政府根据中央执行委员会的选举法令而规定之。

第七章　选举的承认取消及代表的召回

第六九条　凡与选举有关系的文件,应汇集交选举委员会并转本地苏维埃。

第七十条　选举的结果由本地苏维埃派委员会审查之,并将审查的结果报告苏维埃。

第七一条　选举效力有争议时,由本地的苏维埃决定之。

第七二条　遇不生效力的选举时,由本地苏维埃宣告重新选举。

第七三条　中央执行委员会为选举上诉的终审机关。

第七四条　若遇有全部选举违反选举条例时,应否取消,由上级苏维埃规定之。

第七五条　选举者有随时召集回所选代表之权,并得另行选举。

第四篇　中华苏维埃共和国的国徽和国旗

第八章　国徽与国旗

第七六条　中华苏维埃共和国国徽规定所在地球形上插交叉的锤子与镰刀,架谷穗于地球下和两旁,地球之上及五角星上书"中华苏维埃共和国",再上写"全世界无产阶级联合起来呵!"

第七七条　国旗为红色旗上加上国徽。

第七八条　陆军旗为

海军旗为

商业旗为

（录自《中央革命根据地史料选编》下册,江西人民出版社1982年版,第121—132页）

中华苏维埃共和国劳动法
——中华苏维埃工农兵第一次全国代表大会通过
（1931 年 11 月）

第一章　总则

第一条　凡在企业,工厂,作坊及一切生产事业和各种机关(国家的,协作社的,私人的都包括在内)的雇佣劳动者,都应享受本劳动法的规定。

第二条　对于在中华苏维埃共和国海陆空军服军役的战斗员和指挥员不受本劳动法的拘束。

第三条　无论何种已生效力或未生效力的集体合同,劳动合同及其他的劳动契约,倘他的劳动条件比本劳动法所规定的条件恶劣者皆不发生效力。

第四条　雇农,森林工人,季候工人,交通工人,苦力,家庭的女工,厨役及其他有特殊劳动条件的工人,除享受本劳动法的一般规定之外,并得享受中央执行委员会,人民委员会及中央劳动部对于这些工人所颁布的个别劳动条件的规定。

第五条　对于苦力(搬运工人,拉车夫,拉船夫,桥〔轿〕夫,挑夫等都包括在内)的苻〔荷〕重量由中央劳动部另行规定之,以及独立劳动者在被人雇佣时所应享受本劳动法之规定权利,另由中央劳动部颁布详细条例。

第二章　雇佣的手续

第六条　雇佣工人须经过工会和失业劳动介绍所,并得根据集体合同,严格禁止所谓工头,招工员,买办或任何私人的代理处的各种契约,劳动包工制,包工头等。

第七条　所有失业劳动介绍所须由各级劳动部组织并管理之。严格的禁止私人设立工作介绍所或雇佣代理处。

第八条　严格禁止并严厉处罚要工人出钱买工做或从工资中扣钱作介绍报酬。

第九条　凡欲寻找工作的人,须至劳动部所设立的失业劳动介绍所登记,列入失业劳动者的名册内。

第三章　集体合同与劳动合同

第十条　集体合同是一方面由职工会代表工人和职员与另一方面的雇主所订立的集体条约。在该集体合同上规定出企业,机关,家庭及私人雇主对于雇佣劳动者的劳动条件,并规定了将来雇佣劳动者个人与雇主间订立劳动合同的内容。

第十一条　集体合同的条件,对于该企业或机关内的全体工作人员,无论他加入了职工会与否,都发生效力。

第十二条　业经劳动部注册的集体合同,自双方签字之日起,或依合同上所规定的日期起发生效力。

第十三条　劳动合同是一个工人或几个工人与雇主订立的协定。劳动合同的条件,倘与劳动法,现行的劳动法令及集体合同的条件较恶劣者皆不发生效力。有期限的集体合同和劳动合同的有效期间,不得超过一年,工会在合同未满期以前,有权要求取消合同。

第四章　工作时间

第十四条　所有雇佣劳动者通常每日的工作时间,依本劳动法的规定,不得超过 8 点钟。

第十五条　16 至 18 岁的青工,每日工作时间不得超过 6 点钟,14 岁至 16 岁的童工,每日工作时间不得超过 4 点钟。

第十六条　所有工人在危害身体健康之工业部门中工作(如地下矿工,铅,锌以及其他带毒性的工作),每日的工作时间须减至 6 点钟以下。危害工人身体健康之工业种类及某种工业每日之工作时间减至若干点钟,由中央劳动部制定公布之。

第十七条　所有在夜间做工之工人,每日工作时间较通常工作时间少 1 点钟(通常 8 点钟者减至 7 点钟,7 点钟者减至 6 点钟,余类推)。

[附注]由下午 9 点钟到第二天上午 6 点钟称为夜工。

第十八条　除非经过劳动检查机关或工会对于某项工业部门的特别允许,任何工业和季候工作,不得做比本劳动法所规定的时间以上的额外工作。

第五章　休息时间

第十九条　每工人每周经常须有继续不断的42 点钟的连续休息。

第二十条　在任何企业内的工人,继续工作到 6 个月以上者,至少须有 2 个星期的例假,工资照发。在危害工人身体健康之工业中工作的工人,每年至少须有 4 个星期的例假,工资照发。

第二十一条　下列的纪念日和节日,须一律停止工作:

(甲)1 月 1 日——新年。

(乙)1 月 21 日——世界革命的领袖列宁逝世纪念日。

（丙）2 月 7 日——军阀屠杀京汉路工人纪念日。

（丁）3 月 18 日——巴黎公社纪念日。

（戊）5 月 1 日——国际劳动纪念日。

（己）5 月 30 日——五卅惨案反帝纪念日。

（庚）11 月 7 日——苏联十月革命纪念日和中华苏维埃共和国成立纪念日。

（辛）12 月 11 日——广州暴动纪念日。

［附注］各级劳动部得商同当地的总工会，得按当地情形，规定地方的纪念日作为特别休息日，休息日和纪念日的工资照发。

第二十二条　休息日和纪念节日的前一日的工作时间，至多不得超过 6 点钟。

第二十三条　在本劳动法规定的每日工作时间内包括半点钟至一点钟的吃饭时间，不得扣工资。

第二十四条　工人和职员若因生病或生育小孩所得的休假，不得算入第二十条的例假之内。

第六章　工资

第二十五条　任何工人之工资，不得少于由劳动部所规定的真实的最低工资额，各种工业部门的最低工资额，至少每 3 个月由劳动部审定一次。

第二十六条　各种工业内（国家的，合作社或私人的）实际的工资额，由工人（由工会代表工人）和企业主或企业管理人用集体合同规定之。

第二十七条　所有劳动检查机关和工会所特许的额外工作，工人须得双薪。

第二十八条　由劳动检查机关的许可，工人在休息日或纪念日做工作，应发双薪。

第二十九条　女工青工与成年男工做同样的工作，领同等的工资。童工青工,虽按缩短时间做工作,但工资仍须按照该职业的工资等级,以全日计算。

第三十条　夜工的工资须高于通常的工资,工作8点钟者增加七分之一,工作6点钟(危险工作)者增加五分之一的工资,按件计算的工作,如为夜工,除应得的工资外,工作8点钟者,应照其平均工资增加七分之一,工作6点钟者,应照其平均工资增加五分之一。

第三十一条　所有工资须现金支付(不得用货品),经常每周或半月支付一次(不得迟过半月,并禁止任何方式积欠),且直接交给工人之手。

第三十二条　工人和职员,遇每年的例假时,在例假期间的工资,应在例假前提前发给。

第三十三条　按件的工作,可由工人(由工会代表工人)与雇主双方面订定集体合同,所有按件工作,须规定每日的平均生产率与每日的中等工资(按照每一工业按件所作之工作时间计算)。

第七章　女工青工及童工

第三十四条　女工青工及童工,除享受本劳动法各章的普通权利之外,并规定下列的特别保护女工青工童工之条文。

第三十五条　凡某些特别繁重或危险的工业部门,禁止女工青工及童工在里面工作。禁止女工青工及童工工作之工业部门,由中央劳动部审定公布之(如地下矿工,像〔橡〕皮,铅,铜,胶,水银,锡,铸造及其他同样矿场,过高或过低的地方的木工等等)。

第三十六条　禁止女工在任何举重过40斤之企业内工作,若在某种特殊工业或工作过程中必须包括一部分女工,女工工作时间不得超过通常工作时间的三分之二。

第三十七条　18岁以下的男女工及怀孕和哺小孩的女工,严格禁止做夜工。

第三十八条　所有用体力的劳动女工,产前产后休息8星期,工资照发。使用脑力的机关女职员(如女办事员与女书记)产前产后休息6星期,工资照发。如小产(堕胎),休息两星期,工资照发。

[附注]女工产前产后的休息期内及小产时的工资由厂主担负,如若社会保险处已经成立,则经过社会保险处发给。

第三十九条 生产前5个月内及生产后9个月内,不许开除女工。若不得她的同意,并不得令其出外办事或迁移到别处去。

第四十条 哺乳的女工,除享受本劳动法第二十三条所规定的休息外,并规定每隔3点钟休息半点钟来哺小孩,不得克扣工资,并在工厂内设立哺乳室及托儿所,由工厂负责请人看护。

第四十一条 14岁以下的男女,严格禁止雇用。14岁至16岁的童工,经过劳动检查机关许可后才能雇用。

第四十二条 每企业必须完备的详细的登记青工童工的年龄、工作时间和工资等等。

第四十三条 设立工厂或商埠学校,以提高青年工人的熟练程度,并给他们以补充教育,经费由厂方供给。严格禁止旧式的学徒制和养成工制。各种形式的学徒制,凡与本劳动法条文所规定的条件恶劣者(工资,工作时间,待遇等)宣告无效。

第八章 劳动保护

第四十四条 任何机关或企业,不经劳动检查机关检查和许可,不得进行工作,开设或迁徙地方。

第四十五条 所有机器须设置防护器,未经劳动检查机关检查,与适当防护器的设置,不得增设新机器。

第四十六条 无论何种企业,必须发给工人工作专门衣服,工作专门衣服的种类及穿着的期间[限],由中央劳动部特别规定之。

第四十七条 工作条件及工作过程特别危害工人身体健康的企业(如温度无常,毒气等),企业管理处须供给工人特别的保护衣服及其他保护物(加护眼器,面具呼吸器,肥皂,特殊食品,肉类与牛乳),

在有毒企业内供给消毒药品及器具。这些设备不得由工人担负，并须按期检查工人体格，借谋保护。

第四十八条　各种罚款与克扣工资须严格禁止，赔偿损失亦被禁止，同时对雇用工人后，任何时间内征收工人保证金或储金制度，一律严格禁止。

第四十九条　因厂方过失，中间停止工作，不得克扣工资（如机器损坏或缺少原料，厂方不能实行苏维埃法律的规定等）。

第五十条　工人去参加苏维埃选举，出席苏维埃大会，参加职工大会或会议，担任工厂委员会的工作，被法庭叫去当见证人、鉴定人或陪审员等，在执行工作期间，无论时间之久暂，都不得克扣工资。

第五十一条　工人或职员，被征到红军中去服军役，因此而失去他的工作，在这种情形中，须预先发给他 3 个月的平均工资。

第五十二条　雇主必须供给工人以工作的工具，并不得因用工具而克扣工资。倘若工人用自己的工具，雇主必须偿还工人以原价。其详细的办法由集体合同规定之。

第五十三条　由工厂出资建筑工人寄宿舍，无代价的分给工人及其家庭住，未建筑寄宿舍的，每月由工厂津贴相当的房金。

第五十四条　工人和职员若自愿的解除劳动合同，雇主须发给他半个月的中等工资，作为卸工津贴费。若雇主开除工人和职员，雇主须发给 3 个月的中等工资，作为卸工津贴费。

第五十五条　工人和职员若暂时丧失劳动能力，雇主须保留他原有的工作地位和原有的中等工资。

第五十六条　由劳动检查员监督劳动法之实行，凡劳动检查员认为某一企业将有立即危害工人身体健康及生命者，劳动检查员有封闭该企业之权，劳动检查员的工作任务，由劳动部另行颁布之。

第五十七条　所有受雇后在工作过程中所得的职业病，本劳动法认为与职业遇险同，并应全部抚恤之。

第九章　中华全国总工会及其地方的组织

第五十八条　中华全国总工会是联合全国各企业与机关的工人和职员所组成。各项职工会及其地方组织,须根据中华全国总工会全国代表大会所通过的章程而组织之。不根据该章程所组织的各种联合会,不得称为职工会,也不得享受职工会在法律上应享受的权利。

第五十九条　苏维埃保证职工会的行动自由,有宣布并领导罢工之权,代表工人交涉并签定合同等权。各省和各县的产业职工会,得代表工人签订该商业工业或地方工人的集体合同。

第六十条　一切集体合同及劳动合同,由工厂或店铺委员会监督执行,因为这是职工会在企业中的基本组织,并得监视劳动法及各种关于劳动问题的法令之执行。

第六十一条　职工会主要的任务是代表个别的或集体的工人,保护一切雇佣劳动者的利益,并努力设法改善工人的一切经济及文化的条件,用各种方法积极的帮助和加强发展并保护苏维埃运动及苏维埃政府。

第六十二条　在一切国有及协作社的企业中,职工会是直接参加和佐理这些企业的经理〔济〕与管理。在私人的企业中,职工会成立特别机关以监督生产。

第六十三条　苏维埃政府给职工会的组织以物质上的帮助,并与〔予〕职工会以享受邮政、电报、电话、电灯、自来水等市政公用品及铁道、轮船等优待条件。

第六十四条　由雇主出工资总数以外的百分之二的数目,作为工会的办公费,又百分之一作为工人的文化费。

第六十五条　雇主开除工人须得职工会的同意。职工会的工厂委员会、店铺委员会代表工人加入评判委员会,以解决劳资间的一切纠纷。

第六十六条　每个工厂及店铺委员会为直接保护自己企业中工人的劳动条件,每个企业中的工厂委员会,须组织劳动保护特别委员会,从工人的活动分子中选出3个至7个人组织之。这个委员会的作用是:(甲)视察劳动法中关于保护劳动及集体合同的一切条文是否执行;(乙)劳动检查机关的检查纪录之提议是否执行等。

第六十七条　职工会有向苏维埃政府提议颁布各种劳动法令,提出并推荐劳动检查员之权。工厂委员会之委员,根据工厂委员会的证书,有自由进出工厂和参观全部工厂之权。

第十章　社会保险

第六十八条　社会保险,对于一切雇佣劳动者,不论他在国家企业,协作社或私人的企业,不论工作时间之久暂及付给工资的形式如何,都得施及之。

第六十九条　由雇主于应付的工资之外,支付全部工资额的百分之十至百分之十五的数目,做为社会保险之基金,该项百分比例表另由中央劳动部以特别命令颁布之。绝对不得向被保险人征收保险费,也不得从工资中克扣。

[附注]保险基金,绝对不许移作与保护工人无关系的用途。

第七十条　社会保险的优恤的种类如下:

(甲)免费的医药帮助——不论是普通病,或因工作致病,遇险受伤,职业病等都支付医药费,其家属也同样享受免费的医药帮助。

(乙)暂时失却工作能力者的津贴——如:疾病,受伤,受隔离,怀孕,生小孩,以及服侍家中的病人等的空缺时间内的工资。

(丙)失业津贴费——(一)职工会会员,做工在1年以上就可得失业津贴费;非职工会会员,做工在2年以上才可得失业津贴费。(二)失业工人必须在失业劳动介绍所或在当地工会注册,或由机关证明曾被雇用过,或有职工会会员作证,才能得到优恤金。(三)支付失业津贴费时间之长短,可按照当地情形和社会保险基金的状况加以限制,但失业工人仍可继续领相当的优恤金。

(丁)残废及老弱的优恤金——凡工人因一般的原因或遇险或职业病而遭受部分的或全部的残废,或年老不能工作,经过特别专门委员会的检查,而确定此种残废的程度与性质及其家庭的状况后,须得现金优恤。

(戊)婴儿的补助金——如工人生了小孩,得领取补助金来买小孩 10 个月所必需的物品和牛乳,但此项补助金的总数不得超过 2 个月的工资。

(己)丧葬津贴费——工人及其家属之死亡,都由社会保险处领取丧葬费。

(庚)工人家属贫困补助金——凡工人的家庭专依靠工人赚工钱生活者,若工人死亡或失踪,应得优恤金,此项优恤金的数目之大小,支付时间之长短,要看工人的家庭大小等条件,由专门委员会审查决定之。但于受雇任何企业 6 个月以上的工人,都得领取之。

[附注]一、疾病优恤金从得病第一天算起,可达工资同样的数目,但不能超过相当规定的最高限度。由职业病而残废的人,同样可领疾病优恤金,到规定领残废优恤金为止。

[附注]二、未成年人的失业津贴,不问他的工作时间之长短,做何种工作,都得领取之。

第七十一条　社会保险处之管理与社会保险基金之用途,雇主不得过问,雇主只尽纳保险费之义务,由职工会的代表大会选举社会保险机关的管理委员会,并由政府批准,而在职工会和劳动部的监督之下,管理社会保险基金之收集与用途。

[附注]在社会保险处未成立以前,本章所列举的各项津贴费,由雇主担负之。

第十一章　解决劳资冲突及取递①违犯劳动法的机关

第七十二条　凡违犯劳动法的案件以及劳资的纠纷,或由人民法院的劳动法庭判决强制执行之,或由劳资双方代表所组成的评判委员会及设在劳动部的仲裁委员会以和平解决之。评判委员会和仲裁委员会的工作细则,由中央劳动部另行颁布之。

第七十三条　凡违犯劳动法及一切关于劳动问题的法令,集体合同等,无论他对于刑法受何种惩罚,都归人民法院的劳动法庭审理之。

第十二章　附则

第七十四条　本劳动法有疑问或在执行上发生争执的时候,由中央劳动部解释之,未与中央苏区打成一片的苏区,由该苏维埃省政府的劳动部解释之。

第七十五条　凡未与中央苏区打成一片的苏区,凡中央劳动部有权颁布之各种细则和表册,该苏区的最高政权机关有颁布之权。

中华工农兵全国苏维埃第一次代表大会主席团常务主席

项英　周以栗　曾山　邓发　张鼎丞　陈正人　朱德

中华苏维埃共和国中央执行委员会

主　席　毛泽东

副主席　项　英

张国焘

根据《中华苏维埃共和国劳动法、土地法》刊印
（录自《中共中央文件选集》第 7 册,中共中央党校出版社
1991 年版,第 782—794 页）

---

①　本文其他版本无"取递"二字。——本文库编者注。

关于经济政策的决议案
——中华苏维埃工农兵第一次全国代表大会通过

（1931 年 11 月）

为着反帝国主义与土地革命的发展，工农革命联盟的巩固，中华工农兵苏维埃第一次全国代表大会规定下列基本条例，作为目前苏维埃经济政策的根据。

一、工业方面

（一）为保障国家完全独立和民族解放起见，苏维埃政府将操在帝国主义手中的一切经济命脉，实行国有（租界、银行、海关、铁路、航业、矿山、工厂等）。在目前允许外国某些企业重新另订租借条约继续生产，但必须遵守苏维埃一切法令，实行 8 小时工作制及其他各种条例。如这些企业主违反这些条例，实行怠工和关厂，或干涉苏维埃政府的行政及维护反革命，则必须立即没收其企业作为国有。

（二）苏维埃对于中国资本家的企业及手工业，现尚保留在旧业主手中而并不实行国有，但由工人监督生产委员会及工厂委员会实行监督生产。若这些企业主怠工破坏苏维埃法律或参加反革命的活动，故意破坏或停止生产，则必须立即没收他的企业，按照具体条件，交给工人劳动合作社或苏维埃政府管理。

（三）竭力促进工业的发展，苏维埃特别注意保障供给红军的一切企业的发展（工厂，作坊，手工业，家庭企业等）。

二、商业方面

(一)苏维埃应保证商业自由,不应干涉经常的商品市场关系;但苏维埃必须严禁商人的投机和提高价格。应解散商会,禁止大小商人以商会名义垄断价格,如遇商人怠工,或经济封锁而危及基本群众主要生活商品的供给,或因红军需要,苏维埃政府应规定必须品之最高价格,但这种方法,须在必要时施行,有可能即须恢复商业自由。

(二)与非苏维埃区域的贸易,还绝不能实行"对外贸易垄断";同时,苏维埃政府应实行监督这些贸易,以保障苏维埃区域必须商品的供给,银币输出必须得该地苏维埃允许。

(三)为着整个苏维埃贸易与保障劳苦人民的利益及改良劳动群众必须〔需〕品的供给,苏维埃政府必须极力帮助合作社的组织与发展。苏维埃对于合作社,应给以财政的协助与税的豁免,苏维埃应将一部分没收的房屋与商店交给合作社使用,并且为要保证劳苦群众的供给,苏维埃政府必须提倡公共仓库,储蓄粮食,以便实行廉价供给与接济。

三、财政与税则

(一)消灭国民党军阀政府一切的捐税制度和其一切横征暴敛,苏维埃另定统一的累进所得税则,使之转由资产阶级负担。苏维埃政府应该豁免红军战士、工人、乡村与城市贫苦群众家庭的纳税,如遇意外灾害,更应豁免或酌量减轻一切税额。

(二)取消过去一切口头的书面的奴役及高利贷的契约,取消农民与城市贫民对高利贷的各种债务,严禁预征或债务的奴役,应以革命的法律,严防并制止一切恢复奴役与高利贷关系的企图,城市与乡村贫民被典当的一切物品,完全无代价的归还原主,当铺应交给苏维埃。

（三）苏维埃区域内的旧货币，在目前得在苏维埃区域通行，并消灭行市的差别，但苏维埃须对这些货币加以清查以资监督。苏维埃应发行苏维埃货币①，外来的货币，须一律兑换苏维埃自己发行之货币。

（四）为着实行统一币制并帮助全体劳苦群众起见，苏维埃应开办工农银行，并在苏维埃区域内设立分行，这个银行有发行货币之特权。工农银行对于各农民，家庭工业者，手工业者，合作社，小商人等实行借贷，以发展苏维埃经济。这个银行应实行兑换货币，其分行并带征税收。

（五）对各土著及大私人银行与钱庄，苏维埃机关应派代表监督其行动。禁止这些银行发行任何货币，苏维埃应严禁银行家利用本地银行，实行反革命活动的一切企图。

四、市政方面

苏维埃应实行相当调剂，以减轻城市贫民的房租，没收地主、豪绅、军阀、官僚、政客的房屋和财产，这些房屋应交给工人苦力学徒等居住；财产由城市贫民分配，或由苏维埃用作公共事业。城市苏维埃应采取一切办法改良贫苦人民的居住条件。

（录自《中华苏维埃共和国法律文件选编》，江西人民出版社
1984 年版，第 239—241 页）

---

① 《中共中央文件选集》第 7 册（中共中央党校出版社 1991 年版，第795—797 页）所录此件文本，在此句后有"并兑换旧的货币，对于旧的货币开始亦可采用，加盖图记通用"字样。——本文库编者注。

关于红军问题决议案
——中华苏维埃工农兵第一次全国代表大会通过
（1931 年 11 月）

在国内革命战争的火焰中,在广大工农劳苦群众反对封建地主豪绅资产阶级与外国帝国主义的无情的斗争中,中国各地零散的工农游击队,在中国共产党领导之下,已经创造了中国的工农红军。

从三年以来英勇斗争过程中,红军表现是土地革命和反对帝国主义斗争最坚决的执行者。虽然有一些暂时部分的失败,但他仍然是为着建立苏维埃的中国而继续与一切反革命势力进行坚决的斗争。

中国红军已经引起了一切革命的敌人(帝国主义,国民党,资产阶级,地主,奴隶主,官僚,警察,刽子手,侦探,牧师以及白俄——)之极度的仇视与嫉恨,他们动员了一切反革命的势力和军阀军队,加紧向红军进攻。现在敌人虽有极大的军队和精良的技术,并且在帝国主义充分帮助之下,但仍然是不能消灭经验缺乏和技术尚拙劣的中国红军。

现在国内和全世界的工农劳苦群众,对于中国工农红军都是表示无限的喜悦和爱戴。

这些情形,完全证明中国工农红军是土地革命和反帝国主义革命斗争的武装力量,这也就是证明中国工农群众从长期奴隶生活与一切压迫(帝国主义、地主豪绅和军阀的残酷压迫,以及血腥的封建式的资本主义关系的剥削——)之下求解放的斗争,已经开始,而且胜利的向前发展了。中国革命已经进到了为苏维埃政权而斗争的阶段。

坚决的阶级斗争已经开始了，而且在向前发展着。但是为着完成全国革命的最后胜利，在中国工人阶级和革命的农民之前，尚摆着艰苦的斗争道路，因为中国的反革命势力与帝国主义者，正在用尽一切力量向革命的工农与红军进攻。这一已经开始了的历史上的阶级战争的胜负，将要以武装的力量来决定。

为保护苏维埃政权，扩大苏维埃区域和保障革命的胜利，为加紧与中国反革命势力和帝国主义作艰苦的斗争，中国工农群众必须以极大的努力在数量上质量上去巩固红军。

红军是苏维埃政权最重要的保护者。他是阶级的军队，不论在任务上和精神上，他与国民党的军队和帝国主义的军队是根本不相同的。军阀帝国主义的军队是与群众隔离的，是压迫工农、侵略殖民地的工具，是进行侵略战争与军阀混战的；而红军是工农群众自己的军队，是解放工农群众的武装力量，且负有极伟大的国际任务的，红军的武装力量是可以加速全世界反动统治阶级的崩溃，消灭资产阶级和帝国主义军队的。

红军是依照劳动群众的国际任务与精神去训练并行动的政治的军队，他是中国历史上第一次有觉悟的革命战士所组织成的。每个红军战斗员都知道为着本阶级的利益而斗争，为一切劳苦群众而服务，绝不是替剥削者和资本家去压迫工农的。

红军的政治委员和政治部，是共产党和苏维埃政府在红军中的直接代表，共产党与共产青年团是红军不可分离的组织成分。

一切劳动者：工人、雇农、贫农、中农、城市贫民，都有武装起来保护苏维埃政权的权利，一切属于统治阶级的和剥削者：军阀，地主，豪绅，官僚，资本家，富农及其家属都不准加入红军。

为着革命的利益，在红军必须建立严厉而自觉的革命纪律，一切指挥与管理以及给养机关，必须完全集中统一。用一切力量经常巩固并提高红军的战斗力量，同时必须尽量在红军中提高苏维埃政权的威信。

中华工农兵苏维埃第一次全国代表大会，委托中央执行委员会主席团和政府迅速实现组织并巩固红军战斗力的一切必要的实际办法，大会更具体的有以下委托：

（甲）指定最高军事机关——革命军事委员会及中国红军总司令部管理红军的给养与组织以及军事训练，并指挥红军的作战行动。只有严格集中的领导（包括一切红军），执行上级领导机关的计划与统一行动之条件之下，红军才能战胜军阀和帝国主义的势力，才能扩大苏维埃区域根据地。因此，革命军事委员会以及其附属机关的一切训令与命令，红军应立刻无条件的执行。

（乙）设法增加红军中的工人与雇农成分，尽量吸收工人雇农加入红军，同时大会号召非苏区的工人团体，经常输送革命的工人到红军中来，只有增加工人雇农的成分，加强政治委员及政治部的工作，巩固红军中共产党与青年团的组织，才能保障红军中无产阶级的领导。

（丙）大会特别指出：红军中的政治委员、政治部、共产党与青年团是执行阶级的任务，对于红军政治人员的政治教育和巩固红军战斗力是有极伟大作用的。政府与革命军事委员会应该制定政治委员和政治部以及各种政治团体在红军中的责任与应有权限的各种条例，并使每个斗争员都能深刻了解这些条例的内容。

（丁）经常注意改善红军指挥员的质量，这首先就要引进工人，雇农，贫农以及过去在革命斗争中表现忠实而富有经验的革命战士，去担任军事指挥员和政治工作。

（戊）采用一切有力的方法，扩大红军的数量（组织新团、师、军），改造红军的质量（按照现代战术条件去组织战斗单位，创办红军学校，出版军事法令书籍等），以提高红军战斗力去战胜革命的敌人。

（己）为保证红军军械及一切军用必需品的供给，应组织弹药制造厂，兵工厂和统一集中的供给机关。

（庚）没有苏维埃政权各方面的积极帮助，红军作战要取得胜利是不可能的。苏维埃政府应制定必需的法律,规定各级苏维埃机关对于红军的权利和义务,以巩固红军和帮助红军的作战行动。

(辛)应制定颁行红军战斗员的誓词。

为红军的巩固与扩大,红军战斗力的加强,大会特制定中国工农红军优待条例(见附文)。

苏维埃大会号召各级苏维埃、共产党、青年团、职工会以及其他革命团体和广大工农劳苦群众,给红军以更大的帮助。要记得谁不帮助红军,不去巩固红军的力量,不去赞助红军的纪律,他在客观上便是反革命,反对红军。

大会相信,有过光荣胜利的红军,在广大工农群众拥护之下,在共产党与苏维埃政府领导之下,去坚决执行上列各种任务,将来一定是能够消灭全国一切反革命的武装力量,完成他自己所负的历史任务!

福建省档案馆馆藏史料

(录自《中华苏维埃共和国法律文件选编》,江西人民出版社

1984 年版,第 167—170 页)

中国工农红军优待条例
——中华苏维埃工农兵第一次全国代表大会通过[①]
（1931 年 11 月）

  中国工农红军,在 1927 年革命失败后,到现在的 4 年艰苦斗争中,在中国共产党正确的领导之下,配合广大工农坚决的执行土地革命,反对国民党军阀,反对帝国主义,从豪绅地主阶级手上夺回土地,建立工农兵苏维埃政权,自己锻炼成强有力的红军,打破了帝国主义走狗国民党军阀三次大规模的进攻。这种为工农阶级、为苏维埃政权英勇斗争的精神与胜利,是值得钦佩与称扬的。苏维埃阶段中革命运动向前发展,更需要红军的扩大与巩固,在长期的艰苦斗争中,去争取一省或数省的首先胜利,以达到建设苏维埃的新中国,而完成红军在历史上的阶级任务,因此红军战士及其家属得【受到】苏维埃共和国的优待。大会特颁布下列优待条例。

  第一条 凡红军战士,家在苏维埃区域内的,其本人及家属均须与当地贫苦农民一般〔样〕的平分土地、房屋、山林、水池……

  第二条 凡红军战士,家在白色区域的,以及新由白军中过来的,则在苏区内分得公田,由当地政府派人代耕。

  第三条 红军中退伍士兵不能服务准给长假的,准由红军公田内分配他耕种。如有在苏区安家的,其家属仍分得土地。

  第四条 红军战士在服务期间,无劳动力耕种家中田地,或分得

---

  ① 副标题为本文库编者所加,少数地方标点符号作了改动。

之公田,应由苏维埃政府(区政府计划,乡苏维埃执行)派人帮助全部
耕种、灌溉、收获工作,所派人工,每年不得少于50工。红军战士家
中缺少劳动力的,应按其需要予以补助。

第五条　为要执行上述条例起见,特规定凡未在红军中服务者,
应实行无代价的"优待红军工作日",每人每月帮助红军家属工作两
天,时间与工作种类,依红军家属之要求而定。

第六条　红军在服务期间,本人及家属免纳苏维埃共和国之一
切捐税。

第七条　红军在服务期间,其家属所居住之国家房屋,免纳租
金。

第八条　红军在服务期间,本人及其家属得享受国家商店百分
之五减价的优待,当必须〔需〕品缺乏时,有优先购买之权。

第九条　凡红军战士乘坐轮船火车,其费用概由公家发给。

第十条　一切戏场每月须有一次免费,欢迎红军看戏,平时票价
减半。

第十一条　红军在服务期间,子弟读书,免纳一切用费。

第十二条　红军在服务期间,因伤病须休养时,应送到最适宜之
休养所休养。在休养期间一切用费,由国家供给。

第十三条　在红军中服务5年以上年龄满45岁者,可退职休
养,国家补助其终身生活。本人不愿退伍而继续服务者,应得特别优
待。

第十四条　国家设立残废院,凡因战争或在红军服务中而残废
者,入院休养,一切生活费用,由国家供给,不愿居残废院者,按年给
终身优恤费,由各县苏维埃政府按当地生活情形而定,但现在每年至
少50元大洋。

第十五条　红军与家属通信,由直属机关盖章,不贴邮票,可寄
回家。红军家属寄信到红军中,则由当地政府盖章,亦不贴邮票,可
寄到红军机关中转发。各级政府及红军机关应切实负责。

第十六条　凡红军战士,在战争牺牲或在服务中因劳病故者,须

照下列条例抚恤之：

一、凡死亡战士，应将其死亡时间、地点、战役功绩，由红军机关或政府汇集公布。

二、死亡战士之遗物，应由红军机关或政府收集，在革命历史博物馆中陈列，以表纪念。

三、死亡战士，应由当地政府帮助红军机关收殓并立纪念碑。

第十七条　凡红军死亡或残废者，其家属优待办法如下：

一、子女弟妹幼小的，由国家设立革命纪念学校专门教育他们，并由国家维持其生活，直到年满18岁，由国家介绍职业为止。

二、父母、妻子由国家维持以相当津贴。

三、本条例之三、四、五、六、七、八等条照旧有效。

第十八条　凡红军在服务期间，其妻离婚，必先得本人同意，如未得同意，政府得禁止之。

（录自 1932 年 1 月 13 日出版的《红色中华》第 5 期第 5 版）

关于中国境内少数民族问题的决议案
——中华苏维埃工农兵第一次全国代表大会通过[①]
（1931 年 11 月）

一、中国境内有不少的少数民族，如像蒙古人，西藏人，韩国人，安南人，四川、云南、贵州、广西等处各种苗、黎等民族，新疆、甘肃等省的回族等等，历年都是受中国（即汉族）皇帝、地主、官僚、商业资本、高利贷资本的剥削和统治的。自从所谓中华民国成立以来，这些少数民族，不但没有得到任何的民族自由与解放，而且军阀、地主、官僚、商业高利贷资本对于他们的剥削与压迫反而加紧，在他们的区域内，造成空前未有的饥荒（如甘肃新疆等省），对于他们的反抗运动，采取了最残酷的屠杀政策（如冯玉祥的屠杀回民），代表中国地主资产阶级的国民党，对于中国境内的少数民族，只有加紧的剥削压迫与屠杀。所谓"民族平等"，所谓"五族共和"，完全是国民党政府的欺骗。中华工农兵苏维埃第一次全国代表大会，坚决地号召全国工农和中国境内的少数民族起来，反对所谓孙中山的"民族主义"，因为它完全是代表地主资产阶级的利益，与中华苏维埃共和国的主张根本不能相容的。

二、中国工农与劳苦群众，反对一切对少数民族的压迫，而主张他们的彻底解放。因此，中华工农兵苏维埃第一次全国代表大会郑重的声明：中华苏维埃共和国绝对地无条件地承认这些少数民族自

---

① 原件为"中华工农兵苏维埃第一次全国代表大会通过"，为了统一称谓，故本文库编者略有改动。

决权。这就是说，蒙古、西藏、新疆、云南、贵州等一定区域内，居住的人民有某种非汉族而人口占大多数的民族，都由当地这种民族的劳苦群众自己去决定：他们是否愿和中华苏维埃共和国分离而另外单独成立自己的国家，还是愿意加入苏维埃联邦或者在中华苏维埃共和国之内成立自治区域。同时，苏维埃共和国完全赞助并拥护一切少数民族反抗帝国主义，反抗中国军阀、地主、官僚、商业高利贷资本的民族革命运动，反对帝国主义国民党军阀对于已经取得独立的外蒙古民主共和国的进攻与咒骂。

三、另一方面，中华工农兵苏维埃第一次全国代表大会必须指出：受帝国主义与中国军阀、地主、资本家压迫，剥削与屠杀的不只是少数民族的劳苦群众，而且也是汉族的劳苦群众，少数民族的劳苦群众，不但受外国帝国主义与中国军阀地主资本家的压迫，而且也受到自己民族内部统治阶级的剥削和压迫。如像蒙古王公活佛，西藏喇嘛，韩国华侨绅士，——国民党"殖民府"以及苗族的土司等等，都是帝国主义及中国地主资本家剥削与压迫少数民族劳苦群众的工具，是他们的压迫与剥削者。所以中华工农兵苏维埃第一次全国代表大会号召少数民族的劳苦群众与中国的工农群众共同联合起来，打倒他们共同的剥削者与压迫者——帝国主义与一切民族的地主资本家的统治，建立工农兵的苏维埃政府。同时苏维埃代表大会号召各少数民族的劳苦群众，反对他们的剥削者与统治者利用任何民族的名义，以民族主义为借口做反对苏维埃联邦共和国（即苏联）与中华苏维埃共和国的斗争，因为这些国家是工农自己的国家，是反对一切帝国主义，反对一切剥削与压迫的国家。

四、中华工农兵苏维埃第一次全国代表大会公开地告诉全中国境内各民族劳苦群众：中华苏维埃共和国的目的是建立一个没有民族界限的国家，是在消灭一切民族间的仇视与成见；为得要达到这一目的，中华苏维埃共和国的一切法令，如像土地法，劳动法，选举法等，绝对应用于共和国的一切劳苦群众，丝毫没有民族的界限，而且苏维埃共和国必须特别注意落后民族共和国与自治区域内生产力的发展与文化的提高，必须为国内少数民族设立完全应用民族语言文字的学校,编辑馆与印刷局,允许在一切政府的机关使用本民族的语言文字,尽量引进当地民族的工农干部担任国家的管理工作,并且坚决的反对一切大汉族主义的倾向。

五、中华工农兵苏维埃第一次全国代表大会认为:目前在全世界上只有苏维埃社会主义联邦共和国(苏联)是真正推翻了本国地主资本家的统治,使工农劳苦群众得到了完全解放的国家,它是全世界反帝国主义的主力军,是一切被压迫民族的朋友,也只有它在国内没有民族的压迫与仇视,而正确地解决了民族问题。苏大会坚决地相信:只有全世界工农群众与被压迫民族联合起来,在苏联的领导之下,才能打倒全世界帝国主义消灭一切剥削和压迫的制度。

因此,中国工农兵苏维埃第一次全国代表大会决定:

(一)中华苏维埃共和国的基本法(宪法)上面,必须明白规定对于中国境内少数民族民族自决权,直到离开中国而独立的自决权,它无条件地承认外蒙古的独立。

(二)凡是居住在苏维埃共和国的少数民族劳动者,在汉人占多数的区域,亦须和汉族的劳苦人民一律平等,享有法律上的一切权利义务,而不加以任何限制与民族的歧视。

(三)委托中央临时政府特别注意中华苏维埃共和国的少数民族共和国或自治区域内的生产力的发展,文化程度的提高与当地干部的培养与提拔,以消灭民族间的仇视与成见,建立一个没有任何民族界限的工农国家。

(四)委托中央临时政府设法积极地具体地赞助和拥护少数民族反抗帝国主义和中国国民党军阀以及一切反对中国与非中国的地主和资本家的革命斗争及民族解放运动。

(五)委托中央临时政府同苏维埃社会主义联邦共和国发生最密切的政治上的、经济上的与文化上的联系。

(录自《中华苏维埃共和国法律文件选编》,江西人民出版社
1984年版,第200—202页)

地方苏维埃政府的暂行组织条例
——1931 年 11 月中央执行委员会
第一次全体会议通过

（1931 年 11 月）

第一章　总则

第一条　为统一各级地方苏维埃政府的内部组织起见，根据宪法特颁布本暂行组织条例。

第二条　中华苏维埃共和国领土内的各级苏维埃政府，应严格的遵守本条例，建立健全的组织和工作。

第三条　本条例的停止或修改之权，属于中央执行委员会。

第四条　本条例在实际应用上若发生疑问或争执时，解释之权属于中央执行委员会。

第二章　乡苏维埃

第五条　乡苏维埃是由全乡的选民，根据宪法的规定而选举出来的全乡政权机关，为苏维埃政权的基本组织。

第六条　乡苏维埃不设立执行委员会，也不设立主席团，只设主席 1 人，大的乡苏维埃可设副主席 1 人，主席缺席时，须选举代理主席行使主席职权。

第七条　乡苏维埃不分科,一切事件由整个乡苏维埃负责,有临时事件时,可临时组织委员会进行之,如在没收和分配土地时,组织土地委员会进行没收和分配土地的工作等。各种临时设立的委员会的委员,除乡苏维埃的代表外,可吸收乡里的活动分子来参加,这些临时来参加委员会工作的人有发言权而无表决权。

第八条　乡苏维埃的每个代表须担负乡苏维埃的一部分工作。

第九条　乡苏维埃的工作人员以不脱离生产为原则。

第十条　乡苏维埃有生活费的工作人员规定如下:

1. 主席 1 人。

2. 交通 1 人。

3. 其余的工作人员 1 人。但领生活费的工作人员,至多不得超过 3 人。

在狭小或偏僻的乡又或在经费困难的时候,只维持主席 1 人的生活费。别的工作人员不给生活费或津贴一部分生活费。

第十一条　乡苏维埃领生活费的工作人员,若超过了所规定的名额,必须得区执行委员会的核准。

第十二条　乡苏维埃的全体代表会议,每 10 天由主席召集一次,有特别事件得召集非常会议。

第十三条　乡苏维埃的全体代表会议,不限定在某一个地方开。可以移动到各村去开。最好是与讨论的问题有关系的村去开。

第十四条　乡苏维埃每月须向该乡选民做乡苏维埃的工作报告一次。有几个村的乡可以到各村去召集选民大会报告自己的工作。

第十五条　有重要意义的问题的决议及命令用布告的形式通知全乡人民召集群众大会做报告,某种不重要的问题由代表口头传达。

第十六条　乡苏维埃主席的权限,是召集会议督促【决议案】之执行,处理日常的事务。

第十七条　乡苏维埃有权解决未涉及犯法行为的各种争执问题。

第三章　城市苏维埃(中央和省的直属市除外)

第十八条　城市苏维埃是由该城市的选民根据宪法的规定而选举出的全城市的政权机关,他和乡苏维埃一样,为苏维埃政权的基本组织。

第十九条　由城市苏维埃的全体代表会议选出主席团,再由主席团选出正副主席各 1 人。

第二十条　城市苏维埃为进行各部分的工作,得分设内务、劳动、财政、军事、文化、卫生、粮食、工农检查〔察〕、土地等科。

第二十一条　每个城市苏维埃的代表,至少须参加一科的工作,并且在代表外还可以吸收该城市的活动分子来参加各科的工作,不是城市苏维埃的代表,而来参加各科工作的人,有发言权,但无表决权。

第二十二条　城市苏维埃的各科得组织干事会,以管理和计划各该科的工作。其干事须由城市苏维埃主席团委任之。

第二十三条　城市苏维埃得任用指导员,以指导和巡视城市苏维埃所管辖机关的工作。

第二十四条　劳动科之下可设立失业劳动介绍所和劳动检查所。在工农检察科之下得设立控告局。

第二十五条　废止秘书制,设立总务处以管理城市苏维埃内部一般的杂务,总务处设主任 1 人。

第二十六条　总务处之下得分设:文书、印刷、会计、事务、收发等股。

第二十七条　为办理城市苏维埃主席团文字上的工作,得用技术书记 1 人。

第二十八条　城市苏维埃领生活费的工作人员规定如下:

1. 主席 1 人。

2. 副主席 1 人。

3. 军事科员①1 人。

4. 劳动科员 1 人。

5. 土地科员 1 人。

6. 财政科员 1 人。

7. 内务科员 1 人。

8. 工农检察科员 1 人。

9. 文化科员 1 人。

10. 卫生科员 1 人。

11. 总务处主任 1 人。

12. 文书、印刷、会计、事务、收发、交通各 1 人。

13. 其他工作人员 2 人。

但领生活费的工作人员的名额,不得超过 19 人。在经费困难时及小的城市,城市苏维埃有生活费的工作人员,不得超过 9 人。各科的工作可以兼任,有一部分的工作人员可不脱离生产。

第二十九条　城市苏维埃领生活费的工作人员的名额,若超过所规定之名额时,必须得县执行委员会批准。

第三十条　城市苏维埃主席团的会议,每星期召集一次。城市苏维埃全体代表会议,每两星期召集一次,有特别事故〔件〕时可召集非常会议。

第三十一条　城市苏维埃各科干事会的会议,每星期须召集一次,各科的全体人员会议,每星期也须召集一次,其记录应送到主席团去批准。

第三十二条　城市苏维埃各科的全体人员会议和城市苏维埃的全体代表会议,不限定在什么地方开,可移到群众所在的企业或机关去开,最好是到与所讨论的问题有关系的企业或机关去开,为的是吸收群众来参加所讨论的问题。

---

① 《中华苏维埃共和国法律文件选编》(江西人民出版社 1984 年版)选录之本件,此处以下为"科长"。——本文库编者注。

第三十三条　城市苏维埃每月须向该城市的选民做自己的工作报告一次。

第四章　区县省执行委员会

第三十四条　区县省这三级的组织,差不多相同。区执行委员会由区苏维埃代表大会选举出来,县执行委员会由县苏维埃代表大会选举出来,省执行委员会由省苏维埃代表大会选举出来,再由各该级的执行委员会选举主席团。区县执行委员会选出主席副主席各一人,只有省执行委员会设主席1人,副主席2人。

第三十五条　区县省执行委员会之下得设立:土地、财政、劳动、军事、文化、卫生、工农检察、粮食、内务等部。

第三十六条　区县省执行委员会可任用指导员,以指导和巡视下级苏维埃的工作。

第三十七条　省执行委员会得聘请专用人才,以帮助某几部的工作。

第三十八条　劳动部之下可设立劳动检查所及失业劳动介绍所,工农检察部之下可设立控告局,省所属内务部之下可设立民警厅,市政厅,刑事侦探局。

第三十九条　区县省执行委员会须设立总务处,以办理一般的杂务。总务处之下分为文书、印刷、会计、事务、收发、交通等股。

第四十条　为办理主席团文字上的工作,可用技术书记1人①。

第四十一条　区执行委员会有生活费的工作人员规定如下:

1. 主席1人。

2. 军事部长1人。

3. 财政部长1人。

---

①　《中华苏维埃共和国法律文件选编》(江西人民出版社1984年版)选录之本件,此处为2人。——本文库编者注。

4. 土地部长 1 人。

5. 文化部长 1 人。

6. 工农检察部长 1 人。

7. 劳动部长 1 人。

8. 总务处长 1 人。

9. 文书兼收发 1 人。

10. 印刷、事务、交通各 1 人。

11. 其他工作人员 3 人。

但领生活费的工作人员的名额不得超过 15 人。若在经费困难时,各部的工作可以兼任,有生活费的工作人员,不得超过 7 人。

第四十二条　区执行委员会领生活费的工作人员,若超过了所规定的名额,必须得县执行委员会的批准。

第四十三条　县执行委员会有生活费的工作人员规定如下:

1. 主席 1 人。

2. 副主席 1 人。

3. 军事部长 1 人。

4. 财政部长 1 人。

5. 粮食部长 1 人。

6. 土地部长 1 人。

7. 文化部长 1 人。

8. 卫生部长 1 人。

9. 劳动部长 1 人。

10. 工农检察部长 1 人。

11. 内务部长 1 人。

12. 总务处长 1 人。

13. 文书、印刷、事务、收发各 1 人,交通 2 人至 5 人。

14. 其他工作人员 5 人。

但工作人员的总额不得超过 25 人,若在经费困难时,各部的工作可以兼任,有生活费的工作人员不得超过 15 人。

第四十四条　县执行委员会的工作人员,若超过了所规定的名额,必须得省执行委员会的批准。

第四十五条　省执行委员会有生活费的工作人员规定如下:

1. 主席 1 人。

2. 副主席 2 人。

3. 内务部正副部长各 1 人。

4. 军事部正副部长各 1 人。

5. 财政部正副部长各 1 人。

6. 土地部正副部长各 1 人。

7. 文化部正副部长各 1 人。

8. 工农检察部正副部长各 1 人。

9. 粮食部长 1 人。

10. 卫生部长 1 人。

11. 劳动部正副部长各 1 人。

12. 政府机关报办事人员 5 人。

13. 总务处长 1 人。

14. 技术书记 1 人。

15. 文书 2 人,印刷 2 人,事务 1 人,会计 1 人,收发 1 人,交通 4 人。

16. 其他工作人员 15 人至 53 人。

但工作人员的总额,不得超过 90 人。

第四十六条　省执行委员会的工作人员,若超过了所规定的名额,必须得中央执行委员会的批准。

第四十七条　区、县、省执行委员会的各部得组织委员会,以各部部长为主席,其委员由各该级的执行委员会委任之,委员人数可由 3 人至 9 人。

第四十八条　各部是立于平等的地位,这一部不能指挥那一部,若这一部与那一部有关系的问题,可共同商议进行之,比较重要的问题,应经过执行委员会主席团。

第四十九条　各部委员会的会议,各级执行委员会主席团的会议,都是每星期召集一次,有特别事件时得召集非常会议。

第五十条　区执行委员会的全体委员会议,每月由区执行委员会主席团召集一次;县执行委员会的全体委员会议,由县执行委员会主席团每两个月召集一次;省执行委员会的全体委员会议,由省执行委员会主席团每四个月召集一次;有特别事故〔件〕时得召集非常会议。

第五十一条　为审查各级苏维埃政府的财政起见,得组织审查委员会担任这个工作。财政审查委员会的委员,由上级或本级执行委员会主席团委任之。

第五十二条　区执行委员会每两个月须向该区内的选民做工作报告一次,县执行委员会每四个月须向该县内的选民做工作报告一次,省执行委员会每六个月须向该省内的选民做工作报告一次。选民群众可在该工作报告大会上批评政府的工作。

第五十三条　这些工作报告,可写成书面委托某一个执行委员或下级苏维埃政府向选民群众代做报告,选民所提出的意见,须转到做工作报告的政府去,以便参考。

第五章　工作的方式

第五十四条　各级苏维埃的工作方式,大体相同,今规定总的工作方式如下:

甲、会议。

乙、定期检查各科、各部及下级苏维埃政府的工作。

丙、在会议上定期的听各科各部及下级苏维埃政府的工作报告并审查之。

丁、定期向选民报告自己的工作。

戊、组织革命竞赛,并进行定期的竞赛成绩的检阅。

己、布告、通告等。

庚、用各种方式,将苏维埃政府的各种决议案广播到群众中去。

第五十五条　会议分为:城市苏维埃的各科干事会议,各科的全体人员会议,【区】县省执行委员会各部的委员会议、主席团会议、全体执行委员会会议,城市苏维埃的全体代表会议,区县省苏维埃的代表大会。

第五十六条　各科和各部,对于他所管辖和有关系的机关,最少两个月须检查一次,检查的结果,在各科的干事会议或全体人员会议上,或各部的委员会议上做报告。

第五十七条　主席团对于各科和各部的工作,最少每两月须检查一次,主席团对于他所管辖的苏维埃政府的工作,最少每三个月须检查一次,检查的结果,在主席团或执行委员会的全体委员会议上做报告。

第五十八条　各科或各部须定期的在各科或各部的会议上,听各该管辖机关的工作报告,主席团须定期的听各科或各部及下级苏维埃政府的工作报告。执行委员会定期听主席团或下级苏维埃政府的工作报告。

第五十九条　组织各种竞赛:团体与团体竞赛,乡村与乡村竞赛,城市与城市竞赛,区与区竞赛,县与县竞赛,省与省竞赛。订立竞赛条约,到条约期满后举行竞赛的成绩检阅。由上级苏维埃政府派代表去检阅和评判竞赛的结果,并给竞赛胜利者以某种奖励。

第六十条　经过布告、通告、命令、壁报、小册子等等,使苏维埃政府的政策决议案等深入群众中去。

第六十一条　工农检察部有他的特别任务,得设立控告局以接收工农的控告事件。可委托忠实可靠的工农干部[①],代收工农群众的控告事宜,并且在各地方须挂控告箱,使工农群众投提意见书。此外还可以组织工农群众的突击队,突然的去检查某机关的工作,以揭破

---

① 《中华苏维埃共和国法律文件选编》(江西人民出版社 1984 年版)收录此件时,在该句前有"在工农群众集中的地方,同时"字样。——本文库编者注。

官僚主义者与腐化分子的假面具,还可以组织群众法庭,以审判未涉及犯法行为的官僚腐化分子。

第六章　地方苏维埃政府的具体工作

第六十二条　地方苏维埃政府(由乡苏维埃城市苏维埃到省执行委员会止)具体的工作规定如下:

(一)执行上级苏维埃政府的命令、指令、训令、法令、决议等等。

(二)制定该政府1个月至6个月的工作计划,及实现这种工作计划的工作日程。

(三)在召集苏维埃的全体代表会议,执行委员会的全体委员会议,主席团会议,各科各部的会议以前,准备议事日程、报告、提案及其他材料。

(四)解决该区域的争执问题。

(五)指示下级苏维埃政府的工作,并对上级苏维埃政府做报告。

(六)进行人口、土地、婚姻、生死、契约、文书及工商业等等的登记。

(七)办理关于土地问题的事宜,如没收、分配、整理耕地及水利等。

(八)代收国家捐税。

(九)制定并审查预算决算。

(十)办理义务劳动,如帮助红军、救灾、修路等等。

(十一)组织地方武装,办理守卫、放哨、通报消息,帮助红军作战事宜等等。

(十二)计划并执行该地方的建设事宜。

(十三)进行该苏维埃境域内文化教育事业。

(十四)市政的建设。

(十五)民警和刑事侦探的管理。

(十六)进行卫生事宜。

（十七）与官僚腐化分子奋斗。

（十八）劳动保险之实现。

（十九）进行社会保险事业。

第七章　地方苏维埃政府的财政

第六十三条　各级地方苏维埃政府机关的一切收入，须完全缴到中央政府财政人民委员【部】的各级机关去，作为中华苏维埃共和国的国库收入项。

第六十四条　地方苏维埃政府的支出须作成预算案，送上级苏维埃政府批准，按照所批准的预算案支出。

第六十五条　某一项的支出，不准移作别项用途，倘若移作别项用途，须得上级苏维埃政府的批准，才能移用。

第六十六条　不准超出预算案所规定的数额，倘若必须超出预算案时，须得上级苏维埃的核准。

第六十七条　预算案期满后，须同一形式的制成决算案两份，一份送上级苏维埃政府去批准，另一份保存在该苏维埃政府内，以便检查时做参考。

第六十八条　若违反本条例的财政支出手续，依照浪费公款论罪。

第八章　文件的署名

第六十九条　地方苏维埃政府的文件，必须由主席和副主席署名，要是主席缺席时，由副主席用代理主席名义署名，没有副主席的苏维埃政府由主席署名，主席缺席时得由代理主席署名。

第七十条　与某科或某部有关系的文件，须由主席同某科长或某部长同时署名。

第九章　地方苏维埃政府工作人员的检查

第七十一条　地方苏维埃政府雇用工作人员时,须填写两份履历书:一份保存在该工作人员做工作的苏维埃政府内,另一份送交比他高一级的苏维埃政府,以备检查。

第七十二条　上级苏维埃政府对下级苏维埃政府的雇用工作人员,有随时检查和撤换之权。

第十章　附则

第七十三条　本暂行组织条例自颁布之日起发生效力。

中央执行委员会主席　毛泽东

副主席　项　英

张国焘

附:组织系统图表

区县省执行委员会的组织系统图表

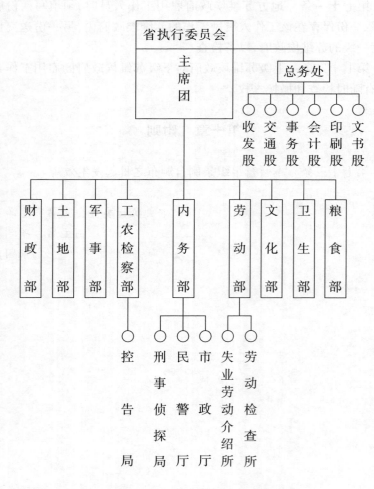

附注:区县执行委员会的组织系统与省相同。

城市苏维埃组织系统图表

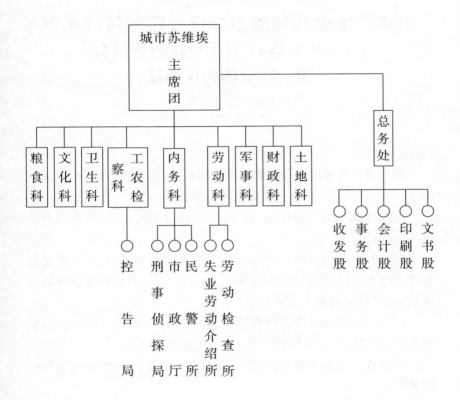

（录自《中央革命根据地史料选编》下册，江西人民出版社
1982 年版，第 146—160 页）

中华苏维埃共和国划分行政区域暂行条例
——1931 年 11 月中央执行委员会
第一次全体会议通过

（1931 年 11 月）

第一条　苏维埃共和国的各级行政区域,必须重新划分,其理由如下:

（甲）中国旧有行政区域,过于广大,适合于封建统治,不适合于苏维埃的民主集中制。

（乙）因斗争发展的不平衡,战争与地势的特殊条件,苏区的发展在许多地方,有的只取得全省全县或全区之一部,有的介于数省数县或数区之间,不利于斗争的领导。

（丙）过去各地各级苏维埃区域,特别是区乡两级,划得太大,管理不来,许多地方还有村的组织,级数太多,指挥不便。

第二条　根据上述理由,须重新划分乡区县的范围规定划分区别如下;

（甲）乡苏和城苏:

（子）山地:每乡管辖纵横不得超过 15 里,人口不得超过 3000。

（丑）平地:每乡管辖纵横以 5 里为主,最多不得超过 10 里,人口不得超过 5000。

（寅）城苏:除城市范围外,加入附近周围 2 里的地方。

（乙）区苏:

（子）山地:管辖乡数,最多不得超过 9 乡,地域纵横不得超过 45 里。

（丑）平地：管辖乡数，不得超过 12 乡，地域纵横不得超过 30 里。

（寅）每区须有一个经济中心——市镇或圩场，作为行政中心。

（丙）县苏：

（子）山地多的县，县苏管辖范围至多不得超过 12 个区苏，平地多的县，县苏管辖范围不得超过 15 个区苏。

（丑）县苏必须设立在全县最适中的区域，如旧有县城过于偏僻，应改设在比较适中之大市镇上。

第三条　省苏管辖范围，在目前应依照战争与地势的原则去划分。

第四条　乡的重新划分，以不改变旧有分田单位为原则。

第五条　各级行政区域的名称，除旧时带着浓厚的封建性的名称须更改外，旧有名称可以沿用，完全改变之旧区域，无旧名可沿用者，以该区域内之市场名，或大地名，作为该新区域之名，有必要时，可采用当地伟大斗争事件，或牺牲的伟大革命领袖的名字，作为该区域的名称，各级行政区域，不用数目字定名。

第六条　此条例颁布后，各省各高级的苏维埃，应即根据这一条例重新划分区县的区域，并拟定名称，除报省苏批准外，并须报告中央政府备案（须附区域划分图），省区由中央政府划分。

第七条　本条例自颁布日起发生效力，修改之权，属于中央执行委员会。

（录自《中央革命根据地史料选编》下册，江西人民出版社 1982 年版，第 192—193 页）

中华苏维埃共和国的选举细则[①]
——1931 年 11 月中央执行委员会
第一次全体会议通过

（1931 年 11 月）

第一章　总则

第一条　为中华苏维埃共和国境域内选举手续上的统一起见，根据宪法第七十三条至八十四条[②]关于选举的规定，特颁布本选举细则。

第二条　本选举细则，在中华苏维埃共和国境域内都发生效力。

第三条　中央执行委员会，有停止和修改本细则之权。

第四条　本细则若发生疑问或在执行上发生争执时，解释之权属于中央执行委员会。

---

① 根据内容判定，此选举细则由全国苏维埃代表大会中央准备委员会1930 年下半年所起草。——本文库编者注。

② 原文如此。本文库所收录《中华苏维埃共和国宪法草案》，全文共七十八条，无"第八四条"。其中关于选举权的规定为第六三条至第七五条。——本文库编者注。

第二章　选举权和被选举权

第五条　根据宪法第七十三〔六十三〕①条的规定,居住在中华苏维埃共和国领土内的人民,凡年满 16 岁②的,无论男女、宗教、民族的区别,对苏维埃有选举和被选举权,但以下列几种人民为限。

(一)一切不剥削他人劳动的人民,如雇用劳动者,农民、独立劳动者,城市贫民及他们的家属。

(二)中华苏维埃共和国海陆空军中服役的人。

(三)以上二种人民中"在现时不能工作或失业的人"。

第六条　根据宪法第七十四条〔六十四〕之规定,犯有下例各条之一的人民,没有选举权和【被】选举权:

(一)剥削他人劳动的(富农包括在内)。

(二)靠土地资本的盈利为生,而自己不劳动者。

(三)商人资本家,及其代理人中间人和买办。

(四)各宗教的教师、牧师、僧侣道师〔士〕、地理阴阳先生,及一切以传教为职业的人。

(五)国民党及其他反动政府的警察侦探宪兵官僚军阀及参加反对工农利益的反动派。

(六)有神经病的人。

---

① 对照《中华苏维埃共和国宪法草案》(1931 年 11 月),此处"第七十三条"应为"第六十三条",特作勘误,以下各处类似勘误均依《宪法草案》。——本文库编者注。

② 《中华苏维埃共和国宪法草案》(1931 年 11 月)第六十三条规定为 18 岁。——本文库编者注。

（七）经法庭判决有罪，而在犯罪〔服刑〕期间的人。

（八）一、二、三、四、五各项人的家属。

宪法第七十五〔六十四〕条又规定如下：本宪法第七十三〔六十三〕条所列举的三种人民之一，而犯有七十四〔六十四〕条各项之一的，也同样没有选举权和被选举权。

第三章　办理选举的机关

第七条　根据宪法第七十六〔六十五〕条的规定办理选举的机关列举如下：

（一）在城市地方由城市苏维埃组织选举委员会进行之，委员人数不得超过9人。

（二）在乡村地方由区执行委员会组【成】全区的选举委员会进行之，委员人数不得超过11人。

第八条　在大的城市和大的区，在城市选举委员会，和区选举委员会之下，得设立选举委员会分会，在选举委员会总会的指导之下进行工作。

第九条　选举委员会的委员，须由城市苏维埃及区执行委员会报告县执行委员会审查，再由县执行委员会报告省执行委员会或他的主席团批准，并委任之，但以该地方的居民为合格，在特别情形中，可由上级政府派该地居民以外的人去。

第十条　城市苏维埃和乡苏维埃的主席，不得为选举委员会的委员和主席。

第四章 选举的手续

第十一条 未开始选举的两星期前,须实行选民登记。

第十二条 选民登记员,可由选举委员会指定专人进行之,有组织的人民可经过该组织而进行之,无组织的人民可雇用专人进行之。

第十三条 登记时须按照中央执行委员会所规定的选民登记表而填写之。

第十四条 登记完了后,须将选民的登记表汇送选举委员会。

第十五条 登记结束之后,须由选举委员会宣布该区域内的选民总数,并应选举的代表人数。

第十六条 在未开始选举前,选举委员会经过城市苏维埃或执行委员会须将被剥夺了选举权的人的名单公布。

第十七条 选举委员会须先向各地区、各团体各企业,公布开选举大会的地点和日期。

第十八条 在城市里须以生产为单位,进行选举,那些不能以生产为单位进行选举的人,则按区域指定地点开选举大会,工人和劳动者的家属,则与其本人在同一处地方参加选举,在乡村里以村为单位开选举大会,小的村可合几个村为一起而开选举会。

第十九条 登记后有选举权的选民选举委员会须给他一张选举通知书,通知他在什么时候,什么地方开选举大会,选民取得这张通知书之后,才能进选举的会场。

第二十条 选举委员会有权借用任何公共场所或私人房子作选举的会场。

第二十一条 开选举大会的会场,先由选举委员会布置好,进选举会场的门口,须指定专人登记执有选举通知书的人,才许他进会场。

第二十二条　选举大会的主席团,由三人组成之,两人由选举大会推选,其余一人则为选举委员会的主席或全权代表,并另选书记一人,以担任选举时的记录。

第二十三条　选举大会主席团的主席,一定由选举委员会的主席或全权代表担任之。

第二十四条　选举大会宣布开会后主席须宣布到会人数是否合【格】。

第二十五条　选举大会的议事日程规定如下:

(一)选举委员会的主席或全权代表,根据宪法第七十三〔六十三〕条七十四〔六十四〕条〈和七十五条〉之规定,宣布什么人有选举权和被选举权,什么人剥夺选举权和被选举权。

(二)选举正式代表。

(三)选举候补代表。

(四)通过选民委托代表带去的提案。

第二十六条　选举大会的记录到会登记表及一切与选举有关系的文件,都汇送选举委员会,以备选举结束后的审查。

第二十七条　选举大会的记录,必须主席团的全体及书记签字。

第二十八条　以该选民大会参加选举的选民半数以上到会就可开会。

第二十九条　倘若到会选民的人数不足法定人数时,须宣布延会,由选举委员会,再定期重新召集,在重新召集选举大会的情形中选举通知书须重新发给。

第三十条　倘若第二次选举大会,再不足法定人数而延会,则第三次所召集的选举大会,无论足法定人数与否,一样可开始选举,选举出应产生的代表人数。

第三十一条　选举不用书面投票,而以举手来表决,以举手的多数者当选。

第三十二条　提候选人的姓名，用个别的或用整个的名单来提，可随大会多数选民的主张。

第三十三条　正式代表与候补代表不得同时提出付表决，必须先选举完了正式代表再【选】举候补代表。

第五章　各级工农兵苏维埃代表产生的手续及代表与居民的人数的比例

第三十四条　工农兵乡苏维埃的代表，由全乡的选民大会选举出来，每居民 50 人得选举工农兵乡苏维埃的代表 1 人。

第三十五条　工农兵城市苏维埃的代表，由全城市的选民大会选举出来，每居民 200 人得选举城市苏维埃的代表 1 人。

［附注］工农兵乡和城市苏维埃除正式代表之外，得选举候补代表其人数以正式代表的五分之一为比例。

第三十六条　由各乡工农兵苏维埃所选举出来的代表，组成全区工农兵苏维埃代表大会，代表的人数以每居民 400 人得选举代表 1 人为比例。

第三十七条　由各区工农兵苏维埃代表大会，和各城市工农兵苏维埃所选举出来的代表组成全县工农兵苏维埃代表大会，代表的人数以城市居民每 500 人选举代表 1 人，乡村居民每 1500 人选举代表 1 人为比例。

第三十八条　由各县工农兵苏维埃代表大会，和省直属市工农兵苏维埃所选举出来的代表，组成全省工农兵苏维埃代表大会，代表人数以城市居民每 5000 人选举代表 1 人，乡村居民每 25000 人，选举代表 1 人为比例。

第三十九条　由各省工农兵苏维埃代表大会,和中央直属市工农兵苏维埃所选举出来的代表,组成中华苏维埃共和国工农兵全国代表大会。代表人数以乡村居民每5万人选举代表1人、城市居民每1万人选举代表1人为比例。

第四十条　区县省工农兵苏维埃代表大会的代表资格,须由各该级苏维埃代表大会组成审查委员会审查之。

第四十一条　凡不足法定选民人数的区域,也得选举代表1人,但有发言权,而无表决权。

第四十二条　属于区苏管辖的工农武装和红军,参加区的苏维埃选举,属于县苏管辖的工农武装和红军,参加县的苏维埃选举,属于省苏管辖的,及不属于省苏管辖,而在省区管辖的工农武装和红军,参加省的苏维埃选举,红军的选举条例,由中央执行委员会另行颁布之。

第六章　基本(城乡)选举之承认取消及代表之召回

第四十三条　按照宪法和本细则所规定的手续,而进行的选举,须算合法,须与〔予〕以承认。

第四十四条　对于选举有不按照宪法和本细则所规定的手续而进行时,选民可向城市苏维埃或区执行委员会控告,该苏维埃政府接到这种控告之后,须即组成审查委员会审【查】之。

第四十五条　选举完结后,选举委员会,须将选举中的一切文件,汇交城市苏维埃或区执行委员会以备检查。

第四十六条　城市苏维埃区执行委员会,接到关于选举的文件后,组成专门委员会审查之。

第四十七条　发现某部分的选举,有不合选举手续时,取消某部分选举之权,属于城市苏维埃,和区执行委员会。

第四十八条　若发现全部选举有违犯选举手续时,取消选举之权属于上级苏维埃政府。

第四十九条　在选举效力上发生争执时,由城市苏维埃和区执行委员会解决之。

第五十条　中央执行委员会,为选举上诉的终审机关。

第五十一条　城市和乡苏维埃的某一代表,若不执行自己职务,有违犯人民的付托,或做犯法行为的时候,城市或乡苏维埃得开除之,选民也有召回该代表之权,并得另行选举,但在这种情形中,须报告上级苏维埃政府审核之。

第七章　选举的经费

第五十二条　办理选举的经费,由国库担负之。

第五十三条　各选举委员会,须制定办理选举的预算案,由城市苏维埃或区执行委员会,报告县执行委员会批准,由中央执行委员会所拨给的选举经费中支付之。

第五十四条　选举结束之后,选举委员会须向城市苏维埃或区执行委员会做财政报告,并制定决算案由城市苏维埃或区执行委员会报告县执行委员会批准。

第八章　附则

第五十五条　本选举细则自公布之日起发生效力。

产生苏维埃政权的选举系统图表

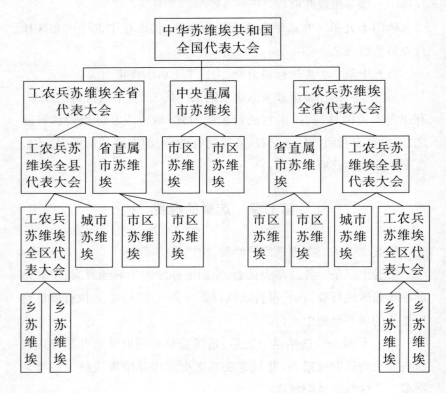

附件①

（录自《中央革命根据地史料选编》下册，江西人民出版社
1982 年版，第 178—186 页）

---

① 原书有附一《选举委员会的工作细则》(1931 年 12 月 日中央执行委员会第一次会议通过)》；附二《中华苏维埃共和国中央执行委员会训令第八号——关于变更和补充居民与苏堆埃代表的比例标准》(1932 年 1 月 28 日)。本文库已将此二件按其公布时间单独列出，故在此处不录入。——本文库编者注。

中华苏维埃共和国宪法大纲

（1931 年 11 月①）

　　中华苏维埃第一次全国代表大会仅〔谨〕向全世界与全中国的劳动群众,宣布它在全中国所要实现的基本任务,即中华苏维埃共和国的宪法大纲。

　　这些任务,在现在的苏维埃区域内已经开始实现。但中华苏维埃第一次全国代表大会认为这些任务的完成,只有在打倒帝国主义国民党在全中国的统治,在全中国建立苏维埃共和国的统治之后。而且在那时,中华苏维埃共和国的宪法大纲才更能具体化,而成为详细的中华苏维埃共和国的宪法。中华苏维埃全国代表【大会】,谨号召全中国的工农劳动群众,在中华苏维埃共和国临时政府的指导之下,为这些基本任务在全中国的实现而斗争。

　　一、中国〔华〕苏维埃共和国国家根本法（宪法）的任务,在于保证苏维埃区域工农民主专政的政权和达到它在全中国的胜利。这个专政的目的,是在消灭一切封建残余,赶走帝国主义列强在华的势力,统一中国,有系统的限制资本主义的发展,进行国家的经济建设,提高无产阶级的团结力与觉悟程度,团结广大的贫农群众在它的周

————————

　　① 《中共中央文件选集》收录此件时标明为"1931 年 11 月 7 日"。而中共苏区中央局于 1931 年 11 月 15 日致中央的电报中称:"宪法此间根据中央来电原则,参考苏联宪法起草,正讨论中。"故此件在一苏大会上实际通过的时间应该是在 1931 年 11 月 15 日以后。——本文库编者注。

围,以转变到无产阶级的专政。

二、中国苏维埃政权所建设的是工人和农民的民主专政的国家。苏维埃全【部】政权是属于工人,农民,红军兵士及一切劳苦民众的。在苏维埃政权下,所有工人,农民,红军兵士及一切劳苦民众都有权选派代表掌握政权的管理;只有军阀,官僚,地主,豪绅,资本家,富农,僧侣及一切剥削人的人和反革命分子是没有选派代表参加政权和政治上自由的权利的。

三、中华苏维埃共和国之最高政权为全国工农兵会议(苏维埃)的大会,在大会闭会的期间,全国苏维埃临时中央执行委员会为最高政权机关,中央执行委员会下组织人民委员会处理日常政务,发布一切法令和决议案。

四、在苏维埃政权领域内的工人,农民,红军兵士及一加〔切〕劳苦民众和他们的家属,不分男女,种族(汉,满,蒙,回,藏,苗,黎和在中国的台湾,高丽,安南人等),宗教,在苏维埃法律前一律平等,皆为苏维埃共和国的公民。为使工农兵劳苦民众真正掌握着自己的政权,苏维埃选举法特规定:凡上述苏维埃公民在 16 岁以上皆享有苏维埃选举权和被选举权,直接选派代表参加各级工农兵会议(苏维埃)的大会,讨论和决定一切国家的地方的政治事务;代表产生方法是以产业工人的工厂和手工业工人农民城市贫民所居住的区域为选举单位;这种基本单位选出的地方苏维埃代表有一定的任期,参加城市或乡村苏维埃各种组织和委员会中工作,这种代表须按期的向其选举人做报告,选举人无论何时,皆有撤回被选举人及实行新选举的权利。为着只有无产阶级才能领导广大的农民与劳苦群众走向社会主义,中国苏维埃政权在选举时给予无产阶级以特别的权利,增多无产阶级代表的比例名额。

五、中国苏维埃政权以彻底的改善工人阶级的生活状况为目的,制定劳动法,宣布 8 小时工作制,规定最低限度的工资标准,创立社会保险制度与国家的失业津贴,并宣布工人有监督生产之权。

六、中国苏维埃政权以消灭封建制度及彻底的改善农民生活为目的,颁布土地法,主张没收一切地主阶级的土地,分配给贫农,中农,并以实现土地国有为目的。

七、中国苏维埃政权以保障工农利益,限制资本主义的发展,更使劳苦群众脱离资本主义的剥削,走向社会主义制度去为目的,宣布取消一切反革命统治时代的苛捐杂税,征收统一的累进税,严厉的镇压一切中外资本家的怠工和破坏的阴谋,采取一切有利于工农群众并为工农群众【所】了解的走向社会主义去的经济政策。

八、中国苏维埃政权以彻底的将中国从帝国主义榨压之下解放出来为目的。宣布中国民族的完全自主与独立,不承认帝国主义在华的政治上经济上的一切特权。宣布一切与反革命政府订立的不平等条约无效,否认反革命政府的一切外债。在苏维埃领域内,帝国主义的海陆空军绝不容许驻扎,帝国主义的租界租借地无条件的收回,帝国主义手中的银行,海关,铁路,航业,矿山,工厂等一律收归国有,在目前,可允许外国企业重新订立租借条约继续生产,但必须遵守苏维埃政府一切法令。

九、中国苏维埃政权以极力发既〔展〕和保障工农革命在全中国胜利为目的,宣告拥护和参加革命的阶级战争为一切劳苦民众的责任,特制定普遍的兵役义务,由志愿兵役过渡到征兵制度。惟手执武器,参加阶级战争的权利,只能属于工农劳苦民众。苏维埃政权下,反革命和一切剥削者的武装,必须全部解除。

十、中国苏维埃政权以保证工农劳苦民众有言论出版集会结社的自由为目的,反对地主资产阶级的民主,主张工人农民的民主,打破地主资产阶级经济的和政治的权力,以除去反动社会束缚劳动者和农民自由的一切障碍,并用群众政权的力量,取得印刷机关(报馆,印刷所等)开会场所及一切必要的设备,给予工农劳苦民众,以保障他们取得这些自由的物质基础同时,反革命的一切宣传和活动,一切剥削者的政治自由,在苏维埃政权下,都绝对禁止。

十一、中国苏维埃政权以保证彻底的实行妇女解放为目的,承认婚姻自由,实行各种保护女性的办法,使妇女能够从事实上逐渐得到脱离家务束缚的物质基础,而参加全社会经济的政治的文化的生活。

十二、中国苏维埃政权以保证工农劳苦民众有受教育的权利为目的,在进行阶级战争许可的范围内,应开始施行完全免费的普及教育,首先应在青年劳动群众中施行,并保障青年劳动群众的一切权利,积极的引导他们参加政治的和文化的革命生活,以发展新的社会力量。

十三、中国苏维埃政权以保证工农劳苦民众有真正的信教自由的实际为目的,绝对实行政教分离的原则,一切宗教不能得到苏维埃国家的任何保护和供给费用,一切苏维埃公民有反宗教的宣传之自由,帝国主义的教会只有在服从苏维埃法律时,才能许其存在。

十四、中国苏维埃政权承认中国境内少数民族的民族自决权,一直承认到各弱小民族有同中国脱离,自己成立独立的国家的权利。蒙古,回,藏,苗,黎,高丽人等,凡是居住在中国地域内,他们有完全自决权:加入或脱离中国苏维埃联邦,或建立自己的自治区域。中国苏维埃政权在现在要努力帮助这些弱小民族脱离帝国主义国民党军阀王公喇嘛土司等的压迫统治而得到完全自主,苏维埃政权更要在这些民族中发展他们自己的民族文化和民族语言。

十五、中国苏维埃政权对于凡因革命行动而受到反动统治迫害的中国民众以及世界的革命战士给予托庇于苏维埃区域的权利,并帮助和领导他们重新恢复斗争的力量,一直达到革命的胜利。

十六、中国苏维埃政权对于居住苏维埃区域内从事劳动的外国人,一律使其享有苏维埃法律所规定的一切政治上的权利。

十七、中国苏维埃政权宣告世界无产阶级与被压迫民族是与它站在一条革命战线上,无产阶级专政的国家——苏联是它的巩固的联盟。

根据中央档案原油印件刊印

(录自《中共中央文件选集》第 7 册,中共中央党校出版社1991 年版,第 772—776 页)

中华苏维埃代表大会给中共中央电

（1931 年 11 月 18 日）

中共中央亲爱的同志们！

苏大会已于十月革命节开幕，黎明举行阅兵典礼，晚间举行提灯庆祝。到会群众，人山人海。红光满天，庄严热烈空前未有。大会于万众欢呼之中，正式开幕。计到会代表 610 人。中央区，闽西，湘鄂赣，湘赣，湘鄂西，豫〔鄂〕东北，琼崖各苏区均有代表出席。红军方面一、三军团，二、六军，十六军，及各独立师，均选派代表出席。全总，海员，韩国均有代表到会。大会圆满的召集，完全是中国共产党领导中国革命的胜利。大会已热烈讨论你们所提出的劳动法，土地法，红军问题，经济政策，宪法大纲，并一致通过。现正选举中华苏维埃共和国临时中央政府委员。知你们关心大会，特此电闻。

苏大会主席团

巧①

根据《红旗周报》第 25 期刊印

（录自《中共中央文件选集》第 7 册，中共中央党校出版社

1991 年版，第 771 页）

---

① 韵目代日，"巧"即 18 日。——本文库编者注。

第一次全国苏维埃代表大会闭幕词
毛泽东
（1931 年 11 月 20 日）

同志们！大会此刻举行闭幕了，大会已经得到伟大的胜利！我代表临时中央政府说几句话：

临时中央政府在目前时局之下，在大会所付托的使命之下有三个大的任务：

第一是组织革命战争，革命的发展威胁了国民党军阀帝国主义的反革命统治。反革命的统治势力是要和我们革命的统治势力作残酷的斗争的，所以革命的临时中央政府，第一个任务就是团结〔开展〕大规模的革命战争，指挥这个战争使他逐步胜利，用战争的方法把国内的敌人推倒，使反动统治区域一天一天缩小，使苏维埃区域的版图一天一天扩大。同志们要知道推翻反动统治，战争是唯一的方法，此外没有第二个方法。现在苏维埃政府，不是和平建设的机关，而是指【挥】战斗的机关。我们要反对那种柔弱怕战争的心理，要组织广大群众用在大规模的战争上面，首先摧毁敌人的武力，推翻敌人的政权，才有我们的呼吸说话的余地。

第二是巩固扩大革命根据地，扩大到在一省几省地图内首先胜利。我们要巩固的根据地，还要大范围的根据地，就是为了对付战争，为了在扩大规模的更残酷的战争中取得胜利。我们要在大范围地方实行大会决定的那许多有伟大革命意义的政纲和法令，发布我们的宪法，使广大工农群众知道怎样使用自己的国家的权力机关去对抗敌人阶级的国家权力机关,去统治敌人阶级。要用劳动法去争取广大的工人群众,要用土地法去争取广大的农民群众,要用这些法令和他在苏维埃共和国内实行的实际效力,去影响白色区域的工农劳苦群众,去瓦解白军士兵,去动摇敌人的统治。临时中央政府应该要在这样的努力上而去建立巩固而扩大的根据地,应该随着战争的开展去扩大我们的根据地。随着根据地的巩固,愈扩大去执行更大规模的战争,使这种战争能够取得完全的胜利。

第三,是创造一支大而有力的红军。临时中央政府组织革命战争的任务下面组织红军队伍,【是】首先〔要〕的任务。现在的红军还不大,我们要造【就】一支大红军才能抵抗白色统治阶级。用来战【胜敌人】的军队。我们并要使这支红军强有力,使大数量的红军之内有主力军才能战胜敌人强有力的部队,夺取中心城市。

临时中央政府的三个任务(组织战争,创造根据地,创建红军)不是少数人的努力而能够实现的,要在各级苏维埃的努力下面,在广大群众的努力下面才能实现。并要知道战争是我们生活的中心,不是战争不能使根据地扩大,不是战争也不能使根据地巩固,不是战争不能扩大红军,不是战争不能使红军建成铁军。工农劳苦群众完全要知道:用战争武装自己,用战争打倒敌人,战争【是】使我们得到解放的唯一有效的方法。

革命战争胜利万岁!

中华苏维埃共和国万岁!

(根据江西省瑞金中央革命根据地纪念馆保存的 1931 年 11 月 21 日出版的《一苏大会日刊》第 15 期复印件刊印)

中华苏维埃共和国婚姻条例
——中华苏维埃共和国中央执行委员会
第一次会议关于婚姻条例的决议

（1931 年 11 月 28 日）

在封建统治之下，男女婚姻，野蛮得无人性，女子所受的压迫和痛苦，比男子更甚。只有工农革命胜利，男女从经济上得到第一步解放，男女婚姻关系才随着变更而得到自由。目前在苏区男女婚姻，已取得自由的基础，应确定婚姻以自由为原则，而废除一切封建的包办、强迫与买卖的婚姻制度。

但是女子刚从封建压迫之下解放出来，她们的身体许多受了很大的损害（如缠足）尚未恢复，她们的经济尚未能完全独立，所以关于离婚问题，应偏于保护女子，而把因离婚而起的义务和责任，多交给男子负担。

小孩是新社会的主人，尤其在过去社会习惯上，不注意看护小孩，因此关于小孩的保护有特别的规定。

此条例在 1931 年 12 月 1 日公布实行。

中央执行委员会主席　毛泽东

副主席　项　英

张国焘

婚姻条例

第一章　原则

第一条　确定男女婚姻,以自由为原则,废除一切封建的包办强迫和买卖的婚姻制度,禁止童养媳。

第二条　实行一夫一妻,禁止一夫多妻。

第二章　结婚

第三条　结婚的年龄,男子须满 20 岁,女子须满 18 岁。

第四条　男女结婚须双方同意,不许任何一方或第三者加以强迫。

第五条　禁止男女在五代以内亲族血统的结婚。

第六条　禁止花柳病,麻疯,肺病等危险性的传染病症人的结婚,如上述病症经医生验明许可者,则仍可以结婚。

第七条　禁止神经病及疯人的结婚。

第八条　男女结婚须同到乡苏维埃或城市苏维埃举行登记,领取结婚证,废除聘金、聘礼及嫁装〔妆〕。

第三章　离婚

第九条　确定离婚自由,凡男女双方同意离婚的,即行离婚。男女一方坚决要求离婚的,亦即行离婚。

第十条　男女离婚须向乡苏维埃或城市苏维埃登记。

第四章　离婚后小孩的抚养

第十一条　离婚前所生子女归男子负责抚养,如男女均愿抚养,则归女子抚养。

第十二条　哺乳期内小儿归女子抚养。

第十三条　小孩分得田地的,田地随小孩同走。

第十四条　所有归女子抚养的小孩,由男子担负小孩必需的生活费的三分之二,直至 16 岁为止;其支付的办法,或付现金,或代小孩耕种分得的田地。

第十五条　女子再行结婚,其新夫愿养小孩的,小孩的父亲才不负小孩的生活费之责。

第十六条　愿养小孩的新夫,必须向乡苏维埃或城市苏维埃登记,一经登记后,须负抚养成人之责,不得中途停止或虐待。

第五章　离婚后男女财产的处理

第十七条　男女各得田地,财产债务各自处理,在结婚满一年,男女共同经管所增加的财产,男女平分,如有小孩则按人口平分。

第十八条　男女同居所负的公共债务,归男子负责结偿。

第十九条　离婚后男女均不愿离开其房屋时,男子须将他的一部分房子,赁给女子居住。

第二十条　离婚后,女子如未再行结婚,男子须维持其生活,或代种田地,直至再行结婚为止。

第六章　未经结婚登记所生小孩的抚养

第二十一条　未经登记所生的小孩,经证明后,由男子负担小孩生活费三分之二,即第四章之第十一条至十五条均通用。

第七章　附则

第二十二条　违反本条例的,按照刑法处以应得之罪。

第二十三条　本条例自公布之日起施行。

中华苏维埃中央执行委员会主席　毛泽东

副主席　项　英

张国焘

（录自《中央革命根据地史科选编》下册,江西人民出版社1982 年版,第 194—196 页）

中华苏维埃共和国暂行税则
——中华苏维埃共和国中央执行委员会第一次会议关于颁布暂行税则的决议

（1931 年 11 月 28 日）

（一）国家的财政收入和支出，税收是主要的来源。中央政府根据宪法的规定，废除国民党军阀的一切田赋丁粮、苛捐杂税厘金等，实行统一的累进税。

（二）统一累进税对于任何方面都只征收一种税，征收的原则，除去将纳税的重担放在剥削阶级身上外，依阶级的原则来解决，对于被剥削的阶级与最苦的阶级的群众，免除纳税的义务。

（三）在目前因革命战争关系，全国苏区不能连成一片，以及许多特殊情况之下，对于农业税只能以主要出产为收税的标准，对于一切副产品暂不征收，农业税率的规定，也只能以能维持必需生活费外，为开始征收标准，按数逐渐起累，不足标准者概免税，富农则征税较重：起征的标准要低于贫农中农一半。规定这一原则，由各省政府根据当地实际情形，定出农业税的税率。

（四）在目前为发展苏维埃区域的经济起见，对于商业出入口税和工业的出厂税暂行免税。

（五）本税则自 1931 年 12 月 1 日起实行发生效力。

中央执行委员会主席　毛泽东

副主席　项　英

张国焘

暂行税则

第一章　总则

第一条　确定统一的累进税，废除国民党军阀政府的一切由〔田〕赋、丁粮厘金苛捐杂税等。

第二条　税的种类：分为商业税，农业税，工业税三种。

第二章　商业税

第三条　税率：暂将商业资本税从 200 元至 10 万元分为 13 个等第，按照等第规定税率，征收其资本营利的所得税（即全部营利收入非征收资本）。资本在 10 万以上税率另定。列表如下：

商业税

第　　等	资　　本	税　率
第一等	200 元—300 元	百分之二
第二等	301—500 元	百分之二点五
第三等	501—700 元	百分之三
第四等	701—1000 元	百分之三点五
第五等	1001—1500 元	百分之四点五
第六等	1501—3000 元	百分之五点五
第七等	3001—5000 元	百分之六点五
第八等	5001—10000 元	百分之八
第九等	10001—20000 元	百分之九点五

第十等	10001①—30000 元	百分之十一点五
第十一等	30001—50000 元	百分之十三点五
第十二等	50001—80000 元	百分之十六
第十三等	80001—100000 元	百分之十八点五

第四条　征收方法：依据商店向政府财政机关所领取的营业证，按其资本多少，来规定税率，然后按税率征收所得营利。

第五条　征收时期：每年分为两期，但季节生意，得于其生意结束后，征收之。

第六条　免税办法：

（甲）凡遵照政府所颁布之合作社的条例组织之消费合作社，复经县政府批准登记的，得由县政府报告各该省政府，许可免税。

（乙）肩挑小贩及农民直接出卖其剩余生产品者，一律免收商业税。

（丙）商业资本 200 元以下的一律免税。

（丁）商人遇险或遭意外损害，报告政府经查验证实者得许免税。

（戊）对于某种必须品的日用商品和军用品，得随时由政府命令公布免税。

第三章　农业税

（注）现时农村生产与物品价值，极为复杂，不能规定一个统一的税收办法，只能规定农业税征收的原则，各省可依据此原则，按照当地情况，定出适当的农业税。

第七条　农民分得土地后，按照全家每年主要生产的收获，以全家人口平均，规定出每人每年的收获数与生活必需的支出，根据此标准，再定出向每人开始征收的最底数额及累进税。

---

① 原版本如此，应为"20001"。——本文库编者注。

第八条　只征收主要生产(谷麦)的税,副产暂不征税。

第九条　茶山棉麻,果园,当作稻田麦地分配,成为主要生产的,亦应征税。

第十条　红军家属按照红军优待条例免税。

第十一条　雇农及分得田地的工人一律免税。

第十二条　贫农收入已达开始征收的税额,但仍不能维持其一家生活的,得由乡苏维埃决定个别减税,或免税。

第十三条　对于过去富农的征税,要较重些。

第十四条　遇有水旱等灾,或遭受白匪摧残的区域,按照灾情轻重,免税或减税。

第十五条　因改良种子,改良耕种,所增加的农业收入免税。

第十六条　开垦荒地,所收获之农产品,免税3年,富农则依照收获情形,减税或免税1年。

第十七条　农业税征收的办法和时期,在农产品收获后1月至2月开始征收,收税时依照税率规定向各家征收每人应纳之税额。

第十八条　农业税征收现款或农产品,依据农民的愿意而定。

附江西省农业税征收办法,以作各省的参考:

农业税

农产品平均每家每人收获量以干谷四担以上计算开始征收	税率
4担	百分之一
5	百分之二
6	百分之三
7	百分之四
8	百分之五
9	百分之六点五

10	百分之八
11	百分之九点五
12	百分之十一
13	百分之十二点五
14	百分之十四点五
15	百分之十六点五
对于富农从 2 担起即抽百分之一,3 担即抽百分之二,以上类推	

第四章 工业税

第十九条 生产合作社,经县政府批准备案的,得由县政府报告省政府,许可免税。

第二十条 在目前为促【进】苏区的工业发展,暂时免收工业品的出厂税。

第二十一条 工业所得税,按资本大小,规定税率征收其利润,其税率另行规定,但须较商业税为轻。

第五章 附则

第二十二条 本税则自公布之日起发生效力。

中央执行委员会主席　毛泽东

副主席　项　英

张国焘

(录自《中央革命根据地史料选编》下册,江西人民出版社 1982 年版,第 566—571 页)

中华苏维埃共和国土地法令①

（1931 年 12 月 1 日）

　　无产阶级所领导的农民斗争,继续发展,日益高涨,帝国主义军阀虽然疯狂似的要来抵抗,可是苏维埃运动还是向上增长并且扩大,日益使中国的农民武装了自己,组织了红军,一县又一县的农民从数千年来在封建地主豪绅的压迫之下,解放出来,没收并分配这些压迫者的土地,打倒了封建制度,消灭了国民党政权,建立了工农兵苏维埃政权,这个政权,是能够完成中国反帝国主义及土地革命的政权。

　　中国〔华〕工农兵苏维埃第一次全国代表大会,批准没收地主的土地及其他大私有主的土地,为使没收和分配土地有一个系统〔统一〕的制度起见,第一次大会站在基本的农民群众与革命发展前途的利益基础上,采取下面的土地法令,作解决土地问题的最好的保障。

　　第一条　所有封建地主豪绅军阀官僚及其他大私有主的土地,无论自己经营或出租,一概无任何代价的实行没收,被没收的土地,经过苏维埃由贫农与中农实行分配。被没收的旧土地所有者,不得有任何分配土地的权限。雇农,苦力,劳动农民,均不分男女同样有分配土地的权限,乡村失业的劳动者,在农民群众赞成之下,可以同样分配土地。老弱残废以及孤寡,不能自己劳动,而且没有家属可依靠的人,应由苏维埃政府实行社会救济,或分配土地后,另行处理。

　　第二条　红军是拥护苏维埃政权推翻帝国主义的先进战士,无

---

　　① 中华苏维埃第一次全国代表大会通过。——本文库编者注。

论其本地是否建立苏维埃,或尚为反动统治,均须分得土地,由苏维埃政府设法替他耕种。

第三条 中国富农的特性,是兼地主或高利贷者,对于他们的土地应该没收,中等农民阶级的土地不没收。富农在被没收土地后,可以分得较坏的劳动份地,不过有一个条件,就是他必须用自己的劳动力去耕种这些土地。

第四条 没收一切反革命的组织者及白军武装队伍的组织【者】和参加反革命者的财产与土地,但贫农中农非自觉的被勾引反对苏维埃,经该地苏维埃认可免究者可作例外,对其首领则须无条件的按照本法令执行。

第五条 第一次代表大会认为平均分配一切土地,是消灭土地上一切奴役的封建的关系及脱离地主私有权的最彻底的办法,不过苏维埃地方政府,无论如何不能以威力实行,不能由上命令,必须向农民各方面来解释这个办法,仅在基本农民群众愿意和直接拥护之下,才能实行。如大多数中农不愿意时,他们可不参加平分。

第六条 一切祠堂庙宇及其他公共土地,苏维埃政府必须力求无条件的交给农民,但执行和处理这些土地时,须得取得农民自愿的赞助,以不妨碍他们宗教感情为原则。

第七条 凡较富裕的农民,企图按照生产工具分配被没收的土地,第一次代表大会,认为这是富农有意阻碍土地革命发展,为自己谋利益的反动企图,须给以严厉的制止。地方苏维埃政府,应根据各个乡村当地情形,选择最有利于贫农中农的原则来分配土地,或按照每家有劳动力之多少,同时人口的多少即混合原则进行分配,或以中农贫农雇农按照人口平均分配,富农以劳动力(即按人口分配土地的地方,富农每个有劳动力者,所得分田数量,等于人口平均分配每一人所得的分田数量)为单位,人口为补助去分配。分配土地不仅应计算土地的面积,而且应估计土地的质量(特别是收获量)。在土地分配时,还应尽可能的适合的进行土地改革,预备消灭窄狭片断大阡陌的各种封建遗迹。

第八条 没收一切封建主,军阀,豪绅,地主的动产与不动产,房屋,仓库,牲畜,农具等。富农在分得土地后,多余的房屋农具牲畜及水磨油榨等亦须没收。经过当地苏维埃,根据贫农中农的利益,将没收的房屋分配给没有住所的贫农中农居住,一部作学校,俱乐部,地方苏维埃,党及青年团委员会,赤色职工会,贫农团和各机关使用。牲畜和农具可由贫农中农按组或按户分配,或根据农民意见自愿的将各种没收农具办初步合作社,或在农民主张苏维埃同意下设立牲畜农具经理处,供给贫农中农耕种土地的使用。经理处应由地方苏维埃管理,农民得按照一定规例交付相当的使用金。所有农具的修理,经理处工人的供养,以及新农具新牲畜的购置,由农民加纳使用金百分之几以资弥补。

第九条 没收地主豪绅的财产及土地,同时必须消灭口头的及书面的一切佃租契约,取消农民对这些财产与土地的义务或债务,并宣布一切高利贷债务无效。所有旧地主与农民约定自愿偿还的企图,应以革命的法律加以严禁,并不准农民部分的退还地主豪绅的土地或偿还一部分的债务。

第十条 一切水利,江河,湖溪,森林,牧场,大山林,由苏维埃管理建设,便利于贫农中农的公共使用,桑田,竹林,茶山,鱼塘等,得如稻田麦田的一样,依照当地农民群众的自愿,分配给他们使用。

第十一条 为着实际的彻底的实现土地革命的利益,中华工农兵苏维埃第一次全国代表大会宣布雇农工会,劳〔苦〕力工会,贫农团是必要的团体,认为这些组织是苏维埃实行土地革命的坚固柱石。

第十二条 苏维埃第一次全国代表大会,认为只有在苏维埃政权下,土地与水利的国有,才是改善农民生活最可靠的方法,而事实上就是转变农村经济达到高度的社会主义发展的必经步骤。不过实际实行这个办法,必须在中国重要区域土地革命胜利,与基本农民群众拥护国有条件之下才有可能。在目前革命阶段上苏维埃政府应将土地与水利国有的利益向农民解释,但现在仍不禁止土地的出租与土地的买卖。苏维埃政府同时应严禁富农投机与地主买回原有土地。

第十三条　地方苏维埃如在该环境应许条件之下,创办下列事业:一、开垦荒田,二、创办移民事业,三、改良现有的与建立新的灌溉,四、培植森林,五、加紧建设道路,创办企业,促进农村经济的发展。

第十四条　本法令不但适用于现存在的苏维埃区域,而且应用于非苏维埃区域,及新夺取苏维埃政权的区域,各苏区已经分配的土地,适合本法令原则的不要再分,如不合本法令原则者则须重新分配。

　　　　中华工农兵苏维埃第一次全国代表大会主席团常务主席:
　　　　　　项英、周以栗、曾山、朱德、张鼎丞、陈正人、邓发
　　　　中华苏维埃共和国中央执行委员会
　　　　　　主　席　毛泽东
　　　　　　副主席　项　英
　　　　　　　　　　张国涛
　　　　　　1931 年 12 月 1 日

　　　　　　　　　　根据中央档案原油印件刊印
　　　　　　　　(录自《中共中央文件选集》第 7 册,中共中央党校出版社
　　　　　　　　1991 年版,第 777—781 页)

中华苏维埃共和国中央执行委员会
布告第一号

（1931 年 12 月 1 日）

中华工农兵苏维埃第一次全国代表大会,于 1931 年 11 月 7 日苏俄十月革命节在江西苏区开会。议决了政纲,宪法,土地法,劳动法,红军问题,经济政策等重要法令,宣告中华苏维埃共和国成立。选举:

毛泽东	项　英	张国焘	周恩来	卢福坦	朱　德	瞿秋白
张鼎丞	邓　发	王稼蔷	徐锡根	范乐春	陈绍禹	彭德怀
关向应	孔荷宠	方志敏	任弼时	贺　龙	沈泽民	谭震林
黄　平	曾　山	林　彪	陈　郁	罗登贤	夏　曦	邓子恢
刘少奇	刘大朝	陈正人	袁德生	崔　棋	屈登高	段德昌
葛耀山	彭　轨	陈福元	古大存	韦拔群	张华先	何叔衡
黄　甦	胡　海	藤代远	肖恒太	罗炳辉	陈　毅	张云逸
周以栗	卢德光	胡均鹤	徐特立	邵式平	洪紫清	刘光万
余汉朝	吴致民	刘建中	李宗伯	刘生元	王永盛	阮啸仙

等,为中央执行委员,组织中央执行委员会,为全国代表大会闭会后最高政权机关。中央执行委员会于 11 月 27 日开第一次会议,选举:

毛泽东为中央执行委员会主席

项　英、张国焘为副主席

并于中央执行委员会之下,组织人民委员会,为中华苏维埃共和

国中央行政机关,选举:

    毛泽东为主席

    项　英、张国焘为副主席

    王稼蔷为外交人民委员

    朱　德为军事人民委员

    项　英为劳动人民委员

    邓子恢为财政人民委员

    张鼎丞为土地人民委员

    瞿秋白为教育人民委员

    周以栗为内务人民委员

    张国焘为司法人民委员

    何叔衡为工农检察人民委员

同时于人民委员会之下设立国家政治保卫局以邓发为局长。

中华苏维埃共和国临时中央政府业已宣告成立,从今日起,中华领土之内,已经有两个绝对不相同的国家:一个是所谓中华民国,他是帝国主义的工具,是军阀官僚地主资产阶级,用以压迫工农兵士劳苦群众的国家,蒋介石汪精卫等的国民政府,就是这个国家的反革命政权机关。一个是中华苏维埃共和国,是广大被剥削被压迫的工农兵士劳苦群众的国家。他的旗帜是打倒帝国主义,消灭地主阶级,推翻国民党军阀政府,建立苏维埃政府于全中国,为数万万被压迫被剥削的工农兵士及其他被压迫群众的利益而奋斗,为全国真正的和平统一而奋斗。他的基础,是建筑在苏区和非苏区几万万被压迫被剥削的工农兵士贫民群众的愿望和拥护之上的。他具有绝大威权,打击着国民党军阀政府由崩溃走到死灭,他一定要很快取得全中国革命的胜利。

中华苏维埃共和国中央执行委员会,受全国代表大会的付托,当竭全力执行大会制定的政纲、宪法、劳动法、土地法等,一切法令和决议,建立巩固而广大的革命根据地,创建大规模的红军,组织大规模的革命战争，使革命在一省或几省首先胜利，以至于取得全国的胜利。现当政府开始工作之时，特为布告全中国工农兵士贫民，和一切被压迫群众，一体明白。

主　席　毛泽东

副主席　项　英

张国焘

公历 1931 年 12 月 1 日

（录自 1931 年 12 月 11 日出版的《红色中华》第 1 期第 2 版）

中华苏维埃共和国中央执行
委员会训令第六号
——处理反革命案件和建立司法机关的暂行程序①
（1931 年 12 月 13 日）

　　自从革命战争三次胜利，临时中央政府成立，苏维埃政权已经得到了更进一步的巩固，在这个时候苏区中有一件急于要做的事，就是建立革命秩序，保障群众的权利。

　　过去当揭破反革命的组织 AB 团、社会民主党、改组派，及一切反革命派别的时候，各地各级苏维埃政府很坚决的逮捕审讯，处置了许多反革命分子，给这些反革命以致命的打击，使苏维埃政权得到巩固，这种工作的主要方向，是完全正确的。

　　但是，大家要知道，在过去的肃反工作中，不是没有错误的，临时中央政府严重的告诉各地各级苏维埃政府，各地过去的肃反工作，有许多地方是做得不对的，例如听到某个或某几个反革命分子的口供，没有充分的证据，未经过侦查的工作，就进行捉人，审问的时候，偏用肉刑，苦打成招的事，时常发现，处置犯人的时候，不分阶级成分，不分首要与附和，以致应当轻办的，却把他重办了（如不释放附和的工农分子）。这些错误在苏区好些地方，好些时候都发现了。这些错误中间，有一部分是反革命分子隐藏在苏维埃政权内，阴谋活动做出来

———————————

　　① 中央执行委员会非常会议 1931 年 12 月 13 日通过。——本文库编者注。

的。自从做出了这些错误之后,使得好些地方的工农群众对于苏维埃政府的肃反工作发生怀疑,革命群众的权利,在苏维埃政府下,不能得到完全的保障,苏维埃下面未能建设很好的革命秩序,同时对于苏区的反革命组织和活动也未能作彻底的肃清,这都是非常之不对的。

临时中央政府现在告诉各地各级苏维埃政府,要坚决的迅速的建立革命秩序,使革命群众的生命权利和一切法律上应得的权利,得到完全的保障,同时对于反革命的组织和活动,要给他以彻底的消灭,特规定暂行程序如下:

(一)一切反革命的案件,都归国家政治保卫局去侦查逮捕,和预审,国家政治保卫局预审之后以原告人资格,向国家司法机关(法院或裁判部),提起诉讼,由国家司法机关审讯和判决。

(二)一切反革命案件审讯(除国家政治保卫局得预审外),和审决(从宣告无罪到宣告死形〔刑〕)之权,都属于国家司法机关。县一级司法机关,无判决死刑之权,但有特别情形得省司法机关特别许可者不在此例。中央区及附近的省司法机关作死刑判决后,被告人在14天内得向中央司法机关提出上诉。

(三)在没〔设〕有国家政治保卫局机关的地方(即国家政治保卫局、省分局、县分局,或政治保卫局特派员),当地苏维埃政府,若发现了反革命的材料须报告当地的国家政治保卫局机关,不得檀〔擅〕行逮捕或审讯。

(四)在县和区两级尚只设立肃反委员会,未设立国家政治保卫分局或特派员,而建立政权又已有了6个月历史的地方,此等苏维埃政府若发现了反革命的材料,必须得到国家政治保卫局省分局(设在省苏维埃所在地)的同意后,方可逮捕,仅仅在有特别情形时(例如反革命派已在组织暴动,或该区域与省苏的中间被白色区域间断,或在赤白交界地方,易于逃跑,或敌人进攻情形紧急)不及报告,或无法报告政治保卫局省分局,又都得到了充分的证据的时候,才准许县区政府及其肃反委员会有决定逮捕之权。

（五）在新发展区域即在革命政府的建立，尚未满 6 个月的地方，当地革命群众与豪绅地主富农资本家的斗争，正在十分紧张的时候，县肃反机关，及特别指定的区肃反机关（国家政治保卫分局特派员，或肃反委员会），在取得县或区执行委员会的同意之后，有决定逮捕审讯反革命分子之权，审讯后应移交于同级政府的司法机关，作最后之审讯，审讯完毕，拟具判决书报告省司法机关，作最后之判决，但豪绅地主富农资本家罪恶昭著，经当地工农群众要求处决者，当地政府得迅速执行处决之，无须得省政府许可。

（六）在暴动初起时，革命政权机关尚未建立的时候，当地革命群众有直接逮捕和处决豪绅地主及一切反革命分子的权力，但革命政府一经建立，即照第五条规定办理。

（七）不论在新旧区域，对于处置反革命团体（AB 团、社会民主党、改组派……等）的分子，一定要分别阶级成分，分别首要与附和，即对于豪绅地主富农资本家出身的反革命分子，以及首要分子，应该严厉处置（如宣告死刑等），对于从工农贫民劳动群众出身而加入反革命组织的分子，以及附和的分子，应该从宽处置（如自新释放等）。

（八）在审讯方法上，为彻底肃清反革命组织，及正确的判决反革命案件，必须坚决废除肉刑，而采用搜集确实证据及各种有效方法。

（九）各级地方司法机关，在未设立法院之前，得在省县区三级政府设立裁判部，为临时司法机关，除依据前列各项原则处置反革命案件外，并解决一切刑事和民事的案件。

各级苏维埃政府，接到本训令之后，应严格的遵守执行，如果违背本训令所规定的原则，须受严厉的制裁。此令

（录自 1931 年 12 月 28 日出版的《红色中华》第 3 期第 1 版）

中华苏维埃共和国中央执行委员会
关于抓紧划分行政区域和苏维埃
政府建设的重要训令①

（1931 年 12 月 15 日）

　　过去各级苏维埃的组织，很不完善：第一，行政区域太宽，使行政的实施不便。第二，政府级数太多，使指挥迟钝，联系不灵。第三，尤其重要的，是选举手续不完备，不是用简单的群众大会，就是不按选举程序的去召集代表会议或主席联席会议以选举各级政府。特别是苏维埃的基本组织——乡与城【市】苏维埃，没有真正的建立起来。第四，各级政府内部的分工和工作方法，多不适当。以上这些，都是与苏维埃宪法和中央决定的各种条例细则不相符合的。

　　临时中央政府现在宣布：各地各级政府须依照宪法及中央颁布的各种条例细则，重新划分行政区域，重新改组各级政府。首先就要【按照】划分行政区域暂行条例，重新划分县区乡的行政区域（废除村与小组），再行依照选举细则，选举乡苏维埃和城【市】苏维埃（这是苏维埃的基本组织），然后依照地方政府暂行组织条例，从城乡苏维埃直到省苏维埃，一律重新建设起来。这是一件极重大的工作。各级地方政府必须下极大的决心，用极大的精力，很周密很审慎的去做，才不致使重新划分的行政区域又和过去的行政区域一样发生缺陷，才不致使重新改组的各级政府又和过去的政府差不多。为了免除这些弊病，各省省政府须以极大的努力去指挥这一次地方苏维埃

---

　　① 原标题为"苏维埃建设重要的训令"。现标题为本文库编者所拟定。

建设运动,除发出各种详细的文告指示之外,还要在省苏所在地召集县区两级政府负主要责任的人开会,再择定适当地点召集各乡村政府负主要责任的人开会,由省苏派人去指导。在这些会议中详细明了的讨论地方苏维埃建设运动的意义和实际去做的方法。此外,当实际划分区域改选政府时,省苏还要派人到各县去巡视,随时解释疑难、指正错误,县对于区、区对于乡的指导,也要仿此办理,务必要使这次苏维埃建设运动,得到很好成绩。

　　江西福建两省和瑞金直属县,从 1931 年 12 月 20 日起,到 1932 年 3 月 31 日止,为依照新法令实行苏维埃建设运动的期间,两省省苏和瑞金县苏,须立即按照此时间做出适当的工作计划,使行政区域的划分和各级苏维埃的选举(乡一级的划分和选举应用去大部分的时间和力量),能于 100 天时间内,有步骤的很好的完成起来,并随时将经过情形报告中央政府,以便中央政府能及时加以指导。其他各省自令到之日起实行。此令

中央执行委员会主席　毛泽东

副主席　项　英

张国焘

公历 1931 年 12 月 15 日

（录自 1931 年 12 月 18 日出版的《红色中华》第 2 期第 4 版）

中华苏维埃共和国中央执行委员会 委任政府工作人员

（1931 年 12 月 18 日[①]）

委任　朱德、彭德怀、王蔷稼〔稼蔷〕、林彪、谭震林、叶剑英、孔荷宠、周恩来、张国焘、邵式平、贺龙、毛泽东、徐祥谦〔向前〕、关向应、王盛荣等同志为中央革命军事委员会委员，以朱德为革命军事委员会主席，王稼蔷、彭德怀为副主席；委任王稼蔷为总政治部主任；委任项英代财政委员会主席，委任范树德、毛泽民为财政委员会委员；委任梁柏台为司法委员会委员；委任周以栗为临时中央政府机关报《红色中华》主笔；委任方维夏为中央执行委员会总务厅厅长。

（录自 1931 年 12 月 18 日出版的《红色中华》第 2 期第 4 版）

---

① 　原件无时间，此为该消息在《红色中华》发表的时间。文内标点符号为本文库编者所加。

中华苏维埃共和国中央执行委员会
关于实行劳动法的决议案

（1931 年 12 月 20 日）

中央执行委员会对于劳动法的实施，特议决如下：

（一）根据中华苏维埃工农兵第一次全国代表大会所通过的劳动法条文而实施之。

（二）本劳动法从 1932 年 1 月 1 日起发生效力。

（三）自本劳动法实施之后，以前各级政府所颁布的一切劳动法令及关于劳动问题的决议，都不发生效力。

（四）人民委员会和中央劳动部根据劳动法的规定并发展劳动法的应用，得颁布各种专门的法令细则和表册。

（五）如遇有劳动法的修改和增补，以中央执行委员会的命令公布之。

（六）本劳动法在中华苏维埃共和国的领土内，都发生效力。

（七）凡违犯本劳动法各条之规定，以及将来颁布关于劳动问题的各种法令，须按照刑法以应得之罪惩罚之。

中央执行委员会主席　毛泽东

副主席　项　英

张国焘

1931 年 12 月 20 日

（录自《中华苏维埃共和国法律文件选编》，江西人民出版社
1984 年版，第 333 页）

中央政府人民委员会会议的决议

（1931 年 12 月 27 日）

27 日下午人民委员会开第三次常会，议决事项如下：

一、出席闽西联席会议的报告。

二、通过统一财政条例和训令。

三、议决颁布处治政治犯条例交司法委员会起草。

四、决定颁发合作社条例、投资条例、借贷条例，交财政委员会起草。

五、为计划发展苏区经济起见，决定将财委扩大改为财政经济委员会。

六、决定各级苏维埃选举经费由中央规定数目发给。

（录自 1931 年 12 月 28 日出版的《红色中华》第 3 期第 4 版）

中华苏维埃共和国暂行财政条例

（1931 年 12 月）

第一条　为实行财政统一，一切国家税收，概由国家财政机关（中央及各省县区财政部，及城市财政科）按照临时中央政府所颁布的税则征收。地方政府不得自行规定税则或征收，但每年或每季开始征收税款必须接到中央财政部关于收税的时间与手续等的规定的通令，才能征收。中央财政部得指定银行，代理收税。

第二条　各级财政机关所收入之税款及政府经营事业的入款，或罚金或没收的财产以及其他收入等款项，概应随时转送或直送中央财政部，或中央财政部所指定之银行。各级财政机关在未得到上级财政机关的支付命令以前，不得自行支配扣用或抵消，亦不得延期不缴。

第三条　各级行政经费、各军火食杂用等经费，统由各该部分的财政机关造具预算交他的直接上一级财政机关审查，并报告中央财政部批准，统由中央财政部依据批准之预算付款。

第四条　凡中央财政部各直接下一级财政机关（各省政府财政部），中央革命军事委员会之总经理部，应于每月 25 日以前造报其下月预算送交中央财政部审查批准，其【他】各级财政机关，应于每月 20 日以前造报其下日〔月〕预算，送交其直接上一级财政机关，以便审查总合造报。

第五条　中央财政部，在批准他的直接下一级财政机关之预算后，依据预算发给该财政机关的发款通知书，该财政机关依次批准他的直接下一级财政机关的预算，并依次发给通知书。

第六条　各级财政机关接得此发款通知书后，填具领款证，由财政机关负责人，及其政府机关或军事机关负责人共同署名（如省政府的领款证须有财政部长及省政府主席之署名），才能向直接上一级财政机关领款。

第七条　凡中央财政部直接下一级的财政机关，须于每月 10 号以前将他的上月决算表，送交中央财政部审查批准，各级财政机关，须于每月 5 号以前，将他的上月决算表，送交他的直接上一级财政机关审查批准。

第八条　各级财政机关送决算表时，应将他的一切单据贴在单据簿上，随同送交他的直接上一级财政机关。此等决算单据，即保存于各上一级财政机关不要再行转上了（如师部之决算单据等保存在军部经理处，区财政部之决算单据等，保存在县之财政部），但上级财政机关认【为】有必要时，随时调取各下级财政机关的单据、表册，及所要的材料等。

第九条　不能取得单据之用款由经手人代填单据，并须声明不能取得单据的理由。

第十条　各级财政机关之预算表、决算表，应备同样的两份，一份自己保存，一份送交他的直接上一级财政机关备案。

第十一条　所有各级财政机关，凡关系财政事项所使用的帐〔账〕簿、表册、单据等须一律遵用中央财政部所规定的统一的格式，不得沿用旧式帐〔账〕簿或另立新奇。

第十二条　所有各种帐〔账〕簿单据，他的银钱记帐〔账〕单位，应一律折合大洋计算，并须将折合的时价附记清楚（多少小洋或铜元值一元大洋）。但如收入是金条、银锭及不能十足通用的纸币，应将原件缴送中央财政部，不得自行折价。

第十三条　各级财政机关的帐〔账〕簿、表册、单据等保存期间为 5 年，过期得由该机关负责人监视销毁之。

第十四条　本条例自公布之日起施行之。

（录自《革命根据地经济史料选编》上册，江西人民出版社
1986 年版，第 419—420 页）

人民委员会训令
（财字第二号）

（1931 年 12 月）

　　过去各级政府、各级部队，对于财政很少有统一的观念，虽有中央政府尚未成立之前，没有最高统一的机关，但是军事、政治、财政系统，如总【经】理部，及各军之经理处，和各省的省政府之财政部，是早就有了的。然而各级部队（军、师）、各级政府（县、区）之财政机关对财政统一的观念，过去可说是很少有的。

　　现在中央临时政府已经成立，统一财政是目前政府极重要的工作，因为财政若不统一，是要影响行政和军政的。政府基于此点，除颁布一种暂行财政条例外，特规定整个财政系统如下：

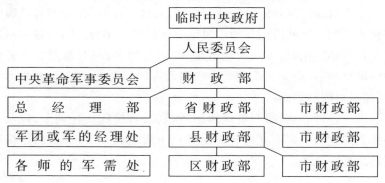

　　根据以上的财政系统表，以后各该级财政机关，应由上而下的去指挥和监督各该下级机关的财政。各该下级财政机关自接到该上级

财政机关之命令和办法后，应迅速的执行。同时各该下级财政机关，一方面应经常的检阅自己所执行的工作程度如何，另一方面应由下而上的按月向上级作报告，尤其是有些关于财政上的新财源，更应随时报告于上级财政机关，以便增加其新收入。各级财政机关，一方面是有一个国家财政上之总系统，另一方面同样的要受各该级政府之行政负责人员，和军事机关之军事负责人员的命令和指挥，对于每月之预算和决算，以及向各该上级机关领款或大宗款项付出时，所属各该级财政机关均须经过各机关之负责人员之批准，和署名盖章，方为有效。

根据上面之组织系统所属各该级财政机关，应根据政府最近颁布之暂行财政条例第四条之规定，每月一律按时造送预算和决算（预算和决算的格式表现已附上）于该上级财政机关，以便汇齐作成总的预算和决算，以资财政上之统一，并须于明年1月起绝对实行。

各级财政机关，自接到上级财政机关批准预算时之领款通知书后（按照批准之数目写一封信），应填其领款证书（要该本级行政或军事负责人员签名盖章）向上级机关领款，而各该下级财政机关，平时所有一切收入应按照暂行财政【条例】第二条之规定，必须一律随时转送，或直送中央政府财政部，或财政部所指定之银行。各级财政机关，不得扣留或迟延。

中央财政部所规定的三种新式簿记，现已印好，特分寄各该级财政机关应用。这些簿记并须于明年1月起绝对实行。同时各种新式簿记在开始使用时，不免有少数困难，可是每种簿记，都附有一种详细的解释图表（附上），只要每个负财政责任的人员，稍能注意学习一下，是绝对能够做到的。

以上各种办法，所属各该级财政机关，自接到此种训令，以及各种图表簿记后一方面立即转发给各该下级机关，一方面自己严格的遵行为要。此致。

（录自《革命根据地经济史料选编》上册，江西人民出版社1986年版，第411—412页）

中华苏维埃共和国选举委员会的工作细则
——1931 年 12 月中央执行委员会第一次会议通过
（1931 年 12 月）

第一章　总则

第一条　根据宪法第七十六〔六十五〕①至七十九〔六十八〕条及选举细则各条之规定，为便于选举委员会的工作起见，特另行颁布本工作细则。

第二条　中央执行委员会有停止或修改本细则之权，并有解释关于本工作细则的疑问或争执之权。

第三条　本工作细则施行于中华苏维埃共和国的全境内，一切选举委员会都应遵照本工作细则进行工作。

第二章　选举委员会的工作人员

第四条　选举委员会按照选举细则产生之后，委员之间须即速

---

①　对照《中华苏维埃共和国宪法草案》（1931 年 11 月），此处"第七十六条"应为"第六十五条"，特作勘误，以下各处类似勘误均依《宪法草案》。——本文库编者注。

进行分工,每个委员应担任选举委员会的一部分工作。

第五条　选举委员会的委员不脱离生产,在办理选举期间,可暂时解放他所担负的工作,专门来进行选举工作。

第六条　可酌量任用技术人员,如文书、印刷、登记员之类,但在可能的范围之内,可利用区执行委员会和城市苏维埃的技术工作人员。

第七条　选举委员会可在区执行委员会和城市苏维埃的地方办事,不必另设办事处。

第三章　选举前的工作

第八条　在未开始选举的两星期前,须将该选举区域内实行选民登记,对于登记的工作,如没有组织的选民,选举委员会可任用专门登记员进行之,有组织的选民,可委托该组织的负责人进行之。

第九条　登记须按照中央执行委员会所颁布的选民登记表填写之。

第十条　登记完了之后,须由选举委员会指定委员组织委员会审查登记表。

第十一条　审查完了之后,须将有选举权的选民名单公布,在选民所在地或圩场张贴。

(附注)按照选举细则,应发选举通知书,为便于选举工作起见,故暂改用选民名单的布告。

第十二条　选民的名单须在选举大会的三天前发表。

第十三条　在未选举前,须将选民交给代表带去的提案的草案预备出来,且先在选民所在地公布,使选民预先认识应提出的提案。

第十四条　选举委员会在未开始选举前,应将该区域内各个选举大会的选民总数、应选举的正式代表和候补代表的人数公布(候补代表以正式代表的五分之一为比例,如不及此数,也可以选举候补代表1人),并将被剥夺选举权者的名单,经过区执行委员会和城市苏维埃公布。

第十五条 在开选举大会的前三天,须布告开选举大会的地点和时间。

第十六条 须先将会场布置好,看守会场门的人和进会场的登记人预备好,选民进会场时,须按照选民的名单放他进去。

第四章 选举时的工作

第十七条 无论那个选举大会,选举委员会的主席或派全权代表去出席。

第十八条 由选举委员会的主席或全权代表宣布开会,在宣布开会后,须宣布到会的人数是否已足法定人数。

第十九条 选举委员会的主席或全权代表,一定为选举大会的主席。

第二十条 选举大会议事日程的第一项,应由选举委员会的主席或全权代表,根据宪法第七十三〔六十三〕条、七十四〔六十四〕条〈及七十五条〉之规定,宣布什么人有选举权和被选举权,什么人被剥夺选举权和被选举权。

第五章 选举后的工作

第二十一条 选举委员会须将关于选举的文件(如选民登记表,选举大会的记录,进选举会场的登记表等)汇集起来,交给区执行委员会或城市苏维埃,以备检查。

第二十二条 选举结束后,选举委员会须向区执行委员会或城市苏维埃做选举总结的报告。对于选举委员会所用去的经费,同样须对区执行委员会或城市苏维埃做详细的财政报告。

第二十三条　选举结束之后,选举委员会须将工作结束,所有选举委员会所购置的东西,全部交给区执行委员会或城市苏维埃,选举委员会就宣布停止工作。

中央执行委员会主席　毛泽东

副主席　项　英

张国焘

（录自《中央革命根据地史料选编》下册,江西人民出版社1982年版,第186—189页）

苏维埃政权系统简明图表

（发文时间待考）

甲、产生苏维埃政权的选举系统图表

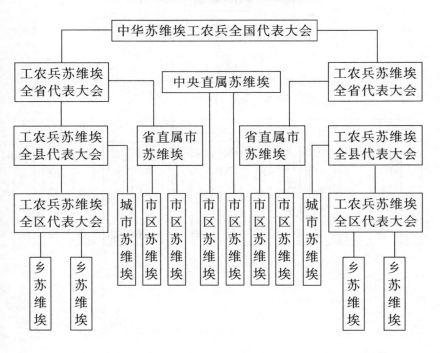

乙、中华苏维埃共和国中央政府组织系统图表

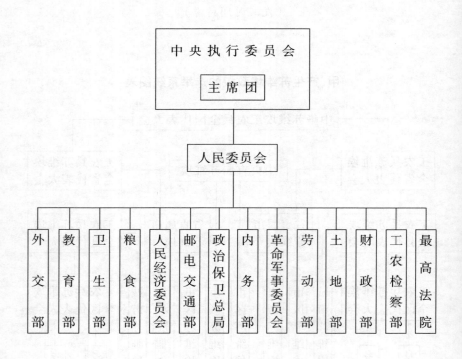

丙、省执行委员会的组织系统图表

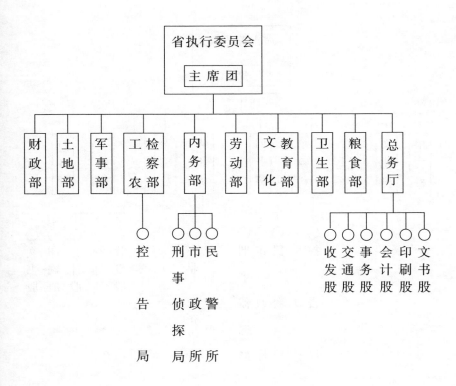

丁、城市苏维埃组织系统图表

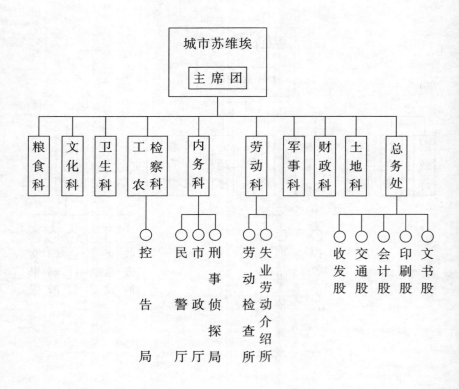

（录自《中央革命根据地史料选编》下册，江西人民出版社
1982 年版，第 197—200 页）

临时中央政府人民委员会第四次常会

（1932 年 1 月 12 日）

人民委员会第四次常会于 12 日上午 9 时开会，其重要的讨论和决定如下：

一、出席江西省苏县区两级主席联席会议的报告。

二、讨论在目前政府工作中有和平建立〔设〕的倾向，只偏于条例和法令方面的工作，而对于政府目前最主要和扩〔重〕大的任务，领导和动员广大工农群众向外发展，扩大苏区加强红军，发展革命战争，以争取大的城市的斗争工作，有忽视地方。这是非常错误的，应严厉纠正。以后对于各省指导中也要特别注意此点。

三、春耕问题：为增加群众的福利，和提高苏区的生产，以加【强】革命发展□的力量起见，决定在目前立即发动一个春耕运动，因为去年各地多遭白军的摧残，除由政府给以相当帮助，领导群众实行耕种的互助以解决耕牛、种子、人工等等之困难，决定发一训令，拟定具体办法，令各级政府执行，同时出一布告来鼓励群众，训令布告下次会议通过。

四、江西省政府所报告主席联席会议，拟定宣布没收和分配土地的办法，请批准一事，决定以 3 人组织审查委员会，审查和修改，提【交】下次会通过。

五、防疫问题：苏区在去年战争中以及敌人残酷的摧残，到了春天易于发生瘟疫，富田地方已有瘟疫发生，为保障工农群众的健康和预防瘟疫发生起见，决定举行全区防疫卫生运动，由军委会的军医处拟定办法和条例,提交下次会议通过。

六、瑞金县苏,因主席黄正,每月向每个工人【收】取 6 毛钱的津贴,剥削工人的行为,决定撤消【其】主席职务,请求批准事,决定批准黄正撤消〔撤消黄正〕主席职务,其主席职务暂由副主席代理,并交工农检查〔察〕部检查。

七、通过投资条例。

八、通过对于自新自首和反水的工农分子选举权问题之训令。

九,决定委任何叔衡同志为中央苏维埃工作人员训练班主任。

(录自 1932 年 1 月 13 日出版的《红色中华》第 5 期第 4—5 版)

中华苏维埃共和国临时中央政府
关于工商业投资暂行条例的决议

（1932 年 1 月 12 日[①]）

为巩固和发展苏维埃境内的经济，保障劳动人民的利益起见，临时中央政府根据第一次全苏大会所决定的经济政策的原则，颁布工商业投资条例，以鼓励私人资本的投资，并决定这一条例于 1932 年 1 月起实行。

第一条　凡遵【守】苏维埃一切法令，实行劳动法，并依照苏维埃政府所颁布之税则，完纳国税的条件下，得允许私人资本在中华苏维埃共和国境内自由投资经营工商业。

第二条　凡投资者须先将资本的数目、公司章程或店铺的名称、经营的事项、经理的姓名详细具报，向当地苏维埃政府登记，取得经营证，即可按照规定事业去经营，以后改营他业时亦须向政府报告和登记。

第三条　无论国家的企业、矿山、森林等和私人的产业，均可投资经营或承租承办，但须由双方协商订立租借合同，向当地苏维埃政府登记，但苏维埃政府对于所订合同，认为与政府所颁布法令和条例相违反时，有修改和停止该合同之权。

第四条　凡遵守一、二、三条之规定，私人投资所经营之工商业，

---

① 原件无时间，此为该"投资条例"在中央人民委员会第四次常会讨论通过的时间。——本文库编者注。

苏维埃政府在法律上许可其营业的自由。

第五条　如有违反苏维埃政府的法令或阴谋反动破坏苏维埃经济者，要受苏维埃政府法律的制裁。

第六条　本条例自颁布之日起发生效力。

（录自1932年1月13日出版的《红色中华》第5期第5版）

中央政府人民委员会第五次常会

（1932 年 1 月 27 日）

中央政府人民委员会第五次常会，于 27 日下午 1 时开会，讨论和议决的重要事项如下：

一、通过执行优待红军条例的训令。

二、通过红军选举细则。

三、通过补充和修改过去选举细则的训令。

四、通过政治保卫局组织纲要。

五、通过借货〔贷〕条例。

六、通过军事裁判所暂行组织条例。

七、通过各级苏维埃政府的印信式样的通令。

八、议决改"中央革命军事委员会总政治部"名称为"中国工农红军总政治部"。

九、批准江西省苏的土改细则决议案。

十、议决对于粮食问题，由中央马上发一通令：1. 调查统计现存的粮食。2. 取消内地粮食的禁令。3. 详细审查与白区通商的关系。

十一、议决巡视瑞金工作，由主席起草巡视工作计划。

十二、议决调总务厅长方维夏同志为教育委员会委员，所遗总务厅长一职，由秘书刘开同志兼。

十三、议决在目前内务人民委员周同志[①]因病请假期内其部长暂由工农检查〔察〕人民委员何叔衡同志兼理。

（录自 1932 年 1 月 27 日出版的《红色中华》第 7 期第 7 版）

---

① 周同志，即周以栗。——本文库编者注。

中华苏维埃共和国临时中央政府
关于借贷暂行条例的决议

（1932 年 1 月 27 日）

为保障工农劳苦群众的利益,除彻底肃清一切封建剥削,废除和禁止一切的高利借贷外,对于帮助各种生产事业的发展和便利于工农群众的资金周转之借贷,不加干涉,特此颁布借贷暂行条例,这一条例决定自 1932 年 2 月 1 日发生效力。

借贷暂行条例

第一条　根据苏维埃的政纲,取消和废止一切高利贷形式的借贷,过去高利贷的契约完全宣布无效并焚毁之。同时严禁以后不得再有放高利贷事实发生。

第二条　凡国家银行信用合作社或私人借贷之非高利贷性质的周转和为帮助某种生产事业而举行的各种借贷,不违背本条例之规定者苏维埃政府不加以干涉。

第三条　苏区中借贷利率,〈二〉高者短期每月不得超过一分二厘,长期周年不得超过一分,〈最〉短期利息以期终付给,长期利息每周年付给一次,或分季分给。一切利息都不得利上加利。

第四条　凡订立借贷合同须照以上之规定经双方同意,在合同上注明借贷数目利率、用途、和归还日期,以资遵守。如团体性质之合同,须向政府报告请求登记。

第五条　如违反以上之规定，或用其资金作高利贷的剥削，以及帮助反革命行动者，一经政府查出，或群众报告，除将资金没收外并须予以法律之制裁。

第六条　本条例自颁布之日起发生效力。

（录自 1932 年 1 月 27 日出版的《红色中华》第 7 期第 8 版）

临时中央政府训令第九号
——执行红军优待条例的各种办法
（1932 年 1 月 27 日①）

中华苏维埃工农兵第一次全国代表大会通过了红军的优待条例。这个优待条例,对于红军规定了许多优越的权利。为什么对于红军要定出这许多的优待条件? 因为红军在几年来的斗争中,是坚决的实行土地革命,反对帝国主义,反对国民党军阀的主要的力量,是苏维埃政权的保卫者。他在过去中国的革命斗争历史上,做了许多英勇斗争的光荣事业。目前中国的革命是一种残酷的革命战争环境,是积极进行革命战争的时候,是要与帝国主义国民党军阀作更残酷的大规模的战争,必须要有更广大的红军,才能争取一省或几省的首先胜利,以及苏维埃在中国的胜利。红军是为解放工农阶级的压迫而作战,为苏维埃政权而作战的战士,是以最大牺牲精神来为工农阶级利益和解放而奋斗。因此,苏维埃政府和工农群众,就应当对于他们加以特别的优待,使这些红军战士心中得着安慰,对于家庭没有什么挂念,可以一心一意去勇敢作战。因此,第一次全苏大会特别定出这个红军优待条例。

过去各地方苏维埃政府对于红军及其家属的优待,虽已有些规定,但是在实际上的执行是缺乏注意的,有的地方简直是忽视不执

行,有的地方相反的对待红军家房〔属〕,简直是破坏红军。这与扩大红军与加强红军战争力是有很大的妨碍的,这是很大的错误。以后各级苏维埃政府应严格地纠正过去的这些错误,绝对执行全苏大会通过的红军优待条例,以后若再有忽视优待红军或对执行红军优待条例怠工,须当作反革命的一样的来处罚。兹特对于红军优待条例规定如下的实施办法,以便去执行。

一、以区为单位,立即调查本区内充当红军的人数,这些红军家庭中的人数,土地多少,能〔有〕劳动力的人多少,缺乏劳动力和不定〔足〕劳动力的人有多少,统计起来,抄成二份,一份自存,一份交县苏维埃保管。这一工作均应于 3 月 1 日前办理完毕。

二、红军各军和独立师及脱离生产之地方武装,由政治部及政治委员负责,将所有队伍中指挥员战斗员及一切工作人员的姓名、年龄、籍贯、家庭状况,详细登记,汇报于革命军事委员会或当地苏维埃政府。这一工作也限于 3 月 1 日以前办理完毕。

三、红军中从前牺牲了的战士,因伤因病因老之退伍红军和残废战士,由地方政府与红军政治部及政治委员尽可能调查清楚,汇报军委或地方政府,以便付交各县政府办理。

四、从前红军和地方武装中〈现还留之〉参加反革命组织者,无论是已经处决了的分子,或在队伍中自首自新分子,均须区别阶级成分和首要及附和,由各军和地方武装负责人调查,汇报上级机关,以便决定对于他的土地应否没收,决定后交给各地的政府执行。

五、各军登记的名册,除外籍的红军战士外,由中央政府分别转交各区政府,然后区政府依照各军名册与当地政府调查登记之名册对照后,报告该上级政府备案,如有不符合者,仍须详细考察和转报上级政府清查,以免遗漏或错误。

六、对于实行优待条例之主要问题,在目前动员群众帮助红军家属耕田和耕种红军公田,这应由区乡政府依照调查的名册,和总计该区内各个红军家属之无劳动力或缺乏劳动力的,总计共需要义务劳动力多少,然后总计全区内各乡之劳动力多少,适当分配某地工农群众帮助某地之红军家属耕田,各耕种红军公田交各乡苏维埃负责具体分配实行耕种。

七、各乡政府接到区政府的通知后,立即召集【乡】政府的会议,决定执行办法,然后召集〈耕〉红军家属〈帮助红军家属耕田及公田的意义〉和该乡全体居民开大会公布帮助红军家属耕田及耕种红军公田,在本乡所担任义务劳动多少,经过群众赞成具体的分配义务劳动的天数和日期。同时乡政府也可以召集贫农会、雇农工会的负责人开会,请其帮助政府动员群众,实行帮助红军耕田。当耕种和收获时,乡政府要负督促的责任,同时要防止强迫命令的行为,但对富农不在此例。

八、当耕种和收获的时候,乡政府要在事前用宣传鼓动方法去动员广大群众,按照规定的义务劳动法帮助红军耕种和收获,使红军的田地耕种和收获时间,较一般的耕种收获要早一些。

九、对于外籍之红军战士留公田的办法,应按照地方每人分田多少,规定留出公田的数额,分田少的少留,分多田〔田多〕的多留,如江西规定的办法,每乡每人分5石者留3人到5人的公田,5石以上者则多留公田,分5石以下者亦须留出公田,最少是两人的公田。其他苏区可按照江西办法规定,除旧有苏区须设法留出红军公田外,对新发展区域,当分配土地时,须特别注意留出公田。

十、公田以区为单位统计报告县政府,由县政府统计起来报告省政府,再将全省公田统计起来报告中央政府,再由红军总政治部根据各军外籍人数与各县公田数目给以分配,一方面报告中央政府发交地方政府向各地群众公布,同时向各军战士公布所分公田多少,在何地点,由各军战士推举代表到所分公田地点查看。

十一、各地之公田,由区政府订立特别标志,上书某军战士公田,其种子肥料等项,以动员群众供给为主体,在可能时得由政府补助。

十二、每年收获后,由区政府负责将公田出产变成货币,依次解送县政府、省政府转送红军分配享受公田之人。

十三、对于外籍被〔已〕牺牲了的红军战士,应将其姓名、籍贯、家庭登记,将来革命发展到该地时,由中央政府令行当地政府按址查明,照优待条例实行对于其家属之优待。

十四、红军战士牺牲后,其家属不在乡村不够维持生活或完全不能维持生活者,由政府依照当地必需生活费用给以相当津贴,使其子女能达到能维持生活为止,无子女者维持其父母妻子并〔至〕死时为止。

十五、凡设立学校的地方,红军子女有免费入学的权利,由乡区政府负责执行。

十六、红军战士和其家属享有通信上的特别优待,照人民委员会第一号通令办理。

十七、对于残废了的红军战士,由军事委员会之红军抚恤委员会和残废院照优待条例办理。

十八、为了执行以上办法及优待条例中之一切规定,在各县政府军事部之下,设立优待红军委员会,负责管理优待红军事宜。省政府之下设立省优待红军委员会,来负指导督促各县优待红军委员会之责。

十九、为督促各级政府切实执行优待红军条例起见,由各级政府工农检查〔察〕部负责,随时派遣专人考察,如发现各级政府不执行优待条例,或经红军战士本人及其家属之控告者,由工农检查〔察〕部核举出来迅速纠正,并得向法庭提出控告按罪处罚。

现在春天到了,春耕就要到来,各级政府与红军政治机关必须依照红军优待条例和本令所述办法,立即讨论具体执行事项切实执行,随时将执行的情形按级报告上级机关以至中央政府审查,不得玩忽怠工,是为至要。此令

（录自 1932 年 2 月 3 日出版的《红色中华》第 8 期第 8 版,
1932 年 2 月 10 日的第 9 期第 10 版）

中华苏维埃共和国国家政治保卫局组织纲要

（1932 年 1 月 27 日）

（一）国家政治保卫局在苏维埃境内依照中华苏维埃共和国宪法之规定，在临时中央政府人民委员会管辖之下，执行侦查、压制和消灭政治上经济上一切反革命的组织、活动、侦探及盗匪等任务。

（二）国家政治保卫局与方才暴动的或红军新占领的区域的肃反委员会的任务、组织和工作范围，均不相同。肃反委员会的任务，在以革命的工农群众的威力，于暴动时和方暴动后，将一切公开的反革命分子与其活动，逮捕和检举到肃反委员会中来处理。肃反委员会是由暴动群众选出来的，在暴动的指挥机关——工农革命委员会的领导之下工作。肃反委员会可有自己的武装队伍，担任受命拘捕、看管和处决一切反革命罪犯的任务。肃反委员会的存在期间，依当地苏维埃政权建立的时间与巩固的程度而定。

（三）国家政治保卫局的任务，在以其集权的系统组织与革命群众的信赖和帮助，经常的系统的执行抵抗检举和消灭一切公开的尤其是秘密的暗藏的反革命的组织和行动，以保卫和巩固苏维埃政权。目前苏维埃运动正在向前发展，新的苏区一般的都要经过肃反委员会的工作阶段。在肃反委员会存在的地方，国家政治保卫局应与其发生系统上的管辖关系，且要逐渐转变其成为政治保卫局的下级组织。

（四）国家政治保卫局的组织原则，是完全集权的。它本身在委员会的管理之下工作，国家政治保卫局长即为委员会的主席，并得列席人民委员会,有发言权。国家政治保卫局委员任免处分权属于苏维埃中央执行委员会及其主席团。委员中应参加最高法院的检察员1人。

(五)国家政治保卫局在各省苏维埃政府与中央军委会中有它的代表机关,指挥国家政治保卫局在地方机关与红军中的工作。省县两级设分局,亦由委员会管理,分局长即为委员会主席。在红军中中央军委会或其他苏区军委会及军团或军(或师)局长、委员及特派员的任免处分权,统属于国家政治保卫局。最下级特派员的任免处分,省及军委会分局有权处理,但最后的批准属于国家政治保卫局。

(六)国家政治保卫局的上下级关系,除了特别障碍以外,是一贯的垂直系统,下级对上级的命令须绝对服从。各分局各特派员在政治上是受当地各该级政府或红军中军事政治负责者指导的,各分局长并得列席于省苏县苏的主席团会议,但工作的关系上绝对隶属于国家政治保卫局。地方政府及红军指挥机关无权改变或停止国家政治保卫局的命令,如有抗议只能提到人民委员会解决。

(七)国家政治保卫局给权与地方及红军中分局侦查与处理一切反革命案件,但最后的决定权属于国家政治保卫局,只有在国家政治保卫局特许的范围以内者,各分局才能自己解决。特派员则只有在上级给予的任务范围内执行一切工作,除非临时紧急处置如反革命分子或其组织已定有暴动,特派员可取得当地政府或红军的帮助,先行拘捕人犯破获组织,然后再报告上级核准。

(八)国家政治保卫局及其各分局和特派员,是代表政权侦查、接受与处理一切反革命案件的,当地群众及政府机关、共产党部及青年团部、各革命团体、红军均负有向其供给和报告各种消息的责任;在需要时地方政府及红军应给以武装力量之帮助,且须临时听其指挥。地方政府、红军指挥机关与政治保卫局分局及特派员,在工作上只能发生横的关系;只有在必要时,分局和特派员得以其一部分材料通知其同级政府和红军指挥机关,且须在国家政治保卫局规定的范围以内;对红军指挥机关则关系较密切,以便红军能时时注意到将不良分子淘汰出去,使反革命的活动无从生根。

(九)一般的对于反革命犯人及其嫌疑犯的拘捕审问权属于政治保卫局,政府其他机关、共产党部、青年团部及一切革命团体均不得自行拘捕审讯,尤其不得自行处决,除非紧急情形,如发现反革命分子或其组织已定有暴动或逃跑时,得由其他机关乃至群众自动的将其拘送保卫局,但也只限于拘捕为止。当保卫局得有反革命充分证据,须拘捕暗藏在政府机关、红军与各革命团体中的负责人时,保卫局只能于执行拘捕前通知该机关之最高负责者预备替代人员,该机关最高负责者即使不同意亦不得阻挠其行动,只能向上级抗议。假使保卫局依据证据认为该机关已无可接受预告的人,则须于执行前通知其上级机关的负责人。

(十)一般的对于惩罚反革命犯的判决和执行权属于司法机关,政治保卫局则处于检察的原告地位。惟在国内战争及苏维埃运动向外发展时期,在人民委员会许可的范围内,国家政治保卫局有权依据法规判决和执行对于某种反革命犯人的惩罚。

(十一)工农民主政权对于反革命犯的惩罚原则是依据阶级路线来规定的。凡属剥削阶级的地主、豪绅、旧官吏、资本家、老板、富农,犯了积极反革命的罪状,须给以严厉的惩罚;一般的工人、红军战斗员、雇农、贫农、中农与独立劳动者,只要不是坚决投降于反革命的领袖分子,而为反革命协迫欺骗去加入或附和反革命行动或组织的,在原则上应一律给以自新的出路,其办法从公开劝告、警告、禁闭、开除军籍、一直到拘押与剥夺一时期的公民权。惩罚异己阶级的反革命分子,最严厉的是死刑,次要的应监禁、罚作苦工或驱逐出苏区境外。工农中被反革命协迫欺骗而自首的一律免罪,被发觉和检举后的自新分子,亦应从轻处分,拘捕者应释放。异己阶级中的自首分子,应分别首从,且须规定审察时期,在审察期内不得自由移动,自新分子仍应给以较其应得的为轻的处罚。

(十二)国家政治保卫局的工作原则,应分侦察与执行(审察侦查所得的材料与复查均在内)两个工作系统,彼此分开,不得隶属。

在侦察部下应有极精密、极复杂的工作网,执行部下应有自己的武装组织。

(十三)国家政治保卫局一切行动及法令上的裁制,在临时中央政府最高法院未成立前,由人民委员会直接处理。

(十四)在其他苏区未与中央苏区打通以前,国家政治保卫局得将其管辖该苏区政治保卫局的全权,委托该苏区政府执行委员会主席团直接代理。在中央苏区内有时因客观故障地方分局与国家政治保卫局暂时隔断时,亦运用此种规定的原则。

中央执行委员会主席　　毛泽东

副主席　　项　英

张国焘

(录自《六大以来》下册,人民出版社1981年版,第366—368页)

中华苏维埃共和国中央执行委员会训令第八号
——关于变更和补充居民与苏维埃代表的比例标准

（1932 年 1 月 28 日）

目前中国革命,还正在残酷的斗争中,苏维埃政府若颁布各种条例,首先应当顾到适合目前的斗争的条件与否,应根据这个原则,以颁布各种条例。因此,对于选举细则上所规定的居民与苏维埃代表的人数比例,也要根据这个原则。不应把居民与代表的人数比例规定得太呆板了。为适合目前革命斗争的环境,保证无产阶级在苏维埃机关内的领导地位,本届的选举居民与代表人数的比例,对于过去所颁布的选举细则,必须略有变更和补充,兹将居民与代表比例的新标准规定如下:

一、乡苏维埃:贫农中农独立劳动者等每 50 人得选举正式代表 1 人,工人苦力雇农每 13 人得选举正式代表 1 人,不足所规定的人数者,也可以选举正式代表 1 人。

二、直属于县的城市苏维埃:城市贫民和周围所管辖范围内之贫农、中农及独立劳动者每 80 人得选举正式代表 1 人,工人苦力雇农每 20 人得选举正式代表 1 人,不足所规定的人数者,也可以选举正式代表 1 人。

三、直属省的市苏维埃:城市贫民及附近之贫农、中农等,每 400

人选举正式代表1人，工人苦力雇农每100人选举正式代表1人，不足所规定人数者，也可以选举正式代表1人。

四、区苏维埃代表大会，由各乡苏的代表及地方武装的代表所组成，每居民200人得选举参加区代表大会的正式代表1人，但代表的成分，雇农、苦力、工人，应共占百分之二十。

五、县苏维埃代表大会，由区代表大会和城市苏维埃所选举出来的代表，及地方武装和红军的代表所组成，每乡村居民1200人得选举参加县苏维埃代表大会的正式代表1人，代表的成分，工人、苦力、雇农应共占百分之二十五，士兵占百分之三十。每城市居民400人得选举参加县代表大会正式代表1人，代表的成分，工人、雇农、苦力应共占百分之五十。

六、省苏维埃代表大会，由县代表大会和省直属市苏维埃所选举出来的代表，及红军和地方武装的代表所组成，乡村居民每5000人得选举正式代表1人，代表的成分，工人、苦力、雇农应共占百分之二十五，士兵占百分之十。每城市居民2000人得选举正式代表1人，代表的成分，雇农、工人、苦力，共应占百分之五十。

各级苏维埃的候补代表以正式代表的五分之一为比例，就是每选举5个正式代表，可以增选1个候补代表，正式代表不足5人者，也得选举候补代表1人。候补代表参加苏维埃的会议或代表大会，有发言权而无表决权，正式代表缺席时，由候补代表升补。

（附注1）区县省三级苏维埃代表大会的代表，工人、苦力、雇农、红军的代表标准，应在选举代表之前，城苏乡苏区县二级代表大会都须注意到工人、苦力、雇农及红军成分。

（附注2）地方武装和红军选举手续另有地方武装和红军细则规定之。

　　以上规定是补充选举细则的缺点，除居民与代表的比例变更外，其余的程序，都应依照选举细则的规定，各级苏维埃政府，接到本训令之后，对于本届的选举应即遵照本训令的指示去进行。此令

中央执行委员会主席　　毛泽东

副主席　项　英

张国焘

1932 年 1 月 28 日

（录自《中央革命根据地史料选编》下册，江西人民出版社1982 年版，第 189—191 页）

国家政治保卫局训令
——为规定特派员权限及工作范围①

（1932 年 1 月 29 日）

（一）特派员是国家政治保卫局系统内的一个活动的单位，它属于国家政治保卫局的，受国家政治保卫局的指挥；属于省或县及军团或军的分局的，受省或县及军团或军的分局指挥。

（二）特派员的工作任务，只限于侦察部分，无直接拘捕人犯之权。但在特殊情形得到上级同意时，他可以拘捕及审查人犯，不过最后之决定仍属于上级。

（三）特派员的工作范围，属于一区一乡一师一团一连，□□□□的保卫局局长临时指定。

（四）特派员在工作范围内□□□□□□□□或他的负责人发生横的关系，得政府同意之下□□可以□□当地政府□□□□必要时，由该负责人要求武装行动。

（五）特派员发觉反动分子时，应立即报告上级，经上级批准后，会同地方赤色武装拘捕反动分子。如反动分子逃跑时得随时□□□拘捕之。

（六）特派员除向其所属之上级作工作报告外，不许将工作情形报告任何机关任何人。

（七）特派员与其他特派员之间，取得上级的同意得发生横的联

---

① 副标题为本文库编者所加。

系。

（八）特派员是公开性质，以便各革命团体与群众告密。

（九）特派员的主要工作：1.调查反动派及反动分子活动情形。2.侦察有可疑的人。3.侦察反动分子的已经有人供认者。4.调查附近白色武装和豪绅的情形。5.调查有可疑的事。

（十）特派员应每十天做报告一次，遇有重大案件时应随时报告。

（十一）为规定特派员的权限及工作范围，致有上列的决定。各特派员须切实遵照。如有违犯，必须按其轻重予以处罚。

国家政治保卫局

局　长　邓　发

1932 年 1 月 29 日

（根据中共江西省赣州市委党史工作办公室保存原件之复印件刊印）

中华苏维埃共和国中央执行委员会命令第三号[①]
——颁布中华苏维埃共和国军事裁判所暂行组织条例[②]

（1932 年 2 月 1 日）

为保障红军中战斗员，指挥员，及工作人员的权利，维持红军铁的纪律，本执行委员会特颁布"中华苏维埃共和国军事裁判所暂行组织条例"，兹公布该条例，从 1932 年 2 月 15 日起开始发生效力。中央革命军事委员会接到本命令之后，即转各级红军部队及地方武装指挥部，按照该项条例的规定组织军事裁判所，以管理红军中一切刑事裁判。此令

中央执行委员会主席　毛泽东

副主席　项　英

张国焘

1932 年 2 月 1 日

---

① 此命令在《中华苏维埃共和国法律文件选编》中被作为附件，置于《中华苏维埃共和国军事裁判所暂行组织条例》全文之后。——本文库编者注。

② 副标题为本文库编者所加。

附:

中华苏维埃共和国军事裁判所
暂行组织条例

第一章　总则

第一条　凡在红军游击队,独立师,独立团,赤色警卫连等武装队伍服军役的,无论是军人或其他工作人员,倘犯了刑法,军事刑法及其他法律,都由军事裁判所审理之,但犯普通纪律而未涉及犯法行为者不在此限。

第二条　在作战地带居民的违法行为,无论其犯军事刑法或其他法律,都由军事裁判所审理之,敌军的侦探内奸等如在作战地带,也由军事裁判所审理之。

第三条　红军各级裁判所,都须遵照本条例的规定组织之。

第二章　军事裁判所的组织系统

第四条　军事裁判所分为以下四种:一、初级军事裁判所,二、阵地初级军事裁判所,三、高级军事裁判所,四、最高军事裁判会议。

第五条　初级军【事】裁判所设在红军的军部师部及军区指挥部和独立师部内,阵地初级军事裁判所则设在于作战阵地的最高级的指挥部内。

第六条　高级军事裁判所设在中央革命军事委员会内。

第七条　高级〔最高〕军事裁判会议,设在最高法院内。

第八条　初级军事裁判所及阵地军事裁判所都隶属于高级军事裁判所,高级军事裁判所则隶属于最高法院。

（附注一）最高法院未成立以前，对于最高级军事裁判会议所应解决的案件，由临时中央政府临时组织法庭解决之。

（附注二）未与中央苏区打成一片的苏区，得在该苏区的最高军事委员会内设立高级军事裁判所，并有最后决定案件之权。

第三章　军事裁判所的工作人员

第九条　初级军事裁判所是由所长 1 人，裁判员 2 人组织裁判委员会。高级军事裁判所是由裁判所长 1 人，副裁判所长 1 人，裁判员 3 人组成裁判委员会，以指导一切裁判事宜。最高军事裁判会议由最高法院指定若干人组织之，但必须有中央革命军事委员会的代表参加。

第十条　初级军事裁判所的所长和裁判员，由士兵代表大会推举出来，经高级军事裁判所核准，高级军事裁判所的所长和裁判员由中央革命军事委员会提出名单经最高法院核准。

第十一条　各级军队的指挥员，不得委任军事裁判所的所长和裁判员。

第十二条　初级军事裁判所审判时的法庭由 3 人组织之，以裁判员为主席，其余 2 人为陪审员，高级军事裁判所所审理的初审案须用陪审员，但终审的案件则不用陪审员而是由裁判所所长和裁判员所组织。

第十三条　陪审员由士兵选举出来，每星期改换一次，陪审员在陪审期间可解放士兵的职务，陪审期间终了，仍归原队工作。

第十四条　各级军事裁判所得任用书记及其他工作人员。

（附注一）倘案件不多，军事裁判所的人员可以减少，初级军事裁判所可以仅设所长 1 人，高级军事裁判所可以仅设所长 1 人，裁判员 1 人。

（附注二）审判不关重要的简单案件，可以由审判员 1 人审理之。

第四章　　各级军事裁判所的裁判及其裁判手续

第十五条　初级军事裁判所审理军长以下的犯罪的指挥员战斗员及在军队里服务的一切工作人员的案件,但为初审机关。

第十六条　地方武装的军事裁判所审理全省地方武装的军事案件。

第十七条　阵地初级军事裁判所则审理在作战地带的一切案件。但仍为初审机关。

第十八条　高级军事裁判所是审判经过初级军事裁判所判决而上诉的案件后之终审机关,同时是审理军长以上的指挥员,【中央】革命军事委员会的直属部队及其他工作人员的案件之初审机关。

第十九条　最高军事裁判会议是审理经过高级军事裁判所判决而上诉的案件之终审机关,同时是审判军团指挥员以上的重要军事工作人员的审判机关。

第二十条　除最高军事裁判会议外,其余各级军事裁判所判决的案件被告人在判决书上所规定的上诉期内,都有上诉权,上诉的期限规定为72小时至1个月,其上诉期由当时审判该案件的法庭决定之。

第二十一条　凡判决死刑的案件,虽被告人不提起上诉,审理该案件的裁判所须将该案卷送给上级裁判所去批准。

(附注一)在紧急作战的情形中,可先执行而后抄录全部案件送给上级军事裁判所去追认。

第二十二条　审判案件须用公开的形式,准许士兵及军队的工作人员旁听,但是有军事秘密的案件,可采用秘密审判的形式;但宣布判决时仍须公开。

第二十三条　审判的时候,不一定在军事裁判所的所在地审判,可到军队所在地及犯法者的工作地点去审判。

第五章　军事检查所的组织及任务

第二十四条　在初高两级的军事裁判所的所在地,设立初级军事检查所及高级军事检查所。

第二十五条　初级军事检查所设所长 1 人,副所长 1 人,检查员若干人。高级军事检查所设所长 1 人,副所长 2 人,检查员若干人,以外可用书记文书等技术工作人员。

(附注一)军事检查所的工作人员看军队情形可随时增减。

第二十六条　各级指挥员政治委员若发现军队中有犯法行为的证据,可以将犯人实行逮捕,送给相当军事检查所去检查。

第二十七条　军事检查所的检查和预审军犯□□□一切案件,除已明白无须再检查的简单案件外,都先交该级军事检查所去检查过;军事检查所的案件检查完了,做出结论之后,再将案件送交军事审〔裁〕判所去审判。

第二十八条　军事检查所是代表国家对于军事犯的原告机关,他可以检查军队中及与军事有关系的一切犯法案件,并可以向法庭提出公诉,开庭审判时可以代表国家出庭告发。

第二十九条　当检查案件的时候,凡与该案件有关系的任何人,检查员有传来审问之权。

第三十条　传审的时候,可用传票,拘票,检查票三种。

(附注一)军事裁判所只能用传票拘票二种。

(附注二)军事裁判所所在地的军部或师部及其他军事机关,须指定部队为军事检查所调用。

第六章　经费

第三十一条　军事裁判所及军事检查所的经费,按照预算由各该级的军事机关发给。

第七章　附则

第三十二条　本条例由中央执行委员会以命令公布之。

第三十三条　本条例,中央执行委员会有随时修改或停止之权。

第三十四条　本条例自公布之日起发生效力。

中央执行委员会主席　毛泽东

副主席　项　英

张国焘

（录自《中华苏维埃共和国法律文件选编》,江西人民出版社
1984 年版,第 382—386 页）

临时中央政府人民委员会第六次常会

（1932 年 2 月 6 日）

人民委员会第六次常会于本月 6 日开会，讨论和决议重要事项为左：

1. 通过春耕训令。

2. 议决江西省政府主席团暂不设立。

3. 批准教育初步计划及教师的生活费标准。关于教育行政组织系统则保留至后来详细讨论。

4. 议决中央革命军事委员会今后须作一定之特费预算。

5. 议决通令各级政府发展节俭运动。

6. 目前为军事行动时期，人民委员会之委员，多赴前线，以致不足常会的法定人数，议决在这一期内，可召集各部负责同志，共同开会，解决各项问题。

（录自 1932 年 2 月 10 日出版的《红色中华》第 9 期第 8 版）

临时中央政府关于春耕问题的训令

（1932 年 2 月 8 日）

春天到了，春耕在即，这一问题，是苏区国民经济的主要部分，不但关系苏区工农群众日常生活的需要与改善，同时关系苏区经济的发展与巩固，因为生产增加，是巩固与加强苏区与红军向外发展的力量，目前当着帝国主义积极瓜分中国的世界大战，正是拔剑张弓一触即发的时侯〔候〕，日美军队已在上海冲突，世界大战的前哨战已经接触。国民党反革命政府正在急剧崩溃中无耻的出卖中国，现在国民党更企图藉此挑起世界大战，以促进帝国主义更迅速解决瓜分中国问题，使中国〈无〉数万万的群众要牺牲于帝国主义枪炮之下。全国的反日反帝反国民党的运动和工人大罢工，猛烈的发展着，各地群众自动组织义勇军，白军士兵等自动起来与日帝国主义作战，各苏区与红军得到新的伟大的胜利和发展。这些事实完全证明目前中国的形势，是到了革命最紧张的时候。我们要大大的向外发展夺取中心城市，首先夺取赣州吉安等较大的城市，配合和领导全国工农及一切革命群众的反日反帝反国民党的运动，以革命战争来消灭帝国主义战争，变帝国主义战争为反帝反国民党的革命战争，争取一省几省的革命首先胜利。因此发展和提高苏区生产，强固苏区向外发展的经济力量，在目前有极伟大的战斗意义。

在发动和加紧春耕运动中，特别要注意对于去年被白匪摧残区域，应当用各种方法帮助群众去解决春耕中各种问题——耕牛、种子、肥料、工具等以及在春秋之间的粮食问题，这是苏维埃政府一个实际任务。对于广大工农群众,苏维埃政府要努力领导他们来解决春耕中各种困难问题,使今年粮食收获大大增加,来改善群众生活,来加强向外发展的力量,来充分供给红军的给养,以开展和帮助目前积极进行的革命战争。临时中央政府人民委员会现在决定如下办法,望各级政府切实的与具体的去立即执行:

一、要把春耕运动作一大大宣传鼓动,动员广大群众彻底了解发展生产与加强革命力量的意义,去努力发展生产增加生产,并用革命竞赛的方法来鼓励群众。

二、要发动群众,特别要由雇农工会贫农团来领导,在春耕中实行耕种互助运动,无论人工、耕牛、农具、种子,概彼此帮助,以便相当的解决目前春耕中各种困难问题,来促进耕种的顺利进行。

三、去年有些地方(如东固龙岗一带)因为白军摧残,耕牛、农具、种子等物多受烧杀毁坏的损害,在今年春耕中必然发生许多困难和障碍,因此各地政府应立即详查现有耕牛、工具、种子多少及缺乏多少,有计划的来解决这一问题。对于灾区应当在可能范围内,代其设法购牛,设立耕牛站,无代价或极低廉价租给无牛的农民使用。另一方面农民须尽可能的集股去买耕牛共用,亦可向信用合作社借资(各地须创办信用合作社)。富农多余耕牛工具等均可没收分给无牛或缺牛的雇农贫农,或是富农的牛除了耕种自己的田外,一定要租借别人耕种,也可付以较低的租金。中农贫农的牛,须宣传鼓动他们在耕种互助运动下除自己使用外,还须以相当的租金出租给无牛的农民,农具一项须极力提倡生产合作社尽量制造,同时要把富农多余的农具没收,分配给没有农具的贫苦农民。非灾区的多余农具,除首先分给当地缺少的农民外,应鼓动群众捐助送给灾区。种子一项,各地政府和群众都要善为筹划,有种子的地方,要运往没有的地方去卖,没有的地方要向有的地方购买或募借。

四、过去因土地分配不定,以致防碍耕种,现在凡是土地没分配好的地方,尽最大力量在春耕以前,一律分好。

五、今年春耕应向群众宣传鼓励提前耕种,以改正过去旧习的迟期耕种,在未到春耕时以前,应多种杂粮以资补助。

六、各地要发动广大群众踊跃帮助红军家属耕种,并耕种红军公田。地方武装在可能范围内亦要帮助当地群众耕种。加入反革命组织的工农自新分子,未满期时可编成劳动队,分配到劳动力缺少的地方,帮助耕种。

七、对于在春夏之交、青黄不接的时候,缺乏粮食的地方,现在各级政府应立即调查清楚,县、省政府应当根据各区余粮或缺粮实际情形详细统计,实行各地的粮食调剂以解决粮食缺乏的困难。

以上各点务望各地政府按照当地情形妥切执行。并由县、区政府召集各乡负责人详细讨论执行办法和经常派人到各乡去指导,将随时执行的情形向上级政府报告为要。此令

1932 年 2 月 8 日

(录自 1932 年 2 月 10 日出版的《红色中华》第 9 期第 9 版)

人民委员会通令第三号
——帮助红军发展革命战争实行节俭经济运动
（1932 年 2 月 17 日①）

目前正是积极向外发展革命战争，夺取赣州和其他中心城市，以争取一省数省革命首先胜利的行动时期，一切工作都要以完全〔成〕这一任务为主体，经济一项更为重要。假如红军给养和其他军事上的必要经费发生缺乏，则影响甚大，有防碍革命战争进展的危险。因此对于节俭经济，供给发展革命战争，帮助红军给养，这是当前紧急任务之一。过去各地方政府和群众团体【存在】许多浪费，随意滥用，这是苏维埃政权下所绝对不允许的。至于节俭费用，准备发展战争，更没有这种观念。本政府特此通令各级政府，务须立即实行节俭运动，所有各地方政府的预算、杂费、特费等，必须尽量减少，不必要的工作人员须一律裁减，甚至一张纸一枝笔都不要乱〔浪〕费，以免多耗经费。要存着"节减一文钱即是对革命工作有一分帮助"的观念来实行广大的节俭运动，来积蓄金钱或积蓄粮食以作供给红军发展革命战争之用。同时要将这一节俭运动在群众中作广大的宣传，使他们了解节俭运动的意义，都积极的实行节俭，储蓄粮食，热烈的自动的来帮助红军和革命战争的发展，各地的工农银行信用合作社要设立

---

① 原文无时间，此为该通令在《红色中华》公布的时间。——本文库编者注。

贮蓄部,使群众有贮款的机关。其他各种发展经济的事业,都要加紧进行,尤其是今年的春耕运动要充分做好,以巩固苏区的经济来保证革命战争的完全胜利。此令

(录自 1932 年 2 月 17 日出版的《红色中华》第 10 期第 8 版)

选举运动与合作社
——中央政府指示江西省苏的一封信

（1932 年 2 月 17 日[①]）

你们的工作进行到了什么程度，二三月来未得你们一次的报告，我们无从得悉，最近接得你们几个油印的通令和《选举运动》的刊物，有几个问题，使我们不得不提出，给你们一指示。

一、苏维埃选举运动。这一个运动的实质，是改造各级苏维埃，建立强有工作能力的苏维埃政权，来领导和执行目前革命斗争的任务，决不是一个普通的选举运动。要使这一任务的完成，首先是充分的动员群众，积极的发展和深入斗争，而积极的执行全苏大会一切法令和发展斗争，是动员群众的最主要方法，发动群众来批评苏维埃的过去工作，提高群众对于政权的认识，要在这些实际问题上，将广大群众发动起来，热烈的参加选举运动，很积极的选举他们最好的分子到苏维埃来当代表，这样才能达到各级苏维埃真正改造，达到坚强而有工作能力的苏维埃政权建立，去领导和执行当前的革命紧急任务——巩固与发展苏区，积极发展革命战争，夺取赣州吉安，争取一省数省的首先胜利。

江西的选举运动至今将近两个月了，可是各地情形（虽未得着你

---

① 此为该指示信在《红色中华》发表的时间，指示信末尾落款为"18日"。——本文库编者注。

们正式的报告)据我们所知道的,非常令人不满,不仅没有在这一运动中将广大群众发动起来,没有使阶级斗争更发展更深入,造成最热烈的群众运动,而且许多苏维埃政府工作人员,都好像若无事然的,很平淡的沉静状况,这一选举运动如何能获得很大的成效? 结果必然是形式上的马马虎虎的改选完了,这是应该引起你们特别注意的一种严重的现象。

同时我们还要指出的就是《选举运动》上:对于这一运动的认识,也有不正确的地方,将选举运动的中心,移在全省苏大会上面,一切号召也就拿着省选为中心口号,这样自然使下级政府特别是广大群众的认识不清,以为只是选举代表出席省选〔苏〕大会,将选举运动的重要意义转移了,这可以减弱动员群众参加选举改造苏维埃运动的力量,望你们速转变过来。江西地方苏维埃过去主要的缺点和错误,就是缺乏充分动员群众的工作,命令主义极其浓厚,任何斗争和运动都不是着重发动群众,发挥群众的积极作用,概以命令行之,结果有的因命令强迫的原因,使斗争不能更深入发展起来,使某一种工作不能够很好的完成,从很大的斗争(如参加革命战争土地斗争等)到很小的工作,都多多少少的表现这种严重现象。苏维埃对于群众关系是隔膜的,因此使群众对于苏维埃不能有深刻的认识,吸引他们积极参加苏维埃的工作。

另一种现象就是因循苟且,敷衍塞责的恶习气。在许多地方苏维埃工作人员中充满了这种精神,无论上级政府命令通令、决议,拿到下级政府总是不发生作用,好像"命令决议是命令决议,我干我的",或者将【文件】油印翻印一下以塞责,或者随便做一下敷衍了事,甚至置之不顾和随意抛弃,从来很少看见下级政府对上级的文件,加以详细讨论,拟就执行办法,切实去做。至于做了后将其结果报告上级政府,那更是没有的事。自从中央政府成立以来,许多重要训令和决议,直到现在,下级是否执行了,或者是很正确的执行,确实使我们不能有保障。这样,怎能使工作有新的转变,怎样达到建立坚固而有工作能力的地方政权,怎样能去充分的执行当前的革命紧急任务？这种恶劣现象，是有他很久的历史。因循苟且，直到现在，成为一切工作进行的障碍，是旧官僚时代的恶习，是苏维埃政权下绝不允许有的现象，望你们要坚决同这种恶习气斗争，消灭这种恶习气。

同志们，我们只指出以上重要两点，其他还有许多次要的错误和缺点，暂且不讲，这是在目前选举运动中，你们应该特别注意到的，应该将这一斗争发动起来去实际改造各级苏维埃。现在时间虽短促了，但是要以最大努力去纠正这种现象，和平选举与改造是非常错误的，不积极发动群众，选举运动成功是无保障的。同样的下层改造不好，省苏大会是得不到成功的。同志们，当目前革命形势紧张之下，很实际的正确的去完成这一工作，即是为的完成目前战斗任务的工作。

二、在财政统一的通令上，有将财政统一直接施之于群众团体（贫农团），这还是将贫农团混在区乡政府一块，假如贫农团在从前滥打土豪错误下存有款者，可由各级清查，将此款由政府决定拨着帮助群众发展合作社。尤其当目前春耕的时候，可将此款决定帮助雇农贫农以及中农买耕牛买种子之用，政府不要没收起来。

合作社是工农群众所组织的。政府所办的，只能叫国家商店和工厂。现最主要的是帮助群众发展合作社运动，而不是政府即办商店工厂。据通令上所讲，似乎县区乡政府很多办有合作社的（？）事实上是形成政府做生意赚钱，不是为便利群众抵制投机商人和富农，应立即改正，将这些合作社转移群众来办。如若群众接办而资本不够时，政府可暂时借一部分资本，然后由合作社逐渐归还。至于工人和农民所组织之合作社，政府绝对不要没收改为自办，如该合作社有政府资本者，如系生产合作社，可将资本指〔拨〕为救济失业工人基金，交工会管理；如系乡区政府的消费合作社，除借贷【给】群众一部分资本外，可将资本拨为帮助农民去买公〔耕〕牛和种子农具，解决春耕中许多问题。总之，现在政府应鼓励群众来发展合作社运动，而不应做些过早的办法。

最后还有一件要纠正的，这次"二一八"武装总示威是中共中央局所号召所领导的,不是中央政府,你们第十号通令上面说是中央政府所号召的,这是错误的,我们不能随便假用名义,使群众对共产党及政府弄不清楚。

　　同志们!在目前工作的转变中,当然是遇着很多的困难和阻碍,尤其是省苏本身人力很少,区域一天天的扩大,可是在你们努力之下,一定可以战胜这些困难,完成一切任务。最近省苏工作当然有进步,更希望你们要抓住工作的中心去推动一切工作。

18 日

(录自 1932 年 2 月 17 日出版的《红色中华》第 10 期第 7—8 版)

中央政府人民委员会第七次常会

（1932 年 2 月 19 日）

中央政府人民委员会于 2 月 19 日开第七次常会，计讨论和议决的重要事项如下：

一、梁柏台同志报告此次出席闽西临时法庭审判重要政治犯的经过情形和结果。

二、讨论指示闽西政府的具体工作方针，议决由中央去信闽西，详细指示，主要是打破闽西群众的失败情绪和纠正工作人员表示没有办法的现象。

三、议决组织临时最高法庭以判决重要政治犯，委何叔衡同志为临时最高法庭主审。

四、通过给江西省苏的两封指示信。

五、审查瑞金列宁师范的预算。

六、梁柏台同志提议创办劳动感化院。议决，由梁同志起稿感化院组织法，下次讨论。

（录自 1932 年 2 月 24 日出版的《红色中华》第 11 期第 7 版）

临时中央政府人民委员会第八次常会
——议决正式宣布对日作战

（1932 年 3 月 1 日）

中央政府人民委员会第八次常会，于 3 月 1 日举行，讨论和议决的重要事项如下：

（一）对日帝国主义积极侵占中国，屠杀中国人民，帝国主义瓜分中国的大战以及国民政府无耻投降帝国主义，出卖中国，议决正式宣布对日作战，以民族革命战争去驱逐日帝国主义出中国，议决发表宣言号召全中国的劳苦群众，在苏维埃领导下，自动对日帝国主义作战，推翻帝国主义工具的国民党统治，并反对任何帝国主义对于中国的侵略，并报告中央执行委员会批准后宣布。

（二）由毛泽民同志报告巡查江西省财政工作的经过后，议决：1.积极培养财政工作人才；2.严办政府工作人员中的贪污分子；3.中央须发布告，号召群众监督各政府经济，并驱逐贪污分子；4.各级政府所办的合作社，应转给工农群众接办；并通过政府工作人员经费问题。

（三）方维夏同志报告，在瑞金办小学教师训练班的经过情形，通过中央区列宁师范的预算，并委任徐特立同志为校长。

（录自 1932 年 3 月 2 日出版的《红色中华》第 12 期第 5 版）

人民委员会命令第五号
——切实执行工作检查
(1932 年 3 月 2 日①)

　　自从临时中央政府成立以来,曾经颁布了许多重要的法令条例、训令和通令等,都是为强固苏维埃政权,加强苏维埃对斗争的领导力量,以及执行苏维埃政纲的最具体的方案。只有切实执行这些法令,才能使苏维埃政府成为坚强而有工作能力的政权,能担任〔负〕目前伟大的革命任务。但是两三月来,中央没有接到各地政府对于执行各项法令的经过情形的报告,根据各地所发生的事实看来非常令人不满,有许多地方政府,没有照着法令切实执行,或者是执行得极不充分,甚至有忽视执行上级命令和法令的疏忽懈怠的严重现象,这对目前革命斗争的领导,极有妨碍,是苏维埃政权之下所绝对不允许的事情。现为着制止和纠正这种现象起见,应当立即切实执行各级政府的工作检查,在工作检查中应该考察在政府机关的工作人员是否有消极怠工腐化、不尽职等等的情形。对于一切不执行上级命令和工作不积极的要予以革命纪律的制裁,以强固苏维埃政府,使苏维埃的工作紧张起来,消减一切疏忽松懈的现象。

　　目前所要检查的最重要的尤为下列六个问题:

---

　　① 原件无时间,此为该命令在《红色中华》公布的时间。——本文库编者注。

一、选举运动究竟是否按着《选举细则》及对于选举细则的修改和补充的训令执行了？现在各地选举的情形怎样？有什么错误？有什么困难？是否发动了广大的群众热烈的来参加？结果怎样？应该将工作详细检查报告上级政府审查。

二、春耕运动的训令，各级政府是否执行了？是否解决了春耕中耕牛、农具、种子等项的困难？群众是否积极进行这一工作，各地的粮食调查统计了没有？都要逐一检查。

三、节俭经济帮助红军发展革命战争的工作，各级政府做到了什么程度？成绩怎样？

四、执行优待红军条例的各种办法的训令，各地政府是否切实执行？公田多少？都要确切检查出来。

五、肃反工作是否按照中央第六号训令完全转变了肃反路线？各地有不〔没〕有重复发生错误的现象？对于以前之政治犯是否解决？现各地还押有犯人没有？将如何解决？有些什么实际事实来证明路线的转变？

六、财政统一各地切实执行了没有？其程度如何？有些什么障碍？在统一财政中发现有隐藏、贪污等情形否？

以上六点都是非常重要的。对于这些工作的检查，刻不容缓。各下级政府务须向上级详细报告，上级要督促和催促下级做报告，并要派人到下级去切实检查。凡是执行得不充分的，都要加以批评或指正，如在工作上发生严重的不好现象者，甚至将该政府负责人撤职，上级不尽职的同样要负责任。

其余尚有《防疫》《戒严》等数训令，和苏大会的法令都是很重要的，也须将其执行情形加以检查。现定3月1日至3月31日止，为工作检查时期。各级政府要绝对执行这一工作，不得稍有玩忽和怠工。谁要忽视这一工作，便是放弃自己的职务，对革命怠工，便应当受革命纪律制裁。乡政府于3月15日前须将工作报告区政府。区政府于 3 月 15 日前务须派人到各乡检查,定于 20 日前将本区工作及检查情形报告县政府。县于 20 日前,须派人到各区检查,于 25 日前将全县工作及检查情形报告省政府。省于 30 日前,汇集各县报告给中央,并在检查期内派人到各县检查工作。此项限定日期和办法,须严格遵守执行,不得稍有玩忽。

(录自 1932 年 3 月 2 日出版的《红色中华》第 12 期第 5—6 版)

人民委员会命令第六号
——政府工作人员要加紧学习

（1932 年 3 月 2 日）

    有许多地方的政府,往往因负责人的文化程度太低,了解问题太差,以及不能把政府的经常工作好好的建立起来,对于上级的命令和文件,多半不能了解,也就不能执行。政府本身的日常工作,大抵不能有计划的推动和进行,甚至连本地方的零细问题,都不能解决,因此大大地减低了苏维埃政府的威信和作用。这是一个很大的缺憾。固然许多地方政府的负责人,纯系工农成分,文化程度低下,缺乏充分的工作能力,但是决不能因此便让他继续下去,甚至藉口工农,无论对任何问题,均以"我是工农,我也不晓"来搪塞,以掩饰因循敷衍消极怠工的恶习以至不愿学习不想进步的具体表现。这是绝对不准存留在政权机关内的,我们要坚决同这一倾向斗争。每一个在政府工作的人都应当加紧学习,尽量提高自己的文化程度和工作能力。尤其是不识字的工农同志,更要努力识字,积极学习政治和工作,造成〔就〕真正的工农干部。凡是不积极学习的就是对革命怠工,对苏维埃政府工作不努力,这种分子,如若自觉的如此屡戒不改,那就应该不让他来负苏维埃的责任。现在为了提高工农同志的学习加强文化教育起见,决定每一区、县、省苏都要设识字班,所有的委员和工作人员,都要强迫他们努力识字,并要邀请群众团体的负责人参加识字;乡苏有学校的要办识字班,没有的以该乡识字的人来负责,主席及苏维埃代表都要强迫识字。初学识字的人,平均每人每日至少要记5个生字,每个识字的人要教不识字的人。程度稍高的就要成立读书班,可用中央所发的训令、通令、法令、条例等及红色中华为教材。上级政府应当经常督促指示下级做这一工作,并要检查他们的成绩。下级要经常向上级报告并要求上级的帮助。无论哪一政府人员,如故意忽视学习的工作,敷衍了事者,则以怠工论。此令

公元 1932 年 3 月 2 日

（录自 1932 年 3 月 2 日出版的《红色中华》第 12 期第 6 版）

人民委员会第九次常会

（1932 年 3 月 9 日）

人民委员会于 3 月 9 日开第九次常会，其重要决议如下：

一、对闽西政府请求省苏大会因时事已迫、通知不及仍照原定日期开幕，议决可批准，但须指示对于巩固杭武工作须要特别加紧。

二、对耕牛、粮食问题再作决议案，在苏区准自由流通，并催促各地对于耕牛统计报告。

三、为加紧指导各地对于参加革命战争工作起见，决定派梁柏台到宁都，刘开、周月林到石城指导并巡视工作。

四、通过第四号通令。

五、设立妇女生活改善委员会，其组织与工作纲要起草后交下次会通过。

六、对于发达森林实行植树运动，起草决议下次讨论。

七、邮政问题，对于军事交通路线加派专班，并对于邮政整顿由内务部办理。

（录自 1932 年 3 月 9 日出版的《红色中华》第 13 期第 6 版）

人民委员会通令第四号
——积极参加革命战争努力帮助红军

（1932 年 3 月 9 日）

英勇红军目前正在积极进行革命战争，并且连次又获得了很大的新胜利，如闽西武平、上杭两县的夺取，红军在赣州消灭广东军阀范德星部 1 团后，已将赣州城包围正在积极攻击中，这些事实，都是革命战争大胜利的先声。

目前革命形势是极有利于苏维埃的发展，我们更要以最大的力量去继续这一胜利去争更伟大的胜利。

为了加强发展革命战争的力量，就要动员最广大的群众积极来参加革命战争。过去在三次革命战争中群众伟大力量和英勇的斗争已充分表现给敌人以最大打击，红军与工农群众配合下完全取得最伟大的胜利，这是我们不应忘记、不应忽视过去伟大斗争中群众力量的伟大。现在形势更不同，更有利于我们的发展，我们应要努力去动员群众，运用群众斗争的伟大力量去发展革命战争。可是在工作检查中，表现许多地方政府对于目前这一伟大任务的执行不十分积极，对于帮助红军的工作，表现消极，甚至在工作中有一种和平倾向发生，好像战争是在前方，后方无关的错误观念。因此对于过去中央所发的各种号召积极参加战争，努力帮助红军的通令命令等的执行，非常令人不满，以致于今很少有可观的成绩。扩大红军的工作，虽然有相当成绩，但未形成最热烈的运动。节省并集中经济，蓄积粮食以帮助军需的事实，更为少见，并且有些政府发生滥费金钱，以及贪污舞弊的种种坏现象。这些情形是极端妨碍革命战争的进展。特此,再行通令各地政府,务立即纠正过去的消极和错误的现象,努力发动广大群众,积极参加革命工作,帮助红军,巩固后方,以争取革命战争更伟大的胜利。

现在有几件具体工作要马上去做的:(1)为发展革命战争就要把所有地方政府收入的各项进款,除留用费外,尽量缴纳到上级政府来,同时应尽量节省,凡是各政府不必要的工作人员务必裁减,政府机关的办公费在目前至少须照原有预算减少四分之一,谁是滥费就要坚决反对,大量的节省金钱来帮助红军的必需费用。(2)为发展革命战争,对于粮食一项,极为迫切。各地打土豪来的谷子,除已发给当地劳苦群众外,应以区或县为单位,全数集中起来,以送到前方供给红军,并且各地方政府,要以最大力量派专人到各地收买粮食送往红军。去年土地税鼓励群众缴谷子,特别是沿河道一带,要积极进行这一工作。要动员广大群众,站在发展革命战争的阶级利益的立场上,热烈的自动的捐助谷米以贱价卖给红军,最少限度每一个群众要卖米或捐米给红军。每一县政府要指定一些中心便于运输的地点,然后运到交通要道转送雩都①或中央革命军事委员会转送前方。并且还要发动群众的节粮运动,不要滥耗谷米,以便节省下的谷米,来帮助红军。以上这些工作,在群众中可用革命竞赛方法,区与区、乡与乡来订条约竞赛,胜利者给名誉奖及红旗奖,各及〔级〕政府对此工作不得有丝毫的疏忽和懈怠。我们要以执行这一通令的成绩来作检查各级政府工作的主要标准,各上级政府亦须切实督促和检查所属下级政府的执行。凡是执行时,故意怠工的都要予以革命纪律的裁制,决不宽容。此令

公历 1932 年 3 月 9 日

(录自 1932 年 3 月 9 日出版的《红色中华》第 13 期第 6—7 版)

---

① 雩都,现称于都。——本文库编者注。

人民委员会为杭武工作给闽西的一封信

（1932 年 3 月 9 日）

闽西苏维埃政府执行委员会
亲爱的同志们：

上杭、武平已被我红军十二军配合广大工农群众，在几天内全部占领，团匪钟绍葵，全部击溃而逃窜广东，这是当目前发展革命战争开始时就取得这一极大胜利，在全国苏维埃的发展和胜利上，都有伟大的意义的。尤其是当目前红军正在围攻赣州的时候，上杭、武平两县的夺取，不仅威胁广东军阀，而且对于夺取赣州有极大的帮助。

上杭、武平两县的夺取，不仅开展并牢巩了闽西苏维埃区域，而且使闽赣的连系愈更巩固了，特别是上杭城的夺取，他是闽西的一个最大的中心城市，在政治上、经济上、军事上都是占重要的地位，因此杭武的占领不是暂时的性质，而是使他巩固起来成为闽西巩固的赤色区域，上杭城要使他成为赤色的中心城市，这是你们很重大的任务，必须以全力去完成这一任务。

人民委员会对于上杭武平的工作有如下的指示：

（一）正确的执行全苏大会的土地法、劳动法、经济政策等，这是牢固杭武两县赤色政权的主要条件和基础，在这一条件之下，将广大的城市工人、苦力，农村的雇农、贫农、中农以及劳动群众掀动起来，积极参加土地革命斗争和苏维埃政权，在他们实际利益的获得上，才能使他们积极来拥护苏维埃的政权，有了极广大工农劳动群众的基础才能巩固两县的赤色政权。

（二）为了发动城市的工人群众，就要实际的去实现劳动法上的8小时工作、增加工资、规定最低工资标准、改良待遇、集体合同与劳动合同的订立等等最低的实行，政府要占〔站〕在保护工人利益上，必须使这些最低的利益立即实现。同时对于工人组织工会，应在物质上及工作进行上积极予以帮助，但在这里有几点必须指出而要防止发生的、同时也是过去在工作上时常发生的错误。（1）对于劳动法的实现与工人利益的保护，只见空泛的文告，没有实际上来执行，没有用许多具体办法做去，事实上工人得到了没有，政府也不过问和检查，只要出一张布告和一只命令就完事了，这是对于拥护工人利益的消极。（2）对于工人利益的保护，政府多半是不审查事实和群众斗争情形，简单的用政府的命令强迫资本家实行，而不着重发动群众起来斗争，这样反而使群众不了解，面对于斗争一时消极。（3）在实现劳动法上，每每不考察当地的经济情形与工人生活的实际状况与需要，很适当的规定实际的实行办法，而是超过当地的实际经济情形强迫做去，结果是许多资本家无力负担而且停业，破坏了苏维埃现时的经济政策，而使苏区的经济受大大的影响，反使许多工人失业增加，以及许多工人怀疑，对于斗争消极甚至与资本家暗地妥协与让步，结果削弱了工人对于斗争的积极性和阶级意识，这是极有害的。同时藉口维持苏区经济和实行经济政策，而抑制工人的斗争或对工人利益保护的消极，那更应坚决的反对。总之对于劳动法实行，要占〔站〕在坚决的保证工人利益与不违反经济政策的条件之下来执行，特别是加强工人阶级斗争的积极性与对于苏维埃政权的拥护。

（三）在农村中对于没收土地与分配土地，必须彻底执行土地法，最主要的是占〔站〕在明确的阶级路线上，再不使土地革命的果实，被富农窃取一时，这种必须纠正。过去对于分配土地有一种错误观念，以为在开始发展土地革命时，必不可免的被富农窃取一次，必须要分第二次或第三次才能解决，因此在开始分配土地时就马马虎虎来分，这是非常不对的。我们只能说土地革命时，富农必然企图来窃取土地革命的利益，而我们正因如此，更要坚决的去发动群众来打击富农的企图,更要以明确的阶级路线使土地革命的利益不至被富农窃取去。这个错误发生在江西新发展的区域屡见不鲜,主要的原因,由于在分配土地时,不着重发动群众,简单的用命令去实行,去代替群众来分配,这样自然使富农得以乘机窃取。固然在新发展的区域,迅速分配土地,是为很快的发动和争取农村基本群众,来巩固这一区域,可是在分配土地上,使富农将利益窃去,这是不能很有力的来巩固新的区域。至于迅速分配只有将农村基本群众发动起来,积极参加分配土地斗争,才能迅速分配,才能打击富农的企图,使土地革命的利益不至被富农窃取去。有了广大雇农贫农中农积极斗争的基础,新的区域才能很坚强的巩固起来,所以在分配土地时,必须召集群众大会,宣布中央政府的土地法,来动员群众,分配土地委员会要多吸收雇农贫农以及中农来参加,必须经过群众选举,必须将土地委员会的委员成分要向群众大会报告和考察,要每一次分配土地之决定,要召集群众报告,必须经群众大会的同意和赞成然后再实际分配。最紧要的在宣布土地法和选举分配土地委员时,特别宣布富农只能分坏田,富农不能参加土地委员会,以引起群众的注意和斗争,来打击富农的企图,驱逐与防止富农混入,夺取分配土地权。在过去新区域分配土地时,完全是红军代做的,苏维埃政府多未派人去领导,甚至不理,让红军独负其责,这样一方面妨碍红军其他任务执行,同时就在这种情形下,红军为执行其他任务不能专力去做,自然发生随便分配。固然过去红军中对于分配土地的形式主义极重,可是地方政府要负主要责任,就是放弃自己的责任,而不去领导。此次杭武两县的没收与分配土地,闽西政府必须积极去领导,根据以上指示与你们过去分配土地的许多经验很正确的去执行。

(四)中农问题你们要严重注意,过去在许多地方排斥中农,藉打富农来打中农的事情,这完全是破坏与中农联合,对于苏维埃政权的巩固与革命胜利前途,却有莫大的危害。你们这次在杭武工作,绝对不要循环以前那种错误。第一,在土地问题上,对于执行平均分配,绝对遵守土地法第五条对于中农实行的原则(——除在基本农民愿意和直接拥护之下才能实行,如大多中农不愿意时,他们可不参加平分)正确执行。第二,在筹款中绝对不应侵及中农这一件事,在新发展的区域最容易因为筹款而发生事情,我们的筹款不应出之于中农。第三,在分配土地特别是参加政权中要积极吸收中农中的积极分子来参加,严防排斥中农参加选举和政权的现象发生。总之,巩固【同】中农联合是土地革命与苏维埃政权的胜利主要的一个基础,绝对反对侵犯中农,甚至在许多问题上(如平均土地等)对于中农采取相当让步。

(五)上杭城及武平城的工作除了对于工人问题及参照总政治部为赣州工作一封信中之许多原则和办法执行外,

第一,要依照全苏大会的经济政策,临时中央政府所颁布的税则、投资条例、借债条例,并运用汀州的经验来正确执行,并将这些文件翻成布告发布出来。

第二,对于商业应要极力维持,不要因为筹款的原故而破坏商业。至于筹款应分等级,属于小资本以及中等的一部分不应筹款。对于反动领袖所开商店应该没收并将他的反动罪状及没收理由详细公布。这种公布主要的是没收反动派的财产,而不是没收商店,以揭破反动派造谣的企图。

第三,一切反动机关的房屋应正式宣布没收归苏维埃政府,然后再由政府分给各机关和各群众团体用,不得发生各机关各团体随便占领房屋的无政府状态。对于反动派的房屋财产均应由政府宣布没收,房屋可以一部分分工人做宿舍,一部分廉租的租给一般贫民住,没收的财产除现金归政府外,一部【分】帮助红军和灾区群众,其余尽量分给城市贫民,反对将一切没收的东西都迁到老苏区而不发给当地群众的行动。更加严禁各机关和群众团体自由没收处置的无政府现象。

第四,对于学校及文化一类东西要绝对保存,甚至派人监督保管严禁损坏。

第五,如上杭各店发有小票和纸票,政府要强迫立即兑换现金收回消毁，必要时政府要派人去监督，并禁止以后不准出纸票，对于现金要注意以防止反动派和商人大批偷出境以影响苏区经济。

（六）筹款要统一集中在一个机关，由闽西政府与十二军政治部共派人组织之。严禁各团体各机关自己打土豪，树立财政统一的基础。对于所筹一切现金，应以绝大多数来帮助红军发展革命战争，严禁一切因为经济来源宽而随意浪费的情形，如发生这种现象要严重的惩戒。

（七）肃反问题必须依照中央政府第六号训令组织肃反委员会及一切肃反的原则，正确的来执行肃反工作，并准备建立裁判部与设立政治保卫局来维持革命秩序，与执行经常的司法工作。

（八）临时政权的建立这是很重要的。革命委员会的成立就要立即去执行苏大会中央政府之一切法令，来实行土地革命和政纲，来镇压反动派的活动，与发动广大工农群众以及建立正式政权，这是他的主要任务。每一个革命委员会的成立，必须是经过群众大会来选举。闽西政府应以全力去领导和指导各地革命委员会工作，上杭应由闽西政府决定为直属的市苏维埃。在没收土地与分配土地以及肃清反动派工作，进行相当程度时，就要积极去进行建立正式政权工作。首先是城乡苏维埃要达到代表会议制真正建立，以树立杭武两县苏维埃组织的巩固基础。一切正式政权的建立，须完全依中央政府所颁布的条例和训令去执行。革命委员会必须成为领导群众斗争的政权机关，严防形式主义的发展，以及富农反动派的混入。

（九）地方武装的建立，必须有计划的去进行。你们要同军区指挥部共同讨论实际进行工作办法，以建立群众武装力量来捍卫杭武苏区。

（十）闽西对于红军新发展的区域，向来依赖红军去工作，而自己反不去积极领导，又不用大的力量去建立工作和巩固这一区域。如连城、宁化，十二军占领了很久，闽西政府并不积极注意去领导，以致新发展的区域而不能巩固起来，甚至红军一离开后却被反动派又占据而失掉，这是极严重的错误。对于上杭、武平的工作绝不允许再继续过去的错误。你们应立即征调和动员老苏区的一大批工作人员到这两县去工作,闽西政府的负责同志要亲到上杭去指导一切工作,现在必须以全力去巩固杭武,这是目前一个最实际最主要的工作,任何工作都没有这一工作重要。因此,我们决定为巩固杭武对于福建省代表大会决定展期,望你们□□□□□□□□□藉此加紧下级选举与改造工作。

现为加强杭武工作,前次闽西派来中央政府受训练之工作同志,可以立即派回你处分配到杭武去帮助工作。

同志们! 巩固杭武是你们目前最中心的任务,你们要以全力去完成这一任务,要将杭武两县变成最巩固的苏维埃的疆土,要使上杭城成为赤色的中心城市。

最后望你们将这一封信翻印转给十二军政治部及杭武工作同志。

最近杭武的情形及以后的工作,望随时向中央政府报告。

人民委员会
1932 年 3 月 9 日

(录自 1932 年 3 月 9 日出版的《红色中华》第 13 期第 7—8 版)

临时中央政府人民委员会第十次常会

（1932 年 3 月 16 日）

3 月 16 日人民委员开第十次常会,其重要的讨论与决定如下:

一、对于邓发同志报告核查省苏及兴国、雩都①工作情形,经讨论后决定给一封信指示省苏及雩都工作各点。

二、泽民②同志报告核查会昌及安远财产及其订立竞赛条约。

三、讨论福建省苏大会的指示并决定提交中央执行委员会。

四、通过春耕中之耕牛粮食决议案。

五、通过植树运动决议。

（录自 1932 年 3 月 16 日出版的《红色中华》第 14 期第 6 版）

---

① 雩都,现称于都。下同。——本文库编者注。

② 泽民,即毛泽民。——本文库编者注。

人民委员会对于植树运动的决议案
——1932年3月16日第十次常委〔会〕通过
（1932年3月16日）

为了保障田地生产，不受水旱灾祸之摧残，以减低农村生产，影响群众生活起见，最便利而有力的方法，只有广植树木来保障河坝，防止水灾天旱灾之发生，并且这一办法还能保护道路，有益卫生，至于解决日常需用燃料（如木材、木炭）之困难，增加果物生产，那更是与农民群众有很大的利益，况中央苏区内空山、荒地到处都有，若任其荒废则不甚好，因此决定实行普遍的植树运动，这既有利于土地的建设，又可增加群众之利益。现值初春之时，最宜植树，特决定以下办法，各级政府必须切实执行。

一、由各级政府向群众作植树运动广大宣传，说明植树的利益，并发动群众来种各种树木。

二、对于沿河两岸及大路两旁，均遍种各种树木，对于适宜种树之荒山，尽可能的来种树，以发展森林，必须使旷场空地都要种起树来。

三、在栽树时，由各乡、区政府考察某地某山适合栽种某种树木，通告群众选择种子。

四、为保护森林和树木发育起见，在春夏之时，禁止随意采伐，免伤树木之发育。

五、这一运动最好用竞赛来鼓动群众，以后要注意培养树木种子，在每年春天来进行此种运动。

（录自1932年3月23日出版的《红色中华》第15期第7版）

人民委员会对于春耕中之耕牛
粮食问题的决议
——1932 年 3 月 16 日第十次常会通过

（1932 年 3 月 16 日）

临时中央政府为了积极进行革命战争,充实发展革命战争的经济力量,以及为提高工农群众的生活水平,因鉴于春耕的重要,特发了一个春耕的训令,来指示各级政府去领导群众发展这一运动,并指出解决春耕中之耕牛、农具、粮食调剂等等问题的具体办法,但是至今检查各地政府对于这一训令的执行,极不充分,最主要的缺点,是缺乏动员群众的工作以至不能成为群众的运动。在最近以来,有些地方更发生禁止耕牛、粮食输出邻近苏区各地,互扣群众所买的耕牛(如瑞金宁都雩都①,有些原来出产耕牛或粮食的地方(如瑞金会昌)反而大闹缺乏,有些前受白匪摧残的区域,反而有耕牛输出,诸如此类,而各地方政府不详加考察,只空喊缺牛、缺粮,但缺乏到了什么程度,并无实际调查和统计(如闽西及瑞金),这样以来,不但没有实际的去解决目前群众中在春耕时之困难问题,而且禁止耕牛粮食,在苏区内流通,实违反中央政府春耕训令中之耕种互助原则,以及调剂粮食取消各地粮食出口禁令之通令,若不立即纠正和制止,则影响于春耕前途甚大,同时也是影响于发展革命战争的经济力量加强,人民委员会特再作以下之决定:

---

① 雩都,现称于都。——本文库编者注。

一、各地政府特别是区乡两级政府立即依照春耕训令切实执行，并召集各乡选民大会，报告和解释中央政府对于春耕的训令，来动员群众，并召集雇工会贫农团的代表开会，协商领导群众来帮助这一运动发展，省县政府，要切实去指导和督促这一工作。

二、对于各地缺乏耕牛和粮食状况，由该地区乡政府切实调查，将所缺的牛与粮食实数统计起来，由县政府综合全县的实际情形而加以实际调剂，同时对于米粮耕牛较多之地方，除计算该地必需要的数量外，能供给其他区域者有多少，由县政府报告省政府再根据全省的实情，指定将某县或某地之多余耕牛和米粮，运买〔卖〕至某一缺乏的地方以资调剂。

三、省与省的调剂，如闽西之与瑞金县江西各县，由该省政府县政府按该省该县的需要与多余情形，直接函商办理，以免经过中央往返多费时日。

四、在目前有些地方粮食缺乏情形之下，以及为供给红军给养，必须在群众中实行节俭粮食运动，禁止和减少制造耗费食粮之食品（如米粉米果等等的禁止，米酒之减少制造等）。

五、为解决各地耕牛起见，在群众中要鼓励耕牛互助，使有牛的或租或借来帮助无牛的农民，或集资共买一牛共用，使耕牛比较多的地方能抽一部分出卖给无牛的地方，以解决春耕之困难，获得将来秋收之伟大成绩。

六、各地对于耕牛、粮食在苏区境内之禁止【流通】，须立即取消，再不得阳奉阴违，妨碍春耕。同时由各县政府布告严厉禁止杀牛，如发现者必须严加处罚。为防止牛贩偷运出边境和供给宰牛者起见，如到邻县买牛者，必须由县政府给介绍书，并证明是为耕种买牛，但这种介绍书之发出，必定按全县之实际数目来限定，不得随意乱发，漫无制止，而影响被买区域或其他需牛之区域的耕牛问题。

七、在目前春耕中，对于新发展之区域，不得再如过去将地主之耕牛，尽量送至老苏区，以影响当地群众之耕种，只有首先分给当地无牛的贫苦农民，多余的始能分给缺牛之老苏区。

八、为了实现以上的办法,必须要反对只顾自己不顾全苏区的利益的地方观念,因为这种现象在各地经常发生,如故意慌报隐备〔瞒〕等情,这是非常有害的,应该坚决与这种倾向斗争。

以上之决定,各级政府必须严格执行,并根据以上决定,拟定具体办法,其进行情形,应随时向上级政府报告。

（录自 1932 年 3 月 16 日出版的《红色中华》第 14 期第 6 版）

苏维埃临时中央政府给福建省
第一次工农兵苏维埃大会①的指示

（1932 年 3 月 17 日）

第一次工农兵苏维埃大会代表诸同志
亲爱的同志们！

你们全省苏维埃代表大会，于世界无产阶级革命的第一个最光荣的纪念日——巴黎公社纪念日——举行开幕了。这个时候，正当世界的中国的革命形势发展到了很紧张的时期，尤其是在目前发展革命战争中，红军十二军接连夺取上杭武平大胜利的时候，你们大会的举行，是有伟大意义的，同时也就是表示你们这次大会所负的历史上最伟大的革命任务。中央执行委员会除派有代表出席大会帮助和指导大会的工作外，特再给你们一个书面上的指示。

一、当着目前革命的形势，无论在世界和中国，都是达到了最紧张的新的时期。这种紧张新的形势，表现在苏联社会主义的巩固与兴盛，世界资本主义急剧的衰败，社会主义与资本主义两个制度的矛盾，达到极尖锐的程度，以及帝国主义企图进攻苏联的加紧；表现在帝国主义内部矛盾的紧张，更加深了帝国主义战争爆发的危机，同时世界革命的危机日渐成熟。由这种危机的尖锐发展，到去年 9 月就爆发了日本帝国主义以武力强占中国东三省，继而强占上海，这不仅

① 福建（闽粤赣）省第一次工农兵代表大会于 1932 年 3 月 18 日至 21 日在福建省长汀县城召开。——本文库编者注。

表现在日本帝国主义瓜分中国、镇压中国革命,以挽救他自己的危机,而且是帝国主义争夺瓜分中国,重分世界的尖锐矛盾的爆发,所以从这一事变发生以来,特别是日美的冲突紧张到了万分,各帝国主义对于战争的准备和动员,真是拔剑张弓,一触即发的最紧张形势,然而帝国主义是时时不忘对苏联的进攻,并且随时企图把这一战争转变为进攻苏联的战争。

在中国表现在反动的国民党和其政府,自三次进攻革命失败后,内部的分崩离折〔析〕,反动的统治日益崩溃,到了东三省的事变爆发后,愈加无耻的出卖中国,代替帝国主义压迫反帝运动,反动的国民党的统治在全国更加破产,反动统治的威权,在群众革命斗争中已打落殆尽了。现在国民党和其政府在出卖东三省之后,继续出卖上海,最近更在企图挑起帝国主义大战,促进帝国主义迅速的来解决瓜分中国的问题,来出卖整个的中国,来牺牲几万万工农劳苦群众于帝国主义大战的飞机炮弹之下。东三省和上海的人民已在日本帝国主义飞机大炮之下不知牺牲多少了,而国民党和其政府向洛阳逃窜,这是准备将长江沿海一带给帝国主义作战场。国民党军阀更是依附于各帝国主义之下,在大战爆发时,是毫无疑义的为各帝国主义争夺中国屠杀群众的工具,同时国民党和其政府在这样情形之下也就使他最后破产,必然被工农革命将他葬送到坟墓中去。

全国革命运动,自三次革命战争伟大胜利,及中华苏维埃共和国临时中央政府成立后,各地苏维埃和红军,都是继续获得很大的胜利和发展。全国反帝高潮在日本帝国主义侵略中国屠杀中国人民,和国民党无耻的出卖中国之下,是澎湃的汹涌起来。这一反帝运动,现在已发展到许多地方群众自动武装直接与日本帝国主义作战,发展到捣毁国民党党部和其政府机关,公开喊出打倒国民党的口号。特别是最近在上海的白军士兵自动起来,违抗国民党的命令,在前方与日军直接抵抗。全国工人斗争的发展,现在更是逐渐取得反帝运动的领导。白军士兵急剧的革命化,不仅在反帝中自动的与日本作战,而且不断地哗变和暴动,投入红军,这些都是表明中国革命运动,特别是反帝的民族革命运动,正在汹涌的向前发展。这种发展的前途,必然要汇合在苏维埃旗帜之下,以民族革命战争来驱逐帝国主义,推翻国民党统治,而争取苏维埃在全中国的胜利。

二、这个时候,是历史上新的时期,是革命与战争的时候。因此我们的任务,是积极发展革命战争,以革命战争来领导全中国的民族革命斗争,以民族革命战争去反对日本帝国主义侵略中国、屠杀中国民众,以革命战争去摧毁反动国民党的统治,以民族革命战争去消灭帝国主义世界大战。这个时候是革命发展最紧张的时候,是最有利于苏维埃革命的发展。现在大大向外发展的革命战争,开始已获得很大的新的胜利和发展。当前的具体任务,是继续这些胜利,更努力的动员千百万的工农群众,来参加革命战争,来进行大大向外发展的革命战争,去夺取邻近的中心城市,夺取苏维埃首先在一省和几省的胜利。这个任务,也是你们这次大会所负的最主要的中心任务。

三、为了实现这一任务,你们大会一切工作都要以发展革命战争为主要的中心。首先就要讨论实际动员群众的各种具体的方针。这一动员工作主要的是发展斗争、深入斗争,要提高工农群众的斗争积极性,就要切实的实行劳动法、土地法等等。大会必须很具体定出实行劳动法、土地法的实施方案,只有从斗争的实际联系上才能将福建的百十万广大工农群众发动起来热烈的参加革命战争。

四、为了发展革命战争,就要扩大与加强红军,这是发展革命战争的主要力量。大会必须很具体的讨论扩大红军和执行优待红军条件〔例〕的实际执行办法,必须排斥过去闽西只扩大地方武装不注意扩大红军的地方观念,因为这是极有害于加强革命战争的力量与发展革命战争的实际任务。

五、为了发展革命战争,争取苏维埃首先在江西的胜利,就要采取积极向外发展的进攻策略。这一进攻策略,绝不是冒进和放弃巩固根据地的盲动主义,恰恰相反,而是巩固胜利的向前发展。大会必须确定发展的方向,主要的是向北发展,这是配合中央这整个的发展计划来实际争取江西和邻近的几省首先胜利。但是在其他方向,同样的要向外发展扩大苏区。为了能完成向北发展的任务,目前最中心的工作,是巩固杭武。大会必须讨论动员大批干部,和执行中央政府给闽西政府一封信所指示应做的工作的具体办法。杭武的巩固,不仅是巩固粤赣的联系,而且主要的是加强和巩固向外发展,进行革命战争的力量和基础,不求巩固根据地的冒进主义要坚决反对,同样的对于不积极向外发展,只求巩固的保守主义,那更是在执行目前大大向外的发展进行革命战争的任务上是极端有害的,大会更应坚决同这种倾向作斗争。

六、为了加强革命战争的发展力量,就要强固发展革命战争的经济力量。大会必须详细讨论发展苏区经济,提高生产的实施方案,以及执行经济政策的具体办法。对于财政问题,大会要坚决的依照中央所颁布的财政条例,定出很具体的统一财政办法。对于节俭经费,帮助发展革命战争更要切实讨论,大会应该坚决的反对过去各级政府随意浪费经费的严重现象,并规定惩戒以后浪费经济的办法。

七、为了加强革命战争的发展力量,就要加强地方武装的组织与训练,提高地方武装在革命战争中的实际作用。过去闽西地方武装不健全,绝不是如一般人所说"闽西地方武装无用"或是"闽西人不能打仗",这种错误观念,大会必须坚决的反对。闽西地方武装和工农群众不仅与敌人作了长期斗争,而且创造了广大的苏区,是具有伟大的革命斗争力量的。过去地方武装的战斗力不强,主要原因是路线的错误,闽西在盲动主义时代,遭受了很大的失败,后来在一、二、三次战争中,在军事上又犯了保守主义的错误而不会运用游击战术,有时没有正确估量敌人力量的对比,而采取硬攻的方式(如几次攻坎市湖雷等)使得在军事上受着部分失败,而降低了士兵的勇气,削弱了战斗力,同时对于地方武装的领导和军事政治训练的不注意,这也是一个重要原因。大会必须详细讨论整顿地方武装与加强政治军事工作以及运用游击战术的办法,以提高地方武装在革命战争中的作用。

八、为了加强发展革命战争的领导,就要建立坚强而有工作能力的各级苏维埃政府。大会对于苏维埃的建设,要根据中央政府所颁布的条例决议,切实讨论实行办法。在这里要特别引起你们注意的是城乡苏维埃代表制度的建立,这是苏维埃组织的基础,是苏维埃领导群众动员群众最有力的基本组织。大会必须反对过去苏维埃的形式主义和脱离群众的现象,这都是与建立坚强而有工作能力的苏维埃的任务,有莫大妨害的,大会要定出各级苏维埃工作检查的具体实行办法。

九、闽西苏维埃在几年来与敌人伟大的斗争,坚决执行了土地革命的任务,创造广大的苏区,实行土地政纲是有伟大的成功与胜利的,同时在过去工作中也犯了不少的错误与缺点,大会对于过去的工作,必须来一个工作检查,这样才能集合过去宝贵的斗争经验与纠正一切错误与缺点。

十、过去闽西经过盲动主义路线的错误,遭受许多的失败,后在盲动路线转变过来,又是接着敌人一、二、三次的进攻又因军事策略上犯了错误,以至许多区域受着摧残,有部分苏区给敌人占据而没有恢复,加以对于地方武装领导的错误有些边区受团匪的摧残,可是在许多苏维埃工作人员中不正确的去认识这种现象发生的原因,是由于过去工作路线的错误结果,更忽视了目前革命发展有利的形势,反而发生一种悲观失望的情绪,这是一种极严重的错误,我们必须认识目前革命形势是极端有利于革命发展,正是我们积极领导群众大大向外发展革命战争,对于这种情绪是极端有害,而不允许使他存在和发展的。大会必须同这种情绪作无情的斗争,这里更需要大会彻底依照全苏大会和中央政府所指示的工作路线,实行工作的转变,福建全省工作,必然有很迅速的开展,必然使福建苏区有更大的发展与胜利。

以上的指示,是供给你们在大会中对于一切问题的讨论,中央执行委员会很坚信的,这次代表大会一定很完满得着全部的成功,与完成目前革命的紧急任务。最后高呼:

福建省第一次工农兵苏维埃大会成功万岁!

苏维埃胜利万岁！

中华苏维埃共和国万岁！

中央执行委员会主席　毛泽东

副主席　项　英

张国焘

（录自 1932 年 3 月 23 日出版的《红色中华》第 15 期第 1—2 版）

中央执行委员会检查瑞金工作后的决议

（1932 年 3 月 29 日）

中央执行委员会在 3 月份检查瑞金全县工作以后，并经过详细讨论，作以下之决议，以指示和纠正以后工作。

一、瑞金工作进步的地方

瑞金全县工作自中央政府成立后，在某些工作上面有相当的进步：

（甲）统一财政在县苏及有些区苏（特别在黄安区渡黄区……等）都是相当的执行了财政条例和统一财政训令，那种浪费和漫无限制的开支状态已大减少了，开始在实行预算决算。

（乙）在肃反问题上，一般说，对于过去的错误，如随意捕人、偏信口供、使用肉刑等，已有大的转变，并且对于过去政治犯在县苏已遵照第六号训令正式开庭审判，革命秩序相当建立。

（丙）扩大红军工作已获得相当成绩，留红军公田已实行。

（丁）在选举运动中，对于排斥富农和没收富农在过去窃取的好田等斗争有相当的发展。

二、瑞金工作中所存在的严重错误

瑞金工作虽有以上的进步，但是在工作转变上很不够的。过去

在工作上所发生很多的严重错误,没有彻底消灭,反而有很多是继续下去,现在将其主要的指出于下:

甲、对于土地法的执行不彻底,到现在还有些地方的土地没有彻底分配好。过去雇农独立劳动者分上田,中农分中田,有的雇工分上田,贫农中农平分,甚至有的地方,富农还分得好田,或三分之一的好田,现在还未改正过来。就一般说,瑞金土地革命是没有十分彻底和深入,也就表现瑞金各地苏维埃对于土地政纲执行的不坚决。

乙、由执行土地法的不坚决,对于中农的侵犯,是特别严重。过去普遍的是由错误的"打富农"而乱打中农,罚中农款,到现在选举运动中,又将一部分富裕的中农指为富农,剥夺其选举权,没收他的好田,在各区都有这种严重现象发生。

丙、劳动法执行,最为严重,在各地差不多是一种消极怠工,没有去做。

丁、执行优待红军条例,极不积极。公田虽分好,没有统计报告,同时对于红军家属的帮助耕种,也不充分,甚至如一区二乡发生因政府没有领导群众去帮助红军家属耕种,使其家属到中央政府要求准许他的儿子退伍,回家耕田,这对扩大红军前途的影响,是何等的重大!

戊、领导群众积极参加革命战争的工作,在瑞金各地不仅没有发动一种广大的群众行动,而且各地政府对于中央命令的执行,是怠工的形式。太平观念,不但在群众中就是在政府工作人员中极其浓厚,更因以上基本政纲和工作的执行不正确和怠工,更加减弱了群众对于革命战争参加的积极。

己、对于妇女权利的拥〔保〕护,不仅没有依照苏维埃政纲来保障妇女的权利,消灭封建礼教对于妇女的束缚,反而有些地方规定18岁女子不分田(如九堡),对于丈夫打妻子、虐待童养媳等等在瑞金是很普遍的。政府没有去制止或消灭这一现象,对于婚姻法的执行,更是迟疑,甚至强迫妇女结婚,有意无意的保障过去买卖婚姻(五区四区)制度的存在,这是何等严重现象!

庚、各地政府充满了事务主义，经常的不开会讨论工作，对于上级的一切命令很少的执行，甚至置之不理。因之一切工作没有很好去做（春耕、参加革命战争、防疫、节省经济等），更谈不上领导和动员广大群众来实现，各地政府吃饭的人多做事的人少，充分的表现脱离群众的官僚机构形式。

辛、各地苏维埃没有很好的分工建立各部的工作，有计划的执行一切工作，而是少数人应付日常事务，秘书专政，包办一切。主席和委员多是挂一空名而不负责，对于工农群众的问题，有的是迟疑不办，有的不按组织和责任，送到中央解决，甚至有的乡政府来保土豪。一切工作方式与群众团体一样，并且政府与群众团体混在一起，这样的苏维埃，自然不能执行自己的任务。

壬、浪费经济的现象，有些区乡还存在，贪污腐化已发生不少（如武阳、九堡）。

癸、在转变肃反路线中，仍有一些区乡政府乱捕人（如九堡），甚至越境捉人（如八区），这是极其严重的错误和违反中央训令。

三、各区乡的选举运动

在瑞金各区乡的选举运动，虽经过了 3 个月长期时间，现在检查的结果，很少按照中央训令和所颁布的条例细则来执行，其大的错误如下：

子、选举运动，一般的都是没有事前作广大的宣传来发动群众，形成敷衍了事的状态，因此不能在这一个运动中，成为有力的动员群众来深刻认识苏维埃是他们自己的，积极拥护苏维埃，参加苏维埃所领导的一切斗争。

丑、在选举运动中，对于斗争的联系，特别是对于目前参加革命战争的联系，可以说没有注意到，就是反富农斗争，只是出于政府限制和命令的行动，并不是发动群众起来斗争，并且还做了不少的严重错误，即是侵犯中农，将中农当富农。

寅、居民与选民没查弄清楚,因此绝大多数的乡代表选举,是以选民人数为标准,不是照居民人数来规定代表人数,这样使各乡应选的代表数目减少了。

卯、选举的方式,大多是沿用过去的群众大会方式来选举的。就是开选民大会来选举的,也有很多是没有到过半数的人数就选举,乡主席有的由选民大会选举的,出席区苏代表【大会】的代表,不是由各乡代表会选举,而是 4 个代表选 1 个,这些都是违反中央所规定的选举细则和训令。

辰、在选举会中(乡及区代表会)只是简单的选举,没有发动群众来批评和检查过去苏维埃的工作,来鼓励工农群众发表意见,问〔请〕代表提出意见,这【样就】将一个重要选举会,做成极简单的选举会议了。

巳、选举委员会的工作,可以说没有执行他的任务,没有照中央所规定的工作去做,对于选民登记和公布,没有完全做到,没有开会讨论和检阅工作,以及向区苏做报告。有的选举委员从未执行过他的职务,这自然使选举工作,不能获得好的成绩。

午、区苏和县苏对于选举运动的领导和指示,是非常忽视。选举委员会不做报告,以及做了很多错误,不但没有监督和考察,而且是采取一种置之不问的态度,甚至有几个的选举委员会,没有经过区苏讨论,县苏批准,就随意指定人,这是何等的放弃了自己的职务。

中央执行委员会对瑞金工作,就以上检查的结果,有以下之指示:

一、对于全县土地分配,应迅速来一个检查,如富农仍分得好田或三分之一的好田,以及富农非劳动力,而按劳动力分得土地者,应立即没收过来分配给分得坏田的贫农、中农、雇农等,对于将中农错为富农检查出来时,可将没收富农已窃取的好田,按该乡分配土地的情形补给中农,这一工作,须于 4 月半前完毕,以免妨碍春耕。

二、以后严禁侵犯中农,再有故意违抗者,须按苏维埃法律惩办。

三、切实执行劳动法,在目前最低限度执行的是 8 小时工作、星期【日】和纪念【日】的休息,请工人须由工会介绍,实行订立集体合同,劳动合同,增加工资,最低工资的预定呈报中央劳动部批准。对于青、女工与成年工人同工同酬及青工 6 小时童工 4 小时的实行,各级劳动部应健全起来,实行劳动检查。

四、坚决执行春耕、节俭、参加革命战争的训令,并根据训令拟定具体办法切实做去,随时将执行情形向上级报告。

五、对于各区乡执行优待红军条例的工作,切实的一一加以检查。对于执行错误须立即纠正,未充分执行的严厉督促,以后对于违反优待红军条例和执行怠工的,要按中央训令第九号来处罚,并检查结果及红军家属多少、公田多少,现在春耕中的耕种情形,均速报告上级机关。

六、扩大红军工作要努力进行,特别是加紧在群众中的宣传鼓动工作及充分执行优待条例,以鼓励群众自愿的踊跃参加红军。

七、坚决执行拥护妇女的权利和婚姻条例。反对和制止丈夫打妻子,公婆虐待童养媳,消灭买卖婚姻制度,这一工作不仅是执行政府的职权,还需要在群众中作广大宣传,政府中谁要反抗不执行的,就应给以处罚。

八、各乡区的选举就检查的结果,如完全不合法的(如群众大会选的)应宣布无效,从〔重〕新依照中央选举细则和训令再行选举。

九、对于已成立之城乡苏维埃,要遵照中央所颁布条例和细则,建立经常代表会议制度,建立城乡苏维埃的工作,吸引所有的代表来参加苏维埃各种工作并领导群众实行撤换代表的办法。

十、严禁超越政权和随意提〔捉〕人,如发生者要按中央第六号训令严办。

十一、完全依照中央财政统一训令来绝对的统一财政,实行决预算,各区存款应一律缴存县苏转缴中央财政部,一切用费要节俭,反对浪费严惩贪污。对于九堡区、武阳区之账目须彻底查究。

十二、各地苏维埃政府须百分之百的来执行政纲和以上的工作,反对事务主义和敷衍了事的恶现象,要建立政府的各部的经常工作,坚决执行上级命令决议,有计划的去进行工作,将一切闲散不能做工作的人员概裁去,使每个工作人员都能努力的去做工作,绝对取消秘书制度,按期开会,使主席及委员各能负起自己的责任。

十三、为了达到"建立坚强而有工作能力的苏维埃"起见,对于各级政府对上级要实行报告制度,上级对于下级要立即实行按期检查工作,并负责来督促和指导工作,各级政府的工作人员必须依照中央命令第五号努力读书习字,消灭文盲。

十四、目前在执行以上的工作中,必须认识我们目前中心任务是积极进行大大向外发展的革命战争,夺取附近中心城市,争取江西首先胜利,因此目前一切工作应以这为中心,执行上项的工作,即是为发动群众来积极参加革命战争,加强向外发展革命战争力量,同时必须坚决反对太平观念,怠工消极,这是于执行目前任务上极有害的,各级政府,必须坚决与之斗争。

1932 年 3 月 29 日

(录自 1932 年 4 月 6 日出版的《红色中华》第 16 期第 5—6 版)

中央执行委员会对于军事裁判所组织条例
解释和运用答谭震林同志信①

（1932 年 4 月 4 日）

人民委员会：

我对军事裁判所暂行组织条例，有如下的疑问：

1. 初级军事裁判所能否处理军队中之政治犯（如社党等）？

2. 初级军事裁判所能否判决死刑？

3. 初级军事裁判所有无任期，其撤换手续如何？

4. 初级军事裁判所，是否要指挥员兼任，如指挥员专任是否可以？或者是指挥员无参加之权？

5. 初级军事裁判所，完全是战斗员，但因法律未全部了解以前是否能聘请法律顾问？

6. 陪审员与裁判员既然有别，审判时所长与裁判员轮流主持否？或者只有所长才能为主审官？

7. 陪审员一星期一换，是否由士兵代表选举若干人轮流换干？或者是每星期开一次士兵代表会产生（这样是不可能）？

8. 军区初级军事裁判所，有隔离太远（300 里以外）顾及不到时，在离远之处——军区指挥分部——可否设立初级军事裁判所管辖该区域内各驻军的工作？

---

① 本文原标题为"对于《军事裁判所组织条例》解释和运用"，此标题为本文库编者所改。

9. 师初级军事裁判所,与军军事裁判所的关系怎样?

10. 师初级军事裁判所,能否审判师长师政委?

11. 阵地初级军事裁判所,怎样产生?

12. 阵地初级军事裁判所,是否可判决土豪?

13. 军事检查所,怎样产生?军师团三级都要设立,还是军师两级设立?

14. 军事检查所,是否担负检查土豪的财物,及侦查土豪地方反动派?

15. 军事检查所工作人员、检查员等是民主制还是集权制?

16. 有营组织之独立团,是否要组织初级军事裁判所,与军事检查所?

17. 初级军事裁判所,与阵地裁判所、军事检查所互相关系如何?

18. 各军中政治机关、政治委员与初级军事裁判所、阵地裁判所、检查所的关系如何?

以上 18 条请速给以解释,以便进行工作。

谭震林

3 月 27 日于上杭城

震林同志:

你所问军事裁判所暂行组织条例的各项。兹答解于下:

(一)依据军事裁判【所】暂行组织条例第一章第一条之"……无论是军人或其工作人员,倘犯了刑法、军事刑法及其他法律,都由军事裁判所审理之……"规定,对于政治犯(如 AB 团社党等)当包括在刑事犯中,应归其审理。

(二)根据第四章第十五条初级裁判所是初审机关,可以宣判死刑,但照第二十条之规定,被判决人有上诉权,复据第二十一条之规定,初审机关判决的执行,须得上级裁判所之批准。

(三)初级裁判所所长、裁判员无一定之任期,其罢免与核准,均属于上级裁判所，撤换后另行推选交上级裁判所核准。

（四）军事指挥员不兼任裁判职务，如在职时，即是无参加权。

（五）裁判所没有聘请法律顾问之规定，并且目前一切裁判，是依照中央政府所颁布之法令训令等为根据，但每个裁判员必须要了解中央各种法令训令。

（六）陪审员不是主持法庭，裁判员专负裁判责任，在法庭开庭时，某裁判员值期，则该庭应由他主持，而不是指所长，有特别重要案件，所长也可出庭主持审理，此时则无需要裁判员了。

（七）陪审员应由士兵选举，可在选举时多选举几个，每星期来轮流更换，不是每星期改选一次，同时法庭审判，不是经常有的，而是集合几个案件，来开审一次。

（八）军区下级只有独立师设立初级裁判所，各地方不能设立，如有案件，可送交军区裁判所审理，或临时由军区裁判所派裁判员去在该地开庭审判。

（九）师的裁判所隶属于军的裁判所。是上下级的关系。

（十）师裁判所，只能审判师长师政委以下之指挥员，如师长犯罪，应提交军裁判所审理。

（十一）阵地初级裁判所的产生，由该战区内之部队士兵推选，交上级裁判所批准，或由上级裁判所临时委任。

（十二）阵地初级裁判所不能审判非当时犯有刑事罪之土豪，但与军事有关之政治犯及违反法律【的】当地居民，都可以审理，土豪应交政治部和当地临时政权机关处理。

（十三）各级军事检查所须在各级有军事裁判所之地方设立，否则不能设立，检查所由各上级检查所委任，检查所只核查第一章第一条所规定之案件，以外□事就无权了。

（十四）检查所是集权的组织，对于检查重要案件时，可开会讨论，但所长各决定之权，检查员有不同意时，只能提向上级机关解决。

（十五）根据第二章第五条只有师以上，才能设立裁判所检查所，有营组织之独立团，不能设立，除有特许情形，经高级军事裁判所和检查所批准,可临时设立。

（十六）阵地裁判所检查所,以该战区之所属部队大小来决定他所属之上级机关,如一军人在此阵地,则军的裁判所检查所就可执行职务,不必多〔另〕外组织阵地裁判所了。如在师以下之部队,则阵地裁判所则隶属该上级之初级裁判所、检查所,但在目前对于阵地裁判所、检查所,可以不另设立,只有大部队作战时,则在军以上设立,来管理各军之裁判与检查事件。

（十七）军事裁判所与检查所另有其组织系统,军师各级政治机关与政治委员不能干涉其职权行使,如有不同意,则提向上级直属机关和革命军事委员会解决。

中央执行委员会
1932 年 4 月 4 日

（录自 1932 年 4 月 6 日出版的《红色中华》第 16 期第 6 版）

人民委员会第十一次常会

（1932 年 4 月 7 日）

人民委员会于 4 月 7 日开会，检查 3 个月来的工作，并计划以后工作如下：

一、过去工作的检阅和今后工作计划——由项英同志报告。首先指出自中央政府成立后的 3 个月工作中，一般的说，是有进步的。如领导各级政府、统一财政、发动群众、节省经济粮食、参加革命战争等，都发有训令和命令，且收到了相当成绩。瑞金、石城、宁都且派人检查并给以活的指导，同时，中央政府本身工作，有相当的建立，在群众中的威信，亦有相当树立。

二、苏维埃建设和选举运动——颁布了苏维埃的各种组织条例，具体的指示了闽西、江西瑞金和杭武新区的工作，选举运动，闽西除老苏区较好外，新发展的地方，选举工作也做得不大好。江西省苏虽很注意，但缺少实际指导，将选举运动认为简单的省选运动，详细报告还未来。

三、对日宣战——为要驱逐日军出中国，推翻一切帝国主义在中国的统治势力，得到中华民族真正独立与解放实现，与日本帝国主义直接作战，发展革命战争，首先就要加紧发动群众，参加革命战争，摧毁投降帝国主义阻碍对日作战的国民党统治，才能汇合全国革命，真正实现对日的民族战争,决定下训令给各级苏维埃政府和红军,一致动员发展革命战争,决定五一、五卅,鼓励广大工农群众,组织全苏区赤卫军、少先队,作大规模的武装示威,并发通电,发宣言,号召全世界无产阶级及被压迫民族,加紧反对日本帝国主义,保护中国革命,号召白区的工农群众和白军士兵积极起来推翻国民党的统治,组织苏维埃和红军,以民族战争驱逐日军及其帝国主义势力在中国。

四、今后工作方针——总的方面,是要加紧动员群众,参加革命战争,严格督促各级政府,执行中央政府法令和训令,纠正一切消极怠工的不好观念,对于反革命分子,要依照第六号训令,给以严厉的镇压,同时要坚决继续反贪污,对于土地部、劳动部、工农检察部、财政部、内务部等各部工作,都决定有具体的工作计划云。

(录自 1932 年 4 月 13 日出版的《红色中华》第 17 期第 3—4 版)

中华苏维埃共和国临时中央政府
财政人民委员部紧急通令
——关于富农捐款与群众借款问题

（1932 年 4 月 9 日）

一、目前战争到处都得到伟大胜利，我英勇红军正在剩〔乘〕胜追击敌人。在这个打大战的时候，我们必须用十二万分力量来加紧财政收入，才能应付这一紧急关头，争取战争的更大胜利。

财政现状恰恰相反，各级财政部都在这个时期放松财政工作。近来一般财政收入，都大不如前。公债票过期不能结束，土地税，山林税，商业税尚未完全收清，打土豪也未按计划做到。特别是富农捐款发表了一个多月，各县尚未做到十分之一。这种情形，使得现在中央财政非常紧迫，结果要影响前方红军无饭吃，后方一切经费困难万分，这简直是障碍战争发展，等于帮助了反革命。

二、考查富农捐款迟缓的原因：主要是由于区乡政府对富农妥协，看到富农装穷叫苦，便可以为他真的无钱而可怜他，不迫他交款。有些地方负责人更受了富农运〔活〕动（请酒送礼物等），而私做人情，帮助他们说话。因此富农捐款便至今收不到款子。其实富农在革命后虽受了打击，但一般说来现还不是十分困难。特别是最近在查田运动中所查出来的富农，在经济上更是活动，并不是出不起，这些妥协分子一双眼看到富农可怜，却忘记了我们的红军将要无饭吃，忘记了富农正在暗中作怪，延缓交款想来闭〔困〕死苏维埃的财政，以配合国民党的进攻。这些妥协分子简直是国民党的帮手。

三、战费日益紧迫，无论如何不能容许这些妥协分子妥协下去。各级政府接此通令后，必须立刻督促下级政府摧促富农交款，收钱不收公债票。如富农无钱者可将米谷作价底〔抵〕款，无论如何限4月底各县必须如数收清，对富农妥协分子要首先严厉打击他。

四、为了帮助各区乡赶快成立犁牛合作社，以添置耕牛便利贫苦农民春耕起见，人民委员会批准，将富农捐款中抽一部分借给犁牛合作社。凡各区中富农捐款总数已收到三分之二以上者，可抽出十分之一，超过者将超过数额抽出一半（比如某区捐款总数为3000元，那么收到2000元以上时，可借十分之一即200元，收到3000元时可借300元。如收到3500元，那么除原数借300元外，可将超过数500元借一半，合借550元）。此借款3年后还本，由区政府负责具条领取，按照各乡须要分配给犁牛合作社买牛（犁牛合作社办法由中央土地部颁布）。借出后须报告县财政部国有财产管理科记账。

五、各县借谷限4月底完成，所借谷子所有公谷，接此令后须立刻送交粮食调济〔剂〕局拍卖，无调济〔剂〕局或离调济〔剂〕局远的地方可在当地拍卖，价钱按照市价，所得款子送交支库转解总分库，以前〔便〕转送前方。红军部队及医院兵站所在地，此项谷子须经本部指定送给医院兵站及红军吃。但须当面按行情作价后交谷，取得收条，送交支库换正式收款书。支库收到此项立谷条即马上寄来总分库作为解款，以便驳账，免得该部机关一面在下面领取谷子，上面又向本部要钱。各县区政府机关经费亦可将此项谷子，指定地点数目交他领去，当面交数免得谷子放在区，搁死了钱，各机关都向支库交款，致支库没有款子送交中央来供给前方战费。

六、目前因为战争紧急，到处兑换甚多，各级政府机关及群众团体，一切须使收刚①一律收用国票，所有现洋慨须送交总分库或送附近兑换，所换取纸票应用，无论如何不准自由用现款，以妨碍银行兑

---

① "收刚"二字原版本如此。——本文库编者注。

现,致无现款送往前方。

七、上述各事,各级政府财政部必须马上做到,大家要明确目前战争紧急与财政困难的情形,从政治上去推动下级及广大群众来执行这些工作。

此令

财政人民委员　邓子恢

公元 1932 年 4 月 9 日

（录自《宁化党史资料》第 8 辑,第 49—51 页）

中央执行委员会关于土地法、红军优待条例和劳动法有关条文解释[①]

(1932 年 4 月 12 日)

杭武县蓝家渡区□头乡第一劳动小学致临时中央政府信[②]

我看对于重新分配土地方面，有多数群众要照人口平均分配土地（不分老幼），有些要照劳动力来分配土地，发生许多争执。我看中华苏维埃土地法令内第七条有许多看不明白的意义，就贫农方面来说，到底按人口之多寡来平均分配，或按照劳动力之多寡来分配土地，即富农无劳动力者又要分不要分？ 我等虽不是分田负责人，是第三者，不过替分田负责同志设法函恳指示即希答覆！

杭武蓝家渡区□头乡第一劳动学校启　4 月 2 日

---

① 原文无标题，此为本文库编者所加的标题。
② 原文无标题，此为本文库编者所加的标题。

现在我有几个问题不能了解请即答覆

①土地法第二条"红军是拥护苏维埃政权,推翻帝国主义的先进战士;无论其本地,是否建立苏维埃或尚为反动统治,均须分得土地,由苏维埃政府设法替他耕。"那现在豪绅地主不分田,假若某个红军战士他的家庭经济地位是个豪绅地主,这又怎样呢?我问了好多同志,他们的答覆不一致:有的说如果他们家里是豪绅地主,无论如何不能分田。有的说还是同样分田。

②红军优待条例,第四条"红军战士,在服务期间无劳动力耕种之家中田地,或分得之公田应由苏维埃政府派人帮助全部耕种灌溉收获工作……"从前我们在赣县扩大红军时,有一个红军家属是个富农,他家里只有4个人(2男2女),两个男的都到一军团当兵去了,几年家里无劳动力耕种田地,政府问我们这一家红军家属优待不优待,我也无把握答覆,最后我们去【问】县政府和县委,他们说不能优待,但他们也迟疑不决,不能硬怎样决定。

③劳动法第二条"对于中华苏维埃共和国海陆空军服军役的战斗员指挥员不受本劳动法的拘束。"我也同样的不能解释,问其他的同志,他们解释说"红军战指各员每天上课下操作工事……等都是劳动,所以这个劳动不能按照劳动法每日来作8小时。"这个解释,对不对呢?不妥吧!

力梁　4【月】3【日】于清溪三师政治部

关于以上的问题,答解如下:

一、土地法第七条之分配土地的方法,限定富农只按有劳动力的,可分一份坏田,无劳动力的,按人口来分,即是所分的坏田,只能少于有劳动力所分得的田,或半份或只三分之一,由各地来定,同时对于贫农中农之分土【地】两种办法——按人口平均分配,以劳动力与人口混合分配——之决定一种,须看当地贫农中农的大多数,以那种方法为最有利益的来决定,而不是以少数人的意见来决定的,同时也不是单以贫农的意见,还要顾及大多数中农的意见。

二、土地法第二条,所指红军战士,主要的系指工农群众而言,假如有豪绅地主子弟来参加红军,要看他是否是革命开始时——即当地苏维埃政权未建立前后——参加红军来定,如若当地暴动后,他来参加红军,我们考察出来,就要驱逐出红军,更谈不上分田;如系当地暴动时参加的,或当地未暴动建立政权而来参加红军的,对革命又努力(如外来参加红军,白军反水过来的)应作例外来看,因为他本人已牺牲本身阶级之利益,而来拥护工农阶级的利益,不能如一般豪绅地主子弟来看,同样要享受分田的权利。

三、红军优待条例第四条,重要的意义与上面土地法第二条的意义作一样的解释,如该富农参加红军甚早——在暴动的时候——以及在红军中作战勇敢而有功绩者,应照优待条例执行,但优待条例的范围仅限及于他妻子和父母,旁人都不能享受,如不属上项者,该本人红军应将他驱逐出去。

四、劳动法第二条所指,因为充当红军,不是简单劳动,而是一种革命的义务,非如一般工人相同,况且军队因战争的关系,更不能分时间与工资。故不照劳动法来实行。

中央执行委员会

1932 年 4 月 12 日

(录自 1932 年 4 月 13 日出版的《红色中华》第 17 期第 6 版)

中华苏维埃临时中央政府关于合作社暂行组织条例的决议

（1932 年 4 月 12 日）

根据全国苏维埃大会经济政策之原则，特颁布合作社暂行组织条例，以发展苏维埃经济保障工农劳动群众的利益，并决定这一条例，自 1932 年 5 月 1 日发生效力。

1932 年 4 月 12 日

合作社暂行组织条例

第一条　根据苏维埃的经济政策，正式宣布合作社组织为发展苏维埃经济的一个主要方式，是抵制资本家的剥削和怠工，保障工农劳动群众利益的有力武器，苏维埃政府并在各方面（如免税运输，经济房屋等等帮助）来帮助合作社之发展。

第二条　合作社系由工农劳动群众集资所组织的，富农资本家及剥削者，均无权组织和参加，其种类只限以下三种：

（一）消费合作社。为便利工农群众，贱价购买日常所用之必需品，以抵制投机商人之操纵。

（二）生产合作社。制造各种工业日用品，以抵制资本家之怠工。

（三）信用合作社。为便利工农群众经济周转和借贷以抵制私人的高利剥削。

第三条　消费,生产,信用合作社之社员不仅兼股东,并且是该社的直接消费者,生产者,借贷者,不合此原则者,不得称为合作社。

第四条　消费,信用合作社之消费者,借贷者,要以社员为主体,对于社员除享受红利外还应享有抵借低利之特别权利,对于非社员之价目与利息,最高的限度不能超过社员一般规定之上。

第五条　每个社员其入股之数目不能超过 10 股,每股金额不能超过 5 元,以防止少数人之操纵。

第六条　凡工农劳动群众所组织之合作社,须先将章程,股本,社员人数,营业项【目】,向当地苏维埃政府报告,经审查登记后,领取合作社证书,才能开始营业。

第六〔七〕条　凡在此条例未公布前,各地所组织之合作社按照第六条之手续,登记领取证书。

第八条　凡不遵照此条例所组织之合作社,苏维埃政府得禁止之,同时对于各种合作社认为有违反此种条例行为时,苏维埃政府有随时核察和制止之权。

第九条　本条例自公布之日起发生效力。

中央执行委员会

（录自《中央革命根据地史料选编》下册,江西人民出版社1982 年版,第 573—574 页）

中华苏维埃临时中央政府
内务部布告第一号
——关于统一苏维埃邮政问题

（1932 年 4 月 13 日①）

从前闽赣两省所办的赤色邮政，都是各自为政的，组织既不统一，办法亦各不同，并且组织涣散，致交通停滞，消息阻隔，两日可达之信，迟至十日才能送到，时常发现遗失邮件之事。这样不仅不能帮助苏区交通，而且防〔妨〕害目前的斗争行动，本部为整顿邮政便利起见，特决定两省邮政，统一办法，并宣布自 5 月 1 日起，开始实行下列各项：

一、建立中央邮政总局，统一中央区的邮政，在各省设立邮政管理局，各县及各交通要道，分设甲乙两种邮局，在非交通要道之地，设邮政分局及邮政代办所，从前闽赣两省所设的各样名目，概行遵照新章更名。

二、制定邮件寄费新章，和新式邮票 4 种，以资统一，自 5 月 1 日起，一律按照新章实行，从前闽赣两省所规定之邮章、邮票，实行宣布取消，其已经为各机关购存之邮票，请到各局，退还现金。

三、以后各机关及工农群众凡邮寄信件，印刷物品及包裹等项，均照新章贴足邮票，凡未贴足邮票者，按章加倍罚款。

---

① 原件无日期，此为在《红色中华》公布该布告的日期。——本文库编者注。

四、红军信件仍照红军优待条例办理,凡窃盖红军免费印记之非红军信件,一经查出,则加倍处罚。此布

内务部代部长　何叔衡

公历 1932 年 4 月　　日

（录自 1932 年 4 月 13 日出版的《红色中华》第 17 期第 5 版）

中华苏维埃临时中央政府内务部训令第 号
——整理苏维埃邮政统一组织统一办法

（1932 年 4 月 13 日①）

　　本部于 4 月 24 日②召集闽赣两省县邮政局以上之交通负责人会议，讨论并决议整理苏维埃邮政的一切办法，已经制定邮政暂行章程及新式邮票 4 种，定 5 月 1 日起开始实行，除布告苏区群众外，特令各省苏内务部转令该省邮政局遵照下列数项，于 5 月份内办理完竣，逐项报告本部审查和批准。

　　一、中央邮务总局之下，各省设省邮务管理局，各县则按照其是否交通要道与军事重心地点，设甲乙两种邮局，各重要市镇及交通区域，则设立邮务分局，或邮政代办所，所有以前的两省自定之各样名目，应即照章更名，有些需要撤消的，应即通令取消，有些人数不够，应即补足，以达到所规定之人数。

　　二、各级邮局的每月经费，从 5 月份起，统由总局发给，两省内务部应即将该省所设的邮局总数与设立地点，交通路线，邮务人员数目以及各级邮局每月经费预算，详具图表报告本部审定公布遵行。

　　三、各级邮务工作人员如系当地招来，必定要有当地政府或群众

团体担保，才能录用。各局的递信员，应是体力强健，没有恶劣嗜好的忠实革命工农。凡属富农，流氓，豪绅家属，以及有各种危险病症的人（如肺痨病，黄肿病等），一律不用。从前所用的邮务员递信员，须概行经过一次考察和检举，照本部所制之邮务工作人员登记表填明送来。

四、邮务工作人员的薪金和工资，从 5 月份起照章发给，所定数目，应由各省管理局，负责审查，并制定每月预算，转送中央邮务总局备查。

五、邮局办公时间依照苏维埃劳动法令，每日工作 8 小时，超过 8 小时工作时，照章加发工资，递送时间，亦由总局统一规定，以昭划一。

六、以后各地邮政人员的任免均直属于邮政总局及省管理局，详细办法另行公布。

七、本部及邮务总局分别派员到各地公开或秘密巡视，若有不照本部所颁布的各种邮政条例办理者，要实行处罚，仰即遵照至要。右令

代内务部长　何叔衡
公历 1932 年 4 月　日

（录自 1932 年 4 月 13 日出版的《红色中华》第 17 期第 5—6 版）

中华苏维埃共和国临时中央政府
关于动员对日宣战的训令

（1932 年 4 月 15 日）

自从日本帝国主义侵占中国东三省进攻上海以来，苏维埃中央政府迭次宣言都指出：日本帝国主义的目的在将东三省完全殖民地化，上海事变将成为帝国主义强盗瓜分中国的具体表演，国民党政府及其各派军阀只有更无耻的投降帝国主义，出卖中国，镇压全国民众的反日反帝运动，绝对不会有任何真正求得中国民族独立与解放的抗日行动。现在事变的发展，完全证明了苏维埃中央政府估量的正确。满洲傀儡政府已在东三省建立起来了，这是日本帝国主义最忠顺的走狗。上海的和平谈判，国际联盟的调查团，完全是帝国主义强盗进行瓜分上海瓜分中国的分赃会议和组织。由于英勇士兵自动对日作战的压迫不得不以抗日相欺骗的某些国民党军阀，现在也都原形毕露：马占山做了满洲政府的军事部长，蒋蔡等军阀参加了帝国主义瓜分上海的和平谈判。国民党政府更是随时都准备接受国际联盟宰割中国民族的指令，他所谓"长期抵抗"的宣传，一方【面】是以此来欺骗全国反日的民众，另一方【面】是企图以此来取得别一派帝国主义（尤其是美帝国主义）的援助，而挑起世界大战，好让帝国主义强盗在大战中来解决瓜分中国问题。国民党政府及其各派军阀几月来的最努力的，还是秉承帝国主义意旨，在各地解散反日团体，压迫反日罢工,屠杀反日反帝群众,用机关枪扫射自动抗日的英勇士兵,并严禁民众义勇军的活动,特别是对于苏区与红军的进攻,更是用最大的兵力来对付。这一切,都表示国民党政府及其各派军阀完全是帝国主义直接压迫中国民族革命运动的工具,他们不但永远不会进行反日本帝国主义的民族革命战争,并且是民族革命战争进行的根本障碍!

只有全中国工农劳苦群众,才是真正反帝国主义的力量;只有苏维埃与红军,才真能对日本帝国主义进行民族革命战争。现在全中国被压迫民众在日本帝国主义铁蹄的蹂躏之下已不甘受国民党的污辱,愤起为反日反国民党的革命斗争。苏维埃临时中央政府为领导全国工农劳苦群众,实现驱逐日本帝国主义出中国的革命任务起见,特正式宣布对日战争。苏维埃临时中央政府向全中国被压迫民众指出:苏维埃区域久已脱离了帝国主义的羁绊,而国民党军阀却在帝国主义的领导和指使之下,绝不放松的向苏区与红军进攻;要不是国民党军阀的进攻,苏区工农劳苦群众与红军早已与抗日的英勇士兵和义勇军站在一起直接对日作战了。所以苏维埃临时中央政府现在领导全国工农红军和苏区广大工农劳苦群众,积极进行革命战争,向外夺取中心城市,摧毁国民党统治,正是实际去进行民族革命战争,是直接对日作战的必要前提。苏维埃临时中央政府号召全国工农兵及一切劳苦群众,在苏维埃的红旗之下,一致起来积极参加和进行革命战争,在白色统治各地要自动武装起来,组织民众抗日义勇军,夺取国民党地主资产阶级的武装,直接对日作战,并成立指挥这一行动的革命军事委员会;白军的士兵要暴动起来,打倒反动的军官,自动对日作战,成立工农红军推翻国民党在全中国的统治,成立全中国民众的苏维埃政权;这样来实现以民族革命战争驱逐日本帝国主义出中国,反对帝国主义瓜分中国,彻底争得中华民族的独立与解放。

因此,苏维埃临时中央政府除以通电宣言发表这一对日宣战的

主张和行动方针外,更对全国工农红军全苏区各级苏维埃政府给以下列的指示:

一、中央革命军事委员会,各苏区军事委员会,各地军区指挥部,各县赤卫队部(即军事部)应对于全体红色战士实行对日宣战的动员,要使每一个红色战士都能了解:积极发展革命战争,消灭国民党军阀进攻苏区的部队,向外夺取中心城市,摧毁国民党的统治,正是进行反日的民族革命战争的必要前提。国内革命战争愈发展,国民党军阀愈崩溃,直接对日作战的时机将愈迫近,全苏区红色战士应准备着更大规模的民族革命战争的到来。动员对日宣战,绝不是要等到直接与日本帝国主义开火时才做,并且现白色统治沿海各地的英勇士兵与民众义勇军久已不受国民党军阀的指挥,自动的对日作战了,他们迫切的需要苏维埃和红军的领导与援助,所以动员对日宣战与积极向外发展革命战争绝不能割裂开来,而应认为动员去发展革命战争,就是对日本帝国主义的打击,就是给白区反日群众和英勇士兵以有力的援助。军事的动员要做到每个红色战士非因伤病不能离开队伍,开小差的要受到惩罚与群众的耻笑。地方武装要执行红军中一样的纪律,不脱离生产的赤卫队要加紧军事训练。军事委员会要宣布和检查全苏区的赤色戒严,要加增兵工厂的生产,要在交通要道设立粮站与运输站,要屯集一部分谷子准备米荒,要节省经费准备战役的持久,要在发展区域的边境设立向外推进的警戒工事,要准备筹款的武装队伍(政府的税收自然主要部分也是供给红军),使主力红军得以继续其作战的任务,要组织大批游击队从苏区各边境向外发展,在接近中心城市与帝国主义势力直接统治的地方,可由游击队领导民众组织抗日义勇军,实行游击行动。

二、工农红军总政治部与红军各级政治部应在红军与地方武装中实行政治的动员,要在红色战士中做对日宣战的广大宣传,要在《红星报》及其他红军刊物上经常不断的揭露日本及一切帝国主义侵占中国瓜分中国屠杀和榨压中国民族与国民党出卖中国污辱中国民族的事实,激励起全体红色战士对日宣战的热忱与勇气,鼓动起他们向外发展革命战争消灭国民党军阀及其统治的决心,并要编印各种小册子和画报。要提出联系到目前实际行动的宣传鼓动口号,特别要注意于红军新发展区域尤其是接近中心城市的地方的政治工作。

三、当着工农红军还未发展到接近日本帝国主义势力的地方,红军的作战任务,首先是要消灭与帝国主义勾结一致的国民党军队。放着当前进攻红军的国民党军队不去消灭,这是给国民党军队配合帝国主义武装以消灭红军的极便利的机会,这是紊乱反日的民族革命战争的步骤,而不是真实的去进行驱逐日本帝国主义出中国。当着红色游击队向外发展到接近日本帝国主义势力的地方,则应领导民众组织抗日义勇军,自动的武装起来,实行游击运动,直接对日作战,吸引白军士兵,自动对日作战,共同组织指挥这一行动的革命军事委员会,以脱离和推翻国民党军阀的统治。

四、各苏区各级苏维埃政府应立即实行对日宣战的群众动员,首先要加紧动员工农劳动群众自愿到红军中去,向外发展革命战争,准备与日本帝国主义直接作战,要动员全体劳动群众都能自愿的担任参加革命战争的后方工作,首先是加入不脱离生产的赤卫军和少先队,要使全苏区劳动群众不论男女,都有接受军事训练准备对日作战的热烈要求,要努力动员执行巩固苏区根据地的工作,要加紧实行赤色戒严与地方自卫,要节省经费粮食帮助红军,要屯集公谷供给红军,要动员群众努力耕种充裕今年收成,要整理赤色邮政厉行修桥补路以巩固苏区交通,要立即征收累进的商业税准备收土地税,以开辟政府的收入,要动员工农劳苦群众,提高红军用品的生产(如制造被服鞋帽与兵工厂的生产等),组织担架队,运输队,洗衣队,慰劳队帮助红军作战,实行红军优待条例,帮助红军家属耕田,耕种红军公田。

五、这一训令一直发到工农红军地方武装的下级组织与城乡苏维埃,要根据这一训令定出自己的动员计划,中央革命军委会更应发布自己的动员计划。

中央执行委员会主席　　毛泽东

副主席　　项　英

张国焘

根据 1932 年出版的《中华苏维埃共和国临时中央政府宣布对日战争文告》刊印

(录自《中共中央文件选集》第 8 册,中共中央党校出版社1991 年版,第 641—645 页)

中华苏维埃共和国临时中央政府为对日宣战向全世界无产阶级和被压迫民族宣言①

（1932 年 4 月 15 日）

苏联和全世界无产阶级一切被压迫民族！自从日本帝国主义施用其横暴的侵略政策，以武力占剧〔据〕中国东三省，进攻上海及中国沿海沿江各口岸后，现在东三省已为日本帝国主义完全殖民地化，并且以此为武装进攻苏联与准备太平洋帝国主义世界大战的根据地。强盗组合的国际联盟及英美法德等帝国主义国家正在计划瓜分中国，镇压中国苏维埃旗帜下的一切革命运动，上海的和平谈判与国联调查团的主要作用，便在于此。

中华苏维埃共和国临时中央政府特向全世界无产阶级及一切被压迫民众宣言：本着中华工农兵苏维埃第一次代表大会宣言的精神，正式决定对日本帝国主义，宣布战争，领导全国红军与工农劳苦群众用民族革命战争来驱逐日帝国主义出中国，反对任何帝国主义一切瓜分中国进攻中国革命的尝试与企图，争得中华民族的彻底解放与完全独立。

中国国民党军阀及其政府早已成为中国民族革命的敌人，他是

---

① 《六大以来》上册(人民出版社 1981 年版)亦收录了此件，篇名为《中华苏维埃共和国临时中央政府为对日宣战告全世界无产阶级和被压迫民族通电》，内文个别文字、标点略有差异。——本文库编者注。

帝国主义统治中国的工具,他不独绝对不会以民族的战争去反抗日本和一切帝国主义的侵略,而且本其一贯的出卖中华民族利益的惯技〔伎〕,帮助帝国主义实施其瓜分中国的政策,顺从帝国主义,努力于压迫中国革命屠杀反帝群众,特别是积极进攻已经脱离并且反对帝国主义统治的苏维埃区域与红军,因此推翻国民党政府的统治就成为顺利发展民族革命战争,实行对日作战的必要前提。

现在所有苏区红军和工农群众在苏维埃临时中央政府的领导之下,正在努力发展革命战争,首先推翻国民党统治来汇合全中国工农劳苦群众和革命兵士的力量去驱逐日本帝国主义的军队及其统治中国的一切势力。我们相信这是为着中国几万万工农劳苦群众和整个中华民族解放和独立而战,也就是与你们站在一条战线上为反对我们共同敌人——资本帝国主义的统治而战,我们希望你们一致起来援助我们这一艰苦的战争,反对日本帝国主义侵占中国,要一切帝国主义滚出中国去,尤其是希望日本的工人农民士兵弟兄们,和我们一致来推翻日本帝国主义在中国和日本的统治。

1932 年 4 月 15 日

(录自 1932 年 4 月 21 日出版的《红色中华》第 18 期第 1—2 版)

中华苏维埃共和国临时中央政府
宣布对日战争宣言

（1932 年 4 月 15 日）

　　日本帝国主义,自去年九一八以武力强占中国东三省后,继续用海陆空军占领上海嘉定各地,侵扰沿海沿长江各埠,用飞机大炮屠杀中国人民,焚烧中国房屋,在东北及淞沪等地,被损害的不可数计,这种屠杀与摧残,现在仍在继续发展。反动的国民党政府与其各派军阀,本其投降帝国主义的惯技〔伎〕,接连的将东三省和淞沪各地奉送于日本帝国主义,任其随意屠杀中国人民,现更已〔以〕和平谈判,实行出卖整个中国,促进各帝国主义迅速瓜分中国,对于全国反日反帝的革命运动,则尽其压迫之所能,解散反日团体,压迫反日罢工,屠杀反日群众,强迫自动对日作战之淞沪兵士和民众的义勇军撤退,用机枪扫射抗拒撤退命令之十九路军的英勇兵士,以表示其对于帝国主义的忠诚。国民党政府及其各派军阀,他们不但不能而且早已不愿真正反对日本帝国主义实行民族革命战争,他们只能倚靠某一派帝国主义反对另一派帝国主义,企图挑起世界大战,以便帝国主义强盗在大战中来解决瓜分中国问题。现在中国苏维埃区域早已脱离帝国主义的羁绊,而国民党军阀则宁肯将东三省上海及整个中国送给帝国主义,对于真能实行民族革命战争之中国工农红军,则不断的以其最大的军力来进攻,企图消灭苏维埃政权和工农红军,这明显表示国民党政府和其各派军阀的一切欺骗,无非想掩饰其出卖中国污辱中国民族的行为,实际都是帝国主义直接压迫中国民族革命运动的工具,是中国民族革命战争进行的障碍。中华苏维埃共和国临时中央政府特正式宣布对日战争,领导全中国工农红军和广大被压迫民众,以民族革命战争,驱逐日本帝国主义出中国,反对一切帝国主义瓜分中国,以求中华民族彻底的解放和独立。苏维埃中央政府向全国工农兵及一切被压迫民众宣言:要真正实行民族革命战争,直接与日帝国主义作战,必须首先推翻帮助帝国主义压迫民族革命运动,阻碍民族革命战争发展的国民党反动统治,才能直接的毫无障碍的与日帝国主义作战,才能使民族革命战争在全国大大的发展起来。苏维埃中央政府郑重声明:要不是国民党军阀集其全力来进攻苏区与红军,苏区工农劳苦群众与红军早已与抗日的英勇士兵和义勇军站在一起直接对日作战了,所以不推翻国民党统治,就不能实行真正的民族革命战争。苏维埃临时中央政府正在领导全国工农红军和苏区广大工农劳苦群众,积极进行革命战争,夺取中心城市,来摧毁国民党的统治,这正是实际去进行民族革命战争,是直接与日帝国主义作战的前提。我们号召白色统治区域的工人农民兵士学生及一切劳苦民众自己起来,组织民众抗日义勇军,夺取国民党军阀的武装来武装自己,直接对日作战,成立指挥这一行动的各地革命军事委员会,白军的兵士要暴动起来,打倒反动军官,自动对日作战,成立工农红军。要认识只有苏维埃政府,才能真正领导全国的民族革命战争,直接对日作战,反对帝国主义瓜分中国;只有中国工农红军,才是真正实行民族革命战争的民众武装;只有全世界的无产阶级被压迫民族和苏联,才是真正能联合以及〔反〕对帝国主义的国际力量。苏维埃临时中央政府号召全国工农兵及一切劳苦群众,在苏维埃的红旗之下,一致起来,积极的参加和进行革命战争,在白区各地自动武装起来,推翻反动的国民党在全中国的统治,建立全中国民众的苏维埃政权,成立工农红军,联合全世界的无产阶级被压迫民族与苏联,来实现以民族革命战争,驱逐日帝国主义出中国,反对帝国主义瓜分中国,彻底争得中华民族真正的独立与解放。

1932 年,4,15

（录自 1932 年 4 月 21 日出版的《红色中华》第 18 期第 1 版）

中央执行委员会批准福建省第一次
工农兵苏维埃大会各种决议的决议

（1932 年 4 月 15 日）

中央执行委员会对于福建省第一次工农兵苏维埃大会的会议一切决议案与选举，经过详细审查之后，除全部批准外，认为在土地、劳动、经济、财政、苏维埃等决议中，有几点必增加和修改的指出于下：

（一）实行劳动法的决议案之"第六项提防资本家消极怠工，实行监督生产"。各条对于监督生产之意义与实行的方法，没有明白的具体的指出，这样必定要重复过去监督资本的错误，监督生产系指对于资本家之企业和工厂，而不是指商店和一般雇主。决议案之第二条之决定，笼统含糊，不合于全苏大会之劳动法及经济政策规定之原则，应停止执行。对于工厂及作坊，可由工会的工厂委员会和作坊委员会来实行监督任务，对于商店或非工厂作坊之雇主，不能实行此办法。但劳动部之劳动检查员，可以随时调查其营业情况，工会会员可以随时报告政府，如发现他们故意移走资本，来破坏或扰乱苏维埃经济者，政府可依法交裁判部或将来之法庭控告处罚。

（二）对于劳动检查员之检查工作，应立即建立起来。这是政府监督资本家保障劳动法之实行的最主要机关。在决议中没有着重要各级劳动部立即设立劳动检查所和检查员。

（三）对于决议之第七项，解决失业问题之第二条，拟定对于未建立苏维埃政权以前之失业工人，只能规定要原来之资本家须恢复其工作，或以后雇用时须先雇用此种工人。对于"雇主不要工人时，资本家、雇主应补发3月工资"之规定，应停止执行。

（四）执行土地法令的决议案中，对于制止富农在建立苏维埃政权分配土地之后的一切企图与活动，在决议案中，没有提及，这是一个缺点；同时土地决议中，只说到一些大的方面（改良灌溉器具开垦荒田荒地），而对于当前在耕种中所发生的耕牛农具等实际困难问题，反没有具体决定。

（五）土地决议案第四项第五条对于一切森林，有尽量分配给群众之决定，这违反全苏大会土地法第十条之规定"一切水利、江河、湖、溪、森林、牧场、大山林由苏维埃管理建设，便利于贫农中农的公共使用"，应停止执行。

（六）经济财政决议案第三段甲项第七条，对于产业银行建立之拟定，于全苏大会之经济政策不符。银行须归国家设立，统属于中央之国家银行，除因地区远隔，得由当地政府设立工银农行外，并无产业银行名目之规定。况闽西工农银行，其股本多系工农群众入股的，将来国家银行在闽西成立分行时，闽西银行应归并于分行，其群众股金，或退还，或鼓励群众自办信用合作社。决议之七项，应停工〔止〕执行，并遵照所增改的去做。

（七）苏维埃建设决议案：一、对于实行工作检查制度未能具体规定。检查制度，如不能切实执行，对于反对形式主义与建立强有工作能力的各级苏维埃政府是要减少力量的。二、为了建立苏维埃的工作与行政系统，不仅建立上下级各部行政系统与工作指示，这一点在决议案中，没有提到的。三、对于发展区域之政权建立，没有严厉的指斥过去闽西政府忽视和放弃新区域的错误，同时新的区域，不仅是目前的杭武，而是指以后革命发展之新区域，省政府与该县的县政府应立即派人去发动群众，执行政纲，组织政权来巩固这一新区域，在发展革命战争中，省县政府均应派人组织工作团，随红军政治部一路去发展工作。四、对苏维埃干部的培养，在决议案中没有一字提及，这是很大的缺点。为了建立坚强而有工作能力的各级苏维埃，不仅是干部成分好，下级执行上级的决议、命令等，能够去执行苏维埃的政纲，而且还需要健全而有工作能力的工农干部，才能执行这一任务，这成为一个必须要的条件。因为对于工农干部的教育与训练，提高他们在工作中的学习，成为十分必要了。

中央执行委员会，除提出以上的几点，并望省苏维埃执行委员会对于大会的决议与中央指示各点，立即拟定更具体的执行计划和方法，使大会决议与中央指示都能在实际工作中实现出来。这些工作的执行，都必须为了执行目前发展革命战争，夺取附近中心城市，以争取江西和邻近省的首先胜利的任务，和实行最近中央政府对日宣战的训令，这是目前苏维埃最主要的革命任务。

这一决议，与中央政府所批准大会的一切决议，有发生同样的效能，并望坚决执行。

中央执行委员会主席　毛泽东

副主席　项　英

张国焘

公历 1932 年 4 月 15 日

（录自《闽西革命史文献资料》第 7 辑，第 190—191 页）

中华苏维埃共和国国家政治保卫局委任令

（1932 年 4 月 17 日）

 　　兹委任何长工同志为红军十三军政治保卫分局长。此令

 　　　　　　　　　　　　　　　　　　局　长　邓　发

 　　　　　　　　　　　　　　　　公元 1932 年 4 月 17 日

 　　　　　　（根据江西省瑞金中央革命根据地纪念馆馆藏件刊印）

中华苏维埃各级劳动部暂行组织纲要
——中央劳动部颁布
（1932 年 4 月 20 日）

一、劳动部是苏维埃政权机关的一部，其职务专为执行监督苏维埃保护工人阶级各种法令的实施，以保障工人的权利。

二、中央劳动部隶属于人民委员会之下，省县区及中央直属市之劳动部隶属于执行委员会之下，省直属市和普通市之劳动科直属于市苏维埃之下。在行政上，在工作上，当受各级苏维埃之指示与监督，但上下劳动部有直接行政系统与关系，下级劳动部或劳动科，绝对执行上级劳动部之命令决议等。

三、劳动部之下分三部分组织，（一）劳动保护局，（二）失业工人介绍局，（三）经济评判局。但省与中央直属市则称所，县与省直属市则除介绍所外其余称科，非工业区之普通市只设立介绍所和检查员。区不分设此类组织，以执行与管理劳动部和劳动科全部行政事项。

四、中央劳动保护局，及劳动保护所，与县劳动保护科，是专负责监督劳动法之实行，随时有权到工厂作坊商店去实际检查，并有强迫执行与禁止资本家开工之权力，其下分劳动检查，技术检查，卫生检查三科。非工业之县市只设检查员。

五、劳动检查员系检查劳动法之执行，但对于工厂建筑机器装置等归技术检查员检查，卫生事项则归医生检查员检查。劳动检查员必须由同级职工会选举，再经劳动部委任。技术和卫生检查员，系专门人员则由劳动部雇用或委任。

六、失业工人介绍局系专负失业工人登记,介绍工作,监督社会保险金之分配等任务。中央及省介绍局和所,下设救济统计两科,县市介绍所只设科员,分管统计登记,失业救济,工会〔作〕介绍,普通县以所长,区的劳动部长兼此种工作。

七、经济评判局系专负审查与登记集体合同与劳动合同,评判工人与资本家斗争,如遇不能解决或资本家不遵守者,提交劳动法庭裁判,中央及省两级下设统计指导两科,非工业区之县与省直属市,则只设审查登记员评判员,区与普通市则由劳动部长和科长兼理。

八、劳动部和劳动部下的职员,均由部长和科长委任。

九、根据宪法之规定,只有中央劳动部才能根据劳动法制定和颁布各种工人的个别法令,省以下无权。但在其他苏区未与中央区打通以前,省劳动部可以根据劳动法及中央劳动部所颁布之法令原则,制定和颁布临时各种个别法令。

劳动人民委员　项　英

1932 年 4 月 20 日

(录自《中华苏维埃共和国法律文件选编》,江西人民出版社1984 年版,第 315—316 页)

中华苏维埃临时中央政府劳动部布告第一号
——关于实行劳动法问题

（1932 年 4 月 20 日）

为了实际保护工人阶级的权利，必须切实实行全苏大会颁布的劳动法。查过去各地资本家雇主能遵守劳动法的规定实行者所见不多，甚至阳奉阴违者继续过去剥削方式来剥削工人，即为 8 小时工作制星期日的休息在很多工厂作坊店铺的工人中没有真实的实行，集体合同与劳动合同虽有订立，考其内容，多不符合劳动法之规定，工资的低微与低至几毫钱一月的，青女工与成年工人做同样工作者在工资上还有差别这种现象在苏维埃政权下绝不允许存在，本部为执行劳动法，保障工人权利的行政机关，特此宣布：

（一）在本年红色 5 月内一律实行 8 小时工作制，18 至 16 岁青工 6 小时，16 至 14 岁 4 小时，星期和例假日的休息有工作关系必须延长时间和工作的除加倍发给工资外并须首先报告当地苏维埃政府劳动部或劳动科审查得批准者才能延长时间和继续工作。

（二）以前所订立的集体合同与劳动合同限于红五月内一律由各工会工人代表及资本家雇主将合同携至当地劳动部或劳动科重新登记和重新审查，不合劳动法之规定者须布告作废重新订立。

（三）在目前苏区境内（小城市和乡村）最低的真实工资规定每月为大洋 7 元（连伙食在内），对于中心城市（如赣州吉安）不在此限，以后各地工人之每月工资不得低于此种规定之数目，以前年薪制度宣布废除，改以月计算。

（四）规定学陡年限,普通技术与商业者,期限不能超过 1 年,特别技术者不能超过 2 年,工作时间照劳动法,对于青童工之规定实行每年须有 15 元之最低津贴并要逐渐增加,学习期满即照成年工资及其工作技术发给工资。

（五）青女工须同工同酬,其特殊待遇由各地劳动部劳动科根据当地工作情况来拟定实行办法公布施行。

（六）自红五月起资本家雇主不得自由雇用工人须向劳动部所设立失业劳动介绍所雇用,在各地失业介绍所未设之前本部暂委托各地职工会代办介绍雇用的事务。

（七）对于社会保险费之实行由各地劳动部劳动科根据当地实际情形拟定应实行之办法公布,对于已实行之保险金者在社会保险局未成立前暂委托职工会管理与支配。

（八）在红色 5 月 20 日后各地劳动部之劳动检查员到工厂作坊商店实行检查是否照劳动法及本布告之规定实行。

以上各项如有故意不遵守或违抗者一经劳动检查员查出或职工会及其会员报告,即以违反劳动法论交法庭依法严办,望工厂主作坊主商店老板及一切雇主须严格遵守切勿自误。此布

劳动人民委员　项　英

公历 1932 年 4 月 20 日

（根据中共江西省赣州市委党史工作办公室党史资料

革命历史文件:地—19—4 刊印）

临时中央政府人民委员会第十二次常会

（1932 年 4 月 22 日）

人民委员会于 4 月 22 日开第十二次常会，重要的讨论及决议如下：

一、刘开、周月林报告巡视石城工作的经过情形，议决再给石城一信，具体指示该县目前的中心任务。

二、议决发一通令纠正对肃反松懈的现象。

三、议决委周月林同志为中央妇女生活改善委员会主任，金维映、范乐春等同志为委员，并通过妇女生活改善委员会组织纲要。

四、为加紧领导全国积极动员群众发展革命战争并巩固后方工作起见，特决定中央各部制就 4 个月的工作计划——自 5 月份至 8 月份，各部的主要任务，经过详细讨论后，已有具体之决定。

五、议决委杨岳彬同志为全国邮政总局局长。

六、议决派项英同志出席江西省苏大会并指导一切工作，项英同志各种职务暂由何叔衡同志代理，红色中华主笔一职由梁柏台同志暂时代理。

七、梁柏台报告巡视宁都工作的经过情形，议决给宁都县苏一封指示信。

（录自 1932 年 4 月 28 日出版的《红色中华》第 19 期第 4—5 版）

中央政府给石城县苏的工作指示信

（1932 年 4 月 24 日）

石城县苏维埃政府：

中央听了刘开、周月林二同志报告，知道你县的工作，已经有了一个新的转变，但是除了巡视员所指示的各项工作以外，尚有几个很重要问题，不得不郑重的再给你们一指示。

一、石城县大部的基本农民群众雇农、贫农、中农尚未发动起来，这是非常严重的现象。只有发动广大的工农劳苦群众，才能进行巩固地方政权的工作，一切的工作没有广大工农劳动群众的热烈拥护和积极参加，是不能顺利推动和执行当前的重要任务的，所以你们目前应当以发动广大基本群众为工作的中心。苏维埃政权是群众性的，离开群众来专讲政府工作的建立，是毫无效果的，离开群众的切身利益，而空喊发动群众是不可能的，所以要发动群众，首先就要从深入阶级斗争着手。石城县一般的对阶级认识很模糊，土豪及其家属尚有活动的余地，一班〔般〕的基本群众对于富农地主阶级还存着畏惧心理，不敢积极起来斗争。这些现象，都是极端严重，对于石城苏维埃政权的巩固有莫大阻碍。因此，你们应当以很大的力量去消灭这些现象，必须坚决的执行各项工作。

（甲）发动广大基本农民群众积极进行消灭豪绅地主阶级的残余

势力的斗争,不仅要把分给豪绅家属的土地没收起来,而且要把豪绅家属的一切财产,完全没收,就是过去罚过款的亦应全部没收。对于造谣捣乱、企图破坏革命的豪绅家属富农等反革命,应当予以严重的镇压,要晓得我们对于豪绅地主阶级,决不是简单的筹款,而是要根本消灭他们的势力和封建的剥削。换句话说,即是要消灭封建地主政权的基础,而后我们工农苏维埃的政权才能建立和巩固。

(乙)反对富农的斗争,要发动贫苦群众起来,坚决的在政治上、经济上于富农以实际的打击。当然乱打富农的现象应禁止,因目前尚不是消灭富农的时候。富农分的好田应立即收回,多余的房屋、农具、耕牛,应实行分配给贫农、雇农,富农多余的谷米,在当地雇农工会,贫农团的大多数群众自动要求之下,亦可允许有计划的分配给劳动贫苦群众。在执行这一工作时,应注意绝对不要妨害中农的利益。

二、向东北边界发展,是石城主要任务之一。但这一任务,不仅加强地方武装的作用,还要动员广大的工农贫苦劳动群众,配合地方武装的力量,向敌人经常游击。只有在不断的动员群众向外发展中,才能打破群众的恐慌心理,提起群众的兴奋和发挥群众的积极性;只有积极向外发展,才能获得石城政权的更加巩固。深入阶级斗争,与积极向外发展,是有密切不可脱离的连〔联〕系的。这即是实际的领导工农劳动群众去作参加革命战争的实际行动,才能配合苏区整个行动去发展革命战争,务将这一意义向群众作广大宣传,领导工农劳动群众起来积极参加这些斗争。

三、工人及城市贫民的利益,过去是很忽视的,以至城市工作尚不能好好的建立起来,这是减弱革命力量的。你们应以很大的力量去争取这一部分群众,尤其是对于失业工人应马上设法解决,并要先作广大的宣传,说明所以失业的原因与解救失业的出路。只有参加革命战争把解决失业与扩大红军联系起来,实际改善工人的生活,将豪绅地主的房屋、菜园、茅厕分配给贫苦群众，来深入阶级斗争。

以上几点，都是你们目前最迫切的工作，望你们详细讨论具体执行的办法，切实的去执行，实际去进行目前的斗争任务。

4 月 24 日

（录自 1932 年 4 月 28 日出版的《红色中华》第 19 期第 5—6 版）

中华苏维埃共和国妇女生活改善
委员会组织纲要

（1932 年 4 月 28 日①）

一、为使劳动妇女能切实的享受苏维埃政府对于妇女权利之保障，实际取得与男子享受同等的权利，消灭封建旧礼教对于妇女的束缚，使他们在政治上经济上得到真实的解放以领导他们积极的来参加革命起见，各级政府应组织妇女生活改善委员会以贯彻这个目的。

二、妇女生活改善委员会由 3 人至 5 人组成之，党的妇委书记及群众团体妇女部主任都可加入该委员会为委员。

三、自城市苏维埃，区政府直至中央政府都须设立妇女生活改善委员会，惟乡苏维埃则不设立。

四、妇女生活改善委员会，在中央则隶属于人民委员会，省以下则隶属于主席团。

五、妇女生活改善委员会，并不是妇女部，妇女【生活】改善委员会的任务是在调查妇女的生活，具体计划改善妇女生活的办法，向人民委员会或各级政府的主席团会议提议，得该项会议通过之后才发生效力。

六、妇女生活改善委员会设主任 1 人，以总揽该委员会的工作，不分科。主任及委员由人民委员会及各级政府的主席团委任之。

---

① 原件无时间，此为该组织纲要在《红色中华》发表的时间。——本文库编者注。

七、本纲要如有未尽事宜,中央执行委员会得随时修改和增补之,并得废止之。

八、本纲要以中央执行委员会的命令公布之,从公布之日起发生效力。

(录自 1932 年 4 月 28 日出版的《红色中华》第 19 期第 5 版)

中华苏维埃临时中央政府劳动部训令第一号
——关于劳动部组织与工作
（1932 年 4 月 28 日①）

　　为了实际执行全苏大会保护工人阶级的政纲和劳动法令，必须健全劳动部的组织与工作。查过去各级苏维埃政府，有的未建立劳动部，有的在形式上建立了无工作，全苏大会闭幕至今为时已半年，劳动法令的实施，不仅没有去做，甚至有的从未过问这一问题，以致在苏维埃政权下，使工人阶级没有完全实现他们应享受之一切权利，许多地方资本家还是用过去剥削工人的方式来继续剥削工人，这是何等严重的现象，不仅有损于苏维埃政权的威信，而且减弱工人阶级参加苏维埃斗争的积极性。这种错误的现象要立即改正与消灭，以提高工人阶级的积极性，加强苏维埃革命发展的力量。现各省选举运动，将要次第完毕，劳动部的组织也依次建立了，本部为健全劳动部组织与工作，除本部颁布有组织纲要外并作以下之决定：

　　一、各级劳动部和劳动科要依照中央劳动部所颁布之组织纲要，将劳动部和劳动科之组织与工作，使他逐渐的健全起来，充实起来，并限于红五月内将各级劳动部的组织情形依级转报各上级劳动部审查备案。

　　二、劳动检查员是代表劳动部实际去监督和检查资本家雇主对

---

　　① 原件无时间，此为该训令在《红色中华》发表的时间。——本文库编者注。

于劳动法之实行,其工作与职务甚为重要,在目前情形之下,非工业区之省县苏可暂不设立劳动保护所和科,只设劳动检查员,由各级劳动部于红五月内正式通知同级的职工会,选举最好的积极会员介绍到劳动部或劳动科委任为检查员,执行劳动检查工作,但非工业区县区市之检查员,尽可能不脱离生产,一面做工或做工会工作,一面兼负检查员之职务,因目前事不繁重而又增加政府之开支。

三、县区苏之失业介绍所必须逐渐建立,目前暂以一人来担任这一切工作,但在介绍所未成立前暂委托当地职工会代理介绍工作的事务,介绍工作。首先要举行失业工人登记,各地限红五月内完毕,统计后转报上级劳动部,并实行禁止资本家自由雇用工人。

四、经济评判所在商业的大城市(如上杭汀州)要设法建立。关于工人与资本家订立之合同,一律重新登记,再加审查不符者,令其重新订立,未订者必须实行。普通市与区之经济评判工作由部长和科长管理。

五、目前劳动法之实行,首先是:

1. 8小时工作制,青工16至18岁6小时,14至16岁4小时的严格执行,如因目前工作情形必须延长者,须由各级检查员检查后,由劳动部或劳动科批准者方能继续工作,但工资加倍。

2. 星期日的例假日的休息照发工资,如因工作星期不能全体休息者,可轮流休息,要继续工作者工资加倍,对于工人参加苏维埃大会或工会的会员大会者,不得扣工资。

3. 最低真实工资已由本部规定,在目前每月为7元(伙食在内),任何工人的工资,只有高于此数,不能低于7元,由检查员实际检查,如有低于此数者由劳动部或劳动科令其照数增加。

4. 雇主请工人要订立集体合同和劳动合同。

5. 资本家雇用工人须向失业介绍所请求或由职工会介绍。

6. 旧式学徒制废除,普通技术及商业者学习年限1年,特别技术者不得超过2年,并规定每年最低限度须发给学徒津贴【光】洋15元,这种津贴必须按期增加,学习期满按其技术与成年工人得同等工资,各业学徒学习期限应由各地劳动部和劳动科按以上原则就各种职业技术的情形分别规定年限颁布。

7.青女工与成年工人做同样工作得同样工资,虽青工 6 小时童工 4 小时,其工资应与成年工资相等,女工产前产后的休息与工资照发一条必须实行。

8.社会保险费的实行在现在农村及小城市中比较困难,失业保险费须按情形来实行,至于疾病残废伤亡等等之医药费与优〔抚〕恤费在未设保险局以前暂订在合同上,如发现这种事情时,由资本家给费。

9.以上各项,已有本部布告在案,并限红五月内实行,由各地劳动部、劳动科负责监督资本家店老板及雇主实行,对于劳动法其他各项,须按当地情形拟定实行办法报告上级劳动部批准公布。

六、劳动部和劳动科为保障劳动法之实现,对于资本家应用命令和布告限期责令资本家实行,如故意违抗或阳奉阴违者一经检查员查出和职工会会员报告者,须将资本家雇主移交法庭依法处罚。

七、各地劳动部或劳动科对于监督资本家对于劳动法之实行,必须取得当地职工会之帮助。

八、各地劳动部或劳动科在红五月内须将当地工人数目,职业种类,工时多少,工资多少及种类,生活状况,失业工人情形,拟成表册,统计起来,报告上级劳动部转交中央劳动部备考。

九、在红五月各地实行劳动法的情形及经过,详细做成报告于 6 月 15 号前按级报告,以后区市每月须作工作报告一次,县与省属市一个月报告一次,省每两月报告一次,其最下级之报告亦应按期转送中央劳动部。此令

（录自 1932 年 4 月 28 日出版的《红色中华》第 19 期第 5 版）

国家政治保卫局发给自卫手枪护照条例

（1932 年 5 月 1 日）

（一）本护照只限于各级党部、政府机关、国营企业及社会团体工作人员之必须佩带自卫手枪者，有领取之权。

（二）领取护照，须由所属机关负责人在领取护照书上盖章证明。

（三）中央一级，由国家政治保卫局发给，省县区各级，由省分局发给，县区两级，先具领用护照书交县分局，由县分局转省分局核定后，发交县分局转发。

（四）国家政治保卫局及省分局，有权核定某某工作人员，应否领取此项自卫手枪护照。

（五）凡红军、军区及其所属地方武装、军事学校及机关武装（警卫连、通信队等），无论其为长枪短枪，皆不适用本护照。

（六）上列各机关，须自行制发短枪（包括手枪、驳壳、左轮及其他种短枪）护照，以便检查。

（七）凡无本局护照，又非现役红军，无第六项之自备护照，而身藏武器者，一经查出，除将武器没收外，并给以相当之处罚。

（八）凡换枪，或枪支遗失，或护照遗失，皆须立向国家政治保卫局或省县分局申明，以便换发，收回，或补发护照。

（九）凡领用或补发（因护照遗失）护照，须具交护照费大洋壹角，换发（因换枪）护照免费。

（十）本条例由人民委员会批准实行之。

5 月 1 日

（根据中共江西省委党史研究室资料处藏件刊印）

中华苏维埃共和国邮政暂行章程

（1932 年 5 月 1 日）

目录

一　总则

一、邮政局是在中华苏维埃共和国临时中央政府内务部之下，直属的全国交通机关，在全国各地是一种直的独立系统组织，总局局长受中央内务部的任命与撤换，其他一切工作人员由总局局长任免，各下级苏维埃政府不得干预其一切行政与工作。

二、为了斗争的需要，有些新发展的苏区，需要建设邮政，而上级邮局派员不及的，可由当地政府临时派员负责代为成立，另函告中央邮政总局审查，加以委任，或派员去正式建立。

三、如果邮政工作人员违反苏维埃法令时,则由当地苏维埃政府直接处分,并函告总局,以便撤换或派员代替,若时间来不及时,亦可由当地政府临时派员代理。

二　组织

四、中央邮政总局之下,各省设立省邮政管理局,各县按地域的宽窄,军事交通的需要与否,分设甲乙两种邮局,县以下的较大市镇或交通要道,则设邮政分局或邮政代办所。

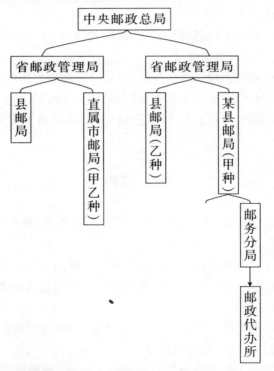

五、中央总局设局长 1 人、副局长 1 人,邮务员 3 人至 5 人,递信员 15 人至 20 人,炊事员 2 人。

六、省管理局设局长 1 人,邮务员 3 人,递信员 12 至 15 人,炊事员 2 人。

七、县甲种局设局长 1 人,邮务员 2 人,递信员 6 人至 10 人,炊事员 1 人。

八、县乙种局设局长 1 人,邮务员 1 人,递信员 5 人至 7 人,炊事员 1 人。

九、分局设局长 1 人,邮务员由局长自兼,设递信员 3 人至 5 人,伙食附设当地政府,不设炊事员。

十、代办所附设于当地区乡政府或市镇商店内,由就近分局管理,每日收件一次。

十一、如各该邮局感到人数不够,或嫌太多时,可报告省管理局转中央总局得临时增加或减少。

十二、总局与管理局之邮务员、递信员得随时派出增设新苏区之邮政,及增补有些邮局之不足者,以军事重心为转移。

十三、管理红军信箱之邮政递信员,由总局直接津贴其伙食用费。

三　经费

十四、从分局起,直至中央总局所有一切用费,统归中央政府内务部发给。

十五、各省管理局每三月向中央总局领邮票一次,县邮局每月向省管理局领邮票一次,分局与代办所则按照其能销售邮票的限度,到县邮局领取。

十六、邮票一律照国币(大洋)价计算,各级邮局所领之邮票,应照价缴费到总局或代扣除每月经费。

十七、邮政工作人员不得允许寄件人记账,或将邮票暂行借用,致碍行政。

四　工作时间

十八、各级邮局每日工作 8 小时（时间由各局自定），特别快信，不按时间。

十九、交通员每日路程不得超过 70 里（预定每个邮局相隔的距离，应在 35 里内）。

二十、递信员每月工资最低 8 元，每年递加工资 1 元（即每月工资中增加 1 元），每日工作 8 小时。超过 8 小时工作时间的时候，每点钟增加工资 7 分 5 厘。

二十一、递信员送特别快信时，一定要用快步，限定钟点送到。

二十二、邮务员及各级邮局局长薪资，每月 9 元至 12 元，每年递加 1 元，有特别技能者，薪资另定。

二十三、邮务工作人员每年发单衣两套，斗蓬一个。

二十四、每逢星期日，及各种革命纪念日，邮局照例放假，邮政工作人员得参加当地的群众纪念会。

二十五、邮政工作人员患病，药费由邮局担任，病假期内，工资照给。

五　普通邮件

二十六、普通信件重量以 6 钱为限，超过 6 钱，每封信的邮票加倍，各局就地投递，每封信贴邮票 1 分，各局互寄每封信贴邮票 3 分，每日按时递送一次。

二十七、剪角邮件，是限于政府，军队，或群众团体，革命机关之印刷文件，不作信函计算，重量亦以 6 钱为限，就地投递每封贴邮票半分，各局互寄贴邮票 1 分。递送时刻，与普通邮件同。

二十八、新闻报纸，重 4 两以内的贴邮票半分，重 6 两以内的贴邮票 1 分，重 8 两以内的贴邮票 2 分，重 10 两以内的贴邮票 3 分，重 12 两以内【的】贴邮票 4 分，重 14 两以内的贴邮票 5 分，重 1 斤的贴邮票6分。超过1斤以下〔上〕，每重4两加贴邮票半分。如就地投递，则按其重量，减半付费。

二十九、书籍、印刷物等类，重2两者贴邮票1分，在4两以内的贴邮票2分，在6两以内的贴邮票3分，在8两以内的贴邮票4分，在10两以内的贴邮票5分，在12两以内的贴邮票6分，在14两以内的贴邮票7分，重1斤(16两)的书籍及印刷物品贴邮票8分，超过1斤以下〔上〕，每重2两加贴邮票1分，以此类推。如系就地投递，则按上列重量一律减半。

三十、无论信函、新闻及印刷物，封面必须写明收信人地点和姓名，用铅笔写的封面，邮局一律不收(紫色铅笔不在此内)。

六 挂号邮件

三十一、挂号邮件应在信封上面的左端显明标写"挂号"字样，并须详细写出寄件人的地点或机关。封口要封得整齐，没有重封痕迹。

三十二、邮件挂号之法，暂定一种，不分单挂号和双挂号；挂号的信，由邮政员给寄件人执据一张，另一张贴于信封反面，邮局将该件格外小心寄递，到达收到局后，由收件人在执据上盖章，用邮制信笺递回原局交给寄件人，以作确实投到之据。

三十三、挂号邮件必须贴足邮票，并且要用坚固封套或包皮妥为封制，不得有碍检验。

三十四、凡两件或两件以上的信函，虽寄交一人，亦不准捆成一束或以他法连固，按一件之数挂号，但捆成一束之新闻报纸，及布告传单等项准其按一件论。

三十五、各项普通邮件，均可挂号，但须于普通邮资外，另加挂号费(此种挂号费，已在寄费清单内载明)。各级邮局除代办所外，其他均能负责挂号。

三十六、挂号邮件如附寄银钱钞票，须向邮局说明，每寄1元，除付足挂号费外，增贴邮票2分，余此类推(但邮寄银钱，以5角起码，收邮资 1 分,再少者不寄),若不经说明,未加付邮资所寄之银钱钞票倘有遗失,邮局不负责,并且查出充公。

七　快递邮件

三十七、邮局择重要地点,开办快递邮件事务,除包裹及笨重之印刷物、书籍外,其他各类邮件均可用快邮寄递,但须在封面上左端写明"快信"字样,每日按时递送 2 次。

三十八、快递邮件之运寄投递,尽力求得迅速,不与普通邮件【合】并投递,邮局对快信所负的责任,与挂号信相同,快递邮件之收件人除在收据上签名盖戳外,并须将投递之日期,及钟点填明递回原局,交给寄件人。

三十九、凡邮件欲作快递之件投递者,除普通邮资外,应另付快递邮资 1 角 2 分。

四十、快递邮件之寄件人,应于交寄时将其完全姓名住址(或机关)通知邮局,否则邮局不负一切责任。

四一、倘邮局无法将执据回交寄信人时,得将其所遗失者,另备一件再由邮局寄递免纳邮资及快递资费或向邮局索取赔偿,邮局应按照遗失挂号邮件办理。(参看本章程第十五章)

四二、特别快递,纯为军事上便利而设立,此种邮件,必须的在封面左端标明"特别快"三字,交寄时,明白将寄件人姓名及机关住址通知邮局,并付足快邮资费 3 角。邮局对特别快信,应随到随送,昼夜兼程,任何机关不给其拆信检查,致碍时刻,其他各种手续与普通快递邮件同。

八　红军信柜

四三、为便利红军战斗员、指挥员寄信,红军里从团部起设"红军信柜"安置在团政治处,及师政治部,每个军政治部内设邮政递信员

1人，管理每日收件，并送交当地邮局投递，如师或团单独行动时则由师政治部或团政治处临时派员代理收信工作。

四四、各军团和中央革命军事委员会以及其直属部队，均设"红军信柜"，军团总政治部内设邮政递信员1人，管理收发该军团直属部队的几个信柜及代售邮票。工农红军总政治部内设"红军总信柜"，及邮政总递信员1人，除管理中央革命军事委员会及其直属队的各信柜外，并负责管理各军团与各军的邮政递信员。

四五、所有红军战斗员、指挥员免费寄信的信戳，统归各该军各级政治机关管理，不准随便乱盖。

四六、红军内各级邮政递信员与工农红军总政治部内的邮政总递信员发生隶属关系，总信柜则直向中央邮政总局具领邮票及支取经费。

四七、红军内各级邮政递信员，每日收集各信柜之邮件，送到军队驻扎地附近之邮局，仔细点交，分别投递，但邮政递信员不负责管理挂号及快递件。

九　包裹

四八、寄递包裹，须向邮局索取执据，及按照其包裹之重量，付足邮资，寄递手续与挂号邮件同。

四九、包裹投寄，寄件人应包装坚固，最好用线缝紧，以免在途散包，及被窃去内装之物。

五十、包裹内不准附寄信函、文件，以及与封面的不相同的通讯、住址、姓名。

五一、包裹之寄件人，应将自己的姓名、住址通知邮局，否则邮局不负责发还执据。

五二、包裹一经交局，寄件人不得邮政局长许可，不能将该包撤回或截留拆动等。已经发出之包裹，寄件人欲撤回时，得付足撤回邮资方能办理。（详见本章程第十四章）

五三、包裹寄到时,邮局应通知收包人亲自到局领取,依照手续在执据上签押,如领包人,邮局不相识时,得就近请政府或群众团体担保。

五四、无人领取之包裹,若封面没有写清"无人领取,即速寄回"字样的,则照本章程第十一章之六十条办理。

十　禁寄物品

五五、凡苏维埃法令所禁止流行之物,一律不准附寄,如:鸦片、吗啡、牙牌之类。

五六、能破碎及能损伤邮政人员身体的东西,不能寄递,如:药水、玻璃、硫磺、炸药等类。

五七、各种军用物品,邮局亦不能附寄,如炸弹、枪炮、子弹、刺刀等类。

十一　无法投递之件

五八、投递不到的邮件,信面如已详写寄件人住址、姓名,或机关,则递回原局,退还原件人。

五九、如不知寄件人姓名、住址,则递至省邮政管理局拆阅,如能查出寄件人之姓名住址,即可加封退还。除总局与管理局外,其他各邮局不准拆阅邮件。

六十、投递不到的包裹,则由邮局代收函询寄件人处置:或递回或另寄他处。如欲另寄他处,则寄件人须写明通信处并另贴其所值之邮资,递回原处之件,不另贴邮票。

十二　欠资邮件

六一、没有付邮资的邮件,投递时,按照原来接纳之数,加倍向收件人索取,邮资没有付足的,则按所欠之数,加倍向收件【人】索取。

六二、没有付资及没有付足的邮件,如未经补付以前,收件人不能取阅邮件。

六三、欠资邮件上,系贴有欠资邮票,以标明所欠若干,如查信面未贴欠资邮票时,收件人得拒绝付费。

十三　免费邮件

六四、凡红军中战斗员、指挥员与其家属通信及邮寄包裹经红军政治机关检查盖有"红军信件,免贴邮票"之戳记者,得免费投递。

六五、凡红军家属寄往红军之家信和包裹,经当地政府检查盖有"红军家属信件,免邮贴〔贴邮〕票"之戳者,亦可免费寄递。

六六、不属于红军家属之私人信件者,应一律照章贴足邮票,如查出外盖免费戳记,内非红军寄给家属或家属致红军之信件者,则加倍罚资。

六七、邮局互相通函,及递回挂号执据,用邮制信笺寄递亦得免贴邮票(邮制信笺,由总局印发,他局不准翻印),但只限于邮局公信,如邮政工作人员私人寄件,亦须照章付资。

十四　撤回邮件

六八、如果寄件人要将已寄之邮件收回,若该件尚未投交收件人时,邮局可以准其收回。

六九、撤回邮件时,须由本人取单写出同样笔迹,及有相同之印记,否则,不能。挂号邮件及包裹不可撤回。

七十、倘邮件已离原寄局之后,则请邮局发函截留或发电截留,由寄件人负责出资费,致资费多少,按当时远近,由当地邮局自定。

十五　邮件损失赔偿

七一、邮局所收寄递之各类邮件，如有遗失，邮局应尽力追求以期寻获。如无法寻获时，邮局承认赔偿，所有赔偿之款交给寄件人领取，按邮件的价值，决定赔偿多少，但至多不能超过5元以外。

七二、若系因风暴沉船、火灾、匪劫、战争等人力难施而损失，邮局不负赔偿之责任。

七三、邮寄包裹，如被遗失或抽窃，损坏情事，除上述人力难施而致损的，邮局不负责赔偿外，所有因邮政人员不经心而致遗损者，邮局负责赔偿，按照其包裹的轻重值扣算，但至多不得超过10元以上的赔偿。

十六　与白色邮局的关系

七四、有些苏维埃边区，白色邮局依然存在，为了便利于对白色区域的交通，苏维埃政府对此种邮局仍加以保护，但对于该项邮局的费用，政府不负一切责任，白色邮局的邮票只限于邮递白区邮件之用，苏维埃境内不能通用。

七五、苏区工农群众，各机关人员欲与白色区域通讯者，可购买白区邮票粘贴信面，由各该地邮局加封寄至白色邮局转递。

七六、从乙种邮局起，各级邮局均代售白色邮票，寄往白色地方的邮件，交寄时，寄件人除应付足白色邮资外，并须照苏维埃邮寄清单付足普通邮资，同样可以挂号投寄及寄递包裹。

七七、从白色区域寄来之邮件，赤区各邮局可代收代投，但该项邮件之寄费，由收件人代付。

十七　附则

七八、本章程得由中央内务部随时修改和增加,以命令颁布之。

七九、本章程自 1932 年 5 月 1 日起发生效力。

中华苏维埃临时中央政府内务部颁布

公历 1932 年 5 月初版

（根据中共江西省赣州市委党史工作办公室资料室保存件刊印）

中华苏维埃共和国临时中央政府致贺
鄂豫皖红四方面军胜利电

（1932 年 5 月 23 日）

鄂豫皖苏区转军委会张主席转中国工农红军第四方面军徐总指挥陈总政委和全体指挥员战斗员：

接湘鄂西转来捷电，欣悉你们在苏区及全国工农劳苦群众的拥护和援助之下，于皖西北以革命的英勇消灭了白军数师之众，缴获枪支 15000 以上，俘虏大批白军师旅团长，占领了苏家埠、韩家湖，取得了空前胜利。你们的胜利给予全国反帝反国民党革命运动以无限的兴奋，更加强了苏维埃红军对于全国革命运动的领导。临时中央政府极热烈的庆贺与慰劳你们全体指挥员战斗员之空前的胜利与杀敌的英勇和坚决，对于伤亡战士表示极大的敬意并慰问。目前帝国主义为挽救自己的深刻危机与死亡，正在积极进行进攻苏联瓜分中国与公开的直接的干涉中国革命，尤其是对于苏维埃红军的进攻。国民党军阀更无耻的出卖中国，在帝国主义指使下积极的对于真正反帝的苏维埃和红军进攻。临时中央政府正领导全国工农和红军发展反帝反国民党的民族革命战争，摧毁国民党统治，驱逐帝国主义，实行武装保卫苏联，争取苏维埃在全中国胜利。第一方面军正在积极消灭粤赣敌人，夺取吉赣抚南，首先实现江西省全省胜利。望你们全体战士继续英勇的胜利，积极进攻敌人，消灭国民党军阀，与各地苏维埃红军和全国反帝反国民党的革命斗争配合,以争取湘鄂赣首先胜利!

中华苏维埃临时中央政府

（23 日）

（录自 1932 年 5 月 25 日出版的《红色中华》第 20 期第 7 版）

临时中央政府给宁都县苏的指示信

(1932 年 5 月 25 日①)

关于宁都的工作，我们从梁柏台同志的巡视宁都的工作报告中已知大概，除梁柏台同志对你们就地的指示之外，我们认为还有几个问题应当指出，因此写这封信给你们，以补助指示你们工作上的缺点：

一、你们大会的决议多偏重于一般原则问题，而没有把新发展的区域、边界区和中心区分别的指出来。因为新区与旧区、边界区与中心区的条件不一样，不能把他们一律来看待，倘若以一般的原则来指示这些区域的工作，就不能更有效力的去发展工作，因为边区与中心区完全不同，一个要打破边区受白匪团匪摧残所发生的失败情绪，要领导他们积极的向外发展，转变这失败情绪来进攻敌人；中心区要打破和平观念，积极领导他们参加革命战争，争取全江西及邻近省的革命首先胜利；老区域要深入阶级斗争，新区域要发动阶级斗争，特别是土地问题的解决，来发动农村基本群众（贫农、中农、雇农），提高他们的积极性，以巩固这些区域。你们以后对于这些区域，应当看当地的情形分别来指示，对于大会的决议，要严格更具体的执行，来应用大会的决议。

二、宁都的麻布工人在 2000 人以上，这是苏维埃基本的群众。

---

① 原件无时间，此为该指示信在《红色中华》发表的时间。——本文库编者注。

这些工人因受白匪的摧残和战争的结果,大多数失了业,他们既没有分田,而苏维埃政府又未设法救济他们。这些工人的生活,一定非常困难,必〔不〕要使他们对苏维埃政府引起不好的影响,宁都县政府应特别注意这部分工人的生活,设法解决失业问题,以加强他们对巩固苏维埃斗争的积极性,使他们知道失业的原因,是敌人封锁、资本家故意逃跑,以引导他们为推翻国民党的统治,积极来参加革命战争和大批到红军中去。

三、宁都境内还有几个寨子未打开,打寨子的工作当然是宁都县苏维埃政府的重要任务之一,不过打寨子的工作,不看〔能〕专靠军队的力量,主要的还是动员群众。过去寨子所以没有完全困死,寨子上的匪类,还能运东西上去,还有人替他们送消息,反动派可以随便到宁都城,威吓群众不去参加苏维埃的会议,白军侦探可以在城内设机关,这是何等严重的现象。这是证明过去县苏维埃对于城市工作与镇压反革命派的忽视,不着重动员起来,发动阶级斗争,只单以军事眼光武装力量去打寨子的严重错误,致使一部分落后群众为寨子上的匪类所利用,我们认为打寨子的主要工作,应当注意在动员群众的工作上面,特别是加紧城市与四郊的工作,发动阶级斗争,对于反动派的活动,要给严厉打击,这样才能断绝敌人的粮食,动员四周群众,配合武装力量才有力的很迅速的去消灭寨子的反动派。同时对于独立团和赤卫队,县军事部要加紧他们的军事政治教【育】以加强他们的团结力和战斗力。

四、宁都的任务,首先应集中力量去消灭石城、南广、宁都之间的残余团匪,使石城、广昌、宁都完全打成一片,然后再配合南广、乐安的力量向宜黄、南丰方面去发展,因为向北发展是我们发展的主要方向。

五、宁都出产夏布很多,次为土布。宁都政府应注意这种生产,用合作社或鼓励私人投资,以恢复和提高这种生产,这对于苏维埃经济发展尤其是对于红军衣服上之供给有很大的帮助,希望你们特别的注意这部分出产为要。

以上几点，是我们对于宁都工作的几点补充的指示，请你们不要忽视我们的指示，要遵照我们给你们的指示切实去执行，这样宁都的工作，必能得到很大的发展。

除写给你们这封信之外，将原信及巡视工作的报告书抄写了一份给江西省苏维埃参考。

（录自 1932 年 5 月 25 日出版的《红色中华》第 20 期第 6 版）

临时中央政府内务部关于法令的解释①

（1932 年 5 月 25 日②）

上杭县才溪区苏维埃政府：

你们 4 月 10 日的信，关于红军信件免费寄递的问题，特答复如下：

红军优待条例第十五条"红军与家属通信，由直属机关盖章，不贴邮票可寄回家；红军家属寄信到红军，则由当地政府盖章，亦不贴邮票，可寄到红军中机关转发"，这一条很显明的指出只有红军中的战斗员指挥员和他的家属通信，及红军家属寄往红军之家信，才可以享受免费的优待。至于甲地红军寄往乙地红军的信件及红军各机关发出之各种文件及信函，那就要照章贴足邮票，不能免费寄递了。可是过去到处发现滥盖免费戳记，混乱政府法令，已由本部布告纠正，并通知红军政治机关注意，使过去窃盖免费戳记的事不致再有发现。并已颁布邮政暂行章程，你们可就近地的邮局购阅。

中央政府及邮政总局并没有发出何种文件标明红军家信，一律要贴邮票，也没有在何项文件中载出任何人寄信除贴邮票外，还要加

---

① 标题为本文库编者所加。

② 原件无时间，此为在《红色中华》发表的时间。——本文库编者注。

盖条印。这种讹传消息,你们不加考察,竟使很多红军家信,阻滞不寄,这是完全不对的。此复。

临时中央政府内务部启

(录自1932年5月25日出版的《红色中华》第20期第7版)

中华苏维埃共和国临时中央政府宣言
——反对国民党政府与日本及一切帝国主义签订所谓停战协定①

（1932 年 5 月 26 日）

　　反革命的国民党政府的投降帝国主义与出卖民族利益,是更加无耻与露骨的在进行,5 月 5 日国民党政府与日本及一切帝国主义签订所谓停战协定,这个协定完完全全的出卖中国无产阶级的中心上海;在协定上允许日本长期屯集上海无数的海陆空军,而上海的周围永远不驻中国兵,实际上这是无限的扩大了上海的租界区域,这是实现将上海变为国际共管的自由市的具体的步骤。这种无耻的投降与公开的卖国,更明白的揭露了国民党政府是个帝国主义瓜分中国的内奸,帝国主义侵略中国的清道夫。而同时国民党在帝国主义指挥之下,集中一切力量来进攻早已得到了解放和脱离帝国主义羁绊的苏区与企图妨碍阻止工农红军的反帝国主义的民族革命战争的进行。在上海谈判与协定签订中间,更明白的揭露了国际联盟是瓜分中国的组织者,而一切帝国主义者都同样是日本帝国主义的助手与瓜分中国的发起人。苏维埃临时中央政府在全中国劳动群众面前宣告,他代表全国的劳动群众否认反革命的国民党政府与日本及一切帝国主义的谈判与密约,否认 5 月 5 日卖国的国民党政府签订的停战协定,号召全国的劳动群众坚决的起来,进行革命的民族战争,反

---

　　① 副标题为本文库编者所加。

对帝国主义,反对帝国主义的走狗与清道夫国民党政府,来保卫中国的领土完整,来求得中国的独立与解放。苏维埃临时中央政府号召全中国劳动群众斗争起来,武装起来,拥护中国工农红军的胜利进攻,推翻国民党的反革命政府,在苏维埃旗帜之下坚决彻底地进行民族革命战争,为着中国民族的解放与独立而争斗,为着独立自由的苏维埃中国而争斗。

1932 年 5 月 26 日

(录自 1932 年 6 月 2 日出版的《红色中华》第 21 期第 1 版)

中华苏维埃共和国临时中央政府致全国邮务罢工工人电

（1932 年 6 月 2 日①）

中华全国总工会转全国邮务罢工工人鉴：

英勇的邮务工友们：你们为着不能忍受国民党政府的严厉剥削与压迫，全国一致的举行总同盟罢工，以反对国民党的剥削与压迫和其出卖航空邮政，争取本身的利益，这是极其伟大的英勇的阶级斗争。国民党政府一贯投降帝国主义，替帝国主义当清道夫，压迫中国革命，假借出卖航空出卖中国邮政，最近签定侮辱中国民族出卖中国之卖国条件，对于你们的总罢工实行残酷的压迫。帝国主义更直接设立邮政，这是更公开的直接的来进攻你们的罢工。这都证明要求得中国民族独立与工农解放，要打倒帝国主义，就要首先推翻国民党统治，目前只有在苏维埃政权下的工人已取得劳动法的保护，不受帝国主义资本家的压迫。本政府对于你们伟大的罢工斗争深表同情与慰问，除号召全国苏区工农群众予你们以经济援助外，我们正在领导全体红军战士，以积极发展革命战争响应你们，共同向阶级敌人进攻，同时希望你们本着无产阶级的坚决精神并防止黄色领袖出卖罢

---

① 原件无时间，此为该通电在《红色中华》发表的时间。——本文库编者注。

工，以与敌人作坚决的斗争，直至最后的胜利。

中华苏维埃临时中央政府

（录自 1932 年 6 月 2 日出版的《红色中华》第 21 期第 1 版）

临时中央政府致江西省苏政府电

（1932 年 6 月 3 日）

　　江西省苏：（一）省【苏】大会刚开不久，一切决议刚在开始执行，忽决定召集执委扩大会不知是何用意，如此玩弄大会，在组织上工作上是极严重错误。目前你们任务是坚决的具体的执行大会一切决议，一切工作布置根据大会决定切实去做，所召集执委扩大会立即停止。（二）赖国盛开除执委照准。（三）邓鸣鑫速来中央工作。

中华苏维埃临时中央政府（3 日）

（录自 1932 年 6 月 9 日出版的《红色中华》第 22 期第 5 版）

中央执行委员会关于批准江西省苏第一次代表大会各种决议案的决议

（1932 年 6 月 3 日通过）

江西省苏第一次工农兵代表大会所通过的：苏维埃工作报告决议案，实行劳动法决议案，土地问题决议案，地方武装问题决议案，江西财政与经济问题决议案，扩大红军决议案，文化教育工作决议案，拥护临时中央政府对日宣战动员的决议案，认为对全苏大会及中央执行委员会所颁布的各种法令和决议没有什么冲突，可以批准。但是江西省苏的新执行委员会，应当在实际工作中把这些决议案切实去执行，使之全部实现，要极力的避免过去各级政府把大会的决议看做一回事，而日常的工作又是一回事，结果，把决议成为历史上的观瞻和研究的材料之弊病，因此本政府特别引起江西省苏新执行委员会注意。江西省苏新执行委员会最好是把江西省苏大会的决议，立即做成工作计划，切实的去执行，这样才不使省苏大会的决议成为具文。

主　席　毛泽东

副主席　项　英

张国焘

（录自《中央革命根据地史料选编》下册，江西人民出版社1982 年版，第 209 页）

中华苏维埃共和国临时中央政府
内务部命令第二号
——加紧修筑道路桥梁切实执行本部第一号训令所规定

（1932年6月7日）

当目前革命战争紧张时期，整顿交通要道，修筑桥梁以便利红军行动，与兵站运输，是各级苏维埃政府现时最迫切的一种工作。本部曾发出第一号训令，定出修筑道路桥梁的原则8项，并指出竞赛办法，但闽赣各县遵照执行的非常之少，苏区道路桥梁，仍崩缺腐烂如故，这样对于红军大部队的运动，实有莫大之障碍，同时影响到革命战争实在不少。特通令两省苏及瑞金县苏内务部，转令各级苏维埃政府克日派人到各地清查道路桥梁，第一步把县与县间、区与区间的干道修好，使军队便于行进，照本部第一号训令所定各种原则办理，县苏内务部要派人分途检查，向省苏内务部及本部报告修理经过，如有不执行上级命令，放弃这一工作者，以对参加革命战争怠工处分。仰即转令所属为要。此令

代内务部长　何叔衡

1932年6月7日

（录自1932年6月9日出版的《红色中华》第22期第5版）

中央政府给江西省苏和江西军区电

（1932 年 6 月 8 日）

江西省苏：

江西军区：

（一）据报在江西独立师独立团等地方武装中有随意在地方政府提款的行动，这是混乱财政破坏统一，望转令严厉禁止，以后如再故犯须按纪律严办该政府该武装负责人。（二）各级政府要节俭一切费用供给革命战争经费，努力开展财源，立即征收商业税，准备和计划土地税收，组织游击队到白区发动群众进行筹款，不仅是做到政府自给还要大量供给正式红军。（三）地方武装的伙食费用须归自己筹，并负到白区筹款供给前方的主要责任。

中央政府(8 日)

（录自 1932 年 6 月 9 日出版的《红色中华》第 22 期第 5 版）

中央政府给湘赣省工农兵代表大会电

（1932 年 6 月 9 日）

湘赣省苏转全省工农兵代表大会

代表同志们！

苏维埃中央因交通关系不能派代表出席你们的大会，只能以无线电给大会一个简单指示：

（一）目前正当帝国主义疯狂般进行反苏联战争瓜分中国，和中国革命的发展特别是苏维埃红军的几次空前胜利，帝国主义由秘密干涉进到公开的直接武装镇压中国革命。

（二）国民党统治崩溃与其继续出卖中国替帝国主义当清道夫和挽救他的死亡，正在疯狂的新进攻全国苏区和红军。现在是革命与反革命进到拼死斗时期，是国内战争进到与帝国主义的武装全部战争的阶段。

（三）目前全国阶级力量对比转变了，更有利于苏维埃革命发展，苏维埃在目前是采取积极进攻的方针，以革命的进攻消灭帝国主义国民党的进攻，是最高限度的来动员群众武装群众，百分之百的来执行中央对日战争的动员训令，夺取江西和邻近几省的首先胜利。

（四）你们大会要在这一任务下来进行一切工作，来确定更具体的行动方针，来动员准备群众与红色战斗员去为反帝国主义推翻国民党统治而斗争，更具体来计划赤化赣江西岸与红军及江西省区配合去夺取赣州、吉安、南昌的实际行动。

（五）大会对于努力扩大红军执行红军优待条例，应该有很具体的决定,对于地方武装的加强发展游击战争,扩大苏区加强白区一切工作和斗争的领导都要充分的讨论。

(六)加强工农群众的斗争积极性,必须彻底执行苏维埃政纲,要全部的实施劳动法,实行土地检查是否完全实现土地法令,有计划的进行土地建设,提高生产。

(七)强固城乡代表会议,实现真正的民主制度,吸引大多数工农群众来参加政权与工作。

(八)肃反问题除正确执行六号训令外,同时防止另一放弃肃反错误发生,可是对于变相引诱和欺骗的各种组织(如吃烟会恋爱社等)而非自觉加入之工农分子的处置,不能同自觉或已知而加入 AB 团之分子,相提并论,应有区别,不能作正式加入反革命组织论罪,这样才能使受欺骗而不自觉的加入变相组织之群众争取过来,不使反革命从中威胁而堕〔遂〕其阴谋。

(九)必须严厉纠正过去鼓动群众到白区抢米搬米的错误,这是损害苏维埃信仰,增加白区群众反感,使反革命利用,对白区地主谷米主要发【给】当地工农群众,以一部分帮助红军,一部分帮助受摧残缺米的苏区群众,但是还要向白区群众作宣传。

(十)省苏过去对反富农分为革命前后两种,这是极端错误的,大会必须排斥这种理论,过去群众不积极生产,主要是不分阶级的乱罚款、乱捐款的恶果,而不是反富农剥削所致。

(十一)正确执行经济政策开发财源,建立发展革命战争的经济基础,一方面发展经济整顿税收,组织游击队,在白区筹款,同时要提出"节省一切费用供给战争经费",严惩贪污浪费,实行真正财政统一,以逐渐解除正式红军筹款任务,而专一进行革命战争。

(十二)要使这一切工作的彻底执行,就要实行工作检查制度,来消灭官僚主义、贪污腐化、消极怠工,过去省苏不建立工农检查〔察〕部是错误的,各级政府必须按照省苏大会颁布条例建立起来,要选最有斗争历史和工作积极的老共产党员来充任,并须号召广大工农群众和群众团体来参加这一工作。

（十三）大会必须彻底来检查过去省苏及各级政府的工作，无情的揭发工作中一切错误，才能正确的执行苏大会和中央一切决议和命令，来完成大会应有的任务，最后祝你们大会成功。

中华苏维埃临时中央政府主席　毛

副　项　张①（9 日）

（录自 1932 年 6 月 9 日出版的《红色中华》第 22 期第 1 版）

---

①　即主席毛泽东，副主席项英、张国焘。

中华苏维埃共和国临时中央政府执行委员会训令第十二号
——为更改执字第六号训令第二项之规定

（1932 年 6 月 9 日）

1932 年 3 月 23 日中央执行委员会所颁布的第六号训令，其第二项上有"县一级司法机关无判决死刑之权"的规定。但当目前发展革命战争的时期，在事实上县裁判部不判决死刑，省裁判部在工作上要发生许多困难，很难按照这个规定去执行，因此本执行委员会决定改为县一级裁判部有判决死刑之权，但没有执行死刑之权，判决死刑后，必须得省裁判部的批准后才能执行，倘若有些县与省的中间被白色区所隔断，则县一级裁判部才有判决死刑和执行死刑之权。此令

公历 1932 年 6 月 9 日

（录自 1932 年 6 月 16 日出版的《红色中华》第 23 期第 5 版）

中华苏维埃共和国中央执行委员会命令
（执字第四号）
（1932 年 6 月 9 日）

　　《裁判部的暂行组织和裁判条例》是法院未成立前，组织临时司法机关和处理诉讼事宜的暂行条例。该条例在江西、福建两省及瑞金直属县，于 1932 年 6 月 15 日起发生效力，其他未与中央苏区打成一片的苏区，从文到之日起发生效力。各省及直属县的裁判部，接到本命令及该条例之后，应即遵照执行。此令
各省及直属县裁判部

中央执行委员会主席　毛泽东

副主席　项　英

张国焘

公历 1932 年 6 月 9 日

附：

裁判部的暂行组织及裁判条例

第一章　总则

第一条　裁判部为法院未设立前的临时司法机关,暂时执行司法机关的一切职权,审理刑事民事案件的诉讼事宜。

第二条　除现役军人及军事机关的工作人员外,一切民事刑事案件的诉讼事宜,都归裁判部审理。

第三条　中华苏维埃共和国境内的各级裁判部的组织及审理案件的程序,须完全遵照本暂行条例的规定。

第二章　裁判部的组织系统

第四条　城市、区、县、省各级政府内都须设立裁判部和裁判科,唯乡苏维埃内则不设立。

(附注)小的城市苏维埃可不设立裁判科,由县裁判部直接审理该城市的一切案件。

第五条　下级裁判部直接隶属于上级裁判部,上级裁判部有委任和撤消下级裁判部长及工作人员之权,同时裁判部受同级政府主席团的指导。

第六条　裁判部在审判方面受临时最高法庭的节制,在司法行政上则受中央司法人民委员部的指导。司法人民委员部有委任和撤消裁判部长及工作人员之权。

(附注)未与中央苏区打成一片的,苏区省执行委员会得行使临时最高法庭和中央司法人民委员部的职权,以解决司法上的一切问题。

第七条　区裁判部设部长一人,书记一人;县裁判部设部长一人,裁判员一人,书记一人;省裁判部设部长一人,副部长兼裁判员二人(其中一人专管刑事案件,另一人专管民事案件),及书记一人,由部长和副部长组织裁判委员会。

(附注一)县裁判部也可以组织裁判委员会,可由裁判部长、裁判员及市民警所长等而组成。

(附注二)有必要时得上级政府的许可,可以用别的技术工作人员。

第八条　裁判部有随时调用赤卫队,警卫排,民警担任司法范围内各种工作之权。

第九条　没有选举权的人(未满16岁的人也包括在内)不得担任裁判部的工作,即书记也要有选举权者,才能担任。

第十条　在各级裁判部下可设立看守所,以监禁未审判的犯人,或判决短期监禁的犯人。县、省两级裁判部,除设立看守所外,还须设立劳动感化院,以备监闭判决长期监禁的犯人。

第三章　法庭之组织及其审判之手续

第十一条　各级裁判部得组织刑事法庭和民事法庭,以审理刑事和民事的案件。

第十二条　各级裁判部可以组织巡回法庭,到出事地点去审判比较有重要意义的案件,以吸收广大的群众来参加旁听。

第十三条　法庭须由工〔三〕人组织而成,裁判部长或裁判员为主审,其余二人为陪审员。

（附注）简单而不重要的案件，可由裁判部长或裁判员一人审理之。

第十四条　陪审员由职工会、雇农工会、贫农团及其他群众团体选举出来，每审判一次得掉〔调〕换二人。

（附注一）无选举权者（未满16岁的人也包括在内）不得当选为陪审员。

（附注二）陪审员在陪审期间，得暂时解放他的本身工作，并须保留他原有的中等工资，陪审完了之后，仍回去做他的原有工作。

第十五条　主审与陪审员在决定判决书时，以多数的意见为标准，倘若争执不决时，应当以主审的意见来决定判决书的内容。如陪审员之某一人有特别意见，而坚决保留自己的意见时，可以用信封封起，提到上级裁判部去，作为上级裁判部对于该案件的参考。

第十六条　审判案件，必须公开，倘有秘密关系时，可用秘密审判的方式，但宣布判决书时仍须作公开。

第十七条　审判案件时，必须有书记一人或二人担任记录。

第十八条　每次开庭，审问完了一个案件之后，法庭须退庭商议判决书，待判决书宣布之后，才能审判第二个案件，绝对不许审问完了之后，经过几天才宣布判决书。

第十九条　与被告人有家属和亲戚关系或私人关系的人，不得参加审判该被告人的案件（陪审、主审都一样）。

第二十条　判决书的前面须写明审判的时间，主审、陪审及参加审判人的姓名，次写被告人的履历及罪状，再次则写所定之罪，最后须写明被告人的上诉期间。如判决监禁，须从逮捕那天计算起。每个判决书须由主审和陪审盖印或签名负责。

第二十一条　每个判决书的原文，须抄写一份给被告人。

第二十二条 每个案件的材料和证据,须集成一起,归为一个案卷,编成号码次序,保存在裁判部内,不准遗失。

第二十三条 开庭审判时,除检察员出庭做原告人外,与群众团体有关系的案件,该群众团体也可派代表出庭做原告人。

第二十四条 被告人为本身的利益,可派代表出庭辩护,但须得法庭的许可。

第二十五条 各级裁判部所判决的案件,在判决书上所规定的上诉期间内,被告人有上诉权,上诉的期限规定为二星期,由审理该案件的法庭,看该案件的内容而决定上诉的日期。

(附注)上诉的日期,是被告人把上诉书送到审理该案件的裁判部的日子而计算起,并不是上诉书送到上级裁判部的日子而计算起。

第二十六条 凡判决死刑的案件,虽被告人不提起上诉,审理该案件的裁判部,也应把判决书及该案件的全部案卷送给上级裁判部去批准。

第二十七条 在判决书上所规定的上诉期已满或上级裁判部已经批准,该案件的判决书才能执行。

第二十八条 裁判部可用传票、拘票、搜查票三种。

第四章 各级裁判部的权限

第二十九条 裁判部有宣布被告人:警告、罚款、没收财产、强迫劳动、监禁、枪决之权。

第三十条 区裁判部审理一般不重要的案件,其判决处罚强迫劳动,或监禁的期限,不得超过半年。

第三十一条 县裁判部是区裁判部所判决的案件的终审机关,同时又是审判有全县意义的案件之初审机关,有判决死刑之权,但没有执行死刑之权。县裁判部判决死刑的判决书,得省裁判部的批准之后才能执行。

(附注)与省政府隔断的县苏裁判部,不得省苏裁判部的批准可以执行。

第三十二条 省裁判部为县裁判部所判决的案件之终审机关,同时又是审判有全省意义的案件之初审机关,有判决死刑之权,但须送临时最高法庭去批准而后执行。

(附注)未与中央苏区打成一片的省,省裁判部有最后处决案件之权。

第五章 检察员的工作和任务

第三十三条 省裁判部得设正副检察员各一人,县裁判部则设检察员一人,区裁判部则不设立检察员。

第三十四条 检察员是管理案件的预审事宜。凡送到裁判部的案件,除简单明了,无须经过预审的案件之外,一切案件,必须经过检察员去预审过,并且凡是一切犯法行为,检察员有检查之权。

第三十五条 经过预审手续之后,检察员认为有犯法的事实和证据,作出结论后,再转交法庭去审判。

第三十六条 发觉有犯法的行为,如必须预先逮捕,然后才能进行检查的案件,检察员有先逮捕犯法的人之权。

第三十七条 当检查案件时,凡与该案件有关系的人,检察员有随时传来审问之权。

第三十八条 检察员当检查案件时,无论问被告人和见证人,必须写成预审记录,由被审问者(被告人和见证人)及检察员签字盖章,作为该案件的证据。

第三十九条 检察员是代表国家的原告人,开庭审案时,可以代表国家出庭告发。

(附注)检察员制度未建立以前,可由裁判员中抽出一人,担任预审的工作,代执行检察员的职务,但进行预审的裁判员,法庭审判该案件时,他不得为法庭的主审和陪审。但关于反革命的案件,国家政治保卫局可以派代表,代表国家为原告人。

第六章 附则

第四十条 中央执行委员会有随时修改和停止本条例之权,本条例由中央执行委员会以命令公布之。

第四十一条 本条例在江西、福建两省及瑞金直属县自公布之日起发生效力,但未与中央苏区打成一片的苏区,自文到之日起发生效力。

中央执行委员会主席 毛泽东

副主席 项 英

张国焘

公历 1932 年 6 月 9 日

(录自 1932 年 9 月 20 日出版的《红色中华》第 34 期第 9—10 版)

人民委员会第十六次常会

（1932 年 6 月 13 日）

人民委员会于本月 13 日开第十六次常会，重要的讨论和决议如下：

一、由江西省苏主席曾山同志报告最近江西全省的工作及财政的状况，当经人民委员会详细讨论，逐一指示省苏的工作方针，和解决财政上的具体办法。

二、为着应付目前革命飞跃发展的形势和具体指示地方政府工作的需要，中央各部工作的健全和建立，极为迫切。特决议内务部组织内务委员会，以何叔衡同志为主任，杨岳彬、邓鸣鑫二同志为委员，教育部组织编审委员会，以徐特立同志为主任，关蕴秋、施红光、蔡乾三同志为委员，劳动部设立劳动保护局，以朱荣生同志为局长，刘据盛同志为土地委员会委员。其他各部的工作人员，则向各地调选。

三、通过内务部组织纲要。

四、提出第六号训令第二项之规定呈报执行委员会批准并发布。

五、决议由中央创办列宁师范，以徐特立同志为校长。

六、讨论本月 20 日所召集省县各级裁判部长开裁判会议之议程及会议内容。

（录自 1932 年 6 月 16 日出版的《红色中华》第 23 期第 5 版）

中华苏维埃共和国临时中央政府
号召全国工农群众和红军战士援助
上海罢工工人通电

(1932 年 6 月 16 日①)

全国各苏区工农群众红军战士和白区工农兵劳动群众们！

上海报馆电话等全体工人,为不能忍受国民党资本家,对时事新报工人与本身的残酷压迫和剥削,相继举行总同盟罢工,现在正在与帝国主义国民党资本家作残酷斗争,国民党和其政府,本其一惯投降帝国主义,最近出卖东三省和上海,替帝国主义当清道夫,积极向中国革命进攻,除新来进攻苏区和红军外,更积极压迫白区工人斗争,全国工人阶级正不断以英勇的斗争来回答国民党帝国主义的进攻,与我苏维埃红军的发展和胜利,遥相呼应。临时中央政府号召全国工农群众红军战士,一致起来,用革命的进攻去回答敌人的进攻,去推翻帝国主义国民党的统治,来解放中国,解放工农劳动群众。目前最紧迫的行动,就是积极援助和响应上海工人的同盟罢工,各级苏维埃政府各红军部队及苏区各群众团体,要举行大的募捐运动,来接济罢工,继续以前的白区罢工基金募捐运动,募集大批经济来帮助白区罢工斗争和一切革命运动,特别是积极发展革命斗争,摧毁国民党统

---

① 原件无时间,此为该电在《红色中华》发表的时间。——本文库编者注。

治,争取湘鄂赣首先胜利,以与全国工人罢工,反帝运动及一切革命斗争汇合,实现以民族革命战争,来驱逐帝国主义,争取苏维埃在全中国的胜利。

（录自 1932 年 6 月 16 日出版的《红色中华》第 23 期第 1 版）

中华苏维埃共和国临时中央政府
致上海报界罢工工友电

（1932 年 6 月 16 日①）

中华全国总工会转上海全体报界工友鉴：

此次时事新报工友为反对强迫加工而遭国民党资本家以惨毒手段，驱逐全体工友，并任意拘捕蹂躏致使工友生活陷于绝境，同时黄色工会更为虎作伥，极力破坏工友团结，最近更变本加厉节节进攻。你们全体报界工友，以总同盟罢工来反抗国民党资本家，这是英勇伟大的阶级斗争的一幕！国民党的血腥统治，积极勾结帝国主义出卖民族利益，使中国的经济破产，陷工农劳苦群众于绝境，近更签订帝国主义瓜分中国的条约，借帝国主义力量来压迫工人和进攻中国革命，使中国永屈于帝国主义铁蹄之下，只有苏维埃政权底下的工农取得了政权，真正得了解放，工人得了劳动法的保护，农民分得了土地。

英勇的报界工友们！阶级斗争在全国正在残酷地进行着，望你们坚决的顽强的与敌人奋斗到底，并无情地揭破黄色工会的阴谋，驱逐其领袖，在赤色工会领导下，巩固你们的战线，以争取最后的胜利。本政府对于你们这次英勇斗争，深表同情与慰问，正号召全国工农群众及红军战士，举行募捐接济你们的罢工经济，并积极发展革命战争

---

① 原件无时间，此为该电在《红色中华》发表的时间。——本文库编者注。

响应你们,望你们英勇向前奋斗！与苏区工农群众和红军一致的来作推翻帝国主义国民党的血腥统治,建立工农自己的苏维埃政权,以达到工农阶级的解放,英勇奋斗到底,最后胜利是你们的,庆祝你们罢工胜利！

（录自 1932 年 6 月 16 日出版《红色中华》第 23 期第 1 版）

中华苏维埃临时中央政府
致上海电话工人电

（1932 年 6 月 17 日）

全国总工会转全体上海电话工人鉴：

帝国主义国民党残酷剥削工人的结果，使公道工人陷于无生的境地，你们此次为着生活的窘迫而举行同盟罢工，以要求增加工资，改良待遇，本政府深表同情与慰问，现全苏区正举行大规模援助罢工的募捐运动，接济全国的罢工，更动员全国工农群众和红军战士以积极行动响应你们，望你们一致团结在赤色工会之下，坚决奋斗，同时望你们严防黄色工会和工贼欺骗破坏，坚持到底，胜利终属于你们的。

筱①

（录自 1932 年 6 月 16 日出版的《红色中华》第 23 期第 1 版）

---

① 韵目代日，"筱"即 17 日。——本文库编者注。

人民委员会训令第六号
——关于保护妇女权利与建立妇女生活改善委员会的组织和工作

（1932 年 6 月 20 日）

妇女占劳动群众的半数，劳动妇女积极起来参加革命工作，对于革命有很大的作用：如妇女参加游击队，女子参加义勇军、赤卫队、少先队等，这都表现妇女参加各种斗争的革命积极。如果不注意妇女问题，不实行保护妇女应得的利益，是为削弱妇女对革命斗争的积极性，这是对革命有损失的，尤其是在日益扩大向外发展的革命战争中，多数劳动男子均要到红军里去及参加前线的工作，则后方的工作与巩固保卫的责任，更要有妇女来担当，坚决实现保护与解放妇女的法令，领导与兴奋劳动妇女群众来积极参加革命战争，使与妇女运动密切的联系起来并很好的配合起来，以增加革命胜利的速度。

各级苏维埃政府应承认妇女在革命战争中的有力的作用，过去苏维埃政府对妇女的权利，很少注意，且表现出轻视妇女的倾向，举出以下的事实就可以知道：

一、在这次选举当中，有的地方剥夺了劳动妇女的选举权，使劳动妇女不能来参加苏维埃工作，这是违反了苏维埃的选举原则，是侵犯劳动妇女在宪法可以享的权利，这是何等严重的错误！

二、苏维埃政府下农民妇女与男子一样的分得了田，在经济上妇女是可以独立的，但是有许多地方妇女与丈夫离了婚，土地、房屋仍然没有随着女子带去，而政府的工作人员，不但不注意这些问题，不去保护妇女应享受的权利，反而干涉妇女财产享受的自由权，如禁止离婚女子带衣服走等等，特别是男女工资不平等，如兴国合作社女工工资比较学徒还少，福建南阳区，冲〔舂〕米工人男女做同样的工作，但是工资女工比男工少一半。这是蔑视无产阶级妇女最不可容许的错误！

三、在婚姻问题上，未按照婚姻条例去执行，还有许多买卖婚姻及强迫婚姻，童养媳等现象存在，至于打骂妇女在各地还很普遍，甚至许多政府在婚姻问题上是采取压迫干涉的手段，以至在兴国龙沙上社等地，因为女子不能得到婚姻自由及遭政府禁闭毒打，无法抵抗，起来采取从前封建时代女子为得婚姻自由毒死丈夫的事件发生。这不仅是苏维埃政权下的耻辱，而且证明这些政府反抗中央的法令，继续过去压迫女子的封建行为！

四、劳动法对于女工权利的保障虽有明确的规定，但是并未实行，尤其是对于女工的产前、产后的保护。

五、关于优待红军家属的条例，各级政府尚未能积极的领导群众坚决彻底的执行，特别对于加入红军的妇女（如义勇队）也未提出她们应和男子当红军享受同样的优待条例，这证明了对妇女利益的忽视。

六、过去女子的一般政治文化水平比男子要低些，苏维埃政府对于妇女的保护，有的只单注意于婚姻问题的解决，大多数反站在压迫和讪笑的观点来解决，或置之不理，对妇女的政治文化的工作，也多怠工甚至放弃。

根据以上的情形，应彻底纠正过去对于保护妇女的工作错误和缺点，各级政府现在应根据这一训令建立各级妇女生活改善委员会，应进行以下的几种工作：

一、妇女生活改善委员会的组织关系与工作方式，妇女生活改善委员会是政府组织中一个关于改善妇女生活的专门委员会，与土地劳动文化等都是不同的，他不是政府的一个行政部分，他的一切计划和意见须提交同级的政府主席团讨论和批准，决定后，由该级政府用命令来实行。但妇女生活改善委员会不能自己命令下级政府执行，仅限于上下级委员会对于工作上之指导。各级政府主席团为指导和督促该委员会工作起见，要常派人出席他们的会议，如主席团讨论关于妇女问题可叫该主任出席会议，或因报告改善妇女生活计划和意见，该委员会可请求主席团参加会议做报告和解释，如政府各部中对于讨论有关妇女问题，该委员会也可派人出席各部会议，参加讨论和提出意见。

二、妇女生活改善委员会的任务和工作，根据中央政府所颁布的组织纲要，是关于妇女生活的调查统计研究和拟定改善妇女生活的办法，并考查下级政府对于执行妇女方面的各种法令情形，来向同级政府报告和提出具体的建议。

三、妇女生活改善委员会与劳动妇女代表会议的关系，妇女生活改善委员会，可以召集劳动妇女代表会议，在妇女代表会议中来了解她们家庭状况与她们的需要及对政府的意见，吸收关系妇女本身利益的意见与要求，收集妇女的材料，此外还可经过各种群众团体来收集妇女材料。

妇女生活改善委员会必要时可以叫群众团体派人来参加会议。妇女生活改善委员会，应出席女工大会及劳动妇女大会，报告苏维埃政府关于保护妇女方面的法令，及她们应享受的权利。

四、苏维埃政府之下男女是一律平等的，不但劳动妇女在政治上有选举权及被选举权，并且应吸收妇女参加政权机关的一切工作，使广大妇女群众团结在苏维埃政权的周围积极来为实现她们自己全部权利而努力。现在首先纠正各级政府工作人员轻视妇女、忽视妇女权利保护的不正确倾向，以及对于不执行关于妇女方面的各种法令作坚决的斗争。如选举妇女当乡代表，选派劳动妇女中干部参加乡政府下所组织的各种委员会（如分田调查田等等所有的各部工作），并在工作中特别注意对于【她们】教育和训练的实施。

五、提高劳动妇女的觉悟和对苏维埃政府及革命的认识：劳动妇女的解放与整个阶级胜利是分不开的，只有阶级的胜利，妇女才能得到真正的解放。因此，应使妇女知道为实现本身利益及保障既得利益而斗争，就应当为苏维埃政权而斗争，号召她们来拥护红军，鼓动她们的丈夫、兄弟、儿子到红军里去，反对逃兵，组织洗衣队、救护队，做放哨检查工作，以及参加地方武装，积极努力的学习与参加苏维埃政府的工作、群众团体的工作，这样来为巩固苏维埃政权及发展革命战争，争取革命在江西及其邻近省区的首先胜利而斗争。

六、为要提高妇女政治文化的水平，各级的文化部应设立妇女半日学校，组织妇女识字班，可办家庭临时训练班、田间流动识字班，教员由政府及各地学校教员及群众团体的干部来担任。要督促下级妇女生活改善委员会与同级文化部计划实施妇女的文化工作，以及计划培养妇女干部，吸收妇女到各机关工作。在劳动妇女代表会议或妇女学校及俱乐部中，要实行政治教育等，号召妇女积极参加苏维埃运动，参加革命斗争。

七、各级妇女生活改善委员会，应同各级劳动部讨论在最近时间内要实现劳动法保护女工利益的全部条文的实施方法，尤其是对于产前产后的保护，女工应与男工一样，实现社会保险。男女作同样的工作应领同等的工资。

八、对坚决勇敢当红军的劳动妇女应享受优待红军条例的一切权利。

九、各级政府应坚决的实行婚姻条例全部，尤其是女子与她丈夫离了婚，田地房屋随着女子自己来处理，要禁止买卖婚姻、强迫婚姻、童养媳、打骂妇女这些压迫妇女的行为。对于各级政府工作人员中如再发生压制妇女和放弃保护妇女权利的错误，应给以无情的打击。各级妇女生活改善委员会，更要注意发动妇女起来为拥护和实现苏维埃保护妇女法令而斗争，要在改善妇女生活中更加强妇女斗争积极性和积极参加苏维埃一切斗争。

十、为要妇女生活彻底的改善，各级政府建立妇女生活改善委员会的组织和工作，就非常重要。

甲、各级政府应速建立妇女生活改善委员会，并督促各级妇女生活改善委员会的工作,并决定具体工作计划。中央人民委员会过去曾训令各级政府在 5 月内成立是项组织,但至今多未执行,轻忽上级训令,兹再定于 7 月 15 号以前,各级政府把妇女生活改善委员会完全要建立起来。

乙、中央妇女生活改善委员会发下来的两种调查表,在福建、江西两省,于 7 月 15 号以前完全要填好,统计交来中央。

丙、各级妇女生活改善委员会,按月向上级作工作报告与妇女生活的状况,及关于妇女生活问题的提议和具体的办法。

丁、江西、福建两省苏维埃政府已成立了妇女生活改善委员会,应即决定一定时间内的具体而切实的工作大纲,迅速督促下级政府成立妇女生活改善委员会,尤其要注意对重要县的督促指导员工作的建立,在 7 月 15 号以前要向中央政府作一工作报告。此令

主　席　毛泽东

副主席　项　英

张国焘

公历 1932 年 6 月 20 日

（录自 1932 年 7 月 7 日出版的《红色中华》第 26 期第 5—6 版）

中华苏维埃共和国临时中央政府
内务部的暂行组织纲要

（1932 年 6 月 20 日）

（一）内务部在中央政府的领导□□□□□□□□人民委员部，县、省受执行委员会主席团之□□□□内务部，唯区则不设立内务部。

（二）各级内务部，在行政上直接属于上级内务部，建立直接的系统关系，绝对执行上级内务部的命令，但同时则受同级政府的主席团约束可发生横的关系，内务部可以组织内务委员会，由 3 人至□人组织之。

（三）下级内务部的部长，经该级苏维埃代表大会选举出来之后，必须送上级内务部去批准。

（四）内务部暂时管理市政、民警、刑事、侦察、卫生、交通、邮电、粮食、社会保证、户口调查、生死和婚姻登记等事项，内务人民委员部下暂时设立：

（甲）市政管理局；

（乙）行政局；

（丙）卫生管理局；

（丁）交通管理局；

（戊）社会保证管理局；

（己）邮电管理局。

（附注一）卫生、交通、邮电、社会保证、粮食等管理局，是卫生、交通、邮电、社会保证等部未成立前的临时组织，是暂时在内务部兼理这几部的工作。

（附注二）城市苏维埃，区、县、省的卫生部（或科）目前暂不设立，在内务部之下暂设立卫生科，但区由主席团负责，城市苏维埃，区、县、省的粮食部，须另设部（或科）受中央内务人民委员部的指导。

（五）县省两级内务部内，只设行政科、市政科、交通科、卫生科、社会保证科；城市苏维埃设行政科管理民警所，兼理刑事侦探的工作；大的城市则设立市政科、行政科，以管理市政、民警及刑事侦探事项。

（六）内务部除部长和副部长外，中央则设各管理局的局长6人，省设立行政、市政、交通、卫生及社会保证等科长5人，县则只设科长2人，城市则设行政科长1人。

（附注）：小的县可由部长兼科长，只增加科长1人。

（七）除第六项上所列举的负责工作人员外，可酌量用技术工作人员，以担任技术上的工作，由部长以命令委任之。

（八）各管理局（或科）所掌管的事务如下：

（甲）市政管理局（或科）管理市政的建设事宜，如马路、街道、电车、电灯、自来水及其他公用的市政企业的建设和管理。

（乙）行政局和行政科（一）管理民警，训练和教育民警，调查户口，登记生死和婚姻，街灯之设立，监视和指导民警维持市区的治安，街道的清洁以及禁止为烟贩等。（二）管理刑事侦探，训练刑事侦探人员，侦查和逮捕各种刑事犯（如贼盗、杀人犯等等）。

（丙）卫生管理局（或科）管理医院，预防和制止瘟疫与传染病，注意公共卫生，检查□炉、公共食堂及人民住宅之清洁，考验并监【督】医生和药剂师，检查药品及药材之营业等。

（丁）交通管理局（或科）计划和建筑并检查道路桥梁之修理与改善，船只的管理，航路的疏通和航路标志的建立，陆上运输的管理与改善（如铁路、汽车道、航空等）以及管理其他关于交通的事宜。

（戊）社会保证管理局（或科）（以下字迹不清。——本文库编者

注），如水灾、旱灾以及受各种灾害等□□□救济。

（己）邮电管理局发展和管理全国的邮政，有线电报、无线电报，长途电话等事业。

（附注）邮电是集中管理的，所以只有中央内务人民委员部之下设立邮电管理局，省以下则不设立。

（九）如在工作上有必要时，各管理局或各科可设立委员会，聘请专门人材为委员，以管理局长或科长为主任，其委员由 3 人至 5 人。

（十）地方政府之粮食部、卫生部之组织和工作细则，另行规定之。

（十一）为督促部务之进行，指导下级的工作，聘任用指导员若干人。

（十二）内务部的办公细则另定之。

（十三）本暂行纲要，人民委员会得随时修改和废止之。

（十四）本暂行纲要，在福建、江西两省及瑞金直属县，自公布之日起施行。但未与中央苏区打成一片的苏区，自文到之日起施行。（完）

人民委员会主席　毛泽东

副主席　项　英

张国焘

1932 年 6 月 20 日

（根据中共江西省委党史研究室资料处藏件刊印）

中华苏维埃共和国临时中央政府
人民委员会命令第十四号
——关于各级政府各部队的经理机关要代理
兑换国家银行发行之各种钞票①

（1932 年 6 月 21 日）

一、在国家银行各地兑换处未普遍设立以前,各级政府各部队的经理机关要代理兑换国家银行发行之各种钞票,并须挂起"国家银行钞票代兑处"的招牌,指定专人负责。

二、对持票要求兑换者,须尽量兑付现洋,不得拒绝;同时要向持票人宣传,以提高他们对国家银行钞票之认识和信仰。

三、一切税收要完全缴纳国家银行钞票及苏维埃 2 角银币,其他什币概没〔不〕收受。

四、各级政府各部队的经理机关,不但要代理兑换,而且要帮助发行国家银行的钞票,其收入之钞票,要从各方面使用出去,俾得在市面继续流通,但须向群众作广大的宣传,不得强迫人使用。

五、各级财【政】部及各部队的经理机关,在目前应相当积蓄一部分现金来兑换国家银行所发行之货币。

六、为防止流币起见,兑换钞票时应注意以下各点:

（一）1 元钞票 1 张,兑付光洋 1 元,如光洋与什洋价格不同的地方,什洋应照补水。

---

① 副标题为本文库编者所加。

（二）1 角辅币券每 10 张兑付光洋 1 元,不满 1 元者不兑。

（三）没有号吗〔码〕和签字的钞票不兑。

（四）只剩半张的钞票不兑(至少要有全张三分之二存在的才兑)。

（五）两边号吗〔码〕不同的钞票不兑。

七、每十天或半月将兑换情形向国家银行总行报告,以备考核。

以上各项望遵照执行。此令

公历 1932 年 6 月 21 日

（录自 1932 年 6 月 30 日出版的《红色中华》第 25 期第 4 版）

中华苏维埃共和国临时中央政府
人民委员会命令第十五号
——关于非在特殊情形之下不得占据
学校房屋及搬移学校器具①

（1932 年 6 月 22 日）

目前在革命发展形式〔势〕之下，要发动广大的工农劳苦群众，从成年青年以至儿童，都来参加革命战争，同时要提高他们的政治水平和文化水平，以加强战斗力。因此政府在百端节省经济和艰苦创造的情况之下，来开办各项学校，各级政府、各群众团体及直接办学的人员，均当深刻了解，教育的重大意义。据最近各方面报告，有政府和群众团体借小学校开会，有经过的红军部队驻扎在小学校，有借小学校桌椅而用的，致使学校停课，尤其是在新的赤色区域，一部分教员更借此偷闲，甚至弄到学校长期停办，这于教育前途有很大的损失，为此通令各级政府、各群众团体、各红军部队及各学校教职员，非在特殊情形临时需用的情形之下，不得占据学校房屋及搬移学校器具，以免防碍学校工作进行。

公历 1932 年 6 月 22 日

（录自 1932 年 6 月 30 日出版的《红色中华》第 25 期第 4 版）

---

① 副标题为本文库编者所加。

中华苏维埃临时中央政府宣言
——号召全国工农兵一切劳苦群众起来反对帝国主义国民党的四次"围剿"[①]

（1932 年 6 月 23 日[②]）

中国苏维埃与工农红军,在历年的斗争中,不仅推翻了国民党的统治,建立了工农劳苦群众自己的政权,彻底实行了土地革命,而且驱逐了帝国主义势力出苏维埃之外,尤其是去年全国红军与广大工农群众,冲破了国民党三次"围剿"。帝国主义眼见着国民党军阀进攻中国革命〈中〉的破产,苏维埃与红军的胜利,将要根本推翻他们在中国的统治,于是他们由暗地的帮助国民党军阀,进到公开的直接的武装干涉中国革命。日本占领东三省与进攻上海,便是帝国主义反苏联、反中国武装干涉的开始,而得到各帝国主义之同意和赞助的。这也就更加促进了全国反日反帝革命斗争的开展。几月来,工人罢工有力的高涨,特别是苏维埃与红军不断的伟大的胜利,使中国革命的两大潮流——反帝国主义的民族解放运动与土地革命,日益汇合在苏维埃旗帜之下,争取革命在一省数省的首先胜利。现在国民党军阀,在签字于出卖上海、出卖中国的休战协定之后,在帝国主义的指挥之下,正集其全力来进行对各苏区红军的全线总进攻。他们动

---

① 副标题为本文库编者所加。

② 原件无时间,此为该宣言在《红色中华》发表的时间。——本文库编者注。

员了 90 万以上的大兵，实行进攻苏区与红军的冒险的行动。帝国主义更准备直接的武装干涉来挽救国民党的破产。但是目前国内阶级力量的对比，已经有利于工农革命运动，有利于红军。苏维埃临时中央政府正在坚决的领导全国工农红军及劳苦群众，实行全线出击，以胜利的进攻，来回答帝国主义国民党的新进攻。我们坚信苏维埃政府依靠着英勇红军与广大群众斗争的力量，将毫无疑义的粉碎敌人的进攻，消灭敌人的武力，取得中心城市以实现江西及其邻近省区的首先胜利。苏维埃临时中央政府号召全国的工农兵士及一切劳苦群众，一致的斗争起来，武装起来，扩大民族革命战争，反对帝国主义瓜分中国，反对帝国主义国民党对苏区红军的四次大开战，拥护正真〔真正〕反帝国主义的苏维埃与红军，为推翻国民党统治驱逐帝国主义出中国而斗争，为争取中国民族的独立与解放而斗争，为建立苏维埃的新中国而斗争。

（录自 1932 年 6 月 23 日出版的《红色中华》第 24 期第 1 版）

中央土地人民委员部关于土地政策
问题答胡嘉宾、温恒贵同志问[1]

（1932 年 6 月 23 日[2]）

（一）

中央苏维埃政府鉴：

我们为要彻底分配土地，使一切没有土地权利的人们，不能偷取工农半点土地的利益，也就必须要靠下层每一个做工作的干部，首先定能了解执行一切土地法令的根本问题，那末，下层有了每一个干部在土地问题上发生不了解的地方，也就谈不上土地分配的彻底，因此我在分配土地的工作上，也还含着有几个地方，还不十分的了解来做结论，所疑质的问题上，其一，就是富裕中农的问题，我所看见各种报纸登载的及一切文件上，对于纠正反中农的错误，只说：中农的土地不会出租也并不请长工短工，而靠专〔专靠〕〈向〉自己劳动力或者农忙临时稍为〔微〕请些零工，除他够吃够用外，还稍为〔微〕剩余粮食者，或者还放债有七八百毫洋者，这不是富农，还是富裕的中农，是不错的！我也了解了。但有一类人，当然他的土地不出租也并不请长工短工，除剩余十多担谷子出粜外，所放的债务又不止七八百毫，甚

至二三千毫,这种人究竟富农阶级,也还是富裕的中农呢？其二,是对于富农与地主交界的问题,比方一家人,他有三四个人吃饭,有田三四十担,他不请长工短工,债务也未曾放,可是他的土地出租超过半数,甚至出租土地又没有超过三分之二,这类人是否地主阶级,或者还是富农阶级呢？其三,至于地主阶级,还在未革命前,我们不顾问他们有田多田少,或者欠了多少债及其欠债的原因,因为全部专向土地出租收租坐在家里,专靠收租吃饭剥削工农,这当然是地主吗！其四,有人所做过的"说":开商店的地主阶级,只能没收他的一切土地,但他们的财产是不能没收的。他"说":因为要保护商店,这一事件究竟是真与否呢？其五,我最后问你一个清楚,根据土地法令上,还每一富农家属参加了守望队靖卫团白军,以及一切反革命政治派别,如 AB 团、社会民主党等,当然是要同地主一样的看待没收,有一种工作同志含糊认为自首自新的富农 AB 犯未被杀掉,是不要没收,这句话是不对吗？

上面几个问题在我们土地工作进行上发生过许多争论,结果总是没有一个人来解释清楚,究竟谁对谁非也不明真像〔相〕。同时也不单是我个人不了解,而且我所经过许多下级地方,及下层干部同志,同样的糊涂,也不但胜利县①如此,相信其他各县也恐有下层干部不晓,因此这几个阶级问题,望中央政府发表,最好在《红色中华》报上作一具体的解答以求方便,使整过的下层多数不解的干部都可看见,能清楚懂得积极进行。

嘉宾同志：

来信收到,你所问的 5 个问题,兹答复于下：

一、富裕的中农与富农的分别这一点,我们应该站在生产关系中

---

① 胜利县,1932 年 1 月,中华苏维埃共和国中央人民委员会决定以于北区为基础,在于都、兴国、宁都三县边界设立胜利县,成立县苏维埃政府。1935 年 3 月,因遭国民党军队围攻,胜利县苏维埃政府解体。下同。——本文库编者注。

去了解他,更具体的说,要在剥削关系上来认识。富裕的中农,他的一切生活资料的供给,是由他自己劳动所得来的,他每年或者有比较多的谷子出桌,来购卖〔买〕他一切需要品,或者在农忙时,还要雇零工,或者有时还要放几点债出去,如果所放的债,不是成为他经常收入的一部分,他生活的供给主要部分不是由剥削来的,这不能算为富农,假使他剥削所得的成为他经常收入的一部分,成为他生活资料的主要来源,那就是富农。来信所写的例子:"如有一类人,不出租田,也不雇长工短工,除剩余十多担谷子出桌外,还要放二三千毫子的债,是不是富农?"要答这个问题,首先就要看二三千毫子,是不是经常专门用来剥削人的,成为他生活中经常收入的一部分,来决定是富农或是富裕中农。

二、富农与地主的分别,主要的是要看他与土地的关系,如果占领有多数土地依赖剥削人为生活,其本人不参加土地生产而专靠收租为生活,或虽耕种一部分土地而主要的收入都是靠出租土地剥削者为地主,自己参加土地生产同时利用土地剥削或放高利债,或剥削雇工者为富农。

三、坐在家里,专靠收租吃饭的,当然是地主无疑。

四、地主所有的土地、房屋、财产,一律没收(参看中央政府批准的江西省苏没收和分配土地的条例第一条)。如藉口保护商店,而不没收地主的财产,这完全是机会主义的办法!(这是指地主主要的收入,是从土地上剥削来的,商店是附带的营业,至于商人兼地主,他的收入以商为主而兼土地的剥削,那只没收他的土地不没收商店。)

五、富农参加过反革命政治派别的,不论自新或自首,他本人的土地财产等应无条件的没收,但其家属的处置,可按照中央政府批准的江西省苏没收和分配土地的条例第三条执行,说参加反革命组织的富农,自新自首的不没收,这完全是错误的。

中央土地人民委员部

（二）

中央政府：

兹对于土地问题的疑问几点请答复：

一、阅了江西省政府起草中央政府批准的没收和分配土地条例第十条"豪绅地主及加入反革命组织和自动领导群众反水的富农的老婆媳妇，女儿同工人，雇农，贫农，中农结婚的，本条例公布以后不得分配土地"。那末没有加入反革命组织及自动领导群众反水的富农的老婆、媳妇，女儿和工人雇农贫农中农结婚的可以分配土地吗？分配了土地的要抽回吗？再则，条例后说自本条例公布以后不得分配土地，这"以后"二字是否说了以前分配的就可以不撤回？

二、豪绅地主以及加入反革命组织的富农的老婆，媳妇，女儿与工人、雇农、贫农结了婚，以前分配了土地，男人是去当红军了，其所分配的土地要撤回吗？如不撤回则与条例有抵触，如撤回则是撤回红家属的田地了！

上杭县苏土地部长温恒贵

6 月 16 日

温恒贵同志：

来信收到，兹答复如下：

一、江西省苏起草经中央政府批准的没收和分配土地条例第十条："豪绅地主及加入反革命组织和自动领导群众反水的富农的老婆媳妇女儿同工人雇农贫农中农结婚的，本条例公布以后，不得分配土地。"这里所说的"不得分配土地"，是指从该条例颁布以后，在开始分配土地，或重新分配土地的地方，不得分配土地。假如过去分配土地，土地革命中的利益落在雇农贫农中农身上，同时亦没有大多数群众要求重新分配土地的地方，因为过去错误分配了而分得的土地的，但该豪绅富农的妇女与工农结婚久而其分配土地之利益落在结婚之工农身上的可不必撤回,豪绅地主及自动领导反水的富农等本家,过去分得的土地应收回。同时,应注意,如果豪绅地主及加入反革命组织的富农的老婆媳妇女儿与工人雇贫中农在该地暴动前结婚的,在分配土地时,有分配土地之权,分得的土地,不撤回。没有加入反革命组织及自动领导群众反水的富农的老婆,媳妇,女儿和工人雇贫中农结婚,在该地暴动前,可依照雇贫中农等一样分田,结婚时是在暴动后,则应按照其本来富农地位分坏田。如分配土地已久的地方而分了田的,在没有重新分配土地时,可不拙〔撤〕回。

二、豪绅地主及加入反革命组织的富农的老婆,媳妇,女儿在该地暴动前与工【人】雇农贫农中农结婚,可以按照工人雇贫中农家属分田,在暴动后结婚的,不能分田,如已分得了田,不是重分土地,可不撤回。

中央土地人民委员部

(录自 1932 年 6 月 23 日出版的《红色中华》第 24 期第 7—8 版)

人民委员会第十七、十八次常会①

（1932 年 6 月 25 日、7 月 7 日）

人民委员会于 6 月 25 日开第十七次常会，于 7 月 7 日开第十八次常会。兹将两次常会的重要讨论及决议，略纪如下：

第十七次常会的重要讨论及决议：

一、临时中央政府为积极发展与扩大革命战争实行全线出击，以粉碎帝国主义国民党军阀对各地苏区和红军的新进攻而实现湘鄂赣的首先胜利起见，特决议：（一）对外发表宣言。（二）致电全国红军战士，予以热烈的慰劳和鼓励。（三）通过关于战争动员与后方工作的训令，呈请中央执行委员会批准颁发，以动员全国苏区工农群众及红军战士实行全线的出击和加紧后方工作。

二、议决发行短期革命战争公债 60 万元，以充实革命战争之经费。

三、税收为国家经常的主要收入，但过去所规定的营业税及土地税，确系太轻，议决呈请中央执行委员会按实际情形加以修改。

四、议决设立瑞金卫戍司令部，委刘伯承同志为正司令，刘联标为副司令。设立总兵站，委杨志〔至〕成同志为主任。

第十八次常会的重要讨论及决议：

一、为了便利关于革命战争的一切军事上、经济上、劳动上的动

---

① 标题本文库编者略为改动。

员的计划和指挥,议决呈请中央执行委员会批准于人民委员会之下,组织劳动与战争委员会,并选任周恩来、项英、朱德、邓发、邓子恢等五同志为委员,以周恩来同志为主席。

二、由梁柏台同志报告裁判会议的经过并审查该会的各项决议案。

三、议决取消江西省政府所拟就的处置豪绅地主的财产问题的暂行条例。

四、通过关于制止对国币拒用和私抑价格的布告。

(录自 1932 年 7 月 7 日出版的《红色中华》第 26 期第 4 版)

中华苏维埃共和国临时中央政府布告第九号
——关于发行"革命战争"短期公债并附条例①
（1932 年 6 月 25 日）

现在革命大大的发展,革命战争在全国各方面继续获取伟大的
胜利,鄂豫皖最近连获五次大胜利,而中央区消灭张贞占领漳州,湘
鄂西在襄北的战争与最近消灭进攻的川军等等胜利。全国反帝运动
与东北义勇军抗日战争,均在更扩大的发展,尤其是工人总同盟罢工
在上海等地日益扩大,这样使得帝国主义国民党及一切反动派,更加
恐慌,极力来挽救他将要死亡的统治,集合全力来抵抗革命,特别是
对苏区和红军的进攻,这个时候是革命进到与反革命决斗的时期,是
革命战争进到与帝国主义全部武装作战的阶假〔段〕。本政府为争取
革命战争继续的伟大胜利,粉碎帝国主义国民党的进攻,去夺取江西
及邻近省区的首先胜利,去实行以民族革命战争驱逐一切帝国主义
滚出中国,使苏维埃取得全中国胜利,现正积极动员与领导全国工农
红军及各苏区工农群众,以全部力量来积极发展革命战争,实行全线
的总进攻。为要保障革命战争更有力的向前发展,保障红军继续的
去消灭敌人夺取江西首先胜利,必须广大工农踊跃的参加红军,加强
红军的力量,同时要准备充分的战争经费与红军给养,这成为革命战
争胜利的二个主要条件。现本政府为了充裕革命战争的经费,以保
障革命战争的继续胜利与发展,特举行募集短期的"革命战争"公债

---

① 副标题为本文库编者所加。

60 万元，专为充裕战争的用费，规定以半年为归还期，到期由政府根据所定利率偿还本息，其详细办法另列条例于后。

政府发行公债，完全是为争取革命胜利，与谋工农解放，不但有利息而且能按期偿还，能买卖抵押缴纳租税与其他财产有同等之价值与信用，凡我工农劳苦群众及苏维埃境内之居民，每个人都有购买公债之义务，这是工农群众对于革命应尽的义务，大家踊跃购买公债，即是积极参加革命战争的工作。

本期发行之短期"革命战争"公债票，除以 10 万【元】在湘赣湘鄂赣省发行外，在中央区共发行 50 万元，分 5 期发行，每期 10 万元，从 7 月 1 日至 30 日发行完毕。望我工农劳苦群众及一切居民一体明白。此布

附：
发行"革命战争"短期公债条例

第一条　临时中央政府为发展革命战争起见，特募集公债以充裕战争经费，故定名为"革命战争"公债券。

第二条　本项公债定额为国币 60 万元。

第三条　本项公债利率定为周年一分。

第四条　本项公债票分为三种如左

一、五角；二、一元；三、五元。

第五条　本项公债规定半年还本还息，以 1933 年 1 月 1 日起为还本息时期，届时本利同时兑还。

第六条　本项公债完全得以十足作用的完纳商业税土地税等等国家租税，但缴纳今年税款则无利息。

第七条　本项公债准许买卖抵押及代其他种现款的担保品之用。

第八条　如有人故意破坏信用破坏价格者，以破坏苏维埃与革命战争论罪。

第九条　本项公债负经售债票及还本付息，由各级政府财政机关、红军经理部、国家银行及政府所委托之各地工农银行、合作社等分别办理。

第十条　本条例自 1932 年 7 月 1 日公布施行。

公历 1932 年 6 月 25 日

（录自 1932 年 6 月 23 日出版的《红色中华》第 24 期第 5 版）

中华苏维埃共和国临时中央政府
执行委员会训令
（执字第十三号）
——为发行革命战争短期公债券事
（1932 年 6 月 26 日）

目前革命战争在全国苏维埃运动的新发展和红军的积极行动之下,已大大开展起来,继续不断的在全国获得最伟大的胜利,反动统治——帝国主义国民党军阀等,在革命战争胜利的极端威胁之下,为挽救它将要死亡的统治,更是集全力的来抵抗革命,帝国主义已由秘密的帮助国民党军阀进到直接公开的以武力来干涉中国革命。

最近国民党军阀动员中部南部的全部反动武装来向全国苏区和红军作全线的四次围攻,但被全国苏区工农群众与红军的英勇作战,已开始给国民党军阀四次围攻的计划以严重打击。现在我们是动员与领导全国苏区工农群众与红军有配合的互相呼应的作全线的总进攻去粉碎敌人四次围攻,争取江西和邻近几省的首先胜利。中央政府除积极领导全国红军和工农群众有计划的积极进行革命战争,更为充分准备革命战争经济,使红军能继续胜利去消灭敌人,争取江西首先胜利,除加紧开发财源征收商业税、城市房租,计划土地税的征收,组织游击队到白区筹款外,更要动员群众在经济上的帮助来保障革命战争的经费,不受其任何困难和阻碍,而影响革命战争的进行。因此本政府决定向全苏区工农群众募集"革命战争"短期公债 60 万元,专为充裕革命战争的用费。除以 10 万元由湘赣湘鄂赣两省推行

外,在江西与福建发行者共 50 万元,分 5 期发行,每期 10 万元。其发行具体办法如左:

(一)发行分配数目

①红军共 4 万元。

一、前方 3 万元。

二、红校 1000 元。

三、江西、福建军区及后方办事处各 3000 元。

②城市商人共 6 万元。

一、汀州 3 万元。

二、瑞金 5000 元。

三、龙岩 4000 元。

四、筠门岭 4000 元。

五、会昌 3000 元。

六、雩都① 2000 元。

七、广昌 2000 元。

八、宁都 3000 元。

九、石城 2000 元。

十、寻邬② 2000 元。

十一、安远 2000 元。

十二、兴国 1000 元。

③各县共 39 万元。

一、兴国、长汀、瑞金,各 35000 元。

二、上杭 3 万元。

三、赣县 25000 元。

---

① 雩都,现称于都。下同。——本文库编者注。

② 寻邬,现称寻乌。下同。——本文库编者注。

四、胜利、公略①、万泰、会昌、宁都,各 2 万元。

五、雩都 17000 元。

六、南广、寻邬、永丰各 15000 元。

七、乐安 12000 元。

八、永定、新泉、安远、石城各 1 万元。

九、龙岩、宁化、武平各 4000 元。

十、连城、信康,各 2000 元。

④其他党团政府共 1 万元。

(二)发行日期的分配和缴款日期

一、第一期 10 万元 7 月 1 号发出,15 号款项集中。

二、第二期 10 万元 7 月 5 号发出,20 号款项集中。

三、第三期 10 万元 7 月 10 号发出,30 号款项集中。

四、第四期 10 万元 7 月 15 号发出,8 月 10 号款项集中。

五、第五期 10 万元 7 月 20 号发出,8 月 15 号款项集中。

(三)集中款项地点如下

一、福建各县及军区集中汀州省苏转解中央。

二、江西石城、宁都、会昌、瑞金、红校直接将款集中中央国家银行。

三、江西永丰、乐安、胜利、公略、万泰、赣县、兴国集中江西省苏。

四、江西雩都、安远、寻邬、会昌、后方江西军【区】医【院】集中安远江西军区。

五、前方红军集中总经理部。

---

① 公略县,1931 年 11 月,中华苏维埃工农兵第一次全国代表大会上,为纪念牺牲的红三军军长黄公略,决定设立公略县,并于当月成立公略县苏维埃政府,直属江西省苏维埃政府,下辖中鹄、白沙、水南(以上属吉水县)、富田、陂头(原纯化区改名)、儒林、水东、东固(以上属吉安县)、罗家(属泰和县)9 个区苏维埃政府。1932 年 3 月后,增设吉水的折桂、冠山两区,共 11 个区苏维埃政府。后因遭国民党军队围攻,1934 年 10 月,县苏维埃政府解体。——本文库编者注。

六、湘赣、湘鄂赣两省,根据以上原则由该两省苏负责执行。

以上所拟各种办法特别是分配数目与集中款项日子,是要按期达到丝毫不能迟延或遗〔贻〕误,必须百分之百的做到,才能适合战争的发展的需要。

按:公债是政府向工农群众所募集的债款,而为革命战争之用,这种债券限定半年照款由政府归还,另按年利一分付息,6个月满后,除还本外每元另付半年息洋五分,并准许买卖抵押,及完纳国家租税。最主要的公债发行与群众的购买踊跃是表现群众对于苏维埃的拥护与参加革命战争的积极。而苏联的五年经济计划正因群众的拥护,特别是购买五年计划公债的踊跃得着雄厚经济力量的帮助,使五年经济计划更迅速的顺利的去进行和完成。当然我们苏区在目前发行公债时,工农群众开始当不易了解这一伟大意义,因此各级政府立即向广大群众作宣传鼓励〔动〕解释公债意义,与工农群众购买的义务,帮助革命战争有力发展的作用,使每个工农群众都踊跃的来买公债,要造成这种"不买公债券是一件革命战士的耻辱的空气",因此各级政府应执行以下工作:

(一)用宣传鼓动的方法来鼓励工农群众自愿来买公债券,切不能用命令强迫,但对于富农大中商人可以责令购买。

(二)由区市乡召集乡代表会议做报告,讨论推销和鼓励群众的办法,由城乡政府和代表召集商民大会报告政府发行公债券的意义与公民的义务,特别从政治上参加革命战争上来鼓励,使群众自动的购买。

(三)用革命竞赛方法,县与县,区与区,乡与乡,村与村,团体与团体比赛,谁购买多缴款迅速,谁就胜利,由上一级政府,给奖旗和名誉奖。

(四)各村各市由代表及城乡政府负责将款转解上级。

(五)各级政府根据以上各项来决定本身执行的具体办法(如分配方法,鼓励方法,收款方法等)。总之,决定公债的发行,能按以上规定实际做到,最主要的是靠我们动员与鼓动群众工作如何来决定,谁能积极去动员群众,谁就能够达到任务,必须严厉纠正过去不发动群众,专靠用命令的错误工作方式。

目前对于各级政府工作检查,就以这一工作为检查的中心来考查各级政府工作的成绩,如再发现如过去之敷衍、怠工者,就要给予革命纪律的处罚。此令

1932 年 6 月 26 日

(录自 1932 年 6 月 23 日出版的《红色中华》第 24 期第 5—6 版)

人民委员会命令第十六号
——决定设立瑞金卫戍司令部①

（1932 年 6 月 26 日）

一、现因军委出发前方,对于瑞金之警卫和统一军事上之指挥起见,决定设立瑞金卫戍司令部,并委刘伯承同志为卫戍司令,刘联标同志为副司令。凡留在瑞金之红军部队、红校、瑞金县地方武装以及警戒事宜,均统属于卫戍司令部节制。

二、各军团暨各军留在瑞金之留守机关,名目既多,指挥复杂,查桥头既有各军团之办事处,瑞金不应再有重复机关之设立,决定留瑞之各军团暨各军之留守机关限克日一律取消,归并于桥头办事处。

三、凡应留瑞之医院及留后方之工作人员,均统属于后方总兵站主任杨志诚〔至成〕同志管理,以后关于各医院留瑞各部队之给养用费等,均统属于总兵站筹划支配。此令

6 月 26 日

（录自 1932 年 7 月 7 日出版的《红色中华》第 26 期第 1 版）

---

① 副标题为本文库编者所加。

中华苏维埃共和国临时中央政府致红军电

（1932 年 6 月 30 日[①]）

全国英勇的红军战士们：

你们在与帝国主义国民党军阀进行残酷的血战的全战线上，继续不断的得到空前的胜利。鄂豫皖红军的五次大胜利，湘鄂西红军在襄北的苦战与最近消灭进攻的川军，中央区红军消灭了张贞主力占领漳州，与三军团在河西的胜利行动，湘赣、湘鄂赣、赣东北、琼崖红军以及北方的红二十六军，都在积极行动中得到光荣的胜利。这些最伟大的战绩，证明我英勇的红军是争取中国民族的工农的解放的主力，是发展和巩固苏维埃的铁拳与拱卫者。反动统治正在你们的威力之下发抖，而千千万万的工农劳苦群众则感受极强烈的兴奋与欢欣。中国革命的形势更因此而推进而开展。苏维埃中央政府对你们这种英勇果敢的战斗，表示极热烈的慰问和敬意。目前帝国主义国民党为着最后的挣扎，正动员中国黄河以南的全部反动武装 80 余师，集中帝国主义海陆军于苏区附近的大城市和通商口岸，大规模的向全苏区和红军举行第四次全线的围攻。中央政府坚决的领导全苏区工农群众和武装力量，实行全线的出击，以革命的进攻回答帝国主义国民党的新进攻。我们坚信在红军坚决进攻相互呼应之下，在全中国工农劳苦群众热烈的拥护和斗争的响应之下，我英勇果敢的红军，一定能粉碎帝国主义国民党的进攻，消灭敌人的武力，夺取中

---

① 原件无时间，此为该电在《红色中华》发表的时间。——本文库编者注。

心城市,实现湘鄂赣首先胜利,并汇合全国革命力量,扩大民族革命战争,推翻国民党统治,驱逐帝国主义,来争取苏维埃,在全中国的胜利。英勇的红军战士,历史的伟大任务,放在你们肩上,勇猛前进,奋勇杀敌,将见到敌人在全战线上的惨败和崩溃,苏维埃的红旗将随着你们的胜利一直插遍到全中国!

中华苏维埃共和国临时中央政府

(录自 1932 年 6 月 30 日出版的《红色中华》第 25 期第 1 版)

中央执行委员会命令第六号
——关于在人民委员会下设立劳动与战争委员会①
(1932 年 7 月 7 日②)

在目前形势之下,苏维埃中央正领导全国工农红军及工农劳苦群众积极发展与扩大革命战争,实行全线的出击,以粉碎帝国主义国民党军阀对全国苏区和红军的新进攻,来实现江西及邻近数省的首先胜利。为了动员一切力量去争取革命战争更大的胜利起见,特于人民委员【会】之下,设立劳动与战争委员会,以计划并指挥关于革命战争的一切军事上、经济上、财政上、劳动上的动员事宜,并选任周恩来、项英、朱德、邓发、邓子恢等五同志为劳动与战争委员会委员,以周恩来同志为主席。自后凡与战争动员有关之各项问题,该委员会得指挥人民委员会之下各部委,各级地方政府及各军区。关于行政问题,仍属于原来之行政系统。特此令知,望一体遵行此令。

(录自 1932 年 7 月 7 日出版的《红色中华》第 26 期第 1 版)

---

① 副标题为本文库编者所加。
② 原件无时间,此为该命令在《红色中华》发布的时间。——本文库编者注。

中华苏维埃共和国中央执行委员会
训令第十四号
——关于战争动员与后方工作

（1932 年 7 月 7 日）

目前国内战争正在更大的范围内进行,帝国主义除了指挥和组织国民党军阀,调动了 80 师以上的兵力,来进行对于全国七八省苏区与红军的大"围剿"以外,更随时都在准备直接的公开的来进攻中国苏维埃与红军。日本帝围主义之以武力侵占东三省与进攻上海,已经是武力瓜分中国,直接干涉中国革命之最具体的表演,各帝国主义强盗在一致的同意和赞助之下,缔结了所谓上海和会的"休战协定",为的越快越好的共同瓜分上海,瓜分中国,以便集其全力来对付中国革命,对付苏联。国民党军阀政府在这一协定面前,更加暴露了它出卖中国,替帝国主义当清道夫的作用,所以它一面签字于出卖上海出卖中国的条约,一面便从沪宁铁路线上,调走英勇抗日的十九路军的与第五军的士兵,开到福建武汉,来进攻已经脱离了帝国主义羁绊的苏区,与真正反帝国主义的武装力量——工农红军。苏维埃中央政府早就宣布了对日的民族革命战争,动员和领导全国工农劳苦群众与工农红军,在反帝国主义斗争的战线上,否认国民党反革命出卖中国给帝国主义的一切协定与密约,广大的发展抗日的民众武装力量,积极的准备与帝国主义直接作战,来争取中国的独立、解放与统一。

现在苏维埃中央政府正在领导苏区广大群众与全国工农红军,

实行全线出击,以革命的进攻,来回答帝国主义国民党的新进攻,来击溃和消灭国民党的进攻部队,来摧毁国民党的统治,来争取江西及其邻近省区革命的首先胜利;这样,来给帝国主义以直接打击,来造成民族革命战争的胜利条件。鄂豫皖,湘鄂西两苏区新的不断的胜利,已经造成了威胁和包围武汉又更有利的形势,中央区红军从漳州回师西向,红十军十六军的积极行动,与三军团在河西的胜利,都便〔使〕消灭粤赣敌人、夺取赣河流域的中心城市,以实现江西首先胜利的战斗任务,更加迫切的放在面前,赣江流域的决战,已经在这几天内开始,全苏区的战争动员与后方工作,也就比过去任何时候都更重要,都更急迫。战争动员的宽广与深入,后方工作的巩固与得力,对于前线上革命战争的胜利,是有决定的意义。因此中央政府特训令各级苏维埃政府与一切工农武装组织,迅速的执行下列各项工作,使苏维埃政权之下每一个工农分子,不但从阶级的政治立场上,来了解这一战争关于本身前途的意义,而且要在整个阶级战争过程中,有本身实际动作的表现以保证革命战争胜利的开展和继续——这样,才可转变以前"前线打仗,后方无关"的得过且过的苟安现象:

一、为着红军在战争的开展中,能得到充分的军役的补充,并且还能继续的有组织的输送到前方,在目前自愿军役的时期,中央政府认为有立即成立红军补充团的必要。现特规定成立红军补充团的具体办法如下:

(一)在现有苏区内,各县或几县成立一个红军补充团,凡是扩大到主力红军中去的工农战士,统要经过这一补充团的集中训练,以便整队的送往前方。只有在前线上或新发展区域中的补充,与补充到独立师独立团去的新战士,可以不必经过补充团。

(二)每个补充团,每月多则成立5连,至少亦须2连,其每月不能扩大红军到两连的地方,则应与邻近县份联合成立一个补充团。每个军区应成立多少补充团,各个补充团每月可扩大红军几连,中央区由各军区指挥部依照中央革命军委会每月所分配给军区的总数,自己规定。其他苏区则由军委分会规定,每个补充团每月或每半月须向前方输送他已经训练了的新战士一次，并继续训练新扩大来的工农战士。

（三）红军补充团的直接指挥者，是当地县苏及其军事部，但对当地最高军事机关（如军区指挥部，军分区指挥部，卫戍司令部，军委会后方办事处等），亦得就近与之接洽，该军事机关，亦必须予补充团以帮助和指导。

（四）补充团的干部，由红军学校，各军随营学校，各军区指挥部设法供给。各军派在各地做招待红军新战士的工作人员须全数参加到补充团工作，原有之招待处一律取消。政治委员及政治干部由地方苏维埃政府负责供给。

（五）补充团在当地训练时所需用的枪械弹药，由军委会后方办事处兵站及地方政府分开筹集，并由各军区指挥部计划支配。这些枪弹在已经训练过了的战士送到前方去时，一般的不必带去，以便得以继续训练新来的战士。

（六）补充团的被服供给，在江西由中央政府责令军委会后方办事处及兵站赶制，由军区指挥部划定县份按期领取。福建、湘赣、湘鄂赣、赣东北、湘鄂西则由其军区指挥部，鄂豫皖则由军委分会自己筹划。关于伙食杂用费，统由各县苏维埃政府负责筹措，中央区之预算由各军区指挥部决定，并须得中央政府之批准。其他各苏区则由军委分会和军区指挥部决定和批准。

（七）训练日期，一般的规定为半个月。训练内容，由各军委分会、各军区指挥部规定颁布。

（八）各地红军补充团，须与当地的拥护红军委员会发生极密切的联系，并求得他的帮助，以协同动作。

（九）各地补充团，须一律于7月内成立。

二、在目前革命武装力量需要极迅速的发展的时候，在各地游击运动正在积极广大的基础上开展的过程中，红军主力的补充来源，要不仅依靠于补充团，正在前线上的发展，并且要尽力使独立师、独立团、游击队等等武装组织，不断的集中到和改编为主力红军。中央革命军事委员会,各军委分会,与各军区指挥部,必须在扩大红军计划中,定出扩大独立师成军或改编某些独立师独立团到主方红军中去的计划和日期,并规定成立新的独立师独立团。

三、为使每一苏区有选举权的公民,都能执行武装起来巩固和发展苏维埃的权利,都能到红军中去参加前线作战的义务,各苏区应立即普遍的发展和成立城乡赤卫军。关于组织赤卫军的原则,中央政府特再规定如下:

(一)要宣传苏维埃区域有选举权的公民,在18岁以上40岁以下,都有加入赤卫军的义务。但地方苏维埃政府还不应将18岁以上的劳动男女,统都编入赤卫军,而是要经过广大宣传,使其自愿的加入,这是目前成立赤卫军的主要原则。

(二)赤卫军一般的原则是不脱离生产的,乡村要使18岁以上的劳动男女,都能自愿的加入。在城市,要以工人为骨干,包括到广大贫民群众。在大城市,要单独的成立工人赤卫军。40岁以上的劳动男女,如亦自愿加入赤卫军,可编入赤卫军的预备队,使之服后方的警卫的勤务。

(三)赤卫军在军区直接系统之下,以乡为基本组织单位,隶属于区军事部,由县军事部统一指挥。各区军事部除各乡一般的成立赤卫军外,并得成立各区的赤卫军模范营,大区可成立3连至4连,小区1连到2连。模范营及模范少先队要能集中本区内相当数量的较好枪枝。

(四)凡已经加入少先队的18岁到23岁的劳动青年男女,因为他们已经在受军事训练与担任军事役务,可不必同时加入赤卫队,但少先队应经常的输送最积极的分子到赤卫军中去,并且在参加前线与在后方有军事动作时,少先队须受红军与赤卫军的指挥。

四、为着配合主力红军作战,各县地方武装应实行全线出击,要积极到白色统治区域与敌人后方,去发展游击运动与新的苏维埃区域,这除掉扩大和成立新的独立团以外,更应最大限度的发展与成立游击队的组织。游击队的主要任务,应是到白区中和敌军后方去积极行动,侵蚀和破坏敌人的根基和武力,组织农民暴动,号召并组织白军兵暴,普遍的繁殖新的游击队,发展新苏区,破坏敌人交通,劫夺敌人辎重,袭击敌人部队,筹措红军给养——这些,都是巩固和扩大苏区,实行全线出击,协助主力红军胜利的必要条件。关于游击队的组织,应注意下列几点:

(一)各县应依据当地的斗争环境,决定自己应成立的游击队的数目,即在赤色中心的各县,至少亦必须成立四五个游击队,到外县边区去行动。

(二)各个游击队的人数,不必机械规定,要依照其所要活动的区域之客观环境,与本身所能集合的力量来决定,有时可大到一连两连的人数,有时可小到十数个人。

(三)游击队的成分,必须是最勇敢积极的工农分子,尤其领导者,必须是群众中坚决斗争的先锋分子,才能使游击队在政治上的巩固,与其到白色区域统治的单独行动,得到有力的保障。

(四)游击队在其出到白区行动时,必须脱离生产,当其回到苏区整顿与训练时,最好仍使之回到生产中去,待其再度出外游击,要能调换或增加一部分新的分子参加,使整个苏区工农群众,都能练习游击队的动作。

(五)地方警卫连,赤卫军的模范营,模范少先队,要都能采取游击队的动作,组织脱离生产的游击队,轮流到白区与敌人后方积极行动。

(六)关于游击队的游击计划与动作纲要,各军区指挥部,尤其是地方苏维埃军事部,应按照当地当时实际状况,给派出的游击队,以具体规定。

五、地方苏维埃政府与一切地方武装组织,应广大的发动群众加入参战的各种组织,如担架队、输送队、响导队、侦察队、破坏队、洗衣队、慰劳队、救护队等,要给这些组织以必须的物质上的帮助,要领导这些组织到前线上去参加实际工作。各县区军事部应计划每区或每乡应成立这些组织的队数和人数,各军区与分区指挥部应规定他到前线上以及到各方面火线上需要数目,并责成各地方政府负责送往前方。

六、为了迅速从后方输运粮食和一切军用品补充和供给前方，以及使红军行军便利，不受道路与河川之阻碍，各级苏维埃政府要有计划的领导群众，迅速将交通干路上之桥梁道路修理好，帮助兵站进行一切工作，特别靠河道的苏区和边区，更要有计划的收集船只，准备随时来供给军事运输。对于军事交通线上之邮政局应经常有准备的依据军事交通线的变更，去加强该线一带之邮局工作，加调递信员和班次，使军事信件能最迅速而不遗失的送到，同时各级政府对于邮局工作人员增调，要予以最大帮助。

七、中央政府为充分筹措战争经费，使得红军用其全力于决战方面，特决定一方面提高营业所得税的累进税率，重新确定土地税率，征收城镇的房租，并责成地方苏维埃政府去在发展新苏区中筹款，使一切税的重担放在最有财产的阶级身上；另一方面在全苏区募集"革命战争"短期公债60万元，使广大工农群众在经济上来动员帮助红军，保障革命战争的经费，不受任何困难和阻碍。同时中央政府为使苏区境内金融流通，便于商业汇兑与国家税收，特于本月起开始发行相当数量而有充〈使〉分基金的国家纸票。各级苏维埃政府应广大的动员群众，使他们了解全苏区工农劳苦群众不仅在政治上，并应在经济上担负起保障红军给养与战争经费的充裕，使战争胜利的继续，能迅速的取得中心城市，实现江西首先胜利。因此，全苏区工农劳苦群众，应该一方面严格监督商人老板富农，一点不能放松他们对于国家税收的担负，防止他们从中取巧，隐瞒资本，以多报少，造谣捣乱，与破坏生产、破坏苏维埃金融一切阴谋、反抗和操纵。发现有这种事实，苏维埃政府应采取坚决的手段来严厉制裁。对于一切尚在苏区内的商人组织如"牙行"与其他旧式行会的残余，各级苏维埃政府必须严厉查禁，只有苏维埃政府才能召集商人集合一起，宣布政府对他们的法令、命令与决定。另一方面，广大的工农劳苦群众在缴纳极少数的土地税上（雇农、失业工人免税，贫农生活困难的免税或减税），尤其是在推销公债与使用纸票上，应该以极大的热诚与积极性来尽先缴税，尽先购买债券，尽先使用纸票，并且以革命竞赛的方法来实现,来互相鼓励。关于这一切群众动员,各级苏维埃政府须依靠于工会,雇农工会,贫农团,互济会及一切革命群众团体的帮助,务须 60 万公债票推销,能定期以内超过规定的票额。纸票的发行,在群众的极度信任中流畅通用。一切税收也都能在群众的监督、督促与鼓励之下无迟疑的缴纳。对于发展新苏区去筹款,各级苏维埃政府与军区指挥部,更要依着阶级路线,精密的计划并指派专人去负责进行。

八、为使充足苏区群众与红军的粮食,为使农村经济发展,增加政府税收并充裕战争经费,为使红军公田与红军家属土地的收入增加,各级苏维埃政府须负责进行广大的保护秋收与加种杂粮的运动。这运动的具体工作,有如下的几点:

(一)各级苏维埃政府,尤其是区乡苏维埃,应领导群众计划保护秋收的各种办法,首先是要严格的执行赤色戒严,普遍的成立赤卫军,担任保卫的任务,务使土匪民团不能在秋禾快熟或收获后,侵入苏区各乡来割禾抢谷。特别是苏区边境,更要严防国民党白军到苏区来蹂躏谷田,破坏秋收。这种保卫工作的成功,必须依靠于全乡全区群众的发动,一方面要组织最得力的游击队去到白区与敌军后方行动,去到土匪民团驻在的地点游击,要认识红军的积极向外发展,粉碎敌人的进攻,争取土匪群众与团丁,消灭土匪民团,是保护苏区秋收的根本办法;另一方面,各区各乡的赤卫军、少先队,必须在县区苏维埃军事【部】的统一指挥之下,密切的联络起来,遇到匪警或白军侵入,整个区整个乡的赤卫军,甚至整个县的得力的模范营,都要能相互配合行动,实现各方面的出击,以达到联防以保护秋收的任务。

(二)为使在秋禾肥熟的时候,农民群众能得到收获及时之利,地方苏维埃政府应发动与鼓励广大群众组织收获队、割禾队,于他们做完了自己的收获之外,去帮助其他人工较少的农家去收或者采用互助的办法去实行。至对于红军家属尤其是对于红军公田,更要发动群众组织"突击队""冲锋队",以革命竞赛的方法,首先去替他们和帮助他们收割。这一发动,政府要依靠于广大农民的积极性上,并要以雇农工会贫农团为发动的主要骨干。

（三）在游击队到白区出动时，更要发动白区群众的秋收运动，这种最实际的办法是在秋禾肥熟的时候，预先将白区豪绅的谷田认明，然后以游击队配合群众出去收割这些谷田，以大部分交给当地群众发动其阶级斗争，这不但保护了苏区秋收，并且还消灭了赤白对立的界限，扩大了苏维埃的影响和区域。

（四）地方苏维埃政府在秋收过程中，更要做加种杂粮以充足苏区粮食的发动，要调查和准备各乡各区土地上便于种植的杂粮，提倡和奖励农民去种，在今年秋收后，全苏区要严禁再有任何一地种植鸦片的事实发生，这首先需要向群众做广大的宣传解释工作。

（五）在秋收中地方苏维埃政府即须注意到集中公谷举办公仓，与在群众中做节省粮食和准备新谷贱价卖给红军的运动，并要提倡少做米酒米粉，多储干谷以准备来年粮食。

九、各级苏维埃政府要领导群众团体做节省一切开支以充裕战争经费的运动，政府中一切可以节省的开支，如客饭、办公费、灯油杂费，都须尽量减少，尤其纸张信套，更可以节省使用。这一切节省，虽在各部分为数甚少，但集少成多，并可以养成苏区中更加刻苦更加节省的苏维埃工作作风——这是万分必要的。对苏维埃中贪污腐化的分子，各级政府一经查出，必须给以严厉的纪律上的制裁。谁要隐瞒、庇护和放松对这种分子的检查与揭发，谁也要同样受到革命的斥责。同时注意到经费节省，决不是工作减少，相反的，在刻苦的精神之下，还要使工作的效能更加增大起来。

十、为使苏区经济发展，各级苏维埃政府要注意于生产事业的提倡恢复和帮助，现时苏区中许多旧的生产事业如闽西的造纸、木材，江西的茶油，宁都的夏布，瑞金的樟脑，会昌、安远的煤矿，散在许多地方的煤炭等，都应由地方政府来计划恢复，并在得到中央政府的审查批准之后，或租给商人投资经营，或交给工人劳动合作社办理，或借款给农民自己经营，或归苏维埃政府自己管理。这一切生产事业的提倡和计划，各级苏维埃要看做是巩固与发展苏区的中心任务之一，这对于战争在经济方面的动员是有极重要的关系和作用。为防止和抵制商人的投机和垄断,尤其为抵抗敌人的经济封锁与反革命在苏区内部的捣乱,各级苏维埃政府更应特别帮助劳动群众的合作社,尤其是消费合作社的组织和发展。在现在各苏区的几个中心地方(如中央区之瑞金,汀州,白沙,兴国,筠门岭,宁都,雩都①等),地方政府要帮助劳动群众组织起较大规模的消费合作社,并给以相当的财政的帮助,使能在战争的环境中,以廉价货品来抵制商人的操纵,供给群众的需要。

十一、地方苏维埃政府与一切地方武装组织,要严格的实行赤色戒严与保护交通运输,要严密的注意与检查苏区内一切阶级异己分子与行迹可疑的人的活动,以防止反革命派的抬头,以巩固战争的后方。哪一乡哪一县,要对于赤色戒严怠工,对于商人工作消极,即是那一乡那一县没尽了他对执行后方工作的责任,那一乡那一县,将给予反革命派与反革命分子以活动的便利机会。中央政府严格的要求各级苏维埃政府,凡对于这种工作消极怠工的,应受到苏维埃法律上的制裁。中央执行委员会为使上述的一切动员与后方工作,能在更有组织,更集中领导的条件之下进行,特决定于人民委员会之下成立劳动与战争委员会。劳动与战争委员会有计划和管理经济上、军事上、劳动上的全部动员,及对于政府各部委、军区、地方政府关于战争动员问题的指挥之权。各级苏维埃政府及一切武装组织,应经常的将其动员与后方工作的计划和执行程度,报告给劳动与战争委员会,以便于经常的检查与给以及时的指导,同时各该政府的武装组织,仍须向其主管指挥机关报告,以保持其原有的行政与指挥系统。

1932 年 7 月 7 日

(录自 1932 年 7 月 14 日出版的《红色中华》第 27 期第 4—5 版、1932 年 7 月 21 日出版的《红色中华》第 28 期第 5—6 版)

---

① 雩都,现称于都。——本文库编者注。

中华苏维埃共和国临时中央政府
人民委员会命令第十七号
——维护国家银行货币的信用

（1932 年 7 月 10 日）

国家银行所发行的货币,为苏维埃国币,凡苏区境内,均一律十足通用,无论何人,不得阻碍通行或抑低价格以破坏国币信用,中央前已布告申明并通令各级政府严格遵行在案。另近据报告,竟有少数地方发生拒用及私抑价格、暗抬物价事情。考其原因,多系地方政府没有向群众作深入的宣传,致一般群众对国币意义尚不了解,对于兑换办法没有依照中央命令办理,而奸商市侩,乘机操纵,如此现象,绝不能允许【再】行继续下去。因此再行严令各级政府,今后须将发行国币的意义,向群众作广泛的宣传,县政府要督促区政府派人至各乡政府,召集代表会议及选民大会报告,提出"苏维埃公民及一切居民,都要用苏维埃国币"的口号,以鼓起群众爱用国币的热情,同时对拒用国币或私抑价格之奸商,则须严密侦查,从重处罚,以维国币之威信,对于兑换立即照中央命令人字第十四号实行,如地方政府忽视此一工作,故意怠工而不积极执行此令者,则按苏维埃纪律制裁,特此再行令知,望各遵照勿违。此令

（录自《革命根据地经济史料选编》上册,江西人民出版社1986 年版,第 373 页）

中华苏维埃共和国临时中央政府
向全世界全中国民众宣言
——反对南京政府白色恐怖，救援
中国革命的友人牛兰①

（1932 年 7 月 10 日）

南京国民党政府几年来统治中国的政策，对内则施行极残酷的白色恐怖，镇压一切革命运动，对外则卖尽民族独立利益，献媚与投降帝国主义，对已经脱离了帝国主义羁绊的苏维埃区域，则接受帝国主义指令出卖上海，强迫英勇抗日的十九路与第五军的士兵撤退，来围攻红军，以阻碍苏维埃政府与红军实行对日作战。尤其是牛兰一案，南京政府更不惜在帝国主义指使之下，会同上海捕房捕禁中国革命的友人至一年之久，施行极残酷待遇，牛兰是太平洋职工运动的积极参加者，自然遭帝国主义者与国民党政府的极端仇视。一年来全世界劳动民众与各国的文学家、科学家都曾通电援救，南京政府不仅未加释放，且更将判以死刑，近闻牛兰已绝食 5 日，苏维埃中央政府正式宣言愿保护这一中国革命的朋友，反对南京政府这一白色恐怖，同情于全世界的援救牛兰运动，决定将现在各苏维埃区域被扣留的牧师释放，与牛兰及其同案被捕的妇人交换，这种〔些〕牧师都是帝国主义在华统治的先锋，是中国广大群众的直接欺诈者与剥削者，并替帝国主义国民党进攻红军当谍探，苏维埃政府有充分的理由扣留和

---

① 副标题为本文库编者所加。

惩戒他们,现在苏维埃政府准备以交换的办法,求得牛兰及其同案妇人的自由。苏维埃政府号召全世界全中国民众一致起来反对南京政府白色恐怖,要求立即释放牛兰及其同案妇人。只要南京政府承认与担保以交换的办法恢复牛兰及其同案妇人的自由,苏维埃政府信托全世界营救牛兰的文学家科学家等来进行这一交换手续的规定和实行,以达到全世界劳动民众营救牛兰的热望。

1932 年 7 月 10 日于瑞金

(录自 1932 年 7 月 7 日出版的《红色中华》第 26 期第 1 版)

致前方红军战士电
——庆祝信雄战役的伟大胜利①

（1932 年 7 月 11 日）

英勇的红军战士们：

捷电传来，欣悉我英勇果敢的红军战士自西进以来，奋勇杀敌，迭获伟大胜利，在庾信雄②之间，与粤敌血战数次，尤其是最近一役，竟肉搏三昼夜，先后击败素称顽强的粤敌十七八团之众，予帝国主义国民党军阀对苏区和红军的围攻以迎头痛击，使广东军阀闻风丧胆，并震撼全国的反动统治，使争取江西及邻省首先胜利的实现，就在面前。苏维埃中央对我前方红军指挥员战斗员的英勇决斗，致以热烈的钦敬与慰劳，对伤亡战士，致无限的嘉慰和敬意，尤望我全体红军战士继续胜利，坚决进攻，彻底消灭粤赣军阀的武力，夺取沿赣江的中心城市，实现江西及邻省首先胜利，我们更信在广大工农群众热烈拥护及互相呼应之下，将因你们的胜利而汇合全国的革命力量更加扩大民族的革命战争，去推翻国民党政府的统治，驱逐帝国主义，争取全中国革命的胜利。红军战士们：中央政府正领导全苏区工农群众拥护和配合你们的胜利举行向敌人的总攻击，望继续猛进，冲锋复

---

① 副标题为本文库编者所加。
② 庾信雄，即江西省大余、信丰和广东省南雄。——本文库编者注。

冲锋,掀起中国苏维埃革命的洪涛汹涌澎湃,淹没帝国主义国民党的血腥统治,使苏维埃的红旗随着你们的胜利,插遍全中国!

中华苏维埃临时中央政府

真①

(录自 1932 年 7 月 14 日出版的《红色中华》第 27 期第 1 版)

---

① 韵目代日,"真"即 11 日。——本文库编者注。

中华苏维埃临时中央政府致红十六军电
——祝贺红十六军消灭军阀谢彬2团①
（1932 年 7 月 12 日）

孔军长②转红十六军全体指挥员战斗员鉴：

你们以坚决英勇的战斗，最近消灭了军阀谢彬2团之众，占领了通山县城，与全国红军的空前胜利，紧相呼应。全国红军自实行全线出击以来，叠获大的胜利，使帝国主义国民党军阀对苏区和红军总围攻的企图，开始就遭受全线的失败。苏维埃中央对你们奋勇杀敌的精神，极表嘉慰。现在第一方面军已击溃粤敌十六七团之众，正在继续消灭粤赣敌人，更望你们继续光荣的胜利积极进攻，与中央区、湘鄂西、鄂豫皖红军配合，更去消灭全线进攻的敌人，实现湘鄂赣省首先胜利。

中华苏维埃临时中央政府

12 日

（录自 1932 年 7 月 21 日出版的《红色中华》第 28 期第 1 版）

---

① 副标题为本文库编者所加。

② 孔军长，即湘鄂赣工农红军第十六军军长孔荷宠（后叛变）。——本文库编者注。

人民委员会第十九次常会

（1932 年 7 月 13 日）

人民委员会于本月 13 日开第十九次常会，主要讨论的事项，为修改税则问题。兹略纪如下：

一、为充实国家的财政收入，以利革命战争之进行起见，特决议修改税则。

二、审查并通过商业税的内容。

三、审查并通过土地税的内容。

四、通过修改税则的命令。

五、通过土地税征收细则。

（录自 1932 年 7 月 14 日出版的《红色中华》第 27 期第 4 版）

中华苏维埃共和国临时中央政府
执行委员会命令第七号
——关于修改暂行税则问题

（1932 年 7 月 13 日）

革命战争向前发展中继续的得到了伟大的胜利，夺取中心城市，完成湘鄂赣几省革命的首先胜利。以广大反日反一切帝国主义的民族革命战争争取全中国革命胜利，这是革命的当前主要任务。为要完成这个任务，充足革命战争的经费和红军的给养，是保障革命战争继续胜利的一个主要条件。税收为国家财政的主要收入，国家的行政费，革命战争的一切经费，主要的来源应当出自税收。本执行委员会鉴于目前革命的需要与保障革命的胜利起见，因此必须变更 1931 年 12 月 1 日所颁布的暂行税则的税率。对于改变税率特作以下的规定：

一、1931 年 12 月 1 日所颁发的暂行税则的第二章商业税，从第三条到第六条及第三章农业税的第七、八、十、十一、十五、十七、十八等条完全宣布作废，另行规订新的条文。

二、征收商业税的期限由 1932 年 7 月起由每年征收两次，改为每月征收一次，季节生意也改变为按次征收。

三、肩挑商的资本在 100 元以上者，也同样要收税。

四、农业税的税率，江西福建两省从前所规定的税率，亦须宣布作废另行规定新的税率标准，送中央政府批准。

五、其余各章各条的条文仍然有效。

各级政府接到本命令之后须立即执行,今年的农业税,也必须按照新的税则去征收。此令

1932 年 7 月 13 日

附:

暂 行 税 则

（中央人民委员会 1932 年 7 月
13 日第十九次常会通过①）

第一章　总则

第一条　确定统一的累进税,废除国民党军阀政府的一切田赋丁粮厘金苛捐杂税等。

第二条　税的总〔种〕类:分为商业税、农业税、工业税三种。

第二章　商业税

第三条　税率:暂将商业资本税从 101 元至 50 万元分为 14 个等第,按照等第规定税率,征收其资本营利的所得税(即全部营利收入非征收资本),资本在 50 万元以上税率另定。兹列表如下:

第　　等	资　　　　本	税　率
第一等	101—200 元	百分之六
第二等	201—400 元	百分之七
第三等	401—700 元	百分之八
第四等	701—1000 元	百分之九
第五等	1001—1500 元	百分之十

---

① 　此说明为本文库编者所加。

第六等	1001①—3000 元	百分之十一
第七等	3001—5000 元	百分之十二
第八等	5001—10000 元	百分之十三
第九等	10001—20000 元	百分之十五
第十等	20001—30000 元	百分之十七
第十一等	30001—50000 元	百分之十九
第十二等	50001—80000 元	百分之二十一
第十三等	80001—100000 元	百分之二十三
第十四等	100001—500000 元	百分之二十五

第四条　征收方法:依据商店向政府财政机关所领取的营业证,按其资本多少,来规定税率,然后按税率征收所得营业税。

第五条　征收时间:每月征收一次,季节生意也须按次征收之。

第六条　免税办法:

(甲)凡遵照政府所颁布之合作社的条例组织之消费合作社,复经县政府批准登记的,得由县政府报告各该省政府,许可免税。

(乙)肩挑小贩资本在 100 元以下及农民直接出卖其剩余生产品者一律免收商业税。

(丙)商业资本 100 元以下的一律免税。

(丁)商人遇险或遭意外损害,报告政府经查验证实者,得许免税。

(戊)对于某种必须品的日用商品和军用品,得随时由政府命令公布免税。

---

①　原文如此。应为 1501 元。——本文库编者注。

第三章　农业税

（注）现时农村生产与物品价值，极为复杂，不能规定一个统一的税收办法，只能规定农业税征收的原则，各省可依据此原则，按照当地情况，定出适当的农业税报告中央政府批准施行。

第七条　农民分得土地后，按照全家每年主要生产的收获，以全家人口平均规定出每人每年的收获数与生活必须的支出，根据此标准，再定出向每人开始征收的最低数额及累进税，但富农则按劳动力来平均（而不以人口平均），计算收获与纳税标准。

第八条　只征收主要生产（谷麦）的税，副产暂不征税，但每年收获谷麦二次者，应征税二次。

第九条　茶山、棉麻、果园当作稻田麦地分配，成为主要生产的，亦应征税。

第十条　红军家属（限本身父母妻子及无劳动力的弟妹）按照红军优待条例免税。

第十一条　雇农及分得田地的雇佣工人苦力本身和妻子一律免税。

第十二条　贫农收入已达开始征收的税额，但仍不能维持其一家生活的，得由乡苏维埃决定个别减税，或免税。

第十三条　对于过去富农的征税，要特别加重些。

第十四条　遇有水旱等灾，或遭受白匪摧残的区域，按照灾情轻重免税或减缴。

第十五条　因改良种子，改良耕种，所增加的农业收入免税。

第十六条　开垦荒地，所收获之农产品，免税三年。富农则依照收获情形，减税或免税一年。

第十七条　农业税征收的办法和时期，由中央财政部公布，但其他阻隔之各苏区可依据当地情形由当地最高政府决定公布。收税时依照税率规定向各家征收每人应纳之税额。

第十八条　农业税征收现款，以中华苏维埃共和国的国币为限，其余的杂洋币不收。

第四章　工业税

第十九条　生产合作社,经县政府批准备案的,得由县政府报告省政府许可免税。

第二十条　在目前为促进苏区的工业发展,暂时免收工业品的出厂税。

第二十一条　工业所得税,按资本大小,规定税率,征收其利润,其税率另行规定,但须较商业税为轻。

第五章　附则

第二十二条　本税则自公布之日起发生效力。

中央执行委员会

（录自 1932 年 7 月 14 日出版的《红色中华》第 27 期第 5—6 版）

土地税征收细则

（1932 年 7 月 13 日①）

（一）总则

一、本细则适用于稻田，其果树、竹蔴、茶油、茶叶等另订，园圃当田分者，无论栽种何种农产品，在早收期间内，一律照稻田收税。

二、凡两季种稻者，应征收两季税，但下各种什〔杂〕粮者暂时免收。

三、为便利及避免损失起见，土地税一律按照税额折成银款，按国币计算征收，不收谷物。公债票最好，但不计息。

四、收税一律以实谷计算（每 16 两秤 100 斤干谷为 1 担），所谓实谷不是凭农民报告，是按照分田时，每人分田多少的中等田，在今年年成可收实谷多少为标准（这个成数由乡代表会估量），根据这个标准来决定税率，各人分得之田，即照这个标准折成实谷，照税率交税。

五、谷价由县苏按照各区某时期市价（江西是按新米上市的第三圩即 6 天后的最高市价）分别斟酌规定，并由县苏公布之。

六、农民缴税前，由乡代表发给纳税证明书，替他填好，如有免税

---

① 中央人民委员会 1932 年 7 月 13 日第十九次常会通过。——本文库编者注。

者应填好免税证明书，农民即按证明书带款送交各该税收委员会，取得收据为凭，无收据者以漏税论，最好托乡代表收集各人税款，集合完纳，以资利便。

七、收税时间，应按照各地实际情形，暂定8月10日至8月半前后为收税之期，但务须于9月底征收完毕。

八、所收税款，应一律缴解上级，如区缴县，县缴省，并应5天一缴，各级政府未得上级命令前，绝对不能动用丝毫，如有违犯者，按照法律严办。

（二）组织与工作

一、土地税之征收，以县为单位，每2区或3区设立一个土地税征收委员会，人数9人至11人，以区苏负责人及积极忠实分子担任，至少要有4人坐收，其余的人，做动员与督促工作及参加各地税收会议，各委员均由县苏委任。

二、办公地点，可依照实际需要酌量移动，但彼此距离，不可太远。

三、在未收税前，委员会一定要动员各区及各乡苏召集乡代表会议，及选民大会等报告税收之意义和手续，要乡代表详细向群众解释。

四、纳税及免税证明书由各税收委员会按照中央制定样式自行设法印发，分给各乡代表向群众详细填明，以便收税时计算。

五、税收委员会设主任一人负总责，指导和参加一切工作并应经常将税收情形报告上级，每日要详细审查账目，另指定会计2人，出纳2人专负征收。

（三）责任与手续

一、如账目弄错了，则归出纳负责，收据错了，则归会计负责，如两人都错了,则由主任负责。如发现有贪污事情,则按照法律严办。

二、收据绝对不能扯去一张,如写错了,可另外再写过一张,不过在那张写错了的应写"作废",仍把那张存留在上面,如果发生扯去情争〔事〕,以舞弊贪污论罪。

三、收据用完后,应在全本上将总数写在封皮上面,并由主任盖章签名。

四、收据绝对不用铅笔或纲〔钢〕笔写,一定要用毛笔,并且数目字均要写大楷〔写〕(如一、二、三……应写壹,贰,叁,等)。

五、税款收入应一律以国币计算,尾数采取四丢五收的办法。

六、征收时每日办公时间应规定,以免农民缴款来时,无人负责,应通知各区乡群众,以便按时前来缴纳。

七、群众缴税时,会计员应照他带来的证明书,照样填好算好然后交给出纳员,出纳员再复算一次,即收钱将收据盖印给他。

附江西农业税的税率与纳税及免税证明书于下。

富农的从 1 担【起】征,税率如下:

担　数	税　率
1	百分之四
2	百分之五
3	百分之六
4	百分之七
5	百分之八
6	百分之九
7	百分之十
8	百分之十一
9	百分之十二·五
10	百分之十四
11	百分之十五·五
12	百分之十七
13	百分之十八·五

| 14 | 百分之二十 |
| 15 | 百分之二十二 |

担　数	税　率①
3	百分之四
4	百分之五
5	百分之六
6	百分之七
7	百分之八
8	百分之九
9	百分之十
10	百分之十一
11	百分之十二
12	百分之十三·五
13	百分之十五
14	百分之十六·五
15	百分之十八

附:如收干谷3担9斗9升的亦照3担税率计算起征,但9斗9升还是要收税,余类推。

纳税证明书

省　县　区　乡

纳税人姓名

什么成分

每人分田多少

今年折实谷多少

全家几多人

---

① 此税率应为贫农、中农应纳税率。——本文库编者注。

共分田多少

公历 1932 年　　月　　日

免税证明书

省　县　区　乡

免税人姓名

为什么免税

全家几多人

免税几多人

共免税多少

公历 1932 年　　月　　日

附:

关于征收税收问题的意见①
伯　钊

土地税商业税的征收,是各级苏维埃政府当前一件很重要的工作,各级政府能不能够执行上级政府对税收的规定,能不能使广大的群众自动的缴纳土地税,这完全要看政府对于这一工作动员的充分不充分,和深入不深入来决定。总之,政府对于税收征收的动员,已成为征收税收圆满成功的关键。

各级苏维埃政府应该特别注意税收对国家财政的重要。尤其是现在,红军是担负了大规模的革命战争的战斗任务,不能像过去游击

---

① 此为李伯钊撰写的文章,发表于 1932 年 7 月 14 日出版的《红色中华》第 27 期第 7—8 版。为便于读者了解苏区当时税收情况,特附录于此。——本文库编者注。

战争时代,专靠红政〔军〕筹款来接济政府的需用,以致影响红军行动的进展,所以目前苏维埃税务的征收,更具了它特殊的意义。

一、苏维埃土地及商业的税收,是国家财政收入的最主要部分,它和国民党军阀的一切田赋丁粮,苛捐杂税厘金等作用,完全相反。国民党的税收,是无限量的榨取工农群众的血汗,以进行其屠杀工农的军阀混战,尤其是用大批的款项来进攻革命,进攻苏维埃与红军,或以饱军阀官僚们的私囊,供他们奢侈生活的浪费。而苏维埃的税收则是以阶级原则来决定一种统一的累进税,纳税的重担是放在剥削阶级和富裕者身上。而对于被剥削的阶级则减轻甚至免除他们纳税的义务(如工人苦力农村中的雇农,及一部分不能纳税的贫农,以及城市或圩场中小贩等等)。苏维埃税收,是国家财政主要收入的来源,在目前更成为发展革命战争大批作战经费来源主要部分。因此,只要是在苏维埃政权下的公民或非公民(如富农……)都应负有对国家缴纳税收的义务,苏维埃政权下的工农劳动群众,应该拥护国家所定的税收。

二、在城市中商业税的征收,我们要坚决反对沿用反动统治下所采用的分帮派捐的办法,因为这样,往往被大商人所操纵而舞弊,反加重负担于小商人和小贩身上,与苏维埃累进税的阶级原则不合。同样,对于商人中谎报资本,隐藏其资本实在数目(如瑞金商家就发生了这种虚报情形)者,各级政府,应严密侦察,一经察觉,应严加惩罚,甚至没收该商店一切商品,作破坏苏维埃的征收税则条例论。在农村中则要严防富农的抗税,和过于加重中农的负担,反被富农所利用。我们在农村中最主要的工作方法,是苏维埃政府,要依靠他的柱石雇农工会贫农团,在税收工作中去团结工农以及一切劳动群众在自己周围,而严厉的打击富农,甚至于在必要时,强迫富农缴税,在群众面前,揭发他们对苏维埃反抗行为的反动实质。这样才能使农村中的基本群众了解苏维埃的税收重担不在他们身上,苏维埃政府是代表他们的利益,而自动的、迅速的将应缴与国家的税务缴纳。只有这样在斗争中去发动群众,才能很快的完成土地税征收的任务。

三、政府对税收问题应有的动员和注意：

（一）将税收问题作一广泛的宣传，造成群众大家觉得应该迅速缴纳税收的空气。要使广大群众知道缴税是他们的义务，不缴税给国家是苏维埃的罪人。

（二）在各级政府工农检查〔察〕部或科之下，组织突击队，专门作反对征收工作中贪污、舞弊、破坏阶级原则收税的不良现象。

（三）要迅速集中所得税收缴交上级政府，不应将税收不经上级而自动的拉用，这是对国家财政极有损害的，直等于破坏国家财政统一计划。

（录自 1932 年 7 月 14 日出版的《红色中华》第 27 期第 6—8 版）

中华苏维埃共和国临时中央政府
内务人民委员部命令第三号

（1932 年 7 月 16 日）

当着革命战争继续胜利争取江西及邻省的革命首先胜利的紧急任务之下，为了便利军事交通，苏维埃邮政的健全，成为重要工作的一部分。中央苏区邮政自本部通令统一组织规定新章以来，已经 3 月，一般的邮局工作，是比从前进步一些，但因干部缺乏，不能按需要撤换以至还有少数坏的分子，存留在各地分局，故意停滞邮件或拆毁邮件妨害苏区交通。本部已令邮政总局严格注意这些分子的洗刷，使邮政能很完善的成为真正的政府与群众的交通机关。

但是近来检阅邮政工作，发现很多地方政府，群众团体以及各机关，红军部队不遵照邮政章程贴足邮票，欠资邮件亦不肯补给邮局，还有故意乱发特别快信的，以及少贴邮票，强迫邮政投递，假冒红军信件，私刻免费戳记的，如此等等有意无意的破坏邮局事情非常之多。这些都证明对苏维埃法令的玩视，对政权观念薄弱，【是】过去游击主义遗留的表现。本部特再严重命令省县苏维埃政府及红军各级政治部各级邮政局，务须遵照邮政章程及本部规定下列各条寄递邮件，纠正过去交通工作之不规则现象：

一、凡红军战士与其家属通信之免费戳记，一律改为"红军家信免贴邮票"字样，以前红军政治部与地方苏维埃政府所刊用的"红军信件免贴邮票"戳记在 8 月 1 日起宣布一律作废。

二、除了红军寄信家属,家属寄信红军,可以盖免费戳记外,其他的通信一律要照章贴足邮票,如果查出盖免费戳记内非红军家信的,交邮局向发件人加倍罚资。

三、任何机关任何人寄件(除受政府优待免费之红军家信外)必须照章贴足邮票,没有贴足邮票之件,邮局应照章向收件人取欠资邮费,如故意不贴足邮票或故意不给欠资的,该处邮局可报告当地苏维埃政府或上级苏维埃政府查明追究。

四、特别快信是适应革命战争的需要而特别设立,是代替有线电报与长途电话的,只有几个主要干线上和军事交通线上,才有特别快递班次,除临时设立之军事交通干线外,其他各线上,一律只有普通快信,没有特别快递。兹将目前设立特别快递班次之干线指出,望各级政府与红军及群众团体查照:

瑞金——胜利——兴国。

瑞金——石城——广昌。

瑞金——宁都。

瑞金——雩都①——赣县。

瑞金——会昌——重石——信丰(临时的)。

会昌——寻邬②。

瑞金——汀州。

汀州——河田——旧县③——白沙。

白沙——上杭——永定。

白沙——龙岩。

---

① 雩都,现称于都。下同。——本文库编者注。
② 寻邬,现称寻乌。下同。——本文库编者注。
③ 旧县,即福建省上杭县旧县村。——本文库编者注。

胜利——宁都——广昌。

兴国——万太〔泰〕——公略。

兴国——永丰——乐安。

兴国——雩都——会昌。

兴国——赣县。

五、特别快递的发寄，只限于信函，不投递笨重大捆文件，有些没有特别快递的班次的边区邮政，若发现有要寄特别快信者，只要经过当地苏维埃政府证明，确属军情函件，该地邮局得开临时特别快递班，并须负责通知接收局转递。

六、关于局所设立之距离，有些支线如安远、寻邬、武平、新泉、广昌、乐安等处，邮件很少，快信亦不多，所以不需一般的都照主要干线的局所距离（30里到40里）设立，特决定从8月1日起将有些支线上的邮政分局，改为相隔60里至80里，由邮政局分别通告执行，至于邮件寄递，仍须尽力，求得迅速，不可借故延误。

七、为推广各类新闻报纸，发动群众普遍读报，决定新闻纸寄费减价（四两以内的半分，半斤以内的一分，十二两以内的二分，一斤以内的三分，此外每加重半斤应贴邮票半分），另令邮政总局通告执行。

八、在邮政没有办汇兑以前，如机关团体及私人寄钱，须统一发寄国家银行纸票及苏维埃邮票，绝对禁止邮寄现洋、银毫铜片，和金子、银锭等等。如故意要寄现金的邮局不负责保险。

九、星期日与各种革命纪念日，照例应当休假，值此革命战争紧张的时候，如果延迟邮件，有碍消息传递，故决定星期日与革命纪念日，平信停班，普通快信与特别快信须照常工作，由递信员轮流互送不加工钱，若某地某局有特殊情形星期日必要开平信班时，由当地苏维埃政府证明理由，可以开班，发给加递费，但该处邮局须将平信开班的情形报告上级邮局。

十、省县两级苏维埃政府内务部，须随时予以邮政局的帮助（如人员调换物质补充维持邮章等），但变更邮局组织，及修改邮政章程之事，则须报告本部及函告邮政总局办理，苏区边界之区乡苏维埃政府军事信件繁多，本部已得人民委员会批准，所有边区各级政府，准按实在情形，增加邮寄资费，但绝对要维持邮政章程的执行。此令

代部长　何叔衡

1932 年 7 月 16 日

（录自 1932 年 7 月 21 日出版的《红色中华》第 28 期第 5 版）

中华苏维埃共和国邮政总局通知第二号
——关于执行中央政府内务人民委员部
第三号命令的规定

（1932 年 7 月 19 日）

　　自从总局发出第一号通告以后，有些县的邮务工作还未转变。可是有些县份仍是盲目的，完全没有依照邮政章程和总局通告执行，因此还有发现延误邮件、遗失或损坏邮件的事情。对于普通快信，当作平信来走，不开快信班。这样往往普通性快信在政府与群众中间的信任，无疑的要减低，甚至完全失掉。自总局以下，对此有立即纠正的必要，中央政府内务人民委员部发的第三号命令，关于邮政章程与邮政分局设立的距离，及特别快信的寄递等均有明确的规定。并指出了过去有些机关人员对邮政的忽视和对苏维埃命令的不遵守。总局根据这一命令的原则，规定了各种详细手续以及指明各地邮局对于寄递的错误，望各省、县以至邮政分局接到此通告后，立即遵照执行，并严肃改正以往的错误。

　　一、分局设立之距离——邮政分局的设立分干线与支线两种。干线上的邮政，仍照现在的地点设分局，30 里到 40 里不变更位置。支线上的邮政则照中央政府内务人民委员部第三号命令，每 60 里到 80 里设一分局。特将要改的地点（即支线）标出如下：

　　福建方面：

　　白沙到龙岩　　河田到新泉　　河田经水口到武平

　　汀州到宁化　　汀州到连城

江西方面：

瑞金到石城到广昌　广昌到乐安　乐安到永丰到公略（水南）

宁都到龙岗到公略（水南）　永丰到公略　雩都①到安远

安远到寻邬②　寻邬到会昌　会昌到安远

以上这些支线都应该改为隔 60 里或 80 里设一分局，从 8 月 1 日起完全实行。所有隔 60 里以上的分局距离中间，一定要布置很好的代办所，便于送信员来往带信吃午饭或招待送快信的递信员睡觉。

二、普通快递与特别快递——从前各县局各分局，一概都没有执行开快信班的工作，以致把普通快信弄成平信一样。特决定从 8 月 1 日起一律速开快信班。每个局每天一个开平信班的递信员，一个开快信班的递信员。此外还有一个或二个在局内等特别快递。这样实行起来，平信每日开一班带一班，快信每日开两班带两班（开平信班时带快信班走）。规定平信班可带快信，快信班不带平信，因此混乱平信的班次或使走快信的递信员负累太重不能及时赶到。

三、各级邮局的数目规定——从 8 月 1 日起，每个分局每条路决定 2 个递信员，两条路的邮政分局设立 5 个或 6 个递信员（1 个或 2 个送特别快信），三条路线以上的分局，则设 8 个或 9 个递信员。没有特别快信班次的邮路支线上各分局，不设特别快信的递信员（即二条路 4 个人，三条路 6 个人，如此类推）。所有不够人数的分局，由各县邮局按照邮件平均的多少，分别增加递信员，无论分局距离的远近，递信员仍是一样的设立，如果不是干线或支线的邮路，只送区政府或乡政府就终止了的，则只能每条路设立 1 个人，不能每条路设 2 个递信员，开班时间另定。

四、各局开班与带班的时间——平信每日上午 5 时到 6 时开班，下午 1 时到 2 时带班回局。快信每日上午 10 时到 11 时开班，下午 4 时到 5 时带班回原局（快信班与平信班无论有信无信，经常都要开班

---

①　雩都，现称于都。下同。——本文库编者注。

②　寻邬，现称寻乌。下同。——本文库编者注。

并发寄清单），相隔 60 里到 80 里的分局，平信隔日开班一次，一日去，一日回，上午 7 时开班。快信递寄除开平信发出外，每日下午 1 时发寄一次，开班的次数也是隔日一回。特别快信一样是随到随送，只有晚上到的特别快信才是走到代办所休息略睡，清早送到接收局吃早饭。

五、邮政局的布置问题——很多的邮政局，特别是各分局局内什么东西都堆在一起，完全不成样子，有时失了邮件，连查也查不到，还有躲在楼上或小房间里办公的，这样非常不对。要知道邮政局是群众的交通机关，固定的□□不是军事交通站，今天在这里，明天又移到那里去了。邮政局（邮政分局或局）应该设在街市，还要有房屋或店铺，门口一定要贴有比较整齐的招牌（或者在墙壁上用石灰粉招牌等）。要是在大门内办公，一定贴出通告。邮件及各地寄来的清单，政府和机关的收条字据等，均要很有秩序地陈列起来。有银钱关系的邮件，要用小箱锁起来。局长或邮务员出入，马上把门带紧。办公室内禁止搁床铺。无论他是客人同志，不准进邮局办公室的门。寄件的人在店柜外，取票粘信取单，不要他进房间内，以防遗失邮件。坚决不许在楼上或小房间内办公。规定从 8 月 1 日起各局马上整理，以后如果不照规定执行，一经查出即扣该局该月的办公用费。

六、彻底肃清富农、流氓、吃鸦片烟的邮务人员——近来查还有许多邮政分局长或递信员是流氓、富农或者是吃鸦片烟的，这是因为过去地方政府忽视邮政，使这些分子乘机混入的。须知邮政的健全，是目前革命战争中的一部分重要工作，如果不马上把这些分子洗刷出去，让他继续留在分局或县局，定会搞乱邮政，破坏交通的，以前〈从未〉延误时刻递邮件等事，正是这些坏东西弄鬼。各省、县邮政局长不注意很迅速的把这些流氓、富农、吃鸦片烟的坏蛋洗刷出去，积极请求苏维埃政府找人，这是完全不对的。兹特严重规定各地接到此通知后，马上把邮局内存留的这些坏分子肃清。请当地县区苏内务部和工会找忠实可靠的人接替。如果查出有某县还有富农、流氓、吃鸦片烟的邮务员、分局长、递信员时,则扣该县经费的某部分,望严重注意。

七、注意运用排单,严格纠正停滞邮件——邮政局的递送邮件,本不是很好〔难〕学的,一封信发出去,什么时候到什么地方,做邮政工作的人都应该知道的。因为局所的距离,递信员行路的速度、班次的定准,都已仔细标明了递程。可是我们现在还不能这样规律化的传递邮件,由于分局停滞不照章送信,搞乱平信班次。从省以下各级邮局没有看懂排单的用处,要使信件不致停滞,一定要切实检查排单,甲县到乙县的排单,每经过一个分局就要把收到时刻与发出时刻填清,如果接收局的局长,所填时刻不合(或不真实),发寄局的递信员应该负责,有延误时刻者,请将延误原因填出注明,乙县收到甲县的排单时,马上沿线检查,倘有延误马上质问该局,或报写〔告〕上级邮局查办。排单不可包在清单一起,应交给递信员亲手带去沿线转递,每过三日各省、县须将排单寄送总局审计科审查一次。为节省印刷物起见,一张排单还可以在比较隔近之县份来回用两次以上。如会昌到瑞金到会昌,瑞金到汀州中间只隔一个分局,一张排单可用三四转。

八、注意检〔拣〕信和包封的工作——自从总局各种清单发出之后,各县都开始执行包封工作,可是因许多邮务人员的粗心,把信检〔拣〕错,本来寄给甲县的信,他拣到乙县的包封里去,包封的人在清数时候也不注意检查一下,笼统的包进去,以致一封包错的信,从原寄局发到乙县,乙县再打回原地,又再寄去甲县。这样不小心的结果,试问将信延误到若干时候呢?所以特别指出以后除投递信外,对于检〔拣〕信包信之后十二分的仔细和注意。

九、严厉反对贪污腐化浪费,重新举行登记——自总局成立到现在已经3个整月,这3个月的决算,直到现在没有弄清,以致总局没有理由去向中央政府财政部领款,总局财务科也没有机会去审查各省县的账目。可是在近月来已经查出不少的贪污腐化事件,如雩都邮局长丁洪标虚报递信员人数,会昌邮局长陈思清一块大洋买9角邮票，安远邮局长欧阳义5月份报78元4角大洋的药费，调用公款勾结劣绅，还有像江西管理局、瑞金县邮局谎报公款，如此等等，证明这些邮局负责人不忠实于革命的具体表现，除已分别撤职外，特通告闽赣各级邮局，协力反对贪污腐化现象，以后每月决算应照新式登记簿，尽快的填缴上级邮局，并对细账盖章。以前没有把决算表弄清的，应该马上填好，交上级邮局审查统计，不准浪费公款，不准谎报款费，严惩贪污腐化分子。此通知发出之后，从8月起各局人数均有一个大的变更，因此有重新登记的必要。由总局秘书科画登记表发下，望各邮局将该表填好后交总局备查。

十、欠资邮件与各项邮寄工作——以前有些政府和机关人员不给欠资邮费，中央政府内务部已明令纠正，今后如果有此现象……邮寄手续，一律遵照邮政章程及总局第□号通知，上述通知是根据中央政府内务部第三号命令的各项原则定出的，请各级邮局，上述各项切实执行，毋稍敷衍为要。

总局长　杨岳彬

1932 年 7 月 19 日

（根据中共江西省委党史研究室资料处藏件刊印）

人民委员会第二十次常会

（1932年7月30日）

人民委员会于7月30日开第二十次常会，重要的讨论及决议，略纪如下：

一、由梁柏台报告巡视会昌工作的经过后，议决给该县苏以详细的指示信，指出该县目前的严重现象和具体工作。

二、杨岳彬报告参加石城县苏执委扩大会的经过，并议决再给该县一指示信。

三、修正并批准福建省苏所提出的土地税则。

四、修正并通过商业税征收细则。

五、为使中央政府对湘鄂西苏区的关系更加密切和具体指示该地工作起见，议决于湘鄂西设立临时中央政府办事处，并委任关向应同志为办事处主任。

六、议决发整理地方游击队的命令。

七、议决对赤卫军及工作人员为英勇参战而受伤残废及死亡的【抚恤】办法。

八、通过处置红军公谷的命令。

九、决议以邓子恢同志代理土地部长。

十、决议将中央政府警卫连扩充为警卫营。

（录自1932年8月4日出版的《红色中华》第30期第4版）

中华苏维埃共和国国家银行暂行章程

（1932 年 7 月）

第一章 总则

第一条 本行为巩固苏维埃金融帮助苏维埃经济发展之国营事业，直接隶属于财政人民委员部。

第二条 本行设于中央政府所在地，并得设立分支行于各地，或与其他银行订立代理合同或汇兑契约为本行之代理处。

第三条 本行分支行之设立、废止及移设，均应经管理委员会之决议，呈请财政人民委员部核准。

第二章 资本

第四条 本行开始营业时之资本，定为国币 100 万元，由国库于预算案内拨给之。

第五条 本行因业务上之必要，须增加资本时，得经管理委员会决议，呈请财政人民委员部核准，由国库拨给之。

第三章 业务

第六条 本行得为左列业务:

一、帮助发展生产,对于国有工商业或合作社事业,得为有抵押或无抵押之放款,但私人企业之借款须有抵押。

二、商业确实票据之买卖贴现,或再贴现,但票据期限自贴现日起,至多不得逾6个月。

三、依照法律之许可,为生金银及外国货币、证券或汇票之买卖。

四、办理各种汇兑及发行期票。

五、收受各种存款。

六、代人保管贵重物品,但其期限不得逾5年。

第七条 本行受政府之委托办理左列事务:

一、代理国库之一切出纳。

二、代理政府发行公债,及还本付息事宜。

第八条 本行由中央政府授予发行钞票之特权,得发行各种之纸币,该项纸币,得照票面十足缴纳国税。

第九条 发行之纸币,分为一元、五元、十元三种,并得发行辅币券。

第十条 发行纸币,至少须有十分之三之现金,或贵重金属,或外国货币为现金准备,其余应以易于变售之货物或短期汇票,或他种证券为保证准备。

第十一条 本行不得为左列各项事务:

一、投机性质之营业。

二、购入不动产或承受不动产,为供款之抵押品。

三、购入或承受私人企业之公司股票。

第四章　组织

第十二条　财政人民委员部得监督本行一切事务,指导本行业务之方针,核准本行各种营业规则及利率,监督本行业务,核准本行经费之预算,决算,审查各项报告并资产负债表等。

第十三条　本行之分支行及代理处之组织及管理,由中央财政人民委员部所属之各该地财政机关负责监督之。

第十四条　工农检察人民委员部得派代表参加现金存款及会计年度终了时之决算为共同检查。

第十五条　本行由财政人民委员部呈请人民委员会委任委员9人组织管理委员会。

第十六条　管理委员会设常务委员5人,由人民委员会于管理委员中指定之。

第十七条　本行管理之权属于管理委员会。

第十八条　管理委员会主任由财政人民委员部呈请人民委员会任命之。

第十九条　管理委员会之职权如左:

一、业务方针之规定。

二、发行纸币数量之规划。

三、准备现金集中之规划。

四、预算、决算之审定。

五、各项规章之编订。

六、分支行之设立及废止。

七、纯利之处置和分配。

八、资本之增加。

九、内部事务之监督。

第二十条　管理委员会非有委员过半数之出席不得开会。

第二十一条　管理委员会所议之事,如多数议决之议案,主任不同意时,得呈请财政人民委员部决定之。

第二十二条　本行及分支行设正副行长各一人,均由管理委员会,呈请财政人民委员部批准委任之。

第二十三条　行长总理全行事务,为全行代表,并执行管理委员会一切决议。副行长佐理行长办理全行事务。

第二十四条　财政人民委员部每年应派若干人组织审查委员会审查账目。

第二十五条　本行和分支行均设放款及贴现委员会,至本行则由管理委员会主任及委员,财政、劳动、工农检查〔察〕人民委员等部之代表,全国各种合作总社之代表各一人,组织之。在分支行则由各该行之行长为主任,副行长亦得为委员,其他各委员由各当地政府之财政、劳动、工农检查〔察〕等部代表、各种合作总社之代表各一人组织之。该委员会均得聘请专门人员若干人参加,但须呈报管理委员会主任批准。

第五章　决算及纯利之分配

第二十六　本行于每年 12 月终为总决算期,应制左列表册书类交管理委员会和审查委员会审定后,呈请财政人民委员部核准备案。

一、财产目录。

二、资产负债表。

三、营业报告书。

四、损益表。

五、纯利处置表。

第二十七条　公积金由纯利项下提存之,其数额无限制,倘本行损失超过公积金之总数时,则应将不足之数列入国家预算案内,由财政人民委员部另提款项补足之。

第二十八条　本行每年所得纯利提百分之五十为公积金,为增进或改善本行行员生活之用,得于纯利项下提拨一部分款供给之,但总数不得超百分之十,余款悉数解交国库。

第二十九条　本行章程之修改与增加,由财政人民委员部呈请人民委员会核准之。

第三　十条　本行应依本章程之规定由管理委员会订立各种规程及办事细则。

第三十一条　本章程由财政人民委员部审定经人民委员会核准后施行。

湘赣省苏维埃政府财政部翻印

（录自《革命根据地经济史料选编》上册,江西人民出版社1986 年版,第 369—372 页）

中央政府对会昌工作的指示
——关于纠正会昌工作的错误和缺点①
（1932 年 8 月 2 日）

会昌县主席团：

我们从梁柏台同志巡视会昌工作的报告中，知道会昌工作的一般情形。这次会昌推销公债票，虽然有相当的成绩，超过了预定的计划，但是这种成绩很少由于群众的自觉，还是带有勉强性的，表示会昌的群众工作，还没有基础，会昌苏维埃的工作，一般的很不健全，无论县苏或各区、各乡都未正确的建立起来，举其大者有以下的缺点和错误：

（一）土地斗争在会昌未深入，土豪有分了土地的，富农有分了好田的，甚至有的地方土地还未分配，因此使土地革命的果实，未能落入贫苦农民之手，膜〔模〕糊了阶级的利益，使全体群众不积极的起来参加苏维埃的工作，是土地问题应当在最短的期间内进行彻底的重新分配土地，深入土地革命的斗争。

（二）一直到现在，会昌县苏完全忽视了劳动保护的工作，各级劳动部，没有建立起来，会昌县苏对于劳动法之实现从未讨论过，这样忽视劳动保护法的工作就是不注意无产阶级在苏维埃的领导作用，这是会昌县苏在过去工作中的大错误。

（三）打埋伏吃油饼等贪污现象，在会昌非常普遍。自乡苏至县

---

① 副标题为本文库编者所加。

苏的各级政府的账目,还未算清,中央政府通令实行财政统一已有半年之久,会昌的各级政府至今还未实行预算决算的制度,浪费公款乱出账目在苏区中可以说会昌是要算厉害的了。因为贪污浪费致使一部分的工作人员腐化,减低了苏维埃政权的信仰,会昌的苏维埃政府应严厉的做反贪污腐化的运动,给贪污腐化的现象以严厉的打击,以消灭这种贪污腐化的现象。

(四)会昌各级苏维埃政府的组织,许多地方没有按照地方苏维埃的暂行组织条例,乡苏城苏的经常代表会议没有建立起来,只是少数人包办,政府脱离了群众,政府的工作方式,还是命令【式】的,每种工作不是使群众了解,而是强迫群众去执行,例如,扩大红军事先不做宣传鼓动的工作,到了期满没有送红军到补充团的时候,就用强迫欺骗的方法拉夫式的把老的少的拿来充数,这种工作方式不是苏维埃政府的工作方式,而是脱离群众的工作方式。县苏区苏的执行委员,乡苏城苏的代表,开除的开除,撤职的撤职,已经是很不健全,会昌的各级苏维埃政府须准备从〔重〕新改选过,提拔新的干部,洗刷贪污腐化分子,以充实苏维埃政府的力量。

(五)会昌各级政府把富农当土豪打,已成为普遍的现象,各级政府里都关着许多的富农,甚至有打中农的事情,这种现象,表示会昌苏维埃政府工作人员不认识在目前工农民主专政时期的苏维埃政纲和政策。目前对于中农应缔结亲密的联盟,联合中农是土地革命胜利的保障,对于富农是在政治上经济上压制他,而不能把富农当作土豪来打,采取过早消灭富农的政策,因此对于打富农打中农的现象,会昌政府应严格纠正过来。

(六)会昌的苏维埃政权建立比较的迟,在会昌境内还隐藏着许多反动分子,而且有一部地方是靠着白色区域,容易混入反革命分子,当着我们发展革命战争的时候,这些反动分子一定要想许多方法来捣乱苏区,对于肃反的工作,在会昌是非常重要的,但是会昌的肃反机关还未健全,国家政治保卫局各区的特派员和苏区的裁判部未建立起来,就是县一级的肃反机关也不健全,关着许多犯人不迅速的解决,在肃反工作上有松懈的状态,对于肃反工作以后应当严格的执行中央执行委员会第六号及第十一【号】训令,彻底地去肃清反革命派反动分子。

以上几点是会昌苏维埃工作中的错误与缺点,应当要迅速的严格的纠正过来。但是会昌工作的不健全,群众不积极的起来做斗争来参加苏维埃的工作,其主要的原因由于没有深入阶级斗争,没有彻底的解决土地问题,没有坚决的执行劳动法,以引起贫苦农民对土豪富农的斗争、工人对雇主老板的斗争,倘若不是这样去做,我们不能担负起发展战争及巩固后方的任务,来配合前方来消灭敌人,完成当前的革命任务。请你们按照我们以上的指示去执行为要。

8 月 2 日

(录自 1932 年 8 月 4 日出版的《红色中华》第 30 期第 4 版)

司法人民委员部命令①
（司字第二号）
——关于实施劳动感化院暂行章程问题
（1932 年 8 月 10 日）

劳动感化院暂行章程，为劳动感化院进行工作的暂行规则，每个劳动感化院必须按照该暂行章程去组织和进行劳动感化院的工作。劳动感化院的暂行章程在江西福建两省及瑞金直属县从 1932 年 8 月 15 日起发生效力，其他未与中央苏区打成一片的苏区，自文到之日起发生效力。此令

司法人民委员　张国焘
公历 1932 年 8 月 10 日

附：

劳动感化院暂行章程

第一条　劳动感化院是裁判部下的一个附属机关，其目的是看守、教育及感化违犯苏维埃法令的一切犯人，使这些犯人在监禁期满

---

① 标题为本文库编者所加。

之后,不再违犯苏维埃的法令。

第二条 县苏裁判部以上才有劳动感化院之设立,该项机关仅隶属于各该级的裁判部,没有上下级的系统组织。

第三条 劳动感化院设院长一人,副院长一人,科长若干人,由院长副院长及各科科长组成管理委员会,以院长为该委员会的主任,管理委员会负劳动感化院的全责,随时要向裁判部做工作报告。

(附注)副院长可兼科长。

第四条 劳动感化院应设立:总务、劳动管理、文化等科,每科设科长一人。

第五条 总务科是管理劳动感化院的一切财产、器具、经费、生产品的出卖、原料的购置及制造、劳动感化院的预算决算等等事宜。

(附注)预算决算先经过管理委员会通过后,须经各该级裁判部批准。

第六条 劳动管理科是进行建设及管理各种工场,监督和指导犯人的工作等事宜。

第七条 文化科是组织和管理犯人的教育事宜,如识字班、政治课、俱乐部、列宁室、图书馆、墙报编辑、游艺晚会、音乐、弈棋、编辑剧本等事宜。

(附注)各种文化工作,取材应以感化犯人为前提。

第八条 劳动感化院可以开设店铺,出卖劳动感化院的一切生产品,并可兼卖别项商品,以增加劳动感化院的收入。

第九条 劳动感化院应极力提高生产以达到经济充裕,不但不要政府津贴,而且要成为国家收入之一项。

第十条 每日的工作时间规定为 8 小时,上午自 8 时至 12 时,下午 1 时至 5 时为工作时间,其余为教育和休息时间。

第十一条 须按照各犯人的专长而分配其工作,每个犯人每天在工作时间内必须工作。

第十二条 裁判部或临时最高法庭,送犯人到劳动感化院时必须把判决书抄录一份,随犯人送去,使劳动感化院可以根据该项判决书去执行。劳动感化院必须把这些判决书编成号码秩序,好好的保存起来,以备司法机关的检查。

第十三条　犯人进劳动感化院时,必须填写登记表,每天早晨起床及夜晚睡觉时,必须各点名一次。犯人的每个房间门口须挂一块犯人名牌。

第十四条　劳动感化院得另定工场管理细则及作息时间表,送各本级裁判部去批准施行。

第十五条　本章程由司法人民委员部以命令公布之。司法人民委员部有随时修改和废止之权。

第十六条　本章程自公布之日起发生效力。

（录自 1932 年 9 月 20 日出版的《红色中华》第 34 期第 8—9 版）

人民委员会第二十一、二十二、二十三次常会①

（1932 年 8 月 11 日、17 日、24 日）

人民委员会于 8 月 11 日开第二十一次常会，于 17 日开第二十二次常会，于 24 日开第二十三次常会，兹将该三次常会的主要讨论决议，略记如下：

第二十一次常会的主要讨论及决议：

一、讨论工农检查〔察〕部所召集的联席会议的议程及内容。

二、通过政府工作人员减税的命令。

三、通过劳动感化院的章程。

四、讨论福建省目前的工作，议决去一指示信逐一指明该省目前的严重现象及今后的工作方针，并派同志去帮助该省工作的整理与转变。

第二十二次常会的主要讨论及决议：

一、讨论列宁师范的组织、课程及教职员之规定，委徐特立、何叔衡等五同志为该校管理委员会委员。

二、修正并通过财政部暂行组织纲要。

三、通过出入口商业税之减税的命令。

第二十三次常会的主要讨论及决议：

一、修正并通过国家银行的暂行章程。

----

① 标题本文库编者略有改动。

二、议决派邓鸣鑫、刘□盛、李崇葵等20人组织工作团,至南丰、宜黄等新区域去分配土地并建立政权。

三、议决发号召白区工农群众争取江西首先胜利的布告。

四、议决为日本帝国主义侵占热河事发一宣言号召全国工农劳苦群众发展更大的民族革命战争。

五、鄂豫皖红军连获10次大胜利,议决去电嘉慰。

六、议决派何叔衡同志至后方医院慰劳伤病战士。

(录自1932年8月30日出版的《红色中华》第31期第7版)

人民委员会命令第十八号
——为处置红军公谷问题
（1932 年 8 月 11 日）

　　红军公田的谷子是要全部分配给外籍红军战士的，任何机关及工作人员，不得自动用耗费。现在秋收快完毕了，为使各地方政府对于红军公田所收的谷子有处置的办法起见，特决定以下各项，望立即遵照执行。

　　一、各区政府要将全区公谷数目，精确统计报告县苏，由县苏汇集全县数目，报告省苏，由省统计，报告中央计划分配。

　　二、由区政府指定适当的公共仓库，通令所属各乡苏，一律送到指定地点，妥为保藏。

　　三、公谷要经晾晒干，公仓要修理完善，以免发生腐烂、鼠耗、虫蚀等事。

　　四、公谷如何处置和分配办法，须再候中央命令办理。

　　以上各项，各级政府均须切实照办，不得有丝毫怠忽，如红军公谷有消耗损失情事，照中央执行委员【会】第九号训令严办。此令

　　　　　　　　　　　　　　　　　　　　　　　　8 月 11 日

（录自 1932 年 8 月 30 日出版的《红色中华》第 31 期第 7 版）

人民委员会对于赤卫军及政府工作
人员勇敢参战而受伤残废及死亡的
抚恤问题的决议案

（1932 年 8 月 13 日）

国内战争正在残酷的进行着,广大的工农赤卫军及政府工作人员领导地方武装,英勇的配合主力红军的行动而参与前线及巩固后方的斗争,对于战争胜利,实有决定的意义。在过去历次残酷的斗争中,赤卫军及政府工作人员的勇敢参战,得到了显著的功绩,今后更须加倍广泛的动员参加这一艰苦的斗争。在斗争中受伤残废及死亡的赤卫军及工作人员,是为整个阶级利益而受到的牺牲,应为广大工农群众所钦敬,并须予以优恤及赞扬。人民委员会第二十次常会,特议决对赤卫军及政府工作人员为作战而受伤残废及死亡的抚恤办法如下:

一、凡赤卫军及政府工作人员,有因作战而受伤残废及死亡者,须由当地县政府登记,呈报省政府,发给抚恤。

二、凡赤卫军及政府工作人员,因参战而受伤者,由政府担负医药费用。

三、凡赤卫军及政府工作人员,因作战受伤而成残废不能服务者,可送往残废院,由政府维持其生活。其愿意归家者,则须给予终身抚恤金,其数目以当地生活程度而定,但全残废每年不得少至 30 元以下,半残废每年不得少至 15 元以下,全残废与半残废的区【分】,可依照红军抚恤条例之规定。

四、凡赤卫军及政府工作人员,因作战而死亡者,由政府出资葬埋,有特别意义者,并须勒碑纪念,其遗金遗物,除在遗嘱中有特别支付外,应付与其家属,但有革命意义的物品,应保存于革命陈列馆。

五、凡赤卫军及政府工作人员,因作战而残废不能劳动及死亡者,如其家属确无生活能力,应设法帮助,对其子女弟妹之幼小者,由国家负责送入学校读书,并帮助费用,以满16岁为止。

六、各省苏内务部应制发各种抚恤证,并规定发抚恤金的时期。

七、以上各项办法,非因作战而伤亡残废者,不得享受此种权利,自本决议案颁发之日起施行。

（录自1932年9月13日出版的《红色中华》第33期第6版）

江西福建两省，瑞金直属县，及中央政府附近会昌、寻乌、安远、宁都、南广、宁化等县工农检察部联席会议决定各级工农检察部在目前的中心任务①

（1932 年 8 月 13 日）

江西福建两省，瑞金直属县，及中央政府附近会昌、寻邬②、安远、宁都、南广、宁化等县工农检察部联席会议决定各级工农检察部在目前的中心任务于下：

（一）根据中央执委十四号训令加紧检察参战工作，应注意之事项于下：

甲、军役的补充：

一、一县或几县按期成立红军补充团，每团每月至少成立 2 连。

二、发展城都〔乡〕赤卫军，凡 18 至 40 岁的选民都有加入的义务，但以自愿为原则，区应成立模范赤卫连，大区三四连小区一二连。

三、各县游击队全线出击，必搜〔按〕照军区或各县政府所规定的游击纲要，绝对禁止游击队非阶级路线的行动。

乙、督促修理交通路尤其是军事交通路线的桥梁道路。

丙、充筹战争经费：

一、检查销售公债的成绩。

二、检查保护秋收的成绩。

---

① 标题为本文库编者所加。

② 寻邬，现称寻乌。下同。——本文库编者注。

三、检查秋收后加种杂粮及禁种鸦片的成绩。

四、检查游击队筹款工作,绝对禁止搜扰贫苦工农。

丁、发展苏区经济:

一、如福建之纸、木,江西各县之茶油、夏布、樟脑、煤矿等,必须督促发展。

二、汀州、白沙、兴国、雩都①、宁都、筠岭等大的城市督促各地政府帮助组织大规模的消费生产等合作社。

戊、检查加紧各地赤色戒严和肃反的工作,按省、县、区、乡清查阶级异己分子,肃清地主靖匪及反动政治派别。

(二)督促各级政府土地部对土地法的彻底执行:

发展土地革命的斗争使土地革命的深入,要看执行土地法的程度为定,工农检察部应督促各级土地部赶急重新调查土地。如发现地主还据有土地和大房屋,富农还占有好田,必须立即没收,按土地法重新分配,土地未分配好,或分配不合法的地方,必须发动农村阶级斗争来重新分配,在新发展的苏区,必须毫不迟延的按土地法做一次,将没收分配土地的工作完成。

(三)严格的检查对财政的贪污滥费:

在节省一切经费作充〔充作〕红军供给的口号之下,如对贪污腐化的分子放纵,应受革命的斥责,各级工农检察部如发见插腰包打埋伏及种种浪费财政的现象,应严格的检举,提起公诉,从严惩办,乃至枪毙其罪犯为止。

(四)监督各种税收:

在发展战争当中,重新确定商业税、土地税、房租等,各级工农检察部,要站在增加国家税收,保证贫苦工农利益的立场上检举偷漏税收,隐瞒或滥用税款并督促规定的时间收完,不得迟延等等。

(五)检查实行优待红军的条例及其办法:

扩大红军,补充军役的中心任务,均要看执行优待红军办法的程

---

① 雩都,现称于都。——本文库编者注。

度来决定,在中央执委第九号训令第十九项规定各级工农检察部须负责派专人考查和检举,如发见各级政府不执行优待红军条例,得向法庭提起控告,按反革命一样来处罚,是检查优待红军条例,各级工农检察部应负专责,尤其是现在红军公谷的集中和保存,应按中央人民委员会第十八号命令办理,不使有颗粒浪费,是工农检察部目前最迫切的任务。

公历 1932 年 8 月 13 日通过

(录自 1932 年 9 月 13 日出版的《红色中华》第 33 期第 6 版)

突击队的组织和工作

（1932 年 8 月 13 日）

一、突击队是人民在工农检察部指导之下，监督政府的一种方式，凡有选举权的人都可加入突击队。

二、突击队每队的人数最少须有 3 人。每队须有队长 1 人。

三、突击队只隶属于当地的工农检察部，受他的直接指导。

四、突击队的队员不脱离生产，他们执行工作是在空暇的时间或休息日。并且不是固定的，每次突击可以改换队员分子。

五、突击队的工作方式有以下两种：

1. 公开的突然去检查某苏维埃机关，或国家企业和合作社，以揭破该机关或企业等的贪污浪费及一切官僚腐化的现象。

2. 扮作普通工农群众到某机关去请求解决某种问题看该机关的办事人员对工农的态度，办事的迟速，以测验该机关的工作现状。

（录自 1932 年 9 月 6 日出版的《红色中华》第 32 期第 7 版）

人民委员会命令第十九号
——为政府工作人员减税问题

（1932 年 8 月 15 日）

目前正当国内战争的时候,在苏维埃政府机关工作的人员,纯粹是为参加革命而尽义务,对于家庭,当然不能有任何经济上的补助,但有一部分工农积极分子,常因受家庭生活的羁绊,很困难到政府机关工作,即已在政府工作的人员,亦常有因家庭劳动缺乏,不能顾及,而不能安心工作,这对于政府工作的健全与改造,要受到相当的影响,现当征收土地税时,政府工作人员除雇农、工人,劳力完全免税外,贫农中农等成分,仍须按例缴纳国税,但他们都是家庭生产中主要劳动者,每因参加工作,影响生产,若再照数缴税,则对于家庭生活影响甚大。因此人民委员会第二十一次常委议决,政府工作人员,在服务期间,本人及其家属(即父母妻子)可按照缴纳之国税税额,减收半数,用以减轻政府工作人员的家庭经济的担负,藉资鼓励。特此令知,望各级政府及收税机关,一律遵照办理勿误。此令

8 月 15 日

（录自 1932 年 8 月 30 日出版的《红色中华》第 31 期第 7 版）

中华苏维埃共和国临时中央政府财政人民委员部训令
（财字第十五号）
——关于统一税收问题
（1932 年 8 月 16 日）

　　税收为国家财政主要收入，自应由国家统一征收。以前各级政府，对于各种税收，都系各自征收，归入各级会计，作为一种日常收入，从未另外报解中央。如此一方面使国家无从知道各地税收确数，另一方面对于各级账目之检查，也发生许多困难。因此本部决定从 8 月份起，凡土地税、商业税、山林税以及店租、房租、矿产资金等各项租税收入，各级财政部都应另立账簿，如公债款一样，分别收入，按月解缴上级，汇送中央或中央所指令之用途，并须按月将收入情形详细报告，以便审查。各级财部对于上述各项税款，以后不得擅自动用，并不得将所收款项列入日常收入，以混乱会计系统，其上半年及 7 月份所收税款，则须分别统计，填写表格，报告来本部，以便审查，兹发下各项表册，各级财政部收到后须照此格式印好使用，以资统一，切切勿误。此令

县苏维埃财政部长

财政人民委员　邓子恢

1932 年 8 月 16 日

（附）账簿格式四种各　　份

　　　报告表三种各　　份

附件：

一、中华苏维埃共和国工业登记表

备考	经理姓名籍贯	股东几多	雇用几个职员和工人	开办年月	每月平均生产多少	资本多少	何种方法生产	工厂或是作坊	地址	字号

备注：1. 字号项下要该主人盖印；

　　　2. 此表每月 2 日内填写一次；

　　　3. 此表由县苏照此格式印发。

二、店房租据

备考	租金多少	做何生意	开何字号	店内有何家具物件	店房栋数	店房四界	店房所在地	店房出租人
							县　市 街门牌	

承租店　　　　经租人　　　　在场人　　　　　　193　年　月　日

三、中华苏维埃共和国商业登记表

备考	上半年每月均做多少生意	雇用几人	资本多少	开张年月	兼营何种工业	做何生意	经理姓名籍贯	股东姓名	商店地址	商店字号
									省 县 街 号	

公历 1932 年　　月　　日

注意:1. 做何生意项下须附带说明是否批发或零售。

　　　2. 兼营何种工业是指有无兼刨烟染布做□□等。

　　　3. 商业字号项下该店盖印。

　　　4. 此表于每年 2 月内填写一次。

　　　5. 此表由县苏照此格式印发。

四、　县　市　月份营业调查表

增减原因	比上月增减多少？	本月份生意多少？	字号
			（盖印）

193　年　　月　　日

（注）此表由各该级征收机关印发。

（根据中共江西省委党史研究室资料处藏件刊印）

中央给福建省苏的指示

（1932 年 8 月 17 日）

福建省苏主席团：

当中央领导各级政府各地工农红军和全苏区的工农群众，实行全线出击，以革命的进攻，来回答敌人的进攻，粉碎帝国主义国民党军阀的四次"围攻"，以实现江西和邻附几省首先胜利的任务，各红军各地方武装和各级政府领导工农群众执行这一任务下，已继续的获得伟大胜利，已开始给敌人的新围攻在各线上都遭受严重打击与失败，可是福建省各级政府在执行这一伟大任务中表现着极严重的现象，虽然福建省各级政府曾在会议上决议上都讨论过计划过，可是在事实上，对于群众动员，特别是领导地方武装出击敌人，还不能实际去执行，在省苏所在地方，长汀县更表现相反的严重现象，地方政府不仅没有坚决领导群众和地方武装实际出击敌人进攻敌人，反而采取退守战略，时时受敌人的攻击和侵扰，县苏所在地之河田不但常受敌人威胁，以至敌人长驱直入扰乱到河田街上，扰乱到离汀州 15 里地方之李田附近，长汀县苏及区苏不仅没有动员群众领导群众坚决抵抗敌人进攻敌人，反而敌人未来之先，闻风先逃（长汀县苏及各区），即龙岩县也同时先自逃跑，甚至一闻谣言就互相惊跑，在大田湖钟屋村一带之区乡政府，平时不敢在屋住宿躲在山上，随时准备逃跑，这简直是苏维埃的耻辱，如何能领导群众作坚决斗争？地方武装数量上却不少，但一遇作战不是事先逃跑，大半就是一闻枪声向后□散，更严重的在赤区边乱抢乱拿群众东西，实等于土匪行动，这是苏维埃政权下，绝对不允许有的事，在客观上是帮助反革命对苏区进攻的自杀行为，在这样严重形势之下，省苏虽然在反对这种行为，但没有从政治上深刻的去认识这一事实的严重性，没有坚决与各地作无情斗争，没有用苏维埃纪律来制裁这种反苏维埃的行为，对于整个形势的认识，仍然只着眼在军事方面，对于团匪的骚扰，不从动员群众领导群众去坚决进攻敌人消灭团匪巩固与发展苏区，不了解要消灭团匪没有群众力量单靠武装力量是不够的。经常只忙于时时调兵应付，而没有整个消灭团匪计划，没有加紧地方动员群众，整顿地方武装，严厉检查各级政府工作，在实际上去转变工作，这证明福建全省对于中央历次指示的执行和工作上的转变，的确成为严重问题，依赖军事的观念，忽视群众伟大力量，特别是形式主义的工作作风，仍然是继续充满于你们的工作中，这是极其严重的，是阻碍福建苏区的发展。福建苏区是中央的东面屏障，这对于实行全线出击，粉碎帝国主义国民党的四次"围剿"的紧急任务与行动方针下有莫大的妨碍。人民委员会严重的向你们建议，迅速纠正过去的错误，从实际动员群众上，从领导群众作坚决斗争上，从坚决进攻敌人的战略上，来坚强和改造各级政府的领导，来消灭形式主义的作风，同逃跑的风气作无情的斗争。要给那些只依赖军事忽视群众力量的观念，以严重打击，加强地方武装的政治领导与教育，洗刷不好的分子，严肃纪律，对于反苏维埃的行为，必须给领导者以严厉制裁，来教育全体士兵，地方武装要成为群众工作的组织者发动者，是巩固和发展苏区的一个主要力量，这样才能提高地方武装的战斗力和其作用。在这里我们更要严厉的排斥一种藉口闽西地方武装不能作战来掩饬〔饰〕逃跑和不坚决斗争的荒谬观念，其实群众任何时候，是坚决斗争的，因为领导者的错误，领导者先群众而逃跑，没有去领导群众，地方武装是能打仗，因为政治军事领导的不好，对于政治训练的忽视，不能加强斗争力发挥地方武装的战斗作用。

同志们！望你们从政治上工作上去了解过去的错误，放弃过去一切的错误路线和工作作风，要以无产阶级的坚强性去转变一切工作,对于过去的错误,在当前紧急任务下,使他一分钟再也不允许继续下去。

我们为了帮助你们的工作转变,整理地方武装和计划消灭团匪,特派杨同志为特派员,希与接洽一切。

8 月 17 日

（录自 1932 年 9 月 6 日出版的《红色中华》第 32 期第 7—8 版）

财政部暂行组织纲要

（1932 年 8 月 17 日①）

一、财政部在中央政府则隶属于人民委员会，称财政人民委员部，省县区则受各该级执行委员会主席团的指导，称财政部，城市则受城市苏维埃主席团的指导，称财政科。

二、各级财政部或科在行政系统上直接隶属于上级财政部，建立上下级的系统关系，绝对执行上级财政部的命令，但同时则受同级政府主席团的指导，发生横的关系。财政部须设立财政委员会，由 3 人至 17 人组织之。

三、下级财政部长，经各该级执行委员会或城市苏维埃选举出来之后，必须送上级财政部批准，各级财政委员会的委员，由各该级政府主席团委任后报告上级财政部批准备案。

四、财政人民委员部执行国家经济政策，计划岁入岁出，并管理国库税收权公债钱币会计银行国有财产合作社等事项。

五、财政人民委员部之下，暂时设立会计处，审计处，总务处，税务局，公债管理局，钱币管理局，国产管理局，合作社指导委员会。

六、省财政部设会计科，出纳科，税务科，审计科，及合作社委员会，县财政与省同，但不设审计科，与省县同级之市财政部均设出纳、会计、税务三科，但省县所在地之市财政科则不设□□□□□□□□

---

① 原件无时间，此为 1932 年 8 月 17 日人民委员会第二十二次常会通过此纲要的时间。——本文库编者注。

□□□□□□□□。

七、各局处及委员会日常【掌】管事项如下：

甲、会计处掌管国家关于总预决算的编制，金钱物品之书〔簿〕计，会计制度之确立等事项。

乙、审计处掌管关于总预决算的审核，簿记之检查及审核国家预备之支出，国库现金及存款事项。

丙、总务处掌管财政人民委员部内各种财产，文件及一切什物。

丁、税务局掌管关于各项税务之计划，整理和征收，各级税务机关之建立和监督。在国家登记局未设立以前，兼管理工商业之登记事项。

戊、公债管理局掌管关于公债之计划，发行推销，还本付息，买卖抵押，登记注册及各种证券的管理和取缔等事项。

己、钱币管理局掌管关于币制的统一，国币之制造与发行，银行和造币厂之管理和监督，金融之调剂等事项。

庚、国产管理局掌管关于国有山林，矿山，店铺，房屋，工厂，企业之经营，管理出租和各种租金之征收等事项。

辛、合作社指导委员会掌管关于指导和计划各种合作社之建立和发展等事项。

八、除第七项各种分工组织外，必要时还可以组织各种专门委员会，从事研究各种专门问题，并可聘请专门人材为委员，该项委员会由部长以命令委任之，各管理局和处，也可以组织委员会从事研究和进行与该局处有关系的问题，委员人数3人至5人，以局长或处长为主任。

九、中央财政人民委员部设部长1人，以财政人民委员为部长，副部长2人，由人民委员会以命令委任之，局长4人，处长3人，合作社指导委员会主任1人；省县两级财政部，设正副部长各1人，各科科长各1人，税务员二三人；区仅设部长1人，会计1人；城市设科长1人，会计1人。

十、除第九项上之负责工作人员外，可酌用各种技术工作人员，由部长以命令委任之。

十一、县以上财政部可用指导员若干人，指导下级财政部工作，税务检查员若干人，以检查人民的纳税事宜。

十二、财政部各局各处各科的办事细则另定之。

十三、本暂行纲要，人民委员会得随时修改和废止之。

十四、本暂行纲要，在江西福建两省及瑞金直属县自公布之日起发生效力，但未与中央苏区打成一片的苏区，自文到之日起发生效力。

（根据中共江西省委党史研究室资料处藏件刊印）

人民委员会训令第七号
——发展粮食合作社运动问题
（1932 年 8 月 21 日）

目前苏维埃区域,在帝国主义国民党采用经济封锁政策之下,形成极严重的剪刀现象:一方面外来工业品,如布匹、洋油、洋火、食盐等减少输入,价格日见高贵;另一方面内地农产品,如纸、木、豆、烟叶、夏布、粮食等销不出去,价格大跌特跌。因此农民只靠耕田为生,很难找到别种副业收入,所以收获时,需要种种用钱,而又借不到,只有便宜出粜米谷,因而酿成到处惊人的跌价(如江西之万太〔泰〕、干〔赣〕县、永丰、公略等县跌到六七毛钱以下,实际上连农民耕种土地的成本都要蚀了一大半)。到了青黄不接之秋,因为农民食米多数卖空,要向市场籴米,却又促成米价之高涨(一般米价却比收获时要贵两三倍)。这种米价之特起特落,实际上农民仍然受了很大剥削,这样影响到农村生产低降,荒田加多,税收减少等坏的现象;但是另一方面却使商人富农,利用买贱卖贵,增加对于群众的剥削,而促成私人资本的发展。这些现象都会给予革命以很大的不利,结果会障碍群众的发展与革命的发展。为相当救济这种现象起见,现决定粮食合作社办法,于收获时高价向社员收买米谷,到了青黄不接之时则低价出粜,其中所赚的钱一半作公积金,其余则按照社员粜谷多少为比例分配。这种合作社主要作用是调节粮食价格减少剪刀现象,是工农贫苦阶级抵抗商人富农商业资本剥削的一种经济组织,是冲破敌人的封锁,使土地革命的深入与继续。兹特制定粮食合作社简章发下。各级政府接到此项训令及简章后，必须由上而下召集各级主席贫农团雇农会等联席会议，详细讨论，切实计划，动员广大群众入股，建立和发展粮食合作社的组织，限 10 月底以前各主要县份，必须做到每乡都有粮食合作社的组织（边区除外），以后再来计划建立区以上的粮食合作社组织系统。这里必须注意到的，就是合作社是一种群众经济团体，征求社员一定要有宣传鼓动，要使群众自己深切了解合作社的作用，要使群众自动的加入，无论如何不可有丝毫强迫命令的态度。你们要在群众中造成极浓厚的空气，要造成"不加入合作社就是革命者的耻辱"的空气，只有宣传工作做得好，才能发动广大群众，普遍合作社的组织，加厚合作社的资本。组织合作社一定要联系到扩大苏区，争取工业中心城市的宣传，只有取得工业城市，使工业品与农产品能够互相供给，才能根本消灭剪刀现象，只有这样工人农民才有工做，有担挑，有钱用，也才能消灭粮食价格的特起特落，而使农民不致再受商业资本的剥削，以致于破产困穷，也只有把合作社工作联系到向外发展，争取中心城市的宣传，更〔才〕能更加发动群众的热情与兴趣，而打破他们的地方保守主义，这样合作社才能更加发展而不致限于地方的组织。各级政府关于粮食合作社的计划动员，以及组织成绩，必须随时报告上级，以便更具体地指导你们工作。切切此令

8 月 21 日

（录自 1932 年 8 月 30 日出版的《红色中华》第 31 期第 7 版）

中华苏维埃临时中央政府为反对国民党对牛兰案件的判决再向全世界全中国民众宣言

（1932 年 8 月 25 日）

　　南京国民党政府承受帝国主义的旨意捕禁中国革命的朋友、太平洋职工运动的积极参加者牛兰，残酷虐禁一年之久，本政府曾于 7 月 19 日正式宣言愿保护这一中国革命的朋友，同情于世界的援救牛兰运动，决定将现在各苏维埃区域被拘留的帝国主义在华作统治先锋的牧师释放，与牛兰及其同案妇人交换，但南京国民党政府只为效忠于帝国主义，竟不顾全世界营救牛兰的文学家科学家与劳动民众之抗议与要求，于 8 月 19 日无理由强迫判决牛兰及其同案妇人以无期徒刑。苏维埃中央政府号召全世界全中国民众一致起来，坚决反对献媚帝国主义的南京国民党政府对于牛兰及其同案妇人之判决，要立即释放牛兰及其同案妇人。苏维埃政府再正式宣言，如南京国民党政府悔悟，承认以被扣留苏维埃区域之牧师交换的办法恢复牛兰及其同案妇女的自由，本政府为贯彻援救牛兰初衷和达到全世界文学家科学家和劳动民众之热望，仍照 7 月 19 日宣言履行。特此宣言。

1932 年 8 月 25 日于瑞金

（录自 1932 年 9 月 6 日出版的《红色中华》第 32 期第 1—2 版）

临时中央政府人民委员会命令第二十号
——几种商业品减税问题

（1932 年 8 月 26 日）

现当革命战争最紧张的时候，为使苏区生产品出口，充裕苏区经济以及便利群众的日常用品和军用品的供给，很顺利的继续争取更大的胜利，彻底粉粹敌人的围攻及经济封锁，以完成江西全省的首先胜利起见，特决定某几种进出口的日用品和军需品暂时施行减税的办法，以资奖励。凡是从苏区将出产品如谷米、豆子、菜油、木、烟、纸（粮食不够的地方例外）及一切农产品运往白区发卖者，以及从白区贩运下列各物来苏区者，照其应纳之营业税额，一律减收半税。

计列减税之进口物品如下：

盐、洋油、火柴、棉花、线布、棉布、药品、医药器具、印刷材料、钢铁、兵工厂药料、电话电报材料、手电筒、电池、汽油。

望各级政府及税收机关，一律遵照办理为要。此令

（录自《革命根据地经济史料选编》上册，江西人民出版社
1986 年版，第 440 页）

中央政府给石城县苏的工作指示

（1932 年 8 月 30 日①）

石城县苏维埃政府：

你们县苏执委扩大会中,已由本府派了杨岳彬同志出席指导,除了杨同志当面指示的各部分外,人民委员会对石城工作中还有几件最重要的目前工作写给你们,望县苏主席团,立即讨论执行。

一、彻底解决土地问题——没收分配土地是发动群众斗争,动员参加工作战争的基本问题,石城的土地一般说来,是很严重北半县高田、风山、驿前、木兰等区,还没有进行分配土地,即已经分配土地的南半县几区,还有少数富农分得了好田,富农分秧田,成为石城普遍的现象,这样是你们一切工作困难进行的重大原因,从县至乡都应该集中注意力于分配土地,高田、风山、驿前、木兰等区的土地要马上分配,屏山、古嶂、新村、坝口、小桥、城市等区,应立即进行没收富农所分得的好田,补给贫农和中农,如果群众要求再分时应重新分配过,横江、大猷、珠江、洋地等区应组织查田委员会,检查是否还有富农或豪绅家属,窃取了土地革命中的利益,去进行分配土地。检查土地的工作中,要严重注意打击破坏土地革命的反革命分子,各级政府里暗藏的富农流氓,要坚决洗刷出苏维埃,要发动贫农团来领导这一工作的进行,须在 8 月底以前完成。

---

① 原件无时间,此为该指示在《红色中华》发表的时间。——本文库编者注。

二、加紧肃反工作——因为石城土地分配得不彻底,土地斗争不深入的缘故,群众斗争没有发动,所以反动势力仍然潜伏在苏区以内,并且随时不断的捣乱苏区,破坏土地革命,控制群众不敢积极起来向豪绅地主残余力量作斗争,最近破获 AB 团、懒子会、一心会、社会民主党等组织以及高田廖姑娘的藉迷信捣乱,即是明显的例证,各级政府应加紧注意揭破反动阴谋的宣传,使群众能普遍认识反革命的作用,不致受其欺骗,要领导群众,监视富农流氓的行动,公开予以警告,使其不敢放肆活动,同时要在进行分配土地的工作中洗刷混在政府里的富农流氓,及革命不坚决的分子,加强苏维埃的领导这是防止反动派活动的重要部分。高田廖姑娘,利用迷信破坏苏维埃,此间已派人去毁屋捉人,但你们应特别派人到高田向群众宣传,破坏〔除〕迷信,以及暴露他最近破坏苏维埃的各种反革命事实。

三、健全地方武装的组织与领导——石城除独立团外(现编入七师)尚有 6 个游击队,这些游击队,在过去的行动中,不能令人满意,洋地游击队破坏横江市,扰害长汀苏区,坝口游击队不受军事部调遣,自动开到驿前破坏市政,甚至还会开到白区,随便捉人,任意掳掠等行为,这都表示游击队完全没有政治领导,如果不立即纠正,对苏区发展有极大的危害。要知道游击队的任务,不是简单为着打仗捉人的,游击队有肃清边区残余反动势力发动白区群众斗争巩固苏区与发展苏区的伟大使命。在革命战争中还应有集结力量配合主力红军行动,或牵制敌人的重要任务,因此游击队的组织,游击队的领导,游击队的纪律都应要特别的坚强,成为真正的群众自己的武装,可是石城的这些游击队,不仅不能执行本身的任务,而恰相反的得到破坏苏维埃行政的结论,所以你们要严重注意游击队的组织整理和政治领导的建立,游击队的队员一定要是纯粹的贫苦工农,不准一个流氓富农或靖卫团丁混入,游击队的指挥员,一定要是斗争坚决的勇敢工农,或从红军调出的,有军事经验的战斗员,不准当过靖卫团,或曾当过白军的来充游击队的指挥员,在红军里开小差回家的,同样不准他参加游击队,这是在组织上应特别注意的,石城的几个游击队一般的缺乏军事政治教育,县苏军事部,要加紧注意教育工作的进行,特别是普通的政治认识,要森严军事纪律,反对发洋财,带老婆和不受命令,破坏市政的行动,尤其应该注意在白区行动时,不准乱拿工农贫民的东西,打土豪要为公。每次行动要尽量做文字的和口头的宣传工作,号召群众散发土豪谷物,以扩大苏维埃的影响,吸收能力的贫苦群众组织小部游击队,造成当地的斗争基础,还应尽可能的组织群众,建立初步的政权形式——革命委员会,领导群众对地主豪绅斗争。以后游击队的指挥,应直属县苏军事部,区苏只能向军事部提出行动意见,纠正从前的分割形式(造成拥兵自卫,不能统一行动),在目前掩护召集秋收与分配第七师出击,军事部计划临时游击支队的组织,务于集结力量消灭靖卫团匪,这是十分必要的,望立即依照执行为要。

(录自 1932 年 8 月 30 日出版的《红色中华》第 31 期第 7—8 版)

店房没收和租借条例

（1932 年 8 月）

第一章　总则

第一条　凡属建筑为商店营业用的房子适用本条例。

第二条　大小作坊的房屋如油槽、车寮等以及圩场上的摊寮都适用本条例。

第二章　没收范围

第三条　凡属军阀官僚豪绅地主反动派祠堂、庙宇、福会、公产以及一切反动机关团体等所有的店房、作坊、摊寮，一律没收为苏维埃所有，其店内作坊内附属的柜台、家具、工具等如系原主人所有物品一律没收。

第四条　凡为工人、雇农、贫农、中农、城市平民（及独立劳动者）的所有物不没收，仍归原主所有。

第五条　公共店房作坊等不论合股的或祖遗的，其中属于第三条应没收的部分则没收，属于第四条部分则不没收。

第六条　商人及作坊主所有店房、作坊，如系自己营业的不没收，其自己使用不了因而出租的也不没收，但为营利目的而建筑的店房、作坊则没收之。

第七条　以前没收错的店房、作坊一经证实,即应归还原主人。

第三章　出租与租金

第八条　凡为苏维埃政府没收来的商店及作坊的房屋,商人作坊主要向县或市苏维埃政府重行订定租金,填写租据,按期交租,始准在店营业,否则勒令搬出,将店收回。

第九条　各圩场及各街市摊寮归苏维埃没收的,过去有租金者,也照店房条例重新订定租金,或由苏维埃规定最低租额,招商投票以多为得。

第十条　订定租金以店房等的码头地位、建筑大小,并参照生意衰旺为标准增加或减少,以能增加苏维埃利益,不妨害商业发展为原则,过去各处照原租一律减折者,要重新改订。

第十一条　凡填写租据按期交租之店房等,准其每年租借营业,不加租金。但如果社会的生活程度一般的提高,或市面商业发展,政府认为有加租必要时,得增加租金。

第十二条　凡向苏维埃承租之店房、作坊等,常年修理费用,归承租人负责,如有重大破漏或意外崩坏需要大修理时,得向苏维埃请求修理。

第十三条　凡向苏维埃承租之店房、作坊等,未得苏维埃准许,不得自行改造,但为便利装置在店内改变门窗等不在此列。

第四章　免租与减租

第十四条　原系租来营业之店房,现在本人破产歇业作为住屋者,得酌量减租或免租。但店屋码头都好者,政府得另找房屋与他掉换。

第十五条　乡村及偏僻街道的小商店营业不能维持生活者,得酌量减租或免租。

第十六条　依合作社条例组织之合作社,向县政府登记批准者,有优先租借权,并得酌量减轻租金,不合条例未得批准者,以股东商店论。

第十七条　圩场及街市中肩挑小贩及有摊无寮者一律免租。

第十八条　免租的店房、作坊、摊寮,仍要填写租据,负责修理房屋,保存家具,不租时交还政府。

第五章　收租机关与期间

第十九条　城市店租由县政府财政部直接收取,各圩场店租、摊租及乡村作坊租金,由县政府委托区政府代收,或派员收取。

第二十条　省政府所在地之中心城市店租,由省政府财政部派员直接收取。

第二十一条　各地租金1932年上半年的,限期一次收齐,7月份起于每月终收之。

第六章　附则

第二十二条　本条例由财政人民委员部修改或废止之。

第二十三条　本条例自公布日起发生效力。

财政人民委员　邓子恢

公历1932年8月

（根据中共江西省委党史研究室资料处藏件刊印）

商业所得税征收细则

（1932 年 8 月）

第一章　总则

1. 凡各项商业自己开设店铺或寄居别店营业者，一律要照中央政府修正税则缴纳商业所得税。

2. 凡过往客商以季节生意论，于每次生产结束后按交易额缴税。

第二章　资本之规定

3. 凡该店股金、公积金、未作存数的店房，以及一年以上的之长期存款都应算作资本。

4. 上列资本数额以该店上年盘结簿为凭。

5. 老店依靠信用资本用空或资本无账簿可凭者，由征收员按照其生意大小、周转快慢斟酌估计其资本数额。

（注）生意大的资本大，生意小的资本小，同样大小的生意其周转快的资本小，周转慢的其资本更大，如某两店周转，同是一个半月一次，但一店做生意 2 万元，资本必为 2500 元，又一店做生产 5 万元，则其资本必为 6200 多元，又如某两店生意一样是做 1 万元，但一店一个月周转一次，其资本则如 800 元左右，另一店资本两个月周转一次，则其资本必为 1600 元。在中央苏区内现时资本周转大概快的每

月一次,慢的每两月一次。

6. 外埠商人坐地采货之行家以每次办货总值或每年办货总值,按其周转快慢为标准,决定其资本数额。

第三章 营利之规定

7. 所谓营利是指商人贸易所得之全部毛利,非指除开消后之红利。

8. 在新簿计未采用之前,商店营利之决定不能根据盘货为凭,要根据他的交易总额,按照各业生意利息之高低计算之。

9. 生意利息各业不同,各地也不同,各地征收机关要根据当地实际情形,按照各业分别规定之。

10. 各商号营业数额多少以该号之银钱日记簿内每日现市总数为凭,并参照卖货账、进货账及上年每月平均营业额数,以防止商业之假账舞弊。其小商店无账簿可凭者,由征收员斟酌估计之。

11. 每月营业在200元以下之小店及无账簿可凭者,不必每月估量其营利多少,可于开始征收时那一个月为凭,以后每月都按照这个标准按月收税。

第四章 征收机关

12. 营业税之征收,国家委托于各县或与县同级之市政府财政部。但省政府所在地之中心城市,则委托于省政府财政部。

13. 各城市之营业税,由县或县同级之市政府直接派人征收,不属于市区政府,其余市镇则由县政府委区政府征收之,但须派人前去帮助及监督之。

14. 各城市及大市镇之营业税须由该管政府财政部指定一人或两人专门负责登记及征收事宜,中心城市则须三人或五人负专责。

15. 各县征收人员,并负收取店房租之责。

16. 省县财政部除派员之外,另须指定五人至九人为营业税征收委员会,讨论工商业之登记与出租,估定利润等等,调查商人舞弊,督促和监督征收人员工作,必要时并须帮助其工作。

17. 营业税征收人员,由该管政府财政部指定,该部长要随时予以监督和督促,如发见有舞弊怠工情形,即由该部长撤换或惩办之。

18. 为防止征收人员循私舞弊起见,各处财政部得随时派人检查各商号资本、营业状况、交税数额等与征收账目对照。

第五章　征收期间及手续

19. 商业税自 1932 年 1 月起征收,上半年的一次征收,下半年起于每月月终征收。

20. 商家交税时要向政府取得收据,无收据者以漏税论。

21. 征收员有检查纳税商号各种账簿之权,无论任何纳税商人不得匿藏簿账,拒绝检查,否则以抗税论罪。

22. 开始征收时,可召集各业商人开会,详细解释,使其了解并召集店员工会取得其帮助。

第六章　附则

23. 本细则由中央财政人民委员部修改或废止之。

附瑞金市各业利息估计概略表如下,以便各地参考。

甲等营业利润率百分之三十

| 洋货 | 药材 | 屠宰 | |
| 刨烟 | 打铁 | 照相 | 打银店 |

乙等营业利润率百分之二十

布匹	酒豆腐	木材
海味京菜	书店	糕饼
香店	鞋店	

丙等营业利润率百分之十

　　油盐　　　　　粮食

丁等营业利润率百分之五

　　油行　　　　　豆行　　　　　烟行

　　京果行　　　　米行　　　　　准〔怀〕山行

（录自《革命根据地经济史料选编》上册，江西人民出版社
1986 年版，第 432—434 页）

财政人民委员部关于矿产开采权出租办法

（1932 年 8 月）

根据土地法之规定，一切矿产的所有权与开采权都属于国家，但现为增加矿业生产及发展社会经济起见，国家准将各种矿产开采之权出租与私人资本投资开采，兹根据工商业投资条例，规定矿产开采权出租办法公布如下：

凡属地下埋藏之矿产，如金、银、铜、铁、锡、煤炭、钨砂、石灰等，都准许私人资本承租开采。

凡承租人必须向当地县政府订立租借合同，订明承租年限、应纳租金等，但特种矿产如钨砂矿、金矿等，则须经省政府批准。

已经开采之矿产，如煤炭、钨砂、铁矿等，亦须向县政府申请承租开采权，限 9 月内一律订立租借合同，订定租借年限、应纳租金等，其租金自 8 月份起算，须按额交齐，否则停止其开采。

该项租金由各县政府与承租人双方面定，或由县政府规定最低限度租金。招商投标以多为得，但投票人须先交押柜金若干，如投得后反悔者即将押柜金没收，投票规则由县政府规定。

承租人与政府订立合同后，必须先交两个月租金以为押租金，以后即按月交清，不交或欠交租金者即将该押租金扣除，并停止其开采。

承租人除履行合同条件，按月交纳租金外，必须依照苏维埃一切法令，如劳动法、登记条例等，并须依照税则交纳所得税，否则依照法律处分，但合同内订明税款并入租金计算者不在此列。

承租年限满期后,须再请得该管政府之许可,重订承租合同,始准继续开采。

凡工人依合法手续组织之生产合作社,对于各种矿山之开采有优先权,并得比私人资本减少租金。

为发展纸业生产与改良地质起见,石灰任人自由烧制,不收租金。

(录自《革命根据地经济史料选编》上册,江西人民出版社
1986 年版,第 435—436 页)

人民委员会命令第二十一号
——积极动员组织运输队担架队[①]
（1932 年 9 月 5 日）

目前正是国内革命战争最紧张的时期，我前方红军，英勇作战，已迭获伟大胜利，予敌人以严厉的打击，并在继续进攻，去彻底消灭敌人武力以完全粉碎帝国主义国民党对苏区的四次"围剿"争取江西及邻近几省首先胜利。临时中央政府曾屡次通令各级政府，积极动员并领导群众，大量的组织运动队担架队，送往前方，以利红军行动的进展，但各级政府，对于这一工作的执行，极不令人满意，尤其是群众的宣传鼓动十分不够，以致动员的数量非常微弱，且送往前方的群众，常有开小差回家的现象，这是极端妨碍革命战争的发展的。各级政府，今后务须以最大力量，纠正这一现象，动员广大群众，踊跃参加担架队运输队，有组织的送往前方。同时各地政府所判决监禁二年以内的贫苦群众，只要不是主要的反革命犯，均须一律编为苦工队。即豪绅地主等阶级异己分子，无特别反革命事实，已判决监禁一年半以内者，亦可编为苦工队。政府对于苦工队，须派有力的负责人，予以严密的组织和监视，立即率领至前方担任运输工作。各级政府，务

须立即执行这一决定，如有忽视或怠玩者，即以妨碍革命论罪，决不宽贷。此令

苏维埃政府

9 月 5 日

（录自 1932 年 9 月 6 日出版的《红色中华》第 32 期第 6 版）

中央政府慰勉第四方面军全体战士电

（1932 年 9 月 6 日①）

张主席，徐总指挥，陈总政委②，转第四方面军全体红军战士：

你们坚决勇敢 10 次胜利的精神，使帝国主义国民党向苏区四次围攻的节环，一个个的击破，你们坚决勇敢 10 次胜利的精神，使帝国主义国民党反动统治的命运一天天的缩短，你们坚决勇敢 10 次胜利的精神，使苏维埃革命一省和数省首先胜利的实现，一步步逼近着，苏维埃临时中央政府对于你们坚决勇敢 10 次胜利的精神，致无穷的兴奋与慰劳并正领导全国工农红军以积极的进攻来配合你们的行动，彻底粉碎帝国主义国民党的四次"围攻"，正动员全国苏区千百万工农群众配合你们 10 次胜利来为开展全国苏维埃胜利而斗争，正号召白色统治下的工农劳动群众配合你们坚决的勇敢 10 次胜利在红旗之下去开展反帝反国民党的民族革命战争。中央苏区红军在中央直接领导之下，自击溃粤敌十七八团军队之后，更为彻底粉碎敌人的四次"围攻"和配合你们的行动，最近在一星期内连占乐安、宜黄、南丰、宁化四县城，开展新苏区数百里，消灭高树勋全师击溃毛许③迫近

① 原件无时间，此为该电在《红色中华》发表的时间。——本文库编者注。
② 即张国焘、徐向前、陈昌浩。——本文库编者注。
③ 毛许，即国民党军师长毛炳文、许克祥。——本文库编者注。

抚州,现正在继续消灭敌人主力以夺取中心城市以实现江西首先胜利,希望你们继续坚决勇敢 10 次胜利的精神,给帝国主义国民党四次"围剿"的整溃败与全消灭。希望充实光大你们坚决勇敢 10 次胜利的精神,在最短期间实现湘鄂赣首先胜利。

（录自 1932 年 9 月 6 日出版的《红色中华》第 32 期第 2 版）

中央为宁化工作给福建省苏信

（1932 年 9 月 6 日①）

福建省苏并转第七师宁化县苏：

据游同志巡视回来的报告，独七师和宁化县苏犯了严重的错误，独立七师与宁化县苏当前的任务，是争取宁化全县消灭残匪彻底实行土地革命向东北发展配合方面军行动来争取江西首先胜利，此次独七师占领宁化县城没有去执行以上的任务，只单为筹款，放弃一切工作不做，甚至当地群众要求分给〔发〕土豪谷子，而该师反搬送至老苏区而不理，这是何等严重的事情，宁化县苏对于建立宁城工作，更是消极怠工，反假冒上级命令，不到县城来抵塞，这都是犯了不可宽恕的罪过，事实上充分表现他们丝毫无争取宁城的决心，尤其是七师将当地土豪谷子在群众要求分发之下而不散发给群众完全搬到老苏区县自食，这简直违反了红军的纪律，他们这种行动是极端妨碍了目前的革命任务的实行，应该迅速纠正，并给予该师县苏负责者以严厉批评和警告。

第七师迅速的去消灭团匪童子军等反动武装，赤化宁化全县发动群众土地斗争建立新游击队，以巩固全县政权向东北发展来配合江西红军行动。

宁化县苏要随着七师行动去争取全县工农群众彻底实行土地革命，首先是建立城市政权，县苏在七师夺得县城时就要马上移到城内

---

① 原件无时间，此为该信在《红色中华》发表的时间。——本文库编者注。

去发动群众建立政权肃清隐藏的童子军和豪绅地主的势力，对于豪绅地主的谷子衣物应该是尽可能将能分发的，分给贫苦工农和城市贫民，更有力的发动群众对于豪绅地主的阶级斗争，这是最基本的工作，绝对不应该将没收的东西供给自己，只有这样才能将全县赤化巩固起来，积极向外发展。

巩固宁化主要是靠彻底实行土地革命，劳动工人苦力雇农贫农中农的阶级斗争，这些工作应该由县苏的负责，坚决反对只依武装而不从争取群众来巩固宁化的极端错误观念。

独七师的扩大到 3 团并且每团要充实起来，在他所负的任务上是有必要的，县苏应当利用革命战争的胜利与苏区的扩大来动员群众参加红军充实七师的战斗力。

游击队要加强政治军事领导，坚决反对各地分兵自卫的现象，指挥绝对统一，特别对于各游击队的军事政治领导者，要选举最有斗争历史对于革命最坚决的工农分子来充当，过去曹坊之游击队长，系土豪子弟而犯了罪脱狱跑回来的分子，平日乱打土豪压迫政府罪恶甚多，他们不但不将他捕获送省苏严办，反而委为队长，这是何等荒谬的事！省苏应立即将该队长依法严办，并给委任该队长之政府予以处罚，以上望立即执行，省苏依据实际情形具体的来指示他们工作。

（录自 1932 年 9 月 6 日出版的《红色中华》第 32 期第 8 版）

工农检察部控告局的组织纲要

（1932 年 9 月 6 日①）

一、各级工农检查〔察〕部或科之下得设立控告局。

二、各级控告局，直属各级工农检察部或科受其指导和节制，没有上下级的隶属关系。

三、控告局设局长一人调查员若干人。

（附注）调查员看各级控告局工作需要来决定。

四、在工农集中的地方，控告局可设立控告箱，以便工农投递控告书，还可以指定不脱离生产的可靠工农分子代替控告局接收各种控告。

五、控告局为调查所控告的材料，按照控告局所发给的证书，调查员方能到各工厂作坊、机关去调查，但是不能妨害该厂作坊及机关工作上之进行。

六、控告局日常的工作，是接受工农劳苦群众对苏维埃机关，或国家经济机关的控告，及调查控告的事实，但是控告局只接收控告某机关，或某机关的工作人员的控告书，不接收私人争执的控告书。

七、如遇所控告者为紧急事件，控告局可以直接通知某机关，或某机关的某一部，进行该事项的检查，但事后必须报告工农检察部。

八、控告局调查完毕的事件，须将材料汇集报告工农检察部，以

---

① 原件无时间，此为该纲要在《红色中华》发表的时间。——本文库编者注。

决定执行的办法。

九、苏维埃的政府机关和经济机关,有违反苏维埃政纲政策及目前任务,离开工农利益,发生贪污浪费,官僚腐化,或消极怠工的现象,苏维埃公民无论何人都有权向控告局控告。

十、人民向控告局控告,可用控告书,投入控告箱内,或由邮件都可,不识字的,可以到控告局用口头控告,有电话的地方,也可以用电话报告控告局。

十一、控告人向控告局投递的控告书,必须署本人的真姓名,而且要写明控告人的住址,同时要将被告人的事实叙述清楚,无名的控告书一概不受理,尚发见挟嫌造谣借端诬控等事,一经查出,即送交法庭受苏维埃法律的严厉制裁。

中央政府工农检察委员　何叔衡

(录自 1932 年 9 月 6 日出版的《红色中华》第 32 期第 7 版)

中央对于湘赣省苏的指示

（1932 年 9 月 13 日）

湘赣省苏主席团：

亲爱的同志们！

苏维埃中央与你们的关系，因为交通的阻碍，以致不能经常给你们的指示，虽然，得着你们几次报告和许多文件，都因时间与交通的限制，使我们不能在得着你们的报告后，及时给你们以指示，这次虽乘过河之便，又因突然决定时间仓卒〔促〕，又使我们不能有优裕的时间来给你们以详细的指示，这是很大的缺憾。

现在国际和中国的政治形势，都是紧张到了万分，帝国主义正团结他的一切力量积极进行反苏联战争和进攻中国革命，瓜分中国，帝国主义在东方战线的先锋——日本帝国主义者强占东三省之后，最近掠夺中东路，压迫苏联公民，组织白俄军队，大批日军开向苏联边境不断的向苏联挑衅，同时大兵进攻热河，在华北上海正积极准备实行对于中国民众第二次屠杀。帝国主义更指使中国国民党军阀，本其一贯的出卖中国，替帝国主义作清道夫，帮助帝国主义更便利瓜分中国。自迅速签字卖国的上海协约之后，即承帝国主义的旨意，召集全国军阀军队 80 师以上向全国苏区和红军作新的四次围攻，现在更出卖热河以及出卖整个中国于帝国主义，在上海又在大摧残反日运动，禁止热河义勇军，特别是对于全国苏区和红军的进攻积极，这都是为了更便利于帝国主义瓜分中国。

全国反帝运动和民族革命战争更因帝国主义之瓜分中国，与国民党无耻出卖中国,大大的发展起来,最近上海反日运动大发展,东北义勇军已发展到 50 万,积极活动给日帝国主义重大的打击,特别是上海和北方工人罢工之凶勇〔汹涌〕澎湃向前发展,这更使全国民族革命战争在无产阶级坚强领导之下急剧发展。苏维埃中央早已正式宣布对日作战,号召和领导全国工农和一切劳动群众,以反日反国民党的民族革命战争来推翻国民党统治驱逐日本及一切帝国主义出中国,同时领导全苏区工农群众和红军实行全线出击,粉碎帝国主义国民党新的四次"围攻"争取湘鄂赣三省首先胜利,以实行直接对日作战,汇合和领导全国的反帝国主义反国民党的民族革命战争。全国工农红军在最近几月来,在各线上都继续不断的获得伟大胜利,特别是鄂豫皖 10 次大胜利消灭敌人尚 10 师之众,缴枪三四万支,中央区红军在赣南击溃素称玩〔顽〕强之广东军阀军队十七八团,给广东军阀对于苏区进攻以重大创伤,最近向北发展,又消灭高树勋全师,曾于一星期内连占乐安、宜黄、南丰、宁化等城,南昌抚州大为震动,造成了更便利夺取江西省首先胜利条件,其他地方武装,自实行全线出击配合红军行动以来,也不断获得胜利,使帝国主义国民党的四次围攻,在全线上都遭到最严重的惨败,争取江西首先胜利以实行对日作战成为当前的实际任务了。现在的中心任务是继续全国红军胜利更有配合的相呼应的去彻底粉碎帝国主义国民党的四次围攻,夺取赣、吉、抚、南昌中心城市,实现江西首先胜利,以领导和扩大民族革命战争。

在这一任务之下你们是动员全省工农群众和武装实行全线出击来配合红军的行动东向一带发展。最近中央苏区红军在向北发展胜利中河西的赣敌几全都增援到河东来了,甚为空虚,这更有利于你们的发展条件,你们必须以坚决的进攻赤化赣江西岸,一方面牵制河西敌人对于河东的增援和广东军阀对于中央区的进扰,更便于主力红军在河东消灭敌人主要武装,同时以造成夺取吉赣等中心城市最优越条件,要成为中央区有力的一个右翼,与中央区配合的来彻底粉碎帝国主义国民党的四次围攻,迅速完成江西首先胜利,以实现直接对日作战,这是你们当前的战斗任务。

为完成这一当前战斗任务,你们就要百分之百的执行中央对日宣战的训令和战争动员与后方工作训令以及一切决议命令,应当使一切力量集中于发展战争,一切工作都是为了加强战争的力量,一切经济主要的用在战争上,这是执行任务的先决条件,在中央苏区已获有相当成绩。

自中央政府成立后,湘赣省在发展苏区和白区工作上、扩大红军上、动员群众上、执行政纲上都有相当成绩和转变,但过去对政治估量不足,不仅是对于帝国主义国民党对于苏区和红军大规模的四次围攻估计不足,同样对于全国革命特别是全国苏维埃和红军的发展和胜利估量不足,因此你们不能从积极上提出实行全线出击,粉碎帝国主义国民党的四次围攻夺取吉、赣、抚、南中心城市,争取江西首先胜利为当前的中心任务,这样自然不能从政治上最广泛的去动员广大工农群众提高群众最高度的积极性,坚决实行以革命进攻力消灭反革命的进攻,你们6月28号,关于执行坚壁清野的指示训令六十七号关于动员群众参加革命战争,执行后方工作的通令,以及你们对于选民的工作报告更没有提出当前的任务是动员和领导群众,这些都充分的表现出来了,在实际工作中将准备战争整顿与扩大地方武装,坚壁清野,成为中心工作了。3个月革命竞赛条约中,没有将发展战争进攻敌人,扩大红军放在第一位,多带着准备战争和一般建议的性质。在文化部联席会议的决议中,更没有一个字提到战争,充分表现太平思想,因此不能更有力的动员群众坚决的进攻敌人,实行以革命进攻消灭帝国主义国民党的进攻,配合中央区主力红军粉碎敌人的四次围攻。在这样一种带防譬〔御〕性和准备战争的形式下,自然更助长太平观念和平建议的思想发展,在中心区域如永新莲花表现更甚。这些是最危目前任务的执行,必须以最无产阶级的精神来纠正这些错误,坚决的为执行当前的战斗任务而斗争。

在实行全线出击与配合红军行动中,对于发展游击战争和组织游击队的问题,我们要特别指示的,游击队在半殖民地半封建制度的中国,他是反帝国主义战争和土地革命的武装宣传者组织者,他是巩固苏区,扩大苏区,协助红军胜利有力条件之一。因此游击队主要的作用是政治上,绝不能将游击队看成一个单纯的军事作用或筹款队,主要的是争取白区群众,发动群众斗争,发展和扩大苏区,袭击和瓦解敌人军队的政治任务和工作,你们对于游击队多半只单为筹款,这点是不对的,在江西和福建省苏区曾因游击队领导的错误,专为筹款造成一种不可宽恕的错误,妨害苏区发展,造成赤白对立不易消灭的严重现象,这是要你们特别注意的地方。目前敌人因迭遭惨败,不断的被红军各个击破和消灭,无论在进攻和妨瞥〔防御〕上多采取大集团行动,可是在这一情况之下使我们的游击队更便利的深入敌人军队所不能控制和空隙地方,发展广泛的游击战争,同时在配合主力部队作战上,游击队对于敌人的牵制,分散和箝制敌人的兵力便利于全力消灭敌人更有大的作用。因此组织游击队和发展游击战争是一个中心工作,政府必须积极的来领导和发展,特别是加紧游击队政治领导和教育,选择最坚决的工农分子来参加和领导,或为最须要的基本条件。

目前为更有力的消灭敌人大集团的军队,和争取江西首先胜利,更需要我们更加陪〔倍〕努力的来扩大红军,你们过去扩大红军有大的成绩,更望继续努力去执行这一工作,不仅是扩大军队,还要大批送新战士到河东主力红军去,但在这一工作中,应当消灭命令强迫,对于欺骗利诱更不容许,而是从政治上的动员特别是以"彻底粉碎帝国主义国民党四次围攻""争取江西夺取吉赣抚南中心城市首先胜利"等中心口号来动员群众自动的到红军去。为了建立扩大红军经常工作,更须积极扩大与加紧赤卫军少先队的组织与工作,来鼓动这些队员到红军去,更应使苏区工农群众凡是满18岁到40岁上下的(参加少队的不参加赤卫军)都应鼓励自愿的到赤卫军去,逐渐使全体编入赤卫军受军事训练。我们更运用赤卫军组织作经常的政治军事教育工作,军事上由军事部和军区,政治上由共产党各级党部负责同志负责,使以后扩大红军,主要的从赤卫军到补充团到红军去,成为我们武力储蓄地方。中央不久有军制颁布。

对于苏维埃改造运动,过去所犯的和平运动及脱离群众的现象,你们虽已指示过纠正过,但中心问题,应当以发展战争领导战争深入阶级斗争为〈造〉发动群众改造苏维埃的中心;同时要了解苏维埃的改造,绝不是一次可以改造好的,而是在不断的斗争中,继续进行改造运动,才能得到彻底成功。

财政问题,你们没有去坚决建立财政基础,偏重向外打土豪,对于税收几乎完全忽视,这是不正确的,不能使战争得到财政上的巩固基础,更有保障的向前发展,当然不是不向外去筹款,而且同时要整顿税收建立基础,中央区对于财政问题,在税收上对于红军供给,已获得很大的成绩,望你们努力做去。税收已增改,这是根据革命发展的需要来增加的,你们必须首先向群众作政治上的鼓动使工农群众起来拥护实行。节俭运动仍要继续的去进行,你们将土地税划分三成作教育经费,这是破坏财政统一,我们税收绝对统一和集中,教育经费只能由政府统一的开支,财政真正统一,要绝对做到,望改正。

对富农捐款是可以的,而不在某一情况之下(为某一需要由群众团体和政府向富农捐款来实行),绝对不能作为财政的一种收入。

土地问题必须实行检查,农村阶级斗争要继续深入,对于租佃条例中央尚未颁布,主要原则是消灭地主租佃制度,但对于地主承租土地在原则上绝对不许可,这是为彻底消灭地主与土地的关系;同时富农在目前不准买人家的田,只可租借。

劳动法须在全省各地私人的或国家的工厂作坊商店中,应即实行,坚决反对藉口工农冲突,对于劳动法执行的怠工,应当在群众中作扩大宣传,使农民群众起来拥护劳动法的实行;特别是加强政府中无产阶级成分。

苏维埃是工农政府,自中央政府成立后,无产阶级的领导权已在苏维埃政权中更巩固的树立起来了,特别是苏维埃运动完全在共产党领导之下发展起来,无产阶级在苏维埃政府中的领导地位愈有保障的巩固起来,你们在 28 号纪念"八一"的训令中说"苏维埃必须接收无产阶级领导一段……"是绝对错误的,这是等于否认现在苏维埃政权是工农政权,这一种说法无异于接收了反革命托洛斯〔茨〕基派说中国苏维埃是农民苏维埃的反革命理论,你们必须坚决的排斥这种说法,给以无情打击。

对于社会保险应由资本按工资百分之十至十五交给社会保险处,你们决定区县政府按月津贴是不妥的,这都表示你们对于政权认识不清楚。

职工会是群众团体,政府如关工人问题可以请职工会派代表出席,但是参加性质,只有执行委员和主席团的主席才有表决权。劳动部与职工会要建立密切关系,同级的可以开联席会议讨论关于实行劳动法和工人问题。

对于省苏工作方式,我们认为你们的训令通令太多了,在目前各级政府不建〔健〕全中专用这一方式来指导工作,成效非常之少,结果使上级政府的训令命令,不仅失掉了作用,而且损失威信。同时为实际指导工作,必须注重巡视制度与活动的个别的指导,更有力来推动下级政府的工作,你们群众团体工作方式很浓厚必须改正(将号召"五一""八一"会议等等)。

中央为充实革命战争经费起见,发行 60 万公债券,本决定在湘赣省发行 10 万,后因江西福建销数超过原定数目,又因交通不便,故分一部给江西,现只有 74000 元,这一运动在江西发动了广大群众拥护苏维埃政府拥护红军和参加战争的热情,你们必须做一扩大鼓动宣传,要在群众的热情和拥护上,自动起来踊跃的购买公债。这一笔款归中央,应收存。交通便利时,即送交中央。

枪支问题可嘱军委会设法拨给你们,但送来须过相当时期和交通便利的时候。

目前应以各独立营来成立新独立师再由各县成立新独立营,军的任务和行动,应绝对受军委会直接指导。

对于 6 月 9 号中央给省苏大会的电另送上,对于各种工作的指示的有效。

肃反和裁判工作，司法部已另有详细指示，其他各部因为目前工作紧张，大部分负责同志到地方巡视和指导工作去了，不能同时给你们各部工作以个别指示。

另附上 2 本电报密本是给你们与中央及各方面通用的，望妥为保护切勿遗失，非负责人不要给他管理，收到后即电告我们。

现在无线电已送来，以后中央对于你们工作指示和你们重要工作报告可以利用无线电建立经常关系，但为达到更便利于中央对于你们工作的经常指示和密切关系，只有坚决执行当前的战斗任务，彻底粉碎帝国主义国民党四次围攻，夺取吉赣等中心城市，使干〔赣〕江两峰〔岸〕打成一片，就可以完全实现，望你们努力！奋斗！

1932 年 9 月 13 日

（录自 1932 年 9 月 13 日出版的《红色中华》第 33 期第 8—9 版）

财政人民委员部训令
（财字第六号）
——目前各级财政部的中心工作
（1932 年 9 月 13 日①）

　　财政是国家的命脉，财政工作不好，直接便影响到军事与行政，间接则影响到整个社会经济与整个阶级政权。过去各级政府一般忽视财政工作，收支没有预算，税收制度没有建立，各处乱打土豪，贪污浪费，会计糊涂，特别是财政部本身工作没有建立，财政部长日常只做些管账管钱的会计工作，因此一般政府财政不能独立，只依靠打土豪，依靠红军筹款过活，这些财政上坏的现象，充分证明各级政府不了解财政工作，在阶级政权上的重要作用。

　　目前全国革命急剧发展，国民党统治日益崩溃，中央政府正在动员一切力量，执行全线进攻，以粉碎敌人四次"围剿"，争取江西革命首先胜利，在这个时候加紧财政工作，转变过去依靠红军筹款的路线，做到政府供给红军战费，使前方部队解除筹款任务，迅速进攻敌人，更加争取中心城市，以发展革命新的局面，是目前财政工作的总的任务，谁仍然忽视财政工作，仍然不转变过去的错误的路线，客观上便是妨害了革命战争之发展，便是帮助了革命的敌人。

　　怎样转变这一路线，来实现政府供给红军经费，以发展革命战争

---

　　①　原件无时间，此为该训令在《红色中华》发表的时间。——本文库编者注。

呢？这首先就要统一财政收支，建立财政系统。过去各级政府各自为政，私打土豪，私自开支，有些地方区政府1个月用到1万元，乡政府用到几千元之多，下级埋伏短报，上级提款不动，各地财政收支也不照系统，少先队、独立团、游击队，以及过境红军都可以自由向当地政府提款，政府也不拒绝，这样必然就会发生贪污浪费的现象，把政府财政大部分用到无用之地，而红军军费反而无着，需要自己筹款，因而影响到战争，这完全是财政不统一的结果。所以现在要做到政府供给红军，首先就要把财政统一起来，各级政府必须按照中央颁布之财政条例，坚决执行。不按照财政系统，依照财政手续，无论任何机关，都不准给一个钱，对于随便提款及随便付款者必须予以严厉处分，并令其立刻交割清楚。各级政府以后必须采用新式簿记实行预算决算，并需每月审查账目，对于下级存款必须随时清查提取，随时检查贪污浪费，只有把这些现象办清，财政才能统一起来，由中央有计划地作整个支配，这样才能把一切不必需的用费节省起来，抽出大批款子供给红军作战，这是目前财政部第一个中心工作。

第二就要建立整个税收制度。过去各地政府一般只征收土地税，至于商业税工业税一般都没有提起，特别是江西各县连土地税都没有开征，这样政府财政没有经常收入，必然只有靠打土豪过活，结果那些老区域土豪打光了的便【打】到商人中农人身【上】来，致破坏国家经济政策，这简直是自杀的财政政策。这种错误观念的来源，是由于不了解税收在财政上的经常作用，不了解苏区的税收数额，因此一直到了现在，各级政府还普遍地忽视税收工作，固然不了解税收方法也是原因之一，但主要还是自己忽视，所以不注意去了解，结果税收工作直到现在还是极大部分没有建立，这便使政府财政收入感到极大困难。这种现象现在无论如何不能一刻再继续下去了，各级财政部必须从今天起把各种租税，如土地税、商业税、店租、矿产租金，及以后中央所颁布的各种租税等限期整理，按月征收，将款报解中央，以裕国库收入。特别要注意到的就是怎样使租税数额增收快缴，怎样消灭减报漏税舞弊现象，怎样开发新的租税来源，怎样取得工农群众的拥护与帮助,各级财政部长必须经常有计划地去调查各地实际情形,督促和指导各种税收人员工作,这样才能实际增加政府的财政收入。

第三个中心工作是要积极进行打土豪筹款工作。在目前苏区还停留在农村未取得工业中心城市以前,租税收入不足供应开支,打土豪筹款还是目前政府财政收入的主要来源。我们在老苏区固然不能靠打土豪过活,而忽视税收,但又不能藉口税收而放弃筹款工作,特别是目前苏区工业品输入与农产品输出价值不能相抵,大量现金流出,影响市面交易极大,在这种情形的经济状况之下,我们必须组织游击队向外发展新苏区,吸收大批现款,以弥补苏区现金流出的现象,使社会经济不致停滞,而影响到整个财政收入。另一方面,在工作不好的苏区,一般地主土豪还逍遥自在,我们必须从〔重〕新发动群众斗争,向这些土豪进攻,筹得一笔大款,以增加政府财政收入。

第四个中心工作是要领导群众进行节省运动,这在财政上有很大意义。就以政府机关及各种军队各种团体人数,假定10万人来说:每人每天最少节省一个铜板,那么每天就可节省10万个,一个月可节省300万,扣大洋可得1万元。如果将这个运动扩大到整个苏区群众中去,"每人每天至少节省一个铜板帮助红军作战",那么以中央区300万群众计算,一个月所得就有30万元,这个数目利害不利害? 各级政府必须了解这个意义,领导群众发展节省运动,特别在各机关各部队中,一切用费如洋油、洋火、纸张,及一切日常用品,必须有计划地减少用途节省用量,对于滥用浪费分子,须给以严厉的打击。这些工作主要是要领导士兵及工作人员自动节省,必须使他们了解节省意义,这一工作才能作得好。

第五个中心工作是要建立和发展合作社组织。目前苏区的农民虽然普遍分得了土地,彻底取消了田租高利贷等半封建剥削,但因资本主义世界的经济恐慌,国民党帝国主义的经济封锁,致农产品跌价,外来工业品涨价,形成极严重的剪刀现象,这些农民仍然受了很大的剥削,而过着贫苦的生活,因此农村中便仍然免不了高利贷的潜滋暗长,特别是商业资本操纵农产市场,买贱卖贵,利市数倍,实质上仍然带着高利贷性质,这种结果,便日益促成商人富农私人资本之发展,使资本日益集中到他们手里,受其支配,这便给予苏区整个社会经济发展,以极大不利,而其结果更必然影响到整个政府财政,合作社是工农阶级抵抗私人资本剥削的经济组织,是目前相当调节剪刀现象的有力工具,是银行发展营业的阶级经济基础,各级财政部必须尽量指导和帮助各种合作社组织,目前特别要帮助粮食、消费、生产等合作社之建立与发展,合作社普遍发展了,相当调剂了剪刀现象,减少了群众的贫困,政府税收以及整个财政之调节,自然要日益处于有利地位。

第六个中心工作是要正确执行国家经济政策。各级财政部必须严厉执行经济政策,目前首先就要检查一般商人以及作坊工厂主有无怠工,高抬市价,及破坏国币等行动,但同时也须注意检查各地政府有无破坏经济政策的行为,如胡乱没收商店,乱打土豪,限制市价,随便禁止出口等,如发现有这些行为,必须予以严厉纠正或处分。在目前经济封锁日益厉害的时候,财政部要经常注意鼓动合作社和当地商人设法贩运日用必需品,如洋油、食鹽〔盐〕、洋火、棉花、布匹、药材等之输入,与内地农产品,如纸、木、烟、茶油、钨矿、煤炭等之输出,以维持苏区的社会经济。再则关于货币之流通,各地铜元价格起跌之规定等,亦须随时注意。特别是国家银行所发行的钞票与银币必须鼓动群众使用,禁止奸商破坏,使它在市面上迅速建立巩固的信用基础,这样使银行货币,逐渐代替了旧时货币,把旧时不统一的货币,驱逐出去,使苏区货币在国家银行货格〔币〕之下统一起来,到处流通,一方面资助商业买卖之发展,另一方面则防止苏区现金之流出。(因为国币在白区不通用)此外尚须帮助银行营业,鼓动群众合作社向银行存款,使银行资本浩大起来,转来帮助整个社会经济与财政的发展。

第七个中心工作是要健全各级财政部组织,建立财政部本身工作。要执行上述各种工作,必须各级财政部有健全的组织,与科学的分工,各级政府必须依照中央颁布财政部组织纲要,调足人员,健全财部组织,实行分工,这样一切工作才能分头进行,财政出入也才不致于发生舞弊,这是先决问题,各级政府必须纠正过去无人可调无办法的消极观念,要站在整个立场上坚决向下级调人,并应多方吸收失业工人店员,并可引用写算俱佳的产业商人,知识分子及女同志等专门技术人才,只有坚决调足人员,才能建立财政部本身工作,特别是县苏这一级必须马上健全起来,纠正过去财政部长自己管账的现象,各级财政部长必须将技术工作分给各科去做,自己要注意到财武〔务〕全部般〔的〕中心工作之执行,财【政】部工作会议要按时开会,要在会议上来推动一切工作,检查一切工作,改正一切工作。只有在健全组织和集体分工的财政部之下,财政工作才能建立起来。

因此第八个中心工作便是培养干部,创造财政人才,不独要找一批人才补充现各级财政部,而且要搜集大批人才准备,占领大城市时去建立财政工作,这并不是将来的,而是摆在我们眼前的事,如果我们不马上准备,那么到大城市时,我们简直没有办法应付。因此除中央经常开办各种财政训练班外,各省县政府也须自己训练人才,最好是调来实习,虽然教不出十分的人才,但总聊胜于无,特别是各级财【政】部各科负责人员,必须时刻找到替人,准备上级调动,不好找得个好角,便自满自足,不再准备替人,致上级调动时,藉口工作关系,拒绝命令。

同志们:红军飞快的进展,财政开支日益浩大,我们必须跟着这一发展来加紧我们的财政工作,我们要用很大力量,来执行上述各项中心工作,才能使国家财政收入,能够供应日益浩大的开支,使军事行政更迅速更顺利的向前发展,来实现江西首先胜利的局面,重大的责任放在我们肩上,望一切财政工作同志以及一切政府工作人员,一致动员起来,为实现财政部目前中心工作而奋斗!此令

(录自 1932 年 9 月 13 日出版的《红色中华》第 33 期第 6—7 版)

中华苏维埃共和国临时中央政府
人民委员会命令第二十五号
——规定运输员、担架员的指导调动待遇等办法①

（1932 年 9 月 17 日）

目前革命战争正在胜利的向前大发展，每一个工农群众都应积极到前方参加战争工作，以彻底粉碎帝国主义国民党四次围攻，争取江西首先胜利。担任军事运输是参加战争工作之一，是实际去帮助和便利红军在前方作战，各级政府对于动员群众组织担架队、运输队到前方的工作不充分，没有很好的作宣传鼓动工作，使每个工农同志热烈去参加，以至发生开小差，影响军事运输和战利品之损失。另一种不好的现象，过去各地去但〔担〕任运输就要工资，形成一种雇佣形势〔式〕，这不仅影响军事费用增加，而且失掉了工农群众参加战争的意义，必须立即纠正，并要向工农群众作广大宣传，使其热烈的自愿的加入担架队运输队到前方工作，现规定运输员担架员的指导调动待遇等办法如下：

一、长期运输员担架员 1 月到 3 月的，一概随军工作，每天每人发草鞋费大洋一角五分，五天发一次，并得分火〔伙〕食尾子，但其他零财费不发。

二、短期运输员担架员，由当地地方发动来的短夫，就近担运伤病员和战利品，在 20 天以下的，不发按日的草鞋费，但酌量发给运输

---

① 副标题为本文库编者所添加。

时间中的所需草鞋钱,临时由自己雇用的,根据当地情形的实际需要原则,酌量发给相当的草鞋费。

三、苦工队服务时间,以原判决来定,行军时每天可发草鞋费大洋五分,驻军不发可分得火〔伙〕食尾子,其他费用一概不发。

四、长期运输队员和苦工队由各县苏负责组织好,由兵站转送军委分配到各军随军工作,后方及兵站医院,均不得留用此种长期运输的担架员。

五、为了迅速搬运前方胜利品和物件起见,各军区各政府,以后除临时动员群众外,应调各地赤卫军来担任这一工作,不仅减少临时动员的困难,迅速将一切胜利品运回不受损失,而且是领导赤卫军实际去参加战争工作。

六、省苏县苏应经常督促和指导各地对于此种工作之进行,至于集中时间地点和人数多少,须照总政治部的通知来执行。以上决定各项办法,望各级政府,各兵站后方机关切实遵照执行。此令

主　席　毛泽东

副主席　项　英

张国焘

1932 年 9 月 17 日

（录自 1932 年 9 月 20 日出版的《红色中华》第 34 期第 8 版）

中央执行委员会训令第十五号①
——关于继续改造地方苏维埃政府问题
（1932 年 9 月 20 日）

当目前革命战争急剧的发展中,苏维埃的中心任务,是领导与发展革命战争,一切工作应以战争为中心。一切牺牲在为争取战争全部的胜利,健全与巩固苏维埃的领导,是争取战争全部胜利的一个基本条件。地方苏维埃虽经过一次全部改造,在工作上虽有部分进步,但在领导与发展革命战争的中心任务中,发现地方苏维埃的领导薄弱和许多错误,首先是没有以战争为中心,因此扩大红军许多地方没有积极去进行,不积极动员群众到前线参加战争。有些对于地方武装领导没有坚决实行进攻敌人,如龙岩革命委员会、长汀县苏等,不但不坚决的领导群众去同敌人作坚决的斗争,反而畏缩逃跑,使苏区受到相当损失。对于游击队的政治领导不注意,造成严重的赤白对立现象,更没有坚决的去扩大苏区巩固新的苏区。诸如此类事实,充分表现,有些地方苏维埃政府之不健全和不坚决执行自己的任务。这对于革命战争的发展与胜利有莫大的危害!

我们更在苏维埃政府本身来看:有的政府还有阶级异己分子隐藏在内,在工作上有些还充分表现非阶级的路线。这种非阶级路线,常在土地问题、劳动保护问题上表现出来。官僚腐化的现象,在一部

---

① 原件标题为"中央执行委员会第十五号训令",为标题统一的需要,故本文库编者略有改动。

分地方苏维埃政府内生长着。贪污的现象还很严重,政府的工作方式,往往脱离群众,大都用命令方式,强迫群众去执行,对于红军优待条例没有全部去执行,以妨害扩大红军的工作。忽视妇女权利,不切实执行婚姻条例,以阻碍妇女来参加革命工作。下级政府对上级政府的命令的玩忽和敷衍,城乡苏维埃的经常代表会议未建立起来,甚至有的乡苏关着门不做事,全部工作大半挂着空名而没有工作,这些严重现象和错误,表示地方苏维埃之不健全,还不能有力的担任领导革命战争的任务。

为了要加强苏维埃政府对革命战争的领导,消除在苏维埃工作一切错误和缺点,因此,决定地方苏维埃政府实行继续改选和改造,从改选中洗刷出去非阶级的异己分子及一切对革命战争工作消极怠工的分子,驱逐贪污腐化官僚等分子出苏维埃,吸引积极的新的干部,建立坚强而有工作能力的苏维埃政府,去实际执行领导革命战争的任务和工作。

这次选举的程序,不是闽赣两省苏区各级政府同时来进行改选,而是以县为单位的来个别进行改选,因为现值发展革命战争的时期,若各地同时进行选举,各地政府都注全力于改选的工作,必使领导发展革命战争的工作停顷〔顿〕起来,而不利于革命战争。但主要改选的标准,以该级政府对于领导革命战争的工作如何以决定全部或部分的改选。现将全部或部分改选的县名列举如下:

一、全部改选的:江西的:南广、石城、会昌、寻邬①、安远、雩都②、永丰等县。福建的:长汀、宁化、新泉、武平等县。龙岩则正式成立县苏维埃政府。

二、部分改选的:江西的:兴国、胜利、宁都、公略、赣县、乐安、万太〔泰〕等县。福建的:永定、上杭等县及瑞金中央直属县。

这次改选中应当以发展革命战争来动员群众参加改选运动,检

---

①　寻邬,现称寻乌。——本文库编者注。
②　雩都,现称于都。——本文库编者注。

查和批评苏维埃工作,以这次改选运动作为发动群众扩大红军参加前线工作的实际动员,纠正过去和平改选以及脱离战争的选举运动。

在此次改选,各级政府,应当特别注意吸引工人中积极分子参加乡代表会区县执行委员会,以加强各级苏维埃中的工人成分。

各级苏维埃政府接到本训令之后,应立即准备改选的工作,改选的手续,仍然按照选举细则的规定。此令

各级苏维埃政府

主　席　毛泽东

副主席　项　英

张国焘

公历 1932 年 9 月 20 日

（录自 1932 年 9 月 27 日出版的《红色中华》第 35 期第 1 版）

中央执行委员会关于扩大红军问题训令

（1932 年 9 月 20 日）

一、现在革命战争的开展，在全国工农红军继续获得伟大胜利中，加以全国工人罢工的高涨，反帝运动和东北的反日民族革命战争的大开展，已进到与反革命决死斗的阶段，使中国工农群众与帝国主义广大武装冲突的历史阶段迫近面前。

帝国主义国民党对于全国苏区和工农红军新的四次大围攻，不断的被我英勇红军在各个战线上继续将其击溃或消灭，而遭受不断的惨败，国民党军阀，为了挽救其垂死统治，于是一面集其最大的兵力来死守中心城市，同时采用几师以上的大兵团行动来与红军决战，以企图免避〔避免〕各个击破和消灭。

在这样剧烈的广大的革命战争形势之下，我们为了彻底粉碎敌人四次围攻，迅速完成夺取中心城市争取江西首先胜利的当前战斗任务，就需要我们以最强大的武装力量来消灭敌人大集团的兵力，这不但要号召千百万工农群众武装起来，而且最重要的是强大革命战争的主要武装力量——工农红军。当苏联国内战争列宁在某一战变中说"估计敌人的兵力，我们明春要有红军 100 万再后要有 300 万才能解答我们所负的任务"。我们估计目前革命战争发展的形势不仅是为了要迅速的便利的消灭敌人集大团〔大集团〕的兵力，而且要随时准备直接的与帝国主义广大武装的冲突，因此在主客观上都需要我们工农红军随着革命战争的发展与要求迅速的强大起来，才能解答目前所负的任务，猛烈的扩大红军在目前是我们彻底消灭敌人的武装完成一切任务争取苏维埃在全中国胜利的一个最基本条件。

二、最近检查各地对于扩大红军的成绩实在令人不满意，表现地方苏维埃政府对于扩大红军的消极，在江西只能达到原定计划之半，福建更是相差得远，这是证明各级政府没有认识目前革命战争环境和自己的中心任务，因此对于扩大红军工作的消极不能将扩大红军列为自己的主要工作之一。

首先指出各级苏维埃政府将扩大红军工作委之于拥护红军委员会，而自己站在不负责任的地位，同时没有从政治动员上去发动广大工农群众，热烈的来参加红军，没有领导工农群众切实执行优待红军条例以鼓励工农群众踊跃的当红军。事实上的表现，强迫命令代替宣传鼓动工作甚至变相的利诱方法（如送东西来鼓动等）代替政治动员。对于质量不加考察于是小的弱的老的甚至阶级异己分子都充数送到红军中去，对扩大红军工作不是经常的，而是忽冷忽热的现象。这是十足的敷衍塞责，这样不能扩大红军反而阻碍红军的扩大和削弱红军的力量，最严重的有许多区乡政府对于开小差的士兵不积极督促归队领导群众反对开小差，反而分配在地方工作甚至如福建各地写信叫红军的士兵回家，这实等于公开的直接的破坏红军。有的地方政府对于主力红军的扩大反不及扩大地方武装的积极，这都是扩大红军的障碍。省县政府对于下级政府所犯的这些错误没有以最大力量最具体办法来纠正和指导，这是对于扩大红军的消极表现。

三、革命的发展与要求，绝对再不容许这些错误继续发展下去，苏维埃中央要求各级政府以最坚决的决心迅速纠正这些严重错误，为实现苏维埃目前的任务而努力而斗争，对于阻碍扩大红军之一切工作方式，要根本消灭和放弃。凡是有意和无意的来破坏扩大红军削弱红军力量的，对于该级政府领导者，要予以革命纪律制裁。

四、现在是革命战争的时期，我们一切工作应服从于战争，一切力量都集中于发展和加强革命战争，一切牺牲去为争取革命战争胜利，因此扩大红军是苏维埃政府实际领导和发展革命战争，完成当前任务的最基本一个工作。这一工作应该列在工作日程上第一位，成为经常的工作之一。

(1)扩大红军主要的是政治上的动员,要从革命战争的发展与胜利,从一切阶级斗争的发动与深入去发动最广大的工农群众对于参加战争的积极性自愿的踊跃的去当红军。

(2)要切实领导群众执行优待红军条例,对于红军家属的经常慰问和敬爱,并使当红军的,在群众中成为一种光荣事情,来鼓动工农群众,而且使他豪〔毫〕无家庭顾虑的到红军中去。

(3)要以宣传鼓励方式来发动工农群众的热情,鼓动群众当红军的勇气,绝对消灭强迫命令。

(4)要运用一切组织上(如选民大会,乡代表会议,赤卫军少先队,工会贫农团等)的会议来进行经常的扩大红军工作,特别是政治上的宣传与教育,使工农群众在政治上深刻认识当红军和扩大红军的伟大意义,严厉纠正将"扩大红军"变成会议上的口号。

(5)对于成分和质量要加以详细的检查,不要使阶级异己分子和不积极的,身体不健康的分子,充数送去,要使当红军的是工农群众中最健康的最积极的分子,这样才能在质量上去加强红军。

(6)在群众中发动反开小差运动,使群众认为"开小差是对革命怠工""开小差是帮助敌人",引起群众对于开小差的愤怒和鄙视,以至受到群众的处罚(如公布名字拒绝参加一切团体组织等等)使开小差的不能在家"优游自得"不以为耻,要以反对开小差的运动来消灭开小差的风气。

五、这些不过是扩大红军中的错误,但革命战争愈胜利的向前发展,我们当帝国主义国民党全部武装决战的形式〔势〕愈扩大剧烈,而我们在这一阶级决战中以取得苏维埃在全中国的胜利和中华民族的工农群众的解放,就要号召与实行全体工农群众武装起来,建立最伟大的工农群众的革命武力,特别是随着战争的发展来强大革命战争中的主力——工农红军,才能适应这一革命战争,取得战争的完全胜利。

六、苏维埃中央在十四号训令中,正式的提出广泛的建立赤卫军,加紧全体工农群众的武装教育与训练,"都能执行武装起来巩固和发展苏维埃的权利,都能到红军中去参加前线作战的任务"(见十号训令),同时"为着红军在战争的开展中能得充分军役的补充,并且还能继续的有组织的输送到前方,在目前自愿军役的时期中认为有立即成立红军补充团的必要","每县成立一个红军补充团"(见十四号训令),这一切工作在各地的执行,非常形式和敷衍,在江西只注意赤卫军模范营的组织和训练,对于全部的赤卫军的工作是十分忽视的。福建对于赤卫军的建立和训练几乎完全没有执行,这是证明各军区与各级政府没有了解武装全体工农群众的意义与储蓄武力,补充前方的作用,因此一般的将赤卫军单纯为巩固苏区配合红军行动的武装,没有积极在赤卫军中作扩大红军工作,将扩大红军与赤卫军分开而不相连,这是极大的错误。补充团的工作,还有许多是没有建立起来,已建立的因为扩大红军成绩不好,不能发挥他的作用。红军的来源应该是:(一)苏区广大工农劳动群众。(二)白区的工人群众,受国民党军阀地主剥削的广大农民和灾民,反帝反国民党的义勇军和一切劳动群众,以及白军中的革命士兵。可是因为各地苏维埃没有积极去发展苏区去建立白区工作,游击队也形成保守苏区的警卫部队,不深入白区发展游击战争,领导和发展白区工农斗争创造新苏区,事实上发生许多相反的行动违反和破坏苏维埃的纪律和信仰,妨碍苏区扩大与白区群众的争取,造成赤白对立的严重现象,这是不能吸引白区工农群众到红军中来扩大红军。同时苏区的扩大红军工作除了因各地苏维埃的消极和工作错误外,加以扩大红军负责机关没有确定,拥护红军委员会事实上不是真正群众团体的拥护红军运动机关和扩大红军的机关,不过是专门为扩大红军的几个工作人员来负责,在工作上,因无固定的关系和组织基础,形成一种无根基的漂浮不定的形式,这样使扩大红军仅靠一种极简单的宣传鼓动,这种鼓动工作又不是经常的而且充分带着命令方式,自然使后方的补充赶不上前方的需要,红军的扩大赶不上客观的发展,这是在我们革命战争发展上最大的损失。

现在虽是自愿兵役还不是义务兵役,当然发动工农群众当红军,还靠我们在各方面的政治动员(义务军役虽然还须要政治动员,但是带强迫性的),但以目前革命战争的发展与要求,过去扩大红军的方式已不能适应目前的要求了,特别要了解前方是使用兵力的,若是后方不能储蓄兵力源源不绝的供给前方,在保障战争的完全胜利上是极有害的,因此除了十四号训令外,中央政府更有以下的决定:

(一)目前虽是自愿兵役,但应立即开始宣传义务军役以准备将来的转变,并使广大工农群众认识当红军不仅是义务,而且是工农阶级的特有权利,一切剥削者这种权利都被剥夺了。

(二)目前革命战争时期,红军是前方作战的野战军,赤卫军少先队不但是广大群众的武装组织,而且是巩固苏区补充红军的守备军补充队,正式红军属于使用兵力方面,赤卫军少先队属于积储蓄兵力的场所。

(三)赤卫军根据十四号训令以18岁到40岁的工农劳动群众男女都应加入赤卫军(加入少先队者可不加入),在目前是用宣传方法使有选举权的自愿加入,但在这一工作中要能使满18岁到40岁之工农群众全体加入,以建立将来实行义务兵役的基础。

(四)赤卫军编制以1县成立1军,每3区成立1师,每区成立1团,每乡成立1营,每营2连到5连,每连3排,每排3班至5班,每班10人至15人。城市以工人为主干单独成立工人赤卫军,但这一编制,在目前有些地方因斗争历史较短,和赤卫军尚未建立,可以逐渐完成这一编制,【反对】不顾情形,简单用命令强迫群众的行为。

(五)赤卫军隶属于各军区,军长由县军事部长兼,政委由共产党县委书记兼任,师长由军事部呈请军区委任某一区军事部长兼任,政委由共产党县委指定某一区委书记兼任,由军区政治部加委,团长由区军事部长兼,政委由共产党区委书记兼,营连排长由区军事部呈报县军事部委任,连指导员由县委指定共产【党】城乡支部党员充任。

(六)赤卫军每区成立模范营每县成立一模范团以统一指挥,不仅是随时集中配合红军行动巩固和发展苏区,并作赤卫军下级的干部训练地方,和准备到补充队和直接到红军的积极分子组织。

(七)赤卫军的武器一般的是旧时各种武器,模范营可相当的发给枪支。

(八)赤卫军的训练应有定期的下操上政治课,由军区负责指导,各县军事部计划和规定,特别是政治课要严格实行纠正过去只下军事操不上政治课的错误,在教程上军事应注意实际应用,废止一切形式的花样,在政治上纠正过去空泛不落实际的空话,应以简单明了,使队员易于了解,特别是注意目前政治上的中心问题。

(九)由每军区负责办一个大的教导队和训练班经常来训练和倍〔培〕养赤卫军游击队以及独立团等之中级干部,在干部中要特别吸引大批工人干部,以加强工人阶级在赤卫军的领导。

(十)各级苏维埃政府应加强对于军事部的领导,区乡苏维埃更帮同各级赤卫军政委施行政治教育,经常报告苏维埃政府一切法令决议和一切政治问题(材料以政府的各种文件及红色中华等),应该以赤卫军作为教育群众的学校。

(十一)在新发展苏区的赤卫军组织可依据该区域之巩固程度来进行和扩大赤卫军的组织。

(十二)扩大红军的工作应当以选民大会工会贫农团反帝互济拥苏等群众团体来发动群众去当红军,特别是赤卫军和少先队更为动员取材的主要场所,因此在经常训练赤卫军时应在政治上注意鼓动群众当红军以及鼓动最积极的队员去当红军(但妇女不充当正式红军,可担看护等工作)。

(十三)以前所规定之补充团为容受转输新战士到红军中去的机关,后方到红军去的新战士须经过补充团的短期训练,对于所规定组织补充团之各县因为有的是两县合组但在管理和训练上不甚便当,现改为每县设一补充队小到1连大到1团,补充队是经常的组织,以准备应前方随时的需用。

(十四)各边区政府和游击队应当坚决的去建立白区群众工作发动群众斗争扩大苏区,至于建立白军士兵工作在目前白军士兵日益革命化,尤其是受苏维埃和红军影响的周围白军更易于建立工作来瓦解敌人的军队争取白军中的革命士兵,特别是游击队应深入到白区发展战争争取白区群众,这样从白区吸收大批工农群众到红军中来。

(十五)责成工农检察部在最近期内进行对于优待红军条例的检查,组织大批的突击队对于不执行优待红军条例的实行突击运动。

以上各项,各级政府各军这〔区〕须坚决的遵照执行,同时根据以上的规定来决定更具体的实行计划,特别是军区在最短期内分别召集各县军事部长会议,讨论实行计划和经常的训练工作。此令

1923 年 9 月 20 日①

(录自 1932 年 9 月 20 日出版的《红色中华》第 34 期第 1—3 版)

---

① 此处年份有误,应为 1932 年。——本文库编者注。

中华苏维埃共和国临时中央政府
工农检察人民委员部训令第一号
——关于检查优待红军条例问题

（1932 年 9 月 20 日）

目前在苏维埃革命战争与民族革命战争大大发展的时候，不但要号召千百万工农劳苦群众整个的武装起来，而且要用极大的力量来扩大革命战争的武装力量——工农红军才能够击溃和消灭反动国民党的大兵团，积极与帝国主义广大武装作战。因此各级苏维埃政府，应以领导和发展革命战争为中心任务，扩大红军即是各级苏维埃中心任务之一，更使扩大红军的中心任务能够顺利做到，务必先□□工农群众切实执行优待红军的条例，这是必然的事实。

根据中央执行委员会训令第九号，关于执行优待红军条例的办法，说明"过去各地方苏维埃政府对于红军及其家属的优待，虽有些规定，但在实际的执行，是缺乏注意的，有的地方简直忽视不执行，有的地方相反的对待红军家属，简直是破坏红军（如像在福建的各级政府），这与扩大红军加强红军战斗力，是有很大的妨碍，这是很大的错误，以后各级苏维埃政府，应严格纠正过去的这些错误，绝对执行全苏大会通过的红军优待条例，以后若再有忽视优待红军条例，或对执行红军优待条例怠工，应当作反革命一样来处罚"。又优待红军办法的第十九项，明白规定："为督促各级政府切实执行优待红军条例起见，由各级政府工农检察部负责随时派专人考察，如发见各级政府不执行优待红军条例，或经红军战士本人及其家属的控告，由工农检察部核举出来,迅速纠正,并得向法庭提出控告,按例处罚"。

再根据中央执行委员会训令第十五号关于扩大红军问题决定的第十五项,"责成工农检察部,在最近期内进行对于优待红军条例的检查,组织大批的突击队,实行对于不执行优待红军条例的突击运动"。

再根据工农检察人民委员部所召集的江西福建两省及瑞金直属县工农检察部长联席会议,及江西福建工农检察部召集所属各县工农检察部联席会议,对于检查实行优待红军条例,虽唤起一班〔般〕的注意,但对于如何用突击的方法,来打击各级苏维埃政府对优待红军的忽视和怠工,纠正过去对待红军家属的错误,来推动实现优待红军条例的全部工作,尚无具体的规定。因此工农检察人民委员部,为应付发展革命战争,使顺利的扩大红军起见,更有以下的决议:

一、以后各级工农检察部应以检查优待红军条例和其办法,为〈了〉工农检察部经常主要工作之一。不得忽冷忽热的作或止,在检察部的议事日程上,及每月工作报告中,都要作为第一位,以切实负担起中央执行委员会所责成检查的工作。

二、从10月1日起各级工农检察部,要在职工会,雇农工会,贫农团,少先队,赤卫军……等团体中,找得工农积极分子,组织突击队。在每礼拜六及星期日,有计划的,有目标的,做突击工作。

三、突击的事项:

甲、突然去查问红军家属,看他们有无困难,区乡政府和代表对他们的困难是否有方法来帮助解决? 对他们的请求,区乡政府是否迅速相当的回答? 他们无劳动力或缺少劳动力耕种田地的,区乡政府是否分配了相当的□□劳动,给他们耕种?

乙、突然去检查红军公田的耕种好坏,及红军公田的收成量,红军公田有无侵蚀耗散。

丙、突然去检查有公款或向政府立了案的消费合作社,是否对红军家属有百分之五的减价,及有购买的优先权;检查区乡列宁小学校对红军的子女弟妹,是否有免费读书;检查各地邮局,对红军家属的信件,是否有免费的留难,或区乡政府不独不替他们解决困难,反糊〔胡〕乱替他们写信,叫喊红军回家的事情。

丁、突然去检查税收机关是否对红军的官兵,使其本身及父母妻子和无劳动力的弟妹,概免了土地税?

戊、对于上列甲乙丙丁四项,每个城市和乡村每一个礼拜至少要有一个突击队出发,要突击队将每一次突击的结果,报告所指挥的工农检察部。

四、对优待红军怠工或错误的处罚:

甲、对于区及城乡两级的政府,如果对红军及红军家属的请求和控告,不立即设法解答(附注,使他们的困难加深,使他们写信向前线的红军叫喊,对无劳动力及劳动力缺乏的红军家属或调查和分配义务劳动力不充分,不均匀,甚至如福建某区要红军家属办酒肉吃而少做工作),使他们的田地荒废,对红军公田耕种敷衍,收获减少(如平均要比一班〔般〕少收几成),或耗损公谷,诸如此类,轻则提议加以警告,重则撤换其职权,及区乡代表资格,最重则向法庭提起控告,当反革命一样来处罚。

附注:解决红军家属困难的办法,可号召工农群众的阶级互相,帮助借贷或者没收地主来的财产服物分给,或要求互济会估计救济等……

乙、对于优待红军办法第十八项规定县政府军事部之下设立优待红军委员会,是否成立,或建立而不健全,没有工作,应立即督促成立优待红军委员会,领导和督促县区城乡各级政府,实现全部优待红军的条例和办法,如果仍如前一样对此项工作忽视,敷衍塞责,县工农检察部应即照第九号训令检举出来,依法治罪。

丙、中央执委第九号训令第十八项规定,"省政府之下设立优待红军委员会,来负责检查督促各县优待红军委员会之责",省工农检察部应立即督促委员会建立经常工作,在组织来领导各县优待红军委员会的工作,如果省政府仍如前一样,对优待红军条例和办法的工作,不开会讨论,不建立工作,不经常检查工作,即当检查出来,迅速纠正,并得向法庭提出控告,按罪处罚。

以上所列各项,各级工农检察部应坚决的遵照执行,并在今年11月7号苏维埃中央政府周年纪念以前,逐个的检查优待红军条例办法,实现了几条几项?(或如福建各级政府完全忽视)各级工农检察部应即开会讨论,定出以后按期实现的条件和办法的全部计划。区工农检察部在10月15号以前,将此检查结果和以后计划报告县工农检察部,城市同此县工农检察部在10月25日以前报告省工农检察部,省工农检察部11月1号以前,报告中央工农检察人民委员部,以凭检阅以前,并推动以后这一工作,使在目前苏维埃革命战争与民族革命战争大大的发展当中,击溃和消灭反动国民党的大兵团,准备与帝国主义广大武装冲突的主要武装力量——工农红军的扩大和补充,不受到任何阻碍,是各级苏维埃政府的基本任务,各级工农检察部万忽〔勿〕再行延误视为具文,切切此令。

工农检察人民委员　何叔衡

公历 1932 年 9 月 20 日

(录自 1932 年 9 月 27 日出版的《红色中华》第 35 期第 8—9 版)

人民委员会第二十四次常会

（1932 年 9 月 24 日）

人民委员会于 9 月 24 日开第二十四次常会，兹将重要讨论及决议事项，略记如下：

一、临时中央政府成立的周年纪念已届，议决呈请中央执行委员会颁发命令发动盛大的纪念运动并检查各级政府一年来之工作及检阅红军与赤卫军。

二、通过苏维埃改造问题的训令，请中央执委会发布。

三、详细讨论教育部目前的中心工作并议决即日起草教育部组织纲要。

四、通过关于扩大红军问题的训令，呈请中央执行委员会颁发。

五、何叔衡同志报告慰劳伤病红军及检查医院工作之经过，议决对医院的一切问题，给后方办事处一指示信。

六、何叔衡同志报告检查江西省苏工作及出席该省工农检查〔察〕部联席会议之经过情形后，即审议该省给中央的工作报告，逐一指出该省最近工作的优点与缺点，议决先给省苏一指示信，随后再派专员指导一切。

七、宁都黄竹寨，地势极险，该县地方武装冒弹爬上悬崖，极为英勇，议决以予嘉奖。

八、议决将石城县划归福建省苏管辖。

九、议决再办中央苏维埃工作人员训练班。

（录自 1932 年 9 月 20 日出版的《红色中华》第 34 期第 8 版）

中华苏维埃共和国中央执行委员会命令第九号
——关于中央政府周年纪念

（1932 年 9 月 24 日）

本年 11 月 7 日，是中华苏维埃共和国临时中央政府成立周年纪念日，同时是苏联革命成功的 15 周年纪念，在这一年中，国际的中国的革命形势，有了最大的发展，苏联社会主义建设伟大的成功，更加剧了资本主义世界的崩溃和世界革命的发展，帝国主义的反苏联的战争和瓜分中国，在这一年中，达到了空前的紧张形势，中国苏维埃运动，自成立全国统一的领导机关——临时中央政府，在全国得到空前的胜利与开展，全国工农红军在中央政府领导之下，继续获得革命战争空前的胜利，消灭国民党军一二十师之众，扩大了最广大的苏区，发展了全国民族革命战争的新局面，苏维埃已成为全国工农劳动群众解放的旗帜。

当这一伟大的纪念节中，是帝国主义国民党为挽救其垂死的统治，集全力向苏维埃和工农红军四次大"围攻"后，已被我英勇红军在各个战线上将其击溃和消灭，遭到最严重的惨败。苏维埃中央号召全国工农劳动群众和红军，以英勇的战斗彻底粉碎帝国主义国民党四次围攻，争取江西首先胜利，以实行直接对日作战来纪念这一伟大的纪念节。同时为加强与领导革命战争，在今年纪念节举行各级政府工作检查。中央执行委员会决定在周年纪念节举行下列各项：

一、宣布 10 月 6、7、8，三日，各机关，各部队，各工厂、商店，一律休假。

二、11月7日举行阅兵。前方各部队除因战争关系不能举行外，余均由该最高指挥员举行阅兵。各县赤卫军模范营集中县苏所在地举行大检阅，瑞金直属县由中央检阅全县模范营。

三、11月6日，各县召集选民大会，由各区乡政府代表中央向选民作一年的工作报告（报告书届时由中央印发）。8日是各区乡政府向选民报告工作，使苏维埃的选民在这天来检查苏维埃的工作和接收选民对于苏维埃的一切意见。

四、在10月底各省县向中央做工作报告，实行检查各级苏维埃在这一年中的工作，特别是领导与组织战争的工作。

各级政府和各军区，务须遵照执行，要在积极发展革命战争中来实际的准备以上各项工作。此令

军委会

各级政府

各军区

主　席　毛泽东

副主席　项　英

张国焘

公历 1932 年 9 月 24 日

（录自 1932 年 9 月 27 日出版的《红色中华》第 35 期第 7—8 版）

中华苏维埃共和国临时中央政府
司法人民委员部训令
——关于会昌寻乌两县裁判部归中央直接指导问题

（1932 年 9 月 27 日①）

前经江西省苏裁判部的提议，将会昌寻邬②两县裁判部划归中央直接指导，因该两县离江西省苏的道途太远，在指导上不无许多困难，并且遇到判决死刑的案件，送到省苏裁判部去批准，往返必须费 10 余天的时间，对于宣布死刑的犯人，难免不发生意外的事情，不如离中央较近，易于指导，批准案件的时间也可以减短，因此本部准江西省苏裁判部之请，将会昌寻邬两县裁判部划归中央直接指导，以后会昌寻邬两县裁判部在审判上直接受临时最高法庭的节制，判决死刑的案件，送临时最高法庭批准，司法行政上则受本部直接的指导。此令

江西省苏
会昌县苏　裁判部
寻邬县苏

司法人民委员　张国焘

公历 1932 年 9 日③

（录自 1932 年 9 月 27 日出版的《红色中华》第 35 期第 9 版）

---

① 原件时间不详，此为训令在《红色中华》发表的时间。——本文库编者注。
② 寻邬，现称寻乌。——本文库编者注。
③ 此处日期有误，似应为"9 月"。——本文库编者注。

人民委员会第二十五、二十六次常会[①]

（1932 年 9 月 30 日、10 月 11 日）

人民委员会于 9 月 30 日开第二十五次常会，于 10 月 11 日开二十六次常委，兹将该二次会议的主要讨论及决议，略记如下：

第二十五次常会的主要讨论及决议：

一、项英同志报告出席福建省苏执委扩大会的经过及此次会议之成功，议决今后中央更应加紧抓住中心问题以指示和督促福建省苏的实际工作的转变。

二、讨论过去各级政府没有以战争为中心工作的错误及今后的转变办法。

三、讨论深入下层检查实际工作的办法。

四、议决工农检察部应即日组织中央突击队。

五，议决财政部应具体指示各地政府整理财政开发财源的办法。

六、议决司法部须立即帮助下级裁判部的实际工作并随时注意对肃反放松的现象。

第二十六次常会的主要讨论及决议如下：

一、为粉碎敌人对中央区的大举进攻与实现江西及邻近省区的首先胜利，议决呈请中央执行委员会颁发紧急总动员令，领导全国工农群众及武装组织，实行战争总动员。

---

① 标题本文库编者略有改动。

二、议决停止目下江西省苏执行委员会的召集。嘱以集中力量去动员战争工作。

三、梁柏台同志报告瑞金执委扩大会的经过,议决由中央再给瑞金一具体指示信。

四、通过关于纪念十月革命节的工作与检阅程序的命令。

五、议决中央于十月革命节招待各群众团体的代表。

六,议决由中央发一宣言。

七、议决中央于十月革命节发一告全国红军书。

八、讨论整个紧急动员的计划。

九、讨论并规定中央苏维埃工作人员训练班的课程。

(录自 1932 年 10 月 16 日出版的《红色中华》第 36 期第 8 版)

中华苏维埃共和国中央劳动人民委员部训令第六号
——为大规模开采钨矿招工 15000 个人
（1932 年 9 月或 10 月①）

中央政府为了发展钨矿生产，充裕战争经费，改善工农生活，特设立中华钨矿公司，开采赣南钨矿。今决定在今年 12 月及明年 1 月 2 月 3 月 4 月内实行大规模的开采，增加 15000 人开采赣南的钨矿（在雩都②、西江、会昌、安远 4 县之间，即白鹅、小溪、乱石一带）。对于这 15000 个劳动者的招集，各级劳动部负有绝对的责任，必须以战斗的速度，深入群众的动员，在 11 月 30 号，12 月 5 号、10 号、15 号、20 号、25 号分 6 批集中，完全招到 15000 个劳动者到钨矿区工作。

（甲）招工条件

不论工人、农民、贫民、小贩，只要为劳动力，能做普通劳动，在 18 岁以上、50 岁以下的，一律欢迎应招去挖钨矿。过去挖过钨矿、挖过煤炭、做过石匠、打过铜铁、帮过生意的工人、店员、师父，更加欢迎。事业的商人、老板有管理能力的，也可应糟〔招〕。

（乙）雇用条件

（一）按照工作技能，每月工资最低大洋 9 元，最高大洋 20 元，普通〔遍〕大洋 12 元（伙食在内）。

---

① 发文时间为本文库编者所估计。

② 雩都，现称于都。——本文库编者注。

（二）每做10天工发一次工钱。发工钱的办法：如工人愿意自己领取，发给工人；如工人愿意由家中领取，发给工钱证寄回工人家中到当地区苏领取。

（三）工人来矿路费由区苏财政部或县苏财政部计算路程发给（每60里发大洋2角）。

（四）在工作中生病的，由钨矿公司负责诊治。

（五）工人作工期间〔限〕，由工人到山时与公司双方商订于合同内（工人愿做工多久即订定多久）。

（六）其他详细的雇用条件与劳动条件，在合同内订定之。

（丙）招工方法

（一）先由地方党部商议，提到同级主席团会议讨论，协同工会一致的进行动员工作。（下缺）

（根据中共江西省赣州市委党史工作办公室资料室保存原件之复印件刊印）

粮食合作社简章

（1932 年 9 月①）

第一章　总则

一、本社为工农阶级的粮食组织，以调节粮食价格，抵抗商人富农买便宜谷籴〔粜〕贵米之剥削为目的。

二、本社为　县　区　乡粮食合作社。

第二章　社员

三、本社社员以本乡内中农、贫农、雇农、工人，苦力及独立劳动者为限。富农、商人、资本家及一切剥削者都不能加入。

四、本社社员有米谷粜，或要籴米谷，都要向本社买卖，在本社资本不够买时，才可以卖给社外。

五、本社社员不限多少，随时可以加入，但须管理委员会审查通过，为扩大计，分期征收社员（两个月为一期）还〔凡〕愿意者，第一期已加入者，第二、三期可再入股。

六、社员不遵守社章，或破坏本社者，由社员大会开除之。

---

① 发文时间为本文库编者所估计，待考。

七、社员要求退社时,要报告到管理委员会批准,退社社员股金须3个月后退还。

八、社员交足股金后,即有选举权,被选举权,表决权,粜谷权,籴谷权,但每一社员,不论入股多少,都以一权为限。

第三章　资本

九、本社股金每股大洋1元,以一家为入股单位,一家愿入数股者听之,交股金时,交谷交银均可以,但谷子须扣成银数。

十、社员入股数多者可分期缴纳股金(以两个月为一期)但入股时须申明并订某期交股金多少。

十一、凡交足股金之社员,由本社发股票及社员证。票面上要记姓名,由管理委员会盖印为证。股票及社员证遗失时须先报知管委会申明失票作废,以后再向管委会补助〔发〕。

十二、社员可以将股金转让给别人,但须得管委会批准。

十三、在收谷时要款用,可向社外借款,给付利息,粜谷时存款可放入银行或信用合作社行息,不许徇私借给私人,致分散难收。

第四章　业务

十四、本社为调节粮食价格,于收获时集中资本先向社员籴谷,不籴米,谷价要比当地市价高一点,在资本未充足以前,不能向社外籴谷,并要规定社员籴谷的最高限度,使社员得到平等权利。此限度得谷价比市价高多少,由社员大会规定之。

十五、各社员粜谷多少,要用簿子登记起来,籴来之谷子一定要是车净晒干的,将他放存仓内,装满后要登记担数加封,并要防偷漏鼠吃、虫蚀水湿等损失。

十六、这些谷子到旧历过年以后,准社员买回,但须自己吃,不准买回出粜。并要规定各社员籴谷的最高限度,价钱比当地市价要低一些,此限度及谷价比市价便宜多少,也由社员大会规定之。

十七、储存谷子到旧历四月以后,估计本社社员自己消不完,始可在当地市场出售,价格也要比市价低一些,以抑本市场米价。如当地米价不甚高涨,则可运到米贵地方去出售。

十八、米谷买卖价格,由管理委员会根据社员大会所规定比市价高低多少决定之,但社员认为不合时,得由审查委员会或召开社员大会改定之。

十九、粮食合作社,遇到粮食恐慌,拥护红军委员会无从采办军米或特别需要时,应将存储粮食尽先卖给红军。如倘有军米可买时,则不能开仓,以免影响民众。红军家属对粮食合作社之买卖与社员一样有优先权。

二十、合作社资本充足时,可附带向社员收买别种农产品,如豆、糖、茶油等,但须顾到不妨碍米谷之收买。

二十一、粮食合作社为要装置谷子,得请求政府借用没收来之公仓,及其他家具或采砍公有木材自己制造。

第五章 红利之分配

二十二、本社于每年谷子粜完后,结算一次,账目经审查委员会审查后,再交社员大会审查。

二十三、本社除开消〔销〕外年中可得红利,除出百分之五十为公积金不分外,其余百分之五十,按照社员所粜给合作社之谷子多少为比例分配之,但社员愿意不分者不分配。

二十四、为奖励合作社办事人员起见,得于社员分红利中抽出多少,按人数分配给办事人员,但至多不得超过百分之十。

第六章 组织

二十五、本社以社员大会为最高机关,由全体社员组织之。

二十六、由社员大会选举 5 人至 7 人为合作社管理委员会负责管理本社一切事情。管理委员互选正副主任各 1 人,一年改选一次,但连选得连任。

二十七、谷子买卖出入时,在管理委员会之下,设会计 1 人,出纳 1 人,出入仓 1 人或 3 人。这些人员可由管委会另外聘请,但出纳一定要自己负责,工作时间内,可由合作社发给伙食及相当工资,平时不给工资。

二十八、为监督和检查管理委员会工作起见,由社员大会选举 3 人至 5 人组织审查委员会,一年改选一次,但连选得连任。

第七章　会议

二十九、社员大会于每年收谷及粜谷以前各开会一次,规定每个社员粜米籴谷的最高限度与谷价比市价高低数目,并改选管委会及审委会,有特别事故时召集临时大会。

三十、管委会每月开会一次,审委会两个月开会一次。

第八章　附则

三十一、本简章由社员大会规定或修改之。

三十二、本简章须呈请县政府登记备案。

（录自《中华苏维埃共和国法律文件选编》,江西人民出版社
1984 年版,第 273—276 页）

中央执行委员会命令第十二号[①]
——关于战争紧急动员

（1932 年 10 月 13 日）

全国革命日益剧烈的发展,特别是苏维埃与红军在全国获取了空前的伟大的胜利与发展,使帝国主义国民党的四次围攻在鄂豫皖、湘鄂西、赣东北、湘鄂赣等地遭受不断的惨败;尤其是中央区红军向北胜利的开展,因此国民党军阀在帝国主义严厉督促之下,正倾全力来布置对中央区的大举进攻,加紧进攻赣东北、湘鄂赣与河西,这是由于革命的胜利,反动统治阶级企图倾其全力以作最后挣扎,是革命与反革命决斗的紧要关节。

这一阶级战争比以前任何次的战争都要剧烈和严重,这必须动员我们一切工农劳动群众,武装起来迅速强大红军力量,以一切的力量一切的经济和一切牺牲去准备战争去粉碎敌人的大举进攻。我们要在这一战争的胜利中,取得吉、赣、抚、南等中心城市,实现江西和邻近几省首先胜利。

中央政府为了领导全国工农群众和武装组织去彻底粉碎帝国主义国民党对于中央区的大举进攻,以及对于全国的四次围攻,特对于全国各苏区各工农红军和全体工农劳动群众,实行战争的紧急总动员,以最积极的最迅速的行动,和最宽广的最充分的战争动员,实行

---

① 原件标题为"中央执行委员会第十二号命令",为标题统一的需要,故本文库编者略有改动。

坚决的进攻,来保障这一战争的完全胜利。因此各级政府,各红军,各军区要坚决的,迅速的执行以下各项紧急动员工作:

一、紧急动员全体工农劳苦群众,以最积极的革命热情和实际行动来为争取战争胜利而努力而斗争,因此各级政府立即实行对于全苏区工农群众充分的政治动员,使每个工农分子,都了解这一战争关于本身前途的意义,关于苏维埃在全国胜利的重要关节,认识现全国革命力量增大和反革命的挣扎,来鼓起工农群众的战争热情和阶级的决心,积极的准备和参加前线和后方的战争中一切实际工作,去为粉碎敌人大举进攻而战斗,这是我们阶级战争胜利的基本条件。因此:

甲、省县区政府全体人员立即到下面分别召集会议,特别是城乡代表会议、选民大会来举行政治动员,使每个工作人员,每个工农同志,都了解这一战争的意义,全部动员起来,去参加战争一切动员工作。

乙、各红军部队由各该最高指挥机关根据本身情形分别召集军人大会,举行全体战士的总动员。

丙、各地方武装由军区及各级军事部,分别举行赤卫军游击队以及少先队等队员大会。

丁、各群众团体在这一总动员令下去分别召集全体会员大会,作鼓动的报告。

二、各红军部队,根据确定之方针,以最积极的敏捷的进攻行动,首先击破敌人的进攻,用胜利的进攻来粉碎敌人的大举进攻,以夺取中心城市,实现江西首先胜利,特别是全国红军,更要有配合的联系的行动。

三、猛烈扩大红军是加强革命战争的主要力量,这是粉粹敌人大举进攻的一个主要条件。各级政府在 10 月内以最大力量和速度,来动员最广大的工农积极分子去加强红军的数量和质量,要坚决执行中央十五号训令,同时必须使所规定的数目要超过一倍,以后要经常进行扩大红军工作,不断的大量补充前方,建立经常的红军补充队。并责令各级政府动员和督促离队回家之士兵,于 10 月内全部归队,在群众中发动最广泛的归队运动。

四、坚决执行十五号训令,迅速动员全苏区凡满18岁到40岁之壮年,全体自动的加入赤卫军,每人须自备一种武器,加造土枪土炮梭镖,准备充分的弹药(同样少先队要广泛的建立起来),按照规定的编制建立起来,必须于十月革命节前完成这一工作,尤其是加紧政治教育和军事上的战斗训练,各级政府,各军区,各军事部要切实负责执行,使赤卫军真能担负保卫地方配合红军动行〔行动〕,消灭和打击进攻的敌人,模范营模范少先队要能随时调动集中作战。

五、建立强有力的游击队,各地现有的游击队,要加以严厉检查,对于队员中不好的成分,应马上洗刷出去,强健和改换游击队的领导分子;每个游击队在10月内须轮流训练一星期,加强政治军事教育,使每个游击队员知道他所负的任务与工作。每县最少有一个或个二〔二个〕最精干的游击队,到附近白区和敌人的后方去发展最广泛的游击战争,发动群众斗争,扩大苏区,成为苏维埃的武装组织者,宣传者,成为箝制和打击敌人配合红军作战的革命战争中一个最重要的力量,坚决消灭过去游击队的一切严重现象,各县必须于10月内组织和整顿完毕,按照劳战委员会所计划的方向和任务全体出动。

六、为着便利消灭敌人,争取江西首先胜利,积极发展四周苏区,特别是北和东,以及东北三面,是争取战争胜利,完成江西首先胜利的一个重要前提。各级政府各地方武装应立即动员到这些方面去发展苏区,争取广大工农群众,造成更广大的一片苏区,围绕各中心城市及敌人作为据点的城市周围,取得与赣东北及河西的密切联系,更有计划的去进行围绕苏区周围的白军士兵工作,去瓦解敌人的军队,争取革命的士兵群众,建立附近中心城市的工作。各省县政府要在10月内征调大批的干部到这些新区域去建立政权,实行土地革命,去进行白区和白军士兵工作,同时对于各边区要深入阶级斗争,巩固这些区域向外发展。

七、必须立即征收土地税,商业税,房租等开发财源,充分筹划战争的经济和粮食,及一切军用必需品,要准备能与敌人长期作战,使红军及一切工农群众在战争中不受敌人的封锁和给养的困难,更要继续节省一切用费和粮食,来充裕战争的准备,这是有决定战争胜负的意义。

八、动员全体工农群众实行储蓄粮食、食盐,节省粮食的耗费,努力耕种杂粮、菜蔬,准备在战争中来供给红军,应当从政治上鼓起全苏区工农群众的对于革命战争的热情和对于红军的拥护,在经济上粮食上充分的去准备和储蓄,来为争取战争胜利,准备随时借给和捐助红军。

九、我们必须坚决消灭进攻的敌人,使我们的苏区不受敌人的蹂躏,假如敌人要进扰到苏区内,我们应该坚决的领导工农群众和武装来打击和消灭敌人,并且要断绝敌人的粮食和交通,日夜骚扰,实行坚壁清野,使敌人不能一刻存留于苏区内,各地方政府应领导地方武装和工农群众积极作各种准备工作,运用过去三次战争的经验,使得到更充分的有效的成绩与胜利。

十、全苏区实行最严密的赤色戒严,一切步哨由赤卫军负责,须在 10 天内建立起来,严防敌人侦探混入,严查行人和携带物品,凡有可疑者,须带至政府严密察究,各级政府发给路条须先有详细考察和登记,不能随便发路条,取消从前手上盖印的办法,各群众团体须到政府领取路条,非政府军事机关,不能发路条,出白区的路条,必须由县区政府发给。立即举行全苏区户口清查,特别对于城市之一切可疑分子要加紧考察和监视,这一工作各级政府要取得工会少先队及一切群众团体的参加和帮助。

十一、加紧肃反工作,责令国家保卫局训令各级分局,严密计划来进行这一工作,同时各级政府对于一切反革命活动,要采取严厉处置,特别是石城,宁都,广昌,宜黄,宁化,会昌,寻邬①,雩都②,安远,信丰,龙岩等县,对于豪绅地主的势力,迅速彻底肃清,凡是地主富农及有反革命嫌疑分子,我们应当领导工农群众,实行监视行动,在战争区域,对于这些分子要监押起来。彻底肃清一切反革命派别,镇压

---

① 寻邬,现称寻乌。——本文库编者注。
② 雩都,现称于都。——本文库编者注。

一切反革命活动,建立更强固的后方。

十二、积极整顿交通干线,便利于军事运输和军队行动,建立强有力的兵站工作,以后兵站运输,凡是靠兵站两边各 30 里内之政府负运输和保护责任,该线一带之赤卫军,成为保护和护送的武装。运输办法,改正过去各种组织的名义,统一于赤卫军,规定每一个赤卫军队员,有枝武器,一条扁担,五个人共一付担架,这样遇战争时,全体拿着武器去进攻敌人,至前方和兵站需要担架队,运输队时,全部赤卫军就变为运输队,担架队,这样动员迅速,才能适应战争中的紧急需要。

十三、三次战争时,敌人在苏区内所构筑的工事,还未毁灭者,及各城的城墙,由各该政府动员广大群众于 10 月内完全拆毁。

十四、各级政府在战争时,必须坚决领导群众和武装与敌人坚决作战,如有畏缩逃跑和不坚决领导群众作战的,应以革命纪律裁制,同时为加紧各级政府对于战争领导力量起见,各级政府工作人员,均要受武装训练,区乡政府人员,直接参加赤卫军负领导之责,省县两级应联合同级的各机关各团体的工作人员,建立一个赤卫军的组织,经常实施军事训练,使一切生活和行动,都要军事化,这样是更实际的加强各级政府对于地方武装作战的领导。

战争的形势日益紧迫了,我们要以全力来动员全苏区工农群众,要以最大的速度,来充分准备一切战争工作,要准备一切牺牲去为争取战争的胜利,要使一切工作服从于战争。这一次,胜利当然属于我们的。此令

主　席　毛泽东

副主席　项　英

张国焘

1932 年 10 月 13 日

(录自 1932 年 10 月 16 日出版的《红色中华》第 36 期第 1—2 版)

中央人民委员会命令第二十九号[①]
——决定各级地方政府军事部长由各军区指挥部瑞金卫戍司令部直接委任[②]

（1932 年 10 月 13 日）

　　为了适应革命战争的发展，健全各级地方政府军事部的工作，以领导各地地方武装积极参战，军事部长一职，必须富有军事技能与指挥能力的才能担负这一重要工作。人民委员会特决定各级地方政府军事部长一职，改变从前的选任办法，由各军区指挥部瑞金卫戍司令部直接委任，现在各县区军事部长由军区卫戍司令部分别鉴定加以委任或改派，特此令知，希各遵照。此令

各级苏维埃政府

各军区指挥部

瑞金卫戍司令部

主　席　毛泽东

副主席　项　英

张国焘

1932 年 10 月 13 日

（录自 1932 年 10 月 16 日出版的《红色中华》第 36 期第 8 版）

---

　　① 原件标题为"中央人民委员会第二十九号命令"，为标题统一的需要，故本文库编者略有改动。

　　② 副标题为本文库编者所加。

中央人民委员会第三十号命令①
——关于瑞金卫戍司令员人员调整②
（1932 年 10 月 13 日）

　　前瑞金卫戍司令员刘伯承已调赴前方工作，遗职委由现任红军学校校长叶剑英兼任。此令

主　席　毛泽东

副主席　项　英

张国焘

1932 年 10 月 13 日

　　（录自 1932 年 10 月 16 日出版的《红色中华》第 36 期第 8 版）

---

　　①　原件标题为"中央人民委员会第三十号命令"，为标题统一的需要，故本文库编者略有改动。

　　②　副标题为本文库编者所加。

中央执行委员会训令第十七号^①
——为发行第二期革命战争公债

（1932 年 10 月 21 日）

因为革命发展，特别是苏维埃与红军胜利的开展，敌人正倾全力加紧布置对于中央区的大举进攻。中央政府除已下战争紧急动员令来领导全苏区工农去彻底粉碎敌人的大举进攻，实现江西首先胜利外，为更充分的保障这一次战争的完全胜利，充分准备战争的经济，特别是动员一切工农群众，更迅速完成这一准备，中央政府特再发行第二期革命战争短期公债 120 万元，专为充裕战争的用费，各级政府接此训令，必须根据过去经验，马上讨论推销计划，限期执行。兹将发行具体办法列下：

一、债款分配数目：

（一）商家共 15 万

汀州——7 万，宁化——5000，瑞金——2 万，会昌——8000，筠门岭——18000，广昌——6000，宁都——5000，兴国——8000，雩都^②——3000，石城——3000，安远——2000，寻邬^③——2000。

（二）各县共 98.6 万

福建：长汀——6 万，上杭——6 万，龙岩——2 万，永定——

---

① 标题本文库编者略有改动。
② 雩都，现称于都。下同。——本文库编者注。
③ 寻邬，现称寻乌。下同。——本文库编者注。

15000,新泉——15000,宁化——1万,汀州——4000,武平——1000。

江西:瑞金——12万,兴国——12万,宁都——8万,会昌——64000,赣县——6万,胜利——6万,公略——5万,雩都——5万,广昌——4万,石城——4万,永丰——3万,安远——15000,寻邬——15000,乐安——1万,宜黄——5000,信丰——2000,万太〔泰〕——4万。

(三)红军共6万

前方——4万。后方办事处——1万,红军学校——2000,赣军区——5000,闽军区——3000。

(四)党政团体共4000

全总执行局——2700,少先队总队部——500,中央政府直属机关——400,列宁师范——300,中央局——100。

二、发行和收款日期

第一期共30.6万

10月26日由中央送出。

11月1日各地发行。

11月15日收清。

龙岩2万、永定15000、武平1000、乐安1万、宜黄5000、广昌46000、宁都85000、安远17000、寻邬17000、会昌筠门岭共9万。

第二期共36万

10月30日送出

11月1日发行。

11月15日收清。

瑞金14万、雩都53000、汀州市74000、宁化15000、上杭6万、新泉15000、闽军区3000。

第三期共31万

11月5日送出。

11月12日发行。

11月底收清。

兴国 12.8 万、赣县 6 万、公略 5 万、万太〔泰〕4 万、永丰 3 万、信丰 2000。

第四期共 18.4 万

11 月 8 日送出。

11 月 12 日发行。

11 月底收清。

长汀 6 万、石城 41000、胜利 6 万、后方办事处 1 万、赣军区 5000、红军学校 5000、党政团体 4000。

前方红军 4 万

11 月 12 日送出。

11 月 20 日发行。

12 月 1 日收清。

三、集中款项地点

(一)福建各市县及军区集中国家银行福建分行。

(二)江西瑞金、石城、会昌、寻邬、安远、雩都、胜利、宁都、广昌、江西军区、党政团体,直接解交中央国家银行。

(三)江西兴国、赣县、公略、永丰、宜黄、万太〔泰〕、乐安、信丰集中江西省苏。

(四)前方红军集中总经理部。

四、动员群众办法:

(一)用宣传鼓动的方法,鼓动工农群众自动购买,切不能用命令强迫,但对于富农大中商人可以事前派定,责令购买。

(二)由区市乡召集乡代表会议做报告讨论。推销和鼓励群众的办法,由城乡政府和代表召集选民大会,报告政府发行公债券的意义与公民的义务,特别要从政治上参加革命战争上来鼓动,使群众自动的购买。

(三)用革命竞赛方法,县与县、区与区、乡与乡、村与村、团体与团体比赛,谁购买得多,缴款得快,谁就胜利,由上一级政府,给奖旗和名誉奖。

（四）各村各市由代表及城乡政府负责将款转解上级。

（五）各级政府根据以上各项来决定本身执行的具体办法（如分配方法，鼓动方法，收款方法等）。总之决定公债的发行，能按以上规定实际做到，最主要的是靠我们动员与鼓动群众工作如何来决定，谁能积极去动员群众，谁就能够达到任务，必须严厉纠正过去不发动群众，专靠用命令的错误工作方式。

第二期公债之发行，完全是为彻底粉碎敌人大举进攻的战争需要。现值秋收之后，工农劳动群众以及居民在经济上都更活动，尤其在第一期公债发行后，公债票之信用，更容易取得群众之拥护，各级政府必须根据过去经验，尽量去鼓动群众，坚决纠正过去不经过宣传鼓动而命令指派的错误行为，无论如何各处必须按期消售，如限缴款，以完成战争任务，如再发见如过去之敷衍怠工者就给以革命纪律的处罚。切切此令！

主　席　毛泽东

副主席　项　英

张国焘

1932 年 10 月 21 日

附：

发行第二期公债条例

第一条　临时中央政府为彻底粉碎帝国主义国民党的大举进攻，争取江西首先胜利，特再发行公债，以裕战费，故定名为第二期革命战争公债。

第二条　本项公债定额为国币 120 万元。

第三条　本项公债利率定为周年一分。

第四条　本项公债票分为三种如左：

（一）伍角（二）壹元（三）伍元

第五条　本项公债规定期限半年，1933 年 6 月 1 日起还本付息。

第六条　本项公债于满期后准予完纳一切租税，十足通用，期未满前不准抵纳租税。

第七条　本项公债准许买卖抵押及代其他种现款的担保品之用。

第八条　如有人故意破坏信用，破坏价格者，以破坏苏维埃与革命战争论罪。

第九条　本项公债之经售收款及还本付息事宜，由各级政府财政机关，红军经理部，国家银行及政府所委托之各地工农银行合作社等，分别办理。

第十条　本条例自 1932 年 11 月 1 日起公布施行。

（录自 1932 年 11 月 1 日出版的《红色中华》第 38 期第 1—2 版）

司法人民委员部一年来工作

（1932 年 10 月 24 日）

在做这篇报告之前,必须声明几点:(一)没有充分的时间来整理材料,以充足内容。(二)在今年的 6 月以前,各级司法机关未健全,报告制度未建立。所搜集的材料仅仅从 7 月起。但是各地 10 月工作报告又未来,9 月的报告也只接到一部分。(三)司法人民委员部的工作人员非常少,许多应进行的事项无法进行。有了这些原因,所以这个工作报告,仅能包括部分的材料。现分做以下几点来叙述。

（一）司法机关的建立

司法人民委员部根据中央执行委员会 1931 年 12 月 13 日所颁布的第六号训令规定,在今年 1 月通令各级政府成立临时司法机关——裁判部。但是因为缺乏干部,懂得裁判部工作的人很少,所以从今年的 3 月间才实际上开始建立裁判部的工作,在 6 月间县一级裁判部才完全成立,区一级至今还有许多地方未建立起来。但是裁判部实际上进行工作,还在今年 6 月间闽赣两省及瑞金直属县裁判部长联席会议之后。自此裁判部的工作才上了轨道,因此可说,裁判部实际上做工作是在今年 6 月开始。

裁判部包含着两种性质:一方面管理司法行政的工作,另一方面管理审判的工作,所以裁判部除日常行政工作外,还没〔设〕有刑事和民事法庭,以审判刑民案件。法庭由 3 人组成,以裁判部长或裁判员为主审,其余两个陪审是由群众团体选举出来,所以苏维埃法庭就是群众的法庭,在工农群众监督之下进行工作。除刑事民事法庭之外,还没〔设〕有巡回法庭,这种法庭是流动的,是到出事地点或群众聚集的地方去审判案件,使广大的群众来参加旁听审判,借某种案件以教育群众,在群众面前揭破反革命派别的各种阴谋,这是在司法工作上教育群众的一种方式。

自建立裁判部以来,在司法程序和工作上已有相当成绩,在一般群众的脑筋里已有司法机关的印象,许多群众知道跑到裁判部来控诉,在无数次的审判中,都引起了一般群众的注意,苏维埃法庭在群众中已提高了自己的信誉,司法机关已具了雏形。

(二)以适应革命战争为司法机关的工作中心任务

在猛烈发展革命战争的时候,一切工作都应以发展革命战争为中心任务,一切都应服从于战争,司法机关也应当如此,各级司法机关就在这一个任务下进行工作。在今年6月间司法人民委员部所召集的闽赣两省及瑞金直属县裁判部联席会议,关于裁判部目前的中心任务的决议案上就指出:"裁判部是苏维埃政府的临时司法机关,它目前的中心任务是:保障苏维埃政权及其各种法令的实施,镇压反革命派别及反苏维埃法令的反革命行动,换句话说,就是负着肃清国内反动势力,巩固苏维埃政权的任务。……"它下面又说:"以后裁判部判决反革命案件,应当以保护工农权利,巩固苏维埃政权,适应革命环境,来保障革命胜利为前提。"就是在各种命令和指示上,也同样以发展革命战争的任务来指示各级司法机关,在司法人民委员部的指示之下,各级裁判部所判决的犯人,判决监禁在两年以下及处罚强迫劳动(苦工)的,都编成苦工队,陆续送往前方去担任运输工作。前后所送去的人数,虽然各地来的报告没有完全,但是据约略的统计已达900余人。在每次苦工队出发时,各级裁判部总向他们做相当的宣传鼓动工作。极力节省司法机关的经费以充裕战费,如解决案件,从前常有延长几个月不审判而养着犯人吃饭,浪费公款的事情。现在规定每个案件,自进到裁判部的日子起,最多不能超过半个月必须判决,这一个规定,虽然不能全部的实现,但是也有相当的实现。江西福建两省及瑞金直属县裁判部所附设的劳动感化院，经过一时期的筹划，几百个犯人实行强迫劳动，在经济上不但能够自给，而且有多余，将成为国家收入之一项。闽赣两省及瑞金直属县裁判部联席会议的决议，规定各级裁判部处理案件，在目前最主要的是对付反革命，在他们的日常工作上也以处理反革命案件为主要任务，一般民刑诉讼事宜为次要。并且对于有教育群众意义的案件，常组织巡回法庭到群众所聚集的地方去审判。对于这个工作，在肃反工作上收到不少的效果。以上这些工作，都是以革命战争为司法机关的中心任务之具体事实。

（三）坚决的执行正确的肃反路线

中央政府未成立前的肃反工作，不分阶级成分，不分首要与附和，处置不分轻重。在审讯的方法上则偏重肉刑，专信犯人的口供，没有侦查的工作，不注意证据和材料，因此在肃反工作上有发生苦打成招的事情，这些错误，在中央执行委员会的第六号训令上已明白的指出来了。各级司法机关，在一年来的工作过程中，坚决的执行中央执行委员会第六号训令的指示，处置案件，注意阶级成分，首要与附和，绝对废止肉刑，不专信犯人的口供，注意预审机关所搜集的证据和材料。同时下级政府和地方武装有违反中央执行委员会第六号训令的行动作坚决的斗争，给那些破坏正确肃反路线的分子以打击。一年来对于执行正确的肃反路线的工作已有相当成绩，一般群众已了解现在政府的肃反路线，群众积极的帮助政府，来彻底的肃清一切反动的政治派别。

（四）司法人民委员部与各级裁判部的关系和指示

前面已经讲过，裁判部包含着两种性质：就是管理司法行政和审判，所以裁判部仍为司法人民委员部的隶属机关，凡是司法行政都受司法人民委员部的指示，审判上则受临时最高法庭的制裁。所以司法人民委员部对于各级裁判部的关系，多注重于司法行政上的工作。

司法机关过去在苏区是没有的，是中央政府成立后的创举。在司法上，每种工作都是新的创造和新的建设，所以特别困难。开始成立司法机关时,就必须注意司法程序的建立,首先请示中央执行委员会颁发了裁判部的暂行组织和裁判条例,依据该项条例来建立各级裁判部的工作,来组织法庭,按照所规定的程序来审判案件。由司法人民委员部颁发了各种表册样式,如:案卷、审判记录、判决书、传票、拘票、搜查票、预审记录、工作报告表、搜查记录、苦工队登记表等10种,以备各级裁判部的应用,并且使各级裁判部的公文形式可以统一。现在各级裁判部都一致改用上列的公文形式,各级裁判部的公文案卷已有相当的次序。颁发了劳动感化院的暂行章程,以备各级裁判部组织劳动感化院之用,现在江西、福建、瑞金都建立了劳动感化院。

今年6月间司法人民委员部召集的闽赣瑞金的裁判部长联席会议上,除决议裁判部的目前任务之外,又检阅了各级裁判部的工作,给各级裁判部以正确的指示。此外并讨论了看守所和劳动感化院的工作。在这次会议之后,裁判部的工作有了新的开展,工作走上了轨道。

对于各省和瑞金直属县裁判部的工作,除用命令的指导外,还个别的用书信去指导他们,在检阅每个月工作报告之后,对于工作上的错误和缺点分别的详细的指示他们。不但对江西福建和瑞金如此,并且对湘赣省也有详细的指示。

除书面的指示之外,还派专人下去,实行活的指导。如福建、瑞金、石城、会昌等地方,都派了专人去指导了工作。因为用了活的指导工作方式,在裁判工作上有很大的帮助,可惜司法人民委员部的工作人员太少,不能常派专人下去。各省和各县的裁判部也常派人到各县和各区去指导工作。

因为司法机关的干部特别缺乏,为着造就干部,采用了实习工作的方式,由县裁判部的工作人员调到省裁判部来学习工作,由省裁判部调到中央司法人民委员部来学习工作,学习一时期后,仍回本地工作,但是这个工作,成绩还是很少,以后还应当继续去进行。

(五)各级裁判部所解决的案件

在6月以前,因为工作报告制度没有建立起来,6月前的材料就无法搜集。10 月报告又未收到,所以我们只有 7、8、9 三个月的统计,这个统计,自然也是不很完备的,因为我们裁判部的工作人员还没有精确的统计头脑。

全苏区各级裁判部 7、8、9 三个月所判决的犯人列举如下:

一、枪决的:271 人。二、苦工的:399 人。

三、监禁的:349 人。四、罚款的:141 人。

五、无罪释放的:481 人。六、共计:1641 人。

以上这个统计,罚款一项中,纯粹的土豪罚款,未经过裁判部的未计算在内,各县未报告来的也未列入。所判决的这些犯人,政治犯约占总数的百分之七十,普通的刑事犯占百分之三十。

(六)劳动感化院的现状

劳动感化院专为判决长期监禁的犯人而立,里面有工场,使犯人做工作,有教育娱乐的地方,使犯人在一定的工作时间外可以受教育和娱乐,并备有各种报纸和书籍,以供犯人阅览,有列宁室、图书馆等设备。设立劳动感化院的目的,是要使犯人在监禁期满后不再违犯苏维埃的法令。

劳动感化院现在已经成立的有福建、江西、瑞金三处,都设立有工场,如:福建的劳动感化院能制造:红、绿、蓝、黑等油墨,不坏香糊,毛笔墨汁,信纸,信封,并装订书籍,刻字等等。瑞金的劳动感化院能制造:各色洋袜,手袜,藤篮子,信纸,信封,草鞋,带子等等。江西的劳动感化院能制造:斗笠,草鞋,粉笔,信纸,信封,缝衣等等。以上各项出产,都为苏区所需的东西,如油墨一项,从前完全仰给于白区,现在劳动感化院的出品,已可供给全苏区之用,不必要外来的油墨,中央印刷局及各机关都用的劳动感化院所制造的。劳动感化院的出品,质量比白区来的并不见坏,而价钱要比市场上便宜得多。劳动感化院的出品,实为苏区商品市场上一大供给者。

从前犯人的伙食,完全要政府供给,现在除劳动感化院本身的一切用费之外,还有多余,将成为国家的一项收入。现在还正在极力扩大生产,添设生产部门,预备建立织毛巾和织布的工场,将来的收入必定日有增加。

劳动感化院目前对于教育工作还很缺乏,因为工作人员少,不能按时替犯人上政治课,大都由犯人自己看书报,这是劳动感化院工作上的一个大缺点,以后当极力设法去补救。

(七)司法工作上的缺点及以后应进行的事项

各级司法机关,虽然有了相当的设备,工作上有了相当的成绩,但是缺点还不少:

(1)上下级的关系还没有很密切。上级的命令和指示,下级不能按时的正确的去完全执行,还有部分的裁判部不按时的向上级做工作报告。裁判部大都缺乏经常的工作。上级对于下级缺乏会话〔活〕的指示。中央执行委员会第六号训令,有时还不能完全执行。审判的程序,还未能按照裁判部暂行组织和裁判条例的规定去进行。以后应当建立上下级更密切的关系,严格的督促各级裁判部执行上级的命令和指示,建立经常的工作。上级对下级多用活的指示,全部的去执行裁判部的暂行组织和裁判条例,正确的去执行中央执行委员会第六号训令。

(2)干部缺乏,裁判部一部分工作人员,缺乏工作经验,缺乏法律常识,因此在工作上常发生许多困难。造就司法工作人员,实在是一件通〔迫〕切应做的事情,司法人民委员部以后应当尽量的造就司法工作人员,以充足各级裁判部的干部。

(3)不但一般工农群众,对于苏维埃政府所颁布的各种条例和法令还不是明了,就是苏维埃政府的下级干部也有不明了的,因此不知不觉中有违反苏维埃法令的事情,以后对于苏维埃的法令,应向工农群众作普遍的宣传解释工作,使一般群众提高法律的常识,以减少人民的犯罪行为。为彻底实现苏维埃的一切法令而斗争!

1932 年 10 月 24 日于石城

(录自 1932 年 11 月 7 日出版的《红色中华》第 39 期第 7—8 版)

中央政府对作战地域划分与
人员委任之意见

（1932 年 10 月①28 日）

周、朱、王②：

×悉：关于中央区作战地域划分与人员委任问题，我们有下列意见：我们认为对南方敌人的进攻上，在赣南军事上必须用统一的布置，组织巩固的防御战线，以便配备和调动我们力量，去打击进攻之敌人，因此主张于雩信赣胜会寻安③必须有统一的军事系统组织，以瑞金为后方，由叶剑英为兼总指挥和政治委员〈会〉，到必要时剑英应到雩会④去指挥。闽西成为东方战线地域，但因直属总指挥部不便，且为与南方战线更【好】的配合，可划归南方战线总指挥部指挥。剑英去雩会时，则由中央政府兼顾指挥之责，瑞金卫戍区应包括长汀县，兴永、吉太为一单独地区，以兴国现在后方指挥部应在东固、龙冈一带，因这区域武装应准备单独行动，打击和牵制吉永进攻之敌，以便主力消灭一面敌人，可由周子昆任总指挥，毛泽谭〔覃〕兼政委，宁

---

① 原件无年月，此为本文库编者根据内容判定的。

② 周、朱、王，即周恩来、朱德、王稼祥。——本文库编者注。

③ 雩信赣胜会寻安，即于都、信丰、赣县、胜利、会昌、寻乌、安远。——本文库编者注。

④ 雩会，即于都、会昌。下同。——本文库编者注。

宜、乐南、广、石、建宁、×化①、清流为一地区，以宁都为后方，指挥部应设广昌，以陈毅为总指挥，兼政委，富春可兼省全权代表，我们认为这样是更适合敌人进攻形势的布置。以赣江流域，由永吉到信丰为一地域，是不适宜，必分散南方战线的力量，而不能统一的对付南方敌人，如必须按你们原来决定，我们认为项英兼政委不妥，因要碍整个动员方面工作，可由剑英兼政委，如何？盼告。

（中央政府台来）

项、邓、顾、任②

28 日

（根据中共江西省赣州市委党史工作办公室资料室复印件刊印）

---

① 疑为宁化。——本文库编者注。

② 项、邓、顾、任，即项英、邓发、顾作霖、任弼时。——本文库编者注。

中央执行委员会给福建省苏主席团的指示信

（1932 年 10 月 31 日）

福建省苏主席团：

　　中央听了邓发同志关于出席你省主席团会议的经过的报告以后，认为你们自扩大会以来，在领导方式与实际工作的转变上，仍然存留着过去形式主义的错误，仍然没有抓紧目前的政治形势，以战争动员为中心，来布置一切工作，来具体指示和发动下级政府的工作。因此在执行扩大会的决议案上，在实际工作的转变上，仅仅只有很小的成绩（只有上杭一县在工作上有转变），而且是非常微弱的。这一现象确实在目前仍为省苏最严重的问题，希望你们以最大的努力与决心，立即彻底改变这一方式，决不要只在口头上高喊转变，在决议案上大写转变，而在实际工作的执行上仍然继续原来的方式。假如不能在实际工作上有彻底的转变，对于苏维埃本身任务的执行和为争取革命战争的胜利而积极动员的工作，实有极大的危害，你们务须以领导战争动员为一切工作中心，依照中央紧急动员令的指示，依照劳战委员会在各个战争紧急动员计划中所规定的一切工作百分之百的执行。抓紧每一项实际工作，规定具体办法，来指示和督促下级政府执行，这样来把各级政府的工作应引导实际上去，使各级政府能够更有力的担负目前的伟大的战斗任务，以保障革命战争的全部胜利。

　　此次长汀各区军事部联席会议的议决上，议决在童坊刘源各成立一个警卫连以专任抗御团匪和保卫该地政权的任务。这种办法只有增长保守观念的发展,而不能积极动员群众,以进攻的路线来发展和巩固苏区。这一工作应当是以模范营模范少队来担任。

你们应当立即纠正他们这种办法。同时该决议案上谓于十月革命节前编好 3 个赤卫军。这一决定在充分动员群众工作上是可能的,但一决定必须依据实现的可能为前提,否则决议成为空文。福建全省最严重现象是决议上写得漂亮事实做不到,成为决议是决议工作是工作。因此我们的意见,为了使工作切于实际,还是依照十五号训令首先成立一军模范师一师,但是必须很实际的去动员群众,于十月革命节前,实际编足,加紧训练,以备随时调动,这是巩固汀东南向外发展的一个最主要的工作,丝毫不容忽视。

你们在目下更应以最大的力量去争取和建立连城的工作,须挑派大批干部至连城分配土地,建立政权,把该地工农群众争取到苏维埃的旗帜下面,以巩固该地的政权。特别是汀东南的巩固,这是你们首先要以大力去进行的,这是实际粉碎敌人四次围攻的一件最重要的工作。

关于你省执委扩大会的决议案,中央现尚没有接到各个决议的全文,故不能立即批复,俟将来接到全文后,当提交会议讨论审查,予以详细的指示。望你们迅即将扩大会决议案全部寄来。此致

战争动员的敬礼!

主　席　毛泽东

副主席　项　英

张国焘

1931 年① 10 月 31 日

(录自 1932 年 11 月 14 日出版的《红色中华》第 40 期第 7—8 版)

---

① 此处原文有误,应为 1932 年。——本文库编者注。

中华苏维埃共和国临时中央政府成立
周年纪念向全体选民工作报告书

(1932 年 11 月 7 日[①])

全体选民同志们！

中华苏维埃临时中央政府,自成立到今天,已有一周年了。临时中央政府当周年的时候,根据第一次全国工农兵代表大会之规定,将自己在这一年的工作和行政实施情形,向全体选民作简要的报告,并愿听受全体选民对于自己的政权——苏维埃政权过去的工作与以后行政方针之意见与提议。

我们在报告工作之前,首先讲一讲这一年来的政治情况与其发展,以后再报告中央政府在这种情况之下采取的行政方针与实施的情形。

同志们！ 这一年来政治的事变和发展,无论在那方面都是比去年更加锐利的向前开展,最主要的特点:

一、在世界上的社会主义国家苏联愈加兴盛巩固,资本主义世界愈加衰败,两个不同制度的对立,达到空前的尖锐地步;

二、世界革命日益高涨,各国无产阶级日益走到共产党领导之下,帝国主义国家的法西斯蒂专政日益普遍,形成两个极端现象;

三、帝国主义战争,尤其是反苏联战争的危险性,极端紧张。

---

① 原件无时间,此为该报告书在《红色中华》发表的时间。——本文库编者注。

中国因为世界形势的急剧发展,帝国主义瓜分中国的积极,苏维埃中央成立,事变的发展愈加剧烈,因此这一年当中:

一、苏维埃政权是继续胜利的开展,国民党政权是更加削弱和崩溃,这两个政权对立的形势,确到了极尖锐程度;

二、全国国民经济达到总崩溃的地步,在帝国主义国民党统治下的白区,发生巨大的水灾,旱灾,瘟疫,及日本帝国主义武装的屠杀,使无数万的工农群众,遭受空前的灾祸与牺牲;

三、全国革命危机日益增长和尖锐,反帝运动的高涨发展到反日的民族革命战争,东三省义勇军已有 50 万人,特别是苏维埃运动在中国共产党正确的领导之下于一年中得着空前的新的开展,已成为全中国工农的民族的解放旗帜;

四、因此帝国主义进攻中国革命,由秘密的帮助国民党军阀,进到公开的直接的武装镇压,日本占领东三省,进攻上海,最近更积极的进攻热河,各帝国主义积极瓜分中国,组织并指挥国民党军阀进攻中国苏维埃和红军,而帝国主义直接进攻中国革命的危险性,日益加强起来;

五、国民党和军阀,是更公开的投降帝国主义,除出卖东三省,签定出卖上海协定外,正在继续出卖热河和整个中国。完全接受帝国主义的指示,集其全力对于苏维埃和红军作大规模的四次"围攻"现更倾全力积极布置对于中央区的大举进攻。

这一年来政治形势,因为革命胜利的开展,阶级对比的力量已大大转变了了,就是说,革命力量日益增长和加强,反革命的势力日益削弱和崩溃,现在的形势已是反革命与革命决死斗的时期,是历史上最重要的阶段。

中央政府在这些政治事变和发展中,是抓住这些事变和发展,来领导与组织全中国工农的民族的解放而斗争。

在今年初即确定夺取中心城市实现江西首先胜利,来领导全国反日反国民党的民族革命战争的方针,2 月红军积极攻赣州,占领上杭,武平,宁化,并于 4 月 5 日正式宣布对日作战,领导与组织全国工农群众，以民族的革命战争，来驱逐日本及一切帝国主义出中国，保障中国领土的完整，争取中华民族真正独立与解放，同时要达到这一目的，首先就要推翻帝国主义统治的工具——国民党政权，并以积极向外发展，夺取中心城市，为实现直接对日作战的前提，于是领导红军占领漳州南靖，消灭张贞军阀军队。当国民党签定出卖上海的协定时，苏维埃中央公开宣言反对，否认这一协定，号召全国工农群众武装起来，进行反对帝国主义国民党的民族革命战争。

在这个时候，鄂豫皖红军占领黄安县后，在豫东南占领潢川，在皖西占领六安，霍山，湘鄂西红军占领鄂中各地，苏区大大扩大，在陕甘成立了新的苏区，所以帝国主义国民党因为苏维埃红军的胜利和发展，于是迅速签定出卖上海的协定，集中全国反动势力，调动全国军阀军队 80 师以上，来进攻全国苏维埃红军，首先是对于湘鄂西和鄂豫皖苏区进攻，这时中央政府是领导全国工农群众和红军，以积极进攻，实行全线出击，来粉碎帝国主义国民党的四次"围攻"，全国苏区和红军在中央政府领导之下，鄂豫皖连续获得 10 次的空前胜利，湘鄂西消灭进攻的川军，赣东北湘鄂赣湘赣都获得大胜利，中央苏区的红军由漳州回师，击溃素称顽强的广东军阀军队十七八团之众，给进攻苏区的广东敌人严重创伤，使国民党在全线都遭受严重的打击，全国红军共消灭白军 10 余师，击溃的约 20 余师，缴械约 5 万余，其他军用品无数，真是空前的伟大胜利。后中央区红军北上消灭高树勋全师，占领宜，乐，南三城，逼近抚州，震动南昌，因为红军在北面大的胜利开展，国民党为挽救其死亡拚命挣扎，目前倾其全力正在积极布置对于中央区大举进攻，以及进攻中央区的两翼——赣东北，湘鄂赣。

同志们！由于革命胜利的结果，反革命为挽救自己垂死的统治，也就是一次大一次的集其全力量来进攻革命。

同志们！这是革命与反革命的阶级斗争决死斗的重要关节。

临时中央政府目前是坚决的领导全国工农群众来粉碎帝国主义国民党的大举进攻，对于全国苏区和红军，已下紧急动员令，动员全苏区工农群众全体红军战士,更有配合的,以坚决的进攻方针,首先击破敌人一方面,积极发展四周的苏区,争取四周广大工农群众,猛烈扩大红军,扩大和加强工农群众武装组织——赤卫军,巩固和深入现有的苏区,准备充分的经济和粮食,动员一切力量,准备一切经济和饷糈,以胜利的进攻来消灭更多的敌人,彻底粉碎敌人的大举进攻,实现江西首先胜利。这是我们当前紧急任务,是我们全体工农群众为了争取阶级的全部胜利,应当努力而奋斗的!

现在,再报告这一年来中央政府对一切的法令的实施,这些法令的实施与颁布,都是为实际保障工农阶级的权利,争取苏维埃在全中国的胜利,以达到工农阶级的完全解放。

(甲)彻底执行土地法,并检查各地已分配之土地,并严厉督促和指导各级政府的执行,直接由中央派人几次到各地去实际检查,使土地革命的利益,完全归于贫农中农雇农等所享受,不致被富农所窃取,的确在大多数地方没收了豪绅地主和其家属窃取的土地,没收了富农的土地,给了他们的一部分坏田,使贫农中农雇农得到实际利益,但还有些地方,因为该地政府不健全,还没有迅速的彻底的使土地法全部实现,这是一个很大的缺点。

(乙)劳动法的实施,首先要讲的,各级政府对于这一法令的执行,是表现许多怠工的地方,中央政府曾坚决的同这些倾向作了不少的斗争,检查制度虽有建立,但工作不大实际和深入,现在城市中相当的实现劳动法一部分——8小时,休息制度,集体合同等,但还有许多未能实现,特别是在乡村中对于劳动法还未具体的来实施。这些对于保障工人利益上是有损失的,我们应当公开承认这是一个错误,必须立即纠正的。

(丙)经济政策的实施,在这一年是有相当成绩,特别是商业恢复,使工农群众日用品的供给,在敌人封锁之下,还能继续输入,为发展生产,颁布了商业投资条例,但苏维埃生产品输出的方面比较输入上还是差些,主要是敌人封锁与资本家逃跑。不过各级政府在执行经济政策中,又发生另一种错误,即是有些地方对资本家的退让,而防〔妨〕害工人群众的利益。另外是成立国家银行发行纸票和辅币，建立统一货币调剂金融的基础。同时颁布了借贷条例，以便利工农群众临时周转。颁布了税则，彻底废除国民党军阀一切苛捐杂税，实行统一的累进税，将税的重担，加在资本家富农和商裕者身上，对于红军工人雇农苦力实行免税，贫苦群众免税和减税。

（丁）优待红军条例的实行：中央政府并规定实行优待条例的具体办法，在绝大多数已经留外籍红军的公田，并领导群众组织了耕田队帮助红军家属耕田。邮局已实行对于红军家信免费，并颁布红军抚恤条例，组织抚恤委员会。同时为了鼓励并优待工农群众和政府工作人员参加和领导战争，又颁布了赤卫军与政府工作人员为战争死伤的抚恤条例，但在检查中，仍有很多政府没有彻底执行和怠工的地方，尤其是不能很好的领导群众来实行对于红军家属的帮助，这是极其严重的问题。至于有的地方（如福建长汀），政府人员不执行红军优待条例，反擅自的要群众来优待自己，这完全是违反法令的行为。中央政府除严办这些怠工和违反法令的分子，并号召全体工农同志，反对这些自私自利的分子，并严防和监督各地政府坚决执行。

（戊）建立肃反的正确路线与司法程序，这一年是有伟大的成绩，纠正了过去不分阶级和首要次要的错误，绝对废除了肉刑，建立了国家保卫局各级组织与肃反工作，中央建立了临时最高法庭与各级裁判部，以及处决和办理反革命案的各种原则，但是在这一过程中，又发现放弃和宽恕反革命的事情，后来中央虽严厉纠正，可是这种错误，在各级政府或多或少的还有，现当敌人大举进攻的时候，反革命的活动，必乘机起来，尤其是国民党团结一切反动势力来进攻，肃反问题更成为我们保障胜利的一个重要条件。全体选民同志，要一致的来帮助政府，彻底消灭反革命一切派别——AB 团，社会民主党，托陈取消派，第三党，改组派等——和其活动，消灭一切反革命利用封建的迷信的组织与活动——大刀会，一心会，懒子会，童子军，红枪会等。

（己）中央政府为了保障妇女的权利，首先颁布婚姻条例，彻底消灭过去封建的婚姻制度,实行婚姻自由,并保障妇女在离婚结婚中之一切权利,在这法令执行中,表现许多政府负责人完全违反这一法令而是拥护封建的婚姻制度;有许多工农同志,还有不了解实行婚姻自由是彻底消灭封建残余,保护妇女权利,而发生许多纠纷,中央政府为了保障妇女权利,严厉打击一般违反婚姻条例的政府和其负责人,但希望全体工农同志,必须了解过去老公打老婆,卖买婚姻,虐待童养媳,是封建制度。我们的革命为要彻底消灭封建势力,打倒帝国主义才能成功,大家应一致的来维护这一法令实行。中央为实际进行保障妇女权利,已颁布和组织了各级妇女生活改善委员会,专负这一工作。

(庚)为了巩固和加强革命战争的主力——工农红军,树立政治委员制度颁布政治工作条例,创办大规模的红军学校,已培养出来大批新的干部,提高了红军的军事技术。进行扩大红军工作,决定扩大红军的办法(第十五号训令)。但是扩大红军的工作,过去各级政府没有将这一工作列为自己主要工作之一,没有运用各种政治的宣传鼓动方法,来动员工农群众踊跃的自动加入,反而采取了强迫命令的方式,特别有些政府没有彻底执行优待条例,这些是实际阻碍了扩大红军工作。中央政府最近正在严厉纠正这些错误,目前扩大红军,是保障战争全面胜利的最主要的一个基本条件,尤其是为了更多的消灭进攻的敌人,更要努力扩大红军。

同志们!为争取战争全部胜利,大家就要踊跃加入红军!

中央政府为武装全体工农群众,特颁布赤卫军组织原则与训练方式及其任务。已成立了几十万赤卫军少先队,只有全体工农群众武装起来,造成最伟大的阶级武力,任何敌人都能彻底消灭。

(辛)根据经济政策确定了财政的制度与方针,正式颁布财政条例,实行财政统一,严厉消灭过去财政上各自为政的现象,确定会计年度,实行预算决算制度。这一工作在中央区有些县已得到成绩,有些县还未消灭,特别是对贪污浪费的惩戒,有些政府还不能坚决执行。最大成绩就是纠正过去专打土豪的财政政策,整理税收,树立财政基础,特别是对于红军的供给,大大减少了红军筹款的担负,使红军能以全力发展与进行革命战争。

财政上最主要的用途,是用在发展战争方面,而为充实革命战争的经费,发行第一次革命战争公债 60 万元,在广大工农群众拥护之下,很迅速的发完,的确对于发展战争予了莫大的帮助,最近又为彻底粉碎敌人的大举进攻,又举行第二期公债。同志们! 踊跃购买公债,就是积极参加战争的工作!

(壬)对于教育行政的建立,规定小学校制度,创办各乡小学校,并积极进行小学教员的培养,创立列宁师范。这都有相当的成绩,但对于成年教育识字运动,还未集中大的力量来进行,还未普遍的发展起来,这是一个很大的缺点。

(癸)对于交通建立和整理,颁布修理桥梁道路之规定,并督促各级政府执行,获有相当成绩,特别是利于军事运输;同时统一中区的邮政,建立统一邮政制度,这是于军事和工农的交通上是有很大便利的。

此外为了发展苏区经济,维护工农群众利益,颁布了合作社的条例,帮助和领导各地合作社运动。同时领导了今年春耕运动,增加农村生产,领导各级政府来帮助解决春耕中耕牛种子农具等问题。规定每年春季举行树植运动。为了保障工农的健康,颁发了防疫条例,并发动各地防疫运动,对于去年三次战争中被敌人摧残的地方,中央曾拨了一部款项来救济当地群众,同时领导了红军和各级政府捐募耕牛和经济衣物等救济运动。

同志们! 这是中央政府在这一年中行政实施的大概情形。最主要的缺点,就是一切工作还不能全部实施,和一切工作不深入,我们希望全体选民同志对于过去行政上的缺点,多加以批评和提议,对以后要踊跃参加政府一切行政工作,监督和帮助各级政府全部实施一切政纲和法令!

中央政府在这一年中对于苏维埃建设是用了很大努力和注意。

(子)颁布行政区域划分的条例以利于目前斗争的领导。

（丑）建立城乡苏维埃代表会议制度树立了工农苏维埃的下层基础。

（寅）依据工农专政的原则，规定苏维埃选举原则和其办法，纠正了过去不分阶级的错误选举办法。

（卯）规定了地方苏维埃的组织与工作。

（辰）为了建立坚强而有工作能力的苏维埃，规定苏维埃组织与任务的基本原则。当中央政府成立不久，即宣布地方各级苏维埃重新自下而上进行选举和改造，在这一选举运动，相当的动员了工农群众参加苏维埃选举，吸引广大工农群众参加城乡代表会议和各级政府工作，驱逐了隐藏在政府中的阶级异己分子，怠工腐化分子出苏维埃，但因各级政府动员不充分，还未达到应有的成功，最近更宣布继续改造地方政府，特别是以领导战争与实施政纲为改造标准。

（巳）建立巡视制度与检查工作制度，来实行检查地方苏维埃工作，在实际上到现在尚未很好的建立起来。

（午）为了监督和防止各级政府工作人员发生官僚腐化，加强工农检察工作，设立各级控告局，规定突击队的组织与工作，但未使这些组织与工作能吸引各群众团体与工农积极分子参加，因此不能收有实际效力。

（未）建立城市民警局进行户口调查，不过只有几个城市稍有工作，大多数还没有实际建立起来。

（申）颁布知〔和〕进行劳动感化院的组织。

（酉）颁布各部组织与工作纲要，建立各部行政系统与工作。

（戌）开办苏维埃工作人员训练班，培养苏维埃的干部。

（亥）中央政府各部工作，因为组织还不十分健全，还不能更充分去进行各部工作及各级的行政系统与工作实施。

现在苏维埃的组织与工作，当然有许多进步，但是缺点和不健全的地方还很多，当目前粉碎敌人的大举进攻中，必须要建立坚强而有工作能力的苏维埃，来领导工农群众去发展战争去粉碎敌人的进攻，这就要全体选民同志们，积极参加苏维埃改造，健全苏维埃组织与工作。

最后讲到中央政府对于全国地方苏维埃政府工作的指导与关系。

因为目前全国各苏区还未打成一片，交通的困难和白区的阻隔，这是增加中央政府对于全国苏区指导工作的困难条件，因此中央政府所在地只有江西福建两省和瑞金直属县；其他如湘赣，湘鄂赣虽较接近，常因交通阻碍，有时不能通信；鄂豫皖，湘鄂西，赣东北，广东琼崖，东江，广西左右江，当离更远，往往不能直接交通；除了在政治上的领导外，对于工作的指导是困难的。中央正在努力领导全国苏区积极向外发展，迅速夺取阻碍全国苏区联系的中心城市——赣州，吉安，南昌，抚州，实现江西首先胜利，将全国苏区打成一片最广大的疆土！

中央政府对于江西福建和瑞金是经常的来指导和督促他们的工作，但还感觉不充分还需要大的努力！

选民同志们！苏维埃中央在中国共产党领导之下，这一年中行政方针与实施，主要的是发展革命战争，开展苏维埃更大的胜利，来保障已得的胜利，争取全中国工农的民族的解放。因此一切工作是以战争为主体，同时在工作上的缺点与弱点的也就表现在这些工作上还不能适应革命的发展和需要。这些缺点与弱点，都希望全体选民同志，加以详细检查，充分的帮助苏维埃政府，迅速的将他克服，这即是使苏维埃强健起来，有力的来完成自己在历史上的伟大任务。

同志们！这一年来革命有了大大的发展，革命的力量大大增长了，特别是苏维埃运动在中央政府领导之下，在全国得到了空前的开展，红军得到了空前的胜利，因此反革命对于革命的进攻也就大大的加紧了，阶级斗争达到了拼死斗的阶段。

全体选民同志们！反革命眼见工农革命胜利的发展，就倾全力来镇压革命，抵抗革命，豪绅地主资本家，他们每天在企图夺回土地，继续收租，减低工资、加长工作时间，来恢复他们对于工农劳苦群众的剥削，国民党军阀用全力来进攻苏维埃与红军，是因为苏维埃是工农阶级的政权,红军是工农阶级的武装,国民党军阀是代表帝国主义豪绅地主资本家来进攻工农劳苦群众的,这是阶级斗争的决死斗。

同志们!帝国主义国民党,是我们阶级的死敌!不打倒帝国主义,推翻国民党的统治,就不能保障已得的土地革命胜利,就不能取得阶级的全部胜利!

同志们!用战争的手段,去彻底粉碎帝国主义国民党的四次围攻,实现江西首先胜利,将国民党葬送到坟墓中去!驱逐帝国主义滚出中国!

全体选民同志们!中央政府已下战争的紧急动员令了!红军已在前方积极进攻敌人,击破敌人一面并占领了黎川建宁泰宁邵武4个城了,大家一致动员起来:

踊跃当红军去,加强红军力量来消灭进攻敌人!

全体男女工农同志加入赤卫军少先队,武装起来去进攻敌人!

积极向外发展,扩大苏区,加强革命战争的力量!

积极进攻敌人,不让敌人扰乱到苏区里来!

踊跃买公债,快完土地税,蓄藏粮食,充实战争的经济!

迅速毁灭一切城墙和以前敌人修的工事!

积极进行肃反工作,消灭一切反革命派别的活动!

加紧赤色戒严,不让敌人一个侦探混到苏区来!

同志们!当我们纪念中央政府成立一周年纪念的时候,正是战争紧张的时候。我们用战争的胜利在纪念我们光荣的十月革命节,拥护苏维埃政府!

选民同志们!现在革命形势,是最有利于我们革命的发展,我们苏区扩大了!工农红军加强了!工农群众人数加多了!敌人力量削弱了!我们有胜利的条件,我们用"一切帮助给与战争,抛弃一切的动摇,集中一切力量,准备一切牺牲,当然这次我们是胜利的"。

(录自1932年11月7日出版的《红色中华》第39期第2—4版)

中华苏维埃共和国临时中央政府十月革命纪念及成立周年纪念给全体工农红军指挥员战斗员通电

（1932 年 11 月 7 日①）

全体红色指挥员、战斗员！

今天是苏联革命成功的十五周年纪念日，是中华苏维埃临时中央政府成立的一周年纪念日。当这个时候，全国红军的各个阵线，每天都有捷电飞来，中央政府感到无限的欣慰和振奋。红色战士们！这一年来，我英勇的工农红军，在中国共产党和中央政府领导之下，坚决的进攻敌人，在各阵线上击溃了敌人的进攻，消灭了上 10 万的军阀军队，使苏维埃区域在你们的胜利下大大的扩张了，巩固了，使全国工农斗争，大大的兴奋了，勃发了，使反帝反国民党的民族革命战争，大大的开展了，前进了。

现在帝国主义国民党在进攻湘鄂西、鄂豫皖遭受了我工农红军第二第四军团的猛烈打击，最近又疯狂般的积极布置，向中央苏区和赣东北、湘鄂赣大举进攻，这是伟大的阶级战斗的决死关节，中央政府坚信我全体红色指挥员、战斗员，尤其是中央区红军，在广大的工农群众配合下，加以过去三次战争勇敢奋斗的精神和经验，将继续丝毫不疲怠的给帝国主义国民党军阀以迎头痛击，彻底消灭一切进攻的敌人，粉碎帝国主义国民党的四次"围攻"，完成江西及其邻近苏区

---

① 原件无时间，此为该通电在《红色中华》发表的时间。——本文库编者注。

的革命首先胜利。

战士们！中央政府已经并且正在动员所有苏维埃区域的工农群众，在经济上，给养上，交通上，军备上，及一切的力量上来帮助你们，动员一切工农群众和武装力量与你们共同为争取这次战争胜利而奋斗。前进啊！胜利当然是我们的！红色的南昌，红色的江西，红色的中华，将要在你们不断的胜利中继续实现。同时帝国主义的武装，早已准备在国民党军阀溃败的时候，增援上来。我全体工农红军应该以斗争到底的决心，准备和帝国主义者直接作战，驱逐帝国主义者出中国，这是历史的伟大的民族革命战争。英勇的红色战士们！以坚决的进攻来消灭敌人的进攻，以胜利的进攻来粉碎帝国主义国民党的四次"围攻"。全体的红军战士们！现在革命形势是大有利于我们，我们的力量加强了，全国工农群众，全世界无产阶级和被压迫民族，必然是站在我们的一面。最后的胜利必定属于我们！

我们高呼：

中华苏维埃共和国万岁！

工农兵解放万岁！

工农红军胜利万岁！

（录自 1932 年 11 月 7 日出版的《红色中华》第 39 期第 1—2 版）

中华苏维埃共和国临时中央政府
成立周年纪念宣言

（1932 年 11 月 7 日[①]）

当本政府去年 11 月 7 日诞生的时候，正是日本帝国主义在各帝国主义赞助之下，以武力强占东三省，屠杀东北民众，来实际进行瓜分中国，直接以武力干涉中国革命，这一年来，帝国主义更是积极的在其进攻苏联，瓜分中国，进攻中国革命的共同政策之下；日本帝国主义占领东三省之后，制造傀儡"满洲国"，造成进攻苏联的根据地；企图截断世界上两大苏维埃共和国——苏联与中华苏维埃的联系，炮击上海南京，近更积极进攻热河，英之指示藏兵侵扰川康，法之侵略云桂〔贵〕，美之在华积极活动，帝国主义强盗联盟的国际调查团最近发表的报告书，更加一层的保障日本在东三省的统治，公开提出国际共管东三省与全中国，特别是组织与指挥国民党军阀进攻中国苏维埃革命运动，以达到完全实现奴役几万万中华民族的工农劳苦民众的政策。担任实施帝国主义政策的清道夫——中国国民党军阀政府，除顺从帝国主义的指令，将东三省及上海捧〔拱〕手奉送与帝国主义，现在更继续出卖整个中国，竭力镇压全国反日运动，阻碍和压迫义勇军□□和行动，更在帝国主义的指令和直接帮助之下，对全中国已经脱离帝国主义统治，并□□领导□进行民族革命战争的苏维埃

区域与工农红军,举行大规模的四次围攻,本政府于4月正式宣布对日战争,并指出要真正实行民族战争,直接与日帝国主义作战,必须首先推翻帮助帝国主义压迫和阻碍民族革命战争发展的国民党反动统治。本政府曾号召全国工农劳苦群众,直接武装起来,推翻国民党统治,以民族革命战争,驱逐日本及一切帝国主义出中国,号召东北义勇军在苏维埃旗帜之下,同时实行土地革命,这样才能使反日的民族战争,有力的有保障的向着胜利开展。一年来本政府领导全国工农劳苦群众和红军,艰苦奋斗,为执行这一任务而战斗。广大工农劳苦群众的苏维埃政权,与豪绅地主资产阶级的国民党政权,一年来的对立形势,达到极尖锐的地步,苏维埃疆土日益扩大和巩固,并在北方建立了新的苏区,苏维埃疆土内,工农劳苦群众,在苏维埃的法令保障下,工人得到8小时工作,增加工资,农民获得土地,废除了国民党军阀的一切苛捐杂税,一切社会经济政治文化生活水平,均有了极大的改进和提高。与国民党统治下被沉没于灾祸重生、倍受剥削与压迫的工农劳苦群众之生活,不啻有天壤之别。这更显示出工农政权的伟大创造力量,粉碎了国民党各派,托陈取消派,社会民主党,国家主义派及第三党等所有一切反革命派别,诬蔑苏维埃和红军的谰言,和"国民会议"一类的反革命的理论和欺骗行为。苏维埃政权日益胜利及开展,这不仅是摧毁了国民党的反动统治,而且是直接动摇了帝国主义在中国的统治。因此帝国主义实行直接以武力来干涉中国苏维埃革命运动,同时组织和指挥国民党军阀来进攻苏维埃和红军。而国民党军阀更集中一切反动社会力量,调动全国军阀军队80师以上,向全国各苏区进攻。全国苏区工农群众和红军,在本政府领导之下,各个战线上都继续消灭了进攻的国民党军队,使国民党军阀在各个战线上遭受严重惨败。尤其是在国联调查团报告书发表之后,国民党为取得帝国主义国家联盟更大的的宠爱和尽其清道夫的最后责任,正倾其全力,积极布置对中央苏区的大举进攻,帝国主义国民党集中全力进攻中国苏维埃和红军,正因为苏维埃革命运动是中国几万万工农劳苦群众的民族解放与社会解放的革命运动。本政府正动员全苏区工农劳苦群众与红军,实行坚决进攻,以胜利的进攻来完全粉碎帝国主义国民党的四次围攻,根本推翻国民党的反动统治,扩大与发展民族革命战争,驱逐和推翻日【本】及一切帝国主义用以镇压中国革命,奴役中国的军队和统治,苏维埃临时中央政府郑重宣言否认国民党政府出卖上海东三省与日帝国主义所订立的一切密约,根本否认日帝国主义御用以奴役东三省工农劳苦群众的傀儡政府之存在,同时,根本反对国联调查团及其奴役东三省和全中国的报告书及实现这一政策的国际联盟。更在此特为郑重声明:以后一切国联的决定和国民党与日帝国主义所订定的一切条约,均不发生任何效用,本政府特在此号召全国苏维埃区域每个红色战士和工农劳苦群众,用民族革命战争来粉碎帝国主义奴役中国的一切条约;准备和组织着自己的力量,随时同帝国主义军队直接作战;并领导全国工农劳苦群众和红军武装保卫中国革命的朋友——苏联;并建立中国劳苦群众与苏联的社会联盟。我们特号召和鼓励东三省的义勇军,完全站在苏维埃旗帜之下,进入土地革命;动员最宽广的工农劳苦群众,扩大与发展反抗日本帝国主义的英勇战争;建立起满洲苏维埃政权。我们更号召国民党统治区域内的工人农民士兵学生及一切劳苦群众,自己组织起来,武装在苏维埃旗帜下,更猛烈的斗争起来,配合工农红军和东三省的义勇军,驱逐日本及其他帝国主义进攻中国的武装;粉碎帝国主义国民党进攻中国革命的四次大"围攻";直接推翻国民党和帝国主义在中国的统治;彻底争得中华民族真正的独立与解放。

(录自 1932 年 11 月 7 日出版的《红色中华》第 39 期第 1 版)

财政人民委员部一年来工作报告

(1932 年 11 月 7 日①)

财政人民委员部自中央政府成立以来,即已开始工作,但因为工作人员太少(7、8 月以前只有一二个人,8 月以后才多找一些人来),至今尚无什么工作成绩可言,兹仅就大者约略报告如下:

第一是财政路线的转变。以前一般同志承袭游击时代的观念,都以为苏区无财政可言,一切开支只有靠红军打土豪,因此红军一面打仗一面还要担负军款责任,因而延缓作战时间,妨害苏区发展很大,自东路军自漳州回师以来得着共产党中央之指示,中央政府坚决执行进攻政策,要红军专负作战任务,迅速进攻敌人,为要实现这个任务,我们的财政工作就必须转变过去依靠红军筹款的路线,而做到政府负责供给红军战费,这是苏区向外发展的必须的前提,也就是整个苏区财政工作路线大转变的开始,自 7 月以后前后方红军给养已经是中央财政部负责支付了。

第二是统一财政,建立财政系统。要实现政府供给红军战费的任务,统一财政开支,是当头的重要工作,只有把一切财政开支统一起来,肃清过去贪污浪费的现象,由中央作有计划的支配,才能把不必要的用款通通节省下来,拿去供给红军。这一工作自中央政府成

---

① 原件无时间,此为该报告在《红色中华》发表的时间。——本文库编者注。

立以来即已开始,颁布了统一财政条例与训令,印发了统一的簿记表册与单据,但因为各级政府历来忽视财政工作,承袭过去自由开支的习惯,另一方面,也因国库制度没有建立,所以一直到现在,只做到上级提款的工作,各级政府还不能实行预决算制度,因此苏区财政至今还未曾完全统一起来,现正在与这些破坏统一的分子作斗争,并制定国库条例,拟在十一二月建立国库制度,从科学的组织上来帮助财政统一之实现。

第三是税收工作。这是政府财政的经常收入,要供给红军战费,就必须加紧各种租税收入,但是过去都被各级政府忘记了,自中央政府成立以来,才颁布了统一的土地税、商业税、山林税、店租、矿产租等条例和细则,近来各地土地税已逐渐征收,商业税在比较大的城市也已开征,店租各地已普遍收取,但山林税矿产租尚未开征,一般说来,各级政府还是忽视税收工作,需要以后极大的纠正。

第四是节省运动。这与苏区财政有极大帮助,自中央政府发起这个运动以来,各处节省伙食费、办公费、每天节省一个铜板等,虽不无成绩,但还不够得很,关于日常用品的节省,还没有很好进行,特别每天节省一个铜板的运动没有扩大到群众中去,而只限于政府一部分工作人员,这就为数有限了。

第五是执行经济政策。这是安定和发展社会经济,开辟财政来源的主要关键。自中央政府成立以来,各地乱打土豪,规定市价,拦截商货,随便干涉出口等现象已少了好多,但由左的现象,却反而走到右的现象,就是对商人让步,甚至连商业税都还帮助商家要求减少,至于店租矿租等藉口贫苦工农任意减轻者,更所在皆是,对现金出口登记,则一般尚未执行。

第六是建立银行基础。这是苏维埃支配社会经济的总枢纽。自中央政府成立以来,即着手建立,现在已建立了一个分行、几个兑换所,纸币正在发行,银币也已开铸。纸币在群众中已有相当信用。一般说来,银行已具相当规模,但与社会关系,尚不密切,纸币的使用还不能深入到广大农村中去,这是要各级政府与群众团体,以后有极大宣传工作来帮助。

第七是合作社运动。在敌人经济封锁与苏区内商业资本极厉害剥削的当儿,合作社是工农阶级经济斗争的重要武器,是苏区社会经济发展的基础,这一工作以前未引起一般人注意,政府也未有具体办法指示,所以各地虽有些消费合作社,但都是商业性质,自9月后才颁布了粮食合作社训令及合作社工作纲要,在群众基础更好县分〔份〕如兴国、胜利、瑞金等已开始发展,先从事粮食与消费两合作社的组织,但动员工作做得极差,各处尚只当为财政部自己的工作,没有引起全般的注意,所以合作社发展,至今还很缓慢。

第八是建立各级财政部组织与工作。过去,各级财政部长不知自己做的什么事,只做些管帐〔账〕管钱的会计工作,因此于9月间发下了一个训令指出目前财政部的中心工作,又确定了财政部的组织纲要,现在各县政府已建立了会计、出纳、税务等科,多找了一些人,财政部长比较进步了一些,但还是薄弱的很。

第九是创造财政人才。这是目前最紧要工作之一,因为一班〔般〕工农同志很多不懂写算,特别没有经济常识,因此创造财政人才,是比其他部门要困难的。自8月以来,中财部开办了商业税、土地税、合作社及会计工作人员训练班各一期,在各处实际工作中也创造了一些人,并多方调集店员出身的工人同志,现在中央财部、银行、两省苏及几个中心县苏也比较找了一些人,但一般说来,人才尚万分缺乏,需要以后在工作中继续创造与提拔。

第十要说到公债票问题。这是国家财政紧急时的一种借贷办法。当7、8月间红军正在向粤敌进攻,需要给养,而土地税尚未征收,因此发了60万公债,结果尚好,除河西未送去外其余都消完了,有些地方且超过了,但有些地方,因为宣传工作不好,则发生强迫摊派及当作纸票买货等情形,现在第一期公债,已在土地税商业税店租收入中大部收回来,因为战争的需要,又要再发第二期共120万元,更需要全体群众动员与帮助,使第二期公债能比第一期更快的销售出去。

　　财部一年来的工作,大概如此,其他细目不详,希望全体工农群众,积极帮助政府实现财政上一切工作,增加财政收入,来充裕红军战费,以争取江西革命的首先胜利。(完)

（录自1932年11月7日出版的《红色中华》第39期第6—7版）

中华苏维埃共和国临时中央政府
人民委员会命令第三十四号

（1932 年 11 月 12 日）

　　大规模的革命战争正在胜利的进展着,医院与兵站工作的整理与健全,对于革命战争有极密切的连系,人民委员会特决定:

　　一、每个医院所在地的少先队,男队员应担任招护兵的工作,女队员应担任医院洗衣的工作,各医院附近的少队部应准备随时调遣队员至医院工作。

　　二、凡距离医院较远之各地少队部,亦应准备随时调遣队员至各处医院担任招护与洗衣的工作。

　　三、各处医院所需之火夫,须由当地赤卫军负责供给。

　　四、各兵站之运输与警卫,概由兵站沿线之赤卫军负完全责任,轮流输送。

　　五、凡担任医院与兵站工作之赤卫军少先队由各该上级机关酌量减少或免除其他各种勤务。

　　以上各项,希各遵照执行,勿误。此令!

各级苏维埃政府

各红军部队

各军区指挥部

瑞汀卫戍司令部

少先队总队部

主　席　毛泽东

副主席　项　英

张国焘

1932 年 11 月 12 日

（录自 1932 年 11 月 14 日出版的《红色中华》第 40 期第 8 版）

中华苏维埃共和国临时中央政府
反对国联调查团报告书通电

（1932 年 11 月 14 日[①]）

全中国工农兵及一切被压迫的民众们！

中华苏维埃共和国临时中央政府，早已向全国的民众们宣告，国际联盟是各帝国主义瓜分中国的强盗联盟，它派遣李顿调查团来华的主要任务，便是计划瓜分中国与镇压中国苏维埃旗帜之下的一切革命运动。

现在帝国主义强盗联盟的调查团——李顿调查团瓜分中国的报告书已经发表了。这是帝国主义向中国民众提出的瓜分中国的哀的美敦书，而卖国辱国的国民党及其政府却是完全同意接受的！

李顿报告书公开的最无耻的宣布了瓜分中国的新计划：它公开宣布日本一切帝国主义，不仅应该占据满洲，并且应该瓜分中国的全部，明白的宣布了日本帝国主义占据满洲，血洗上海是正当的，号召各帝国主义联合起来瓜分中国、消灭中国的革命运动，首先是要更残酷来进攻中华苏维埃政府所领导全国的民族革命战争和土地革命的运动，以及满洲义勇军的反日战争，全国的反日反帝运动与抵货运动，无耻的主张满洲应作为"自治国"设立国际宪兵，成为国际帝国主义进攻苏联的根据地去积极向苏联进攻。同时用一些"宗主权属于中国"等名词来企图解除中国民众反帝的武装，麻痹中国民众。最后

---

① 原件无时间，此为该电在《红色中华》发表的时间。——本文库编者注。

再三命令国民党更要积极的去进攻红军,更忠实的去投降帝国主义,出卖民族利益,更努力的努力去镇压反帝运动,抵货运动,凶残的去屠杀中国民众!

李顿报告书,是帝国主义奴役中国民族的卖身契!苏维埃政府号召全国的民众,武装起来,在苏维埃政府领导之下,以革命的民族战争来撕碎李顿的报告书,反对一切帝国主义瓜分中国,进攻苏区,压迫中国革命,进攻苏联的新的企图!驱逐日及本〔本及〕一切帝国主义出中国去,以求得中华民族彻底的解放和独立!武装保护苏联,建立中国劳苦民众与苏联的社会联盟。

苏维埃政府向全国工农兵及一切被压迫的民众宣言,要真正的进行民族革命战争,反对帝国主义瓜分中国,必须首先推翻帝国主义瓜分中国的清道夫,压迫民族战争的国民党反动统治!国民党及其政府是完全忠实的接受帝国主义瓜分中国的报告书,承认作为谈判根据,国民党各派政府一切的讨论研究,及口头上对报告书某几点之不满意,无非是掩饰它出卖中国的烟幕弹,欺骗民众的把戏,国民党宁肯将东三省上海及整个中国送给帝国主义,而对于真正领导全国革命民众实行民族革命战争的工农红军,在帝国主义的指挥和帮助之下,动员百万的兵力来进攻,企图消灭真正反帝的民众的苏维埃政府,阻止红军与反帝英勇兵士和义勇军站在一起直接与帝国主义作战,同时帮助帝国主义屠杀出卖满洲的义勇军,压迫全反国〔国反〕帝运动,制止抵货运动,和工人的罢工,屠杀工农劳苦群众,以效忠帝国主义。只有推翻出卖民族利益的国民党统治,我们才能顺利地进行民族革命战争。苏维埃政府正在领导全国的工农红军和苏区的广大的劳苦群众,残酷的与帝国主义国民党作战,胜利的去粉碎国民党四次的进攻!以革命战争来摧毁国民党的反动统治,全国的民众们武装起来!反对国民党四次进攻苏区,推翻帝国主义走狗的国民党统治,拥护红军和苏维埃政权!只有苏维埃政府,才能真正的领导全国的民族革命战争,直接对日作战,反对帝国主义瓜分中国!只有工农红军才是真正的实行民族战争的民众武装!

　　全国的工农红军战士、苏区的广大工农劳苦群众们！积极的进行革命战争向帝国主义国民党坚决进攻，来粉碎第四次的"围攻"。白区各地的工人、农民、兵士，及一切劳苦群众！自动武装起来，组织义勇军，举行罢工，进行抵货运动，积极向帝国主义国民党斗争。一切的革命民众们在苏维埃的红旗之下，一致起来实行民族革命战争，反对帝国主义瓜分中国，推翻国民党的统治，驱逐日本帝国主义与一切帝国主义出中国，建立全中国民众的苏维埃政权，完成中国民族的独立解放！

（录自 1932 年 11 月 14 日出版的《红色中华》第 40 期第 9 版）

人民委员会第二十八次常会

（1932 年 11 月 22 日）

　　人民委员会于 11 月 22 日开第二十八次常会，兹将重要讨论及决议，略记如下：

　　一、详细检查紧急动员的工作，认为各地对于敌人大举进攻长期战斗的估量不足，普遍的犯了和平等待观念的错误，而有些边区则表现了惊惶失措的失败情绪，以致对战争紧急动员的工作是常态的，没有执行积极的进攻路线。议决：（甲）提出目前敌人大举进攻的严重性及各地对战争的动员工作松懈的原因作一决议；（乙）加紧政治动员的工作；（丙）建立军事及其他各种系统；（丁）彻底改变工作与领导的方式。

　　二、具体讨论财政的筹划，准备长期战争的给养。

　　三、通过国库暂行条例。

　　四、检查各级地方政府改造的工作，认为各地此次改造政府的成绩非常微弱，议决由中央再写一决议指出目下改造政府的重要意义与办法。

　　五、为了整理地方武装起见，议决创办干部队训练大批地方武装的军事政治干部，以加强地方武装的领导与作战能力。

　　（录自 1932 年 11 月 28 日出版的《红色中华》第 42 期第 6 版。）

中央人民委员会命令第三十五号[①]
——征发富农组织劳役队

（1932 年 11 月 25 日）

现值革命战争紧张时期，勤务繁多。为了减轻工农群众对于战争勤务的负担，特决定征发富农组织劳役队，在赤卫军的监视之下，来担任苏区内的各项劳役——如拆城毁工事修路及内地的运输等，这种劳役队是带强迫性质征发富农来充当的。一切待遇也与普通的运输队不同，其办法：

一、各地方政府须将富农能劳动的，一律编入劳役队，工作时派赤卫军监督他们（每五个劳役者要派一个赤卫军去监督），现在立即派他们去拆毁城墙土围子，把过去敌人在苏区内所筑的工事毁去，把道路桥梁修好。在苏区内地各兵站沿线的运输，一部分笨重东西的挑运，也要派他们担任。

二、劳役队的给养，均须自带伙食，但如担任运输工作，路程超出两日以上者，政府可供给饭食，要他们自带菜钱。

望各地政府即日依照上项决定，切实执行为要。此令

---

① 原件标题为"中央人民委员会第三十一号命令"，为标题统一的需要，故本文库编者略有改动。

各级苏维埃政府

主　席　毛泽东

副主席　项　英

张国焘

1932 年 11 月 25 日

（录自 1932 年 11 月 28 日出版的《红色中华》第 42 期第 6 版）

中华苏维埃共和国临时中央政府布告第十三号
——为多种杂粮禁种毒品事

（1932 年 11 月 25 日）

目前我们为了革命战争继续胜利的进攻与长期的战斗，以彻底粉碎敌人的大举进攻，争取更大的胜利，必须有充分的准备，粮食一项，尤为重要，不独关系红军的给养，且直接影响工农群众的日常生活，即此，临时中央政府为充实粮食的来源，使苏区广大工农群众与红军，不致感受任何粮食的困难起见，特决定如下：

一、多种杂粮菜蔬：现在正是种杂粮的时候，各地工农群众，应当尽量的种杂粮菜蔬，以补充谷米的不足。

二、禁种鸦片：鸦片是最有害的毒物，是豪绅地主用来麻醉工农的工具，我们苏区内，应当绝对禁止。同时，种了鸦片，即妨碍种杂粮，且妨碍明年的春耕，即是减少了粮食的来源，妨害了革命战争，所以我们全苏区内，今年绝对不准再种鸦片，要改种杂粮。

以上的决定，完全是为了革命战争的利益，为了工农群众的利益，不论何人，均应严格遵行，最近闻有富农，从中破坏，故意煽动群众种烟，以减少苏区粮食的生产，造成工农群众的毒害，实系有意破坏革命，为苏区所绝不容许，各地政府各革命团体以及各工农群众，对于这种煽动群众种鸦片，有意破坏革命的富农，应当严密侦查，予以严厉之处罚，特此凯〔剀〕切晓告，望各级政府各群众团体及各工农群众，一体周知，切实遵行，是要。

主　席　毛泽东

副主席　项　英

张国焘

1932 年 11 月 25 日

（录自 1932 年 12 月 5 日出版的《红色中华》第 43 期第 3 版）

中央财政人民委员部训令第十号[①]
——关于发行公债和收集公债款问题[②]

(1932 年 11 月 26 日)

公债是政府向群众所借之债款,除商人富农可以指令摊派外,其余中农贫农以及小商人等,概须用宣传鼓动方法,劝人自动购买,绝对不得指派强迫。只有这样,才不致引起群众反感,妨碍公债之消〔发〕行。这种意思在人民委员会训令中已经三令五申。乃近闻各级政府仍有采用命令摊派方式,甚至如会昌某处尚有按照人口均摊,每人摊派 6 毛之事。这简直是军阀时代土豪劣绅勒派捐款的办法,是破坏苏维埃信仰,脱离群众的办法,这简直等于断送群众替反革命造机会的自杀行为。本部为维持苏维埃信仰争取群众起见,特发此训令,各级政府以后对于自己阶级群众,无论如何,须任人自由购买,不准再有摊派勒迫行为,违者查出严厉处分。

再则公债已届收清之期,各处尚多未缴,殊属误事。接此训令后,各县必须加紧动员,限 12 月半以前必须如数收清。其江西各县土地税尚未收清者,则须集中力量,先将土地税、山林税收清,以后再行收集公债款项,无论如何,土地税款须在 12 月 10 日以前收清,公

---

① 原件标题为"中央财政人民委员部第十号训令",为标题统一的需要,故本文库编者略有改动。

② 副标题为本文库编者所加。

债款则至迟须在 12 月 20 日以前收清。不得延缓,致误战争。切切此令!

财政人民委员　邓子恢

1932 年 11 月 26 日

（1932 年 11 月 28 日出版的《红色中华》第 42 期第 6 版）

中央人民委员会紧急决议
——关于战争动员和工作方式
（1932 年 11 月 29 日）

最近检查各地执行紧急动员令的成绩,非常令人不满,除劳战会给各地的一封信中,已一一指出外,人民委员会更严重指出,形成这一现象的最主要原因,是由于对政治上认识的错误:

（一）一般的是忽视了敌人大举进攻的严重性,和反映群众中最落后的太平苟安的意识,以为敌人还未来,依然照旧工作,当然就不能去执行紧急的任务。

（二）在边区的地方,受敌人的侵扰,又走到惊慌失措,这是没有认识目前有利于革命的形势,缺乏对于革命的自信心,失败的情绪阻碍了动员工作的执行。

（三）对于进攻策略的认识错误,以为这单是红军的任务,而自己坐望红军胜利,在边区更表现依赖红军,而自己不积极向外进攻敌人,这种等待观念,就不能从各方面积极去进行进攻策略,必然放弃了一切紧急动员工作。

人民委员会,号召各级政府和地方的军事领导机关,坚决的同这些政治的错误作无情斗争,反对对于敌人大举进攻的忽视,尤其是太平苟安以为敌人还未来的落后意识;坚决反对那种对敌人进攻的惊慌失措和等待保守的观念,这些是最危害粉粹敌人大举进攻的紧急动员工作的进行。

人民委员会,严重唤起各级政府和地方军事领导机关,深刻的来认识目前敌人之积极筑建汽车路,组织兵站运输,组织与扩充地主武装,在苏区四周发展反共团,铲共义勇军,收刮大批军费,增调大数量的军队。特别是加紧进攻赣东北,湘鄂赣,湘赣苏区;这是表现敌人更周密在布置对于中央苏区的大举进攻,和准备长期挣扎,必须深刻的认识这次粉碎敌人大举进攻,是长期的最艰苦的残酷斗争,是阶级决斗的重要关节,我们必须以一切的力量去为争取这次战争胜利而奋斗。

同时要指出敌人这次进攻,虽在帝国主义直接帮助之下,武装力量是加大了,但在政治上和敌人的内部是比三次战争大大削弱了,在敌人进攻苏区的军队中充满了不满与动摇,尤其是全国革命的发展,同时苏维埃红军的扩大与加强,这都是有利我们的条件,我们能够动员一切力量去为战争的利益而牺牲,是能获得这次战争的全部胜利,实现江西首先胜利。

在检查动员工作中,发现另一种严重现象,即是不从政治上动员群众,组织上发动群众,完全采用强迫群众命令群众的脱离群众的工作方式;同时这种方式发展,是与上面的政治错误有密切关系的:

一、因为不认识敌人大举进攻的严重性,自然不能认识动员广大工农群众的重要,没有站在动员群众的基础上,去进行广泛的政治动员工作。

二、各级领导机关,对于下级的官僚领导方式,只下一个命令,做一决议和计划发下去,对于一切执行的具体方法和动员群众各种方式,也不加以指示和检查,甚或简单的命令去做,或以处罚和威吓,这样更促成了下级强迫群众,命令群众的现象普遍发生。

三、表现散漫无组织的工作方式,不去运用选民大会,代表会议,及一切群众团体来发动群众,加强动员群众的力量,必然走到强迫群众,命令群众。

四、由于官僚式的工作方式,必然不能很刻苦去进行群众动员,为图便利的,就以强迫,命令来代替。

这些现象表现在紧急动员中,是很浓厚的。最显著的,对于中央的紧急动员令,没有召集选民大会,代表会议,赤卫军、少先队大会,各群众团体大会,作详细的报告和解释,充分进行政治鼓动工作,直到现在群众中,还有大多数不了解敌人的大举进攻,这自然使一切动员工作,都不能在群众积极性的基础上,充分的实现起来。如扩大红军,就不能完成规定计划,就不能使壮年的男女工农群众,踊跃的自愿加入赤卫军少先队,反而用处罚来强迫下操。特别是完纳土地税、发行公债,事前没有做充分的政治宣传,使每个工农分子,了解为什么缴纳土地税,购买公债。当征收和发行的时候,又不召集各种会议和运用城乡代表去鼓动群众,自愿缴土地税多买公债,群众发生疑问时,不去作详细的解释,反而用强迫富农资本家的方式,施之于工农群众,于是造成脱离群众的严重现象,事实上是增加征收土地税和发行公债的困难,更影响其他一切动员工作,这是何等的严重问题!

这种强迫命令的方式,不仅表现于紧急动员中,而且充满了苏维埃的各种工作中,助长这种工作作风的发展,由于各领导机关,在领导上犯了严重的官僚主义,对于上级命令的接受和执行,不是照例的转发,就是原封包存,没有开会,按当地的情形详细讨论执行具体方法,来指导下级的工作。对于执行结果,从未加以检查,不问成绩如何,只求敷衍了事,执行的基础,完全建筑在简单的命令上,任何时期、任何工作,都是照旧的工作,照例开会,这是十足的官僚主义。

官僚主义是脱离群众,破坏苏维埃与群众的关系,对于苏维埃胜利的发展,有莫大危害。照例敷衍,强迫命令,是官僚主义的重要表现,这是苏维埃政府中绝对不允许存在的。这种官僚主义侵入到苏维埃政府:(一)由于中国半封建社会和国民党的官僚主义之传染。(二)由于农民散漫性的笼罩,缺乏无产阶级的组织性,纪律性。(三)缺乏艰苦奋斗的精神,只图一时便宜〔利〕,使官僚主义侵入到苏维埃机关,日益生长起来。

人民委员会号召各级苏维埃机关和广大工农群众,一致的与官僚主义作最坚决斗争,来肃清苏维埃机关中的官僚主义,驱逐不可挽救的官僚腐化分子,以巩固工农苏维埃的政权,同时创造苏维埃新的

工作作风,这就必须要:

一、一切工作要建筑在动员群众的基础上,谁抛弃动员群众工作,必然是脱离了群众。

二、法令与决议的实施不单靠命令,主要还是依靠提高群众阶级觉悟与热情来拥护法令的实施。

三、动员群众要靠政治上充分的宣传鼓动工作。

四、动员群众的方式,要运用苏维埃各种组织以及一切群众团体,来发动群众,城乡代表会选民大会,是直接动员群众的工具,工会是动员群众的柱石。

五、每一个决定要合于实际能够实行,反对一切空泛不具体的决定,及毫无准备和结果的照例开会。

六、执行命令要注意发动群众的方法,同时要注意群众中的意见,以作决定实行办法的参考。

七、接到上级的命令和决议,马上应该开会,作详细讨论,规定自己执行的具体方法。

八、在执行工作中,应该随时检查自己的工作,看做到了没有,有些什么错误和不妥的地方。

九、对于一切工作,要根据工作的关系来适当的分工,这不仅每一部每一个工作同志应该如此,就对于下级指导,都要根据情形来分配工作。

十、对于下级指导要切实,要具体,多有办法的指示。

十一、不要随便发文件,多用巡视指导,巡视员不是走马看花,不是站在旁边批评,而是负责的检查工作,帮助下级来解决工作的困难。

十二、组织工作团去直接帮助下级工作,工作团的责任,是将该处工作做好,不是空口批评人家,而自己不做。工作团的工作方式,是集中力量,先做好一个地方,然后再到第二个地方。应当要分工,每人担一种工作,到一处就要将一处工作做好。

十三、不要随便开会,开会要有准备,有结果,要实际去做。

十四、开群众会，事前要有充分准备，每一个政治鼓动，必要适合群众的要求，联系群众本身的利益，说话要简单明了，多带鼓动的作用。

苏维埃的工作作风，是群众化、实际化、组织化、纪律化，是具有艰苦斗争的坚忍性，一切脱离群众的办法，都是官僚主义的作风。

人民委员会号召各级苏维埃机关，紧急动员起来，反对一切对于敌人大举进攻的错误认识和懈怠行为，肃清苏维埃机关的官僚主义，去为创造苏维埃的工作作风，迅速的去完成紧急动员令的一切工作而奋斗。

各苏维埃机关——由省直到乡——接着这一决议，应马上开会，来检阅自己的工作，以自我批评的精神来暴露一切工作中的错误，具体规定执行办法，并将讨论的结果向中央报告。

主　席　毛泽东
副主席　项　英
张国焘
1932 年 11 月 29 日

（录自 1932 年 12 月 5 日出版的《红色中华》第 43 期第 1—2 版）

中央执行委员会决议
——关于各级选举运动的检查
（1932 年 12 月 1 日）

自中央于 9 月 20 日宣布各级政府依照选举规定，分别实行改选各级政府以来，将近 2 个月，检查改选的结果：

一、没有一个县，依照十六号训令选举完毕的。

二、各级选举运动都是和平的，没有以斗争来发动群众参加选举。

三、将选举运动与目前战争的紧急任务分割起来，不是为了选举放弃一切战争动员工作，就是忙于战争动员工作，将改选运动停搁（如万泰要发了公债再改选等）。

四、不按选举规定，没有经过选民选举，指派代表敷衍了事，甚至异己和自新分子，也举他充当代表（如会昌县代表大会）。

五、省县两级，对于选举运动是表现敷衍和消极。

根据以上情形，这次选举运动太无成绩，充分表现各级政府，没有从政治上认识改选，和坚强地方苏维埃政府，是领导工农群众粉碎敌人大举进攻的一个重要基础，而且更露骨的暴露了各级苏维埃执行训令的官僚主义。

中央执行委员会，认为坚强地方苏维埃政府，是造成这次领导工农群众，彻底粉碎敌人大举进攻的有力杠杆。同时鉴于过去一、二、三期战争时，苏维埃机关暗藏有异己分子，而发生反水等严重事件，因此，对于这次选举运动，决定举行严格的检查，凡是不合以下条例的,宣布无效,应重新改选。

一、没有发动广大选民起来开选民大会所选举的。

二、所选举的人,不是经过大多数选民同意和拥护的(如最近许多地方,先将名单提出,甚至先由上级批准,然后再向选民大会提出,这是违反选民意识的包办形式)。

三、被选的人,不是工农群众中对革命最坚决而工作最积极的(如开小差,和平日参加各种工作不积极的)。

对于重新选举和十六号训令所规定,应改选而未改选的要马上去进行,特别是将这次改选运动,成为动员群众,为了执行战争紧急动员,为了坚强粉碎敌人大举进攻的领导机关的广大运动,这就要在选举中执行以下工作。

一、城乡选举,应当进行群众中广大的政治动员工作,其内容:

甲、号召群众,为了彻底获得劳动法土地法的实现,大家就要积极来参加选举运动,建立真正能执行一切法令的有力量的政府。

乙、使工农群众了解苏维埃政府是自己的政府,如若选举不好的人去做工作,就不能替大家谋利益。

丙、选举权是工农的权利,有选举权的,能得到很多的权利,富农地主资本家是被剥夺了选举权,所以地主无田分富农分坏田,资本家无地位,大家不要放弃权利。

二、要从政治动员上,首先向各村各街的群众宣布,发动工会,贫农团等,一切团体来开会讨论选举问题,使每个群众都知道本城本乡要改选,都了解选举的重要,到了期,大家都自动的来选举。

三、要拿着检查选举权,发动群众对于隐瞒的富农和一切异己分子做斗争积极参加选举。

四、在选举时,不仅依照选举细则所规定的程序来进行,应当以检查工作,特别是对于一切法令与工农群众利益保障的检查来发动群众批评过去代表和政府的工作,反对官僚主义,认真推选自己要举的代表。

五、要利用选举运动和选举大会来报告或讨论中央紧急动员令,去发动群众积极来进行战争动员。

六、由彻底实行劳动法土地法等,而建立坚强有力的政府方面,引导群众认识敌人大举进攻,是为反对苏维埃,和恢复地主资本家的压迫工农势力,提高群众阶级觉悟,与敌人斗争决心,坚决为保障土地革命利益和拥护苏维埃政权而斗争到底。

七、区县两级代表大会的进行,必须建立在城乡选举运动的成功基础上来进行,区县代表大会要消灭一切形式主义,应以检查过去工作,讨论执行战争紧急动员和一切法令为大会的内容,决议案不要长,要实际具体。

八、选举委员,不要随便推选,应当注意多选举工人、雇农、苦力以及妇女,贫、中农干部,同时要纠正只形式上讲成分,并不注意在成分上再加考察工作能力和群众信仰。

九、区县选举后,对于其他一切工作人员,关于他的成分和平日工作,加以严格检查,异己和怠工分子,应当马上将他撤换。

中央责成省县政府,严格执行以上决议,并由各巡视员和工作团,应负责检查各地选举运动,应当将选举运动和坚强地方苏维埃,看成为执行紧急动员令之不可分离的一部分。

主　席　毛泽东

副主席　项　英

张国焘

1932 年 12 月 1 日

（录自 1932 年 12 月 5 日出版的《红色中华》第 42 期第 2—3 版）

中央工农检察人民委员部训令第二号

——关于检查苏维埃政府机关和地方武装中的阶级异己分子及贪污腐化动摇分子问题

（1932 年 12 月 1 日）

在敌人垂死的挣扎，用三分军事，七分政治，下最大决心大举进攻的时候，一切阶级异己分子及各种反动政治派别，必定要混入我们的苏维埃政府机关和地方武装中，来危害和阻碍我们的革命胜利。我们为了粉碎敌人大举进攻，进行和准备与敌人长期作战，保障革命的全部胜利，我们对于被选举的各级苏维埃政府委员，及各级政府委任的工作人员，和各地军事机关及地方武装，独立师团，游击队，赤卫军，少先队等部队的指挥领导人员中的阶级异己分子，和官僚腐化动摇消极分子，要求一个大大的检举运动，洗刷他们出苏维埃政府机关及地方武装中去。

同志们！ 在一、二、三次战争中的事实教训我们，到战争紧张时，少数地方政府有阶级异己分子混入操纵，致发生领导反水的严重现象，同样的在少数地方武装内，也有阶级异己分子混入操纵，使我们阶级战争发生污点，这值得我们严重的注意。我们的检举办法，规定于下：

（一）各级工农检察部组织临时检举委员会，以工农检察部部长任委员会主席。

（二）各级检举委员会的组织：

省一级的检举委员会，由省工农检察部，省职工会，省雇农工会，少先队部，军区指挥部，军区政治部各 1 人，再由省苏政府主席团指定1人,共7人组织之。

县一级的检举委员会,由县工农检察部,县军事部,县职工会,县雇农工会,县少先队部各1人,县苏政府主席团指定1人组织之。

区一级的检举委员会,由区工农检察部,军事部,区职工会,区雇农工会,区少先队各1人,由区苏政府主席团指定1人组织之。

城市检举委员会,由城苏工农检察科,军事科,城区职工会,城苏主席团指定1人组织之。

(附注:各级选定的检举委员,要有长期坚决斗争革命历史的工农分子,尤其是工人。)

(三)检举委员会的工作:

一、各级工农检察部召集上面所指定的机关和团体派来的人员组织检举委员会,一面定期开会,制定检举表,开始工作;一面呈报上一级工农检察部批准,如上级认某一个检举委员有不称职时,可令撤换,再行拣派。

二、检举本级政府机关及本级所属地方武装组织,详细登载检举表,开会讨论,定出某一个异己分子及官僚腐化动摇消极分子的停职,撤换惩办。监视各办法,向政府机关,军事机关的群众报告,发动斗争,征求同意,再向上级工农检察部报告,提交上级政府机关及军事机关核准执行。

(附注:有长期阶级斗争的历史,思想行动已完全无产阶级化者,不在被检举之列。)

三、分发去指挥监督检举下一级的政府机关和地方武装的组织,如省分发各县,县分发到各区,及城市,区分发到各乡之类。

(四)检举工作的联系:

此次检举工作,要与战争紧急动员和改造苏维埃政府,发展地方武装,底〔彻〕底实行劳动法,土地法等工作联系起来,才有力量和作用。

(五)检举工作的总结:

各级检举委员会的工作报告和检举表,都要写两份,一份存本级工农检察部,一份报告上级工农检察部。检举工作完结检举委员会即解散。在明年 1 月 5 日以前,各省要将检举总结,报告中央工农检察人民委员部,至于各县区的检举总结期间,总在 12 月底,要努力完结,万勿视为具文。此令

工农检察人民委员　何叔衡

1932 年 12 月 1 日

(录自 1932 年 12 月 19 日出版的《红色中华》第 45 期第 3—4 版)

中央人民委员会命令第三十六号[①]
——为纪念广州暴动同时纪念宁都暴动周年纪念
（1932 年 12 月 2 日）

在 12 月 11 日，是广州暴动的 5 周年纪念日，广州暴动开创了中国苏维埃革命运动的新阶段，是中国第一个苏维埃。14 日是宁都暴动周年纪念，这一暴动是中国第一个伟大的士兵暴动。震憾了帝国主义国民党的反动统治，更促进国民党军阀的崩溃，开展苏维埃新的胜利。因其与广暴日期相近，人民委员会特定于 12 月 11 日，放假一天，于纪念广州暴动中，同时纪念宁都暴动周年纪念，举行盛大的纪念示威大会，加紧执行战争的动员，特别要在这一纪念中，以最大的力量，去建立白区与白军的工作，争取苏区四周的白军革命士兵，瓦解敌人在举进攻的军队，以彻底消灭帝国主义国民党的大举进攻，争取苏维埃在江西及邻近省区的首先胜利。此令

各苏维埃政府
各红军部队

主　席　毛泽工
副主席　项　英
　　　　张国焘
1932 年 12 月 2 日

（录自 1932 年 12 月 5 日出版的《红色中华》第 43 期第 3 版）

[①]　原件标题为"中央人民委员会第三十六号命令"，为标题统一的需要，本文库编者略作改动。

中央财政人民委员部训令第十一号
——关于商业税与店租之征收事宜
（1932 年 12 月 5 日）

商业税和店租是政府财政上一种重要收入，近来各城市虽已陆续征收，但其中还有很大缺点：

一、各处商店资本很多以多报少，致税率减轻，收税减少。

二、每日收税都由收税人员挨店核算，不懂得发登记表与调查表手续，致延长时间。

三、一般地方店租多是照旧一律裁折，没有根据码头地位及店屋大小，为增减店租之标准。

四、各市商业税与店租没有制造分户账，致下月收税无对照无依据。

五、一般圩场之店租与商业税尚未进行征收，减少很大收入。

六、各地对于店租与商【业】税收入，从无半字报告。

上述这些缺点，完全是由于各级财政部不注意租税收入与税收人员不负责任所致，当此战争日急政府集中力量筹备战费的时候，各级财政部与税收人员，必须注意税收工作，大家积极想法子，使商业税与店租，能够很快收齐，以增加政府财政收入，而争取战争的全部胜利。兹将征收商业税与店租之方法及手续指示如下：

一、各商店资本。须根据其盘结簿及往来簿，切实检查，但主要还是要参照其生意大小及周转快慢为决定资本之标准。

二、开始征收商税地方。第一步要召集商人会议，说明商税意义与收税办法。会议后第二步即将商业登记表及每月营业调查表印好分发各商店，叫他自己照实填写，限期送交县财部。此表收到后第三步即着手检查商店资本及生意总数。这个检查可于每条街中择五七家比较调皮比较大及比较可疑的商店集中人手力量去检查，不必家家照例，致延时间，但检查之店须每月掉〔调〕换，使作弊之店防不胜防，不敢常〔尝〕试。第四步如查出有以多报少者，即须将该店东逮捕禁闭，并照该店应出税款加 5 倍或 10 倍处罚，以警其余，并乘这个机会向其他商店申明，如有以多报少者，限期自动前来改正，否则查出照例处罚。资本已经填报之店铺如认为可疑者，亦可随时检查，商店不得拒绝。登记表交来后审查无误者，第五步即发给营业证，以后即按月收税。其资本未上百元免税的店铺亦应发给营业证，不收费，无营业证者不准其营业。

三、资本登记完毕地方每月收税时，亦须于每月 30 号先发营业调查表，令各店自己照实填报。并盖章负责，交来后亦只选择五七家较大较跳〔调〕皮较有可疑之商店检查便够，不必家家照例，调查表交来后，即照数填上商业税分户账，依照各店税率及利润率扣算税额派人按店收款，并给收条以清手续。

四、各市店租，必须依据各码头地位及店屋大小好坏，分别增减其租金，不能一律照旧减折，其停业住家，及生意弄开消不到者，可以免租，或减租，但须登记以为凭据，现届年终，自明年 1 月起，各市店租照例减折，或认为太轻者须从〔重〕新改订，特别是汀州市店租须一律从新改订，以增加财政收入。

五、各市税委，必须马上印制商业税与店租分户账，将各商店字号，资本做何生意，各月营业多少，赚数多少，税额多少，逐月登记，以便将来检查和对照。

六、除城市外，全县各圩场特别是大市场之店租和商业税必须征收，乡村中以营利为目的的纸槽，木排，樟脑厂，铁厂，及各项工厂等资本在 100 元以上者，亦应照商业税税率征收营业税。

各级财政部及税收人员接此训令后，必须依据此训令开会检查过去税收工作,并讨论具体计划,从〔重〕新振作精神,赶快执行,限12月内各县城市与各大码头各圩场之商税与店租必须如数收齐,并须立刻将11月份以前所收税款照此次发下表格填报寄来中央,以便检查统计。切切此令

财政人民委员　邓子恢

1932 年 12 月 5 日

（录自 1932 年 12 月 19 日出版的《红色中华》第 45 期第 3 版）

整理旧账手续

（1932 年 12 月 14 日）

□已决定明(1933)年 1 月 1 日开始实行国库制度，因为对于旧账要做一个结束，现在本部为使各级财政部容易整理旧账起见，特写出以下各条，望各财政部遵照执行。

（一）各级财政部，应先将今年 1 月份至年底收支数目，按月制造收支对照表，将每月收入的支出的总结起来，照原收付存的道理□对照一下，如果原收数目与付存数目相符合，那就不错，如不符合，则须按日清查，找出错误的地方。

（二）收付对照表做好之后，第二步再将收入数目中分开税款、租款、国有财产收入款，其余则归入特别收入款内，至于那些款属□□□□，则须参看本部编制的岁入预决算科目表。

（三）支出数目中则分行政费、司法费、教育费、军事费、政□□□□□□□□□交上级各项，至怎样分类，亦须看本部编制的□□□□□表。

（四）□□□□□科目可照各□原定名称分类，不必照本部现在颁布科目，以免更改麻烦。

（五）□□□□□□有移借之款，应马上收回，军队移借之款，须□□□□□□□□□□，由中央追收，其合作社等借之款，可能的也□收回，不能立刻收回者，须列单并借款收条报告中央。

（六）各级政府□□□□□□所借之款，须报告中央审查备案，但须说□借款年月日借款用途,及经手人姓名,其临时向人移扯之款,则须□□内清还。

(七)□□□存之现款,不论省县区乡,须于 12 月 31 日晚结束,一□□交国库,以取得收款书为凭,其区乡政府 12 月 31 日晚□款□□1 月 1 日送交支库。

(八)□在所存之物品可抵钱的,要逐项检点开列清单,载明数量,并估□大概价格呈报本部,该物品则由各级财政部保管,以后卖出□□作为特别收入,其不能拍卖变价的物品,则归到总务处支配。

(九)□□数目,仍归财部管理,不要移交国库,如交国库者,须另立□□作为代理。

中央财政部印发

12 月 14 日

（根据中共江西省委党史研究室资料处藏件刊印）

中央财政人民委员部训令第十二号
——统一会计制度

（1932 年 12 月 16 日）

财政人民委员部自成立以来，即颁布了财政统一的训令，但一直到现在财政还未能彻底统一，这固然是因为各级政府与武装部队未能了解财政统一的意义，但会计制度没有确定，国库没有建立，确是重要原因。考查过去会计工作缺点甚多，最主要的：就是收钱机关，管钱机关，用钱机关混在一起，没有分开，每个县区政府，收钱是他，管钱是他，用钱也是他，他要钱用时当然会自己打开柜子任意拿用，那里还会向你做什么预算决算等候批准等麻烦手续呢？这样要财政统一当然很难作到，而且任各级自收自用，中间更免不了生出许多贪污浪费舞弊的毛病出来，这是会计工作第一个缺点。

第二，是各项收入与经费没有分开，没有各成系统，不论土地税，商业税，行政费，军事费，教育费，司法费等都由省县政府收支，上月收支与下月收支，也没有分开，甚至连私人移借都混在一起，因此省县政府账目弄得非常麻烦，会计不易整理，中央则更无从确知各项收支数目，因而妨碍到整个岁入岁出之预算与决算，致中央不能有计划地去节省不必要的开支，而集中一切财力来充实战争经费，这是第二个缺点。

第三，是各项会计科目没有一定名称，办公费，特别费，购置费，路费，巡视费，印土地税收据费，各处自立科目，名称不一，就在同一科目之内，如办公费特别费等所包含的范围也各处不同，这样自然弄得各处会计非常紊乱,不能一目了然,而且不能彼此相较,互相对证,这是第三个缺点。

第四,是簿记单据没有一定格式,除中央两省及瑞金直属县外,其余县份尚多沿用旧式簿记,有些则更没有记帐〔账〕,单据表册更未能照中央规定填写。有些则更没有单据,只凭口说记帐〔账〕,就中央簿记单据亦多仿用银行样式,没有一定格式和大小,这样不独妨碍保藏与审查,而且容易舞弊,这是第四个缺点。

第五,是财政交代无一定手续,交卸者无清单无报告,接管者也不去根究点查,此中舞弊情形不言可知,结果是公家损失,这是第五个缺点。

上述这些缺点,都证明会计制度不确立,要统一财政防止财政舞弊是很难的,要彻底统一财政,要防止财政上一切舞弊行为,非有健全的科学的会计制度不行,怎样叫做科学的会计制度呢?

第一,就要把收钱的,管钱的,领钱的,支配的4个机关分开,不再混在一起,就是:(一)收钱机关(税委与财政部)只准收钱,收到了款,分文解交管钱机关(各级国库),自由动用库款或埋伏短报者严办。(二)领钱机关(即各级政府各部队各级司法教育机关)须按月作预算,按照系统送交本部(支配机关)批准,发给支票,才得向国库领款,否则不给支票。(三)国库收到之款,只准送交上级国库或照上级支票付款,无支票乱付者严办。这样一切浪费舞弊不做预决算等毛病自然日益减少,把财政逐渐统一起来,同时各级会计也自然非常简单,容易计算。

第二,要把各级收入及开支,都分别划分,各成系统,如租税归各税委收缴,打土豪罚款归财政部或裁判部经收缴库,行政费则归财政部领支,教育费归文化部,司法费归司法部经领,这样分开系统,各项收支自然有条有理,中央也便随时可以明了收支状况,而能有计划地去支配整个财政。

第三,就要确定会计科目,把各项收入及开支节目规定一定名称,与一定范围,使收付款项有条有理,一目了然,而且得以彼此相较,互相对照。

第四,就要规定预决算规则,实行预决算制度,无预算决算者不给钱,自中央至县区乡政府,必须照规定时日严格执行,使会计按月结束(算)。中央才能随时了解整个收支状况,而使财政计划逐步做到。

第五,就要统一簿记单据,确定记帐〔账〕方法,便各级采用新式簿记,使每条帐〔账〕目都有凭证,每种单据帐〔账〕簿格式大小都能一致,这样可以防止会计上许多舞弊以及错漏情事。

第六,要规定交代章程,以防止交卸接管中间的舞弊与损失。

为确定会计制度彻底统一财政起见:本部特规定暂行国库条例,会计规则,会计科目表,预决算规则,交代规则,并规定各种簿记单据等发下,决定自明年1月1日起各级会计即照此规定实行,接此训令后:

(一)各省县政府必须马上成立国库分支库,原财政部之会计出纳两科,即移到国库分任会计出纳工作,财政部之出纳会计2科,另外找人,国库主任另由本部分别委任。

(二)本年12月以前帐〔账〕目另行结束〔算〕,从明年1月1日起,概换新帐〔账〕,所有存款全数移交国库收存,不得截留不缴,以前帐〔账〕目整理方法另行颁布。

(三)明年1月份开支可照12月份用度先行支用,一面即做预算来,以便补发支票,自1月5日起各县必须按期将2月份预算做来,切切。此令

财政人民委员 邓子恢

1932年12月16日

(录自1933年1月7日出版的《红色中华》第46期第4版)

中央人民委员会训令第八号

（1932 年 12 月 27 日）

现为统一财政便利随时明了全苏区财政现象，便利于整个财政计划和支配起见，财政人民委员部已决定于明年 1 月 1 日起建立国库，实行会计制度，将一切财政收入一律交到国库分支库，由中央支配；此是建立统一财政的重要基础。各级机关各红军部队，及一切地方武装，必须深切了解统一财政在政治上军事上的重要作用，自 1 月 1 日起要照财政人民委员部颁布的国库条例及会计规则办理。并规定以下几项：

一、各机关各部队一切开支一定要按照各个系统做预算向自己上级报告，未取得财政人民委员部支票，绝对不能向支库支款，或临时扯借，违者以破坏财政统一论处。

二、各地方游击队独立团及一切地方武装经费要办到自给，但地方武装所筹之款亦归还军事机关有计划分配。

三、如有些地方武装，因一时困难经费不能自给者，须做预算向军区报告支取，无论如何不能自由向支库支用。

四、各级财政要更有计划的批示和督促下级机关，加紧一切财政收入，开发财政来源，不能因为开支可向上级领取，便放松对财政款项之收入，违者以怠工论处。

五、各级预算须按规定日期造报，一切开支须按上级批准各项内的数目按数支用，非有特别理由另表报告经上级批准，未经批准自由超过预算者,则由其自认。

上述各项各机关各部队,必须切实遵照执行。此令

主　席　毛泽东

副主席　项　英

张国焘

公历 1932 年 12 月 27 日

（录自 1933 年 1 月 7 日出版的《红色中华》第 46 期第 3 版）

中央人民委员会命令第三十七号
——为严紧出境行人事
（1932 年 12 月 27 日）

　　现值帝国主义国民党对中央苏区大举进攻紧张时期，对于从苏区出境的人，自应特别慎重，非经过严密审察，决不可随便放出苏区，以免豪绅地主及一切反动分子，得以自由出境，从事反革命活动。临时中央政府为了巩固苏区以保障工农群众的利益起见，特规定对于从苏区出境行人的办法如下：

　　（一）凡从苏区出境者，须有国家政治保卫局的出境获〔护〕照及政府的路条，方可放行；如只有获〔护〕照而无路条，尤其是只有路条而无获〔护〕照者，均不得放行。

　　（二）国家政治保卫局及省、县分局，（区特派员无发获〔护〕照之权）对于要求出境者，须经过严格之审查，认为确有出境之必要者，方可发给护照，并须于获〔护〕照下载明出境之路径。

　　（三）省县区政府（乡政府没有发给出境路条之权）对于特〔持〕有政治保卫局之出境获〔护〕照而要求出境路条者，可依照获〔护〕照上规定之途径发给出境路条，否则不能发给，尤其是区政府打出境路条时，须详细考查，确条〔系〕本区居民或出境者的路程必须由本区经过，而不是故意从别区跑到本区来打路条的，才可发给。

　　以上各点务望各地政府，各级保卫局，各军事机关，各检查机关，切实照办，以加紧赤色戒严，是为致要。此令

　　各级苏维埃政府

各级国家政治保卫局
各军事机关

主　席　毛泽东
副主席　项　英
　　　　张国焘
公历 1932 年 12 月 27 日

（录自 1933 年 1 月 7 日出版的《红色中华》第 46 期第 3—4 版）

中央内务人民委员部命令第八号
——禁止粮食出口与糜费
（1932 年 12 月 27 日）

在粉碎帝国主义国民党大举进攻中央苏区的当中，积存充分粮食准备供给红军及苏区群众，使能长期与敌人作战，是争取这一战争彻底胜利的主要条件之一。

近查各边区粮食出境甚多，如果不加限制，一定要影响到明年的苏区粮食。为此特通令各级边区政府立刻禁止米谷运出〔去〕白区，并根据各地实际需要，限制粮食浪费，如做粉干、造酒、喂鸡等，并规定具体限制及取缔办法，由省、县政府公布执行，这一禁止必须向群众宣传鼓动，使大家明了这是为的争取战争胜利，只有使群众大家了解，得到群众的拥护，才能彻底做到。

除禁止粮食出口与糜费外，尚须鼓动群众，多种杂粮、蔬菜：如麦子、蚕豆、萝卜、油菜等，准备明年青黄不接时帮助粮食之不够。此令各级苏维埃政府

代内务部长　何叔衡

1932 年 12 月 27 日

（录自 1933 年 1 月 7 日出版的《红色中华》第 46 期第 4 版）

中央土地人民委员部训令第一号
——为深入土地斗争,彻底没收地主阶级财产
(1932 年 12 月 28 日)

要彻底深入土地斗争,实现全部土地法,这不仅要没收地主阶级的一切土地,而且要没收地主阶级的全部财产,分发给贫苦群众,只有这样才能彻底消灭地主阶级的势力,也只有这样才能使贫苦工农得到更多利益,而能更高兴更积极起来,为争取本身利益而斗争,这是巩固苏维埃政权,彻底粉碎敌人大举进攻的最有效办法。

中央苏区在没收和分配土地上面,自全苏大会颁布了土地法以后,确有了很大的转变与成绩,但在许多地方如石城、会昌、雩都①、宁化、长汀、南广等县,仍不免将阶级混淆,把地主当富农,富农当中农,甚至把地主当做中农,贫农看待,有些老区域也还有一部分分秧田给富农,这完全是一种阶级妥协,实际上是维持地主富农的地位,违反了土地法令,目前各地在土地检查中,又有很多只检查,而不立即分配,这仍然是延缓土地斗争的深入。

另一种错误,就是过去中央区大部分在没收地主阶级土地时,不同时没收他的全部财产,有的只罚款就算了事,这便仍然使豪绅地主得藉此相当保存残余势力,作留反苏维埃的活动。

为了彻底消灭地主阶级的势力,发动更广大群众起来,除没收地主阶级一切土地以外,必须进一步没收其全部财产,兹将根据土地法

---

① 雩都,现称于都。下同。——本文库编者注。

令,将没收地主财产这工作中几个要点指示如下:

第一,就要分清阶级,把隐藏着的豪绅地主通通清查出来,除他们所有的田地、山林、房屋、池塘,通通没收外,其家中一切粮食、衣物、牲畜、农具、家私、银钱等一概没收,反动商店及反动分子在商店中所有股金红利存款也要一概没收,但同时要注意不要把中农当富农,富农当做地主,特别是游击队向白区游击时,要坚决纠正过去不分阶级的不好现象,这是破坏阶级战线,把群众送给敌人去利用,结果只有造成钢墙铁壁的赤白对立,把自己闭死了,这简直是自杀政策。

第二,没收来的财物,除现款、金银、首饰,及贵重物品交财政部报解上级,以增加财政收入外,其余物件如米谷、什粮、木子、牲畜、衣服、帐被、农具、家私等,要尽量散发给贫苦群众,首先要发给红军家属、雇农、贫农、苦力,这样才能发动群众斗争,过去各处把没收品,不分贵贱通通拍变卖钱,如会昌县苏前次装了500多斤锡器到中央来,瑞金各区乡没收土豪谷子,通通归到区政府作为公谷,会昌罗田区没收来之木子、猪婆等,都拿来出卖,有些地方连没收耕牛都卖了钱,这是很错误的,如果把这些不值钱的东西拿来分给群众,那么要多发动几多群众起来?这些只看到钱而没有看到群众的没收办法是脱离群众的办法。同时把没收的东西挑到区政府总务处去,任凭工作人员乱拿,或挑到互济会去,不分给群众,亦同样是脱离群众的,我们必须了解,只有从分发东西中去发动群众,使群众得了东西,更高兴更积极去清查土豪地主,只有这样才能彻底消灭地主阶级的势力。

第三,没收来的东西,尤其要注意在当地散发,小土豪的东西,以乡为单位散发,几个乡村同被剥削的大土豪,可以斟酌拿一部分东西给附近乡村群众,我们一定要注意使土豪所在地的群众得到利益,发动他们起来斗争,我们一定要了解到农民的私有观念地方界限,是不容易打破的,如果任别乡群众把他们本乡土豪的东西搬走了,那么该乡农民便很容易受土豪的欺骗和煽动,而引起地方斗争,就使不致如此,至少也会使该乡群众减少斗争的情绪,而最近雩都黄龙区大南乡与会昌西同区某乡群众的纠纷,就是这样造成的,各处游击队及独立团有些到白区游击时,没收土豪物品,很少在当地分发,有些简直不发,只顾自己一挑一挑挑回来,任凭当地群众眼红失望,结果给富农地主以欺骗煽动的机会,致妨害新区域工作,这都是没有注意使当地群众得到利益所致。这些宝贵的教训,我们必须紧紧记住,不要再重复这些错误。

第四,没收财产时,必须注意没收与分配方式,凡没收某家财产,首先必须经过调查,调查确实后再经政府决定,由政府派人将财产标封,以后再召集群众会宣布罪状及没收理由,经过贫农团雇农工会作用在群众会中通过。分配方法亦同时由群众表决,并公举没收财产委员会,其收归政府或留给红军游击队的,最好亦向群众会解释通过。群众会通过后由没收委员会负责将物品清查登记,分别散发,分配后并须将没收数目与分配数目开列公布,只有这样才能使群众彻底了解,使群众认为是自己的事,而能热烈的起来参加这一没收工作之执行。过去很多地方没收财产只经过少数贫农团或政府秘密决定,便进行没收,而没有注意去发动群众宣传群众,因此有些群众不了解,反以为是某些人公报私仇,这样虽然把地主财产没收了,但却没有把群众发动起来,这就仍然不能彻底镇压地主富农在群众中的活动,就仍然不能认为彻底消灭了地主阶级的势力。

第五,没收财产要有雇农工会贫农团在群众中起作用,才能把土豪地主清查出来,也只有雇农工会贫农团起作用,才能战胜地主富农在群众中的欺骗宣传,如果没有雇农工会贫农团经常地个别地向群众宣传解释,那么单凭开会时宣布罪状与没收理由,是不能使广大群众彻底了解,而热烈地起来参加没收工作,甚至还有些连东西分给他都不敢要,这亦是过去事实给予我们的教训,要彻底没收地主阶级财产,必须把雇农工会贫农团组织好,这是我们要注意的。

最后我们要注意到的一般豪绅地主除了现存家庭财产之外,还有许多窖藏及寄存外面之财物,为我们所不知道的,要彻底没收这些财产,必须采用各种方法(如罚款等)去没收地主窖藏的现金,同时也可以增加财政上之收入。

我们现在是站在革命与反革命决死战的重要关头，要深入土地斗争，彻底消灭地主阶级势力，发动千百万贫苦群众起来，在苏维埃领导之下，来粉碎敌人的大举进攻，彻底没收地主阶级一切财产，是我们最主要工作之一，各级土地部接到这一训令，必须彻底纠正过去没收中的一切错误，有计划地去领导广大群众迅速执行这一工作。切切此令

代部长　邓子恢

1932 年 12 月 28 日

（录自 1933 年 1 月 14 日出版的《红色中华》第 47 期第 5—6 版）

中央执行委员会训令第十八号
——为提前春耕集中力量粉碎敌人大举进攻事

（1932 年 12 月 28 日）

革命战争已到了万分紧张的关头，帝国主义国民党以最大力量向中央苏区大举进攻，挽救其垂死的统治，这一残酷的阶级战斗，正在剧烈的开展着。这次战争是敌人垂死的挣扎，较之一、二、三次战争，更为激烈与持久，我们为了彻底粉碎敌人的进攻，争取更大的胜利，必须动员广大工农群众，用一切力量来与敌人作坚决持久的艰苦斗争。但现隔春耕之期不远，在春耕期内，当是战争最剧烈的时候，因此，中央政府为了使广大工农群众，得以安全耕种，迅速完成春耕工作，毫无顾虑的集中全力去消灭进攻的敌人起见，决定全苏区境内，一律提前春耕，并设法尽量增加生产与工作速度，期于最短期内使苏区粮食的收获大大增加，以巩固红军的给养及改善工农群众的日常生活，造成革命战争彻底胜利的保障。所以，这一决定关系非常重大，各级政府务须协同各群众团体——如雇农工会、贫农团等以最大努力，动员全体群众，依照下列各项办法切实施行：

一、在公历正月内，要把所有的土地，一概犁好，一切河圳修好；

二、播种栽秧，至少要比往年成例，提前一个月举行；

三、要每家立即充分准备肥料，选择最好的种子，这不仅可以大量增加生产，而且是便利于迅速的播种下秧；

四、各地群众要实行耕种互助，一切人工、种子、耕牛、用具都要彼此协助，以便迅速进行春耕工作；

　　五、红军公田及红军家属的田地,务须发动群众优先耕种,不可荒芜寸土。

　　以上各项办法,各级政府,务须依据情形,拟定更具体办法,召集雇农工会、贫农团及选民大会作广大的宣传鼓动,并定出革命竞赛和奖励办法,谁乡谁人的土地先犁完,河圳先修好,肥料种子先准备好,先播种,先下秧,即由县区政府给以奖励,尤其是土地尚未彻底解决的地方,须立即分好,以免阻碍春耕。此令

主　席　毛泽东

副主席　项　英

张国焘

公历 1932 年 12 月 28 日

(录自 1933 年 1 月 7 日出版的《红色中华》第 46 期第 3 版)

中央劳动人民委员部命令第一号
——为撤消乡劳动部及失业劳动介绍所

（1932 年 12 月 30 日）

　　近来发现乡职工会下面，设有失业劳动介绍所的组织，甚至有的乡职工会下面，还设有劳动部的组织，这不仅是自由行动，而且破坏政府行政组织，劳动部乃是苏维埃政府的行政机关的一部分，职工会是工人群众的团体组织，这绝不能随便的混乱行政系统，自由设立劳动部及劳动介绍所。特此令各级劳动部，应迅速下乡去检查，如有这些组织，应立即取消。并接收这些组织工作，同时根据中央劳动人民委员部所颁布的暂行组织纲要，在乡苏维埃政府也没有规定劳动部及失业劳动介绍所的组织，关于乡间一切劳动保障问题，应由区劳动部直接负责进行。此令

劳动人民委员　项　英

1932 年 12 月 30 日

（录自 1933 年 1 月 14 日出版的《红色中华》第 47 期第 6 版）

中央劳动人民委员部命令第二号
——社会保险费及失业劳动介绍所

（1932 年 12 月 30 日）

据查各级劳动部和【科】对于社会保险费的征收及用途，完全未有过问，本部虽在布告上附带说明：在保险局未正式成立前，暂时委托工会负责征收和保管。但近来查工会有一部分是负责征收，至于保管和分配上没有很好做到；甚至有些地方将社会保险金拉〔挪〕作其他的用途；有的则将社会保险金完全缴到上级工会，而没有把保险金有计划的去分配来救济工人，这是非常不对的。至于发生此种现象，实由劳动部没有去指导和监督，现为实施社会保险及保障工人利益起见，立即建立社会保险局，专负其责，同时责成各级劳动部和科应很迅速的去会同同级工会，清查保险费数目及其用途，详细清理，报告上级劳动部。

各级劳动部还应根据集体合同与劳动合同所规定社会保险之数目，实际地去向每一个资本家及雇主调查和检查，是否实际缴纳和缴清保险费，如未缴的严令资本家雇主迅速缴纳，限期缴清，但各区劳动部应于 1933 年 1 月 15 日前调查完毕，并报告县劳动部，县劳动部于 1 月 20 日报告到省，省劳动部于 1 月 30 日汇报中央，以便审查。

查失业介绍所前决定在未成立失业介绍所时，暂委托工会办理，而不是要工会来设立失业介绍所，现在为健全这一工作。决定自 1933 年起直接由各级劳动部设立失业劳动介绍所。并将工作接收过来，所长在区由部长兼任，县市介绍所则委任一所长负责。目前所长

暂不脱离生产,或以工会工作者兼任,望切实执行。此令

劳动人民委员　项　英

1932 年 12 月 30 日

（录自 1933 年 1 月 14 日出版的《红色中华》第 47 期第 6 版）

财政机关交代规则

（1932 年 12 月）

第一章　总则

一、凡各苏区财政机关负责人员前后任交代时，无论本职或代理，概照本规则办理。

二、凡前后任交代时，要请该上级财政机关，或该级之行政负责人，派员监视盘点。

三、卸职人员在接任人员未到任以前，不得擅离本职。

四、凡因病卸职或在职病死者，其交代手续由该财政机关内次要负责人或科长等代行之。

第二章　移交

五、卸职人员自到职之日起至卸职前一日止，应将职期内〈内〉所管左列各件造具交代清册，会同监视人移交接任人员：

甲、各项收入数。

乙、各款已解未解数。

丙、各种实领实支及余存数。

丁、各种单据及其存根。

戊、国有财产及物品。

己、各种文件及表册簿账等。

六、卸职人员造册移交,自卸职之日起以 15 日为限。

七、卸职人员在离〔任〕职期内已收未解之款,于交卸前一日止,一概移交接任人员报解,不得藉口各清各款不肯移交,一面仍要将移交数目汇合报告上级,各机关裁撤者要将各款并各种账簿单据□□□送交上级备存。

八、卸职人员已支未报或已领未支各款,一律按照预算款目将实际表册移交接事人员,并向他申说明白。

九、各种报告表及预计算应协同接事人员办理清楚。

第三章 接收

十、接收人员到职后至迟在 15 天以内,须将移交款物等按表册单据,盘查清楚一一接收。

十一、接事人员接收后要与交卸人员将第五条开列各项协同报告上级。

十二、接事人员接收前任移交之款,限 3 日内报解,不得延迟。

十三、接事人员每日所造各种表册要与上任造报者联接。

第四章 处分

十四、卸职人员造册移交有舞弊虚报者,接事人员要据实报告上级,追究处分,循私隐弊者一并处分。

十五、卸职人员经管款物过限不交者,再定限期追缴,如过限仍不缴清者,则送交司法机关押追。

十六、卸职人员如系调职,非将交代手续办理清楚不得离开本职,若逾限 1 月以下交代不清楚者,除取消其新职外,再依十五条处分之。

十七、卸职人员交代不清私自逃跑者,当即呈请政府查封其私产抵偿,并通缉究办。

十八、凡挪用款项致交代不清者,除撤职外并呈请政府查封其家产抵还。

第五章 附则

十九、本规则自公布日施行。

(根据中共江西省委党史研究室资料处藏件刊印)

财政人民委员部会计规则

（1932 年）

第一章　总则

第一条　财政人民委员部为整理及统一会计起见,颁布本规则,凡苏维埃及其所属各机关,均须照此办理。

第二条　政府会计年度,以每年 7 月 1 日开始,至次年 6 月 30 日终止。

第三条　国家以租税及其他一切收入为岁入,一切经费支出为岁出。岁入岁出,均由会计处编入总预算与总结算。

第四条　国库总分支库,应将收支及库存数目编制各种表格,按照规定日期送本部国库管理局查核。

第五条　会计处根据国库与国库管理局及附属机关各报告,每日并按月编制报告表,呈部长审核。

第六条　会计处设稽核科,得随时派稽核员分赴各机关指导关于会计事项,并检查账簿报告及单据等。

第二章　收款之程序

第七条　各税收机关及各级财政部所收之款,均须按照下列规定期限,缴解当地分支库,(一)区税收委员会距离分支库所在地20里以内者,每200元缴纳一次,距离20里以外者,每满500元缴纳一次;(二)省县财政部每日缴一次;(三)区财政部,每满100元缴纳一次;(四)每逢月底各机关收入款之余存数,无论多少必须全数缴纳,不得留存分文;(五)省县政府逐月照预算领去之经费,如有余额,要于月底如数缴还当地分支库。

第八条 各缴款机关于缴款时,须填写二联缴款书(第一表),以一联为存根,一联连同现款送交国库,如同时有数款报解者,必须每款各填一缴款书。上项缴款书,国库将款收入后,应在书上加盖收讫戳记,以昭慎重。

第九条 支库收到各收款机关缴款后,应填写五联收款书(第二表),以存根一联存查,正收据一联发给解款机关携回备案,副收据一联连同报告一联、报查一联,送交分库转账,分库转账后,截留副收据一联存证,以报告一联、报查一联送交总库核记后,仍以报查一联送交国库管理局。

第十条 如系分库直接收入之款,则用四联收款书(第三表),以存根一联存查,正收据一联发给缴款机关携回备案,副收据一联连同报查一联,送交总库转账后,仍以报查一联转送国库管理局。

第十一条 各缴款机关同时有数款报解,必须每款各填一收款书,以清眉目,而便登记。

第十二条 某一金库,解款到另一金库时,应填写两联解款书(第四表),以一联为存根,一联连同现金解交收款金库。

第十三条 收款金库收到解款后,应填写两联收据(第五表),以一联存根,一联发给解款人携回存证。

第十四条 各分库所属之各支库,如因运输上之便利,直接解款到总库时,则由总库填写三联收据(第六表),以存根一联存查,正收据一联给解款支库携回存证,副收据一联转送分库转账。

上项解款支库虽直接解到总库,仍须记分【库】去账,总库亦须记分库来账,而分库则须经过转账手续,以全系统。

第三章　支款之程序

第十五条　各机关每月领经费时,应先期编制支付预算书 3 份,连同请款凭单(第七表)送本部审计处核发。

第十六条　前条所定各机关领到支付预算书及请款凭单,应先按照各行政系统事先呈请上级直属机关核定后,按级转送本部,以全系统。

第十七条　财政人民委员根据审计处核定数目作最后决定,在请款凭单后批准核发总数,交国库管理局支发。

第十八条　县一级各机关经费,由国库管理局按照批准数目填发五联支票(第八表),以第一联为存根,第二联发交领款机关持向指定支库领取,第三第四第五 3 联发交国库总库,总库截留第五联存查,第三联发交支库照付,第四联发交统辖该支库之分库转账。

上项支款,虽由中央直接命令支库照付,但支库仍须付分库去账,总库亦须收分库来账,分库则须经过转账手续,以全系统。

第十九条　省一级各机关经费,则由国库管理局填发四联支票(第九表),以第一联存根,第二联发交领款机关持向指定分库领取,第三第四两联发交国库总库,总库截留第四联存查,以第三联发交分库照付。

第二十条　省一级领款机关收到支票后,□由负责人在支票背面之附戴〔载〕收据上签名盖章向分库领款,分库将此支票与总库转来之第三联支票戡对相符,即照额付款,分库付款后将第二联留存作证,而在第三联之背面上,填写报告书,送交总库;总库则以第三联留存作证,而在第四联之背面上填写报告书,送交国库管理局存查。

第二十一条　县一级领款机关,向支库取款手续,与前条手续相同,但支库付款后须按级报告分库,由分库转报告总库与国库管理局,支库不向总库或国库管理局直接报告。

第四章 账簿

第二十二条 各机关现金簿物品簿及一切账簿,每一会计年度更换一次。

第二十三条 各机关账簿一经启用,无论主要账簿或补〔辅〕助账簿,已用完或未用完的,均须由各机关负责人与会计人员负责保管。

第二十四条 各种账簿启用时,应在首页填具下列各项,并用负责人署名盖章,其式样如左:

启用日期	本账簿总数页	账簿名及数号	机关名称
公历一九三 年 月 日	本账簿共 页	第 号	
署名盖章			

第二十五条 各账簿应于尾页填具下列各项,并由各经管本账簿人员盖章,其式样如左:

经管本账簿人员一览表			
			职名
			姓名

经 管 本 账 簿 人 员 一 览 表				盖章	
					接
				年	
				月	管
				日	
				年	移
				月	交
				日	
					备
					考

第二十六条　各机关每一会计年度,应备具一账簿目录簿,将所用一切账簿之首页尾页,所登记各项分别登记,并编定号数,送本部会计处备查。

第二十七条　凡分户记载之各种账簿,均须填具科目或账户目录于首页。

第二十八条　各种账簿单据,表格之格式大小等由本部规定之。

第二十九条　账簿分下列二类:

(一)主要账,主要账分为下列二种:

一、日记

日记应为全部会计之基本账,一切收付无论现金或转账,均须记入,以为过入总账之根据。

二、总账

总账按科目分户,记每日各科目之收付总数,由日记账过入总账,可根据各机关实际情形之需要,分为收入支出往来等类。

(二)补〔辅〕助账,每一会计科目立账一本,每目立账一户,详记收付事实,以明主要账之内容,其种类得按照各机关之需要而增减之。

第三十条　国库总分支库须完全采用复式簿记,省县政府及各税收机关,如所在地已成立国库,而其本身收支并不复什〔杂〕者,得采用单式簿记,但其收支稍为复什〔杂〕者,仍须尽量采用复式簿记。

上项各账簿记之式样及记账法另订之。

第三十一条　各种账簿表单等之保存年限规定如左:

(一)保存3年者:

一、日记、总账。

二、传票及对外之重要单据。

三、决算表。

(二)保存2年者

一、各种补〔辅〕助账。

二、各种收据及支票等存根。

(三)保存1年者

一、日计表及库存表。

二、各项书类。

第五章　记账

第三十二条　总分库出入款项,应先制成传票为记账凭证,支库渐〔暂〕不必用,每张传票只许列一科目,关系单据均须粘附于该传票之后。

第三十三条　传票分左列三种:

(一)收入传票,收入现金时用之。

(二)付出传票,付出现金时用之。

(三)转账传票,有转账往来时用之。

第三十四条　传票须逐日汇订成册,册面须注明年月日,各种传票及附属单据张数由主管人员盖章保存。

第三十五条　最初办理某项收支之经手人,须将该收支之科目,金额及其他重要事实,填制传票,连同附属单据,以〔依〕次传递有关系之各科,会同审核盖章,并随时记入于各补〔辅〕助账,俟一日之收支事务已毕,仍汇交会计科,编号装订,凭以登入主要账。各账簿之详细登记法,另行说明之。

第三十六条　各账簿内会计科目,均须依照本部规定之分类名称分别登记,其未列入会计科目分类者,得由各机关自行酌定名称,但须简明切实,以表示各科目或账户之内容。

第三十七条　现金收付,均以国币为本位币,以元为单位,小数至厘为止,厘以下五去六收,与本位币市价不同之各种货币,应□□□□□本位币登记。

第六章　支出单据之证明

第三十八条　□□□□□,必□□凭证单据。

第三十九条　凡支出以受款人本身或其代理人□□□□□□□□,□□凭证单据均□□□□□□□□□,收支不能证□□□事实上不□□□收据者,□□经手人声叙〔申述〕理由□□署名盖章证明之。

第四十条　凡收据须由受款人本身或其代理人亲笔署名盖章,但不识字者,可由经手人开单使其画押或盖章证明。

第四十一条　凡收据须填明实收数目、收款年月日并收款机关之名称。

第四十二条　购买物品应由商号于发票上注明实收现金数目及日期,并某机关查照字样作为收据,如另具收据者,仍应附具发票。

第四十三条　凭证单据上有各种杂币者,应注明折合国币总数及折合价格。

第四十四条　凡非华文之凭证单据,应由经手人将其中要点附译华文。

第四十五条　原凭证单据所开名目、价值、数量等,如有不甚明白之处,又无法使受款人填补完备者,应由经手人于数目上注名盖章,并附以说明。

第四十六条　各机关应备凭证单据粘存薄,将各种单据按支出计算书区分项目节,依次粘存分类编号,以便清查——如属文具类之单据以文字编号,属于购置类之单据以购字编号。

第四十七条　单据粘存簿须按月连同支付计算书,送交上一级财政机关存查。

第七章　报告之编制

第四十八条　国库总分支库应照下列规定之日期及份数,填制各种表书等分送上级机关:

(一)支库每 5 日填制日计表、库存表、收支细□表,各 3 份,每月底填制月计表、收入计算书各 3 份,分送总库分库及国库管理局。

(二)分库每 3 日填制日计表、库存表、收支细□表,各 2 份,每月底填制月计表、收入计算书各 2 份,分送总库及国库管理局。

(三)总库每日填制日计表、库存表、收支细□表,各 1 份,每月底填月计表、收入计算书各 1 份,送国库管理局。

第四十九条　□□□□□照下列之日期及份数填制各项表书等分送上级财政机关:

(一)乡政府每月填制支出计算书、收支对照表,各□份,连同凭证单据于下月□日以前,送交区政府财政部。

(二)区财政部每月填制支出计算书、收支对照表,各 1 份,连同凭证单据于次月 5 日以前,送交县财政部。

(三)县财政部每月填制支出计算书、收支对照表,各 2 份,连同凭证单据于次月 10 日以前,送交省财政部,并于每月 1 日着手编制下月之收入预算书、支出预算书各 3 份,于 5 日以前送交省财政部,区乡政府不必预算。

(四)省财政部每月填制支出计算书、收支对照表,各 1 份,连同凭证单据,并各级支出计算书、收支对照表各 1 份,于下月 20 日以前送交本部,并于每月初着手编制下月之收入预算书、支出预算书,各 2 份,连同各县之收入预算书、支出预算书各 3 份,并于 15 日以前送交本部。

第五十条 各种国有企业机关,应每月编制收支报告表 3 份,于下月 10 日以前送交本部,每一会计年度终了时,应编制营业□□报告表、损益表、资产负债表、资产目录、负债目录等各 3 份,于会计年度终了后 1 个月内送交本部,转国库管理局,会计处、审计处查核。

第五十一条 一切税收机关应于每月份或每一期税款结束后,将该月份内应收税款、实收税款、减免税款,填制报告表 3 份,送省县财政部及本部备查,如营业税、店租、矿租等则按月报告,土地税、山林税等则于该税收结束后报告。

第五十二条 报告内之科目须按本部制定之会计科目分类排列,并须与账目上之科目相同。

第五十三条 各种报告表填制按规定期间编写送交,不得迟缓,报告表格式及填制法另订之。

第八章 附则

第五十四条 红军部队收支程序另定之。

第五十五条 本规则由财政人民委员之核准,得修改之。

第五十六条 本规则自颁布之日起施行。

(根据中共江西省委党史研究室资料处藏件刊印)

工商业登记规则

（1932 年）

　　第一条　凡各项商业买卖,自己开设店铺或寄居别店营业,或不设店庄者,一律以本规则向当地县政府登记。

　　第二条　登记项目如下:

　　一、营业字号及所在地

　　二、股东姓名籍贯

　　三、经理姓名籍贯住址

　　四、何种营业或制造

　　五、雇用几人

　　六、资本多少

　　七、开办年月

　　八、上年每月平均营业额或生产额。

　　（注）凡店内股金,公积金,未作存款数之店房,及一年以上之长期存款,都应算作资本。

　　第三条　营业主初次登记完毕后,向县政府领取营业证,即得长期营业,不必每年调换,但须于每年 2 月内向政府登记一次,不登记者即撤回其营业证。

　　第四条　领取营业证时期以本规则颁布后 1 个月为限,新开办之商店或工厂、作坊,于开张前即须登记领证,无此证者不准营业。

　　第五条　各商店工厂等如有歇业或顶替时,应将所领营业证缴还原领政府注销。

第六条　营业证遗失或污损时,应向该管县政府申请理由补领。

第七条　登记表及营业证由中央财政人民委员部颁发。

第八条　政府为防止隐瞒资本以及不真实登记起见,有随时派人检查商店、工厂、作坊等帐〔账〕簿之权,被检查人不得匿藏帐〔账〕簿,拒绝检查。

第九条　本规则由财政人民委员部修改或废止之。

第十条　本规则自公布日施行。

—完—

（附）账簿格式4种各　分

报告表3种各　分

中华苏维埃共和国工业登记表

字号	地址	工厂还是作坊	何种方法生产	资本多少	每月平均生产多少	开办年月	雇用几个职员和工人	股东几多	经理姓名籍贯	备考

公历1932年　月　日

附注:1.字号项下要该主人盖印。

　　　2.此表每年2月内填写一次。

　　　3.此表由县苏照此格式印发。

店房租据

店房出租人	店房所在地	店房四界	店房栋数	店内有何家具物件	开何字号	做何生意	租金多少	备考
	省市 区 县街 号							

承租店

经租人

在场人

193 年 月 日

中华苏维埃共和国商业登记表

商店字号	商店地址	股东姓名	经理姓名及籍贯	做何生意	兼营何种工业	开张年月	资本多少	雇用几人	上半年每月平均做多少生意	备考
	省市 区 县街 号									

公历 1932 年 月 日

注:1. 做何生意项下须附带说明是否批发或另售。

2. 兼营何种工业是指有无兼刨烟染布做酱园等。

3. 商业字号项下要该店盖印。

4. 此表于每年 2 月内填写一次。

5. 此表由县苏照此格式印发。

县　市　月份营业调查表

字 号	本月份生意多少	比上月增减多少	增减原因

注:此表由各该级征收机关印发。

193　年　月　日

（录自《中央革命根据地工商税收史料选编》,
福建人民出版社 1985 年版,第 169—172 页）

山林税征收细则

（1932 年①）

第一章　总则

（一）本细则适用于经过苏维埃分配及苏维埃允许私人保有之山林园地等出产物，其山中野生物产未经分配及已折成田亩当稻田收税者，不在此例。

（二）山林税渐〔暂〕分竹麻税，茶子税，茶业〔叶〕税，果子税 4 种，其余暂不收税。

第二章　税率之规定

（三）竹麻税以实得竹麻（破成竹片未浸石灰之竹片）为单位计算，每人分得之竹山，可破竹片 6 担以上者起征，富农则从 3 担起征，税率分别规定如下。

（四）茶子税以实收茶子（江西称桃子，即未取出茶仁之茶壳子）为单位计算，每人分得茶子在 3 担以上者起征，富农则从 1 担起征，其税率分别规定如下。

---

① 发文时间待考，本文库编者初步判定为 1932 年。

（五）茶业税以实收烘干茶叶的斤数为标准，每家每年收得茶叶10斤以上者起征，富农则从5斤起征，税率分别规定如下。

（六）果子税以实收果子所卖得价钱为标准，每家每年卖得10元以上者起征，富农则从5元起征，税率分别规定如下：

第三章　税款之计算

（七）为便利及避免意外损失计，一切山林税不收物品，各人交税要将应交税额之竹麻，茶子茶叶等，扣成现款征收国币。其价格由县政府于收税时按各区最高市价，分别规定并公布之，茶子价格则要看每担茶子出油多少，再由油价来扣茶子的价格。

（八）各人实收竹麻，茶子，茶叶多少，及果子实价多老〔少〕，不能根据各人自己报告，要由当地区乡政府主席联席会，按照各乡村年成丰歉，分别估定每人所分山场，在今年年成可以实收多少为标准，决定税率，纳税人亦照此标准扣实交税。

第四章　征收时间

（九）竹麻税于每年10月起征收，茶梓〔子〕税于每年12月起征收1个月完毕。

（十）茶叶税于每年收成后2个月起征，1个月完毕。

（十一）果子税于每种果子出产后，1个月内征收之。

第五章　征收机关

（十二）竹麻税，茶梓〔子〕税，由当地土地税征收委员会兼责征收，其土地税已结束者，则由区政府财政部代收。

（十三）茶叶税，茶梓〔果子〕税，概由区政府代收。

第六章　征收手续

（十四）纳税人纳税以取得县政府三联收据为凭，无收据者以漏税论。

（十五）纳税人纳税时，由乡政府发给纳税证明书，替他填好，如有免税者，应填好免税证明书，纳税人即按证明书带款向征收机关纳税，最好则由乡代表收集各人税款一次完纳。

（十六）征收人收税以乡政府主席盖印发给之纳税及免税证明书为凭，按照此证明书中开列数目，照税率计算收款，款收清后发给收据。

第七章　附则

（十七）山林免税□□照土地税规定施行。

（十八）本细则由财政人民委员部修改或废止之。

（十九）本细则□适用于中央区，其他苏区另定之。

附：竹麻，茶梓〔子〕，茶叶，果子 4 种税率表。

其纳税免税证明书与土地税同样式。

竹麻税率表以每人实得竹麻为单位，竹麻以 100 斤为 1 担

征税单位	中农贫农等的税率	富农等的税率
每人每年实收 3 担以上	免税	征收百分之五
4 担以上	免税	六
5 担以上	免税	七
6 担以上	征收百分之五	八
7 担以上	六	九

8 担以上	七	十
9 担以上	八	十一·五
10 担以上	九	十三
11 担以上	十	十四·五
12 担以上	十一·五	十六
13 担以上	十三	十八
14 担以上	十四·五	二十
15 担以上	十六	二十二
16 担以上	十八	二十四

以上不再累

茶梓〔子〕税税率表以每人实收桃子为单位

征收单位	中农贫农等的税率	富农的税率
每人实收 1 担以上	免税	征收百分之六
2 担以上	免税	七
3 担以上	征收百分之五	八
4 担以上	六	九
5 担以上	七	十
6 担以上	八	十一·五
7 担以上	九	十三
8 担以上	十	十四·五
9 担以上	十一·五	十六
10 担以上	十三	十八
11 担以上	十四·五	二十
12 担以上	十六	二十二
10□□□担	十八	二十四

以上不再累

茶叶税税率表以每家实收茶叶斤为单位

征收单位	中农贫农等的税率	富农的税率
全家实收 5 斤以上者	免税	征收百分之六
10 斤以上	征收百分之五	七
20 斤以上	六	八
30 斤以上	七	九
40 斤以上	八	十
50 斤以上	九	十一·五
60 斤以上	十	十三
80 斤以上	十一·五	十四·五
100 斤以上	十三	十六
150 斤以上	十四·五	十八
200 斤以上	十六	二十
300 斤以上	十八	二十二

以上不再累

果子税税率表以每家售得果子价钱为单位

征收单位	中农贫农等的税率	富农的税率
全家实收 5 元以上者	免税	征收百分之六
10 元以上	征收百分之五	七
20 元以上	六	八
30 元以上	七	九
40 元以上	八	十
50 元以上	九	十一·五

60 元以上	十	十三
80 元以上	十一·五	十四·五
100 元以上	十三	十六
150 元以上	十四·五	十八
200 元以上	十六	二十
300 元以上	十八	二十二

以上不再累

（根据中共江西省委党史研究室资料处藏件刊印）

土地税税率表之解释

（1932 年①）

一、今年土地税税率表是由人民委员会统一规定的，全苏区一律照行，去年的税率表则是由各省按照各地不同情形分别规定，呈报人民委员会批准的，所以各地不同，福建税率比江西要重些。

二、去年的税率表只按照每人分田多少为标准来决定税率累进的等级，今年税率的决定，则按照两个标准综合来决定的：

第一个标准是按照各人分田多少来决定税率的轻重，贫农、中农分田每多 1 担，则税率累加百分之一（即每担加收 1 升），如分田 4 担的，税率百分之五（即每担收税 5 升）至百分之七・二（即每担 7 升 2 合），分田 5 担的，则税率百分【之】六至百分之八・二。

富农则每多分 1 担田，税率则累加百分之一・五（即每担加收 1 升半），如分 4 担田的税率为百分之八・五至百分之十一・三，分田 5 担的则为百分之十至百分之十二・八。

第二个标准是按照分田人口多少（分田后新生或死亡的不同）来决定税率之轻重，即是分田同样多的地方，少人分田的税率轻，多人分田的税率重，如同样分田 5 担的地方，一个人的税率百分之六，两个人的百分之六・一，以上每多一人税率累加百分之【零】点一（即每担加收 1 合），但到了七个人以上的家庭，则每加一人税率累加百

---

① 发文时间待考，本文库编者初步判定为 1932 年。

分之【零】点二(即每担加收2合),如分田3担的七个人的家庭,其税率为百分之四点四,八个人的家庭则为百分之四点六。

富农则为分田同样多的地方,每加一人,税率累加百分之【零】点二,如同样分田3担的地方,五个人的家庭税率为百分之七·八,六个人的家庭则为百分之八。

三、为什么按分田多少来分别税率之轻重呢?因为土地是农民生活的主要根源,分田多的比分田少的在生活上当然要更丰裕些,所以征税较重些。

四、为什么按照分田多少规定征税轻重以外,还要按照人口多少来规定征税轻重呢?这是因为人口更多的人家耕种上比人口少的家成本更轻,收获更大的缘故。此人口是按照分田时的人口,而不是按照分田后的。

五、去年征税,江西是从3担起,福建则从2担起,今年一律改为从2担起征,很轻的税(百分之一点五至百分之三点九,但二个人的家庭,每人分田2担者不收),这样便减轻了贫苦农民之负担,但富农则不论分田多少,人口多少一律不能免税。

六、地主开垦荒田者,暂照富农收税,以他全家人口平分所开荒田得出之担数为计算税率之标准。

七、中农贫农收税的计算法:先将该家分田收得实谷多少,照几担以上税率,再按照全家分田人数多少,看应纳百分之几扣算之。

例:某家分得田面40担,该分年成八成,折实谷32担,该家分田人数四人,每人平分8担,则须按照四人分田8担的税率百分之九·三计算,即每担谷应交税9升3合,则32担应交税谷2担9斗7升6合。

八、富农收税的计算法:不管分田时,有劳动的与无劳动的分田多少,只照他参加分田的人口计算,先将每人(指有劳动力的)分田收得实谷担数,再照参加分田人数决定税率百分之几,应交税谷即将该家共有实谷担数照此税率扣算之。

例:某家富农共分田30担,全家七人参加分田(其中二人不会劳动分一半），每个劳动力分实田 5 担，则应照 5 担以上七人的税率百分之十一·二计算，即每担田应交税 1 斗 1 升 2 合，则 30 担田应交税谷 3 担 3 斗 6 升。

九、依照以上各条说明便知道，今年规定的税率是更加适合于阶级原则的，去年税率只有分田多少一个标准，而无人口多少一个标准，把人口少的与人口多的同等征税，没有使家境较差的出税轻一些，今年税率便免掉这个毛病。

（根据中共江西省委党史研究室资料处藏件刊印）

国家出版基金项目
NATIONAL PUBLICATION FOUNDATION

中央革命根据地
历史资料文库·政权系统

7

中共江西省委党史研究室
中共赣州市委党史工作办公室　编
中共龙岩市委党史研究室

中央文献出版社　江西人民出版社

《中央革命根据地历史资料文库·政权系统》编纂委员会

顾问

逄先知　中共中央文献研究室原主任

石仲泉　中共中央党史研究室原副主任

余伯流　江西省社会科学院首席研究员

林　强　中共福建省委党史研究室原巡视员、研究员

编委会主任

李　捷　中共中央文献研究室副主任

沈谦芳　中共江西省委党史研究室主任

编委会副主任

彭业明　中共赣州市委常委、市委秘书长

林晓英　中共龙岩市委常委、市委组织部部长

王瀚秋　中共江西省委党史研究室巡视员

刘　斌　中共江西省委党史研究室副主任

何友良　中共江西省委党史研究室副主任

熊华源　中共中央文献研究室第一编研部原主任

朱法元　江西出版集团公司（省出版总社）副总经理、副总社长

编委（以姓氏笔画为序）

马云飞　王瀚秋　史爱国　刘　斌　朱法元　阳振乐

徐建国　李　捷　林晓英　何友良　张孝忠　苏俊才

沈谦芳　凌步机　傅如通　游道勤　彭业明　熊华源

编委会下设编辑部

主　编　沈谦芳

副主编　王瀚秋　何友良　张孝忠　苏俊才

执行副主编　史爱国　凌步机　吴升辉　阳振乐

总编辑组组长　何友良

副组长　史爱国　凌步机

成　员　黄宗华　卫平光　彭志中　王　洁

目 录

中央财政人民委员部通知第十三号
——关于残废同志领取抚恤金问题

（1933 年 1 月 10 日）

近据各级政府财政部来函称："有很多的残废同志持残废证,至各级财政部领取抚恤金……"似此对于财政统一和组织是有违背;同时本部为得顾及残废同志便于领取抚恤金起见,特决定如下办法:

一、在瑞金、会昌、石城、广昌、安远、寻邬①,这几县的残废同志,直接到本部领取,不能走的则由县政府将残废证由邮"特别快"寄来本部领取,邮费须由残废同志自出,否则,若有遗失,本部概不负责。

二、在福建的则到福建省苏财政部领取。与抚恤委员会福建分会邻近的则到福建分会领取。

三、与后方邻近的,则到桥头后方抚恤分会领取。

四、凡不能走的残废同志而由政府或请人代为领取者,则政府验明残废证上所载记的负伤部位,是否与本人的伤痕相符,以防冒领,如不相符,确系冒领者,须严加盘查追究,并将残废证收回查办;如相符则令本人出具收条由当地政府负责证明盖章,前来领取。

五、在 1932 年 6 月间以前不脱离生产的地方武装,亦有领取残废证者,应将残废证收回,分别缴至后方与福建抚恤分会,另由政府抚恤。

六、凡持临时残废证者,亦要分别至后方与福建抚恤分会换取正

---

① 寻邬,现称寻乌。——本文库编者注。

式残废证。

以上各项,望各级政府转知所属财政部,一律严格遵照执行,切不可玩视,特此通知。

财政人民委员　邓子恢

1933 年 1 月 10 日

（录自 1933 年 1 月 14 日出版的《红色中华》第 47 期第 5 版）

人民委员会第三十次常会

（1933 年 1 月 11 日）

　　人民委员会于 1 月 11 日开第三十次常会，兹将重要讨论及决议，略记如下：

　　一、我方面军此次以英勇果敢，坚决一致的进攻，连获伟大胜利，消灭并击溃国民党军阀向苏区进攻的主力部队第九十师十四师等数师之众，实为今年粉碎敌人大举进攻胜利的开始，议决电致方面军全体战士。

　　二、赵博生同志于此次南城战役，英勇督战，卒获伟大胜利不幸牺牲，实为革命一大损失，中央为纪念赵博生同志领导宁都暴动及为苏维埃而英勇牺牲的光荣事迹起见议决（一）呈请中央执委会批准将宁都县改为博生县；（二）于列李卢纪念节中举行追悼大会；（三）筹备建碑及编纂传记事宜；（四）致电五军团悼念。

　　三、为建立并巩固在东北开展的广大苏区的工作起见，议决电令江西省苏刻日迁往宁都。

　　四、电令江西省苏执委扩大会延迟至"三一八"举行。

　　五、邓子恢同志报告巡视会昌工作及出席该县执委扩大会议的情况，即审查该扩大会之各项决议案，议决由中央给会昌县执委一指示信以指正决议案中之各项错误与缺点。

　　六、对日本帝国主义又占领山海关侵略华北事国民党政府本一贯的投降出卖政策,全无抵抗,议决由中央发宣言号召全国民众发展武装民族革命战争,推翻国民党统治,驱逐帝国主义出中国。

—完—

(录自 1933 年 1 月 28 日出版的《红色中华》第 48 期第 8 版)

中央政府嘉奖前方全体红色战士电

（1933 年 1 月 11 日）

朱总司令周总政委转全体红色指挥员战斗员！

捷电传来，欣喜我全体红色战士的英勇坚决果敢牺牲的精神，在1933 年开始一年中，连获两次最伟大的胜利。共计消灭和击溃了国民党军队 4 师，尤其是击溃了敌人大举进攻中央苏区的主力部队改组派军阀素来号称铁军的第九十师，蒋介石嫡系的第十四师和第五师，缴枪俘虏各数千，生擒敌旅长周士达等，克复金溪光泽，占领东乡浒湾，直逼南城抚州城下，这是今年彻底粉碎敌人大举进攻的伟大胜利的开始。中央政府对于全体红色战士英勇果敢坚决杀敌的牺牲精神，致以热烈的敬意和嘉慰。同时，在你们胜利的时候，正是帝国主义积极瓜分中国，日本帝国主义又以武力占领山海关，进攻热河，国民党军阀更进一步出卖中国的时候。你们的胜利，不仅直接摧毁了帝国主义的清道夫国民党反动武装力量的一部分，而且更加有力的兴奋和促进全国民族革命战争的发展。红色战士们！目前是最有利于我们的时候，继续伟大的胜利，"勇敢，勇敢，再勇敢"的继续进攻敌人的大举进攻！乘胜夺取南城抚州！实现江西革命首先胜利，领导和发展全国的民族革命战争！实行中央政府对日宣战的任务！驱逐日本及一切帝国主义出中国！争取苏维埃新中国的全部胜利！我们高呼:中国工农红军胜利万岁! 中华苏维埃共和国万岁!

临时中央政府(11)印

(录自 1933 年 1 月 14 日出版的《红色中华》第 47 期第 2 版)

中央政府致五军团吊唁赵博生同志电

（1933 年 1 月 11 日）

朱总司令周总政委转工农红军第五军团全体指挥员战斗员！

同志们！在这次战役中,我前线红军,叠获胜利,尤其是我第五军团以少胜多,与敌蒋介石嫡系之第十四师全师肉搏血战,卒将其击溃,使正面红军能配合的得到全线胜利,这一胜利又正当日帝国主义占领山海关国民党更进一步出卖中国的时候,是直接有力的兴奋和推进全国的民族革命战争发展,这一胜利是最伟大的。中央政府对于你们为苏维埃政权奋斗的英勇,坚决和牺牲的奋斗精神,致以无限的敬意和欣慰。但不幸,在这次战役中副总指挥赵博生同志勇敢坚决领导全体战士与敌搏战,因而牺牲;他是为苏维埃政权而牺牲的,为中国民族解放与社会解放而牺牲的,他的牺牲,是永远光荣于中国苏维埃革命史上。中央政府示无限的悲悼和敬意,现决议改宁都县为博生县,以示博生同志领导宁都兵暴及为苏维埃政权牺牲的纪念。并定于列李卢纪念日举行追悼大会。

同志们！你们更要继续赵博生同志的牺牲精神,坚决的进攻敌人,彻底粉碎帝国主义国民党四次"围攻",与对我中央苏区的大举进攻,争取苏维埃在全中国胜利,来完成赵博生同志未完的任务。

中央政府（11）印

（录自 1933 年 1 月 14 日出版的《红色中华》第 47 期第 2 版）

中央执行委员会命令第十五号
——为将宁都县改为博生县并举行追悼大会以纪念赵博生同志事
（1933 年 1 月 13 日）

　　五军团副总指挥十三军军长赵博生同志，是宁都兵暴领导者，中国工农红军五军团创造者。此次我红军在南抚金溪，连获伟大胜利，消灭并击溃敌人向中央区大举进攻的主力部队——改组派军阀之第九十师蒋系军阀之十四师和二十七师，逼近抚南城下，开始今年粉碎敌人大举进攻的伟大胜利；不幸赵博生同志于此次南城战役，指挥全体战士英勇坚决与敌搏战，卒以少数兵力，击溃军阀蒋介石的基本部队第十四师全师之众，完成我主力红军在抚州附近的全部胜利中而牺牲，临时中央政府特为纪念赵博生同志领导宁都暴动及为革命而英勇牺牲的光荣事迹起见，决定将宁都县改为博生县，并于今年列李卢纪念中（21 日），全苏区举行追悼大会和宣布博生县成立。此令

主　席　毛泽东

副主席　项　英

张国焘

1933 年 1 月 13 日

（录自 1933 年 1 月 14 日出版的《红色中华》第 47 期第 1 版）

中华苏维埃临时中央政府、中国工农红军革命军事委员会宣言[①]
——为反对日本帝国主义侵入华北愿在三条件下与全国各军队共同抗日

（1933 年 1 月 17 日）

全中国的民众们！

日本帝国主义在英法帝国主义及国际联盟的公开援助之下，已经开始侵入华北。这是帝国主义强盗更进一步的完全瓜分中国及奴役整个中国的侵略，这种侵略造成了和平居民的整批残杀、城市与乡村的毁灭以及痛苦与饥荒的增加。上海与满洲的惨状，在大部分的中国土地上极残酷的重复着。

因为国民党军阀蒋介石、张学良等的不抵抗与投降，因为他们对于抗日士兵的压迫遣散与屠杀，使中国士兵大批的死在帝国主义的枪炮之下。国民党军阀帮助日本及其他帝国主义者更进一步的侵略与屠杀，同时他们用一切力量镇压反帝国主义斗争、抵货运动与组织武装的义勇军。

国民党政府及其政客解释他们的罪恶行为卖国勾当的理由之一，就是说中国苏维埃的存在，使他们不能动员一切力量来进行国防，使蒋介石不愿意与日本军阀作战而用将近 100 万的大军，去进攻已经创立了自己的苏维埃政府的中国工农。

但是中国民众愿意自己保卫自己，许多部队与几十万的国民党军队的士兵反对屠杀自己的兄弟姐妹，赞成武装抵抗日本帝国主义。

---

① 本文原载 1933 年 1 月 28 日《红色中华》。——本文库编者注。

他们开始了解,只有武装民众的民族革命战争,能够胜利的抵抗日本帝国主义的侵略。中华苏维埃政府与革命军事委员会指斥国民党的解释是愚笨的谎话,他们想用这些愚笨的谎话,在全国民众面前掩盖自己的卖国行为。

中华苏维埃政府与革命军事委员会再一次提醒中国民众,我们在去年4月已经号召全国民众与我们一起共同进行反对日本帝国主义的武装斗争,而蒋介石对于这个号召的回答是动员一切军队来进攻中国工农政府与工农红军,而不去反抗日本帝国主义。

中华苏维埃政府与工农红军革命军事委员会在中国民众面前宣言,在下列条件之下,中国工农红军准备与任何武装部队订立作战协定,来反对日本帝国主义的侵略:(一)立即停止进攻苏维埃区域,(二)立即保证民众的民主权利(集会、结社、言论、罢工、出版之自由等),(三)立即武装民众创立武装的义勇军,以保卫中国及争取中国的独立统一与领土的完整。我们要求中国民众及士兵,拥护这个号召,进行联合一致的民族革命战争,争取中国的独立统一与领土的完整,将反对日本及一切帝国主义的斗争与反对帝国主义的走狗国民党军阀的卖国与投降的斗争联结起来,开展武装民族革命战争,反对日本及一切帝国主义。

中华苏维埃临时中央政府主席　毛泽东

副主席　项　英

张国焘

中国工农红军革命军事委员会主席　朱　德

1933 年 1 月 17 日

根据中共中央党校出版社 1991 年出版的《中共中央文件选集》第 9 册刊印（录自《建党以来重要文献选编》第 10 册,中央文献出版社 2011 年版,第 27—29 页）

中华苏维埃共和国临时中央政府
财政人民委员部训令第十三号
——国库建立后各级财政部的当前工作

（1933 年 1 月 24 日）

近来各省县分支库已逐渐建立，国家财政正在进一步统一起来，各级财政部目前必须加紧下列工作，使能更顺利地完成这一任务：

一、财政部与分支库关系要好，财政部分支库要每天将收入数目列表报告财政部，使财政部更明了各种收入，好去督促下级机关收款，财政部对国库要经常监视他、指示他、帮助他，特别是财政部长要经常去检查，国库存款与库存表是否相符，不要以为国库是受总金库指挥，财政部可以不管，如果支库主任发生贪污卷逃等弊端，还是要财政部长负责任。

二、国库建立后，一切开支由国库支付，因此各省财政部，必须更计划更加紧去督促各种收入。如土地税、山林税、商业税、店租、公谷款、土豪没收款等，必须分别规定数目，限定时间督促下级，如限做到。只有这样才能增加国库收入，完成备战费的任务，各级财政部都不要以为一切开支横直由国库负担，不加紧收入也不怕无饭吃，因此放弃了财政收入工作，这是对革命怠工，是破坏战争的罪人，我们一定要【与】这种人作无情的斗争。

三、国库建立后，各地财政分文归库，各级开支都要受预算限制，其中免不了有打埋伏及多收短报等事情，因此省县财政部必须加紧去审查下级账目催取存款，检查贪污浪费，只有严厉审查账目，消灭贪污打埋伏的现象，财政才能统一起来。

四、实行预决算制度是国库建立后，最主要工作，近来各县虽逐渐做了预算来司法费补充团等都来实行,而且2月份的很多至今尚未寄来省审计处,对各县预算也毫未加以审查便转来本部,殊属不便。省财政部与县一级关系更深,各种实际情况更明了,以后各县财部除按会计规则规定时间做预计算外,还要帮助和督促裁判【部】补充团等按期做预计算后,必须加以审查,附志意见,不要原账转来,除支付预算外,省县政府,当须每日编制收入预算表寄来中央备查。

五、财政统一后,各处地方武装费,概以自给为原则,由县军事部计划借给,所有地方武装筹得之款,亦归军事收入,向军区报告,其作战部队确系无法维持者,须由军事部报告军区通盘筹划,无论如何不准再向支库自由支用,或借口借贷,补充团经费则由该军事部另做预算来中央批准给发支票。(此项已由劳战委员会另下命令)

六、新账簿已经建后,必须着手整理,旧年来一年的旧账,并须调齐下级账簿,检查有无贪污错漏,无错误者,再按本部公布旧账,手续县一级限3月底必须整理完毕,省一级限4月底整理完毕,将各种账簿单送交上一级审查,以便编造整个决算。

七、为实行节省经费起见,各级行政费必须规定最高限度,并按照各地情形,分别列表规定,各省县政府必须按照此最高限度,更加具体规定各县区乡经费,以后各级开支,除特别情形另行报告请准批给外,须按照规定数与开支,只准减少,不准增加。

八、在国库建立后,各省县政府已减少了许多麻烦的会计工作,以后必须真正建立财政部本身工作,必须依照本部组织纲要第六号训令及各种工作指示,有计划地去切实执行。

财政部及县税务人员亦须照发来调查表写好寄来,以便审查。此令

附:行政费限交表　份,财政部工作人员调查表　份。

财政人民委员　邓子恢
公历1933年1月24日

(录自江西省安远县博物馆馆藏资料,类别A,分类号18①)

人民委员会第三十一、三十二次常会

（1933 年 1 月 31 日、2 月 3 日）

人民委员会于 1 月 31 日开第三十一次常会，主要的讨论及决议如下：

一、为适应革命战争的开展，议决再由土地部拟定计划，动员广大群众，实行提前春耕，消灭荒田，增加生产，并具体规定执行的办法。

二、为保障工农群众的健康，议决责成内务部举行大规模的防疫运动。

三、议决呈请执委会将石城县仍划归江西省苏管辖。

四、议决与中共中央局及全总执行局合办苏维埃党校，并通知各地选送苏维埃班的学生。

五、讨论财政年度与筹划战费。

六、讨论中央本身的工作与领导方式。

七、通过严令缉拿叛徒徐锡根胡均鹤余飞袁炳辉陈衡舟胡大海陈之平黄平等 8 名的通缉令。

人民委员会复于 2 月 3 日召集第三十二次常会讨论湘赣省苏的工作，先由湘赣省苏代表刘士奇及冯文彬报告该省的工作情形，随即审查各项文件及报告，认为该省目下的主要错误是没有明确的阶级路线，没有积极向外发展，采取了保守政策，以致在工作上发生许多严重的现象，议决由中央去一详细指示信，指明湘赣各项错误和缺点及今后的转变方法,更指明目前湘赣的中心任务——积极向外发展,配合中央区的行动,以粉碎敌人的大举进攻,争取江西及邻近省区的首先胜利,至省苏各部的工作,则由中央各部给以专门的指示云。

（录自 1933 年 2 月 10 日出版的《红色中华》第 51 期第 1 版）

中华苏维埃共和国临时
中央政府命令第五十号
——规定省、县、市、区、乡苏维埃常驻工作人员

（1933 年 1 月）

　　各级地方苏维埃常驻工作人员，过去没有统一的规定，因此地方政府人员没有充实，妨碍了工作的顺利，有些地方政府则存在着许多不必要的人员，工作精神松缓，工作效能低，【为】节省不必要的开支，集中力量争取革命战争的胜利起见，特依照人口的多少与工作繁简的标准，规定省、县、市、区、乡各级地方苏维埃机关的常驻工作人员数如下：

　　（一）省苏维埃：甲等省（人口 80 万以上）290 人。乙等省（人口 80 万以下）217 人。

　　省的位置在重要区域且工作特别发展者，即便人口在 80 万以下亦可等于甲等省。

　　（二）县苏维埃：甲等县（人口 10 万以上）161 人。乙等县（人口 10 万以下）127 人。

　　县的位置在重要区域且工作特别发展者，即便人口在 10 万以下亦可等于甲等县。

　　（三）市苏维埃：甲等市（人口 1 万以上）51 人。乙等市（人口 1 万以下）39 人。

　　市的位置在重要区域且工作特别发展者，即便人口在 1 万以下亦可等于甲等市。

　　（四）区苏维埃：甲等区（人口 8000 以上）43 人。乙等区（人口

8000 以下）30 人。

　　区的位置在交通大道，工作特别发展者，即便人口在 8000 以下亦可等于甲等区。

　　（五）市区苏维埃（指普通市下之市区，更大市的市区另行规定）区内城市 5 人。

　　城外市区人口 1000 以下的 2 人，人口 1000 以上的 3 人，人口 2000 以上的 4 人。

　　（六）乡苏维埃：（略）……　（这是原抄人所省略的，转抄者注）

（根据中共江西省赣州市委党史工作
办公室资料室保存的手抄件刊印）

中华苏维埃共和国临时中央政府
土地人民委员部训令第二号
——春耕计划

（1933 年 2 月 1 日）

（一）春耕到了，我们为了增加群众出息，更改善自己的生活，为要充分准备粮食供给红军作战，为要增加货物输出，减少苏区现洋出口，以发展苏区经济，就要在今年的春耕，尽量增加土地生产，使今年收成丰足，谷、米、木、油、茶、纸以及杂粮菜蔬等，能够大量的增加，不独可以供给全苏区群众及红军的需要，而且可以大批输运出口，换买食盐、布匹、洋油、洋火等来改善苏区群众的生活，更加提高群众的积极性，使我们更有力量来粉碎敌人的大举进攻，争取一省几省革命首先胜利，为此本部特根据土地法令及人民委员会第十六号训令提前春耕之决议，更具体的规定出今年的春耕计划。

（二）米、谷是苏区的大宗出产，而且是白区最欢迎的东西，要发展土地生产，首先就要增加米、谷收获，我们要在今年做到每担谷田比去年平均多收两斗谷子，就是说要比去年多两成收获，如果做到这一点，那末！一来可以解决红军给养，以及闽西等处粮食不够的问题；二来可以运出白区多收现金进来；三来可以增加农民出息；四来可以增加政府土地税、商业税之收入，所以增加两成收获，在整个革命中是有很大作用，怎样实现这个计划呢？

一、要增加人工，要发动群众在耕种过程中多犁田，多耘田，多铲田草，每丘田至少要犁耙两次，耘三次，要做到田里无一寸草，为增加劳动力起见，要发动妇女参加耕种，小脚妇女至少要发动他们自己挑水、砍柴、推垄〔砻〕、种菜，以减少男人杂务使能有更多工夫去耕田。

二、要解决耕牛农具的困难。要彻底没收豪绅地主及富农多余之耕牛农具，分配给无耕牛农具者。耕牛不够分配地方，要鼓动本乡或别乡群众互相借助，或减轻牛税谷，暴动后农具一般缺乏，要鼓动群众添置，或由消费合作社雇请工人开炉制造。

三、要增加肥料，除各种肥粪石灰以外，要尽量割草铲草皮，或挑塘泥去肥田，要发动每个男人多铲 30 斤草皮，多挑 30 担塘泥，发动童子团每人多捡 100 斤狗屎下田，经常下石灰的地方，要马上以区为单位，组织石灰合作社，计划多烧石灰为储藏肥料，必须解决屎缸问题。

四、要选择好种子，区乡土地部要在各乡调查去年禾穗更长谷粒更多的谷种，通知全乡群众拿自己谷种去掉换，秧苗最好是发动群众选择更肥的田，合种分秧，种播要尽量提前，但须看清气候。

五、要注意水利，坡圳河堤池塘水车，要修理的，要开筑的，要挖深的，区乡土地部要立刻调查统计，计划多少人工，多少材料，分开先后，领导群众捐钱捐工，一步一步去进行，池塘要买放鱼苗，以增加副产收入，河堤圳坝旁边要种植树木，原有树木不准砍伐，留以巩固堤岸。

六、要铲尽烟苗，这是减少粮食生产、削弱群众体格、破坏政治影响，是反革命的阴谋，一定要宣传发动群众立刻铲除干净，不得藉口别区□望不铲，抗铲者须以纪律制裁。

七、田未分好，或分得不好的地方：如会昌，石城，安远，寻邬①，博生，南广，薪〔新〕泉，宁化等县，要马上发动群众，重新分田，或彼此将田对调，土地分得更好的地方，要组织突击队、查田队去检查别区的或别县的土地，发动他们，重分或对调，限 2 月内全县田园，必须彻底分好，要使豪绅地主分不到一寸土地，富农分不到一丘好田，只有这

---

① 寻邬，现称寻乌。——本文库编者注。

样,才能使雇农贫农分到更多好田,才能使他们更高兴更有力来生产,在重分土地时,贫农中农在未重分前已经犁好之田,新分得者应帮助他犁田。

八、要提前春耕限 2 月内大家把田犁好、耙好,田塍做好,铲好草皮,下好肥料,播好种子,坡圳河坝、池塘水车 3 月内要一律修理好,开筑好,使将来战争爆发后大家能够从容参战,争取战争更大胜利,以巩固土地革命的利益。

九、要发动各地难民来参加春耕计划,由省县政府有计划的将所有难民,按每家需要和经济能力,分配到各群众家里去帮助他耕田作工,一方面可以解决难民生活,另一方面可以增加生产,这需要在政治上有很好的宣传与鼓动,红军战士在休战时间可发动他们帮助当地农民耕田,以实现春耕计划。

十、要多种什粮菜蔬:如薯子,芋子,番薯,南瓜,黄瓜,角豆,菜蔬等,这些都可以辅助粮食之不足,且可以增加农民副产收入,要发动群众每家至少比去年多种两种什粮菜蔬,各种要有一定数量,各机关、各后方部队后方医院等,要指定一块几块园土,建立苏维埃菜园,发动工作人员及士兵,共同种菜种什粮,以领〔引〕导群众,将来并要成为苏维埃的农事试验场,所种菜蔬什粮除自己吃外,要提出三分之一来慰劳红军。县区土地部及合作社要马上向各县菜多地方设法购买菜子菜苗,以供给群众需要。

十一、开垦荒田、荒地,这是增加土地生产的重要工作,荒田少的地方,今年要完全垦出,荒田多的地方,至少要垦出一半,办法另行指示。

(三)中央苏区缺乏棉花,在敌人经济封锁日益严重的环境之下,我们要免除去年买不到棉花布匹,忍寒受冻的痛苦,今年必须奖励群众、栽种棉花,除种棉田地免收土地税外,当地上级政府,尚须分别给奖,凡高原干燥地方,及沙坝园土山地等都可种棉,棉子由中央及政府设法购,不要钱发给农民栽种。

（四）在春耕中一定要注意到边区耕种的保护，这是苏区土地一个大的部分，办法是：

一、边区要特别提前春耕，并要组织常备队伍，负责步哨警戒工作，并经常出击敌人，以保护群众耕田，他的田地由群众帮助耕种。

二、白匪来时大家要把牛牵走，要互相帮助，不要被匪牵去，后来大家无牛耕田。

三、政府没收之牛，可发给一部分给无牛及牛少乡村使用。

四、注意坚壁清野工作，特别注意粮食之保藏与搬走，红军公谷及粮食合作社谷子，要搬到极妥当的地方保藏或分开寄放，提防团匪劫去。

五、粮食不够不能耕种的群众，应发动群众互相借贷，或把谷价减低，使无米吃者，得以耕种田地，实现生产计划。

（五）在春耕中对红军家属及红军公田，今年要有更好办法去帮助耕种，如果再如旧年一样，将来很多会要变为坏田，这不单要减少土地生产，而且要影响到红军战斗情绪，兹规定更切实办法如下：

一、帮助红军家属耕田，主要是补助其劳动力之不足，家里无人会做或劳动力更少者，要帮助更多的人工，不得机械的以50工为限，同时红军家属自己会做的，也不得因为有人帮助，自己故意不做，以减少生产力。

二、红军家属土地及红军公田，要乡苏调查统计，要看多少人工，然后再指定那几个人经常帮助那一个家属帮助几多工，那几个人经常耕那一丘公田，而且要一直负责到收获之后，耕牛农具也要指定。

三、红军公田的肥料种子，也要指定几人负责，出肥出种者不再出工，如厕所分配有多余者，可留一口为红军公田肥料所，发动童子团来下肥。

四、每个群众每月至少要将两天优待红军工作日，其当红军人数过多，本乡群众耕不了者，可征调富农劳役队来帮助（每个富农每月的总劳役以5天为标准，替政府挑担等一并在内）。

五、本乡义务劳动及征调富农劳役还不够者，可报告区苏，由别乡调节。

（六）要使春耕计划有步骤的去进行，一定要有更确实很精细的计划，各县、区乡土地部必须根据这一计划及本地实际情形，规定出更具体的计划，如规定某区某乡要下什么肥什么时候犁好田，耙好田，什么地方种棉，什么地方组织灰石〔石灰〕合作社，推举什么人去负责，这些都要具体规定，越具体越好，各群众团体如雇农工会，贫农团儿童团等也要依照总的计划，各自规定生产计划，分开先后一步一步去进行。

（七）计划定出来了，就要从政治上很好的去动员广大群众来执行，兹指出动员方式如下：

一、要政府及各群众团体，依照各自系统自上而下去召集乡代表会，贫农团、雇农工会、少先队、儿童团等开会，在会议作报告，发动他们讨论。

二、以后再召集乡群众会、村群众会报告讨论，通过所讨论的计划。

三、要发动每个代表及贫农团雇农工会同志用谈话方式，在群众中去个别宣传讨论。要使这一计划，成为村头巷尾男女老幼的谈话材料，造成极热闹的空气。

四、要组织生产竞赛乡与乡赛、村与村赛、家与家赛、团体与团体竞赛、机关与机关竞赛，甚至个人与个人竞赛，竞赛胜利标准及奖励章程另定。

五、要把农民中更积极分子，组织生产冲锋队，以更大的积极性来完成和超过所定计划，以引起其他群众的兴趣。

六、各乡村在每一个耕种过程告一段落，如犁好田或耙好田之后，必须开会来检阅工作成绩，可用红板黑板方法，将积极分子姓名写在红板上，懒惰分子姓名写在黑板上，以资褒贬，对怠工分子，可在群众会中批评他，并发动童子团耻笑他，使他无面见人，但一定要反对采用处分方式。

七、为使群众普遍了解，使春耕运动造成热烈的空气起见，各级政府须用本地土话，将春耕计划与意义，编成山歌小调剧本，并多出画报小标语等散播到群众中去，演唱宣传，并须经常将生产情形，做墙报及做稿送来红色中华登载。

（八）为便利群众出卖农产品起见：各地消费合作社，今年必须大大扩充资本，并由各社合组总社，组织运输站，不单要向外买货供给群众需要，而且要向群众收买土产，如米谷，木油，茶，纸，杂粮等运到白区及价高地方出售，以提高土产价格，增加群众的生产兴趣。这一工作要同时进行，特别在今年各处群众，都买有公债，合作社可吸收这些公债票入股，将来可向中央政府兑取现金，大大活动。

（九）实现春耕计划，在争取这次战争胜利中有决定的作用，接此训令后：

一、省土地部要马上派人到各县指示，并须指定工作更好县分〔份〕派人去帮助附近各县，进行工作。

二、各县土地部要马上召集各区主席土地部长联席会，讨论这一计划与执行办法，开会后要马上派人分头出发各区，先要到中心区去开会，并到乡村帮助他们发动群众。

三、区土地部要同样召集各乡主席贫农团联席会，以后分头派人出发，首先到大的乡村去。

四、乡苏要马上召集代表会、贫农团会议规定计划，再分头召集村群众会作报告，通过生产计划，发动群众竞赛。

五、省巡视员必须尽量参加下层会议，县、区巡视员要到乡村去参加群众大会，帮助他们规定计划，组织竞赛分配工作，亲身督促他们执行，不要如马上看花一样，开开会做做报告就回来。

六、要使各处工作榜样，必须集中力量，造成模范区模范乡以为领导，并要指定各机关各团【体】分别负责帮助某乡某村工作，以加强他们的工作速度。

七、各级政府必须协同群众团体——尤其是要【雇】农工会贫农会用全力来发动这一运动，要把春耕成为目前主要工作之一，发动广大群众来执行，这样才能完成今年增加两成收获的计划，以争取这一长期战争的彻底胜利。

代部长　邓子恢

公历 1933 年 2 月 1 日

（录自 1933 年 2 月 13 日出版的《红色中华》第 52 期第 5—6 版）

人民委员会第三十三、三十四次常会

（1933 年 2 月 13 日、15 日）

人民委员会于 2 月 13 日开第三十三次常会,专为讨论福建省的军事问题,对福建军区目前的工作及布置,均有详细的指示与决议。复于 15 日开第三十四次常会,专为讨论福建省苏的工作问题,先由省苏主席张鼎丞同志报告该省最近的工作情形及省苏各部与长汀市苏负责人相继补充,认为福建省苏最近的工作,虽有部分的转变与相当的成绩,但对敌人大举进攻的严重性认识不够,对苏维埃领导与组织战争,采取积极进攻路线以粉碎敌人的进攻的了解不深刻,不能针对着战争的环境,有计划的布置战争紧急动员的全部工作,忽视了争取苏区的发展与巩固,且政府本身的工作不健全,与群众的关系不密切,仍存在官僚形式主义的工作方式,因此具体决定福建省苏须立即执行下列各项工作:

一、加紧指导东南方面的战争,消灭进攻的敌人。

二、积极向东北方面发展苏区。

三、彻底执行劳动法,解决工人失业问题。

四、加紧检查土地,执行春耕计划。

五、调剂粮食与增加生产。

六、依照原定数量积极扩大红军。

七、扩大地方武装的组织,并加强军事政治的教育训练。

八、整理财政,筹办战争经费。

九、解决难民问题。

十、解决白区白军的工作。

十一、健全政府本身的工作,建立工作系统,实行集体领导与科学分工并组织各种委员会。

十二、准备于"三一八"召集省苏执委扩大会。

此外对各部及市乡政府的工作,均有详细指示。

（录自1933年2月22日出版的《红色中华》第55期第1版）

劳战委员会规定战地工作委员会组织纲要

（1933 年 2 月 18 日）

一、当目前敌人大举进攻已进到我军与敌之主力决战的紧要时候，除动员苏区的全部武装，直接加入作战配合红军彻底的消灭进攻的敌人外，更为动员和领导战区和其附近的工农群众来担负战争前后方的各种勤务，解除作战的红军部队之战后各种工作和顾虑，便于迅速转移作战地各个击破敌人起见，特规定以县为单位，组织战地【工作】委员会。

二、战地工作委员会以县苏县军事部并邀请各群众团体之代表参加组织之，人数 9 至 15 人，如战争在某一区内，则该区之政府、区军事部、少先队等，临时得派 1 人参加。

三、战地工作委员会之任务如下：

1. 担负战区各种运输事项（如抬伤兵，运送军用品和粮食等等）。

2. 打扫战场工作（如迅速收容伤兵，掩埋尸首，收失〔拾〕各种遗失之枪炮子弹及一切军用品）。

3. 收容和搬运伤兵。

4. 管理和安置俘虏。

5. 筹划和收集粮食供给红军。

6. 担任红军的响〔向〕导和交通。

四、在战时的该地政府、赤少队须受该委员会之指挥，担任以上工作。

五、战地工作委员会，设正主任 1 人，副主任 2 人，负总的指导责任。

六、主任之下设 9 股：

甲、运输股——指挥一切运输事项。

乙、粮食股——负【责】调查和收集粮食供给红军事项。

丙、战场清扫股——掩埋尸首，收拾武器，毁坏敌人的工事等。

丁、伤兵收容股——收容伤兵运输伤兵至后方医治和看护事项。

戊、俘虏管理股——收容俘虏，清查俘虏之长官，管理俘虏的伙食宣传事项。

己、交通股——管理送信，修毁桥梁，做响〔向〕导事项。

庚、经济股——管理银钱收支事项。

辛、宣传股——担任对俘虏之宣传及伤兵之安慰，对于战场上战士之鼓动工作。

壬、文书股——担任文书工作。

癸、在各股之下，得设若干干事，分负各种工作，担任运输队由当地及附近之赤卫军及少先队之一部分担任，掩埋队由赤卫军中推选一部分人组织之，看护慰劳队由赤卫军之女队员及少队之一部分组织之，宣传队由各团体派人组织之。

七、战地工作委员会在不是直接打战的地方，得先计划和组织，以上组织其全部工作人员，可以不必脱离原有之工作机关另起伙食单位。

八、在战区内及其附近之战地工作委员会，须全部脱离生产，关于干事可由当地政府和各团体临时选派人充任。

九、在作战时委员会须移在打仗附近的地方，以便直接指挥和工作。

十、委员会一切经费制成大概预算，向劳战会领取，按月作详细决算报告，在紧急时，当地之国家分库支库，可临时支借，随后再作报销。

　　十一、战地工作委员会直接受军区指挥外,在作战地区时对于一切工作的进行,应受当地之红军部队最高的政治机关指挥。

劳战委员会

1933 年 2 月 18 日

(根据中共江西省赣州市委党史工作

办公室资料室保存的手抄件刊印)

开展生产战线上的胜利！开垦荒地荒田办法
——中央政府训令摘要

（1933 年 2 月 25 日[①]）

一、县区土地部乡政府要马上调查统计本地所有荒田荒地，切实计划，发动群众去开荒。

二、今年开垦的土地，免收土地税 3 年，富农开垦的，免收土地税 1 年，地主开垦的，今年就要收税。

三、荒田已经分配了的，要督促本人去开，如本人不开，则发动别人去开，每年交租多少，耕种几年，由双方自行订定，但交租至多不能超过收获量五分之一，期限至少 5 年不收回（富农地主例外）。

四、过去未分配的荒田荒地，乡政府应发动群众来领取开垦，或有计划的按劳动力多少分配给群众去开，新开垦的土地，归开垦人所有不收回，贫农中农及一切有选举权的劳动群众有先开之权。

五、凡有荒田荒地的地方，该乡政府应发动群众，组织开荒队，有计划的指定地点与人数去开荒，各开荒队，可以互订竞赛条约，进行竞赛，优胜者，由区乡政府特别给奖，以提高群众的劳动热忱，如果还开垦不完，可要求劳动力充足的邻区邻乡来开，所开如是公地，以后即归该开荒人所有，所开如是私地，则照上边第三项办法办理，本乡本区开不完的荒地，亦可容许别地移来的富农开垦。

---

① 原件无时间，此为该训令摘要在《红色中华》发表的时间。——本文库编者注。

六、人多田少的地方，可将当地富农移到荒田很多的地方去居住，利用他们开荒。

七、各级政府，特别是区乡政府，对于这个开荒运动，必须积极的去领导，从群众的切身利益上去宣传鼓动，发动他热烈的开荒，一直做到没有一丘荒田为止。

（录自 1933 年 2 月 25 日出版的《红色中华》第 56 期第 1 版）

人民委员会第三十五次常会

（1933 年 2 月 26 日）

人民委员会于 2 月 26 日开第三十五次常会,重要的讨论及决议如下:

一、议决对国民党军阀向苏区与红军的大举进攻大烧大杀大抢及经济封锁(尤其是断绝食盐)的残暴政策,呈请中央执行委员会通电全国,号召全国工农群众,坚决反对,一致的来粉碎敌人的进攻,推翻帝国主义国民党的统治,只有这样才能将敌人烧杀抢劫及经济封锁的野蛮残暴政策归于消灭。

二、议决呈请中央执行委员会批准向富农募捐,以充实粉碎敌人四次进攻的战费。

三、议决呈请中央执行委员会委任胡海同志为土地人民委员部副部长兼代理部长。

四、议决呈请中央执行委员会任萱〔董〕必武刘少奇二同志为中央工农检察委员会委员。

五、通过苏维埃政府工作人员帮助农民春耕并自己种菜的训令,呈请中执委批准颁发。

六、议决呈请中执委颁布帮助苏维埃政府工作人员家属(劳动力不足的)耕田的命令。

七、为加强中央各部的工作,议决责成各部迅速召集各部会议,以检阅过去工作,讨论今后行政实施方针,并健全各部组织。定劳动部会议 2 月 23【日】开,教育部会议 2 月 27【日】开,其他各部均在 3 月内开,到会人员为两省各该部部长,及中心各县各该部部长。

(录自 1933 年 3 月 3 日出版的《红色中华》第 57 期第 1 版)

人民委员会第三十六次常会

（1933 年 2 月 26 日）

人民委员会于 2 月 26 日开第三十六次常会,主要的讨论及决议如下:

一、议决呈请中央执行委员会接收〔受〕各地群众自愿借谷的请求,颁布训令,举行普遍的借谷运动,以借给红军粮食,好去彻底粉碎敌人的大举进攻。

二、呈请中央执行委员会令各地加紧肃反工作,以防止并镇压一切反革命的阴谋活动。

三、议决苏区境内,不得禁止粮食流通,以利调剂,一面令行各级政府,一面中【央】内务人民委员部出布告。

四、讨论梁柏台同志对石城县最近工作的报告,议决给该县一指示信,并通知省苏加紧对该县指导。

五、为发展苏区的国民经济以适应革命的发展,议决呈请中执委批准设立各级国民经济部,并委任邓子恢同志兼任中央国民经济部部长。

六、对财政及经济问题——为扩大营业税范围,设立边境税关,创办粮食调剂局,调剂金融,均有详细讨论及决议。

七、议决派项英同志出席江西省苏执委扩大会,对省苏此次扩大会的任务与该省目前的中心工作,均有详细指示。派邓子恢同志出席江西省苏财政会议并指导经济与土地问题。

（录自 1933 年 3 月 6 日出版的《红色中华》第 58 期第 5 版）

中华苏维埃共和国临时中央政府为
打破敌人对苏区的经济封锁告群众书

（1933 年 2 月 26 日）

苏区的工农劳苦民众们！

帝国主义国民党军阀不但用了五六十万白军向我中央苏区大举进攻，到处烧杀抢掠，使我们边区民众鸡犬不宁，而且在经济上封锁我们，使我们苏区的土产，竹木烟纸夏布粮食等不得出口，使我们的日用品食盐药材布匹洋油等不得进口，想这样来使我们经济破产，使我们苦死病死，来推翻我们工农群众以鲜血换来的苏维埃的政权，来夺去我们的土地、财产，与一切我们所已得到的权利！

苏区的工农劳苦民众们！要保持我们以鲜血换来的苏维埃政权，要保持我们的土地、财产与一切我们所已得的权利，要能够把我们粮食竹木出口〈的〉去调〔掉〕换油盐布匹，那我们必须在我们中央政府领导之下，用一切的力量帮助前方红军作战，能够当红军的到红军中去，能够挑担的做夫子去，有钱的买公债票，有谷子的借谷子给红军。为了粉碎国民党军阀的大举进【攻】，为了打破国民党军阀的封锁，我们必须把财力人力集中起来，去争取前方战争的胜利，同时在后方我们应该加紧春耕，努力帮助红军家属耕种公田，应该想出许多办法去输出我们的土产，去输入油盐洋布，我们应该大家集股组织消费合作社，寻找许多交通小道到白区去，有组织的去进行卖买，使敌人无法封锁我们。

苏区的工农劳苦民众们！正在敌人大举进攻已经开始，我们英勇的工农红军正在前方同敌人进行决死斗争的时候，我们必须紧急动员起来，准备一切努力与牺牲去争取这一战争的胜利，这一胜利将使我们苏区巩固与扩大，这一胜利将使我们占领新的城市，这一胜利将使我们民众的生活更大的改善！

苏区的工农劳苦民众们！准备一切努力与牺牲去争取这一战争的胜利呀！

1933 年 2 月 26 日

（录自 1933 年 3 月 3 日出版的《红色中华》第 57 期第 1 版）

中央政府致前方红军电

（1933 年 3 月 1 日）

朱总司令周总政委转方面军全体指挥员战斗员：

捷电传来我全体英勇战士不两昼夜之血战，消灭敌军主力五十二师全部及五十九师大部，活捉敌军师长李明，俘人缴械各逾万弹逾百万，这一胜利给蒋介石的大举进攻以迎头痛击，取得了四次战争全部胜利的伟大开始，极大的巩固了发展了苏维埃区域，使敌人对苏区烧杀抢掠与经济封锁的残暴政策归于失败。你们这种奋勇杀敌的牺牲精神中央政府深至无限热烈的敬意，全国工农群众在我红军的伟大胜利声中将要百倍鼓舞配合你们完全粉碎蒋介石的进攻。中央政府正在加紧动员全苏区群众进行普遍的捐款借谷运动，来充实你们的给养，进行大规模的扩大红军运动，来向你们增加生力军，猛烈的扩大赤卫军少先队来配合你们作战，要把蒋介石的大举进攻力量给他全部消灭，目下日本帝国主义，正向热河猛力进攻，国民党军阀毫无抵抗，节节撤退，而以全部兵力来向我苏区红军作拼死的进攻，仅仅只有革命群众和义勇军在那边和日本帝国主义作战，你们要继续冲锋杀敌，乘胜利的消灭蒋介石第二第三路白军，配合全国革命群众的力量，夺取抚州南昌以根本推翻帝国主义国民党的统治。

中华苏维埃临时中央政府

3 月 1 日

（录自 1933 年 3 月 6 日出版的《红色中华》第 58 期第 2 版）

中华苏维埃共和国中央执行委员会训令第二十号

——为革命群众借谷供给红军

（1933 年 3 月 1 日）

中央政府根据江西福建两省许多地方政府报告,各处革命团体纷纷请求:认为帝国主义国民党现在实行大举进攻,对苏区群众是大烧、大杀、大抢,福建的龙岩已全县被摧残,群众损失不可数计,永定的溪南区被白军抢去谷子 2 万余担,江西方面,过去三次战争被白军杀人数千,烧屋数万,抢去谷米数十万担,猪牛各数万头。目前蒋介石、陈济棠的几十万白军,又已开苏区猛进,烧杀抢劫,业已开始,我英勇红军,正在各地和白军作残酷的战斗,但缺乏粮食,各地革命群众愿意自己节省食用,借出谷米,供给红军,好把万恶白军完全消灭,彻底粉碎帝国主义国民党的大举进攻,才保得苏区群众不受摧残。

中央政府根据上述群众的意见,决定接受群众这个请求,特规定革命群众自愿借谷办法如下:

一、谷子是每家农民都有的,借出谷来比借出钱来容易很多,尤其在群众反抗白军残暴,革命热情提得极高的时候,更加容易实现。各地政府应协同各群众团体来进行这一运动,限 3 月份各县要一律将群众借谷一事办完,因为战争在这个时候,将更加激烈了。

二、这一借谷运动的完成,一定要靠着很好的宣传鼓动工作,宣传言词要非常通俗,并要用各种方法,如演新剧,化装讲演,贴标语,出画报等,使那些尚未请求借谷的群众一体明白,成为全体农民群众自愿借谷的一个大运动,对那些未曾自动请求的群众,一定要禁止不做宣传而用强借摊派的命令主义方法。若用强借摊派的方法,不单会使苏维埃脱离群众,而且谷子一定要比用宣传方法借得少些。

三、关于借谷数目的分配,必须依据当地的实际情形及群众出谷的可能性来决定,决不可普遍一律,在老苏区,要照产米的程度来分配,产米素丰的地方应多借,产米较少的地方应少借。在新苏区,要看群众对革命认识的程度与斗争的是否深入来决定,在斗争深入的地方应多借,否则就少借,如边区则应看曾否受反革命的摧残抢劫来决定,被摧残的厉害的地方应不借,受害较轻的边区,亦须斟酌情形,决定适当的数量。这样才能使群众了解借谷给政府是真正为了保护他们本身的利益,很踊跃的拿出来,不致发生进行这一工作的困难与不好的影响。

四、各级政府接此训令后,要依照借谷办法,马上召集各乡主席联席会议,计划分配,并派人分头出发各区乡开代表会、贫农团、雇农工会、选民大会等,将别处群众自动借谷的热烈与办法向本地群众宣传解释,并组织竞赛,使大家踊跃借谷。

五、借到的谷子,应按照下列地区分别处理:

甲、在江西的:

(一)博生、石城、雩都①、会昌、瑞金、胜利、兴国等县及永丰南部,均集中于区政府,除发一部分给当地医院、政府、部队和其他国家机关作为经费外,其余应妥为保存,听候中央命令处理。

(二)公略、万太〔泰〕、永丰之北部、赣县、宜黄、乐安、南广、安远、寻邬②,除由各县政府斟酌当地红军(由政府发钱的)政府医院各机关之需要和群众团体有津贴者,应拿出他们所要的部分作为经费发给他们外,剩下的可照市价出卖。

乙、在福建的:

(一)长汀、宁化,集中于区政府保存,听候中央命令处理,惟上杭、新泉、武平,除供给当地红军政府机关以及有津贴之群众团体(照价发给)外,其余照价出卖。

---

① 雩都,现称于都。——本文库编者注。
② 寻邬,现称寻乌。——本文库编者注。

凡估价出卖的谷,一定要将谷款送交支库,以取得支库五联收据为凭,各级政府不得动用分毫,如有乱用谷款,或谷价以多报少,贪污舞弊者,要受严厉的处分。

六、各地政府、医院、部队,及各群众团体吃米,须尽先买此谷子,但须作价交钱,不得赊借。

七、各级财政部收到中央财政部的借谷票后,要另立借谷账簿,将所收群众的谷子数,发出给群众的谷子票数,支出给各机关的谷子数,出卖的谷子与价数,逐项记账,以便清算,其出卖得款缴交支部〔库〕的部分,支库对于此款,要另立一款,名为"群众借谷款",不得混在特别收入或红军公谷款内。

八、凡群众借谷均以取得中央财政人民委员部印发的借谷票为凭。

九、拿了借谷票的人,于1933年下半年准他抵纳土地税。那些晚〔免〕税的和抵税有余的,到时候向区政府领还现款。

十、借谷票应有乡苏主席盖印,并限在本区抵税,没有乡苏主席盖印的票和不是本区的票,作为废票无效。

十一、借谷票由县财政部按照各区群众和粮食情形适当分配,区再酌量各乡情形分配。各级政府领去谷票多少,要照票结账,领票而未交谷,将票缴还,不得短少。

十二、群众借谷,一面交谷,一面交票,交了谷而未得到票的,可向上级政府控告,请求严办。今年1月以来各处发动3升米运动之谷,可并入此项借谷,一并给票。

十三、富农向他捐款,不再借谷。

主　席　毛泽东
副主席　项　英
　　　　张国焘
1933 年 3 月 1 日

(录自 1933 年 3 月 6 日出版的《红色中华》第 58 期第 5 版)

中华苏维埃临时中央政府宣言
——反对日本帝国主义占领热河进攻平津①

（1933 年 3 月 3 日）

全中国民众们！

日本帝国主义者的 75 生的大炮，巨大的战斗飞机和炸弹，正在热河境内施行非人的轰炸屠杀！日本帝国主义者的 8 个师团两个旅团在几百架飞机掩护之下，正在三路进攻承德！国民党的将军们依然采取无耻的不抵抗主义，步步撤退，放弃了开鲁、北票、朝阳，将千百万和平的居民与积极抗日的士兵让日本帝国主义的铁蹄践踏、摧残、屠杀！

全中国民众们！热河全省大半已经落入了日本帝国主义者手中，整个的华北是在生死存亡的关头，殖民地奴隶的悲惨命运，是直接的威胁着全中国的劳苦民众！

全中国民众们！帝国主义侵略中国奴役中国的强盗战争正在疯狂的进行着，放在我们面前的只有一条路：就是武装起来进行革命的民族解放战争，只有广大的千百万民众的武装力量，能够战胜日本及一切帝国主义者的侵略与瓜分中国的强盗战争，能够争取得中国民族的独立解放与领土完整！中华苏维埃中央临时政府曾经屡次号召全中国的民众起来与工农红军及苏区劳苦群众们一起进行胜利的民族革命战争，并且在最近一次的宣言中，在全国民众面前明白宣告：

---

① 副标题为本文库编者所知。

中国工农红军愿意在一定的条件之下,与一切真正抗日的军队订立作战的战斗协定。

而国民党军阀政客们,最无耻的屈膝在帝国主义面前出卖中国,实行不抵抗主义与投降,断送东三省,出卖淞沪,屠杀抗日反帝的工农群众与革命士兵,禁止一切抵货运动与抗日义勇军的组织,现在正在日本帝国主义用一切力量进攻热河的时候,他们更公开的主张放弃热河平津,在口头上无耻的声称这是战略的必要,同时却把几十师的兵力向着中国工农群众、工农政府与红军进攻!苏维埃政府宣言,愿意与一切真正抗日的军队订立作战的战斗协定。国民党回答这个宣言,是在日本帝国主义的铁蹄面前,步步撤退,不送一兵一卒到热河去抗日,而把最大部分的兵力调来江西,并且在反革命头目蒋介石的亲自指挥之下,疯狂般地进攻苏区!正因为苏维埃政府号召与组织全国反帝抗日运动,所以卖国的国民党政府更加凶残,更加用尽一切烧杀掳掠,军事冒险与经济封锁,企图来阻碍苏维埃运动的发展,来扑灭反帝抗日的主力!

国民党军阀政客们,企图把苏维埃政府愿意与抗日部队订立作战的战斗协定的宣言,当做是苏维埃政府和工农红军的懦弱的表示,可是这正表示了他们的蠢笨与无智,最近两天的战争,已经给了这些卖国军阀以严酷的教训,五十二、五十九两师全部缴械,两师长及师部人员全被俘掳,第五军溃不成军。苏维埃运动是得到了千百万群众拥护的,国民党军阀的军事冒险及经济封锁只有更加激起全国劳苦群众的反抗,并且,给苏维埃运动向前开展以顺利的条件!

中国苏维埃政府准备着与日本帝国主义者的军队直接作战,并驱逐他们出中国,因此必须扫清一切阻碍我们与日本作战的反动军队与武装!苏维埃政府与工农红军再一次宣言愿意与一切真正抗日的军队订立作战协定,但是对于一切侵犯苏区军队与武装,将给以最严厉的打击,直至把他们完全消灭!我们号召白军的士兵兄弟们!起来反对你们的卖国长官,掉转枪头来,和红军联合一起去抵抗日本帝国主义的强盗侵略,驱逐他们滚出中国去!

全中国的民众们！白军士兵兄弟们！苏维埃临时中央政府号召你们起来进行武装的民族革命战争,反对日本帝国主义,反对卖国的国民党统治！反对进攻中国工农红军与苏区！拥护我们的战斗号召,反对你们的卖国长官,自动地起来联合工农红军反对日本帝国主义的强盗侵略！反对以一兵一卒一枪一弹进攻苏区！要求以全国兵力开赴华北抵抗日本帝国主义的进攻！开展民族革命战争反对日本及一切帝国主义,打倒帝国主义走狗国民党！

中华苏维埃临时中央政府

主　席　毛泽东

副主席　项　英

张国焘

1933 年 3 月 3 日

（录自 1933 年 3 月 9 日出版的《红色中华》第 59 期第 1 版）

中央工农检察人民委员部通知

（1933 年 3 月 3 日）

一、本部定 3 月 22 日召集：

江西省苏	福建省苏
瑞金直属县苏	兴国县苏
公略县苏	胜利县苏
博生县苏	雩都①县苏
会昌县苏	石城县苏
长汀县苏	上杭县苏
兴国高兴区苏	胜利桥头区苏
上杭才溪区苏	瑞金云集区苏

以上各机关的工农检察部长

兴国城苏	汀州市苏
瑞金城苏	

以上各机关的工农检察科科长的联席会议。

二、到会的人须准备检察各种战争动员工作（如扩大红军，发展地方武装，交纳各种税收及公债之类），及检察执行土地法、劳动法、经济政策、婚姻条例、优待红军条例〈使〉、城乡选举、春耕运动等工作的报告。

---

① 雩都，现称于都。——本文库编者注。

三、如第一项所列应到会的部长或科长,新任职的须连同旧任一齐到会,不得请人代替。

四、限 3 月 21 日到达瑞金中央政府所在地,不得迟延以按期开会。此致。

工农检察人民委员　何叔衡

3 月 3 日

（录自 1933 年 3 月 6 日出版的《红色中华》第 58 期第 6 版）

中华苏维埃共和国临时中央政府
人民委员会命令第三十九号
——为调节民食接济军粮

（1933 年 3 月 4 日）

近据各地报告,苏区各县,许多地方禁运谷米,甲县乙县,划成界限,许多地方发生粮荒,米价飞涨,有钱无市,这是十分严重的现象,查苏区之内,粮食情形不同,有些地方多余,有些地方缺少,边区地方,敌人抢劫,发生米荒。红军驻地、医院近旁,粮食更缺。各区各县的互相调剂,不但关系一般群众的日食,是十分严重的事情,关系红军及后方医院的给养,乃是打破敌人四次进攻不可一天缺少的条件,尤其重大得很。

阻碍粮食流通的原因,不外以下三种:(一)粮食不足的民众,恐本地流出多,5、6 月间要吃贵米。(二)粮食有余的民众,想留到后头,可得高价。(三)富农奸商操纵谋利,甚至故意捣乱,破坏革命战争,各地政府不加考察,就实行禁阻起来。那知道怕本地 5、6 月间要吃贵米,别地老早,就吃贵米了,永定每元 3 升半,上杭每元 4 升,汀州 7 升,瑞金也到了 8 升,其他缺米地方,都是一天贵似一天。城里工人,没有田耕,卖工度日,一家老少,以少少的工钱,吃昂昂的贵米。全部红军正在前线同敌人拼命,靠着后方输送军粮,各地政府,要把这些理由,告诉当地群众,一定要全苏区都有饭吃,尤其要红军有饭吃,同心合力,打破敌人,才是出路。要告诉那些粮食有余的人家,不要只想高价,别地在挨饿,前方缺军粮,大家不能坐视不理。须知全体不好,红军不胜,你们自己的利益也是得不到的。至于富农奸商,恨了政府采办军粮,恨了合作社调剂民食,或故意积藏,或暗中操纵,甚至大造谣言,煽动群众,这是反革命的举动,各地政府要领导革命群众给他们以严厉的制裁。须知全体的利益和战争的利益,是一切利益的第一位。各地政府和民众应有深刻的认识。

中央政府已决定了粮食调剂的计划,设立了粮食调剂局,各地政府应领导群众,快快组织粮食合作社,在粮食调剂局领导帮助下,努力进行。办米之外,还要办盐,以抵制富农奸商的积藏操纵,以防备国民党的严厉封锁,以调节各地的民食,以接济前方的军粮。各地政府须知去年中央苏区的收成不丰,今年的春荒问题必然要来得严重,领导群众解决这个严重问题,是苏区政府的一件大工作。从省苏维埃起,到城乡代表会止,都要有详细的讨论,精密的计划,广大的宣传,努力的行动,才能完成这个工作。这是群众的切身大问题,这是打破敌人四次围剿的大关键,要使苏维埃政府成为真正代表群众利益的政府,要使苏维埃政府成为有力地领导战争的政府,对于这个问题是不能丝毫忽略的。

除由中央内务人民委员部发〈动〉布告外,特此通令各地各级政府切实遵照执行。此令

主　席　毛泽东
副主席　项　英
　　　　张国焘
1933 年 3 月 4 日

（录自 1933 年 3 月 6 日出版的《红色中华》第 58 期第 5 版）

中央内务人民委员部布告
——关于解决粮食问题①

（1933 年 3 月 5 日）

中央苏区全境　　群众数百万人

粮食问题重大　　缺少调节流通

现在战争形势　　敌人大举进攻

接济红军给养　　关系更属非轻

江西福建两省　　情形各有不同

田地有多有少　　收成有欠有丰

并且有些边地　　敌人抢劫一空

都是工农阶级　　父母姐妹弟兄

应该同心合力　　向着困难斗争

粮食调剂设局　　中央正在经营

粮食合作设社　　各地都要进行

甲县运到乙县　　不能阻挡留停

大家有了饭吃　　大家好打白军

省县区乡政府　　拿住这个中心

---

① 副标题为本文库编者所加。

要向群众解释　发展阶级同情
倘有造谣操纵　不论奸商富农
定要严拿办罪　法律决不宽容

代部长　何叔衡
1933 年 3 月 5 日

（录自 1933 年 3 月 6 日出版的《红色中华》第 58 期第 5 版）

人民委员会第三十七次常会

（1933 年 3 月 13 日）

人民委员会于 3 月 13 日开第三十七次常会，主要的讨论及决议如下：

一、讨论项英同志对江西省苏执委扩大会的经过的报告，审查该扩大会关于目前战争的紧急任务与实际行动布置的决议案，并呈请中央执行委员会批准。

二、通过修改屠宰、刨烟、酒菜馆等营业税征收办法，一方面由中央政府出布告，一方面由中央财政部训令各级财政部及收税机关依照新税率征收。

三、通过关税条例，呈请中央执行委员会批准颁布。

四、审查并批准财政人民委员部关于建立关税制度的训令及关税征收细则，关税处组织与工作纲要。

五、议决呈请中执委修改红军优待条例第十八条之规定，红军指战员经过两年尚无音信者，其妻得与别人结婚。

六、审查福建省苏土地部联席会议关于春耕问题的决议，议决重新更改。

七、议决苏区境内，不得禁止耕牛流通，但严禁宰杀，严禁出白区，责成中央内务部办理。

八、检阅中央教育部最近的工作情形，讨论今后的教育方针，并责成教部健全整个教育行政系统的组织与工作,发布各种教育设施的办法,供给各地教育的材料。

（录自 1933 年 3 月 21 日出版的《红色中华》第 63 期第 2 版）

劳动与战争委员会通知第二号
——关于扩大红军与逃兵归队问题

（1933 年 3 月 13 日）

一、2 月 20 日到 3 月 20 日的扩大红军 1 万的计划，这是各级苏维埃当前的紧急战斗任务，现在规定的时候，将要到了。各地扩大红军成绩做到什么程度，望报告。目前决战的连续战斗又到来，完成江西、福建 3 月内 1 万红军数目，在 4 月继续扩大 1 万，是争取连续战斗胜利的主要条件，应该用最大的冲锋精神去完成这紧急任务。

二、动员模范营和模范少队全部加入作战，特别是兴、赣、胜、雩、公、太、博、永①等县所动员的 48 连模范赤少队全部加入红军的工作做到了没有，其他各县对于模范赤少队的动员和准备如何？每县能有多少出发，对于继续动员模范员加入红军的工作计划怎样？4 月半能动员多少，应即报告，以后扩大红军要以赤少队为主，能整批整批的加入红军，使我们的红军愈打愈大，缴的枪马上有人拿去。

三、近来各地扩大红军，只求凑数，而不注意成分以加强红军的战斗力量。屡屡发现新红军中很多阶级异己分子和最坏的分子（有病甚至吃鸦片和怕死装病等）。这不是加强红军扩大红军，相反的，是减弱红军力量，破坏红军，直接防【妨】害决战的胜利。另一严重现象，最近扩大的红军开小差的特别多，以石城、博生、瑞金、雩都几县

---

① 兴、赣、胜、雩、公、太、博、永，即兴国、赣县、胜利、于都、公略、万泰、博生、永丰。——本文库编者注。

最为厉害,这样名义上扩大了一些人,但事实到红军中去的就少得很,这是由于各地对于扩大红军只站在办差事的官僚主义上求其数目达到,不问结果如何。还有一种是将扩大红军的政治任务,看为是一种锦标主义,只为得锦标,随便拉人充数,这样造成目前扩大红军中的严重现象,在目前决战的紧急情形之下,再也不能允许这一严重现象多一分钟的继续下去。以后各地扩大的红军,由乡政府填以下的表:

某县苏区苏乡苏新红军姓名、年龄、成分,是否是党团员,加入过什么群众团体,做过什么工作,身体好不好,是不是自愿当红军,何日来当红军。

表后面要具该乡主席的名字并盖上主席的私章,将表和新红军一同送区苏,由区苏核查是否确实,然后连表人补加介绍信送县补充团负责一并转送前方,以后发现有异己分子和不好的分子在内,就由该乡区政府负责并受处罚,如无表册和介绍信到前方的,一经查出由县补充团和军事部负责。

四、近来因为扩大红军的工作不好,旧日开小差未发动广大归队运动,开小差归队的甚少,同时新的开小差的反日见增加,这是何等严重现象。不仅削弱红军力量,而且每一个开小差的还穿走一套军服,带走一床毯子,更耗损政府对于战争准备经济直接影响长期战斗,现责令各级政府协同各群众团体,立即进行开小差的归队运动,反对开小差运动在群众中广泛的发动起来。拥护红军委员会,不仅是领导群众拥护红军各种的运动,而且要领导群众发展反对开小差的运动,这一中心工作,就是拥护巩固红军的工作,现决定从 3 月 20 日到 4 月 20 日止为反对开小差的运动,督促一切开小差的全部归队,这一运动的开展与成功,就要依靠各群众团体动员广大工农群众来参加这一运动,绝不【是】依靠政府命令所能达到的,要使每个工农群众无论老的小的和开小差的兄弟老婆朋友,都是耻笑开小差,劝开小差者归队使开小差的从政治的觉悟上与群众的耻笑而激发他的革命热情,自愿归队,同时对于一部【分】缺乏革命热情而自甘堕落,对于革命怠工,而不愿归队者,除以群众力量来打击他外,政府应将他所穿的军服被毯,限令缴出转交上外,还可在群众赞成与拥护下,罚他帮助群众耕红军公田,帮助其他红军家属耕种以示惩戒。

五、各地新红军由乡到区到补充团路上的伙食,均由补充团支付,首先由各乡区垫借,然后向补充团领还,补【充】团〈团〉经常【费】由军事部报告领取。

以上工作的成绩和进行情形,望随时报告。

劳战委员会

1933 年 3 月 13 日

(录自江西省赣州市档案馆馆藏资料,地 – 25 – 2)

中华苏维埃共和国临时中央政府
中央执行委员会训令第二十一号
——关于镇压内部反革命问题

（1933 年 3 月 15 日）

当着帝国主义国民党军阀对全国苏区举行四次围攻及现在正向着中央苏区大举进攻，革命与反革命的战争已进到生死决战的时候，敌人除开军事力量以外，更有计划的在苏区内部组织反革命活动，利用苏区的地主富农及商人，组织各种反革命团体（AB 团，社会民主党，托洛斯〔茨〕基派，及封建迷信团体如一心会懒子会等），欺骗少数落后群众，乘机捣乱，同时派遣侦探混入苏区，探听军情。根据最近发现的事实，如汀州的群众大会上有人叫唤反革命口号，在汀州破获了国民党县党部机关，在瑞金，汀州，河田三处发现彼此相同的反动标语，在石城的宣传部长家里搜出 4 支长枪，在南广县敌人组织的反革命活动，妨碍了一切群众工作和战争动员工作，会昌一带的奸商进行着破坏苏维埃国币的计划，瑞金，汀州的奸商有计划的向银行换兑，各地奸商操纵物价，同时大量的运送现金出口，在一部分地方武装中，亦发现了反革命的破坏行动。由以上这些最近得来的事实，已经明白证明敌人在苏区内是有计划的在组织反革命，从政治上经济上各方面进行破坏苏维埃破坏革命战争的毒计。

但是我们各地的苏维埃政府，十分的缺乏警觉性，对于这样严重的反革命活动情形，居然忽视，甚且简直是容忍了。中央政府现在严重唤起各级政府及其肃反机关的注意，对于过去这种忽视容忍反革命活动的态度，是一刻也不能允许的了，各地政府及其肃反机关，要立即纠正这种错误。要按照各地实际情况,立即动手对付反革命。各区乡特别各城市之内,一遇有反革命分子潜藏及活动的事实,要采用坚决敏捷的办法,给他们以严厉的镇压,在环境紧张时候,要宣布临时的戒严,苏维埃政府及一切革命机关,要施行武装的及群众的保卫。为了严厉镇压反革命,对于重要反革命分子,要不犹像的迅速的给以逮捕和处决,把他们的罪状在当地群众中普遍宣布出来,各地各级政府尤其市政府及区乡政府,要把反革命在苏区内部活动与外部白军配合进攻的阴谋事实,向广大群众宣布,动员全体革命群众对于商人富农及地主分子进行严厉的监督和注视,从各方面进行搜索反革命组织和活动的线索。苏维埃政府的肃反机关应与工会雇农工会贫农团等革命群众团体,发生密切的联系。只有广大的群众都在政府的领导之下热烈的行动起来,才能将反革命的组织和活动给以彻底的消灭。

边区各县的裁判部,对于已捕犯人,应迅速清理,凡属罪恶昭著证据确实的分子,首先是这些人中的阶级异己分子,应立即判处死刑,不必按照裁判部暂行组织和裁判条例第二十六条须经上级批准才能执行死刑的规定,可以先执行死刑后报告上级备案。至于中心区域,同样要将积案迅速解决,不准仍然堆积起来,稽延肃反的速度。即在中心区域,若遇特别紧急时候,亦得先执行死刑,后报告上级,这是敌人大举进攻时,我们应取的必要手段。不能与平时一概而论的。

对于敌人进攻区域及边区内的地主富农分子,应该分别处置。其有反动事实的,应立即逮捕,严厉惩办,不让他们有丝毫活动的余地。其他未发觉反革命事实的一般地主富家分子,应由当地政府发动群众严格监视他们的行动,而不应一律逮捕,致发生不良影响,并增加以后处置上的困难。

中央政府坚决相信,对于此次内外反革命向着革命的进攻,我们是有完全粉碎他们而得到全部胜利的条件的。我们有着广大的群众和坚强的红军,我们有着巩固有力的政权机关,我们要拿了我们这个有力的政权机关(中央的及地方的)领导着千百万工农群众和红军,给与进攻我们的内外敌人以致命的打击。我们有着过去肃反的宝贵经验，我们要运用这些经验与苏区内部的反革命分子以严厉的镇压与彻底的消灭。各级政府接到本训令后，应立即按照当地具体情况，决定实际执行方法，并将执行情形按级报告前来。此令

主　席　毛泽东

副主席　项　英

张国焘

公历 1933 年 3 月 15 日

（录自《中央革命根据地史料选编》下册，

江西人民出版社 1982 年版，第 671—673 页）

中华苏维埃共和国临时中央政府
财政人民委员部训令第十五号
——建立关税制度

(1933 年 3 月 17 日[①])

关税是调节进口货物,促进经济发展的重要武器,又是国家财政的主要收入之一。当此敌人大举进攻苏区,经济封锁特别严重的时候,建立关税制度,以调剂苏区生产品与消费品之需要与供给,增加政府财政上的收入,是争取战争全部胜利的重要条件。为此人民委员会特制定关税征收细则,关税处组织与工作纲要之外,再将关税处及边界县区财政部应立即办理之事指示如下:

一、关税处设立地点,规定如下:

(一)会昌县:筠门岭关税处征收运下坝货物。白埠关税处征收运武平东流货物。

(二)寻邬[②]县:吉潭关税处征收运梅县、兴宁货物。老鸦桥关税处征收运梅县货物。

(三)安远县:龙安区关税处征收运三南[③]货物。版石区关税处征收运信丰货物。

(四)信丰县:牛岭关税处征收运信丰城货物。

(五)赣县:茅店关税处征收运赣州、信丰水陆路货物。良口关税

---

① 原件无时间,此为本文库编者判定的时间。

② 寻邬,现称寻乌。——本文库编者注。

③ 三南,即龙南、全南、定南。——本文库编者注。

处征收运吉安、赣州货物。

（六）万太〔泰〕县：寺下关税处征收运万安及遂川河出口货物。

（七）公略县：直下〔值夏〕关税处征收两河出口及来往吉安赣州货物。

（八）乐安县：水南关税处征收运永丰城货物。大平寺关税处征收运崇仁货物。

（九）宜黄县：王陂关税处征收运宜黄城货物。

（十）永丰县：牛山关税处征收运永丰城货物。

（十一）南广县：甘竹【圩】关税处征收运南丰城货物。白水关税处征收运南丰城货物。

（十二）建宁县：东门外关税处征收运延平、将乐等货物。

（十三）宁化县：店上山关税处征收运归化①货物。东门外关税处征收运清流货物。

（十四）汀州关税处附设汀州市营业税征收处内征汀州出口货物。

（十五）上杭县：官庄关税处征收运杭城中都货物，同坑塘关税处征收运杭城货物。

上述各关税处不过大体指定，目前边区时常变化，究竟设在何处更适当更重要，要当地县区政府根据当地实际情形决定应以设在边区水陆交通要点，便于征收水陆路关税。其余未经本部指定地方各边县政府要负责决定地冲，报告本部批准征收。

二、各大小关税处制定如下：

（一）筠门岭关税处管辖白埠、老鸦桥等关税处。

（二）龙安区关税处管辖版石关税处。

（三）茅店关税处管辖牛岭、良口关税处。

（四）直下〔值夏〕关税处管辖寺下关税处。

（五）王陂关税处管辖水南、太平寺关税处。

---

① 归化，旧县名，即今明溪。——本文库编者注。

（六）白水关税处管辖甘竹【圩】关税处。

（七）石圳潭关税处管辖官庄、同坑塘关税处。

（八）宁化东门外关税处管辖店上山关税处。

三、各关税处人员暂定如下：

（一）大关检查人员二人，核算、会计、出纳、管理、调查统计各一人，火夫、挑夫各一人。

（二）小关检查一人或二人，核算一人，会计及调查统计一人，出纳及管理各一人，火夫、挑夫各一人。

（三）这些人员要当地县区政府立刻找好，条件要忠实可靠，会写会算，懂得当地货物情况，要多找店员、木船工人、苦力工人等。主任人选，要各县主席团物色本部加委。

（四）关锐处要组织检查队，负责保护税关检查偷漏，人数以当地安全程度来决定，毗连白区经常要防备敌人攻击者，可设一排或两排，如在比较安全区域，则一班两班便够，此项武装由当地苏区政府负责立刻调充，以便征税。

（五）地点确定、人员找到后，关税处必须会同当地县区政府按照中央税率表，根据当地各货物处理习惯从量税率，调查员马上调查物价，以备征税，税率表要报告中央审定之。

（六）关税人员要马上前往指定地点建立税关，并准备各种工具，如文具账簿表册，以及税关印章等，立刻开始办公进行收税。印章式样大小见后所述，关税处名称，都用现在的地名，如茅店关税处、良口关税处等。

（七）关税处伙食按当地武装计算，办公费、特别费等款由关税处作成预算，送本部批准发给支票。所需开办费可由支库先行借用，主要工作人员家属十分困难者，可给予补贴。但须报告本部批准。

（八）关税是现在新设之税，与国民党厘金完全不同。厘金是抽内【地】税，节节置卡，层层抽剥，关税是征收赤白区流通之税，只收一次，不收二次，将来边区扩大，关税处便跟着移远了。这一点各地政府必须向群众宣传解释，免得反动派攻击说我们是抽收厘金。商人实属造谣者,要严厉处分。

（九）关税是保护苏区经济增加政府财政收入,各县区政府必须用很大力量帮助关税处之建立与健全。尤须责成区县政府,讨论检查偷税漏税分子,使关税处多收款用来供给红军作战,以保护工农群众的已得利益。此令

各级政府财政部

关税处

财政人民委员　邓子恢

税务总局长　李六如

（录自《中央革命根据地工商税收史料选编》,福建人民出版社1985 年版,第 194 页）

苏维埃区域暂行防疫条例

（1933 年 3 月 18 日）

第一条　凡曾经作战受过白匪摧残及发生过左列各种传染病的地方,无论圩场村落皆须举行防疫。

（一）霍乱。（虎列拉）

（二）赤痢。

（三）肠窒扶斯。（伤寒）

（四）天花。

（五）发疹窒扶斯。（发红疹子的伤寒）

（六）猩红热。

（七）白喉。

（八）鼠疫。

（九）流行性脑瘠髓膜炎。

第二条　防疫范围以区为单位,由区政府领导各乡群众团体执行,并应将防疫经过经常向上级报告,上级亦应经常去巡视防疫工作。

第三条　防疫办法如左:

（一）凡圩场及村落一切民众家屋及公共房屋,每年举行大扫除一次,所有政府工作人员及群众皆应参加。

（二）所有圩场及村落之街道,天井铺店,住室,沟渠内的尘埃垃圾皆要扫除干净,门窗用具亦要洗刷。

（三）滞留污水的水道,水池,沟渠皆要□□,便污水流出水道沟渠,还须用石板或木板掩盖。

（四）由扫除而来的尘土废物,应集中于圩场或村落以外之地举行焚烧。

（五）凡污秽之街道天井沟渠等处,经扫除干净之后,再用水洗涤,洗涤后撒布石灰,污秽之墙壁亦应用石灰粉刷。

（六）所有家庭用具及衣服被褥等项,皆要洗涤干净,在日光下暴晒。

第四条　已经发生传染病的处置方法:

（一）发现了传染病就应向上级及邻区报告,在报告【时】应写明病状病名等项。

（二）传染病人必须与家里人隔离,另住一个地方,他用的衣服器具,非经煮沸消毒不能使用。

（三）该地方如果传染得十分厉害,一定要在周围五六里之间断绝交通,离该地五六里之外,尚不能开大会及当街□事,总之不要多人集合一处,以免传染。

（四）焚烧:凡传染病患者及因传染病而死之尸体,并所用之被服,卧具,布片,便器与其他常用之器具,认为不堪应用的,以及病者之吐泻物排泄等,皆须以火焚烧之。

（五）煮沸:凡传染病者及尸体所用之衣被,用具等,还要留作应用之物品,则行煮沸消毒一点钟。

（六）药品:病人之吐泻物则用石灰粉或石灰水将其消毒。

第五条　因传染病而死者尸体的处置。

（一）凡尸体皆须埋葬很深,至少也得7尺,以前未埋葬至7尺深之尸体,皆要重埋一次,或周围加厚泥土与石灰。

（二）埋葬尸体必须离开住的房子和饮水地方五六里路之外。

（三）凡患传染病之尸体最好举行火葬(即用火烧尸体)。

（四）死后尸体不准拥抱哭泣,并须于最短期间埋葬之。

第六条　饭食物:

（一）井水：井水附近不能建筑厕所，井口上面必须比地高一尺。

（二）河水：必须疏凿通畅，使河水经常流通，不准将污秽物品及死物抛在河中。

（三）凡要经传染病人用过的或洗过衣服的水皆不可饮用之。

（四）□□饭食物皆须煮沸来吃。

（五）凡陈腐的食品及苍蝇飞集食品皆不能食。

（六）刺激的如辣椒水酒等必须少食。

（七）凡传染病人剩下的食品皆不可食，并不可与传染病人同食物品。

第七条　在春夏之交起，各政府即须领导群众作一捕蝇运动，并须作一竞赛，以捕蝇的多少定优劣。捕蝇多者则优，捕蝇少者则劣。此一运动作到冬季为止，政府还要发动群众养猫及填塞鼠洞等，以绝灭鼠迹。

第八条　各级政府及各红军卫生机关要在群众中经常作广大的卫生宣传。

—完—

附：

卫生运动指导员工作纲要

（一）关于组织领导方面：

1. 领导：区及城市苏维埃组织卫生运动委员会，由各种群众团体派员参加组织之，人数多少自定。

2. 凡城市圩镇须组织卫生运动组，以10家至15家联合组织，公推组长1人，管理并监督本街本组内的卫生事项。

3. 指导卫生会议,分配卫生委员到各街市村镇的群众家里,宣传卫生的重要,发现病症瘟疫的危险,依照防疫条例解释,使普遍的了解防疫方法。

4. 分配各卫生组长及卫生委员到各村及街市上的偏僻小巷检查,并指导清洁运动是否遵照防疫条例做到。

5. 每星期或 10 日分别召集卫生委员集合开会,检阅本周或此 10 日内所做的工作成绩及发现的各种病症与困难问题。

6. 组织各乡村的捕蝇竞赛(最好是领导这些儿童团员及少先队员来做乡队进行),10 天结算一次,每月总结一次,优者由当地乡政府酌量给奖。

(二)关于诊断施药方面:

1. 中央政府内务部曾购买一部分药品,专为供给江西灾区之用,各前往江西灾区之指导员可携带少许日常需要之药品(如碘酒□凡仁丹□林丸之类)到灾区应用。

2. 非灾区之各县则由各省苏及各县苏卫生部负责购买临时应用的中西药品,发给各指导员下乡时候用。

3. 各乡村各街市需用之石灰水及捕蝇器具等,则由乡政府领导群众集资购置。

4. 有些平常病症(如发烧头痛等),各指导员可以就近施药。

5. 如有重病或危险病症,病人家属无人诊治的,可就近介绍别【的】政府医院或红军医院去诊。

6. 发现有奇怪病症,不懂病源的,可将病状写明,函询就近之医院,不可随意施药,损害病人身体。同时对于病人之住室衣服饮食等,须与家人隔开,照防疫条例第四条办理。

(三)关于工作检阅方面:

1. 每一个月将当地所发现的各种病症统计一次,上月和下月相对照,考察病症是否减少或增多。

2. 把当地因病死亡的人每月来一次统计,并须把病症及老年幼年壮年分别记载出来。

3. 将捕蝇的成绩每月统计一次。

4. 每到月终,除由各县区及城市苏维埃卫生部检阅一次工作外,各卫生运动指导员应向中央政府内务部卫生科报告一次本月内的工作情形。

——完——

中华苏维埃共和国临时中央政府内务部颁发

公历 1933 年 3 月 18 日

博生县苏内务部翻印

(根据中共江西省委党史研究室资料处藏件刊印)

消费合作社简章

（1933 年 3 月 19 日）

A 名称

一、本社定名为某县某区某乡工农消费合作社。

B 宗旨

二、为保障苏区劳苦群众的实际利益，力求消费品价钱低廉，防止奸商市价富农资本家高抬货价，剥削工农以改善工农贫民生活为宗旨。

C 基本金

三、合作社的资本由群众投资集股或由群众有组织的计划的向工农银行借贷若干为基本开办之。

四、合作社为便于工农贫民投资入股起见，每股以大洋五〔伍〕角为标准。

五、合作社的基本金如凑不足时，得请苏维埃政府予以经费上的补足。

D 组织

六、按地方生活之需要，须以乡为单位组织一个或数个消费合作社。

七、合作社的职员，须召集社员大会或代表大会产生并须是群众中最有信仰最诚实之贫苦工农先当之。

八、合作社内部的组织得分为 5 股：1. 经理，2. 采货股，3. 售货股,4.会计股,5.保管股。各股的办事细则应由社务会议决定之。

E 义务

九、合作社社员,在未【抽】出股以前,均有监督管理及负担本社天〔添〕本的义务,享受赚钱分红的权利。

十、合作社每届6月或年终,须召集一次社员会议审查一切以前的往来数目,并计划以后一切的采买消〔销〕售事宜。

十一、合作社在可能的范围内,应运输农村的生产品到白区或对外商品交换所去,并尽量设法向白区采买我们的需用品到苏区来。

F 权利

十二、合作社如有盈利除供给职员的伙食零用费外,由社员以股本金为比例分享之。

十三、合作全〔社〕之盈利,6月或1年结算分息一次。

十四、合作社对于本社社员来社购买一切日用物品时,其价格须稍为〔微〕低廉。

G 规律

十五、合作社的职员,每6月或1年要改选一次,但连选得连任之。

十六、合作社的职员,每日的伙食及每月的零用费,由社员大会按当地生活程度决定之。

十七、合作社的售货价格,除运费外,不得超过买进价百分之五(100元不能赚5元以上)以外,更不得藉故提高价格,多取利润。

十八、合作社不得贩卖储〔奢〕侈品、嗜好品、迷信品违禁物等。

十九、合作社一切出入账目月终清算后须公布出来给群众审查。

二十、合作社须受苏维埃政府之监督及审查。

二十一、社员如将自己的入股证借给别人来买合作社的东西的应予以处分。

永新县苏维埃政府财政部翻印

3月19日

(根据中共江西省赣州市委党史工作办公室资料室保存的手抄件刊印)

人民委员会第三十八次常会

（1933 年 3 月 28 日）

人民委员会于 3 月 28 日开第三十八次常会，主要的讨论及决议如下：

（一）为切实进行中央各部的工作，以执行政府的各项中心任务，议决各部制定 4、5 两个月的工作计划，并每月向人民委员会作工作报告。

（二）责成教育部即日颁发各级教育部的组织纲要，健全教育行政系统，指示各级文化部关于教育的任务与教育的实施的具体工作方法。并通过徐特立、杨尚昆、沙可夫、魏挺群、曾镜冰、张欣等 9 人为教育委员会委员。

（三）检查劳动部所召集的各级劳动部长会议的经过，对修改劳动法，颁布劳动法的各种附属法令，及建立失业介绍所、劳动检查所与社会保险等，均有详细讨论和决议。

（四）检查工农检察部所召集的各级检查〔察〕部长会议的经过，对检察部组织系统的健全及目前的中心任务与工作实施方法等，均有详细讨论和决议。

（五）检查司法部所召集的各级裁判部长会议的经过，对起草刑法，健全司法行政系统，保障审判工作上的正确与迅速，裁判工作的群众化，增设检查员、指导员与法警，加强劳动感化院及看守所的管理及行政实施的办法等问题，均有详细讨论和决议。

（六）责成土地部立即检查各地的春耕运动情形。

（七）责成国民经济部即日起草组织纲要，及目前工作方针。

（八）审查关税税率，呈请中央执委会批准颁布。

（九）修改财政部暂行组织纲要。

（十）通过检查现金出口条例。

（十一）审查江西省苏第二次执委扩大会及福建省苏第三次执委扩大会的经过，和两省新选委员的名单呈请中央批准。

（十二）审查闽浙赣省苏代表大会选举之执行委员会名单，呈请中执委批准备案。

（十三）议决发出命令及布告检查苏区居民中的枪枝及军服。

（录自 1933 年 4 月 8 日出版的《红色中华》第 67 期第 1 版）

省县市区财政部暂行组织纲要

（1933 年 3 月 28 日）

一、省县市区财政部在财政人民委员部命令和指导之下，管理国家租税公债国有财产以及其他国家财政上之委托事项并负责管理国家行政费之预计算与出纳事项。

二、省县区财政部在行政系统上直接隶属于上级财政部，绝对执行上级财政部的命令，同时受同级政府主席团之指导发生横的关系，城市则受城市苏维埃主席团的指导，称财政科。

三、下级财政部长经各级执行委员会或代表会选举出来之后，必须送上级财政部批准，撤换或调动者，亦须得到上级批准。

四、各级财政部长之下，须设立财政委员会，省 7 人至 11 人，县 5 人至 9 人，市区 3 人至 7 人，由同级主席团委任后报告上级财政部批准之，此财政委员会，以财政部长为主任系专门讨论计划财政问题的组织。

五、省县财政部设部长 1 人副部长 1 人，区财政部市财政科不设副部长、副科长。

六、省财政部之下设会计科 5 人，税务科 9 人至 13 人，国有财产管理科 5 人至 7 人，文书科 1 人至 2 人，指导员若干人，由部长委任之。

七、县财政部设会计科 2 人，税务科 5 人，国有财产管理科 3 至 5 人，文书兼登记员 1 人，另设指导员 1 至 2 人，由财政部长委任之。

八、县财政部市财政科设会计员 1 人，商业税征收员 1 人至 2

人,国有财产管理科员1至2人,登记员1人,农业税征收时,另直接组织农业税征收委员会3至5人,由部长或科长委任之。但省县政府所在地之城市,商业税与国有财产归省县财政部直接征收管理,不必另设专人。在杉林多的区域,应设国有山林管理委员3至5人。

九、财政部长或财政科长,执行上级财政部命令和指导,统筹全境财政收入,计划全境行政费开支,指示和督促本部及下级财政人员工作。

十、副部长帮助财政部长进行财政工作,财政部长有病或外出时代财政部长职权。

十一、会计科或会计员掌握行政费之银钱出纳、账目登记以及预计算之编制审查,并负责掌管税收及国有财产以外之国家财政收入账目,经常检查和指导下级会计工作,省会计科之下得设记账员、出纳员、审核员,实行分工。

十二、税务科或税务员,负责掌管商业税土地税山林税之征收,整理调查、登记并检查和指导下级税收账目与工作,税务科之下分农业税股、商业税股、记账员等。

十三、国有财产管理科或管理员,掌管国有山林财产、店铺房屋、工厂作坊等国有财产业之登记整理或出租,并负责借出公款及没收物品之清查登记管理与拍卖各种租金及土豪没收款之收取等事项。

十四、文书科或登记员掌管本部一切文件表册之起草编制、收发以及出口登记等事项。

十五、财政指导员经常出发各县区巡视指导〈及〉并检阅下级财政工作。

十六、本暂行纲要,人民委员会得随时修正和废止之。

十七、本暂行纲要,在江西、福建两省及瑞金直属县自公布之日起发生效力,但未与中央苏区联系的苏区,自文到之日起发生效力。

财政人民委员　邓子恢
公历1933年3月28日

（录自江西省安远县博物馆馆藏资料,类别A,分类号77）

劳动与战争委员会通知第三号
——关于粉碎国民党的进攻与防御飞机及毒气的准备

（1933 年 3 月 31 日）

各军区、军分区、军事部：

粉碎敌人大举进攻，已在我英勇红军连续伟大胜利中将要彻底粉碎了。帝国主义国民党在这一严重惨败之下，无可奈何的用最残酷的屠杀手段来泄愤！来挣扎。

于是国民党军阀已用飞机到乐安附近丢毒瓦斯的炸弹，以这样最残酷的杀人手段，想来危害我英勇的红军和工农群众，幸我们英勇的红军，早已有了准备，没有一个同志受伤。

全体武装和工农同志一致起来！扑杀最残酷屠杀工农的国民党军阀，大家加入红军，加入赤少队，到前线上去，将进攻的国民党白军消灭，来争取这一次战争的全部胜利。

现在敌人已施行最残酷的手段毒瓦斯，我们每个武装部队和工农同志，应该积极根据以下所指示的办法，来防御国民党的飞机、毒气，使国民党的飞机、毒气没有效力来危害我们的红军和工农群众。

各政府和武装部队，首先召集军人大会，队员大会，群众大会，报告国民党军阀已用毒瓦斯来屠杀，并说明毒瓦斯的形态，及其危害的程度，和防御的方法。敌人这种方法，我们是有法子能战胜的，然后各部队，各村庄，开始演习，首先构筑飞机洞，或挖锯齿形——＼／＼／＼／＼——飞机壕，演习防空防毒：

第一，防空以村为单位，先假设信号——放炮——敌人飞机来了,在家里者不可出来观望,在外面者(假设一部分人在村外)赶快卧下,或攒入飞机洞里,绝对禁止乱跑。

第二,防空防毒以连为单位,预先每人携树枝或竹枝一束,由指挥员发出信号,表示敌人飞机来了,全体人员迅速卧下,将树枝放在自己的身面上伪装起来,使敌人看不清楚,有很多的部队都不准乱动,继续发出信号,表示敌人丢了毒瓦斯炸弹在什么方向,大家起来拿衣襟(毛巾、帽子都可)用水打湿(没有水用尿),掩在鼻上,此时不要用口呼吸,横着风跑——风吹毒气由正面吹来的,一定要向左右跑——并要向高处跑。

在演习后,对于动作不敏捷,行动不合【格】的,要在大会上报告,加以指示和纠正,这一演习,必须接得此通知后,由军区、军分区、县军事部领导各部队和工农群众切实执行。

另附防空防毒简易方法。

劳战委员会

1933 年 3 月 31 日

（录自江西省赣州市档案馆馆藏资料,地—25—3）

卫生运动纲要

（1933 年 3 月）

苏区卫生运动纲要内容

（一）国民党统治下的污秽和疾病

（二）苏维埃政权下的卫生运动

（三）卫生运动是广大群众的

（四）群众应该怎样讲卫生

（五）怎样做卫生运动

（一）国民党统治下的污秽和疾病

在国民党统治的白色区域内，是充满着污秽和疾病的。工人农民在帝国主义国民党地主资本家层层剥削之下，简直无法顾到自己的生命，没有余力去和污秽疾病作斗争。地主资本家呢？他们有的是钱，请医生开医院，讲究又讲究，不想有一灾半病危害他们的身体。他们的医院是不给工人农民开门。国民党政府榨取了工农大量的血汗，却不把一文用到工农身上。只是忙于进攻苏区，却没有闲工夫给工人农民半点卫生常识。国民党更在大种鸦片烟，这简直是拿毒药给全国人民吃了。

（二）苏维埃政权下的卫生运动

一、苏区是脱离了帝国主义国民党统治的地方，他推翻了地主阶级，节制了资本家的剥削。苏维埃政府是工农自己的政府，他要注意解决工农群众一切切身的痛苦问题，污秽和疾病，就是他要注意解决的一个大问题。

二、苏区现在仍然存着很多的污秽和疾病，这第一，是过去统治阶级遗留下来的恶果。第二，国民党无数次向着苏区的进攻，又输送了很多的污秽疾病来。第三，由于过去统治阶级顽固守旧迷信邋遢的思想和习惯传染在工农群众的头脑内，至今没有扫除干净。为了这些原因，所以现在苏区内仍然有着严重的污秽和疾病的问题，影响到整个群众的生活非常之重大。

三、苏区现在是处于激烈的战争环境内，整个革命的群众，都是为着推翻帝国主义国民党在全中国的统治而斗争，为着巩固苏区和发展苏区而斗争，尤其是目前为着打破敌人的大举进攻争取革命在江西的首先胜利，这就需要苏区群众贡献出全部的体力与精力。一切过去统治阶级遗留下来的与现在敌人输送进来的污秽和疾病，以及统治阶级传染给我们的顽固守旧迷信邋遢的思想和习惯，都大大妨碍着当前的斗争。要知道苏区有一个工人或农民害了病，这不但是这个工人或农民的切身痛苦的问题，而且是正在和敌人拼命的战斗大团体中有一个人退下了火线。若是这个工人或农民同志因病死亡了，那就等于被敌人一枪打死我们一个战斗员。非常明白的，为了解除群众切身的痛苦，为了增加我们对于敌人的战斗力，同全苏区内一切污秽和疾病做斗争，同工农群众自己头脑里残留着的顽固守旧迷信邋遢的思想习惯做斗争，是十分必需一天也不可缓的。

（三）卫生运动是广大群众的

中央内务人民委员部现在号召全苏区各处地方政府，各地群众团体，领导全体群众，一齐起来，向着污秽和疾病，向着对于污秽和疾病的顽固守旧迷信邋遢的思想习惯做顽强的坚决的斗争，因此要发起普遍的卫生运动。这卫生运动完全是广大群众的，不花钱而能医病的，要天天做，月月做，年年做，家家做，村村做，乡乡做，个个圩场个个城市的。这卫生运动是群众生活与生命的保障。

（四）群众应该怎样讲卫生

群众卫生的事项很多，我们简单的说，要明白疾病的来源，要明白卫生的方法。

第一，要明白疾病的来源

疾病的大多数都是因传染来的，如像春瘟、天花、痢疾、伤寒、霍乱、白喉、鼠疫、花柳以及虐疾、烂脚等等，都是传染得来，或由人传染来，或由动物传染来，或由植物上面传染来，人又一人传十，十人传百，疾病就是这样越传越广。为什么会传染？由于细菌。细菌是什么东西？一种人眼看不见的东西，生长得很快，一生二，二生四，四生八，一点钟内生得几十万。所以细菌是人类的大对头，只有消灭细菌，才能消灭疾病。一般人不明白这个道理，许多人说病是命招来的，许多人晓得吃坏了东西可以生病，又不晓得为什么吃坏了东西会生病，都是不明白细菌是病源的原〔缘〕故。

第二，要明白卫生的方法

群众卫生的方法，简单的说，要通光，要通气，要通水，要煮熟饮食，要除掉污秽，要剿灭苍蝇，要隔离病人。

一、要通光。我们明白了细菌是一切传染病的原因，但细菌怕太阳光，喜欢阴暗，所以屋子里的窗户，要开一个大的当着太阳射来的那面。许多屋子是阴森黑暗的，这不但人住在内很不舒服，而且细菌正好发生。阳光一晒，就可把细菌晒死许多。隔五六天要把床上的被窝拿出到太阳下面晒半天，晒死被里的细菌。一切起了霉的东西，如果舍不得丢的话，要拿出去把细菌晒死，起霉就是细菌在那里生崽子。一切的东西尤其房屋，总要使他通光，黑暗总是要不得的。

二、要通气。人要吸清气，清气里面有种养人的养〔氧〕气，人无养〔氧〕气就要死，养〔氧〕气少了就要病。房子特别是睡房，要多开几个窗子，为了通光，更为了通气。一般习惯最不喜多开窗子，很多人家窗子只有一个猫眼大,房子里充满浊气,这浊气里头有种炭气,人吸多了是要生病的。许多人家一到冷天,把房子关得紧紧,房内烧起一炉火,一屋人围了烤,这火烧掉了养〔氧〕气,放出了炭气,人就容易发昏生病。故房内门窗总要尽可能的打开,不使房内太冷就是了。

三、要通水。水不通,细菌就在那里生子,但水一流通,细菌就生子困难。所以房屋周围的阳沟,大的小的,总要挖通,借着天雨,好把沟里污秽东西流他一个干净,这些污秽东西里面总是有千万个细菌的。阴沟越发要挖通,阴沟不通,污水涨起来,涨得房子里面潮津津地,细菌生长□□□,这样人容易病。□阴沟的□更要在四围挖阳沟,挖他二尺来深,使得屋内干燥,人住在内,爽爽快快,这是卫生的妙法。门前塘水许多是很邋遢的,这种脏水,不可挑吃,煮饭烧茶,要挑活水。塘水若是有法流通,总要使他流通。不流的水,绿油油地,这样绿油油【的】东西,都是细菌,人若吃了,马上肚痛,细菌就在肚子里作怪了。水是生病的大源,要卫生要用好水。

四、要煮熟饮食。细菌怕太阳晒,更怕火煮,所以一切饮食物都要煮熟。饮水就算是活水,也有多少细菌在内,不是活水就不〔更〕要煮了。起了一点气色(半坏)的肉类,细菌已在作怪,许多人舍不得丢弃,更要将细菌煮死。腐败东西,应该禁食。今天吃昨天的残菜,定要再煮,不煮就吃,细菌就钻进了你的肚肠。果子不便煮,应该去皮,不去皮也要用水洗净,因为那皮上有很多的细菌。俗话说"病从口入",乃是说生病的细菌跟着食物进了你的口了,只有给他一煮,方才病无由生。

五、要除去污秽。首先,要除去身上的污秽。这第一要洗澡,第二要洗衣。洗澡使得毛孔疏通,汗气易于流出。衣服时时勤洗,使得虱子不起。奉劝工农同志,莫学那些不肯洗澡洗衣的懒人,颈上一道黑圈,衣中兜着臭气,自己太不卫生,人家见了还要作呕呢?其次,要除去房屋内外的污秽。这要勤快扫地,要勤快抹桌凳,要勤快清除粪便所,要好生安置牲畜的栖息所,要随时去掉房屋近边,污泥秽水。很多人家,邋遢成了习惯,门内秽物满地,灰尘满桌。粪缸便桶,臭气薰蒸,猪牛鸡鸭,与人同室,污泥秽水,又纵横于屋后阶前,大批的苍蝇蚊子由此产生,更不知藏着几千万万的病原细菌。一定要用群众的力量推动这些邋遢人家,时时给以扫除,养成清洁习惯。虽然有些人家一时无法做那经济上做不到的事(如隔离牲畜栖息所),也要从清洁方面,力求进步。【再】其次除去公共场所的污秽,城市里,圩场里,大村庄里,秽物甚多,没人去管,关系公共卫生极大。只讲个人卫生,不讲公共卫生,个人是不能有好处的。去掉公共场所的污秽,主要是街道时常打扫,茅厕定期清除。还有街上摊担横陈,如果卖的是那不洁净的食物,那也是要禁止的。

六、要剿灭苍蝇。很多的细菌是由苍蝇传带而来,一个苍蝇的脚趾缘附了无数的细菌。苍蝇嗅过的食物,隔了几天,就起腐臭,并非苍蝇有毒,实乃细菌作怪,所以不但一切食物要防止苍蝇接触,小孩的口鼻身上的烂疤,也要拒绝苍蝇的光临,尤其要想个法子,从根本上把苍蝇剿灭。这就要发动儿童团群众,家家户户,大捉蝇苍〔苍蝇〕,叫做"捉蝇竞赛",捉了聚拢起来,放火烧。苍蝇都是屎虫变的,给那粪缸中时常撒些石灰把屎虫【杀】死,尤其是剿灭苍蝇根本办法。苍蝇不讲剿绝,就是使得他减少,疾病也可跟着减少许多了。

七、要隔离病人。不是要隔离一切病人,普通病人是不必隔离的,要隔离那害了危险传染病的病人。去年5月中央内务人民委员部颁布了"暂行防疫条例",那上面列举了9种传染病:(一)霍乱(即虎拉列,上吐下泻,发抽,四肢冰冷),(二)痢疾(赤痢,白痢),(三)伤寒(即肠热症),(四)天花,(五)发疹窒扶斯(发红疹子的伤寒),(六)猩红热(小孩子的病,又名烂喉砂〔痧〕。喉痛,面红,颈胸发红疹),(七)白喉,(八)鼠疫(又名老鼠瘟),(九)流行性脑脊髓膜炎。这9种病都是很危险的传染病,现在苏区缺少医院,无法将病人送到医院去,但仍要将病人单独住一间房子,别人不必和他同睡,不要和他共碗筷衣服,一切用的东西别人都不能共用,病人吐的痰,痢的粪,要放石灰消毒。一家有了此病,别家不要和他家往来,一乡一区有了此病,如果传染得十分利〔厉〕害,邻区乡村对他还要断绝交通,不要当街,不要开大会,总之不要多人集合一处,以免传染。凡害上述 9 种传染病而死的尸体,要深埋至 7 尺以下,严禁埋在河边井边屋子边(许多地方一种迷信说小孩子死了埋不得,埋了寻父母,就把死孩丢在河里,这也是要禁止的)。这些传染病人用过的东西,穿过的衣服,一定要用滚水消毒才能再用。为什么要这样麻烦?因为这些传染病实在太利〔厉〕害了,为了保护多数的生命,只好不怕麻烦。这样麻烦的防疫法,普通群众是很不知道很不习惯的,发现了严重传染病的地方,那里的区乡政府或城市政府要做紧急的宣传和指导。凡属白军走过的地方都要注意防疫,中央苏区三次战争中富田、东固、龙冈、城冈、良村、君埠、黄陂一带,因疫而死的几千人之多,大家不要忘记这种痛苦的经验。

(五)怎样做卫生运动

上边说的群众卫生事项,要怎样才能做到呢?这第一,须要用卫生运动的组织;第二,须要做卫生运动的宣传;第三,须举行卫生竞赛;第四,要规定卫生运动日;第五,要做卫生检查。分项说明如下:

第一,要有卫生运动的组织

分为城市、乡村、机关、部队 4 种,都要组织卫生运动委员会和卫生小组。

(甲)城市

小城市及大市场,每处要在苏维埃政府指导之下组织一个卫生运动委员会,要有主任 1 人,副主任 1 人,委员 7 人至 11 人。大城市(如汀州及大的县城),在市苏卫生科指导之下,除组织照顾全城的卫生运动委员会(主任 1 人,副主任 1 人,委员 11 至 17 人)之外,还要将全城分做几个卫生区,每区设立一个卫生运动委员会,底下再分小组。每条街下 10 家至下 5 家联合起来,成一小组,名曰"卫生小组",公推组长 1 人。卫生运动委员会负动员本城本圩本区全体群众进行卫生运动之责,卫生小组负动员本组群众进行卫生运动之责。

(乙)乡村

小乡每乡组织一个卫生运动委员会,大乡须分村组织几个卫生运动委员会,而于其上面组织一个总顾全乡的卫生运动委员会,均设主任1人,副主任1人,委员7人至11人,负动员本乡或本村全体群众进行卫生运动之责。每5家至10家成立卫生小组,公推组长1人,负动员本组群众进行卫生运动之责。

(丙)机关

凡机关(如县政府、县党部、群众团体机关及保卫这些机关的部队)人数在百人以上者,在政府内务部指导之下,组织一个卫生运动委员会,由群众会推举主任1人,委员5人至9人,负动员本机关全体人员进行卫生运动之责。底下每个伙食单位成一卫生小组,选组长1人,负动员本组群众之责。百人以下之机关,组织卫生小组,隶属当地卫生运动委员会。

(丁)部队

一切集团运动的红色部队,在该部队的政治机关指导之下,以团为单位组织一个卫生运动委员会。经过群众推举主任1人,委员5人至9人,负动员本部队全体进行卫生运动之责。每个伙食单位成一卫生小组,公推组长1人,负动员本组进行卫生之责。

第二,要做卫生运动的宣传

在现时群众的大多数还缺乏卫生常识和卫生习惯的时候,若没有对于卫生常识和过去迷信邋遢等习惯的广大的猛烈的宣传和鼓动和批评,定决不能动员群众实行动员做卫生工作的,所以宣传和批评的工作,是在卫生运动委员会和卫生小组成立之后头一件要做的事。也决不是做一次两次就可以完了的,要靠着经常不断的宣传鼓动和批评。要由卫生运动委员会推动俱乐部、夜学、小学、识字班、墙报、工会、雇农工会、贫农团、少先队、赤卫军、妇女代表会和儿童团等等机关及团体,利用各种好的机会,对各部分群众宣传。宣传的项目都用前面所说"要明白疾病的来源,要明白卫生的方法"中的各项。要使得群众人人明白,才能造成一种大家要求清洁的情绪,才能造成一种普及各城市、各乡村、各机关、各部队的清洁卫生大运动。省县两级政府的内务部要供给卫生运动上的各种材料。

第三,要举行卫生竞赛

卫生竞赛是鼓励卫生运动普遍发展的一个方法。应由卫生运动委员会领导,订立口头的或文字的竞赛条约,家与家竞赛,小组与小组竞赛,村与村竞赛,乡与乡竞赛,区与区竞赛,以至发展到县与县竞赛。机关与机关,部队与部队,亦可竞赛。竞赛优胜的奖励,主要是送旗、登报、上红板等,其次可用物质上的奖品。卫生竞赛是提高群众卫生运动的情绪,鼓励群众向着污秽和疾病做猛烈斗争的一种有效的方法。

第四,要规定卫生运动日

起始可规定每月一次,定在 1 号或 15 号,主要工作是动员各村、各圩、各街道上的卫生小组,领导群众来一个大扫除,将房屋内外的灰尘杂物、污泥秽水清除一个干净。依据各地群众斗争情绪的发展,卫生运动日可由每月一次进行到每月两次,定在 1 号 15 号两天。群众斗争一般深入了的地方,如在江西的兴国、福建的上杭(才溪区)等地,可以进到每 10 天或每 7 天来一个卫生运动日,工作也应由扫除污秽一项增加洗澡、洗衣、开窗、晒被各项,在这一天,有许多轻便的事都可发动妇女和较大的儿童去做。

第五,要做卫生检查

检查是推动工作的必要方法。不论城市、乡村、机关、部队,均由卫生运动委员会负责,于卫生运动日的第二天举行。卫生运动委员会的委员于经过会议之后,全体出发,各人前往指定区域,跟着小组组长挨家挨村挨街挨部位,实行查看,登记其做得好的和做得坏的,即在当时当地给以口头上的奖励或批评。出发检查时,如卫生运动委员会的委员不够分配,可加派城苏或乡苏会议的代表参加检查。检查后,集合检查结束开一评判会议,使卫生运动得到进一步的发展。区政府可组织临时的卫生运动的突击队,突然的去那些著名做得不好的乡村中检查。县苏内务部对于县的卫生运动应作有计划的布置和推动,要派出指导员去各区去考查卫生工作,省苏内务部对于各县也是一样。

苏区的卫生运动，是为了解除群众的切身痛苦，为了增加革命的战斗力，是苏维埃战斗任务的一部分。他是靠着工会、贫农团、少先队、赤卫军、妇女代表会、儿童团、俱乐部、夜学、小学等等群众团体和机关去动员和广大群众一齐行动，而不是单单靠着少数政府人员去做的。他的工作是要抓住几项中心的去做，跟着群众的斗争深入程度而深入扩大的。他的方式是要依据每时每地的实际情形去做具体的布置与切实的行动，而不是依靠官僚主义的一纸通令或一个决议案的。他的工作进行是靠着普遍的与经常的宣传鼓动，使群众了解高兴，自己动手，而不是靠着强迫和命令。政府和群众团体的工作人员要深深记得这几点。

—完—

中华苏维埃共和国临时中央政府内务人民委员部颁布
1933 年 3 月

（根据中共江西省委党史研究室资料处藏件刊印）

中央政府人民委员会第三十九次常会

（1933 年 4 月 11 日）

中央人民委员会于 4 月 11 日开第三十九次常会，主要的讨论和决议如下：

一、审查省县市区土地部暂行组织纲要，对夏耕运动，查田运动和新区域没收和分配土地等均有详细讨论。通过以胡海、邓子恢、张义贤、李日赈、王孚善、李崇蔡等 21 人为土地委员会委员。

二、审查教育部暂行组织纲要。

三、通过以邓子恢、张闻天、项英、吴亮平、胡海、陈荣、刘炳奎等 8 人为国民经济委员会委员。

四、议决呈请中央执行委员会委任刘少奇为劳动人民委员部副部长。

五、通过检查和取缔私人枪支禁止冒穿军服的命令及布告。

六、通过各边区肃反委员会归国家政治保卫局管理和指导，由人民委员会发出命令。

（录自 1933 年 4 月 17 日出版的《红色中华》第 70 期第 4 版）

中华苏维埃共和国临时中央政府
司法人民委员部命令第九号
——为组织劳动法庭的问题

（1933 年 4 月 12 日）

过去各级裁判部对于工人利益的保障是忽视了，对于资本家违犯劳动法令及集体合同劳动合同等的案件，简直置之不问，由工人及工会自己去解决，这是完全不注意工人的利益，使工人不能真正享受劳动法上所规定的一切利益。为要纠正过去忽视工人利益的错误，要很迅速的解决资本家违犯劳动法及已颁布或未颁布的各种关于劳动问题的法令与集体合同和劳动合同等案件，使工人得到劳动法令的实际利益，特决定组织劳动法庭，其做法如下：

一、各城市在裁判科之下，必须指定专人组织劳动法庭，以专门解决关于劳动问题的案件。倘若有的城市没有设立裁判科，裁判科的工作由县苏裁判部兼办的，也由县苏裁判部指定专人担负劳动法庭的工作。县以上的裁判部则不组织劳动法庭。劳动法庭的组织与别种法庭相同。

二、各区苏的裁判部，也须组织劳动法庭，以处理劳动问题的案件，但不用专人负责，由区苏裁判部原有工作人员兼任，但必须分出一部时间来做劳动法庭的工作。

三、组织劳动法庭的市苏裁判科或县苏裁判部的工作人员，除本部第八号命令所规定的人员外，得增加 1 人至 2 人。

四、劳动法庭是专门解决资本家、工头、老板破坏劳动法及集体合同和劳动合同等案件，对于这种案件，裁判机关自接收之日起，在

72 小时(3 天)内必须开庭审判。

五、在法庭判决后,双方有不服时,可以提起上诉。如资本家方面不服,而提起上诉,虽然上级裁判部还未复审,在上诉期间原判仍须执行。如工人不服而上诉时,须经过上级裁判部复审之后,才能执行。

六、担任劳动法庭工作的裁判员,应由职工会选举出来,经过各该级裁判部加以委任,并须填写裁判部工作人员的履历表,报告各该上级裁判部去备案。

七、各城市劳动法庭的裁判员,必须在 4 月 25 日以前,要督促职工会将裁判员选举出来。各区的劳动法庭,在这个期间内也应有充分的准备。各地的劳动法庭,要在"五一"节前开庭审判。

八、福建、江西两省苏及瑞金直隶县苏裁判部在"五一"节前,必须将各地劳动法庭成立的情形报告本部。

以上各项,各级裁判部必须切实执行,不得迟误。此令

司法人民委员　张国焘

公历 1933 年 4 月 12 日

(录自 1933 年 4 月 20 日出版的《红色中华》第 71 期第 5 版)

中华苏维埃共和国临时中央政府
土地人民委员部训令第四号
——为发起犁牛合作社

（1933 年 4 月 13 日）

（一）现在苏区中雇农贫农的耕牛农器甚为缺乏，其所以缺乏的原因：第一，因为帝国主义国民党累次向苏区进攻，尤其是在前年三次战争时，许多地方被敌人摧残，耕牛被敌人杀了很多，农器被敌人焚烧破坏，农民吃了大亏。

第二，各县有些奸商，故意宰杀耕牛，同时地主、富农、奸商又把赤区的耕牛，大批的运出白色区域出卖。

第三，过去许多地方政府，在没收豪绅地主的耕牛农器以及富农多余的耕牛农器后没有很好的分配，甚至不分给雇农贫农，而拿来出卖。至于那些分给了雇农贫农的，又因没有合作社的组织，以致无人管理，把耕牛农器弄死弄坏了许多。因有以上三个原因，所以苏区内一般耕牛农器感觉缺乏，特别是雇农贫农缺乏得更加厉害。结果造成生产品减少，荒田增多，谷价高涨，大大增加了贫苦工农的困难。

（二）为要解决群众的困难，争取群众的利益，就要发展耕牛运动，消灭荒田，扩大耕地面积，完成今年增加二成收获的计划，以充裕苏区群众的粮食，在这里首先就要解决耕牛农器缺乏的困难问题，最好办法，是组织犁牛合作社，现在瑞金武阳区及云集区第四乡的经验，告诉我们，应该首先把没收地主富农的耕牛农器，组织犁牛合作社，有组织的分配，有计划的保护与管理，才能使耕牛农器不致于遭受损失。但是单把没收地主富农的耕牛农器组织起来，还是不够，必须发动群众入股,大家出本钱添买耕牛农器,此外还要发动那些自己有耕牛农器的人加入合作社,给他以相当的租金,用互助两利的办法,来解决贫苦农民缺乏耕牛农器的问题。

(三)各区乡组织犁牛合作社基本金不足时,要努力帮助,财政部向富农捐款的工作,已由中央财政人民委员部紧急通令第二号第四条内规定办法,这个办法是说:"人民委员会批准将富农捐款中抽出一部分借给犁牛合作社,凡各区中富农捐款总数为3000元,那么收到2000元以上时,可借十分之一,即200元。收到3000元时,可借300元,如收到3500元,除原额300元外,再将超过数500元借一半,合借550元。此借款2年后还本,由区政府负责,具条领取,按照各乡需要,分配借给犁牛合作社买牛。"这个办法,是很好的,只要我们努力去做,不同富农妥协,向富农捐得多,合作社也就更加借得多了。

(四)本部发布了犁牛合作社的组织大纲,望各级政府,及其土地部,接到这一训令和组织大纲后,更详细的更具体的讨论办法,发动广大群众起来进行组织,现在已是夏耕的时候了,耕牛农器,正在此时当紧要用,区乡政府,更要赶快进行,不要失了这个最好的时机,是为至要。此令

代理土地人民委员　　胡　海

公历 1933 年 4 月 13 日

(录自 1933 年 4 月 20 日出版的《红色中华》第 71 期第 6 版)

中华苏维埃共和国临时中央政府
工农检察人民委员部训令第三号
——关于健全各级工农检察部组织事

（摘录）

（1933 年 4 月 13 日）

……特为规定省、县、区工农检察部的组织内容如下：

子、各级工农检察部长须有专人负责，不能兼其他各部工作。目前如兼有其他工作者，必须辞去，由主席团另推选其他委员接替其他部分工作，省、县两级须设副部长。

丑、立即建立各级工农检察委员会。省以 11 人到 25 人组织之，县以 9 人到 21 人组织之。区、市以 7 人到 15 人组织之。委员会的委员，以能经常到会的为条件，凡只挂名不到会的，要另行委任。委员会的任务，是讨论和计划部的一切工作，部长为委员会当然主席。

寅、省工农检察部除部长副部长及委员外，暂定 9 人至 11 人担任经常工作，其工作分配如下：

指导员 2 人至 3 人，经常到各县指导工作。

控告局局长，管理控告局的全部工作。

调查员 2 人至 3 人，执行控告局的全部工作。

管理和指导突击队的工作 1 人。

管理指导工农通讯员的工作 1 人。

秘书 1 人，管理文件和开会记录。

卯、县工农检察部除部长及委员外，暂定经常工作人员 7 人至 9 人，工作分配如下：

指导员 2 人至 3 人。

控告局长1人。

调查员1人至2人。

管理突击队1人。

管理工农通讯1人。

秘书1人。

辰、区、市工农检察部除部长及委员外,经常工作人员5人至7人,工作分配如下:

秘书1人,控告局局长兼管工农通讯1人。

调查员2人,管理突击队1人。

巳、各级工农检察部除了经常工作人员外,要尽量使委员会的委员能分担部分的工作(委员会的委员可以兼任部内职务和控告局指导员等),特别是吸收党员、青年团员、工会会员、少先队队员,以及其他团体的人员来参加工农检察部下面各种组织的工作。

午、临时检查委员会(如经济、土地、检举等等)的组织,除由该级工农检察部派定一个委员去主持外,其余委员均应该吸收不脱离生产的各机关中各群众团体中的人员担任,这种临时组织的委员,工作完毕即行解散。

未、各级工农通讯员要广泛建立起来,凡是各机关各群众团体各圩场各村庄,以及城市中各街道,都要找到当地群众团体的人员,机关中职员,工厂中的工人,农村中的农民,街道中的工人及贫民等好的分子加以委任,来担任通讯员,作为工农检察部的眼目,要他们经常作书面通讯和口头报告。

申、突击队要以突击队组织纲要经常建立起来,要吸收青年团员,工会会员,少先队队员以及其他群众团体的会员,大批地参加突击队。对于青年团体的轻骑队员,红色中华的铁锤队以及其他机关的突击队,取得组织上的和工作上的密切联系。

酉、建立报告制度,每月下级向上级做工作报告一次。

戌、各级部长以后不能随意调换。如因工作必须调换者,须得上一级的批准。各部工作人员除由各部委任外,并将该工作人员履历报告上级审查备案。

以上各项，须立即遵行，并将执行的经过，按级报告为要。

此令

工农检察人民委员　何叔衡

公历 1933 年 4 月 13 日

（录自《中华苏维埃共和国法律文件选编》，江西人民
出版社 1984 年版，第 420—421 页）

中华苏维埃共和国临时中央政府
中央执行委员会命令第十八号
——为发动群众帮助政府工作人员耕田，解除政府
工作人员的家庭顾虑，增加政府的工作能力事

(1933 年 4 月 14 日)

苏维埃政府的工作人员，在目前国内战争艰苦奋斗的时候，未能按照各人的劳动支给工资，对于各人的家庭，并无经济上的帮助，苏维埃工作人员的这种艰苦牺牲的精神，是值得称赞的。

但是各地的情况告诉我们：有许多积极而有工作能力的贫苦工农分子，因自己是家庭生产的主要劳动者，被家庭劳动所束缚，不能到政府来工作，以致有些地方的政府，缺乏这种好的工作人员，而把一些不甚积极又缺乏能力的人选在政府工作，理由仅仅只在这种人他不是家庭生产的主要劳动者，不受家庭劳动所束缚，因此就把他选在政府工作。这样，选人的标准，离开了对革命的积极和对工作上的能力，而只是因他在家得闲，这种现象是不容许的。还有一种更加不能容许的现象，有些地方当着选举的时候，好的分子因为家庭生活牵累，不愿当选，于是那些坏分子就出来了，富农和流氓，为了这样的原因，而攒〔钻〕进苏维埃机关中，在有些地方是存在的。至于那些成分好，对革命积极，对工作又有能力的人，他们担任了政府的工作，但因为家庭劳动问题无法解决，使他不能好好的安心做工作，这种情形是更普遍的(特别是区乡两级)。

中央执行委员会根据上述的情形，为了使苏维埃政府成为积极而有工作能力的政府，能够在艰苦斗争的环境内，领导广大的群众，争取革命的胜利，特为议决：凡属各级苏维埃政府的工作人员，在望

〔职〕务期内，如果他们的家里确是没有劳动力，或是劳动力不足的，应于查明之后，由当地政府发动群众，代替他家耕种，或帮助他家耕种（那些家庭劳动力足够的，不在此例），以使他家生活上，比较他本人在家劳动时，不感缺陷为限度。在这里实际的办法，可适用红军优待条例第四条（无劳动力的，派人帮助全部耕种灌溉收获工作，缺乏劳动力的，按其需要，予以补助），可使这些人员解除家庭的顾虑，安心在政府工作。用这种的办法做帮助，好把那些成分好，对革命积极，而又有工作能力的分子，大批的吸收到各级苏维埃政府来，加强苏维埃政府的工作能力，特此令知，望各级政府遵照执行。此令

主　席　毛泽东

副主席　项　英

张国焘

公历 1933 年 4 月 14 日

（根据中共江西省委党史研究室资料处藏件刊印）

中国苏维埃共和国临时中央政府
与工农红军革命军事委员会的宣言
——重申愿在三个条件下与任何
武装部队共同抗日的主张

（1933 年 4 月 15 日）

全中国的民众们！

在"五一"我们谨向全中国的劳苦群众，呻吟于帝国主义国民党血腥统治之下的工农与城市贫民，被迫反对中国工农的士兵，参加反帝国主义斗争的革命学生与青年，成千成百的被监禁和虐待在国民党牢狱中的革命犯人们致革命的敬礼！

日本帝国主义的继续进攻，完全瓜分中国的危险之空前增长，与整个民族危机的深入使我们不得不向一切为中国利益而斗争的人们及劳苦群众再作一次宣言。

目前形势的特点是在日帝国主义毫无阻碍的长驱直入平津的区域。同时英帝国主义正在新疆进攻，并经过他的西藏以及其他的傀儡准备占据中国的西部。在日本政府与国民党所进行的秘密谈判中，蒋介石又与帝国主义强盗们作了一笔生意。国民党中央政治委员会的秘书唐有任〔壬〕代表南京政府与蒋介石在上海秘密与日本代表芳泽谈判。蒋介石——中国工农的刽子手，1929 年要求日本军阀占据山东与 1932 年在背后屠杀上海防卫者的罪魁，现已抛弃了北方战线，重新升用替日本帝国主义进攻热河开路的卖国贼汤玉林〔麟〕。蒋介石到北方并没有与日本帝国主义作战，而是承继他的朋友——卖国贼张学良的产业。

西南政府与福建的军阀一样是不反对日本及其他任何帝国主义的，最近他们的"北上抗日"的宣传完全是欺骗民众的鬼话，实际上，是为着扩张自己的地盘和进攻苏区与红军。

为什么蒋介石要回到江西呢？为什么他抛弃了北方军队，使他们没有武装徒手对着日本的大炮飞机呢？为什么国民党及其政府集中了大批的军队，所有的飞机与军事技术来反对江西的工人和农民呢？因为他们正在与日本及一切帝国主义商量要把中国当着他们的私产出卖干净。因为他们希望日本及其他帝国主义也如对"满洲国"一样，允许他们作几省的傀儡统治者。因为他们要屠杀中国的民众来维持帝国主义与中国地主资产阶级的统治。

国民党为着掩饰自己的投降与出卖，造谣说日本帝国主义帮助红军金钱与军火，污蔑中国苏维埃政府与日本军阀进行谈判。

这种无耻的下流的造谣，早已被许多铁的事实粉碎了。

中国苏维埃政府和工农红军，是反对一切帝国主义侵略的唯一的民众政权与武装力量，在历次英勇的战争中，证明中国苏维埃红军与任何帝国主义势不两立，我们与日本的工人和农民是不可分离的联系着，因为他们同样是在进行英勇的斗争，反对日本帝国主义，同样是受统治阶级的掠夺、压迫、虐待和屠杀。但日本帝国主义者与军阀正是我们共同的敌人。

我们正在为全中国的劳苦群众利益而斗争，为中国的独立、统一与领土的完整而斗争。目前正需要与日本及其他帝国主义作战，谁反对这个战争，我们就要打倒他。

我们完全相信中国的工人农民与兵士的斗争，以及红军的英勇防卫能够阻止帝国主义、蒋介石与破产的国民党实现他们的瓜分中国的计划。

在最近 3 个月中，江西的工农及其红军击破了敌人 9 师以上的兵力。在几次的战争中俘虏了人枪各在 3 万以上，以及大批军需及其他武器无算。1 万左右的国民党军队的士兵已经自愿的加入江西红军。在湖南、湖北、河南、四川等省的红军也在迅速的增长着。从最近在江西被俘的五十二师、五十九师两师长及其师部人员的宣言中，完全可以看出国民党军队的瓦解是怎样的深刻，他们责骂国民党与蒋介石，懊悔自己过去反对中国工农的罪过，要求白军的士兵与官长停止进攻苏维埃区域，调转枪头去打出卖祖国的国民党卖国贼。

蒋介石、汪精卫等卖国贼见于最近红军的伟大胜利与前线士兵的动摇以及全国民众的忿怒，又想以"剿共即抗日"，"在共未肃清前，不许言抗日"的武断宣传来阻止广大士兵群众的革命化，来掩盖自己的出卖和投降。但是这种欺骗和威吓是不会成功的，恰恰相反，只会更加暴露他们的罪恶。

根据目前的情形与我们的胜利，必得重述今年1月间我们的提议，来粉碎国民党关于红军及苏区工农阻碍有效的抵抗日本帝国主义的污蔑。我们认为只要能依照我们过去的提议，积极抵抗日本及一切帝国主义的侵略立刻是可能的，因此再将我们的提议向全国宣言：在下列条件之下中国红军准备与任何武装队伍订立战争的作战的协定来反对日本帝国主义的侵略：

一、立即停止进攻苏维埃区域；

二、立即保证民众的民主权利（集会、结社、言论、出版、示威之自由与释放政治犯等等）；

三、立即武装民众，创立武装的义勇军队伍，以保卫中国及争取中国的独立、统一与领土的完整。

每一个工人、农民、兵士都会了解，没有以上的条件，想与帝国主义作胜利的斗争是不可能的。国民党的政策是破产了，他引导瓜分中国与更加奴役中国的民众，继续增加民众的痛苦、饥饿与屠杀。

我们号召一切劳动者与士兵在广大的群众中、军队中，以及义勇军中加紧工作，使他们接受我们的民族的革命的政策。我们号召一切劳苦群众拥护我们防卫中国及民众的权利。

中国苏维埃共和国临时中央政府主席　毛泽东

副主席　项　英

张国焘

中国工农红军革命军事委员会主席　朱　德

1933 年 4 月 15 日

（根据 1933 年 4 月 21 日出版的上海《斗争》第 40 期刊印）

中华苏维埃共和国临时中央政府
人民委员会命令第四十二号
——为检查和取缔私人枪支禁止冒穿军服事

（1933 年 4 月 15 日）

枪支是战争的重要武器，应当集中到红军部队及地方工农武装组织里面，去进攻敌人发展战争，私人不能随便携带。对于工农阶级的敌人——地主富农资本家及一切反革命分子——更是绝对禁止他们手中存有武器，并严格防止反革命分子潜入到我们武装队伍——红军独立师团赤少队中来窃取武器。这是保障革命胜利的一个必要前提。

军服是红军穿的，不是红军的人员就不能随便穿红军制服，以免混淆不清。

我们考查在一、二、三次战争胜利中有很多枪支散失在农村中，没有完全收清。同时过去各地的地主武装虽被我们完全消灭，但不免有少数枪支被反革命分子所埋藏。这些枪支的散布难免不落于反革命手中。据最近事实，在汀会石①等县检查地主富农的时候搜出有不少枪支。更就肃反中所发现的反革命派组织暗杀队（会昌）扑杀队（雩都②）秘密守望队（寻邬③万太〔泰〕）等等武装阴谋，都是以表示

---

① 汀会石，即现福建省长汀县和江西省会昌、石城县。——本文库编者注。

② 雩都，现称于都。——本文库编者注。

③ 寻邬，现称寻乌。——本文库编者注。

这一问题的严重。当目前阶级斗争到了最剧烈的时候,我们不仅要彻底消灭外面进攻的敌人,而且要彻底解除苏区内部反革命派的武装,镇压反革命一切企图来保卫苏区加强苏区的发展和胜利。枪支是武装中最主要的武器,应当保证在工农武装队伍手里,举行检查和取缔私人的枪支,实行枪支登记,这是保障革命胜利的一个重要工作。

近日红军制服遗散于群众中者甚多,特别是开小差的随身穿回家去,这样使红军与非红军分别不清,使政府损失大批经济,更直接影响于革命战争经费,非立即加以检查和取缔不可。

因此决定以下办法:

一、举行枪支检查,除正式武装部队——红军独立师团,游击队警卫部队赤少队以外,私人不得携带和隐藏枪支。

二、凡县一级以上之各机关和国家保卫局特派员,因工作关系必须携备枪支者,只限于短枪步枪,由该机关负责人签名,向同级国家保卫局登记领取枪证,边区之区乡两级工作人员如因环境及工作关系须要携带枪支者,由直接隶属的县机关证明登记,领取证书。

三、以后通凡无证书之私人枪支,一经查出,即以私藏军火论罪。

四、除脱离生产之武装部队在职战士,政府在职之工作人员,红军残废战士回家者得穿红军制服外,赤少队群众团体及私人,均不得穿红军制服。至战士和政府工作人员退职时应将军服缴还。

五、中央区规定以 5 月为检查枪支制服的时期,其他苏区自文到之日起 20 天内检查完毕。

六、在检查期内自动缴报者不加处置。否则一经查出,即以私藏军火制服论罪,但过期后能自动缴报者可减轻处罚。

七、检查机关以县区军事部协同保卫局来进行。

八、在检查中必须动员赤少队和各群众团体来参加,并且发动和鼓动群众经常向政府和保卫局举发私藏枪械者。

以上各项由各级政府及各级国家保卫局机关协同拟定进行具体办法,并将检查登记情形按级报告为要。此令

主　席　毛泽东

副主席　项　英

张国焘

1933 年 4 月 15 日

(录自 1933 年 4 月 20 日出版的《红色中华》第 71 期第 5—6 版)

中华苏维埃共和国临时中央政府教育人民委员部训令第一号

——目前的教育任务

(1933 年 4 月 15 日)

（一）苏区当前文化教育的任务是要用教育与学习的方法启发群众的阶级觉悟，提高群众的文化水平与政治水平，打破旧社会思想习惯的传统以深入思想斗争，使能更有力的动员起来，加入战争，深入阶级斗争，和参加苏维埃方面的建设，目前帝国主义国民党用其全力来对付革命，战争日益扩大激烈，打破敌人的进攻，争取一省数省首先胜利，成了苏维埃十分紧急的任务，这就是越发加重了□□□教育上动员群众的责任，对于文化教育的怠工，简直是革命战争的罪人。

（二）现在的情形怎么样呢？（1）许多地方把教育与斗争分开，因此在□□□□□忽视文化教育工作，以为这种工作是不要紧的，许多政府主席团的义〔议〕员〔题〕□□□□□完全没有文化教育一项，因而在这些地方文化建设的成绩是非常之少，（2）许多地方偏重儿童教育和学校教育，忽视了当前革命主力军的青年成年□□□□□会教育。（3）许多地方文化教育部负责人员，存有一种观念，以为没有人没有经费无法工作，要进行工作，除非上级派教员发经费。（4）从中央教育部起一直到□□□□□□的领导系统没有建立起来，许多地方连文化部都没有，如福建省苏素□□□□□长负责，有些地方拿了地主富农或思想不正确的人当文化部长。许多□□□□□长时常常调动，一个人还未摸清工作头绪又调往别处去了。或者文化部长□□□□□务，把他的本职大部分荒废不管。以上这些现象，完全把文化教育在□□□□□重任务放弃了。这是一方面的情形。但是另一方面，苏区的文化运动又□□□□□热烈推□，自动的筹款，并有系统的有组织的进行文化教育工作。例如□□□□□□□村均村三区外，俱乐部，识字委员会和识字小组，列宁小学，青年成年□□□□□的建立了，单是夜学设立了2000校，做教育领导工作的，从政府的文化□□□□□会起，至夜学和列宁小学止，共有6000人之多，这些人员都是从群众中□□□□□众热烈的要求识字、读书、听政治消息，自己供给纸笔书本费及教员的□□□□□那些非上级派人发钱就不能进行教育的机会主义观点。群众已在用热烈□□□□□开始创造自己的文化生活。兴国之外，文化教育还在许多区域，只要是□□□□□，也都发展起来了，在上述文化教育发展的地方，一切战争动员和苏维埃□□□□到了很大的成绩，完全证明文化教育的发展与苏维埃基本任务的执行□□□□离的关系。

（三）中央教育人民委员部现在唤起各地各级政府及其教育部的严□□□□□□转变过去观点上组织上工作上的严重错误，迅速执行下列的工作以推动□□□□□的前进。

（1）照本部已发教育部（各级文化部均改为教育部）组织纲要，立即健全□□□□及教育委员会的组织经过主席团的同意，把人员调齐起来。不要那些地主□□□□出身而思想不正确工作不积极的分子做教育部的工作。思想正确，工作积极□□□□争历史从而挑选□农经过审查与批准，然各级教育部人员主要是从□□□积极的发动群众□□□□□□□□□□□□□□□，经过审查与批准。各级教育部人员主要是从下级去调。可□□□□完全要从群众中去调，调那些积极而稍为识字的分子。即使不识字，只要他是□□□极能发动群众的都可以做文化教育的领导工作。省教育部还要注意从文化运动进步的县里调动人员到落后的县里去做文化领导工作。县教育部则从进步的区调人去落后的区，区教育部从进步的乡调人到落后的乡。各级教育部要有集体的领导，系统的领导，与科学的分工。

（2）俱乐部识字运动，夜学，小学，是目前群众教育的主要部门，在这里特别要加紧青年成年教育和社会教育。同时不能放松对小学教育的注意，因为儿童是革命的新后代，是新社会的建设者，同时也是目前参加斗争的一员。但我们要坚决反对过去许多地方只办小学校忽视社会教育和成年青年教育的错误。这些工作深入进行的办法，第一，在那些还未开始建立，或稍为建立而成绩甚少的县区乡里，要立即动手□□并整理起来。从每乡〔微〕建立一个俱乐部，一个识字委员会，一个夜学，一个小学□□都要有实际工作，不得挂空招牌。也并不是一定要各乡同时建立，但要定□□□□迅速推广。

第二，在那些已经有成绩的县区乡里，就要把已经建立了的逐个充实他的□□□□好的教育干部（俱乐部主任，识字运动委员会和组长，夜学小学教员）同□□□□育机关普遍的推广起来，使得每个村子每个圩场都有这些教育机关□□□□。

第三，城市要按照一个大区的规模去进行。大的城市（如汀州瑞金）还要按照□□□□□进行，将城内分为几个文化区，每区建立一个俱乐部，一个识字班，一个夜学、小学做起，逐渐将它推广。

第四，不论进步区域与落后区域，不论城市与乡村，都不应将工作在全区□□□□同时并进的去做。要首先注重地位重要工作重要的中心区域的工作。□□□□或用较少力量，使中心区域能推动其他区域的工作。同时要发动落后□□□□范区域，但模范区不是预先指定的，而是在工作中依着他的成绩决□□□□不一定是中心区。

第五，文化运动完全是广大群众的，要发动群众自己来干，政府的权力的领导□□□□俱乐部，识字运动，夜学，小学的干部，都要从劳动群众中挑选出来□□□，在教育工作中既不妨碍生产，那么就更能吸收广大的群众来工作来学习□□□。

第六，要发起文化竞赛，来推进俱乐部、识字班、夜学、小学的运动。家□□□□字，村与村竞赛，乡与乡竞赛，区与区竞赛，以至发展到县与县竞赛。及乡文化委员会领导之下，订立口头的或文字的竞赛条约,这是促进□□□□效办法,这里要特别指出,竞赛应该建筑在群众自动的积极参加的基础□□□由上级机关预订了些空洞的条文、命令下级照样举行。

(3)供给文化教育的材料,如俱乐部实施材料、夜学小学识字□□□□□参考材料,以至革命的歌谣,油印的地方报纸,墙报的作法等等,□□□□□□部编辑供给之外,各级教育部同样负有供给之责。但地方教育部□□□□□□□要带地方性,尤其是教科书以外的补充材料。但比较经常一点普通一点的□□□□,中央教育部审查,另有那些还与中央隔离着的苏区,则归当地省教育部□□□□这些材料的原则,第一,要适合目前斗争的环境。第二,要有地方性和时间□□□□简明通俗。

(4)为了发展文化运动,供给好的领导干部,仍是需要的。这不是说□□□□□去,而是从群众中挑选积极分子来训练。各级教育部或教育科当自己培养□□□□□是在短期训练班及工作中去培养他们。

以上4项(健全教育行政机关,发展俱乐部识字班夜学小学的运动,供给材料,培养干部)是目前教育的中心工作,各级政府接此训令,要立即经过主席团与文化部的讨论,按照当地情形定出具体计划,推动下级切实执行起来。并将所定计划和进行状况,按级报告来本部(各县对省的报告,复写一份寄本部)以便考查检阅。此令

代教育人民委员　徐特立

公历 1933 年 4 月 15 日

〔录自江西省瑞金中央革命根据地纪念馆馆藏:RG00268(训令)〕

省县区市教育部及各级教育
委员会的暂行组织纲要
（人民委员会批准）

（1933 年 4 月 15 日）

（一）省县区市教育部及乡教育委员会的任务是在正确执行中央政府及教育人民委员部关于文化教育的政策计划命令训令，领导广大的工农群众，用教育与学习的方法，提高群众的阶级觉悟、文化水平与政治水平，打破旧社会的思想习惯的传统，使能有力的动员起来加入战争，深入阶级斗争，参加苏维埃各方面的建设，以争取苏维埃运动在全中国的胜利。

（二）省县区教育部，在行政统系上，直接隶属于上级教育部及中央教育人民委员部，绝对执行上级的命令。同时受同级执行委员会及主席团的指导与监督。城市则受市苏维埃的指导，称教育科，乡在乡苏维埃指挥之下设教育委员会。

（三）各级教育部长市教育科长，经各级执行委员会或主席团选任之后，必须开具履历，送上级教育部批准。非经上级许可，不能撤换调动或兼任其他职务。

（四）省县区教育部〈长〉、市教育科〈长〉及乡苏维埃须设立教育委员会。其职务为讨论计划，建议并检查关于发展该区范围内文化教育运动的一切问题。但市乡教育委员会，兼有帮助市教育科乡苏维埃直接动员群众进行教育工作的职务。部长或科长为委员会的当然主席，其组织内容规定如下：

（1）各级委员会的人数，省 9 人至 15 人，县 7 人至 13 人，区或市

7 人至 13 人,乡 9 人至 15 人。

（2）各级教育委员会委员的产生,是从群众团体(青年团少队部儿童团等)政府机关报主笔,政府所在地及其下级的教育部长,各种文化团体,及各该级教育部内职员中之有经验者,由各该级教育部长提出名单,经各该级主席团委任之。

（3）省县区市教育委员会每月最少开会两次,有特别事件由教育部长或教育科长召集临时会议,乡教育委员会每月至少开会三次。

（五）省县区市教育部之职员及分工:

（1）省教育部设部长 1 人,副部长 1 人。其下分为普通教育科,科长 1 人、科员 2 人至 6 人。社会教育科,科长 1 人,科员 2 人至 6 人。编审出版委员会,主任 1 人,委员 3 人至 7 人。总务科,秘书、文书会计统计等 4 人至 8 人,另设指导员 5 人至 10 人。

（2）县教育部设部长 1 人,副部长 1 人。其下分的普通教育科,科长 1 人,科员 1 人至 2 人。社会教育科,科长 1 人,科员 1 人至 2 人。指导员 1 人至 3 人。文书 1 人,统计由两科兼。

（3）区教育部市教育科,设部长或科长 1 人,普通教育兼文书 1 人,社会教育文书 1 人。

（4）上列各级教育职员。除部长、副部长及市教育科长之外,均由各该级教育部长(市教育科长)委任或罢免之,但须报告上级教育部备案。

（5）各级教育部长及市教育科长的职务,是按照上级教育部的命令和指导,经常的计划并检查所属地区的一切文化教育的进行,指示并督促本部的及下级的工作人员执行这些计划,及对于这些计划的实施状况加以检查。副部长帮助部长进行工作,部长出外及有病时,代理部长的职务。

（6）普通教育科的职务,是管理成年补习教育、青年教育(如夜学、识字运动等)及儿童教育等(如列宁小学校)。

（7）社会教育科的职务,是管理俱乐部工作、地方报纸、书报阅览所、革命博物馆,及巡回演讲等。

（8）编审委员会的职务，是编辑普通教育社会教育的各种材料，审查下级编辑的材料，并以之出版。但中央苏区及与中央苏区发生了直接联系的苏区，重要材料的审查权在中央教育部。

（9）指导员的职务，是往所属各地巡检，直接指导下级的工作。

（六）由乡苏维埃指定一部分的代表，协同群众团体，组织乡教育委员会，在乡苏领导之下，发展该乡文化教育运动。其具体工作如下：

（1）制定每月全乡的教育实施计划。

（2）以扫除全乡文盲为目的，进行广泛的识字运动，领导识字运动委员会开办各村的识字班或识字组。

（3）领导俱乐部委员会在各个圩场上及村庄上建立俱乐部，发展俱乐部内的各项工作。

（4）建立夜学，使之普及于全乡的大小村庄上。

（5）建立列宁小学，并使他发展起来。

（6）建立巡回读报会及巡回讲演会。

（7）动员群众解决教育上的一切物质问题（教员伙食、学校设备、□灯油费问题）等。

（8）分别年龄性别登记在学（识字班夜学小学等）与失学的人数。

（9）经过乡苏召集全乡文化教育的活动分子会议。

（10）领导全乡的教育竞赛，并与邻乡订立文化竞赛条约。

（11）月终向该乡苏作本乡文化教育状况的报告。

（七）本暂行组织纲要人民委员会得随时修改或废止之。

代教育人民委员　徐特立

公元 1933 年 4 月 15 日

〔录自江西省瑞金中央革命根据地纪念馆馆藏：
RG00286（政策法令）〕

中华苏维埃共和国中央司法
人民委员部命令第十号
——关于没收犯人的财产和物件的手续

（1933 年 4 月 16 日）

在过去各级裁判部对于没收犯人的财产和物件非常随便,甚至把不应没收的也没收了,有的裁判部有乱没收犯人的东西,或没收来的东西不归公,就为私人所取用的事情,甚至于把人一扣留,不管他应不应该没收的,但是早把东西弄散了,审判之后根据事实应把东西退还,而已无东西可退还,这是司法机关所不容许的不规则现象,现将没收犯人的财产和物件的手续规定如下:

（一）凡扣留犯人,均须将犯人身上检查□□,倘搜出金钱或物件（如金戒指、大洋、毫子、纸币及其他用品等）,应该在犯人当面用纸写成记录,逐一的写明,在该记录上有检查人、参加人及犯人签字,将该记录置在案卷内,为该案件的材料,金钱和物件须封好保存,将□□号码写在面上,以便检查,不得随便将没收的东西弄散,必须完整,听候法庭判决处理。

（二）如为反革命犯或某种刑事案件（如盗卖公产、浪费、贪污等）,须将犯人的家中财产没收,不要在犯人扣留时立即没收,应将犯人的房屋财产封锁起来,待法庭将该犯案件□□□□法庭判决没收他的财产时再行没收,没收时须组织委员会,将财产登记写成记录□□□法庭的判决书,将财产交给□□□□□□。

（三）如犯人在未判决前由下级司法机关送到上级司法机关,或由别的政府机关送到司法机关审问,应将所没收的钱物件等（以下字迹模糊。——本文库编者注。)案件时,应注意该案件的财产和物件,在判决书上要明白□□没收或交还其本人。如判决没收必须写明如何处置,送某机关或发给当地群众。

(四)□□□判决书,将财产物件交回其本人时,须取得他本人的收据,以免发生□□和纠纷。

(五)犯人的财物或物件是否应当没收,去□□判决处置□□□。

以后各级判决部对于没收□□□□□□,必须□□□□本命令□□□□□□进行。

此令

司法人民委员　张国焘

1933 年 4 月 16 日

(根据中共江西省委党史研究室资料处藏件刊印)

中央劳动保护局训令

（中字第一号）

——为检查社会保险法实施

（1933 年 4 月 18 日）

为了保障社会保险法的实施，与清算过去社会保险金的工作，完成与开展反贪污斗争，特给予各级【劳动】检查机关，进行下列的检查工作：

1. 检查与督促各级工会过去负责征收社会保险金的经手人，在指定日期内一律交出社会保险金之账目与款项，否则以吞没社会保险金论，交法庭处罚。

2. 检查各个请工人的企业主过去缴付社会保险金的数目，是否有偷漏与□□之事，并利用这些数字作为社会保险金清算中反贪污斗争的证明材料。

3. 督促各级保险金清算委员会清算保险金的工作，并与他建立最密切的关系，协同去发动与领导工人反贪污斗争，并以国家原告人的资格向法庭控告贪污社会保险金的分子，去正确建立保险金的用途和保管工作。

4. 具体分配劳动检查员去向各业工人解释社会保险条例，并吸收各方面的意见，汇集按级报告上级。

5. 禁止非征收社会保险金的机关，停止工会介绍所及各地征收处征收保险金的工作。全部征收保险金的工作与账目，一律交给【社会保险】支局，由【社会保险】支局征收。绝对禁止向工人收保险金、按货征收以及拦路征收的非法行为。

上述工作,望各级【劳动】检查机关立即讨论执行的办法,具体解决上述工作中发生的困难和进行方法,并使各个不脱离生产的劳动检查员知道这一训令,以及具体分配他们工作,以保障这一训令的执行。同时各级检查机关□□□□□工作的情形,每七天报告一次。各省、县、区劳动部保护科,负责下面各个□□□□检查员的报告,按期转报到本局。此令

中央劳动保护局局长　朱荣生

1933 年 4 月 18 日

（据中共江西省赣州市委党史工作办公室保存原件之复印件刊印）

中华苏维埃共和国临时中央政府
财政人民委员部训令第十七号
——迅速设立土地【税】检查委员会

（1933 年 4 月 19 日）

　　查去年——1932 年——土地税山林税虽经屡次催促，至今还没有完全收清，而且照原来估计数目，短少很多。其中是否统统依照土地税山林税征收细则收税，有没有漏税，或以多报少的，有没有贪污舞弊或私做人情的免税减税的有多少，是否正当减免，各级财部，都没有调查报告过，这是很不合【适】的，本部为要了解上述这些情形与整理去年土地税山林税起见，决定以区为单位设立土地税检查委员会，彻底密查。这一工作，是非常必要而且刻不容缓就要进行的。因此特制定土地税检查委员会组织与工作纲要发下。各省县财部接此训令后，必须马上商请主席团立即开始进行，至多限 5 月底以前须检查完毕，并将检查结果详细具报。其土地税山林税尚未收清或瞒税漏税分子要补收的限 5 月半以前收清，无现款者，可将二期公债票抵还。其有十分困难的贫农中农当免者免当减者减，无论如何在 5 月半以前，必须将旧年土地税山林税扫数收清，不得延迟。此令

财政人民委员　邓子恢

总〔税〕务局长　李六如

公历 1933 年 4 月 19 日

附：

土地税检查委员会组织与工作纲要

（一）中央为检查各地土地税之征收情形，特设立土地税检查委员会。

（二）土地税检查委员会之任务如下：

一、检查各区乡群众是否依照中央颁布之土地税山林税征收细则纳税。

二、检查各区乡群众及各区乡政府有无以多报少及漏税等情。

三、检查税收委员会及乡代表有无贪污舞弊等情事。

四、检查免税减税者正当不正当。

（三）检委以区为单位组织之。人数9人至15人，由区政府主席团委任之。工农检察部、财政部及土地部，区雇农工会等须派人参加，省县乡不设立。

（四）检委人选要有下列条件：

一、工人雇农及红军家属等免税的成分。

二、对革命忠实铁面无私。

三、其中要有一二人略懂书算的。

（五）检委设主任1人，下分3组，各设组长1人，检查时即以组为单位分赴各乡按乡检查。

（六）检委到某乡时，当地雇农支部及贫农团主任乡苏主席及少先队等须派人协同检查以资熟悉。

（七）检查时须按户索取土地税收据与该乡村人口土地册对照，如查出有漏税或不当免税减税者，即将姓名记下交区苏照原额加倍收税。

（八）检查时如发现整乡整村以多报少或不当免减税者，除照例补收外，另将该乡村负责人撤职处分。

（九）检查时如发现群众已交钱而未得收据或出钱多而收据少者，除勒令经手人负责补款外，仍将该经手人交裁判部分别轻重处分。

（十）检查时除将收据及土地人口册对照外，尚须将该户人口土地税款等填写于土地税检查表上，再根据此检查表造成土地税征收统计表。

（十一）检委于每乡检查完毕时须报告区政府，并将检查出来之漏税以多报少不当免减税，以及贪污舞弊等分子列名报告，每区检查完毕时检委须做一个总报告到县苏。

（十二）区苏得报告后，即须根据这一报告向该舞弊者分别执行补税或处分。

（十三）这一检委是临时组织，全区检查完毕后即取消，检委人员在工作时间由区政府给伙食。

（十四）此项工作，各省县财政部接到此工作纲要后，即须派人指示督促区政府立刻进行检查，至多限一个月完毕。

（录自 1933 年 4 月 20 日出版的《红色中华》第 71 期第 5 版）

中华苏维埃共和国临时中央政府
财政人民委员部训令第十八号
——关于整顿商业税问题

（1933 年 4 月 21 日）

商业税是国家财政主要收入之一，当此革命战争向前开展，战费日益浩大的时候，整顿商业税收，向商人收足税款，供给红军作战，是我们当前的紧急任务。但各级财政部对这一工作，却做得极不充分，各处商税往往过期不收（如瑞金等），各圩场商税一般尚未开征，有些连全县都还没有开始（如永丰宜黄等县），商人资本及营业数额很多以多报少，被发觉的也没有严厉取缔（如博生县某药铺造假簿被发觉抓起来了，后来却没有什么处罚便轻轻放了他，公略坡头某店铺以多报少，被税务科抓起来，县政府却马上把他释放，深怕得罪商人），这样自然商人胆子大起来，弊端百出，查不胜查。近来各处商人更把资本分散，另外摆摊子，以逃避纳税，百余元资本的摊寮小商，更藉口无簿帐〔账〕可凭，少报资本一律免税，流动的季节商人，如盐船等也多未征税，会昌筠门岭盐行老板更将所买之盐，直接送到船上，假充船老板的，以免纳税，这些弊端，都表现出过去商业税收中的缺点很多，其主要原因是由于各级财政部与税收人员对商人的阶级妥协，因此，促成今年以来税收大大减少的坏现象（当然主要原因是由于经济封锁），结果妨害到战费的供给，这些阶级妥协行为，客观上是帮助了反革命。

本部为整顿商业税收，增加财政收入，以充裕战争经费起见，特根据此次省县税务科长联席会议的意见，指出商业税征收办法如下：

首先就要严格登记资本，凡该店之公本、余本，一年以上之存数或缴货，以及未作存款之店房估价等概须包括在资本之内，嘱各商人自己详细填写商业登记表，限期交到税务科，以便检查。检查资本时主要以上年盘货簿及来往簿为凭，老店资本用空及小资本无帐〔账〕簿可凭者，概以生意大小为估计资本之标准。凡小店及摊寮小商，多无簿账可凭，资本无从查实，应以每月所做生意为凭，凡生意满100元的即要按照资本100元的税率收税（自己肩挑的小贩不收税），不得藉口资本不到100元企图免税。其兼赴几个圩场的摊寮税款，由发给营业证机关收取。不开门面的流动或季节商人，如盐商烟叶商纸商等，不论进口商出口商，凡是为买卖目的，在苏区内买货或卖货的，都要于买卖时向所在地税收机关交纳营业税，其资本按照每帮运货价值及用费总数估计之。

二、除资本登记确实以外，尚须查实生意数量，主要是查他的银钱簿卖货买货簿互相对照，但须考察其笔迹与墨迹及账簿边痕的新旧，以防假造。调查生意及收税时不必税收人员自己亲到各店，可于每月2、3号起发出营业调查表，嘱各店自己照实填报，盖章负责，此调查表限他们两天或三天填好送来，不填者即照1月加倍收税。此调查表送来后，税务科审查可疑者即派人前往查账。如认为无甚可疑，即将调查表数目填在商业税分户账上，扣算税款，填发商人纳税通知书，也限他们二天或三天内将款送到税务科交清，过期不交者，照税额加倍征收。这样商人自然不敢故意延期不交。为提防商人舞弊起见，可于收税后经常突然间去检查某几家商铺账簿，这个月查那几家，下个月又查这几家，有时也可以查一查1月份2月份或去年之账，如有调查表与账簿不符者，即须严厉处罚（如扣留封店罚款等），这样使商人防不胜防，自然不敢作弊。

三、为避免麻烦起见，对于每月生意只做一二百元的小商店或摊寮不必每月查账，可按照各月大概情形确定他每月交好〔纳〕多少税款，以后即照此确定税款按月征收。

四、屠户营业税，必须先收钱后盖印。由税收员指定某适中地点令各屠户将猪送来盖印，盖印后才准出卖，一方面盖印，另一方面即派人巡查，这一巡查亦须采取突然手段，使屠户防不胜防，各乡村屠户所杀之猪，由区税收员将收据委托乡政府代收，屠户收得收据才准出售，收据填完后交回区苏算帐〔账〕。

五、烟捆无论黄烟（即条丝烟）熟烟（即黑烟粗烟）都以 50 斤计算，超过 50 斤的按斤数增加，少的照斤数减少。但相差不满 10 斤的捆仍照 50 斤计算，不必增减，这是指刨烟的烟捆，至烟行的烟叶，则须照普通营业税率征税，不能用此税率。

六、战费日益急迫，各级财政【部】乡税务科必须赶快将各县区税收人员找好，加紧努力，认真收税，尤须与当地工人及合作社取得好的联系，要时时刻刻采用各种方法去对付商人舞弊，特别要打击那些对商人妥协分子，以为收税手段太严厉了会促成商人不做生意的右倾错误观念，大家一定要晓得目前的战争紧张，要用极大努力将各城市各圩场各种营业税按月收齐，以增加政府财政收入，而完成战争的更大胜利。此令

各级财政部

税务科

财政人民委员　邓子恢

税务局长　李六如

1933 年 4 月 21 日

（录自 1933 年 5 月 11 日出版的《红色中华》第 78 期第 5 版）

为夏耕运动给各级苏维埃负责人的信

（1933 年 4 月 22 日）

省苏县苏区苏的主席团及土地部长乡苏的主席及全体代表同志们：

春耕已过去了。有些地方虽然得到了好的成绩，但许多地方的成绩是非常之差的。严重的情形是政府主席团忽视春耕，土地部对春耕怠工，尤其是动员的方式脱离了群众。现在夏耕已到，转眼就是秋收，如果你们再不努力，不立即改变春耕中所犯错误，不大家拿出战斗精神来对付夏耕，那么，为了群众利益为了革命战争而增加二成收获的计划，就要受到极严重的□□。因此中央土地部特为编了一个夏耕运动大纲（即红色中华发表的怎样领导夏耕运动）发给你们，在这个大纲中指出了夏耕严重意义、夏耕的目的、夏耕的中心工作，与夏耕中动员群众的方式，其中特别指出瑞金武阳区的实例——在这里真正做到了"有组织的动员"激发了农民群众空前高度的劳动热忱，得到了春耕的伟大成绩。你们接到这个大纲之后，要立即召集各种必要的会议（县苏主席土地部长召集各区主席土地部长开会，区苏及其土地部召集乡苏主席及贫农团主任开会，乡苏分别召集代表会、贫农团、妇女代表会、赤卫军、少先队、儿童团及乡村群众开会），解释大纲的要点，讨论本地的进行办法，立即将革命的夏耕战斗开展到所有红色农村中去。省苏不必召集县苏开会，但要根据此大纲而有具体活泼的指导。省对县县对区均要每月检查他们的工作一次。区对乡则每半月检查一次。中央土地部当于 5 月内派人分往各县对你们的夏耕成绩作第一次检查。夏耕任务的完成首先靠你们正确而有力量的领导。同志们大家为了夏耕的全部胜利而奋斗呵！

临时中央政府主席　毛泽东

副主席　项　英

张国焘

代土地人民委员　胡　海

1933 年 4 月 22 日

（录自 1933 年 4 月 29 日出版的《红色中华》第 74 期第 4 版）

中央土地人民委员部
关于夏耕运动大纲（节录）

（1933 年 4 月 22 日）

（一）夏耕是今年生产的紧要关头

努力动员群众,实行生产战线上的突击,号召群众为了增加二成收获而斗争,要使今年的收成能够满足群众生活与革命战争两方面的需要,这种春耕的革命战争的意义,在中央政府的提早春耕训令内,在中央土地部的春耕计划内,都已明白的指出来了。

现在春天快完了,春耕的成绩怎么样呢? 不错,在一部分地方（兴国、瑞金的武阳区、上杭的才溪区,其他老苏区的一部分）是很有成绩的。人工已广大的发动了,田已犁耙了两次,妇女、儿童都参加生产。坡圳、池塘修好了,有些开筑了新的,水车修好了,有些添置了新的。肥料增加了,有些地方增加到百分之七十。有些地方发动了群众实行耕牛、农具的互助。有些地方调〔掉〕换了好的种子。红军公田、红军家属的田也比去年耕得更好了。但在另一部分地方,就不是这样的。在这里,有些地方是完全老样子,中央的春耕计划理也没有理他,甚至有乡政府主席连春耕两字都没有听过的（宁化、石城、会昌、博生等县的许多区）。有些地方土地部长怠工,放弃春耕运动不去领导（瑞金的壬田区、下肖区、黄柏区）。有些地方虽在执行春耕计划,但因动员方法不对,成年、青年、妇女、儿童没有广大的发动起来,春耕的成绩还是不多（各县的许多地方）。有些地方春耕成绩,但是由于群众的自动努力，而不是由于政府的积极领导，政府做了群众运动的尾巴。有些地方群众粮食困难妨碍春耕，政府没有去帮助解决。有些地方群众还不相信土地是分定了的，不肯去积极耕种，政府没有去解释清楚。

根据以上情形，今年的春耕成绩是大大不够的了。同志们必须明白：去年的收成不好，影响到今年的米价飞涨，贫苦群众吃了大亏，若今年收成再不好，那影响明年的群众生活不要更大了吗？并且今年春天快过，单单靠了一个夏天，若夏耕是紧要而不紧要的关头，绝对不许一刻放过。完成夏耕的关键，在什么地方呢？完全在政府的领导。广大群众是没有不愿意为了本身利益，为了革命战争而努力耕种的，只要苏维埃有计划的去领导，有组织的去动员，一定能够激发群众空前的劳动热忱，达到大大增加收获的目的。兴国、武阳、才溪等处已有很好的榜样，同志们大家起来学习兴国、学习武阳、学习才溪呀！

（二）夏耕中我们所要求的

夏耕是紧要关头，前面已经说过了。但夏耕中我们所要求的是些什么呢？主要部分都在春耕计划中提出来了，不过那里说得笼统一点，现要重复向农民群众清楚的提出，特别着重夏天下种的生产，指点他们去为了这些而努力。

第一是谷米，这是最主要的生产。口号的'增加二成收获'这不是说比去年的收获增加二成，而是说每担谷田（实谷）今年要收获一担二斗。有些地方肥料增加到50%以上的，据说这些地方将不止增加二成，当地政府就要将口号提得更高一些。要努力开发荒田，中央曾专为荒田下了一个命令。可是各地现在还有许多荒田没有开动，区、乡政府必须有组织的动员去开，给种下杂粮或八月粘去。坑田地阴水冷，也要注意种八月粘。同时缺水地方应种旱禾。凡是可种晚稻的田都要计划种晚稻，因为许多地方晚稻的收成比早稻好，就数量上说晚稻在谷米生产中也是占了很大地位的。

　　第二是杂粮,这里包括番薯、豆子、花生、高梁〔粱〕、包粟、芋头等几种重要的生产。这里的口号不是增加二成收获,而是'恢复革命前的生产'。因为这些杂粮特别是番薯一项,在革命后是大大的减少了,有些地方竟至不种番薯了(过去许多地方番薯当3个月粮),原因是群众以为得了土地,粮食够吃。政府应该指出这种自足观念的不对,只有增加杂粮才能省出谷米来卖钱,更加改善群众的生活与更加扩大第二年的生产。但在有些地方革命前即种番薯很少,那便不是恢复生产,而是劝告群众今年要添上种番薯的部门了。早番薯、包粟目前正当下种,要切实注意它的栽培,特别是早番薯的栽培。荒田开发得迟的,要给它多种下杂粮去。

　　第三是蔬菜,俗话说"蔬菜半年粮"。可见,蔬菜是粮食的很大帮助。特别是今年许多地方缺粮,离新谷登场又还有好几个月,只有多种蔬菜(茉子、苋菜、豆角、姜〔豇〕豆、各种瓜菜)才能解决青黄不接的困难。

　　第四是木子。要发动群众铲木子山,凡是去年没有铲的,都要在秋前铲一次。木油是粮食的大宗,现在油价又这样贵,政府要有计划的发动群众铲山。

　　第五是棉麻。缺乏棉花是苏区一个大困难,春耕计划中特别提出了种棉,各地政府要赶紧督促实现,要集合种棉经验指导群众。苎麻是苏区用得着的。除博生一带为了夏布出口而多量生产的麻,现因敌人封锁,本年不应多种,而应以一部分改种棉花及其他杂粮外,其他地方仍应种麻,荒田亦可拿一部分去种。还有兰是染料必需,苏区种的不少,要去注意培植。

　　第六是烟叶。烟叶是日用品,又是出口大宗,粮食有余的地方应该多种,但粮食缺少地方则不应拿了田亩种烟,应该多开山土去种。

　　以上六项(谷米、杂粮、蔬菜、木子、棉麻、烟叶)是我们在夏耕中的要求,是我们夏耕的目的。我们的夏耕是为了这些而努力,各地春耕计划没有这样清楚提出来及提出得不足的,要立即提出,作成当地的具体计划。

此外,还要说到山林。近来山林破坏得利害,甚至大块的放火烧山,这是十分不对的。各地政府应该提出"保护山林"、"禁止烧山"的口号,实行保护山林,发展山林。

(三)夏耕的中心工作

要达到上面说的这些目的,要做些什么工作呢?要具备些什么条件才能达到这些目的呢?很明白的,要切实耕耘,要增加肥料,要开发水利,要调剂耕牛、农器,这便是夏耕的中心工作,是达到上述目的的必要条件,区、乡政府要依照下面的大纲,继续当地以前的计划定出适合夏耕的具体计划。

第一,关于耕耘。增加收的第一个保证,在于耕耘做得完备,要办到犁三次,耙三次,番稻更要多耘,要使田里没有一寸草,杂粮、蔬菜、棉花、苎麻、烟叶,更靠耘草。给它增加肥料而不给它耘草,肥料大部都白费了,大大增加人力到耕耘上去,是夏耕的最重大任务。

第二,关于肥料。瑞金武阳区石水乡及云集区县前乡,截至4月半止,均比去年增加肥料70%,它们还在继续增加中,这是很可学习的例子。它们增加来的肥料,主要是铲草皮,刈卤萁,开塘泥、烧火土、垫草灰、捡狗粪。早稻的第一次下肥已经过去,要立即准备耘田的时候补肥及点禾。各种主要肥料下得不足的,更靠点禾补救,"多耘多点"是夏耕要诀。要赶快准备番稻肥料,草皮、卤萁、火土、草灰是主要项目。不论早稻、番稻,石灰是重要肥料,县、区政府要指导有原料的地方烧石灰窑,特种肥料如菜枯、豆枯、木子枯、骨灰、烟骨、硫磺、头发,凡能办到的都应去办。许多地方番薯全不下肥,是不能望有好收成的,要改变习惯施肥下去。杂粮、棉花需肥料不多,也要量其需要施给。蔬菜、烟叶需肥很多,更要努力办齐。要增加收成而不增加肥料,那真是空口说白话啊!

第三,关于水利。水陂、水圳、水塘,不但要修理旧的,还要开筑新的。缺水地方要有高地开挖水塘,水车未修理好的要继续修好。

沿河地方要设置筒车。水是稻田的命脉，无水则人工、肥料都成白费，区、乡政府要组织水利委员会去领导全区、全乡水利的开发。

第四，关于耕牛、农具。要提倡耕牛、农具互助，耕牛、农具多的帮助那些少的和没有的，自然就应该出点牛租。从地主富农没收来的耕牛、农具，要赶快组织犁牛合作社，武阳区石水乡和云集区的洋溪乡的犁牛合作社已经组织起来了。瑞金桃黄区有一乡缺牛，各乡农民捐钱替这乡买了牛，也是个好例子。耕牛的保护，农具的修理，都是政府应该去领导的。农具不足的地方要制造农具，县政府要指导有铁炉的地方开炉铸铁。

要达到"谷米增加二成"，"番薯恢复革命前生产"，"多种杂粮"，"多种蔬菜"，"多种棉花"，"多出木油烟叶"这些目的，一定要将人工、肥料、水利、耕牛、农具几个生产上的中心问题给他很好的解决。各地政府要向群众提出"人工个个下田"，"肥料增加一倍"，"陂圳、池塘赶快修好"，"耕牛、农具互相帮助"等简单明了的口号。其中特别关于人工是耕种最重要的关键，因为不但耕耘需要人工，肥料的增加，水利的开发，都需要动员大量的人工，所以人工的动员成了政府对于夏耕生产最中心最紧急的任务。

（四）夏耕的关键——群众动员问题

同志们，我们已经说过了，我们的目的是要使谷米增加二成收获，使番薯恢复革命前的生产，要多种杂粮，多种蔬菜，多种棉花，多出木油。我们又说过了，要达到这些目的，必须办到切实耕耘，增加肥料，开发水利，使群众互相帮助耕牛、农具，并努力铲山。但是，同志们！这不是容易的事情，过去几个月中春耕计划执行的不够，你们已经明白了，怎样使夏耕不又像春耕一样呢？那是决不行的。夏耕又像春耕一样，将使我们的计划大部落空，我们目的大部失塌，我们一定要使我们的目的计划完全实现。用什么办法呢？并且只在这个短短的夏天！

办法就是：有组织的动员群众！

怎样叫做有组织的动员群众？

你们去学习武阳区。

武阳区是这样的：全区 8 个乡春耕成绩一般都是好的，其中以石水、下州两乡最好。石水的成绩又超过下州，占了全区的第一等。

石水的情形怎样呢？全乡的田都犁耙了三道，业已开始莳田。特别是红军公田、红军家属的田耕得好。全乡肥料比去年增加 70%。全乡的坡陂圳、池塘都开发了。消灭了全乡的荒田。全乡 2700 多人除老小疾病外，成年、青年、妇女、儿童通通参加生产，激发了空前高度的劳动热情。

为什么这个乡得到这样大的成绩呢？

原来他们做了很好的动员工作，他们真正做到了组织的动员：

（1）动员的开始：乡苏主席参加区苏讨论春耕的会议回去以后，连同区苏、区委派去的指导员，首先开了党团员大会，随即开了乡苏代表会，接着开了贫农团大会，最后开了妇女代表会，赤卫军、少先队、儿童团下操时，都着重讲说了春耕。乡苏和妇女代表会都组织了宣传队，男女两宣传队均有宣传员 3 人（3 村每村 1 人），队长 1 人，都作了春耕的宣传，贴了标语。这样就在全乡开始造成了春耕的热烈空气，大家晓得春耕的意义、目的、计划与进行的方法了。

（2）乡代表会的领导：乡代表会起了极大的领导作用。71 个代表（内有妇女 13 人）分在 3 个村中，每人对其选民 50 人（工人、雇农的少一些）负起春耕领导之责。每 10 天乡代表会开会，报告各村状况，讨论新的办法。

（3）贫农团的领导：这里的贫农团有 500 多人，共有 52 个小组，每组 8 人至 12 人不等，分在 3 村，每村一个干事会。全乡一个总的干事会。领导春耕的方式：每 5 天各小组开会一次，每 10 天 3 村贫农团各自开会一次，每月开全乡贫农团大会一次。

（4）妇女代表会的领导：全乡 96 个妇女代表，选举主席团 7 人。每 5 天由各个代表召集所属妇女开会一次，每 10 天全乡妇女代表会一次。本乡妇女（全区亦然）在生产中占了极重要的地位,她们除了犁田、耙田、莳田之外,什么事都会做,铲草皮,割卤萁,开塘泥,开粪下田,作田塍、田坎,修陂圳,犁田时散粪砍菜子,耘田、巡水、种杂粮、蔬菜,样样都会。她们的劳动占了全乡生产劳动的50%以上,在武阳区犁田、耙田、莳田也有少数妇女会做,她们正在学习,使多数人都会做。

（5）儿童在春耕中:由于儿童团的动员,他们在铲草皮、看牛子、捡狗粪。他们规定3个月内每人捡100斤狗粪给红军公田,100斤给红军家属,100斤给自己,捡来了过秤,载在他们的比赛条约。

（6）党对春耕:党在春耕中起了极强的总的领导作用。全乡有党员150多,团员70多。1个总支（干事会11人）,3村每村1个分支（干事会3人至5人）。为了春耕,5天开一次小组会,半个月一次分支会,一月开一次总支大会。

（7）耕田队:男子耕田队全乡1个大队,有大队长,队员520多人。分为4个分队,第一村人口800多,1个耕田分队,第二村人口1200多,2个耕田分队,第三村人口700多,1个耕田分队,每分队队员100多人,有分队长,下分小组,每组5人至10多人不等。女子耕田队400多人,组织与男子队同。男女耕田队共约千人,是专为耕种红军公田与帮助红军家属、苏维埃工作人员耕田而组织的,他们吃了自己的饭去耕,耕的特别好。

（8）突击队:党与政府各一个3个人的突击队,3个人分在三村,公开的号召,秘密的考查,各种春耕的会议他们都去参加,要是群众不晓得他们是突击队。

（9）比赛:全乡都发动了生产比赛,激发了群众极大的革命热忱。本乡的办法:家与家比,屋【场】与屋【场】比,村与村比,乡与乡比。比什么? 比耕耘,比肥料,比杂粮蔬菜种得好,党、团、政府与群众团体会议的紧张,工作的激进,比赛起了大的推动作用。

同志们,石水乡只是一个例子,这样的例子各地一定还有的。我们希望省政府在本省找出一个至几个例子向全省宣布，县政府在本县找出一个至几个例子向全县宣布，区政府也要在本区找出比较进步的例子向全区宣布，使大家看看活的榜样，这比抽象的指导有用得多。

石水乡的特点，是党、政府及群众团体三方面同时动员起来，这和许多地方一方面动了别方面不动的现象完全不同。在这里，党与政府当然是领导的中心，但若不推动群众团体尤其是贫农团与妇女代表会，决不能造成伟大的运动。

（录自《革命根据地经济史料选编》上册，
江西人民出版社 1986 年版，第 250 页）

中央人民委员会第四十次常会

（1933 年 4 月 26 日）

人民委员会于 4 月 26 日下午 1 时开第四十次常会，主要的讨论及决议如下：

一、由邵式平同志报告信抚分区工作并审查红十一军来电，经详细讨论认为闽赣苏区，地方广大，在政治军事上均占重要地位，争取这一广大区域成为巩固的苏区，实为夺取抚州、进攻南昌的必要条件，因此议决将建、黎、泰、金资光邵闽北苏区，以至信抚两河间一带地区划为闽干〔赣〕省，立即成立闽干〔赣〕省革命委员会，以邵式平、顾作霖、万永诚、余泽鸿、毛泽民、钟世斌、萧劲光、周建屏、黄道、薛子萍〔正〕、陈荣洲、方志纯、王伙子、张光发、吴家远、包维贤、刘才英、钟光来、钟宝光、曾昭铭、李德胜、邹琦、黄立贵、彭皋、刘炳龙等 25 人为委员。依着斗争的发展，还应增加当地干部 10 人至 25 人为委员。以邵式平、顾作霖、万永诚、钟世斌、毛泽民等 9 人为主席团，邵式平为主席。对该省目前中心任务及工作方针均有具体指示。

二、审查国民经济部暂行组织纲要，对发展合作社运动调济粮食及对外贸易等工作均有详细讨论和决议。规定了国民经济部与内务、财政、司法、教育各部的工作关系与职权划分。

三、湘赣省苏来电，呈请批准于"五卅"纪念日开全省代表大会并请派人出席指导。决议电令延期举行，目前须加紧代表大会准备工作，并指示目前的中心任务。

四、去年收成不好，今年许多地方粮食缺乏，青黄不接时，将更加困难。议决责成土地部训令各地多种杂粮蔬菜。

五、议决中央苏区于秋收前举行城苏乡苏的普遍改选运动，现应进行各种准备工作。

六、决议委梁柏台同志为司法人民委员【部】副部长。

七、议决对富农捐款问题由人民委员会下一指示令。

（录自 1933 年 4 月 29 日出版的《红色中华》第 74 期第 1 版）

中华苏维埃共和国临时中央政府
人民委员会训令第十号
——关于设立各级国民经济部①

(1933 年 4 月 28 日)

　　提高苏区的各业生产,扩大对内对外贸易,发展苏区的国民经济,打破敌人的经济封锁,这在目前激烈发展的国内战争环境下,有第一等重要意义。因此中央执行委员会曾发布第十九号命令,在中央增设国民经济人民委员部,在省县两级增设国民经济部,要各级政府转变过去忽视经济建设的错误,迅速开展经济战线上的进攻。自从帝国主义国民党向苏区与红军举行第四次"围攻",同时实行残酷的经济封锁以来,由于共产党与苏维埃的正确领导,红军与群众的积极进攻,我们已经得到了极大的胜利,但各级政府必须明白:我们与帝国主义国民党的战争是长期艰苦的战争,即拿完全粉碎四次"围剿",争取一省数省首先胜利来说,亦尚须给与极大的努力。拿经济建设上的胜利,去改善工农群众的生活,激发群众更高的革命热忱,同时保障红军的需要以配合整个的战争动员,这对于胜利的战争是有决定意义的。

　　在上述原则之下,各级政府必须抓住目前经济建设上几个中心工作,如农业与工业生产的发展,粮食的调剂,合作社的扩大,对外贸易处的建立,国有企业的发展等,实际的进行起来。为了进行这些工作,人民委员会特制定各级国民经济部暂行组织纲要,在此纲要内,

---

　　①　副标题为本文库编者所加。

规定设立国民经济部最主要的机关——设计局与调查统计局,并规定在各专门行政机关——农业部、工业部、交通部、国内外贸易部等未设立以前,这些机关的行政工作,全部或一部交由国民经济部管理。各级政府接此训令及纲要后,应立即按照规定建立各种机关,过去由财政部管辖的一些工作,如粮食调剂局、合作社、对外贸易处等,应划归国民经济部管辖。过去归教育部管辖的国家印刷厂,亦暂时划归国民经济部。过去归司法部及省县裁判部管辖的劳动感化院,应将制造与营业的部分划归国民经济部管辖。但内务部管辖的交通行政,只将运输部分划归国民经济部,其邮电路政等项仍归内务部管辖不变更。过去省县两级的粮食部,应归并于国民经济部的粮食科。各级国民经济部内,均应设立国民经济委员会,以为规划及建议的机关。省县两级国民经济部机关的建立,人员的委任,均应迅速报告中央国民经济人民委员部备案,至于该管区域国民经济的计划,及具体指导的方案,亦限早日拟委〔妥〕,呈候中央国民经济人民委员部核准施行。此令

主　席　毛泽东
副主席　项　英
　　　　张国焘
公历 1933 年 4 月 28 日

附:

中华苏维埃共和国各级国民经济部暂行组织纲要

(一)国民经济部在中央隶属于人民委员会,称国民经济委员部,设部长副部长各 1 人,省县在执行委员会之下,称省县国民经济部,

省设部长副部长各 1 人,县设部长 1 人,区市暂不设国民经济部。

（二）省县国民经济部,在行政上直属于上级的国民经济部,绝对执行上级的命令,但同时受同级执行委员会及主席团的指导与监督。

（三）各级国民经济部之下设国民经济委员会,中央以 9 人到 15 人,省以 7 人到 11 人,县以 5 人到 9 人组织之,各级委员由人民委员会及各同级的主席团分别委任之。国民经济委员会的职务,系专门讨论计划,建议关于发展国民经济的一切事宜,开会时以部长为主席。

（四）下级国民经济部的部长,经各级执行委员会或主席团选出后,必须送上级批准。

（五）国民经济人民委员部内暂时设立下列各局处:（1）设计局（2）调查统计局（3）粮食调剂局（4）合作社指导委员会（5）对外贸易局（6）国有企业管理局（7）总务处。以上各局处会,各设局长、处长和主任 1 人,视事务之繁简各设局员处员委员和干事若干人。

（六）省县国民经济部内设立设计科、调查统计科、粮食科、合作社指导委员会及文书科,各科各设科长 1 人,科员 1 人或数人视事务之繁简定之,但文书科长暂时可不设置,合作社指导委员会设主任 1 人,委员 5 人至 10 人,干事若干人。

（七）国民经济人民委员部各局处会掌管事务如下:

（甲）设计局管理发展全国农工商矿、交通、运输,及一切关于国民经济的设计事宜。

（乙）调查统计局,管理全国工农商矿、交通、运输及一切关于国民经济的调查与统计事宜。

（丙）粮食调济局,管理粮食的籴粜、运输及仓库存储等事宜,使粮食有合理的分配,以适应红军、政府机关及全体国民的需要。

（丁）合作社指导委员会,指导全国合作社事宜,帮助合作社有系统的建设,监督合作社的营业,调整物品的需给,平准物价的低昂,抵制商人的操纵,以期在经济上团聚和教育广大的工农群众,准备走向社会主义的道路。

（戊）对外贸易局管理苏区对外贸易事宜，设法打破封锁，保证苏区境内的生产品与境外的商品，得有经常的交换，消灭农业生产品与工业生产品价格的剪刀差现象。

（己）国有企业管理局，管理各种国有企业并度量衡事宜。

（庚）总务处掌管会议记录，文书的收发保存，会计庶务等事宜。

（八）省县国民经济部各科会掌管事务如下：

（甲）设计科拟具计划提高省县范围内的各业生产，参与省县范围内的国有企业及交通运输之监察与管理，并随时将其办理情形，报告上级机关。

（乙）调查统计科：管理省县范围内一切国民经济部门的调查与统计事宜。

（丙）粮食科：调节地方粮食的价格，保证红军给养与地方工农群众食品的充实。

（丁）合作社指导委员会，指导合作社的发展并监督其工作。

（戊）文书科：管理文书，会计，庶务传递及不属于他科的各事宜。

（九）在工作上有必要时，得聘请专门人才设立专门会议，以解决某种任务。

（十）为督促部务进行，指导下级的工作，得设指导员若干人。

（十一）各级国民经济部办事细则另订之。

（十二）本暂行纲要，人民委员会得随时修改和废止之。

（十三）本暂行纲要，在福建江西及瑞金直属县自公布之日起施行，但未与中央苏区打成一片的苏区，自文到之日起施行。

国民经济人民委员部

1933 年 4 月 28 日

（录自 1933 年 5 月 8 日出版的《红色中华》第 77 期第 5 版）

中华苏维埃共和国临时中央政府
财政人民委员部训令第十九号
——建立现金出口登记制度
（1933 年 4 月 28 日）

中央执行委员会为保障苏区经济发展，便利市场交易起见，此次特颁布现金出口登记条例，凡携带大洋或毫子往白区办货在 20 元以上者须向市区政府登记，1000 元以上者，须向县政府登记，取得现金出口证才准出口，无出口证及非为办货用的，一律不准出口，向银行或兑换所兑换现大洋的，也要有现金出口证为凭，无出口证的，显系在苏区内使用，则一律兑换国币及毫子。这样一来，豪绅地主资本家想假冒办货名义偷运现大洋出外的就困难了，这是保存苏区现洋，维持市场交易的必要办法。

这一登记工作，是要市区财政部登记员负责，要店员工会或乡政府介绍证明，没有证明的不能登记，不能发出口证，为要防止商人或地主假冒名义带钱逃跑起见，于商人请求登记时，必须详细考问，审察其证明书，真假如何，日期对不对，证明机关所填事项与登记人口说是否相符，如发现可疑之点，必须再行审察，不能马上登记，工会及乡政府证明机关也要详细考察，不能随便介绍证明，但确系办货或卖完回去者，即须立刻予以证明或登记，不得故意延缓留难，致碍商人办货。银行及兑换所兑换大洋，亦须看清出口证为凭，无出口证的，只兑国币及毫子，不兑大洋，防止地主富农资本家私藏大洋，致碍市场流通。

现金出口时，关税处同国家政治保卫队，以及边区，区乡政府必须切实检查现金数量，并按照出口证一一盘问明白，检查后须将该出口证收回，寄还原发给出口证机关对照，以证明该现金确系出口，如发现无出口证或现金与出口证不符者，须将送款人扣留送交当地政权机关讯办。但严防检查人员循私舞弊或留难勒索等弊端。

现金出口以后，须照出口证上所载（买货回来）月日去检查该商人是否如数买了货来，如未按期办货回来，又未前来申明，即须追究该商店。这些工作，须与该业店员支部好好联络，对带钱逃跑商人，必须严厉取缔，但须调查确实，不能随便处罚，致引起商人恐慌，反而妨碍办货。

各级财政部，接到本训令及现金出口登记条例以后，必须立刻召集财政人民委员会及各市区登记员联席会，详细讨论执行办法，并将发来现金出口证及出口证明书样式照样翻印，交各市区及工会等使用，实行登记时，并须召集商人开会，说明登记意义登记手续与兑现办法，宣布开始登记日期。对工农群众，尤须作广大宣传，分别派人出席工会贫农团，详细解释使大家明白登记现金出口及兑现办法，是保护苏区工农的经济利益，要大家起来帮助政府切实执行。此令

财政人民委员　邓子恢

公历 1933 年 4 月 28 日

附：

现金出口登记条例

一、为保持苏区现金流通，便利市场买卖，防止豪绅地主资本家私运现金出口，破坏苏区金融起见，特颁布现金出口登记条例，以取缔现金之无限制运往白区。

二、凡苏区群众往白区办货，或白区商人运货来苏区贩卖，须带现洋（大洋及毫子）出口，在20元以上者（未与中央苏区联系之苏区由当地省政府酌定数量）须向当地区政府或市政府登记，现洋出口在1000元以上者，须到县政府登记（汀州商人带1000元以上出口者，则须到省政府登记）。登记后取得现金出口证，才准通过出口检查机关，但不满20元者不在此例。

三、非为办货目的或货卖完回去输运现金出口者一律禁止，不得发给出口证，市区政府徇私发给者，严办市政府负责人，其确系运往白区办货者，亦不得藉故留难，如有故意留难或贪污舞弊者，一经查出即行究办。

四、凡商人或合作社运现洋出口向政府登记，须由该业店员支部或当地店员工会介绍证明，乡村无店员工会者由乡政府给证明书，该证明书，须载明运输商号，送款人姓名，现金数量，作何用途，运往何处，经过何地，何时可以买货回来等项。

五、凡运现洋往白区，须向银行及兑换所兑换大洋者须带有现金出口证为凭，如在苏区使用，无出口证为凭者，一律兑换国币及毫洋，以防止地主富农资本家私藏大洋，致妨碍苏区现金流通。

六、各关税处，国家政治保卫队，以及边区之区乡政府，须负责检查现金出口，检查后，须将该出口证收回，每10天汇集寄回原发给出口证机关，以便审查，凡满20元无出口证者，将该出口现金没收。但商人因为不明手续，致未取得出口证者，得向原住地市区政府申明，经考查属实后，得斟酌情形准予从轻处分（照出口金额罚款百分之五至百分之十），余款发还。

七、商人输运现金往白区办货，须限期如数办货回来（除应有路费之外）。并于货物回来后开具清单向原登记政府报销案，如到期无货回来，或所办货价比运出现金较少者，即严厉处分该商人，但有特殊原因，如货物被白军抢劫或因运输不便致延时日等，经商人提出确实证据前来申明者，得予免究。

八、现金出口，由市区政府财政部查〔登〕记【员】负责登记，县政府所在地之城市则归县政府财政部登记。

九、现金出口证明书及出口证格式由财政人民委员部规定,县政府印发各市区政府及工会使用,以昭划一。

十、本条例由人民委员会制定或修改之。

十一、本条例自公布之日起实行,未与中央区联系之苏区,自文到之日起施行。

（录自 1933 年 5 月 11 日出版的《红色中华》第 78 期第 6 版）

中华苏维埃共和国临时中央政府
财政人民委员部布告第五号
——二期公债付息问题

（1933 年 4 月 28 日）

　　第二期革命战争公债,前经各地群众团体请求延期还本,将款移交战争经费,已经人民委员会批准,明令公布还期至明年 6 月 1 日还本,今年 9 月 1 日付息,现在快到 9 月之期,本部遵照人民委员会命令,已令分支库准备款项如期偿付息金,按照公债票票面金额,每元付息 5 分,付息后将该券数目字上剪开(如五元票须对准五字上缝中剪开即全票四分之一),剪后将原票交还原主留为明年还本根据,而已剪下全票四分之一的小条子交给分支库作为付息凭证,特此布告,望各工农群众及商民人等,持有第二期公债票者,一体知照前往分支库领取息金为盼。

部　　长　林伯渠

副部长　邓子恢

1933 年 4 月 28 日

（录自江西省兴国县纪念馆馆藏资料,330428,1;中共江西省赣州市委党史工作办公室资料,中 33 – 1 – 25）

中华苏维埃共和国劳动法
起草委员会通告第一号
——为征求各机关企业各团体及全体工人职员
关于劳动法草案的意见

（1933 年 4 月 28 日）

中央执行委员会对于 1931 年 12 月颁布的劳动法在一年来实施的经验，认为该条文，有些地方不合于实际的经济环境，因此；在【执行时】发生许多困难，而且有许多实际问题尚未规定进去。中央执行委员会为更增高全体雇佣劳动者的利益，【巩】固工农的经济联盟发展苏维埃区域的生产，加强苏维埃政府的战斗能力，因此将委托本委员会重新【拟定】劳动法。现在劳动法的草案已脱稿，为要广泛的吸收工农□□□群众对于本劳动法草案的意见，使将来重新颁布的劳动法更进于完善的地步，特将劳动法的草案用油印印刷出来，分送各机关各企业，各群众团体。希望各机关各企业，各群众团体，接到劳动法草案之后，即【刻召集各】种会议提出讨论，将讨论的结果，收集起来，请于□□□□前送交中央政府司法人民委员部梁柏台同志收转。

劳动法起草委员会启

1933 年 4 月 28 日

（录自江西省赣州市博物馆馆藏资料，中共江西省
赣州市委党史工作办公室资料，中 33－1－24）

中央人民委员会第四十一次常会

（1933 年 5 月 8 日）

中央人民委员会于本月 8 日下午 2 时举行第四十一次常会，其主要讨论和决议如后：

（一）议决设立领导闽西避匪革命群众斗争委员会，由内务人民委员部派人指导开会具体解决避匪革命群众的生活与工作的问题。

（二）邵式平同志报告赣东北工作，报告后因时间关系，决定各委员根据报告及书面材料，分部准备意见，于下次会议提出讨论。

（三）土地部提出土地登记办法决议为了颁发土地证，以确定农民土地所有权，以及明了土地生产状况起见，应规定土地登记规则，迅速进行，土地登记规则条文另行修改。

（四）土地部请以张家铭、李福生、刘定源、罗竞瑞、朱开泉等五同志为中央土地委员会委员，决议照准。

（五）内务部据代邮政总局长报告，近来发现乱发特别快信妨碍邮政工作，破坏政府对特别邮件限制的命令，决议由人民委员会再发严令切实限制。

（六）议决任命朱德同志为中国工农红军总司令兼第一方面军总司令，周恩来同志为中国工农红军总政治委员兼第一方面军总政治委员。

（七）议决中央革命军事委员会，迁移地址，并增加项英秦博古同志为军事委员会委员，以项英同志暂行代理主席。

（八）议决以高自立同志为中央工农检查〔察〕人民委员部副部长。

（录自 1933 年 5 月 11 日出版的《红色中华》第 78 期第 1 版）

关税征收细则

（1933 年 5 月 11 日①）

（一）各种货物过关，无论大商小贩合作社，无论陆路行船，运货人须将所运货物之名称、数量、价值，由何处来，往何处去，及运货商号等项，报告关税处，请求派员检验，除免税品外，均须按照税率表过税，税款由运货人交清，未交税或交税未清者，将货扣留，不准其进口出口或通过。

（二）报关时须将买物的发票，随货交来税关查验，但买货时无发票者，亦得照货征税。

（三）关税处遇货经过，即派人前往检查，检查后再照税率计算税款，税款如数缴清后，再发给进口出口或通过凭单。

（四）关税只征收一次，凡持有进口出口或通过凭单者，经过其他税关，不再征税，但每种凭单不能互用（如进口凭单不能抵出口凭单等），地点不符者亦无效。

（五）运货人缴清税款，取得进出口或通过凭单后，始得过关。如私自前(？)②行过关或弯路避免过税者，查出将货全部没收，没收来的货物，由关税处拍卖变价归公。

---

① 原件无时间，此为该细则在《红色中华》发表的时间。——本文库编者注。

② 原文如此。——本文库编者注。

（六）运货人运货报关以多报少者，照原税额加1倍至5倍处罚，罚款归公。

（七）没收货品拍卖款及罚款，得取出五分之一至二分之一赏给报告人，以资鼓励。

（八）关税处为便利收税起见，对于适用从量征税而又有一定数量装置的货物，可根据中央关税税率表按照该处货物装置习惯分别件数或重量规定从量税率，以便计算，免得逐件临时估价，但须报告中央批准。

（九）税率表中未规定的货物，各关税处得斟酌各货比例征收之。

（十）关税处须随时探明当地各货价格以便估价收税。

（十一）各关税处要设备尺秤，以便征税时有所依据。

（十二）货物如因水湿致价格减低者，得按价酌量减税。

（十三）征收税款，一律按照国币计算，算到分为止，厘以下四舍五收。

（十四）各征收人员，除照税率征收外，不得额外勒索，借故留难，如查有此等舞弊及贪污情事者，撤职查办。

财政人民委员　邓子恢

（录自1933年5月11日出版的《红色中华》第78期第5版）

中华苏维埃共和国人民委员会通令第八号
——为限制特别快信
(1933 年 5 月 11 日)

为了限制特别快信,中央内务人民委员部曾经发布命令规定"凡公私信函非带有严格的时间性,不得发特别快信",近查部分党机关及红色部队中,又继续发现许多乱发特别快信事,如第五分区有同志,因丢了一枝水笔,用特别快信去调查,并要那边用特别快信答复。宜黄县苏军事部的同志,向福建军区的同志讨私债,也用特别快信。大西坝区委寄黄柏区委代人查问寄款事,也用特别快信等。这些这样乱发快信,妨害了邮政工作,妨害了真正急需的特快邮递,尤其妨害了军事情报的邮递,浪费了公款,这种情形再不能容许继续下去。人民委员会特再严格通令着各机关各部队速对所属人员禁止此种情事,并规定限制办法如下:

(一)军事机关的特快信限止在报告紧急敌情及送达紧急的命令与通报,其他均不得发特快信,并须经过主管指挥员在信面盖章。

(二)党部政府及群众团体,限制在:

(甲)县一级机关才准发特快信,区乡两级不得发特快信。

(乙)特快信内容,必须确带着严格的时间性,即信的性质,如非在极短促时间送到则对全般工作有重大不良影响者。

(丙)党部由书记,政府由主席,中央政府得由各部长,群众团体由主任或委员长在特别快信封面盖章。

(三)责成保卫局负检查之责,如发现违反上述规定者,除直接改为平信发递外,并报告该发信人之上级主管机关给予该发信人以应得的处罚。

望各级机关各部队严格执行以上规定,不得再有违背。此令

主　席　毛泽东

副主席　项　英

张国焘

公历 1933 年 5 月 11 日

(录自 1933 年 7 月 2 日出版的《红色中华》第 90 期第 6 版)

中华苏维埃共和国临时中央政府
土地人民委员部训令第七号
——多种杂粮蔬菜解决夏荒

（1933 年 5 月 15 日）

　　粮食缺乏，米价飞涨，夏荒问题，在中央苏区许多地方，已经成了一个严重问题。原因是边区地方，受了白匪摧残，粮食被抢被焚。有些地方是去年谷米收成不丰，什么蔬菜又种得少。有些地方是受了别地粮食缺乏的影响，谷米因而少了。加以富农奸商故意埋藏操纵，以致形成了许多地区中的米荒现象，这不但贫苦工农群众感受困难，并且部分的影响到红军部队及政府机关的给养。现在正当青黄不接时候，离新谷登场尚有两个多月，如果不迅速设法补救，则米荒问题，将要更加严重。解决办法，除谷米互相调济〔剂〕外，最中心最可靠的办法，就是各县各区各乡普遍的多量的种起杂粮蔬菜来，特别是早禾登场前即可收获的杂粮蔬菜，如包粟、光豆、茉子、豆角、苋菜、蓊菜、匏瓜，以及各种瓜菜，要加倍注意培植，使他增加收获量，来帮助粮食，补充谷米不足。

　　在粮食多余及足够自给的地方，要提高群众的阶级互助精神，打破狭隘的自足观念，在这里要告诉群众，只有全苏区工农群众大家都有饭吃，红军得到充足的给养，使革命战争迅速开展，群众自己的利益，才能有〔得〕到保障，因此这些地方的群众同样要多种杂粮食蔬菜，把谷米都节省出来，经过粮食调济〔剂〕局的采买，供给粮食缺乏地方的群众与红军。

　　在粮食部分缺乏，尤其是普遍缺乏的地方，更要加倍注意栽培杂粮蔬菜。秋耕的种子，无论如何，不能吃掉，如现在发现吃种子的事，是十分要不得的，这种只顾目前不顾将来的办法，将会造成明年更严重的现象。这点，区乡政府必须切实注意，防止吃种子的事发生。到了十分严重完全买不到粮食的时候，黄秋菜、笋子、苦斋、艾子、砂枯、茼蒿、黄金（野山姜）、苎麻叶等植物，都可采来充饥，并且无碍卫生。但政府更要鼓励群众积极的同饥荒奋斗，有计划的有组织的去多种杂粮蔬菜，甚至采取野生植物，解决米荒问题。决不能听其自然，或坐着叹气，以为没有办法，像现在一部分地方政府及群众所表现的状态，这是十分不对的。必须知道只有要〔要有〕计划有组织的去奋斗，米荒是一定能解决的。但放任不理，空口叹气，就只有使荒象更加严重。各级政府及土地部接此训令后，马上要按照当地具体情形，来一详细的讨论，做出精密的计划，举行广大的宣传，鼓励群众，向着这个计划积极行动起来，在一切粮食缺乏的地方，区乡两级都要组织救荒委员会，委员 7 人至 11 人，设主任 1 人，在全县发生荒象的地方（如上杭）县一级也要组织救荒委员会。救荒委员会的任务，是计划并领导群众，用一切方法去解决本地的夏荒问题。同时他应该成为今年增加二成收成，充裕明年粮食的推动机关的一个。此令

代部长　胡　海

公历 1933 年 5 月 15 日

（录自 1933 年 5 月 20 日出版的《红色中华》第 81 期第 5 版）

中华苏维埃共和国临时中央政府国民经济人民委员部训令第一号
——为发动群众节省谷子卖给粮食调剂局

（1933 年 5 月 20 日）

为着争取战争全部胜利，粉碎帝国主义国民党四次"围剿"来回答日本帝国主义占领满洲热河，进攻华北，以及各帝国主义企图瓜分中国的强盗行为，我们必须有充分的准备，粮食一项，尤为重要，不独关系红军的给养，且直接影【响】工农劳苦群众的日常生活，目前粮食缺乏，谷价飞涨，中央苏区有些地方已经发生夏荒。我们为要解决这个问题，除由粮食调剂局分【别】向各县区乡比较谷米多的地方采买外，各县国民经济部应即提出主席团召开区乡代表联席会议，此项会议，须有贫农团、工会及妇女代表的参加，热烈讨论在最近两月内每人要设法节省谷子一斗，卖给粮食调剂局的问题，要从各方面去鼓动群众，说服他们，使他们了解这是帮助战争。用县与县、区与区、乡与乡的竞赛方法，和过去一切节省运动的经验与教训，积极的去进行这一工作，造成群众节省谷子卖给粮食调剂局的热烈情绪，以便粮食调剂局能很顺利的执行他的任务，去调剂苏区粮食，和保证红军以及战时粮食的充分供给，望各县国民经济部接到此文后，迅速切实执行，幸勿敷衍了事为要。

部　长　林伯渠

1933 年 5 月 20 日

（录自 1933 年 5 月 20 日出版的《红色中华》第 81 期第 5 版）

中华苏维埃共和国临时中央政府
土地人民委员部训令第八号[①]
——开荒规则和动员办法

（1933 年 5 月 25 日）

开荒规则：

（一）关于不曾分配的荒田荒地

1. 凡是工人、苦力、雇农、贫农、中农及一切有选举权的群众所开发的无主的荒田荒地，即属于开荒人所有，开荒人有永久支配该土地之权。苏维埃政府为了奖励他们，准许 3 年不收土地税。

2. 凡一切有选举权的群众开发不完的无主的荒田荒地，应准许富农去开，凡属富农开发的荒田荒地，富农有使用之权，并准免土地税 1 年。

3. 工农群众及富农开发不完的荒田荒地，应准许地主分子去开。苏维埃政府允许他耕种 5 年，但无土地所有权。第一年免交土地税，5 年之后该土地归还苏维埃政府管理。但如果无他人接收，仍可租给地主分子继续耕种。

（二）关于已分配了的荒田荒地

1. 凡已分配的荒田荒地应该首先发动土地所有人限定期间（5 天至 15 天）去开，如本人期满不开，即发动其他群众去开，荒田主人

---

① 此标题为本文库编者重拟。原标题为"《开荒规则和动员办法》（1933 年 5 月 25 日中央土地部训令第八号）"。

不得阻止。

2. 去年未荒的田，今年本人不能耕种，势将变成荒田，政府同样应发动人去耕种；所收农产物，至多二八开。即将收获实谷 1 担交租 2 斗给田主。土地税由田主缴纳，至明年田主依旧不能自己耕种时，仍归今年耕种人耕种，租谷多少由他们自己。

3. 荒了 1 年的田，本人不开他人去开时，土地税免收 2 年。若开的是富农，免税 1 年，租额不得超过所获农产物十分之一。即收实谷 1 担交租 1 斗，土地税归开荒人出，开荒的人可连种 3 年，3 年后田主得收回自耕，如田主依旧不耕时，仍归开荒人耕种（不再分租与田主），至田主收回自耕时为止。

4. 荒了 2 年或 2 年以上的田。本人不开他人开时，免收土地税 3 年至 5 年，若开的是富农免税 1 年至 2 年，开荒的人可连种 5 年至 10 年。5 年至 10 年后，田主得收回自耕。如果那时田主依旧不耕时，仍归开荒人耕，至田主收回自耕时为止。均不交租与田主，免税期满后之土地税归开荒人出。

开荒动员办法

1. 凡有荒田荒地的地方，县苏区苏要有切实的领导，乡苏要在乡代表会中讨论开荒问题，还要发动雇农工会贫农团妇女代表会开会讨论。

2. 组织开荒宣传队，每乡 3 人—9 人，设队长 1 人，到农村中做宣传，对宣传队要有训练，要教训他们怎样做宣传，……去激发群众的劳动热情，发动他们热烈开荒。

3. 组织开荒队，每队人数由 3 人—5 人，10 多人都可，以农民群众自愿联合为原则，由队员用共同的劳力去耕种，并按照各人的劳力分配生产物。

4. 不加入开荒队而愿个人去开荒的，乡政府同样要组织领导，并奖励他们开荒。

5. 组织开荒巡视团，人数由 5 人—9 人。他的工作是切实调查全乡的各种荒田的数量，检查各村各屋开荒情况。乡苏定期召集开荒宣传队、开荒巡视团开会,检查督促他们的工作。

6. 乡政府要发动开荒队互相订立开荒竞赛的条约。

7. 乡苏要设立开荒登记处,除登记全乡各种荒田外,并要登记开出来的荒田及开荒人。以便依照开荒规则进行工作。在开荒者来乡苏登记时,乡苏给予开荒证,在证上载明何种荒田,数量多少,免税几年,连耕几年,应否交租与田主等。

8. 在人多田少邻区邻乡荒田很多,却又开发不完的地方,该地政府应发动群众个人或组织开荒队到邻乡去开。在这里开荒规则完全同用。

(录自《中华苏维埃共和国法律文件选编》,
江西人民出版社 1984 年版,第 339—340 页)

中华苏维埃共和国中央国民经济人民委员部训令第二号
——关于倡办粮食合作社与建立谷仓问题
（1933 年 5 月 27 日）

苏区的粮食本来是很丰富的,但是我们若没有全盘的统计,精密的计划,预储部分的粮食到来年青黄不接的时候,就很容易发生粮食恐慌,例如去年江西的万太〔泰〕、赣县、永丰、公略等县,在秋收后谷价跌至六七毛钱一担,使农民减少生产兴趣,而富农奸商遂乘机将大批谷米运输出境,以致造成今年有些地方的夏荒,为要解决这个问题,我们必须使储粮运动,得到群众了解与拥护,尤其是在目前粉碎帝国主义国民党四次"围剿",夺取抚州、吉安、南昌等中心城市,完成江西及其邻近各省首先胜利的任务之下,更必须充裕红军的给养,保证后方的民食,因之有两种事情是我们目前赶快要做到的。

一、倡办粮食合作社。粮食合作社是集合雇农贫农中农以及其他农村中的劳苦群众的股份而成立的,他与消费合作社做粮食零星门市买卖者不同,他的主要任务是在预储大量的粮食,调剂苏区粮食价格的过高或过低,提高农民的生产兴趣,增加生产量,同时反抗富农奸商的投机剥削,和充裕红军以及政府机关的给养,改善劳动工农群众的日常生活,现在即刻开始,务要在每一乡成立一个粮食合作社。

二、建立谷仓。到今年秋收的时候,公家将有很多的谷子要在各区乡保存,如今年的土地税,决定征收谷子。红军的公谷,以及粮食调剂局、对外贸易局,都准备了很多的现款在秋收后来收买粮食,免得富农奸商操纵,使谷价跌到惊人的程度。还有粮食合作社,也有不少的谷子,总共这些谷子,是一个很大的数量,如果要把他集中于一处,是万难办到的,而且也没有这个必要,因此要分区建造谷仓,保存谷子,免致耗损,成为这一任务的首要条件。各县国民经济部,应帮助并催促各区乡政府,调查旧有谷仓,加以修葺。在还没有公共的谷仓的乡,要建造谷仓一处,至少以能容纳 300 石谷子为限(由粮食合作社管委负责),以供粮食合作社之用。在每区要建造谷仓数处,每区谷仓容纳谷子的数量,要以规定该县储积粮食的总数量为标准,由各县国民经济部会同财政部按照该县区数之多少估计建设各区谷仓的数目。查分县储积粮食计划,定为瑞金 8 万担,汀州、黎川各 5 万担,兴国、雩都①、会昌、博生各 3 万担,胜利、石城各 2 万担,乐安、公略、万太〔泰〕、宁化、广昌、赣县各 1 万担。每区谷仓的数目,要照上列各县储积粮食数量而定。区主席务须督同粮食科迅速完成这一工作,以供财政部、粮食调剂局、对外贸易局储存谷子之用。安置谷仓,须觅有掩蔽而较为交通的地方,此项建立各区谷仓的用款,由行政费项下开支作正开销,并希于 7 月 10 号以前完成谷仓的建设,中央将按时派员前来检查工作,幸勿拖延为要。此令

部 长 林伯渠

1933 年 5 月 27 日

(录自 1933 年 6 月 4 日出版的《红色中华》第 83 期第 5 版)

---

① 雩都,现称于都。——本文库编者注。

附：

谷仓管理委员会规则

（1933 年 5 月）

1. 本会定名为××县××区谷仓管理委员会。

2. 本会以管理公共谷仓、收费并保存谷子为目的。

3. 委员数暂定 5 人，以区粮食科、财政部、贫农团、工会代表和在群众中选择一成分好而忠实可靠的人组织之，由区政府以委员会中指定 1 人为主任。

4. 管理委员会委员由区政府委任并要造具工作人员调查表报告上级政府备案。

5. 管理委员会的任务是计划一切工作及保管方法，并促主任执行之。

6. 主任任务如下：

一、执行管理委员会的决议。

二、经常检查谷仓，如有漏湿及鼠穴时应即刻修理。

三、收发来往谷子。

四、收谷子时要晒干车净以免损坏。

7. 主任是经常做这一工作的，可以酌给工资。

8. 这个委员会只是适用于区，因为乡的谷仓供粮食合作社用，他已有他自己的管理委会与审委会管理监察，不必另设。

中央国民经济部印发

1933 年 5 月

（根据中共江西省赣州市委党史工作
办公室资料室保存的手抄件刊印）

中央国民经济人民委员部、
中央土地人民委员部布告
——为发展农业生产与工业生产

（1933 年 5 月①）

（一）为着革命战争的需要，为着工农群众生活改善的需要，努力发展农业生产与工业生产，是十分紧要的了！

（二）发展农业生产的要项：第一是米谷，第二是杂粮（番薯、豆子、花生、麦子、高粱等），第三是蔬菜，第四是棉花，第五是竹木，第六是木梓，第七是烟叶，第八是牲畜（猪、羊、鸡、鸭等），这些生产，一半是人民粮食，一半是工业原料，是发展苏区经济的基础。由于政府的提倡与农民的努力，农业生产今年是增加了。但是还很不够，必须更加努力，进行今冬的冬耕，准备明年的春耕，注意于水利、肥料、种子、耕牛、农具各项农业上必须的条件，组织劳动互助社以解决人工不足的问题，为着明年增加二成收成而奋斗，这是第一件要紧的事。

（三）发展工业生产要项：第一是纸业，第二是刨烟，第三是农具（犁、耙、锄、刀等），第四是石灰，第五是药材，第六是樟脑，第七是夏布，第八是钨矿。过去因为敌人的封锁，苏区许多工业是低落了。但因红军的胜利，现在有许多物品已经能够出口了。目前钨矿已在开采，纸业、刨烟、樟脑、夏布等项，则望群众努力生产，政府帮助运输出口。农具是耕种的利器，石灰是重要的肥料，药材是治病的要品，大

---

① 《革命根据地经济史料选编》上册（江西人民出版社 1986 年版），为 1933 年 1 月，根据内容本文库编者判定为 1933 年 5 月。

家都要热心生产起来。除了私人生产之外，应该组织各种生产合作社，凡纸业、刨烟、药材、农具、石灰、樟脑等业，都可集合同志，集合股本，共同生产，共同出卖，资本不足的，中央政府愿意借款给他。这是第二种要紧的事。

（四）只有农业、工业都发展起来，才能于自用之外，还可以大批运输出口，兑换食盐、布匹，及其他必需品进来，兑换现洋进来，来改善工农贫民的生活，帮助革命战争的胜利。特此布告，望全苏区民众一齐努力，开展经济战线上的斗争，以经济建设的胜利，去粉碎帝国主义国民党的五次"围剿"。

（录自《革命根据地经济史料选编》上册，
江西人民出版社 1986 年版，第 231 页）

苏维埃政权讲授大纲①

（1933 年 5 月）

（一）苏维埃是什么？

列宁说："苏维埃是新的国家机关。"

1. 它给我们以工农武装力量，不像旧军队与人民分离，而是和人民密切相连的，比以前一切军队的力量要强，不能用任何力量来代替它。

2. 对于群众发生密切的，不间断的，仍检查的，仍恢复的联系。

3. 它是由群众选举，由群众撤换，比以前的政权都要民主些。

4. 它和各项职业亲密的联系，可以不经过官僚主义的方法，而能深入群众的生活改良。

5. 它是被压迫的工农阶级中最觉悟，最努力，最先进的部分的组织形式，因此被压迫阶级中的广大群众直到现在还是政治生活和历史以外的，他们先锋队用这一机关可以提高他们的教育训练并领导他们。

6. 它兼有国会和直接民权长处，就是说，他的立法行政合并在人民选举的代表身上，和议会相比，在民权发展上，符合世界历史的意义。

---

① 中央教育人民委员部编，1933 年 5 月出版，福建省苏劳动感化院代印。

（二）苏维埃的组织问题

1. 苏维埃之下建立各种委员会，经济、财政、教育、妇女生活改善、分田查田等尽量吸收劳动群众参加工作（国际对于中国苏维埃的决议），这种委员会要自下而上的建立，尤其是乡苏维埃，和城市区苏维埃，他直接群众，能用一切劳苦工农群众的伟大力量，进行工作，并且同时又教育了他们，苏联的莫斯科城市区苏有 2000 多人办公，又不脱离生产，兴国的乡教育委员会全县合计有 800 多人工作，在教育委员会之下又发动了五六千人做教育工作，因此苏维埃团聚了广大群众就有伟大的力量。

2. 要立刻消灭机会主义忽视工农干部的成见。列宁说：我们要立刻消灭以为只有富人和富人出身的官僚，他们文化程度高，有办事才具，才能管理国家的成见，我们要求工农兵管理国家，立刻开始吸收全体劳苦群众和农民来学习，又说我们有一个神妙的方法，一举手把国家机关扩大 10 倍，这种神妙的方法，就是吸收劳动群众和贫民来参加管理国家日常工作，此外还要注意□□劳动妇女，尤其是文化落后的。列宁说：如果不吸收妇女来独立参加政治生活，并且日常的公民的义务，那么，不独丝毫说不上社会主义，还说不上完全的和巩固的民权。

（三）苏维埃与群众组织的关系

苏维埃和群众的组织经常发生关系，中国共产党六次大会决议案上说，苏维埃应和职工会建立正确的关系，有组织的工人代表能在苏维埃内站〔占〕主要的地位，所有派往苏维埃代表，关于苏维埃的行为，应对工会有经常的报告，凡工会与苏维埃一切纠纷，由企业中派代表举行特别会议解决之，凡关于工人的根本利益，一切法律和处置，应会同职工会运动指导机关讨论之，国际在苏维埃建立条例上说：政权机关必须依据工人苦力与乡村贫农等组织，发生经常的关系，与经常的合作，在物资上帮助这些团体找办公处，大会场，他们和雇主发生冲突时，完全站在劳动者方面，在物质上与组织上邦〔帮〕助他们,必要的时候,更以行政的办法来对付剥削者。

（四）苏维埃的武装

1. 红军国际在中国问题决议案上说：为着苏维埃巩固和扩大,党应当利用苏维埃区域内所有一切的力量,去组织工农红军,必须保障党对红军的领导和监督,红军应当变成真正全体贫民的军队,社会团体首先就是工会贫农团,应当按期调动自己的会员,去充实红军的队伍,红军的干部要有坚强的工人成分,红军的部队要以贫农以及一般的革命农民来充当,红军的官长要用先进步的工人来充实,尤其是政治指导员应当有必须的程度,并且要最大的限度集中。

2. 群众武装

列宁说："不使警察（一切地主武装包括在内）恢复就要吸收全体群众来建立按丁服务的自卫军"。又说："建立全体群众自卫军,将他和军队（红军）融合起来,全部以 15 岁到 65 岁有选举权的男女都应该次序参加。"斗争第 5 期上说："首先要消灭有些地方忽视地方武装的严重错误,要吸引最广泛的工农群众加入赤少队来扩大这一红军后备军的组织,这是红军从义务军役转变到征兵制的重要条件。"在一般的群众武装中还要建立一部分先进部队,如模范队和模范少队,以便过渡到红军。

（五）军队的供给

1. 军需：六次代表会议案上说："在财政方面,或物质征收方面,均需组织集中的军需机关。"国际在苏维埃经济政策上说："苏维埃应该注意特别生产部门的发展,以供给红军,在这里应该表现出最高度的建设力与坚定性。"

（六）义务劳动和新苏区的工作人员

1. 领导义务劳动,担架运输,打扫战场,均需大量的人伕,所以政府就要以有计划、有系统的经常的发动义务劳动,和征调付〔富〕农到前方工作。六次大会决议案上说："须竭力利用贫农服役军队,地方革命委员会（苏维埃同）应布告群众以革命军需要人伕数目。"

2. 领导群众到新苏区工作

在红军不断胜利之下需要非常大的速度建立新苏区的工作，迅速赤化整个的新苏区使新苏区成为可靠的有力的区域，那么，老苏区就要不断的供给新苏区的工作干部，这就是苏维埃重要任务之一，六次大会决议案上说："采取必要的办法使暴动后坚决的敏捷的成立政权机关"。又说："预先准备干部人才，以敏捷的建立政权机关。"所以老苏区要积极的供给干部。

（七）争取敌方的士兵

争取敌方士兵，就是用政治来瓦解敌人的军队，无论是白军和民团和迷信武装，需加以较严的选择。

（八）肃反工作

列宁：在两个政策上说："革命对反革命胜利之后反革命不会消灭的，他必然要新的更激烈的斗争；我们在自己决议案中分析革命胜利的时候，应该对于镇压反革命顽强抵抗的责任，与以十二分的注意。"又说："在一个国家内想要一下子推翻一切地主一切资本家是不可能的，而且只是政治上法律上的推翻他们的统治，他们还有世界剥削者的联系，还有一群的小资产阶级在他们的后面，还隐藏着许多的货币，还有组织上和管理上的经验，和行政秘密，还有高等教育和技术，已下台的资产阶级将有长期间比推翻他的无产阶级更强。"国际在土地农民问题决议案上说："推翻地主豪绅政权后，第一步的群众工作，就是彻底不调和的惩办革命的敌人，在这基础上去团结雇农，苦力，平〔贫〕农，使反革命不能危害革命，要在无产阶级和贫农领导之下，动员广大群众，来执行坚决反对将土豪绅士高利贷者分为善良的和恶劣的企图"。肃反工作的重要上面说明了，再总括一下：

1. 肃反要执行阶级路线，要严防用宗法的，地方的，及道义的观点来模糊阶级意识，应该反对对反革命让步的机会主义。同时又要防用对反革命的地主资产阶级的处罚来对受欺骗的工农。

2. 肃反要用群众路线，发动群众斗争，发动群众参加工作，不专靠政治保卫局、民井〔警〕、步哨,还要发动全体群众帮助,清洗机关,查田,及其他的检查工作。

3. 最后要反对对肃反放松的右倾及扩大化的左倾,尤其是右倾的危险。

(九)苏维埃的经济政策

国际东方部关于经济政策草案上说:"苏维埃经济政策应该严格的估计目前民权革命的阶段"。目前革命主要的内容是土地革命,消灭封建势力,同时应该注意中国是半殖民地,中国的统治阶级,地主资产阶级联盟是在帝国主义指挥之下的半殖民地国家,因此在民权革命中,不只是反封建斗争,而且是直接反对资产阶级和帝国主义,不但是一般的工农联合,而且无产阶级对农民的领导权已经在政权的萌芽中巩固起来,因此,中国民权革命的胜利,就开辟了社会主义的前途,所以目前的经济政策也就在这些特点之下来决定:

1. 保证胜利的没收地主阶级的土地与平均分配并实行反高利贷以肃清封建势力。

2. 一般规律应保证商业自由,尤其是对于农民和小商业,只有在投机、怠工、经济封锁等,危险到重要生产品和为着要红军需要的时候,才规定最高的价值。

3. 没有物质条件和组织群众有相当的准备而用命令式来实行社会主义,将工业与手工业收归国有,是不适宜的。

4. 注意苏区内必需商品的供给,如盐、糖、纱布、药品等。

5. 注意特别生产部门的发展,以供给红军。

6. 苏维埃应该邦〔帮〕助合作社运动,和一般提高农村经济的设施。

7. 应将帝国主义手中一切经济命脉收归国有。

(十)苏维埃的土地问题

一、中国土地的关系

帝国主义对中国输入商品购买原料,以及投资开工厂、筑铁路、开矿山、设银行、营股业，在这些条件之下，中国资本主义有相当的发展，但受帝国主义经济条约上的剥削和束缚，只成为殖民地的发展，旧的封建的生产方法，虽然迅速的破坏，而新的资本主义的生产方法，在这种束缚之下，不能很快的发展，直到现在资本主义还和封建经济并存，具体的表现在江苏和山东省有新式的资本主义的农业，而高兀的物品地租差不多普遍存在着，分级制也部分存在，中国土地的剥削关系还是封建形式占优势，但土地所有权大部分是买卖取得的，是资本主义形式占优势，这就表现中国的土地关系是半封建的，因此中国的地主的有以下的特性，中国地主往往同时或先后是商业资本和高利贷者，而商业资本家把积累下来的资本购买土地，尤其是付〔富〕农大多数是半地主，这就是中国资产阶级和封建结合的根本原因，也就是在民权革命阶段中并且直接反资产阶级，包含社会主义的成分，中国的祠堂、庙宇、会社及其他所有的公田，名义上是贫农公有，实际上却把持在豪绅手中，虽然有时他们自己田地很少甚至无田，但实际上还是地主高利贷者，而公田也就是地主阶级的土地，军阀官僚无论是否地主出身，他从工农括〔刮〕削，除储蓄在外国银行外，还用大部分购买土地成为大地主，在行军时抽丁拉扶〔伕〕，征发粮食和牲口，实行一种军事力役。更是一种残酷的封建剥削，所以土地革命直接打击了军阀。

帝国主义的商品破坏了自做自吃、自做自用的经济，因此，农民到处需要金钱交易，尤其是当青黄不接之时，需要借高利债，及买〔卖〕残〔贱〕买贵，于是高利资本和商业资本在中国农村中还占着优势，所以土地革命和废除高利债成为不可分离之势，在旧的生产慢慢发展的条件之下，破产的农民流入城市有限，因此土地更分得零星，所以中国的贫农占着乡村人口大多数。

中国地主阶级中是小地主占优势，而租借条件和租兀更苛刻更利害，使中国农村缺乏改良的条件。

二、土地革命的重要意义

1. 中国是半殖民地的农业国家，农民占人口的百分之八十以上，土地是农民最重要的生产工具,所以土地革命是目前中国革命的根本问题,只有土地革命才能够吸收广大的农民群众,根本推翻地主阶级的封建统治,同时消灭了帝国主义在农村中的社会基础。

三、应该没收的土地

1. 豪绅地主及大私有的土地,

2. 祠堂庙宇公堂的土地,

3. 反革命分子的土地,但要分别首从和成分,

4. 付〔富〕农的土地必须没收,但没收后可以分给他们以坏田。

四、土地的处理

1. 分给中农贫农苦力失业工人红军,在农民同意之下可以分给失业的独立劳动者。

2. 保存公有,水利森林矿山牧场公共使用的房屋外籍红军公田。

五、解决土地问题的路线

1. 土地革命要和惩办豪绅地主联系起来,以消灭反土地革命分子的活动。

2. 土地革命要和组织贫农团、雇农工会、工会联系起来,利用有组织的群众力量,不依靠政府命令和行政方法,由上而下的施行。

3. 发动土地革命的力量,应该是雇农贫农而与中农联盟,在工人阶级领导之下,坚决的打击富农的企图。

4. 土地革命的利益,不是付〔富〕农的而是中农贫农雇农的。

六、土地问题与革命阶段

平均分配土地归农民私有,彻底肃清土地上的封建残余,是民权革命目前的阶段,土地国有目前还是宣传的口号,实行是要和全国革命高涨,以及工农民主专政胜利联系着。

（根据江西省瑞金中央革命根据地纪念馆馆藏件刊印）

共产党共产青年团儿童团讲授大纲

（1933 年 5 月）

共产党

1. 共产党的定义："共产党是觉悟的无产阶级为推翻资产阶级而奋斗的党"（列宁）虽然党员中有非无产阶级的劳动分子,但他已经无产阶级化,有他的斗争历史,并且是为推翻资产阶级政权而奋斗的一部分。

2. 党的任务:是推翻资本主义,建立世界共产主义,而以无产阶级专政领导农民运动和殖民地解放运动,经过各种转变的阶段,来完成这任务。

3. 党的组织原则:是少数服从多数,下级服从上级,中央领导党的原则有最高限度的集中和无产阶级铁的纪律,同时要充分的发展自我批评和思想斗争,不是盲目服从纪律而是忠实的自觉的坚决的服从纪律,共产党的基本组织是支部,支部应该在群众中起核心作用,应该在工作中和学习中训练党员,在党内某一组织工作和缴纳党费是党员必要的条件之一。

4. 党的工作方式:是集体领导个人负责,科学分工反对一切命令包办及其他脱离群众的官僚主义和手工业的工作方式,这样就能提高党员的责任心和积极性,并深入下层工作,所谓科学的分工,具体的一点说，就是根据党的需要，党员的能力和经验，经验充足的和比较落后的，详细估计，适当分配，党所决定的政治任务和行动口号，要马上决定具体办法，实际去布置工作，同时一切实际工作要根据政治任务和口号去进行，要随时向上级报告和听下级的报告，随时检查工作，并不是不要定期的检查，要有随时检查才能在工作过程中随时发现缺点和错误即刻改正，检查的结果，要指出工作的实质和具体的办法及怎样具体转变，不可只说一般的优点和劣点。

工作要合理化，每一个工作部门，每一个工作同志都应有工作计划和工作日历，要有每日或几日的工作检查，在这一时间一定空间里决定一定的中心工作，组织上的调动，工作上的布置，都要环绕这一中心，但同时也不要放弃一切经常工作。

青年团

1. 青年工农的生活：无论机器工业或手工业的青年工人，被剥削的程度，都高于成年工人，尤其是学徒制帮工制，更是对青年特殊的剥削，在中国还利用家长式来压迫徒弟。

殖民地受帝国主义的剥削，农民普遍的贫穷化，因此青年和儿童也要过早过分的劳动来帮助家庭，不但无时间受教育，而身体也不能发展，女性尤甚，极小即为童养媳或丫头。

2. 劳动青年在斗争中的作用：劳动青年受着残酷的压迫，所以他是阶级斗争中活跃的一部分，在反资本家的斗争中，在无产阶级斗争中，在殖民地（如中国）在地底下的工作和苦战及反白色恐怖的斗争，在中国苏区参加红军和地方武装，在苏联参加社会主义的建设中都尽了伟大的作用。

3. 青年团的任务：在过去各国劳动阶级还没有真正革命党时，这些无产青年的团体，都单独和帝国主义战争与资产阶级及社会民主党，作猛烈的政治斗争，筑好了以后各国革命的无产阶级政党的基础，吸引了青工群众为世界革命而斗争，并且在吸收了其他劳苦青年群众,在斗争中训练以共产主义的精神。

4.青年团的特点:青年团是共产主义的组织,党的预备学校,但他是青年群众的组织,要吸收广大的群众,不只是吸引进步的分子,并不是除团以外,没有其他青年群众的组织,团还要领导各种青年群众的团体,他的组织比党宽阔,数量要超过党,同时团要参加整个党的生活,但要注意青年特别斗争,工作要青年化,团虽在党的领导下工作,同时有独立的组织。

儿童团

1.共产儿童团:是对于工人阶级的儿童,施以共产主义教育的组织,是青年团一个特殊任务。

2.共产儿童团全部的教育工作基础是不断的引导儿童到无产阶级斗争中。

3.共产儿童团参加党和团各色各种的活动,要尽可能的配合各个年龄的利益和兴味。

4.对儿童团训练的方法,是要用运动游艺无产阶级的文化等方法,训练将来共产主义的后辈。

5.共产儿童团的组织和工作,都要适合发展儿童自动性自发性。

6.儿童团的教育,比青年来得简单,他的成分也更广泛。

7.儿童团是共产主义教育的组织,在青年团领导之下,在总的基础上受共产党的领导。

中央教育部编
1933 年 5 月出版
福建省苏劳动感化院代印

(根据江西省瑞金中央革命根据地纪念馆馆藏件刊印)

中华苏维埃共和国中央政府
为反对国民党出卖平津华北宣言①

（1933 年 6 月 1 日）

全中国的民众们！

以蒋介石为罪魁的国民党南京政府，自从断送了满洲、热河、上海之后，现在又与日本强盗订立《华北停战协定》，把平津华北出卖给日本帝国主义了！

所谓《华北停战协定》的内容是：（一）华军撤退至平津以南，划长城以南为缓冲地带（即所谓中立区域）；（二）华方承认"满洲国"；（三）制止义勇军及一切抗日军队的一切活动及反满洲国力量的发展，解除义勇军及一切抗日军队的武装；（四）华方保证停止一切反日运动。《华北停战协定》，由国民党卖国贼的庐山会议最后决定，于5月31日在塘沽由日本帝国主义的代表们与中国卖国的能手军阀刽子手们共同签字，在他们的欢宴中庆祝他们的胜利。在北京城外，在满洲、热河，在察哈尔，在平津一带，日本帝国主义者正在继续着用它们的大炮飞机轰炸与屠杀抗日的义勇军，革命的士兵与千千万万和平的居民，来造成日本帝国主义统治下殖民地奴隶们的"和平与秩序"！

---

① 1933 年 6 月 4 日出版的《红色中华》第 83 期第 1 版，登载了此件，篇名为《苏维埃中央政府为国民党出卖平津宣言》，但文字差异较多。文中落款时间为 5 月 30 日。——本文库编者注。

全中国的民众们！平津华北已为反动的国民党最后的出卖了！这就是国民党的"长期抵抗"的内容，这就是国民党"一面抵抗一面交涉"的实质，这就是国民党中央的"已定方针"，万恶的国民党，以蒋介石为罪魁的国民党，这样无耻的这样大胆的把数千万方里及数千万人口的整个满洲、热河与平津奉送给了日本帝国主义，而且正在想把桂、黔、川、藏、新疆等广大的区域，卖给英国帝国主义。

全中国的民众们，我们是中国民族的主人翁，我们绝对不容许日本帝国主义与一切帝国主义侵略我们的一寸土地，不容许帝国主义的走狗国民党这样无耻的大胆的出卖中国！必须一致团结起来、武装起来，发展民族革命战争，以4万万民众的力量，来打倒帝国主义与帝国主义的走狗国民党军阀，首先是以蒋介石为罪魁的国民党南京政府！只有全中国民众的血的战斗，才能收复我们已失的土地，取得中国民族的独立解放与领土的完整。

中华苏维埃共和国中央政府与革命军事委员会，曾经一再向进攻中国苏维埃区域的武装部队提议，在下列三个条件之下，订立作战的战斗协定，来反对日本帝国主义的侵略：（一）立即停止进攻苏维埃区域；（二）立即保证民众的民主权利；（三）立即武装民众，创立武装的义勇军，来保卫中国，及争取中国的独立统一与领土的完整。但是国民党对于苏维埃政府这一号召的回答，是对于日本帝国主义新的投降与出卖，强迫东北抗日的士兵向后撤退，解除东北义勇军的武装，压迫全中国民众一切反日反帝的运动，组织新的力量向我们的苏维埃区域进攻，并且增派大批的飞机，来轰炸苏维埃区域内的劳苦民众与和平居民。同时却无耻的造谣，说国民党不能出兵抗日，是由于苏维埃政权的存在，是由于中国工农红军"障碍抗日战争"，说，"中国没有力量抗日"，故"不得不忍痛停战"。现在每一个工人，每一个农民，每一个士兵，每一个学生以及每一个革命者，都会亲眼看到，谁是障碍抗日战争，谁是卖国者，谁是帝国主义的走狗。不打倒国民党，中国只有灭亡，中国民众将永远沦为帝国主义的奴隶！

中华苏维埃共和国中央政府号召全中国的民众、东北义勇军、东北抗日的士兵、全中国革命的学生、知识分子、自由职业家,以及一切革命者,一致团结起来,武装起来,进行民族革命战争,不顾帝国主义的巡捕与国民党的军警的一切压迫与屠杀,违反国民党的停战退却的命令,为反对日本帝国主义侵略中国,为反对国民党出卖中国,为争取中国民族的独立解放而战斗!中华苏维埃共和国中央政府,正在完全粉碎帝国主义与国民党对于苏维埃区域的四次围攻的血战中,建立广大的中国革命根据地,创造 100 万铁的工农红军,准备会师长江,与日本帝国主义及一切帝国主义直接作战。中华苏维埃共和国中央政府与它的工农红军,在长期的反帝国主义与反国民党的战争中,已经证明给全中国的民众看,只有它是反帝国主义反国民党的民众自己的政权,只有它能够领导全中国民众去打倒日本帝国主义与一切帝国主义,打倒出卖中国的蒋介石的国民党南京政府以及一切国民党的卖国军阀。全中国的民众们!团结起来,武装起来,同中华苏维埃共和国中央政府在一起,扩大民族革命战争,为收复东北失地,为保卫中国,为争取中国民族的独立解放而斗争!

中华苏维埃共和国临时中央政府主席　毛泽东

(录自《六大以来》(上),人民出版社 1981 年版,第 382—383 页)

中央政府通告
——召集八县区以上苏维埃负责人员会议及八县贫农团代表大会

（1933 年 6 月 1 日）

瑞金、会昌、雩都①、胜利、博生、石城、宁化、长汀八县县苏区苏的主席团乡苏的主席同志们：

土地问题在许多斗争落后区域还是极严重的问题，为了在第二次全国苏维埃代表大会之前，开展广泛而深入的查田运动，在查田运动中彻底解决土地问题，肃清反革命，改造苏维埃及群众团体，中央政府决定首先召集瑞金、会昌、雩都、胜利、博生、石城、宁化、长汀"八县区以上苏维埃负责人员会议"，及"八县贫农团代表大会"。

一、八县区以上苏维埃负责人员会议

（一）开会地点：瑞金，云集区，叶坪。

（二）会期：6 月 16 号到齐，17 号开会，20 号闭会。

（三）到会人：

区一级：主席，土地部长，工农检察部长，保卫局特派员。

县一级：主席，土地部长，工农检察部长，保卫局长。

省一级：副主席，土地部长，工农检察部长，保卫局长。

（四）到会人现任职务，找人暂代。

（五）上列指定到会人不得托故不到。

---

① 雩都，现称于都。——本文库编者注。

（六）到会人须准备下列各项报告带来（节目略①）

为了要得到报告的材料，区苏须于此通告到时，即刻召集全区各乡主席及贫农团主任开会，把材料收集起来，县苏不要召集区苏开会，只要向县一级各部及群众团体收集材料。省苏则向省一级各部及群众团体收集材料。各到会人必须带着上开各项报告来，无报告的以怠工论，报告必须忠实，不准假造，假造报告求顾面子的，查出处罚。

（七）到会人往返路费，由各级财政发给，开会期间伙食由中央政府发给。

（八）到会人带碗、筷、单被。

二、八县贫农团代表大会

（一）开会地点：瑞金云集区，叶坪。

（二）会期：6 月 24 号到齐，25 号开会，7 月 1 号闭会。

（三）到会人：每乡贫农团选举代表 1 人。贫农团会员超过 300 人的应选举代表 2 人。

（四）代表的选举及出发：

1. 此通告到各区时，区苏即刻召集全区各乡苏主席及贫农团主任开会，报告中央政府这次召集八县贫农团代表大会的伟大革命意义及选举代表宣传群众的方法。

2. 各乡主席贫农团主任迅速回转各乡，召集贫农团会员大会，报告中央政府此次召集八县贫农团代表大会的意义，即行选举代表。

3. 代表的资格，必须是平素同地主富农坚决斗争的并且是积极活动的贫农、雇农。如果贫农团主任或干事有合得这种资格的，可以把他当选，如果主任干事没有一个合得这种资格的，那就必须在会员中选出人来。代表一定要开会员大会选举，不得指人充当，尤其不得选举消极分子甚至异己分子充当代表。

---

① 此处原文略。——本文库编者注。

4. 各乡代表选出之后,都到区苏集合,由区苏代理主席召集代表开会,组织一个代表团,从代表中指定一个最好的充当代表团主任,并报告此去中央开会的意义,发给路费,由主任率领出发,6 月 24 号赶到瑞金。

5. 代表要带一个简明报告来:报告内载明(1)该乡人口多少。(2)贫农团的人数,成分。(3)什么时候成立的。(4)有无村贫农团。(5)分了几多组。

6. 代表的路费:由区苏发给,到中央开会期间的伙食由中央发给。

7. 代表带碗、筷、单被。

8. 代表出发后的宣传:乡苏须从乡代表会中或贫农团中挑选对于革命积极活动的分子 5 人组织一个"查田运动宣传队",在贫农团代表出发后,分往各村各屋召集村屋群众大会,宣传此次中央政府为了开展一个查田查阶级的大运动,所以要开这次八县的贫农团代表大会,本乡已选举某人开会去了,本县各区各乡都有代表开会去了,要群众准备起来,注意那些冒称中农贫农分得土地的地主富农分子,只候代表回来,就要大大的查起来,一定要完全消灭封建势力,才能使贫苦群众得到最大的利益。但查田不是再分田,是由群众自己起来查那些假冒中农贫农的地主富家分子,只有把他们查了出来,打倒了,才能使贫苦群众得到解放。并且我们雇农贫农是一定要同一切真正的中农联合起来的,中农的利益,苏维埃完全保护他。这种宣传的作用,就是要使群众大家知道本乡及各区各乡选举代表去中央开会,为的是在八县 900 个乡中间来一个查阶级的大运动,在代表回来之前各乡已造起了查阶级的浓厚空气。村屋会可以在日落后开,乡主席要负领导责任。

瑞金、会昌、雩都、胜利、博生、石城、宁化、长汀八县的县苏区苏乡苏负责同志们,为了要使这两次大会得到完满的成功,首先要使(一)到会人都带着忠实的的报告来,(二)贫农团代表都是积极革命分子,而不是消极妥协分子,(三)要到的人都能到会并且都能按着规定日子到会,(四)各乡都有普遍的查田运动宣传。对这四点你们要用很大的努力。如果这四点没有做好,就会使大会不能得到完满的成功,那你们是要受责备的。特此通告。

中央政府主席　毛泽东

副主席　项　英

张国焘

公历 1933 年 6 月 1 日

(录自 1933 年 6 月 14 日出版的《红色中华》第 85 期第 3 版)

中央政府关于查田运动的训令

（1933 年 6 月 1 日）

现在各苏区，尤其是中央苏区尚有广大区域没有彻底解决土地问题，这种区域在中央区差不多占 80% 的面积，群众在 200 万以上，如瑞金（除武阳区）、会昌、寻邬[1]、安远、信丰、雩都[2]（除新陂区）、乐安、宜黄、广昌、石城、建宁、黎川、宁化、长汀、武平 15 个全县，博生、胜利、永丰的大部分，公略、万泰、上杭、永定、新泉的一部分，兴国也还有均村、黄塘两区。所有这些，都是没有彻底解决土地问题的地方，这些地方的农民群众还没有最广大的发动起来，封建残余势力还没有最后的克服下去，苏维埃政权中，群众团体中，地方武装中还有不少的阶级异己分子在暗藏活动着，还有不少的反革命秘密组织在各地活动破坏革命。为了这个原故，这些地方的战争动员与文化经济建设都落在先进区域区（兴国差不多全县，胜利、赣县、万泰、公略、水丰、上杭的一部分，博生的黄陂区、安福区，瑞金的武阳区，永定的溪南区等等）之后。在这个广大区域内进行普遍的深入的查田运动，在 200 万以上群众中发展最高度的阶级斗争，向着封建势力作最后一次的进攻而把它们完全消灭，是各地苏维埃一刻不容再缓的任务。关于查田运动的具体进行事项，人民委员会特决定如下：

---

① 寻邬，现称寻乌。——本文库编者注。
② 雩都，现称于都。下同。——本文库编者注。

（一）责成各级政府主席用最大注意去领导整个查田运动。

（二）责成各级土地部、工农检察部、裁判部、国家政治保卫局及其特派员用他们的全力去指导查田运动，彻底解放〔决〕土地问题，改造地方苏维埃，肃清农村中的反革命。中央土地人民委员部、工农检察人民委员部、司法人民委员部、国家政治保卫局，应用全力指导各下级机关，切实完成这些任务。

（三）责成中央财政人民委员部指导各级财政部，从地主罚款富农捐款去进攻封建半封建势力，同时增加国家的收入。责成中央军事人民委员部指导各级军事部，在查田运动中整顿与扩大地方武装，动员群众参加红军。责成中央国民经济人民委员部指导各级国民经济部，从查田运动的发展中去进行农业手工业生产的恢复与发展，合作社的发展与生产品消费品的调济〔剂〕。责成中央教育人民委员部指导各级教育部，为着开展查田运动供给各种简明通俗的课本与小册子给与一切查田干部与群众，应跟着查田运动的发展去发展群众的文化教育。

（四）省县两级政府应该从查田区域及一切先进的较先进的区域征调干部开办短期的查田运动训练班。县苏应每月召集区苏负责人开会，区苏应每10天召集乡苏主席、贫农团主任开会，检阅查田的经过。

（五）应首先召集瑞金、会昌、博生、雩都、胜利、石城、宁化、长汀八县区以上苏维埃主要负责人会议及八县贫农团代表大会在中央政府开会，发动八县的查田运动。

（六）查田运动中要坚决执行阶级路线。以农村中工人阶级为领导，依靠着贫农，坚决联合中农，向着封建半封建势力作坚决的进攻，把一切冒称"中农"、"贫农"的地主富农完全清查出来，没收地主阶级的一切土地财产，没收富农的土地及多余的耕牛农具房屋，分配给过去分不够的及尚未分到田的工人贫农中农，富农则分较坏的劳动份地。

（七）查田运动中要充分注意发动群众的大多数起来向着封建残余作斗争。首先要经过广泛的宣传与鼓动，一切调查地主富农成分，通过这些成分，没收这些成分的土地财产，均要经过尽可能多数群众的同意与参加。没收来的财物除现款外应全部发给极贫苦的群众，特别注意发给贫苦的红军家属，并要多发给于〔予〕财物所出的村庄的群众。

（八）贫农团是查田运动中极重要的群众团体。区乡苏维埃要极力指导贫农团，洗刷其中的坏分子，吸引多数积极分子加入，贫农团中的工人小组应是贫农团的积极领导者。

（九）查田运动中要集中大力注意于一切落后的，尤其是最落后的区乡及村子。要注意在落后的区乡，尤其在大村中开展查田运动。必须发动本村贫苦群众自己起来与本村地主富农斗争，要极力避免可能引起氏族地方斗争的一切错误行动。

（十）要在查田运动中肃清一切反革命的组织与活动，要防止、揭破地主富农的造谣与破坏。

（十一）要在查田运动中改造地方苏维埃，洗刷地方苏维埃中一切阶级异己分子及其他坏分子出去，引进大批革命积极分子进苏维埃来。

（十二）各级苏维埃中一切直接间接阻碍查田运动的人，都应受到严厉的或最广大群众的积极性[①]，彻底消灭农村中一切封建半封建势力，完成查田运动的任务。此令

主　席　毛泽东
副主席　项　英
张国焘
公历 1933 年 6 月 1 日

（录自《中央革命根据地史料选编》下册，江西人民出版社 1982 年版，第 477—479 页）

---

① 此句疑有误。——本文库编者注。

中华苏维埃共和国临时中央
政府土地人民委员部布告
——关于实行土地登记

（1933 年 6 月 1 日）

中央政府决定,要在全苏区内实行土地登记。为什么要实行土地登记呢? 有三个重要的理由。

第一,土地革命把土地由地主阶级手里转移到雇农贫农中农手里,富农分给坏田。过去地主霸占土地的时候,立起一种田契去保证他们的所有权,国民党政府替他们登记起来,成为神圣不可侵犯。自从苏维埃政府领导农民群众把地主打倒之后,焚烧了他们的田契,破坏了他们神圣的所有权,但苏维埃政府还没有给一种正式的凭据给农民,保证农民的土地所有权。有些地方登记了一种耕田证,这只是证明土地的使用权,而不是证明所有权。加以土地分了好几次,许多农民不相信土地是分定了的,以为现在我耕的田难保将来不归别人,因此耕种不肯尽力,妨碍了生产,妨碍了农民利益的保障与发展。为了这个原故,所以要实行土地登记。登记好了,苏维埃发给土地证与农民,用这个土地证去确定农民的土地所有权,确定某块土地归某人所有,他人不得侵占,政府不得无故没收。除非当地大多数农民自己要求重分不得重分。

第二,农民得到土地之后,最大的事件就是改良农业生产,发展国民经济,使群众的生活更加改善,这是苏维埃的一个重要任务。但是中央政府至今还不明白各处土地的确实数目,这就难根据各处土地的广狭肥瘠水田山地的多少,做出很好的改良农业生产发展国民经济的计划。为了这个原故，所以要实行土地登记。

第三，各地分田时候有些人瞒田不报，特别是富农瞒着好田，这样不但贫苦农民吃亏，政府的土地税收也要受到影响。为了这个原故，应该实行土地登记，在登记中配合群众的查田运动，把瞒了的田清查出来，使贫苦农民增加土地，使政府增加税收。

有了以上三个理由，所以中央政府决定，实行全苏区的土地登记，把这个工作交给土地人民委员部办理。全体农民群众，应该明白：为了确定自己的土地所有权，为了发展国民经济，为了肃清瞒田现象，都要自动的把自己分得的土地，照着确实数目报告出来。不然，苏维埃就不发给他的土地证。一切革命的群众都要帮助政府这一工作，向着那种不顾公益瞒田不报的人作斗争。这一登记，中央苏区限今年7月15号以前就要办完，不得拖延误事。特布告。

代部长　胡　海

（根据中共江西省赣州市委党史工作
办公室资料室保存的手抄件刊印）

中央司法人民委员部命令第十四号
——对裁判机关工作的指示

（摘录）

（1933 年 6 月 1 日）

一、各级裁判机关过去工作的错误和缺点：（略）①

二、各级裁判机关以后的工作：

（一）加紧对反革命的镇压，在肃反工作上采取积极的进攻路线，对于反革命及反动的豪绅地主富农资本家商人不能放松一点，应给他们以严厉的打击，坚决地执行中央执行委员会第二十一号训令，各级裁判机关应定出具体的执行办法。对于罪恶昭著，事实确凿，群众要求处以死刑的阶级异己分子，应速即执行死刑，然后报告上级裁判部备案，尤其是边区，对于处理反革命案件，特别要抓紧，要迅速的解决，对于包庇反革命分子，应与反革命者同样治罪。

（二）坚决的执行明确的阶级路线，阶级成分，反革命的首要与附和，要分得很清楚：豪绅、地主、富农、资产阶级之反革命犯，应处以重刑，贫苦工农应该从轻，反革命的首领应处以重刑，反革命的附和犯应该从轻。解决案件时，应该注意到阶级成分及犯罪者的犯法行为，对于苏维埃政权的危害性之程度来决定处罪之轻重。

（三）解决任何案件，要注意多数群众对于该案件的意见，在审判案件之先，必须广泛的贴出审判日程，使群众知道某日审判某某案件，吸引广大群众来参加旁听审判，既审之后，应多贴布告，多印判决

---

① 此为原版编者所略。——本文库编者注。

书,以宣布案件的经过,使群众明了该案的内容,除有秘密性的某种案件之外,坚决的不许再有在房间里秘密审判,或随便写一个判决书送上级去批准的不规则情形,裁判部应时常派代表到各种群众会议上去做报告,引起群众对于裁判部的工作注意,多组织巡回法庭到出事地点去审判,以教育群众。

(四)健全各级裁判机关的组织和工作,必须注意以下各项:

一、必须依照司法人民委员部第八号命令将各级裁判部的工作人员充实起来,应增加的工作人员,从速到下级及群众中去提拔。

二、区一级裁判部不许再由别部兼任,坚决不许再有派裁判部的工作人员,长时期在外面做一般的工作,将裁判部的工作完全放弃的事情。

三、不得上级的同意,不许将裁判部的工作人员调换,对新提拔的工作人员,多注意他们的训练,实行强迫教育。此外,轮流调下级的工作人员到上级来受实际训练,以养成技术较高的专门人才。

四、建立巡视制度,上级裁判部必须随时派指导员到下级巡视和指导工作。

五、建立工作报告制度。除部分的省对中央已实行报告制度外,区对县、县对省也必须按时的做工作报告。使上级明了下级的工作情形。

六、多用活的指示,少用书面的指示,上级对下级的指示要具体,尤其要合乎实际情形。

七、建立和健全各级裁判部的裁判委员会,没建立的应立即建立起来,已建立的地方要健全起来,裁判委员会必须按时的召集会议。

八、建立各级裁判部的部务会议。每星期必须召集裁判部全体工作人员会议一次,检阅本星期内每个工作人员所做的工作,并计划下星期每个工作人员的工作。

九、建立上下级的系统组织,下级绝对服从上级的命令和指示,接到上级的命令和指示之后,一定要召集裁判委员会及全体工作人员会议来讨论具体的执行办法,按照上级的指示彻底的去执行。

十、按照司法人民委员部第九号命令，即速将劳动法庭建立和健全起来。

（五）不许裁判部再有自己违反苏维埃法令的不规则现象发生，坚决的执行中央执行委员会第六及十二号训令、裁判部暂行组织和裁判条例的规定，绝对的废止肉刑，区一级裁判部不经上级裁判部的特许，绝对不许随便杀人，倘再有这种事情发生，以故意违反苏维埃的法令论罪。同时不许再有忽视上级命令，置之不理的现象发生。

（六）在审判工作及司法行政上应注意以下各项：

一、每个案件先经过裁判委员会的讨论，讨论一个判决的原则，给审判该案的负责人以判决该案的标准，使判决上不致发生错误。

二、担任审判某案件的裁判员，在审判之前，对于某案件的材料，必须作详细的研究，将应发问的问题写出来，有条理的向被告和见证人发问题。

三、同案的犯人，在审判时应隔离开来，免得互相利用口供以掩盖自己的犯罪行为。

四、审判记录，应将当时在法庭上原被告及见证人所讲的话记录下来，不许再有在审判时不做记录，到退庭后抄写预审机关的记录，或由自己的忆想来造记录的现象。

五、在判决书上对于被告人犯法行为的经过，犯法时间和地点及人证、物证等等应详细的有系统的叙述出来，不许用笼统的，似是而非的话来做判决书。各人的犯罪事实不一样，裁判书也应按照各人的犯罪事实来叙述，不许各个裁判书用一律的笼统话来写。裁判案件应拿他最主要的事实，不要将不重要的写了一大篇，将重要的事实遗漏不提，即有时对某案件的检查结果，找不到犯罪的事实，也要经过法庭宣告无罪，并须写成裁判决书。

六、对每个案件的材料，要尽管去搜集，不得再有事实还未明了，又不经过预审，就拿到法庭来马虎判决的情形。

七、裁判部有独立解决案件之权，不是每个案件都要经过政府主席团，只有特别重要的案件，可以经过主席团的讨论。

八、解决案件要迅速,除特殊情形外,一般的案件,自案件进到裁判机关之日起,最多两星期内应当判决。在看守所里不准再有大批的犯人(100以上)关起来,甚至有经过半年不审判的事情。

九、判决监禁,最多不能超过10年,10年以上应处以死刑,强迫劳动(苦工)不能超过1年,以后不准再判决永久监禁或长期苦工的事情。判决剥夺选举权是对于本有选举权的人,富农本无选举权,从什么地方剥夺选举权,这样的判决是错误的。而且剥夺选举权应以年计算。

十、裁判机关与预审机关必须发生密切的关系,以互相商量来解决案件。不应在〔再〕发生裁判部成为预审机关的附属机关的不规则现象,不要忘了裁判部本身的独立作用。

十一、每个案件必须有个案卷,将该案件所有的材料都集在案卷内。编成号数,并须将每个案件的号数及犯人的姓名用簿子登记下来,以便检查。

十二、犯人由下级送到上级或由这个司法机关送到另一个司法机关,必须按照司法人民委员部第十号命令第三项的规定,将全部案卷及该案件的物证和犯人身上拿下来的东西,一并转送过去,使接受该案件的机关便于进行审理。

十三、没收犯人的东西,必须根据司法人民委员部第十号命令之规定,一定要在该案件判决之后,依照判决书上的规定去执行没收,以免发生随便没收犯人东西的错误。

十四、绝对不许可工作人员将犯人算给政府的伙食费拿来当伙食尾子分,如再发生这种情形,将严厉的治罪,更不许向犯罪的贫苦工农算伙食费,若再有这种事情发生,同样的要治罪。

(七)看守所与劳动感化院的工作:看守所与劳动感化院的工作人员,应经常研究看守的技术,加紧工作人员的训练,提高他们的文化和政治水平,使他们懂得自己的任务,犯人的进出,必须要有很好的登记,没有裁判部的条子不能放人,看守人员必须日夜分班看守,以免发生意外,如有外人与犯人会面,必须得裁判部的许可。送来给犯人的东西,及犯人写出去的信,必须经过严格的检查。注意卫生……每天早晚须点名两次,在点名的时候,要向他们作简单的讲话。同案的犯人应分开禁闭,不准关在一个房间里,免得他们商量口供。注意犯人的行动,加紧秘密的检查工作。

对于劳动感化院的工作,特别要注意生产与感化,生产和发行方面,与国民经济部共同组织"劳动感化院企业管理委员会",来管理和监督生产与发行的事宜,有计划的进行生产和发行。应将工场与犯人居住的地方分开,以便管理和教育。感化方面,充实文化工作人员,要有计划的来教育犯人,经常的上识字课,政治课等等。将俱乐部,列宁室,图书馆健全起来,利用犯人工作以外的时间,经过这些文化机关来感化他们。感化犯人的工作,是劳动感化院的主要部分,应当要特别注意。

司法人民委员部
1933 年 5 月 30 日

(录自《中华苏维埃共和国法律文件选编》,
江西人民出版社 1984 年版,第 401—405 页)

福建和江西省邮政局开展革命竞赛条约

（1933 年 6 月 1 日）

闽赣两省邮政工作"6、7、8、9、10"五【个】月竞赛条约订立如下：

（一）提高工作速度与效率

1. 要做到每天各局按时开班，按时到班，同时要做到各路平班与快班不致有一天衔接不到（路线 40 里为限）。

2. 特别快信递信员要为一日一夜超过 180 里路面斗争。

3. 要做到一件邮件没有存留在局，一次来，一次送出。

（二）邮务手续

1. 清单要写清楚，并要注明收发时间，收件负责人在清单上要写真名。

2. 日戳要很明显。

3. 号码不能弄错。

4. 排单号码要有系统，路途延误时间要将原因填在排单上。

5. 信件不得检〔拣〕错和遗失弄坏等，收信要注重看，防止贴旧邮花和邮花不足。

6. 各种清单执据要有次序的存列。

以上几条有能做到者为优胜。

（三）节省运动

1. 努力节省运动，一钱一粒为着革命战争。

2. 办公费要比 5 月份节省 20%。

3. 发动工友做义务劳动,不要加递费和加倍工资。

4. 发动工友做到个人节省每月工资 10%。

5. 油笋、油纸要保护好,油笋每只保存一年,油纸保存半年。各局账簿要保存备查。

6. 耕种苏维埃菜园,增加生产。

(四)健全组织

1. 各局每月要开 2 次工作人员会议,并加紧政治教育。

2. 中心县局每 3 月要开 1 次所属县局长联席会议。

3. 各分局每 10 天 1 次工作报告到县局,县局半月工作报告省局 1 次,省局每月 1 次工作报告总局。

4. 各局人员数目应须 1 次报告总局。

5. 各局开会时应请当地政府参加,合关系密切。

6. 以上几点能按期报告,并报告实际者为优胜。

(五)发展组织

1. 在竞赛期间要创造〔培养〕55 个干部,备发展邮局(江西管理局 30 人,福建管理局 15 人,总局同瑞金 10 人)。

2. 新区邮局要很快的建立。

(六)教育工作

1. 文化工作,墙报各局每月要出版 3 期,要做到全局人数 100% 参加,以参加人数为标准,不能以篇数为标准。

2. 识字……每月每人要做到认识 30 个字,以实际认得者为标准。

3. 读报……各局每周读报 3 次,要做到没有无故不到课的。

4. 列宁室……各局没有建立列宁室者,速即建立,建立了的健全起来,每月应开两次晚会。

(七)优待红军工作

1. 组织耕田队,帮助红军家属种田,以做了次数多少和时间人数多少为标准。

2. 在这竞赛当中应作 2 次优待红军工作,如送菜、幕捐等,以人数和钱数为标准。

（八）总结

1. 竞赛日期 6 月 1 号起至 11 月 1 号止。

2. 总结会期由总局规定。

3. 各省县工作报告要在 1 月 30 日以前到齐总局,如过期交来的,即作为竞赛资格劣点一项。

4. 本条约以能完成超过条约者为优胜,由总局发给奖旗一、二、三面,如有个别工作人员牺牲奋斗精神工作特别积极者另给银牌 1 个。

5. 此条约有不能上 70 分的则列竞赛的最劣等。

6. 总局应在此竞赛期中出发 2 次到各局巡视检查工作,收集作总结的材料。

7. 检查员 9、10 两月应出发去检查工作。

8. 对于【不】延误邮件,【不】遗失邮件,节省经费,创造〔培养〕干部四项,有一项不能做到,则全部优胜要减低十分之一。

各级邮局长：福建省管理局长　曹振辉

江西省管理局长　匡山泰

……

公证人：郑化宏、汪奇峰、王俊伦、王醒才、罗刃千。

1933 年 6 月 1 日订于总局

（录自江西省邮电管理局邮电史编辑室编：《苏区邮电史料汇编》（上），人民邮电出版社 1988 年版,第 126—128 页）

中央政府为节省5万担谷子卖给红军
告瑞金会昌博生石城四县群众

（1933年6月4日[①]）

（一）四次革命战争中，北面战线蒋介石的白军几次遭到惨败，红军几次得到大胜之后，国民党军阀又正在调集他的残部，准备新的进攻。同时广东军阀陈济棠，福建军阀蔡廷楷〔锴〕，湖南军阀何健〔键〕，都一齐出马，调动军队进攻苏区，红军正在同敌人血战，要把敌人的围攻打他一个粉碎。另一方面，国民党又勾结日本帝国主义占领了北京天津，红军要准备同帝国主义直接打仗，要把帝国主义国民党一齐打倒。但在这时候，红军发生了严重的粮食问题，有些红军在吃稀饭，中央政府各机关每天也要吃一半稀饭，米价很贵，又买不到，真正成了困难问题。此外还有一部分极贫苦的群众，特别是红军家属，没有饭吃，情形也是很严重的。

（二）但是苏区果然没有粮食吗？不是的，苏区有不少的粮食。不说公略万泰那些粮食很多的地方，即拿瑞金会昌博生石城四县来说，都是每年粮食有多，去年收成虽差，仍有许多余剩。为什么红军在这些地方现在买不到粮食呢？这第一是富农奸商作怪，他们把粮食隐藏起来，或高抬时价，故意与红军为难。第二粮食多的群众，还不明白红军的困难，他们想等后头更卖高价，还有许多粮食不多不少

---

① 原件无时间，此为该消息在《红色中华》发表的时间。——本文库编者注。

的群众,他们也不明白红军的困难,所以他们不曾节省一部分粮食卖给红军。有这两个原因,所以近来市场上买不到粮食了。同志们,你们不明白红军的困难,这是各地苏维埃未曾向你们说明的原〔缘〕故。现在中央政府要在瑞金会昌博生石城四县采办 5 万担谷子去接济前线上的红军,要把这个责任放在四县县区乡苏维埃及四县 100 万群众的身上。四县的分配是瑞金 16000 担,会昌 15000 担,博生 12000 担,石城 1 万担。但这次不是借谷,是买谷。我们根据过去借谷的经验,群众自动的借了许多谷子给红军,许多群众连借谷票也退了,这表示群众最高度的革命热情,这表示群众把红军看得如同自己的性命一样,听得红军借谷,大家就借出来。但是同志们,过去借的谷子红军已吃完了,中央政府现在还要向大家买一批谷子,数目是 5 万担,价钱照市。时间是 6 月一个月内分批交齐。办法是有多余的人家把多余的拿出来,并且还要节省一部分拿出来。没有多余的人家,都节省一部分拿出来。只有那些自己十分不够食还要请亲戚朋友帮助的,才真正无法拿出谷子。同志们,大家都是盼望红军打胜仗的,现在红军在前方作战缺乏粮食,我们能安心吗?我们大家多吃点杂粮蔬菜,节省一部分粮食卖给红军,聚少成多,相信四县 100 万群众,节省出四五万担谷子,应该不是难事。同志们,只要前线红军吃了饱饭,打了胜仗,我们后方群众就少吃一点也是光荣快乐的事呵!

(三)还有一个方面的粮食问题,也是我们广大群众必须注意的,就是一部分极贫苦群众缺乏粮食的问题,我们多数人决不能让这些人饿肚子。特别是红军家属,他们的困难问题,大家必须解决。解决的办法,就是群众互相帮助,第一是减价粜谷,第二是夏借秋还。为了阶级的利益,大家决不能只顾自己,不管别人,谷米多的乡,一定要帮助谷米少的乡。谷米多的村,一定要帮助谷米少的村,一村之中,谷米多的人家,一定要帮助谷米少的人家。大家除了卖谷 5 万担给红军之外,一定还要帮助极贫苦群众的粮食,这样才是真正的阶级友爱阶级互助的办法呵!

四县 100 万群众一齐起来!

拿出 5 万担谷子卖给红军！

"减粜""借谷"帮助贫苦群众！

不让红军贫苦群众饿肚子！

用粮食帮助红军打破敌人四次围攻！

红军胜利万岁！

中央政府主席　毛泽东

副主席　项　英

张国焘

（录自 1933 年 6 月 4 日出版的《红色中华》第 83 期第 5 版）

中华苏维埃共和国中央
教育人民委员部训令第二号
——关于建立和健全俱乐部的组织和工作
（1933 年 6 月 5 日）

　　为着提高广大工农劳苦群众的文化水平和政治水平，在一切乡村，一切城市，一切机关，一切部队中，广泛地进行文化教育工作，最主要的机关，除识字运动委员会、夜校外，就是俱乐部。因为俱乐部能利用各种各样适合年龄及文化程度的教育方法，直接和间接的教育广大群众，能利用各种各样的机会来吸收群众、动员群众，能利用群众自己参加工作来教育自己，所以他在教育上占极高的位置。

　　过去俱乐部在机关中、红军中、学校中，有相当的成绩，尤其是红军中成为教育群众的政治文化的中心，但是在乡村，大部分俱乐部偏重在娱乐，忽略政治及其他的文化工作，具体的表现是俱乐部只有中乐【器】及改良的旧戏，甚至就演封建式的旧戏，墙报很少看见，读报、政治讲演、政治讨论，差不多完全没有，有些乡村还没有俱乐部，也有不少的错误，例如墙报大部分没有斗争，甚至开始斗争就用压迫自我批评的手段压迫下去了，即江西省政府过去曾发生这种现象，会昌某区的机关墙报因反对个别的官僚腐化，文字上牵涉整个机关，就用官僚的方式把批评的青年罚禁闭，这一官僚的方法，就把斗争的工具降落为和平的工具，这是俱乐部工作中最可耻辱的事。在群众各种聚会，除纪念以外，俱乐部都没有很好利用他们进行教育工作，尤其少先队、儿童团、赤卫军，每月定期会操时，是读报和讲演的好机会，俱乐部还没有和他们发生组织上的联系，有系统地来进行这一工作。

在夜校进行读报，也是宣传鼓动的经常的工作，除兴国普遍的实现外，有些地方刚才开始，有些地方简直没有。总括起来说，过去的俱乐部没有普遍的建立，尤其是在乡村没有系统的经常的工作，忽视了政治动员，偏重娱乐，没有很好的利用各种群众集会和开放俱乐部，为群众集会场所，来进行教育工作，没有广泛吸收劳动妇女及儿童参加工作，没有利用墙报做斗争工具。

各级教育部，应该经过各级教育委员会，经常讨论有计划的领导俱乐部工作，尤其是社会教育科是他的专责，要十二万分注意，议事日程上要把他经常列入；乡教育委员会要经常领导乡村俱乐部，经常检查工作，迅速的彻底的转变过去的工作方法，消灭组织上不健全的现象，切实执行本部颁布的俱乐部组织和工作纲要。在开始进行工作的地方，及过去成绩不好的地方，不要将俱乐部的一切工作同时进行，要选择几项中心工作来推动其他工作，如唱歌、游戏、识字、讲演、读报等，当首先进行，在开始的一日，就要编定工作日历，进行调查登记，俱乐部的组织工作、地点与经常负责人并怎样领导的，有些什么困难和经验，报告上级教育部，并转中央教育部。中央教育部发给俱乐部的印刷物，要充分的寄到乡村俱乐部，并要检查是否完全使用了，不得扣留一份在各级教育部，并要将收到的印刷物随时登记数目，汇报中央教育部。凡是全乡俱乐部共用的印刷物，如报纸，各村俱乐部要轮流传递，如俱乐部以外的团体，要借用俱乐部的印刷物，要定期交还，保存在乡教育委员会。此令

代部长　徐特立

1933 年 6 月 5 日

我湘赣苏区的俱乐部列宁室的组织与工作是非常的不够，现虽有不少的组织，但大半是没有建立经常的实际工作，墙报仅在省一级红色部队及个别的县一级有些实际，但不普遍，读报、政治讨论、政治讲演更不普遍，体育运动除红色部队及省一级几个比较工作好一点

的列宁室外,差不多完全没有,其他的缺点和错误更属不少,这由于各级教育部对俱乐部列宁室工作忽视的结果,希即遵照这一训令及本部前颁发俱乐部列宁室的组织与工作,迅速的立即转变过去的错误和缺点,消灭组织上工作上不健全的现象,在开始进行工作及过去成绩不好的地方,先选择几点中心工作来推动其他工作,每个俱乐部列宁室要备《湘赣斗争》《列宁青年》《红色湘赣》以及党团政府和各革命团体的文件及各种革命书籍陈列,使群众阅览,并要妥为装订保存。又读书、读报、政治讲演会、墙报、新剧、化装讲演、唱歌、打拳、赛跑,把最容易举行的工作首先建立起来,逐渐推广。各级教育部、乡教育委员会,按照这一训令立即把俱乐部与列宁室的组织工作、地点与经常负责人并怎样领导的,有些什么困难和经验,一律限于 2 月 15 日以前逐项报告本部为要。

湘赣省苏教育部
1934 年 1 月 10 日

《中央教育人民委员部重要文件汇集》,湘赣省苏教育部翻印

(录自《老解放区教育资料(一)土地革命战争时期》,
教育科学出版社 1981 年版,第 280—282 页)

中央执行委员会关于召集
第二次全苏大会的决议

（1933 年 6 月 8 日）

从第一次全国苏维埃代表大会，到今年 11 月 7 日即届两年，目前正当革命战争与反帝反国民党运动进到更高发展的阶段，为了加强对全国革命的领导，使全国反帝国主义国民党的伟大斗争开展新的局面，为了总结两年以来全国苏维埃运动的经验，决定新的方针及改选中央执行委员会，必须召集第二次全国苏维埃代表大会。并决定下列各项：

（一）第二次全苏大会应在 1933 年 12 月 11 日广暴纪念日开会，地点在中央苏区。

（二）责令人民委员会收集一切必要的材料，准备向大会做两年以来的工作报告。

（三）第二次全苏大会以前应改选各级地方苏维埃：

（甲）中央苏区在 11 月 15 日以前，须将乡、区、县、省四级苏维埃改选完毕，出席全苏大会的代表，须在 12 月 5 日以前到达中央政府所在地。

（乙）其他苏区必须在 10 月 31 日以前将乡、区、县、省四级苏维埃改选完毕。出席全苏大会的代表须在 11 月 30 日以前到达中央政府所在地。

（丙）各省出席第二次全苏大会的代表，须在省苏代表大会上选举。

（丁）在整个苏维埃选举运动中,必须连系到工农群众的实际生活深入城市与农村中的阶级斗争,进行彻底的查田运动和检查劳动法的工作。

（戊）必须发动选民的大多数来参加苏维埃选举。

（四）通知国民党统治区域的一切革命群众团体,抗日义勇军,革命的游击队及同情于苏维埃运动的个别革命分子,欢迎他们派代表或亲身来参加第二次全苏大会。

（五）通知中国邻近各国家各民族的一切革命团体及革命分子,欢迎他们派代表或亲身来参加第二次全苏大会。

（六）各级苏维埃在各该级选举完毕后,即将选举情形按级报告上级,省苏须在 11 月 15 日以前将总结两年的工作报告送达中央政府。

（七）必须尽一切可能在一切苏区与非苏区内向广大工农群众宣传第二次全苏大会的伟大革命意义,号召群众为着苏维埃运动的猛烈发展,为着第二次全苏大会的完全胜利而斗争。

1933 年 6 月 8 日

（录自 1933 年 6 月 17 日出版的《红色中华》第 86 期第 2 版）

中华苏维埃共和国中央
教育人民委员部训令第三号
——关于各级教育部新调来的干部训练问题[①]

（1933 年 6 月 8 日）

目前各级教育部，大部分按照本部第一号训令陆续调了工作人员来部工作，转变了过去不从下级提拔干部的错误。但是，人员调来了，也没有好的训练，坐在那里仍是不能工作，使教育部就成为很大的一个官僚机关，也是一个严重问题。因此决定下列四种训练干部的办法：

一、在工作中训练。新调来的干部，一到就要分配工作，不应该闲居在教育部，把教育部变为消闲机关。其中工作经验不够的，首先就要放在附近区乡做工作，以便随时指导。或组织某一处或某一项特殊工作的工作团，将新旧干部配合，以其中有经验、有能力、工作积极的来领导，在这集体领导中，进行一定时间的工作。在工作团的工作，检查后按能力、经验和积极性，来分配各个人独立的工作，及分别到较远的地方工作。

上级干部的工作，不是直接教育群众，是计划、指导和检查下级的工作。因此上级干部如果不能耐烦地听下级的报告，或未曾做过下级工作的，往往了解问题，偏于一般的原则，具体来领导下级工作是困难的。所以上级干部还要有相当的时间直接帮助附近乡村俱乐部和学校的工作，把所在地的区乡做一个工作试验场。尤其是新调

---

① 副标题为本文库编者所加。

来的经验不足的干部，必须最先做直接的工作。但上级干部主要的还是领导工作，计划整个的工作；直接做最下层的工作，不是自己的任务，是自己学习的一个方法。

在集体领导中，仍须分门或分区域担任工作，以发展各个人的创造力和责任心。同时还要互相参观，互相报告，取得各种不同的经验，使经验丰富起来。

二、在斗争中训练。我们过去的教育机关，向来是过和平生活，没有斗争的。因此阶级异己分子、消极怠工分子得以在机关和学校中站得住脚，一部分有错误可以教育的干部，也得不到相当的教训。这样就不只阻碍了教育的进行，还失掉了可以教育的干部。所以我们要经常不断的不怕麻烦的发动斗争，从群众的火焰中来揭破阶级异己分子和消极怠工分子破坏教育的行为，教育我们的干部，教育我们自己。并时时刻刻记着，开会发动斗争虽然不及命令的直截了当，要麻烦得多，但是效果不低，比命令高十倍百倍。

三、用行政纪律来教育。经过群众批评，行为还不改变的分子，必须用纪律上的制裁，从劝告、警告，一直到开除工作，也是教育方法之一，不可缺乏的一部分。但这是一个比较要少用的方法，并不可用这一方法来代替斗争，不可拿它放在斗争的前面。

四、开办短期的训练班。新调来的干部成分比过去好，斗争历史也比过去好，文化水平虽赶不上他们的成分和经验，也还是好的现象。从事教育工作没有最低限度的文化水平也是困难的。我们对于文化水平最低的工作人员是不是不能用呢？是可以用的。但应该使其花半年或二三个月在训练班学习得必要的文化水平。这类工作人员一来就送到短期训练班学习。但并不需要一次将文化水平提到足够的程度，学习和工作可以交互进行。这样的办法，一面造就了干部，一面解决了工作人员缺乏的困难。短期训练班目前最便利的就是从一星期到一月的训练班，应继续不断的开办。第一步先来一个大的数量，质量比较数量稍微降下一点，再逐渐提高质量，延长训练时间到半年至一年甚至几年。详细办法适用于须延时间的，可以本部编有教育干部训练大纲做基础,再酌量当时当地实际情形去活用。

各级教育部接到本训令后,就要开始工作,一天都不可把干部闲居在机关中,一刻也不要忘记耐烦训练。右令

省、县、区苏维埃政府教育部

代部长　徐特立

1933 年 6 月 8 日

《中央教育人民委员部重要文件汇集》,湘赣省苏教育部翻印

(录自《老解放区教育资料(一)土地革命战争时期》,教育科学出版社 1981 年版,第 221—222 页)

中华苏维埃共和国临时中央政府
否认国民党签订卖国协定通电

(1933 年 6 月 10 日)

全国革命民众们!

国民党政府 5 月 31 日与日本帝国主义订了华北停战协定,这个协定将华北广大地域与几千万民众完全出卖给帝国主义,但这还是国民党公布了卖国密约的一部分。虽然汪精卫等卖国罪魁无耻的说协定只限于军事不及政治,而实际上更严重的是国民党政府秘不宣布的大规模的卖国密约。据本政府所得关于此项密约的内容大要如下:(一)华军撤退至平津以南,划长城以南为缓冲地带。(二)华方承认"满洲国""蒙古国"。(三)制止义勇军一切活动,相机解决义勇军及一切抗日军队的武装。(四)华方保证停止一切反日运动。苏维埃临时中央政府代表全中国民众绝对不承认此项密约及华北停战协定,因为此种密约与协定已将满洲、蒙古、华北等广大土地及全国的民族利益完全出卖给日本帝国主义,并且无疑义的国民党政府又将应允英美等帝国主义的要求,而将西藏西康,以至长江珠江流域的土地及权利出卖,实践其"机会均等","利益均沾"的卖国路线。中华苏维埃临时中央政府并号召全中国民众一致起来反对国民党的卖国密约与卖国协定,以坚决的革命斗争:罢工,罢课,罢市,群众示威,组织民众自己的武装队伍来反对与阻止此项密约与协定任何一条的实行。全国民众必须明白,如果不反对此项密约及协定,4 万万民众均将成为帝国主义永远践踏的牛马奴隶。全国民众必须明白,只有自已武装起来,打倒国民党卖国政府,直接与帝国主义作战,驱逐日本及一切帝国主义出中国,才能解放自己,免除牛马奴隶的命运。苏维埃临时中央政府宣言:他准备尽他一切力量,精神的物质的与武装力量来帮助全国民众反对日本帝国主义及反对卖国的国民党政府,并且重复向全国国民党政府的一切武装部队宣布:在(一)立即停止进攻苏维埃区域,(二)保障民众的集会结社言论出版等自由权,(三)立即武装民众创立武装的义勇军这三个条件之下,苏维埃中央政府愿意与任何国民党的武装部队订定作战的战斗协定,与日本帝国主义作战。同时,苏维埃中央政府还要指出,一切国民党的卖国军阀如冯玉祥、蔡廷楷〔锴〕、陈济棠等现在大呼抗日,反对停战协定,完全是欺骗民众的把戏,实际上他们中间一部分已经与蒋介石团结一起来积极绝望的进攻红军与苏维埃,另一部分则完全是日本帝国主义的走狗。他们高叫的抗日与反对停战协定,只是一种欺骗民众以便他们进行卖国的方法。他们除了勾结帝国主义镇压革命民众与革命士兵努力进攻苏区与红军之外,没有任何别的企图。全国革命民众与革命士兵,只有民众自己的武装及抗日士兵与民众的联合,才能执行真正的民族革命战争,打倒日本及一切帝国主义,而打倒卖国的国民党,是这一战争胜利的先决条件。中华苏维埃中央政府号召全国民众及革命的士兵团结在苏维埃的旗帜之下,与红军联合起来,共同去推翻出卖中国的罪魁祸首的国民党统治,去保障中国的独立与领土完整,争取中国民族的彻底解放!

中华苏维埃临时中央政府主席　　毛泽东

副主席　　项　英

张国焘

1933 年 6 月 10 日

(录自 1933 年 6 月 11 日出版的《红色中华》第 84 期第 1 版)

准备第二次全苏大会的工作计划

（1933 年 6 月 10 日）

一、关于召集第二次全苏大会须起草的文件：

（甲）中央执行委员会召集第二次全苏大会的决议

（乙）准备第二次全苏大会的工作大纲

（丙）告全中国民众书

二、修改以下各条例

（甲）选举细则

（乙）划分行政区域条例

（丙）地方苏维埃暂行组织条例

三、对于中央苏区的准备工作

（甲）改选各级苏维埃的工作

（1）7、8 两月为发动群众查田运动检查劳动法的执行深入阶级斗争的运动，同时进行划分行政区域

（2）9、10 两月完成乡区县三级的选举工作

（3）11 月完成省一级的选举工作

（4）为总结选举制定各级苏维埃的选举总结报告大纲

（乙）召集江西福建闽赣三省及瑞金直属县的内务部长联席会议讨论进行选举的工作

（丙）召集各群众团体中央一级及各报馆代表的联席会议一次讨论各群众团体及各报馆对全苏大会的准备工作

（丁）第二次全苏大会的消息通报

（1）无线电台广播

（2）在红色中华青年实话及别的报纸上继续不断的公布大会准备工作消息

（3）出版拥护第二次全苏大会的刊物

（4）向各种群众会议做报告

四、其他苏区的准备经过无线电台与他们发生联系将苏大会准备工作的计划告诉他们，要他们报告他们作准备的工作

五、对于白区号召各革命团体派代表来参加大会其办法另定

六、人民委员会及各部两年来的工作报告的准备

七、大会一切事务的布置

（甲）制造大会的预算案

（乙）大会工作人员的征调和分配

（丙）会场的布置

（丁）代表宿舍的准备

（戊）大会出版工作的准备

（己）大会游艺方面的准备

八、大会决议草案另组起草委员会。

中央政府第二次全苏大会准备委员会

1933 年 6 月 10 日

（附注）各机关及各负责同志对于本工作计划如有意见请即来信示知以便采纳①

（录自 1933 年 6 月 23 日出版的《红色中华》第 88 期第 1 版）

---

① 此附注是原件上的。——本文库编者注。

中华苏维埃共和国中央
人民委员会命令第四十二号
——关于解决人民群众粮食问题

（1933 年 6 月 16 日）

近来粮食缺乏,谷米的价格一天比一天更高了,还有少数地方有钱却买不到米,因此有部分的群众没有米吃,□□□□□甚至有吃树叶□□的。这真是成了一种严重的现象。这是因为□□□□□□□□□劳苦工农群众为难,有些粮食多的群众,他们还是各顾各的惜售观望,等待高价才出售他的米谷(以下字迹不清——本文库编者注)

1. (以下字迹不清——本文库编者注)

2. 县政府要根据(以下字迹不清——本文库编者注)谷子卖给红军运动的经验,召集区乡代表会议(如因路远(以下字迹不清——本文库编者注)乡一级要有主席、贫农团、工会、妇女代表参加的这些代表(以下字迹不清——本文库编者注)使他们回到各自的区、乡作广泛的热烈的宣传动员(以下字迹不清——本文库编者注)发动起来,提高群众的阶级觉悟和互助的精神,来解决目前的粮食(以下字迹不清——本文库编者注)有粮食困难的地方,我们可以(以下字迹不清——本文库编者注)(野山薯黄秋菜,同为(以下字迹不清——本文库编者注))当作补助食品。

3. 区乡政府务要彻底执行省县(以下字迹不清——本文库编者注)问题的一切决议,要领导谷米多的乡去帮助谷米少的乡,谷米多的村一定要帮助谷米少的村和谷米多的人家帮助谷米少的人家,使苏维埃群众在阶级互助的意义之下,打破富农奸商的操纵,解决青黄不接的困难。

4.各级政府接到这个命令后,希即努力执行(以下字迹不清——本文库编者注)为要。此令

主　席　毛泽东

副主席　项　英

张国焘

公历 1933 年 6 月 16 日

(根据中共江西省赣州市委党史工作

办公室保存原件之复印件刊印)

国家政治保卫局训令第七号
——查田运动中保卫局及其特派员之任务与工作
（1933 年 6 月 20 日）

1. 中央政府颁发之查田运动训令上提出过去土地斗争尚未深入，有许多地方土地利益尚未完全落在贫农、雇农、中农身上，有许多地方豪绅富农盗取了土地革命果实，因此对群众积极性的发动上受到了障碍。尤其在动员工作中，在斗争不深入的地方特别表现落后和缺少成绩，在查田运动的八县大会上各地的出席人员报告中许多事实铁一般证明了中央政府训令中提出各估计完全正确和查田运动之绝对必要！

2. 发动广大群众进行查田运动使这一运动成为发动农村深入的阶级斗争彻底消灭封建势力正确解决土地问题是目前斗争的紧急的任务；在这一任务之下，政治保卫局是负有肃清反革命派和【一】切地主豪绅富农，对这一运动之任何反抗与破坏，这是政治保卫局在查田运动中之主要任务。

3. 国家政治保卫局根据上述任务，特指令各省县分局区特派员切实执行下列工作：

一、清查阶级异己分子——地主豪绅富农

过去各级分局特派员执行国家政治保卫局的检查豪绅地主反革命财产的运动，是给了地主豪绅反革命很大打击！登记了各地的地主豪绅富农很明显的这一登记清查是不彻底！没有把彻底没收地主豪绅土地和富田好田多余工具，密切的与苏维埃全部工作联系起来，现应立即将登记之地主豪绅富农抄给同级政府,检查他的土地是否已没收,和掉换了坏田给富农,未清查出来的,须即动员工作根据中央政府分析阶级的方法去举发清查地主豪绅富农,报告回同级政府。省县分局负责审查本身组织内有无阶级异己分子的潜伏不得包庇和保留。如发现包庇保留者受严厉制裁!

二、镇压一切反革命派别地主豪绅富农对查田运动的破坏和反抗。

毫无疑义的这次运动,豪绅地主富农和一切反革命派是要起来反抗的,因为查田运动是最后消灭地主豪绅在政治上经济上基础和反对富农的阶级斗争。

保卫局

特派员工作条例

(一)特派员是国家政治保卫局系统内的一个□□活动的单位,属于国家政治保卫局【的】,属于国家政治保卫局的指挥,属于省或县及军团或军的分局的,受省或县及军团或军分局的指挥。

(二)特派员是公开性质,以便各革命群众团体与群众向其告密。

(三)特派员的工作任务是限于侦察,无直接拘捕人犯之权,但在特殊情况之下,取得上级同意时可以拘捕及预审,但最后决定仍属于上级。

(四)特派员的工作范围属于一片或一乡,一师或一团,由上级保卫局规定。

(五)特派员在工作范围内受党的政治领导与党政府或红军负责人发生横的关系。并得政府同意之下,可以列席当地政府会议,必要时可向该负责人要求武装帮助。

(六)特派员如发觉反动分子时,应立即报告上级,经上级批准后，当同保卫局武装或地方政府武装加以拘捕，反动分子组织暴动或准备逃跑时，及〔即〕临时镇压或拘捕之。

（七）特派员除向上级保卫局作工作报告外，不对任何机关任何个人作报告。

（八）特派员与其他特派员之间，取得上级同意时，得发生横的关系。

（九）特派员的主要工作：

1. 调查反动派及反动分子活动情形。

2. 侦察可疑的人、可疑的事。

3. 侦察反动分子的已经有了供认者。

4. 调查附近白色武装和豪绅的情形。

（十）特派员应每10天做报告一次，遇有重大侦察消息时应随时报告。

（十一）特派员的权限及工作范围，兹具体决定如上，各特派员须切实遵照，如有违纪当按其轻重予以处罚。

国家政治保卫局印
6 月 20 日

（根据中共江西省赣州市委党史工作
办公室资料室保存的手抄件刊印）

中华苏维埃共和国劳动人民委员部
秋季冲锋季工作计划

（1933 年 6 月 20 日）

各级劳动部的同志们！

第二次全苏大会准备在今年 12 月 11 日开，在大会之前要进行充分的准备工作，中央政府决定 7、8 两月为加紧检查土地法，与劳动法执行的时候，因此中央劳动部特规定秋季 3 个月的工作计划，望各级政府劳动部和科，发动工人群众与职工会亲密合作，切实执行，检查劳动法的执行，深入阶级斗争，同时建立和健全各级劳动部的组织及工作。

壹、中央劳动部在 7 月内颁布介绍所的章程，社会保险局的章程，劳动检查条例；并在 8 月内颁布农村工人补助法令及学徒保护法令。

贰、做小册子及文章来解释劳动法并规定各种条件具体执行的办法。

叁、7 月内各县劳动部规定该县各业的最低工资，中央劳动部再颁布各业总的最低工资。

肆、建立与健全劳动部的组织。

（一）在 7、8 两月内各地政府劳动部和科应将劳动委员会建立起来。

（二）建立与健全劳动部各部门的工作，使其有专门人来做工作。

（甲）建立普遍的检查制度和检查员组织：这一工作首先应在 7

月 20【日】前将中心县份及城市的把他健全起来,使其有经常的检查工作,并要在 7 月下半月在乡村,亦有检查工作。

(乙)健全介绍所的工作:要使其各个介绍所都有工作,在 7 月底应完全做到。

伍、检查劳动法的实施。在 7 月 1 号起中央的检查员要到二省及中心县去检查,省的县的区的各级劳动部检查员于同一时间出发,到各城市和乡村实行普遍的劳动检查,各县对于这一工作,应于 9 月 1 号前总结。二省于 9 月 8 号前总结。中央于 9 月 15【号】作总结。

陆、秋季实施劳动法的运动节应实现下列劳动法最主要的条文。

(一)通知工会于 7 月内根据修改的劳动法来改订合同(订至年底止),于 7 月底将农村未订过合同的要订完。

(二)8 月 10 号前将合同审查和登记完毕,并于 15 号通通检查一次。

(三)时间的实现并很活泼执行,一定要得到检查机关的准许,不可延长。

(四)各县规定各业工人最低工资并于 15 号以前公布,并要规定各县的总的最低工资。

(五)应做到青工女工同工同酬,及女工怀胎休息特殊保护。

(六)介绍所应于 7 月 10 号前将组织健〔建〕立完毕,20 号前登记完毕和进行介绍,严厉禁止私请工人,于 7 月底做到。

(七)检查员应对准上列事项加紧来检查,省县区的保护所或科,应即刻讨论如何的来进行检查标准。

柒、社会保险的工作。

(一)7 月 15 号前建立中央社会保险管理局。

(二)7 月 16 号至 8 月 15【号】建立国家企业支局,以及准备汀州瑞金等城市成立社会保险局的准备工作。

(三)已成立了社会保险局的机关的地方,应于 8 月 16【号】至 9 月底,将保险契约订立完毕。

(四)中央管理局在 3 个月内建立一只〔个〕休养所,可住 100 至

200 人。

捌、作文章和小册子来解释下列问题：

（一）什么是劳动法？为什么要劳动法？

（二）劳动部作什么？

（三）劳动部工作指南。

（四）关于时间一章的解释及执行细则。

玖、建立劳动部与工会关系

（一）于 7 月 6 号前，省劳动部与省工联开一联席会，讨论劳动法修改草案及改订合同，县的应于 15 号前进行完毕，区市应于 25 号前进行完毕。

（二）要求工会协同来作解释劳动法的报告，每月应有一次。

（三）各级劳动部在 7 月底至 8 月 10 号前，与工联开联席会讨论失业问题及解决失业问题，与监督生产委员会的问题。

（四）各级劳动部于 7 月 15 号前，应要求同级职工会召集工人大会报告实施劳动法的具体方法。

部　长　项　英

副部长　刘少奇

1933 年 6 月 20 日

（根据中共江西省委党史研究室资料处藏件刊印）

合作社工作纲要[①]

（1933 年 6 月）

1. 消费合作社是社员因自己要销用货物而联合起来共同购买或制造，就是对大批买进，零星卖出，免被零卖商人赚一手钱，其社中除开消外赚得之钱则照社员买货多少为比例分配。

消费合作社以乡村（乡村很阔地方可以几村合并为单位）、工厂、学校、机关或城市街道为单位组织，范围不能太宽，社员有了合作社以后，一来买货便宜，二来买货更近方便，三来可以赊货，四来可以分红。

……

2. 购买合作社是社员为大家要用某种物品（不是为的消费，而为的生产或转卖）联合起来，共同购买。免受批发商人剥削，中间所得的钱按社员买货多少为比例分配。

购买合作社有两种：一种是个人合组的，则以乡为范围组织，如肥料购买合作社、石灰购买合作社、粮食购买合作社等；另一种是各合作社合办的，则以同一货源为范围组织之，如各消费合作社联合的购买合作社、生产合作社联合购买合作社等，这些联合合作社即以原合作社为社员。

购买合作社等于坐地买货之行家作用，办货直到货源大批采买，

---

① 1933 年 6 月中央财政人民委员部颁发。——本文库编者注。

行情明了,不但价钱便宜,而且多运转也更好地招扶〔伏〕,再则合起来办货,免得各社员自派人去采办,此中开销、人力也节省好多。

3.贩卖合作社是社员个别制造出来的东西,联合起来共同贩卖,免受商人操纵,其中赚得之钱,按照社员卖货多少为比例分配。

贩卖合作社也有二种:一种是个人合组的,则以乡村为范围组织,如茶油贩卖合作社、纸业贩卖合作社、粮食贩卖合作社、草鞋贩卖合作社;另一种是各个合作社合组的,则以同一销路为范围组织之,如生产合作社联合的贩卖合作社等。

贩卖合作社是专为代社员卖货而设的,有了他,行情可以更明了,不会受廉价及秤头之亏,卖货时免得自己麻烦,跌价时被合作社赚去的钱,可以自己分回来的。

4.粮食合作社是社员自己籴米的组织,所赚之钱照社员粜谷多少为比例分配。

(录自《中华苏维埃共和国法律文件选编》,
江西人民出版社1984年版,第281—282页)

临时中央政府国民经济人民委员部公函
——关于召开经济建设大会致各省苏、县苏、区苏的主席团同志及国民经济部的负责同志①

（1933 年 6 月②）

各省苏各县苏各区苏的主席团同志又国民经济部的负责同志：

自本年 3 月间人民委员会第十九号命令发出后，4 月起省县两级国民经济部开始逐渐建立，工作上亦有部分的进展，如调济〔剂〕粮食，推进合作社，开始注意对外贸易，都有了相当的成绩。但是一般说来，成绩还是很不够的。查其原因，第一是组织上不健全，为县一级的国民经济部，差不多还有一半没有建立，已建立的也还有许多部长科长是兼职。部内工作人员设置不够，区一级还普遍没有国民经济部。第二许多政府的主席团及许多已建立的国民经济部对于发展国民经济这一任务，还没有充分的认识，还不明白发展国民经济是当前的一个伟大战斗任务，因此对于工作没有切实的推动进行，例如本部所发的第二号训令，要各县调查主要产物及创办粮食合作社与建设谷仓。第三号训令调查各县合作社等问题，迄今多日，有报告来的向来少数，自然那些还没有设部的县份，其工作成绩就更加差了。同志们，这是不行的，必须立刻改变这种状态，立刻把国民经济的战斗任务提到自己的面前，立刻进行组织上的建立与健全，去开展经济战线上的伟大斗争。

---

① 原标题有改动。——本文库编者注。
② 此时间是根据文件内容估定的。——本文库编者注。

为着打破敌人的经济封锁,抵制商人的残酷剥削,以改善群众生活,加强战斗力量,就要求苏维埃领导与组织广大群众立刻开始大规模的发展合作社,加强和建立对外贸易局与粮食调济〔剂〕局的工作,注意工业生产,注意金融调济〔剂〕,为了筹集这些事业的资本,须立即发行 300 万的经济建设公债(中央政府业已决定发行)这样来一个经济战线上的突击,这就是整个革命战争的一部分,这就是争取战争胜利的基本条件之一。为了这个,我们必须首先建立和健全各级国民经济部,在已经建立了的省县经济部,请省县主席团立即讨论他们的健全问题和工作进行问题。在还没有建立的县经济部及所有区一级的经济部,请省县区三级主席与主席团,立即讨论他的建立问题。遵照人民委员会昨日发出的第十二号训令,统限 8 月 10 日以前完全建设成立。省主席团与经济部要立即去函催促各县区,县主席团去函催促各区,要□□□□到十二号训令及本函之日起,一星期至 10 天内建立□□□□□□,开展大规模的经济建设运动,考察各级的工作,及秋收时发行 300 万元经济建设公债。特定于 8 月 12 日在瑞金叶坪召集南部十六县(瑞金、会昌、寻邬①、安远、信丰、武平、上杭、新泉、赣县、兴国、宁化、长汀、江东、雩都②、石城、博生)县苏区苏的付〔副〕主席,省县区三级的国民经济部部长及一部分工作人员,县财政部付〔副〕部长开经济建设大会。北部十一县(乐安、永丰、广昌、宜黄、崇仁、公略、万太〔泰〕、南丰、建宁、黎川、泰宁)的大会,则在博生县开,到会人与南部十六县同,会期在 8 月 20 号。为了这次大会的成功,南【部】十六县必须在 8 月 5 号左右把各级经济部人员选齐,以便 7 号左右动身到会。北【部】十一县须在 8 月 10 号前选齐,以便 14 号左右动身到会。详细通告,中央政府另发。现将列会人员应带来的报告开列项目如下:

(一)本部的工作情形

---

① 寻邬,现称寻乌。——本文库编者注。
② 雩都,现称于都。——本文库编者注。

建立的时间及工作人员数目

建立以来所做的工作

合作社指委会的工作情形

粮食调济〔剂〕局对外贸易局的工作情形

储粮运动的进行及谷仓建设情形

在工作中感到的困难

(二)合作社的统计

现有各种合作社的数目及其组织情形

社员多大〔少〕股金多大

营业状况及群众对合作社的信仰如何

(三)粮食调济〔剂〕局的工作情形

基金多少

工作人员多少及局长姓名

成立以来营业状况

营业的种类

(四)主要物产调查的统计

照本部以前印发的表格填来(完了)

此致

赤礼

中央国民经济部 (公章)

部××

(根据江西省瑞金中央革命根据地纪念馆馆藏件刊印)

中央及地方各级工农检察部6个月工作计划

（1933 年 6 月 30 日）

中央政府决定于今年广暴节日——12 月 11 日开第二次全国代表大会。在大会前后的几个月工农检察部工作的中心任务，是要对准整个革命战争环境内苏维埃政权在目前的几个中心任务，如（一）战争动员，（二）查田运用，（三）经济建设，（四）选举运动，（五）工人斗争，（六）财政政策等，并从这几个中心任务出发，监督苏维埃机关，使这些任务正确迅速地实现起来，这就是中央以至地方各级工农检察部的中心工作任务。为了达到这个目的，各级工农检察部应提起突击的精神，向着苏维埃工作人员中对上述各个中心任务怠工动摇、官僚主义工作方式、破坏法令政策等等事实给予无情的打击，以保证这些任务的完满成功，首先使在第二次全苏大会以前得到切实显著的成绩。今规定 6 个月工作计划如左：

（甲）中央一级

（一）呈请中央人民委员会批准从各先进县区中于 8 月份调齐 80 名积极斗争的工农分子到中央受训练，造成中央工农检察部手里的一支有力的"突击队"。

（二）为了造成瑞金为模范县，瑞金的县区两级工农检察部应具备下列的条件：

1. 两级工作应有计划的去进行。

2. 部长不兼职，按照规定人数健全组识。两级检察委员会均应成立并能按期开会。

3. 训练两级的工作人员使有充分工作能力执行本身任务。

4. 控告箱、工农通讯员、突击队都应按规定建立起来。

5. 做到按级按期报告工作。

（三）8、9 两月派员到各省中心县和中心区巡视工作。巡视的任务：（1）检查当地工农检察部本身组织。（2）在查田运动中，当地检察部工作成绩。（3）今后工作计划。

（四）在 9 月份对中央直属各机关应有一次检察。在未检察之先应收集材料。要藉这一次检察教育本身工作人员。

（五）健全控告局、通讯员、突击队的工作，将这些工作中所得到的经验作成小册子发给各级检察部参考。

（六）检察委员会在这一期间有 3 次至 4 次会议（8 月一次，9 月初一次，11 月初区以上部长会议前一次，讨论两年工作报告一次）讨论工作。

（七）9 月内应将各地在查田运动中所得到的工作经验作成总结，给予各地一个指示。

（八）10 月初召开区以上检察部长联席会议，检阅工作收集材料，准备向人民委员会作工作报告。

（乙）省县区三级

7、8 月份工作

（一）健全本身组织（照 7 月 8 日通知的人数）组织三级监察委员会，已有的开会不健全的健全起来（没有的组织起来），组织省县区三级以及乡的检察委员会。

（二）以县为单位开办短期训练班轮流训练干部，加强工作能力。

（三）进行普遍的检举运动，着重在乡区县三级部分改造不健全的苏维埃，洗刷暗藏的阶级异己分子及其他坏分子出苏维埃机关去。吸收积极斗争的工农分子到苏维埃机关。同时还要洗刷在地方武装中暗藏的阶级异己分子及其他坏分子出去，健全地方武装。

（四）切实监督苏维埃机关坚决领导查田运动与经济建设运动。

（五）8 月内检察各级土地部及乡苏对于秋收秋耕的领导是否有怠工消极情事。

（六）建立按期按级的工作报告制度，这个报告内容必须是：

1.上月计划的完成超过或未达到。完成超过与未达到的原因在那里？

2.政府各部门在他们目前的几个主要工作上有什么错误？怎样去纠正的？

3.这期工作所得到的经验和所遇到的困难。

下期工作计划

9 月份工作：

（一）检察各级经济部与主席团倡办粮食的与消费的合作社，建立谷仓增设粮食调剂局等的情形。

（二）检察对于推销经济建设公债是不是有强迫摊派，以及对推销公债怠工的事情。

（三）检查土地登记工作是否依照土地部训令与规则实行，有无怠工舞弊包庇地主富农等事。继续检查土地部对秋收秋耕的领导。

（四）在中央开会的 8 个县及北部的 9 个县都应总结工农检察部在查田运动中的工作经验。

（五）检察对城苏乡苏的选举是否切实的正确的执行了选举法。

（六）检察优待红军条例的实行情形。

（七）开列在查田运动中的积极分子的名单交主席团，在选举运动中吸引到苏维埃机关中来工作。

（八）检查劳动部工作的进行。

10 月份工作

（一）继续检察政府各部门对于查田运动的领导。

（二）继续检察主席团与国民经济部对经济建设、合作社、谷仓、调剂局、贸易局及经济建设公债的发行等的领导。

（三）检察军事部对于在查田运动中扩大红军扩大地方武装的领导。

（四）继续监督选举运动的进行,检举出席代表中阶级成分。

（五）检查劳动部对于劳动法执行的情形。

（六）检查税收工作,主要是土地税是否按照中央的税率及免税减税标准正确的执行了? 有无强迫命令及徇私舞弊包庇富农等事?

（七）检查对红军公谷的收藏有无侵蚀耗损情事。

（八）继续总结查田运动中工农检察部工作的经验。

11、12 月份工作

（一）普遍检查苏维埃各部门的工作（这里包括教育部、内务部、裁判部）。

（二）检查各种主要法令在实行中所发生的不良现象。

（三）继续检举出席全苏大会代表中的阶级异己分子及包庇妥协分子不使其混当代表。

（四）省县区按级开会检阅过去 4 个月工作。

（五）检察税收工作。

（六）继续检查查田运动、经济建设和战争动员的工作。

中央工农检察人民委员部(印)

（据江西省安远县博物馆保存原件刊印）

中央政府关于"八一"纪念运动的决议

（1933 年 7 月 1 日）

8 月 1 日是全世界反帝国主义战争纪念日，同时是中国南昌暴动纪念日，中国工农红军即由南昌暴动开始，逐渐在斗争中生长起来。今年的"八一"，正是帝国主义新的强盗战争及反苏联战争的危险极度紧张的时候，正是日帝国主义大规模侵略中国，中国国民党公开出卖东三省热河与华北的时候，同时是全国反帝反国民党运动极大的高涨，苏维埃运动与革命战争得到空前伟大胜利的时候，因此今年的"八一"有着非常伟大的革命斗争的意义。中央执行委员会为了纪念中国工农红军的成立及奖励与优待红军战士起见，特为决议如下：

（一）批准中央革命军事委员会的建议，规定以每年"八一"为中国工农红军纪念日。并于今年"八一"纪念节授与战旗于红军的各团，同时授与奖章于领导南昌暴动的负责同志及红军中有特殊功勋的指挥员和战斗员。

（二）责成内务〈部〉人民委员部制定红军家属优待证，发给一切红军战士的家属收执。

（三）在区苏土地部与乡苏之下，组织红军公田管理委员会，管理红军公田的生产收获，及收获品保管等事宜。在区苏土地部与内务部的共同管辖下及在乡苏下组织优待红军家属委员会，管理优待红军家属的一切事宜。

中央政府主席　毛泽东

副主席　项　英

张国焘

1933 年 7 月 1 日

（录自 1933 年 7 月 17 日出版的《红色中华》

第 95 期第 1 版（甲部分））

中华苏维埃共和国中央
人民委员会布告第二十一号
——关于倡办粮食合作社问题

（1933 年 7 月 4 日）

　　中央苏区本来是一个产米很多的地方,但是在今年弄成了部分夏荒的现象,有些工农群众米不够吃,感受了很大的困难,这是值得严重注意的事。原因是:帝国主义国民党的反动统治,在绝望的挣扎之中,不但采用一切政治军事力量,而且还采用了经济封锁政策,以致工业品的供给减少,价格昂贵,群众为要买得必需的工业品,不得不把新谷用绝顶便宜的价格卖去,于是一般奸商富农就乘机操纵市价,把新谷价格压低到惊人的程度,以最低廉的价钱收买大量的粮食,或囤积居奇,或偷运出境,弄得有些群众到今年青黄不接时米不够吃,又要出钱去买贵米,这般奸商富农又乘机操纵,把谷价抬到很高的程度,甚至有些地方就是高价也不容易买得,这就是造成今年夏荒的主要原因。其他如去年天灾关系,收成不好,及白军团匪在边区的抢掠焚毁,并且政府方面没有注意到有计划的存储,无限制的粮食出口,也都是造成今年粮食缺乏的原因。政府对于消灭这种不好的现象,已想很多办法,如设立各地粮食调剂局、贸易局,并准备存储大量的粮食,以备群众的急需。但是最主要的解决工农群众粮食供给的办法,还是大家一齐起来组织粮食合作社,办法是:劳苦工农群众自己集股,股金可用钱缴也可用谷缴（扣成钱数）,秋收后社员需用钱时,就可将粮食以比较市价高些的价钱,卖给合作社,合作社收买的谷子,可以存储一小部分,供给来年青黄不接时社员的急需,其余大部分可陆续运到粮价高的地方出卖或出口，这样继续不断的籴进粜出，不但可以扩大资本，而且可以使社员得到很多的盈余。我们用这方法可以调剂市价，使苏区内粮食价格在常年内不至过高或过低，同时可以保障农民不受粮食缺乏之困难，免去奸商富农的残酷剥削，工农生活得到更大的改善。工农劳苦群众要马上动员起来，你邀我，我邀他的一齐加入粮食合作社。各种群众革命团体，应该用最大的力量，帮助这一工作的进行，各级政府的负责同志更应该负责把粮食合作社的意义和作用，做最普遍的深入的宣传，领导群众，帮助群众，使每一乡至少要建立一个粮食合作社。现在就要着手报名造册，照中央政府所发的粮食合作社章程选举负责人员，另方面建立好谷仓，在秋收前应做好一切准备工作，使在新谷上市时立刻可以进行工作，这是保证群众粮食，巩固苏维埃政权，使革命战争迅速顺利发展的重要工作，绝不准有丝毫的忽视。特此布告。

主　席　毛泽东

副主席　项　英

张国焘

公历 1933 年 7 月 4 日

（录自 1933 年 7 月 14 日出版的《红色中华》第 94 期第 5 版）

粮食调济〔剂〕局与粮食合作社的关系

（1933 年 7 月 4 日）

一、粮食调济〔剂〕局系调济〔剂〕苏区粮食,保证红军及政府给养,并帮助改善工农生活的国家机关,而粮食合作社则是广大工农群众抵制奸商、富农剥削改善自己生活的群众经济组织。

二、粮食调济〔剂〕局与粮食合作社,虽然性质各不相同,组织系统各不相混,可是他们在工作上应该发生最密切的关系,粮食合作社可以说是粮食调济〔剂〕局的群众基础的组织,经过粮食合作社,调济〔剂〕局可与群众发生密切的联系。

三、粮食合作社与各县粮食调济〔剂〕分局或支局发生关系。

四、粮食调济〔剂〕局与粮食合作社的关系如下:

（一）粮食调济〔剂〕局向粮食合作社购买政府及红军所需要的粮食,在新谷上市时,要使谷价不致跌得过低,在青黄不接的时期,要使谷价不致涨得太高。

（二）区乡二级政府及其他工作人员,所需粮食,可用粮食调济〔剂〕局所发的领米证向粮食合作社领取。最后,由粮食合作社向粮食调济〔剂〕局支钱。

（三）粮食调济〔剂〕局应帮助粮食合作社来获取农民所必需的其他〈粮〉食【品】的供给（如盐等）。

（四）在粮食合作社非常急迫地需要现款时,调济〔剂〕局可设法帮助借款,反之,在调济〔剂〕局急需时,亦可向粮食合作社暂时借用,迅速归还。

（五）粮食调济〔剂〕局应经过粮食合作社来帮助农业生产的发展，设法供给农民以必需的肥料（如石灰等）种子，农具等。

（六）粮食合作社应该帮助粮食调济〔剂〕局来运输粮食（如帮助政府发动运输粮食的夫子等），在未设运输站的地方，该地粮食合作社在必要时，应该为粮食调济〔剂〕局执行运输站的工作。

（七）在粮食调济〔剂〕局建有谷仓的地方，粮食合作社应共同帮助调济〔剂〕局的谷仓的管理。

五、只有在粮食合作社普遍发展，粮食调济〔剂〕局与粮食合作社，发生密切关系的条件之下，调济〔剂〕局才能很好的起他调济〔剂〕政府红军及群众粮食的作用，同时也只有在调济〔剂〕局的领导与帮助之下，粮食合作社，才能得到很好的发展与巩固，各级粮食调济〔剂〕局与粮食合作社，应该根据上述几点，切实执行。

中央国民经济部
7月4日

（录自 1933 年 7 月 14 日出版的《红色中华》第 94 期第 5 版）

中华苏维埃共和国中央
内务人民委员部通令第二号

（1933 年 7 月 7 日）

近据邮政总局各县局长联席会议及各地通讯员报告说：凡有渡河的地方，夜间总是找撑渡船的人不到，特别是雩都①之南门小溪、东门花桥，胜利之长沙，兴国之龙口，瑞金之茅山，赣县之道坛、高桥、江口等处，经常因渡河迟延，使特别快信不能按时送到。又如里心客坊及有些边区路线，间〔时〕常发生障碍，送不过去等语。本部以邮政交通关系重要，特别是在这发展革命战争时候，关系军事方面的特别快信，须要昼夜兼程，按钟点送到，地方政府对于便利交通员有直接责任，因此，对于你们有以下的指示：

（一）凡邮政路线经过有渡河的地方，须指令划夫宿在一定处所，通讯员随到随渡，并要训练划夫，使其知道邮政的重要，不得有片刻的延误。

（二）某处路线发生障碍时，地方政府要尽可能的派武装护送，或者引导走小路过去，免得邮件停留。

各省县苏政府内务部，接此通令，立即遵照执行。

此令

代部长　何叔衡
公历 1933 年 7 月 7 日

（根据中共江西省赣州市委党史工作办公室资料室手抄件刊印）

---

① 雩都，现称于都。——本文库编者注。

中华苏维埃共和国中央
教育人民委员部训令第四号
——文化教育工作在查田运动中的任务

（1933 年 7 月 7 日）

为了彻底解决土地问题，深入农村阶级斗争，加紧战争动员，目前正猛烈地开展着查田运动。在这一斗争中，文化教育方面负有特殊的、重大的任务。我们应在文化教育工作中用一切有效办法，来帮助查田运动的顺利进行。我们应加紧文化教育工作，来提高广大工农群众的政治文化水平，发动广大群众参加查田运动，为彻底解决土地问题而斗争。

中央人民委员会第十一号训令中很明白的指出：

"责成中央教育人民委员部指示各级教育部，为着开展查田运动，供给各种简明通俗课本与小册子予一切查田干部与群众。应跟着查田运动的发展，去发展群众的文化教育"。

为了执行这一训令，为了实现文化教育工作在查田运动中应负的重大任务，各级教育部必须完成下面的具体工作：

（一）各级教育部应与查田委员会发生密切关系，搜集各地的实际材料，来编成各种查田运动的宣传品。

（二）各地俱乐部应即组织化装宣传队、标语口号队、唱歌队，并在晚会上表演新剧、活报等，来进行查田运动的宣传。

（三）各地列宁小学教员，应在教课中给学生以关于查田运动的认识。如为什么要查田，要查阶级。怎样来分析阶级与怎样进行查田工作等。（参考红色中华报上所载关于查田运动的材料与中央教

育部即将编印出版的小册子）

在目前一切给与战争，一切服从战争利益这个国内革命战争的环境中，苏区文化教育不应是和平的建设事业。恰恰相反，文化教育应成为战争动员一个不可缺少的力量。提高广大群众的政治文化水平，吸引广大群众积极参加一切战争动员工作，这是目前文化教育建设的战斗任务。各级教育部必须以最大的努力，来完成这一战斗任务。

此令

代部长　徐特立

1933 年 7 月 7 日

《中央教育人民委员部重要文件汇集》，湘赣省苏教育部翻印）

（录自《老解放区教育资料（一）土地革命战争时期》，
教育科学出版社 1981 年版，第 33—34 页）

中华苏维埃邮政总局启事

（1933 年 7 月 8 日）

本局因递信员失于谨慎，遗失（704）（716）袖章两个，特此申明作废。同时，希望政府各机关，各群众团体、各步哨、各红色部队，见有这两号码的袖章者即拿获追究。

1933 年 7 月 8 日

（录自江西省邮电管理局邮电史编辑室编：
《苏区邮电史料汇编》（上），
人民邮电出版社 1988 年版，第 129 页）

发动广大的拥护国币运动
严格镇压反革命破坏金融

（1933 年 7 月 10 日）

近来在许多县的部分地方，发生了不信用苏维埃纸币银毫或折低其价的现象，这一现象部分的影响了苏区经济的周转，金融的调剂以及国家财政与群众生活，各地党应严格注意克服这一严重现象！

这一现象发生的来源，是由于"第一是因为革命战争的猛烈发展，动摇了帝国主义国民党的整个反动统治，使他们不得不采取对苏区的绝望的进攻以及经济封锁的政策，更假造银毫混进苏区，来破坏苏维埃货币的信用。同时，因苏区阶级斗争的深入，奸商、富农及地主残余乘着国民党军事进攻的时候，在内部拼命捣乱，企图破坏金融，一方面将现金收藏起来不使流通，另方面却捏造别地不用的谣言，拒绝使用纸票银毫。他们在甲市造谣乙市不用，在乙市造谣又说甲市不用，故意捣乱，明的暗的抬高物价降低纸票价格。这是内外反革命破坏革命极大阴谋与企图。第二是当地政府对于这种反革命破坏情形，没有积极办法去解决，采取了放任的态度，忽视了反革命活动的严重性，没有严厉的镇压反革命。同时，对群众没有作充分的解释，使广大群众起来拥护苏维埃纸币银毫，不受反动派造谣破坏的影响，这是使反动派得以继续其造谣破坏的原因"（中央政府十三号训令）。

过去各地党忽视这一问题，有些地方发现了这种现象，至多是仅仅写一封信要求省委要告诉省苏出布告就算了，很少自己警觉起来采用各种办法来从各方面动员起来,向群众宣传解释与严格的惩办破坏拒绝苏维埃纸票与银毫的奸商、富农及地主残余。目前这种现象继续的发生,我们的忽视再也不能继续了。

各地党应立即开展拥护苏维埃国币的广大的群众运动,经过各种群众团体会议及采用晚会、组织宣传队、化装演讲等去动员,并动员党团员积极的领导群众提出"拥护苏维埃纸币银毫"、"革命群众用革命纸票"、"反对奸商、富农提高物价"、"严办破坏国币的反革命分子"等口号,在群众中提高国币的信用与爱护,发动群众举报和要求严办故意破坏国币的分子。要使群众完全了解拥护国币要同拥护苏维埃一样,要做到有钱存的储存国币,国币要完全畅行于苏区市面!

(录自《中央革命根据地史料选编》下册,
江西人民出版社 1982 年版,第 594—595 页)

中央财政人民委员部没收征发
委员会组织与工作纲要

（1933 年 7 月 10 日）

第一章　总则

（一）为彻底消灭地主阶级的经济根据,削弱富农的经济势力,特设立没收征发委员会(以下简称没委),专门负责管理地主罚款,富农捐款及归公没收物品等。红军初到城市向商人筹款时,也由没委会负责进行。

第二章　没委的组织与系统

（二）依据现时情形,没委会在三个系统之下组织之,一个是在地方财政机关系统之下,一个是在红军政治部系统之下,另一个是在军区及地方武装系统之下。这三个系统下组织之最高没委,概直属于财政人民委员部没委会,自成为一个收款系统,在工作上、会计上,发生上下级的隶属关系。

（三）没收征发委员会,在地方财政机关中,是一个临时的但是一个比较长时期的组织,在土地斗争尚未达到彻底消灭封建势力时,省、县、区、乡都须组织没委会,在各级财政部长直接指导之下工作。到了查田、查阶级运动得到了彻底胜利,该地方已无地主罚款、富农捐款收入的时后〔候〕,就可以呈报上级把没委会撤销。

(四)没委会委员人数,省一级 7 至 9 人,县、区二级及与区同等之市一级 5 至 7 人,乡一级 5 至 9 人。各级没委会设主任 1 人。主任及委员人选,省、县、区概由财长找得斗争坚决又有筹款能力的分子充任之,裁判部、土地部须派人参加。乡没委则由乡代表会产生之。乡一级负筹款责任的没收征发委员会与负分田责任的没收分配委员会是两个东西,但后者须派代表参加前者。

(五)没委常驻工作人员,省一级 5 至 7 人,县 3 至 5 人,区及市 1 人或 2 人,但上级没委对下级没委得看事务烦〔繁〕简,随时斟酌增减其人数。乡没委均不脱离生产,但至少须有 3 个人负专责,不兼任其他职务。

(六)为加强并统一筹款工作起见,在某些特殊环境之下(如红军初占领的城市、农村或土地斗争特别落后的区)可由中财部或省、县财政部协同当地红军部队派得力干部在某城市或几个区、几个县的范围内合组特别区没收征发委员会进行工作(如福建省委所组之订〔汀〕东筹委,去年中央所组之建黎太〔泰〕筹委等),该管辖范围内的下级没委,应服从其指挥,这一特别区没委受何机关指挥,由该组织机关呈请上一级财长决定之。

(七)红军中之没委,自方面军政治部直至团政治部,都应组织起来,在政治部主任指导之下负责进行工作。各级没委委员人数一律 5 人至 7 人,同级供给部及当地政权机关必须派人参加。常驻工作人员 2 人至 3 人。没委办公地点须与供给部支军〔库〕同在一处,以便工作上取得联系。

(八)军区及独立师、团、游击队等,都应在政治部或政治处之下设立没委会。为统一地方武装的财政起见,军区可在边县军事部所在地点设立直属没委,直接受军区没委指挥。各独立师团、游击队所提〔捉〕土豪及没收品,概须送交军区直属之边县没委,集中管理□□□权,这些没委委员人数,一律 5 人至 7 人。常驻工作人员 1 至 3 人。没委应与供给一起办公。边县没委应与军区支军〔库〕在一处办公。

第三章　没委工作

（十）各级没委负担工作如下：

（1）关于豪绅地主应罚款者之调查登记、逮捕、看管、审问，决定罚款数目，接洽土豪代表等。

（2）关于富农捐款之调查处理，发捐款通知书等。

（3）红军初到城市向大商人筹款时，调查大商人资本，接洽商人代表，决定筹款数目，以及一切应有手续等。

（4）关于归公不分配之没收物品的接收、清查、登记、保管、拍卖等。

（5）没收土豪家产或反动商店时，派人参加监视，并负责提取现款及应归苏维埃之贵重物品或货物等。

（6）收纳地主罚款富农捐款及没收款拍卖款等转交国库。

（7）掌管没委一切账簿、单据、表册、报告之缮写保藏整理，并负责清查下级没委账簿、单据等。

（8）经常指导与督促下级没委进行工作，监督并洗刷贪污腐化妥协怠工分子。

（十一）区【没】委乡没委有负担逮捕豪绅地主，调查地主、富农家况，填写调查表，向群众宣传罚款、捐款意义，向群众团体、群众会报告罚款、捐款数目，催促地主、富农缴款等。

（十二）没收来的谷米、衣服、牲畜、器具均须依照中央命令尽量分发当地贫苦群众。负筹款责任的没委不得干涉。没委的范围以罚款、捐款、直接没收的现象〔金〕贵重物品与军用物品为限。

第四章　没收及收款缴款手续

（十三）没收豪绅地主家产时，负责没收机关事前应通知当地没委派人参加监视,没收中应归苏维埃而不分发群众之现金、纸票、有价证券及其他贵重物品等,应当面点交没委来人收取,并取得没委三联收据为凭。

(十四)没收反动商店时,负责没收机关也须事前通知没委合组清查委员会协商,将该商店所有现金、商品一一清查登记,除必须分发给群众的一部分以外,其余均须开列清单点交没委收管,并取得没委三联收据为凭。

(十五)政治保卫局、裁判部、肃反会、红军部队等在犯人身上或个别机关检查时搜出之现金及贵重物品等已经确定没收者,应开列清单送交所在地方同级没委收管,取得收据为凭。

(十六)一切地方罚款、富农捐款、商人捐款、没收现款及物品等,概须采用中央印发之三联收据,以一联交缴款人,一联没委存根,一联送交收款机关备查。此三联收据要各系统高级没委(方面军没委、军区没委、省没委)在骑缝上盖印发交下级没委使用,上级没委发下此项收据时,应将本数、号码登记起来,并须下级没委给回收条,以便将来查核。

(十七)在已经建立苏维埃政权地方,一切武装部队未得当地政权机关核准或上级政权机关特许,不得自由没收或罚款,所捉豪绅地主、反动富农等,应送当地财政部没委处理。

(十八)区一级没委所捕豪绅地主决定罚款,须开列登记表报告县财政部,经县财政部批准方可释放。罚款300元以上之土豪半月内不能解决者,应送交县没委收管,送来时须填写土豪调查表带来,以便考查。

(十九)独立师、团、游击队所捕土豪7天内不能解决者,应送交军区直属之边县没委处理。

(二十)各级没委收到本身及下级缴来之款,各令交款人将款先交分支库,取得分支库收款书,特向没委换取四联收据为凭。没委即将此分支库收款书寄交上一级没委作为解款,取得上一级没委解款收据为凭。区没委、团〔乡〕没委及独立师、团没委所收款子应照上级没委所规定交款时间送款,取得上一级没委四联收据为凭。截留不缴或私自借用者以破坏财政统一论。

（二十一）各级没委于每月底结束时,应将收款多少发出收据号数、缴款多少,所得收据号数分别做成统计,按级递报上级没委。上级没委即根据他们报告及寄来收据报查的数目、收到缴款数目三方对照,来检查下级账目,如收据报查与缴款数目不符者,即须派人前去查账。

第五章　附则

（二十二）本纲要由财政人民委员部制定并修改之。

（录自《革命根据地经济史料选编》上册,

江西人民出版社 1986 年版,第 451—455 页）

中华苏维埃共和国中央国民经济人民委员部训令第九号
——令各级国民经济部在查田运动中努力经济建设事

（1933 年 7 月 10 日）

　　查田运动彻底胜利的完成，是巩固苏维埃政权，促进革命战争迅速顺利发展的有力保障，各级国民经济部应该以战斗冲锋的精神来帮助这一工作胜利的执行。在这一剧烈的阶级斗争过程中，开展经济建设战线上的突击，猛烈的发展合作社运动，彻底解〔改〕善工农劳苦群众的生活，激发他们更高度的革命热忱。这对查田运动的帮助，更有其伟大的实际意义。因此中央人民委员会第十一号训令特别的指出，责成中央国民经济部指导各级国民经济部从查田运动的发展中去进行农业手工业的恢复与发展，合作社的发展与生产品消费品的调济〔剂〕，是非常的正确和必要，为着胜利的完成这一训令所给的任务，各级国民经济部必须以最大的毅力和决心来执行以下的工作。

　　（一）各级国民经济部的组织应即刻健全起来，与各同级查田委员会取得密切的联系，使能在查田运动的开展中担负发展国民经济的伟大任务。

　　（二）协同土地部发动群众加紧秋收秋耕运动，并帮助农民组织劳动互助社，石灰和犁牛、农具、信用等合作社。

　　（三）在查田运动中要恢复各业生产，最主要的是福建方面及永丰乐安一带的纸业，福建胜利等地的铁业，以及整理和扩大各劳动感化院的工厂。□□出口，□□必需的消费品进来。要抓紧秋收后粮食的调查统计收集运输调剂等工作。

　　在查田运动激烈的开展中,必需以全部的力量执行以上的工作,帮助工农群众解除他们经济生活上的一切的困难,减少他们在日常生活中的顾虑,这是查田中经济建设上最中心的战斗任务。各级国民经济部必须以最坚强的冲锋精神来把这一战斗任务胜利的完成。

　　此令

部　长　林伯渠

公历 1933 年 7 月 10 日

(根据中共江西省委党史研究室资料处藏件刊印)

人民委员会第四十五次会议

（1933 年 7 月 11 日）

7 月 11 日午后 1 时,中央政府人民委员会开第四十五次会议,讨论和议决的事项如下:

（一）查田运动问题

查田运动自八县大会后进行很快,已经有许多地方,查出了许多地主富农。现应加紧这一领导。（一）各级政府各部领导这一斗争,不应是常态的,而要是特别紧张的,为查田发下的文件,要把他很快变为事实。要在查田斗争中大大改善各部门的工作;（二）派员巡视各县,分为三组:一、瑞金,二、博生,胜利,雩都①,会昌,三、石城,宁化,汀东,长汀。巡视员到那里,以县为单位召集两种会议:一种是县苏扩大会,要在这个会里部分的撤换县和区苏维埃对于查田怠工的工作人员,吸引积极斗争分子进去;一种是乡苏主席大会,检阅工作,推动斗争,同时使没参加八县大会的人受到训练。（三）在这一残酷的阶级斗争中要严防豪绅地主上山当匪,尤其是要防备地主富农陷害革命积极分子,对前一点政治保卫局须有积极的注意,对后一点司法部须根据所得事实,下一训令,严令各地裁判部对于地主富农的假名诬告案件,须给以严厉的制裁。（四）大批征调先进区的干部去帮

---

① 雩都,现称于都。——本文库编者注。

助落后区工作。（五）使瑞金造成第二个模范县问题，中央政府各部都要像土地部一样派人到各区工作，在瑞金的 9 个区中去实际领导那里的工作，收集这几个区的经验，应用到整个工作上来。（六）江西省苏召集的北线九县——南丰，广昌，宜黄，乐安，永丰，公略，万泰，兴国，赣县的查田运动大会(7 月 20 日至 23 日九县区以上苏维埃负责人员大会,7 月 26 日至 30 日九县贫农团代表大会)，中央政府对这个大会的领导，即应由土地部与工农检察部派得力同志去。（七）闽赣省查田运动尚未开始，应写一专门的指示信给他们，推动闽赣省也如江西福建一样，广泛的开展起来，并由土地部派一部工作员去。（八）安远，寻邬①，信丰，上杭，武平，新泉等县的查田运动，也应在 8 月中间开始做起来。

（二）经济建设问题

（一）经济建设是当前一个重大的任务，他是一个伟大的阶级斗争，是巩固工农联盟发展革命战争的基础条件，随着查田运动的开展，激发了广大群众的积极性，苏维埃急应把群众的这种积极性组织到大规模的经济战线上面来，同时急应进行的首先是把经济建设这一任务严重提到整个苏维埃与广大革命群众的面前，使大家认识这是一个刻不容缓的任务，特别在秋收后，这个任务更万分迫切的摆在眼面前，为了最广泛的动员群众，决定在 8 月内中央苏区开两个经济建设大会：一个是南部十七县的大会，在中央政府开会，到会人省县区三级国民经济部长，财政部副部长，三级政府的副主席；一个是北部十一县的大会，在博生县开，到会人与南部同。（二）迅速健全并建立对外贸易局、粮食调剂局及合作社指导委员会，以便迅速推动这三项最主重〔要〕的工作。（三）现在国民经济部组织，不能应付经济发展的要求，各县经济部已建立的须立刻充实，未建立的须限期建立，区设立国民经济部。（四）征调并训练大批经济建设的干部。（五）

---

① 寻邬，现称寻乌。——本文库编者注。

接受八县区以上查田大会及八县贫农团代表大会的请求,发行经济建设公债300万元,决定:名称——经济建设公债。利息——6厘。偿还期——5年。用途——100万帮助各县合作社,100万供给粮食调剂局与对外贸易局,100万供给革命战争经费。购买——用粮食用银钱由群众自便。

（三）关于"八一"纪念

"八一"为国际反帝战争日,又为中国南昌暴动纪念日,决定以每年8月1日为中国红军纪念日。此外尚有关于"八一"纪念的各项规定,另见单独决议案。

（四）关于第二次全苏大会的准备

决定:

（一）现在行政区域太大,不适合领导群众斗争,决定重新划分,划分的训令及办法应迅速发出,并在15日开会的各县内务部长会议加以详细的说明。

（二）选举法须重新修改。

（三）为着纪念历次战役中牺牲的红军战士,决定建立红军烈士纪念塔。经费除中央支给一部外,再向苏区群众及红色战士发起募捐,于全苏大会前完全建筑成功。

（五）任命沙可夫同志为中央教育部副部长,吴亮平同志为国民经济部副部长,梁柏台同志为中央内务部副部长。

（录自1933年7月23日出版的《红色中华》第95期第1版）

国家政治保卫局训令第九号
——在查田运动中加强保卫分局的工作①
（1933 年 7 月 12 日）

一、此次查田运动斗争是最残酷的阶级斗争，是基本肃清农村封建残余的斗争，保卫局应□一切的力量和发动广大工农群众力量，防止和镇压地主豪绅富农和一切反革命派别破坏和反抗！

最近检阅各省县分局，特派员对七号训令之执行的是平常不紧张状态，本局已派员往雩会安瑞②帮助了，各省局亦应派特派员到各县去督促执行查田运动。

二、我们在瑞金、雩都分局报告中，看出地主豪绅富农反革命派破坏反抗的事实：①将现金及值钱的东西埋藏抛到渔塘去；②乘着河水暴涨时带携贵重物品金银，坐竹排木排甚至木板流往干〔赣〕州（雩都）；③携带金银和过去埋藏了的武器，登山作土匪作顽强反抗！（瑞金沿江汀州七里桥石城），④冒告〔充〕苏维埃人员，企图诬害革命同志，用各种方法等作最后的反抗！

三、各省县分局特派员应集中全力去协同领导查田斗争，这一工作是我们工作的中心的中心，应即执行几项重要工作：

（1）发动工作网及群众进行对地主豪绅突击检查监视，严防他收藏现金或抛掷塘里或河中，而保障达到筹 80 万款之目的。

---

① 副标题为本文库编者所加。
② 雩会安瑞，即于都、会昌、安远、瑞金。——本文库编者注。

（2）协同军事部加紧大小路口,其边区赤色戒严和检查站工作,不容许一个地主豪绅携带现金出口逃往白区。

（3）一切被没收之地主豪绅除老弱的和妇女小孩之外,所有之壮年,会同政府发动群众,将他一律扣押起来,组成劳役队,押到群众最好和不易登山的地方,用群众监视他们□□□□割禾等……严防他登山作土匪□□。

四、石城博生应严防一切地主豪绅□□□□那边去,并迅速消灭大刀会,汀州分局应即剿灭太阳山的土匪,不要给聚众起来。

五、查田运动七号训令同本训令是不分离的,各分局长特派员不得有丝毫忽视,应全力执行为要。此令

局　长

特派员

局　长　邓　发

12/7

闽赣省政治保卫分局

1934.1.3 翻印

（根据中共江西省委党史研究室资料处藏件刊印）

为查田运动给瑞金黄柏区苏的一封信[①]

（1933 年 7 月 13 日）

黄柏区苏各同志：

　　你们在中央土地部工作团的帮助之下，发动了黄柏区 12 个乡的广大工农群众，热烈的起来查田查阶级，在这一激烈的阶级斗争中，查出了 270 家以上的地主富农，这些都是过去当作中农贫农，有些地主当作富农分得了土地，并且分得了好田的，这个数目同区苏过去三年来所处置的 122 家地主富农比较，占了总数的百分之七十。在这一查田查阶级的斗争中，没收了许多土地财产分配给贫苦农民，镇压反动派的活动，提高了全苏区广大群众高度的革命积极性，清洗了混入苏维埃中的一部分阶级异己分子及其他最坏的分子出去，吸引了大批工农积极分子进苏维埃来，改选了乡苏与区苏，大大的巩固了苏维埃政权，这是黄柏区此次查田运动的伟大的胜利。但黄柏区的查田运动是还没有完毕的，还有些残余的封建势力与一些反动派的活动，尤其是上埠乡新庄乡蓝田乡各一部分阶级异己分子与不良分子仍在欺骗煽动一部分群众或明或暗的活动着，有些正在企图翻案，这种情形你们还须给予以极大的注意，还须最广泛的发动这些乡里的群众起来，揭破反动分子的阴谋，继续清查残余的地主富农成分，镇

---

　　① 《中央革命根据地史料选编》下册（江西人民出版社 1982 年版）亦收录了此件，内文个别文字、标点略有差别。——本文库编者注。

压上塅等乡的反动分子,防止他们的反攻与翻案的企图,绝不疲倦绝不动摇的坚决领导群众的斗争,争取查田运动的最后胜利。

详细的检查了你们所决定的阶级成分调查表,里面所决定的成分,极大部分是正确的,但也有一些是决定错误的,如有几家应该决定地主,你们却决定富农,甚至决定中农。有一家应该决定富农,你们却决定高利贷者,还有一家,对劳动力方面,表上填得不清楚,希望你们再行调查决定。今为引起你们对于阶级成分的决定应有慎重的与明确的注意起见,特将你们决定错误的成分共计 10 家列举并加以分析如下:

(一)周宗仁(上塅乡人)全家三人,不劳动(在 20 年前本人做长工 12 年)。自己有田 50 担,完全出租,每年收租谷 25 担,收了 7 年。有山 2 块,每年息数百毛。放典租 4 担,扣洋 100 元。(你们决定中农)

(二)谢明泗(上塅乡人)全家只有他一个人,他是不劳动的,自己有田 39 担,完全出租,每年收租谷 16 担,收了 20 年。有房子 1 间出租,每年收租谷 1 担,收了 20 多年。放债 1040 毛。过去在农村中曾压迫人,并曾强迫群众打过红军。(你们决定富农)

(三)朱德蒙(新庄乡人)全家二人,不劳动。自己有田 41 担,完全出租。放典租 6 担,又放债 30 元,放了八九年。(你们决定富农)

(四)钟同其(山河乡人)全家二人,不劳动。自己有田 85 担半,经常请长工并零工耕种 46 担半。出租 39 担,放生谷 1 担。管公堂 2 个。(你们决定富农)

(五)刘芳洛(富溪乡人)全家三人,不劳动。自己有田 54 担,借进田 10 担,交租 2 担 90 斤。出租田 35 担,每年收租谷 14 担,收了 8 年。请长工短工耕 29 担。欠债 1590 毛。管公堂 1 个,管了几年。过去在乡村有势力,压迫人。(你们决定富农)

以上五家,依照调查表上所填的情形,从他们的土地关系和剥削关系上看来,不是中农富农,而都是地主(小地主)。周宗仁,谢明泗,朱德蒙,均全家不劳动,土地完全出租,专靠收租过活,是标本式的地主,你们决定周宗仁是中农,谢明泗,朱德蒙是富农,都错误了。钟同其,刘芳洛,均全家不劳动,全靠剥削为生,他们和前三家的不同就是他们是拿一部分土地出租,另一部分土地却请长工来家里耕种,但这同样是小地主,不是富农。因为中国农村中劳动力价格极廉,地主阶级中有许多都利用自己的一部分土地及旧式的农具,请工到家里耕种,极残酷的带着很多封建奴役性的方式去剥削工人,而同时以一部分土地出租去剥削农民。这里与富农的不同,就是他们并不参加劳动,而富农则是亲身参加劳动的,你们把这一点忽略了,所以做了错误的决定。

(六)萧序皎(院坑乡人)全家四人,本人附带劳动(本人革命时杀了)。自己有田 62 担,请长工耕 38 担(请了长工二代,到革命时止)。出租田 24 担(36 年)。木梓山 3 块,每年出木梓 40 担。放债 210 毛。管公堂 2 个,这 2 个公堂每年收谷 20 担,收了 35 年,过去曾压迫人。(你们决定富农)

(七)刘积何(胡岭乡人)全家三人,本人附带劳动。自己有田 65 担,请长工零工耕种 32 担。出租 33 担,收租谷 15 担。有山 3 块,每年出息 30 余元。有塘 1 口,每年出息 20 余元。出租房子 6 间,每年收实谷 6 担。出租厕所 1 只,每年收租谷 30 斤。欠债 10 元。管公堂 4 个,这 4 个公堂每年可收租谷 89 担 20 斤。在农村中很有势力。(你们决定富农)

以上二家各有一部分土地出租,同时又各请长工耕种一部分土地,几於〔乎〕全部依靠剥削为生,这些都是与前面钟同其、刘芳洛两家相同。不同的是本人有附带劳动。但只是附带劳动,仍然应该决定是地主,你们决定富农是不对的。因为富农是实际参加土地生产者,只是附带有点轻微劳动的仍然不能说是富农。这种自己有点附带的轻微的劳动,最大部分依靠剥削为生的小地主,在中国是不少的。

(八)陈择洪(院坑乡人)全家五人,劳动一人。自己有田 61 担。借入田 10 担交租谷 3 担,田地由自己及长工耕种。有木梓山 2 块,每年收木梓 40 担。每年请长工 1 人,请了 10 年。放典租 3 担半,放了 3 年。放债 500 毛,放了 20 余年。出租房子 1 间,每年收租 4 毛,收了 34 年。管公堂 1 只,这个公堂,每年收租谷 18 担,收了 35 年。过去在农村中曾压迫人。(你们决定中农)

陈择洪经常请长工,兼放高利贷,又管公堂,他的生活来源,大部分倚靠剥削。但他本人是实际参加土地生产者。这是中国标本式的富农,你们决定中农是错误的。

(九)钟国芳(柏地乡人)全家九人,三人劳动。自己有田 112 担。有木梓山竹山 3 块。放债共毛洋 3200 毛,放了 10 余年。出租房子 2 间,每年租价 2 元,因未交钱,利上加利,一直加到 7000 多毛。(你们决定高利贷者)

专靠或大部分靠高利贷剥削为生的人,叫做高利贷者。苏维埃对高利贷者的政策,是全部没收,消灭他们。钟国芳自己有田 112 担,完全用自己耕种,为其生活的主要来源。我们决不能因他兼放高利贷,就把他决定为高利贷者,而消灭他的政策,这种抹煞他自己的劳动的过左的意见是不正确的,正确的决定应该是富农,没收他的土地及多余的耕牛农具房屋,而仍应分给他以较坏的劳动份地,为什么不说他是富裕中农? 因为他的高利剥削达到 1 万毛之多,并且是经常的,富裕中农有些虽也有一点剥削,但不是经常的,并且数量必是不多的。

(十)刘启昌(柏地乡人)全家四人,本人附带作田,兼做猪子牙人。自己有田 36 担。借进田 44 担,交租 15 担。有山 2 块,每年收木梓桃 20 担。请长工共 18 年。放典租 2 担,放生谷 1 箩。管公堂 1 只,此公堂每年收谷 15 担。(你们决定地主)。

决定此人是地主,我们有些怀疑,依据表上看,他家作了 80 担谷田,耕了 2 块山,如果只一个长工耕种,是不够的,恐怕本人劳动有相当的多。如果本人劳动有相当的多,那就应该决定为富农。不应该取消灭他的政策,而应该照着富农成分待遇,并且地主虽也有借进田来请人耕种的,但只是少数地主如此,地主的多数是不借进人家的田的。此人借进田的占了大部分这却是富农常有的事。所以你们还要查清他本人劳动的情形,再作正确的决定——到底是地主还是富农。假如查明本人的劳动确实只是附带的一小部分,那你们决定是没有错的。

中央土地人民委员部

1933 年 7 月 13 日

(录自 1933 年 7 月 23 日出版的《红色中华》第 95 期第 6 版)

怎样进行粮食收集与调剂的运动

(1933 年 7 月 14 日、7 月 26 日、8 月 1 日[①])

甲 收集粮食的意义

收集粮食,是苏维埃的最重要工作之一,这一工作顺利的完成,是我们工农政权在经济战线的一个伟大的胜利。它有下述几点主要的意义:

(一)我们工农红军需要充分的粮食的给养,如果红军一方面作战,他一方面又时时忙于收买粮食(而且有时吃不够〔不够吃〕),那么红军的战斗力,必致受到妨碍,所以充分粮食的供给,是保证红军战斗力的重要工作之一,现在民族革命战争一天天的发展,红军一天天的扩大,我们对于红军粮食的供给,应该努力使之有保证。

(二)我们苏区粮食的出产是很丰富的。我们粮食有多,而我们所需要的工业品(如布,洋油,火柴及盐等等)则须由外面输入,现在敌人采用经济封锁的办法,我们应该用全力来打破这种经济封锁,用我们苏区所余的物品,来交换我们所缺少的物品,在我们所能输出的物品中,最主要的是粮食(其余如烟,纸,木材及钨砂等,出口较少)。

---

① 原件无时间,此为该文在《红色中华》发表的时间。——本文库编者注。

我们粮食很好的收集与出口,是换取苏区工农群众所需的工业品之最重要的方法。

(三)随着我们苏区的发展与革命战争的扩大,苏维埃政权的财政上的支出,也一天天的增加起来。苏维埃中央政府已决定今年土地税,收纳谷子。我们把所收得的粮食,大部分用来出口,从这上面,我们政府可以得到大批的进款,同时,商人在获得苏维埃政府许可的条件之下,也可以出口粮食。从粮食出口上,苏维埃更可以得到大批关税的收入,政府粮食的出口与关税的征收,可使苏维埃政府得到现金的输入,来巩固苏区的金融。

(四)在新谷上市的时候,农民急需钱用(买日用工业品,付收获时的短工工资等)于是把粮食大批出卖,奸商富农乘机操纵,狂跌价格,譬如在万太〔泰〕,公略,赣县一带,甚至跌到每担只得五角钱。奸商富农以极低廉的价格收买囤积,待来年价格高涨时出售,等到次年青黄不接之时,粮食的价格飞腾(譬如在瑞金汀州涨到每担 20 余元),贫苦的农民,缺乏粮食,不得不以极高的价值,籴进粮食,这是投机商人与富农对于农民的残酷的剥削,在这种价格狂跌与飞腾的过程中,吃亏的首先是苏维埃政府及农民群众,我们为着进一步改良农民生活,我们就需要对于粮食的价格,有适当的调剂。

所以粮食收集运动的成功,对于红军供养的保证,工业品的获得,财政收入的增加,农民生活进一步的改善,都有非常密切的关系。我们政府,工会及其他一切群众团体,都应该领导群众,来获取苏维埃政权在经济战线上的这一伟大的胜利。

乙 粮食收集运动中的几件中心工作

从上面所说的,我们就可以决定我们在粮食收集运动中的几件中心工作。这工作大约可以分成三项:(一)粮食的储积,(二)粮食价格的调剂,(三)粮食的出口。

(一)粮食的储积

我们为要保证红军部队以及政府与党及各机关工作人员粮食的供给,我们需要储积大批的粮食。为得进行这一储积的工作,我们就必须建立谷仓,这一建立谷仓的工作是由三方面来进行的(一)粮食调济〔剂〕局,粮食调济〔剂〕局计划储藏25万担(土地税内拨出25万担),建立能够储藏25万担的谷仓,谷仓须设于接近圩场交通便利之处,至【于】边区,则须建立于靠近苏区腹地之处,粮食调济〔剂〕局对于各县的分配如下(瑞金5万担,汀州、博生各3万,兴国、雩都①、石城各2万,会昌、胜利各1万,赣县、万泰、公略、永丰、乐安、广昌各1万)。这项建设谷仓的工作,须由各该县粮食调济〔剂〕机关会同县苏负责(无调济〔剂〕局者由县苏负责)请求党及政府的其他领导机关,须给以切实的帮助。至于谷仓的管理则须由调济〔剂〕局会同各该地财政部国民经济部及工会、贫农团等代表组织谷仓委员会负责(并需专有人管理此事)。(二)财政部在征收土地税时,除以一部分拨与粮食调济〔剂〕局外,其余要陆续出口,其一时未能出口的部分必须设仓储藏,以免损蚀腐烂,此项谷仓,必须由当地税收委员会(以区为单位)负责计划,设立并管理。(三)粮食合作社,应该以乡为单位,成立谷仓,以储藏社员所交股金(谷子)及自己所收买的谷子,以待出卖和储藏为明年之用。此项设立谷仓的工作,务须于7月15日以前完成。

(二)粮食价格的调剂

在新谷上市时,价格必然跌下,在这时候,苏维埃政府应该使价格不至跌落到一定的限度以外。为要达到这一目的,第一,党及政府必须领导发展广大的粮食合作社运动,至少每乡要成立一个粮食合作社,来抵制投机商人及富农的操纵与剥削,粮食合作社的股本,可用现金或谷子(扣成现金)交纳,粮食合作社可将自己所有或所买的谷子(买价应较市价为高),运到价格较高的地方出售(或出口),或者卖给政府。同时,粮食合作社应准备充分的粮食,来供给来年青黄不接时的调济〔剂〕社员及非社员(首先社员)粮食的需要。第二,粮食调剂局必须准备巨数款项及必需物品(盐等)来购买或交换,食粮

---

① 雩都,现称于都。——本文库编者注。

价格须较市价为高,有一定的规定。在购买时,或可与农民订立条约,先付一部分款,以后陆续按期付还,粮食调剂局,可将所买得谷子,迅速出口。在这上面对外贸易局应协助调济〔剂〕局,来输入必需工业品及出口粮食。

总之这种调济〔剂〕的工作,要能使粮食价格,不至跌落过甚,使农民能得到他们劳动所应得的报酬。

(三)粮食的出口

粮食为苏区最大宗的出产,粮食出口是苏维埃政权及苏区工农换取必需工业品及现金的最重要的方法。我们估量今年可以得到极大的丰收,中央苏区的粮食,有300万担可以出口,这一出口,可以分成三部分:第一,国家自己出口;第二,粮食合作社;第三,私人资本。我们除经过对外贸易局出口粮食以外,粮食合作社在可能时亦可出口。至于私人出口粮食,则在新谷上市后,苏维埃政府并不禁止。不过私人出口,一定要得苏维埃政府的许可,领取出口证。粮食出口,每担须纳关税1元。

现在对外贸易机关,应该想各种办法与白区商人建立商业的关系。请各级党与政府及其他机关,应该尽可能的帮助这一工作的建立。

为着胜利地调济〔剂〕粮食价格并出口粮食起见,我们必须建立很好的运输线,主要的是水路,会寻安及瑞金一带经会昌出口,石城、胜利、博生、兴国、万泰、赣县向赣河方面出口,公略永丰向吉安方面出口,我们必需适当地分配船只,规定船价,以便迅速□运并输出。

(录自1933年7月14日出版的《红色中华》

第94期第5版、1933年7月26日出版的

《红色中华》第96期第2版、1933年8月1日出版的

《红色中华》第98期第3版)

九县查田运动大会中的竞赛条约

(1933 年 7 月 14 日)

我们为了动员几百万工农劳苦群众最高度的信任性来完成中央政府及省苏的查田运动训令和九县查田运动大会的决定,并且要从深入查田运动中,更来完成主要的战争任务,特定立下革命竞赛条约:

(一)完成查田任务:

(1)①清查阶级要在:

(甲)首先传达大会分析阶级的决定,使每个苏维埃工作人员、乡代表及参加查田委员会同志以至每个革命群众都了解。

(乙)把潜伏在苏维埃机关革命团体地方武装中的残余的豪绅地主以及富农等一切阶级异己分子,彻底洗刷出去。

(丙)清查阶级要在查田运动中,不使一个地主豪绅占有一寸土地,不使一个富农分得好田。

(2)分配没收来的土地财产:

(甲)所有查出之地主,一经查田委员会确定,区苏批准,群众大会通过后,即宣布没收其土地财产。

(乙)没收来的土地,不管田上的禾收了没有,应即刻分配,田上

---

① 为便于读者阅读,文内序号本文库编者略为改动。

的谷子,在群众同意下,可留到明年救急用。

(丙)没收来的财产,除现洋金银首饰外,一切东西应立即分配给当地贫苦群众。

(3)加紧肃反,反对阶级妥协:

(甲)严厉镇压豪绅地主富农,对查田运动的反抗。

(乙)揭破反革命派对查田运动的造谣,破坏,阴谋。

(丙)坚决反对阶级斗争中的任何妥协。

(4)健强苏维埃的领导

(甲)在查田运动中健强县区乡三级政府的领导,洗刷阶级异己分子。

(乙)吸引查田运动中表现积极的工农分子到政府工作,加强无产阶级在苏维埃的领导。

(丙)在永、宜、乐、广等县,必须根据当地查田的经验,从区乡苏维埃中送派得力的同志,组织分田突击队到新淦①,崇仁,南丰,宜黄,所发展新苏区中领导和帮助分田斗争。

永丰三队(新淦)宜黄两队(神冈党口新丰市)乐安二队(崇仁)广昌两队(南丰),每队5人。

(丁)兴国、公略、赣县,应从本县查田斗争中送派积极坚决而了解的干部,组织查田分田突击队去帮助南、广、宜、乐、信丰、新淦、崇仁,进行查田分田斗争。

赣县四队(以二队直接去信丰,二队交省苏分配)兴国八队(到省苏分配)公略五队(去永丰一队,新淦四队)万太〔泰〕二队(由省苏去崇仁)每队5人。

各队必须征调区苏的同志充队长。

各队的必须于8月底出发,突击3个月。

(二)从开展查田运动的斗争中,完成下列任务:

(1)九县查田大会提出在查田运动胜利中,九县扩大红军6万

---

① 新淦,现称新干。下同。——本文库编者注。

(由 8 月至 1934 年 1 月份)6 个月来完成。

各县自动承诺的数目：

兴国 11000；赣县 10000；公略 5000；永丰 8000；万太〔泰〕6000；广昌 6000；乐安 4000；宜黄 3500；南丰 2000；共计 55500 人。

（2）筹足斗争经费

（甲）大会提议从查田运动中筹款 72 万元，决定 8、9、10 三个月内完成，各县自动承认的数目。

（乙）永丰 11 万；广昌 13 万；乐安 10 万；宜黄 8 万；兴国 5 万；公略 9 万；万太〔泰〕5 万；南丰 5 万；赣县 76000；总共 70 万。

（丙）经济建设发展粮食合作社和消费合作社。

大会详细讨论了经济建设问题后，认为发展粮食合作社和消费合作社，是目前最迫切工作。

一、在 8、9、10 三个月，各县应依照中央国民经济部 3 个月中央苏区发展合作社的冲锋计划，普遍建立各乡的粮食合作社及消费合作社，并建立粮食合作社的县总社，以及建立消费合作社的县总社、区分社。

二、各县合作社的数目列表如下：（表附后）

发展消费合作社数目表

县别	兴国	赣县	南丰	广昌	宜黄	乐安	公略	万泰	永丰	总计
建立乡消费合作社数目	130	80	20	70	30	40	80	60	80	590
建立区消费合作社数目	17	10	4	8	3	7	8	5	8	70
消费合作社社员总数目	40000	20000	3000	20000	4500	6000	20000	15000	20000	148500

发展粮食合作社数目表

县别	兴国	赣县	南丰	广昌	宜黄	乐安	公略	万泰	永丰	总计
建立乡粮食合作社数目	130	80	20	70	30	40	80	60	80	590
粮食全作社社员总数	44000	22000	3300	22000	4950	6600	24000	18000	22000	166850

三、合作社基金，以群众集股，每股大洋1元（粮食合作社可以米谷折价）。

四、建立各种合作社，首先要用充分的宣传，深入到群众中去，使劳苦群众完全了解合作社的重要，而自愿自动的加入合作社，丝毫不得用强迫命令的方式，同时应注意到不使豪绅地主富农商人以及没有选举权的人，混入到合作社里面。

（三）请求中央政府增发经济建设公债200万元，发至500万元，用米谷交付来发展合作社。

各县承认数目如下：

兴国：45万元　乐安：15万元

干〔赣〕县：25万元　宜黄：8万元

万太〔泰〕：20万元　南丰：5万元

公略：25万元　广昌：25万元

永丰：25万元

节省运动九县内除南丰是新苏区外，万太〔泰〕自动节省两个月外，其余兴国、公略、永丰、宜黄、乐安、广昌、干〔赣〕县七县均愿自〔自愿〕节省伙食一个月。

执行上述条约，要坚决执行正确阶级路线和群众路线，反对一切命令强迫脱离群众的办法，及一切官僚主义领导方式，是执行本条约主要保障。

我们竞赛的各县，随时将执行条约的情形，登载红色中华，以作执行条约的捷报,在这里有些问题,我们不只仅注意数量而且要注意质量,本条约执行谁是优胜谁是落后,由查田运动的检阅大会主席团评判,竞赛总结优胜者由省苏负责制发奖品。

互订竞赛条约的:

兴国、公略、万太〔泰〕为一组;干〔赣〕县、万太〔泰〕、公略为一组;广昌、乐安、宜黄、南丰为一组;永丰、公略为一组。

竞赛代表签字:

兴国:陈童麟,苏仁孔,钟万宝,王方泗,洪昌富,李玉钻,钟彩金,欧阳香,魏如平,钟囤烘,廖□晁,宋润清,刘才相,王纪烈,刘纪培,蔡俊梅,陈章汉,朱珍源,曾荣桢,雷忠狗。

万太〔泰〕:罗承诰,刘成财,尹和,赖安民,曾良宝,刘贤池,曾大有,匡裕锦,陶桂花,蒋香垣。

公略:刘声伦,张辉明,高书湖,刘仁杞,萧元嵩,蒋宝元,刘传汤,夏柏林,刘运春,李舜铨,曾招森,罗元杰。

赣县:雷开平,胡永锦,刘振侃,周秀成,谢如,詹其樟,陈盛生,钟义仅,黄升镗。

宜黄:徐忠贵,李炳南,赖安舒,萧仁焕,吴立术,张德瑜,邱发耀,刘谋魁。

乐安:张方说,邓起辉,张家金,曾继源,邓德贤,邹交生,光年香,吴桂生,贺龙,李远隆。

南丰:瞿王谱,符县仂,黄润龙,黄桃芳,周木生,萧润老。

广昌:张炳炎,管仁濂,魏新龙,罗桂明,何昭文,李卓忠,何洪彬,刘宗耀,高寿康。

永丰:汪家源,张国秦,孔才丁,郭学柳,潘家苑,吴名臣,孔才盛,刘春俩。

订约日期　1933 年 7 月 14 日

证明人:

张鹤龄,李富春,高自立,王观澜,陈毅,曾山,娄梦侠,刘据盛,吴家俊 9 人。

—完—

（录自 1933 年 8 月 22 日出版的《红色中华》第 104 期第 3 版、
1933 年 8 月 25 日出版的《红色中华》第 105 期第 5 版、
1933 年 8 月 28 日出版的《红色中华》第 106 期第 6 版）

中华苏维埃共和国中央
内务人民委员部训令第四号
——关于修理河道及沿河两岸的道路问题

（1933 年 7 月 14）

当此革命战争紧张与正值秋收的时期，修理河道，以利运输，是目前重要工作之一，查各地有些河道，行船方面，发生困难，如河底障碍，河岸崩塌，岸边树枝过长，及沿河拉船行走路的损坏，阻碍了船行的速度，影响到运输的时间，这对于革命战争与经济发展都有妨碍。因此特令各级内务部，对于修理河道，须切实的负起责来，现在苏区苦力运输工会筹备会，已计划修理河道及沿河两岸拉船行走的道路，各级内务部，须与当地苦力运输工会组织修理河道委员会，共同来进行这个工作，并须动员当地群众的力量来帮助，使这个工作迅速完成。至于经费，根据苦力运输工会的建议，可以每只船大洋贰元为单位向船主募捐，只捐一次，作为修理河道的用费，但须与船老板解释清楚，捐款是为了修理河道，不但于整个苏维埃建设有利，于船老板本身，也是直接有利的。这项经费，可由修理河道委员会来征收和管理。同时沿河一带的树林须严厉禁止砍伐，以免洪水冲坏河岸迁塞河道，沿河一带区乡政府须切实注意领导群众达到保护河岸的目的，各级内务部，接此训令后，须切实执行。此令

代部长　梁伯〔柏〕台

公历 1933 年 7 月 14 日

（根据江西省瑞金中央革命根据地纪念馆馆藏件刊印）

贫农团组织及工作大纲

（1933 年 7 月 15 日）

  贫农团在土地革命中一般说来是起了伟大的作用的。他不但团结了广大雇农贫农群众,联合着中农在其周围,在共产党与苏维埃领导之下,以绝大的革命力量,推翻了农村中的封建半封建势力,从地主阶级手中夺取了土地,积极的推进了土地上面的生产。即对于战争动员、经济动员,和文化建设等项的重大工作,也起了极大的作用。贫农团的这种伟大的革命成绩,是十分值得学习的。但是依据现状来看,贫农团不是在一切地方都有这样的成绩的,也不是有了这些成绩就可以来〔不〕注意其组织上与工作的进行上还有不少的缺点与错误。却正相反,只有看到了贫农团过去的成绩,同时还看到了贫农团的缺点与错误,还看到了有些地方的成绩不够,因此努力去改正贫农团组织与工作上的一些缺点与错误,才能争取以后更加伟大的成绩,完成贫农团在苏维埃运动中应有的责任。

  根据许多地方的材料,贫农团在组织上与工作上,还有许多不健全的地方,有些地方甚至还只有一个空名,没有实际的工作,总括这些材料看来,可以分成两种情形:(一)有些地方没有乡贫农团,只有村贫农团,村贫农团之下设小组,有些地方没有村贫农团,只有乡贫农团,乡贫农团之下设小组。有些地方有乡贫农团,也有村贫农团,村贫农团之下设小组。在乡贫农团或村贫农团内部设有干事会,内分主任组织宣传三个工作部门,由干事会指挥各小组。定期开会。

有的十天一次全体会,五天一次小组会,有的一星期一次全体会,五天一次小组会,加入贫农团的不论雇农苦力贫农,要有 3 人介绍,否则不能加入,把许多雇农苦力贫农关在贫农团的门外,以致会员数量不甚发展,减少了贫农团的作用。(二)另外一种更加不好的情形,就是有些地方只简单的宣布除掉地主富农中农以外,其余一切都是贫农团会员,由中共支部或乡苏指定一个贫农团主任,这样该乡就算有了贫农团的组织了。贫农团主任不晓得贫农团有几多会员,也不晓得要做些什么工作,三四个月甚至半年一年不开会,只挂一个空名。这实际上等于没有贫农团。这样贫农团的任务和他在农村中应起的作用,是更加不能够完成了。第一种情形的贫农团,其中有些代替了政府的职务,如瑞金武阳区的龙冈乡,黄柏区的新庄柏村两乡,就有这种情形。而第二种情形的贫农团,则没有经常工作,散漫不起作用。这两种现象都是不好的。但是苏区之中有不少地方的贫农团,在组织上工作上都是很健全地发展的,大数量的会员,紧张的斗争情绪,能够积极的讨论各种革命斗争问题,又并不侵犯乡苏区苏的职权,他们不但和上述第二种情形的贫农团(挂空名的)大不相同,比起第一种情形的贫农团(还有错误的)来也更加进步,他们真算得苏区中贫农团的模范,值得各地贫农团的学习。为了总结过去贫农团斗争的经验,统一贫农团的组织,普遍建立贫农团的经常工作,完成贫农团在目前革命阶段中的重大任务,中央政府特根据土地斗争发展的□□,及瑞金、会昌、雩都①、胜利、博生、石城、宁化、长汀八县贫农团代表大会的建议,颁发这一贫农团组织与工作大纲,希望全国农村中广大的贫农群众都在这一大纲之下一致的团结与行动起来。

(一)贫农团不是纯粹一个阶级的组织,而是在乡苏维埃管辖区域内广大的贫农群众的组织,同时农村工人必须参加贫农团,组成工人小组,在里面起积极领导作用,团结广大贫农群众在无产阶级领导之下,成为苏维埃政权可倚靠的柱石。

---

① 雩都,现称于都。——本文库编者注。

（二）贫农团的作用是赞助政府的,实现政府的一切法令,而不是代替政府的工作。关系于工人贫农的利益与权利的各种问题,应□提出自己的意见向政府建议。

（三）贫农团要特别注意中农的利益与权利,使中农环绕在贫农团的周围,建立贫农团与中农的坚固联盟,成为无产阶级联合中农的坚固的一环,以便利于进行消灭地主阶级与反对富农的斗争。

（四）贫农团只有在共产党和苏维埃的领导之下,才能正确的实现他的一切任务,不致受富农的影响,不致受一切落后的农民意识□□□□□观念和地方观念等所支配。在还没有组织贫农团的地方,可由农□工会□贫农中的积极分子来发起。农业工人及手艺工人工会要能够做到在自己的全体大会上通过整个加入贫农团,以实现无产阶级对贫农团内的经常的领导作用。

（五）贫农团在初成立的时候,是吸收贫农中积极分子参加,以后便成为全体贫农群众的组织。为了吸引全体贫农群众加入贫农团（当然破坏土地斗争包括地主富农的那种坏分子,即使加入贫农团也不能加入）,贫农团的老会员应该经常负责去做扩大贫农团的宣传,积极的去找贫农及农民工人加入贫农团。但不须用介绍形式,而是向工人贫农□□□,告诉□指引他们加入贫农团。加入贫农团是以自愿□□□,一切男女老少的工人贫农,均可报名加入,那种按户混入的方式是错误的。□□严厉防止地主富农的混入。须从老会员□□□及自动报名的一组新会员中,按照分析阶级的标准加以考查〔察〕,遇到有成分不明的,立即开除出去,以保护贫农团不被地主及富农混入。

（六）当着开展地主斗争,或当着进行查田运动的时候,如果因为过去贫农的散漫无作用,或者贫农团操纵在少数地主分子□富农分子的手里,起来〔了〕相反的作用,因此就用命令主义的办法,解散贫农团重新组织,这是脱离了群众,十分不对的。这个时候的正当办法,应该团结贫农团中的积极分子加紧教育他们,在贫农团□发动激烈的斗争,揭破地主富农的联盟,争取会员群众脱离地主富农分子的影响,而□□□地主富农分子□□别的无法再教育极坏的分子□□□贫农□□,□□来坚强贫农团队战斗力量,争取土地斗争□□□□□的彻底胜利。如果贫农团的中有中农加入,那便不能像对付地主富农分子一样,把他们一下洗□就完事,一定要经过一番□□的□□,对他们说明不必加入贫农团的理由,在他们出贫农团去之后,贫农团开会时他们仍可来旁听,并且□□一切中□都来旁听。

(七)贫农团既不是纯粹一个阶级的组织,因此他并不须要如工会一样的严密的组织形式,不需要一定的章程,也不需要缴纳会费(需要用费时,在全体大会的同意下,可向会员取□临时的募捐),更不需要省县区的系统的组织,只是以乡为单位来组织贫农团。乡贫农团之下分小组,小组可以一个屋子(即小村子)为单位,每个屋子的会员为一小组。如果一个屋子只有极少数人家因之会员人数不多,可以两三个接近的屋子成立一个小组。如果一个屋子有几十家甚至更多的人家,因之会员人数甚多,可以在一个屋子内成立几个小组。

(八)为着贫农团工作进行的便利,应由大会推举 3 个人(最积极的分子)组织委员会,较大的乡或会员很多的贫农团,可推举 5 个人组织委员会。由委员会推定主任 1 人,主持全盘工作,□□不分设别的工作部门。贫农团应当实行很宽泛的革命民主制度。凡遇重要问题,必须召集全体会员讨论。只有平常的问题,不□由委员会讨论。或由委员会召集小组长参加讨论。

(九)贫农团大会,委员会,及小组会开会,不必机械规定固定的时间,以防止形式主义的开会,减少会员群众的兴趣。凡遇重要问题,即行召集会议。在农村阶级斗争特别激烈的时候,如像□□与查田的时候,就是三四天五六天开一次会员大会,二三天开一次委员会及小组会,都是应该的。

(十)贫农团的工作,在于随时能注意到工人贫农以及中农的利益,并为了苏维埃政权的巩固与发展而斗争。现将贫农团的重要工作列举如下:

(甲)讨论豪绅地主的土地房屋农具和富农的土地及多余的耕牛

农具房屋等的没收与分配的问题。讨论这个问题时,中心是如何对付地主富农的反抗,如何使土地革命的利益完全落在工人贫农中农的身上。这里要特别注意不防碍中农利益,并且要□□的□合中□。要注意彻底消灭农村中的封建势力,并不使地主富农□□□□□□□土地□□,要做到不使一个地主留□一寸土地,不使一个富农偷取一丘好田。

(乙)讨论□□□□□的问题。如怎样去进行春耕,夏耕,秋收,□□的运动,在□□的牛犁运动中,怎样增加□□,增加肥料,□□□□,□□□□,调济〔剂〕耕牛,添置农具,消灭害虫,开垦荒田,□□□□,□□□□□等等问题。

(丙)讨论经济动员中的问题。除上述发展□□□□外,主要的是讨论□□□的发展,如发展□□合作社,消费合作社,□□合作社,生产合作社,犁牛合作社,□□□□□□□□的发展起来,以抵制商人的残酷剥削,□破敌人的经济封锁,□□□□□□□,□□□良革命战争□□□□□□□。

(丁)讨论□□□的问题。□□□□□□□□,□□等的互相帮助,被敌人骚扰区域被难群众的设法救□等。

(戊)讨论群众卫生的问题。如发起普遍的卫生运动,讲究清洁扫除,以抵制疾病疫疠,保障群众生活的健康。

(己)讨论优待红军的问题。如红军公田的耕种,收获,与□□,及帮助红军家属耕田,实行优待红军条例。

(庚)讨论战争动员中的问题。这里第一是扩大红军,第二是□措□□□济红军,第三是慰劳红军,第四是扩大赤卫军与少先队,这些都是对于战争运动上极重要的问题。

(辛)讨论参加苏维埃选举运动与检举运动的问题。如当着选举□保障工人贫农中的积极分子使他当选进去,并吸引最好的中农分子参加苏维埃工作。当着苏维埃中混入有富农异己分子及发□有贪污腐化消极怠工等分子时,参加工农检察部所号召的检举运动,发动对于苏维埃工作人员的自我批评,使苏维埃工作绝对健全起来。

（壬）讨论苏维埃一切法令决议命令使之在本□完全实现的问题。

（癸）讨论一切临时发生的重大问题。

贫农团必须时常注意上列种种问题的讨论，并且积极的向政府建议，在政府领导下坚决的参加各种革命战线上的斗争，使各种革命任务完全实现，他才能不断的□□□的经常工作，而真正□工人贫农中农□□□□，□□□□□□□□的团体。

（十一）为着更能巩固农村无产阶级对于广大农民群众的领导，贫农团委员会（并可加选几个积极的□□□□□□），可以建议与农业工会手艺工会的领导机关开联席会议，□□会议由工会召集。如□□拥护红军委员会，□□反帝拥苏同盟，组织革命互济会，及其□□□□□与示威大会等，都可举行联席会议来讨论，在一致的同意下共同努力使之实现。

中央政府主席　毛泽东

副主席　项　英

张国焘

1933 年 7 月 15 日

（根据中共江西省赣州市委党史工作办公室资料室复印件刊印）

第二次全苏大会准备委员会为
建立红军烈士纪念塔启事

（1933 年 7 月 15 日）

历年来在革命战争中牺牲了红军战士，他们是为着保卫苏区与发展苏区，为着推翻帝国主义与国民党的统治，为着工农阶级的解放而流血牺牲了。

苏维埃临时中央政府为要永远纪念这些被牺牲的红军战士，决定建立红军烈士纪念塔，责令本委员会负责进行这个工作，我们决定在瑞金叶坪附近建立这个纪念塔，在第二次全苏大会开幕时举行纪念塔的揭幕典礼。为了进行纪念塔的建立有下列两件事要求于苏区的广大革命群众红色战士和红军政治部机关：

（一）纪念塔应该是苏区广大群众和全体红色战士对于过去死难烈士的热烈景仰情绪的结晶，因此纪念塔的建筑弗〔费〕除了中央政府拨出一部分外还须各地工农群众和红色战士自动的募捐来帮助。这个募捐不是单纯的看在经弗〔费〕上而是要使广大群众知道建立这个纪念塔的意义，募捐的方法，是以每人一个铜板为单位（须完全自愿的）虽然不应阻止增加捐款的热忱，但此次募捐是力求普遍，不求捐多。假如 300 万群众中有 100 万每人出一铜板那就是很好的成绩了。纪念塔的经弗〔费〕也就差不多够了。募捐负责机关地方由各个革命团体，红军由政治部。交款办法，地方的交与当地政府内务部，红军的交与上级政治部转解本委员会。

（二）请红军各级政治部调查各次战役中所牺牲的红军□□□姓

名,并将他们的简单履历叙述出来寄送本委员会。

以上两事希各机关各团体即日着手进行为盼。

主　任　梁伯〔柏〕台

1933 年 7 月 15 日

（根据江西省瑞金中央革命根据地纪念馆馆藏件刊印）

五个月卫生工作计划
（1933 年 8 月至 12 月）

（1933 年 7 月 16 日）

一、健全卫生组织

1. 组织要健全，必须先充实卫生人员，拟于 5 个月内照下述卫生人员的设置，第一步充实区一级以上的组织，第二步再充实乡一级的卫生组织。

a. 以乡为单位组织卫生委员会。

b. 区设卫生科长 1 人。

c. 市设卫生股长 1 人。

d. 县设卫生科长 1 人。

e. 省设卫生科长 1 人，科员 1 人。

f. 中央卫生管理局设局长 1 人，医务科长 1 人，科员 1 人，保健科长 1 人，科员 1 人。

2. 在卫生行政人员未□□□□人员□□以前应即通令各级政府（□□）即速遴选较具卫生常识或于卫生工作有兴趣的同志建立卫生科，如人员最缺乏时亦应建立卫生科，由别部相近人员兼负其责，并须于 8 月 15 日以前各该县区完全成立，并将成立情形报告上来。

二、颁布卫生条例。

三、卫生教育计划

1. 开办卫生行政人员训练班，其目的是造就卫生运动的指导员。

（1）开办 2 次训练班，每次人数 50 人。

（2）训练材料以一班〔般〕的卫生知识与卫生行政工作的□要。

（3）学员由各县选送。

2. 商同教育部将列宁师范列宁小学以及其他教育机关加入卫生教育【课】一门。

3. 要使每个城市的群众团体能够了解卫生常识,而且要使这些群众团体成为在群众中起卫生教育的核心作用。

四、目前卫生运动工作

1. 以乡为单位建立卫生运动委员会,村设卫生小组,责令区内务部须于 8 月底完全成立。

2. 于 9 月中旬举行全苏区大扫除运动一次。

3. 以乡为单位于 9 月 1 日起至 9 月 7 日止举行卫生运动周一次。

4. 进行露尸浮屠掩埋运动。

5. 不准放猪,须关于猪栏中,猪栏和牛棚□在适□地设置（依照家畜牲禽管理条例）。

6. 城市的通街大道不准设厕所。

7. 室内不准放尿桶,必要放时,须做盖子和每日倾倒之。

8. 以乡为单位设一公共体育场,区为单位组织体育运动大会。

9. 普遍的开启窗户运动。

10. 反对早婚及□□有传染病的结婚运动。

11. 于 8 月 30 日以前□□□□□□卫生科长会议。

五、组织公共医药事业

1. 以县城和区□□□□□□□所（半营业性质）。

2. 设立药□□□□。

3.（字迹不清——本文库编者注）

4. 检查□□药（字迹不清——本文库编者注）

1933 年 7 月 16 日

（根据中共江西省委党史研究室资料处藏件刊印）

中华苏维埃共和国中央教育人民委员部通知第二号
——关于开办干部学校①

（1933 年 7 月 18）

本部为着训练省县两级的教育干部,开办教育干部学校,学生由各县教育部选送。每县 1 人,每区 1 人。以现任县和区的部长、科长、科员、指导员中,工作积极分子为合格,由县教育部负责审查。各县、区□□苏,不得多送,或不送,均以 1 人为限。如不是现任教育工作人员,或不积极已被处分而未洗刷的则立即退回,路费由返回的学生自备。开学日期 8 月 15 日,上课两个足月,毕业期 10 月 15 日。学生务于开学前三日到校,即 8 月 13 日,不得迟延。来校时要自备碗筷面巾□的□秋天衣服。特此通知,此致

省县区教育部长

代部长　徐特立
副部长　沙可夫
1933 年 7 月 18 日

---

① 副标题为本文库编者所加。

附：

干部学校计划大纲

1. 目的是为着训练省县两级教育行政的干部。□□□□每县每区各□1人,□□□□□部长□□□科员□□员为合格。

每期学额 200 人。

2. 期内两个月毕业,第一期 8 月 10 日开学。

□□□□□□□:

甲、□□需讲:列宁主义初步,苏维埃建设□□,群众运动与组织,共占 40 学分。

乙、自然科学:数学,理化,农业,生理,卫生,地理常识,共占 30 学分。

丙、艺术:唱歌,画画,占□学分。

丁、体育:各种运动与军事训练,共占 10 个学分。

戊、□□□工作:工□的原则与实习,共占 15 个学分。

己、教育行政:教学法的原则与实习,共占 5 个学分。

3. 学校□□:

甲、校管理委员会由党的支书、团的支书、校长、校务主任、教育主任 5 人组织之。学生□□代表参加管理委员会会议。有发言权,无表决权。

乙、正校长 1 人,副校长 1 人,校务主任、教育主任各 1 人。

丙、学生组织,依□军事组织,编制 2 连或 3 连。

□□□□□□费:每月 1000 元开办费,200 元由教育费项下开支。

□校址:瑞金云集区的洋溪乡□□党校校址。

（根据中共江西省赣州市委党史工作办公室资料室复印件刊印）

中央政府通告第三号
——为开展大规模的经济建设运动
召集北部南部两处经济建设大会

（1933 年 7 月 20 日）

江西福建闽赣三省政府及三省各县苏各区苏的同志们：

革命战争的猛烈发展,要求苏维埃采取坚决的政策去发展苏区的国民经济,抵制奸商的剥削,打破国民党的经济封锁,使群众生活得到进一步的改良,使革命战争得到更加充实的物质上的力量,这一重大任务,是迫切摆在整个苏维埃与广大工农群众的面前。但是这一任务至今还没有得到各地各级苏维埃工作人员的充分注意,因为我们的宣传工作不够,群众对于这一任务的认识也还没有达到应有的程度。

为了开展大规模的经济建设运动猛烈的发展合作社健全各级国民经济部及各地粮食调济〔剂〕局与对外贸易局的工作,迅速发行300 万经济建设公债,开展全苏区的经济战线上的伟大革命斗争,中央政府将决定于 8 月 12 日与 8 月 20 日分别召开南部十七县经济与北部十一县的一部分工作人员,在瑞金博生两处开经济建设大会。

（一）南部十七县的经济建设大会

1. 开会地点：瑞金中央政府。

2. 会期：8 月 11 号到齐,12 号开会,15 号闭会。

3. 到会之县：江西的瑞金、石城、博生、兴国、赣县、胜利、雩都①、

---

① 雩都,现称于都。——本文库编者注。

会昌、寻邬①、安远、信康十一县,福建的宁化、汀东、长汀、武平、上杭、新泉(永定太远不到)六县共十七县。

4. 到会人:

区一级——付〔副〕主席,国民经济部长,合作社指导员,粮食科长。

县一级——付〔副〕主席,国民经济部长,合作社指委会主任,县合作社总社主任,粮食科长,粮食调剂分局局长,财政部付〔副〕部长。

省一级——福建省主席,国民经济部长,省合作社指委会主任,粮食科长,财政部长,(江西闽赣两省苏工作人员不到此会)。

(二)北部十一县的经济建设大会

1. 开会地点:博生县江西省苏。

2. 会期:8 月 19 号到齐,20 号开会,23 号闭会。

3. 到会之县:江西的万太〔泰〕、公略、永丰、乐安、宜黄、崇仁、南丰、广昌八县,闽赣的建宁、□□、太〔泰〕宁三县共十一县。

4. 到会人:

区一级——付〔副〕主席,国民经济部长,合作社指导员,粮食科长。

县一级——付〔副〕主席,国民经济部长,合作社指委会主任,合作总社主任,粮食科长,粮食调剂分局局长,财政部副部长。

省一级——江西省苏全体(现在政府工作的),闽赣省付〔副〕主席,国民经济部长,合作社指委会主任,粮食科长,财政部付〔副〕部长。

(三)上列两处大会的指定大会到会人,不得托故不到,不得迟到,到会人现任职务找人替代。

(四)两处大会区县省三级到会人须准备下列各项报告带来。

(甲)国民经济部的组织与工作情形,

　　建立的时间及工作人员数目,

---

① 寻邬,现称寻乌。——本文库编者注。

　　　　建立以来所做的工作,

　　　　合作社指委会的工作情形,

　　　　粮食调剂局对外贸易局工作的情形,

　　　　储粮运动的进行及谷仓建设情形,

　　　　在工作中所感到的困难。

　　(乙)合作社的统计:

　　　　现有各种合作社的数目及其组织情形。

　　　　社员多少? 股金多少?

　　　　营业状况及群众对合作社的信仰如何。

　　(丙)粮食调剂局的情形:

　　　　基金多少?

　　　　工作人员多少及局长姓名,

　　　　成立以来营业状况,

　　　　营业种类。

　　(丁)主要物产的调查与统计:

　　照国民经济部以前印发表格填来。

　　(戍〔戊〕)上列各项报告概由各级国民经济部长负责。国民经济部长任职务不久的,由付〔副〕主席与部长共同负责。

　　(己)各级财政部付〔副〕部长须收集全区全县地主罚款富农损款的统计来。

　　(庚)区县省三级付〔副〕主席须将查田运动进行收集带来。

　　(辛)为了要得到报告的材料,区苏须于此通告到时刻召集全区各乡主席、合作社主任,以及贫农团主任,工会代表开会,把材料收集起来。县不必召集区苏开会,只要向县国民经济部的各科及粮食调剂局合作社总社收集材料,关于查田运动的材料,用同样方法向查田委员会收集,省苏则向省国民经济部的各科收集材料。各到会人必须带着上开各项报告来,并且报告必须是很忠实的。

　　(五)到会人往返路费,由各级财政部发给,开会期间伙食由中央政府及江西省苏负任〔责〕。

（六）到会人带碗筷单被。

各省苏县苏区苏的负责同志们，为了要使这两次大会得到完满的成功，首先要使：（1）应到会的人都能按时到会，（2）到会人带着忠实的报告来，（3）立即在乡进行普遍的经济建设宣传，特别是发展消费合作社与粮食合作社。对这三点，你们应有充分的注意。特此通告。

中央政府主席　毛泽东

付〔副〕主席　项　英

张国涛

公历 1933 年 7 月 20 日

（根据江西省瑞金中央革命根据地纪念馆馆藏件刊印）

中央执行委员会关于重新
划分行政区域的决议

（1933 年 7 月 21 日）

苏维埃行政区域的划分，与旧的反动政府的行政区域有绝大原则上的不同。在旧的反动政府的行政区域，范围都是很大，这因为他们是隔离群众的官僚机关，他们的目的只是削弱和压迫群众。苏维埃划分行政区域的原则与此完全相反，他须尽量接近群众，为群众谋一切利益。因此不论乡、区、县、省，区域都不应过大。中央苏区行政区域的划分，虽经过了不少变更，但一般说来，多半还是沿用旧的区划，没有彻底改变。这对于战争动员对于经济文化等各方面的建设，都感觉极大不便。因此中央执行委员会议决重新划分中央苏区的行政区域。并规定各级行政区域划分的标准如下：

（甲）市：

除市场范围外，可管辖市场周围附近的一部分乡村，但不得超 5 里以外。

（乙）乡：

（一）一等乡，即在平地而人口特别稠密的地方，每乡所管辖的人口以 2000 人为标准。如果一个村子或近距离内的几个村子超过了 2000 人时，乡苏管辖的人口可以较多些，但至多的不能超过 2500 人。同样，因地形的关系（如河流等）宜于分为两个乡，因而一乡的人口不足 2500 人时，乡苏管辖的人口数亦可较少些。

（二）二等乡，即平地与山地参杂的地方，这种地方人口不如一等乡稠密,地域因之较宽,每乡所管辖的人口以 1500 人为标准。如因地形关系,乡苏管辖的范围以较大些为便利,或以较小些为便利时,一乡的人口可以多于 1500 人或少于 1500 人。

(三)三等乡,即山地多而人口稀少的地方,每乡所管辖的人口以 1000 为标准。如因地形关系,某些村落以划入一个乡管辖便利时,可以多于 1000 人,但不能使区域过宽,违背苏维埃接近群众的原则。同样,如因地形关系,乡苏管辖不便利时,亦可以少于 1000 人。在大山多地域特别辽阔人口特别稀少的地方,每乡人口可以至 400 人左右,但最低不能少于 250 人。

(丙)区:

以每区管辖 7 个乡为标准。在平地多人口特别稠密的地方,可以管辖到 9 个乡。在山地多,地区辽阔,而人口特别稀少的地方,可以减少到只管辖 5 个乡。

(丁)县与省:

县与省的划分责成人民委员会按照接近群众的原则以命令规定之。

中央苏区以外的各苏区,均须按照本决议所述原则重新审查该地的行政区域,其有区域过大不合此原则的,必须实行重新划分。

本决议公布之后,1931 年 12 月所颁布的"中华苏维埃共和国划分行政区域暂行条例"应宣告无效。

主　席　毛泽东

副主席　项　英

张国焘

1933 年 7 月 21 日

(录自 1933 年 8 月 1 日出版的《红色中华》第 98 期第 3 版)

人民委员会第四十六次会议

（1933 年 7 月 22 日）

7 月 22 日中央政府第四十六次人民委员会会议，决议事项如下：

通过划分行政区域决议并增设八县：苏维埃行政与反动政府行政根本不同。反动政府对人民只有剥削关系，故区域不嫌大，甚至有所谓插花地，从别的区域里争一块来贴补这里的不足。苏维埃行政恰恰相反，他要和每个革命群众接近，每个革命群众都要参加政权，区域大了就很不便利。苏维埃行政区域大抵是沿着旧的，现在要来一个彻底变更。人民委员会根据上次议定的原则，通过一决议，乡是按照地势，以人口为标准，大的不得超过 2500 人，最小的可少至 400 以至 250 人。区以管辖 7 乡为标准。多的 9 乡，少的 5 乡（决议见另条）。又决定增设洛口、龙岗、杨殷、彭湃、赤水、长胜、西江、门岭 8 县（详情见另条），这一划分，要在开始选举之前完成。各级政府须来一迅速的划分区域的动员。8 个新县苏的成立，各原县苏应帮助干部，使他能很快的成立，接管该区域内的政务。

通过经济建设公债条例并从速发行：上次会议决定发行经济建设公债，此次将条例草案及发行与支配再加讨论：即（一）从第三年起（1936）分年偿还，至 1940 年还完，利息 5 厘逐年支付，改正以前公债一次偿还，又偿期太短之不合公债原理的办法。（二）各县群众承认推销的数目很大，又值新谷登场，购买力充分，财部须赶紧印刷公债，印出了的首先发收获较早的区域，以便群众购买。（三）公债收的谷子,拨交对外贸易局粮食调济〔剂〕局及借给合作社和借给红军的,为求运输便利计,财政部须与军委会国民经济部作一详细计划。(四)公债的担保,为全部经济建设事业的盈余。

谷米出口证及其税率:为要避免去年秋收时谷价大跌及出口过多,今年春夏谷价奇涨的现状,对于今年谷米出口,有以下的决定:(一)发出口特许证,分1石5石50石三种,估计某县可出口若干,即发交若干出口特许证,使不致于过多流出。(二)出口税率,看生产地与销售地的价格而定,甲地税率可与乙地税率不同,使隔出口地远的也能出口,不致下跌。(关于阻止谷价过跌,尚有土地税收谷,公债收谷及对外贸易局粮食局等办法,不仅要使今年不大跌,而且要使明年不大涨)

派工作团到新区去开办苏维埃训练班:现在东方线上猛烈开展,清流、归化①、宁化、将乐、沙县有二三百里地,反动政权推翻了,急须普遍的建设革命政权,中央土地部已将派往胜利的工作团改派往泉上清流去了。同时要大规模的开办苏维埃训练班,当决定第一期征调学生350人,于9月1日开学。

危辉春应调动工作不是撤职:瑞金县苏请将危辉春主席撤职,当以撤职与调动工作不同,不宜于做某种工作的人,应该调动;犯有大错误的,应该撤换;至于不仅撤职而且提出群众公审,那就必是错误十分严重而为群众所愤恨的分子。危辉春虽有个别错误,但主要是能力弱,领导不了瑞金这样开展的许多重大工作,应该调动工作而不是开除一切职务。至瑞金县苏内尚须有部分的改造,可在县苏扩大会上决定。

此外议案:(一)奖励私人投资,决定由国民经济部照政府颁布的商工投资条例,拟一较详细的办法。

(二)审查劳动部水上劳力运输劳动介绍所等章程,除有几点修改以外,认为太是〔涩〕了,工人不能看懂,须改简明一些。

---

① 归化,旧县名,今明溪。——本文库编者注。

（三）批准闽干〔赣〕省革命委员会补充委员名单，并批准吴家远的委员职。

（四）委任贺诚同志为内务人民委员部卫生局长，阿丕①同志潘汉年同志为教育委员会委员。

（录自 1933 年 8 月 22 日出版的《红色中华》第 104 期第 4 版）

---

① 阿丕，即陈丕显。——本文库编者注。

中央执行委员会关于发行
经济建设公债的决议

（1933 年 7 月 22 日）

　　革命战争的猛烈发展，要求苏维埃动员一切力量有计划的进行经济建设工作，从经济建设这一方面把广大群众组织起来，普遍发展合作社，调济〔剂〕粮食与一切生产品的产销，发展对外贸易，这样去打破敌人的经济封锁，抵制奸商的残酷剥削，使群众生活得到进一步的改良，使革命战争得到更加充实的物质上的力量，这是当前的重大战斗任务。为了有力的进行经济建设工作，中央执行委员会特批准瑞金、会昌、雩都①、胜利、博生、石城、宁化、长汀八县苏维埃工作人员查田运动大会及八县贫农团代表大会的建议，发行经济建设公债300万元，并准购买者以粮食或金钱自由交付。除以一部分供给目前军事用费外，以最主要的部分用于发展合作社调济〔剂〕粮食及扩大对外贸易等方面。为了确定公债用途及还本付息等项手续起见，特制定发行经济建设公债条例。责成人民委员会督促财政人民委员部与国民经济人民委员部指导地方政府，根据本决议及公债条例，正确迅速的发行并支配此项公债，同时对工农群众及一切遵守苏维埃法令的居民，进行广泛的宣传解释工作，使经济建设运动迅速的在苏区全境开展起来。其有反革命分子企图破坏公债信用及任何经济设施者，责成国家政治保卫局采取必要办法，严厉镇压这些分子，以保障

---

　　① 雩都，现称于都。——本文库编者注。

经济建设工作的顺利进行。

主　席　毛泽东

副主席　项　英

张国焘

1933 年 7 月 22 日

（录自 1933 年 7 月 26 日出版的《红色中华》第 96 期第 1 版）

附：

发行经济建设公债条例

（一）中央政府为发展苏区的经济建设事业,改良群众生活,充实战争力量,特发行经济建设公债,以三分之二作为发展对外贸易,调济〔剂〕粮食,发展合作社及农业与工业的生产之用,以三分之一作为军事经费。

（二）本公债定额为国币 300 万元。

（三）本公债利率定为周年 5 厘。

（四）本公债利息,从 1934 年 10 月起,分 7 年支付,每元每年利息大洋 5 分。

（五）本公债还本,从 1936 年 10 月起,分 5 年偿还,第一年即 1936 年还全额百分之十,第二年即 1937 年还百分之十五,第三年即 1938 年还百分之二十,第四年即 1939 年还百分之二十五,第五年即 1940 年还百分之三十。偿还办法,届时由财政人民委员部另行制定公布之。

（六）本公债以粮食调济〔剂〕局、对外贸易局及其他国营企业所得利润为付还本息之基金。

（七）本公债准许买卖抵押并作其他担保品之用。

（八）购买本公债者，交谷交银，听其自便，交谷者谷价照当地县政府公布之价格计算。

（九）本公债票面价额分为五角、一元、二元、三元、五元 5 种。

（十）如有故意破坏本公债信用者，以破坏苏维埃经济论罪。

（十一）本公债发行事宜，由各级政府公债发行委员会负责，所收款项，送交分支库，所收谷子，则交与仓库保管委员会。

（十二）本条例，自 1933 年 8 月 1 日起施行。

中央政府主席　毛泽东

副主席　项　英

张国焘

公历 1933 年 7 月 22 日

（录自 1933 年 7 月 26 日出版的《红色中华》第 96 期第 2 版）

中华苏维埃共和国临时中央政府
反对最近国民党卖国的大连会议通电

（1933 年 7 月 23 日^①）

全国革命民众们！

地主资产阶级的国民党政府，帝国主义的千忠万顺的走狗，于最近一星期以前，比先前更阴险更无耻地进行着大连会议，在 7 月 5 日的午后，于大连日本宪兵司令部签订了一个新的大连协定，这一协定比之 5 月 30 日所签订的华北停战协定更甚具体更甚无耻了！

在日本帝国主义的关东军副司令的热烈祝贺声中，在杯盘狼藉的庆祝卖国成功的欢宴会中，国民党政府的卖国代表雷寿云之流竟举着香槟酒杯和国民党似乎曾经称为"傀儡"的满洲国代表们互相握手了。一面庆祝他们新同盟国的成立，一面在出卖中华民族利益的杜〔灭〕绝契约上，最后的签了字。这一新的卖国协定的主要内容就是：（一）国民党政府正式承认满洲国并且在名义上收编满洲国驻在滦榆一带的军队；（二）日本在华北各县如密云滦州等地设立监视兵；（三）把北宁路芦榆段作为共管。

在这一协定中，国民党不但于事实上已经正式承认了满洲国，并且是更无耻的与满洲国订立了傀儡同盟，誓死效忠于他们的共同主人日本帝国主义。最近的事实告诉我们，国民党政府已经允许满洲

---

① 原件无时间，此为该通电在《红色中华》发表的时间。——本文库编者注。

国的要求,在最近期内恢复满洲国的邮汇,改变赴欧邮件由海参威转道西伯利亚的办法。这些铁的事实指明国民党在民众面前所谓满洲国是"傀儡"的假话,完全是无耻的欺骗宣传,事实上国民党自身也正是日本帝国主义的忠实傀儡,与满洲国完全是走狗弟兄呵!

中华苏维埃临时中央政府代表全国民众坚决反对国民党在大连会议中所订的无耻的卖国协定,绝对否认卖国协定中的半句条文!并且号召全国工人农人士兵和一切革命者一致起来反对最近国民党卖国的大连会议,以坚决的革命斗争:罢工,罢市,罢课,罢岗,组织群众示威与武装队伍起来反对与阻止大连协定的实行。全国民众必须认清在国民党与满洲国的傀儡同盟之下,日本帝国主义强盗将必然的更大规模的扩大他在华的侵略行为,从积极进攻察绥以至掠取东南沿海各省,与国际帝国主义共同瓜分中国!同时日本强盗——国际帝国主义的东方宪兵继续着他最近反苏联的疯狂的挑衅行为,将必然的公开向中国民众的的兄弟联盟——苏联进行武装干涉的军事冒险!

全国革命民众们! 只有苏维埃才能救中国,只有正在加速粉碎帝国主义国民党四次"围剿"的抗日红军,才是全国革命民众的自己武装! 为着争取中国民族的独立解放与领土的完整,中华苏维埃共和国临时中央政府号召全国民众和白军中的革命士兵一致团结在苏维埃旗帜之下,开展革命的民族战争,打倒帝国主义国民党,把他们葬送到历史的坟墓里去!

中华苏维埃共和国临时中央政府主席　毛泽东

副主席　项　英

张国焘

(录自 1933 年 7 月 23 日出版的《红色中华》第 95 期第 4 版)

国家政治保卫局启事
——关于统一制发新证章①
（1933 年②7 月 23 日）

  国家政治保卫局省县及红军系统工作人员及保卫队指战杂务人员业经国局重新统一制发新证章，图样为二寸长八分宽之浑〔混〕铁制造而成。从左至右擎空 G、P、U 三个字母，背面映有红布，以前所发红面黑子有篆 字 ③文卫字职别证章至今后一律作废。

  又便衣证章现亦改银制的五角星式，中刻 G、P、U，字背面有阿拉伯字号码，只限于便衣工作人员佩用，以前所发白布盖国局印信的证章一概作废。

  特此通告通知，假如发现仍有佩用旧式证章者，应受法律制裁。

7 月 23 日

（根据江西省瑞金中央革命根据地纪念馆馆藏件刊印）

---

① 副标题为本文库编者所加。
② 年份为本文库编者判定。
③ 原文如此。——本文库编者注。

中华苏维埃共和国中央土地人民委员部通令第三号
——为裁减土地登记人员一人

（1933 年 7 月 25 日）

　　本部前曾决定各乡土地登记委员会常驻二人办公，专门担任土地登记工作，因这项用费是不小的，为要节省经济充裕战费起见，特将前次决定人数取消一人。此后各乡土地登记委员会只设一人常驻，专门管理收集材料抄写表册统计等工作。至于土地登记的全盘工作，责成土地登记委员会协同查田委员会共同负责，同时各乡政府及乡代表、贫农团也要给以最大的帮助，并动员群众参加这一工作，依照本部第二号通令，在 8 月 31 日以前完成乡一级的土地登记。望各级政府和土地部转□各乡土地登记委员会遵照执行，即日减少一人，只留一人常驻办公，并将（以下字迹不清——本文库编者注）报告财政部为要。此令

各级政府土地部和土地登记委员会

代部长　胡　海
1933 年 7 月 25 日

（根据中共江西省委党史研究室资料处藏件刊印）

中央政府在 8 月内召集各县县苏
执委扩大会、各乡乡政府主席大会

（1933 年 7 月 26 日[①]）

　　中央政府召集的八县查田运动大会,已经闭会 20 多天了。在这 20 多天中据已经得到的材料,查田运动已在各地广泛的发动起来,许多地方已经得到了初步的成绩,但因领导不得力,查田运动仍然没有开展的地方,也不在少数。在查田运动的阶级路线与工作方法上虽在许多地方是正确的执行了中央政府的训令与八县大会规定的各项,但执行得不正确的(如没做充分的宣传鼓动,不注意充分发动群众,不注意联合中农,没收的东西不发给群众,以及不从组织上推动查田等)亦发现了许多。因此,中央政府特决定立即派人分途出发,在 8 月内以县为单位召集瑞金、会昌、雩都[②]、胜利、博生、石城、宁化、长汀、汀东等县的县苏执委扩大会,及各县乡苏主席大会,要在这两种会上检阅各县各区各乡查田工作进行的是否适当,领导的是否得力。这实在是两种重要的会议! 兹将中央政府所决定的各县开会日期及到会人如下:

　　瑞金——县苏执行委员,区苏主席,7 月 24 号到齐,25 号开会。区苏土地部长,工农检察部长,7 月 25 号到会,26 号 27 号开会。

----

　　①　原件无时间,此为该消息在《红色中华》发表的时间。——本文库编者注。

　　②　雩都,现称于都。下同。——本文库编者注。

博生——县苏执行委员,区苏主席,8 月 3 号到齐,8 月 4 号开会。区苏土地部长,工农检察部长,乡苏主席,8 月 4 号到齐,5 号 6 号开会。

胜利——县苏执委,区苏主席,8 月 11 号到齐,12 号开会。区苏土地部长,工农检察部长,乡苏主席,8 月 12 号到齐,13 号 14 号开会。

雩都——县苏执委,区苏主席,8 月 19 号到齐,20 号开会。区苏土地部长,工农检察部长,乡苏主席,8 月 20 号到齐,21 号 22 号开会。

会昌——县苏执委,区苏主席,8 月 28 号到齐,29 号开会。区苏土地部长,工农检察部长,乡苏主席,8 月 29 号到齐,30 号 31 号开会。

石城——县苏执委,区苏主席,8 月 3 号到齐,8 月 4 号开会。区苏土地部长,工农检察部长,乡苏主席,8 月 4 号到齐,5 号 6 号开会。

宁化——县苏执委,区苏主席,8 月 12 号到齐,13 号开会。区苏土地部长,工农检察部长,乡苏主席,8 月 13 号到齐,14 号 15 号开会。

汀东——县苏执委,区苏主席,8 月 22 日到齐,23 号开会。区苏土地部长,工农检察部长,乡苏主席,8 月 23 号到齐,24 号 25 号开会。

长汀——县苏执委,区苏主席,8 月 28 日到齐,29 号开会。区苏土地部长,工农检察部长,乡苏主席,8 月 29 号到齐,30 号 31 号开会。

(录自 1933 年 7 月 26 日出版的《红色中华》第 96 期第 6 版)

中华苏维埃共和国中央财政人民委员部通令第八号

——关于建立仓库保管委员会与工作纲要^①

（1933 年 7 月 27 日）

一、经济建设公债中央准许购买者交谷子，今年土地税除边区外中心区一律又是收谷子，再加上红军公谷今年政府所收谷子为数甚大，如不设法好好保管，结果又会如去年之红军公谷及上春〔春上〕之群众借谷一样混乱，为此本部特制定仓库保管委员会组织与工作纲要发下。这一仓库是国库中的另一种库，直接受县支库指挥（无支库地方属分库指挥）专门负责保管土地税谷、红军公谷及公债等所收谷子，使不致散乱损失，保委人员须由县区政府选择，由支库批准，保委人选必须是忠实可靠铁面无私，又须懂得写算。

二、仓库建立后，支库工作更加麻烦，须增加 1 人经常巡视各区仓库，兼向各区检查库存，提取存款。现在公债就要发行，时间迫促，各县区财政部及金库接此通令后，须立刻讨论这一通令及保委组织纲要，准备人员，限 8 月 10 日前□□两次，□□□□□□□□□之宁化等收获较迟区域可延缓在收获将来成立仓库□□人员将各种谷子□簿单据备齐，并召集各区保委□□保管谷仓手续与工作□□凭单及保委收条下发，以便开始管理谷子□□□□有买谷子□□。

三、红军公谷是分给外籍红军的，保管这种谷子不能损失，□外籍红军战士多分得这些钱，这在政治工作上，在提高红军战斗情绪

---

① 副标题为本文库编者所加。

上,有很大作用,过去对红军公田有专人管理,交收公谷又有专人保藏,去年红军公谷交收甚少,这是很不好的,为维持红军公谷不收捐□□□,人民委员会已决定由土地部组织红军公田管理委员会负责收割晒干,晒干后应送仓库,保管委员会□□仓库保藏,公田管理委员会交到此项公谷以收得保委收条为凭,寄到上级土地部报账。现在秋收已在□□,红军公谷正在收割,苏区保委并立刻注意向公田管委会催收公谷入仓,以免□□散乱损失。

四、中央政府已批准划分 8 个新县,立刻成立新县苏,此新县苏一切工作需旧县苏派人协同,新县各区干部去各新县苏财政部及支库,也须旧县财部及支库派人前去协同各区干部建立工作,兹指定帮助各新县之县份如下:

龙岗县——由本来公略兴国二县负责。

洛口县——由博生宜黄二县及江西省负责。

赤水县——由石城广昌【及】江西省负责。

长胜县——由博生及江西省负责。

西江县——由会昌瑞金雩都①负责。

门岭县——由原会昌县及□□□负责。

会昌县——由原会昌县及瑞金县负责。

杨殷县——由兴国万太〔泰〕县负责。

彭湃县——由宁化及福建省负责。

此项工作须立刻准备,以便新县成立,就可开始建立财政工作与系统。

五、区乡两级也要立刻重新划分,在新区未划分前,县财政部须事先物色人员以便将来进行工作,财部与支库每天都有款子收入,将来在支付收谷子时期,事情更为□□区财政系统不能□□□□□□,你们□□□准备好工作人员加以训练,以便将来新县新区划分后即能派人前去,免得财政系统弄得混乱,致碍财政工作,兹为重要。

---

① 雩都,现称于都。——本文库编者注。

此令

各级财政部长

各分支库主任

财政人民委员　邓子恢

公历 1933 年 7 月 27 日

（根据中共江西省委党史研究处资料处藏件刊印）

中央司法人民委员部五个月工作计划
（1933 年 8 月至 12 月）

（1933 年 7 月 30 日）

苏维埃司法机关是负有肃清国内反动势力，取缔违反苏维埃法令的一切非法行为，以巩固苏维埃政权的重要任务。目前正是猛烈开展革命战争，争取粉碎帝国主义国民党五次"围剿"的彻底胜利的期间，对于各级司法机关肃清苏区内的反革命活动，巩固革命战争的后方，必须给以充分的注意，因为这是与粉碎帝国主义国民党五次"围剿"不可分离的任务之一。必须密切配合于查田运动的开展与联系到经济建设，为了胜利的执行这一任务，经济建设的□□，须镇压地主富农奸商及一切反革命政治派别对查田运动与经济建设的抵抗与破坏。同时取缔违反苏维埃法令的一切行为，保障苏维埃各种法令的实施，使工农群众在实际生活中得到苏维埃法令的正确保障，更加激发工农群众的斗争热忱，增加革命战争的力量，这也是与粉碎帝国主义国民党五次"围剿"的任务不可分离的。为要完成这一个重大任务，特制定 5 个月的工作计划：

（Ⅰ）建立和健全各级司法机关及其附属机关的组织

各级司法机关，在各级政府内虽有裁判部的组织，红军中虽有军事裁判所的组织，但是有许多地方在工作上还未健全，而且有些地方，区一级裁判部及初级军事裁判所还未完全建立。因为组织上的不健全，在工作中发生了许多缺点和错误，没有完全完成在目前国内战争中应该完成的任务。在这 5 个月的期间，对于健全组织方面，应做以下的工作：

（一）中央司法人民委员部：从今年 4 月以后，虽有十几人工作，但是他们还在训练期间，不能独立工作，因此司法委员会及各部门的组织到现在尚未建立起来。在这 5 个月期间，应建立以下的组织：

（甲）建立中央司法委员会，以加强司法机关总的领导。

（乙）建立刑事处，以掌管刑事诉讼的行政事宜。

（丙）建立民事处，以掌管民事诉讼的行政事宜。

（丁）建立劳动感化处，以掌管各地看守所及劳动感化院等事宜。

（戊）建立总务处，以管理司法人民委员部的一切事务。

（己）司法人民委员部的工作人员，到今年的年底要达到 150 人。

（二）省县市区各级裁判部及军事裁判所：

（甲）省县市区各级裁判部的工作人员，必须根据司法人民委员部第八第九两号命令，将各级裁判部的工作人员充实起来。

（乙）建立军事裁判所的系统组织，并组织瑞金初级军事裁判所，以审理中央附近各部队的案件。

（丙）健全各城市的劳动法庭的工作。

（丁）督促江西、福建两省苏裁判部建立 13 个新县的裁判部。

（戊）建立和健全闽干〔赣〕全省各级裁判部的组织。

（己）建立和健全粤干〔赣〕全省各级裁判部的组织。

（三）看守所及劳动感化院：

在 5 个月的期间内整理各地看守所及各劳动感化院的组织，充实他们的工作人员。

（Ⅱ）各项工作应有的进程

（一）在 9 月间组织 30 人的工作团到闽干〔赣〕省去建立闽干〔赣〕全省各级裁判部的组织。

（二）工作比较落后的县如会昌、西江、门岭、寻邬①、安远、雩

---

① 寻邬，现称寻乌。——本文库编者注。

都①、石城、宁化，每县派 3 人的工作团去帮助一时期的工作，以建立和健全这些县的裁判部。

（三）组织一个 20 人的工作团到新发展区域去工作，以帮助新发展区域□建立裁判部□□□□□□□和训练干部。

（甲）在 9 月间中央办一个 200 人的短期训练班。其学生由每区派送 1 人，上课期间为两星期，主要的目的是要造成一批新干部到新区、落后区、边区去帮助组织裁判部的工作。

（乙）督促江西、福建两省苏的裁判部，办 3 期训练班。第一期是县一级裁判部工作人员的训练班，第二期是区一级裁判部工作人员的训练班，第三期是裁判部书记的训练班。每期训练时间为 10 天。

（丙）督促闽干〔赣〕、粤干〔赣〕两省苏的裁判部办一期县一级及中心区裁判部工作人员的训练班，训练期间 10 天。

（丁）在实际工作中，有计划的训练司法人民委员部的工作人员，在机关内做工作的时候，给他们每天一定时间的学习，每次出去巡视工作回来，都给他们以几天的训练，在这样的训练当中来造就干部。

（戊）建立各级司法机关工作人员的委任制，不使随便调动，以造成技术较高的专门工作人员。

（己）开办一期军事裁判所的训练班，以充实各级军事裁判所的工作人员。

（五）在 8 月底 9 月初之间，组织 3 个巡视团到 13 个新成立的县去巡视裁判部的工作。

（六）将各地所判决的犯人，不使他们空闲着，送他们去参加□□□□的工作，准备将劳动感化院之一部分，移到钨矿区域去做钨矿的工作。同时加紧劳动感化院的教育工作，以提高犯人的觉悟程度。

（七）关于法律的起草和颁布：

---

① 雩都，现称于都。——本文库编者注。

（1）起草以下各种法律请求中央执行委员会颁布：

（甲）惩治反革命条例。

（乙）中华苏维埃共和国刑法。

（2）由司法人民委员部颁发以下的法令：

（甲）看守所规则。

（乙）法庭规则。

（八）注意法律教育，其方法是指导各级裁判部做以下的工作：

（甲）多组织巡回法庭到出事地点去审判案件。

（乙）审判案件的前后，多出通告布告等以吸收群众来参加审判和明了案件的内容。

（丙）在各种会议上或文字上向群众做关于司法方面的各种法令的解释工作。

（九）建立瑞金模范县的工作：

瑞金是中央直属县，要在各项工作上把瑞金造成模范县，在司法工作上应注意以下几点：

（甲）指定专人出席瑞金县苏裁判部的会议。

（乙）指定专人帮助下肖区，城市苏维埃裁判部的工作；

（丙）在8月间派人到瑞金各区帮助建立裁判部的工作。

瑞金市苏裁判部的工作，派得力的人去担任，要把□□□□，为司法部工作□□□□□所，把它造成模范法庭。

（十）编制司法机关向人民委员会两年来的工作报告：

（甲）区裁判部须将自己两年来的工作报告在10月15日以前送达县苏裁判部。

（乙）县苏裁判部须将各区的工作报告及本身的工作情形编成总报告，在10月25日以前送达省苏裁判部。

（丙）省苏裁判部须将各县苏裁判部的工作报告及本身的工作情形，编成总的工作报告，在11月5日以前送达中央司法人民委员部。

（丁）初级军事裁判所须将自己两年来的工作报告在10月20日以前送达高级军事裁判所。

（戊）高级军事裁判所须将各初级军事裁判所的工作报告及本身的工作情形，编成总的工作报告，在 10 月 30 日前送达中央司法人民委员部。

（己）组织起草委员会起草司法人民委员部两年来的工作报告，在 11 月 15 日脱稿。

中央司法人民委员部部长　张闻天

副部长　梁柏台

1933 年 7 月 30 日

（根据中共江西省委党史研究室资料处藏件刊印）

目前革命战争环境中的经济建设任务

（1933 年 7 月①）

经济建设是苏维埃建设中的中心任务之一，我们目前的经济建设，最主要的是为充裕红军的给养，保证革命战争胜利的物资需要。同时，自然一时一刻也不能忘记工农群众生活的进一步的改善，我们要证明给一切的尤其是白区的劳苦群众看，广大的工农群众在中国共产党的正确领导之下，不惟有足够的力量破坏旧社会的污秽的，腐烂的，血腥的反动统治基础，而且他们还有伟大的力量来建设工农自己的统治与自己的新生活，在目前革命战争猛烈开展的情况之中，经济建设有以下几种特殊的伟大作用。

（一）胜利的进行经济建设战线上的突击，在充分的保障战争的物质需要上是有绝大的意识〔义〕，军事需要有了充分保障，毫无怀疑的苏维埃运动是可以更迅速顺利的向前开展。

（二）胜利的经济建设，进一步改善工农群众的生活，可以更高度的激发他们的革命热情，铁一般巩固工农联盟。只有在革命进程中工农生活得到更多的改善，才能激发他们更英勇的更坚决的为苏维埃运动而奋斗的热情，并给革命战争的胜利以有力的保障。

（三）在大规模经济建设的过程中，吸收广大的工农群众来参加，可以逐渐的宣传群众以集体生产的原则教育广大的群众，为准备将

---

① 原件无时间，此时间为本文库编者根据内容所判定。

来参加社会主义建设,造成在转变中许多有力的条件(群众的政治文化水平,组织力量,经济的基础),保障民主革命在将来顺利的转变到社会主义革命。

(四)最后苏维埃经济建设的胜利可以更明白的将帝国主义国民党以及其他反动政治派别一切对我们造谣诬蔑(如说共产党人只有破坏没有建设等)击得粉碎,将给广大的群众以更有力的刺激,坚定和加强他们对革命的信心。

只有伟大的力量才能完成伟大的任务,在党和苏维埃领导下,动员最大的力量,经过所有的群众团体,将广大的群众组织起来,来参加各方面的经济建设工作,我们必须学习我们工农红军的奋斗热忱,冲锋精神,来同样的开展我们经济战线上的工作,我们在各种宣传上,在报纸墙报以及文化教育团体所编的戏剧活报,应该连系到经济建设的问题,把这一工作的伟大意义和作用,深深的印入每一工农群众的脑海里去。更高度的激发他们的热情,踊跃的来参加苏维埃各方面的经济建设的工作。

我们必须以最坚强的毅力领导和组织广大的劳苦工农群众的热情来执行下述的工作:

(一)合作社运动:合作社是苏维埃经济建设上最主要的群众经济组织,是最基本的改善群众生活的组织,并且也是吸收广大群众参加经济建设的最适宜的团体,现在群众最迫切需要的合作社有以下几种。

(1)粮食合作社,(2)经济合作社,(3)生产合作社,(4)信用合作社,(5)利用合作社(主要的是农具,犁牛生产工具等的利用)。

我们必须以最大的力量和速度将上述各种合作社普遍的建立起来。要使每一乡至少有一个粮食合作社、一个消费合作社,要使每一区有一个信用合作社,并要在重要生产部门(造纸制铁采钨砂,织布,刨烟等)组织生产合作社。

(二)粮食问题:充足红军以及国家各机关工作人员的给养,保证群众粮食,在革命战争猛烈向前开展的环境下,是主要战斗任务之一,我们应该以最大的力量来完成粮食收集运动,充分的聚积粮食,很好的调济〔剂〕粮食价格,有计划的出口粮食来换取我们所需的工业品,在党的领导之下,政府以及工会等革命群众团体,必须尽量的促进这些工作的进行,应尽所有的力量发动群众组织粮食合作社,帮助国家的粮食调济〔剂〕局的工作,只有苏维埃广大群众,上下一体的来进行这些工作,才能得到完满的胜利。

(三)提高各业生产:由于敌人的经济封锁,奸商老板的阴谋破坏,故意怠工,苏区的产业,尤其是纸业,夏布业,矿业,确实有了相当的低落。因此,造成失业,影响到一部分群众的生活。恢复和提高各业的生产,实是目前经济建设中主要的任务,对于这一工作的进行,拟采取以下的办法:

甲、在手工业和矿业方面,尽量发动并帮助群众组织各种生产合作社。农业方面多组织肥料生产合作社和农具犁牛等利用合作社。

乙、建设信用合作社,贷款给农民来改良并扩大生产。

丙、国家自己应尽量开办关于制造军用品和群众特别必需品的产业。

丁、奖励私人投资发展苏区产业,特别是工业矿业方面的。

戊、聘请农业(关于农业方面的,会同土地部办理)矿业的专门人才,研究地〔土〕质和肥料,种子,农具等改良,除害虫的方法,以及一切农业的常识,和对于苏区矿产的调查,测量设计开采的方法等。

(四)推销经济建设公债:凡县区以上苏维埃负责人员查田运动大会为着顺利的进行各方面的经济建设工作,曾决议请求中央政府迅速发行300万经济建设公债,这对各项建设工作确有很大的帮助,但公债的推销,还需要我们很大的努力去执行的,必须尽量运用□去推销一、二期公债的经验和普遍深入的宣传鼓动,使每一群众都了解这一次公债的伟大作用,只有如此,才能胜利的完成这一次任务。

(五)扩大对内对外贸易,随着苏区各业的发展,我们必须采用两种最有效的方法,从各方面来进行对内对外贸易工作,使苏区的出产品能够很迅速而灵活的流通(在苏区内在苏区外),这是保障苏区产业发展和改善群众生活有力的办法，各级政府，特别是边区的政府，应该用大力来进行这一工作，同时一切群众团体应给以充分的帮助（尤其是运输的工作和发动群众应利用他们旧的社会关系尽量到白区去找商人）这一工作能够顺利的进行，对发展苏区产业，和巩固苏区金融是有重大意义的。

为了迅速的从各方面一齐开展经济建设的工作，规定具体而精密的计划，以及建设的程序，决定分期（在 8 月 12 日一次，20 日一次）召集全中央苏区省、县、区三级的财政部国民经济部工作人员，各级政府副主席，合作社指委会主任，粮食调济〔剂〕局长等，开经济建设联席会议，根据苏区各地的实际环境，将以上所指出的任务，分别决定最具体的实际办法，这一大会胜利的完成，将是推动各方面建设工作的有力杠杆。

最后要求省、县、区各级党委员会，政府及一切革命群众团体，对这一文件所指出的各项任务，详细的讨论，指出具体的执行办法，并随时供给关于经济建设问题的材料和指示，使我们更能顺利有力的来进行这一任务。

中央国民经济人民委员部

（录自 1933 年 8 月 16 日出版的《红色中华》第 102 期第 1 版）

中华苏维埃共和国临时中央政府
召集第二次全国苏维埃代表大会宣言

（1933 年 8 月 1 日）

全国各苏维埃区域的工人、农民与红色战士们：

全国白色区域的工人、农民与革命的士兵们：

从第一次全国苏维埃代表大会到现在，已经有了整整两年了。这两年是帝国主义疯狂的加紧进攻苏联，加紧进攻中国革命的两年，是帝国主义国民党向全国苏维埃区域进行最残酷的屠杀与围攻的两年，是国民党无耻的投降日本及一切帝国主义出卖中国的两年，也正是中国工农和红军在苏维埃政府正确领导之下，以艰苦的斗争获得了光荣伟大胜利的两年。这两年间的斗争，我们扩大与巩固了苏维埃政权，我们得到无限丰富的宝贵的经验，为了集中我们对于全中国苏维埃运动的领导，为了更进一步的发展与巩固苏维埃政权，为了总结两年来苏维埃的经验，苏维埃中央政府特决定于广暴的 6 周纪念日（1933 年 12 月 11 日）在赤都瑞金召集第二次全国苏维埃代表大会。

两年来中国民族的危机是愈益加深了。帝国主义的加紧侵略与国民党的加紧卖国，使东三省热河平津一带数百万方里的领土与数千万的人民完全沦入日本帝国主义铁蹄的践踏之下。如今帝国主义瓜分中国，由于国民党的一贯的投降出卖，而更加急进了。把中国完全殖民地化的悲惨命运，正笼罩在全中国民众的身上。

两年来中国国民经济的总崩溃是更加深刻化了。民族工业大批的破产,农村经济最后的崩溃,水旱灾荒普遍到全中国,最大多数的工农已被迫至失业饥饿与死亡的道上。而国民党军阀的剥削,则有加无已,在四川国民党军阀已预征粮赋到1971年,种种苛捐什税竟多至1700余种。全国地主豪绅向农民作更残酷的剥削,资本家也更加紧向工人进攻,国民党军阀的冲突与混战,更促进中国经济的崩溃。全国工农的穷苦,真是达到无可言喻的地步!

亲爱的同志们,中国工农是不能而且不会这样忍受下去的。现在全国到处都燃烧着革命的烈火,开展着英勇的反帝反国民党的斗争——从示威罢工暴动以至游击战争与大规模的革命战争。而二年来中国工农苏维埃与红军的伟大胜利,苏区的极大发展,英勇红军从数万到数十万的猛烈扩大,更是中国革命形势发展中的最有力的杠杆。

在全中国民众前面,现在放着两条道路:帝国主义国民党的殖民地的道路,与苏维埃的道路! 在帝国主义国民党统治下,中国只有完全变为帝国主义的殖民地,在苏维埃政权下,帝国主义势力已被完全推翻。苏维埃中央政府代表全国革命群众已正式对日宣战,并且一方面领导着英勇红军猛烈开展民族革命战争,打倒阻止红军北上抗日的国民党军阀,另一方面曾经几次号召全国白色武装停止进攻苏区,与红军订立抗日作战协定。帝国主义国民党统治下,工农群众和士兵受着豪绅地主资产阶级与国民党军阀的残酷剥削与压迫,以至破产失业,沦于饥饿与死亡。但在苏维埃政权下,豪绅地主的封建与半封建的剥削已被完全消灭。劳动农民和红色战士都分到了土地,工人阶级得到了劳动法的保护,苏维埃的经济建设正在猛烈发展中,工农群众的生活是大大的改善了。在帝国主义国民党统治下,工农群众动遭逮捕监禁与屠杀,任何言论、集会、信仰尤其是抗日的反帝的自由均被剥夺,政权机关完全操在少数地主资本家的手中;但是在苏维埃政权下面,工农获得了自己的完全的政治自由,剥夺了剥削阶级(资本家地主与富农等)的政治权利,在中国历史上,工农第一次管理着自己的国家,工农成了统治的阶级,而工人阶级就是领导的力量。所有这些都再明白没有地指示出只有苏维埃的道路是能够拯救中国的道路,苏维埃革命的胜利,即是全国民众对于帝国主义与中国地主资产阶级的胜利。正因为如此,所以在帝国主义的直接指挥与组织之下,国民党以及一切反革命政治派别,都动员了全部力量向苏维埃区域与红军作绝望的进攻,虽然在英勇红军的铁拳下,敌人的一、二、三、四次"围剿"都已被我们完全击破了,但是帝国主义国民党为着作最后的挣扎,正积极准备着更残酷的大规模的第五次"围剿",企图根本消灭苏维埃与红军。帝国主义国民党的这一"围剿",即是帝国主义国民党争取中国殖民地道路的必要的与主要的步骤。而全中国民众,应该集中一切力量粉碎这一"围剿",为苏维埃的中国的胜利而斗争。

中华苏维埃中央政府号召全国工农劳苦群众与革命士兵起来,反对帝国主义的侵略与国民党的卖国,反对帝国主义国民党对苏维埃红军的五次"围剿",粉碎这一"围剿",推翻地主资产阶级的国民党统治,拥护第二次全国苏维埃代表大会,选派代表来参加全苏大会,为中国的苏维埃的出路而斗争,倚靠于全中国民众的革命斗争的积极性上,倚靠于我们百战百胜的英勇的工农红军与坚强的中国无产阶级及其先锋队共产党的正确领导之下,胜利一定是我们的!

全中国民众们,踊跃起来为苏维埃的新中国而斗争呵!

第二次全国苏维埃代表大会万岁!

主　席　毛泽东

副主席　项　英

张国焘

1933 年 8 月 1 日

（录自 1933 年 8 月 13 日出版的《红色中华》第 101 期第 2 版）

中央政府电贺东方红军的伟大胜利

（1933 年 8 月 8 日）

东方作战军总指挥政委并转全体指战员同志：

英勇的你们，在东方战线上把顽强的敌十九路军打得落花流水。这一胜利，表现我工农红军已更加壮健，更加无敌，给正在布置第五次"围剿"的帝国主义国民党以极大威胁，也就是粉碎敌人第五次"围剿"的一个开始胜利，我们听到非常欣慰。在现时这个革命和反革命决胜负的历史转变时期，苏维埃中央政府已在组织和领导全国红军及千百万工农劳苦群众，为冲破敌人的五次"围剿"，争取苏维埃中国而奋斗。相信英勇的你们，必然在这一总的任务下，奋发更大的勇气，向前消灭更多的敌人，取得更大更光荣的胜利。

中央政府主席　毛泽东

副主席　项　英

张国焘

8 月 8 日

（录自 1933 年 8 月 13 日出版的《红色中华》第 101 期第 5 版）

人民委员会第四十七次会议

（1933 年 8 月 9 日）

8 月 9 日人民委员会开第四十七次会议议决事项如下：

通过选举法

关于选举法草案，讨论颇久。重要的修改，如规定有选举权及被选举权的人，为"一切被雇佣劳动者及其家属，一切自食其力者及其家属……""红军"的家属，也是一样。没有选举权被选举权的里面，如商人以是否剥削雇佣劳动为标准；一切靠迷信为职业者的家属，如系靠自己劳动为生的，仍有选举权与被选举权。

关于选举场所，为着便利于选民都能到会，及都能选举所欲选举的人，选举区的范围要小。工人以职业或组织为单位开会，农民以村子为单位开会，人数过少的村子，可联合几个村子开，不必发书面的选举通知，只把选民和剥夺选举权的名字，先期用红纸白纸公布，开会时用打锣放炮及邀〔吆〕喊的法子召集，当场点名进行选举。提出候选名单，应逐一个分别付表决。不应整单付表决。关于代表标准，在二十三条下加一附注，就是人数最少的乡，居民 30 人可选一代表，工人 8 人可选一代表，免使代表人数过少。

谷米出口问题

今年秋收平均比去年增加了二成多，杂粮蔬菜又种得不少，输出一部分谷米购进盐布等日用品和现洋是必要的，但也不能无限制。对于谷米出口发特许证的布告，应予追认。为便利边区商贩起见，保卫局须令边区特派员可发肩运谷米出口的群众的护照。经济部发一文件,令边区政府,在防止反革命捣乱的条件下,应予商贩往来的便利。

调换财政部长

财收〔政〕部长邓子恢同志工作虽然积极,但犯了许多原则上的错误,如不注重对地主富农筹款把财政负担加在剥削阶级身上,他所注意的,只在向基本群众〈群众〉增加税收。财政没有计划,在这革命战争猛烈开展苏维埃财政计划必须随着开展的时候,财政部则是毫无计划,不能应付战争开展的局面,因此邓子恢同志不能继续担任财政人民委员,决定以国民经济部长林伯渠同志兼任财政部长,邓子恢同志为副部长,人委会发一训令责令中央财政部把财政工作加以原则上的转变。

又劳动部因部长副部长均系兼职,无专人负责,致劳动部工作落在各部之后,这种现象是不能再继续了,决定以朱芸生同志为副部长。劳动部整个系统的工作须立即加以转变,决定由人委会发一训令。

(录自 1933 年 8 月 25 日出版的《红色中华》第 105 期第 1 版)

中央执行委员会对于实施
"苏维埃暂行选举法"的决议

（1933 年 8 月 9 日①）

中央执行委员会对于实施"苏维埃暂行选举法"的决议：

一、"苏维埃暂行选举法"的条文通过之，从 1933 年 8 月 15 日起发生效力。

二、从 1933 年 8 月 15 日以后，过去所颁布的"中华苏维埃共和国选举细则"、"红军及地方武装的暂行选举细则"、"选举委员会的工作细则"及中央执行委员会第八号训令都宣告无效。

三、各级苏维埃的选举及红军出席各级苏维埃代表大会的代表的产生手续，都须依照"苏维埃暂行选举法"的规定进行之。

主　席　毛泽东

副主席　项　英

张国焘

公历 1933 年 8 月 9 日

---

① 此决议由中华苏维埃共和国中央执行委员会于 1933 年 8 月 9 日颁发。——本文库编者注。

附:

苏维埃暂行选举法
(1933 年 8 月 9 日)

第一章 总 则

第一条　凡是中华苏维埃共和国领土内各级苏维埃的选举,一律遵照本法的规定。

第二条　在战争期间,对于红军的选举,在本法上以专章规定之。

第三条　无产阶级是苏维埃革命的先锋队,领导农民推翻地主资产阶级的国民党政权,建立工农民主专政的苏维埃政权。为要加强无产阶级在苏维埃机关的领导,对于居民与代表人数的比例,工人比别的居民要享受优越的权利。

第二章 选举权和被选举权

第四条　凡居住在中华苏维埃共和国领土内的人民,在选举的日子,年满 16 岁的,无男女、宗教、民族的区别,具下列资格之一者,都得享受选举权和被选举权:

一、一切被雇佣的劳动者及其家属,与一切自食其力的人及其家属(如工人、雇员、贫农,中农、独立劳动者、城市贫民等);

二、在中华苏维埃共和国海陆空军服军役者及其家属;

三、以上二种人民中,在选举时失却劳动能力或失业者。

[附注]本条各种人民的家属,如他们的出身是被剥夺选举权的,则仍没有选举权和被选举权。

第五条　犯下列各条之一的人,没有选举权和被选举权:

一、雇佣他人的劳动以谋利者(如富农、资本家);

二、不以劳动,而靠资本、土地及别的产业的盈利为生活者(如豪绅、地主、高利贷者、资本家);

三、地主、资本家的代理人,中间人(仲介人、牙人之类)及买办;

四、一切靠传教迷信为职业的人,如各宗教的传教师、牧师、僧侣、道士,及地理和阴阳先生等;

五、国民党政府及其他反动政府的警察、侦探、宪兵,官僚、军阀及一切参加反对工农利益的反动分子;

六、犯神经病者;

七、经法庭判决有罪,而在执行判决期间及被剥夺选举权的期限未满期者;

八、一、二、三、四、五各项人的家属。

[附注]本条第四项,靠传教迷信为职业者的家属,如靠自己的劳动为生活者,仍有选举权和被选举权。

第六条　本法第四条的各种人民,犯本法第五条一至七各项之一者,同样剥夺选举权和被选举权。

第三章　选举的手续

第七条　选举由当地苏维埃根据中央执行委员会的决议,定期举行之。

第八条　选举须有选举委员会的代表出席才能举行。

第九条　在未开始选举前,须实行选民登记,将选民和被剥夺选举权者的名单及该选举区域的居民总数,由当地苏维埃在选举的五天前公布之。

第十条　选民登记完毕后,必须将开选举大会的时间和地点,通知各个选民,在选举大会的会场门口必须实行登记。

第十一条　工人须以生产或以其职业与产业的组织为单位开选举大会,那些不能以生产为单位进行选举的人民,则须划区或划街道,指定地点开选举大会。农民以屋子(小村子)为单位开选举大会。人数过少的小屋子,可合并附近一个至几个屋子为一起而开选举大会。

第十二条 工人的家属,则与其本人在同一处地方参加选举,且与其本人取得同等的选民资格。如工人的家属,不与其本人同住,则仍依照他家属的工作地点或居住地点参加选举。

[附注]工人的家属,倘为被剥夺选举权者,则仍不能参加选举。

第十三条 选举大会须有该地选民总数的半数以上到会,才能开会。倘若到会的选民不足法定人数时,须宣告延会,由选举委员会再定期重新召集,在重新召集选举大会的情形中,开会时间和地点须重新通知。

第十四条 倘第二次召集选举大会,无论足法定人数与否,可以开会,选举出应产生的代表人数。

第十五条 选举不用书面投票,以举手来付表决,举手多数者当选。

第十六条 选举大会的主席团由3人组成之,两人由大会推选,1人为选举委员会的代表。选举委员会的代表为选举大会主席团的当然主席。并推选书记1人,担任选举大会的记录。

第十七条 选举大会宣布开会后,主席须根据进会场时的登记册宣布到会人数是否足法定人数。

第十八条 选举大会的议事日程,规定如下:

一、选举委员会的代表,根据本法第四、第五及第六条的规定,宣布谁有选举权和被选举权,谁被剥夺了选举权和被选举权。

二、选举正式代表。

三、选举候补代表。

四、通过提案。

[附注一]提出候选人付表决时,须用逐个表决的方法,不得拿整个名单一次付表决。

[附注二]正式代表与候补代表,不得同时提出付表决,必须选举

完了正式代表,然后再选举候补代表。

第十九条 选举大会的记录,必须全体主席团及书记签字或盖章。

第二十条 选举大会的记录,到会登记表,及一切与选举有关系的文件,都汇送选举委员会,转送市苏维埃或区执行委员会,以备选举结束后的审查。

第四章 各级苏维埃的选举程序及代表的标准

第二十一条 乡苏维埃由全乡选民各个选举大会所选举出来的代表所组成,工人居民每 13 人得选举正式代表 1 人,其他居民每 50 人得选举正式代表 1 人。

[附注]人口不满 500 人的乡,代表与居民的人数比例可以减低到:工人居民每 8 人得选举正式代表 1 人,其他居民每 32 人得选举正式代表 1 人。

第二十二条 隶属于区的市苏维埃,由全市各个选民大会所选举出来的代表所组成。工人居民每 13 人得选举正式代表 1 人,其他居民每 50 人得选举正式代表 1 人。

第二十三条 直属于县的市苏维埃,由全市选民各个选举大会所选举出来的代表所组成,工人居民每 20 人得选举正式代表 1 人,其他居民每 80 人得选举正式代表 1 人。

第二十四条 直属于省的市苏维埃,由全市选民各个选举大会所选举出来的代表所组成。工人居民每 100 人得选举正式代表 1 人,其他居民每 400 人得选举正式代表 1 人。

第二十五条 中央直属市苏维埃,由全市选民各个选举大会所选举出来的代表所组成。工人居民每 500 人得选举正式代表 1 人,其他居民每 2000 人得选举正式代表 1 人。

第二十六条 区苏维埃代表大会,由乡苏维埃及区属红军所选举出来的代表所组成。出席区苏维埃代表大会的代表,乡村居民每

200 人得选举正式代表 1 人,代表的成分,工人应占百分之二十至二十五。

[附注]如区苏的管辖下有市苏维埃,应加上市苏的代表。市场居民,每 50 人得选举正式代表 1 人。

第二十七条　县苏维埃代表大会,由区苏维埃代表大会和县直属市苏维埃所选举出来的代表及县属红军所选举出来的代表所组成。出席县苏维埃代表大会的代表,市场居民每 400 人得选举正式代表 1 人,乡村居民每 1600 人得选举正式代表 1 人。代表的成分,工人须占百分之二十至三十。

第二十八条　省苏维埃代表大会,由县苏维埃代表大会和省直属市苏维埃所选举出来的代表及省属红军所选举出来的代表所组成。出席省苏维埃代表大会的代表,市场居民每 1000 人得选举正式代表 1 人,乡村居民每 4000 人得选举正式代表 1 人。代表成分,工人须占百分之二十五至三十五。

第二十九条　全国苏维埃代表大会,由省苏维埃代表大会、直属县苏维埃代表大会和中央直属市苏维埃所选举出来的代表及红军所选举出来的代表所组成。出席全国苏维埃代表大会的代表,城市居民每 1500 人得选举正式代表 1 人,乡村居民每 6000 人得选举正式代表 1 人。代表成份,工人须占百分之二十五至三十五。

第三十条　居民不满法定人数的地方,倘其人数在法定人数的半数以上,亦得选举正式代表 1 人。倘其人数在法定人数的半数以下,得选举候补代表 1 人。

第三十一条　每正式代表 5 人,得增选候补代表 1 人。候补代表参加会议有发言权而无表决权,如正式代表因故离职或撤职,候补代表即依次补充。

第三十二条　区、县、省各级苏维埃代表大会,除选举出席县省及全国苏维埃代表大会的代表之外,并须选举各该级苏维埃的执行委员会,全国苏维埃代表大会则选举中央执行委员会。

第三十三条　区、县、省及全国苏维埃代表大会的代表资格,由各该级苏维埃代表大会组织审查委员会审查之,乡苏维埃和市苏维埃的代表资格,则由乡苏维埃和市苏维埃的全体代表会议组织审查委员会审查之。

第三十四条　各级苏维埃执行委员会的人数规定于下:区执行委员会,不得超过35人;县执行委员会,不得超过55人;省执行委员会,不得超过95人;中央执行委员会,不得超过581人。

[附注一]红军参加各级苏维埃代表大会的代表,其标准和手续,由本法第五章专门规定之。

[附注二]中央直属县出席全国苏维埃代表大会的代表标准,由中央执行委员会以专门命令规定之。

第五章　红军的选举手续及代表的标准

第三十五条　在战争时期,红军不能有固定的驻扎地点,无法参加市苏维埃或乡苏维埃的选举,因此应有临时的变通办法由本章各条特别规定之。

第三十六条　属于区苏维埃政府的工农红军(如游击队等),直接选举代表去出席全区的苏维埃代表大会。属于县苏维埃政府的工农红军(如独立团等),直接选举代表去出席全县苏维埃代表大会。属于省苏维埃政府或不属于省苏维埃政府管辖,而在该省内负有长期工作的工农红军(如独立师及湘鄂赣、湘赣、闽浙赣及其他苏区的各军团),则直接选举代表去出席全省苏维埃代表大会。红军的方面军,则直接选举代表去出席全国苏维埃代表大会。

[附注]警卫部队,如警卫连、警卫团、政治保卫队等,则仍参加所在地的市苏维埃和乡苏维埃的选举,代表的标准与工人相同。

第三十七条　红军代表的标准规定如下:选举去出席全区苏维埃代表大会的代表,每25人得选举正式代表1人;选举去出席全县苏维埃代表大会的代表,每100人得选举正式代表1人;选举去出席全省苏维埃代表大会的代表,每400人得选举正式代表1人;选举去出席全国苏维埃代表大会的代表，每 600 人得选举正式代表 1 人。

[附注]候补代表的标准，按照本法第三十及三十一条之规定。

第三十八条　红军的选举工作，由团政治处或独立营政治委员或连政治指导员，指定 3 人至 5 人组织选举委员会进行之。

第三十九条　选举到区苏维埃代表大会的代表，以连或营为单位开选举大会来选举。选举到县及省苏维埃代表大会的代表，以营或团为单位开选举大会来选举。选举到全国苏维埃代表大会的代表，以团为单位开选举大会来选举。

[附注]选举的手续及选举委员会的工作，均依照本法第三章及第七章各条之规定。

第六章　基本(市乡)选举的承认、取消及代表之召回

第四十条　按照本法所规定的手续进行的选举，才算合法，须与之承认。

第四十一条　市苏维埃和区执行委员会接到关于选举的各种文件后，须组织专门委员会审查之。如发现某部分的选举有违反本法的规定时，取消某部分选举之权属于市苏维埃和区执行委员会，若发现全部选举有违反本法的规定时，取消选举之权属于上级苏维埃执行委员会。

第四十二条　在选举效力上发生争执时，由市苏维埃和区执行委员会解决之。倘市苏维埃和区执行委员会不能解决时，须移交上级苏维埃执行委员会去解决。

第四十三条　对于选举有违反本法规定的时候，每个选民可向市苏维埃或区执行委员会控告，市苏维埃或区执行委员会接到这种控告时，须即予审查之。如不能解决时，可按级的上诉。中央执行委员会为选举上诉的终审机关。

第四十四条　市苏维埃或乡苏维埃的代表，如有不执行自己的职务，违背选民的付托，或有犯法的行为时，市苏维埃或乡苏维埃经

过全体代表会议得开除之,选举该代表的选民,也有随时召回该代表之权,并得另行选举之,在这种情形中,须报告上级苏维埃执行委员会去审查。

第七章 选举委员会及其工作

第四十五条 选举委员会为办理选举的专门机关,其组织有下列两种:

一、市选举委员会,管理全市的选举工作,其委员由 7 人至 11 人。

二、区选举委员会,管理全区各乡的选举工作,其委员由 9 人至 13 人。

第四十六条 选举委员会是由政府及各群众团体的代表所组成,其委员须由市苏维埃或区执行委员会在主席团会议上通过,送县执行委员会主席团审查批准。

第四十七条 选举委员会的委员,以在该地方工作或居住的人民为合格,遇特别情形时,可由上级政府从别处调去。

第四十八条 市苏维埃、乡苏维埃及区执行委员会的主席不得为选举委员会的委员。

第四十九条 选举委员会的委员,可不脱离原有职务,在办理选举期间,可暂时解放他所担负的工作,专门来进行选举。

第五十条 选举委员会不设立单独的办事机关,可在区执行委员会和市苏维埃内办公,并可使用区执行委员会和市苏维埃的一切技术工作人员,有必要时可添雇技术工作人员。

第五十一条 选举委员会在选举前应进行的工作:

一、实行选民登记,有组织的选民可经过该组织(如工会、贫农团等)去进行登记,无组织的选民,由选举委员会的登记员进行登记,登记须按照选民登记表填写。

二、登记结束后,即由选举委员会指定专人审查登记表,并须在选举大会前五天,经过当地苏维埃政府,将选民的名单在当地及圩场上公布,在该区域内应选举的正式代表和候补代表的人数亦须同时公布。

三、在选举大会的前三天,须将开选举大会的地点和时间公布,并通知该区域内的选民。

四、准备在选举大会要通过的提案。

五、规定各组织、各机关、各屋子(小村子)开选举大会的先后次序,并布置会场,指定进会场时的登记员。

六、选举委员会须经过当地苏维埃政府,将被剥夺选举权者的名单在选举的前五天公布。

第五十二条　在每个选举大会开会时,选举委员会必须派人去出席。选举大会须由选举委员会派去的代表宣布开会,并且该代表为该选举大会主席团的当然主席。

第五十三条　选举大会议事日程的第一项,须由选举委员会派去的代表根据本法第四、五、六条报告对于选举权和被选举权之规定。

第五十四条　在选举后,选举委员会须将关于选举的全部文件汇集起来,送交市苏维埃或区执行委员会保存,以备审查,并向他们做选举的总结报告。

第五十五条　选举结束后,选举委员会就宣告解散。

第八章　选举的经费

第五十六条　选举的经费,由各选举委员会制定预算,经过市苏维埃或区执行委员会审查。报告上级苏维埃政府,从国库所拨出的选举经费中支付之。

第五十七条　在红军中的选举经费,由选举委员会做预算送各该级政治部审核发给。

第五十八条　在选举中所用的一切经费,由选举委员会负责向领款机关做决算报告。

第九章　附　则

第五十九条　本选举法在中央苏区自公布之日起发生效力,未与中央苏区打成一片的苏区,自文到之日起发生效力。

选自福建省档案馆馆藏史料

（录自《中华苏维埃共和国法律文件选编》,
江西人民出版社 1984 年版,第 132—143 页）

选举系统图表

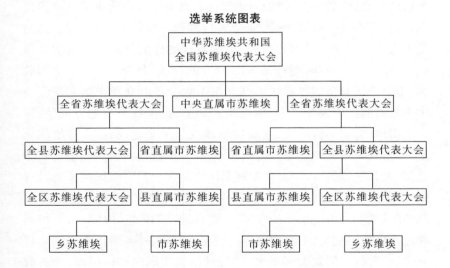

中华苏维埃共和国中央
执行委员会训令第二十二号
——关于此次选举运动的指示

（1933 年 8 月 9 日）

　　中央执行委员会决议于今年 12 月 11 日（广州暴动纪念日）召集第二次全国苏维埃代表大会，并定中央苏区在 9 月至 11 月，完成乡苏的选举及区、县、省三级的苏维埃代表大会。这次选举是从乡苏市苏，一直到中央执行委员会，完全实行改选。这是一个伟大的工作，是工农劳苦群众自己参加政权，巩固政权的伟大的运动。这次选举运动，正当着一方面，革命战争对敌人的四次"围剿"得到了全部胜利，中央苏区及全国各苏区的红军与工农劳苦群众在中国共产党与中央政府的正确领导之下，消灭敌人部队，扩大红军与地方武装，深入查田运动，实施劳动法，发展经济建设与文化建设，扩大苏维埃领土，都得到了很大的成绩。白色区域，在日本占领满州〔洲〕、热河、华北，扩大其强盗战争，国民党签订卖国协定完全投降帝国主义的过程中，全国工农兵士群众，反对帝国主义国民党的革命潮流，进到了更高的阶【段】。但是另一方面，国民党自四次"围剿"惨败后，更加露骨地投降帝国主义，出卖中国，向美、英、法、意、德各帝国主义国家订立密约，实行大借款大买军火，进行其第五次的向苏区围攻，中央政府正在以充分的决心，领导广大群众与红军，争取粉碎敌人五次"围剿"的新的更加伟大的胜利。我们的各个苏区是在这样的环境中进行这次普遍的选举。因此，这次选举，是负有伟大历史任务的。要使这次选举密切地与当前中心政治任务联系起来，要从选举中来健全各级苏维埃的组织与工作，要在全苏大会上总结两年来的斗争经验，讨论新的策略，加强苏维埃对于中国革命的领导，粉碎敌人的新进攻，争取革命在江西及邻近几省的首先胜利。为了这个目的，必须经过广泛的宣传鼓动工作，在广大群众中造成选举运动的热潮，使每个工人与农民都懂得这次选举的重大意义。争取大多数选民来参加选举，同时要使这次选举得到完满成功，必须仔细检阅过去选举的经验，收集过去选举的成绩，而避免过去选举中的缺点与错误，才能使这次选举成为最完满的一次选举。

一、过去选举经验的总结

首先应该指出，第一次全苏大会前的苏维埃选举，与在第一次全苏大会的苏维埃选举，有很大的不同。一苏大会前的选举，最显著的是没有明确的选举法，居民中有选举权的与没有选举权的没有明白划清，在方法上，多是用一种群众大会方式进行选举。群众的多数还不充分认识选举是自己管理自己生活的重要关节，因此没有争取选民的多数来参加选举。在一苏大会后，由于中央政府的领导与阶级斗争的进一步发展，两次选举的表现和以前是大不相同了。选举细则制定了，选民与非选民开始严格的分开，开始用选民大会方式在选举委员会的领导下进行选举。选民对于选举意义的认识提高，因此参加选举的人数增加了。一苏大会后两次选举中，第二次比第一次参加选举的人数更见增多，部分地方竟达到了选民的百分之九十以上（兴国与赣东北）。许多地方的选举大会上（尤其是第二次选举），发动了选民对候选名单的热烈的批评，收集了许多选民关于自己实际生活问题的提案。在这个基础上，苏维埃的成分比前有了很大的变化，如果说过去有不少的阶级异己分子与投机分子混入苏维埃中来，经过一苏大会后的两次改选，这些成分大批的被淘汰了。相反的方面，大批工农先进分子被选举到了苏维埃，建筑了苏维埃大厦的强固的基础。这里特别值得指出的，是工人成分的加多与加强，形成了苏维埃中无产阶级的骨干,建立了乡苏与市苏的经常代表会议制度。所有这些不可否认的成绩,都证明与一苏大会前的选举有很大的进步。

但是,一苏大会后的两次选举不是没有缺点与错误的,只有我们正确地估计了成绩,又清楚的认识了错误,才能更顺利地开展目前这一次选举,使这一次选举与前两次选举更加表现它的不同与进步。前两次选举中最主要的缺点错误是:

(一)发动群众不充分。这里主要是许多地方政府的主席与主席团还不深刻认识选举的重要意义,因此没有着重去讨论领导选举的问题,没有着重去做关于选举的宣传鼓动工作,因此参加选举的人数,除一部分地方之外,许多的地方还没有达到大多数的程度。

(二)在选举中,许多地方不能如兴国第二次选举时一样,发动热烈的批评与斗争,发动群众讨论提案。个别地方则完全是和平改选,形式上换了一些代表和负责人,实质上与过去状况没有多大变更。

(三)多数的地方没有把查田运动与检查劳动法的斗争同选举运动密切联系起来,不知道在选举之前开展查田运动,工农检查〔察〕部进行检举运动,劳动部检查劳动法的实施。因此,一方面不能高度开展农村中与城市中的阶级斗争,激发工人与农民的积极性,来参加选举,监督选举,涌出无数积极坚决分子贡献给选举;另一方面,就使得一些消极怠工分子,贪污腐化分子,甚至阶级异己分子,事先未被查出,还能够借着选举混入苏维埃政权中来。

(四)对于吸引工人积极分子使之当选,许多地方还做得不够,工人当选的数量质量虽有增加,但仍未达到应有的程度。

(五)对于使女工农妇当选到苏维埃工作,许多地方注意得非常不够,因此除兴国等处有好的成绩外,许多地方乡苏中,劳动妇女当选的依然不多,一部分乡苏甚至一个妇女代表都还没有,区以上政府女子当选为委员的一般就都更少了。

(六)选举方法上的错误:第一,是选举会单位太大,多数地方都是以乡为单位开会。使选民到会不容易,工人与农民混合开会,使工人不容易选举他们所要选举的人。第二，是将候选名单整个的报告讨论表决，而不是按名逐一报，逐一讨论，逐一表决，使选民真意不能充分发表，不良分子容易蒙混当选。这个错误发现在许多地方。第三，是许多地方选举委员会不起作用，仍然只是政府主席等几个人在领导选举。第四，有少数地方简直违反选举法令，不开选民大会，而由区乡政府负责人指派乡苏代表，这是绝对错误的办法。所有过去的经验——不论是成功的方面与缺点错误方面，都是我们目前选举的教训。学习过去成功的地方，而坚决不容许过去的缺点错误再存在于这次选举，就是我们总结过去经验的目的。

二、此次选举的方针

苏维埃政府是工农民主专政的政府，这是目前阶段上革命政权的基本原则。这个原则首先表现在苏维埃的选举上：一方面剥夺一切剥削分子的选举权，另一方面吸引尽可能多的工人、农民及贫民分子积极地参加选举。中央执行委员会在这个原则下，除了重新颁布选举法之外，特再依据过去的经验，对于目前进行的选举，有如下各项的指示：

（一）责成人民委员会及土地人民委员部，着力指导各级政府抓紧这一时期的查田运动工作。要使各地冒称中农、贫农偷取了选举权的地主富农成分彻底清查出来，使这次选举的权利完全落在工农身上。要在查田斗争中去激发农民群众的积极性，去锻炼大批群众干部贡献到选举中来。劳动人民委员部要抓紧这一时机，指导各级劳动部着力于劳动法实施情形的检查，开展工人与资本家的斗争，保护工人的日常利益，发动工人积极地参加选举，并在选举运动中起领导的作用。工农检察人民委员部应抓紧这一时机，开展苏维埃工作人员中的检举运动，有系统地迅速地发动思想斗争。用自我批评的火力反对贪污腐化现象，反对对于查田运动，对于检查劳动法实施的消极怠工现象，反对对于选举工作的官僚主义方式。尤其要驱逐暗藏在苏维埃中的阶级异己分子（成分不好又加工作不好的），使他们不能在选举工作中起坏的领导作用。

（二）内务人民委员部与教育人民委员部应着力指导各级内务部与教育部，立即进行此次选举的宣传鼓动工作。不但要组织选举宣传队，而且要使一切农村中与城市中的俱乐部、识字班、夜学校、小学校、列宁室与墙壁报，都为此次选举活动起来。关于宣传的材料与方法，责成教育人民委员部与省县教育部去作充分的供给。同时责成政府机关报红色中华社对于此次选举运动作有系统的记载，要使《红色中华》成为此次选举运动中的一个有力宣传者与组织者。

（三）关于选举工作的实际进行，下面指出的各点必须特别注意，必须使之完全见诸事实。

乡苏与市苏是苏维埃的基本组织，因此乡苏与市苏的选举是基本的选举，这里特别重要的是：

（甲）关于乡苏与市苏的选举：

1. 须根据《苏维埃暂行选举法》的规定，由区苏市苏及区一级与市一级的各个群众团体的代表，组织选举委员会，担负领导选举的一切工作。选举委员会必须切实工作起来，不能容许仍如过去许多地方的一样成为有名无实的机关。

2. 选举运动的动员方式，主要是在区乡两级召集各群众团体的联席会议，个别群众团体的会议，以讨论选举法的内容与选举工作的布置，这里最主要的是动员工会、贫农团与女工农妇代表会。

3. 对于候选名单，选举委员会应作充分的事先准备。候选名单，应该在选举前收集各群众团体的意见。由选举委员会公布，使选民对于各候选人能够加以充分的考虑。当实行选举时，须按名逐一提出，逐一讨论，逐一表决，使选民尽量发表意见，使革命的民主精神充分表现出来。绝对禁止用强迫命令方式去通过代表名单。当着选民中有不赞成某人的表示时，须立即注意群众的意见，如果为多数人所反对，立即撤销原提议，而另提适当的候选人，或由群众提出候选人。

4. 乡苏市苏代表工农成分的比例，在选举法中已有规定。这里应提出劳动妇女的成分，至少要使有占百分之二十五的劳动妇女当选。如果过去乡苏市苏全无妇女代表的地方，这点尤须注意。

5. 乡苏市苏的选举名单，不但应注意不使一个阶级异己分子（成分与工作均坏的）混了进来，还应注意各人的政治表现与工作能力。凡属工作不积极的分子，同地主、富农、资本家妥协的分子，表现过贪污腐化的分子，工作方式上表现浓厚官僚主义的分子，凡有这些错误表现的，都不能使之当选（以最近时期为准，过去虽犯过这些错误，但最近已经改变了的，仍然可以当选）。除了政治表现是选举最主要的标准外，工作能力方面，亦应予以相当的注意，过去有些地方只看成分，不看能力，把能力过于薄弱分子引进政府，仍然是不妥当的。

6. 在选举大会开会之前，须将选举提案的草案准备好，并普遍公布出去，使选民看了草案好去充分准备意见，在选举大会上将草案经过选民群众的修改通过，作为正式的提案。提案的内容，要能够充分表现当地群众对于自己生活，对于政府的法令政策，对于革命战争的意见。

7. 乡苏与市苏的代表完全产生出来之后，由旧的乡苏和市苏召集新的乡苏和市苏的第一次全体代表会议，推选市苏的主席团、各科科长，推选乡苏的主席、副主席。同时在乡苏的会议上，选举出席区苏代表大会的代表，市苏则选举出席县苏代表大会的代表（隶属于区的市苏，则仍选举到区苏代表大会）。

（乙）关于区县省三级苏维埃代表大会的选举及其工作：

1. 区县省三级苏维埃代表大会，由区县省三级的执行委员会召集之。在大会前，各级应将自己的工作报告准备好，提到各该级主席团会议上通过，以便提向代表大会。大会前半个月，须公布大会的议事日程，使到会代表可以很早准备意见。大会议事日程上应列入的问题，如（1）上级政府的工作报告；（2）本级政府的工作报告：（3）战争动员工作；（4）经济建设工作；（5）查田运动的总结；（6）当地重要建设事业；（7）选举执行委员会；（8）选举出席上级苏维埃代表大会的代表等。这些议题，可以酌量当地情形以增减之。

2. 大会的决议,应在大会前一星期起草好,抄写或印刷出来,使代表们可以在草案上增加自己的意见或修改原文,然后经过大会讨论通过,作为决议。

3. 执行委员会的候选名单,旧的执行委员会及大会主席团要有很好的考察,必须将查田运动中及各种斗争中表现最积极最坚决的分子,选举到执行委员会去,而不使一个阶级异己分子及表现贪污腐化、消极怠工、官僚主义工作方式的分子当选为执行委员。在选举执行委员会时,要特别注意工人积极分子,要将这样的分子大量的选举到执行委员会去,加强无产阶级在苏维埃中的领导力量。同时,对于贫农中农的积极分子,要有很好的注意与吸收,并且不要忘记了选举劳动妇女到苏维埃工作,执行委员之中,劳动妇女最少要有百分之二十的人数当选。准备候选名单时,除注意成分之外,同时注意工作能力。决不能只看成分,不看工作能力如何,随便列入名单。执行委员选出之后,须报告上级执行委员会审查批准。

4. 关于政府向选民及代表大会做工作报告,必须在这次选举运动中真正地实行起来。过去除一部分地方外,多数地方没有实行,是不对的。这一办法的实行,能使政府的政策与工作,在群众中得到检验的机会,能使选民对于选举的热忱提到更高的程度。实行的办法是:乡苏市苏在选举之前一星期,以屋子或村子为单位召集选民大会,做总结乡苏市苏过去的尤其是最近一个时期的工作经过的报告,发动选民群众的批评与讨论,欢迎他们提出新的具体的意见,以为政府以后工作的方针。区政府须在各乡苏和市苏的全体代表会议上做工作报告,并吸收广大群众来参加旁听。乡苏市苏的代表会议,对于区苏的工作报告,须做详细的讨论,将讨论结果提到区政府去。县政府则派代表到区苏代表大会做工作报告。省政府则派代表到县苏代表大会做工作报告,中央政府则到省苏代表大会做工作报告。同时在各级代表大会上,本级的执行委员会须向之做同样的报告。在这次报告之后,都需经过详细讨论,将讨论结果,按级报告上级政府。要将群众对于政府工作的意见,一直送到中央政府来,使苏维埃的最高机关了解群众的情绪与要求。各级政府对于自己的工作报告,须事先指定专人起草。中央内务人民委员部应拟出报告大纲,发往各级政府,要各级政府按照这个大纲起草报告书,向同级的、下级的代表大会及选民大会做报告。

5. 省对于县,县对于区,区对于乡,必须按级派人去巡视,检查当地选举工作及苏维埃大会的情形,对于特别好的和特别坏的例子,须迅速收集起来,拿去指导别地的选举工作。

6. 司法人民委员部应通令各级裁判部,将过去自新自首而没有明确规定剥夺选举权期限的工农分子,重新审查规定,免得这些工农分子排除在选举范围之外。

苏维埃选举是工农民主专政实施的重要关节,这次选举更负着伟大的历史任务,各级政府必须依照本训令的全部指示及《苏维埃暂行选举法》的规定,切实进行这次选举,务使这次选举得到完全的胜利。要拿了这次选举的完全胜利,去粉碎帝国主义国民党的五次"围剿",开展苏维埃运动于全中国的领土。此令

主　席　毛泽东

副主席　项　英

张国焘

公历 1933 年 8 月 9 日

原载《选举运动周报》第 1 期

(录自《中华苏维埃共和国法律文件选编》,
江西人民出版社 1984 年版,第 124—131 页)

中央苏区南部十七县经济建设大会的决议①

（1933 年 8 月 15 日）

　　中央苏区南部十七县经济建设大会听了毛泽东、林伯渠、吴亮平三同志的告报，经过四天的详细讨论之后，一致认为在中国民族危机的加深中国国民经济总崩溃的尖锐化，以及各苏维埃与红军的伟大胜利之下，中国革命形势已进到了更尖锐更开展的阶段，我们有全部的条件来粉碎帝国主义国民党的五次"围剿"。为了准备更充分的战斗力量，巩固革命战争的经济基础更有力的更迅速的粉碎敌人的五次"围剿"将革命运动向前推进，完成一省与几省首先胜利，特召集这一大规模的经济建设大会，号召全苏区的劳苦群众，团结在党与苏维埃中央政府的正确领导之下，大规模的开展经济建设保障革命战争的物质需要，这是非常的重要的，大会认为在开展经济建设的工作中，迅速的推销经济建设公债，广泛的发展合作社运动，努力的进行粮食的调剂与收集工作，扩大对内对外贸易，打破敌人经济封锁，加紧筹款运动，用向地主罚款富农捐款来消灭封建半封建势力的残余，增加国家财政上的收入，是我们当前的战斗任务，大会一致同意下面的结论：

---

　　① 《革命根据地经济史料选编》上册（江西人民出版社 1986 年版，第141—144 页）亦收录了此件，内文个别文字、标点略有差别。——本文库编者注。

一、推销 300 万经济建设公债

迅速的将 300 万经济建设公债推销出去,实是我们大规模经济建设工作的一个基本任务,各县必须充分的执行中央国民经济人民委员部会同财政人民委员部所拟定的"发行 300 万经济建设公债工作大纲"所指出的各项任务,分作以下三期来完成各县所分配的数目:

第一期 8 月完成全县总数的二分之一。

第二期 9 月完成全县总数的四分之一。

第三期 10 月中旬将所余的数目推销清楚。

大会并且一致通过,要求中央政府增发经济建设公债 200 万元,以更充裕经济建设的力量。

二、发展合作社

(一)建立江西福建两省的省消费合作总社:两省苏主席团、国民经济部要迅速指定专人建立省总社筹备委员会,进行设立省总社商店的工作,在 9 月间开始营业。

(二)改组各级消费合作社:各县要按各地消费合作社的实际情形,查照合作社的组织系统,立刻进行改组,于 9 月底须一律改组完毕,建立县总社与县总社商店。

(三)合作社的登记工作,于闭会后 1 月办理完毕。

(四)发展社员与股金,各县应充分的完成国民经济人民委员部印发的"中央苏区 8、9、10 三个月各县发展合作社的冲锋计划所规定的数目(50 万粮食合作社社员,50 万消费合作社社员)"。

(五)各级合作社要立刻筹备对于社员的文化教育设施。

三、粮食问题

(一)没有粮食调济〔剂〕局的县份,县苏主席团、国民经济部要立即找出适当的人才筹备粮食调济〔剂〕局的工作,至 9 月 15 日每县建立起一个粮食调济〔剂〕局,每一大的圩场有一个粮食调济〔剂〕支局。

（二）各县应以最大力量在每乡建立起一个起码是有 300 社员 300 元股金的粮食合作社，9 月 15 日以前收齐股金开始营业。

（三）各县应建立的谷仓及各乡粮食合作社的谷仓，在 8 月底要一律建立（或修理）好。

四、对外贸易

（一）各县能出口的生产品的数量，当地价格，于 9 月 10 号以前须一律查明报告国民经济人民委员部。

（二）按照各地出口货物的情形，应在最近建立 10 个采办处，建立采办处的地点由国民经济人民委员部规定，各县苏主席团国民经济部于 9 月底负责筹备妥当。

（三）每县要选出有经商经验并长于交际和管理才干的同志 10 人，于 8 月 31 日送到中央国民经济部训练，准备分发各采办处工作。

五、筹款

（一）为着彻底肃清封建半封建的残余，增加国家财政上的收入，巩固苏维埃政权，必须充分的执行向地主罚款富农捐款的工作，各县应彻底执行财政人民委员部关于筹款问题的文件所指出的任务，特别要健全各级没收委员会的组织，区乡两级政府要指定专人担负这一工作，各县所分配的数目应照中央财政部规定的日期如期完成。

（二）各省苏要组织筹款工作团经常的分派到各地检查监督筹款的工作。

六、培养干部

（一）大规模的开展经济建设，是需要很多健强而积极的干部的，因此，省苏要立即为本身及县区两级训练大批工作积极政治坚强的干部，在 9、10 两月中最少要为每县训练出 10 个干部，为每区训练出 5 个干部来加强经济战线上的战斗力量。

七、加强边区与新区的工作

江西福建两省苏要立刻派最坚强的干部去加强边区与新区的工作，在那些地方要广泛开展农村中的阶级斗争，深入查田运动，彻底整顿区乡两级政府和筹款工作,要以最大的力量,普遍的建立边区与新区的贸易局及消费合作社,打通赤白区的交通路线扩大对外贸易。

八、开展自我批评

(一)在进行经济建设的过程中,必须最高度的发展自我批评,坚决的反对官僚主义命令主义的工作方式,严厉的打击那些不良倾向,如以为现在我们的工作中心已由革命战争移转到经济建设工作上来,或者以为经济建设工作不是目前革命战争环境中的事,而是革命成功后的和平事业,还有一种以为建设的工作只能在中心区域进行,边区是无法做的,这些观点都是机会主义的,都是妨害经济建设工作与革命战争开展的,我们应当集中火力向这些不良的倾向斗争。

(二)经济建设工作绝不是件和平的事业,它是整个阶级斗争的一方面,我们绝对不能把他从整个革命的工作中划分出来,单独的去进行的,必须与广大的扩大红军运动与查田运动选举运动,执行劳动法检举运动等工作取得最密切的联系,才能保障着经济建设工作顺利的进展。

1933 年 8 月 15 日

(录自 1933 年 8 月 19 日出版的《红色中华》第 103 期第 1 版)

中央苏区南部十七县经济
建设大会中的竞赛条约[①]

（1933 年 8 月 15 日）

为着猛烈的开展经济建设战线的突击，迅速完成经济建设大会所给与的各项任务，充分的保证革命战争的物质需要，进一步的改善工农群众的生活起见，特订立下面的竞赛条约，举行革命的比赛：

（一）竞赛的项目

一、推销经济建设公债；

二、发展合作社，发展社员和股金的数目（社员以个人为单位，股金每股 1 元）；

三、筹款；

四、建立谷仓和粮食调济〔剂〕分支局数目。

（二）竞赛的时间

（三）竞赛的县份

瑞金、兴国、胜利、博生、零都[②]、干〔赣〕县、上杭、长汀、宁化、汀

---

① 《革命根据地经济史料选编》上册（江西人民出版社 1986 年版，第145—150 页）亦收录了此件，内文个别文字、标点略有差别。——本文库编者注。

② 零都，现称于都。下同。——本文库编者注。

东、石城、会昌、新泉、寻邬①、武平、安远、信丰。

兹将竞赛的项目、县份、时间,列表于下:

(1)推销经济建设公债,时间8、9、10三个月

第一组:瑞金……415 000元

兴国……450 000元

胜利……310 000元

博生……400 000元

第二组:雩都……300 000元

干〔赣〕县……260 000元

上杭……150 000元

长汀……300 000元

第三组:宁化……200 000元

汀东……150 000元

石城……150 000元

会昌……300 000元

第四组:新泉……80 000元

寻邬……10 000元

武平……20 000元

安远……40 000元

信丰……15 000元

(2)发展合作社,时间8、9、10三个月

第一组:瑞金……消40 000

粮40 000

兴国……消40 000

粮60 000

胜利……消25 000

粮45 000

---

① 寻邬,现称寻乌。下同。——本文库编者注。

博生……消 30 000

粮 50 000

第二组：雩都……消 30 000

粮 50 000

赣县……消 30 000

粮 30 000

上杭……消 40 000

粮 40 000

长汀……消 40 000

粮 50 000

第三组：宁化……消 40 000

粮 40 000

汀东……消 30 000

粮 50 000

石城……消 20 000

粮 30 000

会昌……消 30 000

粮 30 000

第四组：新泉……消 20 000

粮 20 000

寻邬……消 800

粮 500

武平……消 10 000

粮 10 000

安远……消 20 000

粮 20 000

信丰……消 500

粮 500

（3）筹款，时间 9 月至明年 2 月底

第一组:瑞金……200 000 元

兴国……70 000 元

胜利……120 000 元

博生……200 000 元

第二组:雩都……80 000 元

赣县……110 000 元

上杭……60 000 元

长汀……170 000 元

第三组:宁化……120 000 元

汀东……110 000 元

石城……110 000 元

会昌……150 000 元

第四组:新泉……45 000 元

寻邬……8 000 元

武平……40 000 元

安远……40 000 元

信丰……10 000 元

(4)建设谷仓和粮食调济〔剂〕支分局

第一组:瑞金……支局 3 个(武阳、九堡、壬田),谷仓可装 6 万石。

兴国……支局 4 个(鼎龙、崇贤、杰村、高兴),帮助建设杨殷县调济〔剂〕分局,建设谷仓可装 6 万担。

胜利……支局 4 个(赖村、古龙岗、曲阳,车头),谷仓可装 3 万担。

博生……支局 4 个(黄陂、石上、洛口、青塘),谷仓可装 4 万担。

第二组:雩都……支局 3 个(梓山、领背、罗江),谷仓可装 2 万担。

赣县……支局 1 个(南塘),谷仓可装 3 万担。

上杭……分局 1 个(蔡地区)、支局 1 个(官庄区),谷仓可装 2 万担。

长汀……支局 3 个(河田、水口、红坊),谷仓可装万四五千担①。

第三组:宁化……支局 3 个(禾口、淮土、中砂),谷仓可装 3 万担。贸易局 1 个(城市泉上)。

汀东……分局 1 个(新桥),支局 3 个(曹坊,管前、大埔),谷仓可装 11000 担。

石城……支局 3 个(横江、小才、么异山),谷仓可装 4 万担。

会昌……支局 3 个(筠门岭、洛口、西江),谷仓可装 2 万担。

第四组:新泉……分【局】1 个(城内),谷仓可装 1 万担,贸易局 1 个(城内)。

寻邬……分局 1 个(城内),谷仓可装 2000 担。

武平……贸易局 1 个

安远……分局 1 个(沙坑圩),谷仓可装 5000 担。

信康……

各县负责签字的代表

一、兴国——李才道、邓□柱、□崇廷

瑞金——杨世珠、周宗源

博生——彭世鹤、翁仕福

胜利——邱官倬、刘作彬

二、雩都——吴先立、罗凤麟

上杭——李洪太、张顺仁

赣县——谢肇鑫、林响荣

长汀——游荣长、付得胜

三、会昌——文三女、许清庭

石城——阮宗南、吴道显

汀东——池保林、董善祥

宁化——黎盛根、张恩水

---

① 原文如此,似为 45000 担。——本文库编者注。

四、新泉——黄仁龙、曹兆通

寻邬——刘来源、廖贱荣

安远——赖子恢、陈景林

信康——王贤柯、邓永仙

武平——邱冠南、兰仁升

证明人：毛泽东、林伯渠、吴亮平、张鼎丞、姚振炘、邱铭松、杨世珠、欧阳重庆、王克生

公历 1933 年 8 月 15 日

（录自 1933 年 8 月 19 日出版的《红色中华》第 103 期第 2 版、1933 年 8 月 22 日出版的《红色中华》第 104 期第 5 版）

人民委员会第四十八次会议

（1933 年 8 月 16 日）

8 月 16 日人委会开第四十八次会议，讨论事项如下：

检阅福建工作

福建省苏主席张鼎丞同志出席，并有出席经济大会的福建各县同志 10 多人参加，讨论结果，认为福建的工作，自反对罗明路线斗争的胜利，自 2 月中央讨论福建工作后，至今已得到了许多成绩。如扩红，5 个月中扩大了四五千人，查田运动开展了，春耕夏耕亦有好绩，才溪有了百分之八十五以上妇女参加生产，许多地方消灭了荒田，收成不止增加二成，杂粮比前年要增加一半以上。但是在别的许多方面都没有成绩或成绩很少，如粮食调剂、纸业出口、筹款、救济失业等问题上都表现无能，劳动部教育部的工作极少成绩，裁判部工作退后了，特别是边区新区的工作很弱，边区群众这样热烈勇敢，省苏未能组织他们起来开展斗争，恢复失地。对于干部问题，是保守的，未能在下级苏维埃中造成一种的空气，各地都担负了输送干部向外发展的责任，以致下级干部调不动。在东方军伟大胜利，开展五六百里新苏区，需要大批工作人员时，省苏几于不能应付。所有这些，其原因都是反罗明路线还不彻底，还存在着罗明路线的残余，未能洗刷干尽〔净〕，如官僚主义形式主义还充分表现在省苏对于好几部分工作的领导方式上。福建在冲破敌人五次"围剿"中,担负着很大的责任,他不是后卫而是前锋的一部,以后工作的布置,在一切为了战争的目标下,第一是动员一切力量去争主要方向连清归①各县的群众建立政权,分配土地,建立地方武装,肃清反动势力,同时争取岩永杭②方向的完全恢复。第二是抓紧扩大红军,经济建设,查田运动,工人斗争,及目前的选举运动,这几个重大工作有计划的去指导去检查,务须取得切实的成绩。第三是教育部,内务部,裁判部的工作,以后也不能像过去的那样忽视了。第四,为了战斗的开展,这些工作,必须选拔训练大批的工作干部,必须排除官僚主义的领导方式,又以中央对福建工作过去检查太少,以后每一个半月须开会检阅一次(对江西省苏工作也是一样)。

建立粤赣省

江西省苏辖境太大,行政指挥上不便利。同时为着开展南方战线上的战争,克服消灭与驱逐粤桂敌人,向西南发展苏区,深入现有区域的阶级斗争,开发钨矿和发展出入口贸易,有单独在南方设立一个省的必要,决定以雩都③,会昌,西江,门岭,寻邬④,安远,信康七县,成立粤赣省,迅即召集临时代表大会,成立省苏,调闽赣省土地部长钟世斌为粤赣省主席。

又内务部提议增设泉上(宁化清流归化间),代英(上杭永定间),兆征(以汀州为中心),太雷(石城瑞金间),康都(黎川广昌间)5个县,批准。

---

① 连清归,即福建省连城、清流、归化(今明溪)。——本文库编者注。
② 岩永杭,即福建省龙岩、永定、上杭。——本文库编者注。
③ 雩都,现称于都。——本文库编者注。
④ 寻邬,现称寻乌。——本文库编者注。

开办苏维埃大学

因为革命战争的猛烈开展,环绕着革命战争的各个重大工作如查田运动,经济建设,工人斗争,文化建设,财政工作,肃反工作,道路建设,新苏区的发展,以及目前的选举运动,都需要大批干部,这不是几十几百人的事,而是要有几千几万人继续供给到各个工作的战线上去。中府各部都在开办训练班,为着集中领导统一教授与学习的方向起见,决定开办苏维埃大学,以毛泽东,沙可夫,林伯渠,梁柏台,潘汉年5同志为大学委员会委员,以毛泽东为校长,沙可夫为副校长,立即进行筹办。

苏大会议事日程

决定第二次全苏大会议事日程,主要为(一)两年来的工作报告,(二)苏维埃建设,(三)红军建设,(四)经济建设,(五)各种法令,(六)选举中央执行委员会。并指定王稼蔷,刘伯承,洛甫,潘汉年,毛泽东,胡海,吴亮平,沙可夫,刘少奇,陈云,何克全,梁柏台,邓发,高自立,林伯渠等15同志组织起草委员会,以梁柏台同志为主任。

又决定编辑"苏维埃中国"一书,在全苏大会前出版,指定吴亮平,梁柏台,沙可夫,谢然之,潘汉年5同志组织编辑委员会,以吴亮平同志为主任。

(录自 1933 年 8 月 31 日出版的《红色中华》第 106 期第 5 版)

为消灭食盐困难而斗争

（1933 年 8 月 20 日）

现在食盐的价格突然高涨,这是由于:

1. 帝国主义国民党在历次遭受惨败,苏维埃和红军胜利的向前开展,撼动了帝国主义国民党的统治,所以他们——帝国主义国民党不仅从军事上加紧准备向苏区和红军进行绝望的拼命的五次"围剿",而且想尽一切方法加紧对苏区的经济封锁,使我们需要的日常用品——特别是食盐发生困难。

2. 奸商富农从中操纵,贱买贵卖,暗将食盐藏着,食盐来源稍有困难,即故意高抬价格,在博生城市最近就检查不少的奸商、富农藏着不少的盐不卖,甚至借此以破坏国币信用。

3. 反革命派别的阴谋活动,破坏食盐进口,造作谣言欺骗群众,使食盐价格更加飞涨,他们这样来配合帝国主义国民党的经济封锁,破坏苏维埃,妨害工农生活的改善。

因此,影响一般外来物品价格的提高,使工农生活感受困难,故应以战斗的精神发动广大工农劳苦群众,以群众的斗争力量来实际的解决目前的食盐问题,是党在目前最紧急的工作之一。

①党必须基于广大工农群众的力量,来镇压奸商、富农投机操纵,以群众的力量在苏维埃领导之下,揭发奸商富农暗藏不卖的食盐,在苏维埃监督之下,强迫其照价将食盐卖给群众。但苏维埃必须予以必要的处治,以警戒奸商富农,如有反革命嫌疑及阴谋的,应无

条件的将食盐宣布没收,并严办反革命分子。

②党要更实际的抓住食盐问题,发动广大群众加入各种合作社,特别是在目前应发动消费合作社从各方面去多办食盐进口,特别是边县边区的消费合作社发动群众与白区工农群众及利用白区商人的路线以及亲戚朋友的关系去买盐。

③各县区委应立即在各县各区建立与键〔健〕全粮食调剂局的组织及工作,并由调剂局与对外贸易局将苏区出产品输出白区,换进大批食盐及日用品到苏区来。

④在边区党更当动员地方武装,责成地方武装在发展游击战争中运输大批食盐到苏区,并要责成地方武装——独立团营游击队,宣传游击区域的群众用国币,将现洋尽可能运到苏区来。

⑤在各区各乡普遍建立硝厂,用旧的墙土熬硝,及找寻以前盐仓的土熬盐,这样不仅可以解决一部分食盐,而且硝厂熬的硝可以供赤少队的火药。

⑥党必须联系着食盐问题的实际解决,更明显的告诉群众,要彻底解决食盐问题,必须积极的加入红军,扩大铁的红军100万,及完成目前粉碎敌人五次"围剿"的战斗任务。这样来在群众中充分进行粉碎敌人五次"围剿"的政治动员,来打倒帝国主义推翻国民党统治才能彻底解决。

这是工农群众切身的利益问题,各级党必须严重的注意,依靠广大工农劳苦群众的力量,迅速的实际的解决,这样更能团聚千百万工农劳苦群众在党的周围,完成党的战斗任务,彻底粉碎敌人五次"围剿"。

党应以发动广大群众向食盐困难战斗!

(录自《中央革命根据地史料选编》下册,
江西人民出版社1982年版,第600—601页)

中央政府关于整顿财政部工作的训令

（1933 年 8 月 25 日）

当着红军胜利,苏区扩大,革命运动猛烈向前开展的时候,苏维埃财政政策的原则,应该是:（一）把负担加在剥削阶级身上,这里主要是在白区与苏区内向地主罚款,向富农捐款,及在不损害苏区经济发展的条件下向商人作适当的征税;（二）努力进行经济建设,从发展国民经济,打破敌人封锁,节制商人剥削,来增加苏维埃财政的收入;（三）依靠劳动农民群众的革命热忱去征收适当的土地税,充裕国家的财政。这是苏维埃财政政策的根本原则。在这个原则下,苏维埃财政机关,应以革命的手段,健强的组织,严密的计划,扩大财政收入,使与革命战争的发展相适应,一切离开政治任务的保守观念与无计划的凌乱状态都是非常有害的。

过去苏维埃财政机关的工作,在人民委员会的监督下面,对于供给战争需要,建立会计制度等方面,表现了相当的成绩,但在财政政策的原则方面,没有坚持正确的方针,主要表现在没有用最大努力去从剥削者方面筹款,去从发展国民经济来增加财政收入,而用其全力以租税收入及纸币公债一方面。同时对革命发展估计不足,使财政缺乏计划性,这对于大规模的财务行政,是有妨碍的。在领导方式上,如筹款不依靠于城市的苏维埃与工农群众团体,经过他们去动员广大群众,而只依靠区以上工作人员少数人去干,以致不能充分达到任务,这种官僚主义领导方式在苏维埃财政机关内,是浓厚地存在着的。在干部问题上，不注意训练提拔大批的财政工作人员，部分的贪污腐化分子，不注意去批评洗刷。所有这些，都是由于不执行正确的阶级路线对革命形势的机会主义估计的结果，而财政人民委员邓子恢同志是应负最大责任的。

人民委员会认为这一现象不能容许继续存在，责令新任财政人民委员部部长林伯渠同志，加以根本的整理，应从开展整个财政系统的自我批评，去纠正财政政策上的错误认识，去建立适应战争发展的财政计划，去转变领导方式，去提拔与训练大批财政工作人员，去肃清财政系统内部分的贪污腐化现象，使整个苏维埃财政系统迅速健全起来，使苏维埃财政能够适合革命的发展，给予革命战争一个充分的财政条件，以彻底粉碎帝国主义国民党的五次"围剿"。此令

主　席　毛泽东

副主席　项　英

张国焘

公历 1933 年 8 月 25 日

（录自 1933 年 9 月 3 日出版的《红色中华》第 107 期第 2 版）

第二次全苏大会准备委员会工作进程

（1933 年 8 月 25 日）

6 月 6 日开第一次会议，分工起草决议、通电、告民众书，及修改选举细则、划分行政区域条例、苏维埃组织法等文件。

6 月 15 日开第二次会议，审查已起草的文件稿，送人委会。决定向白区革命团体致请贴，请派代表来参加大会，向查田大会各代表征求修改法令的意见。

7 月 5 日开第三次会议，建议由人委会下一专门指导选举运动的训令。要工会派专人来参加准备工作。红色中华须注重做选举宣传。

7 月 20 日开第四次会议，一、审查大会预算 56800 余元，请人委会批准；二、出版选举周报，每周一期，印选举标语 20 万份；三、组织红军烈士纪念塔建筑委员会；四、指导各地选举工作问题。

7 月 26 日开第五次会议，审查选举法草案，送中央执委会审查后颁布。

8 月 12 日开第六次会议，讨论：一、出版选举运动周报；二、审查市乡苏对选民报告工作的报告大纲；三、拟定大会议事日程及大会起草委员会名单送人委会审查；四、健全本会组织。

（根据中共江西省委党史研究室资料处藏件刊印）

水上苦力运输劳动介绍所暂行特别章程

（1933 年 8 月 27 日）

第一章　总则

第一条　本章程依据劳动介绍所暂行第一条附注第二项之规定制定之。关于水上之苦力运输劳动介绍事项，除适用劳动介绍所暂行章程之一般规定外，还适用本暂行特别章程。

第二条　凡对于水上苦力运输之木船、木排、竹排的劳动介绍事宜，本暂行特别章程均得施行之。

第二章　登记

第三条　凡欲寻觅水上苦力运输工作的人，无论其性质如何，时间的久暂，均须到劳动介绍所依照劳动介绍所登记手续举行登记。

（一）登记以码头为单位，登记者应到自己想取得工作的该管区域的劳动介绍所登记，一个劳动者不能同时在二个以上的劳动介绍所登记。

（二）登记者有数种水上之苦力运输技能者，除主要技能登记之外，其附属技能，亦应在登记册内登记。

（三）水上之苦力运输失业劳动者举行登记时，其未分得田地者，应在登记册内注明。

（四）登记者能随船只出白区工作与否，应在登记册内注明。

（五）在竹排上的失业登记者，如系属于"排子伙计"性质者，须联合一个"篷子"的劳动者同时登记，不得以每一劳动者为登记单位，致互相掺搅。此种"排子伙计"的失业劳动者，应在专门登记册内登记之。但自己没有竹排的竹排失业劳动者，则同普通的水上苦力运输失业劳动者登记之。

（六）甲地的"排子伙计"及其他水上苦力运输劳动者到达乙地时，欲在乙地取得工作者，须在乙地劳动介绍机关举行登记。

第四条　有专门技术的水上苦力运输劳动者，如专门上滩下滩上坡下坡的水手，劳动介绍所以另册登记之，定给于〔予〕特别证书，但不发给失业登记证。

第五条　以水上苦力运输工作为副业的劳动者，欲抛弃故业，改以水上苦力运输为主要职业时，在苦力运输工会同意之下，得同一般水上苦力运输的劳动者登记之，取得轮流介绍同等权利，其以水上苦力运输工作为副业，仅欲取得临时工作者，劳动介绍所以另册登记之。

第六条　登记者在登记前，应在登记地点 5 里以内建立自己的通信处；在登记时，应向劳动介绍机关在登记册内填明通信处及通信方法。该项通信处及通信方法如不健全，由登记者自己负责。

第三章　介绍

第七条　水上苦力运输的劳动介绍事宜，依劳动介绍所暂行章程第三章第十五条的规定，用轮流介绍法介绍之。

（一）轮流介绍的地域单位，依登记单位施行之，登记事宜由区或城市劳动介绍所办理者，则合全区或城市的水上苦力运输失业劳动登记者，依照登记先后轮流介绍之；其登记事宜由劳动介绍所所委托的某一码头的办事处办理者，则依照在该处登记的水上苦力运输失业劳动登记者登记的先后,轮流介绍之。

（二）轮流介绍工作的单位,依劳动介绍暂行章程第十五条规定办理之,不拘为长工,月工,行船远近,时间长短,一经雇主雇定,则取消被介绍的劳动者在失业名册内的名字,并收回失业登记证;但发生本条第四项的情形时,不适用本条规定。

（三）在竹排上工作的失业劳动者,属于"排子伙计"性质的,其轮流介绍法,以竹排的一个"篷子"为单位。

（四）长期服务于水上苦力运输的失业劳动登记者,仅在雇主雇用担负行船工作在 50 里以内的,不计入正式轮流介绍的次序,在其工作期间,仍存留其轮流介绍的权利。

（五）遇有被介绍的劳动者拒绝介绍,及雇主需要临时工人,介绍所在时间上不及通知被介绍者依时到工时,在失业劳动者登记册内所登记之未分得田地的水上苦力运输劳动者,有首先补充,提前介绍的优先权利。

（六）有下列情形之一者,介绍所得后一名或数名进行介绍,但不得取消前列的失业劳动者的准到轮流介绍工作的权利:(甲)该劳动者的劳动力条件,不合雇用所请求时;(乙)不能适合白区工作的条件时。

第八条　以水上苦力运输为副业的登记者,只能在下列条件之下介绍他的工作;①

（根据中共江西省赣州市委党史工作办公室资料室手抄件刊印）

---

① 原文如此。——本文库编者注。

中华苏维埃共和国临时中央政府布告第二十六号
——为发行300万经济建设公债

（1933年8月28日）

中央政府为了发展生产，发展合作社，调济〔剂〕粮食，扩大出口入口贸易，以打破敌人的封锁，节制商人的剥削，使工农群众的生活得到更大的改良，使革命战争得到充足的物质条件，特决定接受贫农团代表大会及各级地方政府的请求，发行经济建设公债300万元。并通过经济建设公债条例，以为此项公债的法律保障。但是此项公债的发行，完全依靠于工农群众的革命热忱，必须是群众自动的购买，绝对不能强迫摊派。各级政府，尤其是市苏、区苏、乡苏，必须召开各地群众团体的会议，解释明白。乡苏须在自己的代表会议上，向各个代表解释清楚。经过各群众团体与乡代表，去召集各村各屋的群众大会，向每个工农同志说明发行此项公债的意义。群众购买公债的时候，买多买少，听其自愿，平均摊派的办法，是完全要不得的。除了尽量由工农群众购买之外，苏区其他居民自愿购买，不加限制。凡我苏区民众，都应为了自己的利益，为了革命战争的胜利一致起来购买公债，拥护公债，帮助政府推销公债，使此项公债短期间内推销完毕，迅速达到发展国民经济的目的。如有反革命分子造谣捣乱，破坏公债信誉，阻碍公债发行，工农群众应在政府领导之下，采取革命办法,去镇压这些敌人。

主　席　毛泽东

副主席　项　英

张国焘

公历 1933 年 8 月 28 日

（根据中共江西省委党史研究室资料处藏件刊印）

关于推销300万经济建设公债的宣传大纲

（1933 年 8 月 28 日）

推销 300 万经济建设公债，区乡两级政府必须进行很好的动员工作，才能达到目的。官僚主义的敷衍塞责，固然使公债不能推销，强迫购买平均摊派也是最坏的官僚主义方法，同样要妨碍推销公债。因此广大的宣传是推销公债的最重要工作。瑞金云集区的宣传工作做得好，所以该区在三星期内就销完了 25500 元公债，还有 15000。余元很快就可以推销。云集区又特别以洋溪乡的宣传做得充分，该乡已把自己担任的 4600 余元一概销完了。别区不做宣传只用强迫摊派办法，就不但得不到好的成绩反而引起群众不满。这个宣传大纲，就是为了区乡两级干部及宣传队，在开乡代表会时开群众团体会时，开村子屋子群众大会时报告或讲演之用，也可以贴在墙上给大家看。

当着群众团体及群众大会开会的时后〔候〕，我们应该讲些什么呢？应该照着下面的大意去讲：

（一）300 万经济建【设】公债是南部八县北部九县贫农团代表大会及区以上苏维埃负责人员查田运动大会请求中央政府发行的，中央政府接受了这个请求，故发行这个经济建设公债。

（二）为什么要发行这个公债呢？有两个理由：为了改良工农群众的生活，为了争取革命战争的胜利。

（三）为什么发行 300 万经济建设公债可以改良工农群众的生活呢？

同志们,我们工农自暴动以来,建立了政权,分得了田地,已经得到了很大的利益。但是万恶的帝国主义国民党,用了经济封锁政策对付我们,使得苏区的货物出口,白区的货物进口,发生困难。同时一切出口进口货物,都是商人经手,剥削十分利〔厉〕害。商人把我们的谷米、花生、豆子、钨砂、木头、纸张、刨烟、樟脑、香菇各项,很便宜的贩出去,去年有些地方四五角钱一担的谷子卖给商人,商人贩到白区却卖了四五块钱一担,赚去 10 倍利息。商人又把油盐布疋洋火洋油各项东西贩了进来,又赚去我们好几倍,广东嘉应州①每元 7 斤的盐,贩到苏区有时每元只买 1 斤。这种剥削真是大得吓人。为要打破敌人的封锁,节制商人的剥削,我们自己应该有计划有组织的做起生意来。各区各乡都要组织合作社,一县一省要组织合作总社,中央政府在各地设立了粮食调济〔剂〕局,设立了对外贸易局,经过这些机关自己收买谷子、木头、钨砂等项东西卖出去,自己又买了白区的盐油布疋进来。出去的东西,可得高价,进来的东西比较便宜,我们的生活就可以更加改良了。做生意要有本钱,做大生意更要有大本钱,发行经济建设公债,各项出口进口生意就有本钱去做了。商人的剥削,有办法去抵制他了,这不是发行公债可以改良群众生活吗? 我们要有大量货物出口,就要发展农业,恢复工业,农业工业都需要资本。譬如夏季青黄不接时后〔候〕,贫苦农民同志无钱买米买盐,大大妨碍耕田,我们就要建立起信用合作社来,借钱给这些同志,使春耕更加得力。又譬如我们要开钨砂矿,熬樟脑油,开织布厂,烧石灰窑,这些都是工业部门,要做起来,须有资本。发行 300 万经济建设公债,解决这个资本问题,生产增加,出口就增加,出口增加,入口就增加,盐布便宜,现洋也有,我们工农的生活不就可以更加改良了吗?

(四)为什么发行 300 万经济建设公债可以争取革命战争的胜利呢?

我想,这也是很明白的,革命战争需要钱用,红军需要吃饭穿衣,

---

① 广东嘉应州,1912 年废州改为梅县至今。——本文库编者注。

这不是人人明白的吗？讲到这里，让我讲一点近来的政治情形。先讲粉碎了敌人四次"围剿"，我们所得到的胜利。同志们，我们得到了很大的胜利，第一是消灭了很多的白军，第二是扩大了很多的红军，第三是巩固了苏区，第四是扩大了苏区，第五是白色区域的革命运动也大大发展了。所有这些胜利，不是随随便便得来的，是由于我们红军的英勇打仗，由于我们千百万工农群众齐心合力拥护革命战争，再由于共产党与中央政府有了正确坚决的领导，我们方才取得了这些伟大的胜利。再讲到目前的情形又是怎样呢？我们革命方面【取】得了这样大的胜利，反革命的帝国主义国民党却怕中国都被苏维埃红军占去了，吓得要命，国民党就完全投降帝国主义，帝国主义就完全帮助国民党，来猛力向中国革命势力进攻。同志们，你们听见吗？日本已经占去了中国的四个半省，英国美国法国德国意国，各个帝国主义，都打定了主意，学日本的样，要把中国一起瓜分，并且赶快指挥国民党军阀，对于苏区与红军又进行第五次"围剿"。我们应该想到这次"围剿"期间更长，规模更大，因此我们要准备一个长时期的大规模的革命战争去粉碎敌人，必须有这样的准备，才能战胜敌人，有了这样的准备呢，那就一定能战胜敌人，夺取南昌、九江，取得一省数省首先胜利，消灭国民党，打破帝国主义瓜分中国的鬼〔诡〕计。为了达到这个目的，我们要扩大 100 万铁的红军，在 10 个月内要扩大 20 万。要深入查田运动，发动广大的农民群众。要实行劳动法，发动广大的工人群众。要发展文化教育，提高工农的文化水平。要进行选举运动，要开第二次全苏大会，把苏维埃更加健全起来。这些工作以外，我们还要做什么呢？我们还要努力做经济建设工作，去打破敌人的经济封锁，发展苏区的经济。只有把苏维埃经济发展了，工农生活才能更加改良，红军才有了充足的给养，红军有了饭吃又有了衣穿，打胜仗就有十分把握，五次"围剿"就可以打他一个落花流水。同志们在这个情形之下，我们来发行 300 万经济建设公债，这不是十分要紧的吗？

（五）好要紧得很，为了改良群众生活，为了争取战争胜利，都要发行 300 万经济建设公债。现在请问：公债的办法第一，这次公债与第一、二期公债不同，这次是经济建设公债，主要目的是为了发展苏区经济，建立革命战争的物质基础。

第二，因此中央政府决定公债的用途，是拿三分之二件〔作〕为发展生产，调济〔剂〕粮食，发展合作社，扩大出口入口生意的本钱，只拿三分之一用作红军经费。

第三，公债的利息，每元每年大洋 5 分。公债的还本，从 1936 年起，分为 5 年还清。这个信用，中央政府完全保证。要使买了公债的本利双收，等于一笔存款，今年存到政府，迟几年仍归本人。

第四，买公债交谷交钱听其自便。谷价照各区市价由区苏规定，出的受的双方满意。

第五，买公债完全出于工农同志的热心，中央政府的命令，不准强迫摊派，要我们把发行公债的道理讲给同志们听。希望同志们听了，大家热心起来，这家也买，那家也要。买得多的，乡政府门口发出榜来，大家看了称为模范。不肯买的并不勉强，只是大家劝他几次，劝得他自己热心起来，自己喜欢来买公债，因为这是为了自己的利益，为了战争的胜利，是一件十分光荣的事情啊！

同志们！今年的收成，比去年好得多，大家还在努力多种番薯、豆子、葡萄、白菜，大家节省一点谷子买了公债，使得苏区经济发展起来，工农的生活改良了，敌人又打他一个粉碎，我们这一次买公债，不是一件有真正光荣伟大意义的事情吗？（完）

讲话的同志：你照着上面的大意去讲，还要加一点你那本地的材料进去（如像当地盐贵情形及过去战争动员经济建设的好例子等）让人更加易懂，更加兴奋。

各省苏县苏：你们应该翻印这个宣传大纲。

中央政府秘书处发

1933.8.28

（根据江西省瑞金中央革命根据地纪念馆馆藏件刊印）

中央人民委员会训令
——关于推销公债的方法

（1933 年 8 月 28 日）

　　300 万经济建设公债,已在瑞金各处开始发行,根据瑞金最近的经验,虽有云集区等处采用了正确方法,收得极大成绩,但在其他几个区中却犯了极大错误。主要表现在区苏主席团没有抓紧推销公债这一工作放在自己的议事日程上去讨论去检阅,把推销公债看做只是财政部的事,没有推动区一级的群众团体作一致的动员,以致在许多乡中发生了平均摊派的极严重现象。不经过工会贫农团妇女代表会及其他群众团体的讨论与承认,不在乡苏的代表会议上做报告,更不开群众大会将公债意义解释清楚,而只把公债票发交乡苏,乡苏平均分配于各个乡代表,乡代表又平均分配于群众,不管群众了解不了解,一律平均分摊。个别地方则强迫中农买,不买就说他是富农。以致许多地方引起了群众不满意,妨碍了公债的推销。但在云集区就完全不同。因为云集区苏对各乡的动员方法很正确,对乡一级的干部有详细的说明,再由这些干部向群众做了很好的宣传,所以得了极大的成绩。全区共认销 40700 元,不到 3 个星期,已推销了 25500元,其中以洋溪乡的工作做得最好,该乡担任的 4600 余元,业已全数销完。云集区及洋溪乡的光荣例子,值得全苏区来学习。中央政府为使此次公债发行得到完满的成绩,特为推销公债的动员方法这一问题指出下面几点,各级政府必须完全依照执行。

　　（一）省苏要抓紧全省发行公债这一工作去讨论,去推动,去检查。要在省苏所在地的一个县中,搜集推销公债的经验,将动员方法好的例子与坏的例子写成文件,迅速指导全省各县。

(二)县苏要抓紧全县发行公债的工作去讨论,去推动,去检查。同样要在县苏附近几个区中,搜集经验,将好的坏的例子写成文件指导各区。

县苏主席团要为了推销公债,召集全县各区主席与财政部长开会。公债未到之县,也要先行召集此会,使各区先做动员工作,不要等公债到了,才仓忙开会讨论。公债发行以后还要召集各区主席开会检阅,纠正他们的错误。

(三)区苏是发行公债动员群众的枢纽。要召集乡苏主席贫农团主任及其他群众团体的负责人开会,详细告诉他们发行公债的意义与动员群众的方法,同时要派人分往各乡帮助乡苏去召集乡代表会,贫农团会,工会,及其他群众团体的会,对他们作详细的解释。要经过乡一级的干部到各村各屋子去召集群众大会向群众详细的说明经济建设公债的意义。如果一次会之后群众还不明了,必须再到各村各屋子去开第二次会。如果还有不明了的地方必须再到那个地方去开第三次会。总要使群众完全明了,为了自己的利益,为了战争的胜利,踊跃购买公债票。

(四)各级政府主席团及乡苏主席,必须严格防止平均摊派的错误,要晓得平均摊派是十足的官僚主义,是阻碍公债推销的极端错误办法,一方面使反革命分子容易造谣欺骗,另一方面不能使工农群众发扬其革命热忱。以后如再发现平均摊派的事,上级政府须立即纠正,纠正不改必须给以处罚。

(五)反对平均摊派,就是要鼓动群众自愿的买公债。买得多的要把他的名字并所买的公债的数目在乡苏门前,出榜示众,以作模范。不肯买的,绝对不能强迫他买,要由乡苏代表,妇女代表会的代表及工会贫农团的会员,去劝他买,去鼓励他买,可以要那些买了公债的,去劝那些没有买公债的。可以把买得多的人每村组织一个宣传队,去进行推销公债的宣传。

（六）关于宣传工作，中央政府已经出了布告，乡政府收到布告应立即派人张贴到各村各屋子去。又发了经济建设公债的宣传大纲，区苏乡苏工作人员及宣传队，应按照这个大纲上面的各条，向群众做宣传鼓动工作。

（七）公债交谷交钱，听群众自便，谷价由区苏按照当地市价规定，通知各乡。

（八）各区苏应该领导各乡订立推销公债的竞赛条约，竞赛条约上不单规定数目字，还要规定不得用强迫摊派等官僚主义办法。完成竞赛条约的期间，不能定得太短（当然也不能拖得过长），因为太短了就不能采用充分的动员方法。

以上八项都是此次发行公债所必须注意的。省苏与县苏须派人到各县各区去巡视，看各地是不是完全执行了中央政府这一指示，县苏还须注意将本县发行公债最有成绩的区，做成简单的总结，寄到红色中华发表，以鼓励全苏区推销公债。此令

主　席　毛泽东

副主席　项　英

张国焘

1933 年 8 月 28 日

（录自 1933 年 9 月 6 日出版的《红色中华》第 108 期第 7 版）

少共中央局、中央教育人民委员部联席会议
关于目前教育工作的任务与团对
教育部工作的协助的决议

（1933 年 8 月 30 日）

团中央与中央教育人民委员部联席会议，讨论了目前教育方针和任务，与团对教育部工作的协助问题之后，……联席会议认为：

一、目前教育工作的方针与任务，应该从估计在战争的环境与苏维埃政权之下的观点出发，这就是说应当把教育工作为着战争与广泛的马克思共产主义的教育的观点出发，把教育为着战争，就是说满足战争的需要，用教育工作帮助战争的动员、战争的发展，随着苏区的扩大与苏维埃工作的发展需要，广泛的提高群众和干部的政治文化水平，来执行新的任务，以帮助战争的动员，需要经过教育的工作去提高广大工人与劳苦群众的阶级觉悟。

广泛的马克思共产主义的教育，只有在苏维埃政权之下才有可能，这里不但有着政治上的一切条件，因为从推翻反动统治与建立苏维埃政权后，苏维埃政府首先就给予劳苦人民以言论、集会、结社的自由，而且有着物质上的一切条件，虽然在我们前面因帝国主义国民党的进攻与封锁，使物质上的条件感受极大的困难，但是苏维埃政府将所有一切可能的东西都给予了劳苦的民众，首先如用作言论出版自由的纸、印刷机、印刷厂，用作集会结社自由的房屋会场，都交给了劳苦的民众。在旧的统治之下，工人与劳苦民众是没有权利去受教育的，因为一方面是经济上的剥削，另方面政治上的压迫，在苏维埃政权下劳苦群众生活的改善，是给予劳苦群众愿意去提高自己的文

化政治水平极大的刺激,同时苏维埃政府在政治上的保障与提倡,能够有着可能去广泛的进行马克思共产主义的教育,就是从灌输以阶级斗争的思想讲到无产阶级专政,必然走到社会主义。

过去在教育工作中,存在着不正确的观点,以为要为着战争,就是把学校关门,这事实上是取消教育,阻止教育的发展,即使是在战争的情形之下,也不能减弱教育工作的建设与苏维埃学校系统之初步的建立。另一个不正确的观点,就是在教育部工作中存在资产阶级思想的倾向,把教育工作限制在反封建思想与迷信的范围内。如果没有系统的马克思共产主义的教育与宣传,反对封建迷信是不会得到成功的。

目前教育工作的方针,就是满足战争的需要和帮助战争的动员,进行广泛的马克思共产主义的教育。

二、在目前的环境之下,要达到上面的这个任务,必须把教育的中心工作放到:(一)社会教育,(二)普通教育上面去。极大的发展社会教育,经过俱乐部,列宁室,识字班,工农剧社等等的群众组织来提高群众的文化政治水平,是非常的重要。教育部应当去帮助群众和各社会团体。必须估计到社会教育的发展,并提到更高的顶点上去,必须要有相当的普通教育发展的基础,以及因普通教育发展而获得的帮助。为着社会教育的发展,必须相当的建立普通教育的系统,为着适应于目前的环境,不管是社会教育方面或是普通教育方面,我们需着重在政治教育,这并不是说,在某种情形之下(为着战争或开始初步经济建设的需要),不要去发展职业教育,尤其在普通教育中有可能把政治教育与职业教育相联系。苏维埃教育的出发点是:必须把教育与劳动有联系,使校内的学习与校外的活动很好的配合。

在教育部的工作中,存在着不正确的观点,以为我们"没有人,没有钱"不能发展普通教育,不了解社会教育与普通教育间的相互关系,这种观点表示在教育部工作中的游击主义残余。在教育部工作中的游击主义残余,是没有计划性的工作,没有建立苏维埃教育制度,我们必须与这种倾向斗争。

教育部应当开始来确立苏维埃的教育制度与教育系统,目前教育部的方针,应当为普及教育义务教育而斗争,虽然在今天我们还没有可能来完全的实现义务教育,但是,这些苏维埃教育的基本方针,即使在今天在教育部的工作中,也应当开始来准备完全实现普及的义务教育的基础。

三、发展文化教育的一个重要的条件,是培养干部与利用旧的知识分子的问题。只有在苏维埃政权之下,我们才有这样大的可能,来准备自己的干部,这完全不是说,我们不要利用旧的知识分子,为苏维埃工作。列宁曾经这样的警告过我们说:我们如果不利用资产阶级的专门家,为苏维埃工作,这是傻瓜。……在我们的领导同志以为不识字的都可以做文化教育工作。因此有这样不正确的观点,以为"识50个字的教不识字的,识100字的教识50个字的,识500字教识百字的等",联会认为要开展极大的思想斗争来纠正这一错误,必须学习苏联利用资产阶级的专门家的光荣的例子。在教育部工作中的一个严重现象是我们既没有培养无产阶级的知识分子,也没有利用旧的知识分子,……以为只有"有长期斗争历史的知识分子才可利用",这实际上也是拒绝利用旧的知识分子,我们必须用革命的空气去包围他们,造成他们的工作环境,使他们为苏维埃而工作。这并不是说,不要对于他们的监督,对于他们必须有敏捷的阶级的警觉性。在不妨害苏维埃,在有利于苏维埃之下允许他们的自由,在某些情形之下,还给他们以优待。

在教育部的前面,提出须要采取一切的手段与方法来培养无产阶级的知识分子,因为这是我们忠实可靠的基础,要能成功的去利用旧的知识分子,也正依靠于我们对于培养无产阶级的知识分子解决的程度而决定。

四、团对于教育部的协助运动必须是全团的事情。从支部起到区委、县委一直到中央局为止,必须担负着对于教育工作与各级教育部的协助。各级团部应当与各级当地的教育委员会开联席会议,共同的讨论这一决议,订出具体的协助的项目与条件。协助运动的成功与否,责任是在团的身上。协助运动的成功,就依靠于每个团员参加协助运动。团应当成为一切俱乐部、列宁室、识字班的协助者,团应当成为一切学校的协助者。为着胜利的完成协助运动,应当加强团在学校中的活动,加强对于学校中团的组织的领导。

在为着消灭文盲的运动中,团应当成为积极的提倡者。经过识字班、夜学、俱乐部、列宁室、组织消灭文盲的协会,不让一个团员是文盲,也没有一个少先队员是文盲。每个团员负责消灭一个文盲。虽然我们反对把"认识 50 字的教不识字的,认识 100 字的教认识 50 字的"当作一个发展的方针,但是在目前干部困难与发展群众的积极性之下,我们在俱乐部、列宁室,尤其是识字班,我们还需要请他们去教书,并且提出在他们身上担负消灭文盲的一定的任务。

联席会议决定在江西、福建两省开办省的学校各一个,在兴国、瑞金、长汀三县,开办县的学校,团应当成为这几个学校的协助者。

输送自己的干部到学校中去,到教育部、到一切文化教育的战线上去。

五、联席会决定,在 10 月 20 日召集一个扩大的文化教育会议,由团与教育部双方派代表出席。出席代表,教育部工作同志 200 人,团 100 人,出席的代表分配由双方另行通知。

少共中央局

中央教育人民委员部

1933 年 8 月 30 日

——"苏维埃的教育政策和目前教育工作的任务",1934 年 1 月,省苏教育部

(录自《苏区教育资料选编》(1929—1934),

江西人民出版社 1981 年版,第 13—17 页)

全世界无产阶级与被压迫民族联合起来！
中央政府给国际反帝非战代表大会电

（1933 年 8 月 31 日[①]）

国际反帝非战大会的代表们并转全世界无产阶级劳苦群众与一切革命者！

世界资本主义恐慌的深入，战后资本主义暂时稳定的终结，使帝国主义的资产阶级更其疯狂般的向着他们本国的无产阶级与劳苦群众进攻，把经济危机的一切负担放在他们的身上，并且用最残酷的法西斯蒂的血腥的手段，来对付工人阶级的组织与一切革命行动。在德国，在意大利，在日本，以及在全世界各资本主义国家内，法西斯蒂的狂潮，正与全世界工人阶级与劳苦民众的革命运动死命的斗争着。

在对外方面，帝国主义各国正在准备以残酷的帝国主义战争，找求经济危机中的出路。它们对于苏联的进攻，对于殖民地的侵掠，是更其加强了。日本帝国主义首先在中国以强盗的战争，占领了中国东三省，热河，察哈尔与滦东的广大区域，把那里的 5000 余万劳苦民众放在日本帝国主义铁蹄践踏之下。英国帝国主义在中国西部正利用西藏的军队，攻占我们西康四川等省，预备把中国西部完全变为英国的殖民地，其他法国，美国帝国主义也同样的竞争着瓜分中国的领土，拼命的与帝国主义的战争，来重新分割它们在中国的市场！

万恶的帝国主义资产阶级是全世界无产阶级与劳苦民众共同的

---

① 原件无时间，此为该电在《红色中华》发表的时间。——本文库编者注。

敌人,它们在中国【同】万恶的白色恐怖的国民党政府联合,以数万万金元枪炮、飞机、毒瓦斯弹武装国民党的百万以【上】的军队,来进攻中国革命的根据地,中国的苏维埃区域,企图以血的屠杀来消灭中国革命运动,把中国完全变为帝国主义的殖民地,这样来维持它们的统治,来继续他们对于本国无产阶级的剥削与奴役。国民党政府这种在帝国主义帮助之下向中国苏维埃区域大规模的进攻,到现在已经是第五次了。

中华苏维埃共和国临时中央政府向全世界无产阶级与劳苦民众宣言,中华苏维埃共和国临时中央政府是全中国被压迫民众的代表者。

中华苏维埃共和国过去是在反帝国主义的战争中,巩固与发展起来的,它现在对于帝国主义经过国民党所进行的对于苏维埃区域的五次"围剿"将给以致命的打击,它否认帝国主义列强与中国国民党政府所订立的一切密约,而且它正在号召,动员与武装全中国的民众,以民族革命的战争,来反对帝国主义瓜分中国,根本推翻帝国主义在华的统治,建立全中国的苏维埃政权,来保持中国的独立统一与领土完整。它是全世界无产阶级与劳苦民众反帝国主义斗争中有力的同伴!

全世界的无产阶级劳苦群众与一切革命者! 中华苏维的〔埃〕共和国临时中央政府代表全中国被压迫的民众,号召你们同我们在一起,来打倒全世界工人劳苦民众与一切革命者的共同敌人——世界帝国主义的资产阶级! 我们更要求你们用一切方法阻止各国帝国主义者以枪炮、飞机、毒瓦斯弹运来中国,屠杀中国的民众,并且去号召你们本国的士兵弟兄们,反对帝国主义对殖民地的侵略,拒绝为了帝国主义资产阶级的利益屠杀中国的劳苦群众!

(录自 1933 年 8 月 31 日出版的《红色中华》第 106 期第 2 版)

中央人民委员会关于选举运动的指示

（1933 年 8 月 31 日①）

　　中央执行委员会,为了开展各地的选举运动,已在日前发出关于选举运动的给各级机关的指示训令。兹摘录其内容要点如下:

　　一、从过去选举运动的经验中,清楚地认识了选举运动中的缺点,如没有尽可能的发动群众,缺乏批判与斗争的精神,没有和检查劳动法,查田运动等斗争连系起来,吸引工人分子及劳动妇女使他当选代表,这些做得不够;在选举方法上也有些错误。但这些缺点并不抹煞第一次全苏大会后选举工作伟大的进步,在一次全苏大会后,选举细则制定了;选民的数量增加了,有些地方达到百分之九十以上（如兴国赣东北等）,热烈的批判与斗争也开展了,当选的无产阶级成分增加了,投机的阶级异己分子也大部肃清了,苏维埃运动在更急剧地开展着。

　　二、这一次选举的方针,中央执行委员会已经颁布了新的选举法,责成各级机关在选举运动中开展查田查阶级运动,检查劳动法的执行程度! 开展自我批判。内务部教育部及一切文化教育机关,必需广泛的进行宣传组织工作。健全选举委员会的组织。发动群众团体进行选举运动。审慎考查候选的名单。吸引劳动妇女参加选举运

---

　　①　原件无时间,此为该指示在《红色中华》发表的时间。——本文库编者注。

动,接收并充分讨论选民的提案。各级机关对召集大会要有充分的准备,要有详细的各项工作报告,并早日公布议事日程,尽可能的深入广大群众中去。

三、选举运动中必须注意加强苏维埃无产阶级的领导,提拔劳动妇女参加苏维埃工作,同时要注意当选人的工作能力,各级机关必需派出巡视员帮助下级工作,用一切力量来争取这一次选举运动的全部胜利。

以上是主要的原则,至于具体办法详见中府训令,全苏区的工农选举,应以这训令做武器,为巩固和发展苏维埃政权而斗争!

（录自 1933 年 8 月 31 日出版的《红色中华》第 106 期第 5 版）

肃反问题提纲

（1933 年 8 月）

一、肃反斗争的意义

社会上一切反革命派别,不管是国民党、社会民主党、改组派、第三党、国家主义派、新月人权派、托陈取消派,以至罗章龙右派,他们都是封建地主资产阶级的拥护者和维持者,是革命的敌人。在革命斗争中,他们是要联合一致来进攻和破坏革命的,他们除用公开的反革命武力来镇压革命外,同时要用一切秘密的破坏方法来混入革命队伍,散播反革命□□□□和欺骗群众,所以肃反斗争是进行公开的和秘密的与反革命派别的斗争。

各种反革命派别,在革命胜利后,他是要组织团结一切被推翻之地主豪绅、一切被推翻之剥削分子,来反抗苏维埃阴谋,企图推翻苏维埃,甚至最卑鄙的暗杀革命领袖。肃反工作是保障革命胜利,维持革命秩序,压迫和防止一切反革命派的秘密活动,因此,肃反斗争是整个阶级斗争中的特殊斗争形式,他包含有整个阶级斗争的意义。

二、过去斗争中各种反革命派别的活动

在过去一切阶级斗争中,不管是军事的政治的经济的,各种反革命派别都起了积极破坏革命的作用,从他们过去的活动,都可以看出,在工人罢工或威示〔示威〕中,都起了它工贼作用来破坏罢工与示威,尤其阶级斗争到最尖锐的武装斗争阶段时,是积极破坏革命,在

尤其阶级斗争到(以下字迹不清——本文库编者注),在全国各苏区都有过社会民主党、改组派、AB团、托陈取消派等的活动,阴谋破坏革命,如组织反革命的暴动(江西富田,福建北五区坑口),拖抢投降白军(七军改组派分子李明瑞与五军团之季黄①),以至阴谋□□,破坏苏维埃法令政策,散播各种欺骗宣传不一而足。

三、帝国主义国民党大举进攻中肃反工作之重要

国民党在它过去进攻苏维【埃】红军得到惨败的教训,如□单靠军事力量是不够的,故提出三分军事七分政治来进攻苏维埃红军,怎样三分军事七分政治呢,确切的说,就是先用欺骗后用屠杀,而国民党明知道它自己的欺骗早就在广大的工农群众前面宣告破产,故此,要联合和利用一切在野的反革命派别,进行大规模的改良欺骗与武断宣传,散布各种左的言论来缓和群众斗争情绪。同时,各种反革命派别看见国民党封建地主资产阶级统治的急速崩溃,所以用各种巧妙的欺骗,如提出"优待俘匪""耕者有其田""按人口分田",如人权派提出"红军□□暴动政策可以□为阶级"等,最近更利用中苏复交来散播各种欺骗,企图缓和群众拥护苏联与反对大举进攻的斗争情绪,一致向革命进攻,企图挽救国民党垂死统治,同时国民党更利用金钱来收买红军(以下字迹不清——本文库编者注)国民党更利用金钱来收买红军阶级异己分子,来瓦解红军,利用一切被推翻了的地主豪绅富农秘密组织反共团、童子军、大刀会等作国民党的内应,过去□□肃清的AB团、社党、改组派等(如汀州、建宁、黎川)积极活动,甚至利用美人计组织娼妓混入苏区进行□□政策,不断的派遣侦探到苏区刺探【军】事消息。因此,在敌人大举进攻日益紧迫之际,肃清一切反革命派别,□□各种反革命派别的改良欺骗武断宣传,洗刷革命队伍中阶级异己动摇分子,巩固革命营垒团结之一致,是有决定战争胜利的意义。

---

① 季黄,即季振同、黄仲岳。——本文库编者注。

四、各种反革命派别的政治主张及阴谋

A. 社会民主党（第三党）：

他在 1914 年第一次大战时已经公开投降了资产阶级，提出为祖国而战的口号，欺骗广大无产阶级去充帝国主义强盗战争的牺牲，反对阶级斗争，提出"劳资妥协"，现已成为资产阶级的拥护者了，在中国社会民主党唯一主张是"劳资妥协""二五减租"，他的阴谋是：混入共产党组织，破坏共产党，破坏苏维埃，破坏红军，组织反革命暴动来推翻苏维埃政府，做国民党进攻苏维埃的内应。

B. AB 团：

AB 团是以地主豪绅富农作基础而形成的组织，是最反动的封建组织，他重要主张是维持封建统治，拥护南京政府，他破坏革命阴谋则与社党无异。

C. 改组派：

过去是国民党左派，与蒋介石分裂后，由汪精卫领导，以改组国民党旗帜的叫做改组派，是国民党内的一个派别，他的主张是：建立民主政治，"召集国民会议"，提出改良主义的政纲，如"二五减租"、"劳动仲裁"，但他反革命性与破坏苏维埃阴谋是与一切反革命派一样。

D. 托陈取消派：

是国际共产主义的叛徒，托洛司〔茨〕基所领导的反共产国际、反马克司〔思〕列宁主义的一派，陈独秀是中国共产党机会主义的祖宗，被中国共产党开除出去后，团结一些机会主义者来反对中国共产党的一派，现在已投降托派了，他们的主张：中国目前要做无产阶级革命，"开国民会议"，说建立苏维埃政权的口号是反动的口号，主张"和平斗争"，他是取消革命，取消工农斗争的，故称之为"取消派"。他是资产阶级的先锋队，他还戴着马克司〔思〕列宁主义的假面具来欺骗工农群众，是我们最危险【的】敌人，他在苏区的反革命阴谋与社党、AB 团是一致的。

E. 人权派、国家主义派：

他们最近提出是左的主张，如"建立民众政权""组织民众武装"，提出与苏维埃政府来对立的"国防政府"，提出有条件的"中苏复交"，提出"改良农村经济"，甚至提出打倒国民党，但他极力拥护三民主义与孙中山的建国大纲，他们对苏维埃红军进攻与对工农斗争的破坏是与国民党一致的，至于国家主义派是以"外抗强权""内除国贼"为它们主要标识，然他们的反革命性，是不轻于其他反革命派别。

五、过去肃反策略路线的错误

一般说来，过去对反革命派别采取最严厉的镇压，是适当的，然而当时对肃反工作之认识与对反革命派之估计是错误的，由于这些错误，便产生了非阶级路线与非群众路线的错误，当时不但不分阶级异己分子与工农成分均同样处置，且不从阶级立场上去观察 AB 团、社党及一切反革命派，而坠入一种小资产阶级疯狂心理，结果使无产阶级和广大工农群众对肃反工作不积极。非群众路线表现在完全没有发动群众，引导广大工农群众来参加肃反，把肃反斗争范围与策略简单化，只是用拘捕杀戮，把广大的思想斗争、理论斗争与教育工作，都放弃了，对阶级力量失却信心，甚至对工农分子以至同志都互相怀疑起来，把反革命派的活动与力量则"扩大化"，以为所有地主豪绅富农都是 AB 团、社会民主党，将思想不正确或消极怠工的分子都认为是 AB 团、社党，造成人人自危的恐怖现象，发生群众不愿加入共产党与对苏维埃红军都怀疑，怕积极参加，这是过去非阶级路线、非群众路线可〔所〕造成的错误恶果。

党大会以后已经纠正了，建立了司法机关，与保卫局的行政系统，走上了正确的阶级路线和群众路线。

六、肃反斗争是艰苦长期的斗争

肃反斗争不是简单的，而是非常复杂的，他不但消灭反革命派的组织与活动，这就是说不是简单的拘捕反革命分子，而是要揭破一切反革命的欺骗，从理论上与他们武断慌〔荒〕谬的理论宣传作不断的斗争,要与反革命派思想做不疲倦的斗争,消灭反革命派理论上思想上在群众中的影响,这斗争是很艰苦长期的。

七、肃反的策略路线

我们对反革命派别斗争的路线是明确的阶级路线与群众路线。什么是明确【的】阶级路线?明确的阶级路线是站在坚定的阶级立场坚决阶级意识毫不动摇的来与反革命斗争,保障革命胜利与阶级利益,并对于一切阶级异己分子如官僚、豪绅、地主、富农、资本家等加入反革命组织,有了反革命事实,以及甚至是反革命的领导者或组织者最严厉制裁,而本阶级的工农分子,被欺骗利诱威胁而加入反革命组织的,应以教育方式准其自首自新从轻处罚。群众路线是经过群众组织,发动群众运用群众力量来镇压和肃清反革命派别。我们的策略应该是:

(一)巩固党、团、苏维埃、职工会、雇农工会、贫农团等的无产阶级的基础,加强无产阶级领导。

(二)对于一切反革命活动的表现,应有详细分析与正确的估量并确定他的性质。

(三)坚决执行肃反的阶级路线、群众路线,用布尔什维克的分化政策,争取被反革命派欺骗的工农群众。

(四)深入而普遍的揭发和暴露一切反革命派别的反革命阴谋罪恶。

(五)对于反革命派别的组织者领导者应收集一切反革命的事实公开审判,对于一切阶级异己分子出身的,应严厉制裁,本阶级的工农群众则从轻处罚,对动摇的小资产阶级出身的知识分子也可分化出来。

(六)进行深入的群众理论思想斗争,肃清反革命派的理论在群众中影响。

(七)从一切阶级斗争中,发扬群众的积【极】性,提高群众的阶级觉悟(工农)及阶级仇恨(对地主豪绅资产阶级),自动参加肃反斗争。

（八）提高阶级教育使广大的工农群众对共产党的理论主张有切实了解，使反革命的理论宣传无法散播，不致受反革命的影响和欺骗。

—完—

国家政治保卫局编印
江西省苏教育部翻印
1933 年 8 月

（根据中共江西省委党史研究室资料处藏件刊印）

教育人民委员部通令第三号

（1933 年 8 月）

　　中华苏维埃中央人民委员会已颁布了小学校制度暂行条例的第八号命令，毫无问题的各级教育部、乡教委会必须有计划有步骤的来实施和发展苏维埃小学，尤其是改善现有小学的管理与教授法，中央教育部责成各级教育机关在"五一"劳动节前完成下面二个工作：

　　（一）迅速划分学区和调查学龄儿童是我们第一步必需的工作，划分办法应遵照小学校制度第六条："小学校要分划学区，一学区内的学生，距离学校至多不超过 3 里，但偏僻乡村得由 3 里到 5 里，学区的分划，由乡政府拟具计划，区政府校准施行"。第七条："学区内设立小学一所，学校规模的大小，以能容该区内全体学龄儿童为度，人口稀少、交通不便的乡村，有学生 20 即可设立一校，在城市和大村庄没有集中教育的地方，尽可能办大规模的学校一所"。区教育部应动员各乡教委会可在群众团体帮助之下去调查清楚提出主席团会讨论，或由区召集各乡教委主任、教员开会（尽可能召集主席）检阅各乡，地方大的平原或山地去划分学区。学区划分之后，应即做好各该区乡学区说明书，要简明的说明，该区各可划分多少学区，现在尚有几个学区需要即办列小（最好附地图）。

　　（二）在划分学区中，同一时间内完成下列的调查统计工作（填交附在这里两个表格）。

　　上面两个工作各区要在 4 月 20 日完成，25 日总结报告县，在"五一"以前各县一律报告中央(另作一报告到省)。

为完成上面两个工作,必须提高我们的阶级警觉性,镇压在划分学区中阶级敌人的造谣破坏(如地方观点的发展等),同时应有充分的宣传解释工作。尤其某县某区都应该抓住几个中心区域进行突击,首先是几个中心县(兴国,博生,瑞金,会昌,兆征),把他造成模范,以最快的速度来完成。

（根据中共江西省委党史研究室资料处藏件刊印）

开展查田运动!!
——中央人民委员会布告
(1933 年 9 月 1 日)

中央政府为了彻底消灭封建残余势力,特颁布查田运动训令,并在今年 6 月间召集查田运动大会,号召广大群众起来,在所有农村中进行坚决的查田运动,几个月来,已经得到了极大的成绩。但是还有许多地方没有开展这个运动,有些地方或包庇地主富农,或侵犯中农利益,或不开群众大会做宣传,或不得群众同意就去没收,或不把没收的东西发给群众,或镇压反革命不坚决,这些都是极大的错误。中央政府为了赶快消灭封建残余使中农贫农工人群众得到全部土地革命利益,特为布告各地政府及广大工农群众一体明白,大家起来拥护中央政府的命令,在下列各条办法之下,进行坚决的阶级斗争,争取查田运动的完全胜利:

(一)各地政府及查田委员会,必须抓紧查田的领导,推动工会贫农团及一切群众团体,切实进行查田运动。首先要向群众做普遍的宣传,使群众人人明白查田运动的意义,大家起来自己动手查田查阶级。

(二)查田不是分田,查阶级不是查中农贫农雇农阶级,因此不应该按家按亩插起牌子遍查,而是要发动一切革命群众,专门清查地主富农阶级。

（三）贫农团是查田运动的中心力量，应该大大发展贫农团，每个贫农都可不要介绍，自己报名加入。农村工人都应加入贫农团，去领导查田斗争。中农可以参加贫农团的会议旁听。

（四）中农的利益绝对不能侵犯，不能随便把中农当做富农。有些富裕中农分子，过去虽然有些小小剥削，同样不能当富农看待。所有中农群众，都应该团结在贫农团的周围，向地主富农一致进攻。

（五）富农是自己劳动，兼靠剥削为生，因此只能分坏田，不应该把富农当中农看待。但同时也不能把富农当地主看待，完全没收富农家产的办法，是错误的。有重大反革命行为的，才叫做反动富农，应没收他，否则不应没收。并且一家之中，只没收本人及与他的反革命行为有直接关系的，其他的人则不没收。

（六）地主自己不劳动，或只有极小一点附带劳动，他们是封建剥削阶级，应该完全没收其土地财产。地主阶级的壮丁，应该编成劳役队，加以训练，使之参加国家的或当地的劳动工作。

（七）地主阶级的财物，没收之后，除现款外，应该一概赶快发给本村的贫苦群众。没收的土地，除留出公共事业田之外，应赶快分给群众。

（八）混进苏维埃中的地主富农分子，贪污腐化，消极怠工，命令强迫，以及包庇地主富农的分子，工农群众应该在工农检察部领导之下，向着这些坏分子作斗争。错误轻的，纠正错误，错误重的，清洗出去，巩固苏维埃政权。

（九）一切参加反革命活动的分子，应该受到严厉的镇压，罪大的实行枪决。工农群众，应该与苏维埃的保卫局及裁判部好好配合起来，彻底肃清反革命。

（十）查田运动的工作，应该与扩大红军，扩大赤卫军少先队，推销经济建设公债，发展合作社，发展农业工业生产，发展出口入口贸易，全部实行劳动法，发展列宁学校及识字运动，修理桥梁道路，进行苏维埃选举运动等项工作,切实配合起来。广大工农群众,都应在当地苏维埃领导之下齐心合力,进行各项必要的工作,以便迅速粉碎帝国主义国民党的五次"围剿",争取革命在全中国的胜利。

主　席　毛泽东

副主席　项　英

张国焘

公历 1933 年 9 月 1 日

（录自 1933 年 9 月 30 日出版的《红色中华》第 144 期第 6 版）

中央政府庆祝国际反帝非战大会开幕

（1933 年 9 月 3 日①）

国际反帝非战大会代表们：

中华苏维埃共和国临时中央政府，代表全中国工农劳苦群众，向大会全体代表谨致无产阶级革命敬礼！英勇的反帝战线的前卫们，你们不顾帝国主义国民党的白色恐怖，不顾法西斯蒂与巡警探子的恐吓阻止，毅然在国际帝国主义共管下的被日本强盗所炮毁过的上海，来召开全世界反帝非战大会，我们表示无限的敬佩与热望！

大会的开幕是国际工人阶级和一切劳苦群众在反帝的国际下层统一战线上获得了空前伟大的成功。我们坚信大会一定能够领导全世界反帝战士采取具体的步骤来反对不宣而战的企图把中国完全殖民地化的远东战争，反对正如火烧眉毛一般危急的国际帝国主义的反苏联的战争！

全中国劳苦民众完全深刻的理解李顿调查团与国际反帝非战代表团这两个组织的尖锐的对立，政治的经验告诉我们：前者是国际帝国主义强盗瓜分中国的计划者与组织者，而后者，就是你们呵，你们是全中国民众反对帝国主义的强盗侵略，争取中国的独立自由和解放的最有力的帮助者。我们希望你们把一切帝国主义在中国所造成下的兽行，罪恶和阴谋的实情，揭露在全世界工农兄弟的面前，同时

---

① 原件无时间，此为该电在《红色中华》发表的时间。——本文库编者注。

热烈的欢迎你们来参观苏维埃区域,把苏区内工农的革命热情和他们的生活的改善,以及苏维埃政府的一切建设,和你们在帝国主义国民党统治区域内所见的饥饿、死亡、失业和灾荒作〈一〉成一个显著的对照表,传播到全世界工人农人与兵士中间去,激起他们的兴奋与同情!

现在中国是在两条道路——殖民地的道路与苏维埃的道路——的剧烈战争中。帝国主义国民党疯狂的进行对苏维埃红军的五次"围剿",正是要使中国走上完全的殖民地的道路,而我们也正集中一切力量来粉碎敌人的死命的大举进攻,竭力阻止帝国主义殖民地的道路,为争取独立自由的苏维埃中国的道路而斗争。我们相信大会是完全同情于我们,因此,大会的成功即是我们的成功,大会的胜利即是我们的胜利。我们领导全国工农和红军,一致拥护大会的顺利进行,为大会的伟大的前途,表示热诚的祝贺!

中华苏维埃共和国临时中央政府主席　毛泽东

副主席　项　英

张国焘

(录自 1933 年 9 月 3 日出版的《红色中华》第 107 期第 4 版)

中华苏维埃共和国中央教育
人民委员会部训令第五号

（1933 年 9 月 8 日）

最近中央教育部与团中央局开了一次联席会议，详细讨论了目前教育工作的方针及任务与团协助教育问题，并一致通过了一个决议案（另外附上），各级教育部应根据这一决议上所指出的教育方针与任务，来纠正过去在教育工作中一切错误与缺点，□□完全实现这一决议而斗争。

团中央局所发起的团对教育部工作的协助运动，无疑的是今后苏区文化教育极大开展的前途上最有力的推动者，各级教育部应与各该级团的领导机关发生最密切的关系，并在一切教育工作中，求得广大的团员同志热烈的参加与协助，这样，我们才能很迅速的来完成目前教育的任务。

代部长　徐特立

副部长　沙可夫

1933 年 9 月 8 日

（根据中共江西省委党史研究室资料处藏件刊印）

生产合作社标准章程

（1933 年 9 月 10 日）

第一条　本社为发展苏区生产，抵制资本家之剥削与怠工，救济失业之困苦与生活之改善为宗旨。

第二条　本社遵照合作社暂行组织条例第六条之规定向××县政府登记取得合作社证书。

第三条　本社定名为××县××区××生产合作社。

第四条　本社社员以工农劳苦群众直接参加本社之生产者为限，无参加本社生产之人不得为本社社员。

第五条　本社社员数量无限制，凡参加本社生产及本社雇佣之工人、职员均得自由陆续加入本社，不得以任何理由拒绝之。

第六条　本社社员如有特别原因长期内不能参加生产者，得要求退还股金，但因有病请假或其他原因短期内不能参加生产者，不在此例。

第七条　本社社员因参加生产而致残废者，除由本社按照情形分别抚恤外，仍保留其股权及分红权利，其分红数目以参加生产社员之平均数为标准。

第八条　社员有故意怠工或破坏本社行为者，得由本社社员大会通过而开除之。

第九条　本社股金定每股大洋 1 元，以劳动力为单位，其一个参加生产的劳动力愿入数股者听便。

第十条　凡交足股金参加生产之社员，均有选举权、被选举权、表决权，但每一社员不论入股多少，均以一权为限。

第十一条　凡交足股金之社员由本社发给股票。

第十二条　本社股票概用记名式，盖上本社图记，由管理委员会主任签名盖章。

第十三条　社员如欲转让其股于继承人时，须该继承人仍愿参加本社生产者，方能许可。

第十四条　股票如有遗失情事，应先报告管理委员会挂失，一面登报声明作废后，再向本社请求补发新股票。

第十五条　本社应社会需要制造×××，但时机许可时，得兼营其他生产事业。

第十六条　本社于必要时，得雇佣工人或职员，工资与工作时间，须遵照劳动法之规定，并须尽可能做到较私人资本所办之生产事业对工人之待遇条件为优。

第十七条　本社对长期雇佣之工人，须尽量吸收其为本社社员，对短期雇佣之工人，须尽量允许其加入或退出本社之要求。

第十八条　本社以社员大会为最高组织。由全体社员组织之。

第十九条　社员大会每3个月开会一次，如有特别事故发生或社员三分之一以上要求时，可随时召集临时大会。

第二十条　社员大会须有三分之二以上社员出席，才能开会。

第二十一条　社员大会之职务如下：

1. 选举、罢免或处分管理委员及审查委员；

2. 制定或修改本社章程及办事细则；

3. 决定工资及工作时间；

4. 通过或开除社员；

5. 审查3个月生产与销售之报告及决算；

6. 决定奖励金之数目及其分配；

7. 决定下3个月之生产及销售计划。

第二十二条　管理委员会由社员大会选举×人至×人组织之。

第二十三条　管理委员会任期以 3 个月为限,但得连选连任。

第二十四条　管理委员会每星期开会一次,其职务如下:

1. 依据大会决议定出生产与销售之具体办法;

2. 雇佣或辞退工人;

3. 按期向社员大会及当地政府作社务报告;

4. 处理其他日常重要事务。

第二十五条　管理委员会互选 3 人为常务委员,以 1 人为主任,1 人司会计,1 人司银钱、生产品之出纳。

第二十六条　常务委员会如不能担任上项职务时,得由本社聘请职员帮助,但其责任仍归该委员负之。

第二十七条　常务委员会除酌给奖励金外,如因社务繁忙,不能参加生产劳动或一部分时间不能参加劳动时,得按照情形,酌给予劳动时间应得之同等工资。

第二十八条　审查委员会由大会选举 5 人至 7 人组织之。

第二十九条　审查委员会任期以 3 个月为限,但得连选连任。

第三十条　审查委员会每月开会一次,审查管理委员会之行为及账目。

第三十一条　管理委员会如有溺职舞弊、徇私、违章时,得由审查委员会召集社员大会改组并处分之。

第三十二条　管理委员会与审查委员会通同舞弊时,得由社员三分之一以上提议,召集社员大会改组并处分之,重者向法庭控告。

第三十三条　本社定 3 个月决算一次,决算期,应制下列表册书类,交社员大会审定后,报告当地政府及中央政府:

1. 资产负债对照表;

2. 损益表;

3. 红利分配表;

4. 财产目录;

5. 生产和销售实况报告书;

6. 雇佣工人情形报告书。

第三十四条　每期纯利,除酌提若干为常务委员会及职员之奖励金外,以百分之五十为公积金,百分之二十为办社员公共事业(如文化教育等),以百分之三十照社员人数平均分配。

第三十五条　本章程如有未尽事宜,得由大会决议增删或修改之。

第三十六条　本章程系遵照中央政府所规定之标准章程而订,遇有增删修改时,由社员大会决定,报告苏维埃政府批准,备案施行。

（录自《革命根据地经济史料选编》上册,江西人民出版社 1986 年版,第 264—267 页）

消费合作社标准章程

（1933 年 9 月 10 日）

第一条　本社为便利工农的消费，抵制投机者操纵和剥削为宗旨。

第二条　本社遵照合作社暂行组织条例第六条之规定，向××县政府登记，取得合作社证书。

第三条　本社定名为××县××区××乡消费合作社。

第四条　本社社员以工农劳动群众为限，富农、资本家、商人及其他剥削者不得加入。

第五条　当地政府必要时可认股参加，但政府只有一普通社员资格，无任何特权。

第六条　本社社员必为本社之直接消费者，都要向本社营业。

第七条　本社社员数量无限制，准许自由陆续加入，但成立以后加入之新社员，要经社员大会通过。

第八条　社员如有破坏本社行为者，得由社员大会通过开除之。

第九条　社员如有要求退社者，须向管理委员会报告许可。

第十条　本社股金定每股大洋 1 元，以家为单位，其一家领入数股者听【便】。

第十一条　凡交足股金之社员，均有选举权、被选举权、表决权，但每一社员（代表一家）不论入股多少，均以一权为限。

第十二条　凡交足股金之社员，由本社发给股票及购买证。

第十三条　本社股票及购买证概用记名式盖以本社图记,由管理委员会主任及副主任签名盖章。

第十四条　社员有转让其股权于承继人之权,但须得管理委员会之可决。

第十五条　股票及购买证如有遗失情事,应先报知管理委员会挂失,一面登报声明作废后再向本社请求补发新股票。

第十六条　购买证只限该社员一家使用,不得借给非社员,并不得将证代非社员向本社购物,如发觉上项情事,应给该社员以停止分红一期之处分。

第十七条　本社以社员之需要为前提,大批采办日用必需品,零售售给社员。

第十八条　本社商品应以极低廉的价格售给社员。

第十九条　本社商品亦可售给非社员,其价格应比社员略高,但不能超过一般市价以上。

第二十条　必需品缺乏时,社员有优先购买之权。

第二十一条　本社以社员大会为最高组织,由全体社员组织之。

第二十二条　社员大会每 3 个月开会一次,如有临时事故发生,或社员三分之一之要求时,可由管理委员会召集临时大会。

第二十三条　社员大会须有三分之二社员出席才能开会。

第二十四条　社员大会之职务如下:

1. 选举、罢免或处分管理委员及审查委员;

2. 制定或修改本社章程及办事细则;

3. 通过或开除社员;

4. 审查 3 个月之营业报告及决算;

5. 决定下 3 个月之营业方针。

第二十五条　管理委员会由社员大会选举 7 人至 11 人组织之,设正副主任各一。

第二十六条　管理委员会任期以 3 个月(或半年)为限,但得连选连任。

第二十七条　管理委员会每星期开会一次,其职务如下:

1. 仿照社员大会决议,定出营业进行之具体办法;

2. 聘请或辞退本社职员;

3. 按期向社员大会及当地政府作营业等报告;

4. 处理其他日常重要事务。

第二十八条　管理委员会之委员,至少须有1人以上兼任本社职员。

第二十九条　管理委员会主任如不能兼任本社职员时,每日至少应到社一次,检查收支账目、营业情形等。

第三十条　管理委员会应负社务之完全责任,所聘用之职员如有溺职、舞弊情事,应由管理委员会负责。

第三十一条　审查委员会由社员大会选举5人至7人组织之。

第三十二条　审查委员会任期以3个月(或半年)为限,但得连选连任。

第三十三条　审查委员会每月开会一次,审查管理委员会之行为及账目。

第三十四条　管理委员会如有溺职舞弊或违章时,得由审查委员会召集社员大会改组处分之。

第三十五条　管理委员会与审查委员会通同舞弊时,得由社员三分之一以上之提议,召集社员大会改组和撤职以及向法庭起诉。

第三十六条　本社定3个月决算一次,决算期应制下列表册书类,交社员大会审定后,呈报当地政府及中央政府。

1. 资产负债表;

2. 损益表;

3. 财产目录;

4. 营业报告书;

5. 红利分配表。

第三十七条　每期纯利以百分之五十为公积金,百分之十为管理委员及职员奖励金,百分之十为社会公共事业,百分之三十照购买额为标准比例分还社员之消费者。

（注一）：利益之分配，各地可由社员大会决定，但公积金须超过三分之一以上。

（注二）：分红给购买者之办法，如因有登记记〔计〕算之困难，可按照社员人数平均分配，将平日货价格减低，但公积金就要增加。

第三十八条　本章程如有未尽事宜，得由社员大会决议增删或修改之。

第三十九条　本章程遵照中央政府所颁发之标准章程与社员大会之决定所规定增删修改之权属于社员大会，但须向苏维埃政府登记备案。

（录自《革命根据地经济史料选编》上册，

江西人民出版社 1986 年版，第 336—339 页）

《选举运动》第二期
目 录

（1933 年 9 月 10 日）

在苏维埃选举中的工人

一、什么是工人呢？凡是全无土地与工具，或有极少的土地与工具，在各种生产或运输的事业中出卖劳动力为生活唯一来源或主要来源的人，就是工人。

工人出卖劳动力，有各种不同的形式，比如工厂作坊店铺中的工人，是整年整月的把自己的劳动力卖给一家的雇主，又有些雇农苦力及手艺工人，是零碎的不固定的出卖自己的劳动力。不管他出卖劳动力的形式怎样，只要他是完全的或主要的靠出卖劳动力过活的人，都是工人，所以雇农苦力及沿门卖工的手艺工人，都要算是工人。

"工人及工人的家属,在苏维埃的选举中,要占优越的权利"(苏维埃选举法)。

二、苏区的工人,雇农,苦力,有许多在土地革命后,分得了土地,他们以前是以出卖劳动力为生。但在革命后,他们致以耕种分得的土地为主要生活来源。这些人还算是工人成分,其选举权利与一般工人同。

但是工人雇农苦力,在革命前三年,其生活的主要来源就是依靠耕田及其他独立经营,并不出卖劳动力者,就不能算作工人成分。

三、凡是工人,雇农,苦力,现在失业了,其选举权仍与一般工人同。但是那些长期脱离生产的社会成分(如流氓乞丐等),不能算是工人。

四、生产合作社里面的劳动者,应该分为两种,第一是由工人(因为失业等)组织起来的生产合作社,其选举权与一般工人同。第二是小手工业者及其他成分组成的生产合作社,其选举权与农民及城市贫民同。

五、加入工会的工人店员如因失业合股开店,虽为该店股东,但仍依靠自己劳动力在店内工作而不雇用工人者,其选举权与工人一样。

老板逃跑,其商店由苏维埃交给店员经营,如经苏维埃与工会调查确实者,其选举权仍与工人同。

六、家庭工人,季候工人,有许多虽然加入工会或组织在工会的周围,但他们生活来源主要的如果不是以出卖劳动力得来,其选举权与一般贫农同。如果他们生活来源主要是靠出卖劳动力,其选举权与一般工人同。

七、机关雇员(如政府机关及工会等各社会团体机关)学校的职员与学生有许多虽然加入工会,如非工人出身的其选举权与一般选民同。如系工人出身的其选举权与一般工人同。

各种合作社(经政府承认的)的店员,粮食调剂局与银行等国有国家企业中工人职员或管理人员其选举权与一般工人同。

八、女工的选举权应与男工一样选举。

九、在红军前后方部队中的工人其选举权与一般红色战士同。

服务于前方（随军修械）或后方军事工厂工作的工人，其选举权与一般工人同。

苏维埃选举是工农民主专政实施的重要关节，这次选举更负着伟大的历史任务，各级政府必须依照本训令的全部指示及苏维埃暂行选举法的规定，切实进行这次选举，务使这次选举，得到完全的胜利，要拿了这次选举的完全胜利，去粉碎帝国主义国民党的五次"围剿"，开展苏维埃运动于全中国的领土。

中央政府执行委员会训令

市苏乡苏向选民的工作报告大纲

中央执行委员会第二十二号训令指出，"在这次选举运动中，政府须向选民作报告，因为实行向选民作报告，能使政府的政策与工作在群众中得到检验的机会，能使选民对选举的热情提到更高的程度，向选民作报告的办法是，乡苏市苏在选举之前一星期，以屋子或村子为单位召集选民开会，做总结乡苏市苏过去的尤其是最近一个时间内工作经验的报告，发动选民批评，欢迎他们提出新的具体的意见以为政府今后工作的方针"，并责令中央内务人民委员部拟出报告大纲，因此，本部拟出了这个大纲，发给市苏乡苏，以为作报告的标准，这种作报告的选民会，可以开三点钟，但报告的时间不能超过一点半钟，须有一点半钟时间，给群众讨论。下面就是报告中应有的项目：

（一）乡苏和市苏改选以来主要是最近几个月内组织及工作的大概情形：

这里主要要说到开了几次会，解决了一些什么重要问题，各代表的表现怎样（几多人是积极工作的，几多人是消极怠工的，可以指出最好的及最坏的几个人的姓名作为例子给群众听），市苏乡苏下面各种委员会的组织工作情形等,这一项至多20分钟报告完毕。

(二)关于战争动员工作:

这里要把本市和本乡改选以来,关于扩大红军,训练赤卫军少先队,动员运输队,慰劳红军,优待红军家属,及赤色戒严等项,作一简单的叙述,指出这些工作中所得的成绩,及用了一些什么好的方法才争取了这些成绩;还要指出这些工作上表现了一些什么缺点与错误,如形式主义命令主义等(假如有的话),这项报告的时间,亦可有20分钟。

(三)关于经济动员工作:

这里要将推销公债,借谷运动,节省运动,发展合作社,春耕夏耕秋收秋耕运动,罚款捐款数目等,指出其成绩,用些什么方法取得成绩的,有些什么缺点错误,缺点错误的原因在那里,报告给群众听,亦可准备20分钟报告这一项。

(四)关于查田运动:

要指出本市本乡查田运动的胜利,如查出地主富农的家数土地数,群众发动的程度,没收分配的情形,要指出那些村子屋子的阶级查得更好,查田运动中进行检举运动及镇压反革命的工作做得怎样,也要大略说到。更要指出还有什么地方,查田没有成绩或成绩不够,为的是什么原因,使群众了解以后怎样开展查田运动,此项报告亦不能超过20分钟。

(五)其他重要工作:

剩下的时间,应该说到劳动法的执行,文化教育工作的现状,指出这些工作中的经验教训。

以上五项只提出几个主要工作做报告,其他次要工作不必多说,总计一点半钟要报告完,因此乡苏市苏主席事先须好生做个准备。使报告能包括紧要点,使群众得到一个总的概念,好批评乡苏市苏的领导。报告完了,即应讨论起来,使群众发表意见。当群众对乡苏市苏提出了批评的时候,决不能压抑群众的发言,即使有批评错了的,也应该引起大家的讨论,求得正确的总结。应该注意吸收群众提出的意见,这是向选民做报告的重要目的。如果群众讨论得很热烈时间不够,可以适当的延长一些时间。

中央内务人民委员部

代部长　梁柏台

1933 年 9 月 1 日

审查选民资格

选民是有选举权和被选举权的人民。那些人才是选民？工人、贫农、雇农、中农、独立劳动者、城市贫民等及其家属、红军战士及其家属,都是选民。那些靠剥削为生的地主富农资本家,以及参加过反革命被剥夺了选举权被选举权的都不是选民。

审查选民资格,主要是审查阶级(虽然除阶级的资格外,尚有要满 16 岁的年龄资格等)。同时他就是一个阶级斗争。在查田查阶级中查出那些冒充中农贫农的地主富农,不只是没收他的土地(富农没收他的好田),同时他也不是选民了。

选举委员会登记选民时,应该慎重其事,为得免除登记有遗漏或有错误,还要在选举之前,把选民和被剥夺选举权的人的名单及该处居民的总数,张贴在大家容易看见的地方。选民他是苏维埃政权的主人,不容许暗藏地主富农及一切非阶级分子混在里面,同时有选举权的人,也不应该有一个落在政权的外面,如果有遗误错误的,一定自己要出来争。

江西全省区以上内务部长
选举运动大会的总结

今年这次选举,正在猛烈开展革命战争,粉碎帝国主义国民党的五次"围剿"的时候,这次选举比过去几次选举更有伟大的意义。为要使这次选举运动更深入群众中去，使各级内务部对于选举的进行，更正确的去执行中央执行委员会对于选举的指示，以完成这次选举的伟大任务，加强革命战争的领导，顺利的去粉碎敌人五次"围剿"，中央内务人民委员部特决定于8月26日，在博生县城召集江西全省区以上的内务部长选举运动大会，在9月5日，在瑞金召集粤赣、福建二省及瑞金直属县区以上的内务部长会议，专门来讨论选举的工作。江西全省区以上内务部长的选举运动大会现已结束，兹将经过情形略述如下：

大会在8月26日开幕，29日闭幕，共开了4天，所讨论的问题有下列几点：第一天是报告粉碎敌人五次"围剿"与选举运动的任务和工作，晚上分4组讨论，第二天是继续分组讨论，每组有指导员3人，指导各组所讨论的问题。这个问题，报告和讨论共占了2天多，这是这次大会的中心问题。第三天上午做第一个问题的总结，下午报告内务部的组织和工作。第四天上午分组讨论，下午做总结，并订立了2个月工作竞赛条约，该项条约的内容，包括选举工作，水陆交通的工作，优待红军家属，红军烈士纪念塔的募捐工作及备荒仓等问题。

这次大会，到会者有博生、长胜、洛口、赤水、石城、龙岗、兴国、杨殷、赣县、万泰、乐安、宜黄、公略、永丰、广昌、胜利等县，缺席者、南丰、崇仁、新淦①、康都等县，都是区县两级的内务部长或副部长。到会的同志，对于选举运动大会所讨论的每个问题，都是非常注意，发【现】问题的很多，发表意见的都很积极，大会对于选举运动的精神是提得很高的。经过这次大会之后，到会同志对于选举工作的重要任务，能更进一步的了解，回到各地后，对于选举运动的进行，必定有很大的开展。就是对于普通一般群众，也引起他们对于选举运动的注意，提起他们对参加选举运动的积极性，扩大了选举运动的影响，这是这次选举运动大会的伟大成功。

---

① 新淦，现称新干。——本文库编者注。

总结过去工作作〔做〕成新的提案

选举代表去做事,我们选民就应该交代〔待〕他去做些什么事?才好考查他,当选后能够执行他所应做的任务与否。我们交代〔待〕他,不是马马虎虎的,我们要现在的苏维埃负责人向我们报告他的工作,考查他的成绩与缺点,然后大家根据这些经验,来讨论今后工作应该怎样。比如战争动员,如果从前犯了命令主义,及优待红军条例没实现的错误,致扩大红军成绩不好,那就要讨论今后应怎样才能做到人人武装,都为争取战争胜利而奋斗。又如查田查阶级运动没彻底的,今后应怎样才能不使一个地主分得田,一个富农分得好田,又如经济建设,从前做得不好的,今后应如何使合作社发展,生产增加,大批输出物产与输入盐布必零〔需〕品等。其他如怎样才能实现劳动法,怎样才能消灭文盲,都要祥〔详〕细讨论,适应革命的开展和实际情形,制成提案,交把我们所选举的代表,使代表到苏维埃后,照着我们的意思去执行,如果他没有执行,又没有不能执行的充分理由,那就认为他不配当我们的代表,我们随时可以撤消他。

福建、粤赣两省及瑞金直属县区以上
内务部长选举运动大会开幕

中央内务人民委员部召集福建、粤赣两省及瑞金直属县区以上的内务部长选举运动大会,已于9月5日在瑞金开幕,大会议事日程如下:

南部十七县区以上内务部长选举运动大会议事日程:

9月5号上午分组调查,下午毛泽东同志报告粉碎敌人五次"围剿"与这次选举运动中的任务;6号上午讨论,下午梁伯〔柏〕台同志报告选举法;7号上午讨论,下午讨论并结论;8号上午梁柏台同志报告内务部组织与工作,下午讨论并结论。

要注意被选举人的政治表现和工作能力

选举代表到苏维埃,是要他能够代表工农阶级的利益,替工农阶级做事。凡属动摇妥协分子,斗争不积极的分子,贪污腐化的分子,工作方式表现浓厚官僚主义的分子,都不能使他当选。因为他们都是不顾工农利益,阻碍革命发展的。他们的坏影响很大,常常是"一粒老鼠屎,弄坏一锅汤",所以我们定要很严厉的注意被选举的人的政治表现,不使这些坏分子有一个仍留在苏维埃。

另一方面,我们选举代表,是去做事,不是只要他们表现好,就够了的,这要看他的工作能力如何。如果只看成分,不看能力,把能力很薄弱的分子引进苏维埃,也是没有益处的。

中央内务人民委员部为进行选举对江西一封指示信

江西省各级内务部并转主席团:

城市与乡一级的选举,是苏维埃的基本选举,你们应该集中力量,加紧对市乡苏维埃的选举,如果基本的选举没有弄好,区以上各级苏维埃代表大会就要发生不好的结果,所以应该用很大一部分的时间来做市乡苏维埃的准备工作。本部对于这点,还有以下简单和具体的指示:

(一)江西省苏已决定从9月1日到10月5日为市乡的选举期间,在本月25号以前,你们应充分的做各种准备工作,必须在25号以后,才能开始进行选举。

(二)关于选举委员会的组织,区与市的选举委员会规定9人至13人,如小区委员9人,可由区苏内务部长、工农检察部长、劳动部长、土地部长、教育部长、党区委1人团区委1人工会2人组织之。大区委员11人或13人,则可增加反帝拥苏同盟、区少队部及区苏所在地之乡贫农团的代表。区选委一定要有女委员1人。区选委主任可由区内务部长担任,如内务部长不能胜任此职,则可由工农检察部长、劳动部长、土地部长3人中择1人担任之。为了便利指导,乡可设选举委员会分会，可以乡苏代表1人、工会1人、贫团2人、妇女代表会1人、党支委1人、团支委1人组织之。互推一坚决有能力的委员为主任。此信到后各地即刻照此组织，以便进行各项选举准备工作。

（三）对选举准备的工作最主要的应注意以下各点：

一、宣传工作，要加紧对广大的选民群众，做深入的宣传鼓动工作，要动员俱乐部列宁室及一切文化机关，做选举运动的宣传工作，并且在乡选举委员会分会指挥之下，组织9人至11人的宣传队，由区选委会召集全区各乡宣传队训练一天，有力的进行选举的宣传工作，使每个选民都认识这次选举的重要性，百分之百的选民都来参加选举。

二、市苏乡苏要向选民做普遍的工作报告，对于这个工作，本部已发下市苏乡苏向选民的工作报告大纲，各乡各市政府应根据本部所各发工作报告大纲的原则，召集群众团体的会员大会，各屋子各街道的选民大会向他们做工作报告，在每次报告中，特别要注意发动选民对政府工作的批评和提议。这种向选民的工作报告大会越普遍越好。

三、区选举委员会指导乡选举委员会分会发动各种群众团体提出候选名单，要使每个群众团体提出自己的候选名单，然后将这些名单集合起来，加以祥〔详〕细的考查与补充，作〔做〕成全乡的总名单。候选人数可以多于当选人数的一倍。名单弄好了，分作两种形式贴出去，一种是总的，即将全部候选人写在一张贴出去。一种是分的，即将总名单中按选举单位分出来，比如某乡分作7个单位来选举，除了工人单位贴出一张于工会附近外，其余分别各单位的候选人，写成六张各自贴到各单位村子去，使各单位选民看了好加以祥〔详〕细的考虑，到选举日期才能一律选出好代表。候选名单须在选举前7天就贴出来。这一步工作是选举中极关重要的。

四、选民登记，必须仔细的按照选民登记表去进行，不让一个阶级异己分子混进来偷取我们的选举权。在登记完毕后，有选举权的写在红纸上,被剥夺选举权的写在白纸上公布出去,使群众知道某些人是剥夺了选举权的。有组织的选民如工会与贫农团可经过他的组织进行选民登记。无组织的由乡或街道的选举委员会分会的登记员去进行登记。

以上所提出的 4 种主要的准备工作,须要充分的去进行,这 4 种准备工作做得好,选举才有好的结果,希望你们在 9 月 25 号之前,用所有的力量将以上所列举的 4 种主要工作做好,9 月 25 日之后,至 10 月 5 日 10 天内便好进行选举,这样,今年的选举就一定能得到更好的成绩。致以敬礼!

代部长　梁伯〔柏〕台

1933 年 9 月 7 日

大举慰劳红军草鞋 30 万双庆祝红军伟大胜利

最近我英勇红军的捷报,不断飞来,东线击溃了顽固的敌人十九路军,收复清流归化①连城,直到延平②,威胁福州,缴获敌人枪械军用品如山积,北线亦开始了大胜利,在乌江附近击溃敌人八十师 3 团以上,俘房 5000 人,缴械无数,国民党军阀在帝国主义直接组织下,经过很久准备的所谓五次“围剿”,一和我红军接触,就像拉枯枝样坍下来。全苏准备委员会为要争取在大会前完全粉碎敌人的五次“围剿”,号召全苏区大举慰劳红军,发出通告于下:

各级政府各群众团体:为要在第二次全苏大会之前,进行慰劳和鼓励我们百战百胜的铁的红军全体指挥员和战斗员,使他们更兴奋的提起决战精神,粉碎帝国主义国民党对苏区的五次“围剿”,争取江

---

① 归化,即今明溪。——本文库编者注。

② 延平,明清时为府,治所在今福建省南平市,1913 年废。——本文库编者注。

西革命的首先胜利。本会特号召全中央苏区的广大工农群众,进行大规模的慰劳红军一次,并决定在中央苏区动员群众做 30 万双草鞋,及送各种东西果品给红军,这个号召一定为全体工农群众所拥戴,以完全达到我们的希望,各级政府及各群众团体,从现在起,即应将做 30 万双草鞋的问题提出讨论具体的办法,在广大群众中去发动。但在这里必须指出,过去做草鞋慰劳红军,只是女同志的事,男子完全不负责的错误,即使男子不会做,可以设法去买,草鞋的具体数目约略分配于下:

江西省 15 万双,福建省 7 万双,闽赣省 3 万双,粤赣省 3 万双,瑞金 2 万双。

并须在 10 月底全数集中各该省苏内务部,由省内务部报告本会,由本会发通知去分配慰劳。特此函达。致以 敬礼!

本报通讯员同志们:

你们的介绍信,都陆续的收到了,请立即并多多的向本报投稿,以开展战斗的选举运动。若是信封上剪去一角,只要贴一分邮票就可送到。信面请写送"中央政府第二次全苏准备委员会选举运动报收"。

(根据中共江西省赣州市委党史工作
办公室资料室保存的手抄件刊印)

中华苏维埃共和国中央
人民委员会训令第十七号
——关于教育工作

（1933 年 9 月 15 日）

　　文化教育在整个苏维埃运动中占着极重要的位置，在目前粉碎敌人五次"围剿"的战争动员中是不可缺少的一个力量，加紧教育工作来提高广大群众的政治文化水平，启发群众的阶级觉悟与培养革命新后代，应成为目前我们最主要的战斗任务之一。

　　目前的教育工作显然的表现出还是落在其他苏维埃工作的后面，还是不能真真〔正〕适应着革命战争胜利地向前发展的需要。这是由于在过去教育部的工作中存在着不少的错误与缺点，由于一部分苏维埃机关与负责同志对教育工作的忽视，对教育在目前国内战争中的重要性的不认识，甚至有以为在战争环境中没有办法进行教育工作的机会主义观点，这一现象是绝对不能允许继续存在的了。

　　过去教育工作中最大的缺点，首先应该指出，是直到现在我们还没有把目前教育方针明确的规定，在中央教育部第一号训令中虽然提出了这个问题，但是非常不够而且是不完全□当的。在过去教育部工作与文件中表现出，对于建立普及义务教育制度的忽视。没有把普及教育与社会教育很好的联系着发展起来，没有把广大的施行共产主义教育的任务提到面前来，而把教育束缚在仅仅反封建反迷信的资产阶级民主任务的畴范〔范畴〕里面。同时应该指出，对于扫除文盲这一极端重要的文化教育工作，还没有有计划的去进行，以及在利用资产阶级知识分子的问题上，犯了"左"的机会主义错误等，都是过去教育部工作中极大的弱点。

在适应着目前革命战争的需要这一条件之下，确立普及义务教育制度，在共产主义的精神上来创造革命的新后代，广泛的进行宣传马克思列宁主义的革命理论，立刻开始有组织的有计划的进行扫除文盲运动，要尽量的在最短时期内把从前豪绅地主资产阶级的统治所留下来的最毒恶的遗产——文盲——完全消灭。设立列宁师范与各种教育干部训练学校，来造就一支发展普及教育与扫除文盲的战线上必需的强大的教育者军队，对于发展工农剧社、蓝衫团、俱乐部、图书馆、阅书室等等社会教育工作，应给以充分的注意与组织。这更是目前教育的方针与中心的任务。

除了加紧的培养大批的工农分子的教育工作干部以外，必需的利用一部分愿意积极的为苏维埃服务的资产阶级知识分子与专门家来参加教育工作。

在可能范围内必须实施普及义务教育的免费与苏区教员的优待，至少须做到由政府供给小学学生的书籍与文具费用和小学教员的伙食。

人民委员会完全同意中央教育部的提议，于10月间与团中央局联合召开文化教育大会，毫无疑义的，这一大会对于苏区文化教育的前途有极重大的意义，为了使这一大会得到完满的成功，责成中央教育部充分的进行大会准备工作。

最近团中央局所发起的对教育工作的协助运动，人民委员会相信，将成为苏区文化教育战线上有力的突击，使能迅速的消除教育工作的落后现象而得到极大的开展。

为了教育工作迅速的彻底的转变，为了顺利地完成目前教育的中心任务，必须无情的与忽视教育以及教育工作中一切不正确的观点与倾向作斗争。只有在这一思想斗争的开展下，才能真真〔正〕为着战争的需要来一刻也不容缓地发展苏区的文化教育建设。

　　此令

主　席　毛泽东

副主席　项　英

张国焘

1933 年 9 月 15 日

　　　　　（根据中共江西省委党史研究室资料处藏件刊印）

人民委员会第四十九次会议

（1933 年 9 月 15 日①）

人民委员会第四十九次会议，议程如下：

新的财政计划

中央财政人民委员部研究了过去路线的错误与缺乏计划，致财政工作不开展，特根据财政负担放在剥削者身上，发展国民经济增加财政收入，及依靠工农的革命积极性帮助国家财政这三个原则提出 6 个月（9 月至【明年】2 月）财政收付计划，其中向地主富农筹款约 600 万元。为要做到收支适合各级财部组织要加强，中央财部的没委会，公债局，税务局，国有财产管理局，有的要增人，减少兼职，有的要加以整理。国家银行应于 9 月起，在财部监督之下实行独立，执行银行本身职务。

当决定：（一）支用经济建设公债三分之一的方案，应坚持，不能多用一钱。（二）要彻底肃清官僚主义的工作方式，与开展财政系统内的反贪污腐化斗争。（三）9 月份是财部工作最应抓紧的时期，不应放松了。做到最近须召集瑞金各区检阅推销公债的成绩，对估计

①　原件无时间，此为该消息在《红色中华》发表的时间。——本文库编者注。

群众力量不足及命令主义错误予以纠正。（四）节省运动应在各方面开展起来，主要是苏维埃与红军后方机关两方面。（五）财部的计划，应按时检阅，为完全实现此计划而斗争。（六）各级财部应一律设副部长。（七）成立审计委员会以高自立、梁伯〔柏〕台、吴亮平为委员。其余均照财部所拟通过。

扫除文盲运动

自中央教育人民委员部第一号训令宣布教育任务，把以前在战争时不能办教育，及彼〔鄙〕视青年成年教育（社会教育）的倾向纠正了。但是各地执行还非常不足，对教育忽视的现象仍很普遍，社会教育虽然相当注意了，但尚没有提到高点。扫除文盲的口号没有提出，更没有形成一个运动。同时国民教育计划也没有制定，各级教育部工作还见得落后于别部，没有促起社会各方面对于文化教育的注意，多数人还不认识发展文化教育是一种争取革命战争胜利完成苏维埃各方面建设的锐利的武器。因此决定在10月中召集一次全苏区的文化运动大会，包括区以上教育部长，共产青年团，少先队，儿童团，工会及其【他】文化团体都须有代表到会。人民委员会须发一训令，指出文化教育的任务方针及其在战争中的重要作用。为了发展文化教育，教育部须注重培养干部，教育经费应酌量增加。并决定委谢然之同志为中央教育委员会委员。

反帝非战大会

全世界反帝非战代表大会9月初在上海开会。中央苏区群众已纷起做拥护大会运动。中央政府决定发一为拥护反帝非战运动告全世界劳苦群众的通电。同时电贺该会开幕并邀请各国代表来苏区参观。

（录自1933年9月15日出版的《红色中华》第109期第2版）

中华苏维埃共和国临时中央政府
财政人民委员部通令第十三号
——伙食费发谷子办法

（1933 年 9 月 15 日）

人民委员会已决定今年土地税收谷子，经济建设公债又是将谷抵款，因此今年伙食费必须采用发谷子另发油盐钱办法，因为有些地方没有谷子（如边区）或谷子不够（如福建各县）如用直接发谷子方法，又有很多妨碍，而且在会计上也麻烦的很，因此本部对于各机关各部队伙食费，仍照规定伙食费表，用钱款计算有谷子地方则按照标准价将谷抵款，无谷子地方，仍照钱交付，领去谷子有余的，仍照标准价退回谷子领还钱款，这是最适当的办法，兹分别说明如下：

（一）各机关（政府、保卫局、军事部及党团各机关）伙食费除油盐钱发现金外，米钱概须照标准价发谷子（旅费发钱其余伙食客饭马千内粮除油盐钱外概发谷子），预算时必须说明人数及伙食费多少，本部即根据此人数及伙食费将其中米钱另发支票，此支票面上仍记金额，但须照本部所定各县标准谷价交付谷子，不交现金，各机关不得因为街上米价比标准价更便宜不领谷子，也不得因街上米价比标准价更贵时便多领谷子，致妨碍财政上现金与谷子之调济〔剂〕。

（二）行政费，政治保卫费，及其他政府机关伙食费之标准谷价，系按照各人食米及各县伙食费除油盐钱后之米钱分别扣算，计工作人员，每人每天规定食米 1 斤 2 两，每月 30 天应共食米 33 斤 12 两，以每担谷子做米 68 斤 12 两扣算，每人每月应食谷子 49 斤 2 两，现作为每人每月食谷子 50 斤计算，再按各县规定每人每天伙食钱除油盐钱 4 分外之米钱以一个月扣算，即是此 50 斤谷子之标准价，兹按十八号通知所规定之各县伙食钱分别规定各县行政费之标准谷价如下：

每人每天 伙食费	每人每天 油盐菜钱	每人每天 米钱	每人每月 米钱	每人每月 食谷数量	每担谷子 标准价格
8 分的	4 分	4 分	1 元 2 角	50 斤	2 元 4 角
9 分的	4 分	5 分	1 元 5 角	50 斤	3 元
1 角的	4 分	6 分	1 元 8 角	50 斤	3 元 6 角
1 角 1 分的	4 分	7 分	2 元 1 角	50 斤	4 元 2 角
1 角 2 分的	4 分	8 分	2 元 4 角	50 斤	4 元 8 角
1 角 3 分的	4 分	9 分	2 元 7 角	50 斤	5 元 4 角

（三）出差人员因食米不便携带，须由事务长发给现金，以后司务长再将留下谷子向调济〔剂〕局或街上巢取回现款。

（四）红军部队及后方军事机关伙食费，一律以钱计算（详细伙食费由供给部规定）其谷子标准价，也照各人食米数量及除油盐钱外之米钱扣算，计每人每天食米 1 斤 6 两的伙食费为 1 角 2 分，每月 30 天应食米 41 斤 4 两，以每担谷子做米 68 斤 12 两扣算，每人每月应食谷子 60 斤计算，而每人每天伙食费 1 角 2 分，除油盐钱 4 分外，每天实有米钱 8 分，一个月米钱共为 2 元 4 角，这即是 60 斤谷子之价值，因此规定红军部队及军事机关谷子之标准价，每担为大洋 4 元，凡红军部队及军事机关，无论任何地领取谷子，要车净晒干概照此标准价扣算，这与行政费等伙食费各县高低不一者不同，各地机关及部队不得借口援例。

（五）红军流动部队，因时间关系，所过地方，仓库存谷不够供给，或因临时不及向支库领取发谷凭单时，得用临时借谷票方法（此办法另定之），后方部队我军事机关出差人员，因食米不便携带，概发现款。

（六）各机关各部队按照人数领去谷子,如人数减少领谷有多时,要就地退还仓库,取得仓库保管委员会收条,持向分支库照原数领标准价格扣款,换取收款书寄交上级主管机关报销,该收款书须说明谷子多少,价款多少,但按照人数领去谷子如因为吃不完有多余时,则由各人当伙食【尾子】平分。

（七）无谷子地方,伙食费仍交钱款,虽有谷子而须准备别项作用的地方,亦不交谷子,总之发谷发钱,须照本部支票上注明发给,支票上未注明交谷子者,支库不得随便发给谷子,致妨碍整个粮食之调济〔剂〕计划。

（八）军队已领了谷子,而忽然开差时,所余谷子,如不能运输,可就此照标准价格交还支库,取得支库收款书送来本部换取别县支票领取谷子。

（九）各机关部队持支票向分库领取谷子时,如不愿一概领去或支库不能一下子全数付给时,可由支库给临时收据或裁几张发谷凭单,分期向指定仓库领取,但支库须查实各区仓库存谷按额发凭单,不得发空头凭单,致领谷人徒劳往返,在仓库收谷不多,而各领谷人需要又很多时,应按照各领谷人每 5 天或 10 天需要数量,分期给予发谷凭单其余则给予临时收据,不可一个机关一下发齐,致其他机关无谷可领。

（十）各机关各部队向仓库领去谷子,分别远近给予于相当运输费,兹分别规定如下:

1. 在 10 里以内领谷子者,由领谷人自己挑运,不发运输费,但有特别情形时可斟酌发动群众代送。

2. 自己有运输队或长伕挑之机关部队在 30 里以内不发运输费,有特别情形者例外。

3. 是在 10 里或 30 里以外领谷者,由领谷人协商当地政府发动群众帮助运送,但须帮助运送群众的伙食钱,此伙食钱以每餐 5 分钱计算,由领谷人与县政府商定,具条(盖公私章)向支库领取。

4. 在有水运地方运输米谷,其船钱亦照发谷支付,将收条寄来总库据为解款,船钱多少由当地支库协同县苏酌定。

5. 支库发出此项运输费时,可将领条汇集寄来总库作为解款。

(十一)地方仓库,凭红军临时借谷票发谷后,将此借谷票持向支库换取发谷凭单,作为付谷凭证。

(十二)红军仓库收到红军临时借谷票,即送回总供给部取得总供给部发谷凭单作为缴回报销。

(十三)总供给部向本部领取借谷票,即作为领款,将票发给某部队或机关时,则作为付款,使收到仓库交来借谷票或某部队用不完退回者,亦将次票退回本部,作为退还款,其价格概以原标准价扣算。

(十四)分支库收到红军临时借谷票,照票还谷后,将此借谷票送来分库作为解款,其价格则照军事费标准价扣算。

部　　长　　林伯渠

副部长　　邓子恢

闽赣省革命委员会财政部翻印

公历 1933 年 9 月 15 日于黎川县

中共江西省委党史研究室复制

1960 年 5 月

（根据中共江西省赣州市委党史工作办公室资料室油印件刊印）

国家政治保卫局训令第十二号
——加紧与敌人侦探斗争
（1933 年 9 月 17 日）

一、帝国主义国民党的四次"围剿"自给我们完全的粉碎了而宣告惨败后，现在更积极疯狂的布置着新的绝望的进攻的五次"围剿"，□□敌人新的"围剿"必然要比四次"围剿"，用最大政治上军事上力量做更残酷的进攻与摧残，动员所有反动势力来配合其进攻，执行反革命的阴谋与破坏，指使苏区内豪绅地主以及反革命分子的残余势力来□□活动，做其进攻的内应，由外面却利用各种方法派遣大批侦探间谍到苏区来，企图混进我们革命队伍活动，刺探消息等。由这次我们英勇红军消灭敌人第八十师时所获的许多重要文件中（南昌行营剿匪会议的各种材料），完全证明我们这种估计的正确，尤其敌人五次"围剿"关于侦探工作的布置是更有计划和组织的派遣运用各种方法□□□□□侦探派遣□□□□□□□□"南昌行营剿匪会议"（6 月 10 日）侦探计划：

第一编第四章，"侦探□设置要领"的第一项"守望侦探，□□□□□□□□公安局保安队保甲守望队等民众□□□□□及侦探之责"。第二项"进入侦探，利用□匪区民众或投诚之共党及我忠实干部加入匪内，组织□盐贩肩贸船夫水手等深入匪区以作间谍，刺探真情"。

第二编第一项"编组，各师设搜索队一大队，每大队分四中队，每中队分四分队，每分队以 30 人为限。各级队长须具有专门知识，富于□□之精干军官,由之先或由师团侦探队一部附属之,但在情况重大时得组织两个以上之搜索队"。第二项"装备,概用轻装便衣,以短枪手榴弹为武器"。

我们必须警觉的严厉的镇压一切反革命派的活动以及与敌人侦探做斗争,是我们肃反的战斗任务,对于争取战争胜利是有决定意义的。

二、现在我们为要严格执行和完成上述的肃反战斗任务,□□□□□□□□深入的领导群众做查田查阶级的斗争工作外,必须严格执行如下的工作:

(一)本局曾屡次指示各分局,必须普遍的建立往白区的大小水陆交通检查站工作,现在要着重的指出,如未建立的必须立即建立,并且须更严密加紧与加强这一工作,精密的给每个检查员予必要的训练,严格执行水陆交通检查须知所规定办法,检查来往行人。

(二)立即将敌人组织侦探,派遣侦探,如何利用化装混入苏区方法计划告诉检查站及赤少队以及工农群众,严密防范和侦察,使敌人侦探无法混迹苏区。

(三)特别注意盐贩、撑船船夫等进来苏区时,我们的检查站应详细搜查盘问,严密注意过去逃跑出去之地主富农之潜回苏区,如有言语态度可疑,应即扣留,送到所属分局审问查究。

(四)为要与敌人武装便衣侦探做斗争,除以前检查站每个检查员带的步枪外,在边区检查站应配马刀长梭镖等,□□□□敌人武装便衣侦探时即可敏捷应付与消灭他。

(五)加紧严密的赤色戒严工作,赤色戒严工作除必须会同上级军事部发动广大群众执行严格的守卫放哨和检查站配合起来完成戒严工作,尤其交通路线的地方,夜间到了8点半或9时应执行宣布特别戒严,所有来往行人没有特别口令和符号,不准通行,断绝交通,并如到了特别戒严时间遇有由白区的人进来,应先行扣留究办。

(六)在接连边区之圩场和乡村,夜间必须随时执行突击检查,特别注意检查客店,烟馆妓馆,特别注意到苏区来的旅客及生面的人。

以上所指出的，为加紧密严〔严密〕检查站的工作以及与敌人侦探做斗争的战斗任务，各分局特派员及检查站，尤其在边区的，必须以布尔什维克的严格坚决执行，杜绝敌探与反革命分子的混进苏区，并将检查站工作随时报告上级来。此令

局　长　邓　发
9 月 17 日

（根据中共江西省委党史研究室资料处藏件刊印）

农业税暂行税则

（1933 年 9 月 18 日）

第一条，农民累进税的标准，按照农民分得土地后，全家每年主要的生产的收获量，以每人分田实收多少及全家分田人口多少来规定税率，富农的税率比贫农中农要加重些。

第二条，农业税税率表由人民委员会审定公布之。

第三条，只征收主要生产品（谷麦）的税，【副】产品不征税，但每年收获谷麦二次者，应征收税二次。

第四条，茶山、木梓山、菜园，当作稻田、麦地分配成为主要生产品的，亦应征税。

第五条，红军家属（限本身父母、妻子及无劳动力的兄弟姐妹）按照红军优待条例免税。

第六条，工人免税者分别规定如下：

一、雇农及陆上苦力工人，本身及其妻（或夫）与子女免税。

二、水上苦力工人本身及其妻（或夫）免税。

三、店员、手艺工人、船工及其他产业工人分田者本身免税。

四、上述各项工人，以继续作工两年以上者为限，做工未满两年者不免税。

第七条，遇有天灾或遭敌人摧残，或孤寡残废失去劳动力之家庭，按照情形轻重得减税或免税。

第八条，苏维埃政府工作人员，本身及其父母、妻子减半征税，其系工人出身者照第六条规定免税的人外,其家属未免者,再减半税,但以收获前到政府工作者为限。

第九条,因改良种子改良耕种所增加的农业收入免税。

第十条,开垦荒地所收获的农业品,照荒废年限及阶级成分分别免税如下表:

土地荒废年限	免税年度		
	中农贫农开垦者	富农开垦者	地主开垦者
荒废一年以上者	二年	一年	不免税
荒废二年以上者	三年	二年	一年
荒废三年以上者	五年	三年	一年

第十一条,本税则自 1933 年 9 月 18 日起发生效力。自本税则颁布后,1932 年 7 月 15 日颁布之修正暂行税则内用于农业税的条文废止之。

中华苏维埃共和国中央执行委员会主席　毛泽东

副主席　项英

张国焘

公历 1933 年 9 月 18 日

（根据中共江西省委党史研究室资料处藏件刊印）

中央财政、土地部为筹款问题给乡主席、贫农团的一封信

（1933 年 9 月 19 日①）

各乡苏主席及贫农团全体同志们！

查田是查阶级，要把隐藏的地主富农查出来。不但查出来，而且要向地主罚款，向富农捐款，从经济上去消灭地主，削弱富农，这是我们的重要政策。同时使苏维埃财政得一很大帮助，因为目前急须筹得大批款子去接济红军的用费。

向地主富农筹款，乡苏和贫农团应该负担极大的责任。因为只有你们才明白富农地主的实在情形，你们要为中央政府用极大力量进行筹款工作，在筹款工作上你们应注意下列各点：

（一）调查地主富农的家庭，适当的规定罚款捐款数目，报告区苏。

（二）决定了罚款捐款数目，就要发动群众催促地主富农捐款。

（三）地主应该捉起他家的人迫他交款，富农不必捉人，只严催交款。但顽固反抗的富农，也可以捉起他来以便催款。

（四）监督区乡财政部没收征发委员会的工作，不使他们有妥协贪污及对筹款怠工的事发生。

以上四点是筹款工作应该注意的事项，请你们努力去做。但在

① 1933 年 9 月 30 日出版的《红色中华》第 114 期第 3 版，以《怎样去筹款？——筹款的意义与其正确路线》发表此信。——本文库编者注。

筹款的路线上,还要请你们注意下面所说的一点,就是对于地主富农要有分别,对地主是消灭他的经济力量,对富农是削弱他的经济力量,因此地主的钱应该筹个干净,富农的钱则只能捐他一部分。

因为现在红军需款很多,而各地筹款又不甚得力,所以我们特写这个信给你们,瑞金云集区洋溪乡一个乡里向地主富农筹了 4000 余元,望你们学习洋溪的样子,努力进行筹款工作,使红军经费充足起来,好去粉碎敌人的五次"围剿",保证查田运动的彻底胜利。此致

革命的敬礼!

中央财政部部长　林伯渠

副部长　邓子恢

中央土地部代部长　胡　海

1933 年 9 月 19 日

（根据中共江西省委党史研究室资料处藏件刊印）

中华苏维埃共和国临时中央政府财政、
国民经济人民委员部训令第二号
——关于购买公债谷价问题

（1933 年 9 月 19 日）

关于推销经济建设公债,中央政府为便利农民群众起见,准许购买公债票者交付谷子。至于谷子的价格,曾经一再决定要按照粮食调济〔剂〕局的价格及各区普通市价,由县苏每月妥为规定一次,在财政部 9 月的第十三号通令及 9 月 9 日给各级公债发行委员会的指示信上,并□□定□□购买公债的谷价在 2 元以下的,可照市价高百分之二十;2 元至 3 元的,高百分之十;3 元至 4 元的高百分之五;4 元以上的不再提高,也不宜照市面最高的价格为标准而再行增加。□此规定是完全依照群众的利益和进出口贸易的调□□来决定的,但近□□买公债的谷价,有许多地方都比当地市价提高得很多,如兴国,一般的谷子市价每担只 4 元左右,但县苏规定公债谷价每担大洋 5元,□□□是贸易局将谷子运到白区去卖,每担亦要亏本□元,□如前方到兴国来领战费,一边领谷子,一边出卖,马上就要亏本 1 块钱 1担,这种特意提高公债谷价的事实,在胜利以及瑞金的沿江区、踏迳区等□都是同样的发生,这些不正确的规定,现在一刻也不能再继续下去了。

我们考察这些特意提高谷价的唯一原因,是完全由于工作的同志,在推销公债当中,不去做艰苦的深入群众的宣传鼓动工作,使群众了解经济建设公债对开展革命战争的重大意义和改善群众生活的关系,而只图想用提高谷价的办法来使群众购买公债票。我们曾一再指出，推销公债，只有依靠于群众以革命热忱，发动他们自愿与自动来购买，任何其他的方式，都是不对的，若群众对经济建设公债的意义不了解，无论把谷价提到极度的高，不惟不能使公债很迅速的推销，反而使群众等待高价而观望不前，不肯很快的购买。

同时特意提高谷价，更使国家的财政收入受到很大的损失，并使粮食出口受到很大妨碍，因为做生意的商人绝对不愿意把谷子运到白区去亏本。我们晓得苏区的出口货主要是靠粮食，若粮食不能很顺利的出口，将使苏区需要的食盐工业品不能从白区采买进来，这是自己封锁自己的经济，是苏区经济很大损失。

因此，本部特责成各县苏主席团及公债发行委员会，接着这一训令后，立即按照各区谷子的普通市价及粮食调济〔剂〕局的价格，很妥当的从〔重〕新规定各区购买公债的谷价，立刻报告来本部，并宣传群众搭交现金。同时依照人民委员会第十六号训令及本部过去关于推销公债的许多文件，去进行推销公债的工作，任何只图便利不做艰苦群众工作的官僚主义工作方式，都是推销公债的障碍物，我们必要坚决的扫除这些障碍，才能很快地完成推销经济建设公债的战斗任务。此令

财政人民委员部部长　林伯渠

副部长　邓子恢

国民经济人民委员部代部长　吴亮平

公历 1933 年 9 月 19 日

（根据中共江西省委党史研究室资料处藏件刊印）

中华苏维埃共和国中央内务人民委员部通知第五号
——关于划分行政区域发展经济建设与设立诊疗所问题

（1933 年 9 月 20 日）

省、县、区三级内务部：

以下工作事情望即执行：

（一）□□□□□的工作在 8 月底应当完毕，但是到现在尚未见省苏内务部将这工作做一总结报告本部，并且本部已几次催促亦尚未将报告做来（即在工作报告中附带讲一下亦是空洞不实际），这种拖□的现象是有碍于工作之进行，□□通知你们在本月底省苏内务部应将划分行政区域的情形做成总结报告本部并须附带行政地图一张，该项地图须以县为单位绘成，应有区县各级政府的所在地及相距几多里，在那一方向都要指明。另附汀东县的行政区域地图一份以作参考，该项行政地图福建各县已收到，才可不再绘。

（二）现因发展经济，努力进行经济建设，大规模的开办钨砂矿，该项工作□□许多人□，□时由人民委员会两次下令调劳役队到钨砂矿去□□，今各地调来的还非常少，不够分配，现为统一劳役队的调动，中央政府决定由内务部负□责扩□，各级内务部须即将劳役队□□□□□□到前方搬运胜利品的有几多，在各政府及群众团体服务的有几多，留在地方□有几多，□10 月 10 日前即统计好并报告本部，以便按照实际需要来调动。各级内务部须□指定□人员指□调动□□□的责任。

（三）为着便利工作群众医□□□□□□现在区苏内务部卫生科

之下,设立一个诊疗所,经常用医生专门替群众看病,开单不收看病费,医生的伙食由区政府开支,作为内务部的工作人员,这一诊疗所须在 10 月 10 日前完全建立,并报告本部医生局。

代部长 梁柏台
1933 年 9 月 20 日

（根据中共江西省委党史研究室资料处藏件刊印）

人民委员会检阅查田运动与土地部工作

（1933 年 9 月 21 日①）

　　前月中央政府派高自立王观澜二同志分途巡视查田运动，高巡视博生，胜利，雩都②，会昌，王巡视石城、宁化、汀东、长汀，都于日前回中央了。9 月 10 日在第五十一次人民委员会会议报告，一般的说来，自八县查田大会后，各地许多地方群众情绪提高了，动员的方式改善了，已经得到很大成绩，给了封建残余势力以致命的摧毁。但是检阅这些成绩，过去斗争深入的区占得多，甚至如汀东全县查出地方富农，及在查田运动中筹款与扩红的成绩，新桥区占去二分之一。在这些区里的动员工作也有好些的，如胜利一部分区乡，查田令一下，马上动员起来，贫农团就开会，同时因宣传做得好，发生问题也比较少。反之，落后的区，成绩就差，甚至有连初步成绩都没有的。第二，苏维埃机关领导强的，没有阶级异己分子妥协分子作怪的，成绩就好，反之就差。县一级是这样，区乡两级也是这样。第三，放弃查田运动，向地主富农妥协投降，及侵犯中农，消灭富农，按家遍查，不执行群众路线，黑夜打土豪等右倾与"左"倾错误，在各地方仍严重的存在。这次两路巡视员分头在各县召集县苏扩大会，区乡主席大会，给予纠正，并部分的改造了县苏。但是要争到查田运动的完全胜利，还

---

　　① 　原件无时间，此为该文在《红色中华》发表的时间。——本文库编者注。
　　② 　雩都，现称于都。——本文库编者注。

须要用大的努力。第一是领导问题，不少的地方因领导机关坏，不是说机关里没有地主富农，与地主富农妥协，就是普遍的查中农贫农，吓得群众逃避。这里主要要开展苏维埃中的自我批评，发动反对左右倾机会主义及反官僚主义领导方式的斗争，这次两路巡视以宁化大会中的斗争开展得最好，这里是有组织的开展了一个最有力的斗争，这个斗争影响到了全县，开始了全县苏维埃工作的转变，值得全苏区学习，把反机会主义反官僚主义的斗争发展到各地苏维埃机关中去。第二是宣传问题，除了开会演讲而外要贴标语，出布告，使广大群众了解查田是一回甚么事，应该怎样做，单靠训令小册子等是不够的。第三，巡视员和工作团问题，单靠大会上的报告，和纸上长的文章，是不能深入群众的。各级政府须有一批巡视员经常出发，去检查工作，去教会县区政府怎样做工作。工作团派到某县某区，不是要分散遍做，而是要注力做一二个区的工作，做出模范，使县苏区苏取得经验教训，去指导全县全区。第四，在查田运动中，工会的领导工作表现落后，须推动工会领导机关予以大的注意，农业工会有专为查田运动召集一次会议的必要。今后农业工会应派 1 人参加中央土地部委员会。

关于土地部工作，由胡海同志报告后，一致认为春耕夏耕运动及查田运动在人民委员会领导帮助之下得到了许多成绩，但主要的缺点，是还没有独立干的精神，没收分配局、山林水利局、土地建设局，工作没有，对新区边区的斗争完全忽视，这种状态必须迅速转变。

（见 1933 年 9 月 21 日出版的《红色中华》第 111 期第 1 版）

纠正推销公债的命令主义
——中央政府给各级政府的信
（1933 年 9 月 23 日）

江西、福建、闽赣、粤赣各省苏，瑞金县苏并转各级苏维埃政府：

经济建设公债发行以来，在短时期内已得到了很大成绩，凡是动员方法好的地方，广大群众热烈起来拥护公债，如瑞金的云集区，福建的才溪区，红坊区等都是好的榜样。但在另外许多地方，却发生了严重的命令摊派错误，人民委员会业已发出第十六号训令，发出布告与宣传大纲，指出充分的动员工作，是推销公债的保证，严厉反对推销公债中的命令主义。中央财政人民委员部给各级公债委员会的指示信，把公债最后销完日期展缓至 12 月，推销数目依照当地实际情形决定，也完全是为了避免强迫摊派，使有充分时间达到动员购买的目的。自从这些指示文件发出后，各地推销方法已经开始有了转变。

但这一转变还是非常不够的，不少地方仍旧在那里强迫摊派。特别严重的例子雩都①罗坊区竟因强派公债，一个中农及区苏主席自杀，雩都小溪区有群众 400 余人向外逃跑，也有与强派公债有关，这种绝对不应该发生的可耻的事件，竟在雩都县苏领导之下发生了。中央得信后已立即派人前往查办，将给雩都县苏以严厉的处罚。各省苏接此信后，须立即指示各县苏，检阅各区乡推销公债的动员方法，须拿着雩都例子来警告一切苏维埃工作人员，立即开展猛烈的自

---

① 雩都，现称于都。下同。——本文库编者注。

我批评，集中火力反对一切工作中的强迫命令主义，不论在扩大红军，在查田运动，在选举运动，在推销公债，在发展合作社，都不能采用丝毫强迫命令方法。零都的命令主义错误，是在各方面工作中都严重发生了，而在推销公债则更加露骨，罗坊区小溪区的教训各级苏维埃应该得到最大的警觉。

为了完满的推销公债，时间与数量必须注意到。各地竞赛条约上所订的时期，许多定在10月半销完，太短促了，应该遵照财政人民委员部9月15日的指示，相当的展缓时间，收获迟及公债交款迟的，可延长至12月中，最后推销完毕必须有相当时间进行充分的动员工作，但绝对不能如会昌等处把公债搁起不去推销，□□延长时间，把这一工作松懈起来，延到12月才又用强迫摊派去达到目的，这是绝对不允许的。关于数量，完全要看当地实际可能情形及群众积极性发动的程度，有的应该增加，有的应该减少，不能机械的照数派发。各县苏区苏须按照全县各区，全区各乡各别不同的情形，随时加减公债的数量，去适合当地的情形，不能将公债一起发出，认为自己的事已完，致逼得下级走向强迫摊派道路，这种官僚主义的方式，应该立刻纠正过来。

中央政府主席　毛泽东

副主席　项　英

张国焘

9月23日

（录自1933年9月27日出版的《红色中华》第113期第3版）

中华苏维埃共和国中央劳动
人民委员部命令第十号
——关于陆上苦力运输工人的劳动介绍
劳动检查与社会保险问题

（1933 年 9 月 26 日）

近来对于陆上苦力运输工人的劳动介绍、劳动检查、社会保险问题的实施发生了严重的错误。（一）贫农中农或小贩自己挑运货物从甲地到乙地也要有工会的介绍条才准通过行路。（二）劳动检查员或工会进行检查在□□□□发现没有工会介绍信的挑运夫，就在中途拦住不准通过。（三）对于陆上苦力运输工人的社会保险，不是从雇主那边征收，而是直接向工人征收，甚至不顾挑货的人是帮人挑运还是自己挑运一律要征收保险金，不交的就把人、货留住。这是十分严重的错误。所有这些错误都是脱离工人群众，另一方面是破坏工农联盟的，应立即改正这种错误。因此本部在苏区苦力运输工会同意之下作如下的决定：

一、群众自己挑运货物，不是雇用别人或不是被别人雇用而从事运输工作的，不需经劳动介绍所或苦力运输工会的介绍。

二、检查员检查出私请陆上苦力运输工人的事件，不要半途与工人为难，应报告当地政府检查机关决定办法□□□□。

三、陆上苦力运输劳动者的社会保险事业，属于经常以陆上苦力运输为职业者，社会保险局担任其残废□□死亡失踪失业等保险事项，向雇主征收款额为各人工资百分之□的社会保险金，由雇主交给社会保险机关，不得向工人征收，并不准在工人工资内扣除，如有违犯□□□□惩罚之。工人在工作期发生疾病，由雇主负责雇请工人

的医药费,治病期间工资的付给事项另行订定。码头工人的社会保险事项暂不施及。此令

部　长　项　英

副部长　朱荣生

公历 1933 年 9 月 26 日

（根据中共江西省赣州市委党史工作

办公室保存原件之复印件刊印）

中华苏维埃共和国临时中央 政府教育人民委员部通告第一号

（1933 年 9 月 27 日）

目前革命战争迅速的开展，迫切的需要教育，而我们的教育工作还远落在客观环境的后面。因为过去犯了不少的机会主义的错误，对于教育服从战争和对于苏维埃政权文化教育政策，没有明确的决定，以致没有了解教育的中心任务，没有建立整个的教育制度。虽然做了一些工作，也有部分的成绩，对于现在革命迅速发展条件下，还十分不够，还是很严重的现象。因此，本部决定与少共中央局联合召集教育大会，检查过去的工作，决定以后的教育政策和任务。开会的日期 10 月 20 日，代表的分配于左：

一、少共的代表，少共中央局已有通知。

二、教育部的代表分配如左：

1. □□□□□□□□□□□□□□□□□。

2. 全总执行局及工会的文化教育部代表。

3. 马克思主义大学和苏维埃大学的代表。

4. 工农剧社总社的代表。

5. 少队总队部中央儿童局的代表。

各级教育部接到通告，迅速依照教育工作报告大纲准备报告。于 10 月 18 日达到瑞金云集区叶坪（去□中央政府的房屋），各级教

育部工作人员均自备伙食被服碗筷面巾。此致

省县区教育部长

代部长　徐特立

副部长　沙可夫

1933.9.27

（根据中共江西省委党史研究室资料处藏件刊印）

八、九两月教育工作报告大纲

（1933 年 9 月 27 日）

八、九两月教育工作报告大纲

中央教育部 6 个月工作计划及 7 月福建、江西（过去的旧区域）两省各县及中心区教育部长联席会议的决议案执行了那几项，执行的程度怎样？执行过程中遇着了一些什么困难及用什么方法来解决，更具体提出几个中心工作于此：

一、教育部和教育委员会过去没有建立和健全的，现在的情形怎样，具体指出地方和事实。

二、过去有些地方为着服从战争停止教育工作，做其他的动员工作，8、9 两月以来转变到□□□□□还有些什么地方存在着。

三、把月检查□□省有 53 区，福建有 15 区的教育部还没有充实，8、9 两月来人员是否调齐了，兼职和调动时情形怎样。

四、过去检查大部分的教育委员会只是指空招牌没有工作，现在转变到怎样，那些地方组织和分工特别好及少数的表现，具体指出以便仿行。

五、过去教育部大部分没有工作计划，7 月联席会议后转变怎样，8、9 两月来的工作计划及执行程度怎样，已经有计划的省县区将计划和执行的情形具体做一报告，不要笼统的报告的一些条文和一些空洞的数目字。

六、过去教育部有不少的工作人员经常回家,在部也不工作,有工作也只是到下级教育部或学校走一转,没有解决问题,这种现象有很多地方目前还是存在着,最近的斗争情形怎样? 转变的程度怎样? 具体指示机关和人员姓名详细报告,并须拿出布尔什维克自我批评的精神在报告中公开承认错误。

七、现在的教育情形怎样? 如到小夜校俱乐部识字班,□□□□□和健全的具体事实有□。

经济财政政策讲授提纲

(一)苏维埃的经济政策(4 小时)

1. 资产阶级性民权革命的意义

2. 苏维埃政权与工农民主专政

3. 巩固工农联盟

4. 对富农的策略

5. 对帝国主义资本家手中经济命脉的策略

6. 对中国资本家的企业及手工业的策略

7. 打土豪与商业税

(二)苏区经济与经济建设公债(2 小时)

1. 提高苏区各业生产——农工林矿

2. 打破敌人经济封锁——对外贸易

3. 改良工农生活——发展合作社

4. 经济建设公债的意义

(三)苏维埃的财政政策(1 小时)

1. 工农民主专政下的财政政策——阶级路线与革命路线

2. 苏维埃财政政策与国民党政权及一切资本主义国家中的财政政策完全不同——在税则方面与市政方面以及筹款的对象方面表现出来。

（四）粉碎敌人五次"围剿"中财政部的任务（3小时）

1. 过去财政工作中的严重错误

2. 目前财政部的五大任务

a. 筹款

b. 发行经济建设公债

c. 清理国有财产整顿税收

d. 帮助经济建设取得盈利

e. 整理银行巩固金融

3. 统一财政与建立会计制度

4. 在新的环境下有新的任务要用新的工作方法

a. 发展思想斗争坚决执行党的路线

b. 提倡节省运动反对贪污腐化浪费

c. 纠正财政机关中官僚主义事务主义的作风

d. 争取财政上各种优越条件帮助红军粉碎敌人五次"围剿"，这就要打击并肃清财政工作人员左右倾机会主义统计的收统计寄来。

八、建福〔福建〕、江西两省在7月联席会议，决定供给中央相当的干部，特别是两省编审的工作的干部，迅速送到中央集中，为什么完全不能实现。

九、少共中央局对于教育的协助运动，曾和中央教育部开了联席会议，决议案已经颁布，各级教育部和教育委员会是否已经讨论过，有什么具体的意见提出。

十、斗争26期登载的苏维埃政权的文化教育政策，各级教育部和教育委员会是否讨论过，有什么具体意见提出。

中央教育人民委员部印

1933年9月27日

（根据江西省瑞金中央革命根据地纪念馆馆藏件刊印）

土地税征收细则

（1933 年 9 月 27 日）

第一章　总　则

一、凡苏维埃分配或私人开垦（免税期例外）的稻田无论栽种何种物产都照稻田征税，一年两季全区可以种稻麦的，于冬收时另收下季税，税率照上季扣算。

二、凡园土菜圃、鱼塘、莲塘等如已折成稻田的征收单季税，其园土多田少地方，便须将园土折成稻田，按照实谷征收单季税，园土不多，分田时又未折成田亩分配者不征税。

三、田多山少，山上有出产的地方，将山折成田亩来分者不征税。

第二章　准折标准

四、凡水田旱田概照田面折成实谷计算，税率照今年人民委员会所规定的税率表征收之。

五、每担田面折成实谷多少，不能根据各人自己的报告，要由当地区苏召集各乡主席联席会按照各乡中等田在今年年成可收实谷几成为标准，收税时即照这个成数将该乡中每家所分田面折成实谷（其已折实田分者不得再折）按照税率收税，此区乡主席联席会所定收成几成应呈请县政府主席团批准之。

六、莲塘已折田分配者照田收税，未折田者按照该塘年中出息多少与每担干谷年中平均谷价比例扣算，折实谷田收税。

第三章　征收办法

七、为便利农民交税起见，今年土地税交钱交谷由群众自便，交谷者须自己风净晒干送交税委指定地点过称入仓，以100斤净谷为1担，不得连皮计算，其未晒干者不收。

八、收税谷的称，以16两1斤为正称，由当地区政府用天秤〔平〕或光洋（每100元重4斤半）较准发交税委使用。

九、为避免意外损失起见，赤色边界的区乡土地税不收谷子，仍照旧年办法将税谷扣价征收国币，其谷价由县政府按照各区情形分别估定，呈请省政府批准公布，此种收钱不收谷的边区，由县政府按照当时情形决定之，但边区群众如不能交钱而愿交谷子的，则须由纳税人挑送至县政府指定的适当地点储存，免致损失。

十、今年中央政府所发之借谷票经乡政府主席盖印者准抵土地税，但只准该乡群众抵缴，不得流用别乡，如所存谷票除抵交土地税外，尚有多余者得向税委补还谷子。

第四章　免税之手续

十一、凡免税或减税人，必须取得乡政府主席盖章之免税证、减税证，并□带工会会员证、红军家属证、抚恤证前来对照，农民减税或免税者要经区政府主席盖印批准，其整村免税或减税者，须经区政府通过县政府批准。

十二、免税证及减税证，由县苏规定格式印发，发出时须由县苏盖印并编定号码，交各区乡税委领去，由乡税委在证上详细填写，再由乡苏主席盖印证明，交来时由税委扣算免税减税数额记账，用不完的须退还县税委算账。

十三、此免税减税证为三联单,一联留存乡苏,两联交免减税人持向税委纳税,税委验明盖章后裁一联交还免减税人带回作证,另一联留存税委,于结束时连同纳税证明书及收据报表等缴交县税务科算账。

第五章　征收机关与征收手续

十四、土地税征收之权,中央委托于各县区政府,由县政府以区为单位组织区土地税征收委员会,分别先后到各乡直接向农民收税,乡土地税征收委员会只帮助区税委动员群众及谷子出入仓工作,不能直接收税。

十五、各县收税时间,于收获完毕后农民闲暇时开始征收,由省政府按照各县收获迟早分别规定先后,呈报财政人民委员部批准之,无论内地边区自开征日起限一个半月收清不得拖延。

十六、纳税人纳税,必须取得区土地税征收委员会所发政府铅印三联收据为凭,无收据者以漏税论。

十七、纳税人纳税时,由乡税委会发纳税证明书替他填好,由乡苏主席盖印证明,纳税人既〔即〕按照纳税证明书按期送谷(边区送款)到指定地点纳税,如有免税减税者,应另填免减税证。

十八、土地税征收委员会,须验明纳税人所带来乡政府主席盖印之纳税证明书及免税证减税证按照此证明书中开列数目照税率计算,将税收清后交给三联收据。

第六章　附则

十九、本细则由财政人民委员部制定或修改之,以前所颁布之土地税征收细则作废。

二十、本细则适用于中央苏区各省,其他未与中央联系之苏区,由省苏斟酌本细则另订之。

中央财政人民委员会印发

1933 年 9 月 27 日

中共江西省委党史研究室翻印

1959 年 7 月 24 日

附：

富农土地税税率表

税率 人数 \ 谷数	每人实得干谷担数							
	1 担 以上	2 担 以上	3 担 以上	4 担 以上	5 担 以上	6 担 以上	7 担 以上	8 担 以上
1 人	4	5.5	7	8.5	10	11.5	13	14.5
2 人	4.2	5.7	7.2	8.7	10.2	11.7	13.2	14.7
3 人	4.4	5.9	7.4	8.9	10.4	11.9	13.4	14.9
4 人	4.6	6.1	7.6	9.1	10.6	12.1	13.6	15.1
5 人	4.8	6.3	7.8	9.3	10.8	12.3	13.8	15.3
6 人	5	6.5	8	9.5	11	12.5	14	15.5
7 人	5.2	6.7	8.2	9.7	11.2	12.7	14.2	15.7
8 人	5.4	6.9	8.4	9.9	11.4	12.9	14.4	15.9
9 人	5.6	7.1	8.6	10.1	11.6	13.1	14.6	16.1
10 人	5.8	7.3	8.8	10.3	11.8	13.3	14.8	16.3
11 人	6	7.5	9	10.5	12	13.5	15	16.5
12 人	6.2	7.7	9.2	10.7	12.2	13.7	15.2	16.7
13 人	6.4	7.9	9.4	10.9	12.4	13.9	15.4	16.9
14 人	6.6	8.1	9.6	11.1	12.6	14.1	15.6	17.1
15 人	6.8	8.3	9.8	11.3	12.8	14.3	15.8	17.3

（每家分田人数）

税率 谷数 人数		每人实得干谷担数						
		9 担 以上	10 担 以上	11 担 以上	12 担 以上	13 担 以上	14 担 以上	15 担 以上
每家分田人数	1 人	16	17.5	19	20.5	22	23.5	25
	2 人	16.2	17.7	19.2	20.7	22.2	23.7	25.2
	3 人	16.4	17.9	19.4	20.9	22.4	23.9	25.4
	4 人	16.6	18.1	19.6	21.1	22.6	24.1	25.6
	5 人	16.8	18.3	19.8	21.3	22.8	24.3	25.8
	6 人	17	18.5	20	21.5	23	24.5	26
	7 人	17.2	18.7	20.2	21.7	23.2	24.7	26.2
	8 人	17.4	18.9	20.4	21.9	23.4	24.9	26.4
	9 人	17.6	19.1	20.6	22.1	23.6	25.1	26.6
	10 人	17.8	19.3	20.8	22.3	23.8	25.3	26.8
	11 人	18	19.5	21	22.5	24	25.5	27
	12 人	18.2	19.7	21.2	22.7	24.2	25.7	27.2
	13 人	18.4	19.9	21.4	22.9	24.4	25.9	27.4
	14 人	18.6	20.1	21.6	23.1	24.6	26.1	27.6
	15 人	18.8	20.3	21.8	23.3	24.8	26.3	27.8

（根据中共江西省赣州市委党史工作办公室资料室复印件刊印）

关于选举的日期
——中央政府给各级政府的指示
（1933 年 9 月 27 日[①]）

选举期限推迟一月

中央政府因为各地划分行政区域的工作没有完成，选举准备工作方在开始，为使这些工作加紧做好起见，决定将选举的期限推迟一个月，规定 10 月 15 日以前为选举准备时间，10 月 16 日至 12 月 15 日为乡区县省选举及开代表大会时间。至于各级苏维埃政府的选举期限及应做工作，具体的指示如下：

选举的准备期间

9 月 20 日至 10 月 15 日为选举的准备期间，在这个期间，必须将行政区域完全划好，加紧对选举的宣传工作，督促市乡苏维埃向选民普遍的做工作报告，将选举委员会组织起来，进行选民登记，将选民的名单写在红纸上，被剥夺选举权的写在白纸上公布，候选名单，要经过群众团体讨论后，在选举大会的一星期前广泛的公布。提案也要事先准备好公布出来。选举单位要预先划好，而且要小，要分别以职业或产生组织为单位，以村子为单位及以街道为单位，选举委员会

[①] 　原件无时间，此为该指示在《红色中华》发表的时间。——本文库编者注。

必须在 9 月 20 至 10 月 15 这 25 天内将各项准备工作都切实做好，才好进行选举。

市乡的选举期间

从 10 月 16 日到 10 月 25 日止，这 10 天内为市苏维埃及乡苏维埃的选举期间，开选举大会之前，须将开会日期与各选举单位的先后次序排好，选举委员会派去出席选举大会的人预先分配好，并训练好，免得临时局促，以致指导不好，市乡选举期间规定从 10 月 16 日起，是因为要在 16 日以前充分做准备工作，但如果某些区或一区中某些乡一切准备工作（选举宣传，选民登记，工作报告，候选名单，选举单位等），都充分做好了，自然可以并且应该将这些区乡提前几天选举，以便更顺利的去指导别的区乡的选举。

召集各级代表大会期间

从 10 月 26 日到 11 月 10 日，这 15 天内为召集区代表大会的期间。从 11 月 11 日到 11 月 30 日，这 20 天内为召集县代表大会的期间。从 12 月 1 日到 12 月 15 日，为召集省代表大会的期间。在区县省各级代表大会以前，各级政府主席团必须将自己工作报告，决议草案，执行委员会的候选名单都准备好。省苏将全省各县划为几个单位，必须分派得力的人去出席县苏代表大会，做省苏的工作报告，并推动县苏代表大会的工作。这种单位的大小，按各省辖县的多少去划，如江西辖县 21 个之多，就应该分为 7 个至 10 个单位，每个单位为三县两县，分派 7 个至 10 个得力的同志出席指导，一人指导三县或两县。将这二县或三县开会的时间在 20 天内适当排定，以便指导，一县完了，再去指导第二县第三县。这样才免得各县代表大会的时间发生冲突，或者临时派不出人员。县苏对于各区也须作同样计划，划分单位，排定时间，分路派人去出席区苏代表大会或市苏维埃第一次代表会议报告县苏的工作。区苏亦须有计划的派代表去出席乡苏维埃第一次的全体代表会议，报告区苏的工作。因此在各级苏维埃的代表大会之前，上级苏维埃必须作成指导选举的计划训练指导人员，此些指导人员必须是政治上较强并且完全懂得怎样去指导下级代表大会。训练的办法最好用会议方法，提出具体问题，讨论决定，才能派遣出发。

（录自 1933 年 9 月 27 日出版的《红色中华》第 113 期第 1 版）

卫生部与各级分医院各部卫生队的
10、11、12 三个月工作计划

（1933 年 9 月）

在机会主义领导之下医务工作,确受了不少的损失,近来在整个工作转变当中,是收到了部分的成绩,但是严格的检查起来,一般的工作还是缺乏有计划的进行,特别对干部的培养与药材的准备,虽然部分的工作有计划的进行,可是收到的效果非常微弱得很,为要适应战斗的需要,完满答复各伤病同志之要求,在目前扩大 100 万铁的红军口号之下,医务工作,决订立 3 个月医务工作计划,希各医务机关必须坚决执【行】下列各项:

（一）规订〔定〕伤病全〔痊〕愈人数

1. 本部自 10 月份起至 12 月 30 日以前,应将省一级及军区直属部队患病人数,加紧医治,做到消灭病兵现象。

2. 红十七师及各分区卫生机关,应加紧卫生运动,到 12 月 20 日以前,应消灭部队中病兵现象。

3. 休养所在 11 月底应将现有伤病战士医治全〔痊〕愈出院,在 10 月应出院 150 人,11 月出院 150 人。

4. 总医院在 3 个月中,应将新老伤病工人医治全〔痊〕愈 1200 名,在 10 月出院 500 人、11 月应出 400 人、12 月出院 300 人,送到前方工作,须在 12 月 25 号以前完成这一任务。

5. 各分院出院人数要照下列图表（如有重伤及须行手术者可速送至总医院）:

月份 出院人数 医院	10	11	12
茶陵医院	80	60	60
宁冈医院	12		
北路医院	30	40	40
遂川医院	50	40	40
一分区卫生队			
二分区卫生队			
三分区卫生队			
四分区卫生队			

（二）伤病员生活之改善

6.凡我红色指战员,都是为谋阶级利益而流血或抱病自送到各医院及各医务机关诊治,不但在医药和物质上应做到完满接收伤病之要求,在精神上,应当很好的安慰,尽量解决他们的一切困难、日常生活,如病室的卫生伤病个人的卫生,尤其是重伤,重伤更加要注意。

7.给养问题,要吃熟米,菜蔬〔蔬菜〕要时常斟换新鲜的,开水时刻要有温暖的,每餐要另煮稀饭。

（三）招〔照〕护员的工作

8.招〔照〕护员应加以充分训练,由医务员每星期上课二次,教授日常应做的工作,如对伤病精神上之安慰,在伤病忽然发生危急症候之救急的常识(最好速请医务员来救治),重伤病之交换衣服方式交换被单方法,替伤病员接大小便等方法,招〔照〕护员必须照军组织规定几人为一班,某人招〔照〕护几个重伤病等工作按照当时情形规定之。

（四）采集草药

9.现在伤病正多,而中西药品又不充足,各医务机关应注意节省药材以期在长期战斗中应用,本部在 10 月份应设法购买到内外科西药,协同总药局购买中药,以能接济总医院和红十七师、各分区及各分院,应自行设法购买中西药品自用外,应送来军区卫生部中西药品如下表:

队属	第一分区	第二分区	第三分区	第四分区	茶陵医院	宁冈医院	北路医院	遂川医院
药品种类	中西药	中药西药	同	同	同	同	同	同
价值	各价值500元（共1000元）	500元500元	同	同	500元	300元	1000元	800元

10. 目前应广泛的组织草药队,以代替中西药品,在本月即须成立,除总院原有草药科以外,其他医务机关须照下表实现(因天气渐冷,以后挖草药不便,务须在 10 月 30 号以前完成)。

名称	制草药人数	主治病症	出品数量	送到卫生部数量
卫生部	20	疟疾感冒	20000.0	
总医院	50		20000.0	10000.0
茶陵医院	10		5000.0	2000.0
宁冈医院	10		4000.0	2000.0
北路医院	10		5000.0	2000.0
遂川医院	10		5000.0	2000.0

11. 卫生部所配制之草药,以供给红十七师及省一级和军区所属部队之用,总医院所配制之草药,除自用之外,须送 1 万份药到卫生

部来,以便供给前方需要。

12. 各分院所配制之草药,除留相当数量,在各该院应用外,应以最大限度供给各该分医院指挥部或军事部所属之需要。

13. 各医院医务机关主管处,应督促草药工作人员,将所有经验方剂写明草药形状主治和制法,在 10 月 30【日】以前寄到本部,以便印出转各处。

（五）教育与管理

14. 医务员之训练,非常重要,本部训练看护队照预定课程表和教育计划实施,今对总医院红十七师及各分医院规定教育进度如下:

材料	上课次数	完成时间	备考
绷带学	30	12 月 10 日以前	
生理学	30	同上	
药物学大意	20	12 月 20 日以前	
外科常识	25	12 月 30 日以前	

15. 在规定之教育材料,各医务机关,自接到此计划日起须按照进度表提前完成。

16. 各课教授须每个星期测验一次,红十七师卫生部及各卫生部自行规定,以检查学生之接受的程度,并将成绩报告来部。

17. 教育的方式,看护员普遍文化低落,须加紧识字运动,对入伍不久之看护,更须注意,每日最少识 5 个生字,识字课教材,以药品名、病名为材料,医务课必须用启发式和问答式来教授和鼓动其自动努力学习精神。

18. 管理方法,各医务机关之工作人员,应对军纪风纪绝对遵守,一切工作须自觉的积极的努力进行,对各工作人员,应了解其性情习惯嗜好等,以及他的家庭一切状况。

19. 如遇有发生错误应加紧其教育,豫〔预〕防今后及其他同志再有发生错误倾向,不要以征〔惩〕办制度来代替教育。

（六）建立连〔联〕系制度

20. 各医务机关对卫生部的关系,过去是非常不密切,今后本部应有专人负责,确实建立与各医务机关之连〔联〕系,除经常派员巡视调查一切情形,解决其困难与推动其工作外,每月各分院应与卫生部通信二次以上,各分区卫生队各独立团营卫生队,每月与卫生部通信至少亦须二次,信的内容报告工作情形,病伤生活状况有什么问题不能解决。

21. 巡视工作,本部在 11 月间,即须进行巡视工作,各分区卫生队及各分院,应订 10 天具体工作日程,每到 10 天检查一次,月终总结,总医院 10 天派人参加各所会议一次。

（七）卫生运动和预防疾病

22. 医务机关为卫生之模范,对于清洁卫生应负责领导,本部已建立卫生小组,每星期日到各机关检查和宣传卫生。

23. 红十七师卫生部、各团卫生队各分医院及各医务机关,应在 10 月 20 日以前成立卫生小组(5 人至 7 人),宣传并检查卫生,特别注意各连对病兵的侍伏〔服侍〕,应经常向主管指挥员提出卫生工作的意见。

24. 不准乱吃街市上零售物品,有病牲畜之肉亦必须禁止购买食。

25. 不准乱吃辣椒生冷瓜果凉水凉粉,以预防痢疾,每日洗澡洗脚,剪去爪甲,以预防烂脚。

26. 现在夏秋已过,瞬届冬季,各种急性传染病虽渐减少而对伤风感冒、流行性脑脊髓炎、冻疮等症,应加注意,如空气之清洁,病者之鼻涕唾沫须用石灰消毒,并保持体温毋为寒风所侵袭,这就是伤风感冒的预防法。

27. 脑脊炎预防法要预防伤风感冒,勿在头盖打扑,而使头脑震荡及精神之兴奋过劳等,预防冻疮勿使皮肤久暴露在严冷空气和接触冰雪,平常勤加运动保持手足温暖,时常用糠〔搓〕揉法也可以并在久寒中勿邃近火焰。

(八)培养干部

28. 现在红军部队日益扩大,医务干部培养非常重要,在 10、11、12 三个月中,各分区指挥部须负责健全卫生队的组织,各医务机关负责同志,须自行培养一个代替自己的职务人,如院长培植一个副院长出来,医务主任科长卫生队长同样培植一个副职出来,以俾在紧急战争任务中,而当发生困难。

29. 最近分区医院院长所长及医务负责同志,往往有迁调其他工作又不向卫生部报告这种忽视组织的现象,实在再不能容许下去了,须立刻纠正过来,以后各医务机关自卫生队长所长以上之干部调遣工作,必须经卫生部转呈总指挥批准后,始可执行,卫生队以及其他医务机关医务员之调遣,由各该主管官负责处理,交理后须将一切情形详细报告卫生部,以便转呈总指挥部备案。

(九)对作战时之准备

30. 红十七师卫生部及分区边区独立团营的医务机关人员,应召集该医务人员会议,讨论战时医务人员的工作,用竞赛方式提高各工作人员的工作积极性,订出竞赛条约,战争时应 1 小时内能上药完毕,并且很迅速地送到野战医院,决对不能有一个带花同志很久未上药,甚至没有抬下火线来的不好现象。

31. 野战军医院的组织须健全起来,必须提拔一个最好的有经验的勇敢积极的管理科长及管理员,同时担架队亦是重要,必须成立 40 副担架,为基本起码要有 120 至 150 个人,无论如何要预备 100 副担架床,马上要办到,各担架队长应经常的有计划的和各担架员上课,加以大担架术之训练。

(十)担架兵之来源与兵站部交涉

32. 野战医院应经常与兵站部十七师司令部政治部及地方政府,发生密切关系,在每个作战地区应广泛的动员赤少队帮助运送伤兵,并要佚子伙夫等事,都要与当地发生很好的连〔联〕系并动员工作。

33. 注意给养,先要政府兵站商量,预先购买大批米菜、油盐等食物继续运送前方,使前方不发生任何困难。

(十一)对作战后之准备

34. 各红色医务机关及前方各独立团及红十七师卫生部应负责指挥各卫生队在战后务须严密搜索战地之带花同志,恐有遗留在山洞及隐蔽之处,并要注意战地尸体掩埋,以免后日瘟疫传播。

35. 给野战医院要找比较大的房屋,先叫看护招〔照〕员把床铺板子弄好,尤其是夜里伤兵来的时候,更要好的招〔照〕护换药及时不准许马虎,并留在野战医院住宿,次日早晨在〔再〕换转送到总医院,不要停留,行军时告诉担架员勿用猛烈创动,特别是重伤更细心,每次送伤兵来后方时,总医院须分别作详细报告来军区参谋处。

36. 多预备茶水,伤兵不能吃饭,当另煮稀饭,搜集药品,胜利品之中西药材,须交到军区总部来分配。

37. 转送到后方之伤兵,各医务员应注意各伤兵伤口,随时看问,如途中流血应设法禁止,对给养和去总医院的路线以及与各指挥机关联络交通,特别注意与各级政府发生联系,沿途发动群众慰劳担架之招呼亦不可勿〔忽〕视。

各部接此计划后须立即召集会议讨论,特别是药材之准备与干部之培养以及出院病伤人数要百分之百的努力求其各部实现,坚决反对游击主义与实际工作中的机会主义。

中共江西省委党史研究室复制

1960 年 5 月

文件来源:省博物馆

（根据中共江西省赣州市委党史工作

办公室资料室保存的油印件刊印）

临时中央政府劳动互助社组织纲要

（1933 年秋）

（一）劳动互助社的作用，是在农村中农民互相帮助、做工，有计划的去调剂农村中的劳动力，使一方面劳动力有余的不致闲置，一方面劳动力不足的，不致把农事废弃。这个办法特别在一年中几个农事最忙的季节，如莳田、割禾等有极大的作用，同时在这个办法下，又养成了群众的阶级互助精神。

（二）劳动互助社的发展，依靠把互助社的作用，向群众作详细的宣传解释，使每人自愿入社，不得用强迫命令方法。

（三）劳动互助社以村为单位组织，最大的只能以乡为范围，乡以上不应有组织。

（四）加入互助社者，以家为单位，凡是农民（贫农、中农）、农业工人及其他有选举权的人，不论男女老幼，都可加入，但地主、富农、资本家以及其他无选举权的，一律不准入社。

（五）劳动互助社以社员大会为最高权力机关，社员大会于每一个农事繁忙季节（如莳田、割禾等）的前后各开大会一次，必要时可召集临时大会。

（六）劳动互助社由社员大会选 3 人至 5 人组织委员会，再公推 1 人为主任（委员人选是要耕田有经验而不自私自利者），社员按照住处接近编成小组，小组人数多少不限，公推 1 人为组长，委员会分配人工时，须召集组长会议。

（七）劳动互助社调剂劳动力的办法，是每个入社的社员须在事先将自己那一天割禾或莳田（或别种工作），须要雇几多人工，要几天完毕，一个月内自己能有几天帮助别人做工等，向互助社委员会报告，由委员会登记在簿上。然后统计，在农忙时期内，（自某日起至某日止）每天共需多少人工，社员内共有多少人工给他们适当分配，某些人某天为某些人割禾或做其他工作，如社员内人工不够分配时，可向别村、别乡、别区农事比较迟或农事已经完毕了的劳动互助社，订互助合同，叫他先来本社帮助，以后再由本社调人前去帮助他。

（八）社员按照委员会之分配，帮助其他社员做工时，应照工计算工资，请其他社员来帮助时，也须照工资计算。不过这个工资不必马上拿线，可由委员会在簿上登记起来，你帮助别人做的工资记你"来数"，别人帮你做的工资记你"去数"，等到一阵农忙（如秋收）结束后，拿各人的"来数""去数"对除，如有多的，由互助社补钱给你，少的则由你照数补钱给互助社，但先要钱用者，可设法先给钱或谷子。

（九）互助社工资多少，须按照各地生活程度与往年习惯斟酌增减，由社员大会多数决定之，不能过高，也不能过低，须兼顾到雇农、贫农、中农各方面的利益，但社员对社外做工时，仍按照时价，不受本社限制。

（十）这个工资应按照各人的工作能力与技术的高低分别规定，不能死板一律规定，致使能力强者，反而不愿意入社。但高低差别不能过大。

（十一）结算工资时，如某人应补出多少，即应交钱，但确实无钱者，可准其照价交谷，由互助社向调剂局设法卖钱，其应补出工少而银谷两无或不够者，在社员同意之下，可准其以后帮别人做工，将工资扣抵。

（十二）人工之分配，互助社委员会应事先做好计划，分成若干小组提出，经社员大会通过，某组那几天帮助那一家，都须当场使大家讨论磋商，不满意者便须对调，这是最重要的一件事。分配人工时，必须注意到各个人住处相近，能力技术配合适当，与过去感情关系。

应尽可能避免把有恶感的,或能力弱、技术差的同编在一个小组做工。无论如何,总要求得帮助人做的、请人帮的,双方愿意。切不可用命令强迫去分配,致帮人做的、请人帮的,双方都不愿意,使互助社不能发展。

(十三)关于乡与乡或村与村的劳动互助社,双方互订帮助合同。应规定工资多少,人工多少,几时来帮,以后几时交换人工。在这里,如果别区别乡的要钱用或要谷吃,亦可以先付钱或谷子,不一定要以后交换人工。在区、乡互订合同时,要当地乡苏或村苏土地部负责介绍,并要从政治上去鼓动社员的阶级互助精神。

(十四)劳动互助社分配人工时,须将社员中应帮助红军公田、红军家属耕田的人工一并记算在内,做个调剂,并须先与耕田队长商订红军公田及红军家属耕田的时间,按时调社员前去工作。

(十五)劳动互助社应与当地土地部、建设委员会及劳动介绍所发生很好关系,但劳动互助社主要是农民自己互相帮助耕种与收获的组织,不能侵犯劳动介绍所的权限。

(十六)劳动互助社由区苏土地部指导,乡苏推动贫农团发给〔展〕,在第一次社员大会未开会以前,由贫农团委员会负责,办理征收社员入社等手续,直到第一次社员大会选举劳动互助社委员会时为止。

(录自《革命根据地经济史料选编》上册,
江西人民出版社 1986 年版,第 261—263 页)

中华苏维埃共和国临时中央政府
财政人民委员部训令第二十四号
——为征收土地税问题

（1933 年 10 月 6 日）

为减轻工农阶级负担，同时又要保证财政收入，充实战争经费起见，苏维埃的财政政策，除了向剥削阶级筹款之外，必须依据于群众的热忱，向农民征收适当的土地税，这是国家财政经常收入的最大部分，也是红军给养的可靠来源，一切企图增加土地税税率或忽视税收工作的不正确观念，都是□□□有害的。

去年土地税的征收，除瑞金及个别的区以外，其他各□□□□没有达到应有数量。拿事实来说，瑞金全县土地不过 140 万担，去年年成平均折谷价每担平均 2 元 2 角，每人分田只得实谷 4 担余，土地税竟收到 10 万余元，约扣税谷 5 万担，而比瑞金土地更多的会昌、博生、零都①3 县只收到七八万元，谷价平均 4 元，税率更高的福建，全省只收 15 万元，最奇怪的是石城与广昌 2 县，石城 7 个区只收 2 万多元，广昌则全县收入共只 1 万余元，只当瑞金 1 区。这些数目字明显地表现了去年土地税的征收，没有达到应有数目。

1. 土地税减收的原因，主要是由于收税时年成估计的不足，有些地方以多报少，有些地方则照以前税额再打折扣，如长汀县各区分田，有分 3 担的，4 担的，七八担的，但结果七折八扣，还不满 1 担多，后来全县都作 2 担收税，所以全县只收 43000 余元，广昌白水区某乡

---

① 零都，现称于都。——本文库编者注。

分田 8 担,照老租作 4 担,再打七折,结果只有 2 担 8 斗,竟完全免税。

2. 其次是漏税与不当免税而免税的多。如博生县今年检查出漏税款 3000 余元,寻邬①澄江区检查出漏税的六七百人,会昌高排区有一个乡,因 1930 年□白匪摧残,到去年还整乡免了税。就在最有成绩的瑞金及工作最好的兴国,漏税的也不少。瑞金之沙心区今年查出漏税的百余人,下肖区查出 200 余【人】,九保二区有一个村竟全村漏了税,今年补收到 900 余元,兴国今年检查也查出 1600 余元,其他各县更不消说了。

此外,□收税人从中贪污舞弊,收了税款不给收据,或自己侵吞下去。如会昌罗田税委主任竟吞食了 500 余元,茶梓几个乡主席和代表都侵吞了税款百余元数十元不等,福建长汀大埔区收税人因侵吞税款,今年被检查出来而逃跳〔跑〕,其余贪污案件的也有。

有了上述这些毛病,所以去年土地税原来预计可收 100 万元,结果却收不到 80 万元,这便大大减少了财政收入,而影响到红军的给养。

为什么会发生这些坏的现象呢? 据福建的及粤赣两省区以上财长联席会关于税收工作检阅的结果:

第一是由于没有充分的动员工作,以为我们土地税收得很轻,群众过去受地主剥削很利〔厉〕害,现在分了田,交一点税是没有问题的,特别在福建土地税已经收了三四年的地方,更以为群众已经懂得了,无须再做动员工作,因此只简单的贴一贴布告,发一发命令通知。如长汀等处竟完全没有做动员工作,这样当然瞒税的漏税的甚至贪污分子也就有些地方发现了。这里瑞金之云集、武阳,福建之才溪及会昌之西江等区就不同了,他首先召集各乡主席贫农团主任联席会讨论税收意义与办法,以后再分往各乡召集贫农团代表会及村群众会等,并组织宣传队到各村各屋宣传解释,他用了这样的动员方法,

---

① 寻邬,现称寻乌。——本文库编者注。

所以成绩就更好。

第二是由于组织不健全，有些地方两三区合组一个税委，乡一级没有税委组织，群众交税须经过乡代表、乡主席、区财部，再转交税委，中间须经过好几个转折，不是由税委直接到乡去收税。这种高高在上脱离群众的官僚组织，当然收不到税款，而且中间要发生许多毛病出来。反之如福建上杭才溪区、会昌之西江区、瑞金之云集区等处就不同了，他是以区为单位组织税委，在乡指定 7 个代表，担任动员群众，通知群众按期交税的任务，区税委分别各乡收税时间，轮流前往各乡直接收税，中间不经过代表之手，所以他们成绩便更好。

第三是官僚主义的领导方式，只坐在家里发布告发命令，不做动员工作，考查他的实际情形，找出有成绩及没有成绩的原因，来教育其他县区，而听其自然□□□□□□去年的□□□□□□□。

第四不能不说是一律收钱的困难了，因为敌人的经济封锁，苏区现金缺乏，农民无钱交税，谷子价格又很低，因而有漏税、瞒税、拖延欠税的事情发生。

目前正当着粉碎敌人新的五次"围剿"的决战前面，又是中央政府减轻土地税税率改收谷子的，今年加紧发动群众热烈交纳土地税，照中央颁布税率，□□收足税额，消灭过去瞒税、漏税、拖欠及贪污等坏现象，来增加财政收入，保证红军在战争中的给养，这是我们当前中心战斗任务之一。要完成这一任务，必须根据去年税收经验与教训，执行下列几个中心工作：

（一）首先就要注意收获成数估计之准确。这是税收中第一个大问题，过高了会使群众吃亏，低了又使税收损失。因为土地多了，既〔即〕使估低一成半成，对于税款收入都有极大损失。从中央区田面2000 万担来说，如果估低一成，就要减收税谷十几万担，因此各级财政部与税委必须事先往各方面查明各地实际收成，在区乡联席会议□□□□□□□□□□分别规定各乡村收获成数作为农民交税□□□折标准□□□□决定□□□告县□□准以照慎重□谷子充裕则照公债谷价□□□另行规定。

（二）要有充分的宣传鼓动工作，各级税委必须学习福建才溪区，瑞金云集区、武阳区与会昌之西江区的动员方法，先召集区乡主席税委联席会，派人□□□□表会贫农团妇女会□□□各村各□□□农会报告土地税征收□□□□税率表免税的□□，特别要说明中央政府今年减轻小生产者的税率，□□□□□多的税率加重富农负担以及改收谷子以便利农民交税的决定，说明□□□□敌人五次"围剿"中红军给养的重要来向群众宣传，鼓动群众更加热烈地□□□土地税，只有在群众明白了解之后，发动了广大群众的热情，才能彻底消灭瞒税、漏税、欠税以及不当免税和贪污等现象，才能使今年土地税□□□□□□。

（三）要健全税委组织，严密收税手续，县区乡税委要照税委组织纲要，调足人员，严密分工，并照土地税征收细则、办事细则布置必要用具（如文具、纳税证、免税证、收据、账簿、正秤等）与收税手续。区税委要首先决定各乡收税时间，通知群众按期纳税，□时协同区□□□保委一同前去，当天收谷，当天交库，取得仓库收条为凭，打收据、记账，谷子过秤等手续，要在在小心，不可疏忽。边区所收现款更要每天解送支库，如群众无钱交税，亦须酌量情形收谷子运送安全地带，县委要立刻规定某区收税时间，区税委人选，那些边区可收现款，边区所收谷子运送何处，这些问题，都要很好的布置。乡税委组织与工作，更要健全起来，使他负责去动员群众，调查登记纳税，免税及侦察瞒税、漏税分子，没有健全的组织与严密的手续，纵使有群众的热情，税收也是不会好的。

（四）如何去催收旧欠，检查贪污瞒漏分子，也是今年税收中一个重要工作：

中农贫农瞒税漏税欠税的，要他如数补还谷子，富农则要他照今年谷价交现款，贪污的除如数补还税款外，尚须送裁判部处以应得之罪，只有严格的检查去年瞒税漏税及贪污分子，使这些自私自利者知道苏维埃是不容易打马虎的，使他们不致再向苏维埃跳〔调〕皮，才能防止今年的贪污瞒漏。

（五）要使今年税收达到应有成绩，各级财政部与税委必须经常从各方面去了解各地实际税收情形与工作经验，分别写信或派人去指示各县区的具体工作，并考查他们的成绩与弱点，拿来教育其他县区。只有这样去加强对税收工作的指导，才能使各级税委能够照上述各项工作进行，一切不指示下级工作或不去了解下层实际情形，只笼统地一般地发命令下命令的官僚主义的领导方式，都是要妨害税收的。

（六）为要保证税收工作之顺利执行，必须在财政机关中开展两条战线的斗争。一切认为群众困难（又要买公债又要交税），认为要减轻收成或随便过马虎收谷，以取得群众欢喜的右倾机会主义，以及认为我们税率很轻，群众交税不多，又是交谷子，今年土地税征收不成问题的左倾乐观主义，同样是会放松动员工作与松懈收税手续的有害观点，必须予以严厉的打击，只有无情地打击了这些左右倾机会主义，才能使税收工作在各级紧张起来，照着正确的路线去发动广大群众的热情，来迅速完成我们的税收计划。

目前各地秋收早已完毕，战争已经开始，红军给养亟应迅速筹足，本部特规定 10 月 15 至 25【日】在各县开始征收土地税，限一个半月内收清，其收获较迟地方可从 11 月 15【日】起开征。各级财政部接此训令后，必须立刻讨论准备一切应办手续，以便按期收足税谷，来保证红军在粉碎敌人五次"围剿"中的充分给养，争取战争更大的胜利。此令

部　　长　　林伯渠

副部长　　邓子恢

税务局局长　　陈笃乡

闽赣省财政部翻印

公历 1933 年 10 月 6 日

（根据中共江西省委党史研究室资料处藏件刊印）

中华苏维埃共和国中央政府
人民委员会命令第四十九号
——公布关于土地斗争中一些问题的决定①

（1933 年 10 月 10 日）

（一）1933 年 10 月 10 日本会关于土地斗争中一些问题的决定，特公布之。

（二）凡在 1933 年 10 月 10 日以前各地处置之阶级成分有不合本决定者，应即依据本决定予以变更。其因变更阶级成分而应变更土地财产之处置者：凡中农贫农贫民工人等之田地、房屋、山林、池塘、园土等，过去已经分配者，均应设法照数归还其本人，但田地、房屋、山林、池塘、园土以外之财产，只在可能限度内设法归还本人（如当地尚有地主财产可没收成有可能由分得者手中退回等）。凡富农应得之田地、房屋、山林、池塘、园土、耕牛、农具等及资本家的财产，均只在可能限度内设法归还本人。

（三）凡在 1933 年 10 月 10 日以前，各地司法机关判决之案件有不合本决定者：其已执行者，应维持原判不变更。其未执行或在执行中者，应即依据本决定变更其判决。

（四）凡在 1933 年 10 月 10 日以前及以后各地处置之阶级成分及因阶级成分而处置之土地财产适合本决定并无错误者，任何人不得要求变更其处置。

---

① 副标题为本文库编者所加。

主　席　毛泽东

副主席　项　英

张国焘

公历 1933 年 10 月 10 日

（根据中央档案原铅印件刊印）

附：

中华苏维埃共和国中央政府
关于土地斗争中一些问题的决定

在分田与查田的斗争中，发生了许多实际问题，这些问题，或是以前的文件没有规定，或是规定不明悉，或是苏维埃工作人员解释不正确，以致执行上发生错误。人民委员会为了正确的发展土地斗争，纠正及防止这些问题上的错误起见，除了批准"怎样分析阶级"关于分析地主、富农、中农、贫农、工人的各项原则外，特作下面的规定：

（一）劳动与附带劳动

在普通情形下，全家有 1 人每年有三分之一时间从事主要的劳动，叫做有劳动。全家有 1 人每年从事主要的劳动的时间不满三分之一，或每年虽有三分之一时间从事劳动，但非主要的劳动，均叫做有附带劳动。

（注）这里应注意：一、富农自己劳动，地主自己不劳动，或只有附带劳动。故劳动是区别富农与地主的主要标准。二、规定全家中劳动的标准人数为 1 人，如全家有数人，其中有 1 人劳动，这家即算有劳动。有些人以为要有 2 人甚至全家参加劳动，才算这家有劳动，这

是不对的。三、规定劳动的标准时间，为一年的三分之一，即 4 个月，以从事主要劳动满 4 个月与不满 4 个月作为劳动与附带劳动的分界（既〔即〕富农与地主的分界）。有些人把有半年时间从事主要劳动的，还算做附带劳动，这是不对的。四、所谓从事主要劳动，是指从事生产上主要工作部门的劳动，如犁田、莳田、割禾及其他生产上之重要劳动事项。但不限在农业生产方面，如砍柴、挑担及做其他重要劳动工作，都是主要劳动。五、所谓非主要劳动，是指各种辅助劳动，在生产中仅占次要地位者。如帮助耘草，帮助种菜，照顾耕牛等。六、劳动既是区别富农与地主的主要标准，因此对于那种只雇长工耕种，没有其他地租债利等剥削，自己负指挥生产之责，但不亲自从事主要劳动者，仍照地主待遇，不得分配土地。七、构成地主成分的时间标准，以暴动时为起点，向上推算，连续过地主生活满三年者，即构成地主成分。

查田运动中，对于劳动与附带劳动的问题，发生许多错误。或以有劳动当作只有附带劳动，把他判为地主。或以只有附带劳动当作有劳动，把他判为富农。都是因为过去对于地主与富农的分界没有明确标准的原故。依照上面规定，可以免去这种错误。

但上面的规定，是指"普通情形"而言。在特别情形下，须有不同的处置。这里有两方面的情形：第一方面，是大地主，而家中有人参加生产者。例如有人剥削地租债利的数量很大，如收租百担以上，或放债大洋千元以上，而家中人口不多，消费不大，则虽这家有人每年从事 4 个月以上的主要劳动，仍是地主，不是富农。但如人口甚多，消费甚大，则虽有百担租或千元债，如果其家有人从事主要劳动，仍不是地主，而是富农。第二方面，是拿剥削情形说是地主，但拿生活情形说则不能照地主待遇者。例如有人过去是富农或中农，但到暴动前数年，因死亡或疾病原因，突然丧失劳动力，不得不把土地全部出租，或雇人耕种。因此，全家过地主生活，如果把这种人当地主待遇，是不妥当的，应照本人原来成分待遇。又如有人名义上还是地主，但土地权实际已属别人，剥削收入极少，本人已有附带劳动，甚至生活比农民不如者，此种人应照富农分给坏田。其特甚者，在群众同意下，可照农民分田。再如有人过去是农民，暴动前二年，遇【到】特别机会突然致富，成了地主，土地固应没收，但因其二年前是农民，在群众同意下，亦可照富农分给坏田。

上述这些特别情形，查田运动中，有些地方把它忽视了，这也是不对的。

（二）富裕中农

富裕中农是中农的一部分，对别人有轻微的剥削。其剥削收入的分量，以不超过其全家一年总收入的百分之十五为限度。在某些情形下，剥削收入虽超过全家一年总收入百分之十五，但不超过百分之三十，而群众不加反对者，仍以富裕中农论。在苏维埃政权下，富裕中农的利益，应与一般中农得到同等保护。

（注）这里应注意：一、富裕中农是中农的一部分。富裕中农与其他中农不同的地方，在于富裕中农对别人有轻微剥削。其他中农则一般无剥削。二、富裕中农与富农不同的地方，在于富裕中农一年剥削收入的分量，不超过其全家一年总收入的百分之十五，富农则超过百分之十五，这种界限的设置，是实际区分阶级成分时所需要的。三、所谓富裕中农的轻微剥削，是指雇牧童，或请零工，或请月工，或有少数钱放债，或放少数典租，或收少数学租，或有少数土地出租等。但所有这些剥削，在其全家生活来源上，不占着重要的成分，即不超过百分之十五。而其全家主要生活来源，是依靠自己的劳动。四、在接近暴动的时期内，虽曾经有过与富农在同等时间内的剥削分量相同的剥削，但不超过二年者，仍以富裕中农论。五、在某些情形下，虽超过全家总收入百分之十五，但不超过百分之三十，群众不加反对者，仍为富裕中农。这里所谓某些情形，是指剥削分量虽超过百分之十五，但家庭人口多，劳力少，生活并不丰富，更有遭遇水旱灾荒，或逢疾病死丧，反而转向困难者。在这些情形下，剥削分量不超过百分之三十者，不能认为富农，而应认为【富裕】中农。若没有这些情形，则剥削收入超过总收入百分之十五者，即为富农，不应认为富裕中

农。这些情形的正确判断,依靠于当地群众之公意。富裕中农在农村中占着相当的数量,查田运动中,许多地方把他们当做富农处置,这是不正确的。各地发生的侵犯中农事件,多半是侵犯了这种富裕中农,应该即刻改正。

举例:一、全家 6 人吃饭,2 人劳动。有田 50 担,收实谷 35 担(时价每担 4 元,共值 140 元),完全自耕。有屋 5 间,牛 1 只。有塘 1 口,出息大洋 12 元。杂粮生产及养猪年收约 100 元。放生谷 3 担,利加五,年收 1 担半(值 6 元),收了 4 年。放债大洋 100 元(合小洋 1800 毛),利加二五,年收 25 元,放了 5 年。判断:此家靠自己劳动为主要生活来源,自己生产占 250 元以上。对别人有债利剥削,但年收利息只 29 元,在总收入百分之十五以下,全家开销后有剩余,生活颇好,但因剥削分量不大,故算富裕中农,不是富农。二、全家 5 人吃饭,1 个半人劳动。有田 25 担,收实谷 17 担。租来田 75 担,收实谷 42 担,交租 25 担,交了 10 年,杂粮生产及养猪年收 50 元,雇牧童 1 个,雇了 3 年。放债大洋 60 元,利加三,年收 18 元,放了 4 年。有屋 5 间,牛 1 只。有木梓山 1 块,年摘木桃 30 担。判断:此家生活主要靠自己劳动,每年剥削人家极少,不过 20 余元(雇牧童与放债合计),而受人剥削地租 25 担之多,全家开销所余无几,只能算普通中农,还不是富裕中农。

(三)富农的剥削时间与剥削分量

从暴动时起,向上推算,在连续三年之内,除自己参加生产之外,还依靠剥削为其全家生活来源之一部或大部,其剥削分量,超过其全家一年总收入的百分之十五者,叫做富农。在某些情形之下,剥削分量虽超过总收入百分之十五,但不超百分之三十,而群众不加反对者,仍不是富农,而是富裕中农。

(注)这里应该注意的是:一、以暴动时为计算剥削时间的起点,而不应把其他任何时间作为计算剥削时间的起点。有些人算陈账,拿了中间空隔了的很早年代的剥削,作为决定阶级成分的根据,这是不对的。二、以连续三年的剥削,作为构成富农成分的标准时间,如

果剥削时间不超过二年,或虽有三年而是中间空隔了的(不相连续的),虽其剥削分量与富农在同等时间的剥削分量相同,仍以富裕中农论。三、剥削的分量,必须是超过了全家一年总收入的百分之十五,才能构成富农成分。如果剥削分量在总收入百分之十五以下,虽有三年或三年以上的连续性,也不能构成富农成分,而仍是富裕中农成分。四、所谓全家一年总收入,是指自己生产部分与剥削他人部分的合计,例如某家全家一年自己生产部分 400 元,剥削他人部分 100元,合计 500 元,即是总收入。因其剥削部分占总收入百分之二十,故是富农。五、某些情形,是指家庭人口多,劳力少,因此生活并不丰富,或因天灾人祸反而转向困难者。在这种情形下,剥削分量虽超过百分之十五,但不超过百分之三十,群众不加反对者,仍以富裕中农论。这里,群众的意见是十分重要的,这种情形的考量,也是要十分仔细的,不应把富裕中农弄做富农,引起中农的不满意。但同时,也不应把富农弄做富裕中农,引起贫农的不满意。所以应仔细的考量,要取得群众的同意。

查田运动中,对于这个时间与分量的问题,闹出许多纠纷,这是因为过去对于富农与富裕中农的分界,没有明确的标准,或把富裕中农当做富农处置,或把富农当做富裕中农处置,中间的争论时常发生。现在规定的两者分界,可以免除这种弊病。

举例:一、全家 11 人吃饭,2 人劳动。自己有田 160 担,收实谷120 担(值 480 元)。有茶山 2 块,每年出息大洋 30 元。有塘 1 口,每年出息大洋 15 元。杂粮生产及养猪等,每年约值 150 元。经常雇长工 1 个,雇了 7 年,到革命时止,每年剥削剩余劳动约值 70 元。放债大洋 250 元,利加三,年收 75 元,放了 5 年,到革命时止。有一儿子是秀才,会做呈子打官司,借势欺人。判断:此家自己有劳动 2 人,但雇长工,又放债不少,剥削收入超过了全家总收入百分之十五,人口虽多,但开销后余钱不少,故是富农,应分坏田。他家有个劣绅,本人应不分田。二、全家 3 人吃饭,1 人能从事主要劳动 4 个月。有田 60担,自耕 30 担,收实谷 18 担,出租田 30 担,收租谷 12 担,收了 5 年。

经常每年请短工 20 天。有牛 1 只,每年可收牛税谷 2 担。放债大洋 120 元,利加三,年收 36 元,放了 3 年。判断:此家剥削收入超过自己生产,但因有 1 人从事 4 个月主要劳动,故是富农。应分坏田。

(四)反动富农

在暴动前,尤其在暴动后,有重大反革命行为的富农,叫做反动富农。反动富农应该没收他本人及其家属中参加了这种反革命行为的人的土地财产。

对于反动资本家,适用上述的原则。

(注)这里应该注意:一、必须是"有重大反革命行为"的富农,才叫做反动富农。如当暴动时,领导民团屠杀工农,对革命政府顽强抵抗;特别是暴动后,还在领导别人组织反革命团体机关,或个别进行重大反革命活动,如暗杀,当敌人侦探,自动替白军带路,逃往白区帮助国民党,积极破坏查田运动与经济建设等。这种富农出身而有重大反革命行为的分子,经证明确实者,应没收其土地财产。其他富农中虽有反革命行为,但不是有领导的或重要的行为者,均不得没收其土地财产。二、反动富农家属之中,只没收参加了这种重大反革命行为的分子的土地财产,其他分子的土地财产,则不没收。三、以找生活为目的而暂时跑去白区的,不是反动富农,不应没收家产。但不愿在苏区居住,而跑去白区居住,满一年不回来者,虽不是反动富农,仍应没收家产。四、对于反动资本家之定义与处置,完全适用以上之规定。过去许多地方,把没有重大反革命行为的富农分子的土地财产没收了,并且一家中把没有参加反革命行为的富农分子的土地财产也没收了,这是错误的。这种错误的一个来源,是在江西没收分配土地条例的第三条:"凡加入反革命组织(如 AB 团,社会民主党等)的富农,全家没收"这里不分首领与附从,不分参加者与未参加者。关于家属问题,虽在这一条的后半指出了:"其家属未加入反革命组织,又无反革命行为,并与其家中反革命分子脱离关系,当地群众不反对者,得发还其土地",但前既全家没收,后才发还一部,仍非正当办法。因此,这一条应照现在规定改正。又过去有些地方,扩大反动资本家

的范围,没收了一些不应没收的商店,这也是不对的。

举例:一家9人吃饭,1人劳动,又1人附带劳动。有田160担,自耕80担,收实谷45担。出租田80担,收租40担,收了10年。有山5块,每年出息大洋70元。经常雇长工1人,欠债大洋425元,利加二五,欠了3年。放债大洋380元,利加三,放了5年。有1人当靖卫团连长,当了两年,与赤卫军作战五回。又有1人加入AB团半年,但不是重要分子,已向政府自首。家里其他各人,无明显反动行为。判断:此家成分是富农,有1人做了重大反革命工作,此人是反动富农,应没收家产。其他各人不应没收。另1人虽加入AB团,不是重要分子,又自首了,也不应没收。

(五)富农捐款

在削弱富农的政策下,在国内战争时期中,除了实行分给坏田,没收多余的房屋、耕牛、农具,征收较高的累进税,这些基本的办法外,再向富农要求临时捐款,是应该的,但捐款数量,至多不得超过富农现有活动款项全数百分之四十。捐款的次数,也应有限制。

(注)一、近来进行富农捐款,发生两种倾向:一种是包庇富农不去捐款,一种是把富农现款捐尽,与地主罚款无别。两者都是不对的,而后者则是消灭富农的倾向,并有影响到中农的危险。现规定至多不得超过百分之四十,各地可按富农过去是否交过捐款,及现在家况如何,在上述最高限度规定内,分别要求富农捐出适当的部分。二、捐款是临时性质,与经常的农业税不同,故捐款次数应有限制,不能捐至多次,毫无止境。三、向富农捐款之权,限于国家财政机关,任何其他机关,不得向富农捐款。

(六)富农应有的土地、房屋、耕牛、农具

凡确定为富农应有的土地、房屋、耕牛、农具等,在遵守苏维埃法令下,富农自己有处置之权,他人不得妨碍。仅在便利生产又得富农同意的条件下,工农贫民才可与富农掉换房屋。

(注)一、近来有些地方,发生工农贫民拿自己的土地、房屋、耕

牛、农具斠〈换〉富农应有的土地、房屋、耕牛、农具,甚至有斠〈换〉衣服肥料事情,这是不对的。因为"削弱富农"应有限制,分给较坏的劳动份地,没收多余的房屋、耕牛、农具,征收较高的累进税,并要求捐出一部分现款,这样"削弱"的政策,已经实现了。超过这种限制,就是消灭富农的倾向,在目前革命阶段上,是不应该的。只有在便利生产,并得富农同意的条件下,才可将房屋互相斠〈换〉。二、土地问题正确解决以后,如富农分得之坏田已经改良,变成好田,他人不得再去斠〈换〉。三、暴动后,富农添置的耕牛、农具、房屋,虽有多余,不得再行没收或斠〈换〉。

(七)富农的义务劳动

富农应当比工农贫民担负国家较多的义务劳动,但以不妨碍富农的生产为限度。

(注)责成富农担负义务劳动,与责成地主担负义务劳动,应有分别。地主的壮丁,应该完全编入劳役队,加以训练,使之参加国家与当地的劳动工作,在劳动过程中,改造其阶级性,消灭地主阶级。富农应该比较工农贫民担负更多的义务劳动,但不应同地主一样,使之担负无限制的义务劳动,致妨碍生产。因此,把富农与地主编在一个劳役队,在农事紧张的时期内,在富农劳动力没有多余及没有补偿办法的情况下,使之担负长期脱离生产的义务劳动,是不正当的。但是不妨碍生产,或富农劳动力有多余,或有其他补偿办法,则不在此例。

(八)破产地主

在暴动前,地主已经全部或最大部分失掉了他在土地财产上的剥削,但仍不从事劳动,依靠欺骗掠夺或亲友接济等为主要生活来源者,叫做破产地主。破产地主仍然是地主阶级的一部分,不得分配土地。但地主破产后,依靠自己劳动为主要生活来源,已满一年者,应予改变成分,有分配土地之权。地主破产后,依靠自己劳动为生活来源之一部,其分量达到其一年生活费用三分之一者,得照富农成分待遇。

（注）一、有些人把部分破产的地主，叫做破产地主，这是不对的。因为这种地主还有一部分产业依以剥削，这不过剥削收入的分量有改变罢了。二、有些人把破产后已经从事主要劳动满一年的叫做破产地主，这更是不对的。因为地主破产后，从事主要劳动已满一年（指暴动前），他已经由地主变为工人或贫民或农民了。三、有些人把地主破产后，已经从事一部分劳动者，仍照地主待遇，这也是不对的，因为其劳动已达到维持全家一年生活三分之一者，这种人已应该给予以富农待遇了。

（九）贫民

农民、工人、独立生产者、自由职业者外，一切依靠自己劳动从事一种或几种职业者，或大部分依靠自己劳动力为生活者，或依靠极小资本，自己经营，以取得最低限度的生活费者，均叫做贫民。乡村及小市镇贫民分子失业者，应分配土地。城市贫民分子无房屋者，应分配城市中地主的房屋。

（注）贫民在城市中，占着相当大数量；在乡村及小市镇上亦有一部分。贫民的职业是很复杂的，有些贫民的职业常依季候更换，而不能固定。贫民的生活是很困难的，他们的收入常不够支出。

所谓依靠极小资本自己经营的贫民分子，是指小贩。

不剥削他人的医生、教员、律师、新闻记者、著作家、艺术家等，叫做自由职业者。

（十）知识分子

1.知识分子，不能看做一种阶级成分，知识分子的阶级成分，依其所属的阶级决定。

2.一切地主资产阶级出身的知识分子，在服从苏维埃法令的条件下，应该充分利用他们为苏维埃服务。

3.知识分子在他们从事非剥削别人的工作，如当教员、当编辑员、当新闻记者、当事务员及著作家、艺术家等，是一种使用脑力的劳动者。此种脑力劳动者，应受到苏维埃法律的保护。

（注）一、近来许多地方，无条件排除知识分子，这是不对的。利用地主资产阶级出身的知识分子为苏维埃服务，是有利于苏维埃革命的政策。在他们为苏维埃服务的期间，应设法解决他们的生活问题。二、所谓知识分子的阶级成分，依其所属阶级决定。如地主出身的知识分子是地主，富农出身的知识分子是富农，中农出身的知识分子是中农。把知识分子看做一种单独的成分是不对的。把农民子弟在学校读过书的分子（所谓毕业生），当做一种坏的成分，这更是不对的。三、把当教员等工作，看做不是劳动，这也是不对的。

（十一）游民无产者

在紧靠暴动前，工人、农民及其他民众，被地主资产阶级压迫剥削，因而失去职业和土地，连续依靠不正当方法为主要生活来源满三年者，叫做游民无产者（习惯上叫做流氓）。

苏维埃对于游民无产者的政策，是争取其群众，反对其首领及其他依附剥削阶级积极参加反革命的分子。关于争取一般游民无产者群众的主要办法，是使他们回到生产上来，照一般革命民众的例，分配土地和工作，并给予选举权。但分配土地，须在乡村居住，并须自己能耕种者。

（注）这里应该注意：一、所谓依靠不正当方法为主要生活来源，是指从事偷盗、抢劫、欺骗、乞食、赌博或卖淫等项不正当职业。有些人对于在业或半失业而兼从事一部分不正当职业（非主要生活来源）的分子，概叫做流氓，这是不对的。甚至把工农贫民中过去染有不良习惯（如嫖、赌、吃鸦片）的人，都叫做流氓，这更是不对的。二、有些地方对于积极参加反革命的游民无产者领袖分子（所谓流氓头）不加惩办，反而分田给他，这是不对的。有些地方对于一般游民无产者分子，又拒绝其分田的要求。这也是不对的。

（十二）宗教职业者

凡以牧师、神父、和尚、道士、斋公、看地、算命、卜卦等宗教迷信的职业为主要生活来源满三年者（紧靠暴动前），叫做宗教职业者。

宗教职业者,无选举权,并不得分配土地。

（注）凡有这些宗教迷信职业,而不是依为主要生活来源者,及依为主要生活来源而不满三年者,均不得称为宗教职业者。应各依其成分分别待遇,不得一律取消选举权,或一律不分土地。即是说,凡以这些宗教迷信为副业的,或依为主要职业不满三年的,如是工农、贫民,均应有选举权,而居乡村者,均应分配土地。本人如此,家属更不待说。有些人把和尚、道士、看地、算命等人,叫做流氓,这是不对的。

（十三）红军战士中地主、富农出身的分子与土地

红军战士中地主富农出身的分子,在他们坚决为工农利益作战的条件下,不论指挥员、战斗员,本人及家属,都有分配土地之权。

（注）一、优待红军条例第一条"凡红军战士家在苏维埃区域内的,本人及家属均须与当地贫苦农民一般的平分土地、房屋、山林、水池"。这里本已包括一切红军战士在内。但近来有些地方,只问社会出身,不问政治表现,把地主富农出身而坚决为工农利益作战的红军战士已经分得的土地,重新没收,这是错误的。二、所谓"红军战士家属",是指父、母、妻、子、女及 16 岁以下的弟妹,其他的人不得享此权利。三、地主富农出身的红军战士,如被开除军籍,得收回其土地。

（十四）工人的家庭是富农或地主者

工人的家庭是富农或地主者,工人的本人及其妻子,依工人成分不变更。其应分配土地与否,依其在乡村或在城市,分别处理。家中其他的人,照地主富农成分处理。

（注）一、地主或富农家中,在紧靠暴动前,有人出卖劳动力已满一年者,应承认其为工人成分。本人及其妻子,照工人成分待遇,其应有的一部分财产不没收。工人本身及妻子如在乡村,应分配土地;本人及妻子如在城市,不应分配土地;本人在城市,妻子在乡村,本人不分配土地,妻子分配土地,家中其他的人,照地主富农成分处理,不得享受工人权利。家中如尚有其他成分,依其成分处理（例如:一家

有人在乡村,靠收租放债为主要生活来源已满三年,此人是地主。有人出卖劳动力已满一年,此人是工人。又有人在市镇上开自做自卖的小手工业店已满一年,此人是独立生产者。各依其在一定时间内生活来源的性质,而决定其成分,又各依其成分而决定其在苏维埃法律下的待遇)。二、农村中工人、独立生产者、小学教员、医生等人中,有兼有小块土地,因乡村不够维持生活,出外谋生,而将其小块土地出租,并非依为主要生活来源者,应照一般农民分配土地,不能当地主看待。

(十五)地主、富农、资本家与工人、农民相互结婚后的阶级成分

1. 结婚的行为,不能改变阶级成分。

2. 地主、富农、资本家与工人、农民、贫民相互结婚后的阶级成分,依照结婚在暴动前后的分别,依照原来阶级成分的分别,并依照结婚后生活情形的分别,而决定其成分。

3. 凡在暴动前结婚的:地主、富农、资本家女子嫁与工农贫民,从事劳动满一年者,承认其为工人或农民或贫民成分。不从事劳动,及从事劳动不满一年者,依原来成分不变更。工农贫民女子嫁与地主、富农、资本家,则须与地主、富农、资本家过同等生活满五年者,才能承认其为地主或富农或资本家成分。如生活不与地主、富农、资本家同等,而与工农贫民同等(即靠自己劳动为主要生活来源),或过同等生活不满五年者,依原来成分不变更。

4. 凡在暴动后结婚的:工农贫民女子嫁与地主、富农、资本家,依原来成分不变更。地主、富农、资本家女子嫁与工农贫民,须从事劳动满五年者,承认其为工人或农民或贫民成分,如不从事劳动,及从事劳动不满五年者,依原来成分不变更。

5. 不论何时与何种成分结婚,所生子女的成分与父同。

6. 土地与公民权的应否享有,依其成分。

7. 地主、富农、资本家女子嫁与工农贫民者,不得编入劳役队,随嫁的现款在50元以下者,不得向他罚款或捐款。

8. 暴动前,工农贫民以子女卖与地主、富农、资本家者,及工农贫

民与地主、富农、资本家相互以女招郎者,其出卖子女及招来郎婿的成分与待遇,适用上述一至七条之规定。

9. 暴动前,工农贫民与地主、富农、资本家相互以子过继者,不问过继时之年龄如何,在10岁以下者,成分不变更,从满10岁起,工农贫民之子,过继于地主、富农、资本家,与其过继父母过同等生活满五年者,其成分同于过继父亲。如生活不与过继父母同等,而与生身父母同等者,依原来成分不变更。地主、富农、资本家之子,过继于工农贫民,与其过继父母过同等生活满三年者,其成分同于过继父母。如生活不与过继父母同等,而与生身父母同等,依原来成分不变更。

(注)这里所谓劳动,包括家务劳动在内。

(十六)地主、富农兼商人

1. 地主兼商人的:其土地及与土地相连的房屋、财产没收。其商业及与商业相连的店铺、住房、财产等不没收。

2. 富农兼商人的:其土地及与土地相连的房屋、财产,照富农成分处理。其商业及与商业相连的店铺、住房、财产,均不没收。

3. 对于地主、富农兼商人的罚款或捐款,应限制在地主、富农部分,不能侵及商业部分。

4. 商人不编入劳役队。

(十七)管公堂

管公堂是一种剥削。但应分别地主、富农、资本家管公堂,与工农贫民管公堂的不同。

(注)管理各种祠庙、会社的土地财产,叫做管公堂。管公堂无疑是剥削的一种,特别是地主阶级及富农借着公堂,集中大量土地财产,成为剥削的主要方式之一。凡属这种为少数人把持操纵有大量剥削收入的公堂,管理公堂的行为,当然是构成管理者阶级成分的一个因素。但有些小的公堂,为工农贫民群众轮流管理,剥削数量极小,则不能作为构成管理者阶级成分的一个因素。有些人以为只要管过公堂的都是地主、富农或资本家,这是不对的。

（十八）一部分工作人员的生活问题

在苏维埃机关其他革命组织的工作人员，未分配土地而生活特别困难者，本人及其家属可分给相当土地或以其他方法解决其困难。

（注）已分配土地的一般苏维埃工作人员的生活，中央政府已有命令解决（即发动群众耕种其土地），这里只说未分土地的人员。所谓家属，是指父、母、妻、子、女及16岁以下的弟妹。

（十九）公共事业田

新区分配土地及老区检查出来的土地重新分配时，应酌量留出为了桥梁、渡船、茶亭及农事试验场等公共事业而使用的土地。

（注）桥梁的修理，渡船的修理与船工的工资，茶亭的修理与茶亭的设置，这些公共事业的费用，均须按照需要，酌量留出一部分土地，发动群众耕种。此外，县苏、区苏、乡苏还须在政府机关附近适当地方，留出一部分土地（县苏可留50担至150担，区苏可留15担至25担，乡苏可留5担至10担），以为开办农事试验场之用。在农事试验场未开办以前，可租给农民耕种，只收最低的地租。

（二十）债务问题

1. 在暴动前，凡地主、富农、资本家以金钱或物品贷付于工农贫民者，除店铺货账外，本利一概取消。凡工农贫民以金钱或物品，存放于地主、富农、资本家者，其本利应照数归还。

2. 专靠或大部分靠高利贷剥削为一家主要生活来源者，叫做高利贷者，高利贷者，照地主成分处理。

3. 在暴动后的债务，凡不违背中央政府颁布之暂行借贷条例者，均应归还。

（注）有高利贷剥削（一切国民党统治区域，不论城市乡村，债务中最大多数，都是高利贷剥削），但不是专靠或大部分靠高利贷为其一家主要生活来源的，不能叫做高利贷者，而采取完全没收的政策，应各依其成分处理。以为凡有高利贷剥削的，都是高利贷者，这是不对的。一面放债，一面欠债的，应将其"欠人"、"人欠"，互相抵销

〔消〕,看其剩余部分的性质与程度,再与本人其他剥削关系总合起来,决定其成分。

中华苏维埃共和国中央政府主席　毛泽东

副主席　项　英

张国焘

1933 年 10 月 10 日

选自福建省档案馆馆藏史料

（录自《中华苏维埃共和国法律文件选编》,
江西人民出版社 1984 年版,第 346—360 页）

运输管理局暂行简章

（1933 年 10 月 11 日）

1. 为着保证革命战争时无国家运输的□□，□□国家的货物运输，以及免除奸商接□运输起见，中央国民经济人民委员部特设立运输管理局（以下简称运局）。

2. 凡国家和私人船只及指定地方的某些陆上运输工具，由中央国民经济部特别规定之，均须向运局登记，领取登记证（不取登记费）。如无运局登记证，上述运输工具，不论国家或私有，一概不准通行。

3. 运局为便利国家运输货物以保证革命战争的需要起见，不论国有或私有的船只，在必要时，均须遵从运局的分配。船主有以运局分配不得当时，可向本局陈明理由另商变通办法。但在急于运货时，经运输局分配定夺后，概不准借故推托。但不非必要时，运局经中央国民经济人民委员部许可后，对于私有船只不执行强制分配。

4. 为使私人货物运输同时发展起见，运局须估计当地国家货物运输与私人货物运输的总量，按照当地船只总数，适当加以分配，在不妨碍国家货物运输的条件之下，须分配船只于私人货物运输。

5. 凡在运局设有局所的地方，苏维埃国家的粮食调济〔剂〕局、贸易局和群众组织的合作社，欲雇用船只运输货物者，均须□先将货物种类数量、需要船只数目、到达地点详细报告运局，由本局负责介绍船只。

6. 为使国家与商人货物运输充分发展起见，运局须按照当地运输发展程度，随时计划添制主要运输工具（船只、竹筏与车辆）。

7. 在陆地运输上，须□□运输的需要程度，在适当的地点设立运输支站，并按其路途的长短，□□□□，每段设立分站管理之。

8. 运局总局暂设瑞金，并于适当地点各设分局一所。

9. 运局总局及分局组织暂设局长 1 人，〈由〉总局长由中央国民经济人民委员部委任，分局长由总局长呈请中央国民经济部委任之，在局长指导之下暂分以下四科：

一、总务科，

二、调查登记科，

三、介绍科，

四、检查科。

10. 每科设科长 1 人，由局长选任，各科视事务之繁简，各设科员若干人。

11. 为精确计划运输如船只的调查分配起见，得在局长领导之下，设立运输管理委员会，委员人数总局 7 人至 9 人，分局 5 人至 7 人，此委员会应与当地之国民经济部、苦力□□工会、粮食调剂局、贸易局、合作社□□总社等代表参加。

本简章由中央国民经济人民委员部制定，呈请人民委员会批准之。

中央国民经济人民委员部印

1933 年 10 月 11 日

（根据中共江西省委党史研究室资料处藏件刊印）

土地税征收委员会办事细则

（1933 年 10 月 13 日）

（一）未收税前，税委员会应将纳税与完税证明书依照中央制定样式印好，发给各乡政府使用。

（二）征收前应出通知说明征收地点，每日征收时间，并负责人姓名等，使群众周知。

（三）向县政府领来收据，应将簿子分明登记本数号码，以免遗误。

（四）某本收据用完后，应在封面上将该本填写张数，及首尾号码写明，并由负责人盖印。

（五）收据绝不能扯去一张，如写错了可另外写过一张，其那张写错了的，应写"作废"字，仍把那张保留在内，不能扯去，否则以舞弊论。

（六）收据绝对不可用铅笔或钢笔写，一定要用毛笔写，并且数目字均要写大楷〔写〕，如一、二、三，应写，壹、贰、叁字。

（七）税款收入，一律以国币计算，不准许计称毛洋或铜片，尾数采取四舍五收办法。

（八）群众交税时，会计员照证明书，交收据填好算好，交给出纳员核算一次，即照数收款，然后再将收据盖章发给。

（九）款子算错了归出纳员负责，收据写错了归会计员负责，两人都错了由主任负责，如发现有贪污情事则按法严办。

（十）征收数目，款子及发出收据，每晚应复算并对照一次，错了马上追究纠正，并向交税人补取。

（十一）每晚复算对照后，应将各证明书按照各乡各村分别理清编订成册，候收齐后，将各乡各村所发证明书之张数及纳税免税人数税款等一一填写明白，妥为保存，遗失者以舞弊论罪。

（十二）所受税款，应一律缴解上级，由区缴县 5 天一缴，县缴省满 1000 元就缴，省缴中央满 5000 元就缴，各级政府未得中央支付命令，不得动用分毫，违者严办。

（十三）土地税□□收据由省政府印发，征收结束后，应将收据存根及纳税免税证明书写明本数、页数、号码填明报告，送交县财政部税务科分类妥为保存，遗失者以贪污论罪。

（十四）税收结束后，□□□□□□□□□□□□报告，□□□填明送交县财政，县财政部□□□□分别统计，填写报告表送省，省转中央，以便检查统计。

（十五）各税收机关印章由县政府刻好发给，结束后应将该印章连同报告表送回县政府注销。

（根据中共江西省委党史研究室资料处藏件刊印）

中华苏维埃共和国中央执行委员会
关于重新颁布劳动法的决议

（1933 年 10 月 15 日）

1931 年 12 月 1 日所颁布的劳动法，经过一年半实施的经验，认为该劳动法的条文有些地方不合于现在苏区的实际环境，对于雇用辅助劳动力的中农、贫农与手工业者，没有变通办法的规定，在执行上发生困难，而且有许多实际事项没有规定进去，而这些实际事项又迫切需要规定。中央执行委员会为了增进工人的利益，巩固工人与农民的联盟，发展苏维埃的经济，在 1933 年 4 月间，组织了劳动法的起草委员会重新起草劳动法，5 个月来，这一新的劳动法草案经过各地工农群众的讨论，集合了许多意见。中央执行委员会根据劳动法草案与各地的意见加以审查修改。特决议如下：

（一）劳动法条文通过并公布之，从 1933 年 10 月 15 日起发生效力。

（二）新劳动法公布以后，在 1931 年 12 月 1 日所公布的劳动法即宣告无效。其他关于劳动问题的一切法令，如与新劳动法的规定相冲突者，亦失其效力。

（三）实施新劳动法各条文的详细手续，由人民委员会及中央劳动人民委员部以命令公布之。

（四）本劳动法的修改和增减，以中央执行委员会的命令行之。

（五）本劳动法在中华苏维埃共和国的领土内均发生效力。

（六）凡违反本劳动法各条之规定，均照中央执行委员会 1933 年

10 月 15 日公布之违反劳动法令惩罚条例各条之规定处罚之。

中华苏维埃共和国中央执行委员会主席　毛泽东

副主席　项　英

张国焘

公历 1933 年 10 月 15 日

（根据中共江西省委党史研究室资料处藏件刊印）

附一：

中华苏维埃共和国劳动法

第一章　总　则

第一条　本劳动法，对于凡受雇佣的劳动者均适用之。对于各种企业，各项机关，各种商店（不论国有，为团体所共有，为私有，以及雇请工人在家庭工作者，都包括在内）和以物品或货币作报酬而使用他人劳动力的各个人，均须受本法的拘束。

（注一）对于雇佣辅助劳动力的中农、贫农、小船主、小手工业者及手工业的生产合作社，得到工人与职工会的同意，得免除受本法某些条文的拘束，另由中央执行委员会制订特别的法令颁布施行之。

（注二）还〔若〕有特别事件发生（如防饥防灾及战争事件等缺乏劳动力时），中央人民委员会得到中华全国总工会的同意，得在一定期限内颁布特别法令实施之，免除适用本法。

上列两项的例外与期限，工人与职工会随时有权要求取消和缩短。

第二条　本法不适用于中华苏维埃共和国海陆空军的现役人员。

第三条　对于农业工人、季候工人、乡村手艺工人、苦力、家庭仆役及其他有特殊劳动条件的工人，除开适用本法一般规定外，另由中央执行委员会根据这些工人的劳动条件制订特别保护这些工人的补充法令公布施行之。

第四条　各项正式或非正式的集体合同与劳动合同其条件如比本法所规定的条件较为恶劣者，均不发生效力。

第二章　雇佣及取得劳动力的手续

第五条　凡居住在中华苏维埃共和国领土内的各个人及各种企业机关和商店欲以雇佣的方式取得别人的劳动力从事工作者，除本法第十条所规定的例外，均须向政府劳动部所属的机关（劳动介绍所）请求介绍。在当地政府劳动部没有成立该项机关时，须向职工会请求介绍。

第六条　凡欲寻觅工作的人须到当地政府劳动部所属的劳动介绍所登记，列入失业劳动者的名册内，如果当地政府劳动部没有成立劳动介绍所时，即到当地职工会登记。

第七条　私人设立的工作介绍所或雇佣代理处及委托工头招工员，买办或任何个人私自雇佣工人，一律禁止之，要被介绍人付出金钱或物品作为介绍工作的报酬，或从工资中克扣介绍工作的报酬均禁止之。

第八条　所有各种企业，各项机关各商店以及私人雇主等，凡欲雇用劳动者工作时，均须照下列手续，请求劳动介绍所介绍。

（一）应开列所须用之劳动力的各种条件，以该企业或机关管理部的名义，或私人雇主自己或代表人的名义向该管政府劳动介绍所请求介绍。

（二）在劳动介绍所注册的人，有和前项所需要的条件符合者，即照劳动介绍所的章程，介绍前往工作。

（三）雇主对于劳动介绍所派来工作的人，不论拒绝或收用，均须照劳动部所订章程通知该管政府的劳动介绍所。

第九条　如有下列情事发生，雇主须负完全责任：

（一）雇主在劳动介绍所开列所需用之劳动力的条件，与实际上不符合时；

（二）不履行因雇用工人所必需执行的手续时；

（三）非法拒绝劳动介绍所派去的工作人员时。

第十条　遇有下列情形，雇主可不经过劳动介绍所自行招雇劳动者工作。但必须在该管劳动介绍所登记。

（一）需用负政治上的责任或其他被雇人身份有关的专门家和经理人管理人时。

（二）劳动介绍所从雇主请求之日起，在劳动介绍所章程所规定的日期内不能代为招到该项工作人时。

第十一条　所有企业机关及一切雇主应照劳动部所规定期限将所有雇用的劳动者依式向当地劳动部呈报。

第十二条　在乡村中的雇主雇用劳动力及登记寻觅工作的人，由中央劳动部会同中华全国总工会制订特别章程办理之。

第三章　工作时间

第十三条　所有被雇佣的劳动者，从事各项工作，通常每日的实在工作时间，不得超过 8 小时。

第十四条　下列几种人，他们每日的实在工作时间不得超过 6 小时：

（一）16 至 18 岁的未成年人；

（二）除开办理直接与制造有关系的人员外，所有使用脑力劳动的人员；

（三）有伤害工人身体健康的工业部门，及在平地下层工作的人。

（注）所有危害工人身体健康之工业部门，由中央劳动部规定公布之。

第十五条　16 岁以下的未成年人，每日实在的工作时间不得超过 4 小时。

第十六条　对于第十三条第十四条第十五条所规定的工作时间，中央劳动部得到中华全国总工会的同意，得指定数种有特殊情形的劳动人员（如担负政治工作，参加会议，负责任的劳动人员，生产合作社及其他有特殊情形的劳动者）另行规定办法，不受上列规定工作时间的限制。

第十七条　所有在夜间工作的人，其工作时间应较白日的通常工作时间缩短，但在连续生产或轮流换班工作的情形下，夜间工作时间，仍与白日同。但须增加夜间工作的工资（如属于第十三条所规定者，应照白日工作时间内的工资，增加七分之一；属于第十四条所规定者，应增加五分之一）。按件计算工资的人，如遇到前项情形，除按件所得之工资外，如为夜间工作，亦须增加工资七分之一或五分之一。

（注）本条所称夜间，系指由下午 10 时起至第二天上午 6 时的时间。

第十八条　在每日的工作时间内，应有半小时至一小时的停工以为工人吃饭和休息的需要，但此项停工时间不算入工作时间内。

（注）凡在不能停工之工业中工作的劳动者，此项休息时间，由中央劳动部另行规定特别办法施行之。

第十九条　超过法定工作时间以外的工作（即额外工作），按照一般原则禁止之。但在工作上有必要时，经过工人与职工会的同意及当地劳动部的批准得作额外工作。

（注）如有特别紧急的事情发生（如预防公众灾害，消灭工程上的障碍等）必须进行的额外工作，不及得到职工会与劳动部的同意时，应在第二天通知劳动检查员备案。

第二十条　进行额外工作的时间,连续两日共不得超过 4 小时。

(注)在农业中,及其他季候工作中必须进行本条所规定以外的额外工作时,得到工人与职工会的同意及劳动部的批准,得酌量增加之。

第二十一条　凡因厂方的过失以致上工迟误,所消费的时间不得令工人作额外工作补偿。

第四章　休息时间

第二十二条　所有被雇佣的劳动者,每一星期内至少应有连续 42 小时的休息。

(注)如在工作上有特殊的情形,不能按照普通办法每星期依此休息者,则由相当时期内一次补给以若干日的休息。

第二十三条　下列各纪念节日须一律停止工作:

(一)1 月 1 日　新年节

(二)2 月 7 日　军阀屠杀京汉路工人纪念日

(三)3 月 18 日　巴黎公社纪念日

(四)5 月 1 日　国际劳动纪念日

(五)5 月 30 日　反帝纪念日

(六)8 月 1 日　反对帝国主义战争及中国工农红军成立纪念日

(七)11 月 7 日　苏联 10 月革命及中华苏维埃共和国成立纪念日

(八)12 月 11 日　广州暴动纪念日

(九)各级劳动部得商同地方的工会联合会按地方情形规定各该地方的纪念节日所作为休息日。但此项地方纪念节日每年不得超过 2 天。

第二十四条　每星期的休息日和前条各纪念节日停止工作,工资照给,若在工作上有必要继续工作者须加倍发给工资。

第二十五条　休息日和第二十三条所列各纪念节日的前一日的

工作时间,不得超过 6 小时,工资与完全的工作日同,若系按月计算工资者不扣除工资。

第二十六条 所有被雇佣的劳动者连续工作在五个半月以上在一年内至少须有两星期的休假,照给工资,不满 18 岁的未成年人及在危害工人身体健康之工业中工作的人,每一年至少须有 4 个星期的休假,照给工资。

第二十七条 第二十六条所规定的休假,工人可以自由选择时间利用,但以不妨碍各该事业及机关与家务的进行为限。

第二十八条 被雇人若因生病与生育所得的休假不得算入第二十六条所规定的假期之内。

第五章　工资(劳动力的报酬)

第二十九条 被雇人因出卖劳动力所得的报酬(工资)之额数应在集体合同及劳动合同内规定之。

(注)本条所称工资系包括货币部分与物品部分(如雇主供给伙食衣服及自然品等)之总称。

第三十条 所有被雇佣的劳动者,其工资不得少于当地政府在各该时期依照当地生活程度与各项劳动者职业的等级所规定的工资之最低限度。

第三十一条 所有各项被雇佣的劳动者所得工资等级的最低限度每 3 个月至 6 个月由当地政府劳动部规定一次。

第三十二条 超过法定工作时间以外的额外工作,应给额外工资。额外工资的数量,应在集体合同及劳动合同内规定。但起首两小时以内的额外工作,其工资应比通常工资增加百分之五十,超过两小时以外的额外工作即应加倍付给工资。

第三十三条 所有被雇佣的妇女与未成年人,如与成年男工作同样工作者,应得同样工资。未成年人按第十四条或第十五条规定的工作时间工作,但他们的工资,仍应按照该职业工资的等级,给予全日工资。计算未成年人工资的办法及工资的数额,由中央劳动部按照各企业的情形与工作性质规定之。

第三十四条　倘转移被雇人,换作比原定工资较低的工作时间,则应由转移之日起在两星期内仍照原定工资额数付给。

第三十五条　凡系长期工作,应分期付给工资,但至多每半个月应支付一次,临时或不满两星期以上的工作,应于工作完毕时付给工资。

(注)如系按月按季按年计算工资者,在得到被雇人与职工会的同意不受本条的限制。

第三十六条　工资应以当地通常货币支付,但在得到被雇人的同意时可以物品代替一部分。以物品代替工资的额数及物品计算的办法均与劳动合同集体合同内规定之。

第三十七条　付给工资,应在工作时间及工作地点行之,且须直接交给被雇人之手或被雇人所委托的代表。

第三十八条　例定支付工资日期如为例假,在例假期间的工资应在例假前付给。

第三十九条　按件计算工资的工作,应在集体合同劳动合同内规定按件工作的工价,并须根据每日的通常生产,规定每日的标准工资。规定包工工资的办法,及包工工资的支付办法,亦应在合同内规定。但禁止利用包工的办法,来克扣和剥削工人应得之工资。

第四十条　关于生产率的标准,由各企业各机关的管理部或雇主与职工会协议规定之。倘被雇人因为自己的过失,在正常的工作条件下不能完成生产率的标准时,可照他们已完成的工作付给工资,但不得少于原定工资额数的三分之二。如果被雇人屡次不能完成生产率的标准时,可照本法第一〇二条第三项的规定解除合同。

(注)本条所规定的正常工作条件如下:

(一)机械及其运用上均完整无阻;

(二)在工作中所需要用的一切材料与器具均能按时供给并足敷使用;

（三）工作地方,对于卫生及身体的运动各事有适宜的设备（如光线温度等）。

第六章　妇女及未成年人的劳动

第四十一条　凡工作特别劳苦笨重,或有害工人身体健康以及需要在平地下层工作的地方,均不得雇用妇女及未满18岁的人从事工作。禁止妇女及未成年人工作的场所,由中央及各省劳动部规定公布之。

第四十二条　受孕和哺乳的妇女及未满18岁的人不得雇用为夜间工作。

第四十三条　使用体力工作的妇女于生产前及生产后各休息8星期。使用脑力工作的妇女,于生产前及生产后,各休息6星期。

（注一）本条休息期间的工资,如被雇人已在社会保险局保险,由社会保险局付给,否则,由雇主付给。

（注二）小产经医生证明照疾病例给予休假。

第四十四条　被雇佣的妇女受孕在5个月以上者,不得她自己的同意,不得派往别地方工作,离开她原来的居住地点,在生产前5个月雇主不得辞退,在生产后9个月除开第一〇二条第七项所规定的情形外亦不得辞退。

第四十五条　哺乳的妇女在工作时间内,除享受本法第十八条所规定的普通停工休息时间外,每隔3小时应有半小时休息来哺乳小孩。此项休息时间计入工作时间内。工厂并须设立哺乳室,及托儿所,请人负责看护。

第四十六条　未满14岁的男女禁止雇用,雇用14岁至16岁的未成年人须经劳动检查机关的许可。

第七章　学　徒

第四十七条　凡在工厂、作坊、商店以及在专门技术工人指导下面和附属在工厂中的工艺学校分别学习各种技术者,均称为学徒。

第四十八条　学徒学习的限期由中央劳动部会同中华全国总工会及教育部按照各项职业的性质分别规定之。但最长的学习期限不得超过 3 年。

(注)关于保护各种学徒的补充法令,由中央劳动部另行颁布之。

第四十九条　无论何种学徒,均不得强令他们负担与本人所学特别技艺无关的他项工作或杂务,并不得强令学徒举行各种宗教的仪式。

第五十条　学徒每天至少要有一小时以上专门学习技艺的时间。

第五十一条　学徒在学习技艺 3 个月以后,须得相当工资,以后须按学徒学习期限与生产的标准,提高工资。学徒应得工资的比例,由中央劳动部会同全国总工会规定之。

第五十二条　各机关各企业各商店以及学徒的专门指导人,须遵照劳动部教育部及国民经济部所颁行的法令,对于未成年的学徒学习业务之正当进行与否,负有设法维持保护并督促的责任。但严格禁止打骂与虐待学徒。

(注)考核与监督学徒学业正当与否的责任,属于该管劳动部的机关。

第八章　保护与津贴

第五十三条　凡工人及职员,被选为苏维埃或职工会所召集之代表会议的代表,在参加代表会议的期间,仍有支领工资的权利。

第五十四条　凡工人及职员,被法庭传唤充当见证人或鉴定人或陪审员执行司法机关委托责任的日期,如果不超过1个星期,仍有支领工资的权利。

第五十五条 凡工人及职员,因征到红军中服军役及被派到苏维埃职工会及其他社会团体服务因而取消他的工作地位时,须预先发给他1个月工资的津贴。

第五十六条 因第一○二条(一)(二)(三)三项原因,而解除劳动合同,及因第九十三条第九十四条所指的原因,而解除劳动合同与被雇人因第一○三条所指各项原因而解除劳动合同者,须给被雇人2星期工资的辞工津贴。

第五十七条 各企业内在工作中所必须的器具及使用物件,保证被雇人随时有权使用,不得索资。如果因为工作的需要,而使用被雇人私有器械者,倘有损坏,雇主应负责赔偿。

各企业内如因工作而致损坏工人衣服者须由雇主负责照价赔偿。

(注)本条对于作零工的手艺工人,免除适用。

第五十八条 凡工人及职员暂时丧失劳动能力,须保留他原来的工作地位。但病者以3个月为限,怀孕及生产者除开第四十三条所规定的休假外,以再经过3个月为限(第一○二条第七项)。

第五十九条 各机关各企业中间停止工作,而未声明解除合同者,须照给工资。

第六十条 如因被雇人的疏忽,或不遵守工厂机关的内部管理规则,致将机器使用物件制造品和物料损坏,经过职工会工厂委员会的同意,在被雇人工资内扣除赔偿损失的价值时,其额数不得超过该工人一个月所得工资的三分之一。

第六十一条 雇主若因财力缺乏,对于因集体合同及劳动合同所欠工人及职员的工资,须比其他的债务有优先权,优先付给。

第九章　　劳动保护

第六十二条　无论何项企业，不经劳动检查机关的许可不得开设，或复业或迁徙建筑物。

第六十三条　各企业各机关必须采用适当的设备，以消灭及减轻工作人的危险，预防事件〔故〕的发生，及保持工作场内的卫生。

第六十四条　凡担负各种特别有害卫生的工作（如发生不规则的温度或潮湿或玷污身体等），及在有毒企业内工作，须由企业主发给工作人的工作衣服及各种防护器具（如眼镜、面具、呼吸器、肥皂等），并须给予工人以消毒药水，及特别食品（如肉类、牛乳、鸡蛋等）。

在上述情形下之工作人，应按期检查他们的身体。

第六十五条　各项保护劳动的现行法令，由政府劳动部所属的劳动检查机关监督执行。劳动检查员于一定期间内，由职工会的会议选举，呈请当地劳动部批准。劳动检查机关的职权范围，由中央劳动部制订特别条例颁布之。

第十章　　社会保险

第六十六条　社会保险，对于凡受雇佣的劳动者，不论他在国家企业，或合作社企业，私人企业，以及在商店家庭内服务，不问他工作的性质及工作时间的久暂，与付给工资的形式如何均得施及之。

第六十七条　各企业各机关各商店以及私人雇主，于付给工人职员工资之外，支付全部工资总数的百分之五至百分之二十的数目，交纳给社会保险局，作为社会保险基金。该项百分比例表，由中央劳动部以命令规定之。保险金不得向被保险人征收，亦不得从被保险人的工资内扣除。

（注）社会保险基金不得使用于其他与社会保险无关的用途。

第六十八条　社会保险的实施如下：

（一）免费的医药帮助；

（二）暂时丧失劳动能力者付给津贴（如疾病、受伤、受隔离、怀孕，及生产，以及服侍家中病人等）；

（三）失业时付给失业津贴；

（四）残废及衰老时，付给抚恤金；

（五）生产，死亡，失踪时，付给其家属的补助金。

第六十九条　凡被保险人，如暂时丧失劳动能力，如第六十八条第二项所载不论为何项原因，须从丧失劳动能力之日起，至恢复原状或确定残废时止，照该被保险人在企业机关内所得工资额数付给津贴。

第七十条　因受孕及生产而丧失劳动能力，须照本法第四十三条所规定的休假时间付给工资。

第七十一条　社会保险机关，如因基金缺乏，得相当减少付给暂时丧失劳动能力者之津贴的数额。

第七十二条　被保险人及被保险人的妻子因生产小孩缺乏抚育能力者，须付给一次补助津贴，并小孩在 10 个月内必须的物品与养育费。但此项补助津贴的总数不得超过被保险人 2 个月的工资。

第七十三条　被保险人及被保险人担负生活费的家属，如有死亡，须付给必需的丧葬费，其数目由当地保险机关决定，但不得超过被保险人 1 个月的工资。

第七十四条　被保险人失业，须付给失业津贴。被保险人如系职工会会员作工在半年以内并由雇主交纳他的保险金者，可得失业津贴；非职工会会员，作工在 1 年以上，并由雇主交纳他的保险金者，可领失业津贴。领取失业津贴，须先到劳动介绍所登记领失业证书，如系职工会会员，须有职工会会员证为凭。

支付失业津贴期间之长短，可按照当地情形和社会保险基金的状况加以限制。

（注）关于苦力零工等领取失业津贴，由劳动部规定特别办法办

理之。

第七十五条　凡被保险人,因疾病或遇险,而致部分或全部残废,或因年老而丧失劳动能力,经过专门委员会的审查确定后,须付给抚恤金。抚恤金付给的额数,以残废的程度及性质与被保险人的家庭状况决定之。

第七十六条　凡被保险人死亡或失踪,若被保险人家属因而无从取得生活资料者,经过专门委员会的审查确实,须付给补助金。付给补助金的数额及方式,由当地社会保险机关视受津贴人的年龄及财产状况决定之。但只有被保险人家属的下列各人,才能领取本条所规定的补助金:

（一）未满 16 岁的子女兄弟及姊妹;

（二）无劳动能力的父母及妻;

（三）上述家属各人虽有劳动能力而被保险人有未满 8 岁的子女者。

第七十七条　关于农业工人,苦力,家庭工人,与零工的社会保险,中央劳动部得制定特别章程实施之。

第七十八条　雇主交纳社会保险金,但社会保险机关之管理与社会保险基金之用途,雇主不得过问。

第十一章　集体合同

第七十九条　集体合同,即一方面以职工联合会为工人及职员的代表与他方面雇主所缔结的契约,用以规定各企业、各机关、各商店中的雇佣劳动者的劳动条件与雇佣条件,并确定将来各个人订立劳动合同的内容。

第八十条　集体合同内各条款对于在各该企业或机关商店内的全体工作人员,不论他是否缔结合同之职工会的会员均适用之。

（注）集体合同的效力,不及于享有开除与录用工人权力的管理人。

第八十一条　缔结集体合同的期限,由中央劳动部会同中华全国总工会规定之。

第八十二条　集体合同上所规定的条件,如比本法及其他关于劳动的现行法令所规定的条件较为恶劣者,皆不发生效力。

第八十三条　集体合同以书面为之,并须在劳动部所属的机关登记,该项机关对于合同内的其余的条文,如认为与现行的各劳动法令,有不利于工人或职员时,有权取消之。集体合同登记的手续,由中央劳动部规定之。

(注)劳动部所属机关,取消集体合同内的某部分条款,其余各部分条款如双方声明愿意登记时,应予以登记。

第八十四条　业经登记的集体合同,自双方签字之日起,或依合同内所规定的日期发生效力。

第八十五条　各企业各机关各商店转移于新业主时,已注册的集体合同在该合同的有效期间仍旧有效。

(注)如有前项情形,订立合同的双方,均有权声明从〔重〕新审议该项合同,但须于两星期前通知对方。在新合同未成立前,该项合同仍旧有效。

第八十六条　集体合同,不论因为何种原因而未在劳动部所属机关登记,将来工人与雇主如发生与合同有关的争议时,其解决办法,不以该合同为根据,而以现行各项劳动法令为根据解决之。

第十二章　劳动合同

第八十七条　劳动合同即两人或两人以上所缔结的契约,一方面(被雇人)因受他方面(雇主)的报酬供给他的劳动力。劳动合同无论有无集体合同均可缔结之。

第八十八条　劳动合同上的条件,以双方协商同意而定。但劳动合同上的条件,如果比现行的劳动法令、集体合同及各工厂机关内部管理规则上所规定的条件较为恶劣者,或有限制劳动者政治权利与公民权利的情事时，均不发生效力。

第八十九条　劳动合同订立之后，应即给予被雇人工折一本，此工折的内容由中央劳动部以特别命令规定之。

（注）劳动合同的有效期间，在一星期以内者，不发给上项工折。

第九十条　未成年人在劳动合同上与已成年人享有同等的权利。但他的父母与负有监督执行劳动法令责任的机关及人员倘因继续该项合同于该未成年人身体健康有损时，虽该项合同尚未满期，可以要求解除。

第九十一条　劳动合同的有效期限，分为下列三种：

（一）不满一年的有定期限；

（二）无定期限；

（三）完成某项工程的全时期。

第九十二条　被雇人不得雇主同意，不得将自己所担负的工作自行让给他人担负，但有下列的情形不受此条的限制：

（一）劳动合同为多数工人共同承揽工作者；

（二）被雇人自己丧失劳动能力，而当时的环境确实无法通知雇主者。

第九十三条　雇主不得要求被雇人，做在合同内所规定之工作无关系的其他工作，及做与被雇人生命有危险，或违犯劳动法令的工作。

雇主因某项工作雇用工人，倘临时在该处并无该项工作，或暂时无法进行该项工作时，雇主得要求被雇人转行担负与其性质相同的他项工作。如被雇人拒绝担负，得解除合同，但须给予两星期的退工津贴；如系零工，则给予当日的工资；如系月工，则给予5天的工资。

如因预防危险及公众灾难有特别必要的情形时，虽与被雇人职业性质毫不相同的工作，雇主亦得要求被雇人担负。

如有上项情形不得减少被雇人原有的工资。但该项临时工作应给的工资，如高于被雇人的原有工资时，即应照该项较高额的工资付给。

第九十四条　迁移被雇人由甲机关至乙机关或由甲地至乙地，虽有时该机关或企业随同迁移，但须得被雇人的同意。若被雇人不同意时，则此项劳动合同，可由一方面解除之，但须给予被雇人2星期工资的退工津贴。

第九十五条　凡系长期性质的工作，在订立劳动合同以前，对于被雇人得有一相当试验时期。但该项试验期限普通工人不得超过6天；办事员及技术人员不得超过半个月；负责人不得超过一个月。前项试验的结果，应即确定雇用或不雇用，但不雇用时，应按照该项工作的等级付给被雇人试验期间的酬金。

前项试验的结果（雇用或不雇用）应即呈报当地劳动介绍所。各劳动者在试验期间，仍以失业工人论，保留他轮流介绍工作的次序。

第九十六条　雇主与雇主间，秘密往来，通达消息，意图规定雇用劳动力的条件等行为一律禁止之。

第九十七条　除依照特别法令及工厂机关的内部管理规则外，禁止雇主或企业机关的管理人征收被雇人的罚金。

第九十八条　劳动合同有下列各情事之一者得废止之：

（一）双方同意废止者；

（二）合同期满者；

（三）合同所规定的工作完毕者；

（四）根据本法第九十三条第九十四条的规定经某一方声明者。

第九十九条　各企业各机关如有迁移变更业主时，不得废止劳动合同。

第一〇〇条　如劳动合同所订立期限已满，而劳动关系仍继续进行，订立合同的双方均未声明要求废止时，则该项劳动合同仍以原有条件继续有效，其期间无一定限制。

第一〇一条　无限期的劳动合同，被雇人随时可以要求解除，但普通劳动者，必须于1星期前预告雇主；负责人及技术人员必须于2星期前预告雇主。

第一〇二条　无限期的劳动合同与有限期而未满期的劳动合

同,除第九十三条第九十四条所规定的情形外,如有下列各情事之一,得依雇主的要求而解除之:

(一)各企业各机关或商店之全部或一部歇业或缩减工作者;

(二)遇有不可克服的经济原因,停止工作在 1 个月以上者;

(三)发觉被雇人对于工作无能力担负者;

(四)被雇人无充分原因不履行合同及工厂机关内部管理规则所负的责任者;

(五)被雇人犯刑事罪,其犯罪行为与被雇人担负的工作有直接关系并经法庭处决确定者,或该被雇人受监禁处分满 3 个月以上者;

(六)被雇人无故旷工不到连续满 5 日以上,或 1 月总计无故旷工 7 日以上者;

(七)被雇人因暂时丧失劳动能力,自丧失之日起经 3 个月以后仍不到工者,或妇女因受孕及生产,丧失劳动力,除本法第四十三条规定的休息时间外,再经过 3 个月,仍不到工者。

(注一)解除劳动合同,如该被雇人为工厂支部委员会委员或其他相当机关的委员时,须经职工会同意后才能执行。

(注二)如有本条(三)(四)二项情形时,解除劳动合同须经职工会同意后方得执行。

(注三)因本条(一)(二)(三)三项原因解除劳动合同时,须给予被雇人 2 星期工资的退工津贴。

第一〇三条　有限期的劳动合同如有下列情形,虽未期满,被雇人亦得自行解除之:

(一)被雇人不能按期领得所应得的酬金者;

(二)雇主违犯合同上所负的责任及劳动法令者;

(三)雇主或管理人或他们的家属对于被雇人有无理待遇情事者;

(四)变更劳动条件较为恶劣者;

(五)因其他在法律上所规定的情形者。

第一〇四条　无论何种劳动合同经职工会的要求,均得解除之。

第一〇五条　各机关各企业各商店，如雇用新的工人须于 3 日内通知职工会的支部委员会。如欲辞退工人职员，须于 3 日前通知职工会的支部委员会。

第十三章　职工联合会及其在企业机关商店中的组织

第一〇六条　职工联合会（简称为职工会或工会），系联合各企业、各机关、各商店以及家庭中的雇佣劳动者而成立的机关。中华全国总工会是全国各种职工联合会的总机关，各项职工联合会的组织须按照中华全国总工会全国代表大会所通过的章程在各该产业职工联合会的中央委员会及中华全国总工会登记。

第一〇七条　所有各种其他的联合组织，未根据前条规定，在各产业职工联合会的中央机关及中华全国总工会登记者，均不得称为职工联合会及享有职工会在法律上的权利。

第一〇八条　职工联合会及其所属各分会均有下列各种权利：

（一）宣布并领导罢工；

（二）代表工人和职员与各企业各机关的管理部以及各私人雇主签订合同；

（三）出版报纸刊物，设立学校、图书馆、俱乐部，购置产业并管理之；

（四）对于各企业各机关各商店，帮助劳动检查机关监督劳动法及其他一切劳动法令的执行；

（五）在私人企业中成立特别机关监督生产；

（六）在国有企业中参加企业的管理；

（七）向苏维埃政府提议颁布各种劳动法令，提出并推选劳动部所属各机关的职员。

第一〇九条　职工会得享受苏维埃政府各种物质上的协助，并享受邮政、电话、电灯、自来水、电车及市政公用物品与铁道、轮船等优待条例。

第一一〇条　在军事机关内职工会的支部委员会，照中央劳动部会同革命军事委员会及中华全国总工会所制订颁布的特别条例组织之。

第一一一条　各机关各企业各商店的管理部或雇主，对于职工会一切机关的行动不得有任何阻碍，但召集该机关企业或商店的工人和职员大会或代表大会，在普通情形下，须于工作时间外行之。但派遣代表参加苏维埃会议，或参加上级职工会的代表会议，仍得于工作时间内行之。

第一一二条　各机关各企业各商店除付给工人职员工资外，须付工资总额的百分之二，为职工会的办事经费。又百分之一为职工会的文化教育经费。

第一一三条　各职工会的各级委员会的委员，持有该项委员的证书，均有权自由视察各机关各企业各商店内一切工作场所。

第十四章　管理规则

第一一四条　各企业各机关或商店内之劳动人员满5人以上者，为整理其内部工作秩序起见，得规定内部管理规则。此项规则遵照法定手续（第一一六条及第一一八条）确定之后，宣示于各劳动人员，方生效力。

第一一五条　在前条所述之内部管理规则内，对于劳动者及管理员之普通与特别的责任，以及因违犯规则所负责任的范围，及负责办法，应有明确详细的规定。

第一一六条　内部管理规则，对于各项现行的劳动法令和命令，以及该企业机关或商店内现行有效的集体合同不得有所抵触。

第一一七条　标准的内部管理规则，由中央劳动部会同中华全国总工会和中央国民经济部制定之。各企业各机关各商店，于未制定内部管理规则或该项管理规则未经批准（第一一八条）以前，本条所述标准管理规则，各企业各机关各商店，应行遵守。

第一一八条　所有各企业各机关各商店之内部管理规则,应由各该管理部,会同当地职工会协定后,呈由劳动部所属的机关批准。

第十五章　解决争执及处理违犯劳动法案件的机关

第一一九条　凡违犯劳动法及其他关于劳动问题的法令,和集体合同的一切案件,均归劳动法庭审理之。

第一二〇条　各机关各企业各商店与被雇人间,因为执行劳动条件的问题发生争执和冲突时,各级劳动部在得到当事人双方同意后,得进行调解及仲裁,但在发生重大争执时,即【使】无当事人的双方同意,各级劳动部亦得进行仲裁。

第一二一条　在国有企业、国家机关以及合作社企业中,得由管理部及职工会工厂作坊的支部委员会,各派同等数目的代表,组织工资争议委员会。工资争议委员会的职务如下:

(一)评定该企业或机关中工人职员应得工资的数额;

(二)解决管理部与工人职员因执行劳动法令及集体合同所发生的争执;

(三)工资争议委员会的决定,须得双方同意,如工资争议委员会不能解决的案件,即提交劳动部所属的机关或劳动法庭办理。

中华苏维埃共和国中央执行委员会主席　毛泽东

副主席　项　英

张国焘

1933 年 10 月 15 日

(根据中央司法人民委员部 1934 年 7 月编辑、
瑞金出版的《苏维埃法典(第二集)》刊印)

附二：

违反劳动法令惩罚条例

第一条　本条例是专为惩罚违反劳动法令的雇主(私人的、国有的及合作社的)而颁布,凡违反劳动法令的一切犯法行为都根据本条例惩罚之。

第二条　凡雇主违反劳动法令各章的规定依照以下各项分别惩罚之:

(甲)在 3 个雇佣劳动者以下的企业或机关内,雇主违反劳动法者,处以 3 元大洋以上的罚款或 3 天以上的强迫劳动或监禁。

(乙)在 3 个以上 7 个以下的雇佣劳动者的企业或机关内,倘雇主的犯法行为仅及于小部分的雇佣劳动者,处以 10 元大洋以上的罚款,或 10 天以上的强迫劳动或监禁,倘雇主的犯法行为系及于多数或全体雇佣劳动者,处以 20 元大洋以上的罚款,或两个星期以上的强迫劳动或监禁。

(丙)在 7 个以上的多数雇佣劳动者的企业或机关内,雇主的犯法行为仅及于少数雇佣劳动者,处以 1 个月以上的强迫劳动或监禁,或 30 元大洋以上的罚款。

倘雇主的犯法行为,系及于大多数或全体的雇佣劳动者,处以 3 个月以上的监禁,或 100 元大洋以上的罚款。

第三条　凡雇主违反关于劳动问题的现行法令,看雇主犯法行为的程度及影响于被雇佣者的多少,根据本条例第二条各项的规定处罚之。

第四条　凡私人雇主与国有或合作社企业之管理人违反与职工会订立的集体合同,而该项合同又在当地劳动部登记者,以违犯劳动法论罪,按本条例第二条各项的规定处罚之。

第五条　凡阻碍职工会及各级机关的负责人员及代表的合法行

为,或妨害其使用自己的职权者,依其犯罪之程度,处以 3 天以上的强迫劳动或监禁,或处以 3 元大洋以上的罚款。

第六条　凡用强力恐吓或收买等方法以阻止工人或职员加入工会,以企图达到违反劳动法令和集体合同之目的者,依其犯罪之程度,处以 5 天以上的强迫劳动或监禁,或 5 元大洋以上的罚款。

第七条　凡违反劳动法或其他关于劳动问题的现行法令集体合同等案件,都归劳动法庭根据本条例的原则审理之。

第八条　国有及合作社企业如发生有违反劳动法令及集体合同的事情,可由劳动部、国民经济部及职工会组织特别委员会解决之。如不能解决时,则交劳动法庭根据本条例第二、三、四各条的原则判决强迫执行之。

第九条　凡中农、贫农及手工业者、小船主,因自己的劳动力不够而使用他人劳动力以补助自己劳动力之不足者,倘得工人及职工会之同意而没有按照劳动法令的规定者,不应机械的依照本条例第二、三、四各条处罚之。

第十条　本条例中央执行委员会得随时修改和废止之。

中央执行委员会主席　毛泽东

副主席　项　英

张国焘

公历 1933 年 10 月 15 日

（根据中共江西省委党史研究室资料处藏件刊印）

中央内务部决定各区设立诊疗所

（1933 年 10 月 15 日[①]）

为了便利诊治工农群众疾病，中央政府内务部，决定在各县区内务部卫生科之下，设立一个诊疗所，替群众看病开单，不收看病费，这一诊疗机关在 10 月 2 日以前完全建立。

（录自 1933 年 10 月 15 日出版的《红色中华》第 119 期第 4 版）

---

① 原件无时间，此为该消息在《红色中华》发表的时间。——本文库编者注。

中央政府为粉碎五次"围剿"紧急动员令

（1933 年 10 月 18 日）

粉碎敌人五次"围剿"的大规模的决战,已经开始了! 这是我们争取更伟大胜利的最重要的关键!

帝国主义国民党的大举进攻,在清流、连城、洋口、乌江、黎川等地遭受了初步的严重打击之后,正在更疯狂的进行绝望的进攻,这一战斗是苏维埃道路与殖民地道路决战的紧急的关头!

动员我们一切的力量为苏维埃的出路而战,以我们的热血,争取这一决战中我们的全部胜利,这是整个苏维埃政权当前最中心的最尖锐的任务,可是中央政府检阅各级苏维埃工作的结果,许多地方政府对于战争的动员,还是表现极不紧张的状态,最近一时期内许多地方对于扩大红军,扩大与训练地方武装,动员运输队去前方的积极性表现非常不够。许多地方还不能充分的在一切工作中,在查田运动,经济建设,文化教育以及苏维埃的各种工作中,与革命战争的动员密切的连系起来,来实际的动员群众,领导群众为争取粉碎五次"围剿"全部胜利而斗争,因为许多地方政府对于战争动员采取不紧张甚至忽视的态度,所以在最近竟发生了这样严重的事实:北线敌人的小部队竟敢深入永丰北部苏区袭击区政府,南线敌人的侦探竟敢深入筠门岭附近侦察军情,而我们的区乡政府,事前完全不知道。在福建省,今年 7 月间对于配合红军争取连城胜利,准备异常不够,胜利后对于争取连清归①新区极为缓慢。在闽赣省最近竟有 300 余枪被敌人截夺了去。前方大批胜利品,缺乏伕子挑运,最近在黎川缴获的大批枪支,竟完全要红军战士搬运。这些地方对敌人警戒,对战争动员,采取了这样不紧张与忽视的态度,这对革命,简直是一种犯罪!这是一刻也不能再继续下去的现象! 应该立即纠正过来。

自令到之日起,各级政府必须立刻执行下列工作:

第一,省,县,区,乡,各级政府,及红军各部队,必须立刻召集各种会议,特别要在苏维埃的选举会议上,详细说明目前革命战争的紧张情形,用尽全部力量来进行战争的动员,各种群众团体应该同样召集会议,报告战争形势与自己的任务,务使苏区每一个工农,都要了解粉碎五次"围剿"的最战斗的意义,来热烈的踊跃的进行参战工作。

第二,深刻的记着我们粉碎四次"围剿"的经验与教训的各级政府,必须在粉碎五次"围剿"的决战面前,完成中革军委扩大红军的计划,热烈的动员赤少队整营整连的加入红军,同时个别的动员勇敢积极分子大批加入红军,应该继续红五月的经验,继续红五月的光荣速度来猛烈扩大红军,同时应该运用兴国归队运动的经验,做到开小差的全体归队。

第三,必须动员 18 岁至 40 岁的公民,自愿的大批的加入赤卫军,动员广大工农群众加入少年先锋队。应该特别迅速的恢复与扩大赤卫军模范营与模范少队的组织,经常下操,加紧他们的军事政治训练。未建立模范营与模范少队的,应该在最短时间内完全建立起来。应该在统一的作战计划之下(由军事机关的决定)动员赤少队配合红军作战。各游击队必须根据军委命令敏捷的深入挺进敌人的后方以钳制并【袭】击敌人的部队。

第四,必须保证红军的物质供给,每一件的经济建设工作,应与

---

① 连清归,即福建省连城、清流、归化(今明溪)。——本文库编者注。

战争密切联系起来。必须动员广大群众,在 12 月底完成推销经济建设公作〔债〕,在 11 月开始征收土地税,在两月内加以完成。各级政府必须加紧筹款工作,特别是加紧新区边区的筹款。各级政府调济〔剂〕局贸易局必须用大力量,来保证红军的给养使红军粮食不至发生像今年春夏时的困难,而影响于红军的行动。必须动员工农群众准备随时随刻从经济上帮助红军。

第五,应该根据中央政府的义务劳动法,发动广大群众来担任运输工作,每一个赤卫军的队员,应该各有一根扁担,一条被单,5 个人共一付担架,一听政府号令,立即可以集中,担任运输和帮助进攻敌人的工作。交通道路损坏时,必须立刻修理起来,以便利红军行动。

第六,必须特别加紧肃反工作与赤色戒严,对于反革命案应在数星期内,迅速解决,绝对消灭犯人逃跑的现象。一切步哨必须完全建立起来,加紧查路条。在边区更应时刻防备敌便衣队的袭击,应按军委命令,设立必要的警号。

第七,必须以最大的力量注意边区新区工作;调最得力的干部到新区边区去,在红军占领的新区域,应立刻设法建立临时政权,分配土地,建立地方武装,成立各种群众革命组织。

第八,各级工农检察部必须加紧检举对于战争动员工作的消极怠工和官僚主义的分子。各级劳动部教育部在执行劳动法及进行文化教育工作中,应该最密切的时刻联系到战争动员的工作。

一切苏维埃工作,应该服从战争!

在目前这样伟大剧烈的决战中,应该最严厉的打击一切惊惶失措退却逃跑的观点,同时应该坚决反对视轻敌人进攻放松动员工作的意见,必须以最大的努力紧张全部的工作,以深入的宣传鼓动来动员广大工农群众,集中一切力量,准备一切牺牲,为粉碎五次"围剿"的全部胜利而战!为苏维埃的新中国而战!

各级政府必须立即把这命令与军委 10 月 5 日的命令在各种会

议上进行最详细的报告和讨论,定出最具体的执行办法。对于执行命令不积极及怠工者,必须立刻给以严厉的行政的制裁。此令

主　席　毛泽东

副主席　项　英

张国焘

1933 年 10 月 18 日

（录自 1933 年 11 月 2 日出版的《红色中华》第 123 期第 2 版）

人民委员会为号召群众努力
冬耕准备春耕给各级苏维埃人员的信

（1933 年 10 月 18 日）

各级苏维埃的同志们：

　　敌人大举行五次"围剿"和我们集中全力争取粉碎"围剿"胜利的决战，现在是业已开始了。这一决战的我们的完全胜利依靠于整个苏维埃工作完全适应于战争的要求，除了扩大红军，查田运动，苏维埃选举运动，检查劳动法实施，文化教育运动，财政工作，肃反工作等等重要任务，均须按照具体计划争取彻底完成外，经济建设计划之完成，成为争取战争胜利最主要条件之一，而今冬与明春农业生产之有计划的与具体之进行，则又占着经济建设之极重要位置。

　　人民委员会向各级苏维埃人员指出，截到秋收为止，今年农业生产之一般的得到了大的成绩（虽没有完全达到增加二成收获目的，但平均已达到了增加一成半），完全是由于在党的领导下，苏维埃动员了广大农民群众，提高了农民群众的劳动热忱，为着战争与群众的基本需要，有组织的进行了春耕夏耕与秋收的运动。同时，今年生产计划之没有完全成功，主要的原因是在于去年冬耕的缺乏准备和今年春耕夏耕的动员不够。这一经验告诉我们为了战争与群众的迫切需要，我们必须具体的来准备明年春耕，这里最基本的工作就是今年的冬耕运动，人民委员会完全同意于中央土地人民委员部提出的冬耕运动大纲，各级政府于收到这个大纲之后，必须实际的完全的执行起来，为了在明年比较今年增加二成收获而斗争。具体的检阅自己地方去冬与今年春夏耕种运动的成绩与弱点,是执行这个大纲的必要步骤,而乡村劳动互助社的成立与发展是进行冬耕准备春耕的有效办法。在广大农民群众进一步提高劳动热忱的基础之上,在各地苏维埃人员积极与正确领导之下,人民委员会相信今年冬耕计划与明年增加二成收获,是完全能够实现的。此致布尔什维克的敬礼!

中央政府主席　毛泽东

副主席　项　英

张国焘

10 月 18 日

(根据中共江西省赣州市委党史工作

办公室资料室保存的手抄件刊印)

关于选举法的两个疑问①
——黄达同志给二苏大会准委会的问信

（1933 年 10 月 18 日②）

二次全苏大会准备委员会：

对于中央政府最近颁布的暂行选举法，我有几点疑问：

（一）第二章第五条第五项，反动政府的警察宪兵没有选举权，第八项又规定他们的家属没有选举权，假如一个人在革命前多年出去当兵，现在在反动政府内当警察或宪兵，但他的家属尚在苏区内，家庭背景是贫农或中农，向来是全家劳动，如果照上述条文的规定，应该没有选举权，但照他家属本人的成分应有选举权，但在该条的附注内没有说明，如果有这样的情形应该怎样的解决？

（二）第三章第十二条规定工人的家属可与他本人取得同等的选民资格，家属二字的范围是否只限于他的父母妻子儿女，或与其同居同食的兄弟叔伯等都是家属，是否都可与其本人取得同样的选民资格，照条文解释，应该是他家里只要有一个工人就全家不论多少人不论他们的职业如何，都可与工人取得同等的资格。这样我觉得不妥当，应该加以相当限制，并且工人的家属还有是地主富农或其他成分

---

① 《中华苏维埃共和国法律文件选编》（江西人民出版社 1984 年版）亦收录了此件，篇名为《关于选举法的质疑与解答》，内文个别文字、标点略有差别。——本文库编者注。

② 原件无时间，此为该文在《红色中华》发表的时间。——本文库编者注。

的,那又应该怎样办呢?

以上两点请答复,并希在报上发表。

黄 达

中央政府内务部的答复

黄达同志:

(一)在反动政府当警察宪兵而其家属在苏区的(即是同他没有经济上的关系,及没有和他的反革命行为的关系),那他们的选举权仍然照他们原来的成分决定。

(二)选举法上所说的家属(如第四条"一切被雇佣劳动者及其家属……"第九条"一、二、三、四、五各项人的家属")都是指本人的妻子,子,女,及其他依靠本人收入为主要生活来源之人,其他的人不在内。

(三)工人家属是地主富农的怎么办? 这在第十二条附注已有规定:"工人家属倘为被剥夺选举者,则不能参加选举",照这样办就是。

中央内务部

(录自 1933 年 10 月 18 日出版的《红色中华》第 120 期第 3 版)

为加紧冬季经济建设运动给
各级国民经济部的一封指示信

（1933 年 10 月 19 日）

各级国民经济部：

粉碎敌人五次"围剿"的大规模决战的开始，要求我们加紧发展苏区经济来保证战争的物质供给，以迅速取得革命战争的全面胜利，现在冬季即到，各级国民经济部应发动并领导广大群众，在冬季完成下述的工作：

（一）改□修理和补充农具

各县区国民经济部□□□□□过□代表贫农团及各种群众组织，□□□□□□查本县或本区各种农具缺少的数目，发动群众组织农具生产合作社，将各种农具充分补充起来，在胜利县附近的县，可将所需要的形式的农具，向□□□中央农具生产合作社定造，损坏的农具，必须立即修理，在农具缺乏的地方，更可以自己组织农具的生产合作社及农具的利用合作社，农具问题的解决，是保证明年胜利地完成春耕运动的一个重要步骤。

（二）准备棉种

现在必须立刻向农民进行种植棉花的宣传，各县区政府自己应该尽量的收买棉种，种棉已有成绩的地方（如公略）应把棉种及植棉经验，供给邻近各县，应该把植棉的计划，迅速规定，并切实进行，这是保证苏区棉布供给的非常重要的步骤。

（三）准备肥料

除□□□□□指示各种准备肥料工作外，各级国民经济部应特别抓紧石灰生产的工作，领导群众组织很多的石灰生产合作社，大量的烧石灰，以便明年春耕时，可有充分的肥料。

（四）修植山林

因为去年木子山没有很好的修剪，所以今年茶油的生产减少很多，为着提高茶油的生产，保障以后茶油的供给，在今年冬季，要用力的进行木子山的铲除和整理的工作。

竹木是苏区的大宗生产，因革命后敌人的封锁，竹木出口困难，许多竹木山没有得到很好的整理，甚至有些地方随便砍伐，这样延长下去，竹（以及纸）木的生产，必至大大的减少。今年乘着冬季农闲的时候，应发动群众将现有的山林，很好的加以修剪和保护。现在我们就应发动群众，准备充分的树苗，以便春季进行大规模的植树运动。

（五）普遍的组织劳动互助社，犁牛合作社

乘着冬季农闲的时候，应当普遍的把劳动互助社组织好，以保障明年春耕时劳动力的供给，使劳动力不感缺乏，并且帮助红军家属很好的耕田，及时的下种，使明年没有一块荒田，没有一坵田失□□种□□不能□□□□□□现在就抖〔斗〕股组织犁牛合作社，使明年大家都有牛来耕田。

（六）加紧运输的工作

革命战争环境中的运输工作，是非常重要的。尤其是今年公债谷土地税谷的集中，红军粮食的供给，粮食和□□□□的进出口□□□□运输工作重要。各级国民经济部用最大□□□□□一条扁担两条绳，□□政府动员□□□□集中。

（七）发展合作社□□展对□□□

秋收后是一年中农民经济最充裕的时候，更利于进行发展合作社的工作。我们必须特别的抓紧这一机会，将广大的工农群众吸收到消费与粮食合作社□□来，经过合作社的组织，必须□□群众□□敌人 □□□□□□□□ 僻小路 □□□□ 这多余的产品（□□□□□□）运出去，将白区的盐布现金运进来，以调济〔剂〕苏区商品和金融。

（八）发展手工业的生产

在□□□□□□□□□□□应该特别的紧涨〔张〕，应该克服冬季农闲休息的观念。为发展苏区工业起见，应趁农闲时领导会做手艺的群众，组织做手艺的合作社，使苏区各种手工业普遍的□□和发展起来，来供给自己的□□和出口。

在 □□□□ 候，胜利的完成上列的任务，是提高□□□□□□□ 革命战争的物质 □□ 和改善群众□□□□□□□□□□。

□□□□□□ 战争，现在战争 □□□ 紧张的时候，我们□□□□□□□□□ 的利益，为着战争 □□□□ 便更□□□□□□经济建设的工作。

省县区各级国民经济部接到这一封信后，必须立刻召集会议，把这封信和人民委员会关于冬耕的指示信，中央土地部的冬耕大纲，按照各地实际环境，切实的讨论出执行办法，同时，必须在 10 月底或至迟 11 月初，与同级土地部开一个扩大的联席会议，吸收多人参加，来具体讨论并决定发动群众进行冬耕的整个计划。在 12 月下半月，国民经济部必须再与土地部开一次联席会议，来检阅冬耕运动进行的情形和进度，以便督促推进，迅速完成。我们应该动员广大群众□□□□战争的物质条件，□□革命战争的□□□胜利□□□斗争。

此令

中央国民经济人民委员部

1933 年 10 月 19 日

（根据中共江西省委党史研究室资料处藏件刊印）

中华苏维埃邮政第一次苏区中心县邮局
各审计员以上联席会议决案

(1933 年 10 月 20 日)

　　自去年 5 月底成立邮政总局开始统一新的技术以来,已有了年余,在这一年余的过程中,虽得到了不少的转变和改良,但还有许多不够之处(如遗失、弄破、停滞等)还时常发生,邮务处为纠正这一错误和更进一步的统一与改良技术起见,特于 1933 年 10 月 20 日召集全苏区中心县审计员以上联席会议来检阅过去工作优缺和确定今后工作方针,充分准备一切材料贡献到三次局长联席会议中去,来求邮局更进一步的健全和整理,大会已于 10 月 20 日下午 1 时开幕。

　　到会者:

　　闽赣省审计科长钟光湖、建宁县审计员邹记长,福建省审计科长张耀宗、宁化县审计员赖荣庭、长汀县审计员陈荣木、兆征县审计员赖兆铿,江西省审计科长王俊钥、博生【县】审计员林镰、胜利县李兴银、石城县卢海松、赤水县孙观寿、公略县卓礼连、兴国县钟辉坤,红军总信柜乐显全,总局邮务处汪奇峰、郑化宏、陈海焘、丘玉昆。

　　缺席者:

　　粤干〔赣〕全省未到,瑞金县未到。

　　参加者:

　　中央邮政总局长王醒才、供应处长邓荣川

　　主席:王俊钥

报告

1. 总局长报告我们邮局一年来的工作历史和经验。

2. 工作报告

（一）邮务处长汪奇峰同志报告了一年余的工作情形,然后由郑化宏同志补充报告,继续则由各省县审计员报告该项工作,大致都报告在这一年来的成绩及缺点。

检阅

1. 审计处以前的组织没有系统,工作没有很分析,以致笼统乱较〔较乱〕,没有秩序。

2. 各省审计科召集会议也没有按期和报告上级。

3. 上级发下了通知文件也没有召集会议去讨论进行工作,以致下级接到文件不晓进行,就随便乱来,或者有的连文件都不去看,有的看了就是一丢不保存,后来要跟寻时又说没有收到这一通知文件。

4. 各中心县调了审【计】员多数没有报告上级。

5. 排单和快信凭单总局已经下过二个通知,各局仍未重视,如要编制有次序的号码至今也是仍然无系统,起排单时要同递信员对点时间包数也无实现,并且有些地方连时间都填得不正确。排单看错时要交来省局审计科审查办理,但各局也是依然不管原局也不去审查有无错误。排单在中途递信员发生延误时间或其他原因时要填在排单尾格上,但各局也是没有。

6. 遗失停滞破烂,还是仍然发生着,邮务员和局长也没有告递信员保护邮件的方法,就是用口头随便说要保护邮件,实际上没有做到。

7. 日戳经二次局长联席会议讨论改用黑油墨,各局都已做到,但有少数邮局对日戳还是有不明了的,甚至有少数邮局对日戳不注重

（如瑞金花桥分局用日戳盖在小孩子脸上如玩物）。

8. 画押在整个说起来是有大转变,多数的画了真名,但还是有少数的□□□□□□□□□代理的,这还是不妥。

9. □□□□□□□□□□□□□不注意特快邮寄,□□□□□□□□□□□以致中途□□□□□□□不注意贴□□□□□特别没□邮票的,这无疑□的是邮务员的不经心。

10. 包封在普遍讲来是都实行了包封,但有些邮局以为包封无甚关系,以致随便包一下至途中容易弄散。

11. 号码普通都发生错误,不是少就是重,非重即跳,经常弄得不得下台,还有的执据号码用□笔写,一经路递时久就被擦掉,无墨变为无字。

12. 包裹总局也下达通知要用布或用坚韧之油纸包才得寄递,并且寄递时要在包皮上写清号码、重量、邮□等字样,但至今还未实现,并且还□□包裹不□带信,各局仍然是一样不去执行,此前是□年审过几次□□□还是不改。

13. 回执自开用以来都是有作用,但因回执资费价轻之故,以致多数回执因此有些邮局对回执不很迅速退回原局,原局以为是遗失了邮件。

14. 银信自寄银信因发现过几次矛盾,因总局下通知专为寄银信手续的指示,但各局也没有去执行,如建宁广昌二县时常发生未上到清单,就把人家的银信没收,以致妨碍群众信件,失掉邮局信任。

15. 查单自发下查单,各局虽有些会用,但多数填得不清楚,有的还完全不晓(如石城)也不写信来问。尤其是雩都①县局用查单七八张常是有错,经过总局帮他修改并寄去告诉他,约有四次,他还是没有改正,错误依然发生,这是实足的忽视上级信函,不受上级指示。并且还有些地方不迅速退回,如往博生卢传良的,往汀州郭援晶、总局许生才的等查单,至今还未查出退回原局去,这是对查单一种大

---

① 雩都,现称于都。——本文库编者注。

缺点。

16. 兴国县邮局邮票没有了也不□□□向上级领取,卖到没有邮票接济不到时,用欠资邮票来代替,这是一种严重的错误。

17. 总局下过通知用红钢【笔】水写的信封不寄,但兴国县局还发现,尤其是粤干管理局审计科长闵祖传自己写信给总局用红水写信封,这是有故意的违犯上级的通知。

18. 时常也发现有红军家属信函没有盖免费戳记,以致弄不清楚。

19. 各级审计员、邮务员对于军队的移动也没有迅速的报告各邻近县和省与总局,以致文件不知投送何方延误时刻。

讨论

一、组织问题:

1. 总局设立邮务处,内设正副处长各 1 人,邮务处底下分设邮务组设组长 1 人,邮务员 7 人至 15 人(须照工作情形而定),无法投递科设科长 1 人,科员不定。

2. 省局设邮务科,内设正副科长各 1 人,底下分设(一)审查股,设股长 1 人,审查 3 人。(二)技术股,设股长 1 人,底下设邮务组,组长 1 人,组员 7 人至 10 人。

3. 中心县局设邮务股,设股长 1 人,底下分设(一)审查员 1 人,(二)技术员 1 人。

4. 县局则设邮务员 1 人至 2 人。

5. 分局局长兼任邮务员之责,负责一切邮务事项。

组织系统表(略)

二、改良邮务技术

1. 邮票

(一)邮票是由国家制定专供递送邮件用的,所有邮票任何贩商、团体、私人不得翻印和假冒。

（二）邮票应照国币、大洋1元换邮票100分，任何贩商、团体、私人不能提高或减少价格。

（三）邮政人员对于寄递邮件不得允许寄件人记账或暂行借用邮票。

（四）邮票概不向公众出偿收回，不得以此种邮票换取他种邮票或他国邮票或□□□□□□，邮票一经售出概不收回。

（五）凡剪角、涂刮或残缺的【邮票】不能用，凡邮件发现贴此项邮票者，经手人当即向寄件人退回，如信箱或信柜收来之件发生以上毛病者，则原局可停止寄投，即送总局或管理局邮务科办理。

（六）（字迹无法辨认——本文库编者注）

（七）预防邮政人员舞弊起见，凡邮件上贴了用过的旧邮票，原寄局未发觉经第二局或其他局发觉时，则原寄局要负完全责任调查事实办理。

（八）为预防被人揭取邮件上之邮票起见，特准寄件粘贴邮票后将自用图章加盖少许于邮票上之前端，以免舞弊。其式如下：

（九）邮政人员不准代寄件人将邮票贴于邮件上及包裹上，此事实应由该寄件人亲手或托局外人办理。

（十）欠资邮票系邮局用于未付邮资或资费不足的邮件及包裹，系由归寄到总局粘贴，其粘贴票之值，即表明所欠资之数于收件以前应于收件人付给。

2.普通邮件

（一）信函：1.每件以6钱为限，超过6钱至1两的，邮票应加倍计算，就地投递邮件贴邮票1分，各局互寄贴邮票3分，每日按时指定一班（60里至70里），如凡封套装有已经□□的银□□□。2.（字迹无法辨认——本文库编者注）。3.（字迹无法辨认——本文库编者

注）。4. 信【封】面未贴邮票或不足,均作欠资递送,向收件人领取欠资。5. 信封面应写明收件人、寄件人的机关、姓名、住址,以免发生无法投递之件。6. 若有邮件递送不到,应注明详细原因立即退回原局。

（二）剪角邮件:此件只限于政府、军队或群众团体、机关之印刷文件,不作信函计算,重量不以 6 钱为限,就地投递半分,各局互寄 1 分,递送时刻与普通邮件同（复写纸的应作信函纳费寄递）。

（三）新闻纸类:1. 凡属各项可以订购之发行品,无论华文、洋文,即如新闻纸及按期出版,挨次编号出版每期不逾 1 月,且系散张成捆不用木板布包等套,或它种坚实之物质装订者皆作新闻纸寄递之。2. 但发行之新闻纸,须经中央内务部或者内务部批准才得寄递,如青年实话、红色中华、斗争、红星、战斗、苏区工人、革命与战争各类画报捷报等类皆作新闻纸。3. 每捆新闻纸不得超过 8 斤重和 1 尺 5 寸长,如若超过,邮局得拒绝寄递。4. 寄费可参看寄资清单。5. 新闻纸内外只准书写寄者收者的姓名住址机关,无法投递时如何缴还或注明第几期第几项等字,并各包内只准附寄一张发单其他绝对禁止,查出应将该件作信函类欠资（向收件人领取）。

（四）印刷类:1. 只限于书籍、印刷文件、影片、簿记、日记、复写纸、像〔相〕片和彩色纸张、地图、各种图画、名片等类统作印刷类纳费寄递,但是长不得超过 1 尺 5【寸】,重不得超过 8 斤,2. 凡准予在该件上外面写明收者寄者的姓名住址或机关（并可附寄清单一张）3. 无论信函、印刷、新闻纸,都必须详细写明收件人寄件人的姓名住址机关□□□□□□□□□□□邮局一律不收（同其他□□□□□□□□□有妨碍）。

3. 挂号邮件

（一）凡邮局挂号之件,如信函□□□□□□□□之□寄件人□□均可挂号,但须□□□□□□□能负责挂号,但须除普通邮资外,另加挂号费。

（二）挂号邮件应在封面之左端的角上显明标写"挂号"二字,并须详细写明收件人寄件人的姓名住址机关,封口要封得整齐,没有重封痕迹,否则邮局不负一切责任。

（三）邮件挂号之法计有二种,一为单挂号,一为双挂号。1. 单挂号由邮务员给执据一张,另一张贴在信封后面,邮局将该件格外小心寄送,到接收局后将信封后面一张给收件人盖章,并退回原局交寄件人以作确实投到之据,□□□以便后来追查。2. 双挂号除照单挂号一样办理外,并于投递时兼索取收件人之回执交回寄件人,但须补回执费,回执反面只能写明某国某省县区乡村交回本人收,邮局送到时,投到局应向收件人在回执上盖章后由挂号清单上退回原寄局交回原寄人,作为确实投到之据。3. 回执退还寄件人时应将邮局给寄件人之执据收回毁销。

（四）如寄件人寄件时不曾□□要取回执而□□后清查该件是否投到□□□□□□□之执据交出后,补足回执费,邮局即可给查□□□□□。

（五）凡两件或两件以上的信函,虽寄交一人亦不准捆成一束或以他法连固,按一件之挂号。

（六）各局设汇兑□,挂号邮件如附寄银钱钞票,须向邮局说明,并在封面写明内有钞票银钱多少。每寄 1 元除付足挂号费外,增贴邮票 2 分,以此类推(但邮局寄钱以 5 角起码收邮费 1 分,少者不寄)。"投稿赠品另给"。如未经说明或在封面上注明,不加付邮资,所寄银钱钞票倘有遗失,邮局不负责任,并且查出充公(为保护邮件起见,绝对禁止寄现金,□行换□□寄递)。

（七）挂号执据后〔存〕根上应注明寄件人的姓名住址,并且该件是寄往何处,我们包到何处应在右□角上注明,以便后来容易根〔跟〕查。

（八）挂号执据上的号码应用黑墨填明,以防擦掉发生无号之现象,挂号清单要写得清楚,反对过去的写清单乱涂一顿,经手人应画押在上(要真名),加盖收发日戳。

（九）挂号邮件的有银钱钞票或其他物品须在余事框〔栏〕内注明。

（十）收各局来的清单应看清该邮件到何处的，我们应包到何处则在来之清单上该件格子尾端注明包到局的名称。

（十一）清单上的由何局至何局应写明一定的局名，不准写由本【局】至某局。

（十二）红板挂号到分局的清单应将各件号码注出在寄信清单上。

4.快递邮件

（一）邮局择重要地点开办快递事务，除包裹及笨重之印刷书籍外，其他各类邮件均可用快邮寄递，但要在封面左端角上写明"快信"字样，每日按时递送一次（100里至120里）。

（二）快递邮件之运寄投递尽求迅速不与普通邮件并投递，邮局对快邮所负的责任与挂号信相同，快递邮件之收件人除在收据上盖章外，并须将投递收到日期及钟点填明贴于原局发来的该件清单上。

（三）凡邮件欲作快递除普通邮资外，还另加快递费1角2分。

（四）快递邮件之寄件人并可加取回执，但须另加回执费（收件人收到邮件后要在回执上盖【章】或填明收到日期时间）。

（五）快递邮件之寄件人应将其完全姓名住址机关通知邮局，并须在信封面上写明，否则邮局不负一切责任。

（六）倘邮局无法将回执交寄件人时，得将其所遗失者另备一函由邮局寄递，免纳邮资或向邮局取查单跟查，倘查不出则向邮局索取赔偿，邮局应以遗失挂号邮件办理。

（七）快递邮件一切手续与挂号邮件相同，但须在清单上注明发信收信时间。

（八）特别快递纯为军事上便利而设立，此种邮件必须在封面左角标明"特别快递"字样，并要主要负责人盖私章和公章□□□□上，交寄时明白将寄件人姓名住址机关通知邮局，并在信封面上也须详细写明，除补足普通邮资外应另加特别费3角，邮局对特快是随到随走，日夜兼程，任何机关不准其翻阅检查（保卫局另外）至碍时刻，其他各项手续与普通快递相同。

（九）邮局收特快时须在信面加盖一个"特别快递"的戳记。

5. 包裹

（一）寄包裹时寄件人须将包裹用坚固之纸或油袋布、箱、匣等类封装，以防中途散失，否则邮局拒绝寄递。

（二）邮局收包裹应看包裹单上写出内有什么物件，若有注明，应叫寄件人当面核点清楚，面述后应由经手人盖章以资证明否则不封包。

（三）包裹面上应用墨笔详细写出收件人寄件人的姓名、住址或机关，局员还须在包皮面上注明重量邮资和包裹号码。

（四）包裹内不准附寄有银钱钞票，或银器、珠玉、信函等类，否则如若查出则行充公。

（五）包裹重量每个不能超过 8 斤，长不能超过 1 尺 5 寸，以免妨碍保护。

（六）寄包裹之手续与挂号信相同，亦有包裹执据一张给寄件人，一张随包裹清单寄去，一张存根。

（七）包裹不能附带有信函，信面也不能写外有包裹，只可信由信寄，包裹由包裹寄，如信面写有外有包裹，邮局得绝对拒绝寄递（因二项性质不同）。

（八）包裹收据不能粘贴于包裹上，因恐擦破，只可随同包裹清单寄递。

（九）目下经济关系，对于包封之袋还未制好，在未制好以前，倘有几个包裹非共路线，恐分局弄错，可贴一小纸条子写明该件走何局经何【局】递寄。

（十）包裹清单用法同挂号清单，但还须在清单上注明包裹之重量价值。

（十一）寄包人也可索取回执，但须另加回执费。

（十二）若有包裹在包皮面上写明了内有几件，那么清单上也可写内总共几件，以防中途被人盗毁。

（十三）包裹逢有红军家属的应在包皮上和执据上写明免费

字样。

（十四）包裹检查时，邮务员须同检查员当面拆开，封装时仍然当面共同封装，封装完毕由检查员盖章证明。

（十五）【为】防邮局人员舞弊起见，包裹上的邮票至第二个局要注意看过邮资，是否贴足，如包裹上没有邮票，要注意检查寻觅是否脱了，如若包裹上并无贴邮花痕迹，封装袋内也无脱下邮票，那无疑的是原局经手人弄鬼，当即写信告知原局长调查办理。

6. 银信

（一）银信绝对禁止寄现金，一律寄国币，邮费每元2分半元1分，未上5角者不寄。

（二）寄银信封面应详细写出收件【人】、寄件人的姓名、住址、机关，并须写明内有银钱多少。

（三）寄银信最好要宣传寄件人挂号，如果他不挂号，后来要跟查时须补上双挂号费，才得代取查单跟查。

（四）邮局人员收银信时应同寄件人当面点过数目，然后封口，再由邮局经手人盖私章在上，以作证明，最好用□□或松油□□□□□□□封口加盖私章，该经手人点数套进封口，则由检查员盖公章在封口上，以资证明。

（五）银信到投到局时，邮务员应同样的同保卫局检查员当面拆开点数，检查完毕，则要检查员在信上加批"钱数不错"字样，则再不封口了，登上就地投递簿子上同递信员当面将钱数点清后，递信员盖章在就地投递簿子上的格子内，递信员则拿着银信和簿子送给收件人或收件机关，当面同收件人点清数目，由收件人盖章在簿上和执据上或回执上，收件人收件时还要有机关或商店□□加盖公章。若如送不到邮务员应在簿子上批明"该件退回"字样，并须签押或盖章，这样才算交清手续。

7. 免费邮件

（一）凡红军战士寄回家中，家中寄给红军战士，作为红军家信可以免贴邮票寄递，但须加盖免费戳记和苏维埃政府的公章，若查出非红军家信则将该件加倍罚资。

（二）红军战士家属若寄物件、银钱均可代为挂号寄递，免付挂号费。

（三）残废同志与家中通讯或与机关通讯等有残废证者，可免贴邮票。若是残废同志与残废同志通讯须照章贴足邮票。有年老回家的战士，带有老年回家证者，也同样的免费。

（四）信面除盖有公章外，还须写明寄件人的姓名、住址（机关）。

8. 寄信清单

（一）寄信清单是寄信之总单，各项邮件均由该清单上写明通告。

（二）寄信清单的号码每年换一次。

（三）寄信清单内除载明挂号，快信包裹等类外还有平信、印刷、新闻纸、货样等类皆在这清单注明，但写清单时须分转口、该地二种，以便做月终统计，有免费之邮件也须分析清楚。

（四）收发清单时应由经手人签押和加盖日戳在上，如有挂号、快信、包裹等类时，应由该类负责人签押在清单的尾端以资证明。

9. 就地投递

（一）就地投递之邮件应用簿子登记由何月日由何处来，何机关何人收，送给收件人盖章在簿上，如有挂号、快信、包裹，应写明号码，银信应注明银钱多少，收件人收妥后，还须盖章在簿上和执据回执上。

（二）就地投递簿上登载之邮件，投送时递信员应同邮务员当面点清数目交清手续，然后由递信员签押或盖章在簿子上，若退回时邮务员应在簿子上批明"该件退回"字样，并须盖章或签押在上，以示明该件已退回邮务员收下，以示区别。

倘投到时递信员没有将收件人盖章在簿上或回执上，则要递信员负完全责任。

10. 排单

（一）排单是防止中途递信员或邮局将邮件停滞、遗失、破烂而设立的。

（二）排单号码每月换一次，应很有系统编列下去。

（三）起排单时要填正确的时间和包捆数目，发出时应将包捆数目和时间同递信员当面点清，认为无错才得交给递信员递送。

（四）到接收局时递信员同样的要同邮务员或局长当面点过数目和时间，然后才算交清手续。

（五）在填排单时应在日戳旁边填写递信员名字以便后来寻查跟单。

（六）排单是由一局传递下去的，若已传到了目的地，则由该局退回原局审查有无错误，若查有错误之处则寄往省局审查股办理，无错之排单，应保存3月后才可焚烧。

11. 快信凭单

（一）该单是随同快信而走，用法与排单相同，但还须签明递信员和邮务员的名字，并填写路程之远近、包封的号码、邮件的种类，到达接收局则递还原局审查。

（二）该凭单发一次快信就要填发一张，有的可以来回应用。

12. 查单

（一）查单是查遗失之挂号、快信、包裹及保险信件等类。

（二）寄件人要请求跟查时，须将原有执据交出证明，若并非双挂号没有回执者，都须补取回执费，然后起查。

（三）邮局起查时须将原发信之时候和收件寄件人的姓名住址（机关）和邮件之号码和种类填在上面，并须另补一回执贴于查单上前去跟查。

（四）查清单应终久不换，若要换时须得邮务处的通知才得更换。

（五）起查和找到局的时候填写的须得邮务股以上或局长核准才得有效。

（六）查单所经过各局，每局都应另备一簿登记编列号码。

（七）查单所到各局，应迅速查前去，若遗失须填明原因，然后则按照邮章赔偿，若投到了须将收到时刻填明，迅速退还原局，以便转告寄件人，以防失掉邮局的信仰。

（八）查单投到后，应由接收局将前收件人盖章的执据或就地投递簿子拿去对证，然后再由收件人盖章在回执上，将查单一起迅速递还原局，倘收件人不在时或移动改编【变】了机关找人不到的时候，则可将原有收据随同查单递回原局。原局收到后须迅速递送给寄件人查阅，以证该件已送到无误，则将原给寄件人之执据收回取消，并将该收据一起收回递回接收局保存。

（九）查单递回原局应将该查单贴于存根上，由经手人画押盖销，才算办清楚了手续。

（十）倘查单至中途有其他原因不能前进时，则应迅速写信通知原寄局（或待后一步或退回），以便□□应付寄件人。

13. 无法投递

（一）凡邮送不去退不回者，则为无法投递之件，暂以总局邮务处下设一无法投递科办理，各地以县为单位，所有无法投递之件，用无法投递之清单，直接包寄总局无法投递科。

（二）所查之件加盖"无法投递科查证"的戳记，以表明该件是无法投递而拆阅的。

（三）拆阅包裹、快信、银信、挂号等件时须得邮务处派人参加或在邮务办公厂〔场〕当群众打开，以防舞弊。

（四）所查出之件，皆由总局无法投递科之无法投递清单直接包到县局，各县局应将该清单好好保存，以防后来跟查。

（五）查不出之件皆保存无法投递科，包裹、银信、挂号、快信等类，则每半年登报声明一次，如若收件人寄件人确实证据者可来无法投递科领取。

（六）凡邮件经过登报后，3 年无人来领取者则□归公。

（七）退回邮件，所有邮件送不去则应马上退回原局交还寄件人，但须注明正确的退回原因，若找不出寄件人时，邮局则须将该件挂于门前披露，若经半年无人领回则寄交无法投递科办理。

14. 欠资与罚资

一、欠资

（一）邮件未贴邮花或邮资不足则为欠资，欠资应加倍处罚，则 1 分就要 2 分。

（二）欠资应用欠资邮票，由投递局通知寄件人或收件机关派人前来领取，领取时应由投递局贴上所欠之邮花数目，则由收件人付钱，给清钱款，邮局在欠资邮花上盖好日戳，然后再交给收件人收取，若邮局未贴欠资邮票在信面上时，收件人可以拒绝付费。

二、罚资

凡经邮局给证据之邮件如挂号、快信、包裹等类，倘未贴邮票或邮资不足则举〔实〕行罚资。1. 须向收件人索取补足原有邮资外还要加倍罚处。2. 邮局经手人也应以该件所差之数加倍处罚（罚资邮票用欠资邮票代替）。

三、补资

所有白色邮局寄来赤区之【邮】件，不贴赤色邮票者都可代为投递，在投到局则向收件人照章领取补资则不加倍处罚，邮票可用正常之通用邮票（不在欠资罚资之内）。

15. 撤回邮件

（一）如果寄件人要将已寄之邮件收回，若该件倘未投递交收件人时，邮局可以准其收回。

（二）撤回邮件时须向本人取单写出同样笔迹及有相同之印记，挂号类须要寄件时给他的执据凭单，否则不能撤回（挂号、快信、银票等类均可准予撤回）。

（三）倘邮件已由原局发出之后，则请邮局发信截留或发电截留，由寄件人或寄件机关负责出资费，资费之多少按路程之远近而定（可由局长酌量办理，是以发何种邮件去追，则付何种邮件之资费）。

16. 损失与赔偿

（一）邮局所收寄递之各类邮件，如有遗失，邮局应尽力追求以期寻来，如无法寻到时，邮局经手人承认赔偿，所有赔偿之款交寄件人领取，按邮件之价值决定赔偿多少，但至多不能超过 5 元以外。

（二）若风暴沉船、火灾、匪劫、战争等人力难施而损失，邮局不负赔偿之责。

（三）邮局寄包裹，如被遗失或抽窃、损坏情事，除上述人力难施而致损的，邮局不负赔偿外，所有因邮政人员不经心而致遗失、损坏者，邮局经手人负赔偿责任，按照包裹之价值□□□□至多不得超过10元以外。

（四）如寄银钱，除上述人力难施外，因邮政人员不经心而致损失，经手人则按照钱数赔偿，不定数目。

17. 与白色邮局的关系

（一）有些苏维埃区域白色邮局依然存在，为要便利白色区域的交通，苏维埃政府对此种邮局仍加以保护，但对于该项邮局的费用，政府不负一切责任，白色区域之邮票，只限于邮递白区之邮件，苏维埃境内不能通用。

（二）苏维埃的工农群众、机关工作人员，欲与白色区域通讯时可购买白区邮票粘贴信面，由各该地邮局加封寄至白色邮局转递。

（三）从县邮局起各级邮局均可代售白色邮票，寄往白色地方的邮件，交寄时寄件人除应付足白色邮资外，并须照苏维埃邮寄清单，付足苏区邮资，盖通邮印，同样可以挂号投寄及寄递包裹。

（四）从白色区域寄来之邮件，赤区及各级邮局可代收代投，但该项邮件之资费由收件人代为补资。

18. 邮件统计表

（一）各局每日所收之就地邮件应逐日登记至月终则作一总数，由下而上的报告，将表按级呈上统计一直寄到总局。

（二）过去的表格还少几项现应加上印刷、新闻纸、免费之包裹、银信和挂号之银信等项。

（三）统计表分局应在第二个月2号以前交到县局，县局应在第二个月5号以前集中中心县，中心县应【在】第二个月10号以前交到省局，省局应在第二个月15号以前交到总局邮务处。

19. 禁寄之物

（一）凡违反苏维埃法令之物不寄（如：吗啡、牙牌、鸦片等类）。

（二）寄费没有贴足邮花之件不寄。

（三）凡易破碎及能损害邮政人员之物不寄（如：玻璃、药水、炸药、硫磺，笨重之利器如斧头、柴刀等类）

（四）军用品不寄（如刺刀、枪弹、子弹袋、军裤、军衣等类）。

（五）收件人的姓名、住址、机关不明者不寄，因投交不到。

（六）凡用铅笔、钢【笔】水写的信面和文件不寄（因红绿【墨】等水沾水即散得没有字迹）。

（七）封面破坏不寄（恐易漏落内藏之物）。

（八）文件、书籍、报纸等件重量超过 8 斤，长超过 1 尺 5 寸者不寄（因不好装担保护）。

（九）一切大捆文件，捆装不好和不巩〔牢〕固不寄（因恐途中损失）。

（十）包裹要用布包或用坚韧之纸，和油纸包好，否则不寄（因用纸包容易弄破，恐被抽窃）。

（十一）信内藏有信不寄（若中途查出则向收件人领取欠资）。

三、邮务各级职员任务

1. 中央总邮局邮务处

（1）邮务处正处长

（一）管理邮务处印。

（二）计划本处整个的工作。

（三）管理邮务上的通令、通知等。

（四）答复各地不懂技术、审查二科之文件。

（五）有处罚邮务技术错误者之权。

（六）解决下级解决不落的事项。

（七）有解决不下之问题，应同副处长商议解决或召集本处会议解决。

（八）管理下级来的会议报告表。

（九）管理邮件统计表。

（2）副处长

（一）正处长出外则由副处长代理正处长之责任。

（二）正处长解决不落之事项，应共同商议。

（三）管理下级的工作报告。

（3）技术科

（一）检查技术之错误。

（二）研究和改良邮务技术。

（三）管理邮务组的工作。

（四）计划教授邮务人员。

（五）答复技术上之来往信件。

（六）管理技术工作报【告】大纲。

（4）审查科

（一）审查一切停滞、遗失、破烂、延误之邮件。

（二）管理查单和检验证。

（三）管理审查的一切报告。

（四）同国家保卫局检查员发生密切联系。

（五）有指挥审查一切权利。

（六）审查一切解决不落的有错之排单。

（5）无法投递科

（一）管理一切无法投递之邮件。

（二）有关【处理】无法投递无法退回之邮件之权利。

（6）审查员

（一）接受科长的指示。

（二）审查有何错误只交科长办理。

（三）出发审查时，要经常作工作报告。

（7）保管股

（一）保管本局一切清单、执据等件。

（二）如有清单中途隔断应通知原寄局。

（8）邮务组

（一）组长管理和计划办公厂〔场〕的工作。

（二）按时召集邮务会议，并作报告给技术科。

（三）管理邮务员。

（四）登记办公厂〔场〕的优缺，常向技术科报告。

（五）接受技术科的指示。

2. 省邮务科

（1）科长

（一）计划全省的邮务工作。

（二）管理通令和通知等。

（三）委任中心县邮务股长。

（四）按期作工作报告上级。

（五）有处分下级技术错误上之权限。

（六）解决下级解决不落之事项。

（七）管理下级的会议记录报告表。

（八）有解决不下之事项，应同副科长或召集本科会议解决。

（九）管理邮务统计表。

（十）答复下级来往有关审查技术一般之件。

（十一）管理下级的工作报告大纲。

（2）副科长

（一）科长出外时副科长管理一切责任。

（二）有解决不落之事项，应与局〔科〕长共同商议办理。

（3）审查股

（一）管理审查单及检验证。

（二）登记下级的工作优缺。

（三）管理下级的工作报告。

（四）审查遗失延误停滞破烂等原因。

（五）同政治保卫局检查员发生关系。

（六）审查有错误之排单。

（4）审查员

（一）审查员出发时应常向股长作工作报告。

（二）服从股长的指示和分配。

（三）检查各局的□□之时刻和钟点之早晚。

（5）技术股

（一）改善邮务人员的技术。①

1933 年 10 月 20 日

（根据中共江西省委党史研究室资料处藏件刊印）

---

① 原件如此。——本文库编者注。

劳动妇女开始做裁判工作

（1933 年 10 月 20 日）

苏区里面的劳动妇女，无论在政治上、经济上、文化上，都站立与男子同等的地位，但他〔她〕们在革命的过程中，也表现出与男子同等伟大的作用，如：在扩大红军当中鼓动丈夫或子侄叔伯去当红军，热烈的慰劳红军及优待红军家属，更有部分地方的劳动妇女直接帮助红军运输；在经济建设中，则广泛的从事种植和手工业生产，充实苏区里面的物质条件，又踊跃推销经济建设公债，发展苏维埃的经济建设，热烈参加各种合作社，扩张苏区合作运动；在文化运动中，充当列小教员及各种文化宣传事业。这些一切，都是苏区劳动妇女在革命过程中很显著的工作。

但是劳动妇女确实在裁判机关工作的，在其他各省各级裁判部有没有是不得而知，不过在江西省所属的各级裁判部在过去是可以肯定的说没有，这是很明显看出江西裁判部忽视劳动妇女在革命过程中的作用，至少也忽视劳动妇女在裁判工作中作用，没有了解到劳动妇女在肃反战线上有与男子同等重要的意义，尤其是粉碎敌人五次"围剿"当中，破获敌人的女侦探，抽查反革命妇女身边的财物证据，更显著劳动妇女在裁判机关工作的重要。

因此，中央人民司法委员部及省裁判部前所开办训练班不分男女性别，而且省裁判部特别规定某些县份派送劳动妇女来受训练，虽然没有获得园〔圆〕满的回答，但至少也给予下级吸收劳动妇女做裁判工作的政治影响。

最近,江西省裁判部设置女指导员,江西第二劳动感化院设置女检查员,专门检查女监犯,公略县的东固区有妇女充当看守员,此外,中央司法部也还有在受训练快要毕业分配裁判工作的劳动妇女,这些仅仅是劳动妇女参加裁判工作的开端。

将来要做裁判机关的工作人员的大部分是劳动妇女来担任,把原先男的裁判工作人员,去建立边区和新区的工作或参加前方作战,因此吸收劳动妇女做裁判工作,是建立边区新区工作和扩大红军好方法之一。

所以以后裁判部要注意吸收积极的劳动妇女,给劳动妇女以很好的培养与提拔,来充实裁判机关的组织。同时要反对看不到劳动妇女在革命过程中的作用与以封建眼光去看待劳动妇女的机会主义者。

本文原载《裁判半月刊》1933 年 10 月 20 日第 6 期

（根据中共江西省赣州市委党史工作办公室资料室复印件刊印）

国库暂行条例①

（1933 年 10 月 22 日）

　　第一条　国库掌握国家所有现金项目之收入,保管及支出等项业务。

　　第二条　国库之一切,均由【财政】人民委员部国库管理局来管理,其金库则委托国家银行来代理。总金库（中央金库）设于总行（国家银行）,分金库设于分行,支金库设于支行。尚未设立支行的省、县,则由总金库所指定的专人组织国库的分金库、支金库,而附设于省、县的财政部内。但是,它不受省、县财政部的支配。

　　第三条　红军当中,不设国库,而是由总政治部代理国库,进行已经决定了的筹款额数的现金征收工作。

　　第四条　各级金库,应由以下三名人员组成。即:主任一名、会计一名、出纳一名。在收入少的县,其主任一职,也可以由出纳来兼任。

　　第五条　国库管理局长,应由财政人民委员来任命,总金库、分金库、支金库的主任,则由国家银行的总行、分行、支行的行长来兼任。尚未设立分行、支行的省县的分金库、支金库主任,应先由总金库主任指定,然后申请财政人民委员加以任命。

　　第六条　国家的税收及其所有的现金收入,都应当交纳给国库

---

　　①　此条例由中华苏维埃共和国临时中央政府人民委员会于 1933 年 10 月 22 日颁布。——本文库编者注。

的支金库、分金库。无论如何征收现金的机关,都不得将征收来的现金隐瞒不交。如有违反者,应按贪污、渎职来加以处罚。

第七条 各种经费的支出,应当按照各机关所编成的预算,先送交各级财政部会计检查处,经其审查后,再申请财政人民委员部批准,然后始可由国库管理局开出支票。各金库在收到支票后,应先行确实证明无误。然后才可以支出现金。在遇没有拿来支票的场合,则不能予以支付。

第八条 在各机关、各部队。当尚未收到支票时,一律不准向各金库领取现金。如遇本系原来的现金领取机关,而尚未获得新预算之批准者,在此场合,应参照前一个月的预算,可允许其暂先领取相当于一半金额的现金。

第九条 银行不得任意自行挪用金库之在库金。如有剩余现金时,可由财政人民委员斟酌情况,将在库金存入银行。在此场合,可以生利息。

第十条 国库之金库,可随时进行监查。监查时,应由财政人民委员部和工农检查人民委员部共同派遣专人,进行监查。

第十一条 为了更好地担负起专门管理国库之金库责任,应在各级银行之内另设国库科,由其专负管理之责。

第十二条 国库金库的各项经费,均由银行负担。对于附设于省、县财政部者,则应由该省、县之政府来担负,不应由各级金库支出。

第十三条 国库之总金库,应当每天编成"收支日报表"和"在库表",而向财政人民委员部提出报告,分金库,则应当每三天编成一次上述两种表格。并且写成同样的两份:一份提交总金库,一份提交财政部。支金库,则应当每五天编成一次上述两种表格。并且写成同样的三份,一份提交总金库,一份提交分金库,一份提交支金库。

第十四条 支金库、分金库的在库金,应当作出一俟总金库有命令来到,可以随时提出的准备。

第十五条 对于金库之账簿种类或出纳细则,应由财政人民委员部予以制定。

第十六条　本条例,自金库设立之日起施行之。

(录自《中华苏维埃共和国法律文件选编》,

江西人民出版社 1984 年版,第 313—314 页)

苏维埃的教育政策[①]

（1933 年 10 月 22 日）

（一）苏维埃革命与教育事业

在我们面前的一个重要的问题，是苏维埃教育问题，是苏维埃革命与文化教育事业关系的问题。在苏维埃区域内，在政治上和经济上都起了变动，在政治上首先是国家的政权是在工人和农民的手里，阶级间的相互关系也变动了。在经济上消灭了封建的剥削，限制了资本主义的剥削。然而在教育的领域内，是否有了变动呢？无疑的，在教育上也是起了变动。在旧社会内，在地主资产阶级国民党的统治之下，无产阶级和劳动者是没有可能来享受文化教育的幸福。一方面是因为地主资产阶级在经济上政治上的奴役与压迫，剥夺无产阶级和劳动者提高自己的文化教育的一切可能与权利，在经济上，工人和农民【在】资本家和地主的残酷剥削之下，整天的为资本家和地主工作，甚至恢复自己的疲劳的时间还不够，那里还有空闲去受教育。同时，在地主资产阶级统治之下，一切学校文化教育机关，都是在统治阶级手里，没有金钱是不能跨进学校的门。工人和农民在资本家地主残酷剥削之下，所获得的劳动报酬，仅足以维持牛马不如的

---

① 本文为少共中央局书记何克全（凯丰）1933 年 10 月在苏区教育大会上的报告。——本文库编者注。

生活,那里还有金钱去用作自己的和儿女的教育经费。在政治上,地主资产阶级的统治则完全剥夺工人和农民的言论出版集会的自由,学校和一切文化机关是严格的阶级和等级的差异。这种差异是以私有财产为基础的。另一方面,地主资产阶级则培养自己的子弟,为他们的剥削事业的继承者,虽然地主资产阶级时常夸耀他们的学校和一切的文化教育机关是"培养人才之所",这不过是他们为着培养驯服的奴隶,从他们身上取得更多的利润,所以地主资产阶级只有在他们自己利益的范围内才容许提高工人和劳动者的文化,因为他们要培养不但驯服的奴隶,不要扰乱他们的安宁和秩序,而且要熟练的奴隶,善于为他们制造更多的利润。

正因为这个原因,所以在旧的社会内,在地主资产阶级国民党的统治之下,造成了人民的黑暗与愚昧。在中国每百人中不识字的有80到90人之多,每千人中能够进学校读书的不过15人到20人,极大部分的工人和农民都是文盲,尤其是劳动妇女可以说整个的都是文盲。地主资产阶级以为这样还不能使这些奴隶完全不反抗,更制造醉酒,赌博,娼妓,鸦片烟,宗教迷信,民族成见,种种罪恶去欺骗和愚昧工人和劳动者。

一个光荣的例子是苏联,那里建立了无产阶级专政,正在进行社会主义的建设,经过了第一个五年计划的完结,就全盘的消灭了文盲,那里实施了完全免费的教育,那里学校尤其是高等学校的门,首先向着工人开的,你愿意做医生吧!请进医科学校,你愿意做一个工程师吧!请进各种的工业专门学校,你愿意做一个农业专门〔门〕家!请进农业学校,你愿意做一个天文学家罢!请进天文学的学校,你愿意做一个航空家罢!请进飞机的学校,你愿意做一个社会学家罢!请进各种社会科学的学校。总之,你愿意做什么,你就去学什么好了。要是你医生也不愿做,工程师也不愿做,专门家也不愿做,那么当着你受完了义务教育之后,他们就会告诉你去进工厂学校,或是其他的职业学校,你就开始工作了。然而你不受完义务教育,国家还要干涉你的,因为对于你将来的事业是有害的。

中国的苏维埃政府在文化教育领域内，就是根据着苏联的光荣的经验来建设文化教育事业。苏维埃政府是工农民主的专政，是工人和农民自己的政府，工人和农民要想真正的提高自己的文化，只有在苏维埃政权之下才有可能和亨受一切文化教育的权利。因为在政治上之完全解放与经济生活之改善是给予工人和农民提高自己的文化的可能。在经济上工人生活之改善与农民土地之获得，是给予工人和农民为提高自己文化的极大推动。苏维埃政府在政治上给以保证，在物资上给以一切的帮助。由于这样的原故，我们在苏维埃区域，虽然因为过去国民党所造成的罪恶，文化的落后，但是我们成功的进行了提高文化的工作，我们的劳动小学有 3000 多所，比国民党统治的时代是增加了。我们还有许多俱乐部，列宁室，读书班，夜学等等。入学的儿童还是在继续的加增，消灭文盲运动正在普遍的进行，虽然因为我们过去对于文化教育工作中的许多错误，没有把苏维埃的教育发展到必要的程度，但是我们正在纠正这些错误，使苏维埃的教育迈步的前进发展。

我们要问：为什么在苏区内的群众能够有这样高的积极性来参加提高文化的斗争，这里除了他们的生活改善和苏维埃政府的帮助的原因之外，主要的是因为他们参加国家的管理，〈到〉感觉到需要识字，需要文化。譬如一件很简单的事，检查路条，非识字不可以做。至于被选举到苏维埃或提拔在苏维埃工作，他们觉得非提高自己的文化不可。总之，现在他们认识字，提高文化有用处了。

苏维埃政府在组织文化教育的事业上，是采取阶级的原则。首先我们注意给予无产阶级及劳动农民以学习的可能，因为他们是我【们】社会的基础，同时我们努力于建设一切教育的事业，使他能够正确的□□许多具有共产主义的观点、习惯的新后代，各级学校成为培养新社会的建设者，及镇压仇视我们的资产阶级及小资产阶级思想的武器。

苏维埃政府教育的基本原则，是以共产主义的教育教育群众。苏维埃是新的社会的建设者与组织者，为要执行这个任务起见，必须提高广大群众的文化水平,从自己的队伍中造就出许多熟知建设新的社会的文化、科学、技术及艺术的人才,把学习与劳动相联系,理论与实际相联系,把宗教与教育和学校分离,禁止任何宗教干预教育和学校,把数千年统治于教育和学校的孔教废止,苏维埃的教育基本原则就在这里。

(二)教育大会的意义

今天的大会,是苏维埃在教育事业上第一次的大会,从前我们或许有过许多关于教育问题的会议,如像不久以前的教育部长联席会议,然而没有今天这样大的规模。以前到会的只是限于教育部的工作人员,今天到会的有教育部的工作人员,也有团的工作人员以及其他革命组织和文化教育团体的代表。今天的会议不但是因到会的人数扩大,这只是形式上的不同,最主要的是今天的会议把苏维埃的教育问题从来没有像今天这样尖锐的提出,把苏维埃在文化教育事业上许多基本的问题,如像苏维埃的教育政策,学校建设和消灭文盲等问题更加明确的提了出来。正因为这些问题在我们过去教育部的工作中还欠缺正确的了解。最后,今天的会议不仅是教育会议,而且是团协助教育部工作的会议,我们过去有过不少的协助运动,多是口头上的议论。到底怎样做协助运动,我想我们今天的会议应当成为组织协助运动的模范,使那些在口头上议论协助运动的人,知道协助运动的实际进行。

今天的会议的进行,正是当着反对敌人五次"围剿"中,我工农红军在各苏区的战线和中央区战线上,都是获得了许多的胜利,正当着苏维埃选举运动与第二次全苏大会正进行中,正当苏维埃工作发展□□,□□□□□□□□□□□□□,这说明我们在教育上的□□与任务更加加重了。敌人在五次"围剿"中□□□□□□□□□来为他们□□□□□□□□□来欺骗□□□群众□达到他们五次"围剿"的目的,蒋介石在"剿匪会议"上对于这个问题看作是"最重要的一项,就是发展匪(……)区的教育""要发展匪(?)教育的目的,就是要使得我们军队所到的地方,一般老百姓统统能受我们的教育,被我们所感化"(见夺获敌人五次"围剿"材料之十三)。然而,无论如何蒋介石企图想经过这样的方法去欺骗群众,还是不能掩盖国民党军阀的罪恶,蒋介石不打自招的承认:"但是现在的情形,我们军队无论到一个什么地方,首先把地方好点的教育机关学校占来做司令部。还有,一个地方只要军队一到教育经费就没有了,所有的教育机关都要停顿起来,一般学生,因而失学,他的父母,即城乡一般农商工人,看见我们军队如此摧残教育,表面上虽然不敢与我们为敌(这也不见得! 我注)心里却已经当着是他的仇敌了"(见同一材料)。

国民党不但是摧残苏区和边区的教育,并且摧残全国各地的教育,他们曾经为着四次"围剿",停止一切教育经费,关闭许多学校,把教育经费拿来进攻苏维埃和红军,在五次"围剿"中是更加残酷的去掠夺教育经费。

在反对敌人的五次"围剿"中,我们应当发展苏维埃的教育,用教育的力量去帮助战争的动员与满足战争的需要,去帮助苏维埃工作,与经济建设的发展,这是第一。第二,在国民党军阀摧残教育的情形之下,我们更应发展苏维埃的教育,在教育的事业上来指明苏维埃和国民党统治之对立。

我们这里要来说发展教育对于苏维埃的工作与经济建设的工作有什么关系? 对于战争有什么关系? 我们可以举几个很简单的例子来证【明】:譬如,我们苏区的发展,苏维埃邮政也更加扩大,往来信件更加增多,需要的工作人员也增加。你们知道在送信的邮务工人中,有许多的不识字的,你想他们用什么方法去送信,当着他们拿到一大批的信时,他就请别人读给他听,这封信是送中央教育部的,第二封信又是送中央局,第三封信又是人民委员会,第四封信又是少共中央局的,这样的按次的放好,一直到几十封信,他用手指计算,挨次的送出,要是〈只要〉弄错一封,那末全部的信都会送错,你看这是送信的工作,不识字是要闹乱子的。又如我们现在发展了许多合作社,如果合作社的工作人员不懂得算数,那末他常要把数算错,合作社就要亏本,合作社就要关门。我们只举这些简单的工作,没有教育是不成功。

如果再说复杂一点,譬如这里还有伤病兵,那末就要开办医院,培养医生。如果培养医生就没有上面这样简单了:只是识字是不够,还要有一定的科学知识,不然,他不但诊病不好,而且要诊死人,我想这样例子到处可以找到。

列宁说:"社会主义是苏维埃政权加上电气化"。要电气化不识字的人是没有用的,就是识得字也不一定有用,必须要有现代的科学知识,能够把电气应用到各个工业和农业的部门去。

教育对于苏维埃的发展和对战争的帮助的重要性,我想是非常明显的,我们有许多的同志,常是忘记了或者不了解这种真理。

今天的大会对于发展苏维埃的教育是一个重要关键。大会除了要讨论许多一直到今天还没有明确了解的原则问题外,这些原则问题之了解,对于发展苏维埃教育是非常重【要】,可以说是发展苏维埃教育的钥匙。然而还要有关于苏维埃文化教育建设事业上,许多实际问题的解答。

(三)苏维埃教育政策的基本原则

苏维埃政权虽然在目前的阶段上,还是工农民主专政,他的发展的前途,是要转到社会主义的道路上去,他的最终的目的,是要消灭阶级,消灭人剥削人的社会,【建立】共产主义的社会,所以苏维埃教育的基本原则,应当是共产主义的教育。

在工农苏维埃共和国内,一切教育事业的提出,无论是在政治教育的范围内,或者是在技术职业教育范围内,特别是在文艺的范围内,应当是充满着阶级斗争的精神,即是为实现工农民主的专政,并转变到社会主义的道路上去,为推翻地主资产阶级的统治,为消灭阶级,为消灭人剥削人,为共产主义的社会斗争。

这是苏维埃的基本原则,离开这个原则就没有苏维埃教育。

然而在目前革命的阶段上,决定苏维埃教育实施的方针时,我们还须估计到国内战争的环境与资产阶级民主革命的性质,特别须估计到我们的苏维埃政权还是在经济比较落后的区域内建立起来。

这里就是说我们应当把我们的教育去为着战争,教育为着战争就是说要去满足战争的需要,帮助战争的动员。战争的发展随着苏区的扩【大】与苏维埃工作的展开,需要广泛的提高群众和干部的政治文化水平来执行当前的新的任务,需要经过发展教育的工作,去提高工人和劳动群众的阶级觉悟。

过去在我们教育部的工作中,存在着一个极端有害的观点,就是资产阶级思想的倾向,把教育工作限制在反对封建迷信的范围,没有提出共产主义的教育。存在着教育部工作中另一种不正确的倾向,就【是】曲解了教育为着战争,有些人以为要为着战争,就是要从把学校关门起,这事实上是取消教育,阻止教育的发展,即使在战争环境之下,也不应减弱教育的发展。

(四) 共产主义的教育

我们讲过苏维埃的教育应当是共产主义的教育,引导千百万的群众学习共产主义,但是"共产主义教育"、"学习共产主义"这还是非常一般的,我们要问共产主义教育是什么? 学习什么? 怎样去学习? 这里有非常大的危险。因为对于学习共产主义与共产主义的教育有许多不正确的了解,或者是非常笼统的了解。

譬如在我们教育部的工作中,就犯了这样的错误,有许多的我【们】教育部的工作限制于宣传一般共产主义的口号,这种对于共产主义教育的了解是非常笼统的,这种危险在我们教育部的前面是存在着,列宁对于这种危险是特别的估计到的,他曾经这样的警诫我们:"如果我们只是学会一些共产主义的口号,这是更加危险的。如果我们不及时的了解这种危险,如果不把我们的一切工作向着消灭这些危险出发,那末我们将有五十万甚至百万这样的人,青年男女,他们在受国〔过〕共产主义训练之后,自称为共产党员,对于共产主义的事业是有最大的损失的。"

自然在初次的看来,以为共产主义的教育,是从共产主义的书本著作去求得这些知识,这是最粗笨且非常之不够的。如果共产主义的教育,只是从共产主义的书本著作上求得知识,那末我们将很容易造成许多共产主义的吹牛皮家,这是非常之有害的。因为这些人不善于将共产主义书本著作上所获得的知识与实际的行动相联贯。

在旧社会同〔有〕一种最坏的传统,就是把书本与实际生活分离。共产主义的教育,应当是与日常的和各方面的工作相联系,照列宁的话:"没有工作,没有斗争,从共产主义著作书本上所获的共产主义知识是一文不值的"。

我们要问到底共产主义的【教】育□是什么?

照列宁的回答:"将要建设社会主义的一代,需要学习,教育与训练,而他们的学习教育与训练,决不是一种陈言套语。青年的学习教育与训练,应该从那些旧社会所给我们的材料出发,我们能够创造共产主义社会,只有从旧社会所遗留给我们那些知识,组织与机关的总和中间,人类的人力与工具储藏□出发,只有□□根本改造青年的学习,组织与教育的工作,我们【才】能够使青年一代的努力的结果进到不同于旧社会的共产主义社会的建设"。

这就是列宁教训我们去学习共产主义,如果我们只要学会共产主义的口号,和共产主义科学的结论,而不去学习人类知识的总和,那是错误的。因为"从人类知识之总和中产生出来的共产主义的榜样,就是马克思主义"(列宁)。

关于怎样去学习我还要说几句,我们想怎样去学习的中心问题,就要我们的工作,斗争,与学习相联系,离开工作与斗争的学习是一文不值的,我们的学习应当是达到把〔让〕共产主义成为我们日常实际工作的指导。

还有一个重要的问题,是劳动与教育的联贯,在旧的社会把劳心和劳力分得很远。这种分离也是阶级社会内不可避免的,他们的目的是达到"劳心者治人,劳力者治于人。"在苏维埃的教育中,就是渐次去消灭这种分离,因为共产主义的社会是"各尽所能,各取所需!"要达到这种健全的人类社会,就是把劳心和劳力的联系。所以我们教育应当是达到劳动与教育的统一。

关于共产主义教育的问题,我这里不想多说了。因为时间的限制,在不久你们可看到列宁论共产主义的论文,这篇文章将登载在《斗争》上。

(五)苏维埃的教育制度和学校制度

苏维埃的教育制度的基本原则,是实施完全免费的义务教育,给全体男女儿童以教育,直达 17 岁为止,因此他的学校制度是统一的劳动学校。在我们目前的环境之下,是在战争的环境之下,我们的苏区还是在经济上比较落后的区域,估计到这些许多缺点,对于受普通的和政治技术教育年限应当缩短为 5 年。

应当为成年人设立一种补习学校,为战争的需要应当开办各种的职业学校。为着补救在义务教育没有完全实现以前,应当开办一种普通的学校。

苏维埃政府明令学校与宗教分离,在服从苏维埃的法律,首先是苏维埃的教育政策的条件之下,允许私人所办的学校之存在。

(六)社会教育

在这里讲的社会教育是广义的,不但是包括成年人的补习教育,□□□,而且包括俱乐部,列宁室,戏剧,游艺,唱歌,讲演,□□□□□□社会教育是非常重要,因为能够包括广大的群众,吸收他们参加各种的文化教育事业。

过去我们在这方面缺乏正确的了解,以为在战争环境之下,

□□□□□□□发展社会教育,而且我们把社会教育非常狭义的□□□□□□是成年人的教育。

□目前我们面前有着一个社会教育蓬勃发展的浪潮！在各处群众为文化斗争是在极大的发展起来,这种原因,不但是因为苏区工人和农民经济生活之改善,以及政治上苏维埃政府的帮助。而且因为工人和农民感觉到极端的需要。因为他们参加国家管理,参加政治的生活,更加激动了他们为文化教育斗争的热度。譬如查路条的工人和农民,他们知道不识字将要放走反革命分子,这是一种罪恶,他们感觉在墙壁所写的标语,也有了解的必要,这些一切的事情,都推动着他们去为文化的斗争。

社会教育所以能够这样极大的发展,原因就是在这里,虽然,对于消灭文盲运动到今天我们还没有系统的领导,但是在群众的积极性和创造性之下,现在已经有了识字组和识字总会,包括着几十万的人。

我们的不幸,就是没有正确了解社会教育发展的关系。过去我们死守成法的以为只要发展社会教育的观点,确是限制了社会教育的发展,因为社会教育的发展,如果获不到普通的工艺的教育的帮助,我们不能把社会教育提到应有的要点上去,今天的许多事实都说明了这一点。

所以我们应当极大的限度来发展社会教育,把社会教育提到应有的高度上去。

应当确定我们目前的社会教育中的中心任务,是消灭文盲运动,在这方面我们应当做许多的认真的坚苦的工作,因为"在不识字的国家内要建设共产主义社会是不可能的。"(列宁)

文盲的存在,对于我们苏维埃工作的发展,是一个极大的障碍！

（七）干部的问题

苏维埃政府是工人和农民的政府,他吸引一切愿意为苏维埃服务的"人才",旧的教员,专门家,旧的知识分子以及各种的自由职业家工作,只有苏维埃政府,才是真正的爱护人才的政府。国民党常常说他们爱惜"人才",但是在他们统治之下,有许多的"人才"教员专门家,知识分子,以及自由的职业家,没有工作可做,常常因为生活的逼迫,而改变他们的职业,而去做他们所不愿意做的工作,国民党的统治,不但不爱惜"人才",而且是压制"人才"。

在教育【工作】的干部【问题】上,我们应当吸引可能的能够而且愿意为苏维埃工作的一切"人才"。过去我们在这方面有着非常不能容许的错误,就是存在着一种反对知识分子的情绪,我们应当根本的纠正这种错误。

然而要根本的解决干部问题,我们还须尽可能的来培养从工农自己队伍出身的干部知识分子,在这方面,我们还有许多的工作可以做,而且应当做,应当即刻就做。

教育工作干部一个最大的问题,是国民教育的教员的问题。对于这一方面我们还是做得非常之少,甚至在这一方面我们还有同志不了解怎样去吸收旧的教员来执行新的任务。我们没有把国民教员的问题提到这样的顶点上去。就是没有他们谈不到任何的文化,谈不到资产阶级的文化,也谈不到无产阶级的文化。这些国民教员在我们现在所处的地位,应当与他在资产阶级社会内所处的地位不同,就是说一直到今天为止,在资本主义社会内一切小学的教员都是资本主义的支柱,在我们这里他们应当是苏维埃的支柱,对于这种情形,我们应当有系统的不动摇的和经常的工作,造成他们工作的环境,尊重他们的劳动,在各方面给他们以准备,使他们达到真正很高的知识,而且主要的提高他们的物质生活,把他们的物质生活,提到一般的群众的生活水平线上去。

"必须有系统的加强对于组织国民教员的工作,为的是一直到今天为止,在一切资本主义的国家内,无例外的他们是资产阶级的支柱变为苏维埃的支柱,为的是经过他们使农民从与资产阶级的联合吸收到与无产阶级联合。"(列宁)

（八）教育经费与出版事业的问题

我们应当节省一切可能节省的东西，免除一切的浪费拿去做教育经费。因为我们目前是在战争的环境之下，我们要以最大的力量供给前线。同时国民党对我们经济的封锁，使我们苏区的经济困难，然能〔而〕我们还是要用一切可能的条件去保证必要的教育经费。在这一方面目前苏维埃政府已经是尽量的在做，而且要做到逐渐的使教育经费增加，使教育经费在国民经济中占着一定的比例。

可是要真正的解决教育经济，我们还须最大的程度依靠于群众的力量，在这方面一直到今天为止，我们是有了可观的成绩，群众自动拿出钱来办学校。我们3000多个小学，所以能够维持到现在，因为我们依靠在群众力量的基础【上】。然而我们还须用极大的力量来组织这一工作，在群众力量的基础上来保证我们的小学能维持经常的状态，不至受经济困难的影响，使我们的学生能够安心完成他们的学业。

出版事业对于我们教育的重要，这个是用不着说。因为没有"书"，我们的学校就不能进行有系统的课程，对于苏维埃的出版事业我们还没有特别的重视，在今后我们应当首先印刷那些为千百万群众所需要的书，课本，而且应当大批的来印，一切以为小学课本不重要的观点，应当摒弃，我们还应当利用一切可能的条件去印刷大批的书籍，课本，首先是小学的课本。

（九）团的协助□□□□

今天的会议不但是一个教育大会，而且是团对于教育部工作协助的一个会议，为什么□□□一个协助运动？因为第一教育部工作落后于苏维埃政府各部的工作，第二教育部的工作到处是与青年问题相联系着的。

我们过去有过不少的协助运动，但是都没有达到必要的成绩，协助者不知怎样去协助,受协助者不知要求什么协助。我们的教育部是一个有威权的机关,我们的青年团是一个有力量的群众组织。在我们互相的帮助,互相的工作之下,我们相信能够做出一个模范的协助运动。

团的协助,首先应该是全团的,依靠于每个团员和支部的参加,依靠于团动员广大的青年群众来参加文化教育事业。

我们应当订立协助的条约,这种条约不只限于今天的大会,应当每级的组织中都有他们自己具体的条约,团动员一定的数量的干部去做教育工作和教育部的工作。

首先担任消灭团和少队内的文盲,每个团员应当担负消灭 10 个文盲的任务,对于学校的协助以及其他许多的实际问题的协助。

(十) 总结

同志们! 我的话就要完了,总结起来说我们今天会议的任务是伟大的,我们相信到会的同志能够解决这些问题。

虽然国民党他们时常谩骂我们,说我们是"土匪",说我们只知破坏,说我们"杀人放火"。而事实都证明相反,在苏维埃政权下,一天一天的引导工人和农民走上新的道路,建设的道路。在国民党的统治下要开这样大的教育会议是不可能的。然而苏维埃政府却这样做了。如果不是帝国主义国民党对于苏区的进攻和破坏,我们的建设将要更加迈步的前进!

然而在国民党的统治,却造成人民的黑暗,培养和扶助野蛮的和亚细亚式的落后。帝国主义正利用国民党所造成的野蛮作为进攻中国的藉口。

我们不但为着"文化的"国家"文明的"国家斗争,而且是为着苏维埃的国家,为着社会主义斗争。(热烈鼓掌)

1933. 10. 22

(根据中共江西省委党史研究室资料处藏件刊印)

苏区教育大会结论①

（1933 年 10 月 23 日）

同志们！关于苏维埃教育政策的问题,经过昨天和今天的讨论,在基本上同志的意见,都是正确的,我想首先把在会议上引起争论的问题来说一说：

（一）对教育部工作的估计

在今天的会议上,有两种不同的意见,然而这【两】种意见我想都是不正确的。有一个同志说,我们教育部工作落后,教育工作什么成绩也没有,另一个反对这种意见的同志说,我们教育部的工作没有什么落后。我想来说明我们教育工作上的成绩与到今天为止还存在着的教育部工作的落后。我没有找到更多的材料可以利用,在江西省教育部的统计材料中（1933 年 7 月的）告诉我们,在江西兴国,万太〔泰〕,胜利,博生,公略,石城,永丰,宜黄,龙岗,杨殷,太雷,洛口,长胜,13 个县内有 51286 个在列宁小学的儿童,有 68146 人在夜校,但是我们不知道,在这 13 县中有多少人口。我们只能大概的估计,在中央苏区有 300 万人口,除粤赣福建外,我们大概可以估计这 13 县为 150 万人口,那就是说有百分之八的人在学校读书。这里还没有

①　本文为少共中央局书记何克全（凯丰）1933 年 10 月 23 日在苏区教育大会上的总结报告。——本文库编者注。

包括□□和军事的学校的学生。

这个事实□□我们□□进学校的人，超过了国民党百分之五十，兴国的□□□，兴国消灭了百分之九十的文盲，虽然没有这方面正确的统计，我们知道兴国的确是极大部分消灭了文盲。

这种成绩是伟大的，这种速度是任何资产阶级国家所想不到的，然而我们□□还不得不承认在"纯粹的"文化的观点上来说，我们还是落后西欧资本主义的国家。然而我们也应当知道我们这种的落后，是几千年封建的地主资产阶级的统治所造成的，所遗留给我们的。我们的苏维埃政府才成立两年，还是在国内战争中，想在两年内来根本消灭几千年遗留给我们的，我们也没有这样想过。

这里我们不得不说，我们这些成绩并没有达到必要的程度，这又是什么原因呢？这就是我们教育部工作中的错误，如果是我们教育部中没有这些错误，如果我们是及时的纠正了这些错误，那末我们的成绩还不止这样。

摆在我们前面的一个严重的问题是我们教育部工作的落后，以前我们指出过的是落后于苏维埃政府各部门的工作。如果我们不看见这种真理，如果我们把这种病态隐瞒不说，这是我们这次大会失败的预兆，我们不愿意这样做，我们应〔用〕不着隐瞒的，落后性在教育部工作中，在今天还是存在的，问题是在我们怎样来克服这种落后，我们相信经过我们这次大会，经过我们的代表，经过我们有系统的发动群众的工作，依靠于过去某些工作成绩的基础上，我们能够克服这种落后性，而且能够很快的克服，我们相信【能】够把教育部的工作成为苏维埃各＜能＞部工作的模范。

（二）与对教育工作忽视的观点作斗争

有些同志说：我们这里没有什么忽视教育的观点，不过对于教育的路线错误罢了，我想把忽视教育与教育路线错误对立是不正确的。譬如有人主张服从战争而取消教育，这里是不是包括忽视教育，不但是忽视而且是取消教育。

如果是说我们这里没有忽视教育的观点，我们请拿事实来看吧！我们忽视教育不单是别人，就是我们教育部的工作同志都有，我想反对这种忽视教育工作的观点，首先应从我们教育部起。譬如今天到会的同志，有人说会昌的教育部主张："我们要帮助战争，不要做教育工作。"这种观点是不是忽视教育工作？譬如我们许多教育部的通告、训令、决议，讲了一大篇扩大红军，经济建设等等，但是对于教育部应当做的工作一句话不讲。如拿不久以前的你们都参加过的教育部长联席会议的决议，那里讲了四次"围剿"五次"围剿"，经济动员，扩大红军，甚至提出经过小学去扩大红军，但是关于教育部和教育工作许多问题，解答了没有？没有。这种情形，是不是忽视教育？！在我们教育部工作的有些干部中常常存在着这样的一种歇语："教育部的工作有什么要紧！"我想这种情绪是不应当。我想这里应当开展反对在教育部内存在着的忽视教育的观点。

我们这里忽视教育工作，不能只单单责骂教育部中的有些同志，而且也应当责骂各方面忽视教育工作的现象。

有些同志说我们不应当说某些苏维埃主席团忽视教育工作，因为这是把自己的责任推到别人的身上去。我想这是不正确的，我们常常听到有些同志说：有些教育部提出的问题，苏维埃主席团常是一次推二次，二次推三次，三次推四次，最后忘记了。这种事实能够隐瞒的吗？后想是不能够。譬如一个最重要的问题，我们有几百万的儿童青年成年要求要读本，一直到今天没有大批的印刷，然而我们却印了不少的决议通告等等。今天我们刚才接到福建劳动感化院的来信，他说要印省政府的布告，又把小学课本搁置不印了。

现在我们还有个别的地方，因为兵站中有个别的混蛋的工作人员，常是把列小拿了去驻扎，而且把列小的桌子拿去做飞机洞，不久以前，中央政府人民委员会，还为了这个事件发过一个训令，我想这种行为，不能叫做他是忽视教育，只能当做他是国民党军阀习气的传统遗留在我们苏维埃的工作人员中，我们应当与这种现象进行残酷的斗争。

（三）团结旧知识分子的问题

在这个问题上有两种错误，一种是"左"的反对知识分子，另一种是曲解我们的阶级路线。这【两】种观点都是不相信我们自己的力量，不相信苏维埃政府有能力去团结那些愿意为苏维埃服务的知识分子，和专门人才。

我完全同意许多同志对于聂昭良的意见的批评，聂昭良主张我们要利用知识分子，对于那些小地主出身的知识分子的土地可以不没收，这种意见是非常错误的，是企图动摇苏维埃的土地政纲，我们不允许的，我们应该使土地革命的利益落在中农和贫农的身上，不使地主和富农窃取土地革命的利益，我们进行了查田运动。

同时苏维埃政府，目前对于土地的政策是采取一切办法去固定土地在农民手里，然而聂昭良的观点也违背了苏维埃这个政策，许多同志说得对，我们不能因为要利用知识分子【而】对于地主阶级有任何的妥协，去损害土地革命中的苏维埃的政策。

以前我们同志以为知识分子会反革命，我们应该反对他们，这些同志不相信苏维埃的力量能够团结这些知识分子来工作。现在聂昭良主张对于地主富农分子的妥协去团结他们的工作，这也是不相信苏维埃的力量去团结他们来工作，这种"左的"和"右的"机会主义的观点，都是阻碍着我们顺利的去团结知识分子为苏维埃工作。

现在我要讲怎样去团结旧的知识分子为苏维埃工作？

这里我们应该说知识分子不是一个东西。他们中有各阶级不同的出身。

对于那些从地主富农资产阶级出身而愿意为苏维埃工作的知识分子，苏维埃应当维持他们的生活，在可能的必要条件之下，可以给他们相当的薪水，这个意见，许多同志都说过，我是完全同意的，我们拒绝聂昭良同志所提议的拿土地去做投机买卖。

对于许多同志所提出发动群众优待他们,我是不反对的,但是我要说,如果群众反对时,我们就不能强迫,因为许多事实告诉我们,当我们的同志去发动群众优待这些分子时,群众说他们是地主富农我不去优待。如果群众还没有了解时,我们不应当勉强,而应该去说服他们,有同志说我们应当如优待红军家属一样去优待他们,我想应当慎重。

对于中农和贫苦阶层出身的知识分子,我们应当争取他们完全站在苏维埃方面来,愈是这些分子接近我们,我们团结知识分子的工作愈能顺利的进行。

有人说我们利用旧的知识分子,只能利用他们做技术工作,不能利用他们做负责工作,一般的这样说是不正确的,这还是重复过去的错误,就是怕他们反革命,不相信苏维埃的力量能够团结他们来工作。

我想一般的来说,我们可以而必要吸收他们参加的地方的和中央负责工作,这并不是说没有条件的,不,完全不是的,我们应当依据他们的工作能力,他们的工作成绩,他们对于苏维埃的关系,这并不是说对于他们的放任,不,完全不是的,应当是有苏维埃的监督,群众的监督。

在这样情形之下,我们怕什么?

(四)干部问题

要根本解决干部这个问题,我还是要归根结蒂的来讲到提拔和培养从工人和贫苦阶层出身的分子,培养无产阶级的知识分子,我们今天还没有的,但是我们可以应当而且必须立即培养,大批的培养,无论我们怎样困难,我们有这样的条件,这样的可能。

干部问题中的一个重要问题,是妇女干部,不但应当吸收妇女来做列小教员,而且要吸收他们到教育部的负责工作中来。

在这方面我们完全没有开始做,不但今天我们的会议上看不到妇女,的确在我们的工作中没有吸收他们,应当立即开始来做。

关于乱调干部的问题,值得我们的注意,在福建省 4 个月换了 3 个教育部长,这还是省的教育部,县的和区的更是糟,我们的教育部,是苏维埃政府的一个工作机关,他不是红色饭店,我想这种情形我们是不允许的,必须固定教育部工作的必要的和主要的干部,我想这个问题由人民委员会与教育人民委员部共同的去解决。

(五)社会教育问题

我们的社会教育在目前的情形之下,他的中心任务,应当是消灭文盲运动,把我们的俱乐部,列宁室,夜校,识字小组等,都动员起来,把中心放到消灭文盲运动上去,这并不是说可以减弱在其他方面工作的注意,尤其是用发展社会教育去帮助战争的动员的任务。

俱乐部的问题,工农剧社的同志提出是群众的组织,这是正确的,他应按照生产、机关、学校、农村来组织,有他自己的会员等等,关于俱乐部的政治领导应当是共产党,但是教育部也应该去帮助和领导俱乐部的工作。

(六)反对封建迷信的问题

反对封建迷信是文化教育工作中的一个重要的工作,我这里来说一说过去我们在这方面的错误。譬如今天有同志说,在西江县一个地方群众要唱老戏,我们的同志反对,要去拿他们的锣,有些群众的回答,你要拿锣我们就要打!我想用这样的方法去反对封建迷信,到处会遭失败,遭受打的,因为不了解怎样去坚苦的说服群众,不了解用我们的实际的例子去争取他们,如果要群众不唱老戏,只是空口反对,是得不到丝毫的成绩,我们应当去用更好的方法去满足群众的娱乐,用发展苏维埃的戏剧蓝衫团的工作去争取他们,譬如我们今天开会的这个房子是一个封建式的房子,但是在今天还是洋溪一个很好的房子,大家都愿意住这个房子,如果在这旁边造一个新式的洋房子,那末大家都会不愿意住这个房子,而跑到洋房子里去了,这个房子就空了,如果把我们的戏剧运动发展起来,能够满足群众的欲望,也是会同上面这个例子一样。

又如反对信神信鬼,有些人以为把菩萨打了,就可达到的,完全不然,你们知道菩萨可以打了,甚至庙内面住了我们的机关,但是在庙的旁边,就是你的机关的旁边,他们也可以拜神,如果是你机关的旁边不准他们拜,但是在他们的床头拜神,你是不能禁止也无法禁止的,这种办法是笨的。要真正的反对迷信信神信鬼,真正的反对宗教迷信,只有坚苦的说服群众,吸收他们参加一切社会的工作,吸收他们参加斗争,在工作中、斗争中来改造他们,洗刷他们的脑筋,在坐的代表们,你们自己想一想,在未革命前你们是不是信神信鬼,我想你们有百分之九十九是的,为什么你们现在不信神鬼了,因为你们参加了工作,参加了斗争,在工作中在斗争中洗去了这些东西。

同志们!我的结论也要完了,在大会上是成功的解决了教育的代表将这些问题拿到实际工作中去实现,我们相信在很快的将来能够克服教育部工作的落后性,达到教育部成为苏维埃各部工作的模范。(热烈鼓掌)

附一：

目前教育工作的任务①

（一）在工农民主专政的苏维埃共和国内，一切教育事业的设施，无论在政治教育范围内，或普通的工艺的教育的范围内，或文艺的范围内，都应当从阶级斗争出发，从争取工农民主专政的胜利，从推翻地主资产阶级的统治出发，从为着转变到社会主义的革命出发，从消灭阶级、从消灭人剥削人的制度，从为着共产主义社会的斗争出发。因此，苏维埃的教育应当是共产主义的教育。

（二）教育大会的进行，是在这样的情形之下，一方面我们正处在五次"围剿"决战的前面，红军在粉碎敌人五次"围剿"中，获得许多胜利，另方面是苏维埃工作和经济建设工作发展的时候，因此教育工作目前的任务是帮助战争的动员，和争取粉碎五次"围剿"的胜利。

大会认为苏维埃的教育工作发展的前提须要吸收工人和农民和红色战士，以及一切劳动者积极参加教育事业，特别是参加一切国民教育和社会教育事业建设。

（三）苏维埃教育制度的基本原则是为着实现对一切男女儿童免费的义务教育到 17 岁止，但是估计着我们在战争的情况之下，特别是实际的环境对于我们的需要，大会同意把义务教育缩短为 5 年，为着补救在义务教育没有实现以前，以〔已〕超过义务教育年限的青年和成年，应当创造补习学校，职业学校，中等的学校，专门学校，等等。

对于私人的学校，在服从苏维埃法律，首先是遵守苏维埃的教育制度的条件下，允许存在。

（四）社会教育是我们一个有力的武器，是吸收工人农民及红色战士广大工农群众参加文化教育工作的武器。必须有系统的领导发

---

① 1933 年 10 月 20 日至 23 日苏区教育大会通过。——本文库编者注。

展消灭文盲运动,俱乐部列宁室工农剧社蓝衫团等等的工作。大会同时指出社会教育的发展,并将其提到最高的程度去,必须获得普及的工艺的教育发展的帮助。过去以为只要发展社会教育的那种观点是不正确的。为着有系统的领导消灭文盲运动,大会提议建立并发展消灭文盲的协会。

(五)大会指出教育工作的错误,主要的是忽视共产主义的教育,在教育工作中存在着一种资产阶级教育的倾向。缺乏对于教育服从于战争的了解,在目前还是存在着一种忽视教育工作的现象,教育部工作在苏维埃各部工作中除了部分地方外,是一个落后的部门,必须用最大力量注意纠正这些错误。

(六)大会指出过去教育部对于旧的知识分子和专门家,采取了不正确的政策,没有吸收他们到教育工作中来。特别对于组织小学教员的问题上,没有系统的工作,必须立即开始有系统的来组织小学教员,改善小学教员物质生活达到一般群众生活的水平,提高他们的熟练的程度,使他获得普通教育和政治技术教育的知识。对于那些有理论的和长期实际工作中的经验的专门教育家,中央教育部必须统计这些工作人员,研究他们工作的成绩与经验检查他们工作的结果,有系统的吸收他到地方的特别是中央的教育工作中来。

大会认为要成功的吸收旧的知识分子和专门人才,必须反对有些地方"左"的排斥知识分子的倾向,同时必须反对曲解阶级路线的右的机会主义的错误(如以为利用旧的知识分子须要用土地的报酬)。

提在目前重要的任务,必须进行有系统的培养工农的干部,从工农积极分子,与文化水平较高的干部中,准备大批熟悉教育工作人才,提拔妇女参加教育工作,首先是列小的教员。为着团结苏维埃下的教育人才,大会提议在教育部的领导之下,发起红色教员联合会。

(七)教育部最近必须编印主要科目的课本,并大批印刷,同时应编印短期训练班的和识字组的课本。

(八)为着建立教育部的有系统的经常的工作,必须健全各级教育部的组织,首先应当巩固和加强中央教育机关,吸收积极的干部到各级担任负责的工作,必须固定教育部的主要工作干部,并培养熟练的教育工作的人才,过去许多地方随便调动教育干部的现象必须立即采取有效的办法来纠正。

(九)大会同意共产青年团所提出的协助条约,要求团中央局和中央教育部共同的监督这一条约的执行。

(录自1933年11月17日出版的《红色中华》第126期第4版、
1933年11月20日出版的《红色中华》第127期第4版)

附二:

苏维埃学校建设决议案①

苏维埃学校制,是统一的学校制,没有等级,对于一切人民,施以平等的教育,所以需要普遍的消灭文盲,普遍的进行义务教育,但同时要顾到目前国际和国内的革命形势的激急的转变,需要工农分子的政治、军事、工业和文化教育人才,因此在学校种类上、科目增减上、修业期限上、课程标准上,以至教材选择上,均须有极大的伸缩,惟不违背实际环境,逐渐进到统一的目标,依照原则建立左列的学校:

---

① 1933年10月20日至23日苏区教育大会通过。——本文库编者注。

第一类的学校属于青年和成年的教育,主要的是消灭文盲的教育,同时更进一步提高青年和成年的文化和政治水平。学校的种类如下:

(1)夜学校和星期学校:他的任务,主要是消灭文盲。学习期限,随学生原有的文化程度来决定,务必达到能看普通文件为学习的终点。设立主要区域,以每村一校为原则,城市人口集中的市场,尽可能集中开办教育,以小学教员兼任为原则。

(2)短期的职业学校:他的任务,是提高青年和成年群众一般生活的知识的技术。在城市以工业为主,在乡村以农业为主,最低限度的程度要相当于劳动学校的后期期限,以学完必修的课程来决定。

(3)短期的政治学校:他的任务,是提高青年和成年群众的政治水平,主要的整理斗争的经验,了解实际问题,同时联系到马克思主义列宁主义。

(4)短期的教员训练班:他的任务,是培养初级的教员。在目前,首先培养年长的儿童和青年。修业期限,由半月、一月渐进到三月以上。

第二类的学校,是劳动小学校。他的任务,是培养共产主义的新后代。修业年限5年,分为2期,前期3年,后期2年。一切儿童自满7岁至13岁,施以免费的强迫教育,但在某种条件之下,能早完成,或不能如期完【成】规定课程,可以减少修业年限,或增加修业年限。学校种类如左:

(一)劳动学校。

(二)儿童补习学校。

第三类的学校,是劳动学校和大学专门中间的学校。种类如左:

(一)列宁师范学校:他的任务,是培养劳动学校和程度相当于劳动学校的教员。

(二)职业学校:他的任务,是培养工业、农业及其他职业的教师及管理人员。

(三)政治学校:他的任务,是培养中级工作干部。

（四）蓝衫团学校：他的任务，是造就带专门性的艺术人才。

以上4种学校，以中央立或省立为原则，年限由1年至2年。目前需要人才，并得更缩短期限。

第四类学校，即大学。他的任务，是培养高等专门人才，现在应行建立的学校如左：

（一）开1月毕业的教员训练班18所，每所学生60名。区域分配如左：

1. 宁化　2. 长汀　3. 上杭　4. 筠岭　5. 会昌　6. 雩都①
7. 西岗　8. 广昌　9. 乐安　10. 博生　11. 石城　12. 永丰
13. 公略　14. 兴国　15. 赣县　16. 胜利　17. 瑞金　18. 万太
〔泰〕。

（二）开办中学2所，目前先办每所200人。地点如左：

（1）兴国　（2）瑞金

（三）开办高级列宁师范一所，学额200名，地点洋溪。

（四）开办教育干部班，学额200名，属在苏大一部分。

《中央教育人民委员部重要文件汇集》，
湘赣省苏教育部翻印，1934年1月10日

（录自《苏区教育资料选编1929—1934》，
江西人民出版社1981年版，第74—76页）

---

① 雩都，现称于都。——本文库编者注。

附三：

关于主席团分配工作调动干部的决定（节录）①

……

大会认为教育工作人员要熟练，有时还要专门化，随便调人有很大损失，拟请人民委员会规定左列的限制：

（一）凡调动列小、俱乐部等教育机关主要的熟练的工作人员（如校长、主任以及好的教员等），必得乡苏主席和教委会主任的同意。

（二）凡调动乡教委会主任及各级教育部正副部长，必得上级教育部同意。

（三）教育部工作人员进行教育工作中应该注意苏维埃各项工作，使教育部与别部发生密切联系，在不妨害教育工作条件之下，可帮助别部工作，但不得放弃教育工作去做其他工作。

（四）主席团调教育工作人员到别部工作，只能在临时必要公共合作的情形之下，才能调动，还要保证教育本身的经常工作不致放弃。

《中央教育人民委员部重要文件汇集》，
湘赣省苏教育部翻印，1934 年 1 月 10 日

（录自《苏区教育资料选编 1929—1934》，
江西人民出版社 1981 年版，第 234 页）

---

① 1933 年 10 月 20 日至 23 日苏区教育大会通过。——本文库编者所加。

附四：

消灭文盲决议案

1. 大会认为苏区的文盲是过去地主资产阶级遗留下来的一个障碍物，我们必须扫除这一障碍物，而且在工农管理政权下，有充分的可能扫除这一障碍物，但须有计划的有组织的定期的来进行工作。

2. 过去消灭文盲的组织，如夜校、识字小组是有相当的成绩，但识字运动的程度，仍是很低落，没有把消灭文盲运动很尖锐的提出来，识字运动仅有乡以下的组织，没有建立全苏区整个系统，有些地方的识字小组，没有和夜学配合起来，用夜学的组织来帮助识字小组，乡教育委员会没有经常检查识字，乡委员会和识字小组工作，结果成为形式的工作，表现是寒热症。

3. 今后的组织，仍当以乡为基本组织，每乡设立一个消灭文盲协会，夜学和识字小组，短期训练班、半日学校等，仍旧有的组织系统属于乡协会，旧有的识字运动委员会和分会取消，从乡到中央，均组织消灭文盲协会，成为独立系统的广泛的群众组织。在行政上，受各级教育部指挥、监督并帮助工作进行。

4. 大会推举钟增文、李庭英、黄有鸿、刘本生等 5 同志组织消灭文盲临时中央委员会，帮助督促建立各级消灭文盲协会的组织，并准备召集全苏区消灭文盲协会的代表大会。

《中央教育人民委员部重要文件汇集》，
湘赣省苏教育部翻印，1934 年 1 月 10 日

（录自《苏区教育资料选编 1929—1934》，
江西人民出版社 1981 年版，第 64—65 页）

附五：

团与教育部关于教育工作协助条约[①]

（一）大会热烈欢迎少共中央局所发起的对于教育部工作的协助运动，共产青年团是苏区有力的一个群众组织，在文化战线上突击与帮助将是苏维埃文化教育发展的重要支柱。

（二）大会完全同意团的方面所提出的帮助运动条约就是：

1. 在二次全苏大会前，动员 120 个团的干部，到地方的和中央的教育部工作。

2. 担任着消灭团内和少队内的文盲，并实现每个团员消灭 10 个文盲的任务。帮助建立消灭文盲协会的组织，在每个生产中、乡村中建立并发展这种组织。

3. 动员年满入学的儿童全体加入学校到 1934 年 10 月节为止，实现每 500 居民一个小学，每 100 居民一个夜学。

在最近帮助教育部在兴国与瑞金创举各一个中等的学校，在中央教育部下创办一个列宁师范。

为着学校中工作的发展，在学校中建立团支部是必要并加强对于他们的领导。

（三）大会提议要求团中央局和中央教育部，监督这一条约的执行，经常将进行情形在青年实话和红色中华公布。

团代表：凯丰、王用济、伍洪祥、凌大标、钟汉文、杨世崐
教育部代表：徐特立、黄庆承、李庆华、刘敏强、萧年云、王大成
1933.10.23

（录自 1933 年 11 月 17 日出版的《红色中华》第 126 期第 4 版）

---

① 1933 年 10 月 20 日至 23 日苏区教育大会通过。——本文库编者注。

中华苏维埃共和国临时中央政府成立两周年纪念对全体选民的工作报告书

（1933 年 10 月 24 日）

全体选民同志们：

中华苏维埃临时中央政府自成立到今天，已经两周年了。去年的今天，我们曾向同志们做过简单的工作报告，现值两周年纪念的时候，应该把最近一年来的工作进程向同志们作个扼要的报告，并愿接受全体选民同志对于过去工作的意见和以后行政方针的建议。

同志们，临时中央政府在中国共产党正确领导之下，依靠着广大工农劳苦群众的积极性与工农红军的英勇斗争，无论那方面都是胜利的向前开展着，比一年前的形势大不相同。现在分开来说罢：

第一是革命战争的胜利和红军的扩大与加强

一年来革命战争的中心任务是粉碎敌人的四次"围剿"，这一战争是在全国各苏区都完全胜利了。依据不完备的统计，一年来消灭白军缴获枪支在 10 万以上。单只今年 1 月到 6 月的统计，消灭白军共 41 团 6 营 10 连，击溃白军 8 师 33 团 19 营 9 连，缴获步枪 31700多支，机关枪自动步枪 1000 多支，活捉师旅团长 20 多人，打死师长 2人，旅长以下死伤不计其数。正因为我们这种光荣伟大的胜利，使帝国主义国民党的统治大大动摇起来，他们不得不组织五次"围剿"来向我们作死命的进攻。但是我们依靠着党的进攻路线，依靠着红军英勇与苏区白区工农群众的热烈拥护，一开始就给敌人的五次"围剿"一个迎头痛击，连城、洋口、乌江及最近的黎川战役，我们都得了胜利,缴枪 8000 支以上。一年来由于工农群众勇敢向前加入红军,使红军比较去年扩大了一倍,并且在英勇的血战中锻练成为强大无敌的革命铁军,各地赤卫军、少先队、游击队也加强了。苏维埃政府领导工农群众与红军,用革命战争粉碎敌人"围剿",是一切革命任务的中心。因此我们的一切工作,一切生活,都要服从于革命战争。争取战争的胜利,是苏维埃与每个工农同志的第一等责任。

第二是苏维埃区域猛烈的扩大与进一步的巩固

从去年到今年,中央苏区的东北方,赤化了建宁、泰宁、黎川、光泽、资溪、金溪等六七县,与闽浙赣苏区打成一片,在这里建立了新的闽赣省。最近东方军的胜利,又从福建的龙岩、新泉交界,经过连城、清流、归化①,一直到闽北的延平②附近,这一大块区域,都变为苏维埃版图了。江西在粉碎四次"围剿"中扩大了南丰、宜黄、崇仁、乐安、永丰、新淦③等县的各一部分,面积占数百里之广。至于中央苏区以外的各苏区,如闽浙赣,湘赣、湘鄂赣、湘鄂西、鄂豫皖,虽然有小部分地方暂时被敌人占据了,但有的不久即恢复,有的更有了新发展。发展得特别迅速广大的,是四川北部新创造的那个苏区,由于红四方面军的英勇奋斗,不上一年已赤化了 10 多县,号召了整个四川的工农劳苦群众和白军士兵,都倾向着苏维埃革命。其他在陕西、河南、河北、江苏、广东、广西等处,都有我们的苏区或者游击区域存在着。甚至被国民党出卖给日本帝国主义的东三省境内,也已经有了我们的红色游击区域。东三省广大的抗日义勇军部队,是在继续的顽强的同日本帝国主义战斗着。

苏维埃区域不但扩大了,而且进一步巩固了。比如过去执行阶级路线不明确的现象,现在一般已经纠正。劳动法的切实执行与新的劳动法的颁布,工人群众的经济生活更加改善了,工人参加革命战

---

① 归化,旧县名,即今明溪。——本文库编者注。

② 延平,明清时为府,治所在今南平市,1913 年废。——本文库编者注。

③ 新淦,现称新干。——本文库编者注。

争与苏维埃建设的积极性更加提高了,工人的阶级工会普遍的组织起来并发展起来了。查田运动的广泛开展,给了苏区残余的封建势力以最大的打击,极大的提高了农村劳苦群众的革命积极性,广泛的发展了贫农团。依靠于工农群众积极性的发展,吸引了许多新的工农干部参加苏维埃工作,隐藏在苏维埃中的一些不良分子,许多被洗刷出去了。苏维埃的领导方式与工作方法更加改善,苏维埃更加与广大群众联系起来了。苏维埃行政区域今年已经划小,这样在制度上使苏维埃更加接近于群众。根据于过去苏维埃选举运动及苏维埃工作的经验,中央政府颁布了新的选举法与地方苏维埃组织法,使今年的选举运动更加正确的开展起来,使地方苏维埃组织更加完善起来。所有这些,使苏维埃真正成为广大群众自己管理自己的政权,并且使这个政权适应于革命战争的要求,而成为革命战争的组织者与领导者。

由于红军的伟大胜利,苏区的发展与巩固,同时由于日本帝国主义用强占东三省热河与华北,国民党政府的完全投降帝国主义,国民党区域的经济浩劫,影响了激起了国民党区域的广大工农劳苦群众、革命士兵与革命学生,一致的起来反对日本帝国主义与一切帝国主义,反对国民党政府,反对地主资本家,革命的斗争在全中国广大区域发展起来。全中国被剥削被压迫的群众热烈的拥护苏维埃与红军,因为只有苏维埃与红军才是真正为民族自由独立而战的政府与军队,只有苏维埃与红军才能救中国。

第三是苏维埃的经济建设与文化建设

残酷的持久的国内战争,要求苏维埃极大的注意于经济建设事业,关于这一方面的工作,苏维埃已在用极大的力量去进行。这里发展农业生产是第一个任务,由于今年春耕夏耕中苏维埃领导的正确与广大劳苦群众热忱的提高,使今年的秋收平均比去年增加了一成半,杂粮生产更大大增加,犁牛合作社与劳动互助社亦在许多地方建立了。只有依靠农业生产的发展,才保证了红军与群众的给养,保证了与外部工业品的交换。发展工业生产是经济建设的第二个任务。

这里农具与石灰的生产，是与发展农业生产密切相连的，许多日用手工业品的供给，是依靠苏区自己的生产。烟、纸、木头、夏布、钨砂、樟脑等项的生产，过去都是出口大宗，但是后来衰落了。今年以来苏维埃对于这些工业已在计划恢复，有些已得到了初步的成绩。发展出口入口贸易，是经济建设的第三个任务，今年以来，政府设立了对外贸易局，已经开始做这一方面的工作。为了实现上述各项经济建设的任务，合作社的发展是刻不容缓的。自从中央政府着力提倡合作社运动以来，各地消费合作社与粮食合作社已在风起云涌的发展中，各种生产合作社亦在计划发展，信用合作社则在开始计划。为了进行经济建设事业，中央政府发行的经济建设公债得到了广大群众的拥护，各地发行超过了 300 万，大概 500 万的数目是可以实现的。经济建设事业的发展，必得使革命战争得到确实的物质基础，使广大工农群众的生活得到进一步的改良，同志们一齐努力呵！

革命战争与苏维埃建设事业，要求苏区工农群众的文化水平一般的提高，亦只有在苏维埃政权之下，工农群众才有享受教育的权利与可能。一年来苏维埃对于文化教育事业已在着力的进行，小学、夜学、识字运动与俱乐部运动，已在各地广泛发展起来了，马克思共产主义大学，苏维埃大学，与红军大学的建立，工农剧社与蓝衫团运动的发展，所有这些，都表明苏维埃文化建设事业已进入了发展的阶段中。中央政府最近已宣布以马克思共产主义为苏维埃文化教育的基本方针。中央政府正在制定小学教育制度与颁布社会教育的具体办法。要使所有苏区的劳动民众都受到教育，开展文化战线上的斗争，已成为苏维埃建设任务的重要部分。

×　　　×　　　×　　　×

全体选民同志们，上面我们已经简单的报告了一年以来革命发展的形势与苏维埃工作的进步与成绩。现在我们还要向同志们指出过去苏维埃工作的不足与今后工作的任务。全体选民同志必须在苏维埃正确领导之下，用全力来充实这些不足，实现这些任务，才能争取五次"围剿"的彻底粉碎与苏维埃在全国的胜利。我们的任务是些什么呢？我们的不足在何处呢？

第一是扩大红军。同志们，我们的红军虽比从前扩大了，但是还不够，要打胜五次"围剿"中很多的白军，还要大大的扩大红军，每个勇敢的工农都应该自动的上前线去。为了配合红军作战，同时为了保卫地方，必须大大的扩大赤卫军与少队，扩大赤卫军模范营与模范少队，放哨查路条的工作要特别严密起来，不让一个敌人的侦探混进苏区来。运输队要时常准备着，以便上前线抬伤兵运胜利品。

第二是新苏区工作要更快的开展。一年来发展的新苏区虽多，但是还觉得慢一点，这里一个原因就是中心区还没有选派更多的工农积极同志到新苏区去做工作。为了在粉碎"围剿"战争中更加猛烈扩大新苏区，中心区的同志要大家欢喜到新苏区做工作去，新苏区的同志更要百倍努力于自己的工作。

第三是一年来苏维埃建设工作有极大的成绩，但是还有许多工作须待于今后的努力，首先是保护工人的日常利益，要把劳动法更加普遍正确的实行起来。其次是查田运动，要在那些还没有肃清封建残余势力的地方尽力的发动查田查阶级运动，不得侵犯中农，不得把富农同地主一样看待。其次是经济建设，要努力今年的冬耕，准备明年春耕。要发展合作社达到 100 万社员入社，成立消费合作社的各级总社，实行做起生意来。要实行发展出入口贸易，打破敌人的封锁，解决食盐的困难。要修理桥梁、道路，使经济发展得着便利。要切实推销 300 万至 500 万的经济建设公债，为各项经济建设事业的资本。其次是文化建设，要建立完备的小学教育制度，要发展消灭文盲运动。其次是加紧肃反，不使苏区有一个反革命分子乘着敌人的进攻在我们内部捣乱。其次是加紧筹款，使战争经费得着保障。

为了迅速实现以上的任务，必须彻底除掉苏维埃工作人员中的官僚主义，全体选民同志都应该起来注意，监督苏维埃人员不使有官僚主义分子存在。必须使今年的选举运动得到完满的成功，要使大批工农积极分子经过选举到苏维埃来工作，而把旧有人员中的官僚主义分子洗刷出去，这样才保证了苏维埃各个战斗任务的实现。

× × × ×

全体选民同志们，所有这些工作每件都是我们的战斗任务，都是粉碎五次"围剿"不可缺少的条件，而当着我们向你们作报告的今日，正是敌人用其全力大举进攻，我们集中力量向这些敌人进行决战的时候，战争是极度的紧张着，因此我们的工作也必须极度的紧张起来。中央政府已颁布了战争的紧急动员令，号召全体苏维埃工作人员，用突击的精神去开展自己的工作，要使整个苏维埃工作完全适合于前线的要求，凡我选民群众，都要在中央政府这一号召之下，立即动员起来。同志们，我们用这样的工作去换取最后的胜利吧！首先要换取一个伟大的胜利使之出现于第二次全苏大会之前。同志们，我们拿了这样的一个胜利去献给第二次全苏大会吧！

猛烈扩大红军！

猛烈扩大苏区！

战斗的发展苏维埃建设工作！

粉碎帝国主义国民党的五次"围剿"！

第二次全苏大会万岁！

苏维埃中国万岁！

中央政府主席　毛泽东

副主席　项　英

张国焘

10 月 24 日

（录自 1933 年 10 月 27 日出版的《红色中华》第 122 期第 1—2 版）

中华苏维埃共和国
中央内务人民委员部命令第十三号
——关于建立民警管理局和义务劳动管理局的问题
(1933 年 10 月 24 日)

（一）过去各城市民警局的组织,是属于各城市苏维埃内务科,对于日常工作的进行各地没有统一的办事机关,因此民警工作存在很多不方便的地方,两年来对于各城市民警的工作成绩很少。本部为要加强这一工作,决定将民警局的组织改变为独立系统的组织,在本部直接指导之下建立民警管理局,省设立民警分局,各城市设民警厅,大的城市在民警厅之下设民警所。民警分局、民警厅及民警所与省、县、区内务部发生横的关系,受省、县、区内务部的监督和节制。这样使民警的工作可以建立和健全起来。省内务部须立即找到一人担任民警分局局长之职,各城市现有的民警局即改为民警厅,受省民警分局的管辖,较大的市民警厅之下即设立民警所。

（二）过去对于义务劳动没有一个专门机关负责,致使各种义务劳动的分配和指导没有总的领导机关,在义务劳动的分配和指导上发生许多不方便。现在中央政府决定义务劳动的工作划归内务部管理。中央内务人民委员部已经设立义务劳动管理局。省县区市各级内务部须立即设立义务劳动管理科,指定专人负责,省设科长 1 人,科员 3 人;县设科长 1 人,科员 2 人;区与市设科长、科员各 1 人。义务劳动科是管理和分配前后方的各种义务劳动的工作,如发动运输员义务运输的分配管理和分配劳役队等工作。

接此命令后,各级内务部限于 11 月 10 日前将民警分局、民警厅(所)、义务劳动科设立起来,并将建立的情况报告本部为要。此令

中央内务人民委员部

代部长　梁柏台

1933 年 10 月 24 日

（根据中共江西省赣州市委党史工作办公室保存原件之复印件刊印）

农业税暂行税则补充条例

（1933 年 10 月 26 日）

为更□□□农业税免税减税起见,特颁布补充农业税暂行税则免税减税的补充条例,农业税暂行税则与本条例抵触者,悉依本条例办法行之。

（一）关于工人的。

1. 雇农及陆上苦力工人与长担码头工人,本身及其妻（或夫）与 16 岁以下的子女免税。

2. 水上苦力工人（木船、竹筏、木排及竹排工人）本身及其妻（或夫）免税。

3. 店员、手艺工人（如泥水、木匠、理发、纺织……）、纸业工人及其他产业工人（造币厂、印刷厂）分田者,本身免税（自作自卖的独立生产者不免）。

注一:上述各项工人、雇农以继续作工 2 年（紧靠革命前或革命后）以上者为限,做工未满 2 年者不免税。

注二:上述各项工人、雇农免税者,不问其何时加入工会或加入何种工会,均照一、二、三项处理,雇农、苦力加入店员、手艺工人工会者,仍照第一项免税,手艺工人加入农业工人工会者,仍照第三项免税。

4. 邮局工人、印刷厂工人、兵工厂工人、被服厂工人、各种国有（是国家所有的）与非国有工厂、矿山、商店中的工人、雇员分田者,只要做工有 2 年以上,本身免税。其在银行、粮食调济〔剂〕局、贸易局、电报局、电话局等做工服务满 2 年以上,支领正式工资者,本人免税。

5. 在各种国有工厂、矿山、银行、税关及商店、机关未领正式工资者,则照农业税则第八条苏维埃政府工作人员一样减半税(指本人及父母妻子)。

6. 雇农、苦力工人、手艺工人、店员参加各种国有与非国有工厂、矿山、商店、银行、合作社等工作,支领正式工资未满 2 年者,仍照雇农、苦力与店员手艺工人一样免税。

7. 凡各项工人免税者,须有工会会员证或各国有工厂、机关正式证明书为凭。

8. 凡在银行、调济〔剂〕局等处工作领有津贴的(与领工资者有别),照苏维埃工作人员一样待遇,本人及其家属减半税。

(二)关于红军的。

1. 红军家属(父母、子女及其妻不满 16 岁之弟妹)在本年死的,本年免税,在去年死的,今年不免税。

2. 红军中伕子工作在 5 个月以上者,本身免税,3 个月的不免税,如果收税不满 5 个月,收税后满 5 个月的,今年未免,明年补免。

3. 红军老婆离婚的不免税。

4. 红军医院的洗衣队、看护兵,工作在半年以上者,照红军家属一样免税。

5. 红军开小差回来的不免税,归队的免税。

6. 意图免税而去前方 1 月或 2 月回来的,补税。

7. 在红军中因工作致病,失掉劳动力,准假回家者,在没有恢复劳动力以前,照红军免税。

8. 在前方参加红军行动被牺牲者,照红军免税 3 年,在劳役队中之富农在前方牺牲者,免税 1 年。

9. 脱离生产的地方武装为革命牺牲的,照红军免税 3 年。

10. 红军战士是地主富农出身,分有田地者,同样免税。

11. 当红军被反革命捉去的,有人证实者,照红军家属免税。

12. 残废兵讨的老婆,如是贫苦妇女,除本身免税外,其带来的子女同样免税,如是富农的妇女,夫妻两人免税,带来的子女 10 岁以内者免税,以外者不免。

13. 红军战士年满 45 岁又负兵役满 5 年者,经批准退伍回家,领有凭证可验者,本人及其家属免税。

14. 红军战士免税以开始收税前入伍者为限。

(三)关于苏维埃政府工作人员的。

1. 在政府工作半年以上者减半税。

2. 在政府工作被牺牲者,本人及其家属减半税 3 年,病死的,本身及其家属减半税 2 年。

3. 政府工作人员与富农妇女结婚的,本人减半税,其妻不减。

4. 凡群众团体如工会、少【先】队、儿童团、党团、反帝拥苏、互济会等工作人员,都不减税。

(四)其他。

1. 分田后荒了的田,故意荒的不免税,确实无法耕种,经乡苏批准的则免税。

2. 工人在罚苦工及被刑事处分期间内,其家属系免税的,照例免税。

3. 个别农民受各种天灾要减免的,须经乡代表讨论决定。全村要减免的,须经区苏主席团议决,县政府批准。全区要减免的,要省苏批准。

4. 苦力工人本身死了,其家属照苦力工人免税 1 年,其他工人死了,本身免税 1 年。

5. 贫苦工农与富农妇女结婚,不满 1 年的,照各人原来成分收税,满 1 年的照贫苦工农收税。

6. 富农的女儿和老婆与贫苦工农结婚者,因年幼时及无劳动分得半个人的田,税率照富农,人口照新老公的家庭计算。

7. 贫苦工农无论男女招赘到富农家里,还是照原来阶级成分收税。

8. 种棉花之田免税。

9. 中农贫农残废孤寡,无人维持者免税,有人维持者不免。

中华苏维埃共和国中央政府执行委员会主席　毛泽东

副主席　项　英

张国焘

公历 1933 年 10 月 26 日

（根据中共江西省委党史研究室资料处藏件刊印）

中华苏维埃邮政总局启事

（1933 年 10 月 27 日）

兹于雩都①县邮局长因至江西管理局开会，于 10 月 18 日回来时失于谨慎，于路上遗失了 329 号淡黄色五角袖章 1 个，特此申明作废。望各级政府各机关各群众团体各步哨各红色部队见有这个号码的袖章者，即拿获追究。

1933 年 10 月 27 日

（录自江西省邮电管理局邮电史编辑室编：《苏区邮电史料汇编》（上），
人民邮电出版社 1988 年版，第 166 页）

---

① 雩都，现称于都。——本文库编者注。

中华苏维埃共和国
中央劳动人民委员部命令第十一号

（1933 年 10 月 29 日）

关于今年十月革命纪念，中央政府决定了要在 11 月 6 日各城市、各乡村召集选民大会，由市苏乡苏代表向选民群众做报告，11 月 7 日各机关、各工厂、各农村、各学校一律休假，庆祝中华苏维埃共和国临时中央政府成立与苏联社会主义建设的伟大胜利，反对帝国主义国民党五次"围剿"与反苏联战争，反对帝国主义世界大战。

各级劳动部应执行下列两事：

（一）各级劳动检查机关检查员切实进行检查工作，禁止 11 月 6 日、11 月 7 日两天内任何工厂、作坊、商店、机关、农村等雇用劳动者工作。

（二）准备并进行派遣代表在选民大会中作简单明了的执行劳动法的报告。

此令

部　长　项　英

副部长　朱荣生

1933 年 10 月 29 日

（根据中共江西省赣州市委党史工作办公室保存原件之复印件刊印）

国家出版基金项目
NATIONAL PUBLICATION FOUNDATION

中央革命根据地
历史资料文库·政权系统

8

中共江西省委党史研究室
中共赣州市委党史工作办公室　编
中共龙岩市委党史研究室

中央文献出版社　　江西人民出版社

中央国民经济人民委员部
为消费合作社优待红军家属买物事
给各省县区苏国民经济部的指示

（1933 年 11 月 1 日）

各省县区苏国民经济部：

在剧烈开展的革命战争环境中，扩大红军与加强红军，是我们当前主要的战斗任务。为得保障着这一工作顺利的进行，我们应该以最大的力量，解决红军家属物质上的一切困难，因此各级国民经济部必须指示并督促各级消费合作社，加紧执行优待红军家属的办法，自即日起，凡红军家属向消费合作社购买货品时，应如社员一样享受优先购买的权利，并切〔且〕加入合作社的，应该比□未加入合作社的红军家属，多得百分之三的廉价（共百分之七），各级国民经济部必须指导各级消费合作社，立刻切实执行上述办法，对这一工作绝不允许有丝毫的忽视。

此致
赤礼！

中央国民经济人民委员部代部长　吴亮平

公历 1933 年 11 月 1 日

（根据中共江西省委党史研究室资料处藏件刊印）

中华苏维埃共和国
中央土地人民委员部通令第八号
——关于催促土地登记统计工作报告事
（1933 年 11 月 5 日）

　　查土地登记工作，已经进行半年了，本部已是下许多训令与通告等，限期完成这一工作，但未得一县具体报告前来，我们只从省苏土地部工作报告中，略知一二，但不是详细的，究竟各县统计登记工作，做到了怎样程度，已登好的，好了几多县区乡，还有几多县区乡没有统计好，原已统计□□□□□在那□□□□□□□登好统计，这些都是□□□□□□□□，我们只有了解这些情形，才能更具体指出这一工作，□□□□□□如期完成此任务，各级土地登记科及登记委员会接此通令后，一方面应立即收集材料，报告上级，乡一级从接到此通令之日起将全乡登记情形，3 天内报告区，区从接此通令之日起，限 6 天内报告县。县从接到此通令之日起，限 12 天内督促各区报告，收集各区登记统计材料，统计起来报告省与中央，省限 26 天内要将全省土地登记情形收集起来详细报告中央；另方面要用粉碎敌人五次"围剿"的战斗精神，布尔塞维克的速度，努力进行登记工作，使能按期完成，不得再行迟延。切记，此令！

各级政府土地部

登记科及登记委员会

代部长　胡　海

土地登记局长　郭文临

公历 1933 年 11 月 5 日印发

（根据中共江西省委党史研究室资料处藏件刊印）

中华苏维埃共和国
中央财政人民委员部通令第四号
——为农业税免税减税补充条例问题
（1933 年 11 月 8 日）

　　中央政府已经颁布农业税暂行税则及减税免税补充条例,但其中还有不足及不明了的地方,因此再有下列各项的决定:

　　一、凡群众团体工作人员在党团、工会、少先队、儿童团、反帝拥苏、互济会等机关内工作人员,凡是分有田地而现在担任工作、脱离生产在半年以上者,本身及其父母、妻子和 16 岁以下之弟妹减征半税,但不脱离生产者不减,家中其他的人不减。

　　二、凡红军部队独立师团、游击队、警卫连、保卫队、关税检查队、红军学校及军事机关如军医院、兵站等指战员,长期伕子及工作人员,都照红军优待条例,本身及其父母、妻子和 16 岁以下的弟妹免税。

　　三、（字迹不清——本文库编者注）

　　四、红军战士无父母,只【有】祖父母者,其祖父母无劳动力的,照父母免税,但其祖父母有劳动力或既有父母又有祖父母的,其祖父母不免税。

　　五、红军残废战士退伍者,其本身及父母、妻子与 16 岁以下的弟妹,照红军优待条例终身免税,参加前方担架运输,因战争残废的同样免税。

六、农民与反革命斗争□①牺牲者,本身免税 3 年,因此而残废者本身免税 10 年。

上述六项已经呈请中央执行委员会批准,望各级税委遵照执行。此令

部　　长　　林伯渠

副部长　　邓子恢

税务局局长　　陈笃卿

公历 1933 年 11 月 8 日

（根据中共江西省委党史研究室资料处藏件刊印）

---

①　此处原文不清,似"未"字。

为"中日直接交涉"告全国民众

（1933 年 11 月 11 日）

全中国的民众们！

自从国民党南京政府同日本帝国主义订立了出卖满蒙的华北停战协定之后，更经过了大连会议上中日"满"三国的"联欢"，国民党南京政府不但出卖了满蒙与滦东的所谓"中立区域"，而且直接动员他的武装力量，协同日本帝国主义与"满洲国"的军队，压迫东北抗日的士兵退出内蒙古，并在"剿匪"名义之下，成千成万的屠杀东北抗日义勇军与革命的士兵群众。在全中国，国民党罪魁蒋介石公开发表"侈言抗日者立斩无赦"，"为了剿共必须停止抗日"的最无耻的宣言，以最残酷的白色恐怖镇压一切反日的革命运动，有计划的撤退他的华北驻军，而集中他所有武装力量向反日反帝的主力军，中国苏维埃政府与中国工农红军，进行新的五次"围剿"，以表示他对于帝国主义的忠诚，来实现他的"中日直接交涉"的预定计划。

中日直接交涉，自 9 月间国民党要人第三次庐山会议之后，已经加强速度的进行了。这一谈判的内容显然不限止于国民党政府公开承认满蒙为日本帝国主义的殖民地，而且必然是南京政府进一步的投降卖国，以中国承认华北为日本势力范围，日本帮助南京政府以金钱武器，伸长它的反动势力，进行他的五次"围剿"为直接的交换条件。什么日本愿意放弃"在华的治外法权"，当然不过是一种欺骗民众的把戏。

全中国的民众们！国民党南京政府出卖了东三省，出卖了内蒙古,现在又将出卖整个的华北！国民党南京政府以及其他各派国民党政府,同时又将西藏西康与新疆四川的大部分,出卖给英国帝国主义,将南海九岛与云贵等省出卖给法国帝国主义,将许许多多政治的经济的特权出卖给英帝国主义,最近它从欧美各帝国主义国家取得的数万万元的大借款与杀人的利器,都是国民党政府出卖中国的代价。

出卖整个的中国,投降帝国主义,为帝国主义瓜分中国充当清道夫,这就是国民党政府的一贯的外交方针。正因为这样,所以他反对一切反日反帝的革命运动,所以他对于中国唯一反日反帝的民众自己的苏维埃政府与工农红军,进行它的疯狂的与绝望的五次"围剿",正因为这样,所以他帮助帝国主义来加紧对于中国民众的剥削,造成全中国国民经济的总崩溃,使水旱灾荒普遍全中国,使工人失业,农民失地,学生失学,使中国最大多数的民众生活在悲惨的地狱中而冻死饿死！

全中国的民众们！国民党所要我们走的就是使中国变为殖民地的道路,使中华民族完全沦亡的道路！

一致的团结起来,武装起来,开展民族革命战争反对日本帝国主义与一切帝国主义的侵掠,打倒一切卖国辱国的国民党军阀,首先是帝国主义的主要工具,以蒋介石为首的南京国民党政府,为中国民族与中国民众的最后解放而血战,这是全国革命民众前面的唯一出路！

中华苏维埃共和国临时中央政府再一次的向全国民众宣言,为了打倒日本与一切帝国主义,为了打倒一【切】卖国的国民党军阀,为了中国的独立统一与领土的完整,时刻准备着流它的最后一滴血！为了中国的独立统一与领土的完整,苏维埃中央政府正在集中一切力量,准备一切牺牲,粉碎帝国主义与国民党的五次"围剿"。粉碎五次"围剿"的斗争,即是阻止中国走向殖民地的道路,即是争取独立自由的苏维埃新中国的斗争！

为了集中全国一切民众的力量,同全中国最凶恶的敌人决战,中华苏维埃共和国临时中央政府与革命军事委员会在这里再一次的向全国进攻苏区的武装队伍提议在下列三个条件之下，订立目前反日反蒋的作战的战斗协定：（一）立即停止进攻苏维埃区域；（二）立即保证民众的民主权利（集会、结社、言论、出版、罢工的自由）；（三）立即武装民众，创立武装的义勇军，以保卫中国及争取中国的独立，统一与领土完整。

中华苏维埃共和国临时中央政府坚信，我们的这一提议完全能取得全中国劳苦民众以及一切稍有爱国热血的人民的同情与积极的拥护。这种同情与拥护将保证殖民地道路与苏维埃道路的决战中苏维埃道路的完全胜利，将使中国民族与中国民众从帝国主义的铁蹄之下得到最后的解放！

打倒日本与一切帝国主义！

打倒出卖中国的国民党、南京政府与一切国民党政府！

为独立自由的苏维埃新中国而斗争！

中华苏维埃共和国临时中央政府主席　毛泽东

革命军事委员会主席　朱　德

11 月 11 日

（录自 1933 年 11 月 17 日出版的《红色中华》第 126 期第 1 版）

中华苏维埃共和国
中央政府人民委员会训令第十八号
——发布修路计划动员群众修筑 22 条
干路及各县区乡支路

（1933 年 11 月 12 日）

粉碎五次"围剿"的决战，目前正在激烈的进行。为了红军行动的便利，为了运输的迅速，为了发展经济流通商业，为了群众往来方便，均必须修理桥梁道路。现在苏区的桥梁道路，一般太小太窄，损坏之处颇多，交通甚为不便。前年冬天，中央内务人民委员部曾经发出修路训令，部分地方得了成绩，但大部分地方简直没有进行。主要原因，是没有认识修路与革命战争群众生活的关系。目前为着粉碎敌人五次"围剿"，各级苏维埃除了应该十分抓紧着：扩大红军，加强地方武装，发展游击战争，深入查田运动，发展文化教育，努力肃反，努力筹款，推销公债，发展合作社，进行冬耕，促进工业生产的增加，扩大对外贸易的范围……这许多的工作以外，动员群众修路，同样是粉碎五次"围剿"中的战斗任务，因为道路与军事经济不可分离，与群众生活非常密切，因此今年的修路运动，各级苏维埃，必须提起最大的注意，现当冬季农事不甚紧张，更应趁此时机，实行修路，今将修路计划规定如次：

（一）干路：

一、瑞金——古城——汀州——河田——红坊——新泉。

二、瑞金——武阳——会昌——门岭。

三、瑞金——西江——梓山——雩都①——江口——茅店。

四、瑞金——长胜——博生——洛口——东陂。

五、瑞金——壬田——石城——唐坊——建宁——黎川。

六、会昌——白鹅——梓山。

七、汀州——石城——赤水——广昌——甘竹。

八、江口——兴国——高兴——沙村——固陂——富田——直下〔值夏〕。

九、博生——头陂——广昌——里心——建宁——太〔泰〕宁。

十、博生——黄陂——中村——招携。

十一、河田——水口——回龙——千家村。

十二、红坊——南阳——旧县——永定。

十三、汀州——童坊——连城。

十四、汀州——宁化——安远市——建宁。

十五、甘竹——苦竹——洛口——黄陂——龙岗——东固——富田。

十六、招携——荇田——白沙——水南——直下〔值夏〕。

十七、瑞金——瑞林寨——平安寨——兴国。

十八、雩都——社富——兴国。

十九、博生——赖村——银坑——雩都——小溪——牛岭。

二十、田村——兴国——古龙冈——博生——石城——宁化——清流。

二十一、兴国——良村——龙岗——沙溪——荇田。

二十二、门岭——罗塘——东留。

（二）支路：

上列22条干路以外，均为支路。凡县内部支路（贯通各区的），由县苏计划。区内支路（贯通各乡的），由区苏计划。乡内支路（贯通各村的），由乡苏计划。

---

① 雩都，现称于都。下同。——本文库编者注。

（三）宽度：

一、干路：分为一、二两等：一等干路为第一项内第一条至第十四条,路宽不得减于 5 尺。二等干路为第一项内第十五条至第二十二条,路宽不得减于 4 尺。

二、支路：县内支路,不得减于 3 尺。区内支路,不得减于 2 尺 5 寸。乡内支路,不得减于 2 尺。

三、桥梁：不论石桥,土桥,木桥,桥宽不得减于路宽（如路宽 5 尺,桥宽至少也要 5 尺;路宽 2 尺,桥宽至少也要 2 尺）。

（四）工程：

一、主要就原路修筑。

二、路基：路基要牢固。崩塌处,要砌石基。傍山处,要铲山壁。

三、路面：路面要平实。高了的,要挖平。低了的,要填平。干路路面,要铺结石块。

四、路线：路线尽可能除去弯曲。

五、桥梁：石桥,土桥,尽原桥修理。木桥,除已经修好宽度适合的外,要尽可能换建新桥。新建木桥,不但要宽与路同,并要坚厚,要镶拢,要刨平。大木桥桥柱要有力气。

（五）土地：

凡因培宽路基,及改直路线湾曲,而占去的土地,如系私人的田亩、园地、水塘、水圳,及坪场,务须取得本人同意。水塘、水圳、坪场,须为设计补挖补修。田亩、园地,如本人损失太大,须由区苏负责提出乡代表会讨论,想出补偿办法。不能违反群众公意,强迫去做。

（六）经费：

一、不论干路支路,均须动员路线附近的群众,自带粮食器具,不支公家经费。

二、干路如遇山石须用石工爆炸者,可将石工工资,爆炸硝药,工具耗损等项,由当地内务部作成预算,报告省内务部呈准中央发给。

三、桥梁所须树木,从公山采取。凡支路桥梁,由当地群众募捐开支。干路干梁,由当地内务部作成预算,报告省内务部呈准中央发给。

（七）期限：

一、以今年 11 月至明年 3 月，5 个月时间，为完成修路计划之期。但必须赶在前 3 个月完成计划十分之七。

二、凡有干路经过之区，先修干路，后修支路。

（八）领导机关：

一、各级苏维埃主席团，对修路计划负总的领导责任。

二、各级苏维埃内务部，为实施此修路计划的主要负责机关。

三、省、县、区三级，以内务部长、交通科长，劳动部、土地部、军事部、财政部、国民经济部、工会、少队部各派代表 1 人，组织修路委员会，以内务部长为主任。乡苏则由乡苏代表 2 人、贫农团代表 5 人、工会代表 2 人，组织修路委员会，以乡苏主席或副主席为主任。各级修路委员会负计划与指导修理全省全县全区全乡的道路之责。

（九）动员：

一、这一修路计划，是一很大的事业，必须有完善的组织，广泛的动员，才能达到目的。

二、省、县、区修路委员会，立即开会讨论干路"宽度"、"工程"、"土地"、"经费"、"期限"、"动员"各项的实施。县区二级还须讨论县路区路的路线问题。

三、县苏召集各区内务部长开会，讨论修路各问题，订立各区修路竞赛条约。

四、区苏召集各乡主席开会，讨论修路各问题，订立各乡修路竞赛条约。

五、区苏讨论后，派人出席各乡苏代表会议，报告中央政府的道路计划，讨论各乡动员办法，组织乡苏的修路委员会，并召集修路委员会的第一次会议。同时计划乡路应修路线，发动各个乡苏代表，向各村群众做修路宣传，要使每个群众都知道修路与革命战争群众生活的关系，热烈参加修路运动。

（十）实行修路的办法：

一、凡干路经过县内之区，县苏责成各区各自修好自己的那一段路（最大的桥梁工程与山石工程，须两区以上合力），县苏派人巡查宽度、工程、土地、期限，与动员方法等，不对的随时纠正。区苏再将路线分为若干段，责成每乡修好一段（大的桥梁山石工程，须两乡以上合力），但须近乡修的较长，远乡修的较短。区苏派人巡查宽度、工程、土地、期限，与动员方法等，不对的随时纠正。

二、县内支路，区内支路，乡内支路，均照上述分段负责办法。

三、修路队：在乡苏领导下，除了扩大红军，动员夫子，演习野营，帮红军家属生产，参加钨矿生产，这些人力动员工作绝对不能妨碍之外，应将全乡有劳动力的人编为修路队，按照各人家事闲忙，听各人报名，每 10 天编一次。如在第一个 10 天内家闲的，编为第一队。第二个 10 天内家闲的，编为第二队。第三队以下，照此类推，以不妨碍生产为原则。修路队要有队长副队长，队下分班，要有班长副班长。可以 30 人至 50 人为一队，8 人至 15 人为一班。修路队自己吃了早饭到乡苏集中，各带一餐午饭，并带修路器具，回家吃晚饭。每日实际工作不得少于 6 小时，不得多于 8 小时。

以上 10 项是中央政府规定的修路计划，望各级政府按照实行，发起普遍的修路运动，为着在 5 个月内完成全部计划而斗争，为着以交通便利粉碎敌人五次"围剿"，发展苏区国民经济而斗争。此令

中央政府主席　毛泽东

副主席　项　英

张国焘

内务人民委员部代部长　梁柏台

公历 1933 年 11 月 12 日

（根据中共江西省赣州市委党史工作办公室保存原件之复印件刊印）

中央财政、国民经济人民委员部紧急通知
——关于以烟叶纸豆花生等
农业品折价购买经济建设公债事

（1933 年 11 月 16 日）

在推销经济建设公债中，为着工农群众的便利，迅速的完成推销经济建设公债的任务起见，特许工农群众除米谷以外，还可以把烟叶、纸、豆子、花生、莲子、药材等等农产品折成现款购买公债，各种农产品价目，由当地之国民经济部、财政部会同粮食调济〔剂〕局，按照当地市价决定之（不能高于市价），其所收烟叶、纸、豆等数目，须随时报告上来，听后处理。特此紧急通知，希即遵照办理，并迅速将此事传达到群众中去。

此致

各级国民经济部、财政部

中央财政人民委员会部部长　林伯渠

中央国民经济人民委员部代部长　吴亮平

11 月 16 日

闽干〔赣〕省财政部翻印

（根据中共江西省委党史研究室资料处藏件刊印）

中华苏维埃共和国临时
中央政府财政人民委员部通令第六号
——开办经济建设工作人员训练班

（1933 年 11 月 17 日）

目前我们正是处在粉碎敌人五次"围剿"的决战关头。国民党在它的政治力量日益没落的情势之下，更无耻地实行□□□□□□□□资产阶级的地主富农及奸商□□□□□□□□□□□□□□配合其军事进攻，企图扰乱苏区金融，因此□□□□□□□□□财政收入供给红军战争经费，以争取粉碎敌人五次"围剿"的胜利。因此这是目前财政工作的战斗任务。

为此，本部特决定从各省、县、区调集大批工农干部开办一期训练班，以加强经济建设的领导力量。

1. 这些干部按照江西、粤干〔赣〕、福建各县斗争深入程度、工作进步情形，分别指定各县选送，兹分配如下：

甲、江西及瑞金县共 80 名

一、瑞金、兴国、博生、胜利、长胜，以上每县 7 人；

二、杨殷、龙岗、干〔赣〕县、洛口，以上每县 6 人；

三、万太〔泰〕、乐安、公略、太雷、赤水，以上每县 4 人；

四、宜黄，以上 1 人。

乙、粤干省共 51 名

一、会昌、门岭、江西〔西江〕、雩都①,以上每县 9 人;

二、安远、寻邬②、信康,以上每县 5 人。

丙、福建省共 41 名

一、长汀、上杭、宁化,以上每县 5 人;

二、兆征、汀东、新泉,以上每县 4 人;

三、永定、武平、连城、清流、彭湃、代英、泉上,以上每县 2 人。

2. 年龄以 16 岁至 40 岁为限。

3. 以身体强健无其他恶习不良嗜好的。

4. 被征调干部限 12 月 4 日以前到达中央财【政】部,来时须自带被席及应用等物,其路费则由各县区财【政】部负责支付,须根据路途远近酌量发给,每天每人 2 角。

为要保证这次征调干部能达到目的,必须从政治上去宣传鼓动,使他们明白目前革命战争的开展与需要,提高他们对苏维埃工作的积极性,自愿与自动的参加苏维埃工作,并须明白对他们说明调至中央政府工作,不需用受短期训练等假话来欺骗他们反而后来发现开小差逃跑的现象。

各省县财政部接此通知后,须立刻商同主席团讨论具体办法,应立即分配到区,令区财政部商同主席团最好指名去调,无论如何务须依期如数调到,这是加强财政工作中领导力量,充实战争经费的基本条件。干部来时,必须将他的姓名、年龄、籍贯、住址、成分、职业、过去工作及工作能力,详细填表,由该干部自己携来本部,以备可查。此令

部　长　林伯渠

副部长　邓子恢

公历 1933 年 11 月 17 日

（根据中共江西省赣州市委党史工作办公室保存原件之复印件刊印）

---

① 雩都,现称于都。——本文库编者注

② 寻邬,现称寻鸟。——本文库编者注。

中华苏维埃共和国临时
中央政府内务人民委员部通知第九号
——关于预防传染病问题

（1933 年 11 月 17 日）

据本部卫生管理局派员调查，瑞金壬田区凤岗乡，3 月以来，因恶性疟疾（打摆子）死亡 100 余人；城市区黄岗市区，2 月以来，因赤痢（红油）死亡 30 余人；又前往瑞金的红第四预备医院，2 月以内所收病员中因赤痢死亡 200 余人，这种猛烈可怕的传染病，若不注意预防，危险得不堪设想。兹将赤痢及虐疾预防法分述如下：

（甲）赤痢预防法

（一）赤痢多由饮食□□□生冷食物，所以绝对不可吃不清洁的水，池塘死水最不清洁，最易传染赤痢，这水不仅不可吃，也不可用来洗米洗菜洗食物用具，如盛饭桶等。未煮熟的食物不可吃，瓜果必须用开水洗过剥皮才可吃。

（二）不可多吃难消化的食物，如肥猪肉之类。

（三）不可吃辣椒等有刺激性的东西。

（四）不要□□□□□□□□，如不得已接触赤痢病人以后，要用清水洗手。

（五）赤痢病人的碗筷□□□□水□□□□□□，健康人不可使用。

（六）病人的衣服用具不要在河中或是周围及塘中洗。

（七）绝对不可吃生水。

（八）苍蝇为传染赤痢媒介物，要扑灭他，饮食物要用布盖上，勿□□□□□□□□□□□，绝不可吃。

（九）厕所常撒石灰□□□□□□。

（十）赤痢病人之大小便□□□□□□□□一二小时倒于厕所，不可倒于河中。

（十一）村庄附近无井的要设法挖井，不要吃塘水。

（乙）疟疾预防法：

疟疾完全由蚊虫传染，现在蚊虫已少，而传染机会亦少，现在的疟疾多半是以前传染的，因不注意卫生而复发，兹将预防虐疾复发之方法分述如下：

（一）疟疾多因受冷而复发，要注意预防受冷，夜间睡眠时关闭门窗（不可过于闭紧，妨碍通气）。

（二）不可多吃，尤其鱼肉及酸性果物，更不可多吃。

（三）疟疾时发者用下列方法：

A. 小柴胡汤（柴胡、黄芩、半夏、人参各1分），发冷前服。

B. 雄黄1分研极细，饭后吃。

C. 常山3分半夏1分水煮服。

D. 金鸡那霜丸一天吃6丸，发前4点钟吃。

机关各团体及全体人民接到本通知之后，希即按照本通知的指示去预防赤痢与疟疾，以免传染病之蔓延。

特此通知

中央内务人民委员部代部长　梁柏台

卫生管理局局长　贺　诚

公历 1933 年 11 月 17 日

（根据中共江西省委党史研究室资料处藏件刊印）

分析阶级中几个特殊例子
——中央内务部给兴国县苏的信

（1933 年 11 月 23 日[①]）

（一）"连□后一名，他在 1916 年当过 2 个月法警，后回家耕田，家庭是贫农"，此人本身均有选举权。因为他当法警，是在 17 年前，并且只当了两个月，就回家耕田，职业早已改变，这当然不应算旧账，拿他当法警看待，来剥夺他的选举权。

（二）"卓纯学之母在 1922 年底起做长脚媒人，做到革命止，做媒人的经济，能维持全家 5 人 2 个月的生活，家庭是贫农"，这个无选举权。因为此人做长脚媒的剥削收入，占一个人能维持 10 个月生活，是这个人已依此业为主要生活来源，故无选举权。但如此人于做长脚媒之外，还每年从事劳动满 4 个月，则应给予选举权。

（三）"刘才享之父，生世做牛牙人，家里有 10 人吃饭，是贫农。做牙人的经济，能维持全家十分之三"，此人本人无选举权。因为此人做牛牙人一世，其剥削收入，能维持 3 个人一年的生活，剥削不小，故其本人无选举权。但如此人每年于做牛牙人之外，还从事劳动 4 个月以上，则应给与选举权。因其是贫农家庭，如本人又有劳动，给予选举权是应该的。至其家属则都有选举权，因为一家主要生活来源是依靠自己劳动。

（四）"肖正凌在民国八年八月起到九年一月止，共当过 6 个月

法警,自己是苦力工人",这当然有选举权。因为他当法警只半年,又是在选举前十四五年之事,又已改变了职业,专靠自己劳动过活,所以不能以法警看待而剥夺他的选举权。

(五)"过去专门赌博卖鸦片烟为生活,其成分怎么分析?"这个问题我们答复如下:工人农民及劳苦民众,被地主资本家压迫剥削,因而失去职业和土地,连续依靠不正当方法,如从事偷盗抢劫、欺骗、赌博、乞食、开烟馆,或卖淫等,为主要生活来源者叫做游民无产者(习惯上叫流氓)。苏维埃对游民无产者的政策,是争取其群众,反对其首领及其他依附剥削阶级以坚决反革命的分子。争取这些游民无产者的主要办法,是使他们回头到生产上来,所以同样分配他们以土地与工作。因此对这些人在过去虽没有正当的职业,如在革命后已经改正,则同样有选举权。假使在革命后重复过去不正当方法依靠偷盗抢劫、欺骗、掠夺、开烟馆、聚赌抽头等,为主要生活来源者,还没有选举权。现在你们对于这些人或半失业而兼从事一部分不正当职业的分子,一概叫做流氓,这是不对的。甚至把工人农民中过去染了一些不良习惯(如嫖赌吃鸦片)的人,都叫做流氓,这更是不对的。这些你们应该加以注意,关于这些问题,你们可参看中央政府关于土地斗争中一些问题的决定。(下略)①

(录自1933年11月23日出版的《红色中华》第128期第3版)

————————

① 此为原件所略。——本文库编者注。

中华苏维埃共和国临时
中央政府财政人民委员部紧急通令
——经济建设公债延缓至 12 月底完成①

（1933 年 11 月 27 日）

迅速的推销经济建设公债,集中谷子充分的供给英勇红军的给养,加强红军的战斗力量,使战争更迅速的开展,彻底粉碎帝国主义国民党五次"围剿"已成为目前各级财政部中心战斗任务之一。

本部 9 月 15 号的指示信,把公债最后销完日期,展缓至 12 月,主要目的为的是给各级以充分的动员时间,避免强迫摊派等对公债推销最有障碍的方式,这样来保证我们顺利的达到各县应推销的数目,可是据最近各县的报告,只有瑞金已经推销完了,并且集中完成了 20 余万元的谷子,这一成绩是由于他们事先有了充分的动员工作,曾做广大的宣传鼓动,使群众了解推销经济建设公债的重要意义,是为了战争,为了改善自己的生活,因此建设公债,在瑞金是得到了广大群众热烈的收获,这是瑞金的光荣成绩,此外在兴国及有些县个别的区也得到了好的成绩。不过还有些县份已经推销的数目,还没有得到应推销的二分之一（如会昌、雩都②、门岭等县）,尤其是集中的谷子很少,这里完全证明了各县对于这一工作的动员,没有充分的注意,没有经常的督促和检阅下级工作的进行,同时没有坚决执行

---

① 副标题为本文库编者所加。
② 雩都,现称于都。——本文库编者注。

上级的决议和指示,这样当然得不到好的结果。

现在已是 11 月底了,12 月转眼就要到来了,这种慢性的工作现象,我们认为绝对不容许继续存在。尤其是在目前正在猛烈扩大红军,争取战争完满胜利的当中,我们首先要解决的问题就是充实军费和红军粮食,因此本部特紧急通令各省县区财政部,除立即把这一问题提出主席团详细讨论外,加紧动员和宣传工作,分别派人到下级去检阅和督促他们工作,特别要注意落后的县区工作,在 12 月份来个大的突击运动,造成苏区整个的推销经济建设公债的热烈空前。

各县务要在今年底完成应推销的公债,绝对不容许继续拖延下去,因为到了明年群众生活的改善,须□□□□□□□涨价,这样对于我们公债的推销,更要发生困难,至于□□方面,则须根据本部与国民经济部会同发的第二号训令执行,并不可随时更正(已到 5 元的□不宜再加,和不愿交谷的交钱亦可)。□□□观望不交,而妨碍公债的推销。

我们在这进行这一工作的当中,时刻要坚决反对强行摊派等官僚主义方式,因为这不但对我们的工作没有帮助,而且是经济建设公债推销最危害的办法,各省县区财政部,接此通令后,须□□加紧进行这一工作,于 12 月底完成自己应□□□□□征集的谷子,□□□□□□□万勿忽视为要。此令

经济建设公债推销报告表一份

也得到了好的成绩不过还有些县分〔份〕已经推销的数目,还没有得到应紧急□□。

部　　长　　林伯渠

副部长　　邓子恢

公债局局长　　彭二星

公历 1933 年 11 月 27 日

中华苏维埃共和国临时
中央政府财政人民委员部训令第五号
——为准确估定收获成数增加税收事

（1933 年 11 月 28 日）

正确的估计收成，是征收农业税中第一步的重要工作，也是使农业税收入达到应有数目的主要关键之一，假使估计收成不足，就是少估了一成半成，也便要使税谷收入，减少 10 余万担，去年农业税减收的主要原因之一，就是由于收成以多报少这一问题，已在本部第二号训令中严重指示出来，应该为各级财部及税委所特别注意的。

今年的农业税收，各地现在正要开始征收了，但对于收成的估计，有些地方，却表现出非常严重的状态。如长汀赤日区全年收成只估计到二成半三成，汀东县之馆前区估计六成，而新桥区只估计四成，有些区实际分日收得三担，而分日时只瞒作二担计算，现在还要打折，此次在兴国所召集七县区税委联席会上，各人自己收□□□，可今年收成□□□□成以上，但到估定收成时有些却说四成左右，特别□□□□□□□，旧年估计六成半，今年却只估计六成，在今年中央政府春耕夏耕运动正确的领导之下，各地收获普遍都增加一成以上，福建收成税土地部报告还在二成以上，这些区域又不是受过水旱天灾，为什么收成估计反比去年更少呢，这很明显地是地方主义的表现，不顾整个战争需要，而只顾他们自己及地方的私利。另一方面更表现了充分的机会主义，抹杀了今年春耕夏耕运动的伟大成绩，不从政治上做宣传鼓动工作，使群众了解纳税意义，却只想到减少收成来使群众欢喜交税,这种机会主义的估计,结果将大大减少了今年农业税收入,而影响到大战中红军的给养。

因此本部特再着重指出,在此各地农业税正要开始征收的时候,各县财政部及税委,必须从〔重〕新检查各区收成之估计是否确凿,如发现有某区收成估计不足,必须从新估定,过去折了实田分的不能再折,如分田时瞒报者应照实际收成计算,多数区乡都估计过低,则须立刻召集各区财长联席会从〔重〕新估定。各区收成在估计以前,县财部要从各部的巡视员工作团并从来往于县城的各区群众调查明白,然后在各区财长联席会上正式决定各区收成标准,区联席会决定后,各区再照这个标准回去召集各乡主席税委联席会,按照各乡村年成丰歉分别规定。但全区平均收成,不得少于区联会所规定的标准成数,各县区财部及税委,必须认识收成估定对于税收的重要关系。必须认识目前正是开始收税的时候,如果此时把收成估错了,以后就不好再弥补了,因此各县财部必须特别注意估定收成之正确,尤其要从战争上税收与红军给养的关系上来使各区财长与税委彻底明了,再去向群众解释。对一切地方主义、机会主义分子,要予以无情的打击,但同时要防止过左的倾向,对收成估定过高或各县一律估定一个成数(如兴国此次全县估定八成),致使部分收获歉收的乡村群众不满意,只有准确的估定了今年收获的成数,才能保证今年农业税收入达到应有的成绩,以保证在大战中红军粮食的供给,而争取战争全部胜利。此令

各县区收成估定后,须立即报告□税务局及本部。

部　长　　林伯渠

副部长　　邓子恢

税务局长　陈笃卿

闽干赣省财政部翻印

11 月 28 日

(根据中共江西省委党史研究室资料处藏件刊印)

中华苏维埃共和国邮政总局通知第四十一号
——关于开除张子金邮务工作
处罚肖文楚盗窃行为问题

（1933 年 11 月 29 日）

张子金前由总局训练后分配到红军总信柜工作，走到石城因怕去前方即折回总局，总局又分配他去福建管理局，该局即分配做长汀县邮局长，在负责时即发生贪污，以致撤职送工农检察部办理，后即由福建省已经召回总局，一到总局即称有病要去医院休养，总局即介绍他去医院休养，他即借医院休养的名义不知逃跑到那里去了，已有了两月余之久，此刻因生□□没有办法，竟自动□来成仍然□□□□纠正，□可帮助邮局一部分的工作，即于昨日（25）用处务会讨论，结果处罚他一个月苦工，他竟口头上接受错误，实际上不接受处罚。同志们，他在长汀县局既发生贪污，来到总局又私自逃跑，此刻又不肯接受处罚，在这革命战争紧【张】当中，那里尚能容许得这些贪污怠工动摇分子在邮局呢？兹已开除他滚出邮局去，为贪污怠工动摇者戒。

肖文楚同志前由闽干〔赣〕返江西，路经建宁即将建宁县邮局长的小洋刀偷起，现由建宁局长亲自看见，他就总辩不认，后经各方证明才得承认，但这事情在物资上来讲都是很小，在问题上来说就是很大，邮局工作□□的银钱物品，是经常有的，稍不忠实□弊□□。本局为着杜绝这些坏分子□□□□□□问题的轻重，在处务会议上暂给他三礼拜的苦工，以观后效，特此通知，望大家注意。

代总局长　王醒才

公历 1933 年 11 月 29 日

（根据中共江西省委党史研究室资料处藏件刊印）

中华苏维埃共和国邮政总局通知第四十二号
——关于礼拜日要开平信班问题
（1933 年 11 月 29 日）

在五次的"围剿"决战面前，我英勇的红军已给了敌人迎头的打击，获得了初步的胜利，在此种环境底下，应该集中一切力量来争取战争全部胜利。邮局是交通机关，在革命战争中负担了一部分的伟大任务，各个同志应要下最大的决心和努力来加强邮局递送的速度，应付革命战争需要。近得各方面的来函，皆称邮局对于快信都是很快，而平信一项，真是弄得不成话，如汀州到瑞金要六七天，瑞金到博生也要七八天，这是很明显的是沿途邮局不注意工作，以致延误到这个限度。兹为着整理这一现象和加强邮递速度起见，已于本月 16 日在局长联席大会上决议每逢礼拜日快信要带平信开班，加强平信的速度，以应付一切需要。自此通知之后，一律遵照执行，毋得违误，为要。

附注：如礼拜日开平信班是否要加倍工资。应随各□□□□。

代总局长　王醒才

公历 1933 年 11 月 29 日

（根据中共江西省委党史研究室资料处藏件刊印）

中央工农检察部:踏迳区的转变

(1933 年 11 月)

> 查田运动不在阶级路线下做群众工作只有造成群众恐慌工作退步的结果。

　　路迳区(前□□□现系会昌)查田运动,在过去瑞金县苏工作团帮助之下,工作不与区苏配合,不执行明确阶级路线,不□□□调查,没收分配不经过群众,以查出地主富农多少为胜败,结果走上侵犯中农、消灭富农的倾向,造成 300 群众随着地主残余和富农上山,没有逃走的怕见工作人员的面,扩大红军工作【一】天一天的退步,区乡苏的各种工作也【一】天一天退步,会也不能开了,简直成为一个落后区。

> 查田运动执行明确阶级路线与充分群众工作可以争回群众转变落后区为模范区

　　中央工农检察部为了争取踏迳区工作的转变,以布尔什维克的工作的方式来反对官僚主义□□□领导壬田区查田运动有成绩的张振芳同志,率领本部第一期学生 25 名到该区工作,纠正以前的错误,正确的开展该区查田运动,工作不上两个星期,300 群众回来了,会也召集得拢了,赤少队也编制好了,每人有件武器。□副起脚扁担,5 人有副担架,□□□□□□在 5 个□人以上四五□钟的工作,

□□□□□□□赤少队去杀敌人，赤色戒严也严惩□□□□□□□，扩红工作，在每月一□□□□□一名，打破□宣扩红的空的记录，□□□□□□百元未推销完，区乡县工作也□□□□□□□□□区一□而□模范区。

> 要转变落后区工作必须团结积极分子教育平常分子打击消极分子发动扩大群众的斗争

工作团的工作方式，首先是与县区苏配合，共同派人分为五个小组，分到一个先进乡一个最落后的乡，三个中等乡去进行工作，拿先进乡的经验，发挥到落后乡去。工作的开始，便是团结积极的分子，由一个至几个几十个百多个，由个别谈话到开会，一直到开办训练。最后组织突击队，分配到各乡向平常分子活动；直到由他们上山喊回逃走的群众。然后把全区分成三个单位，先召集在党团工会贫农团群众妇女儿童赤少队一部分最积极的分子开会，先说明工作团不会乱查阶级，不会关起门来开会，过去查错了的要在这次转变过来，没有查的要查出来，那个查错了，大家可以提出讨论。在这个会议便到了 57 个人，首先便是郭应忠同志提出：要查阶级就先把我的老伯查起，才好查别人。我的老伯是个地主，还未查出来。接着又有人提出埚塘乡团支书肖自辉是阻止 20 余开小差的和报过名当红军的，不要去前方，到前方会打死人。瓦子乡耕田队长刘道钊是破坏优待工作的。如是接二连三的发言，提出某个阶级的弄错了，某个阶级够得上富农，某同志可以领导几个开小差的归队，我的儿子也要他归队，我也可以鼓动老公去当红军，我就去当红军，你去当红军我就发动妇女慰劳你们去当红军，我就把耕田队组织好，包你们家里的田有人耕好。区土地部长是阶级异己分子，要检举他出去，瓦子乡副主席郭家洪是消极怠工的，要与他作斗争，某次扩大红军是强迫命令；那次没收的东西未分发，一直到某个开过小差，某个包屁〔庇〕了地主富农等，都有人提出来。热烈的讨论了许许多多的实际问题，结果到会人便有 41 个报名当红军，在会议上又分配某人到某村领导开会。在会议上要承认过去工作团的错误,揭破地主富农的欺骗,工作人员有错误,大家可以向他作斗争,我们不应该逃跑上山,在某村应当与某个作斗争,应该把某个阶级归还中农,某个应该提出讨论,某个应该在那次会议上报名领导去当红军,经过这样的准备后,结果各村都召集过百多两百多人的群众大会,在大会中整排整班的当红军是有过好几次,个别报名当红军的,差不多每次会议都有的,这样的会议开过三个,第二个到的人 69 个,结果报名当红军的便占了 61 名,另一个则失败了,怎样失败后面再说。

党团妇女在扩大红军中的领导与鼓动作用

在这次扩大红军中,充分的表现出党团与妇女的积极领导和鼓动的作用。例如谢坊乡支书同志领导 3 名,妇女欧桂英同志鼓动 15 名,赤卫军连长□□□同志领导 9 名,塆塘乡团支书肖自辉同志领导 26 名,妇女刘□华同志鼓动 26 名,赤卫军连长□□□同志领导 26 名,少先队大队长□□□同志领导 26 名,小队长□□□同志领导 26 名,赤卫军排长□□□同志领导 8 名,瓦子乡团支书□□□同志领导 3 名,少先队长□□□同志领导 3 名,水南乡妇女赖来手同志领导 5 名,旋龙乡党支书□□□同志领导 6 名,团支书□□□同志领导 6 名,小队长□□□同志领导 6 名,此外党团员妇女等领导与鼓动一个几个的,举不胜举。

官僚主义方式的破产

这次全区分三个单位召集积极分子会议,区委担负一个单位,他们事先不与积极分子中的最积极分子开会,没有抓住中心宣传口号,什么也讲,什么也就等于未讲,结果到的人也不多,报告当红军也没有一个。又粤干〔赣〕省委派来一个 9 人的突击队,突击两星期没有成绩,他们以为群众不好,想要扣留起几个人放在班房内去,就会可以扩大红军。后来张同志指示他首先争取积极分子,该突击队只拿着这一经验，不上两星期便扩大了 23 个红军。又谢坊乡苏，过去脱离了群众，弄得日头落山便不敢在乡苏了，9 月份一个月只在乡苏吃过 6 餐饭，经常都是胆战心赫〔惊〕，生怕【被】地主富农杀掉，工作团到达该区后，首先争取群众，现在将这个最落后的乡转变为该区最先进的一乡了。这不是明显的证明官僚主义方式的破产吗？

> 要实行优待工作必须发动群众的
> 斗争

过去该区优待工作做得很不好，用官僚主义指派方式，指定两个农民优待一家，要红军家属自己去喊，乡苏也不管他去不去，弄得红军家属求神拜佛式的都请不来。耕田队长刘道钊向农民说，有饭吃，替他斫两担【柴】烧，无饭吃斫一担就是，耕田也要饭吃，对于红军家属也没有开过联欢会，工作团去了之后，开过 9 次联欢会，发动了群众在大会上慰问红军家属，红军家属也提出了许许多多的问题，都在会议上圆满的解决了，到会的群众特别是妇女同志，听到红军家属提出耕田队难请到，要吃饭等，都自愿承认以后彻底实行，并提出了要公审耕田队长刘道钊，要【选】举过耕田队长，要不吃饭，要自动去，耕田队长小组长，要经常到红军家属调查等。

> 要转变落后区工作必须发动群众
> 斗争开展检举运动

工作团到达该区之后，检阅区乡苏两级，都有部分消极怠工的分子，认为检举工作非常重要。于是采取先在区乡苏两级及在群众中团结部分积极分子，经过几次的谈话以后，组织了 20 余人的临时检举训练班，给了 2 天的训练，配合区苏部分工作人员，组织七人突击队，五个分配下乡，两个在区，分别进行突击。又在区工农检察部之下组织了十□人的检举委员会，头一次会议是分配□个委员的工作，能力强点的一个人担任一乡，能力差点的两个人担任一乡，或是担负某部，注意收集材料。不上两天，第一个□到突击队的便是区土地部长孙利鸣,是个阶级异己分子,在1931【年】底当靖卫团分队长,死守会昌城,旧年混到区苏当裁判部长,私放走20余人地主富农,县苏判了他监禁20余天,后来又混在该区当土地部长,包庇亲戚的地主,破坏工作团,当在党内在工作人员会议上斗争三次,直到区代表大会时,经过在代表中事先的宣传,结果在大会上百分之九十的代表与他作斗争撤职。第二个便是内务部正副部长朱永〈隆〉昌扬世贤二人,都是消极怠工的分子,完全放弃选举工作,10天有6天在家,在中央开过会受过训练之后,回部不传达,也不指导选举工作,把30余个儿童的名字列在白纸上,后来儿童向他两人斗争,还不承认错误,□□□服儿童,对□□□□□工作的女□□□□□□□一二,对□□□也剥夺其选举权,□□□□□□□□接受,直到检举委员会对他检举□□□□□□□,后来□□贫农大会上全体向□斗争才□□□□□□□□□□□□□□□□□,证明富农□□□□□□□,后来也经过两次斗争才撤职□□□□□□□□□□□便是有一次工作团决定没收地主一家,未没收之前□□□□□□□到去没收时,人才〔财〕两空,后来调查是隐藏在工农检察部的阶级异己分子刘长□与□□□□。他□□□□走的,当□他作过三次斗争,驱逐他□苏维埃。在这次的□□运动之下,群众□□□□有坏分子是可以驱逐出去的。□□□□□□□□□如是又在会议中斗争出少共□□□□是在中央财部工作自由回家的,破坏扩大红军的,在群众中造谣言,说工作团在塆塘压迫人当红军,经塆塘群众证明没有事实,后来又认为在旋龙,又经旋龙群众证明又无事实,其实他一个人阻止了20余人不去归队,群众认为这是阶级异己分子,应该公审。团支部首先把他撤了职,并要公审,召集了200多人的群众大会,在他阻止和欺骗之下的20余个开小差的也参加了,在公审时发言人是有几十个,都主张要他归队,肖自辉经过群众这翻〔番〕教育之后,□□百五十余个当红军的归队去了。瓦子乡的耕田队长刘道钊也公审了,一个□百多人的公审大会,□在大会上的百□人发言,都赞成撤职,并公举出一个新的队长,因此以后优待工作□个大的转变了,不几天便扩大红军 20 余个,经过这两次公审大会,检举运动便开展到了全区,被检举的共有 64 名,公审的有 8 个,每次公审都是事【前】召开积极分子会议,分配每个积极分子到群众中宣传被公审人的错误,决定某日公审,某个领导某屋某村的人到会,某个在会议中领导几个人发表意见,那一村与被审人有家□关系,要更深入宣传,那几个人是不满意审他的,分配那个与他们谈话,在大会公审时有人提出反对时,某个出来与他作斗争,某个人来可以来证明被审人的错误,公审时应决定怎样处置,这样的准备工作都要做好,才能进行公审。

选举运动要发动群众作思想斗争详细的批评过去工作

□□□□□□□□□□□□□□□□□□□□□□过乡□□□□□□□□□□□□□□□□了选民等,□□□半祭□□□□□□□□□□□□□的选民到会,如塆塘乡选民□□□□□□□□□□350 名。□□□□□□□□□□□□□□□□□□□□□□□□□□□□□□□作斗争,来 □□□□□□□□ 在 □□□ 会上以 □□□□□□□□□□□□□,结果王区老代表 80 名,□□□□□□□□□□□□□□□□□□,总共对于文化工作□□□□□□□□□问题的提案有 17 件,在区□□□□□□□□□□□□,尤其是经过了在小组会上的活动,对于混入的一个地主及两个消极怠工曾受过处罚的代表,完全检举出去了,特别是对于检阅土地部长孙和鸣内务部长朱永昌国民经济部长刘振城等的工作更是非常注意,每个都有两点钟的时间的斗争,在 70 多个代表中,都是争先恐后的发言,这次的选举,真是从斗争中选举出来的。

工作团一个月工作中的缺点

在这次工作团的缺点,第一是没有注意工会工作,以及对贫农团工作不够,怎样加强与扩大工会的组织会员等,□□□□□

□□□□,□□□□的 5 个乡原先只有贫农团会员 480 余人,扩红的亦不过 85 人而已,使贫农团还不能成为扩大贫农群众的组织,不能充分发挥其在查田运动中的支柱作用,第一是还没有把在已工作的 5 个乡的经验,完全运用到其他 5 乡去,〈对〉第三对于工作团的扩大注意不够,在一个仅权扩大 3 人。

—完—

中央工农检察部印

(根据中共江西省委党史研究室资料处藏件刊印)

中华苏维埃共和国邮政总局通知第三十七号
——关于特许《红星》通讯员减费寄稿问题
（1933 年 12 月 9 日）

　　凡属报刊是革命中最重要的宣传工作。过去《红色中华》投稿有减费寄递一项，《红星》报也是同样重要，本局当然要一体优待。自 12 月 1 日起，《红星》通讯员的投稿照着红报的投稿可贴邮票一分剪角寄递。但重量仍以 6 钱为限，如重量超过时，应按减费的规定增加邮票。如查有假借投稿名义而内系个人私函时，邮局将向收件机关按邮章加收一倍罚资，收件机关不得拒绝不收或不付欠费等。自此通知之后，各级邮局一体执行，毋得违抗。

　　附《青年实话》的投稿条约。因为便于广大青年群众投稿起见，特许废除规定信套一项（即不要特别信套），其余仍照条件的规定执行。

代总局局长　王醒才

（录自《红色邮电风云录》，中央文献出版社 2006 年版，第 190 页）

中华苏维埃共和国地方
苏维埃暂行组织法(草案)①
(1933 年 12 月 12 日)

第一章　总　则

第一条　省、县、区、市、乡各级苏维埃政权机关,为苏维埃政权的地方组织,称地方苏维埃。

第二条　省、县、区、市、乡各级苏维埃,必须根据本法组织之。

第二章　苏维埃政权的基本组织

(注)市苏维埃、乡苏维埃,是苏维埃政权的基本组织,其主要的特点是经常的代表会议制度,代表不脱离生产,散布在群众中。

甲、市苏维埃

第三条　市苏维埃为全市的最高政权机关,由全市选民选举代表组织之。

第四条　市苏维埃之下,应划分为若干"市区",设立市区苏维埃。但 4000 人以下的市及隶属于区苏维埃的市,不划分市区。城外市区(即乡村划入市苏管辖者)之内,应按距离远近与居民多少,划分

---

① 《中国新民主主义革命时期根据地法制文献选编》第 2 卷(中国社会科学出版社 1981 年版,第 25—78 页)亦收入此篇,本文库编者参考进行勘误。

若干村,但每一市区之内,至多不得超过 5 个村。

(注)市区的名称,小市可以"城中市区""东郊市区""西郊市区"等等称之,大市可以著名街道及其他适当地名称之,城外市区内村的名称,可用各村中著名的地方称之,均不得用数字为名称。

第五条 市区苏维埃为全市区的最高政权机关,由全市区选民选举代表组织之。市区苏维埃隶属于市苏维埃。

(注)市区苏维埃代表人数的标准,暂适用乡苏维埃代表人数的标准。

第六条 除"区属市"之外,市苏维埃的代表,由市区苏维埃的全体代表会议选举之。

(注)市苏维埃代表人数的标准,依照苏维埃暂行选举法第二十二条至二十五条之规定。

第七条 由市区苏维埃的全体代表会议选举市区苏维埃主席团,为市区代表会议闭会期间全市区的最高政权机关。

第八条 居民 5 万人以下的市,由市苏维埃全体代表会议选举主席团,为市苏维埃代表会议闭会期间的全市最高政权机关。

第九条 居民 5 万人以上的市,由市苏维埃全体代表会议选举市执行委员会,为市苏维埃全体代表会议闭会期间的全市最高政权机关,再由市执行委员会选举主席团,为市执行委员会闭会期间的全市最高政权机关。

(注)组织了市执行委员会的市苏维埃,其经常代表会议制度仍然存在,与没有执行委员会的市苏维埃之经常代表会议制度同。

第十条 市执行委员会,在居民 5 万人以下的市由【委员】21 人至 25 人、候补委员 5 人至 7 人组织之;在居民 5 万人以上的市,由【委员】35 人至 75 人、候补委员 7 人至 11 人组织之。

第十一条 市区苏维埃主席团,在居民 5 万人以下的市,以 5 人至 7 人组织之,在居民 5 万人以上的市,以 9 人至 11 人组织之。

区属市苏维埃主席团,以 5 人至 7 人组织之。

县属市苏维埃主席团,以 7 人至 11 人组织之。

省属市苏维埃主席团,以 11 人至 19 人组织之。

中央直属市苏维埃主席团,以 19 人至 25 人组织之。

第十二条　市区苏维埃,或市苏维埃,均推选主席 1 人,副主席 1 人至 2 人。

第十三条　市区苏维埃与市苏维埃代表的任务:一方面是代表选举他们的选民到苏维埃去工作,传达选举意见,及选民所要进行的工作,提到市区苏维埃或市苏维埃去讨论;另一方面是将上级苏维埃所要进行的工作,经过市区苏维埃或市苏维埃讨论之后,传达到群众中去,领导各代表所在范围内的居民,坚决执行上级苏维埃的命令和指示,执行市区苏维埃和市苏维埃的决议。

第十四条　市区苏维埃的代表,须按其住所接近,在 5 个至 9 个代表之中,由市区苏维埃主席团指示 1 人为代表主任,在主席团许可的范围内,分配和指导其领导下各代表的工作,传达市区苏维埃主席团的通知,在其领导下各代表召集其领导下的居民开会,解决其领导下居民的较小的问题,必要时得参加主席团会议。城外市区内的各村,如一村中有代表主任在 2 人以上者,可于各代表主任之中,指定 1 人,负责接受主席团的通知转达于各代表主任,召集以村为单位的居民会议之责,为讨论村的问题,并得召集本村代表开会。

第十五条　在市区苏维埃与区属市苏维埃管辖的全境之内,为着代表与居民的密切联系,便于吸收居民意见,及领导工作起见,应依照代表与居民住所的接近,将全体居民适当分配于各个代表的领导之下(通常以居民 30 人至七八十人置于一个代表的领导之下),使各个代表对于其领导下一定范围内的居民发生固定的关系。

第十六条　各市区苏维埃与区属市苏维埃之下组织下列各种经常的或临时的委员会,其人数与任务规定于下:

1. 扩大红军委员会

委员 7 至 9 人,管理扩大红军与归队运动。

2. 优待红军委员会

委员 7 至 9 人,在城内市区,协同工会及贫民代表收集工人贫民群众的优待月费及市财政部交来的百分之五商业税与店房租,适当分配于没有分到田、生活困难的红军家属及脱离生产的工作人员的家属;领导全市区的能劳动的居民为劳动力不足的红军家属及脱离生产的工作人员砍柴挑水或做其他必要的工作;为红军家属找工作,及领导他们开办生产合作社。在城外市区指导耕田队,为劳动力不足的红军家属及其他脱离生产的工作人员的家属耕种土地,解决红军家属及其他脱离生产的工作人员的家属的一般生活困难问题,管理红军公田的耕种、收获与保管。

3. 慰劳红军委员会

委员 7 人至 9 人,由市区苏维埃或区属市苏维埃的代表及各群众团体的代表组织之。其任务为领导居民群众举行慰劳红军运动,收集居民群众慰劳红军的物品等。

4. 赤色戒严委员会

委员 5 人至 7 人,由市区苏维埃或区属市苏维埃的代表、赤卫军少先队的干部及其他积极分子组织之,其任务为加紧赤色戒严与肃反斗争,如指导并巡查放哨、眺高、查路条、盘问可疑居民与来人,领导群众注意剥削分子的行动,追究反动派的造谣,并帮助政治保卫局与裁判部实行镇压反革命活动等。

5. 防空防毒委员会

委员 5 人至 7 人,其任务为指导居民群众防御敌人飞机轰击的各种必要事项,如设立号炮所,构筑飞机洞,准备防毒用具等。

6. 义务劳动委员会及运输委员会

委员 7 人至 9 人,调查登记,编制调剂并动员运输队、耕田队、修路队、劳役队(地主及反动富农的)及其他义务劳动事项。为了迅速的动员伕子到前方抬伤病员、搬胜利品及服后方的运输勤务,得单独组织运输委员会,委员 5 人至 7 人。

7. 失业救济委员会

在城内市区,在城外失业工人稍多之市区,及区属市,均组织失业救济委员会(失业工人没有或极少的城外市区可不组织)。委员 7

人至 11 人,由市区苏维埃或区属市苏维埃的代表、失业工人中的积极分子组织之,其任务为帮助市劳动部的失业劳动科调查登记全市区内的失业工人,讨论并实行为失业工人找工作,找住所及筹集经费或物品作临时的救济等。

8. 贫民委员会

于城内各市区组织之(城外市区不须组织)。委员 9 人至 15 人,委员必须是市区苏维埃中贫民出身的代表及各业贫民群众中的积极分子,其任务为调查登记全市区贫民的人数,职业与失业状况,讨论与解决各业贫民群众一切生活困难问题。

9. 房屋委员会

委员 7 人至 9 人,管理全市区内公私房屋之调查与登记豪绅地主及反动资本家房屋之没收与分配,工人贫民缺乏房屋问题之讨论与解决,被火被毁房屋之设法重建等。此委员会只在城内市区组织之。城外市区不须组织。

10. 户口委员会

委员 3 人至 5 人,其任务为按照成分调查登记全市区居民的家户人口,按月登记全市区居民中之出生死亡迁移结婚及离婚之人数。

11. 工业委员会及农业委员会

在各市区特别在城内市区组织工业生产委员会,委员 9 人至 15 人,由市区苏维埃或区属市苏维埃的代表,国营工业职工中的积极分子,工业生产合作社的代表,及其他独立生产者中的积极分子组织之。其任务为指导工人贫农群众发展国有的、合作社的、独立生产者的各种工业;监督工业资本家增加资本扩张营业,而反对其运去资本停歇企业等。

在城外市区则按照农业生产季候,组织春耕委员会,夏耕委员会,秋收秋耕委员会与冬耕委员会,委员 7 人至 9 人,由市区苏维埃或区属市苏维埃的代表及农民中积极而老干农事的分子组织之,其任务为指导农民群众调剂人工,增加肥料,解决耕牛困难,修理添置农具,选择种子,改善栽培方法,消灭害虫,及不失时机收获农产品等。

12. 工业研究委员会及农业研究委员会

委员 7 人至 9 人,在城内市区组织工业研究委员会,其任务为指导本市区内国有的,合作社的,私人小企业的各种工业生产中的各种重要问题之研究,如怎样提高生产技术等。在城外市区,则组织农业研究委员会,其任务为指导本市区内农业生产方面各种问题之研究,如什么种子什么地方适宜,宜于施放什么肥料,用何种栽培方法较好等,同时管理本市区的农业试验场。

13. 没收征发委员会

委员 5 人至 7 人,在城内市区,其任务为帮助政治保卫局与裁判部没收反革命犯的财产,没收居住于城市的地主及其暗藏的反革命分子的财产,怠工的资本家的罚款或捐款等。这是经常的组织。

在城外市区,则其任务为没收地主的现款及其他财产,依照国家财政机关的命令,适当的进行富农捐款,这是临时的组织,任务完毕即撤销。

14. 国有财产委员会

委员 3 人至 5 人,其任务为管理国有财产,在国有财产之市区或市属直属市①组织之,无国有财产者则不须组织。

15. 商业税或农业税征收委员会

委员 7 人至 9 人,在城内市区组织商业税征收委员会,帮助市财政部调查商店营业情形,并帮助征收商业税,这是经常的组织。

在城外市区,则组织农业税征收委员会,帮助市财政部征收农业税,于征收农业税时临时组织之,任务完毕即撤销。

16. 公债发行委员会

委员 7 人至 9 人,管理公债之推销,债款债谷之收集与暂时的保存,于发行公债时临时组织之,任务完毕即行撤销。

----

① 原文疑有误。据第十六条"各市区苏维埃与区属市苏维埃"的表述,应为"区属市"。——文文库编者注。

17. 教育委员会

委员 9 人至 11 人,由市区苏维埃或区属市苏维埃的代表,列宁小学校长,补习夜学校长,俱乐部主任,共产青年团,工会,贫民团,少先队儿童团,女工农妇代表会等团体的代表组织之。管理全市区与区属市内的一切文化教育事业之发展,整理与调查统计。

18. 卫生委员会

委员 7 人至 9 人,由市区苏维埃或区属市苏维埃的代表,各街道或各村落群众中积极分子组织之,管理全市区与区属市内通光、通气、通水、扫除灰尘垃圾,清洁沟渠便所、灭蝇、捕鼠、防疫、医药等事项。

19. 桥路委员会

委员 7 人至 9 人,管理街道,普通道路、桥梁、船渡、茶亭等之修理与建设。

20. 粮食委员会

委员 7 人至 9 人,管理关于全市区与区属市内每季粮食(杂粮在内)的调查登记与统计,调查统计全市区与区属市内居民群众每季共需粮食若干,有余或不足若干。

21. 备荒委员会

委员 7 人至 9 人,其任务为筹集粮食于备荒仓而保管之,调查统计全市区与区属市内居民群众中粮食不足及正患饥荒者若干,需要接济粮食若干,并实施救济办法。

22. 森林或山林委员会

委员 5 人至 7 人,在城内市区及城外市区之无山者,组织森林委员会,其任务为领导居民群众在一切可能植树的地方如园地、庭院、河旁、路边,种植树木并培养保护之。

在城外市区之有山者,则组织山林委员会,管理山林之种植培养与保护。

23. 水利委员会

委员 5 人至 9 人,在城内市区管理街道及房屋下阴沟之修理,附城河堤之修筑,城内外池塘水井之疏浚。在城外市区管理坡、河堤、池塘之修理与开筑水车之修理与设备。

24. 土地登记委员会

委员 3 人至 5 人,在城内市区管理地坡、池塘、水井、园土、果木、树林等的调查登记与统计。在城外市区则管理田地、山林、池塘、园土、沙坝、果木等之调查登记与统计,土地证之发给与补领等。

25. 开荒委员会

委员 5 人至 7 人,于城外区之有荒田、荒土、荒山者组织之。管理领导群众开发荒田、荒土、荒山。

26. 查田委员会

只在城外市区组织之。委员 7 人至 11 人,以市区苏维埃或区属市苏维埃的主席、副主席、文书、贫农团主任、工会支部长、其他群众团体负责人为委员,为查田运动的领导机关,查田运动彻底完成后即取消。在查田运动时,为了没收地主阶级的财产及富农多余的耕牛、农具、房屋,并分配于群众,得组织没收分配财产的委员会,委员 7 人至 11 人,在查田委员会指导之下进行工作。

同样,为着对于地主的土地及富农多余的与好的土地之没收与分配,在查田委员会之下,得另组织没收分配土地的委员会,委员 7 人至 11 人。

27. 选举委员会

委员 9 人至 13 人,于举行市区苏维埃与区属市苏维埃的选举时,由市区苏维埃或区属市苏维埃的代表、各群众团体的代表及其他积极分子组织之。在市苏维埃选举委员会直接指导之下,管理关于选举的宣传、选民的登记、选举单位的划分、候选名单的准备、选举大会的召集及其他一切与选举有关系的事项。选举完毕即撤销。

28. 工农检查委员会

委员 7 人至 9 人,由工会、贫民会、女工农妇代表会、共产青年团的代表及其他积极分子组织之,直接隶属于市苏维埃的(区属市则隶于区苏维埃的)工农检查委员会。其任务为经常检查市区苏维埃与区属市苏维埃主席团代表会议各委员会、赤卫军、少先队及国家企业是不是完全遵照上级苏维埃的法令、指示进行工作,在这些机关与企业中如果发生了贪污腐化、消极怠工、压制强迫或其他违反选民群众公意,违反苏维埃法令的行为的分子,即帮助市苏维埃工农检查委员会进行对于这些不良分子的检举。

第十七条　市区苏维埃与区属市苏维埃下各种委员会之组织得按当地工作需要情形增加之或减少之,但须得上级苏维埃的同意。

第十八条　在城外市区,如地域较宽或工作高度发展时,可以村为单位组织某些必要的委员会,每一委员会的人数 3 人至 5 人,为乡的委员会的分会,其主任即以乡的委员之一充之。

第十九条　各委员会设主任 1 人,主持各委员会的工作。

第二十条　市区苏维埃或区苏维埃的每个代表必需【须】参加 1 个至 2 个委员会为委员,代表应参加何种委员会,先由代表自己选择再由主席团适当分配之。

第二十一条　应充分吸收代表以外的工农贫民积极分子参加各委员会为委员。

第二十二条　各委员会进行工作时不得违背代表会议及主席团的意见。

第二十三条　市苏维埃与区苏维埃的各部对于市区苏维埃与区属市苏维埃下的各种委员会,须按其任务的分别,经过市区苏维埃与区属市苏维埃的代表会议及其主席团发生密切的关系,必要时市苏维埃的各部得召集全市各个市区与自己有关系之委员会的主任到市苏开会或派人去市区召集有关之委员会开会,指示工作。

第二十四条　市苏维埃、市区苏维埃及区属市苏维埃的全体代表会议各委员会的会议,必要时应移到有关系的企业中、机关中、群众团体中或村落中去开会,以便吸收当地工农贫民群众及当事人参加会议,发表意见。

第二十五条　市苏维埃、市区苏维埃及区属市苏维埃的代表,除规定的常驻人员外,以不脱离生产为原则。

第二十六条　市苏维埃的全体代表会议在居民 5 万人以下的市,每月由主席团召集一次;在居民 5 万人以上的市,每两月由主席团召集一次。市区苏维埃的全体代表会议,在居民 5 万人以下的市,每 10 天由主席团召集一次;在居民 5 万以上的市,每 20 天由主席团召集一次。

市执行委员会,每月由主席团召集一次。

市区苏维埃主席团会议,每 3 天由主席团召集一次。

市苏维埃主席团会议,在居民 5 万人以下的市,每 3 天由主席团召集一次,在居民 5 万人以上的市,每 7 天由主席团召集一次。各委员会的会议,每 10 天由主任召集一次。有临时问题,不论何种机关均得开临时会议。

市区苏维埃与区苏维埃的常驻人员,在城内市区为 5 人。在城外市区,人口在 1000 以下的 2 人,人口在 1000 以上的 3 人,人口在 2000 以上的 4 人,区属市苏维埃 4 人。

第二十七条　市苏维埃的常驻人员,由人民委员会按照各地居民多少及工作繁简,以命令规定之。

第二十八条　市区苏维埃与区属市苏维埃须每两个月向选民做工作报告一次。市苏维埃每三月向选民做工作报告一次。

选民对于工作报告有批评和建议之权.

第二十九条　市区苏维埃对于市苏维埃、区属市苏维埃对于区苏维埃,至少每月做工作报告一次,市苏维埃对于上级苏维埃至少每月做报告一次。

第三十条　市区苏维埃与区属市苏维埃均可用文书一人,助理主席团的工作。

第三十一条　市区苏维埃与区属市苏维埃的代表,均每半年改选一次。市苏维埃的代表,在选民 5 万人以下的市,每半年改选一次。居民 5 万人以上的市,每年改选一次。代表连选者得连任。

第三十二条　在两次选举之间,代表有违背选民公意者,或无故连续两个月不出席代表会议者,或违抗代表会议决议经过警告不改变者,或犯其他重大错误者,得由选民 10 人以上的提议,经选民半数以上之同意撤回之;或由代表会议通过,经选民半数以上之同意开除之,撤回或开除之代表,以候补代表补充其职务。

乙、乡苏维埃

第三十三条　乡苏维埃为全乡最高政权机关,由全乡选民选举代表组织之。

第三十四条　由全体代表会议选举 5 人至 7 人组织主席团,为代表会议闭会期间的全乡最高政权机关。

第三十五条　由主席团推选主席、副主席各 1 人。

第三十六条　代表的任务:一方面是代表选举他们的选民到苏维埃去工作,传达选民意见,将选民所要进行的工作提到乡苏维埃去讨论。另一方面是将上级苏维埃所要进行的工作经过代表会议或主席团讨论之后,传达到群众中去,领导各代表所在范围的居民,坚决执行上级苏维埃的命令和指示,执行乡苏维埃的决议。

第三十七条　乡苏维埃的代表,须按其住所接近,在 3 个至 7 个代表中,由乡苏维埃主席团指定 1 人为代表主任,在主席团许可的范围内分配和指导其领导下各代表的工作,传达乡苏维埃主席团的通知于其领导下各代表,召集其领导下的居民开会,解决其领导下居民的较小的问题,必要时得参加主席团会议。

第三十八条　乡的全境之内,应按距离远近与居民多少划分若干村,但每乡至多不得超过 5 个村(村的名称可用村内著名的地名称之,不得采用数字)。

如一村中代表主任 2 人以上时,可于各代表主任之中指定 1 人,负责接受主席团的通知,转达与各代表主任及召集以村为单位的居民会议之责,为讨论村的工作,并得召集村各代表开会。

第三十九条　在乡苏维埃管辖的全境之内,为着代表与居民的密切联系,便于吸收居民的意见,并领导工作起见,应依照代表与居民住所的接近,将全体居民适当分配于各个代表的领导之下(通常以居民 30 人至 70 人置于一个代表的领导下),使各个代表对于其领导下一定范周内的居民发生固定的关系。

第四十条 在乡苏维埃之下,组织下列各种经常的或临时的专门委员会,其人数与任务规定如下:

1. 扩大红军委员会。委员 5 人至 9 人,管理扩大红军与归队运动。

2. 优待红军委员会。委员 7 人至 11 人,指导耕田队为劳动力不足的红军家属及其他脱离生产的工作人员的家属耕种土地,解决红军家属及其他脱离生产的工作人员的家属的一般生活困难问题,管理红军公田的耕种、收获和保藏。

3. 慰劳红军委员会。委员 7 人至 11 人,由乡苏维埃的代表及各种群众团体的代表组织之,其任务为领导居民群众举行慰劳红军运动,收集居民群众慰劳红军的物品。

4. 赤色戒严委员会。委员 7 人至 9 人,由乡苏维埃的代表、赤卫军、少先队的干部及其他积极分子组织之。其任务为加紧赤色戒严与肃反斗争,如指导并巡查放哨、眺高、查路条、盘问可疑的居民与来人,领导群众注意剥削分子的行动,追究反动派的造谣,并帮助政治保卫局与裁判部实行镇压反革命活动等。

5. 防空防毒委员会。委员 5 人至 7 人,其任务为指导居民群众防御敌人飞机的轰击的各种必要事项,如设立号炮所、构筑飞机洞、准备防毒用具等。

6. 没收征发委员会。委员 5 人至 7 人,其任务为管理没收地主现款及其他财产,依照国家财政机关命令,适当的进行富农捐款,这是临时的组织,任务完毕即撤销。

7. 国有财产委员会。委员 3 人至 5 人,其任务为管理国有财产,只在有国有财产之乡组织之。

8. 农业税征收委员会。委员 9 人至 15 人,管理征收农业税,于征收农业税时临时组织之,任务完毕即撤销。

9. 公债发行委员会。委员 9 人至 15 人,管理公债之推销,债款债谷之收集与暂时的保存,于发行公债时临时组织之,任务完毕即撤销。

10. 各季的农业生产委员会。按照农业生产季候,组织春耕委员会,夏耕委员会,秋收秋耕委员会与冬耕委员会,委员 9 人至 15 人,由乡苏维埃的代表及农民群众中积极而老干农事的分子组织之,其任务为指导农民群众调剂人工、增加肥料、解决耕牛困难、修理添置农具、选择种子、改良栽培方法、消灭害虫及不失时机收获农产品等。

11. 开荒委员会。委员 5 人至 7 人,管理开发荒田、荒土、荒山,这是临时组织,任务完毕即撤销。

12. 山林委员会。委员 5 人至 7 人,管理山林之种植、培养与保护。

13. 水利委员会。委员 5 人至 7 人,管理坡、河堤、池塘之修理与开渠、水车之修理与设备。

14. 土地登记委员会。委员 3 人至 5 人,其任务为对于农业生产方面,各种问题之研究,如什么种子,种什么地方适宜,宜施什么肥料,用何种栽培方法较好等,同时管理乡之农事试验场。

15. (残缺)①

16. 查田委员会。委员 7 人至 11 人,以乡苏维埃主席、副主席、文书、贫农团主任、工会支部长、其他群众团体负责人组织之,为全乡查田运动的领导机关。查田运动彻底完成之后即撤销。

在查田运动时,为了没收地主阶级的财产及富农多余的耕牛农具房屋,并分配于群众,得组织没收分配财产的委员会,委员 7 人至 11 人,在查田委员会指导之下进行工作。

同样,为着对于地主土地及富农多余的与好的土地之没收与分配,在查田委员会之下,得另组织没收分配土地的委员会,委员 7 人至 11 人。

17. 教育委员会。委员 9 人至 15 人,由乡苏维埃代表、列宁小学

---

① 《中国新民主主义革命时期根据地法制文献选编》第 2 卷(中国社会科学出版社 1981 年版,第 4 页)此处为"15.(残缺)"。——本文库编者注。

校长、补习夜学校长、俱乐部主任、共产青年团、工会、贫农团、少先队、儿童团、女工农妇代表会等团体的代表组织之,管理全乡文化教育事业之发展,整理与调查统计。

18. 卫生委员会。委员 7 人至 9 人,由乡苏维埃代表及各村群众中积极分子组织之,管理全乡通光、通气、通水、扫除灰尘垃圾、清理沟渠便所、灭蝇、捕鼠、防疫、医药等事项。

19. 桥路委员会。委员 7 人至 9 人,管理全乡桥梁道路、船渡、茶亭等之修理与建设。

20. 粮食委员会。委员 7 人至 9 人,管理关于全乡每季粮食的调查登记与统计、调查统计全乡居民每季共需粮食若干,有余或不足若干。

21. 备荒委员会。委员 7 人至 9 人,其任务为筹集粮食于备荒仓而保管之,调查统计全乡的粮食不足或正患饥荒者若干,需要接济粮食若干,并实行救荒的办法。

22. 户口委员会。委员 3 人至 5 人,其任务为按照成分调查登记全乡居民的家户与人口,按月登记全乡居民中之出生、死亡、迁移、结婚及离婚之人数。

23. 义务劳动委员会及运输委员会。委员 7 人至 9 人,调查登记、编制调剂并动员运输队、耕田队、修路队、劳役队(地主与反动富农的)及其他义务等事项。

为了迅速动员伕子到前方抬伤病员,搬胜利品及后方的运输勤务,得单独组织运输委员会,委员 5 人至 7 人。

24. 选举委员会。委员 9 人至 13 人,于举行乡苏维埃选举时,由乡苏维埃代表、各群众团体代表及其他积极分子组织之。管理关于选举的宣传、选民的登记、选举单位的划分、候选名单的准备、选举大会的召集及其他一切与选举有关系的事项。

25. 工农检查委员会。委员 7 人至 9 人,由工会、贫农团、女工农妇代表会、共产青年团的代表及其他积极分子组织之。直接隶属于区苏维埃工农检查委员会。其任务为经常检查乡苏维埃主席团代表会议、各委员会、赤卫军、少先队是不是完全遵照上级苏维埃的法令指示进行工作。在这些机关及地方武装中，如果发生了贪污腐化、消极怠工、压制强迫及其他违反选民群众公意、违反苏维埃法令的行为的分子，即帮助区苏维埃工农检查委员会进行对于这些不良分子的检举。

第四十一条　乡苏维埃下各种委员会之组织，得按照当地工作需要情况增加之减少之，但须得上级苏维埃的同意。

（注）在乡之区域较宽或工作高度发展时，可以村为单位组织某些必要的委员会，每一委员会的人数 3 人至 5 人，为乡的委员会的分会，其主任以乡的委员之一充之。

第四十二条　各委员会设主任 1 人，主持委员会的工作。

第四十三条　每个乡苏维埃代表必须参加一个至两个委员会为委员，代表应参加何种委员会先由各代表自己选择，再由主席团适当分配之。

第四十四条　应充分吸收代表以外的工农，贫农积极分子参加各委员会为委员。

第四十五条　各委员会进行工作时，不得违背代表会议或主席团的意见。

第四十六条　区苏维埃的各部，对于乡苏维埃下的各种委员会，须按其任务的分别，经过乡代表会议及其主席团发生密切的关系，必要时区苏维埃的各部得召集全区各乡或某几乡与自己有关系之委员会的主任到区苏开会，指示工作。

第四十七条　乡苏维埃全体代表会议，每 10 天由主席召集一次。

主席团会议，每 3 天由主席召集一次。

各委员会的会议，每 10 天由主任召集一次。

有临时重要问题，不论何种机关均得召集临时会议。

第四十八条　全体代表会议，各委员会的会议，必要时应移到与所讨论的事件有关系的村子内或群众团体内去开会，以便吸收当地群众及当事人来参加会议。

第四十九条　乡苏维埃的代表,除规定的常驻人员外以不脱离生产为原则。

第五十条　乡苏维埃可用文书 1 人,助理主席团的工作。

第五十一条　乡苏维埃的常驻人员,居民 1000 人以下的乡设主席、文书 2 人,居民 1000 人以上的乡设主席、副主席、文书 3 人。在重要交通大道而为一天行程的终点,工作特别繁多之乡得驻 4 人。

第五十二条　乡苏维埃须每两个月召集选民开会,做工作报告一次。

选民对于乡苏维埃的报告,有批评和建议之权。

第五十三条　乡苏维埃至少每月向区苏维埃做工作报告一次。

第五十四条　乡苏维埃的代表每半年改选一次,但连选得连任。

第五十五条　在两次选举之间,代表有违背选民公意者,或无故连续两个月不出席代表会议者,或违抗代表会议决议经过警告不改变者,或犯其他重大错误者,得由选民 10 人以上之提议,经选民半数以上之同意撤回之,或由代表会议通过,经选民半数以上同意开除之,撤回或开除之代表,以候补代表补充其职务。

第三章　区县省苏维埃代表大会及其执行委员会

甲、区苏维埃代表大会及其执行委员会

第五十六条　全区苏维埃代表大会,为全区最高政权机关。

第五十七条　由全区苏维埃代表大会选举区执行委员会。为全区苏维埃代表大会闭会期间的最高政权机关。

区执行委员会由委员 21 人至 35 人,候补委员 5 人至 7 人组织之。

第五十八条　全区苏维埃代表大会,每 3 个月由区执行委员会召集一次。

第五十九条　全区苏维埃代表大会的任务是:听取执行委员会

的工作报告并讨论之,讨论全区内苏维埃工作的方针与实行办法,选举区执行委员会,但执行委员会的选举,每两次全区代表大会中只举行一次(即6个月一次)。

第六十条 区执行委员会推选7人至11人组织主席团,为区执行委员会闭会期间的全区最高政权机关。

第六十一条 区执行委员会主席团互推主席、副主席各1人。

第六十二条 区执行委员会主席团得用秘书1人、文书1人至2人,以助理文字等工作。

第六十三条 区执行委员会的全部常驻人员,由人民委员会按照居民多少及工作繁简以命令规定之。

第六十四条 区执行委员会全体会议每月由主席团召集一次。

主席团会议每3天由主席召集一次。

有临时重要问题均得召集临时会议。

第六十五条 区执行委员会至少每月须向县执行委员会做工作报告一次。

第六十六条 区执行委员会至少每两个月须向区内各个乡苏维埃的全体代表会议做工作报告一次。

第六十七条 区执行委员会须向全区苏维埃代表大会做工作报告。

乙、县苏维埃代表大会及其执行委员会

第六十八条 全县苏维埃代表大会为全县最高政权机关。

第六十九条 由全县苏维埃代表大会选举县执行委员会,为全县苏维埃代表大会闭会期间的全县最高政权机关。

县执行委员会由委员35人至55人,候补委员7人至11人组织之。

第七十条 全县苏维埃代表大会,每6个月由县执行委员会召集一次。

第七十一条 全县苏维埃代表大会的任务是:听取县执行委员会的工作报告并讨论之,讨论和决定全县苏维埃工作的方针,选举县执行委员会,但县执行委员会的选举,每两次全县代表大会中只举行一次(即一年一次)。

第七十二条　县执行委员会互推9人至15人组织主席团,为县执行委员会闭会期间的全县最高政权机关。

第七十三条　县执行委员会的主席团互推主席1人,副主席1人至2人。

第七十四条　县执行委员会可任用巡视员2人至5人,出发巡视和指导主席团指定的某一项或某几项工作。

第七十五条　县执行委员会主席团得用秘书1人至2人,文书1人至2人,以助理文字等工作。

第七十六条　县执行委员会的全部常驻人员,由人民委员会按照各县居民多少及工作繁简以命令规定之。

第七十七条　县执行委员会全体会议,每两个月由主席团召集一次。

主席团会议第5天由主席召集一次。

有临时重要问题均得召集临时会议。

第七十八条　县执行委员会至少须每月向省执行委员会做工作报告一次。

第七十九条　县执行委员会须向各区苏维埃代表大会做工作报告。

第八十条　县执行委员会须向全县苏维埃代表大会做工作报告。

丙、省苏维埃代表大会及其执行委员会

第八十一条　全省苏维埃代表大会为全省最高政权机关。

第八十二条　由全省苏维埃代表大会选举省执行委员会,为省苏维埃代表大会闭会期间的全省最高政权机关。

省执行委员会由委员55人至95人,候补委员11人至19人组织之。

第八十三条　全省苏维埃代表大会,每年由省执行委员会召集一次。

第八十四条　全省苏维埃代表大会的任务是：听取省执行委员会的工作报告并讨论之，讨论和决定全省范围内苏维埃工作的方针，改选省执行委员会。

第八十五条　省执行委员会互推 13 人至 19 人组织主席团，为省执行委员会闭会期间的全省最高政权机关。

第八十六条　省执行委员会主席团互推主席 1 人、副主席 2 人，省执行委员会可任用巡视员 5 人至 9 人，出发巡视和指导主席团或各部指定范围内的、关于下级的某一项或某几项工作。

第八十七条　省执行委员会得聘用专门人才，助理主席团或各部的工作。

第八十八条　主席团得任用秘书 1 人至 3 人、文书 1 人至 3 人，以助理文书等工作。

第八十九条　省执行委员会的全部常驻人员，由人民委员会按照各省居民多少及工作繁简以命令规定之。

第九十条　省执行委员会全体会议，每 4 个月由主席团召集一次。

主席团会议，每 7 天由主席召集一次。

有临时重要问题，均得召集临时会议。

第九十一条　省执行委员会，每 4 个月须向中央执行委员会做工作报告一次。

主席团至少每月须向中央人民委员会做工作报告一次。

第九十二条　省执行委员会须向全省各县苏维埃代表大会做工作报告。

第九十三条　省执行委员会须向【省】苏维埃代表大会做工作报告。

第四章　各　　部

第九十四条　省、县、区、市各级苏维埃执行委员会之下，设立运动、土地、军事、财政、国民经济、粮食、教育、内务、裁判等部，工农检查委员会，及国家政治保卫分局。

但省军事部的工作，得归并于军区指挥部，不另设立机关。

国家政治保卫局在区只设特派员。

省设审计委员会。

第九十五条　区及县属市的各部，直隶于县的各部；县及省属市的各部，直隶于省的各部；省及中央直属市的各部，直属于中央的各部；成为直的组织系统，下级绝对服从上级。

第九十六条　区、市、县、省各级苏维埃的各部，除隶属于各该部自己的上级各部之外，受同级执行委员会及其主席团的指导和节制。

第九十七条　主席团没有停止各部执行各该部上级的命令之权。

如主席团对于各该部上级的命令有异议时，应提出到上级执行委员会或主席团去解决，未得上级执行委员会或主席团的指示之前，不得停止各部执行上级的命令。

第九十八条　各级苏维埃非得各部上级的同意，不能随便调动主要的负责工作人员（部长副部长等）。

第九十九条　各部的部长，除由各该级执行委员会的委员中选任之外，得选任执行委员会以外的人员充任。

各部部长、副部长的选任，须报告上级执行委员会或主席团经过上级各部审查后委任之。

各部部长、副部长，除不称职者外，不随执行委员会的改选而更换。

第一〇〇条　当各部工作人员交替时，除由原任将工作情形，向新任明白交代之外，须将文书、器具、财产等开列清单，由原任新任共同签字,点交明白。

第一〇一条　各级各部的全体工作人员,由人民委员会按照各部在各地的工作情形,以命令规定之。下面只规定主要的人员。

第一　劳动部

第一〇二条　省、县、区、市各级劳动部之下,均设劳动委员会,为讨论和建议关于劳动部工作中各种问题的机关。

劳动委员会,省由 15 人至 21 人,县由 13 人至 19 人,区由 9 人至 11 人组织之,市按市之大小由 9 人至 21 人组织之。

第一〇三条　劳动委员会,由部长、副部长、劳动保护科长、失业劳动科长、社会保险局长,职工会的代表 2 人至 3 人,国民经济部及土地部的代表,所在地附近的下级劳动部长,及其他工作人员中能任此职者组织之,以部长为委员会的主任。

劳动委员会的委员,经同级主席团审查通过后,须送上级劳动部批准。

第一〇四条　省县区市劳动部之下,设劳动保护科,失业劳动科及社会保险局分局支局或办事处(社会保险局是暂时受劳动部节制的)。

第一〇五条　省劳动部设部长 1 人,副部长 1 人至 2 人。

县区市各级劳动部均设部长 1 人、副部长 1 人。

各级劳动部保护科,失业劳动科,各设科长 1 人。

社会保险局设局长 1 人。

省劳动部及中央直属市劳动部,均设秘书 1 人。

县劳动部及省属市劳动部,均设文书 1 人。

各级劳动保护科之下,均设劳动检查所。

在工业发展区域,劳动保护科之下,并须设置卫生检查所、技术检查所及经济评判所。

各级失业劳动科之下,均设劳动介绍所。

在失业工人较多区域,当地失业劳动科之下,并须设置失业劳动救济委员会。

第一〇六条　部长、副部长及各科的职权如下:

（一）部长管理本部全部工作；副部长助理部长进行工作，部长因故离职时代理部长之职权。

（二）劳动保护科，管理劳动保护的工作，监督与检查劳动法的实行。

（三）失业劳动科，管理失业劳动的登记和统计劳力的调剂，劳动的介绍，指导工人组织生产合作社等。

（四）社会保险局，管理社会保险的工作。

第一○七条　劳动检查所长、检查员，及社会保险局各级局长，由同级职工联合会推荐，经劳动部审查委任之。

第二　土地部

第一○八条　省县区市各级土地部之下，均设土地委员会，为讨论和建议关于土地斗争、土地生产各种问题的机关。土地委员会，省由15人至25人，县由13人至19人，区由11人至17人组织之，市按市辖近郊农村的多少，由11人至19人组织之。

第一○九条　土地委员会由部长、副部长、没收分配科长、山林水利科长、调查登记科长、农事试验场主任、农产品展览所主任，劳动部、国民经济部、农业工会的代表，所在地附近的下级土地部部长，及其他工作人员中能任此职务者组织之，以部长为委员会的主任，土地委员会的委员经同级苏维埃主席团审查通过后，须送上级土地部批准。省县两级土地委员会要有附近的下级土地部长2人至3人参加。区及市土地委员会要有附近乡苏维埃关于土地问题的委员3人至5人参加。

第一一○条　省县区市各级土地部之下，均设没收分配科，土地建设科，山林水利科，调查登记科，农事试验场，及农产品展览所，在土地没收分配问题彻底解决了的县区市，没收分配科的工作，应归并于土地建设科。

区级市土地部之下，还可组织临时的委员会，没收分配委员会，查田委员会，土地登记委员会等。

第一一一条　省土地部，设部长1人，副部长1人至2人。

县区市各级土地部,均设部长、副部长各1人。

没收分配科、土地建设科、山林水利科、调查登记科,各设科长1人。

农事试验场、农产品展览所,各设主任1人。

省土地部及中央直属市土地部,均设秘书1人。

县土地部及省属市土地部,均设文书1人。

第一一二条　土地部部长副部长及各科的职权如下:

(一)部长管理本部全部工作;副部长助理部长进行工作,部长因故离职时代理部长的职权。

(二)没收分配科,管理依照土地法令对于土地财产之没收分配及对于土地之检查(查田运动)。

(三)土地建设科,管理发展农业生产事项,如各季的耕种与收获,调剂人工开发荒地,调剂耕牛,改良农具,选择种子,增加肥料,改良栽培方法,消灭害虫,组织和指导农事试验场、农产品展览所、犁牛合作社、劳动互助社等。

(四)山林水利科,管理坡、河堤、池塘的修筑与开发,水车的修理和添置,山林的种植培养、保护与开垦等。

(五)调查登记科,管理土地的调查登记统计及发给土地证等。

第三　军事部

第一一三条　县、区、市,均设军事部。

省设军区司令部,为县军事部的上级机关。

省军区司令部及县区市军事部之下,均不设委员会。

(注)省军区司令部及中央直属市的军事行政机关之组织,由中央军事委员会以命令规定之。

第一一四条　县及省属市军事部,设部长、副部长各1人。部长管理本部全部工作;副部长助理部长进行工作,部长因故离职时代理部长之职权。

第一一五条　县及省属市军事部,设第一科、第二科、第三科,各设科长1人。

其职权如下：

（1）第一科长，管理地方部队的编制与训练并兼赤卫军司令部第一参谋。

（2）第二科长，管理扩大红军及一切战争动员工作，并兼赤卫军司令部第一参谋。

（3）第三科长，保管和分配武器弹药，并管理军事部其他杂务。

第一一六条　区及县属市军事部，设部长、副部长各 1 人。

部长管理本部全部工作；副部长助理部长进行工作，部长因故离职时代理部长之职权。

第一一七条　区军事部设第一科、第二科，各设科长 1 人。

其职权如下：

（1）第一科长，管地方部队的编制训练事项，并兼区或市赤卫军参谋长。

（2）第二科长，管理扩大红军及一切战争动员工作。

第一一八条　县及省属市军事部设秘书 1 人，区及县直属市区军事部设文书 1 人。

第四　财政部

第一一九条　省县区市各级财政部之下，均设财政委员会，为讨论和建议关于财政各种问题的机关。

财政委员会，省由 11 人至 15 人，县由 9 人至 11 人，区由 7 人至 9 人组织之。市按市之大小，由 7 人至 15 人组织之。

第一二〇条　各级财政委员会，由部长、副部长、会计科长、税务科长、国有财产管理科长、国民经济部的代表、分库或支库的主任、银行行长、所在地附近的下级财政部长与财政部工作有联系的机关的代表、其他工作人员中能任此职者组织之，以部长为委员会的主任。

财政委员会的委员，经同级苏维埃主席团审查通过之后，须送上级财政部批准。

第一二一条　省县区市各级财政部之下设会计科、税务科、国有财产科。此外，在应该进行对于剥削者没收和征发的地方组织没收征发委员会,在农业税征收时,区及市的财政部之下组织农业税征收委员会。

在发行公债时,组织公债发行委员会。

在山林多的地方,组织国有山林管理委员会。

各委员会的委员,由部长以命令委任之。

第一二二条　省财政部设部长1人,副部长1人至2人。

县区市各级财政部,设部长、副部长各1人。

会计科、税务科、国有财产科,各设科长1人。

各委员会设主任1人,省及中央直属市财政部均设总务科,设科长1人。

省及中央直属市财政部,均设秘书1人。

县及省直属市财政部,均设文书1人。

第一二三条　各级财政部部长、副部长及各科的职权如下:

(1)部长管理本部全部工作;副部长助理部长进行工作,部长因故离职时代理部长的职权。

(2)会计科,管理钱币的出纳,账目的登记,预算书、计算书的编制等。会计之下,设记账、出纳、审核等股。

(3)税务科,管理商业税、农业税、山林税之征收、检查及监督。税务科之下,设农业税股、商业税股及记账员,必要时设山林税股。

(4)国有财产科,管理属于本部管辖的国有山林、矿山、店铺、房屋、工厂、作坊等国有财产之登记、整理及出租,借入公债的清查及登记、各种租金和征收。国有财产科之下,可以组织国有财产管理委员会。

(5)总务科,管理伙食、印刷、收发,及一切不属于各科的事项。

第五　国民经济部

第一二四条　省县区市各级国民经济部下均设国民经济委员会,为讨论和建议关于国民经济各种问题的机关。

国民经济委员会,省由15人至19人,县由13人至15人,区由11人至13人组织之。市按市之大小,由13人至19人组织之。

第一二五条　各级国民经济委员会,由部长、副部长、设计科长、工业科长、调查统计科长、运输管理局长、贸易局长、合作社指导委员会主任,劳动部、土地部、财政部、职工会、及其同级合作社的代表,所在地的下级国民经济部长,及其他工作人员中能任此职务者组织之。以部长为委员会的主任。

国民经济委员会的委员,经同级苏维埃主席团审查通过后,须送上级国民经济部批准。

第一二六条　各级国民经济部之下,设设计科、工业科、商业科、调查统计科、合作社指导委员会、运输管理局(或支局)、贸易局(或支局),必要时设国有企业科,但区一级必要时不设工业商业两科。

第一二七条　省国民经济部设部长1人,副部长1至2人。

县区市各级国民经济部,设部长、副部长各1人。设计科、调查统计科、国有企业科,各设科长1人。

运输管理局,贸易局,各设局长1人。

省及中央直属市国民经济部内设秘书1人,县及省辖市国民经济部均设文书1人。

第一二八条　各级国民经济部长、副部长、各科及委员会的职权如下:

(一)部长管理本部全部工作;副部长助理部长进行工作,部长因故离职时代理部长之职权。

(二)设计科,拟具所属范围内农林、工、商、矿、交通等业发展与调剂的计划。

(三)工业科,管理工业之发展及调剂。

(四)商业科,管理商业之发展及调剂。

(五)调查统计科,管理所属范围内农林、工、商、矿、交通等业及其他必要事项的调查与统计。

(六)国有企业科,管理各种国有企业经营。

(七)合作社指导委员会,管理指导合作社的发展,并监督其工作。

（八）贸易局,管理国营贸易。

（九）运输管理局,管理国有企业的运输。

第一二九条 各级国民经济部,得聘请专门人才,设立专门机关以进行某些必要的工作。

第六 粮食部

第一三〇条 省县区市各级粮食部之下均设粮食委员会,为讨论和建议关于粮食问题的机关。粮食委员会,省由 15 人至 19 人,县由 13 人至 15 人,区由 9 人至 15 人组织之,市按市之大小,由 11 人至 17 人组织之。

第一三一条 各级粮食委员会由部长、副部长、调剂科长、备荒科长、仓库保管科长、粮食合作社指导员、红军公谷管理委员会主任、土地税谷保管委员会主任、粮食调剂局长,国民经济部、财政部、土地部、职工会的代表,所在地下级粮食部长,及其他工作人员能胜任此职务者组织之,以部长为委员会主任。

粮食委员会的委员,经同级苏维埃主席团审查通过后须送上级粮食部批准。

第一三二条 省县区市各级粮食部下,设调剂科,备荒科,仓库保管科,红军公谷管理委员会,土地税谷保管委员会,粮食调剂局或支局等。

第一三三条 省及中央直属市粮食部设部长 1 人,副部长 1 人至 2 人,秘书 1 人。

县市区各级粮食部设部长、副部长各 1 人,县及省直属市设文书1 人,调剂科、备荒科、仓库保管科,各科设科长 1 人,粮食调剂局（或支局）设局长 1 人。红军公谷保管委员会、土地税谷保管委员会,各设主任 1 人。

第一三四条 各级粮食部长、副部长、各科及委员会的职权如下:

（1）部长管理本部全部工作;副部长助理部长进行工作,部长因故离职时代理部长的职权。

（2）调剂科,调查统计所属范围内粮食产销状况,拟具并执行调剂计划。

（3）备荒科,筹划并管理关于备荒一切事宜。

（4）仓库保管科,管理仓库粮食的出纳事宜。

（5）红军公谷保管委员会,收集所属范围内红军公谷并保管之。

（6）土地税谷保管委员会,集中所属范围内的土地税谷并保管之。

（7）粮食调剂局,调剂粮食的产销,保证红军与民众粮食供给。

第七　教育部

第一三五条　省县区市各级教育部之下,均设教育委员会,为讨论和建议关于文化教育各种问题的机关。

教育委员会,省由13人至17人,县由11人至15人,区由9人至13人组织之,市按市之大小,由9人至17人组织之。

第一三六条　各级教育委员会由部长、副部长、普通教育科长、社会教育科长、编审出版科长,共产青年团、少先队、儿童团、工会等群众团体的代表,政府机关报主笔、当地学校的校长（1人至2人）、各种文化团体的代表,及所在地的下级教育部长等组织之,以部长为委员会的主任。教育委员会的委员,经同级主席团审查通过后须送上级教育部批准之。

第一三七条　省教育部下,设普通教育科、社会教育科、编审出版科。县区市教育部下,设普通教育科与社会教育科。

第一三八条　省教育部设部长1人,副部长1人至2人。

县、区、市各级教育部,设部长、副部长各1人。

普通教育科、社会教育科、编审出版科,各科设科长1人。

省及中央直属市教育部,设秘书1人。

县及省属市教育部,设文书1人。

第一三九条　各级教育部部长、副部长及各科的职权如下:

（1）部长管理本部全部工作;副部长助理部长进行工作,部长因故离职时代理部长的职权。

（2）普通教育科,管理成年青年的补习教育,儿童教育及中等教育。

（3）社会教育科,管理俱乐部、电影、戏园、地方报纸、书报阅览所、图书馆、革命博物馆、巡视讲演等。

（4）编审出版科,管理普通教育与【社会】教育的各种材料之编辑,审查下级教育部及私人编辑的材料管理出版事业。

第八　内务部

第一四〇条　省县市区各级内务部之下,均设内务委员会,为讨论和建议关于内务部工作各种问题的机关。

内务委员会,省由 15 人至 21 人,县由 11 人至 15 人,区由 11 人至 13 人组织之,市按市之大小,由 13 人至 19 人组织之。

第一四一条　各级内务委员会,由部长、副部长、选举指导科长、交通科长、优待红军科长、卫生科长、社会保证科长、民事行政科长、义务劳动科长、民警分局局长或民警厅厅长、苦力运输工会的代表、革命互济会的代表、所在地的下级内务部部长及其他工作人员中能任此职者组织之,以部长为委员会主任。内务委员会的委员,经同级苏维埃主席团审查通过后,须送上级内务部批准。

第一四二条　省县区市内务部之下,设选举指导科、交通科、优待红军科、卫生科、社会保证科、民事行政科、义务劳动科。

第一四三条　省内务部所在地,设省民警分局,直属于中央内务人民委员部的民警管理局,民警分局之下,在大城市设民警厅,小城市设民警所,成为直的组织系统,但同时受所在地各级内务部的指导和节制。

中央直属市的民警厅,直属于中央民警管理局,同时受该市内务部的指导和节制。

第一四四条　省内务部设部长 1 人,副部长 1 人至 2 人。

县区市各级内务部,设部长、副部长各 1 人。

选举指导科、交通科、优待红军科、卫生科、社会保证科、民事行政科、义务劳动科,各设科长 1 人。

省及中央直属市内务部,设秘书1人。

县及省属市内务部,设文书1人。

第一四五条　省民警分局设局长、副局长各1人。

民警厅设厅长、副厅长各1人。

民警所设所长、副所长各1人。

(注)民警的详细组织,另以专门条律规定。

第一四六条　各级内务部长、副部长及各科局所的职权如下:

(1)部长管理本部全部工作;副部长助理部长进行工作,部长因故离职时代理部长之职权。

(2)选举指导科,管理苏维埃的选举工作,监督选举法正确执行,收集和统计关于选举工作的材料,解决选举中发生的问题等。

(3)交通科,管理道路、桥梁、船渡、河堤、茶亭等之建筑及修理船只车辆之登记等。

(4)优待红军科,管理红军之登记和统计,监督红军优待条例之执行,发动群众并分配劳动力帮助红军耕种土地,解决红军家属的其他困难问题等。

(5)卫生科,管理关于群众卫生运动之指导,医院、诊断所、疗养所之指导,医生之登记和考试,药店之检查,药材合作社之组织,医药教育等。

(6)社会保证科,管理因战争因灾荒而发生之被难群众的救济,地方武装及苏维埃工作人员参加革命战争被牺牲或残废者之抚恤,荒年粮食之救济、备荒仓之指导等。

(注)红军抚恤属于中央革命军事委员会所设之抚恤委员会及分会。

(7)民事行政科,管理户口婚姻生死之登记和统计,监督婚姻条例正确执行,市政指导,居民证之颁发等。

(8)义务劳动科,管理国家一切义务劳动之登记、统计和分配。

(9)民警分局民警厅及民警所管理各市民警事务。

第一四七条　为讨论某些专门问题,各科之下得组织临时的专门委员会。

第九 裁判部及军事裁判所

（注）各级地方苏维埃设立裁判部，红军部队则设立军事裁判所。

第一四八条 省县区市各级裁判部之下，均设裁判委员会，为讨论和建议关于司法行政，关于检查与审判各种问题的机关。

裁判委员会，省由9人至13人，县由9人至11人，区由7人至9人，市由7人至13人组织之。

第一四九条 各级裁判委员会由部长、副部长、裁判员、检察员、国家政治保卫分局局长或特派员、民警分局【长】或民警厅长或民警所长，工农检察委员会、劳动部及职工会的代表，所在地下级裁判部长，及其他工作人员中能任其职者组织之。以部长为委员会主任。

裁判委员会的委员，经同级苏维埃主席团审查通过之后须送上级裁判部批准。

第一五〇条 省裁判部在司法行政上隶属于中央司法人民委员部。

在检察与审判方面则受临时最高法庭的节制。

第一五一条 各级裁判部之下，组织刑事法庭、民事法庭，有必要时可组织巡回法庭，市裁判部之下并须组织劳动法庭。刑事法庭，审判刑事案件。民事法庭审判民事案件。

至于巡回法庭，则到出事地点去审判比较重要的刑事与民事案件，以便吸收出事地点及其附近的广大群众来观审。劳动法庭审判关于违犯劳动法令的案件。

第一五二条 省裁判部设部长1人，副部长1人至2人，裁判员1人至3人，巡视员2人至5人，检察员5人至6人，秘书1人，文书1人至3人。

县裁判部设部长、副部长各1人，裁判员1人至2人，巡视员2人至3人，检察员2人至3人，秘书1人，文书1人至2人。区裁判部设部长、副部长各1人，文书1人。市裁判部设部长、副部长各1人，裁判员1人至3人，检察员1人至3人，文书1人至2人。

第一五三条　部长、副部长、检察员、裁判员的职权如下：

(1)部长管理全部工作；副部长助理部长进行工作，部长因故离职时代理部长的职权。

(2)检察员管理调查案件，预审案件及助理法庭告发事宜。

(3)裁判员管理审问及判决案件。

第一五四条　省及中央直属市裁判部之下，设看守所及劳动感化院；县及省直属市裁判部之下设看守所，必要时亦得设立劳动感化院，为监禁及教育犯人的机关。区设看守所。

第一五五条　在司法范围内，各级裁判部有随时调动赤卫军、民警所、政治保卫队之权。

第一五六条　军事裁判所，分为初级军事裁判所、阵地军事裁判所及高级军事裁判所。

第一五七条　高级军事裁判所，在司法行政上隶属于中央司法人民委员部，在检察及审判方面则受临时最高法庭的节制。

何处应设军事裁判所及其管辖范围如何，由中央司法人民委员部以命令规定之。

第一五八条　初级和高级军事裁判所之下均设裁判委员会。

初级军事裁判所的裁判委员会由5人至7人组织之。

高级军事裁判所的裁判委员会由7人至9人组织之。

第一五九条　初级及高级裁判所的委员会，由所长、副所长、裁判员、检察员、国家政治保卫分局局长或特派员、军队的政治机关的代表，及其他工作人员中能任此职者组织之，以所长为主任。

第一六○条　初级和高级裁判所均须组织民事、刑事法庭，有必要时得组织巡回法庭以审判案件。

第一六一条　高级军事裁判所设所长1人，副所长1人至2人，检察员2人至3人，裁判员1人至3人，巡视员2人至5人，秘书1人，文书1人至3人。

初级军事裁判所设所长、副所长各1人，检察员1至2人，裁判员1人至2人，文书1人至2人。

各级军事裁判所的工作人员,高级军事裁判所得按照工作情形拟具意见报告中央司法人民委员部,经人民委员会同意之后以命令增减之。

第一六二条 军事裁判所所长管理本所全所工作;副所长助理所长进行工作,所长因故离职时,代理所长之职权。检察员、裁判员的职权与裁判部的检察员裁判员同。

第一六三条 各级裁判部初级及高级军事裁判所,均设置法警,其人数由中央司法人民委员部以命令规定之。

第一六四条 没有选举权的人(16岁以下的人包括在内),不得担任裁判部及军事裁判所的工作。

第十 工农检察委员会

(注)工农检察委员会的任务规定于苏维埃中央政权组织法内,这里规定的限于省县区市各级的组织。

第一六五条 省县区市各级工农检察委员,由各级苏维埃代表大会依照应到名额选出的委员组织之。

省由13至21人(中央直属市同)。

县由9人至11人(省直属区市同)。

区由5人至7人(县直属区市同)。

第一六六条 各级工农检察委员会的委员,必须具备下列条件者方为合格:

(1)有阶级觉悟,最忠实于苏维埃政权的工人、贫民、贫农及其他有革命历史的分子,但工人至少占百分之四十。

(2)没有受过苏维埃法庭的刑事处分者。

第一六七条 各级工农检察委员会为各级苏维埃行政机关的一部分,其隶属关系与其他行政机关相同。

第一六八条 省县区市各级工农检察委员会,应与中国共产党省县区市各级监察委员会,合在一个机关内办公,取得密切的联系。

第一六九条 各级工农检察委员会均推选主席、副主席各1人。主席负责处理日常工作及督率工作人员进行工作之责;副主席助理主席进行工作,主席因故离职时代理主席的职权。

第一七〇条　省县区市各级工农检察委员会之下,设控告局,管理人民的控告、工农通讯员的通讯等,控告局设局长 1 人。

省及中央直属市设秘书 1 人,县及省直属市设文书 1 人,助理文字及事务工作。

省及中央直属市设巡视员 5 人至 9 人,县及省直属市设巡视员 2 至 5 人,负巡视和指导某些指定工作之责。

第一七一条　省县区市各级工农检察委员会必须在一切国家机关中、企业中、工厂中、作坊中、矿山中、学校中、社会团体中、街道中、村落中建立通信员,形成通信网,通信员不脱离生产。

第一七二条　各级工农检察委员会有向同级苏维埃执行委员会或主席团建议处罚或撤换某些国家机关中和企业中的工作人员之权。这些人员中如查出有犯罪实据者,须移送司法机关办理。

第一七三条　各级工农检察委员会对于其管辖范围内某些国家机关或有工作设施的意见时,得直接向该机关或企业提出建议。

第一七四条　各级工农检察委员会对于某些国家机关中或企业中的工作人员进行检举时,得组织临时的检举委员会,当着检察某国家机关某企业的工作时得组织临时的检察委员会。

第十一　国家政治保卫局

(注)国家政治保卫局的任务,规定于中央苏维埃组织法内,这里仅规定国家政治保卫局省县区市各级的组织和权限。

第一七五条　国家政治保卫局各级的机关,完全为集权组织,下级服从上级,采取委任制度。

第一七六条　国家政治保卫局,省及中央直属市,县及省直属市,均设分局,区及县直属市设特派员。

方面军、军团,均设分局,师团及独立营,设特派员及干事,国家政治保卫局,于必要时,得在某些机关中直接设特派员。

第一七七条　各级政治保卫局之下,有一委员会组织,负责审察和讨论保卫局工作及其所得材料,各局局长是该委员会主席,参加的委员应有同级共产党代表及法院(现为裁判部)之检察员。最高国家政治保卫局委员会委员,由中央人民委员会批准委任之,以下各分局委员会委员,则由国家政治保卫局委任。

第一七八条 省、中央直属市及方面军、军团的各分局,设执行部、侦察部、总务处。

执行部下,设执行科、预审科。

侦察部之下,设侦察科、检查科。

县、省直属市各分局设执行科、侦察科、总务科。

第一七九条 省、中央直属市及方面军、军团各分局,设局长1人,副局长1人。

执行部、侦察部,各设部长1人。

执行科、预审科,侦察科、检查科,各设科长1人。

总务处,设处长1人。

县及省直属市分局,设局长、副局长各1人。

执行科、侦察科,各设科长1人,

总务科,设科长1人。

其他工作人员,由省、中央直属市及方面军分局酌量情形拟定人数报告中央国家政治保卫局以命令规定增减之。

第一八〇条 局长及各科的职权如下:

1.局长管理全局工作,指导下级分局或特派员。副局长助理局长进行工作,局长因故离职时代理其职权。

2.执行部(或科)管理拘捕审问,及处理犯人,并领导保卫队监督护照通行证路条之发给。

3.侦察部(或科)组织工作网,指导侦察工作,检查邮件与白区书报。

4.总务处(或科)管理局内的事务工作。

第一八一条 国家政治保卫分局,对于一切反革命案件,有侦察逮捕和预审之权,至于依据法律判决和执行之权,则一般的属于司法机关。

特派员只有在上级给予他的任务的范围内进行工作之权,非得上级许可不得擅自捕人,但遇特殊情形时(如反革命分子逃跑或反革命已决定暴动等)不在此例。

第一八二条　国家政治保卫局各级机关的行动,须受法律的限制。在法律范围内,法院的检察员有检察国家政治保卫局各级机关的案件之权。

第一八三条　国家政治保卫局的各级机关,对于某机关或某团体内暗藏的反革命分子当执行逮捕以前,必须通知该机关或该团体的主要负责人,如认为该机关或该团体的主要负责人不可以接受预告的资格,则须于执行前通知其上级机关的主要负责人。

第一八四条　国家政治保卫局的各分局,有组织为自己使用的武装队伍之权。

第一八五条　国家政治保卫局的分局及特派员,与地方苏维埃机关及红军的指挥机关和政治机关,须发生横的密切的联系,局长及特派员,得出席这些机关的会议。

第十二　审计委员会

第一八六条　省及中央直属市执行委员会之下,设审计委员会,隶属于中央审计委员会,同时受省及中央直属市执行委员会及其主席团的指导与节制。

第一八七条　省及中央直属市审计委员会,以委员7人至9人组织之,工农检察部委员会主席、国民经济部长、裁判部长及省一级军事行政机关的首长为当然的委员。审计委员会设主任1人。

审计委员会之下得设秘书文书各1人,审核员2人至5人。

第一八八条　省及中央直属市审计委员会的任务为:审核省苏维埃及全省一级苏维埃市苏维埃及全市各市区苏维埃财政收支的预算与决算,审核财政机关的临时收支账目,并得向中央审计委员会提出该省或该市预算的原则。

第一八九条 省及中央直属市审计委员会,如查出各苏维埃及地方部队对于财政收支事项有违背法令或不正当的事情时,得提出解决的办法于主席团,并报告中央审计委员会。

第一九○条 省及中央直属市审计委员会,除随时将审计情形报告中央审计委员会及省市主席团外,于每会计年度之终,将一年审计经过报告中央审计委员会及省市主席团。

第一九一条 县不设审计委员会,对于各区及县直属市的预算决议,由财政委员会作初步审核,送省审计委员会审核之。

第一九二条 省及中央直属市审计委员会,对于下级苏维埃财政收支事项,认为有调查之必要时,得派遣审核员实地调查之。

第十三 总务处

第一九三条 省、县、区、市各执行委员会之下,设总务处,管理各级执行委员会内部的事务,各级总务处设处长、副处长各1人,由各级主席团委任之。

第一九四条 省及中央直属市、县及省属市总务处之下,设文书科、会计科、收发科、管理科,各设科长1人。区及县直属市总务处之下,设秘书1人,文书1人至3人,收发员、管理员各1人。

第一九五条 各级总务处仅受同级执行委员会及主席团的节制,不发生【上】下级的隶属关系。

但为了某些事务工作的必要,如纠正收发工作的错误,改良文书与印刷的技术,调派技术工作人员等,上级执行委员会的总务处得给下级执行委员会总务处以指示,并得要他对于这些事项作报告。

第五章 地方苏维埃的权力

第一九六条 省、县、区、市、乡各级苏维埃的权力如下:

1.执行中央政权机关的一切法律、命令、决议与指示,执行各该上级机关的命令决议与指示。

2.决定并执行本区域内关于各种苏维埃建议〔设〕工作的计划。

3.解决一切地方性质的问题。

4.统一本区域内各级苏维埃机关的行政工作。

第一九七条　省苏维埃代表大会及其执行委员会对于全省各级苏维埃有监督之权。

县苏维埃代表大会及其执行委员会对于全县各级苏维埃有监督之权。

下级苏维埃机关绝对服从上级苏维埃机关。

下级苏维埃的决议,命令及指示,有违背中央政权机关的法律命令决议指示及该管上级机关的命令决议指示者,上级苏维埃得取消之。

下级苏维埃机关如有违抗上级苏维埃机关的命令、决议、指示者,各该上级苏维埃机关得将其一部改造或全部解撤之。

第六章　临时地方政权机关——革命委员会

第一九八条　一切在暴动时期的地方和红军新占领的地方,组织临时政权机关——革命委员会。

第一九九条　先有革命群众团体的组织与工作而暴动起来的地方,各级革命委员会建立的方式如下:

1.市或乡的革命委员会,由市或乡的革命群众团体选派代表组织之。

2.区革命委员会,由市或乡的革命委员会选派代表与区一级革命群众团体的代表共同组织之。

3.县革命委员会,由区革命委员会选派的代表与县一级革命群众团体的代表共同组织之。

4.省革命委员会,由县革命委员会选派的代表与省一级革命群众团体选派的代表共同组织之。

但每个革命委员会的名单,除中间被白区隔离,交通断绝的地方外,均须报告上级革命委员会或苏维埃执行委员会对其审查与批准。

第二〇〇条 在红军或游击队部队新占领而过去没有相当革命群众团体的组织与工作的地方,各级革命委员会建立的方式如下:

1.市或乡的革命委员会由该市或该乡工作的红军或游击部队的政治机关指定委员名单,由该政治机关委任之。但委任后仍须召集该市或该乡工农贫民群众开会,报告此委任的名单,如当地附近不远有上级苏维埃或革命委员会,须报告该苏维埃或革命委员会加以委任。

2.区的及县的革命委员会,由在该县工作的红军或游击部队的政治机关指定委员名单加以委任,但须召集全区或全县尽可能到会的工农贫民群众开会,提出报告。

第二〇一条 革命委员会乡由7人至11人,区域〔或〕市由11人至19人,县由15人至25人,省由25人至35人组织之。

第二〇二条 省革命委员会主席团9人至11人,可由省革命委员会全体会议推举,报告中央执行委员会委任之,或由中央执行委员会直接委任之。

县革命委员会主席团5人至9人,由县革命委员会全体会议推举,报告省苏维埃或革命委员会委任之,或由省苏维埃或省革命委员会直接委任之。

区革命委员会主席团3人至5人,由区革命委员会全体会议推举,报告县苏维埃或县革命委员会委任之,或由县苏维埃或县革命委员会直接委任之。

市革命委员会主席团5人至11人,由市革命委员会全体会议推举,报告其所隶属的上级政府委任之,或直接由上级政府委任之。

乡革命委员会不设主席团。

第二〇三条 省革命委员会、县革命委员会均设主席1人,副主席 1 人至 2 人。

区革命委员会、乡革命委员会均设主席、副主席各 1 人。

市革命委员会设主席 1 人,副主席 1 人至 2 人。

主席及副主席均由主席团会议推举,报告上级政府委任之,或直接由上级政府委任之。

第二〇四条　省县区市革命委员会之下均设劳动部、土地部、军事部、肃反委员会、财政部、粮食部,依其工作发展的程序,可以增设其他的部。

各部设部长、副部长各 1 人。

肃反委员会乡由 7 人至 9 人,区及市由 7 人至 11 人,县及省由 5 人至 7 人组织之。

其他工作人员按工作情形,由省苏维埃或省革命委员会拟定人数,报告中央各部,经人民委员会同意之后以命令规定并增减之。

各部之下设各部委员会,其人数与职务同于各级苏维埃的各部(粮食部与国民经济部同)。

第二〇五条　各部直接隶属于各该部的上级,绝对服从各该部上级的命令,但同时受同级革命委员会的指导和节制。

第二〇六条　革命委员会的任务是:发展工农贫民群众对于地主资产阶级的斗争,从当地地主资产阶级的武装队伍中夺取其武装,组织革命委员会自己指挥而成分完全是被剥削的工农贫民(无任何剥削分子参加)的红色武装队伍,极力发展革命的战争,消灭并镇压当地一切反革命武装力量,领导群众极力镇压已被推翻而仍然暗中活动的一切反革命分子,领导群众没收并分配土地,实行劳动法,组织工会及贫农团,使之成革命委员会的柱石。在城市中特别注意领导工人监督资本家的企业与商店,最后是召集工农兵代表大会,选举正式政权机关(苏维埃)。

第二〇七条　由革命委员会改变为苏维埃,须看当地工农贫民群众革命斗争发展的程度。由当地的最高政权机关决定之。

第七章 附 则

第二〇八条　本组织法自颁布之日起发生效力。中央执行委员会对于本组织法的各条得随时修改或废止之。

中央执行委员会主席　毛泽东

副主席　项　英

张国焘

公历 1933 年 12 月 12 日

湘赣省苏维埃政府翻印

湘鄂川黔省革命委员会翻印

公历 1934 年 12 月 26 日

（录自《中华苏维埃共和国法律文件选编》，
江西人民出版社 1984 年版，第 37—77 页）

中央执行委员会训令第二十六号①
——关于惩治贪污浪费行为

（1933 年 12 月 15 日）

为了严格惩治贪污及浪费行为，特规定惩罚办法如下：

（一）凡苏维埃机关，国营企业及公共团体的工作人员利用自己地位贪没公款以图私利者，依下列各项办理之：

（甲）贪污公款在 500 元以上者，处以死刑。

（乙）贪污公款在 300 元以上 500 元以下者，处以 2 年以上 5 年以下的监禁。

（丙）贪污公款在 100 元以上 300 元以下者，处以半年以上 2 年以下的监禁。

（丁）贪污公款在 100 元以下者，处以半年以下的强迫劳动。

（二）凡犯第一条各项之一者，除第一条各项规定的处罚外，得没收其本人家产之全部或一部，并追回其贪没之公款。

（三）凡挪用公款为私人营利者以贪污论罪，照第一第二两条处治之。

（四）苏维埃机关，国营企业及公共团体的工作人员，因玩忽职务而浪费公款，致使国家受到损失者，依其浪费程度处以警告，撤消职务以至 1 个月以上 3 年以下的监禁。

中央执行委员会主席　毛泽东

---

① 原件标题为"中央执行委员会第二十六号训令"，为标题统一的需要，故本文库编者略有改动。

副主席　项　英

张国焘

1933 年 12 月 15 日

（录自 1934 年 1 月 4 日出版的《红色中华》第 140 期第 2 版）

中央执行委员会命令
——关于红军中逃跑分子问题
（1933 年 12 月 15 日）

逃跑是红军和革命战争的恶敌人。反逃跑斗争是保障红军战斗力的一个重要工作，过去对于逃跑分子没有统一的处置方法，因此特以命令宣布：

（一）拖枪逃跑者一经捕获一律就地枪决。

（二）组织逃跑（如造假印假路条等）率领一班一排一连逃跑者，对这样的领导分子，一律逮捕经公审枪决。

（三）屡次逃跑造谣破坏红军及归队运动者，一律逮捕送法庭处以有期徒刑直到枪决。

（四）因政治觉悟不够而个人逃回者，各政府应加强对他们的宣传鼓动，组织优待他们家属的工作，使他们自愿归队。对他们决不能采取逮捕禁闭等办法，如逮捕禁闭，则以违反苏维埃法律论罪。

（五）逃跑分子经宣传解释而顽固不归队者，政府得以群众赞助的条件下，要他赔偿国家（军衣军毡〔毯〕）及群众的损失（优待他们家属的劳动力）并剥夺其选举权。

（六）任何逃跑分子绝对不许收容在后方各机关各部队各团体中工作和服务，如收容逃跑分子则该机关负责人应受降职撤职以至禁闭的处分。

（七）凡不执行本命令者以帮助逃跑破坏红军论罚。

（八）本命令自公布日起发生效力。

中华苏维埃共和国中央执行委员会主席　毛泽东

副主席　项　英

张国焘

1933 年 12 月 15 日

（录自 1933 年 12 月 20 日出版的《红色中华》第 136 期第 1 版）

中华苏维埃共和国中央财政人民委员部
税务局通知第十八号
——为工人免税劳动年限的解释及学校教员免税事

（1933 年 12 月 16 日）

（一）农业税暂行税则补充条例，关于工人免税问题规定，以继续做工两年（不论紧靠革命前或革命后）以上者为限，近因各处时有争执，全总执行局为解决这一问题，最近发出第三十九号通知，关于工人做工年限，解释非常清楚，各级税务科长〈总委〉，可根据这一通知去解决工人免税问题。

（二）为开展文化战线的突击，优待学校教员起见，中央人民委员会特决定凡各地列宁小学校苏维埃大学教员，完全脱离生产服务半年以上者，照政府工作人员减税条例，本身及其父母妻子减半税，特此通知，仰即查照。

局长 陈笃卿

公历 1933 年 12 月 16 日

附：

全总执行局关于工人免税问题的通知

各级工联各业工会委员会：

农业税暂行税则关于工人做工满两年以上者,免税问题在下层执行的过程中间,发生了许多疑难与争执,需要解释清楚。

在革命前继续做工满二年以上者一律免税,但是在紧靠革命前三年,其生活的主要来源就是依靠耕田及其独立经营,并不出卖劳动力者(即改业满三年者)则不免税,(即是他在三年前做工满两年的)不过在革命前三年因失业靠各种不定的劳动来维持生活者,仍得免税。

至于挑担工人及各种季候工人,在革命前或革命后其生活主要来源是靠出卖劳动力满二年者仍得免税,靠耕田为主要生活来源,而出卖劳动力仅为其附带收入者即在二年以上,仍不免税。

望你们根据这个原则,立即去解决工人免税问题。

（根据江西省瑞金中央革命根据地纪念馆馆藏件刊印）

目前消费合作社的中心任务
——中央苏区消费合作社大会决议
（1933 年 12 月 17 日）

中央苏区消费合作社大会,在党与苏维埃的正确领导之下,经过了热烈的讨论,一致同意吴亮平同志关于目前政治形势与合作社任务的报告。大会检阅过去合作社工作以后,认为消费合作社运动,在中央苏区是已经有了很多的成绩,如消费合作社社员的增加(增加到15 万),胜利、瑞金、兴国、万太〔泰〕、赣县、博生、雩都①、杨殷、洛口、长汀、上杭、兆征各县总社及江西、福建二省总社的建立,大部分合作社对于群众日用品的原价的供给,优待红军家属的进行,大部分合作社营业赢余的获得与使工农群众认识合作社是团结工农抵制奸商,富农剥削的有力武装,而热烈起来拥护。可是大会同时指出在合作社工作中,还存留着许多严重的缺点,如合作社工作与战争动员联系的薄弱,工作的散漫,个别地方在合作社工作所犯的强迫命令的错误,某些合作社负责人员的贪污腐化,以至合作社亏本的现象,以及赊账制度的妨碍等等。大会根据着目前的政治环境,为要使合作社工作迅速转变,一致同意下面的决议。

---

① 雩都,现称于都。——本文库编者注。

密切联系战争动员工作

消费合作社在自己廉价供给群众日用品的工作中,必须最密切的联系到战争的动员,抓紧社员群众物质生活的改善,斗争热情的高涨,来加紧推进扩大红军的工作,和组织广大社员积极起来参加革命战争。合作社必须百分之百的执行优待红军家属,与慰劳红军,必须根据中央国民经济部通知,红军家属,廉价百分之七,非社员的红军家属,廉价百分之四,合作社应该尽量的慰劳红军,发展社员,帮助解决红军家属的困难,以这些办法来巩固红军并促进红军的猛烈的扩大,以迅速争取革命战争的全部胜利!

改善合作社的营业

合作社必须用一切可能方法发动群众,设法开辟买货道路,消灭过去有些合作社依赖小贩和当地商店的现象,领导社员群众协同贸易局与商业公司来尽量的将苏区多余的生产品运输出口,换输大批的廉价的盐布,以及其他日用必需品进来以巩固苏维埃金融,与发展苏维埃经济。如尚未实际营业的县总社、区分社及乡支社必须于全苏大会前,设法开始营业并按照章程建立起统一的组织系统。

加紧对社员及群众文化教育工作

加紧对社员及群众文化教育工作,各级合作社应该去帮助建立各种文化教育组织,和俱乐部、列宁室、夜校、识字班、书报室等,要使社员都了解革命战争发展的形势,合作社的任务,提高社员及群众的政治文化水平。合作社必须在其营业赢余中提出百分之十为文化教育基金。

健全合作社组织和加强经常工作

要使合作社组织巩固与发展,必须肃清合作社的贪污腐化与浪费的现象,洗刷混进来的阶级异己分子,并立刻取消赊账制度,清理旧账,限期归还。为要胜利地完成这些工作,必须广泛的发动社动〔员〕群众参加,并监督合作社工作,定期召集社员大会,检查与讨论合作社的工作,审查委员会要绝对负起责来经常审查合作社的账目(每月一次),并监督合作社的工作。管理委员会必须定期向社员做工作报告(最少三月一次)并建立具体领导,经常讨论合作社的各种工作问题。只有这样,才能使每一社员了解合作社的工作,关心合作社的工作,保障合作社工作顺利的开展。

加强总社对分社的领导

为着促进合作社的发展,必须集中合作社的领导,大会热烈拥护消费合作社中央总社的成立,并责成中央总社,加强对各省各县总社的领导,经常予以具体指示。各省各县总社应经常向中央总社及国民经济部做工作报告(至少每月一次),并经常提出需要解决的问题与改善工作的意见,各区乡支社应向区分社及区国民经济部做工作报告,区分社应向县合作总社及县区国民经济部做报告。

提高合作社工作人员的生活

为提高合作社工作人员的生活起见,合作社必须给工作人员以适当的工资与必要的待遇(详见合同)。因各地情形的不同,各县区合作社可以按照当地的生活程度,与社内营业状况规定之。

培养商业干部

为培养充分的商业干部起见,大会责成中央总社开办训练班,各省县合作社,必须在 1934 年 1 月 15 日以前,供给中央总社以 300 干部,各县数目,由中央总社规定之。

开展反倾向斗争

为保障合作社运动顺利的开展,必须很高度的开展反倾向的斗争,用力打击消极怠工和贪污腐化的现象。严厉纠正在发展合作社过程中的强迫命令的官僚主义的工作方式。

合作运动是有力的群众运动,在党与中央政府的正确领导与有力帮助之下,中央苏区消费合作运动是已得了很多成绩。可是大会着重指出合作社的发展不能专门依靠在苏维埃的帮助之下,发展合作社最主要的还是要依靠发动群众,扩大社员,与增加股金。大会坚信,在党与苏维埃的正确领导之下,苏区合作运动,必须〔然〕能获得更大的成功,大大地增原〔厚〕我们的经济力量,帮助我们英勇作战的红军,来取得革命战争的全部胜利,并成为我们民主革命将来转变为社会主义革命的有力杠杆。

(录自 1933 年 12 月 17 日出版的《红色中华》第 135 期第 2 版)

中央教育人民委员部
与少先队总训练部联合通令
——建立各级教育部与各级少先队
训练部（团员）的密切的关系

（1933 年□月 13 日）

经过少先队的组织，实施教育部对广大的青年工农劳苦群众的共产主义的教育计划，是教育部工作的重要方式之一，因为少年先锋队是包括着广大的工农青年群众，甚至在部分地方是包括一切有选举权的青年群众的组织。

可是检查各级教育部过去在这方面没有注意到的，虽然在教育人民委员部于"俱乐部组织和工作大纲"中提出了对于少队进行读报讲演工作也没实现。因为没有在组织上发生联系，又没有切实督促各级教育部切实进行工作，单提出一个空洞的读报和讲演的工作，结果成了一句废话。今后应该在组织上发生密切联系及经常互相检查工作。

为着建立教育部与训练部（团员）在组织上和工作上的密切关系，中央教育人民委员部与少先队总训练部特通令各级教育部与各级训练部（团员）立即实行下面的决定，建立密切的组织和工作上的关系。

（一）在组织上□□□□□□□□□□□□□□□□□□□□□□□□固定代表参加会议，互相提出意见，同时教育部的社会教育局（科）应吸引少先队训练部（团员）的文化教育委员会（科）的同志参加工作，而少先队训练部(团员)的文化教育委员会(科)也应吸引教育部的社会教育局(科)的同志参加工作。

(二)在物质〔资〕上工作上(如干部的培养材料的编制、印刷,社会教育的建设……等),教育部应给少先队以极大的帮助与实际的指导。

(三)少先队应领导组织发动广大队员积极参加文化教育工作(如日校、夜校、识字班、读报班、俱乐部),并且在教育部指导之下将教育部□□□□教育的决定切实在少先队内进行与实施。

(四)教育部派去的巡视员(或特派员)应帮助少先队巡视少先队的文化教育工作,同时少先队的训练部(团员)也应委托教育部的巡视员(或特派员)巡视少先队的文化教育工作。

(五)教育部应长期讨论与经常指导少先队的文化教育工作,下级教育部向上级教育部的工作报告必须报告少先队的文化教育工作。此令

中央教育人民委员部代部长　徐特立

少先队中央总训练部部长　张爱萍

公历 1933 年□月 13 日

(根据中共江西省委党史研究室资料处藏件刊印)

建立关税制度宣传纲要

（1933 年）

（一）中央政府最近在赤白交界地方设立关税处，抽收关税，这种关税分为三种，由苏区运出白区的货物抽出口税，由白区运进苏区的货物抽进口税，白区与白区通商货物经过苏区边境的抽通过税。

（二）关税与国民党厘金完全不同，国民党厘金是抽收内地税。在白区肚子里到处设卡，每一样货物经过几个卡子便要抽几次厘金，所以一样货物在源头很便宜，过了几次厘金，便贵了几倍，所以这种厘金完全是间接剥削群众的东西。我们的关税则设在苏区边境，只抽收进出口税，苏区内部货物来往不准收税，而且只抽一次不抽第二次，将来苏区扩大了，关税处也跟着移远了。譬如福建汀江的关税处，现在设才溪同坑堂，将来□□□□□□□□□关税处便移到上杭城，等到峰市潮汕赤化后□□□□□□□□□如江西东河的关税处，现设在茅店，将赣州□□□□□□□□城，如吉安南昌打下，就又要移到吉安南昌去。

（三）国民党的厘金是见货抽厘，不管群众需要与不需要。我们的关税则不是见货抽税，而是看苏区群众需要与不需要来分别进口的东西，我们不要的抽重些，要紧的抽轻些，一定要的就免税，譬如盐、洋油、洋火、棉布、米谷、石灰、铁等等都是苏区目前极要紧的，所以进口税都免抽。其他洋布、洋袜等则不是十分需要的，所以抽些税。另一方面出口的东西，我们有多的抽轻些，不够的抽重些，必要的禁止出口，譬如黄豆等是我们有多的要他出口，所以抽轻些，石灰铁器却是我们不够用的,所以抽重些。目前苏区米谷缺少,所以便禁止出口,但到了收成后我们米谷有多,便又可以出口,可以抽税。这样凡是苏区群众需要的东西,外边的仍然可以进来,自己有的不能出去,需要品自然充足起来,价钱自然便宜下来。所以我们的关税是保护苏区工农群众必要品的供给,国民党的厘金却是加重必要品的剥削,使工农群众更加吃亏。

(四)关税足以保护苏区手工业的发展,抵制外来货物的竞争,譬如纸、烟、香菇等都是苏区大宗出产,所以这些进口税抽得很重,如纸、竹、木、香菇都是抽百分之百,黄烟百分之五十,出口税呢?便抽得很轻,如纸、竹、木,都只抽百分之三,黄烟百分之二,香菇百分之三。这样一来白区的货物,纸、竹、木、黄烟便不容易运到苏区来发卖,致抢夺了苏区的生意,而苏区的出产,如纸、竹、木、黄烟等,便更容易销售,这些工人自然也会减少失业了。

(五)关税可以节省苏区群众的无益浪费,凡不必要的无益奢侈品进口都抽重税,如香烟、酒、绸缎等值百抽五十,迷信品如神香纸银等,便禁止进口,这样香烟、酒等货物运进苏区来,当然会涨价,不容易销售,苏区群众因为价钱贵□□□□□少买些甚至于不买,大家便可以节省这些无益浪费的钱,拿来多买盐买布。

(六)关税可以保护苏区金融流通,凡白区纸票,都禁止进口,才不致将来白区银行倒闭使苏区群众吃大亏。毫子也不准进口,只有大花边才能准进来,免得白区次毫子假毛子来混乱我们的币制。同时苏区现金以后如没有市区政府出口证的,也不准出口,这样苏区土豪或老板想带现金逃跑的,就跑不了,不致将来现金欠缺,致无钱往白区办货,弄得大家吃亏。

(七)关税可以增加政府财政上的大收入,使得战费更加充足,红军有饭吃,有衫着,更快的粉碎帝国主义国民党大举进攻,完成江西邻近几省首先胜利,使工农群众所得到的利益更加有了保障。

(八)关税既有这几点好处,所以中央政府此次设关税完全是为了保护工农劳苦群众的利益,我们大家要极力来拥护,要帮助关税处检查奸商之漏税以及违禁品出入,随时报告关税处,一方面使关税处更便利收税,另一方面报告人自己又可以得到奖赏钱。

(九)关税是为了保护工农劳苦群众的利益,但对于商人老板以及地主富农却是不好的。所以关税设立后,这些富农老板们,一定会造谣言,说中央政府抽收厘金,以破坏苏维埃的威信。我们一定要将关税的作用和办法向工农群众宣传解释清楚,使苏区中男女老幼大家都知道,不致受其欺骗,对那些造谣分子要报告苏维埃严办他,使这些反革命分子不活动来破坏革命。

中央财政人民委员部印发

(录自《中央革命根据地工商税收史料选编》,
福建人民出版社 1985 年版,第 245—247 页)

中华苏维埃临时中央政府
征求专门技术人才启事

（1933 年）

　　中华苏维埃中央政府现以苏区缺乏技术人员，特以现金聘请。凡白色区物〔域〕的医师，无线电人才，军事技术人员同情于苏维埃革命而愿意来者，请向各地共产党组织及革命群众团体接洽，并填写履历，转询□□中华苏维埃共和国中央政府内务人民委员会，即可答复并谈判条件，于订立合同后，护送入苏区。

（录自《中华苏维埃共和国法律文件选编》，
江西人民出版社 1984 年版，第 211 页）

中央苏区各省县邮政局长联席会议决议案
——苏区第三次邮局长联席会议及闽赣两省邮局"6、7、8、9、10"五个月工作竞赛总结与今后工作的决定

（1933 年冬）

目前正当着粉碎敌人五次"围剿"的决战面前，我们红军在粉碎敌人的"围剿"中，已得到伟大胜利，给敌人的"围剿"以迎头痛击，我们苏区日益坚固，□□白区反帝反国民党□□□正汇合□□□的斗争，给帝国主义国民党的□□□□□□，我们为得要彻底的粉碎敌人五次"围剿"，实现中央政府的紧急动员令，动员一切力量为发展民族革命战争而奋斗，争取苏维埃在全中国的胜利，邮局是在战争中一部重要工作和□□，为要使邮局在战争中能提供一切需要和便利时变通起见，已于今年 5 月召集了第二次局长联席会，订立了闽、干〔赣〕两省工作的竞赛，今已期满。为着检阅和总结过去工作的优缺，改变和确定今后工作之计划，来配合苏维埃区域的发展，应付战争的需要，邮政总局在中央内务部领导和指示之下，□□今年 10 月 16 日再召集第三次苏区邮局长联席会。

会议到者：

邮政总局代局长王醒才、粤干〔赣〕管理局长朱昌峰、江西管理局长匡山泰、太雷县局长杨泽民、福建管理局长亶振挥、万泰代表罗兹源、闽干〔赣〕管理局长王克云、崇仁县局长夏德□、公略县代表项光祥、赤水县局长□裕□、龙冈县局长□新俉、宜黄县局长□起□、博生县局长丘福田、洛口县局长□□□、长胜县局长杨世秋、胜利县局长

□□仁、兴国县局长□□□、杨殷县局长□□□、石城县局长张兆兴、乐安县局长□□□、干〔赣〕县县局长朱□球、□□县局长□□□、泰宁县局长谢玉清、建宁县局长王□□、东方县局长佘贵胜、光泽县局长刘□□、资溪县局长凌全忠、西江县局长□□□、信丰县局长夏家模、雩都①县局长苏□□、寻邬②县局长张继禹、门岭县局长□□□、兆征县局长王杰、武平县局长□□□、上杭县局长谢善魁、长汀县局长高致明、代英县局长丘祥彩、泉上县局长沈金福、连城县局长邱斐成、永定县代表赖云太、宁化县代表李箕生。

缺席者：

闽北各县、清流、新泉、新淦③、永丰。

参加者：

中央内务部长梁柏台、交通管理局长张善初、中央局发行部部长载蔚霞、福建省邮工会委员长邵如□、粤干〔赣〕省邮工会委员长杜金和、江西省邮工会代表赖学深、粤干〔赣〕省邮务科长唐赞亮、郭玉连、门岭县邮务股长习信山、胜利县邮务股长邱□善、江西省邮务科长王俊钥。

瑞金县邮工支部代表：花桥刘作梅、大柏地张彩生、凌田杨衍铨、壬田廖光发、官仓杨振明、上田郭永金、黄柏胡全；邮政总局递信小组朱炳生；中央邮政总局邮务处长汪奇峰、郑化宏，技术科长陈海焘，供应处长邓荣川，审查员郭琴，财务处长李谦成，会计科长郭维南，管理科长许允赵；红军总信柜主任赖绍尧，六号信柜孔培□。

主席团：

郑化宏、王醒才、张善初、亶振挥、匡山泰、王克云、李云志、朱昌峰、袁锦兴。

记录员：郭琴、陈海焘。

---

① 雩都，现称于都。下同。——本文库编者注。

② 寻邬，现称寻鸟。——本文库编者注。

③ 新淦，现称新干。——本文库编者注。

首先由中央内务部长报告目前政治与任务,继由交通管理局长、中央局发行部和各省邮工会报告,后由中央邮政总局长报告自二次局长联席会议以来的工作成绩和缺点,完毕后进行各省局长报告自订立竞赛条约以来的工作情形,各县局长进行补充完毕。

检阅

优点:

1. 平班与快班开班都能按时。

2. 特别快信已普遍的一日一夜超过 180 里。

3. 发展了新的县份都建设了邮局。

4. 提高了工人的积极性(如夜晚一人走路,不要加工资,自动节省,募捐等项),边区工人的斗争有牺牲奋斗的精神。

5. 文化教育,建立了列宁室,进行识字、墙报、读报等工作。

6. 创造干部,超过了原定数目。

7. 经济动员,在这期内江西共有节省 2054.526 元,募捐 420.925 元,推销经济建设公债 2062.5 元,退回二期公债 420 元。

福建节省 839.91 元,募捐 151.378 元,物品有雨伞、口杯、草鞋(扣大洋 917.66 元),推销经济建设公债 1329.5 元,退回二期公债 72.5 元。

粤干〔赣〕节省 107 元,募捐 40 元,推销经济建设公债 394.5 元。

闽干〔赣〕节省 332.24 元,推销经济建设公债 1200 元,募捐 58.4 元。

8. 印务手续的改良:

(一)增设了回执、快信排单,无法投递□,包裹清单,查单等类。

(二)改良了分局清单,就地投递簿子,快信清单。

(三)划分了双单挂号,分拆了封口,就地所收之件。

(四)实行了邮件统计,在 6、7、8、9、10 五个月统计,共有挂号 9912 件,双挂号 6618 件,普通快 24110 件,特别快 6412 件,包裹 5256 件,银信 5775 件,平信 1 亿 4 万 3726 件,免费邮件 1 亿零 6620 件。

(五)日戳的是明显了。

（六）收发快信有填明时间，收发特快信的速度，已实现了每次不超过 5 分钟。

9. 改良工人的生活，订立了集体合同，发给了每月所付工资百分之一的文化教育费、百分之二的办公费，每年发给了衣服斗篷，病人在病假期内工资照给，加强了对工人的文化教育等类。

缺点：

1. 开班虽是按时，但对下午的快信回班不能接到下午的平信回班来开。

2. 在干线上还是把文件停留（原因是人员不够之故）。

3. 在战争动员中一般的说来工人的积极性是提高了，但有少数邮局对工人教育的缺乏，以致发生开小差的现象。

4. 大部分的邮局与政府联系不好，主要原因是政府工作人员不懂邮局工作和性质，如上杭才溪分局和总局管包裹的同志，有群众寄包裹没有用油纸包，也不宣传解释就说一句不收，以致群众怀疑，使群众反感，这是脱离群众的官僚主义工作方式。

5. 在改善工人生活大部分实现了劳动法，但还有少数分局有工人病了，要工人自己去雇夫代理。

6. 有少数的局对总局的发下文件不看，甚至还有不听上级的指示，如雩都县局不晓用查单，邮务处写信告诉几次还是不改，还有兴国对寄银信的不看上级通知不照通知执行，以致发生遗失。

7. 建宁、广昌发生意见冲突，把没有上到清单的信私人互相没收，以致延误信件。

8. 有些落后群众用旧的邮票，或用仁丹丸上之花样剪下贴在邮件上，假装邮票寄递（闽干发生 2 次、瑞金发生 1 次）。

9. 会昌的贺□竟因总局邮件繁多，人员□□新来者多，以致常常发生检〔拣〕错，但他不顾一切就用官僚主义作风开口就骂人，并且一连写了几封信，总局第一信才收到，他第二信连续跟来，说没有管他的信。

10. 文化教育工作还有少数邮局没有建立列宁室，尤其是墙报更无按期和经常出版。

11. 乐安县邮局长吴禧盛怕边区怕飞机,怕得要死,时常写信要省局派人去调,对工作完全不顾,并且开小差走。

12. 崇仁县局自己不去找人,还常来管理局,催要递信费,忽视当地群众,不信任群众力量。

13. 赤水县停留文件70余担,虽因路线不好走,但该县也不迅速计划以致停留许久。

14. 总局供应处的清单、执据不能应付各局的需要。

15. 关于财政方面发生好多的贪污分子,如涂义堂资溪负责时贪污大洋10余元,陈新耕在闽干〔赣〕省局负责事务科贪污伙食5元,王国祯负责安远县局长贪污公款20余元,揭复行在熊村负责时有特别快信一封没有贴邮票,向收件人取欠资1元2角,将钱同会计科长平分,每人6角。

16. 邮务手续的缺点:

(一)号码还是普遍的会弄错。

(二)排单还不能起实际作用,同时又没有编号码和有原因发生时没有填上排单内,有的邮局发信时连排单都不跟到走(如赖坊),有的排单退还原局时也没有审查,就审查得有错误也不交上级办理,收发排单时也没有同递信员当面对过时间。

(三)邮件自二次局长联席会后,对检〔拣〕错是少一点发生,但还有些邮局工作人员不注意,不能把这现象彻底消灭。

(四)各局对各种清单虽有保存,但没有秩序的保存,要寻查时不能很迅速查出。

(五)退回之邮件、退回条子批得不详细就退回去,以致寄件人发生怀疑。

(六)包裹手续自用以来,也有五六个月之久,但还有多数邮局不照上级通知(如建宁寄包裹时用执据粘贴在包裹上,以致中途擦破看不出来),并且还有些邮局不能很清楚(如永丰县局所寄之包裹□同连信一同走,经总局写过几次信去告诉他还是不纠正)。

（七）查单在整个苏区除闽、干〔赣〕两个管理局外，其余各县和分局都不能清楚，特别是雩都县局不晓用，经总局告诉几次还不改变，同时不晓用的地方也不来问。

（八）查单寄到各局不能很迅速退回原寄局，以致寄件人天天在原寄局追问，甚至大闹，如李伟良、郭援晶、许在生等〈的〉。

（九）就地投递之簿子，没有经递信员盖章以致也不注意，常发生失掉执据和回执。

（十）还有因物资购置不良，以致发生破损等原因，还有是日戳木的容易坏，所以还有少数邮局还发□不□□之戳记。

讨论事项：

（甲）修改邮章

1. 应对章程上不合事实适用之条例修改：

（一）组织。

（二）工资。

2. 要将章【程】上缺乏条例增加下列各项：

（一）局长和各处长的职务。

（二）移交及接管。

（三）邮局特权。

（四）优待条例。

（五）赏罚原则。

（六）货款。

（七）汇兑。

以上各项可参看章程。

（乙）健全与发展邮局工作

1. 创造干部：

（一）各级职员都应负责教授和互相研究，以创立新的干部人才。

（二）总局学习的人不论多少，省局应长期有 10 人以上的学习。

（三）中心县局应长期有 5 人以上的学习，县局应长期有 2 人以上的学习，同时各级邮局应注意在递信员中尽量创造干部。

（四）学习期间普遍以 1 月为限，除公家津贴伙食外，每月还【有】津贴 1 元为零用（递信员中提拔的照邮务员最底工资发给）。

（五）总局应随时准备可以做管理局长在 5 人以上的数目，省局应准备可以做县局长的 8 人以上，县局应随时准备可以做分局长和邮务员的最底 2 人以上，分局应由递信员中尽量创造。

2. 规定巡视制度：

（一）总局巡视员以省局多少来规定人数，省局以县数和路线多少来规定人数。

（二）巡视员要以能吃苦耐劳，对于一切手续都能了解为原则。

（三）巡视员 2 个月开会一次，互相检阅，互相交换工作实际经验，并要做工作报告具报上级，在工作中另外要提出以后整理的意见，并且到一局要将一局的工作情形具报上级。

（四）巡视员每到一局，应到当地各机关和群众中去探悉该局一切工作情形。

（五）应将该局的清单的数目逐一清查，是否有错误或贪污浪费的事实。

（六）应登记每局的工作优缺。

（七）应查一切清单存根和簿记是否有很好的保存。

（八）在每次会议中应详细检阅和指示一切工作。

（九）要注意各局人员和干部。

（十）要注意路线的转移和整理。

3. 加强工作速度：

（一）快班与平班应要衔接得到（平班早 5 时开，快班上午 9 时开，下午 2 时回平班，5 时回快班），开快班的递信员应带灯火，准备走 20 里的夜路，要反对过去没有到钟点就开班的。

（二）礼拜日发动各工友早晨 5 时开平班带快信，不另开快班，并可取加倍工资（因递信员自愿不取者不发给）。

（三）人员不够时，须按照实际情形增加，但须由上级批准。

（四）路途发生障碍时，要很快的协同政府或地方武装设法递去，或将路线转移,不得故意延误时刻。

(五)每个星期应同工会负责者,协商召集工会一次,每中心县 2 个月召集所属县会议一次,每县局每月要召集分局长联席会议一次,每省局半年召集县局长联席会一次,总局应派人前去参加。各级会议应按级报告,总局一年召集省县局长会议一次,要中央内务部派人参加。

(六)今后应定出竞赛条约,以革命竞赛的精神来完成今后的工作任务。

(七)检阅竞赛条约时,巡视员应行参加检阅。

(八)发动各工友送特快一天一夜,达到 200 里而奋斗。

4. 整理邮务技术:

(一)规定技术刚〔纲〕要,使全体邮务员统一技术。

(二)建立询问单。

(三)邮务员应常开邮务会议,检阅手续上一切的优缺,转变过去错误。

(四)办公厂〔场〕的邮务员要具体分工。

(五)日戳应在尽可能之下改用铁的。

(六)包封过去〈的〉用黄麻纸包封容易破碎,现今改用油罗或布袋来直接包封。

(七)有包裹在未实现油罗布袋包封之前,应在包裹上用小纸条子写"该件走何处去"等字样。

(八)其余一切手续可照审计员第一次联席会议决案。

(九)寄银信,应用火漆或最白的纸条子贴于封口,即盖经手人的私章。

5. 财政的整理:

(一)各级邮局在特别情形之下,失去银钱邮票,除由上级派人调查外,要得当地政府的事实证明。

(二)邮局一切公物要造单具报上级存查。

(三)邮局因人员不够时要临时雇夫,需要当地政府或团体的介绍信,给了工资伙食须得政府收据,并要各局互相证明(特别情形不在此项)。

(四)各级邮局应组织经济检查委员会,人数 3 人至 5 人组织之。

(五)各级审查委员会,每次审查情形,应□□报告和列表公布。

(六)总局每 3 个月做一次总决算(用油印)分布全苏区工友和群众,省局 2 月一次。

(七)总局开办财务手续训练班,每中心县应派人来学习。

(八)总局财务处应对今年 5 月至 10 月的数目列一总数决算表公布大家。

(丙)其他

1. 总局应建立月报,名称为"赤邮":

(一)以政治意义来鼓动工作人员的积极性和指示工作。

(二)登载工作人员之优缺点。

(三)登载每月财政之收结。

(四)登载每月所发收邮件统计。

(五)登载各局执行工作的情形。

(六)各工友的工作热忱。

(七)打击一般贪污、浪费、官僚、腐化等不良现象。

(八)各级邮局和省县邮工会应派人负通讯员责任。

2. 邮务工人牺牲的,以省为单位召集追悼会,经费除向工人募捐外,其余由邮局负担。

3. 过去的袖章,因边区关系和邮局人员不经心,以致遗失了好几个,为得实现赤色戒严防止敌人侦探混进,特决定将袖章一律收回作废,由各县邮局同政府协商自办通行证,每月或几日改变一次,另行通知。

(丁)建议

1. 邮政工作人员要发证章。

2. 边区邮局的负责人和省以上的重要负责者要发自卫枪。

3. 各边区有不好过的地方(如□□至建宁、闽干至闽浙干、上杭至永定等路线)应组织武装交通队。

4. 各省县有开大会向邮局筹备捐款,经济要邮局负责。

5. 要求多发一点钱、积谷以防价贵(如有人力难施之损失,则由公家负责)。

6. 每人要发一个消毒包,挖飞机洞的经费,要邮局负责。

7. 要成立邮务合作社,并要由内务部批准。

8. 邮务工人的衣帽不要发钱,要发衣服、帽子等。

9. 邮务工人无劳动力的,要求政府派人帮助。

10. 苏维埃政府一切通知、通告、训令、捷报,要求当地政府发给一些到当地邮局看。

(戊)闽、干两省 6、7、8、9、10 五个月竞赛总结

1. 方法:因在这竞赛期内,总局没有派检查员去各县彻底检查,所以这次以总局开至各路线为原则,如总局至博生、兴国、石城等路线为凭。

2. 条例:以延误、遗失、创造干部、经济动员 4 条为根据,延误、遗失以路线多少来平分,少者为优胜。经济动员以钱数人数来平均,多者为优胜。创造干部,以县份来平分,多者为优胜。

3. 福建:

(一)延误快信 3 件,挂号 1 件,草鞋 3 双,平信 2 件,包裹 2 个,总共 11 件,1 条路线。

(二)创造干部,37 人,有县份 11 县,每县平分 3.36 个。

(三)经济动员,节省、募捐、推销建设公债、退还二期公债等(物品扣价在内)共有 2106.948 元,全省人数有 1211 人,每人平分 2.74 元。

4. 江西:

(一)延误快信 4 件,平信 3 件,挂号 1 件,共 8 件,路线 3 条,平均每条 2.66 件。

(二)干部共有 62 个,县份 17 县,每县平分 3.647 个。

(三)经济动员,节省、募捐、推销建设经济公债、退还二期公债等

共有 4964.951 元,全省人数 2953 人,每人平分 1.681 元。

(己)评判

1. 福建:

(一)不会延误邮件,(乙)等。(二)创造干部,(乙)等。(三)经济动员,(甲)等。

2. 江西:

(一)不会延误邮件(甲)等。(二)创造干部,(甲)等。(三)经济动员,(乙)等。

以上总评判江西第一,福建第二。

(庚)给奖

1. 江西优胜,中央内务部和邮政总局给奖旗各一面,和书籍、画本、信笺、信套子等。

2. 福建第二,奖画本、诗集、二月革命至十月革命书、信笺、信套等。

3. 推销经济建设公债,全省个人最多者给银牌一个,全省那县最多者给奖旗一面。

(一)有兆征县局长王杰个人推销 17 元,奖银牌一个。上杭全县推销 260 元,奖旗一面。

(二)江西管理局长匡山泰个人推销 12 元,奖银牌一个。闽干〔赣〕、粤干〔赣〕奖旗和银牌及江西之奖旗交各该省局转给。

(辛)摄影

(壬)晚会

(癸)散会

(根据中共江西省委党史研究室资料处藏件刊印)

中央工农检察人民委员部
代部长高自立给李克钧的信

（1933 年）

李克钧同志：

你先后来信 2 封均照收到,中央认为你是努力为苏维埃胜利而斗争的,希望再用你们尖锐的眼光来揭破那些违反苏维埃政纲政策法令和官僚主义消极怠工,贪污腐化浪费的分子,以及经过你们努力把群众对苏维埃工作每一意见,都收集起来。中央在这一意义的原则上,为了便利于通讯起见,特与邮政总局订定了减低邮费的条件,已经得到允许,认为每次通讯重量不超过 6 钱的平信贴 1 分,挂号信贴 4 分,快信贴 8 分,就可以与普通贴足了邮花一样递送,但是只限于工农通讯员用工农检察部所发给的特种信套子,又是向工农检察部通讯才可以,如果拿特种信套子与别的机关或是与私人通讯是不允许的,并且要加倍罚邮费。兹附来邮票 1 角 5 分,特种信套 3 只,祈查收,并盼慎重保存使用。

至于那些应当贴 1 分,那些贴 4 分,那些贴 8 分,可以根据事情的主要、次要酌量情形来贴。

例如目前扩大红军的工作是最主要的任务,如果你调查了有人对扩大红军刚强迫命令的方式,因之引起群众逃跑上山,甚至逃到白区去,又如发现某处工作人员贪污公款以及查田运动中有把中农当作地主、富农没收反对的,因之引起群众的反抗,这些问题是严重的,应该把如何起,如何止,那个人负责都写清楚,用快信告诉中央。

　　例如某个人成分有人说是中农,也有人说是富农,查田委员会已经将他没收了,群众也不大反对,在你也不能断定他是中农或富农,那么这个成分是成疑问的,可以用平信。又如有个工作人员腐化,那么这个人一定要与他作斗争,可以用平信,因为腐化不是一下子就可以改止的。

　　　　此致

敬礼!

中央工农检察人民委员部代部长　　高自立

1933 年　月　日

(录自江西省邮电管理局邮电史编辑室编:《苏区邮电史料汇编》(上),
人民邮电出版社 1988 年版,第 85—86 页)

工农检察控告局布告

（1933 年）

一、凡苏维埃政府机关对于工农群众切身利益的:《劳动法》《土地法》《优待红军条例》《婚姻条例》,各种经济政策,不切实执行或执行得不正确的都可以来控告局控告。

二、凡苏维埃政府机关对于战争动员各种工作,如扩大红军、发展地方武装、各种经济动员,不切实执行或执行得不正确的都可以来控告局控告。

三、凡苏维埃政府机关及地方武装如游击队、赤卫军、少先队等,如尚混入有阶级异己分子、官僚腐化分子、贪污浪费分子、消极怠工分子,都可来控告局控告。

四、本局设有控告箱,不论何人,都可写控告信投入箱内,不会写信的,可请人代写,或当面来本局控告,一律欢迎。

工农控告局局长

公历 1933 年　月　日

（据江西省安远县博物馆保存原件刊印）

中华苏维埃共和国邮政总局财务通知第八号
——关于邮务工人的衣服问题

（1933 年 12 月①）

邮务工人衣服早已集体合同上规定每人每月发大洋 5 角,已实行 10 个月来了,但有一般工人感觉身体上困难,大多数工人要求改发衣服,总局没有很好的答复,以致有些局已经发了衣服费不能一致统一,目前正当革命向前开展,为要彻底改善工人的生活,提高工人的积极性,接受工人的要求是必要的,特决定下月购置衣服发给。但在今年 1 月份起发出的衣服费应即一律特别收入,批明收回,以免浪〔滥〕用公款。各省需要衣服的预报数目,希马上报告前来以便做预算领发,希照办理。特此通知。

代总局长　王醒才

财务处长　×××

（录自江西省邮电管理局邮电史编辑室编:《苏区邮电史料汇编》（上）,
人民邮电出版社 1988 年版,第 173 页）

---

① 年月系原书编者考证后所加。——本文库编者注。

今年选举的初步总结
梁柏台
（1934 年 1 月 1 日①）

今年的选举与过去两次的选举有着不同的意义,因为今年选举,正是在完全粉碎了敌人的四次"围剿",又在粉碎五次"围剿"中得到了初步胜利的时候,又正是查田运动,经济建设正在猛烈开展的时候,所以今年的选举是在革命开展的局面,阶级斗争深入的环境中进行的,不是和平的选举运动。

为着使今年的选举得到更大的胜利,使更大的工农群众来参加选举工作,所以对于今年的选举有了充分的准备,根据过去两次选举的经验,在选举手续和工作方式上都有了许多改变,而且重新颁布了选举法,和详细的指示选举工作的训令,在宣传动员工作,选民登记,选民和候选名单的公布,向选民做工作等都给了详细的和具体的指示,此外又开了两个 18 县以上的选举运动大会,专门讨论选举问题。中央内务部也开办了两期选举运动训练班,各省也开办了选举运动训练班。经过了这许多准备之后,选举运动就普遍的开始进行起来。

这次选举确实得到了许多成绩,和第一次全苏大会的两次选举,有了显然不同的地方。

---

① 原件无时间,此为该总结在《红色中华》发表的时间。——本文库编者注。

宣传动员工作改善了

对于选举的宣传工作,除极少地方之外,普遍的以乡为单位,组织了3人至7人的宣传队,比较先进的地方组织了化装讲演,演新戏,俱乐部开晚会,各学校上选举课等,造成选举的热潮(如兴国的杰村、社富、城岗,上杭的才溪、通贤,瑞金的武阳等)。有的地方进行有组织的动员,如兴国的杰村、城岗等都召集了乡以上的党、政府、群众团体的负责人一百几十人的会议,详细讨论选举工作,这些选举的宣传动员工作,比前两次的选举是有很大进步。

向选民作报告

市苏乡苏向选民做工作报告,一般的是进行了。而且报告之后,或多或少对政府下了批评。许多地方批评政府对战争动员如扩大红军、归队运动等,工作没有达到应有的成绩,地方建设事业注意得不够等等,给了对工作消极怠工、官僚腐化的苏维埃工作人员以严厉的打击。

选民登记

选民登记有普遍的进行了,在登记之后,用红纸白纸公布,有选举权的写红纸上,无选举权的写在白纸上。这个红白纸的公布是有很大的意义的。使阶级异己分子在广大工农群众的监视之下,没有一个能混到苏维埃来窃取选举权。

候选名单的公布

今年普遍的公布了候选名单,这对于健全苏维埃政权的组织是有很大关系,经过候选名单的公布,一方面使那些消极怠工、官僚腐化的分子不能混到苏维埃来,把代表的质量大大的改善。在另一方面则经过党、团及各群众团体的讨论,将最积极最坚决的分子提出来列入候选名单内。而且今年所提的候选名单,许多地方超过了应选代表人数之一半或三分之二以上,有这些候选名单上,经过广大选民群众的批评之后才提到选举大会上去通过。这种候选名单的公布,使每个选民有预先充分考虑自己代表的时间,不至于到选举时匆忙的提出来,充分的表现出苏维埃选举的民主制度。

吸收了最广大的群众

这次选举,吸收了最广大的选民。根据几个统计,先进的如:兴国全县,上杭才溪区瑞京①武阳区平均到会的选民都在百分之九十以上。比较落后地方如西江县洛口县,到会的选民平均在百分之六十二以上。中等区如瑞京的下肖区到会选民平均在百分之七十一以上。拿这些数字来推算,今年的选举,到会的选民当在百分之八十以上。即使同最落后区来平均计算,今年到会的选民也当在百分之七十五以上。从这些数字中也很明显的表现出选民参加选举的积极的提高。

工人成分增加了

代表的成分,工人的数量大大的增加了。在上杭才溪区上才溪乡,75 个代表,工人有 35 人,代表总数的百分之四六.五,但是该乡上一次的选举,53 个代表,工人仅占 13 人,即代表总数的百分之二四.五。兴国全县的代表总数为 9009 人,其中工人占 2509 人,即占代表总数的百分之四二.四。即拿比较落后而且新建立的西江县来讲,2270 个代表中有工人 710 人,差不多占代表总数的百分之三十。从这些数字来看,工人代表成分的大大的增加是直接加强无产阶级对苏维埃的领导。

妇女代表超过了党的号召

这次选举增加代表的人数,妇女代表占代表总数的百分比例,如兴国为百分之三十以上,乡苏主席有 20 余个女子。杨殷为百分之二十五。上杭才溪区的上才溪乡则为百分之五四.六。下才溪乡则为百分之六四.八。各地乡代表的妇女一般的在百分之二十五以上。我们党提出今年的选举,妇女代表应占代表总数百分之二五的号召,已经给了布尔塞维克的回答,不但完成了这个任务,而且超过了。

---

① 瑞京,即瑞金。下同。——本文库编者注。

群众的提案

在选举大会上普遍的有提案,其中以扩大红军,优待红军家属,解决几年来无音讯的红军老婆的问题,消除市面现洋与纸币的差异现象,进行节省运动,推销公债,扩大合作社组织,准备春荒,女子由甲地嫁到乙地土地问题解决,修理道路桥梁,设俱乐部列宁小学等问题为最多。兴国还提出了实行义务军役、组织游击师等问题。由这些提案中可以反映出群众的要求,使苏维埃在日常工作中更加注意完成这些提案。

选举单位缩小了

这次选举的单位比较过去是缩小了,过去大都以乡为单位来进行,这次都以村子或屋子及企业为单位。因为选举单位的缩小,与广大的选民群众发生密切的联系使选民易于参加选举,增加了选民参加的人数,使选民有更多的发表意见的机会。这种选举单位的缩小,是使更广大的工农群众紧密的团结着〔在〕苏维埃周围。

选举与战争动员的联系

这次选举是与战争动员的工作配合起来,不是和平的选举。在每个选举大会上都提出扩大红军、优待红军家属、推销经济建设公债等等问题,而且在选举大会上常有报名去当红军和推销公债票的事情。如兴国的文溪区在选举中扩大了红军127名,上杭旧县区苏代表会有三分之一的男代表报名去当红军,决定做草鞋1500双。上杭红坊区在选举中推销公债5890元。这样的事实,举不胜举,由此可以证明这次选举是配合着战争动员而进行,是与战争动员取得密切的联系。

这次选举虽然获得了许多成绩,但是在个别地方还有不少缺点和错误,现在归纳起来可以指出【以】下几点:

（一）有个别地方把选举与战争动员分开,如长胜县苏门岭县苏及会昌城市区苏。

（二）有些政府的主席团,不注意选举工作,这种现象在福建省苏,宁化、澎湃、长胜等县苏都发现过,自中央政府纠正忽视选举的命令下去后才引起他们的注意。

（三）各级政府的干部，对选举工作缺少注意，把选举看做内务部一部的事情。如博生市苏工农检察科长说："我的重要事情多得很，那有工夫来管选举的事情！"这是一个最标本的例子。

（四）有些地方，有把选举的手续弄错误的，如：会昌市苏第一次全市只选18个代表，以贫民委员会代替了选举委员会。会昌市、瑞京市都经过第二次的选举。门岭区、□坑区选民名单未经公布即进行选举。最奇怪的是门岭的青坑乡，未选举出代表，先选举了主席。这些事实都表现出在这次选举运动中还有些弄错了选举的手续，表现出选举中的不规则现象。

（五）有许多地方，选举进行得很迟缓，应在10月间进行的选举，而延迟到11月才来开始进行（长胜、会昌等地方）。

（六）在这次选举中也有不重视妇女的地方，如长胜的选举委员会没有妇女参加，兴国第一次的选民登记，只写某氏而不写他的名字，以致第二次重新登记过。

（七）有的地方的群众团体，对于选举运动，缺少起积极的领导作用。

（八）选举的主要负责机关——各级内务部的组织不健全，因此对选举的推动力薄弱。

以上对于选举的总结，只根据了部分的材料，所以只能作初步的总结。就从这个初步总结的材料中，已很明显的看到这次选举是得到了很大的成功。在这次选举之后，我们相信苏维埃机关必然是更进一步的健全，建立起坚强而有工作能力的苏维埃政权。拿这次选举的胜利彻底的来粉碎敌人的五次"围剿"！

（录自1934年1月1日出版的《红色中华》第139期第6版）

中华苏维埃共和国邮政总局通告第五十二号
——关于继续青实条约履行 6 个月事

（1934 年 1 月 2 日）

（一）青年实话总发行的由旧年 8 月间与总局订立的免费条约问题（即总局三十二号通知）已经期满，兹得青实总发行所与总局商讨双方同意总局三十二号通知的青实免费条约继续履行 6 个月。

（二）今后青年实话之免费投递者再加上"特约青实"的戳记才能递送，希各局一体遵照为要。

代总局长　王醒才
公历 1934 年 1 月 2 日

（根据中共江西省委党史研究室资料处藏件刊印）

中央工农检察部的指示
——怎样检举贪污浪费？[①]

（1934 年 1 月 4 日[②]）

　　苏维埃机关中，军事机关中，国家经济事业机关中，贪污浪费的事件，现在已经发现了好多处，未发现的还不知多少，消灭贪污浪费，使一切经费为着战争，这是我们目前的重要任务之一。中央工农检察部在人民委员会指导之下督促各级工农检察部注意开展这一斗争以来，已在瑞金等处查出了几个大的贪污，浪费案，中央审计委员会在裁减军政机关不必要的开支及随意浮开预算表中，仅仅 12 月份已经节省了 20 万元以上。这一事实告诉我们，抓紧着开展这一斗争，是何等的重要。然而在各省县区以至市乡政府却至今还没有把这一斗争开展起来，这是不容许的现象。

　　为了广泛开展这一斗争，我们提出下面的要点：

　　（一）要提起对于贪污浪费的警觉性

　　瑞金县苏主席团及工农检察部在中央严重指出他们的问题后，漫不经心，拖延至一个月之久不进行检查，最后还是中央直接派人检查才查出 2000 余元的贪污案来。各地主席团及工农检察部切不要以为自己机关中没有任何人员在作贪污或浪费的事情（自然不一定每个机关都有这种事实），一定要注意查察，有一点小的表现就要跟

---

　　①　标题本文库编者略有改动。

　　②　原件无时间，此为该指示在《红色中华》发的时间。——本文库编者注。

着去查,常常能从小的事件查出大的问题来,瑞金的大贪污案,就是从他们灯油费浪费一件小事着手查出来的。

(二)贪污浪费常常不能分开

浪费多的地方多半藏着贪污分子在内,不裁制贪污分子就不能完全消灭浪费,瑞金会昌及中府总务厅的检举,已经证明了这一点。

(三)发动群众反对贪污浪费

要知道造成贪污浪费是残酷的阶级斗争之一种,因此必须发动群众对于这一现象的斗争。一个贪污案子如果不发动那一机关的全体群众就不能彻底根查清白,就不能禁绝以后再产生贪污事件,浪费的彻底消灭,也是如此。

(四)要注意许多机关里的贪污浪费

根据我们的经验,不仅是财政部人员可以发生贪污浪费现象,如内务部,裁判部,军事部,别的军事机关,国民经济部,政治保卫局,总务处,以及一切经手收钱用钱的机关,都有贪污浪费的可能。甚至贫农团主任,乡苏代表都有这种可能(如经手罚款捐款,发行公债,退还借谷票公债票,收集节省来的现金等),税务机关,国家贸易机关,粮食调济〔剂〕局,合作社,贪污浪费的可能更大。如以为只有财政部系统中有贪污浪费现象的存在,而忽略其他机关的检查,是错误的。

(五)要根据中央政府新颁布的惩治贪污浪费法令从严治罪

贪污500元以上的实行枪决,500元以下的分等,监禁或罚苦工,浪费的亦应按照情节处罚。贪污分子及重大的浪费分子都应举行群众公审。第一次贪污浪费的检举,都应作出结论,采取必要的处置办法。

(六)要组织审查委员会审查贪污浪费

这是临时的组织,省县区乡四级都应组织起来。以工农检察【委员】会主席,主席团派一人,青年团派一人,工会派二人组织。首先从财政部及总务处下手一次及国民经济部及其所属的经济机关,次及各部以至一切经手款项的人,务必查他一个彻底。前后方军事机关尤其后方各机关同样要组织委员会来审查。

　　在艰苦的国内战争环境中而有贪污浪费现象发生，完全是一种罪恶。而肃清这种罪恶的结果，不但省出了经费为着战争，而且将要紧张苏维埃人员的工作精神，提高工作效能，因为贪污浪费的反面就是刻苦奋斗，把贪污浪费分子除掉了，其他的工作人员以至广大群众将更加兴奋起来，所以反贪污的斗争，是执行苏维埃一切战斗任务不可分离的部分。

（录自 1934 年 1 月 4 日出版的《红色中华》第 140 期第 2 版）

消灭文盲协会基本组织工作纲要

（1934 年 1 月 6 日）

（1）为要使消灭文盲协会的工作成为广大的群众运动〈动〉，所以本会首先就规定各协会基本组织的工作，各级协会必须根据这一规定，领导所属的组织进行工作。

（2）乡协会的执行委员应正式充任村分会的主任，村的工作干事必须兼任小组长，使一切工作成为有组织的深入到群众中执行。

（3）乡协会的常务委员由主任和二个干事共三人组织之，各工作干事的分工一人负责一种或二种，须按其工作能力与工作繁简规定之。

（4）村分会设正副主任各一人，领导计划检查各干事、各小组、各会员的工作。

（5）乡村协会工作干事的分工：

一、调查统计干事：是登记及调查全乡或全村的会员数量及组织情形等工作。

二、收集保管学习材料干事：是送各方面收集好的经验、好的教育材料，同时要将所有一切书籍和器具须负责保存，但书籍一项还须代替上级发卖。

三、夜校干事：首先要将夜校的组织及工作健全起来，领导和发动广大的会员及群众积极到校学习。

四、识字干事：应特别注意建立识字牌，利用群众的休息时间随时随地进行识字工作。

五、俱乐部干事:应用大力帮助各俱乐部的工作,如组织读报班、讲演会等,尤其关于与消灭文盲工作有密切联系的,应该负完全责任。

六、经济筹措保管干事:除收纳会费外,还须发动群众团体及群众募捐来筹措教育经费等工作。

七、考查干事:是考查各个会员工作执行的程度,随时向主任报告,并将各种工作经验收集起来,推广到全体会员中去,以增进他们学习成绩的速度。

(6)整个工作的检查,乡的每月三次至五次,村的六次至十次。

(7)以上的工作是以乡【为】基本组织下的工作【来】举个例子。其余各机关、各部队、各工厂企业的基本组织工作照此可适用。

消灭文盲协会临时中央委员会

1934. 1. 6

(根据中共江西省委党史研究室资料处藏件刊印)

中华苏维埃共和国邮政总局
经济审查委员会通令第一号
——关于经济审查委员会的组织问题

（1934 年 1 月 8 日）

敌人正在疯狂的对苏区和红军进行五次"围剿"的时候，尤其的是对苏区的经济封锁，用了最残酷的手段，我们有了一切的力量给予战争，是有把握的打破敌人经济封锁，粉碎敌人五次"围剿"。

经济战线上反贪污浪费的斗争，是战争中极大的任务，不让有一个贪污浪费分子存留在邮局，第三次苏区邮局长联席会的决议，各级邮局组织经济审查委员会，专门清查邮局数目及对贪污浪费和虚浮预算，节省公家一切用度，并注意个人浪费。总局昨已正式成立今在进行工作，望各级邮局迅速成立起来，完成局长联席会给我们伟大任务。省管理局以 5 人至 7 人组织之，县邮局以 3 人之〔至〕5 人组织之，分局有可能也可 2 人至 3 人组织之，□□□□□□报告这一意义，选举积极忠实坚决分子充当委员（负责经济人员□□参加）。并将选举名单报告，本会成立后还须与当地政府工农检查〔察〕部发生密切关系，全□每月□作的工作按月报告上级以便考察和解决，各级邮局要很快的进行这一工作，开展反贪污浪费的斗争，使我们的经济真正能够一分一文为着战争，那一个破坏这一工作，就是革命战争中的罪人。望各级邮局特别注意，遵照执行此令。

主任　刘功沐

委员　易　权　卢同好

　　　□炳炎　邱玉昆

　　　曾□便　刘忠始

1934 年 1 月 8 日

（根据中共江西省委党史研究室资料处藏件刊印）

中华苏维埃共和国中央政府财政人民委员部布告第七号
——为统一财政收据防止舞弊
（1934 年 1 月 13 日）

　　为彻底统一财政，防止贪污舞弊起见，本部特将国家财政上各项岁入收据统一规定印发，并指定一定上级机关盖印，交各级财政机关使用。从 1934 年 2 月 15 日起，凡一切国家收入如税款、租款、地主罚款、富农捐款、没收款、司法罚款、国有山林拍卖款、矿产租金、退还款、节省款等，不论一次交清者或几次交清者，都须用本部印发并经一定上级机关盖印之正式收据，并经收款机关负责人盖私章，才生效力。其使用私人收据及未经上级机关盖印之收据，以贪污论处。缴款人未取得正式收据而随便缴款者，作为无效。兹将本部印发各种收据种类及法定盖印机关分别表解如下，望各缴款人及收款机关遵照执行。

中华苏维埃共和国收据	没收征发委员会收据	富农捐款收据	地主罚款收据	店房租收据	钨砂出口特许证	米谷出口特许证	关税凭单	商业税收据	山林税收据
国有山林拍卖款，退还公债款，退还谷票，节省款，司法罚款，矿产租金，及其他收入	地主罚款，富农捐款，没收款，没收品	富农捐款	地主罚款	店房租，作坊租，摊寮租	钨砂出口税	米谷出口税	关税	各种商业税	木梓税

三联	三联	三联	三联	三联	两联	两联	两联	三联	两联
中央财政部或省财政部	中央财政部	中央或省财政部	中央或省财政部	中央或省财政部	中央财政部	中央财政部	中央财政部	中央或省财政部	县苏维埃
中央财政部或省财政部	这是新印的，以后一律要用此收据	这种是旧印的，现在尚可使用	这种是旧印的，现在尚可使用						

部　长　林伯渠
副部长　邓子恢
公历 1934 年 1 月 13 日

（根据中共江西省委党史研究室资料处藏件刊印）

苏维埃政权

（1934 年 1 月 18 日）

第一章　苏维埃政权一般的说明

（一）苏维埃是被剥削者和被压迫者的政权，就是工农兵及一切劳动者的政权，一切不劳动者、剥削者赶出政权之外。所以它这政权不是建立在地主资产阶级政治和经济制度的基础上，是推翻剥削阶级旧的政治经济制度，而建立新的政权。它是随着革命阶段用武装的、和平的、经济的、政治的教育各种各样的斗争方法，一步一步消灭人剥削人和人压迫人的制度，以至消灭阶级，变成财产公有社会。但是最后它的本身也要随阶级消灭而衰亡的，这就是苏维埃政权主要的特点。我们中华苏维埃也在这原则下，用暴动的方法消灭了地主阶级，削弱了富农的势力，用工人监督生产和合作社等等，限制资本家的剥削，准备由民主革命转变到社会主义。斯大林说："苏维埃的国家形成引导劳动者和被剥削者的群众组织经常的无条件的参加国家管理，才能够准备消灭国家。"

（二）苏维埃政权是最民主的政权，吸收广大的群众来管理国家，国家机关所有军队、法庭、文化教育、经济建设、检举运动、征收租税，都是劳苦群众直接的参加政权机关和群众组织发生不间断的联系，随时由他的自己代表向他们的组织做报告，群众组织也随时检查他们代表在政府的工作。在政权机关中组织各种经常的及临时的各种委员会，由劳苦群众推选委员来参加工作。例如：中华苏维埃的乡政府，目前有些地方有 16 个委员会，单是红军方面有扩大红军、慰劳红军、归队运动、优待红军 4 个委员会，列宁说："我们有一个神妙的方法，一下子就把国家机关扩大 10 倍，这种神妙的方法就是吸收劳苦群众和贫民来管理国家日常工作。"又说："如果不吸收妇女来独立参加政治生活，并且参加日常的公民服务（如查路条、慰劳红军、文化教育等等），那么，不独丝毫说不上社会主义，还说不上完全和固巩〔巩固〕的民权。"这种民主政权，随时与群众发生联系，不限于一定的时期，联系有不好，甚至因官僚主义破坏了，容易转变，联系有不好的时候容易检查。列宁说："苏维埃与群众发生密切的、不间断的、易检查的、易恢复的联系。"

（三）苏维埃是做事和议事统一的政权。他说的话，他自己要负责执行，不能推诿别人执行，所以他的会议不会变为空谈，不会只说漂亮的话，欺骗人的话。他的会议就是为着要计划检阅和进行工作，使工作增加效力，使错误不再重复，所以他的会议也就是工作的一部分，是工作日程上必须列入的，尤其是集体领导，是用会议方式来解决问题。资产阶级的政权就不是这样，资产阶级的国会也是会议的机关，但是他和资产阶级执行机关那是叫内阁的是分离的，国会所议的，内阁可以不执行，执行的必然是于资产阶级有利益的，别的阶级选入到国会内的不过是领些薪水，受资产阶级的收买，帮资产阶级说话，对于劳苦群众仅仅是一个欺骗的机关，不能代表劳苦群众的要求。我们苏维埃是劳苦群众自己会议自己执行，执行的就是劳苦群众自己所要求的。

（四）苏维埃的代表是由生产组织中选举出来的，只有劳动者有选举权和被选举权，剥削他人的劳动者没有。因此，生产的群众和政权的工作人员亲密联系的、没有阶级的区别，没有利害上的不同，尤其是乡苏维埃的工作人员同时是生产的群众,在工作中不脱离生产,工作人员与群众丝毫没有区别,不像地主资产阶级的政府工作人员,是向来不劳动的官僚和绅士,生活和群众不同,不会了解群众的生活,所以,苏维埃政权深入工农劳苦群众而时刻注意改良工农劳苦群众的生活。列宁说:"苏维埃和各项职业亲密联系,可以不经过官僚主义的方法而能深入群众的改良"。

(五)苏维埃由群众选举群众撤换,使劳动群众得以在组织上实际的监督,由他们所选入苏维埃人员的工作。我们反对贪污腐化官僚主义,必须学习使用这撤换之权。

(六)苏维埃是含有国际性的国家。列宁主义概论上说苏维埃最含国际性的组织,因为他破坏一切民族的压迫,并且依靠在各民族劳苦群众合作,遂促成这些群众团结为一个统一的国家。

(七)苏维埃也和别的政权一样,是这一阶级压迫别一阶级的工具,不过不同的是被剥削的多数压迫剥削者的少数。所以,苏维埃政权也有他的军队、法庭、监狱用来镇压剥削阶级,保护阶级利益,所以扩大红军和加紧肃反工作,是他经常的工作,尤其是阶级斗争紧张时更重要,同时还要发展经济战线上的斗争和教育文化上的斗争,根本消灭剥削阶级一切社会基础。

第二章　苏维埃的政纲

(一)十大政纲(根据目前革命性质及其前途确定了具体的十大政纲)。

1. 取消过去中国政府与各帝国主义国家所订之一切条约和所借外债,推翻帝国主义在中国一切统治势力,达到完全独立与统一。在相互平等的基础上另行订定平等的条约。

2. 没收帝国主义资本在中国开设的一切企业和银行,无贷〔代〕价的收回中国各地的租借地和租界。但是目前外国资本在遵守苏维埃政府法律与法令之下,可另订定条约,允许其继续营业。

3. 推翻中国豪绅地主资产阶级的国民党军阀统治,在全中国建立工农兵苏维埃的工农民主专政政权。

4. 取消过去中国政府对各弱小民族所订一切压迫条约,承认各民族的完全自决权,但是本代表会希望中国各民族在自愿结合,抵抗共同敌人的基础上,建立完全平等的苏维埃联邦共和国。各民族愿否加入与如何加入此联邦,完全由其苏维埃大会自行决定。

5. 改善中国工人生活,实行8小时工作制,青年工人6小时,14岁至16岁者工作4小时,禁止14岁以下的童工工作。改善女工待遇,增加工资,施行失业救济与社会保险等。

6. 无贷〔代〕价的没收一切封建地主、豪绅、军阀、官僚祠堂庙宇以及其他大私有主的土地与财产,平均分配与贫农、中农、雇农苦力和其他失地的农民,在目前准许出租买卖。

7. 改善士兵生活,发给士兵土地和工作,红军士兵及其家属应取得各种的优待权。

8. 建立工农自己的武装——工农红军由自愿兵制应逐渐过渡到实行征兵制。一切剥削者应完全解除其武装,以消灭他们一切,再掌握政权的企图与阴谋。

9. 在遵守苏维埃政府一切法律与法令下,准许私人资本经营与贸易自由。取消一切国民党政府军阀、豪绅地主所施的捐税和厘金,实行应统一的累进税。

10. 联合全世界的无产阶级和弱小民族的被压迫群众,尤其是无产阶级的祖国——苏维埃联邦共和国,他是领导全世界无产阶级革命,帮助弱小民族解放运动的联合一致,抵抗共同的敌人——帝国主义与中国国民党的统治。

第三章　苏维埃的组织

（一）苏维埃是民主集中制的组织。

1. 苏维埃的民主制，苏维埃的组织，首先就要保证广大的工农劳苦群众参加苏维埃工作，执行苏维埃一切命令和决议案。并且要依靠群众自己的经验、自己的了解、自己的积极性来参加工作，不是由上级的命令强迫甚至欺骗来参加工作，那么我们的组织就要适合这些条件，因此，苏维埃就是由群众选举，由群众撤换，就有各种临时的、经常的委员会的组织，目前在我们的乡苏维埃有些地方有 30 个左右的委员会，委员人数常有 100 至 200 人，并且不脱离生产，除这些苏维埃本身的组织以外，还有工会、贫农团、反帝拥苏互济会、儿童团、少先队、赤卫军、赤色教员联合会等十几个群众组织，围绕在苏维埃周围，苏维埃经过这些团体来吸收千百万群众参加苏维埃工作，我们最接近群众的组织是乡苏维埃，所以乡苏维埃是我们的基本组织。

2. 苏维埃的集中制就是下级必须执行上级的命令和决议案，那么，苏维埃的组织也就是适合这些条件，所以，苏维埃最高政权机关在中央，只有中央有制定法律之权，有宣布战争、订立各种国际条约之权，有发行公债、指扨〔挥〕对外贸易之权，列宁说："苏维埃政权是被压迫的工农阶级中最觉悟、最努力、最先进的部分组织形式"。苏维埃必须是这样才能保证苏维埃对于群众的领导及上级对于下级的领导，换一句话来说才能保证政权的集中。有些同志认为苏维埃政权机关不是最努力、最觉悟、最先进的部分，因为这样就和党没有分别，这一观点是错误的，苏维埃应该有最先进的党员在政权机关起领导作用，党也应该派最先进的党员到苏维埃工作，尤其是机关中的党团，以保证党领导苏维埃和苏维埃领导群众。

（二）苏维埃是工农民主专政，一切劳动者被剥削者有选举权，一切剥削者、不劳动者没有选举权。

1. 为着充分的实现民主制选民有召回撤换代表之权，要讨论选举名单,要向代表会提案,要批评苏维埃过去的工作。

2. 为着要彻底的代表群众,接近群众,选举单位不要过大,在乡村的选举须以村为单位,企业以生产部门为单位。

(三)苏维埃的组织要适合于斗争的任务。

1. 新发展的区域和斗争深入的区域,组织不同,中心区域与边区不同,因为他的群众条件和任务有些不同。例如:革命刚才开始胜利的地方组织革命委员会,不组织苏维埃。

2. 城市与乡村组织不同,因为人口集中和分散不同,工商业和农业不同,就产生组织上的不同。

3. 随着某些新的任务增加而扩大组织,同时随着某些任务完成而缩小某些组织。因此,组织和任务与工作不能分离,如果有组织没有工作,或工作的需要赶不上组织的扩大,就会变成官僚机关,有新的任务不组织新的力量,或组织太弱,就不能完成应完成的任务。

4. 组织看人口的多少和区域的大小变更,使组织和工作环境,很适当的配合起来。

(四)苏维埃政府的组织系统。

1. 中央省县区乡或市五级。

2. 中央为苏维埃政权的最高机关。

3. 城乡为苏维埃政权的基本组织。

(五)中央苏维埃政权。

1. 全苏大会(即中华工农兵苏维埃代表大会的简称,全苏大会为中华苏维埃共和国的最高政权机关,由各省苏维埃代表大会及中央直属红军"方面军"及直属市苏维埃所选之代表组成之)有颁布和修改宪法及一切法令之权。

2. 中华苏维埃中央执行委员会在全国代表大会闭幕后,中央执行委员会为全国最高政权机关。中央执行委员会(人数不得超过500人,由全苏大会选出代表所组成)是全国"立法""行政""司法"的最高管辖机关,监督宪法和全苏大会及中央执委会所颁布的一切法令、决议、命令之施行。

3. 执行委员会主席团在执委会闭幕时,执委会主席团为最高政权机关(不得超过 35 人),主席团(由主席团选出正副主席 3 人)对执委会负责任监督宪法的施行及全苏大会执委会各种法令决议的实施,有颁布各种法令及审查批准停止变改各人民委员会的各法令、决议、命令及停止各级苏维埃大会的决议之执行,以待交中央执行委员会审核之权。

4. 人民委员会

(1)人民委员会为中华苏维埃共和国执行委员会的行政机关(负指挥全国政务的责任),对执委会主席团负责。

(2)只有人民委员会的委员,才能用人民委员名称(各级地方政府没有这个名称)。

(3)在执委所规定的范围内,得颁布各种命令,采取适当的行政方针,但须即通知执委主席团。

(4)人民委员会由下列的人员组织之:

人民委员会主席 1 人,副主席 2 人。

外交、军事、劳动、财政、土地、司法、卫生、教育、工农检察、内务、交通、邮电、国民经济、粮食、社会保险、贸易各人民委员。

5. 各委员会

(1)各人民委员设立各人民委员会,各人民委员为各人民委员会的主席委员,由人民委员会任命之。

(2)各人民委员会在他的范围内,有单独解决一切问题之权。

6. 最高法院

(1)职权(保障革命法律的效力)

一、解释关于法律上的问题。

二、审查各省法庭及直属县的判决书及决议案。

三、审查中央以外的高级机关职员在执行职务期间内的犯法案件。

(2)组织:院长 1 人,副院长 2 人。

一、最高法院全体委员会议。

二、最高法院的民事部。

三、最高法院的刑事部。

四、最高军事裁判会议。

7. 国家政治保卫局

一、为压制消灭和侦查在政治上和经济上的反革命组织与反革命活动及反革命侦探和盗匪,在人民委员会之下,组织国家政治保卫局。

二、局长得列席人民委员会会议,有发言权,无表决权。

(六)地方苏维埃政府政权。

1. 省、县、区、市区代表大会,为省、县、区、市区最高机关,各代表大会闭幕时,各执行委员会为最高机关。

2. 各级代表大会,由各级所属选出的代表组成。

3. 省苏大会和省大会闭幕后的执行委员会,是地方政权最高机关。

4. 城市及乡苏维埃为苏维埃政权的基本组织,城市及乡境域内的最高机关。

5. 市(即城市或市镇有 1000 人以上可以组织市苏)、乡苏维埃闭会期间,城乡苏维埃的主席团为市、乡境域内的最高机关。

6. 各级的部长,除执委会委员担任外,由上级在执委会以外任命之。

7. 为要健全各部的独立工作,应建立各部的独立系统(非得各部上级的命令,不得随便更掉),主席团负监督责任(以上 5、6、7 三条是新更的)。

第四章 划分行政区域的标准(详 7 月 22 日执委会决议)

(一)为要便利实行民主制要尽量接近群众为群众谋一切的利益,乡、区、县、省区域,不应过大。

(二)划分区域的标准如下:

1. 一等乡以人口 2000 人至 2500【人】，二等乡 1500 人，三等乡以 1000 人为标准，但因地势与距离的关系可以多些或少些。但三等乡不得少于 250 人。

2. 区因地势的关系，可管辖 5 乡至 7 乡。

3. 县与省按照接近群众的原则，如过去辖区较宽时，应重新划分之。

中央教育人民委员部编印

湘赣省苏教育部翻印

1934 年 1 月 18 日

中共江西省委党史研究室复制

1960 年 3 月

（根据中共江西省赣州市委党史工作办公室资料室复印件刊印）

毛泽东在第二次全国
苏维埃代表大会的开幕词[①]

（1934 年 1 月 22 日[②]）

同志们！我代表中央执行委员会宣布第二次全国苏维埃代表大会的开幕。（奏乐）

同志们！今天是第二次全国工农兵苏维埃代表大会开幕的日子，我代表中央执行委员会向全体代表们致革命的敬礼！

同志们！第一次全国苏维埃代表大会以来，已经有两年又两个月了。两年以来，全国事变的发展，完全显示了证明了反革命统治阶级是更进一步的动摇崩溃，而苏维埃运动与全国革命斗争则是大大的发展了。

中国是一个被帝国主义压迫侵略的国家，是一个受地主资产阶级国民党政府屠杀，压迫，奴役的国家，全国广大的领土是被国民党送给帝国主义者了，使全中国受着帝国主义瓜分共管的威胁，使中国快到了完全灭亡的地位。在这种情形之下，中国工农劳苦群众，在中国共产党领导下，自己团结起来，武装起来，创立了自己的政府与国家。我们的第一次全苏大会宣告了这个国家的成立，这就是我们的中华苏维埃共和国。从此全中国就是两个政权的极端尖锐的对立。

两年来革命的发展，使全国革命形势更加开展了。广大工农群众团结在苏维埃旗帜之下，向我们的敌人帝国主义国民党进攻，两年

---

① 此件原题为《庄严的开幕词——毛主席讲词的速写》。——本文库编者注。

② 此时间为第二次全国苏维埃代表大会开幕日期。——本文库编者注。

来我们得到了极伟大的胜利。帝国主义国民党在我们胜利的面前发抖起来了,他们继续三次"围剿"之后组织了四次以至五次的"围剿"。但是我们打破了敌人的四次"围剿",在粉碎第五次"围剿"中间我们也已经得了第一步胜利。现在我们是处在对五次"围剿"的决战中,是处在最紧急的关头。

两年来,全国红军在浴血的斗争中取得了伟大的胜利,而这中间,我们许多同志为苏维埃流着最后一滴血,而光荣地牺牲了。许多在国民党区域在白色区域领导革命斗争被国民党屠杀了。这些同志中间如黄公略、赵博生、韦拔群、恽代英、蔡和森、邓中夏、陈原道、鲁易、沈泽民、王良、胡阿林、张锡龙、吴高群、彭鳌,等等,他们是在前线上,在各方面的战线上,在敌人的枪弹下屠刀下光荣地牺牲了。我提议我们静默三分钟向这些同志表示我们的哀悼和敬仰(全体代表起立静默三分钟)。

第二次全国苏维埃代表大会的任务是要彻底粉碎敌人的五次"围剿",是要把苏维埃运动推到全中国去,是要反对帝国主义国民党灭亡中国的阴谋毒计。我们的大会是担负着很大的责任,我们的大会应该号召全苏区全中国工农劳苦群众为着扩大100万铁的红军而斗争,号召全苏区全中国民众武装起来,集中一切力量,粉碎五次"围剿",争取革命战争的最大的彻底的胜利,争取革命在全中国的胜利。

我们的大会是全国最高的政权机关,他有着极大的力量来解决这些问题,我们相信一定是能够解决这些问题,是有完全的把握解决这些问题。我们的大会将使五次"围剿"得到彻底的粉碎,把革命发展到全国去,把苏维埃的版图扩大到一切国民党统治的地方去,把红旗子插到全国去,让我们高呼:

第二次全国苏维埃代表大会万岁!

苏维埃新中国万岁!

(压倒一切的掌声)

(录自1934年1月24日出版的
《红色中华·第二次全苏大会特刊》第2期第1版)

第二次全国苏维埃代表大会
致苏联工农群众及红色战士电

（1934 年 1 月 22 日）

苏联中央执行委员会主席加里宁同志转全苏联工农及红色战士同志：

中华苏维埃共和国第二次全国苏维埃代表大会，代表全中国工农劳苦群众，谨向世界革命先进的苏联工农，致热烈的兄弟的革命敬礼！

你们在联邦共产党坚强领导之下的社会主义建设的伟大胜利第一【个】五年计划的四年完成与第二【个】五年计划第一年的实现，兴奋了全中国工农的胸怀，你们的胜利，给予了中国革命以有力的帮助，中国工农劳苦群众，已经在自己的经验中，深刻的认识苏联是中国工农最好的朋友，一致的团结起来，拥护苏联，并以全力为保护苏联而战。

中国苏维埃与英勇工农红军，已经粉碎了帝国主义国民党的四次围攻，而且正在胜利地粉碎敌人五次进攻，苏维埃领导着剧烈的革命战争，并努力改善工农的生活，全中国民众清楚地认识只有苏维埃才能救中国，现在中国正是处在胜利的全国苏维埃大革命的前夜，我们坚信在共产党的正确领导之下，中国工农一定能够完全推翻帝国主义国民党的统治，创立起苏维埃的新中国，我们相信这一艰苦的光荣的斗争中，你们一定能够给我们以有力的兄弟的帮助。

苏联社会主义建设胜利万岁！

中国工农与苏联的兄弟联盟万岁！

中华苏维埃共和国全国工农兵苏维埃代表大会

1934 年 1 月 22 日

（录自 1934 年 2 月 3 日出版的

《红色中华·第二次全苏大会特刊》第 6 期第 4 版）

第二次全国苏维埃代表大会
给后方伤病战士电

（1934 年 1 月 22 日）

总卫生部转后方全体伤病战士：

第二次全国苏维埃代表大会，全体代表对于全体因战负伤因劳致病的红色战士表示无限的敬意，谨以各地工农群众及红色战士慰劳大会代表的慰劳品节省出一部分慰劳你们；今付上大洋 500 元，请为查收应用。并望好好休养迅速康复健康上前线去彻底粉碎敌人五次"围剿"，为苏维埃新中国而战，此致

革命敬礼！

第二次全国苏维埃代大会
1934 年 1 月 22 日

（录自 1934 年 2 月 3 日出版的
《红色中华·第二次全苏大会特刊》第 6 期第 4 版）

第二次全国苏维埃代表大会
给东北部人民革命军及义勇军电

（1934 年 1 月 22 日）

东北人民革命军抗日义勇军亲爱的同志们：

　　中华苏维埃共和国第二次全国苏维埃的大会，本月在瑞金开幕，大会向你们英勇抗日的战士致热烈的革命的敬礼！大会对你们坚持进行着的抗日民族革命战争，表示无限的同情，中华苏维埃共和国临时中央政府从日本帝国主义占领满洲以来，即已发布了对日宣战的宣言，对日作战的动员令，并于 1933 月 1 月 17 日发布宣言，只要停止向苏区与红军进攻，允许人民的民主权利，武装民众，进行民族革命战争，在这三个条件之下，苏维埃与红军愿意与任何武装部队，订立反对日本反对国民党政府的作战协定，但是国民党政府对日本帝国主义占领满洲华北及其他一切帝国主义向中国进攻，完全采取一贯的不抵抗政策，投降帝国主义，压迫民众的反帝运动，屠杀逮捕反帝民众，解除抗日义勇军的武装，集中全中国的军队与资源向苏区与红军进行第五次的"围剿"，阻止苏维埃与红军和你们共同一致去向日本及一切帝国主义作战，甘心为帝国主义完全瓜分中国的清道夫，大会认为要争取中国民族的独立自由，使民族革命战争得到彻底的胜利，必须推翻出卖民族利益污辱中国民族的国民党政府的统治，大会代表苏区与白区数千万革命民众和红军欢迎人民革命军派到大会的代表及与苏维埃中央政府和红军订立共同作战的协定，大会并向一切抗日义勇军提议，1933 年 1 月苏维埃中央政府宣言的三个条件下订立反对日本和国民党的作战协定，大会希望你们继续坚持抗日的民族革命战争武装更广大的民众，肃清与驱逐由投降帝国主义的动摇的领袖，没收一切卖国贼的财产来充作战费，没收地主阶级的土地财产分给工农，将民族革命战争与土地革命联系起来，大会相信中国的苏维埃运动，必将迅速的粉碎帝国主义国民党的五次"围剿"，发展到中心城市去，和你们的行动，取得更高度的配合，完全驱逐日本及一切帝国主义出中国，创立自由独立的苏维埃新中国，中国民族解放万岁，苏维埃新中国万岁！

第二次全国苏维埃代表大会主席　毛泽东
1 月 22 日

（录自 1934 年 2 月 3 日出版的
《红色中华·第二次全苏大会特刊》第 6 期第 4 版）

中华苏维埃共和国邮政总局通知第五十号
——关于红报寄递条约继续履行6个月红报通讯挂号和普通快减费寄递问题

(1934 年 1 月 22 日)

(一)红报寄递不贴邮票照斤两给费的条约,期间已满,兹由总局与中央局发行部双方商议已同意,并将该条约继续履行 6 个月。自本年 1 月起,至本年 6 月底止,为有效期间。

(二)为着加强红报通讯的速度和慎重起见,已特准红中通讯挂号寄费减为 4 分,普通快减为 8 分寄递。

(三)近来红中社来信称会昌、兴国方面的邮局对于红中通讯平信往往会贴邮票 3 分,这是一种没有看清总局一切通知的表现,红中通讯的减费寄递(平信 1 分)已在本局第二十五号通知里说得明白,希再去看清。

以上三条希各级邮局一整体遵照执行是为至要。

代总局长　王醒才

1934. 1. 23

(录自 1934 年 2 月 20 日出版的《红色中华》第 152 期第 1 版与第 1 版中缝)

中央工农检察人民委员部
代部长高自立致李克钧的信

（1934 年 1 月 22 日）

李克钧同志：

你 12 月份来信 2 次均收到，今付来特种减贴邮花信封 3 个，邮花 4 分，希查收，并有如下指示：

（一）工农检查通讯员是人民监督政权的一种形式，他所要通讯的，只要是事实，不论大小，也不必写成一个很通顺的文章，只要把事实说清楚出来就可以的，但没有什么事，或是已经当地政府解决了的事，又不是解决不正当的，则就可以不必通讯。最近有些同志，没有什么事也写封信来，或者已经正当的解决了的事也写封信来，这样是没有多大意义的，反之，耽误了你的工作，以后应请纠正。

……①

（三）贴邮花问题，曾经有过一封指示信，说明可以减价，原来平信贴 3 分，只要贴 1 分，挂号贴 8 分，减为贴 4 分，快信 15 分，减为贴 8 分。但最近有些同志，没有照减价贴邮花，依然把平信贴 3 分，快信贴 15 分，这样是不好的，应该立即纠止之。

中央工农检察人民委员部代部长　高自立

1934 年 1 月 22 日

（录自江西省邮电管理局邮电史编辑室：《苏区邮电史料汇编》（上），

人民邮电出版社 1988 年版，第 87 页）

---

① 原文缺少第二点内容。——本文库编者注。

关于完成推销公债征收土地税收集
粮食保障红军给养的突击运动的决定

（1934 年 1 月 23 日）

    收集粮食保障红军给养，同时调剂粮食市价，发展苏区经济，是彻底粉碎敌人五次"围剿"的主要条件之一。这一粮食的来源，最大的是建设公债，其次是土地税与红军公谷。根据中央财政部报告，建设公债的发行，至今 5 个多月，交到金库的谷款还不及半数，其中最严重的为雩都①、赤水、广昌、宁化、宜黄、汀东等县集中谷子还不及十分之一，博生、胜利、赣县、万太〔泰〕、长汀等县也还不及百分之三十。土地税征收，虽已于 12 月在各县普遍开始，但至今征收总数还不及十分之一，而且各县多数将钱折谷，红军公谷也大部分未交到仓库，以至红军部队及政府机关粮食不够供给。这些严重现象，当然是由于公债推销与土地税征收没有成绩的结果。目前是冬尽春初，米价日益腾贵，如公债及土地税谷子，再不迅速收集，直接便影响红军及政府机关粮食的供给，间接更将便利于富农奸商的操纵，引起米价飞涨，而影响到工人、贫民及一般贫苦群众的生活。

    党中央与中央政府着重的指出去年粮食恐慌的现象，现在又威胁着我们，为了保证在决战中红军部队与后方机关的粮食，调节市场米价，改善工人农民的物质生活，特责成各级党部与政府按照下列指

---

    ① 雩都，现称于都，下同。——本文库编者注。

示,迅速进行收集粮食的突击运动:

（一）各级党部与政府,立即根据扩大红军突击月的经验,调集最好干部组织推销公债与征收土地税集中红军公谷的突击队,有步骤有计划的进行突击。实行严格检查及报告制度,乡的突击每天检阅一次,向区报告一次,区三天检阅工作一次,向县报告一次,县须五天检阅一次,向省及中央报告一次,在检阅中须详细讨论和分配以后的工作。限2月底以前各县公债须照以前承认的数目,完全推销,土地税全部征收完毕,红军公谷,扫数集中,要做到将公债谷子土地税谷,完全集中到仓库,将仓库收条送到县财部报账为准。一切消极怠工,或只推销债票而不收谷子不送交仓库,不将仓库收条送县财部转账者,概作为违反命令,应给以苏维埃纪律的制裁。

（二）在进行突击中,必须特别抓住承认推销公债较多或工作最落后的区域为中心（如江西的广昌、赤水、博生、胜利、公略、万太〔泰〕、杨殷、洛口、龙岗,福建的长汀、宁化、汀东,粤赣的雩都、门岭、会昌）,首先集中力量组织很健全的突击队分发到这些县分〔份〕,去协同县区两级的干部共同进行这一突击工作。上面这些县分〔份〕如雩都、长汀、胜利,由财部与中央国民经济部直接派人前去,但亦在省委指导之下,进行突击工作。其他各县由省一级机关在省委的领导之下去进行突击。这一突击计划发下,各县必须从2月1号起在各地开始进行,分期完成。最落后的县分如雩都、赤水、广昌等县,亦必须于2月底完成突击计划。

（三）土地税完全收谷子,不准折谷收钱,公债也须以收谷子为原则,使能充分保障红军给养。土地税收成,要照中财部核定成数征收,不得自由减少,公债谷子也照中财部规定价格扣算,全县一律,直至全数销完为止,不再变更。更不得跟着市面上特殊情形的谷价而自由增加。这是保证红军给养、限制米价的最重要关键。一切认为群众无谷子不能交谷,认为市面谷子涨价、群众不愿意交谷子的机会主义观点,必须给以无情的打击。

（四）要完成上述任务,必须真正依靠于广泛的群众动员,必须学习兴国永丰区、瑞金云集区、长汀红坊区的动员方式,特别是兴国长岗乡、博生七里乡的经验。必须事先组织积极分子,在群众中起领导作用,带头先买先交。必须彻底消灭过去对于推销公债的命令摊派,及不做宣传解释,便进行推销公债、征收土地税的官僚主义强迫命令方式。一切消极怠工,不去动员群众,不相信群众帮助战争的热忱,只说"群众困难不能推销"、"非摊派无办法"的机会主义与官僚主义的分子,必须受到无情的打击。开展反机会主义与官僚主义的斗争,是转变工作的先决条件。

（五）在各地推销公债与土地税征收过程中,显然有反革命分子从中破坏。博生七里乡,宁化曹坊区,反革命分子鼓动群众反对规定收成,破坏税收的事实,应引起我们无限的阶级警觉性,严查这些反革命分子,提到广大群众面前审判,把他送交法庭治罪。只有严厉镇压这些反革命分子的破坏企图,才能保证此次收集粮食运动的彻底胜利。

（六）由于以前公债谷价时常变更,及谷子未及时送交仓库,给贪污分子以极大舞弊的可能,土地税谷及红军公谷久不交库,更多舞弊机会。在突击中,必须注意公债土地税红军公谷及退还公债谷票的数目与单据,谷子与金额的对照,要从严格的检查中抓住每一个舞弊分子来开展反贪污的斗争,来兴奋广大群众与工作人员的紧张性。这是与收集粮食运动不可分离的。谁要把这一运动与反贪污分离起来,谁便是不可救药的机会主义。

（七）现在正值全苏大会开幕,广大群众正在进行拥护全苏大会的运动,同时在扩大红军突击月中已造成了广大群众更高的革命热潮,这都是推销公债征收土地税的有利条件。我们须联系着提出具体的口号,如"销完公债迅速集中公债谷子作为拥护全苏大会的赠品""踊跃交纳土地税、保证战争粮食是慰劳红军的实际工作"等等来动员群众。过去有些地方把扩大红军与经济动员工作对立起来或不相联系,都是极不正确的,应立刻纠正过来。

第二次全苏代表大会主席团

中国共产党中央委员会

(录自 1934 年 1 月 28 日出版的

《红色中华·第二次全苏大会特刊》第 4 期第 1 版)

第二次全国苏维埃代表大会
给在国民党狱中被难革命战士慰问电

（1934 年 1 月 23 日）

全国白区监狱中被难的工人农民士兵革命青年和一切战士们：

当着第二次全国苏维埃代表大会热烈开幕的时节,全体代表以十二万分的阶级友爱的热忱,谨向你们致慰问的敬意,我们深刻的记着中国苏维埃的伟大胜利,是成千成万革命战士以热血头颅从地主资产阶级手里换得来的,你们为着争取民族解放,争取工农利益,致被地主资产阶级拘禁摧残,你们在狱中的艰苦奋斗,是革命者无上的光荣,现在正当帝国主义国民党向中华苏维埃领土进行绝望的五次"围剿",施行枪弹轰炸屠杀焚烧政策,企图将工农统治的苏区变为血海,在白区国民党更加疯狂的施行法西斯蒂政策,进行空前的白色恐怖,大批逮捕屠杀全国革命民众,被帝国主义国民党轰炸屠杀革命民众已不下数十百万,国民党这一血腥的统治,只是表示他们在死亡前面的绝望挣扎,只能更激起全国民众的愤怒与反抗,促成他们的最后崩溃,全苏大会号召全国工农群众,在苏维埃旗帜之下团结起来,武装起来,消灭帝国主义国民党的白色恐怖,埋葬白色恐怖的组织者帝国主义国民党,用革命斗争来援救自己,用工农团结的铁拳来粉碎帝国主义国民党的铁链和囚牢！

同志们：我们正在进行粉碎敌人的五次"围剿"和争取苏维埃中国胜利的革命战争！

同志们：希望你们坚决奋斗到底,胜利就在面前,解放就在面前！

反对国民党的法西斯白色恐怖。

中国工农兵解放万岁！

中华苏维埃共和国第二次全国工农兵苏维埃代表大会
1 月 23 日

（录自 1934 年 2 月 3 日出版的
《红色中华·第二次全苏大会特刊》第 6 期第 4 版）

第二次全国苏维埃代表大会
给全国红军指战员电

（1934 年 1 月 24 日）

中国工农红军全体指挥员战斗员亲爱的同志们：

第二次全苏大会谨向你们常胜的指战员们致最热烈的革命敬礼！

苏维埃政权依靠我们红军的英勇善战，苏区和白区千百万工农劳苦群众的拥护，共产党和中央政府的正确领导，已在极大的中国领土上，建立和巩固起来了。国民党在帝国主义指挥之下，所组织的连续的四次"围剿"，在红军的铁拳之下遭受了完全的失败，最近的五次"围剿"，又遭受了严重的打击，日益扩大与巩固红军已在中国工农劳苦群众中获得了最高的□□的威信。红军已成为不可克服的力量。一切以武装来进攻苏区的□□都将遭受着我们的红军的铁拳。千百万劳苦群众在他们自己的经验中，已经最明白地认识红军是工农自己的武装队伍，是反帝国主义与土地革命的唯一的武装力量，是苏维埃国家觉悟的忠实的保卫者，担负着解放中国工农劳苦群众伟大的事业。

在残酷的国内战争中，我们举行第二次全苏大会来总结第一次全苏大会以后两年来苏维埃运动的经验，以便更有力的领导革命战争，把中国从奴役毁灭中拯救出来！争取苏维埃道路全部的胜利，担负着领导全中国的神圣的民族革命战争，推翻血腥的国民党统治，使中国民族得到完全独立的自由和领土的完整，使中国工农劳苦群众得到完全的解放,这是放在我们全体红色指战员与我们全苏区大会代表身上光荣的历史任务,大会相信在血战中锻炼出来的你们,一定能够胜利地负担这□火的任务,为苏维埃而战斗到底。在你们的后面是全中国千千万万的劳苦工农群众的热烈的拥护!

百战百胜的中国工农红军万岁!

苏维埃新中国万岁!

第二次全苏大会

1 月 24 日

(录自 1934 年 2 月 3 日出版的
《红色中华·第二次全苏大会特刊》第 6 期第 4 版)

中华苏维埃共和国邮政总局给各管理局长及各突击队长的指示信

（1934 年 1 月 24 日）

邮局工作过去并不是没有很好的规定，一切坏【现】象总不能彻底的消灭下去，如遗失、停滞、弄破仍然存着，其主要原因就是上级失于检查，中央邮政总局今后给你们这一检查的任务，你们宜各按照当地实际情形规定几日检查一次，检查后某事做到了应如何加强和巩固，某事没有做到应如何督促他们坚决的继续进行，并要找出他没有做到的原因，如因困难没有做到，则想出办法来解决他的困难，如系工作人员怠工没有做到，则严厉的解释与督促或处分，务要大家警觉起来，把邮局的一切责任放到自己的肩膀上担，同时并要大家了解这一付担子是自己应该要担的，不是上级给我们来担的，尽快的消灭过去交接收的最坏点，使邮局工作很快的转变到好的方面来。过去有遗失，今后再不至有遗失，过去有停滞和弄破，今后再不至有停滞和弄破，过去有贪污腐化官僚主义，机会主义者，妨碍邮局整个的工作，今后再不至有这些坏【现】象的存在，才能应付得革命战争急迫的需要。希望同志特别努力，执行这一指示来配合革命战争，粉碎敌人五次"围剿"，争取革命战争的最后胜利。

1934 年 1 月 24 日

（录自江西省邮电管理局邮电史编辑室编：《苏区邮电史料汇编》（上），人民邮电出版社 1988 年版，第 178 页）

中华苏维埃共和国中央执行委员会与人民委员会对第二次全国苏维埃代表大会的报告

（1934 年 1 月 24 日—25 日）

第二次全苏大会开幕后第一个议事日程就是中央执行委员会与人民委员会的报告,报告者中央政府主席毛泽东同志,报告时间 1 月 24 日下午与 25 日上午。在报告中指出了中国与世界革命发展的形势,总结了中央政府成立以来苏维埃运动在各方面的很可宝贵的经验,提出了当前的具体战斗任务。这个报告的大纲是:(一)目前形势与苏维埃运动的发展,(二)帝国主义的进攻与苏维埃政府对于反帝运动的领导,(三)帝国主义国民党的"围剿"与苏维埃政府反对"围剿"的斗争,(四)两年来苏维埃各种基本政策的实施,其中分为武装民众与建设红军,对于反革命的镇压,劳动政策,土地革命,财政政策,经济政策,文化建设,婚姻制度,民族政策等九项,(五)苏维埃在粉碎五次"围剿"争取全国胜利面前的具体战斗任务。今将报告全文披露于次:

（一）目前形势与苏维埃运动的胜利

自第一次全国苏维埃代表大会以来,已经整整两年了。两年来的事变的发展,完全显示了帝国主义国民党统治的更进一步的动摇与崩溃,苏维埃运动的剧烈的开展与胜利!

今天我们所处的时期,正是中国革命形势更进一步尖锐化的时期,也正是全世界进到战争与革命的新时期去的过渡的时期。

社会主义世界与资本主义世界的对立,现在是极端尖锐化了。一方面苏联社会主义经济已经得到了最后的巩固,他的第一个五年计划只在四年内就完成了,第二个五年计划在去年的第一年内又已经得到了伟大的成绩。苏联早就消灭失业工人,而且全体劳动民众的生活水平与文化水平都是极大的提高了。苏联的国防是极大的巩固了。苏联的和平政策在全世界革命民众的拥护之下,到处得到了成功,最顽强的美国帝国主义也不能不和苏联订立国交了。

资本主义世界则是另外一个样子,经济恐慌到了极点,整个资本主义世界的生产事业到了空前的低落,失业工人以数千万计,资本主义的暂时的稳定已经终结,资本主义总的危机已经走进了一个新阶段。各个帝国主义国家正在疯狂的准备战争,日本帝国主义占领满洲的结果,使各个帝国主义间的矛盾,尤其是日美间的矛盾,在新的基础之上开展起来,重新分配世界的帝国主义强盗战争是正在极端的威胁着全世界民众。然而帝国主义却又正在企图暂时缓和他们内部的矛盾,而从牺牲苏联牺牲中国去找寻出路,反苏联战争的准备并没有一刻停止,而瓜分中国进攻中国革命的战争则已经在明目张胆的进行中。

但是全世界无产阶级与被压迫民族的革命运动亦正在苏联社会主义建设成功的影响之下,在帝国主义恐慌与战争的威胁之下,生长扩大起来。猛烈的阶级斗争和民众革命,是在一切资本主义国家与殖民地半殖民地国家里面开展着。全世界战争与革命的火焰是逼近我们。

中国革命是世界革命的一部分,由于民族危机的加深,由于国民经济的总崩溃,由于苏维埃运动的胜利,使中国革命形势更进一步的发展起来,使中国革命推进到了世界革命中特别显著的地位。

目前中国时局的重心,是广大的国内战争,是革命与反革命生死存亡的斗争,是工农苏维埃政权与国民党地主资产阶级政权的尖锐的对立。

一方面国民党地主资产阶级，完全投降了帝国主义，引导帝国主义占领中国广大的土地，垄断中国政治上经济上一切主要的权利。引导国民经济走向全部崩溃，使工农劳苦群众的生活遭受着空前所未有的痛苦。剥夺一切革命民众的自由，压迫一切革命活动，实行疯狂的法西斯蒂恐怖。在帝国主义指挥之下组织一切反革命力量向苏区与红军作拼命的进攻。所有这一切，都是为着一个目的：将中国地主资产阶级的利益与帝国主义的利益融成一片，将中国引入完全殖民地化的道路。

一方面苏维埃政权，号召组织领导全国革命民众进行坚决的民族革命战争。组织领导红军与民众为着保卫苏维埃领土发展苏维埃领土而斗争，以坚决的进攻粉碎帝国主义国民党的屡次"围剿"。严厉镇压苏维埃领土内的一切剥削分子的反革命企图。一切土地给予农民与红军士兵。工人实行 8 小时工作制，增加工资，救济失业，实行社会保险制度。给一切革命民众以集会结社言论出版罢工的完全自由。引进广大工农群众管理自己的国家机关，只不准任何剥削分子的参加。组织民众的经济生活，使民众生活从过去地主资产阶级统治时代受尽饥寒的地位进到不但完全免除饥寒并且日益向上改良的地位。组织民众的文化生活，将过去地主资产阶级统治时代完全没有享受教育可能的广大民众，进到日益提高文化程度的地位。所有这一切也都是为着一个目的：推翻地主资产阶级在全国的统治，驱逐帝国主义出中国，将几万万民众从帝国主义国民党统治的压迫剥削之下解放出来，阻止灭亡中国的殖民地道路，建立自由独立领土完整的苏维埃中国。

两个政权对立的日益尖锐化，不能不促进两个政权之间日益激烈的决死的斗争。目前正是在两方面斗争决定胜负的历史的时期，反革命的五次"围剿"正在继续着四次"围剿"粉碎之后大规模的向着我们前进。苏维埃政权的历史任务，就在号召组织领导全苏区全中国一切革命的民众进入这一伟大的决战中，动员广大工农群众加入红军，提高红军的政治教育与军事技术，扩大地方武装与游击队，发展广泛的游击战争，加强苏维埃对于各苏区红军的集中统一的领导，加强苏维埃各方面工作的速度与质量，加强苏维埃财政机关与经济机关的工作，以保证革命战争中的物质需要，开展工人的阶级斗争，组织工人群众的革命积极性到粉碎敌人的斗争上面来，开展农民的土地斗争，动员广大农民群众为着夺取土地与保卫土地而斗争，号召全苏区全中国一切工农劳苦群众以一切牺牲一切努力给予战争，这样去彻底粉碎帝国主义国民党的五次"围剿"，阻止殖民地化中国的道路，争取苏维埃的一省与几省首先胜利以至在全中国范围的胜利。

（二）帝国主义的进攻与苏维埃政府对于反帝运动的领导

临时中央政府成立以来两个年头中间，国内最大的事变，就是帝国主义的进攻及反革命对于革命的第四次与第五次的"围剿"。

从 1931 年 9 月 18 日开始的日本帝国主义的强盗战争，从残酷的飞机大炮的屠杀中占领了东三省与热河，控制了平津，还正在向着内蒙及整个华北准备其更大规模的杀人战争。英帝国主义从西藏向四川进攻。法帝国主义准备侵入云贵。美帝国主义则欲将长江流域及福建置于其直接统治之下。所有这些帝国主义，都在以奴役中国民族为目的，以消灭中国苏维埃政权为目的，以准备进攻苏联为目的，同时还以准备帝国主义强盗之间的第二次世界大战为目的，向着广大的中国领土上伸张其毒手与阴谋。而中国地主资产阶级国民党，却在一切奉送帝国主义的方针之下，断送了几百万里的土地，对日本及一切帝国主义的进攻，采取了可耻的不抵抗主义，以一切中国劳苦民众的利益为代价，换得帝国主义的政治上经济上与军事上的帮助，以便利其集中力量对于苏维埃与红军的进攻。

在这种空前严重的民族危机之下，全国革命民众的反帝运动便极端猛烈的发展起来，东三省几十万义勇军的奋斗，上海十九路军士兵的血战，普及全国的反帝运动，曾经达到了空前的高涨。

这时候在全国革命民众面前,摆着两个政权的相反的行动:国民党完全投降帝国主义,尽量压迫反帝的民众;苏维埃则坚决反对帝国主义,尽量援助与领导反帝运动。

两年来苏维埃临时中央政府,曾经屡次通电反对日本帝国主义的强盗战争与国民党的投降卖国。1932年4月14日临时中央政府正式公布对日宣战,同时发布对日作战的动员令,号召全国民众开展民族革命战争,反对奴役中国的帝国主义与卖国的国民党。临时中央政府与革命军事委员会曾经发布宣言,号召一切进攻苏维埃与红军的国民党军队,在(一)立即停止进攻苏区,(二)保障民众的民主权利(言论,出版,集会,结社,罢工等自由),(三)武装民众创立抗日义勇军,这三个条件之下,苏维埃政府愿意与任何武装部队订立反对日本及一切帝国主义的战斗的作战协定。国民党与日本订立塘沽协定及最近进行中日直接交涉的时候,临时中央政府曾一再向全国全世界宣言,表示代表全国民众严厉反对这种出卖民族利益的政策与行动。各地民众的反日斗争,苏维埃是实行援助的,单是上海沪西纱厂工人的反日罢工运动,苏维埃曾以16000元援助他们。此外苏区群众还有对于东北抗日义勇军的募捐援助,对于其他反帝斗争的精神上与物质上的许多援助。

至于苏维埃领土之内,则早已完全取消了帝国主义的特权,肃清了帝国主义的影响。牧师神父是被民众驱逐了,教会侵占人民的财产是被收回了,教会学校是取消了。在中国境内,只有苏区是脱离了帝国主义统治的地方。

所有这些事实都在指明:只有苏维埃政府才是唯一反对帝国主义的政府。苏维埃政府应该向全国民众指出:用直接的战争战胜帝国主义,是苏维埃与全体民众的最大的责任。而要实行这一责任,只有依靠于广大民众反帝国主义斗争的发展,首先是团结一切力量,战胜帝国主义的走狗国民党,因为他是苏维埃与民众反对帝国主义的最大的障碍物。要使民众明白:仅因为国民党的作梗——他横亘〔亘〕于帝国主义进攻地带与苏维埃领土之间,并且集中一切力量向着苏维埃领土进攻，使红军无法与帝国主义直接作战，使苏维埃与红军不得不以坚决的进攻肃清道路——粉碎国民党的"围剿"，为其第一个步骤。

但是苏维埃与帝国主义之间的直接的广大的冲突，是一天一天的逼近了。这就要求苏维埃十分的加强其对于一切反帝斗争的领导，苏维埃应当成为全国民众反帝斗争的组织者与领导者。苏维埃政府只有用尽一切力量使民众明了当前的危机与国民党的罪恶，依靠于广大民众反帝国主义反国民党的觉悟程度与组织力量的提高，才能顺利的执行自己的神圣的任务——以民族革命战争与革命的国内战争推翻帝国主义国民党在中国的统治。

（三）帝国主义国民党的"围剿"与苏维埃政府
反对"围剿"的斗争

因为中国苏维埃区域是全中国反帝国主义的革命根据地，中国工农红军是全中国反帝国主义的主力军，因为苏维埃运动与革命战争的猛烈向前发展，所以国民党一次二次三次四次，以至五次，在帝国主义的直接帮助之下，集中一切力量，向着苏维埃与红军进行绝望的进攻，企图消灭中国革命势力，为帝国主义瓜分中国担负肃清道路的责任。

但是帝国主义国民党的每一次进攻，都遭到了严重的失败。中国苏维埃与工农红军在全中国民众的拥护之下，由于中国共产党的正确的领导，已经成为不可战胜的力量。同时苏维埃与红军的胜利，更加兴奋了全中国的劳苦民众，使他们认识只有苏维埃与红军才是真正了民族的独立自由而战，只有苏维埃与红军才能救中国。

当敌人四次"围剿"开始的时候，正是国民党出卖了东三省签订了上海停战协定之后。卖国的国民党不但不以一兵一卒去抵抗日本帝国主义的侵略，而且不管苏维埃中央政府与红军的屡次宣言，以及愿意与真正抗日军队订立抗日的战斗协定的提议，相反的，国民党卖国罪魁蒋介石,集中了数十万军队进攻鄂豫皖与湘西鄂〔湘鄂西〕苏区,压迫红军离开围绕武汉的区域。在我们方面,虽然因为要避免与过于强大的敌人力量作战,因为我们主观上某些策略的错误,红四方面军不能不退出鄂豫皖苏区,作了有名的远征,在四川南江宣汉绥定①一带创造了新的广大的苏维埃根据地。由于红四方面军的远征,在辽远的中国西北部,开展了广泛的群众革命斗争,把苏维埃的种子广播到革命形势比较落后的区域中去了。红四方面军的英勇善战,在不足一年之内,已经赤化了 10 多县,号召了整个四川的工农劳苦群众与白军士兵倾向于苏维埃革命。这使蒋介石与四川军阀都不得不在红四方面军伟大胜利的面前发抖起来。同时从洪湖根据地退出的红军第二军团,不但没有受到重大的损失,而且在川鄂湘边,配合着红四方面军积极行动,取得了新的胜利。即洪湖一带,亦尚有游击队的存在。在鄂豫皖苏区方面,我们的根据地不但没有受到很大的损失,而且争取了巩固的地位,向四周发展了游击战争。

至于中央苏区,这里是苏维埃中央政府的所在地,是全国苏维埃运动的大本营,也就是敌人主要进攻的目标。敌人集中了大部分的兵力和我们作了顽强的战斗,他调动了所谓"中央军",蒋蔡军阀,两广军阀,与湖南军阀,从四面包围中央苏区及其邻近各苏区,经过一年的艰苦奋斗,我们获得了空前的胜利。最大的胜利是在 1933 年的上半年,单只这半个年头,中央苏区红军消灭了白军 24 个团,6 个营,2 个连,击溃白军 3 个师,12 个团,5 个营,2 个连,缴获步枪 2 万支左右,机关枪短枪 1000 支左右。尤其是在东黄陂战役,消灭了敌人最顽强的基本纵队,使敌人的四次"围剿"遭受了最后的惨败。

在粉碎四次"围剿"的伟大胜利中,红军不但数量上扩大了,而且质量上增强了,红军指挥员战斗员政治上的坚定,军事技术上的提高,比四次战役以前是有了长足的进步。苏维埃领土扩大了,除四川苏区外,在福建的西北部,江西的东部,扩展了广大的苏区,增加近百

---

① 绥定,旧府名,辖今达州一带,1913 年废。——本文库编者注。

万的人口,建立了新的闽赣省。旧的苏区更加巩固了,这表现在苏维埃工作改善,工农群众革命积极性的提高,农村中城市中阶级斗争的发展,以及苏区中残余的反革命势力遭受了严厉的镇压。同时这一胜利影响国民党区域非常之大,广大白区的工农群众,在这一胜利影响之下,更加提高了他们的斗争的勇气。一切参加"围剿"的国民党军队,不但士兵中发生了普遍的动摇,甚至干部中亦发生了绝大的恐怖,至于使蒋介石不得不公开宣布"不剿匪请抗日者杀无赦"的绝望命令。

然而这些胜利的取得,决不是偶然的,他依靠了中国共产党政治路线的正确,依靠了苏维埃政府领导的集中与他的政策设施的适当,依靠了红军的英勇善战,依靠了苏区广大工农群众的热烈拥护,并且还依靠了白区工农群众的日常斗争和反帝反国民党运动的开展。这些都是战胜敌人的基本条件,没有这些条件是决不能够取得胜利的。

国民党军阀在四次加"围剿"失败之后,唯一的出路是更加无耻的投降帝国主义,从帝国主义取得大批的借款与军械,聘请大批的外国顾问,收集一切旧有的力量,组织新的力量(训练新兵,训练新的航空队,训练蓝衣社军官团等),总之集中一切反革命势力,在帝国主义指挥之下对于苏维埃与红军进行第五次"围剿"。

苏维埃对于五次"围剿"的斗争,完全如党中央所指出的:"即是阻止危机中的帝国主义出路的斗争,即是争取独立自由的苏维埃中国的斗争"。在粉碎五次"围剿"中,将决定中国"或者被帝国主义瓜分共管而成为完全的殖民地,或者是独立自由领土完整的苏维埃中国"。

苏维埃应该号召一切苏区中白区中参加斗争的群众,明白认识这一斗争的严重性,只有团结一切革命力量,增加我们的力量,用百倍积极百倍坚毅的精神,统一于苏维埃指挥之下,才能争取这一次斗争的完全的胜利。

苏维埃应该指示给一切参加斗争的群众:在粉碎这次"围剿"尤其在粉碎四次"围剿"之后我们有着战胜敌人的一切基本的条件。党与苏维埃的正确的领导,红军的坚强与扩大,苏区与白区广大工农群众的斗争积极性,这一切都是我们战胜敌人的基础。

由于我们的努力与统治阶级内部矛盾的发展,已经使帝国主义国民党的新的大举进攻受到了我们的严重打击,敌人的原定计划已经失败了,不得不在新的阵地与新的计划之下向着我们作最后的进攻,我们是处在五次"围剿"的最后决战的面前。国民党军阀的堡垒政策与经济封锁政策虽然极其残酷,但并不是不可战胜的铜墙铁壁,敌人的这些政策,正是表示其自己的削弱。提高我们的军事技术,集中我们的一切力量,去克服这些困难,胜利是属于我们的。

我们应该指出:敌人的困难是大大超过于我们,白军士兵的动摇,敌人统治下工人农民以及广大的小资产阶级群众的愤恨与不满,统治阶级各派军阀之间的斗争与分裂,援助国民党的各个帝国主义者间的矛盾与冲突,以及国民党财政经济的破产,所有这些,都是革命取得胜利的客观方面的条件。

这里应该指出:当着帝国主义国民党进行五次"围剿"之际,福建出现了一个人民革命政府。这个人民革命政府的出现,表现国民党系统的进一步的破裂。由于苏维埃运动的伟大胜利,与国民党在全国民众面前的破产,使得中国反动统治阶级的一部分,不得不采取新的方式,企图于国民党道路与苏维埃道路之外,寻找第三条道路,以保持反动统治阶级垂死的命运。然而这一企图只是徒劳,因为如果人民革命政府这一类的组织,不从真正工农劳苦群众的利益出发,不实行如同苏维埃所已经实行了的许多基本的政策,不坚决承认苏维埃政府还在去年4月间即已经宣布了的三个条件,而与苏维埃政府订立并执行反帝反国民党的协定,而是止于欺骗与讲空话,那么,广大的革命民众,必不会于人民革命政府与国民党政府之间,采取任何不同的态度。他们的必然要遭受悲惨的失败,也是可以豫言的。而苏维埃在全国民众对于他的信仰日益增加中,在国民党及一切反革命派别的欺骗日益破产中,将坚决的粉碎五次"围剿",阻止帝国主义殖民地化中国的道路,由革命的一省与数省首先胜利,以至在全国范围内的胜利,证实这一句名言:"只有苏维埃才能救中国!"

(四)两年来苏维埃各种基本政策的设施

当着我们来说苏维埃各种基本政策的时候,首先要问什么是这些政策的出发点呢?答复这个问题应该明白苏维埃过去与现在所处的环境和从这种环境所产生的任务。

苏维埃的过去时期,他是生长于游击战争中,他是从许多极小的地方生长起来,这些地方是各自独立没有联合,每一苏区的四围都是敌人的世界,敌人对于苏区是每时每刻的摧残与压迫。然而他能够战胜这些敌人,他是从战胜敌人无数次的压迫中间生长和发展起来的。这就是苏维埃的环境。

苏维埃现在所处的环境,同过去有许多不同了,他有了广大的领土,有了广大的群众,有了坚强的红军,他已将许多散漫的力量集中起来(虽然还没有完全集中起来),他已经组织成为一个国家,这就是我们的中华苏维埃共和国。这个国家已经有了他的地方与中央的组织,已经建立临时中央政府。这个政府是一个集中的权力机关,他依靠着广大的民众,依靠着民众的武装力量——红军。这个政府是工农的政府,他实行了工人与农民的革命民主专政,他对于工农是广大的民主,但绝不容许任何地主资产阶级分子参加。他是一个专政,是一个已经具有极大权力的专政,这个专政已经向着全国范围扩大他的影响,他在广大民众中间有了很大的信仰。他与过去游击战争时代的情形大大不同了。然而战争仍是经常的生活,并且更加广大与激烈,原因是这个专政与国民党地主资产阶级专政之间的对立一天一天尖锐起来,现在已经进到了两方面即将决定胜负的时期,帝国主义国民党的极大规模的"围剿"是摆在他的面前。这就是苏维埃现在的环境。

这种环境决定了他的任务,就是他必须用全部力量去动员民众,组织民众,与武装民众,必须一晚不停地去进攻他的敌人,去粉碎敌人对于他的"围剿"。他的任务是革命战争,是集中一切力量去开展革命战争,用革命战争去打倒敌人的那一个专政,并且还要打倒强大的帝国主义统治,因为帝国主义是敌人那一个专政的拥护者与指挥者。他打倒帝国主义与国民党的目的,为的是要统一中国,实现资产阶级性的民主革命,并且要使这个革命在将来能够转变到社会主义的革命去。这就是苏维埃的任务。

从此我们可以明白苏维埃在这种环境与任务之下,施行各种基本的政策,是为了什么呢? 为了巩固已经胜利的工农民主专政,为了发展这个专政到全国范围内去,为了动员,组织,武装全苏区全中国的工农劳苦群众,以坚决的革命战争推翻帝国主义与国民党的统治,来巩固与发展这个专政,并且为了从现时资产阶级性的工农民主专政,准备转变到将来社会主义的无产阶级专政去,苏维埃必须施行各种必要的基本的政策,这就是苏维埃一切政策的出发点。

中央执行委员会与人民委员会,秉承第一次全苏大会的指示,两年以来坚持这种政策的总方向,收到了非常伟大的成绩。已经从经验上证明给中国全体革命民众看:只有苏维埃政府的政策才是为了民众政权与民众利益的政策,才是与帝国主义国民党的反革命政策坚决对抗,推翻帝国主义国民党在全国的统治,挽救全民族出于危亡,解放全体劳动民众出于水火的唯一的政策。

不待说,在两个政权尖锐对立的中国,苏维埃每一具体的施政,要立即取得广大民众的拥护。在帝国主义国民党的反革命政策之下受尽压迫剥削的民众,对于苏维埃每一具体的施政,简直如同铁屑之追随于磁石。这种情形,造成了反动统治阶级的极大恐怖,反动统治阶级因此不惜以一切最无耻的造谣,来诬蔑苏维埃的施政。然而铁的事实,是给予无耻造谣的有力的回答,每一个有眼睛的中国人,只要不是丧心病狂的国民党地主资本家,便不能不承认苏维埃政府的政策与国民党政府的政策有何等相隔天渊的差别!

我们首先来说苏维埃的武装民众与建设红军

为着反对敌人的"围剿",为着进行革命战争,苏维埃的第一个任务就是武装民众,组织坚强的铁的红军,组织地方部队与游击队,组织关于进行战争的给养与运输。两年来在与敌人的四次以及五次"围剿"的坚决斗争中,苏维埃在这一方面的努力是大大取得了成功。

首先是中央革命军事委员会的建立,统一了全国红军的领导,使各个苏区各个战线的红军部队,开始在统一的战略意志之下互相呼应与互相配合的行动起来,这是由散漫的游击队的行动进到正规的与大规模的红军部队的行动的重要关键。两年以来革命军事委员会领导着全国红军,主要是中央苏区红军,进行了光荣的胜利的战争,粉碎了敌人的四次"围剿",并且取得了反对五次"围剿"的第一步胜利。

红军在两年中是迅速的扩大了,比之两年前是扩大了几倍。这一方面的得到成功,依靠于广大工农群众参加革命战争的积极性,并且依靠于动员方法的进步与苏维埃优待红军法令的执行。在1933年红五月一个月中间,中央苏区的若干个县中就扩大了近2万的新战士。很多的地方,工农群众潮水一般的涌进红军中去。一切以为群众不愿意当红军或者以为在新区边区等处不能扩大红军的机会主义的说法,事实已证明是错误的。然而动员方法之正确,苏维埃优待红军法令之彻底执行,是迅速完成动员计划的关键。废弃一切强迫命令,实施充分的宣传说服,制裁破坏扩大红军以及领导开小差的阶级异己分子,是动员方法的重要节目。提高红军战士的社会地位到最光荣的标准,给予红军战士一切可能与必要的精神上与物质上的待遇,分配外籍红军以土地,而发动群众代替他们耕种,为每一红军战士的家属很好的耕种土地,实行消费合作社对于红军家属百分之五的廉价,实行为红军家属开办供给日用必需品的专门的商店,实行在国家企业与合作社的盈利中抽出百分之十供给红军家属,号召群众为红军家属的疾病困难募捐接济,号召群众对于红军战士及其家属给予精神上物质上的慰劳,所有一切关于优待红军战士及其家属的法令与办法,实际与彻底的执行,是保证红军踊跃的上前线去及巩固其在前线上的战斗决心的必要与重要的步骤。这些工作,在苏区各地存在着很多的模范,在这些地方的广大工农群众,以手执武器保卫苏区与发展苏区为自己神圣的责任,而大批的不断的涌向前线去。其中如江西的长冈乡,16岁至45岁的全部青年成年男子407人中,出外当红军做工作的去了320人,留在乡间的87人,去的与留的成为百分之八十与二十之比。福建的上才溪乡,全部青年成年男子554人中,出外当红军做工作的485人,留在乡间的只67人,去与留的比例为百分之八十八与十二。这些乡中的壮丁这样大数量的英勇的上前线去,然而乡村的生产,家庭的生活怎么样呢?不但不发生不好的影响,而且更加扩大了改良了。什么原因?因为劳动互助社,耕田队,及其他一切的办法,有组织有计划的调剂了乡村的劳动力,解决了红军家属每一个困难的问题。我想这种光荣的教训是值得全苏区学习的。

红军铁的一样的巩固,应使与红军的扩大密切的连接起来,两年以来这一方面的工作,同样得到了好的成绩。现在的红军,已经走上了铁的正规的革命武装队伍的道路,这表现在于(一)成分提高了,实现了工农劳苦群众才有手执武器的光荣的权利,而坚决驱逐那些混进来的阶级异己分子。(二)工人干部增加了,政治委员制度普遍建立了,红军掌握在可靠的指挥者手中。(三)政治教育进步了,坚定了红色战士为苏维埃斗争到底的决心,提高了阶级自觉的纪律,密切了红军与广大民众之间的联系。(四)军事技术提高了,现在的红军虽然还缺乏最新式武器的采用及其使用方法的练习,然而一般的军事技术,是比过去时期大大的进步了。(五)编制改变了,使红军在组织上增加了力量。所有这些,大大提高了红军的战斗力,成为不可战胜的苏维埃武装力量。

广泛的扩大赤少队与游击队,是苏维埃武装民众进行革命战争的极端重要的事业。赤卫军少先队是前线红军的现成后备军,是保卫苏区的地方部队,并且是从现在的自愿兵役制转变到将来实行义务兵役制的桥梁。而游击队则是新区的创造者,是主力红军不可缺少的支队。两年来,各个苏区中是发展了这些部队,他们的军事政治训练也相当的加强了。他们加入红军,他们之保卫地方,他们之袭敌扰敌,在历次粉碎"围剿"的战斗中,显示了他们极其伟大的成绩,致使敌人惊为奇迹,成为敌人侵入苏区的绝大的困难。这在中央苏区与闽浙赣苏区,是特别表现了他的作用。把这个制度广布到一切新开辟的苏区去,极大的扩大他们的组织,加强他们的训练,使这些部队成为红军在革命战争中最可依靠的兄弟,这是苏维埃的重要责任。

充实红军的给养与供给,组织连络前线与后方的军事运输,组织军事的卫生疗治,同是对于革命战争有决定意义的事业。在我们还没有取得若干中心城市与敌人经济封锁的情况之下,这一任务的进行是极其艰难的,然而两年以来凭借了苏区与白区广大工农群众的积极性,使我们对这事业亦已建立了相当的基础。我们已经在这一方面保证了红军在过去长期中的给养供给与运输,这不能不说是一个极大的成绩,但是当前粉碎的五次"围剿"的决战,及以后更加广大的战争,需要我们用更大努力增加这一方面的力量,保证这一方面更加充分的供给。

更大规模的革命战争是在我们的面前,苏维埃武装民众政策更加显示了他的绝顶重要性,一刻不放松去武装民众,去从切实的工作中,以最快的速度,实现100万铁的红军的创造,是苏维埃最基本的战斗的任务。

苏维埃的基本任务是革命战争,是动员一切民众力量去进行战争。环绕着这个基本任务,苏维埃就有着许多迫切的任务。他应该对广大民众施行广泛的民主。他应该坚决镇压内部的反革命。他应该启发工人的阶级斗争,发展农民的土地革命,在工农联合与工人阶级领导的原则下,提高工农群众的积极性。他应该是执行正确的财政经济政策,保证革命战争的物质需要。他应该实行文化革命,武装工农群众的头脑,以及其他的许多基本政策。都是为着一个目的:以革命战争去推翻帝国主义国民党的统治,巩固与发展工农民主专政,并准备转变到无产阶级专政的阶段去。

现在我们来说苏维埃的民主制度

工农民主专政的苏维埃，他是民众自己的政权，他直接依靠于民众。他与民众的关系必须保持最高程度的密切，然后才能发挥他的作用。苏维埃具有绝大的力量，他已经成为革命战争的组织者与领导者，而且也是群众生活的组织者与领导者，他的力量的伟大，是历史上任何国家形式所不能比拟的。但他的力量完全依靠于民众，他不能够一刻离开民众。苏维埃政权需要使用强力去对付一切阶级敌人，但对于自己的阶级——工农劳苦群众，则不能使用任何的强力，而他表现出来的只是最宽泛的民主主义。

苏维埃最宽泛的民主，首先表现于自己的选举。苏维埃给予一切被剥削被压迫的民众以完全的选举权与被选举权，在女子的权利与男子同等。工农劳苦群众对这样的权利的取得，乃是历史上的第一次。总结两年以来各地苏维埃的选举经验，一般来说是有很大的成绩。第一，关于选民登记。用红榜白榜的办法将有选举权的居民与无选举权的居民实行严格的划分。以不准任何剥削分子参加的选民大会的选举，代替了过去开群众大会选举的办法。第二，关于成分比例。为了保证无产阶级在苏维埃政权中的领导骨干，采用了工人及其家属 12 名选举代表 1 人，农民及贫民 50 人选举代表 1 人的办法，拿了这样的成分去组织市乡代表会议。从区到中央，各级的代表大会与执行委员会，工人与农民的代表都有适当的比例。这样便在苏维埃政权的组织上保证了工人与农民的联盟，并使工人占着领导的地位。第三，关于选举单位。为了保证多数的选民参加选举，并使工人能够选举他们的适当的代表进苏维埃，1933 年 9 月中央执行委员会颁布的新的选举法，规定每个乡苏或市苏，分成几个选举单位进行选举。即是农民以村为单位进行选举，工人则单独为一单位进行选举。这样就使民众参加选举十分的便利了。第四，关于参加选举的人数。苏维埃选举运动的发展，使选民群众极大的认识了选举与自己生活的关系，过去不积极参加选举的民众，现在许多都积极起来了。1932 年两次选举，与 1933 年下半年的选举，许多地方到了百分之八十以上的选民,有些地方仅只害病的生育的以及担任警戒的人不曾参加选举会。第五,关于候选名单。1933 年下半年进行的选举,实行了候选名单制度,使选民在选举之先就有应否选举某人的准备。第六,关于妇女的当选,现在多数的市乡苏维埃,妇女当选为代表的占了百分之二十五以上。部分地方如上杭的上才溪乡,75 个代表中妇女 43 个,占了百分之六十。下才溪乡 91 代表中妇女 59 个,占了百分之六十六。广大的劳动妇女,是参加国家的管理了。第七,关于工作报告。即是由乡苏市苏在选举以前,召集选民开会,报告苏维埃的工作,并引导选民批评这种报告。这一办法,1933 年下半年进行的选举,也比较上一年实行得更加普遍了。所有这些,都使民众对于行使管理国家机关的权利的基本步骤——苏维埃的选举,有了完满的办法,保证了苏维埃政权巩固的基础。

其次苏维埃的民主,见之于市与乡的代表会议。市乡代表会议制度是苏维埃组织的基础,是使苏维埃密切接近于广大民众的机关,两年来的进步,使我们的这一制度更加完满了。其最显著的特点在于(一)为着使乡苏市苏的代表与当地居民密切连系,便于吸收居民的意见,并便于领导工作起见,依照代表与居民住所接近,将全体居民适当分配于各个代表的领导下(通常以居民 30 人至 70 人置于一个代表的领导下),使各个代表对于其领导下的居民发生固定的关系。这样便使民众与苏维埃在组织上连成一片了。(二)乡苏市苏的代表,按其住所接近,在 3 个至 7 个代表之中选举 1 人为代表主任,其任务是在乡苏及市苏主席团指导之下,分配和指导其领导下各代表的工作,传达主席团的通知于各个代表,召集其领导下居民开会,解决其领导下居民中的较小的问题。一村之内,并须有一个总的代表主任,负领导全村工作之责。这样便使市乡主席团与代表之间密切的连系起来,并使村的工作得到了有力的领导。(三)在乡苏维埃与市苏维埃之下,组织各种经常的及临时的委员会,如优待红军委员会,水利委员会,教育委员会,粮食委员会,卫生委员会等,其数可以多至数十,吸引群众中大批的积极分子参加这些委员会的工作。不但乡有委员会,村亦应该有某些必要的委员会。这样便把苏维埃工作组织成了网,使广大民众直接参加了苏维埃的工作。(四)乡苏及市苏的选举,现定每半年举行一次(区苏亦半年一次,县苏省苏则每年一次),这样便使民众的新的意见容易涌现到苏维埃来。(五)在两次选举之间,代表有犯重大错误的,得由选民10人以上的提议经选民半数以上之同意撤回之,或由代表会议通过开除之。这样便使不良分子不能长期驻足于苏维埃机关了。所有这些,都是苏区中许多地方正在实行着的市乡苏维埃的特点。大家都可以看见,苏维埃政权的民主发展到了这样的程度,实在是历史上任何政治制度所不曾有的。而苏维埃依靠这一制度,同广大民众结合起来,他就使苏维埃成为最能发扬民众创造力的机关,使苏维埃成为最能动员民众以适应国内战争适应革命建设的机关,这也是历史上无论什么政府所做不到的。区以上各级苏维埃政权机关完全建筑于市乡苏维埃的基础之上,由各级的工农兵代表大会与执行委员会而组成,政府工作人员由选举而任职,不胜任的由公意而撤换,一切问题的讨论解决根据于民意,所以苏维埃政权是真正广大民众的政权。

其次苏维埃的民主,还见之于给予一切革命民众以完全的集会结社言论出版与罢工的自由。当着国民党统治区域剥夺一切革命民众的自由权利,施行疯狂的法西斯蒂恐怖的时候,苏维埃政府下每个革命的人民,都有发表自己意见的权利,苏维埃并且给予一切尽可能的物质条件上的便利(会场,纸张,印刷机关等),一切为了反对帝国主义国民党的集会结社与言论出版,苏维埃总是极力的领导着。苏维埃所不允许的,只是那些剥削分子的反革命自由。

不但如此,为了巩固工农民主专政,苏维埃必须吸引广大民众对于自己工作的监督与批评。每个革命的民众都有揭发苏维埃工作人员的错误缺点之权。当着国民党贪官污吏布满全国人民敢怒而不敢言的时候,苏维埃制度之下则绝对不容许此种现象。苏维埃工作人员中如果发现了贪污腐化消极怠工以及官僚主义的分子,民众可以立即揭发这些人员的错误,而苏维埃则立即惩办他们决不姑息。这种充分的民主精神也只有苏维埃制度下才能存在。

最后，苏维埃的民主精神还见之于其行政区域的划分。苏维埃取消了旧的官僚主义的大而无当的行政区域，把从省至乡各级苏维埃的管辖境界都改小了。这是什么意义？这是使苏维埃密切接近于民众，使苏维埃因管辖地方不大得以周知民众的要求，使民众的意见迅速反映到苏维埃来，迅速得到讨论与解决，使动员民众为了战争为了苏维埃建设成为十分的便利。国民党军阀利用封建时代的大省大县大区乡制度，这仅仅便利于隔绝民众，苏维埃政府是用不着的。这里应该指出：关于村的划分是重要的一节。因为乡苏维埃之下，执行苏维埃工作的最便利的方法，是以村为单位去动员民众。依靠了村的适当的划分，村的民众组织的建立，村的代表与代表主任对于全村的有力的领导，乡苏的工作才能收到最大的成效。

其次说到苏维埃对于地主资产阶级的态度

苏维埃实现了世界上最完满的民主制度，他是为广大民众直接参加的，他给予广大民众以一切民主的权利，他对于民众绝对不使用也绝不需要使用任何的强力。

但是地主资产阶级，即一切被革命民众所推翻的剥削分子，苏维埃对之则是另外一种态度。

地主资产阶级，因为他们是剥削者，因为他们是过去的统治者，所以他们对于苏维埃是怀着极端深刻的仇恨的。因为他们虽被推翻但并未消灭，他们还有深根固蒂的社会基础，他们还有优越的智识与技术，所以他们虽被推翻，却时时企图复辟，企图推翻苏维埃政权，恢复原来的剥削制度。特别在国内战争时代，敌人对于苏区不断举行军事的进攻，更使这些被推翻的剥削者时刻企图以反革命行动响应进攻的敌人。因此，苏维埃政府不能不从各方面对于这些分子施行严厉的制裁与镇压。

苏维埃制裁剥削分子的政策，第一件是拒绝他们于政权之外。苏维埃的宪法规定，对于地主资产阶级及其他一切与革命为敌的人，完全取消他们的选举权，取消他们在红军中在地方部队中服兵役的权利。但这些分子却总是千方百计企图混进苏维埃机关中红军中与地方部队中来，特别在新开辟的苏区，群众斗争的发展还不充分，这些分子更容易利用机会混了进来。过去的经验完全证明：同这些阶级异己分子混入革命政权的活动作残酷无情的斗争，是苏维埃的一个十分重要的任务。

第二件，是剥夺一切地主资产阶级的言论出版集会结社的自由。这种自由苏维埃仅只给予革命的民众，而不给予任何地主资产阶级分子。因为地主资产阶级分子必然的要利用这种自由作为他们反革命的工具，剥夺这些分子的自由是绝对必要的。苏维埃之所以日臻于巩固，剥削〔夺〕了这些阶级敌人的自由，减少了他们藉以活动的机会，也是重要的原因之一。

第三件，利用革命武力与革命法庭镇压一切反革命活动。苏维埃基于武装民众的任务，建立了坚强的红军与广泛的地方部队，这是苏维埃直接依靠的铁的力量。苏维埃依靠了他，才能战胜帝国主义国民党的武力，才能镇压苏区内部的反革命活动。但是苏维埃还有一个与此相连的镇压反革命的重要的武器，这就是苏维埃法庭。苏维埃法庭直接依靠于武装力量，依靠于国家政治保卫局的活动，依靠于广大民众的阶级斗争，使苏区中一切反革命企图受到了严厉的镇压。数年来各个苏区中都发生了反革命的严重的活动，如中央苏区与湘赣苏区等处的 AB 团，福建的社会民主党，湘鄂西，鄂豫皖，闽浙赣与闽赣等地的改组派，湘鄂赣的托陈取消派等，都曾经企图甚至已经实行他们的反革命暴动。但结果都受到苏维埃法庭的严厉的镇压，克服了他们的暴动阴谋，巩固了苏维埃政权。在这一方面，政治保卫局与苏维埃法庭已经聚集了丰富的经验，纠正了过去许多地方没有执行明确阶级路线的错误。苏维埃法庭的群众化，即苏维埃法庭的制裁反革命，应该同广大群众的肃反斗争联系起来，现在也更加进步了，巡回法庭的普遍使用就是证明。

总结起来看，苏维埃具备着对于广大民众的十分宽泛的革命的民主主义，但同时就在这种民主主义中间构成了他绝大的权力——

建筑于千百万工农民众坚固的信仰与自觉的需要之上的权力。苏维埃运用这种权力,形成了自己的专政,组织了革命战争,组织了苏维埃法庭,向着阶级敌人开展各方面的激烈的进攻,而苏维埃法庭则在苏维埃领土之内起了他镇压反革命活动的伟大的作用。

如果拿工农专政的苏维埃法庭与地主资产阶级专政的国民党法庭相比较,那又是一副绝妙的画图。

苏维埃法庭以镇压地主资产阶级为目的,对于工农分子的犯罪则一般处置从轻,国民党法庭以镇压工农阶级为目的,对于地主资产阶级的犯罪则一般处置从轻,法庭的作用完全给政权的阶级性决定了。

苏维埃法庭一方面严厉镇压反革命分子的活动,苏维埃对于这样的分子决不应该有丝毫的姑息。但是另一方面,对于已经就业的犯人,都是禁止一切不人道的待遇,苏维埃中央政府已经明令宣布废止肉刑,这亦是历史上的绝大的改革,而国民党法庭则至今充满着中世纪惨无人道的酷刑。

苏维埃的监狱对于死刑以外的罪犯是采取感化主义,即是用共产主义的精神与劳动纪律去教育犯人,改变犯人犯罪的本质。而国民党监狱则是纯碎的封建野蛮的虐杀,法西斯蒂的酷刑,劳苦群众与革命者的人间地狱。

消灭敌对阶级的反革命阴谋,建立苏维埃领土内的革命秩序,而废弃司法范围内一切野蛮封建的遗迹,这是苏维埃法庭的目的,苏维埃在这一方面的所有的改革,同样是有他的历史意义的。

其次说到苏维埃的劳动政策

苏维埃基于他的政权的阶级性,基于武装劳动民众以革命战争打倒帝国主义国民党的伟大任务,必须坚决的启发工人的阶级斗争,保障工人的日常利益,发展工人的革命积极性,组织工人的这种积极性到伟大的革命战争中来,并且使工人成为革命战争的积极领导者,成为巩固与发展苏维埃政权的柱石,这就是苏维埃劳动政策的出发点。

在苏维埃劳动政策之下,工人的利益得到了完全的保护,他与在过去的国民党统治时代及现在的国民党区域比较起来,具有天堂地狱之别。

当着苏区还是国民党统治的时代,工人是在做雇主的奴隶,工作时间之长,工钱之少,待遇之残酷,工人地位之没有任何法律保障,这是每个工人所永远不能忘记的。所有这些,在现在的国民党统治区域,不但是一样的存在着,而且变本加厉了。最近的情形,白区工人的实际工资减少了百分之五十以上,而减工,裁工,关厂,则成为资本家进攻工人的普通方法。因此造成了广大的失业,单以产业工人说,失业人数达百分之六十以上。一切国民党统治区域,罢工是犯罪的行为,1933 年 3 月国民党在汉口公开宣布罢工者处死刑。一切工人与资本家的争议,国民党无不是站在资本家方面向着工人压迫的。

但是这些罪恶,在苏区中便一扫而空了。

苏维埃政权之下,工人是主人翁,工人领导着广大的农民担负了巩固苏维埃与发展苏维埃的伟大的责任。因此苏维埃的劳动政策的原则是在于保护工人阶级的利益,巩固与发展苏维埃政权。根据这种原则,1931 年 12 月颁布了劳动法,1933 年加以修改,重新颁布。此次修改的劳动法,对于城市与乡村,对于大企业与小企业,都能使之应用适当。

现在苏区是一般的实行了 8 小时工作制,订立了劳动合同与集体合同。在城市内与许多的乡村内,已经普遍建立了劳动检查所与检查员,目的是检查雇主是否有违背苏维埃劳动法的行为。对于雇主犯法行为的裁制,则属于专门设立的劳动法庭。为了防止资本家对于劳动力的操纵,为了保护失业工人,苏维埃垄断了劳动介绍权,一切资本家请工,必须到苏维埃设立的劳动介绍所去。失业救济机关的设立,现在也日益推广了,失业工人一般得到了具体的救济。农村工人又都分配了土地。社会保险制度是确立了,社会保险局已建立在苏区各个城市中。所有这些,都是工人们在国民党政权下所丝毫不能得到的,然而苏维埃政权则以为这些政策的实行乃是自己的最大的责任。

由于苏维埃坚决执行自己的政策,苏区工人的生活得到了很大的改善。

首先是关于工资。苏区各地的实际工资,比较革命前是一般的增加了。下面是汀州的一个例子:

职业 期间		最高工资			最低工资			中等工资	
		革命前	现在	比较	革命前	现在	比较	革命前	革命后
京果 工人	每月	10 元	32 元	加 22 元	2 元	22 元	加 20 元	没有 统计	30 元
纸业 工人	每月	10 元	35 元	加 25 元	3 元	31 元	加 28 元	同上	33 元
油业 工人	每月	6 元	18 元	加 12 元	3 元	12 元	加 9 元	同上	15 元
药业 工人	每月	6 元	30 元	加 24 元	2 元	26 元	加 24 元	同上	28 元
刨烟 工人	每月	7 元	36 元	加 29 元	3.5 元	30 元	加 26 元	同上	28 元
印刷 工人	每月	15 元	36 元	加 21 元	5 元	28 元	加 23 元	同上	34 元
五金 工人	每月	6 元	18 元	加 12 元		14 元		同上	16 元
木匠 工人	每日	6 毛	8 毛	加 2 毛				同上	
木船 工人	由汀 洲至 上杭	14 元	46 元	加 32 元				同上	
染业 工人	每月	5.5 元	20 元	加 14 元	2 元	18 元	加 16 元	同上	19 元

		最高工资			最低工资			中等工资	
油纸工人	每月	5元	21元	加16元	2元	17元	加15元	同上	19元
酒业工人	每月	6元	20元	加14元	3元	18元	加15元	同上	
布业工人	每月	10元	35元	加25元	2元	31元	加29元	同上	32元

从这个表来看,汀州市工人的工资比革命前最少的增加了百分之三十二(木匠),最多的竟增加了百分之一千四百五十,即增加14倍(布业工人),这种惊人的增加,完全是反映了国民党时代的惊人的低落。当然汀州工人的工资是比较其他苏区城市的工资要特别高一些(并且工人吃的伙食是算在内的),但是其他城市的工资也是增加了的,如瑞金城市的泥水木匠工人,在最近一时期,从革命前每日2角5分,增加至每日4角5分,增加了百分之八十。

不但城市,农村中工资也增加了。下面是赣县田村区各时期零工工资的比较:

最高工资(每日)	手艺工人	纸业工人	农业工人	苦力运输工人
革 命 前	3毛	4毛	2毛8	4毛半
1933年五一前	3毛	4毛	4毛	6毛7分5
现 在	3毛5	4毛5	2毛2	9毛6
比革命前增加	5分	5分	4分	5毛1
中等工资(每日)				
革 命 前	2毛2	2毛2	1毛	2毛6
1932年五一前	2毛5	2毛4	1毛5	3毛9

最高工资（每日）	手艺工人	纸业工人	农业工人	苦力运输工人
现　　在	3 毛	3 毛	2 毛	5 毛
比革命前增加	8 分	8 分	1 毛	2 毛 4
最低工资（每日）				
革　命　前	1 毛	1 毛 4	3 分	1 毛
1931 年五一前	1 毛 5	1 毛 1	6 分	
现　　在	2 毛	2 毛 5	1 毛	2 毛
比革命前增加	1 毛	1 毛 1	7 分	1 毛

这个表表示了一个农村,但其他农村中工资是一般增加了的。至于国家企业中的工资,拿最近两年来中央直辖的若干种企业来说,是一般增加了百分之二十,最高的增加了百分之四十。

工资的支付一般都办到了按期付清。因为苏维埃的监督,雇主拖欠工资的事情是很少了。少数顽强的资本家,经过劳动法庭的裁制,也不敢与工人为难了。

关于法定工作时间——8 小时制的实施,两年来在苏区的一切城市是普遍实现了。农村中的雇佣劳动者,每日的实在工作时间也少有超过 8 小时。16 岁至 18 岁的雇佣劳动者的时间,是一般比较成年为少。

关于妇女及未成年人的保护,如同工同酬,产前产后休息,14 岁以下童工的禁止,也都是一般的实行了。

关于学徒的保护,则一般的缩短了学徒的年限,改良了学徒的待遇,扫除了对学徒的封建压迫。学徒的生活是相当的改善,学徒的工资是增加了(如江西方面学徒每年至少有 15 元津贴,多的则有每月 3 元的)。

关于一般待遇,在城市中特别在国家企业,工人的卫生与伙食有了很大的改良,各个城市工人的伙食普通是每月 6 元以上。农村工人的伙食最少与雇主同等。

苏区工人是组织了坚强的阶级工会。这种工会是苏维埃政权的柱石,是保护工人利益的保垒,同时他又成为广大工人群众学习共产主义的学校。苏维埃对于工会,在法律上保障了他的权利,因此工会会员极大的发展起来。据中华全国总工会的统计,现在苏区工会会员数仅以中央苏区及其附近几个苏区计算,共有 229000 人,其分布:中央苏区 110000 人,湘赣 23000 人,湘鄂赣 40000 人,闽浙赣 25000 人,闽赣 6000 人,闽北 5000 人,根据中央苏区的材料,没有加入工会的工人仅只有 3676 人,不足全体工人的百分之五,即是说百分之九十五的工人是加入工会了。一部分地方如兴国加入工会的竟达百分之九十八。请问这是国民党区域能够梦见的事情么?不但中国,全世界除苏联外,那一个帝国主义国家是有过这种情形的?

总之,两年以来苏维埃的劳动法,已在苏区所有城市中实行了,乡村中也实现了他的主要条文。在两年当中,虽然遇到了不少的资本家富农对于劳动法的抵抗,但因工人群众的积极斗争,与苏维埃的严厉监督,使这种抵抗归于无效。同时对于独立生产者与中农贫农雇用工人,有时发生违反劳动法的事情,则应该经过恳切的劝告使之明了而自动的拥护劳动法。因此工人的生活得到了极大的改善,工人的革命积极性大大发扬起来,工人在革命战争中在苏维埃建设中是起了他的伟大的作用。

根据中央苏区公略,万太〔泰〕,龙冈,兴国,胜利,西江,零都①,寻邬②,上杭,宁化,长汀,新泉 12 县的统计,工会会员 70580 人中,现在红军及游击队服务的 19960 人,等于会员的百分之二十八。参加苏维埃等革命机关工作的 6752 人,等于会员的百分之十,他们大部分是在苏维埃机关负责。以上两项共计 26712 人,占会员总数百分

---

① 零都,现称于都。——本文库编者注。
② 寻邬,现称寻乌。——文本库编者注。

之三十八。现在还在家的会员则为 43868 人。这 12 县在家的工会会员,退还第二期公债 43855 元,最近购买经济建设公债 197803 元,在家会员平均每人买了 4 元 5 角。在家会员现在是党团员的 12435 人,占在家会员总数百分之二十八。从这些统计,证明了工人群众积极的加入红军,参加与拥护革命战争,拥护中国共产党。然而这些都是从苏维埃保护了工人的利益发扬了工人的积极性得来的,那些说工人在革命后没有得到什么东西,说工人的积极性没有发扬起来,只可算作完全的胡说。

现在我们来说苏区的土地革命

中国的苏维埃与红军,是从土地革命中生长与发展起来的,广大的农民群众在地主阶级与国民党军阀的残酷压迫剥削之下,只有土地革命才能解放他们,苏维埃土地政策的原则,就在于完全推翻地主阶级与国民党军阀一切封建与半封建的剥削与压迫。

一切过去及现在的国民党区域,农村中是吓人的地租(百分之六十到百分之八十)。吓人的高利贷(百分之三十到百分之百),与吓人的苛捐杂税(全国计 1700 余种之多),结果土地集中于地主阶级与富农,绝大多数农民失去土地,陷于求生不能求死不得的惨境。因为土地上面的无情掠夺,农民失掉防御灾荒的能力,结果使水旱灾荒遍于全国,1931 年被灾区域达 809 县,被灾人口达 4400 余万人。因为层层的被掠夺,农民缺乏再生产能力,许多耕地变得很瘠,许多简直变成荒地,同时农民仅有的一点出产,又被帝国主义的农产品倾销所压倒,因此中国农村经济陷于完全的破产状态。农村中土地革命的火焰,就在这种基础之上强有力地爆发起来了。

苏区土地革命的威力,扫荡了一切封建的残迹,千百万农民群众从长期的黑暗中惊醒起来,夺取了地主阶级的全部土地财产,没收了富农的好田,废除了高利贷,取消了苛捐杂税,打倒了一切与革命为敌的人,而建立了自己的政权,农民群众第一次从地狱中出来,取得了主人翁资格,这就是苏维埃政权下与国民党政权下农村状态的根本区别。

第一次全苏大会颁布了土地法,使得全国土地问题的解决有了正确的依据。因为农村中阶级斗争的尖锐化,在分析阶级问题上发生了许多的争论,人民委员会根据过去土地斗争的经验,作出了"关于土地斗争中一些问题的决定",将地主富农中农贫农游民等许多问题给了正确的解决,农村斗争将更加有力的开展起来。关于分配土地方法上面的许多问题,如像距离,肥瘠,青苗,山林,池塘等等,还急待收集各地经验作成必要的决定,这在新区分配土地的领导上是非常必要的。

为着彻底消灭封建残余势力,使土地革命的果实完全落在雇农贫农中农的手里,中央政府发动了广泛而深入的查田运动。根据1933年7、8、9三个月的统计,中央苏区江西福建粤赣三省,共计查出地主6988家,查出富农6638家,从这些被查出的地主富农手中收回土地317539担,没收地主现款与富农捐款共计606916元。农民群众的革命积极性更加发扬起来了,雇农工会与贫农团成为苏维埃在农村中的柱石。三个月中间得到了如此伟大的成绩,证明农村阶级斗争还须要苏维埃予以充分的注意,而查田运动是继续发展农村斗争彻底消灭封建残余的有力的方法,也是完全证明了。

土地斗争的阶级路线,是依靠雇农贫农,联合中农,剥削富农,与消灭地主。这一路线的正确应用,是保证土地斗争胜利发展的关键,是苏维埃每一对于农村的具体政策的基础。因此苏维埃政府对于那些侵犯中农(主要是侵犯富裕中农)及消灭富农的错误倾向,是应该严厉的给予制裁,同时决不应该放松对于那些同地主富农图谋妥协的错误,只有反对这一切的错误,土地斗争才能走上正确的轨道。

土地斗争的群众工作,两年以来得到了不少的经验。总结其要点则为(一)分配土地的运动与查田运动,均必须以全力去动员广大的贫农中农以及农村工人群众,自己动手向着地主富农作斗争。分田与查田的工作,都必须经过群众的同意。每一阶级成分的处理,必须通过于群众的会议中。苏维埃人员单独的少数人的进行分配土地与清查阶级,那便有降低群众斗争热情的危险。(二)没收地主阶级土地以外的财产,与富农多余的耕牛农具房屋,必须以大部分分配于贫苦的群众,如果不是这样做而归之少数人员使用,那么也就要降低群众的情绪,而有利于剥削分子的反抗。(三)土地的分配不宜在长期不定的状态之中,应当在相当短促的期间内分配妥当,使之固定在农民的手中。以后非有当地多数群众的要求,不应轻易再行分配。如果不是这样做,那么违反农民的意见,不但影响农民对于土地生产的积极性,而且同样将为剥削分子利用了去阻碍土地斗争的发展。(四)查田运动的目的是为了清查剥削成分,而不是为了清查被剥削成分,因此不应该按家按亩去查,而应该动员最广大群众清查那些暗藏着的地主富农分子。(五)必须打击那些阻碍分田与查田的反革命分子,在群众的同意下用最严厉的办法处治他们,从逮捕监禁,群众公审,直至枪决,这是完全必要的。如果不是这样做,那么土地斗争就要受到极大的障碍。(六)应该极力发展阶级斗争,而避免地方斗争与姓族斗争。地主阶级与富农,却是极力想拿地方斗争与姓族斗争来代替阶级斗争,阻碍土地革命的前进,苏维埃人员不应该去上地主富农的当。(七)土地革命的发展,依靠于农村基本群众的阶级觉悟与组织程度的提高,因此苏维埃人员必须在农村中进行广泛而深入的宣传,必须健全贫农团与雇农工会的组织。

土地革命不但使农民得到土地,而且要使农民发展土地上面的生产力,由于苏维埃的领导与农民劳动热忱的提高,苏区的农业生产在广大的地方是恢复了,有些并且更加发展了。

在这个基础之上,农民的生活是有了很大的改良。农民推翻了地主与国民党的剥削,生产结果落在自己的手里,因此现在农民的生活比较国民党时代是至少改良了一倍。农民的大多数,过去一年中有许多时候吃不饱饭,困难的时候有些竟要吃树皮,吃糠秕,现在则一般不但没有饥饿的事,而且生活一年比一年丰足了。过去大多数农民每年很少吃肉的时候,现在吃肉的时候多起来了。过去大多数农民衣服着得很烂,现在一般改良,有些好了一倍,有些竟好了两倍。

那一种生活那一种政权是农民群众愿意的呢? 让一切国民党区

域的农民群众自己答复这个问题罢!

再说苏维埃的财政政策

苏维埃财政的目的在于保证革命战争的给养与供给,保证苏维埃一切革命费用的支出。但是有着广大的革命战费与革命工作费用的支出的苏维埃共和国,当他还是处在全国范围内的较小部分,又是一些经济比较落后的地方,并且实行着便利于广大民众的税收政策,许多外边人们竟不知道苏维埃财政的出路在什么地方。而国民党占据着广大的区域,大数量的搜括民脂民膏,为什么反而弄到财政破产?

没有什么奇怪,苏维埃的财政政策与财政的使用同国民党是根本的不同。

苏维埃的财政政策,建筑于阶级的与革命的原则之上。因此苏维埃的财政来源,乃是:(一)向一切封建剥削者进行没收或征发,(二)税收,(三)国民经济事业的发展。

所谓向封建剥削者没收征发,即是向苏区与白区地主富农筹款,根据过去的经验,这一方面的收入常常占了主要的位置,这和国民党的财政政策恰好相反:苏维埃把主要财政负担放在剥削者身上,国民党则把主要财政负担放在工农劳苦群众的身上。

苏维埃的税收是统一的累进税,现在简单的两方面实行,这就是商业税与农业税,税收的基本原则,同样是重担归于剥削者。

商业税的征收,分为关税与营业税。关税是以按照苏区的需要程度统制货物的进出口为目的,因此税率有完全免征的,有高至百分之百的。在中国境内,只有苏维埃实行了完全自主的关税制,不受任何外国政府的干涉,一切货物在边境税关纳税之后通行全苏区,无第二次之征税,一扫国民党厘金关卡层层抽剥的虐政。

营业税即是商业所得税(工业税现在没有收),按照商业资本大小盈余多少,征收统一的累进税,资本小盈余少的税轻,资本大盈余多的税重。资本在百元以下,群众的合作社,以及农民直接卖出其剩余生产品,这些都实行免税。

农业税依靠于农民的革命热忱,使之自愿的纳税,同样是累进原则的征收法。家中人口少分田少的税轻,家中人口多分田多的税重。贫农中农税轻,富农税重。雇农及红军家属免税,被灾区域按灾情轻重减税或免税。

苏维埃采取统一的累进税法,乃是世界上最优良税法,而一切资本主义国家所不敢采用或者不敢彻底采用的。至于国民党的税收,则是一篇绝大的糊涂账。其税收原则是主要取之农民及其他小有产阶级。正税之外,有无数的附加税。据天津大公报 1933 年 3 月 21日的统计,国民党区域内捐税名目共有 1756 种之多,而四川的田赋预征到了 1987 年,陕西的田赋比国民党未到时增加了 25 倍,这是国民党对于劳苦民众的"恩德"!

从发展国民经济来增加苏维埃财政的收入,苏维埃财政政策的重要部分,明显的效验已在闽浙赣苏区表现出来,在中央苏区也开始表现出来了。这一方面的着重的进行,是苏维埃财政机关与经济机关的责任。这里应该指出:国家银行发行纸票的原则,应该根据于国民经济发展的需要,财政的需要只能放在次要的地方,这一方面的充分注意是绝对必需的。

至于财政的使用,应该根据节省的方针。应该使一切苏维埃人员明白贪污浪费是极大的犯罪。向着贪污浪费作坚决斗争,过去虽有了些成绩,以后还应加□的用力。节省每个铜片为着战争与革命事业,是苏维埃会计制度的原则。苏维埃对于财政的使用,应该与国民党的使用有绝对的差别。

苏维埃的财政不是没有困难的,红军的扩大,战争的发展,苏维埃面前有着他财政上面的困难。但是困难的克服,即包含于困难本身之中,开展我们的革命战争,改善我们的苏维埃工作,向着一切国民党区域去扩大我们的财政收入,向着一切剥削分子的肩上安放着苏维埃财政的担子,向着国民经济的发展去增加苏维埃的收入,这就是克服困难的方法。

再说苏维埃的经济政策

只有最无耻的国民党军阀,才会于其统治区域内已经弄到民穷财尽的地步,而却在天天造谣,说苏区如何破坏不堪。不错,帝国主义国民党的目的,完全在于破坏苏区,破坏正在前进的苏维埃建设,破坏已经得到解放的千百万工农民众的福利,所以反革命不但组织了一切武装力量进行其军事上的"围剿",而且更从经济上进行着残酷的封锁政策。然而苏维埃政府领导广大的群众与红军,不但屡次击溃了敌人的"围剿"而且更从事于一切可能的与必需的经济建设,去冲破敌人经济封锁的毒计。苏维埃这一步骤,现在也着着胜利了。

因为苏维埃的中心任务是争取对于帝国主义国民党的战争的胜利,同时目前的苏区,是些经济比较落后的区域,又处在敌人的经济封锁之下,所以苏维埃经济政策的原则,是进行一切可能的与必需的经济方面的建设,集中经济力量供给战争,同时极力改良民众的生活,巩固工农在经济方面的联合,保证无产阶级对于农民的领导,造成将来发展到社会主义建设的前提与优势。

苏维埃经济建设的中心是发展农业生产,发展工业生产,发展对外贸易,与发展合作社运动。

关于苏区的农业,现在显然是在向前发展中。1933 年的农产,中央苏区是比较 1932 年增加了百分之十五(一成半),而闽浙赣苏区则增加百分之二十。苏区在暴动之后的头一二年,农业生产往往呈现着向下的形势。但经过分田的确定,苏维埃的提倡,与农民群众劳动热忱的增长,生产便取着恢复的形势了。现在则在有些地方不但恢复,而且超过了暴动前的生产。有些地方不但消灭了在暴动过程中荒废了的土地,而且开发了新的土地。很多的地方组织了劳动互助社与耕田队,以调剂农村中的劳动力,组织了犁牛合作社,以解决耕牛缺乏的问题。同时广大的妇女群众又参加了生产战线上的突击。这种情形,在国民党时代是决然做不到的。国民党时代土地是地主的私产,农民不愿意也不可能用自己的力量去改良土地。只有苏维埃把土地分配给农民,加之以提倡奖励,农民群众的劳动热忱勃发起来了,伟大的生产胜利才能得到。这里应指出:在目前条件之下,农业生产是苏维埃经济建设的第一位,他不但负担着解决最重要的粮食问题,而且应该解决衣服砂糖纸张等项日常用品的原料问题(棉麻蔗竹等等),森林的培养,畜产的增殖,也是农业的重要部分。在小农经济的基础上面,对于某些重要农产作出相当的生产计划,动员农民为着这样的计划而努力(如每省棉花若干万斤),这是容许的而且必需的,苏维埃在这一方面应该有进一步的注意与努力。关于农业生产的许多基本条件,如劳动力问题,耕牛问题,饲料问题,种子问题,水利问题等,苏维埃必须用力领导农民求得解决。这里关于劳动力的有组织的调剂,与推动妇女参加生产,是苏区农业生产上面最基本的问题。而劳动互助社与耕田队的组织,苏维埃当着春耕夏耕等重要季节对于整个农村民众的动员与督促,则是解决这个问题的有效方法。不少一部分农民(大约百分之二十五)的缺乏耕牛,也是一个很大的问题,组织犁牛合作社,动员一切无牛人家自动的合股卖〔买〕牛共同使用,是苏维埃应该注意的事。水利是农产的命脉,苏维埃更应予以极大的注意。目前自然还不能提出苏维埃农业与集体农业的问题,但为着促进农业的目的,而在每乡每区组织一个小范围的苏维埃农事试验场,并且设立农业研究学校与农产品展览所,则是迫切的需要。

因为敌人的封锁,使得我们的出口发生困难,苏区的许多手工业生产是衰落了,烟纸等项其最著者。但是这种出口困难,不是完全不可克服的。并因苏区广大群众的需要,自己即有广泛的市场。应该为着出口,主要还是为着自给,来有计划的发展工业,两年以来,特别是1933年上半年起,因为苏维埃的开始注意,因为群众生产合作社的逐渐发展,许多工业现在是在开始走向恢复。这里重要的是烟,纸,钨砂,樟脑,农具与肥料(石灰等),而且自己织布,自己制药,与自己制糖,亦是目前环境中不可忽视的。在闽浙赣方面,有些当地从来就表现缺乏的工业,如造纸织布制糖等,现在居然开发起来,并且收得了成效。他们为了救济食盐的缺乏,又进行了硝盐的制造。关于工业的进行，更需要有适当的计划，在散漫的手工业基础上，全部的精密计划当然是不可能，但某些主要的工业，首先是国家经营与合作社经营的事业，相当精密的生产计划，则是完全的必需。确切地估计原料的生产，估计到白区与苏区的销场，是每一苏维埃工业与合作社工业从他的开始进行就必须注意的。

苏维埃有计划的组织对外贸易，并且直接经营若干项必要商品的流通，如食盐与布匹的输入，粮食与钨砂的输出，以及粮食在苏区内部的调剂等，现在是异常需要的了。这一工作，闽浙赣方面实行得较早。中央区则开始于1933年的春季，由于对外贸易局等机关的设立，已经得到初步的成绩。

现在苏区国民经济的发展，是由国营事业，合作社事业，与私人的事业，这三个方面同时进行的。国家经营的经济事业，在目前只限于可能的与必要的一些部分。这一方面现在不论在工业或在商业，均已经开始，他的前途自然是不可限量的。

苏维埃对于私人经济，只要不出于苏维埃法律范围之外，不但不加阻止，而且是提倡的奖励的，因为目前私人经济的发展，是苏维埃利益的需要。关于私人经济，不待说现时是绝对的优势，并且在相当的长期间也必然还是他的优势。目前私人经济在苏区的发展，一般是取着小资本的形式。

至于合作社事业，乃是在极快的速度发展之中，据1933年9月江西福建两省里面17个县的统计，各种合作社共有1423个，股金305551元。因为经济建设大会的提倡，如瑞金兴国等县，在大会后一个多月的发展，即赶上大会前整个时期的数目。合作社的大规模发展，现在主要的是属于消费合作社与粮食合作社，其次则为生产合作社。至于信用合作社，还在刚才开始的阶段上。合作社运动的发展，无疑将成为苏区经济发展的枢纽。合作社经济与国营经济配合起来，将成为经济方面极大的力量，在与私人经济作斗争的长时期的过程中，将逐渐取得领导的与优越的地位，而使苏区的经济造成发展到社会主义经济的条件。所以尽可能的发展国家企业与大规模的发展合作社,应该是与奖励私人经济发展同时并进的。

为着发展国营企业与帮助合作社运动,人民委员会在群众的拥护之下,发行了 300 万经济建设公债。这样依靠群众的力量来解决经济建设的资本问题,乃是目前唯一的与可能的方法。

在全中国卷入经济浩劫,数万万民众陷入饥寒交迫的困难之中,这时候苏维埃政府乃在不顾一切困难,为了革命战争,为了民众利益,认真的进行经济建设。事情是非常明白:只有苏维埃战胜了帝国主义国民党,只有苏维埃实行其有计划的有组织的经济建设,才能挽救全国数万万民众出于空前的浩劫。

现在要说到苏维埃的文化教育了

为着革命战争的胜利,为着苏维埃政权的巩固与发展,为着动员民众一切力量,加入于伟大的革命斗争,为着创造革命的新后代,苏维埃必须实行文化教育的改革,解除反动统治阶级加于工农群众精神上的桎梏,而□造新的工农的苏维埃文化。

谁都知道,国民党统治下一切文化教育机关,是操在地主资产阶级手里的。他们的教育政策,是一方面实行反动的武断宣传,以消灭被压迫阶级的革命思想,一方面施行愚民政策,将工农群众排除于教育之外。反动国民党把教育经费拿了作为进攻革命的军费,学校大部分停办,学生大部分失学。因此在国民党统治之下,造成了人民的愚昧无知,全国文盲数目占全人口百分之八十以上。对于革命文化思想则采取极端残酷的白色恐怖。任何左翼的文学家,社会科学家,一切文化教育机关中的革命分子,都要受到国民党法西斯蒂的摧残。使一切教育机关变成黑暗的地狱,这就是国民党的教育政策。

谁要是跑到我们苏区来看一看,那他就立刻看见这里是一个自由的光明新天地。

这里一切文化教育机关是操在工农劳苦群众的手里,工农及其子女有享受教育的优先权。苏维埃政府用一切方法来提高工农的文化水平,为了这个目的,给予群众政治上与物质条件上的一切可能的帮助。因此,现在的苏维埃区域,虽然是处在残酷的国内战争环境,并且大都是过去文化很落后的地方,但是已经在加速度的进行着革命的文化建设了。

根据江西福建粤赣三省的统计在 2931 个乡中,有列宁小学 3052 所,学生 89710 人,有补习夜学 6462 所,学生 94517 人,有识字组(此项只算到江西粤赣两省,福建未计)32388 组,组员 155371 人,有俱乐部 1656 个,工作员 49668 人。这是中央苏区一部分的统计。

苏区中许多地方,学龄儿童的多数是进入了列宁学校。例如兴国学龄儿童总数 20969(内男 12076,女 8893),进入列宁小学的 12806 人(内男生 8825,女生 3981),失学的 8163 人(内男 3251,女 4912),入学与失学的比例为百分之六十与四十。苏区很多地方的儿童们,现在是用了大部分时间受教育,做游戏,只小部分时间参加家庭的劳动,这同国民党时代是恰好相反了。儿童们同时又组织在红色儿童团之内,这种儿童团,同样是儿童们学习共产主义的学校。

妇女群众要求教育的热烈,实为从来所未见。兴国夜学学生 15740 人中,男子 4988 人,占百分之三十一,女子 10752 人,占百分之六十九。兴国识字组组员 22519 人中,男子 9000 人,占百分之四十,女子 13519 人,占百分之六十。在兴国等地妇女从文盲中得到了初步的解放,因此妇女的活动十分积极起来。妇女不但自己受教育,而在〔且〕已在主持教育,许多妇女是在作小学与夜学的校长,作教育委员会与识字委员会的委员了。女工农妇代表会在苏区是一种普遍的组织,他注意于劳动妇女群众的整个的利益,妇女教育当然是他们注意的一部分。

群众识字的人数是迅速增加。识字的办法有夜学校,识字运动与识字牌,夜学有一定的地点,识字组在群众的家里,识字牌在道路的旁边。领导识字运动的机关则为乡村的识字运动委员会。拿兴国来说,全县有 130 个乡的识字运动总会,561 个村的识字运动分会,3387 个分会下面的识字小组,22529 个加入识字小组的组员。这是扫除文盲的极大规模的群众运动,这种运动应该使之向着全苏区一切城市与乡村中间开展了去。

苏区群众文化运动的迅速发展,我们看报纸的发行也可以知道。中央苏区现在已有大小报纸 34 种,其中如《红色中华》,从 3000 份增至 4 万份,《青年实话》发行 2800 份,《斗争》27100 份,《红星》17300 份,证明群众的文化水平是迅速的提高了。

苏区中群众的革命的艺术,亦在开始创造中,工农剧社与蓝衫团的运动,农村中俱乐部运动,是在广泛的发展着。

群众的红色体育运动,也是迅速发展的,现虽偏【远】乡村中也有了田径赛,而运动场则在许多地方都设备了。

苏区还缺乏完备的专门教育的建设。但为了革命斗争领导干部的创造,我们已设立了红军大学,苏维埃大学,马克斯〔思〕共产主义大学,及教育部领导下的许多教育干部学校。中等教育与专门教育之应该跟着普通教育的发展而使之发展起来,无疑的应该成为教育计划中的一部分。

为了造就革命的知识分子,为了发展文化教育,利用地主资产阶级出身的知识分子为苏维埃服务,这也是苏维埃文化政策中不能忽视的一点。

苏维埃文化教育的总方针在什么地方呢? 在于以共产主义的精神来教育广大的劳苦民众,在于使文化教育为革命战争与阶级斗争服务,在于使教育与劳动联系起来。

苏维埃文化建设的中心任务是什么? 是厉行全部的义务教育,是发展广泛的社会教育,是努力扫除文盲,是创造大批领导斗争的高级干部。

每个人都明白,所有这些方针与任务,只有在苏维埃政权之下才有实现的可能,因为这是阶级斗争极端尖锐的表征,这是人类精神解放绝大的胜利。

现在说苏维埃婚姻制度

为了解放妇女群众于野蛮封建的婚姻制度之下,为了实行真正男女平等的婚姻制度,还在 1931 年的 11 月,中央执行委员会即颁布了苏维埃的婚姻条例。在这里,确定了结婚与离婚的完全自由,废除了包办强迫买卖的婚姻制度,禁止了蓄带童养媳。两年来在一切苏维埃管辖区域是一般的实行了这一法令,凡非亲族血统在五代以内,非神经病与危险性的传染病,男子年满20,女子年满18,经双方同意,并在乡苏或市苏举行登记,即可以实行结婚。离婚则只要男女一方提出要求经过乡苏或市苏的登记就行了。

这种民主主义的婚姻制度。打碎了数千年束缚人类尤其是束缚女子的封建锁链,建立了适合人性的新规律,这也是人类历史上伟大的胜利之一。

但是这一胜利,是附属于工农民主专政的胜利之后的,因为工农劳苦群众婚姻制度的解放,必须首先推翻地主资产阶级的专政,实行土地革命,男女劳动群众尤其是妇女第一有政治上的自由,第二也有了经济上的相当的自由,然后婚姻自由才有最后的保障。苏区中劳动妇女同男子一样有了选举权,并且分配了土地和工作,所以新制度是能够完全的实行了。

因为数千年来婚姻的关系野蛮得无人性,女子所受压迫比男子更甚,所以现时苏维埃的婚姻法令着重于保护女子,把因离婚而起的义务更多的加给了男子去负担。

因为小孩子是革命的新后代,过去社会习惯上不甚注意小孩子的保护。所以关于保护小孩,婚姻法令上有了单独的规定。其中关于私生子地位的承认与私生子的保护,是给了特别的注意的。

这婚姻制度的实行使苏维埃取得了广大的群众的拥护,广泛群众不但在政治上经济上得到解放,而且在男女关系上也得到解放。

就拿婚姻制度一件事来说,苏维埃区域与国民党区域也是两个绝对相反的世界。

最后关于民族政策

争取一切被压迫的少数民族寰〔环〕绕于苏维埃的周围,增加反帝国主义与反国民党的革命力量,是苏维埃民族政策的出发点。

国内的许多少数民族如蒙古人,西藏人,高丽人,安南人,苗人,黎人等等,历来都受着中国封建皇帝与封建军阀的剥削和统治。国民党承继这种统治,没有任何的改变,所谓"五族共和",只是骗人的鬼话,而且冯玉祥的屠杀甘肃回民,白崇禧的屠杀广西苗族,乃是国民党最近的"赏赐"。另一方面,少数民族自己内部的统治阶级,如王公活佛喇嘛土司等,与中国国民党军阀相结合,使这些民族中的广大劳苦民众遭受更加利害的压迫与剥削。或者他们(如西藏新疆,内蒙)直接投降于帝国主义,引导帝国主义迅速的殖民地化这些区域,更进一步的掠夺劳动民众。这是少数民族过去与现在生活的实质。

苏维埃政府坚决反对一切帝国主义与国民党军阀对于少数民族的统治与掠夺,1931年11月第一次全国苏维埃代表大会在其颁布的宪法大纲的第十四条宣言:

"中华苏维埃政权,承认中国境内少数民族的民族自决权,直到各民族脱离中国,建立自己的独立自由国家。蒙古回藏苗黎高丽人等,凡属住居在中国境内者,他们加入中国苏维埃联邦,或者脱离苏维埃联邦,或者建立自己的自治区域,均由各民族照自己的意志去决定。中国苏维埃政权在现时必须努力帮助这些弱小民族,使他们脱离帝国主义国民党军阀王公喇嘛土司等的压迫统治,而得到完全的解放。苏维埃政权应在这些民族中间发展他们自己的民族文化和民族言语。"

这是全世界帝国主义(连中国国民党也在内)对于民族施行残酷的殖民地政策的响亮的回答。中国广大工农民众及其苏维埃政府不仅自己正在用坚决的民族革命战争以求脱离帝国主义的羁绊,而且号召国内一切弱小民族同时脱离中国统治阶级以及帝国主义的羁绊,直到这些民族的完全分离而独立。不但如此,苏维埃宪法大纲第十五条又说:

"中国苏维埃政府对于凡因革命行动受到反动统治迫害的中国各民族以及世界各国的革命战士,给予托庇于苏维埃区域的权利,并且帮助重新恢复斗争的力量,直到这些民族与国家的革命运动得到完全胜利为止。"

苏区的许多高丽台湾安南的革命同志的寄居,第一次全苏大会高丽代表的出席,以及出席这次大会的几位高丽台湾与安南的代表,证明了苏维埃这一宣言的真实。

共同的革命利益,使中国劳动民众与一切少数民族的劳动民众真诚地结合起来了。

民族的压迫基于民族的剥削,推翻了这个民族剥削制度民族的自由联合就代替民族的压迫。

然而这只有中国苏维埃政权的彻底胜利才有可能,赞助中国苏维埃政权取得全国范围内的胜利,同样是各个少数民族的责任。

(五)苏维埃在彻底粉碎五次"围剿"争取全国革命胜利面前的具体战斗任务

当着我们说到了目前的形势,说到了两年来苏维埃政权反对帝国主义反对"围剿"的斗争,说到了苏维埃实施的基本政策的时候,就使我们得到一种确定的结论,即是说,苏维埃运动是大踏步的前进了。两年以来苏维埃运动的胜利,明显地变动了敌我两方的力量,敌人加紧了他们的动摇与崩溃,而苏维埃运动则在猛烈的发展中。革命的力量是更加壮大了,革命的阵地是更加巩固了。民族战争与革命的国内战争正在中国广大范围内开展着,红军已成为不可战胜的力量。工农民主专政的基础已经确立了。苏维埃建设工作已经在各方面得到了伟大的成绩。苏维埃中央政府的集中的领导,不但在苏区树立了坚固的基础,而且在国民党统治区域也为广大民众的革命的旗帜了。所有这些,都已经成为现时生活实际,成为不可否认的客观存在的事实了。

然而革命的前进,要求我们估计到另外一些情形,要求我们以深刻的自我批评精神来检查革命战线中存在着的弱点,这是我们不能放弃的责任。

估计到我们的弱点,首先必须明白,现在苏维埃已经胜利的区域虽然是很广大了,但在全国来说,则还是处在较为狭小的范围内,还是处在一些经济比较落后的地方。反革命还保存着他们的广大的区域,还占据着各个重要的城市,因此苏维埃争取全国胜利首先争取一省及几省胜利的任务,是最严重地放在我们的肩上。日益加紧两个政权之间的决死的斗争,要求我们极大的努力去解决这个问题,而不容许丝毫的自满自足观念存留在我们革命队伍中间,也不容许表现任何微小的疲倦态度。

第二,在过去的两年中间,虽然全国民众的反帝运动是广大的开展了,苏维埃中央政府对于运动的领导也有了不少的成绩,然而若拿了与当前民族危机的严重性相较,与阻止帝国主义侵略和国民党投降卖国的严重任务相较,则现时发展着的反帝斗争的力量,显然还是异常不够的。苏维埃还没有采用很多的办法去启发广大民众的民族的与阶级的觉悟,去组织民众的反帝斗争,而且就在民众自发的反帝斗争中,苏维埃政府直接的帮助与领导还是非常的不充分。广大白色区域的工人反资产阶级的斗争,农民反地主的斗争,苏维埃还没有充分地尽其组织与领导的责任。即在苏区周围的国民党区域,也还未用最大力量去组织群众的斗争,使这些区域造成迅速变为苏区的条件,使红军在这些区域作战得到群众更多的配合,特别是在白军士兵中造成暴动响应红军的局面。

第三,红军的数量与质量虽然是迅速地扩大增强了,但对于执行战胜帝国主义国民党整个军事力量,争取革命在全国胜利伟大的任务上,则还是相差得很远。后方扩大红军的工作,还不能适应前线的要求。赤卫军少先队的编制与训练,在许多地方还是差得很。游击队的组织与行动,一般还是很不够的。优待红军家属的工作,在有些地方做得非常之不好。所有这些,使得革命战争前发展,还只限于过去的成绩,使得我们每一次冲破了敌人"围剿"之后,还不能乘胜直进,争取更加伟大的胜利。

第四,在一切为了战争的任务下,我们还不能使一切苏维埃工作完全适合于革命战争的要求。这不论在土地斗争方面,在工人斗争方面,在经济建设方面,在财政方面,在肃反方面,以及在文化教育方面,都有他薄弱点的存在,指出其一般的弱点,即是说,革命战争要求这些工作用最快的速度争取大的成绩,然而在各地执行起来,却是参差不齐的。很多地方真正达到了所谓最快速度最大成绩的标准,依靠了这些地方的工作,使革命战争得到了很大的帮助。但在另外一些地方,则不但工作进行非常之慢,甚至经过很长的时期,还不能得到应有成绩。特别在有些新区与边区中间,那里的工作更加差些。这种情形的主要原因,在于这些地方的苏维埃机关中存在着一些不了解甚至不愿意执行苏维埃法令政策的分子。这些分子当中,有些是严重的机会主义与官僚主义者,有些简直是地主资产阶级派遣进来的暗探。他们不是推进苏维埃工作,而是妨碍了苏维埃工作。他们不是使苏维埃工作服从战争,而是使苏维埃工作离开战争。他们不愿意去开展群众的斗争,而使群众斗争停顿起来。他们不从对于广大群众的动员,不从对于群众的说服教育,去执行苏维埃工作,而是用空谈空喊,甚至强迫命令的官僚主义,去执行苏维埃工作。他们不去了解下层的情形,不去教育新进的干部,不去听取群众的意见,而只是机会主义的诬蔑下级干部不好,那里的群众没有革命积极性。在这些地方,苏维埃的民主是没有得到充分发展的,没有吸引最广大群众来参加苏维埃的选举,没有吸引群众中大批积极分子来参加苏维埃的工作。这些地方的市乡代表会议制度还没有很好的建立,还没有使苏维埃成为真正广大民众的自己的政权机关。在这些原因之下,就使得许多苏维埃工作,在这些地方缺乏应有的成绩,使他不能适应革命战争的迫切要求。应该明白指出,这是苏维埃工作中间一个最严重的弱点。

所有这些弱点的存在,给了我们一种深刻的警觉,必须克服了这些弱点,苏维埃运动才能适应一切客观的有利条件,而采取更大规模向着更大的范围内发展了去。

我们已经有了一个伟大的力量,这个力量成为我们发展的基础。但是革命形势的需要,超过了我们的力量,我们的力量还不够,我们必须增加力量。

为着彻底粉碎帝国主义国民党的"围剿",争取革命在全国的胜利,第二次全国苏维埃代表大会,必须号召全苏区全中国一切革命的民众,坚决的执行下列各个具体战斗的任务:

(一)在红军建设方面

把中央革命军事委员会对于全国红军的领导更进一步的强健起来,使全国红军的行动比较过去更加能够在统一的战略意志之下互相呼应与互相配合,使各地方军事机关更加能够在中央领导之下充分地执行他们自己的职务。

把扩大100万铁的红军的口号普遍地深入地传播到全苏区全中国广大工农劳苦群众中去,号召群众在最短促的时间之内,为着实现这个最低限度的口号而斗争。要使群众明白,逼在面前的苏维埃政权与国民党政权之间的决定胜负的战斗,苏维埃政权与帝国主义之间的直接广大的冲突,依靠我们数百万大红军的创立,因此100万红军的首先创立,是苏维埃与每个工农群众的神圣的责任。中央革命军事委员会与各级地方苏维埃应该负责,收集两年尤其去年红五月以来,各地扩大红军的丰富经验。着重的指出:以充分的政治鼓动去代替强迫方法,以残酷的阶级斗争与苏维埃在这一方面的法令去对付破坏扩大红军与领导开小差的阶级异己分子与不良分子,以充分执行苏维埃优待红军战士及其家属的一切法令与办法,去提高红军战士的社会地位,去增加红军战士及其家属的精神上的安慰,去解决红军战士及其家属一切物质生活上的困难是扩大红军的重要方法,还要指出为红军家属耕种土地,以及日用必需品的供给,是优待工作的重要部分。一切对于优待红军战士及其家属怠工消极与阳奉阴违的分子,应该受到苏维埃法律的裁判。

应该把巩固红军放在红军建设的重要地位,使红军不但能够很快扩大,而且能够很快强健起来。应该更进一步提高红军战士的政治教育,使每个红军战士都自觉的为了苏维埃新中国而奋斗到底,使红军成为苏维埃的宣传者与组织者,成为创造新苏区的执行者,使红军战士与广大苏区白区的工农劳苦群众之间发生更加密切的联系。

要从政治教育去提高红军的自觉的纪律,使他们明白这是保证战争胜利的重要武器。政治委员制度应该建立到一切红军部队地方部队与游击队里面去。应该提拔更多的工人成分充当各级军事的与政治的指挥员。红军学校应当使之成为比较过去更能训练大批高级的与初级的军事政治干部的学校。注意红军中成分的考察,对于地主资产阶级分子混进红军中来破坏红军的企图,应该给与严厉的打击。巩固红军使红军成为铁军的工作,与政治工作同等重要而为现时红军所迫切需要的,就是军事技术的提高,这一任务的解决,在战争的规模日益扩大,在帝国主义国民党军队日益采用新的军事技术的面前,对于我们是绝顶重要的了。"学会与提高新的军事技术"的口号,应该深入到每个红军战士中去,红军学校应该为了这一目的去尽他最大的努力。

应该把赤卫军少先队的新的编制方法推广到苏区的一切地方去,把一切劳动的青年成年男女,全部武装起来。红军后备军与地方守卫部队的作用与责任,应当使每个赤少队员清楚的认识。义务兵役制在将来更大规模的国内战争中的需要与作用,现在就应该向一切劳苦群众与赤少队员适当地宣传起来,应当用大力进行一切可能的与必要的军事训练与政治训练,野营演习办法应当有可能推广到一切地方的赤少队中间去。在敌人进攻与苏区剥削分子企图捣乱的情形之下,赤少队保卫地方的责任应该特别的加重,许多地方赤色戒严的松懈现象,应该给予迅速的纠正。动员模范赤少队整连整队的加入红军中去,与动员之后立即重新编制起这些队伍来,是扩大红军最好的方法之一。与红军作战不可分离而起其伟大支队作用的,是新区边区以及白区中间的红色游击队。加强扩大现有的游击队,最广泛地繁殖新的游击队,收集过去游击战争的丰富经验,极大地加强游击战术的教育与指导,把千百支游击队伸出白区去,伸出到敌人的侧方与后方去,在那些地方袭击敌人,发展群众斗争,创造游击区域,以至发展到创造新苏区,特别在尚未连成一片的各个苏区之间去做这些工作,与主力红军的行动互相配合起来,是苏维埃十分迫切的任务。

应该用一切办法去保障红军的给养供给与运输,苏维埃的财政机关与经济机关,军事系统中的供给运输与卫生机关,应该为着这个共同目标而努力。运输队的队员,应该克服过去的弱点,使红军不致因缺乏运输员而妨碍了运动与作战。一切牺牲一切努力给予战争,是每个苏维埃人员每个革命分子的责任。

(二)在经济建设方面

为着冲破敌人封锁,抵制奸商操纵,保证革命战争的需要,改良工农群众的生活,苏维埃必须有计划的进行各种必要的与可能的经济建设。

首先是发展苏区广大的农业生产。苏维埃应该用一切方法去提高农民群众的生产热忱。应该本着春耕夏耕秋收等各个重要的农事季节进行提高生产的普遍而广大的运动,动员整个农村民众一齐进入生产的战线中。普遍组织劳动互助社与耕田队,有计划的调剂乡村劳动力,动员广大妇女群众参加生产,是扩大生产的重要方法。应当领导并帮助农民去解决耕牛农具肥料种子水利以及防止害虫等等农业上面的具体重要的问题。耕牛合作社应当普遍的组织。根据去年春耕夏耕运动的经验,"完全消灭荒田","增加今年二成收获",应当成为战斗的口号。应当收集种棉经验,发展苏区的棉花生产。应当发起植树运动,号召农村中每人植树 10 株。畜产的增殖,苏维埃应给与注意。某些重要农业部门如粮食棉花等,中央国民经济人民委员部及各省国民经济部,应当作出具体实施的计划。苏维埃粮食部,粮食调剂局,与群众的粮食合作社,应当在工作上密切联系起来,为了完全保证红军与民众的粮食供给而努力。

苏区广大手工业的恢复,军事必需工业的建立,是苏维埃经济建设的重要任务。苏维埃恢复与发展工业的计划,应当放在战争需要,苏区民众需要,以及白区出口的可能基础之上。钨砂、煤、铁、石灰、农具、黄烟、纸、布匹、糖、药材、硝盐、樟脑、木材等项,应当是主要的部门。应该用极大的努力去发展对于这些工业的群众的生产合作社,将失业工人,独立劳动者,与农民,尽量组织到生产合作社来。同时应该容许并奖励私人资本家的投资,扩大苏区的这些生产。苏维埃在目前不应当企图垄断所有的生产事业,但创办并发展一些特别需要与特别有利的国有企业,则是可以而且应当的。提高劳动热忱,发展生产竞赛,奖励生产战线上的成绩昭〔卓〕著者,是提高生产的重要方法。

打破敌人的经济封锁,发展苏区的对外贸易,以苏区多余的生产品(谷米、钨砂,木材,烟、纸等)与白区的工业品(食盐、布匹、洋油等)实行交换,是发展国民经济的枢纽。苏维埃的对外贸易局与各种商业机关,必须更加健全起来。同时奖励私人商业,使他们为输出与输入各种必需商品而努力。而普遍的发展消费合作社,把广大工农群众组织在这种合作社内,使群众能够廉价的买进白区必需品,高价的卖出苏区的生产品,则在苏维埃贸易与整个经济建设上都占有特别重要的位置。苏维埃对于消费合作社中央总社与各省县总社的领导,应该极大地加强起来。还没有建立省县总社的地方,应当迅速的建立。

经济建设中资本问题的解决,主要是吸收群众资本,把他们组织在生产的消费的与信用的合作社之内,应该注意信用合作社的发展,使在打倒高利贷资本之后能够成为他的代替物。经过经济建设公债及银行招股存款等方式,把群众资本吸收到建设国家企业,发展对外贸易,与帮助合作社事业等方面来,同样是要紧的办法。应该在苏维埃法律范围之内,尽量鼓励私人资本家的投资,使苏区资本更加活泼。应该尽量发挥苏维埃银行的作用,按照市场需要的原则发行适当数目的纸币,吸收群众的存款,贷款给有利的生产事业,有计划地调剂整个苏区金融,领导群众的合作社与投机商人作斗争,这些都是银行的任务。

(三)在苏维埃建设方面

苏维埃中央政府的建立,使全国苏维埃运动得着总的领导机关,对于中国革命有绝大的意义。两年以来,在领导反帝国主义反国民党的斗争中间得到了光荣的伟大的胜利。我们应该指出,中央政府在自己的组织上与工作上还存在着许多不健全与不充分的地方。为着加强中央政府对于各苏区与全国革命的总领导,必须使中央执行委员会与人民委员会在工作上划分开来,必须健全中央执行委员会主席团的组织与工作,必须充实各人民委员部的工作人员,并改善他们的工作方法,必须增设必要的人民委员部如粮食委员部等,使中央政府在革命形势更加开展面前,能够充分地发挥他总的发动机作用。

省苏维埃是地方政权的最高领导机关,是中央政府与各县区苏维埃之间的连锁,必须极大的加强中央政府对于各个省苏的领导,密切中央政府与各个省苏之间的连系(中央区各省与中央区以外各省),严密检查各个省苏的工作。必须极力改善各个省苏的工作方法,实行集体讨论,精确分工,与个人负责的制度。加紧对于各县苏区工作的检查。极力纠正过去有些省苏工作上松懈与不集中的现象。

乡苏市苏是苏维埃的基本组织,因此必须用极大努力去改善乡苏与市苏的工作。必须在一切尚未建立代表会议制度的地方把这个制度建立起来。必须进一步加强各地代表会议的工作,应该设立他的主席团。应该设立他的许多的委员会,并把委员会制度建立到村里去,吸引大批工农积极分子参加委员会的工作。应该建立每个代表与一定数目的居民发生关系的制度。应该建立代表主任制,每个村里要有一个主持全村工作的代表主任,应该准许他能够召集一村的代表与居民去开讨论村中工作的会议。乡苏与市苏是动员群众执行苏维埃工作的直接负责机关,他的工作中心是如何最健全地最充分地动员全乡全市的民众,为着苏维埃的每一任务每一工作的完满实现而斗争。乡苏与市区苏维埃必须把极大的注意力,放到各村各街道的实际工作上去。必须对于各村与各街道的工作,实行定期检查制度。各村或各街道之间的革命工作竞赛,是争取工作速度的有效方法。乡苏与市区苏维埃切实而迅速的改善,依靠于区苏与市苏正确具体的领导。区苏市苏的注意力应该全部放在各个乡苏与各个市区苏维埃的工作改善上面。充分的解释,频繁的巡视,切实的检查,与民众中间的考验,是区苏市苏领导方法的要点。县苏对于区苏工作的考查,也应该以这些为标准。

各省苏必须把自己的注意力极大的投到新开辟的苏区去,把在新区建立并加强革命委员会的工作,看成自己重要的职务。革命委员会的组织形式与工作内容,都与市乡苏维埃有许多不同,一切白色区域变为苏维埃区域,经过革命委员会的过程。因此健全革命委员会的组织与工作,使革命委员会能够负担起来武装民众,发动民众斗争,肃清反动势力,迅速转变到建立苏维埃政权,是各省苏及各新区边区县苏应该极大地注意的。

苏维埃的民主虽然发展了,但应该指出,他在许【多】地方还是异常不够的。必须严厉地开展反对官僚主义的斗争,把那些遮塞在苏维埃与民众之间的废物抛开去,这些废物就是官僚主义与命令主义。苏维埃人员应该从对于民众的动员与对于民众的说服去执行苏维埃工作,而不应该用强迫命令办法去执行苏维埃工作。苏维埃人员应该注意民众的每一要求与每一提议,而不应该忽视这些要求与提议。苏维埃人员特别是工农检察委员会,应该吸引广大民众对于存在苏维埃机关中的不良分子,开展广大的批评,斗争,直至用苏维埃法律严厉地制裁他们,保证苏维埃与民众中间良好的联系。为了健全苏维埃的成分,必须实行苏维埃选举的群众化。必须向群众解释选举的意义,吸引最广大选民来参加选举。在选举中绝对的屏〔摒〕除那些阶级异己分子,贪污浪费与官僚主义分子。选举大批的工农积极分子,来管理国家工作。在这里,依照选举法的规定,引进大批工人干部,加强工人在苏维埃政权中的领导地位,是健全苏维埃工作的重要关节。为了苏维埃工作的群众化,苏维埃必须与工会,贫农团,女工农妇代表会,合作社,及其他一切民众团体发生密切的联系,经过这些团体去动员广大民众,执行苏维埃的工作。

为了争取苏维埃工作的速度与质量,使一切苏维埃工作适合于革命战争的要求,必须用极大的力量除掉苏维埃工作人员中的松懈不紧张现象。绝大的提高苏维埃人员的工作热忱,使每个工作人员都自觉的为工农民主专政的国家工作而努力。同时必须森严工作纪律,一切对于工作不积极,玩忽与废弛职务,把苏维埃工作放在不要紧的位置等等的分素,应该向之作严厉的斗争,至开除他们的工作。必须反对贪污浪费现象,因为这种现象不但是苏维埃财政经济的损失,并且足以腐化苏维埃工作人员,使他们对于工作失去热忱与振奋精神的元素。必须把"一切工作服从战争""争取工作的速度与质量"的口号,提到全部苏维埃人员的面前去。在这一方面,各级苏维埃的主要负责人,特别是工农检察委员会,应该对于苏维埃工作人员,进行充分的说服教育工作。

应该把苏维埃法令政策的彻底与忠实的执行移在全部苏维埃人员的肩上去,应该把违反苏维埃法令政策的行为首先是苏维埃人员自己的违反放在严厉责罚的地位。

必须充分执行劳动法,把劳动法的每一条文解释给广大工人群众听。8 小时工作制的实行,最低工资的规定,是保证工人利益的中心与起码的部分。劳动检查所与劳动法庭,必须使之起完全的作用。必须向着那些忽视工人利益而企图与资本家妥协的人员作坚决的斗争。必须对于失业工人实行具体的与及时的救济,失业救济委员会必须在一切有失业工人的地方组织起来。社会保险制度,必须在一切可能实行的地方真实的实行,必须给予社会保险局的工作以应有的注意,必须避免过去有些地方对于保险金支配上的错误。为了这些工作的充分执行,应该把苏维埃劳动部健全起来,劳动部与工会之间应该发生密切的关系。

充分的实行土地法实行关于土地斗争的一切法令,向着全国范围开展广大的土地革命,这是苏维埃中心任务之一。没收地主阶级及大私有者土地的斗争,应该着重地猛烈地使之在一切新收入的苏维埃版图中开展起来。应该收集过去土地分配方法的许多经验,普遍应用到一切新区去。应该把查田运动开展到一切土地问题尚未彻底解决的地方去,把那些地方的封建残余势力给以迅速的肃清。土地斗争中正确的阶级路线与充分的群众工作,是保证土地革命彻底胜利的先决条件。

执行苏维埃的文化教育政策,开展苏维埃领土上的文化革命,用共产主义武装工农群众的头脑,提高群众的文化水平,实施义务教育制度,增加革命战争中动员民众的力量,同样是苏维埃的重要任务。

苏维埃制裁剥削分子及镇压反革命分子的政策,必须坚决执行。国家政治保卫局与苏维埃法庭,必须提起自己的警觉性,对于反苏维埃法令的剥削阶级分子及一切进行反革命活动的分子,实行严厉的制裁与镇压。在这里,政治保卫局工作与苏维埃法庭的的群众化,动员广大群众参加肃反斗争,是非常必要的。

争取苏维埃工作的速度与质量,使一切苏维埃工作完全适合于革命战争的要求,这是苏维埃工作的总方向。

(四)关于领导反帝斗争与白区工作

为了坚决的反对帝国主义的侵略,为了猛烈的发展全国工农斗争,为了使苏维埃区域扩大到全国去,苏维埃政府必须加强对于全国反帝斗争与国民党区域工农革命斗争的领导。对于这一方面的消极,就是放纵了帝国主义的强盗侵略,就是延长了国民党反动统治的寿命,就是限制了苏区发展的速度与范围。苏维埃中央政府及各省的苏维埃,必须把自己的眼光放到广大的国民党区域去,不但要领导每一个群众自发的反帝运动,而且要在广大工农群众以及小资产阶级群众中间,利用帝国主义侵略国民党投降卖国的每一具体事实,启发群众的民族觉悟与阶级觉悟,号召他们组织与武装起来,为驱逐帝国主义保卫中国领土而斗争。特别在东三省热河察哈尔华北等日本帝国主义进攻地带,组织人民革命军与义勇军,领导旧有的义勇军,使之脱离国民党的反动影响,而与日本帝国主义坚决的作战。苏维埃政府对于工人的每一反帝罢工,农民以及小资产阶级的每一反帝斗争,必须尽可能地给予精神上与物质上的帮助。

对于国民党区域工人反资产阶级的斗争,农民反地主的斗争,苏维埃必须用一切办法去组织,去援助,去领导。一切苏维埃人员,应该明白,要想把苏维埃运动发展到全国去,要想把比较苏区庞大得若干倍的国民党区域造成转变为苏区的条件,要想创造新苏区,要想在反对帝国主义国民党的大规模"围剿"中间能够得到白区群众的援助,必须把极大的注意放到白区去。必须从苏区派遣人员,准备一切必须的物质帮助,去组织与领导白区的群众斗争。对于这一方面的消极,就是对于扩大苏区与发展革命战争的消极。特别是苏区附近的国民党区域,这些地方的群众受苏维埃的影响最大,受国民党军事奴役食盐公卖等等的压迫最甚。苏维埃尤其是各个省苏及边县边区政府,必须利用各种时机,取得与这些群众的联系,组织他们的日常斗争,发展到游击战争,到群众暴动,到建立苏区与老苏区联接一片。在这里,苏区与白区交界地带的工作,应该看得非常重要。在这些地带,苏维埃(或革命委员会)与游击队,必须完全遵守苏维埃的基本政策,禁止一切不分阶级乱打土豪的行为。没收地主阶级及反动派的财物必须大量的发给当地群众。此外,关于赤白对立问题,逃跑群众问题,食盐封锁问题,被难群众问题等,必须根据阶级的与群众的路线,很好的给予解决。必须把造成赤白对立与群众逃跑的原因除掉了去。交界地带工作的改善,是争取白区变为苏区的重要的关节。

（演讲完,随着雷鸣一样的掌声）

（录自 1934 年 1 月 26 日出版的
《红色中华·第二次全苏大会特刊》第 3 期第 1—12 版）

关于中央执行委员会报告的结论

毛泽东

（1934 年 1 月 27 日）

同志们,关于我代表中央执行委员会及人民委员会向大会所做的报告,同志们已经讨论了两天了,昨天的分组会,今天的大会,在这两天中间,同志们发表了很多的意见,从各方面发挥了我们工作中的经验教训,总括起来,对于我的报告,可以说是一致承认的。对于目前形势,对于从这一形势产生的任务,对于两年来苏维埃政策的各方面的实施,以及对于我们工作中存着的弱点,在昨天今天同志们的讨论中间,一般是同意了我的报告,同志们的发言一般都是非常正确,这是应该首先指出的。

但在昨天今天两天的讨论中间,主要是在昨天的分组会中间,有个别同志的发言包含着不正确的观点,我们应该在结论中指出。这里主要是关于五次"围剿"问题的意见。关于这个问题大多数同志都承认我在报告中说的:我们是取得了对于五次"围剿"的第一步胜利,但是五次"围剿"的最后决战却还是严重地摆在我们的面前,号召广大群众,团结一切力量,争取对于五次"围剿"最后决战的胜利,是我们当前的最严重任务。因此在讨论中间有同志说:"五次围剿已经完全粉碎了",这种意见显然是不对的。又有同志说:"五次围剿我们仅在准备粉碎中",这种意见也是不对的。照前一说,是过分估计了自己的胜利,把苏维埃最后粉碎"围剿"的严重任务轻轻取消了,而实际上蒋介石正在集中一切力量最后向我们大举进攻,所以这种估计是不正确的,并且是非常危险的。照后一说,是看不到几个月来红军从艰苦战争中已经给了敌人以相当严重的打击,已经取得了第一步胜利,这种胜利,同粉碎四次"围剿"的伟大胜利看起来,就成为我们彻底粉碎五次"围剿"的坚固的基础。对于自己成绩估计不足,同样是很危险的。

有一个同志,对于福建的人民革命政府,说他带有多少革命性,不是完全的反革命,这种意见也是不对的。我在报告中已经指出:人民革命政府的出现是反动统治阶级的一部分,为着挽救自己将死命运而起的一个欺骗民众的新花样,他们觉得苏维埃是他们的仇敌,而国民党这块招牌又太烂了,所以弄个什么人民革命政府,以第三条道路为号召,这样来欺骗民众,没有丝毫革命意义,现在的事实已经证明了。

另有一个同志,在分组会上说了些不对的话,他说苏维埃并没有扩大红军,也没有游击队,农民仍要交租与地主,这些话当然是糊涂极了,我想是不待说明的。又有一个同志,他说福建的工作人员都是机会主义者,我想也不待说明,大家知道是错误的。我们承认某些苏维埃工作人员中间是存在着机会主义分子在那里作怪,我们应向这种分子作坚决的斗争,但像这个同志的说法,则是对于苏维埃的诬蔑了。

关于婚姻问题,我在报告中曾经说到男女两方有一方坚决要求离婚,苏维埃政府应该准许离婚。但应该指出,红军家属是在例外,为了巩固红军战士的战斗决心,中央政府曾经规定,红军战士之妻要求离婚,必须取得其夫同意,只有在两年内还得不到丈夫音信,才可以由妻子一方提出离婚。关于结婚的年龄问题,不少同志主张降低,这种意见,我觉得是不妥当的。为了种族的与阶级的利益,结婚年龄不应该低于男 20 女 18 以下,应该明白早婚是有极大害处的。同志们!要耐烦一下子呵(全场轰笑)!从前在地主资产阶级统治之下,贫苦工农有到四五十岁还不能结婚的,为什么现在一年两年都等不及呢?(全场又大笑)

以上是我的结论的第一部分,但是结论主要部分,还在下面。

一个极重要问题,同志们在讨论中间没有着重注意的,就是关于群众生活同革命战争联系起来的问题。这个问题昨天和今天的讨论中都没有着重指出,我觉得应该把这个问题清楚的提出来。

苏维埃的中心任务是动员广大群众参加革命战争,以革命战争打倒帝国主义国民党,把革命发展到全国去,把帝国主义赶出中国去。领导革命战争,组织革命战争,是苏维埃的中心任务,哪一个看轻了这一个任务,模糊了这一个任务,他就不是一个很好的苏维埃工作人员。一个很好的苏维埃工作人员,对于这一中心任务,应该看得非常的深刻非常的清楚。如果把这个任务真正的看清楚了,懂得发展革命战争是我们的基本迫切任务,懂得无论如何要把革命发展到全国去,那我们对于广大群众的切身利益问题,群众的生活问题,就一点也不能疏忽,一点也不能看轻。为什么呢?因为战争是群众的战争,只有动员群众才能进行战争,只有依靠群众才能进行战争,因此我们必需把战争的任务提到广大群众前面去,极大规模的去动员群众参加战争,拥护战争,才能取得战争的胜利。

但是苏维埃单单动员战争,一点别的工作不做能不能达到战争胜利的目的呢?我答覆:不能。我们要胜利,一定还要做很多的工作。实现苏维埃的基本法令,保障广大群众的利益,领导工人的经济斗争,限制资本家的剥削,领导农民的土地斗争,分土地给农民,提高农民的劳动热忱,增加群众生产,建立合作社,发展对外贸易,群众的穿衣问题,吃饭问题,住房问题,柴米油盐问题,疾病卫生问题,婚姻问题,一切群众的实际生活问题,都是苏维埃应该注意的重要问题。假如苏维埃对这些问题注意了,讨论了,解决了,满足了群众的需要,苏维埃就真正成了群众生活的组织者,群众就会真正的围绕在苏维埃的周围,热烈的拥护苏维埃。同志们,这时候,苏维埃号召群众参加战争,要求群众牺牲一切给予战争,能够不能够呢?我答覆:能够的,完全能够的。

在我们的苏维埃机关中,曾经看见一些这样的情形,有的苏维埃人员只讲扩大红军,派伕子,收土地税,推销公债;其他事情呢?不讲

题,就严重地摆在我们的面前。我们不但要提出任务,要确定目的,而且要解决实现任务与达到目的的方法。我们的目的是过河,但没有桥不能过,不解决桥问题,过河就是一句空话,不解决方法问题,任务也只是瞎说一顿。不注意扩大红军的领导,不讲究扩大红军的方法,仅把扩大红军念 1000 遍,早上念到晚上,今天念到明天,像和尚们阿弥陀佛阿弥陀佛地念,结果还是阿弥陀佛,红军是没有看见的(众笑)。我们苏维埃工作中有没有这样的情形呢,有!简直还不少呵!我们来看瑞金与福建。瑞金这次扩大红军的突击运动,是值得我们称赞的,他们在中央局与中央革命军事委员会直接指导之下,从 12 月 1 号起,在一个月半中间,扩大了近 4000 人,因为他们运用了正确的方法,开展了反对机会主义与官僚主义的斗争,开展了群众的阶级斗争,所以得到这样的成绩,成为这次全苏区扩大红军突击运动的第一优胜者。但是福建呢?全省 10 多县的成绩仅当瑞金 1 个县,还依靠最近半个月中央局直接指导下工作方法的转变,若像 12 月那种官僚主义的领导,是连瑞金 1 个县都赶不上的。就拿瑞金说,最近 45 天扩大 4000 人,而去年 8 月 1 个月中却只扩大 30 个人,官僚主义的领导与切实而具体的领导,就产生了这样相隔天远的结果。再拿 12 月瑞金的突击运动说,好几个区中例如城区下肖区与黄柏区,上半个月因为在官僚主义者的领导之下,简直没有什么成绩。撤换了突击队长,改变了工作方法,下半个月不但完成全月规定的数目,甚至超过了百分之一百。扩大红军如此,再看推销公债。当着瑞金销完了并且收齐了 24 万元的时候,我们的零都①县怎样呢?在机会主义与官僚主义的领导之下,仅仅推销了 19000 元,他们领去的 19 万公债票,至今大概还有十几万保存在那些官僚主义者的箱子里。长冈乡一只乡销了 4500 元,平均每人买了 3 元 8 角,假若每乡都照长冈乡的样,单是中央区就可以发行 1200 万。但若都照零都县呢?那么 100 万也销不完。这不是领导方式工作方法的问题严重地教训了我

---

① 零都,现称于都。下同。——本文加编者注。

们么？其他查田运动、经济建设、文化教育、新区边区工作,一切苏维埃工作,如果仅仅提出任务,而不注意实行时候的领导,不注意工作方法,不开展反对机会主义与反对官僚主义的斗争,不抛弃空谈空喊而采用实际具体的办法,不抛弃强迫命令而采取耐心说服的办法,那么什么任务也不能实现的。

兴国的工作同志,兴国的广大群众,他们创造了第一等工作,值得我们郑重地称赞他们为模范的苏维埃工作。同样,干〔赣〕东北的工作同志,干〔赣〕东北的广大群众,他们也有很好的创造,同样是苏维埃工作的模范。像兴国与干〔赣〕东北的工作同志们,他们把群众生活与革命战争联合起来了,他们把工作方法与革命任务同时解决了,他们是认真的在那里进行工作,他们是仔细的在那解决问题,他们在革命面前是真正的负起了责任,他们真正是革命战争的组织者与领导者,他们真正是群众生活的组织者与领导者,他们是苏维埃工作最光荣的领袖。其他如福建的上杭长汀永定等县的一些地方,粤干〔赣〕的西江等县一些地方,湘干〔赣〕的茶陵永新吉安等县一些地方,湘鄂干〔赣〕的阳新一些地方,以及江西还有许多县里的区乡,加上瑞金直属县,他们都有进步的苏维埃工作,同样值得大会的称赞。

但是我们应该指出:有些地方的苏维埃工作是不能令人满意的,对于这些地方的工作,我们应该用自我批评精神提起最大的革命警觉性,这如在闽赣,粤赣,与湘鄂赣省的许多地方,苏维埃工作是存在着很多的弱点,福建与湘干〔赣〕同样还远不及江西与闽浙赣,即如福建省苏的领导就存在着严重的官僚主义。许多这些地方的工作人员,他们与群众的关系是不好的,他们还不懂得革命战争与群众生活是应该密切联系起来,还不懂得应该努力学习领导群众的艺术,还不懂得没有好的工作方法就决不能实现工作任务,还不懂得应该使一切苏维埃工作完全配合于革命战争。这些地方的工作,在第二次全苏大会之后,应该来一个彻底的转变。特别是那些严重的机会主义者与官僚主义者,他们不明了下层的情形,不理解群众的情绪,只知空谈空喊,甚至强迫命令来对付苏维埃工作,大会应该严厉的指责这些人员,他们的观点与方法是绝对错误的,是妨碍苏维埃工作的,是不利于革命战争的,他们应该立即转变过来。这些地方无疑有不少的积极干部,群众中涌现出来的很好工作同志,这些同志负担了一种责任,就是应该向着那些机会主义者与官僚主义者实行严格的自我批评,指导他们帮助他们迅速改正错误,把那些顽强不肯改变的分子洗刷出苏维埃去。我们是在伟大的革命的战争面前,我们要冲破敌人的大规模"围剿",我们要把革命推广到全国去,全体苏维埃人员负担了绝大的责任。大会以后,必定要用切实的办法来改善我们的工作,先进地方应该更加前进,落后地方应该赶上先进地方,要造成几千个长冈乡,几十个兴国县,这是我们的前进阵地,我们占据着这些阵地,从这些阵地出发去粉碎敌人的"围剿",去打倒帝国主义国民党在全国的统治,去把革命在全中国胜利起来!(大鼓掌)

关于中央执行委员会与人民委员会报告的结论,就在这里结束了,其他我在报告中说过了的现在不再重复,我的结论完毕了。(轰烈的鼓掌)

(录自 1934 年 1 月 31 日出版的
《红色中华·第二次全苏大会特刊》第 5 期第 1—2 版)

中央政府总务厅公函第一号
——为各级政府帮助邮政工作

（1934 年 1 月①）

赤色邮政在目前是党政军各机关一切的法令文件书报的最主要输送机关，当着革命猛烈的开展，苏维埃区域日益巩固和发展中，一切发行品必然的是大量增加，同时全苏大会将近开幕，许多有时间性的文令等都是需要极迅速的传达到各地，因此邮政工作更加重了责任。

但目前的邮政因人材与物质缺乏关系，还不能充分的担负他应有的任务，尤其对于大量的印刷品，经常发现传递的缓慢，甚至停留或散落等事实，这里的原因不尽是邮局方面的工作不好，而各地政府特别是受了邮局委托为转递邮件的政府，多数的还没有很好的帮助邮政工作，个别地方认为邮局工作人员领有工资，系商业机关，可以不须帮助，这些都是错误的认识，须知赤色邮局同样是革命工作，他与帝国主义国民党统治下的邮局是完全不同的，我们帮助邮局工作就是做了革命工作，这在目前革命战争发展中，更有伟大的意义的。

我们为了保证一切发行品，尤其是由上而下的法令文件能按时迅速的送达到目的地，特提出以下办法：

一、各级政府如遇邮局因邮件过多，原有人员不及输送时，应按

---

① 时间是本文库编者判定的，该文件形成时间应在 1934 年 1 月 22 日二苏大会之前。

照需要代为临时调动群众帮助输送,决不能傍观邮局困难,使邮件停留起来。

二、邮局未设站的各地,如邮局有邮件委托转递时,同样要迅速派人转送,决不能随意拒绝或停留,甚至随便拆散。

三、政府有责任注意邮局工作的改善,而邮局亦有责任清查代转邮件。

（原文至此结束——本文库编者注）

（根据中共江西省委党史研究室资料处藏件刊印）

关于苏维埃经济建设的决议①
——1934 年 1 月第二次全国苏维埃代表大会通过
（1934 年 1 月）

在帝国主义国民党统治的区域内是国民经济总崩溃，与成千百万工农劳苦群众的破产，失业，与冻死饿死。但在苏维埃区域内，不论帝国主义国民党怎样残酷的进攻，怎样用经济封锁政策企图来制苏区千百万民众的死命，苏维埃区域内的经济建设在第一次全苏代表大会之后，尤其在去年一年内，在临时中央政府正确执行第一次全苏大会关于苏维埃经济政策的原则决定之下，得到了极大的成功，保障了前方红军四次战争中的给养，大大的改善了广大工农群众的生活！

在提高生产方面，由于苏维埃政府领导了群众的春耕夏耕以及秋耕冬耕运动，发动了农民群众的劳动热忱，使土地生产量得到了极大的增加，在中央苏区去年谷子的收成比前年增加了一成半，闽浙赣苏区增加了二成，甚至二成以上。杂粮的收获，则有了更大的增加。荒田是大大的减少了。即在江西一省，去年开垦的荒田达 20 万担以上，福建省亦在 3 万担左右。许多手工业的生产如像制铁，织布，烧石灰，造纸，开煤矿与钨矿，制盐，制药，制油等不但开始恢复，而且有了新的发展。

在组织广大群众于合作社中的运动，也有了显著的成绩，生产合

---

① 《中共中央文件选集》第 10 册（中共中央党校出版社 1991 年版）亦收录了此件，内文个别文字、标点略有差别。——本文库编者注。

作社,消费合作社,粮食合作社,信用合作社等即在中央苏区吸收的社员,已达50万人以上。闽浙赣省加入合作社的人数达全省人口百分之五十。在有些区乡则全体劳苦群众已经加入了合作社。为了加强对于各种合作社的领导,在中央苏区,在各省都已经有了总社的组织。这些广大群众的组织同苏维埃政府的对外贸易局粮食调济〔剂〕局以及苏维埃商店等正在发生更加密切的关系,而且他们从苏维埃政府方面得到了人力与财力方面有力的帮助。

在粮食价格的调济〔剂〕,粮食的贮藏,以及对外易贸的发展上,也得到了不少的成绩,粮食调济〔剂〕局与对外贸易局的建立,和他们同群众的各种合作社的密切联系,在保障红军给养,改善群众生活上都起了极大的作用,苏维埃政府国民经济部的建立,更使苏维埃的经济建设工作,有了集中的与有计划的领导。

一切这些事实证明苏维埃政府不但是革命战争的领导者与组织者,而且也是群众经济生活的领导者与组织者。苏维埃政府不但能够破坏旧的经济制度,而且能够建设新的。但是第二次全苏代表大会除批准执行委员会主席团与人民委员会在这一方面所采取的主要办法与决定之外,认为:

(一)为了适应日益开展的革命战争的需要,为了打破敌人的经济封锁,为了改善广大工农群众的生活,以巩固工农在经济上的联合与保证无产阶级在经济上的领导作用,苏维埃政府必须更进一步的提高苏区的生产力,在土地生产方面,必须更有准备的更有计划的来进行春耕夏耕秋耕与冬耕运动,实际上解决农民在耕牛,种子,肥料,水利,农具,资本,劳动力等的困难,并且应该尽量鼓动农民群众的互相帮助与合作(如"劳动互助社""耕牛合作社""肥料合作社"等)来满足各自的需要。苏维埃政府更应创办农业试验场,畜牧场,教育农民群众以消灭害虫,防止水旱灾荒的初步科学知识,以增加农产品的收获,各种必需品的种植(如棉花等),山林的保护,应该更有计划的开始。

(二)同时必须发展小手工业的生产;尤其是对于军事,对于出口,对于群众特别需要的生产,如像钨矿,煤铁,石灰,纸,硝盐,布匹,樟脑,药材,烟,油,糖,木材,农具等。苏维埃政府应该尽量帮助失业工人,独立劳动者,小手工业者,与农民,组织生产合作社,尽量吸收群众的资本到这一方面来。苏维埃政府容许并鼓励私人资本家在这些生产上的投资与扩大生产。甚至苏维埃可将没收来的企业出租或出卖给他们。在可能的条件之下,苏维埃政府应创办与扩大特别需要与特别有利的国有企业(如钨矿公司,织布厂,造纸厂,及各种军事工业等),但必须坚决反对在目前由国家垄断一切生产事业的企图。在经济上,在人力上帮助生产合作社的发展,并加强对于他们的领导,管理与监督,这是目前我们的中心工作。

(三)必须更进一步来发扬与提高苏区工农群众的劳动热忱。乡村中由农民自己所组织的生产突击队,冲锋劳动队以及国家企业中的革命竞赛等,应该广泛的散布出去,以提高生产,苏维埃政府应该特别奖励模范的乡村的农户,模范的工厂,生产队以及个别的劳动战线上的英雄。鼓励广大妇女群众参加农业上与工业上的生产,对于发展苏区生产是非常必要的。私人资本企业中,在工人自愿,改善工人生活,在苏维埃政府与工会监督的条件之下,亦得增加劳动生产率。必须每个工农群众了解,苏维埃政权下生产的发展,是同全体民众生活的改善不能分离的,共产主义礼拜六必须真正开始。对于劳动的共产主义的态度,首先应该在国家企业内极大的发扬起来,教育工人群众为苏维埃政府的劳动,即是为了无产阶级自身的最后解放,与社会主义的胜利而劳动。在苏维埃企业内的劳动纪律,应该是无产阶级纪律的模范。一切提高生产力的发明都应该得到苏维埃政府的奖励。熟练劳动力的培养亦是提高生产力的必要条件。

(四)要使生产品的增加真能满足革命战争的需要与改善工农群众的生活,首先必须打破敌人的经济封锁与发展苏维埃的对外贸易,将苏区内的许多重要生产品,如钨砂,纸,木材,米谷等输出,而将工农日常的必需品如油盐布匹等输入。苏维埃对外贸易局,各种商业公司与采办处等的设立,在发展对外贸易上是需要的。以后应该特别加强对这些商业机关的领导，与这些机关的组织工作。对外贸易的垄断在目前是错误的。一切苏维埃的商业机关必须尽量利用私人资本与合作社资本，同他们发生多方面的关系。苏维埃政府除以关税政策来调剂各种商品的输出入外，保证商业的自由，并鼓励各种群众的与私人的商业机关的自动性，去寻找新的商业关系与开辟通商道路。在目前苏区现金特别困难的情形之下，苏维埃政府对于苏区生产品的输出，维持进出口的平衡应该用更大的注意与努力。

（五）消费合作社的组织，在苏维埃贸易的发展上，占有特别重要的意义，经过消费合作社工农群众可以更便宜的购买商品，更高价的出卖他们的生产品。经过消费合作社的网，国家对外贸易局，各种商业公司以及消费合作社总社可以最迅速的将他们的商品卖给农民，并从农民那里买得生产品。苏维埃政府经过这些组织，就可以同广大农民群众的经济生活发生直接的关系，在经济上团结他们在苏维埃政府的周围。苏维埃政府除集中消费合作社的组织建立县的省的与中央的总社以加强对于他们的领导之外，必须尽可能的给他们以人力上财力上的助力。同时我们不但要在数量上吸收每一个工农群众加入消费合作社，而且必须在质量上改善他们的工作，创造许多模范的合作社，使每一农民在实际经验上了解到合作社是同奸商富农的投机垄断做斗争与改善他们的生活的武器。

（六）大会特别指出在苏维埃贸易的发展中，粮食问题的解决是苏维埃经济建设目前的战斗任务。过去粮食调剂局虽起了相当调剂粮食及粮食价格的作用，但离开这一问题的解决还是很远。像去年中区春夏两季粮食困难的危险，在今年依然威胁着我们。这一时期粮食价格的几倍的提高对于苏维埃财政上也是极大的损失。为得以后保证红军与苏维埃政府的给养，保证民众食粮的调剂，适当的输出剩余粮食与调剂粮食价格起见，大会认为在中央政府人民委员会下创立粮食人民委员部专管这一工作，是必要的。粮食部的任务，除调剂粮食价格以外，必须进行粮食的调查，收集储蓄，运输等一切关于粮食的工作。整个苏维埃政府应该用极大力量来加强对于他的领导。但苏维埃政府垄断粮食的买卖的企图在目前是不适当的。在遵守苏维埃政府法律的条件之下，商人的粮食买卖是不禁止的。粮食困难问题的解决，应该尽量依靠广大群众自己组织粮食合作社。粮食合作社应该是粮食部的群众基础，必须用极大力量，发展粮食合作社的组织，并加强对于他的领导。

（七）资本的缺乏，是目前发展苏维埃经济的极大困难之一。但大会必须指出苏维埃政府在利用群众资本与私人资本上，还是非常不够。就是我们现有生产与消费合作社的资本的一大部分，还是由于国家的直接帮助，国家资本的运用，由于各机关缺乏联系，也是异常不经济，国家银行除发行银币，给财政部保管金库外，在调剂与流通金融，放款储蓄等工作方面，还没有得到应有的成绩。纠正一切金融上的这种无计划性与无组织性，尽量节省各种不能容忍的浪费，是苏维埃资本积累的必要条件。在群众中发展信用合作社，是解决群众缺乏资本的主要办法，而且也是同城乡高利贷做斗争的有力武器。大会认为上届执行委员会主席团为了发展苏维埃经济所发行的300万经济建设公债是适当的。

（八）苏维埃政府对于纸币的发行应该极端的审慎。纸币的发行如超过市场所需要的定额之外，必然会使纸币跌价会使物价腾贵，使工农生活恶化起来，以致影响到工农的联合。大会指出在长期国内战争的条件之下，增发纸币常常是弥补财政收支不敷的一个办法，但苏维埃政府必须采取一切办法把革命战争的负担放到剥削阶级的身上，尽量在苏维埃经济的发展中增加各种税收的收入。同时为了免去苏维埃纸币跌价的危险，苏维埃政府必须更注意于对外对内贸易的发展，尽量输入现金与限制现金的输出。使苏维埃金融在经济建设的发展中极大的活泼起来，是增加市场吸收纸币的容纳量与保持纸币信用的重要办法。至于更有计划的来发行纸币，发展拥护国币的运动等，亦可在相当限度内维持纸币的信用。大会责成湘鄂赣省苏维埃用一切方法收回他们过去滥发的纸币，维持苏维埃纸币的信用，并且告诉湘鄂赣的同志只有湘鄂赣国家银行省分行，才有发行纸币的权利。

（九）大会必须指出，帝国主义，中国地主资本家，不但在军事上向我们举行绝望的五次"围剿"，在经济上封锁我们苏区，而且在苏区内部也必定要利用地主残余，商人，资本家等来扰乱与破坏我们苏维埃的经济，如歇业，停工，经济上的怠工，破坏国币的信用，扰乱金融，投机买卖，有意抬高物价等，苏维埃政府对地主商人资本家等这种反革命行动，必须做最坚决的斗争，从罚款，苦工，禁闭，没收，一直到枪决。同时对于那些钻在苏维埃经济机关与合作社内反革命分子的偷窃捣乱贪污腐化与破坏的活动，苏维埃政府必须保持高度的无产阶级警觉性，给他们以严厉的苏维埃法律的制裁。工人监督生产，必须在资本家的企业内立刻开始，以有系统的防止资本家的反革命活动。但苏维埃政府对于那些遵守苏维埃法律进行生产与贸易的商人与资本家则保护他们生命与财产的安全以及营业与生活上的自由。对于在苏维埃的经济机关与合作社内忠实为苏维埃与民众工作的地主资产阶级的专门家与智识分子，苏维埃政府则给他们以优待。

（十）大会认为为了发展苏维埃经济，完成上述的任务，下届执行委员会主席团与人民委员会，必须加强对于国民经济部，财政部，粮食部以及国家银行的领导，使各机关间能够更好的配合与集中的行动，更灵敏的与迅速的来完成一定的具体任务。反对在经济建设上一切"左"右倾机会主义以及官僚主义的领导，是转变这些机关的工作的必要前提。必须培养大批新的经济建设的干部，把这些干部来充实这些机关。必须特别加强无产阶级在经济建设上的领导作用，并且提拔大批的劳动妇女负担国内战争时期经济战线上的工作。在目前中国革命的阶段上我们还不能进行社会主义的建设，但我们一切工作的中心，应该是在创造将来转变到社会主义方向去的前提和优势。

（十一）最后，大会认为只有国内战争的彻底胜利，大的中心城市的夺取，苏维埃区域的扩大与巩固才能克服我们前面的许多困难，更顺利的来进行苏维埃的经济建设。这一建设将不是为了资本主义的发展,而将是为了社会主义的胜利。因此,我们目前的经济建设是同革命战争不能分离的,我们的经济建设应该服从于革命战争的需要,并且在革命战争的胜利中找到许多困难问题的解决。大会相信中国苏维埃经济建设的道路,将是苏联社会主义的建设的道路,只有这一道路能够使中国的国民经济猛烈的向前发展,使全中国的劳苦群众得到最后的解放。

（录自 1934 年 2 月 16 日出版的《红色中华》第 150 期第 2—3 版）

苏维埃建设决议案①
——1934 年 1 月第二次全国苏维埃代表大会通过
（1934 年 1 月）

（一）大会听了吴亮平同志报告以后，一致认为自第一次全国苏维埃代表大会以来，各级苏维埃在其组织与工作上，是有了极大的进步与成绩。苏维埃的组织是比较的充实了，吸收来参加苏维埃工作的工农积极分子是大大的增加了（例如上杭的上下才溪二乡各能吸收 110 人来参加乡苏下各委员会的工作，瑞金的石水乡吸收了 118 人，兴国的长冈乡也吸收了 100 余人，并建立了许多村的委员会）。苏维埃对于武装工农的工作，有了极大的成绩，基本苏维埃（乡苏市苏）的工作，是比较以前深入了。在查田运动中涌现出来的许多新干部，被提拔到苏维埃领导机关中来。群众参加苏维埃选举的人数是增加了（平均在百分之七十五以上，有的达到百分之九十五）。在许多地方苏维埃机关之内已开展了反对官僚主义的斗争。苏维埃的工作方式是有了相当的改善。所有这些，都使广大工农劳苦群众更进一步认识苏维埃是工农自己的政权机关，所以苏维埃能够动员最广大的群众来进行大规模的反帝国主义国民党的革命战争。

----

① 《中共中央文件选集》第 10 册（中共中央党校出版社 1991 年版，第 637—643 页）和《中央革命根据地史料选编》下册（江西人民出版社 1982 年版，第 348—354 页，篇名为《中华苏维埃共和国第二次全国苏维埃代表大会关于苏维埃建设的决议案》）亦收录了此件，内文个别文字、标点略有差别。——本文库编者注。

（二）大会指出了上述的成绩，但同时指出：在我们的苏维埃工作中，还遗留着不少的缺点，首先是苏维埃工作的进展各地还是不一致。在中央苏区，如兴国全县的大部分区乡，瑞金胜利公略上杭长汀等县的一部分区乡，在闽浙赣如弋阳横峰上饶德兴等县的许多区乡，在湘赣如永新等县的一部分地方，苏维埃工作是得到极大的成绩。但在粤赣闽赣与湘鄂赣的大部分地方，及其他苏维埃省县的一部分地方，则苏维埃工作还是很差。在这些地方，苏维埃吸收群众参加工作的成绩，还是非常的不够，特别是劳动妇女参加苏维埃工作的，还是不多。群众对于代表的撤回权的行使，还是很少。市乡代表会议制度，还未能很好的建立起来。尚未能充分运用集体讨论严密分工，与个人负责的制度。在苏维埃机关内还存在着官僚主义，对于下面群众的情形，还是了解得极不充分。苏维埃内思想斗争的开展是极其不够，苏维埃内加强无产阶级领导的实际工作，是做得极不充分。所有这些，都是妨碍苏维埃工作的进一步的开展的。大会指出：各级苏维埃必须坚决地克服这些缺点，来取得苏维埃工作的更加伟大的成绩。

（三）在目前剧烈的革命战争的环境中，组织与领导革命战争，是苏维埃的中心任务。苏维埃为着胜利地负担起这一伟大任务，必须在本身的组织与工作上，采取以下的迫切的步骤：

（1）必须用一切方法，来充实与加强中央政府的组织与工作。第一次全苏大会以来苏维埃中央政府的成立，是中国苏维埃运动发展中的一个伟大的胜利。在过去二年中，苏维埃中央政府的工作虽然还存在着一些缺点，但无疑的是已经获得了巨大的成绩，而且已经在广大的工农群众中间建立了很大的威信，成为全国苏维埃运动的最高的光荣的领导者。为着加强对于全国革命的总的领导力量起见，大会指出，中央执行委员会与人民委员会必须在工作上有适当的划分，必须成立新的必要的人民委员部（如粮食人民委员部等），充实各个人民委员部的组织，并使整个中央政府与下级苏维埃以及广大的民众发生十分密切的关系。

（2）中央政府必须用一切办法加强对各省苏的领导。为使苏维埃的工作更能深入群众,省的苏维埃的工作必须加强。省苏维埃执行委员会,是中央政府与各县苏维埃的连锁,各个省苏执行委员会主席团及其下的各部,必须深切的去了解各县的苏维埃工作,经常检查各县苏维埃的执行委员会及其各该部对于战争动员工作和其他一切苏维埃工作的执行情形,监督各县对于苏维埃法令及上级决议案的彻底的实施。大会责成中央政府用大力去加强各省,特别是工作落后的省份的苏维埃工作,建立对于闽浙赣,湘赣,湘鄂赣,各省苏维埃的更加密切的领导关系,并设法与鄂豫皖,湘鄂西及川陕等省取得联系。中央政府对于各省苏维埃,应该有经常的具体的活泼的工作指示与工作检查。

（3）为着增强苏维埃的动员力量,必须加紧推进市苏与乡苏的工作,因为市乡苏维埃是苏维埃政权的基本组织,一切苏维埃的法律,命令与决议,都要经过乡苏维埃与市区苏维埃传达到群众中去,并由他们发动群众来执行。乡苏维埃与市区苏维埃必须尽可能的吸收更多的工农积极分子,来参加苏维埃的各种工作。为着便利领导群众及动员工作起见,大会指出乡苏维埃及市区苏维埃,应按照代表与居民住所的接近,将全乡或全市区的居民,分别置于各个代表的领导之下,使代表与居民之间,发生固定的关系。在乡及市区的代表中,应该按村或按住所接近情形,建立代表主任及分别召集代表开会的制度,以帮助乡及市区主席团的工作。同时在乡苏维埃及市区苏维埃下面,应依照地方苏维埃组织法,并按本地的需要,设立各种经常的临时的委员会,吸收每个代表参加一个到二个的委员会,同时必须吸收更广大的工农积极分子来参加各种委员会的工作。在工作发展的乡,某些委员会还可按村来组织。苏维埃必须尽可能的吸收更多的不脱离生产的工农积极分子,特别是劳动妇女,来参加苏维埃的各种工作。

（4）为着巩固与扩大苏区,必须在新苏区及某些边区,根据地方苏维埃组织法,组织强有力的革命委员会,必须尽可能的吸收对于当地工农群众有信仰的革命领袖来参加革命委员会的工作。革命委员会必须加紧武装工农,组织游击队,建立强有力的肃反委员会,来扑灭任何反革命的活动,并以各种方法宣传并执行苏维埃的政策和法令,帮助群众,组织工会贫农团等革命的团体,迅速解决土地问题,没收地主及反革命派的财产,消灭反革命的物质基础,并且将所没收的财物,大部分发给当地的民众。革命委员会必须向一切违反苏维埃法令政策的行为,作最严厉的斗争,并加以应有的纪律的制裁。革命委员会应在发动群众斗争的基础上,尽可能的迅速转变为正式的苏维埃。大会着重指出:新区边区革命委员会的工作对于苏维埃运动的绝顶重要,为着迅速争取新区的广大工农群众,巩固苏维埃政权,并扩大苏区起见,大会责成中央政府及斗争较久的地方的苏维埃机关,选派大批最好的干部到新区边区工作。并责成边区政权机关加强对于边区游击队的领导,以彻底消灭某些游击队乱打土豪使部分群众逃跑形成赤白对立的这些不可容忍的现象。

(5)为着加强苏维埃的动员群众的力量,必须广泛地充分地发扬苏维埃民主。大会认为二年来苏维埃民主主义的发展,虽有很大的成绩,但是还是极其不够的。大会责成各级苏维埃用力吸收尽可能的更广大的选民群众,来参加选举,使群众能够充分提出自己对于苏维埃工作的意见,能够随时撤换工作不好的代表,执行召回代表的权力。苏维埃必须领导群众来最大限度的利用各种物质上的便利(开会地点,印刷机关,报纸,书局等等)引导群众来积极的参加政治生活,尽量扩大群众的言论出版集会结社各方面的活动。苏维埃的代表,应该经常向选民群众作工作报告,征求群众对于苏维埃工作的批评,非常注意的倾听群众的意见,解决群众的困难,使苏维埃与工农劳苦群众没有丝毫的隔膜。苏维埃应该尽可能的吸收很多不脱离生产的积极分子,来参加工作(如在各种委员会内),使他们能够很好的学习管理国家的事宜。苏维埃对于工农群众,是这样的广大的民主,但对于地主阶级对于进行反革命活动的资本家富农,必须坚决的加以暴力的镇压。对于工农群众中个别分子违反整个苏维埃利益破坏苏维埃法令的,苏维埃也应给以适当的处罚。可是就是这些镇压与处罚,也必须经过群众路线,向群众详细说明,得到群众的拥护,因为苏维埃的暴力,是建立在广大工农群众的拥护之上的。各级苏维埃执行委员会必须注意苏维埃法庭的群众化。中央政府关于废止肉刑的法令必须坚决的执行。

(6)为着使苏维埃更加接近群众更能动员群众起见,大会指出必须在苏维埃系统内开展无情的反对官僚主义的斗争。苏维埃应该最清楚的明了群众的生活情形,迅速的确当的解决群众的困难问题,热烈的动员最广大的群众,为实现苏维埃的每一决定每一任务而斗争。任何脱离群众,不明了群众情形,不迅速解决群众提出的问题,不从群众的广大的动员去进行苏维埃工作,而只凭空谈空喊甚至强迫命令的官僚主义,应该遭受最严厉的打击。因为中国经济的落后,农民的小生产经济在苏区占着统治的地位,群众文化程度的不足,以及某些阶级异己分子之钻入苏维埃,所以在我们的苏维埃机关中,是存着官僚主义的赘瘤,大会指出苏维埃必须以最大的阶级警觉性与极严厉的手段,开展反官僚主义的反机会主义的斗争,来洗刷潜藏在苏维埃内部的阶级异己分子,及一切不良的分子。各级工农检查〔察〕委员会必须经过各种群众团体,领导广大工农群众,来进行反官僚主义的以及反贪污浪费的斗争。在开展反官僚主义的斗争中,苏维埃的领导机关,必须尽可能的减少文件(而且文件要写得明白通俗并切实抓住问题的要点),多致力于实际工作方面的检查,与具体的活的指示。为着达到这一目的,在苏维埃的机关内必须实行集体的讨论,明确的分工,并建立个人负责制。各级苏维埃应该把工作人员的劳动纪律,提到最高度,对于不负责任的消极怠工的分子,应给以严厉的打击与制裁。

(7)为着进一步开展苏维埃工作,必须与群众团体,特别是工会与贫农团,发生更密切的关系。工会是工人群众的共产主义学校,是使苏维埃与广大工人群众取得密切联系,并供给苏维埃以大批领导干部的组织。大会责成各级苏维埃与工会取得比以前更加密切的联系。同时对于贫农团,苏维埃必须加以有力的帮助,健全其村乡组织,吸收广大贫农群众来扩大贫农团会员数量,农业工人与手艺工人工会应尽可能的全体加入贫农团,使贫农团在无产阶级领导之下,团结着广大贫农群众,并使中农群众环绕于自己的周围,来进行消灭地主阶级与反对富农的斗争,来执行苏维埃的各种工作。除工会贫农团外,苏维埃还必须与其他群众团体,如合作社,反帝拥苏同盟,革命互济会,女工农妇代表会,儿童团等等,发生密切的关系,经过他们,各方面地去动员群众,来实现苏维埃政府的任务,苏维埃应该特别注意与合作社的关系,领导合作社的工作,因为这是与工农日常生活最有密切关系的广大群众的经济组织。

(8)为着保证苏维埃工作的猛烈的开展,必须用力巩固苏维埃中的无产阶级领导。我们苏维埃是工农民主专政的政权机关,只有强有力的无产阶级的领导,才能使苏维埃彻底完成民主革命,并成为将来革命转变的杠杆。所以在苏维埃中,一时一刻也不容忽视加强无产阶级领导的实际工作。为着巩固与加强无产阶级的领导,苏维埃首先必须坚决拥护无产阶级政党——共产党——的领导,并与共产青年团取得密切的联系,用全部力量来执行党所提出的任务,实现党所指出的工作,为党的路线与主张而坚决奋斗,开展苏维埃系统中反对机会主义的斗争。此外苏维埃必须在组织上保证着无产阶级领导权的巩固(如在选举中),必须提拔更多的工人干部来做领导的工作。苏维埃的全部政策,应该严格地遵守巩固工农联盟的原则。必须加紧苏维埃系统中以及对于广大群众的共产主义的教育,使之不但组织上而且还在思想上保证无产阶级领导的巩固。在巩固工农联合与加强无产阶级领导的条件之下,中国苏维埃将不但完全能够胜利地完成民主革命,而且还一定能够在将来胜利地转变到社会主义的革命。

(录自 1934 年 2 月 20 日出版的《红色中华》第 152 期第 5—6 版)

中华苏维埃共和国宪法大纲①
——1934 年 1 月第二次全国苏维埃代表大会通过
（1934 年 1 月）

　　中华苏维埃第一次全国代表大会谨向全世界与全中国的劳动群众宣布他在中国所要实现的基本任务,即中华苏维埃共和国的宪法大纲。这些任务,在现在的苏维埃区域内已经开始实现。但中华苏维埃第二次全国代表大会认为,这些任务的完成,只有在打倒帝国主义国民党在全中国的统治,在全中国建立苏维埃共和国的统治之后。而且在那时,中华苏维埃共和国的宪法大纲才能更具体化,而成为详细的中华苏维埃共和国的宪法,中华苏维埃全国代表大会谨号召全中国的工农劳动群众在中华苏维埃共和国临时中央政府的指导之下,为这些基本任务在全中国的实现而斗争。

　　一、中华苏维埃共和国的基本法（宪法）的任务,在于保证苏维埃区域工农民主专政的政权和达到他在全中国的胜利。这个专政的目的,是在消灭一切封建残余,赶走帝国主义列强在华的势力,统一中国,有系统的限制资本主义的发展,进行苏维埃的经济建设,提高无产阶级的团结力与觉悟程度,团结广大贫农群众在他的周围,同中农巩固的联合,以转变到无产阶级的专政。

　　二、中华苏维埃政权所建设的,是工人和农民的民主专政国家。

---

　　① 《中共中央文件选集》第 10 册（中共中央党校出版社 1991 年版）和《中华苏维埃共和国法律文件选编》（江西人民出版社 1984 年版）亦收录了此件,内文个别文字、标点略有差别。——本文库编者注。

苏维埃政权是属于工人农民,红色战士,及一切劳苦民众的,在苏维埃政权下,所有工人农民红色战士及一切劳苦民众都有权选派代表掌握政权的管理,只有军阀,官僚,地主豪绅,资本家,富农,僧侣及一切剥削人的人,和反革命的分子是没有选举代表参加政权和政治上自由的权利的。

三、中华苏维埃共和国之最高政权为全国工农兵苏维埃代表大会,在大会闭会的期间,全国苏维埃临时中央执行委员会为最高政权机关,中央执行委员会下组织人民委员会处理日常政务,发布一切法令和决议案。

四、在苏维埃政权领域内,工人农民红色战士及一切劳苦民众和他们的家属,不分男女,种族(汉满蒙回藏苗黎和在中国的台湾,高丽,安南人等),宗教,在苏维埃法律前一律平等,皆为苏维埃共和国的公民。为使工农兵劳苦民众真正掌握着自己的政权,苏维埃选举法特规定,凡上述苏维埃公民在16岁以上皆是有苏维埃选举权和被选举权,直接派代表参加各级工农兵苏维埃的大会,讨论和决定一切国家的地方的政治事务。代表产生方法是以产业工人的工厂和手工业工人农民城市贫民所居住的区域为选举单位,这种基本单位选出的地方苏维埃代表有一定的任期,参加城市或乡村苏维埃各种组织和委员会中的工作,这种代表须按期向其选举人做报告,选举人无论何时皆有撤回被选举人及重新选举代表的权利。为着只有无产阶级才能领导广大的农民与劳苦群众走向社会主义,中华苏维埃政权在选举时,给予无产阶级以特别的权利,增加无产阶级代表的比例名额。

五、中华苏维埃政权以彻底改善工人阶级的生活状况为目的,制定劳动法,宣布8小时工作制,规定最低限度的工资算〔标〕准,创立社会保险制度,与国家的失业津贴,并宣布工人有监督生产之权。

六、中华苏维埃政权以消灭封建剥削及彻底的改善农民生活为目的,颁布土地法,主张没收一切地主阶级的土地,分配给雇农,贫农,中农,并以实现土地国有为目的。

七、中华苏维埃政权,以保障工农利益,限制资本主义的发展,更使劳动群众脱离资本主义的剥削,走向社会主义制度去为目的,宣布取消一切反革命统治时代的苛捐杂税,征收统一的累进税,严厉镇压一切中外资本家的怠工和破坏阴谋,采取一切有利于工农群众并为工农群众了解的走向社会主义去的经济政策。

八、中华苏维埃政权以彻底的将中国从帝国主义榨压之下解放出来为目的,宣布中国民族的完全自主与独立,不承认帝国主义在华的政治上,经济上的一切特权,宣布一切与反革命政府订立的不平等条约无效,否认反革命政府的一切外债,在苏维埃领域内,帝国主义的海陆空军绝不容许驻扎,帝国主义的租界租借他〔地〕无条件的收回,帝国主义手中的银行,海关,铁路,商业,矿山,工厂等,一律收回国有,在目前可允许外国企业重新订立租借条约继续生产,但必须遵守苏维埃政府的一切法令。

九、中华苏维埃政权以极力发展和保障工农革命在全中国胜利为目的,坚决拥护和参加革命战争为一切劳苦民众的责任,持〔特〕制定普遍的兵役义务,由志愿兵役制过渡到义务兵役制。惟手执武器参加革命战争的权利,只能属于工农劳苦民众。苏维埃政权下,反革命与一切剥削者的武装,必须全部解除。

十、中华苏维埃政权以保证工农劳苦民众有言论出版集会结社的自由为目的。反对地主资产阶级的民主,主张工人农民的民主,打破地主资产阶级经济的和政治的权力,以除去反动社会束缚劳动者和农民自由的一切障碍,并用群众政权的力量,取得印刷机关(报馆印刷所等),开会场所,及一切必要的设备,给予工农劳苦民众,以保障他们取得这些自由的物质基础。同时反革命的一切宣传和活动,一切剥削者的政治自由,在苏维埃政权下,都绝对禁止。

十一、中华苏维埃政权以保证彻底的实行妇女解放为目的,承认婚姻自由,实行各种保护妇女的办法,使妇女能够从事实上逐渐得到脱离家务束缚的物质基础,而参加全社会经济的政治的文化的生活。

十二、中华苏维埃政权以保证工农劳苦民众有受教育的权利为目的,在进行革命战争许可的范围内,应开始施行完全免费的普及教育,首先应在青年劳动群众中施行。应该保障青年劳动群众的一切权利,积极的引导他们参加政治的和文化的革命生活,以发展新的社会力量。

十三、中华苏维埃政权以保证工农劳苦民众有真正的信教自由为目的,绝对实行政教分离的原则。一切宗教不能得到苏维埃国家的任何保护和供给费用。一切苏维埃公民有反宗教宣传之自由,帝国主义的教会只有在服从苏维埃法律时才能许其存在。

十四、中华苏维埃政权承认中国境内少数民族的民族自决权,一直承认到各小民族有同中国脱离,自己成立独立的国家的权利。蒙古,回,藏,苗,黎,高丽人等,凡是居住在中国的地域的,他们有完全自决权;加入或脱离中国苏维埃联邦,或建立自己的自治区域。中国苏维埃政权在现在要努力帮助这些弱小民族脱离帝国主义国民党军阀王公喇嘛土司的压迫统治而得到完全自主。苏维埃政权,更要在这些民族中发展他们自己的民族文化和民族言语。

十五、中华苏维埃政权对于凡因革命行动而受到反动统治迫害的中国民族以及世界的革命战士,给予托庇于苏维埃区域的权利,并帮助和领导他们重新恢复斗争的力量,一直达到革命的胜利。

十六、中华苏维埃政权对于居住苏维埃区域内从事劳动的外国人,一律使其享有苏维埃法律所规定的一切政治上的权利。

十七、中华苏维埃政权宣告世界无产阶级与被压迫民族是与他站在一条革命战线上,无产阶级专政的国家——苏联,是他的巩固的联盟者。

(录自 1934 年 2 月 14 日出版的《红色中华》第 149 期第 2 版)

第二次全国苏维埃代表大会
关于中央执行委员会报告的决议[①]

（1934 年 1 月）

大会听了毛主席的报告[②]以后，一致认为自第一次全国苏维埃代表大会以来，中央执行委员会及人民委员会在两年间是正确的执行了第一次全苏大会的各种决议，使苏维埃在各方面都获得了极大的成绩。

两年来革命的发展，在全中国造成了极端尖锐的革命形势，广大工农群众团结在苏维埃旗帜之下，向我们的敌人帝国主义国民党作了最残酷血战。由于共产党中央与苏维埃中央政府的正确领导，由于广大工农群众与英勇红军的无敌力量，我们继续不断的粉碎了帝国主义国民党的四次"围剿"，获得了极伟大的胜利。这里最大的成绩就在于我们苏区的扩大与巩固，工农红军数量质量上的增加与提高，苏维埃建设的伟大成绩。在我们的胜利前面，帝国主义国民党的统治更其动摇崩溃。他们为着挽救他们垂死的生命，进行了对于我们苏维埃区域的五次"围剿"。但是在这一决战中间，我们已经又得到了初步的胜利。

---

① 1934 年 1 月第二次全国苏维埃代表大会通过。——本文库编者注。

② 指 1934 年 1 月《毛泽东同志关于中华苏维埃共和国中央执行委员会与人民委员会对第二次全国苏维埃代表大会的报告》。——本文库编者注。

第二次全国苏维埃代表大会指出:现在我们是处在粉碎五次"围剿"持久的决战中,是处在争取苏维埃道路在全中国胜利的紧急关头。苏维埃政府为着完成自己的神圣的历史任务,必须领导民族革命的战争与革命的国内战争来推翻帝国主义国民党在中国的统治。大会完全同意中央执行委员会所提出的苏维埃在彻底粉碎五次"围剿"争取全国革命胜利面前的战斗任务,大会责成新的中央执行委员会及人民委员会执行这些战斗的任务,必须号召组织与领导全苏区全中国的革命民众一致参加这一伟大的革命战争,动员广大工农群众加入红军,提高红军的政治与军事的教育,来创造100万铁的红军。必须扩大与健全我们的地方武装,组织工人农民的游击队,发展最广大的游击战争,来配合主力红军的决战。必须加强苏维埃中央政府对于全国各个苏维埃区域的集中和统一的领导,使各苏区在统一的意志之下更能互相呼应和配合行动。同时必须更进一步的改善苏维埃工作,转变旧的领导方式与工作方式,使一切苏维埃工作完全服从于革命战争的需要。极大的发展苏维埃经济建设,提高土地生产力,这是保证革命战争胜利的必要的物质条件。同时为着最大限度的发扬工农群众的革命积极性,必须彻底解决土地问题,坚决执行劳动法,更进一步的改善工农群众的生活,使苏维埃真正成为群众生活的组织者。只有这样,我们才能在一切牺牲一切努力给予战争的口号之下,动员全苏区全中国工农劳苦群众的全部力量,去完全与彻底的粉碎五次"围剿",阻止帝国主义国民党企图使中国殖民地化的道路,争取苏维埃在一省数省的首先胜利以至在全中国最后的胜利。

在中国苏维埃运动胜利的开展中,二苏大会坚信,在中国共产党中央与苏维埃中央政府正确的布尔塞维克的路线之下,在艰苦奋斗的苏维埃工作的基础之上,苏维埃将必然的领导全国工农群众与工农红军获得新的伟大胜利,根本推翻帝国主义国民党的统治,使中国存在着的尖锐的革命形势,转变为胜利的大革命,而且在工农民主专政的现阶段上,加强无产阶级的领导,使中国工农民主革命转变到将来的社会主义革命去!

根据 1934 年 3 月人民委员会出版的《中华苏维埃共和国第二次全国代表大会文献》刊印

(录自《中共中央文件选集》第 10 册,

中共中央党校出版社 1991 年版,第 649—651 页)

关于红军问题决议[①]
——1934 年 1 月第二次全国苏维埃代表大会通过
（1934 年 1 月）

　　大会听了朱德同志的报告[②]及项英同志的副报告以后，认为临时中央政府及中央革命军事委员会，是执行了第一次苏大会关于红军问题的决议。

　　大会指出最近两年来，英勇的工农红军在全国苏区都获得了伟大的胜利，粉碎了敌人的四次"围剿"，消灭了十数万的白军，开展了苏维埃的版图，创造了新的苏区，而最近在反对敌人的五次"围剿"的斗争中，已经得着第一阶段的胜利，我们是处在争取完全粉碎敌人五次"围剿"实现革命一省与数省首先胜利的前面。

　　工农红军在不断的胜利斗争中，壮大了和坚强了自己，摆脱了许多游击习气的传统，在正规的红军铁的道路上迈进着。在党及苏维埃的号召下，十数万的工农劳苦群众涌进了红军部队，使红军能够比一次苏大会时得着几倍的扩大。红军的政治军事，组织工作都有很大的进步，社会成分的改善，政治觉悟的提高，军事技术及战术的进步，编制的整顿，军队后方组织的建立与改善，都使红军战斗力大大

----

　　① 《中共中央文件选集》第 10 册（中共中央党校出版社 1991 年版）和《中华苏维埃共和国法律文件选编》（江西人民出版社 1984 年版）亦收录了此件，内文个别文字、标点略有差别。——本文库编者注。

　　② 指 1934 年 1 月《朱总司令在第二次苏维埃代表大会上关于红军建设问题的报告》。——本文库编者注。

的提高了。

工农红军是反对帝国主义领导民族革命战争的真正民众自己的武装。苏维埃中央政府及革命军事委员会的对日宣战及反日的统一战线的几次宣言和红军的实际行动，明白的表示了只有工农的阶级军队——工农红军，才是真正反帝反日为争取中国独立自由的武装力量。也只有红军才能公开对日宣战，才能向全中国一切武装队伍提出抗日的作战战斗协定的建议。同时也只有红军才能不断的与地主资产阶级的国民党及其军队进行残酷的战争，为解放工农劳苦群众而斗争到底。这一切都使工农红军成为整个中国革命运动最主要的杠杆，使红军不仅得到苏区千百万群众的直接拥护与帮助，并且在国民党统治区域中找到他的广大的同盟者与拥护者。

估计了红军的胜利与进步，全苏大会着重的指出，现在我们是处在日益扩大的革命战争中，帝国主义国民党动员他的一切力量来对全国红军和苏区进行五次"围剿"，这是两个政权——苏维埃政权与国民党政权的决死的斗争，这是两条道路——殖民地道路与苏维埃道路——斗争的决定胜负的关键。红军不仅是要同国民党军队决战，并且要在各方面准备着去与帝国主义武力直接作战，这要苏维埃政府在"一切为着战争"的战斗口号之下以最高度的努力来迅速实现创造100万铁的红军的任务。

（一）吸收和组织全苏区广大工农劳苦群众热烈的加入红军，号召白区白军的工农群众投入红军，组织新的方面军，新的军团，新的师，大会责成革命军事委员会和地方政府整理两年来扩大红军的丰富的经验，健全各级政府之动员机关（即军事部），洗刷其中阶级异己分子，来加强对他们的领导与建立他们的工作。大会再一次的指出，只有工人农民及一切劳动群众分子才有加入红军的光荣权利，地主富农及其他的剥削分子混入红军破坏红军的企图，必须受到最严重的打击。为使红军的补充和扩大得着更经常的更巩固的基础，必须加强巩固红军的后备军——赤卫军和少先队的组织和训练。大会认为一次苏大会后我们虽然确定赤卫军和少先队的性质和编制，进行了一些军事政治教育,但是这还仅仅是工作的开始,革命军事委员会必须加强这部门的工作,加强赤少队的军事政治与教育工作,使赤少队真正成为红军的后备军,与保卫苏区的群众的武装力量,同时这也是从自愿兵役制转变到义务兵役制的重要前提。

(二)必须采取一切办法来巩固红军,首先要洗刷红军尤其游击队中的阶级异己分子,加强红军中工人骨干和党的骨干,巩固党在红军中的绝对领导。必须使红军中政治教育,不仅是目前政治形势中的一些问题的鼓动与解说,而应同时进行关于中国革命问题的基本教育,使每个红军战士自觉的,坚决的为苏维埃新中国斗争到底,使红军部队成为苏维埃的宣传者与组织者。同时必须采取一切实际办法,使红军战士与工农劳苦群众——不仅是在苏区同样是在白区——的联系更加密切起来,健全红军各部队与苏区工农及其团体的联系制度。提高红军中的阶级的自觉的纪律,指挥干部与共产党员应当是巩固纪律的模范。对于纪律的放任与超过纪律条令之外的惩办制度,都是极端有害的。为巩固红军动员苏区的共产党员青年团员,工会会员,以及他们的干部到红军中去,加强红军中政治机关与党的组织是绝对必要的。

(三)为着提高红军的战斗力,必须使红军的政治自觉英勇与坚定性的巩固,和军事技术与战术的进步,同时并进。在现代的战争中,军队若不具有军事科学的素养,是不能胜利的。大会责成中央革命军事委员会用最大限度的努力,克服红军中军事教育的落后,以现代的战术来重新教育我们的指挥干部,以实际战斗的经验与教训来学会更正确的进行战斗的方法。根据苏联国内战争的历史与红军建设的伟大成功和中国红军几年来艰苦斗争的经过,来制定关于战斗最必要的条令,同时必须加强对军事教育机关及学校的领导以及适当利用白军的军事人才来培养出质量更高的红色指挥员。此外加紧赤少队的军事教育,实行苏维埃及其他机关的军事化,进行公民中的军事教育,也是必要的。

(四)对于游击队及游击战争中的领导,必须大大的加强,在苏区方面要采取有效的办法来求得迅速的彻底的转变。改善游击队的成分，培养游击队的干部，加强政治教育，政治工作，和军事训练，建立新的游击队，与游击队中脱离工农劳苦群众违反党和苏维埃政策的行动以及呆板麻木软弱的现象作斗争，使游击队真正变成苏维埃的宣传者与组织者，和配合红军主力行动，消灭敌人的有力助手。同时应在白区的农民斗争中，白军的兵变中，以及其他的地方的反帝斗争中，组织新的游击队，把他们的行动建筑在发动群众斗争，开展土地革命的基础上，把游击战争推进到创造苏维埃根据地及新的红军的更高的阶段上去。在这儿，苏区应该整理过去游击战争的经验，抽出一些政治上坚强的，有游击战术经验的干部，供给白区的游击队。要从苏区方面及白区方面改造和创造游击队，使游击战争的发展成为中国苏维埃运动中的新的生力军。

（五）为保障革命战争的胜利，必须以一切力量及时的满足战争物质上的需要，这必须发展苏区经济，特别是与红军给养上有直接关系的部门，首先就是粮食生产的提高，和粮食的集中与储蓄，棉花的种植等等。对外贸易中应特别注意战争迫切需要的物品入口，红军在白区征集资材的工作，必须更有系统的，更深入的进行，来帮助解决红军的给养。此外道路的修筑与运输事业的改善，对于战争同样占有主要的意义。同时必须改善各勤务机关（供给，卫生，兵站等机关）的工作，和提高军事工业的进度，更适合于战争的需要。这一方面的官僚主义贪污浪费都是增加红军的困难，变成危害革命战争的罪恶，对于这些分子的斗争应当是最严厉的。

（六）巩固红军战士的情绪与战斗决心与拥护红军，是每个苏维埃机关及群众组织的切身任务。这里最主要的就是优待红军及其家属的工作。应当把优待红军家属的工作，变成广大的群众运动，教育每个苏维埃公民，自觉的为拥护红军而来参加这个运动。一切国家机关与合作社必须准确的执行优待红军家属的条例与法令，广泛的进行礼拜六的工作。凡是对于组织优待红军家属的工作消极怠工与官僚主义，应当与之进行无情的斗争。一切苏维埃政府应毫不动摇

中华苏维埃共和国中央政府
及工农红军与福建"人民革命政府"
及"人民革命军"的外交文件

（一）反日反蒋的初步协定①

中华苏维埃共和国临时中央政府及工农红军与福建省政府及十九路军双方为挽救中华民族之垂亡,反对帝国主义殖民地化中国之阴谋,并实现苏维埃政府及红军屡次宣言,准备进行反日反蒋的军事同盟,因此订立下列初步协定,条件如下:

（一）双方立即停止军事行动,暂时划定军事疆界线（如附件）,各在该线不得空置主力部队,同时十九路军,必须运用各种方式排除或消灭存在福建与苏区接壤地间妨碍贯彻本协定之一切障碍势力。

（二）双方恢复输出输入之商品贸易,并采取互助合作原则。

（三）福建省政府及十九路军方面立即解〔释〕放在福建各牢狱中政治犯。

（四）福建省政府及十九路军方面赞同福建境内革命的一切组织之活动（如民众抗日反帝团体,及革命民众一切武装组织）,并允许出版,言论,结社,集会,罢工之自由。

（五）在初步协定签订后,福建省政府及十九路军即根据订立本协定原则发表反蒋宣言,并立即进行反日反蒋军事行动之准备。

———————

① 《中共中央文件选集》第9册（中共中央党校出版社1991年版）和《中央革命根据地史料选编》中册（江西人民出版社1982年版）亦收录了此件,内文个别文字、标点略有差别。——本文库编者注。

（六）初步协定签订后，互派全权代表常川互驻，应由双方政府负责，保护该代表等人员之一切安全。

（七）双方人员有必要往来时，由各驻代表要求签发护照通行证，双方负保护安全之责。

（八）本协定在福建及十九路军方面反日反蒋军事布置未完成前，双方对于协定交涉应严守秘密，协定之公布须得双方之同意。

（九）在完成上述条件后，双方应于最短期间，另定反日反蒋具体作战协定。

（十）双方贸易关系，应依互助互惠之原则另定商业条约。

（十一）本协定在双方全权代表签订草约后即发生效力，正式协定共计两份，经双方政府军事机关正式负责人签名盖章后，各执一份存照。

中华苏维埃共和国临时中央政府及工农红军全权代表　潘健行①

福建省政府及十九路军全权代表　徐名鸿

公历 1933 年 10 月 26 日

（二）中华苏维埃临时中央政府致福建人民
革命政府与十九路军的第一电②

福建人民革命政府与人民革命军的将士们：

苏维埃政府与工农红军的代表同你们的代表订立反日反蒋的协定草约以来，已经有一个多月，但是我们直到现在还没有看到你们积极的反日反蒋的行动，亦没有看到你们在发动群众斗争与武装民众进行反日反蒋的方面有任何具体的实际工作。而蒋介石却已经派了

---

①　潘健行，即潘汉年。——本文库编者注。

②　《中央革命根据地史料选编》中册（江西人民出版社 1982 年版）亦收录了此件，内文个别文字、标点略有差别。——本文库编者注。

3个纵队向福州与延平①进攻,日本帝国主义也已经准备好以占领福州厦门来响应蒋介石的军事行动。你们与福建广大民众是在极端危险的中间,苏维埃政府与工农红军郑重的告诉你们,在这一危险前面的任何消极与迟疑不决,对于中国革命是极大的罪恶。因此苏维埃中央政府与工农红军要求你们立刻依照我们反日反蒋协约中所决定的基本原则,采取断然的行动,集中你们所有的武装力量,立刻开始反蒋的决战,同时必须最坚决的发动与武装广大的民众,组织真正人民革命军与义勇军,真正给人民以言论出版集会结社罢工的民主权利来开展反日反蒋的群众斗争,我们相信只有依靠于千百万广大民众的力量,我们才能取得最后胜利,我们苏维埃政府和工农红军准备在任何时候同你们联合,同你们订立作战的军事协定以反对与打倒我们共同的敌人——日本帝国主义与蒋介石的南京国民党政府,我们盼望你们迅速告诉我们你们的决定。

毛泽东,朱德

12月20日

(三)中华苏维埃临时中央政府致福建人民
革命政府及人民革命军第二电

人民政府李陈蒋诸委员②:

依据目前情势福州既濒危急,人民政府已在危险之中,苏维埃中央政府根据过去双方协定敢以反日反蒋联合战线的精神向贵政府作下列紧急提议:

一、人民政府应立即实践其宣言中及协定上所允诺的人民民主权利。

---

① 延平,明清时为府,治所在现今南平市,1913年废。——本文库编者注。
② 李陈蒋,即李济深、陈铭枢、蒋光鼐。——本文库编者注。

二、人民政府应立刻武装福州及其附近与泉漳①各地的群众,赞助和拥护广大群众参加反日反蒋战线以保卫福州及泉漳各地。

三、赞助群众,立即组织反日反蒋的斗争团体,不应藉口战局紧张妨碍或禁止这种组织的发展。

四、应实际的赞助蒋敌后方(如闽浙沿海各地)的民众武装组织,和反日反蒋活动。

五、应有决心的肃清自己队伍中准备向蒋介石投降,或请托帝国主义保护的分子。

六、向十九路军全体官兵宣布为反日反蒋只有与苏维埃和红军合作到底,并采取一切有效方法与联合一致的军事行动。

蒋介石与日帝国主义显已协同动作,并以扑灭十九路军为共同目的,贵政府果欲真正贯彻反日反蒋主张,则我们上述提议是挽救目前人民政府及十九路军濒于危险的唯一出路,亦即贵政府对于自己负责的宣言与协定中所许诺者究有决心实现与否之最后试验。要知反日反蒋的民众的与武装的战线果能真实建立,即使福州失陷蒋介石与日帝国主义者必不能长治久安,而这一联合战线在全国亦必日益开展无疑。且贵政府果肯武装民众赞助福建首先是福州人民自卫,则时局将有新的开展,福州未必不保也。时机危急,希即考虑赐复为盼。

毛泽东,朱德

1 月 13 日

(录自 1934 年 2 月 14 日出版的《红色中华》第 149 期第 4 版)

---

① 泉漳,即福建省泉州和漳州。下同。——本文库编者注。

第二次全国苏维埃代表大会
关于国徽国旗及军旗的决定

（1934 年 1 月）

（一）中华苏维埃共和国的国徽规定如下：

在地球形上插交叉的镰刀与锤子，右为谷穗，左为麦穗，架于地球形之下和两旁，地球之上为五角星。上书"中华苏维埃共和国"，再上则书"全世界无产阶级和被压迫的民族联合起来"！

地球形为白色底子，轮廓经纬线为蓝色，地球上的镰刀锤子为黑色，五角星为黄色。

（二）国旗为红色底子，横为五尺，直为三尺六寸，加国徽于其上。旗柄为白色。

（三）军旗为红色底子，横为五尺，直为三尺六寸，中为黄色的交叉镰刀锤子，右角上为黄色的五角星。旗柄为白色。

根据 1934 年 3 月人民委员会出版的《中华
苏维埃共和国第二次全国代表大会文献》刊印
（录自《中共中央文件选集》第 10 册，
中共中央党校出版社 1991 年版，第 658 页）

中华苏维埃共和国邮政总局通知
——关于建立《赤邮通讯》
（1934 年 1 月）

为了巩固与严密邮局的组织，使我们的邮政工作更得进一步的健全，在革命的过程中加以信用，是在第三次苏区邮局长联会时决定了在邮政总局建立"赤邮通讯"报，昨经处务会议选举易权、王醒才、闵烨求、张耀龄、郭维南、邱玉昆、邓荣川 7 人为"赤邮通讯"委员会的委员，内推易权同志为主任，业已正式开始办公，特通知前来，希各省指定为"赤邮通讯"的特约通讯员，并实行下列的规定：

（一）江西特约通讯员 3 名，福建、闽干〔赣〕、粤干〔赣〕三省各 2 名，红军总信柜 1 名，湘干〔赣〕、闽浙干〔赣〕在路线有可能通信时亦须指定特约通讯员。

（二）特约通讯员必须为"赤邮通讯"发展通讯员，如县局分局及信柜都要做到有通讯员。

（三）"赤邮通讯"暂时规定每月出版 2 次，在每月 15、30【日】以内出版。

（四）各省及信柜特约通讯员须经常为"赤邮通讯"写稿，同时各级邮局工作人员非通讯员者，可经常为"赤邮"写稿。

（五）写稿的内容是：邮政工作速度，工人生活，反贪污浪费、消极怠工、官僚腐败，节省审计，所有一切消息新闻，还〔凡〕有价值的材料都可能写。

(六)各地通讯员写〔寄〕稿时一律可不贴邮票。

代总局长 王醒才

（根据中共江西省委党史研究室资料处藏件刊印）

中华苏维埃共和国邮政总局通知

（邮字第五号）

——关于寄递银信的办法

（1934 年 1 月）

查现在各级邮局寄递银信的办法,弄得不一致,有的将信套封口,有的将信套不封口,但对于银钱却有同样的遗失,成为邮局信仰〔誉〕上一个最大的缺点,总局为着要补救这一缺点起见,在第一次邮务技术研究会议中根据第一次审查员联席会决议寄银信时,加以办法如下:

（甲）一、寄件人寄银钱时,由经手人（邮务员或局长）与寄件人当面点过数目后给寄件人以执据。

二、经手的邮务员将银信交政治保卫局的检查同志检查后,由邮务员即在检查处封好,用一条二分阔的手本纸（即京庄毛边）贴于信封口上,而后由检查员批以"内面成数不错"字样,盖以检查的公章,经手的邮务员盖以私章,互相证明。

三、由原寄局政治保卫局检查后,经过其他各局再不要经保卫局重行检查（不要重行检查是得国家政治保卫局许可）,如有特别情形,保卫局要重行检查,要另行加过纸条盖过印子（照第二条手续）。

四、银信到了接收局时,经手的邮务员看过没有重封痕迹,即交递信员看过送去收件人,递信员交收件人时,当面指明收件人看过,是没有重封痕迹,并得政治保卫局批了内面钱数不错等等。

（乙）实行报告制度:在股务会议上邮务会议上讨论了技术上及

其他什么问题,检阅了什么缺点与错误,经常要报告上级邮务处来,以便指示。

(丙)加紧邮务员的教育:过去有好多邮务员训练了一时期只可负担一项或二项工作,才能适合,再来分配其他工作觉得就有些困难,现在为要提高邮务技术水平线,便把审计员联席会的决议列在课程上课,使各级邮局造成同等的邮务技术人材,以免后来分配工作发生困难。

以上三点希各级邮局自接此通知后即日讨论实行为要。

处　长　江奇峰
副处长　陈海涛

（根据中共江西省委党史研究室资料处藏件刊印）

第二次全国苏维埃代表大会宣言^①

（1934 年 2 月 1 日）

全中国的民众们！

第二次全国苏维埃代表大会的召集，是中国苏维埃革命大踏步前进中的伟大成功。反帝国主义的土地革命的苏维埃旗帜，已经成了千千万万中国劳苦群众求得民族的与社会的解放的旗帜。自第一次苏大会到现在二年多来的斗争历史，完全证明苏维埃政权已经成了不能战胜的民众的政权，帝国主义国民党的四次"围剿"不但不能暂时阻止苏维埃革命运动的进展，而且在粉碎帝国主义国民党的四次"围剿"中，苏维埃政权取得了许多光荣的胜利，使苏维埃政权得到了新的发展与巩固，使苏维埃政权走向争取全中国苏维埃革命胜利的大道。

帝国主义国民党是在苏维埃革命发展的前面颤抖着。为了消灭苏维埃政权，以蒋介石为首的国民党，在帝国主义直接领导之下，疯狂般的动员它的一切力量向苏维埃与红军进行它的五次"围剿"，百万以上的军队的进攻，飞机大炮的轰炸，惨酷的非人的烧杀，是为了要把反帝国主义的土地革命的苏维埃政权浸到血海中去！然而帝国主义国民党的这次"围剿"，由于苏区以及全中国民众的拥护，由于我们红军的英勇善战，以及苏维埃中央政府的正确领导，在第二次全国

---

① 《中央革命根据地史料选编》下册（江西人民出版社 1982 年版）亦收录了此件，内文个别文字、标点略有差别。——本文库编者注。

苏维埃代表大会开幕之前,已经受到了第一步的严重打击与失败。

第二次全国苏维埃代表大会开幕的时候,正是帝国主义忠实走狗国民党蒋介石在五次"围剿"中受到第一步的严重打击与失败之后,又重新布置他的武装力量从三方面向我们中央苏区继续他的五次"围剿"与大举进攻的时候——帝国主义的忠实走狗,中国地主资产阶级的代表者蒋介石,正像凶恶的猎狗一般寻找着他的牺牲品!他决不会一刻放松对于苏维埃与红军的进攻!在国民党政权与苏维埃政权尖锐的对立之下,和平的共居是不可能的!

第二次全国苏维埃代表大会宣称,在中国前面放着一个绝对的问题,或者是独立自由的苏维埃中国的道路,或者是帝国主义国民党的殖民地的道路;中间的道路是没有的。在以蒋介石为首的国民党卖国贼统治之下,日本帝国主义不但并吞了整个满洲与内蒙,而且还要占领整个华北。在日本与其他帝国主义的进攻之下中国将完全变为帝国主义的殖民地。在以蒋介石为首的国民党吮血虫统治之下,国民经济的总崩溃将更进一步的深刻化,地主资产阶级的空前的残酷的剥削,将更其加重,失业,失地,饥饿,疾病与死亡的非人的痛苦,威胁着全中国每一个工农劳苦群众。现在每一个中国的民众都会了解,国民党最近在南京四中全会上所叫喊着的"统一与建设"的真正意义。国民党的所谓"统一"实际上即是把中国出卖给日本与一切帝国主义,帮助帝国主义瓜分中国,向苏维埃与红军进攻。国民党的所谓"建设",即是加紧对于中国民众的剥削,促使中国国民经济走到空前的浩劫。

国民党卖国贼曾经有计划的企图把卖国的罪名推到苏维埃政府与红军身上。然而苏维埃政府与革命军事委员会曾经历次宣言,在全中国任何武装部队在停止进攻苏区与红军,并给广大民众以言论,集会,结社,罢工,示威与武装的自由的条件之下,愿意同他们订立作战的战斗协定,去共同驱逐日本帝国主义出中国,保卫中国领土的完整。然而国民党对于苏维埃与红军的宣言的回答,是更其加紧的出卖中国,从帝国主义那里取得新的借款与武器,向苏维埃与红军进行新的进攻。

在国民党区域内,国民党对于群众抗日与一切反帝国主义的革命运动,采取了最残酷的白色恐怖。它解散中国各地群众的御侮自救会与领土保障同盟等抗日组织,逮捕与屠杀一切抗日的革命领袖与群众。它最无耻的联合日本帝国主义与"满洲国"的军队"围剿"抗日的东北义勇军,并且断绝中国民众一切对于义勇军的援助。但是在苏维埃区域内则早已没有任何帝国主义势力的存在。苏维埃政府对于全中国民众的抗日反帝运动,给了有力的实际的援助。

国民党吮血虫曾经企图把中国国民经济的总崩溃归罪于苏维埃与红军。然而事实证明,在苏维埃政权之下,群众的生活是得到了极大的改善,而且即在国民党军阀的对于苏区的不断进攻与经济封锁的条件之下,苏维埃的经济建设还是得到了极大的成功,苏维埃区域的工业与农业的生产力是大大的提高了。在苏维埃政权下,群众为了自己生活的改善,正发扬着他们空前的劳动热忱,与生产战线上的新的创造。

第二次全国苏维埃代表大会宣称,只有苏维埃政权能够挽救中国于沦亡,使全中国民众得到彻底的解放。苏维埃政权以革命的手段,把地主阶级的土地给农民,把 8 小时工作与工人监督生产权给工人,把一切民主的自由权利给民众,把民族的解放给所有被压迫的中国人与中国境内弱小民族。自第一次全苏大会到现在,苏维埃政权的一切设施,充分证明苏维埃是反帝国主义的土地革命的唯一领导者。它在全中国民众前面清楚的指出:苏维埃的道路是中国民族与社会的解放的唯一的道路。

一切反革命的改良主义的派别,从生产大众党,第三党,社会民主党,AB 团,一直到托陈取消派,在福建曾经进行了在殖民地道路与苏维埃道路中间找出第三条道路的尝试,但是这种尝试,是完全失败了。这些反革命的改良主义者曾经在福建企图拿一些"左"的革命的词句,来欺骗民众,阻止民众革命化,用更巧妙的方法来维持帝国主义与整个中国地主资产阶级的统治,然而铁的事实完全粉碎了一切改良主义者的幻想,宣告了他们的死刑。不到二个月的福建人民革命政府的存在,给一切反革命的改良主义者以最深刻的讽刺!

全中国的民众们! 同帝国主义国民党的五次"围剿"的新的决战,是在我们的前面。这是一个残酷的决斗,这是决定苏维埃政权与国民党政权的生死的斗争。动员与组织全中国民众的力量,造成坚强的铁的拳头,来彻底粉碎帝国主义国民党的五次"围剿"与新的大举进攻,根本推翻帝国主义国民党的统治,建立独立自由的苏维埃新中国,是我们第二次全国苏维埃代表大会的光荣的历史使命。第二次全国苏维埃代表大会号召全中国的民众自动武装起来,开展抗日的民族革命战争,与反对地主资产阶级的国民党统治的革命兵变,游击战争与武装暴动,来响应苏维埃与红军的胜利的进攻。第二次全国苏维埃代表大会,号召全苏区的劳苦民众用一切力量,扩大我们的工农红军,创造 100 万铁的红军,发展广泛的游击战争,健全我们的赤少队与地方武装,为保卫苏区的每寸领土,为发展与巩固苏区而斗争,把我们的一切工作服从于革命战争,把我们的一切供献给革命战争,我们必然是要胜利的!

第二次全苏大会坚信,从反帝国主义的土地革命中所产生的民众的力量,是苏维埃政权的不能战胜的力量的泉源。民众的革命力量是帝国主义国民党的飞机大炮与一切现代武装所不能战胜的力量,反之,民众的革命力量将战胜全世界。

开展民族革命战争反对日本与一切帝国主义瓜分中国!

打倒出卖中国,造成中国国民经济总崩溃的国民党!

彻底粉碎帝国主义国民党的五次"围剿"与大举进攻!

创造 100 万铁的红军打倒帝国主义与国民党!

反帝国主义的土地革命万岁!

苏维埃新中国万岁!

第二次全国苏维埃代表大会万岁!

1934 年 2 月 1 日

根据 1934 年 3 月人民委员会出版的《中华
苏维埃共和国第二次全国代表大会文献》刊印
(录自《中共中央文件选集》第 10 册,
中共中央党校出版社 1991 年版,第 659—663 页)

革命转移到将来的社会主义方向去！我们不但要推翻帝国主义国民党的统治，要消灭地主阶级，而且现在就要准备着，准备到了将来，到了适当的时期，消灭资本主义制度，消灭人剥削人的制度，像苏联现在所做的一样，最后还要进到共产主义，实行各尽所能各取所需的办法，进到最自由光明伟大的世界去。只有到了这种时候，才是人类最后的解放，才是人类最后的胜利！

第二次全国苏维埃代表大会在今天闭幕了。我们要实行我们的责任，我们要勇敢的担负起革命的伟大的责任向前头去，争取我们的最后胜利！

苏维埃万岁！

革命胜利万岁！

全中国革命胜利万岁！

全世界革命胜利万岁！

社会主义万岁！

共产主义万岁！

（□动全场的欢呼与鼓掌）

（录自1934年2月3日出版的
《红色中华·第二次全苏大会特刊》第7期第1版）

第二届中央执行委员会第一次会议纪盛

（1934 年 2 月 3 日）

二苏大会闭幕后的第二天——2 月 3 日上午 9 时，第二届中央执行委员会召开了第一次会议。到会人数，连正式与候补的执委在一起，共计 79 人。依照二苏大会所授权力，在三分之一以上委员出席时，已足法定人数。

到会全体委员在尖锐的铃声中，依次占据了自己的座位。同时选举了毛泽东项英与张闻天三同志为临时主席团。

于是会议便依着程序进行了。

毛泽东同志报告第一项议程是通过中央政府的组织法。首先由梁柏台同志报告组织法的重要原则，大会在原则上一般的认为同意，至于详细条文则交付新选主席团修正之。

其次便进行主席团及人民委员会的选举，大会一致通过以毛泽东，项英，张国焘，朱德，张闻天，博古，周恩来，瞿秋白，刘少奇，陈云，林伯渠，邓振询，朱地元，邓发，方志敏，罗迈和周月林等 17 人组织中央政府主席团，并选举毛泽东为主席，项英与张国焘为副主席。

大会又一致通过以张闻天为人民委员会主席，并决定在人民委员会之下设立 11 个人民委员部，以王稼蔷为外交部长，朱德为军事部长，邓振询为劳动部长，高自立为土地部长，林伯渠为财政部长，吴亮平为国民经济部长，陈潭秋为粮食部长，梁柏台为司法部长，曾山为内务部长，瞿秋白为教育部长，接着又通过以项英为工农检察委员会主席，阮啸仙为中央审计委员会主任。最后大会并选定了中革军委会及工农检察委员会主席团。

选举完毕了,最后就是摄影。在摄影机前面雄列着我们中国苏维埃新的领导的力量,保障争取全中国革命胜利的力量。

(录自 1934 年 2 月 6 日出版的《红色中华》第 146 期第 1 版)

中华苏维埃共和国中央执行委员会布告
第一号

（1934 年 2 月 3 日）

中华苏维埃共和国第二次全国苏维埃代表大会,于 1934 年 1 月 22 日在苏区赤色首都正式开幕,大会轰轰烈烈的经过了 11 天,完全成功地闭幕。大会总结了两年来中国苏维埃运动的经验提出了苏维埃今后最战斗的历史任务,并且具体的讨论了红军建设经济建设与苏维埃建设等重要问题,通过了修正的苏维埃宪法及上述各重要问题的决议案。最后,大会选举了下列 175 人为中央执行委员:博古、陈绍禹、何克全、刘少奇、毛泽东、项英、吴亮平、瞿秋白、周月林、金维映、黄发桂、谢玉钦、李富春、谢名仁、肖世榜、林国宋、黄长娇、蔡畅、钟葆元、娄梦侠、张绩之、徐达志、曾山、钟昌桃、刘启耀、钟循仁、李卓然、刘广臣、谢先□①、朱德、周恩来、王稼蔷、刘伯承、贺昌、何长工、滕代远、彭德怀、杨尚昆、林彪、聂荣臻、董振堂、刘伯坚、黄苏、蔡树藩、聂洪钧、王如痴、万永诚、陈光、寻淮州、罗瑞卿、张纯清、周建屏、周昆、乐少华、陈阿金、袁国平、叶剑英、陈毅、毕士梯、陈洪时、肖克、孔荷宠、朱瑞、刘畴西、徐彦刚、陈昌浩、徐向前、张国焘、张琴秋、贺龙、关向应、夏曦、宋白民、王维周、罗炳辉、洪水、蔡乾、张然和、余宏文、

---

① 字迹不清。王健英编著《中国共产党组织史资料汇编——领导机构沿革和成员名录（增订本）》（中共中央党校出版社 1995 年版,第 237 页）为"谢先震"。——本文库编者注。

王世泰、潘士忠、姜阿三、张冠一、古大存、郑振芬、朱琪、高俊亭、詹以锦、郑位三、王凤鸣、成仿吾、郭述申、张德三、祝维垣、顾作霖、邵式平、黄道、朱兆祥、孔书安、刘晓、钟世斌、傅才秀、周义开、刘明辉、熊仙璧、刘国珠、钟桂新、罗迈、陈祥生、林伯渠、刘群先、胡海、范乐春、曾洪易、巫子元、张太和、黄宜章、张鼎丞、李见珍、吴兰甫、吴必先、邱先英、张闻天、陈云、王盛荣、邓发、陈潭秋、潘汉年、黄加高、张云仙、张金楼、周少文、何振吾、陈寿昌、黄光保、谭余保、刘士杰、王震、旷彪、彭仁昌、任弼时、吴德峰、王秀章、熊国炳、余洪远、李维海、何畏、李先念、曾广澜、周光坤、李成甲、陈子谦、方志敏、余汉朝、黄万生、汪金祥、关英、涂振农、关春香、吴玉章、朱地元、杨其鑫、邓振询、何叔衡、高自立、梁柏台、徐特立、阮啸仙、邓颖超、董必武、赵云、王贤选、罗梓铭、杨世珠、赖美玉。

并以下列 36 人为中央执行委员会候补执行委员：

杨炳龙、谢振富、邱时凤、邓尧盛、董长胜、刘毅、李美群、邹中才、徐顺垣、徐明富、叶德贵、邓子恢、朱荣生、贾元、冯雪峰、李一氓、李克农、张爱萍、罗荣桓、李赐凡、颜立记、尹仁桂、刘燕玉、方敬和、谢炳煌、钟义谨、黄富武、方振华、邹敦厚、廖汉华、龙春山、华新湘、周桂香、旷朱权、邓萍、康克清。

中央执行委员即以此正式的和候补的 211 委员组织之，为全苏大会闭幕后之最高政权机关。

2 月 3 日中央执行委员会召开第一次会议，一致选举：毛泽东、项英、张国焘、朱德、张闻天、博古、周恩来、瞿秋白、刘少奇、陈云、林伯渠、邓振询、朱地元、邓发、方志敏、罗迈、周月林等 17 人组织主席团为执行委员会闭幕后之最高政权机关。并以毛泽东为中央执行委员会主席，项英、张国焘为副主席。

同时又选举张闻天（洛甫）为人民委员会主席。在人民委员会之下，设立下列 11 人民委员部为中央行政机关：

王稼蔷为外交人民委员

朱德为军事人民委员

邓振询为劳动人民委员

高自立为土部人民委员

林伯渠为财政人民委员

吴亮平为国民经济人民委员

陈潭秋为粮食人民委员

梁柏台为司法人民委员

曾山为内务人民委员

瞿秋白为教育人民委员

项英为工农监察人民委员

又选举朱德为中央革命军事委员会主席

周恩来、王稼蔷为军事委员会副主席

阮啸仙为中央审计委员会主任

并委任董必武为临时最高法庭主席

中央执行委员会除了全部接受二苏大会给予我们一切战斗任务以外,并号召全体苏维埃工作同志紧急动员起来,加紧自己的工作,动员最广大的工农群众,一致团结在苏维埃政府周围,集中一切力量,开展革命战争,为彻底粉碎帝国主义国民党的五次"围剿",争取苏维埃在全中国的胜利而斗争!

主　席　毛泽东

副主席　项　英

张国焘

公历 1934 年 2 月 3 日

（录自 1934 年 2 月 12 日出版的《红色中华》第 148 期第 1 版）

中华苏维埃共和国中央人民委员会布告
第一号
——为统一与流通苏维埃辅币
（1934 年 2 月 5 日）

　　为统一苏区辅币，便利市场流通起见，特铸造苏维埃二分与五分两种合金属辅币，以供给市场上交易之用。这两种辅币，现正开始流通，凡我工农及商民群众，应一律十足通用，倘有反革命分子，故意破坏信用者，一经查出，定即予以革命法律的严厉制裁。兹将其使用价格公布如下：

　　一分的，每大洋一元，兑换辅币百枚；

　　五分的，每大洋一元，兑换辅币 20 枚。

主　席　张闻天（洛甫）

秘书长　谢然之

公历 1934 年 2 月 5 日

（根据中共江西省委党史研究室资料处藏件刊印）

中华苏维埃共和国临时中央政府
人民委员会命令第三号
——优待红军家属条例

（1934 年 2 月 8 日）

第一条　本条例是根据中国工农红军优待条例，中央执行委员会第九号训令，中国共产党中央委员会和中华苏维埃共和国人民委员会 1934 年 1 月 8 日"关于优待红军家属的决定"及"优待红军家属礼拜六条例"而制定的关于优待红军家属的补充条例，凡苏维埃领土内的居民均须遵守本条例。

第二条　为专门负责进行计划管理优待红军家属工作起见，在县区乡村市及市区之内，均须组织优待红军家属委员会，其组织法如下：

（一）县——在县苏内务部之下，由优待红军家属科长、县苏军事部、党县军事部、团县委、县少队、县工会、县互济会与县儿童局的代表 7 人至 9 人组织之，以优待红军家属科长为主任。

（二）区——在区苏内务部优待红军家属科之下组织之，其人数和各机关代表与县同。

（三）乡——在乡苏之下，由乡苏耕田队总队长、党和团的支部、赤少队、贫农团、互济会、女工农妇代表会议代表、儿童团及红军家属中积极分子 2 人参加，共由 11 人至 13 人组织之，由乡苏指定一人为主任。

（四）村——由乡苏优待红军家属委员会派人召集该村群众大

会,选举耕田队长、互济会、贫农团、儿童团、女工农妇代表会代表、村红军家属中积极分子共 7 人至 9 人组织之,以乡优待红军家属委员会的委员之一,兼任主任。

(五)市——市优待红军家属委员会之组织,与区同。市区优待红军家属委员会之组织,与乡同。在市区下的各街道和农村须组织优待红军家属委员会,其组织与村同。

(六)委员会经常每 10 日开会一次,专门讨论检查与计划优待红军家属的各项工作。委员会委员以不脱离生产为原则。

第三条 凡苏维埃的公民,不论男女老幼,均须参加优待红军家属的义务劳动,在村和街道优待红军家属委员会之下,按照劳动力强弱和工作性质,分设下列各队:

(一)耕田队——凡从 16 岁至 50 岁具有劳动力的公民均须加入,其详细办法,另行颁布耕田队条例。

(二)杂务队——凡未加入耕田队的男女老幼,均须加入杂务队。每队按队员性质,分设肥料班、砍柴班、慰问班等,帮助红军家属砍柴挑水、收集肥料、慰问等各种杂务工作。

(三)检查队——由乡工农检察委员会召集村的群众大会,选举 5 人至 7 人组织之,担任调查红军家属生活,检查执行优待红军家属条例,检查耕田队杂务队的工作情形,由队长收集实际材料,报告优待红军家属委员会,及工农检查〔察〕委员会。检查队中必须吸收红军家属的积极分子参加。

第四条 红军家属应享受之义务劳动工,其具体办法规定如下:

(一)红军家属无劳动力的或缺少劳动力的,按照人口每人每月应享受群众义务劳动,平常最少 6 工,农忙时最少 10 工,不得少于最低限度的规定。如执行这个标准还觉不够或多余时,得由当地优待红军家属委员会增减之。但红军家属自己有劳动力的应除外。凡没有劳动力的或缺少劳动力的,应按人口计算。

(二)根据本条例第三条,16 岁以上 50 岁以下具有劳动力的男女群众,均须加入耕田队,帮助红军家属做义务劳动,最低限度每人每月平常 6 工,农忙紧急时 10 工。如执行这个劳动标准不够,或多余时,得由当地优待红军家属委员会增减之。

(三)根据优待红军家属礼拜六条例之规定,党、苏维埃、后方军事机关、青年团、工会,及一切群众团体各机关,自中央直至支部乡政府,每个工作人员,凡是脱离生产的可不加入耕田队,但必须参加优待红军家属礼拜六工作,组织优待红军家属礼拜六队,帮助当地红军家属耕田收获砍柴挑水等工作。

(四)凡已分得土地的农村工人、小贩,及独立生产者,未加入耕田队的,亦应加入,和一般耕田队员同。不能耕田的,可按其职业,帮助红军家属做义务劳动工。每月最少限度,不得少于 4 天。如红军家属不需要做工时,应出 4 个工的工钱。小贩及独立生产者出 4 个零工钱,由乡优待红军家属委员会分配给红军家属。

(五)优待红军家属的劳动工,在一乡之内因红军家属的多少,需要劳动工亦有多少的不同。首先由乡优待红军家属委员会计划调剂,必要时须以区为单位调剂之。

第五条 城市未分得土地的红军家属,除应享受红军条例一般的优待外,须享受下列规定的优待。

(一)由定业税和房租上,加收百分之五,由市优待红军家属市委员会收集和分配。

(二)在业工人,应交纳 4 个礼拜六的工钱,亦由市优待红军家属市委员会收集和分配。

(三)贫民有劳动力的,每人每月亦须做 4 个劳动工。如红军家属不需要劳动工,则须交纳 4 个零工工钱。不能交纳者,由优待红军家属委员会酌量减少,或全部免除。

第六条 由县苏制定红军家属优待证。每家红军家属发给一个,并在红军家属门上订立红军家属光荣牌,表示当红军,是每个工农光荣的权利和义务。

第七条 红军家属享受上述优待外,并得享受下列特别权利:

(一)红军家属,按照红军家属证购买国家商品及合作社的货物,得享受九五折扣,加入合作社的社员,则可享受九三折扣。当粮食油盐日常必须遇到缺乏时,红军家属有优先购买之权。

（二）由各合作社的红利抽出百分之五,作为供给红军家属医药,帮助经济困难者等的特别费用。

第八条　苏维埃政权,有替红军家属介绍工作的义务。红军家属如组织合作社时,须予以物质上的帮助。

第九条　为检查本条列之执行,乡村两级优待红军家属委员会须每月负责召集红军家属联欢会一次,乡村优待红军家属委员会及各队长班长联席会二次,检阅与讨论优待红军家属工作。

第十条　残废和半残废的红军战士（不是被洗刷的）,除特别优待外,其家属应受同样的优待。

第十一条　凡违反本条例各条之规定者,以违犯苏维埃法令论罪,须受刑事处分,对不执行优待红军家属工作者,红军家属有向各级工农检察委员会及党的监察委员控告之权。

第十二条　苏维埃各级内务部,有监督实施本条例之专责。

第十三条　本条例自公布之日起,发生效力。

主　　席　张闻天（洛甫）

1934 年 2 月 8 日

中共江西省委党史研究室复制

1960 年 5 月 14 日

（根据中共江西省赣州市委党史工作办公室资料室复印件刊印）

中华苏维埃共和国临时中央政府
人民委员会命令第四号
——优待红军家属耕田队条例

（1934 年 2 月 8 日）

第一条　本条例根据中国共产党中央委员会中华苏维埃共和国人民委员会 1934 年 1 月 8 日"关于优待红军家属的决定"及 1934 年 2 月 8 日人民委员会"优待红军家属条例"而制成的补充条例。

第二条　凡苏维埃公民从 16 岁起至 55 岁止具有劳动力的，不论男女均须加入优待红军家属耕田队，并绝对执行本条例的律定。

第三条　耕田队的任务是以义务劳动帮助红军家属关于土地、山林的耕种、收获及砍柴、挑水等工作。

第四条　耕田队每村编一队，设正副队长各一人，每队分若干班，以五人至十人为一班，设班长一人。乡设正副总队长各一人，平常以村为单位调动耕田队。必要时以乡甚至以区为单位，由区优待红军家属委员会计划调剂之。

第五条　村耕田队直接受村优待红军家属委员会之指挥，并受区乡优待红军家属委员会之随时调动。当优待红军家属委员会下令调动工作时，不得无故不到，如有特别事情，必须向队长请假，得队长许可后，才能解放工作。

第六条　耕田队队员如加入红军或被调动担任前后方运输或其他工作时，该队员所担任的任务，由队长另指定其他队员担任之。

第七条　耕田队总队长每月须召集村队长会议一次，村队长召集班长会议一次、队员大会一次,以检阅和讨论优待红军家属工作。

第八条 耕田队帮助红军家属耕种,系一种苏维埃公民的义务劳动,故耕田队员做工时须切实认真,须自带饭包农具,不得敷衍了事,不得接受红军家属的任何报酬。

第九条 凡违犯本条例者,以违犯苏维埃法令论罪,须受刑事处分。

第十条 本条例自公布之日起发生效力。

(录自《革命根据地经济史料选编》上册,
江西人民出版社1986年版,第268—269页)

中华苏维埃共和国临时中央政府
人民委员会命令第五号
——关于国家政治保卫局及其分局有
直接拘捕与处决反革命之权①

（1934 年 2 月 9 日）

在国内战争的重要关头，为了迅速镇压反革命的活动，人民委员会特给予国家政治保卫局及其分局在下列条件下有直接拘捕处决反革命之特权。

（一）在边区的地方保卫局，在战线上的红军保卫局，为着压迫敌人的侦探、边区法西斯蒂分子、反动的豪绅地主阴谋叛变的分子，有权对于这些反革命分子不经过法庭，采取直接处置，但于处置后必须呈报国家政治保卫局备案审核。

（二）在刀匪活动尚未肃清之区域内，国家政治保卫局及其地方分局，红军分局，在进行工作中所获之刀匪首领，及地主富农出身而坚决反革命之刀匪，得不经过法庭，采取直接处置，但于处置后必须呈报国家政治保卫局备案审核。

（三）在重大的紧急的反革命案件上，国家政治保卫局及其地方分局，红军分局，军区分局有权采取紧急处置，于采取紧急处置后，如与地方政府及其他机关，军政首长，发生争议时，其处置当否之决定，

---

① 副标题为本文库编者所加。

属于人民委员会。

主　席　张闻天(洛甫)

1934 年 2 月 9 日

（录自 1934 年 2 月 20 日出版的《红色中华》第 152 期第 3 版）

中华苏维埃共和国
中央政府为福建事变宣言①

(1934 年 2 月 11 日)

全中国的民众们!

福建的所谓人民革命政府由于蒋介石的武装干涉与人民革命政府领袖们的投降出卖,是最后的失败了。

福建人民革命政府的领袖们,自从去年受到我们工农红军东方军在连城与闽北的严重打击之后,自知对于苏维埃与红军的暂时让步,已成为保持他们的实力与统治的必要条件。同时卖国残民的国民党统治的破产,全国千千万万工农群众对于帝国主义国民党日益增加的愤怒与反抗,和对于反帝反国民党的苏维埃红军的同情与拥护,使当时福建国民党省政府与十九路军的官僚政客军阀们不能不在国民党旧的统治方式以外,找寻新的统治方式,来维持整个地主资产阶级的统治。

福建省政府与十九路军官僚政客军阀们,当时首先派遣专使徐名鸿到苏维埃中央政府,表示愿意接受苏维埃中央政府与革命军事委员会所宣布的三个条例,即(一)立即停止进攻苏区,(二)立即保证民众言论集会结社罢工等自由权利,(三)立即武装民众创立武装的义勇军以保卫中国及争取中国的独立统一与领土的完整。

---

① 《中央革命根据地史料选编》中册(江西人民出版社 1982 年版)亦收录了此件,内文个别文字、标点略有差别。——本文库编者注。

　　苏维埃政府对于当时福建国民党省政府与十九路军官僚政客军阀们的这一企图是完全了解的。一切空口的说话,决不能欺骗苏维埃政府的领导者。而在另一方面,苏维埃政府根据自己的宣言,对于一切反帝反蒋的企图,都愿给以实际的推动与援助。所以当时苏维埃政府与工农红军在福建省政府与十九路军代表允许〔诺〕接受我们所提出的一切要求与条件之下,根据自己革命的基本立场,同他们订立了初步的协定,从最初,苏维埃政府的领导者即告诉福建省政府与十九路军的代表们,只有坚决的发动与赞助广大群众的反日反帝反蒋的革命斗争,武装他们,给他们以一切民主的自由权利,才能够救中国民族于沦亡。任何改良主义的欺骗宣传只能为帝国主义国民党充当辅助的工具。

　　福建省政府与十九路军的代表们,同苏维埃政府与工农红军订立了初步协定之后,即声明脱离国民党成立了他们的所谓人民革命政府,宣布了一些"左"的改良主义的政纲,并且公开发表了反对南京国民党政府蒋介石的宣言。但这只是在口头上。在实际上他们还是照旧勾结日美帝国主义,向他们献媚。对福州日本浪人的挑衅,默不作声,在容许民众的民主权利及武装民众方面,则藉口军事时期,概不兑现。对于工人农民及一切劳动者则不但没有任何具体办法来改善他们的生活,而且相反的竭力禁止工人罢工斗争与农民反抗地主与夺取土地的斗争。在军事上,也完全采取了失败主义的路线。在蒋介石积极进攻的前面,他们事先既毫无具体的军事布置,事后则接二连三的投降出卖,从司徒非谭启秀一直叛变到沈光汉毛维寿区寿年与张炎。十九路军阀蒋光鼐蔡廷楷〔锴〕之流则不战而退,投降广东军阀以自保。其他许多官僚政客们,如陈铭枢陈友仁黄琪翔之流,则终日空谈,欺骗民众。然一闻枪声,即鸡飞狗散,向帝国主义的公使馆与军舰逃命。虽是我们红军为了配合他们反蒋的战争,曾经在闽北积极行动,从占领沙县直下尤溪,但是这对那些表现丧魂失魄的狐群狗党依然是无用的帮助。

　　苏维埃政府与工农红军根据于初步协定曾经向人民革命政府一

再提出警言,指出只有实现协定上的每一条文,发动广大群众的革命斗争,才能战胜蒋介石的武装进攻,真正去反对日本帝国主义。但是苏维埃政府与工农红军的警告,并不能引起人民革命政府中官僚政客军阀们的注意。他们仇视民众,同其他国民党官僚政客军阀们,没有丝毫的区别,结果,正像我们所指出的,这个人民革命政府,在蒋介石武装面前,结束了他50余天的悲惨运命。

全中国的民众们!你们从苏维埃政府与人民革命政府所订立的初步协定与苏维埃政府的电文中,充分的可以看到苏维埃政府与工农红军为了要反对日本帝国主义,与他的走狗蒋介石,为了中国民族的彻底解放,怎样毫不动摇的斗争着。一切事实证明,只有苏维埃政府与工农红军,是反帝国主义的先锋队,能够把中国从帝国主义国民党的铁蹄之下,解放出来。一切改良主义的派别,从生产大众党、社会民主党、第三党一直到托洛斯〔茨〕基陈独秀取消派,都不过是帝国主义国民党的应声虫,与帝国主义国民党反对中国革命民众的帮凶!

苏维埃中央政府与革命军事委员会,再一次的向全中国民众、革命的士兵,与一切武装队伍宣言,苏维埃政府决不因为福建人民革命政府的失败,与人民革命政府中官僚政客军阀们的背约,而放弃他过去三个条件之下订立作战的战斗协定的提议。相反的,经过福建的事变,使每一个工人,每一个农民,每一个士兵,每一个知识分子,与反日的中国人,更可清楚的看到:苏维埃政府不是口头上,而是在实际行动上,愿意同一切真能抗日反蒋的武装力量联合起来,争取中国民族的独立自由解放。一切真能抗日反蒋,以及一切反帝国主义与反国民党的力量都可从苏维埃政府与工农红军方面得到有力的指导与援助。但苏维埃政府与工农红军,对于一切企图以空口的允诺与欺骗宣传,来维持帝国主义与中国地主资产阶级统治的反革命的改良主义派别,将继续给予无情的打击与揭破。

全中国的民众们!福建人民革命政府的惨败的历史,又一次的指出,只有你们自己的英勇的坚决的斗争,才能最后推翻帝国主义国民党的统治,保证中国的独立、自由与领土的完整。中国广大的苏维埃区域中几千万劳动者胜利的成功的经验,告诉你们:只有苏维埃的道路,才能取得全国民众的民族的与社会的解放! 你们反对帝国主义国民党对于苏维埃区域的进攻,保卫中国苏维埃,也即是为了保卫中国革命,保证你们自己的胜利!

全中国抗日反帝的力量,联合起来!

粉碎帝国主义国民党的五次"围剿"!

打倒日本与一切帝国主义!

打倒卖国的南京国民党政府与一切国民党政府!

反帝国主义的苏维埃中国万岁!

中央政府主席　毛泽东

革命军事委员会主席　朱　德

1934 年 2 月 11 日

（录自 1934 年 2 月 14 日出版的《红色中华》第 149 期第 3 版）

中央政府人民委员会、中国共产党中央委员会
关于春耕运动的决定

（1934 年 2 月 11 日）

（一）为了保障革命战争中粮食的需要，进一步改善工农群众的生活，发展苏区农业的生产，今年的春耕运动，在粉碎帝国主义国民党的五次"围剿"中有着极端重要的意义。动员全苏区的工农劳苦群众到春耕战线上，提早春耕，争取比去年增加两成粮食的收获，种 5 万担田的棉花，消灭 40 万担荒田，多种杂粮蔬菜，应该是今年春耕运动中的战斗任务。

（二）最大限度的发扬与组织广大劳苦群众在生产上的劳动热忱，是完成今年春耕运动中的战斗任务的必要前提。党、苏维埃政府、青年团、雇农工会、贫农团及一切革命团体应该最积极的提倡，组织，与领导春耕运动中的生产突击队与革命竞赛，给生产战线上的英雄与模范以物质上的与精神上的奖励，以推动每个工人农民、每个劳动妇女、每个儿童，在红色的苏维埃农村中进行生产战线上的冲锋突击。必须广泛的宣传土地生产力的提高，是同革命战争的胜利与工农民众本身生活不能丝毫分开的。同时必须同破坏春耕运动的地主富农的反革命活动，进行最残酷的阶级斗争。

（三）适当的调剂劳动力，是组织春耕运动的最中心问题之一。必须应用去年的经验，在每个村组织一个劳动互助社，以解决当地劳动力的缺乏。在乡苏之下，设立妇女劳动教育委员会，教育广大的妇女群众莳田犁田耙田等主要的生产工作。各级党、苏维埃、工会、青

年团,以及一切革命团体,应组织对于各机关周围一定的乡村的协助委员会,在各方面协助各该乡村的春耕运动的胜利进行。必须尽量发动农民群众在互助与合作的原则上,解决他们在耕牛、农具、肥料、水利与种子等的困难。犁牛合作社必须更普遍的组织起来,耕牛的出口必须禁止。农业试验场在供给农民以普通的农业知识与经验上,应该起极大的作用。

(四)在春耕运动中,党、苏维埃政府、青年团、工会等应该特别注意于红军公田、红军家属的土地耕种,在优待红军家属委员会的领导之下,红军公田与红军家属的田地,应该是各乡各村春耕运动的模范。红军公田与红军家属的田地的忽视与荒芜,是该乡该村的最大耻辱。必须在春耕运动中最坚决的执行人民委员会"优待红军家属条例""耕田队条例"及人民委员会与中共中央"关于优待红军家属礼拜六"的决定。

(五)县委县苏必须负责在区乡两级苏维埃政府之下,立即组织春耕运动委员会为春耕运动的总的领导机关。青年团、区乡优待红军家属委员会、雇农工会、少先队、乡的贫农团、妇女代表会,以及乡苏下山林水利等委员会的代表必须积极参加这一委员会,党的区委与支部应该经过这一委员会起他们对于春耕运动的领导作用,这一委员会必须发动最广大群众参加春耕运动的讨论,具体决定本区本乡的生产计划,与统计数字,经常检查与监督这一计划具体的执行。为完全实现自己所决定的统计数字而斗争。

(六)迅速的彻底解决土地问题,是保障春耕运动顺利进行以及提高劳动热忱到最高限度的先决条件之一。在查田运动已经得到极大胜利的区域,必须把土地的所有权在农民手里最后的巩固起来。在落后的以及部分的新区边区必须依照消灭地主,反对富农,联合中农,依靠贫农的明确的阶级路线,最迅速的开展查田运动,把查田运动与春耕运动密切的联系起来。在有些新区边区,必须发动广大的群众,立刻进行重新分配土地的斗争,使土地革命的利益真正落到雇农贫农与中农的手里。

（七）春耕运动的进行是与最近收集粮食的突击运动，以及前方红军的胜利的进攻不能丝毫分开的。必须使每个农民了解没有前方红军的胜利，春耕运动的顺利进行是不可能的。特别在新区边区，必须在"武装保护春耕"的口号之下，来动员广大工农群众武装起来，发展游击战争，消灭刀匪团匪童子兵以及国民党游击部队的骚扰。同时必须使前方的红色战士了解他们在前方英勇的战斗，是为了要保卫他们所分得的土地，并从他们所分得的土地上得到大量的收获。

（八）责成中央政府土地人民委员部在最短期间内颁布关于春耕运动的具体计划，并颁布各种关于春耕运动中必要的具体问题的命令与训令。责成党中央宣传部与中央政府教育人民委员部计划关于春耕运动的广大的群众的宣传鼓动工作。

中华苏维埃共和国人民委员会

中国共产党中央委员会

1934 年 2 月 11 日

（录自 1934 年 2 月 18 日出版的《红色中华》第 151 期第 1 版）

中央工农检察委员会启事

（1934 年 2 月 15 日）

　　近来各地许多同志及本会的工农通讯员来信询问关于分析阶级成分的问题，这是属土地部解决的问题，请你们寄到各级土地部长去，以后关于此类来信，本会不再答复。此启。

中央工农检察委员会启

2 月 15 日

（录自 1934 年 2 月 20 日出版的《红色中华》第 152 期第 3 版）

中华苏维埃共和国临时中央政府
人民委员会命令第八号
——中华苏维埃共和国小学校制度暂行条例
（1934 年 2 月 16 日）

第一章　总纲

第一条　在工农民主专政下的小学教育，是要训练参加苏维埃革命斗争的新后代，并在苏维埃革命斗争中训练将来共产主义的建设者。

第二条　共产主义的文化教育是革命的阶级斗争的工具之一，必须运用实际斗争的教训和经验来施行教育，使教育与斗争联系起来。

第三条　要消灭离开生产劳动的寄生阶级的教育，同时要用教育来提高生产劳动的知识和技术，使教育与劳动统一起来。

第四条　小学教育的目的，要对于一切儿童，不分性别与成分差别，皆施以免费的义务教育。但目前国内的战争环境中，首先应该保证劳动工农的子弟得受免费的义务教育。

第五条　苏维埃政权下的小学教育，要发展儿童的创造性和自治能力。儿童在学校，当有自己的组织和独立的活动，教育者只站在领导地位。

第二章 设置

第六条 小学校要划分学区设立,一学区内的学生,距学校至多不超过 3 里,但偏僻【乡村】得由 3 里到 5 里,学区的分划,由乡政府拟具计划,区政府核准施行。

第七条 一学区得设立小学校一所,学校规模的大小,以能容该学区内全体学龄儿童为度,人口稀少交通不便的乡村有学生 20 左右,即可设立一校,在城市和大村庄便于集中教育的学区,尽可能开办大规模的学校一所。

第八条 小学校校长和教员,应在乡教育委员会领导之下负责调查该区的学龄儿童,发动儿童家属督促其入学,并留意改善他们的校外生活。

第三章 编制

第九条 小学修业年限以 5 年为标准,分前后两期:前期三年,后期两年。以 8 岁至满 12 岁为学龄。但失学儿童在 15 岁以内的,仍需施以学龄儿童的教育;期中有家庭教育基础或其他教育条件,能早完规定的课程的儿童,修业年限可以少于 5 年,如不能完成时得增加年限。

第十条 能集中上课的圩场城市大村庄,概用单式编制,每个学年的学生编一班。人口不集中的乡村,如果各学年的学生,都不满一班时,用复式编制,几个学年的学生,合为一班。

第十一条 每班学生,最多限度不得超过 40 人,最少限度不得少于 20 人,但偏僻乡村,人口很少,学龄儿童不够时,可在 20 人以下。

第十二条 小学修业每年分为两学期,从 2 月 10 日至 7 月 20 日为第一学期,8 月 20 日至第二年 1 月 20 日为第二学期。在第一学期之终,放暑假 1 个月,在第二学期之终,放寒假 20 日。在农忙时可以休业,其日数由区政府按地方情形决定,但一年不得超过 30 日,每次不得超过一星期。

在十三条　小学校每周学习时数,除校外工作及校外教学外,规定如下:前期三学年均为 18 小时,后期第一学年 24 小时,第二学年 26 小时,但校外教学和工作,均不得少于 12 小时。

第四章　科目

第十四条　前三年的科目为国语,算术,游艺(唱歌、运动、手工、图画)。但国语的课目中要包含乡土地理、革命历史、自然和政治等(不单独教授政治自然及其他科目);游艺也须与国语算术及政治劳动教育等有密切的联系。后二年,科学和政治等科目,须带系统性教授,其课程和教则另行规定。

第十五条　小学教科书,凡经教育人民委员部审查过的,教员可自由选用,并应随时采用带地方性的具体教材,以及儿童劳动所需要的教材,来补充书中的教材,但不得违反教育人民委员部所颁布的课程和教则的内容和程度。

第五章　设备

第十六条　教室和室外的运动场,学校园,俱乐部,为校舍必不可缺少的部分,有相当物质条件时,须增设图书室工作室,目前尽可能利用一切旧有的祠堂庙宇,及地主的房屋与菜园,如果必须从〔重〕新建筑,无论经费是公款或私款,均须予先报告当地教育部,审查是否合于学校建筑法,得其批准。

第十七条　教室用具、运动用具等项,购置保管,另定规则。

金为半年生活费百分之五至百分之二十。

第七条 一个教员连续取得第一等奖金两次的,按年增加原有奖金十分之二至十分之三。

第八条 教员应该给奖的由区教育部会同当地乡政府将该教员的成绩查明登记,经过县教育部与省教育部报告教育人民委员部审查给奖,同时在报纸上发表。与中央苏区尚未打成一片的地方由省教育部审查给奖。

第九条 经过奖励的学校,区教育部须发动群众团体以名誉上的奖励。

主　席　张闻天
1934 年 2 月 16 日

（录自《苏区教育资料选编 1929—1934》,
江西人民出版社 1981 年版,第 212—213 页）

国家政治保卫局通知

（1934 年 2 月 16 日）

一、过去所用路条，什么现象都有，什么机关都可以打，如白纸条盖长章的，如合作社亦打路条，简直莫名其妙，肇为发生。

二、现在全中央苏区自 3 月 1 日起，统一由国家政治保卫局及其省县分局发给，各级党政军机关及主要社会团体，可向所在地分保卫局具领使用，由该机关向保卫局直接负责。

三、乡苏可向区苏去领来使用，但在同一区内，乡过乡可不用该项路条，仅由乡苏打白条子亦可以，区过区就要规定路条。

四、自 3 月 1 日起，各步哨各检查站将开始执行检查，如仍有用白纸盖长章的路条及非保卫局印发的路条的，准一律扣留送当地保卫局。

五、本局所发瑞金境内特别通行证仍继续有效。

六、本通知除登红色中华外不另寄发，特告。

1934. 3. 16

（录自 1934 年 2 月 20 日出版的
《红色中华》第 152 期第 2—3 版中缝）

中华苏维埃共和国中央苏维埃组织法
（1934 年 2 月 17 日）

中华苏维埃共和国临时中央政府执行委员会命令
（中字第一号）

兹制定中华苏维埃共和国中央苏维埃组织法特公布之。此令

主　席　毛泽东

副主席　项　英

张国焘

1934 年 2 月 17 日

第一章　总则

第一条　本组织法依据中华苏维埃共和国宪法大纲的原则而制定,苏维埃中央政权机关须依本法组织之。

第二章　全国苏维埃代表大会

第二条　全国苏维埃代表大会是中华苏维埃共和国的最高政权机关。

第三条　全国苏维埃代表大会的代表,由各省苏维埃代表大会、中央直属市直属县苏维埃代表大会及红军所选举出来的代表而组成。

第四条　全国苏维埃代表大会,每两年由中央执行委员会召集一次。如遇特别情形不能按期召集时,得延期召集之。

第五条　全国苏维埃的临时代表大会,遇必要时由中央执行委员会自动召集之,或由代表全国人口三分之一的地方苏维埃的要求由中央执行委员会召集之。

第六条　全国苏维埃代表大会听中央执行委员会的报告并讨论之,制定和修改宪法及其他法律决定全国的大政方针,改选中央执行委员会。

第三章　中央执行委员会

第七条　中央执行委员会是全国苏维埃代表大会闭幕期间的最高政权机关。

第八条　中央执行委员会的名额,不得超过 585 人。

第九条　中央执行委员会的全体会议,每 6 个月由中央执行委员会主席团召集一次。如遇特别情形不能按期召集时,得延期召集之。

第十条　由中央执行委员会主席团的决议,或中央执行委员半数以上的要求,得召集中央执行委员会的临时会议。

第十一条　中央执行委员会对全国苏维埃代表大会负责,应向全国苏维埃代表大会做工作报告。

第十二条　中央执行委员会得颁布各种法律和命令,并施行于中华苏维埃共和国的全境。

第十三条　中央执行委员会审核和批准,一切关于全国政治上经济上的政策和国家机关的变迁。

第十四条　中央执行委员会主席团、人民委员会及其他机关的法令和决议,中央执行委员会有停止执行和变更之权。

第十五条 中央执行委员会选举主席团,其人数不得超过 25 人。并选举主席 1 人,副主席 2 人至 4 人。

第十六条 中央执行委员会选任人民委员会委员及其主席。被选任为人民委员的,应为中央执行委员会的委员。

第四章 中央执行委员会主席团

第十七条 中央执行委员会主席团为中央执行委员会闭幕期间的全国最高政权机关。

第十八条 中央执行委员会主席团监督中华苏维埃共和国宪法及全国苏维埃代表大会中央执行委员会的各种法令及决议之实施。

第十九条 中央执行委员会主席团有停止或变更人民委员会和各人民委员部的决议和法令之权。

第二十条 中央执行委员会主席团有停止或变更各省苏维埃代表大会及其执行委员会的决议或命令之权。

第二十一条 中央执行委员会主席团有颁布各种法律命令之权,并有审查和批准人民委员会和各人民委员部及其他所属机关所提出的法令、条例和命令之权。

第二十二条 中央执行委员会主席团解决人民委员会与各人民委员部之间的关系问题,及各省苏维埃之间的关系问题。

第二十三条 中央执行委员会主席团对中央执行委员会负完全责任,须向中央执行委员会做工作报告。

第五章 全国苏维埃代表大会及中央执行委员会的权力

第二十四条 全国苏维埃代表大会及中央执行委员会的权力规定如下:

(一)颁布和修改宪法

［注］此项为全国苏维埃代表大会的专有权。

（二）代表中华苏维埃共和国对外订立各种条约及批准国际条约。

（三）制定法院的系统组织,并颁布民事刑事及诉讼等法律。

（四）颁布劳动法、土地法、选举法、婚姻法、苏维埃组织法及一切单行的法律。

（五）决定内政外交的大方针。

（六）改订国家的边界。

（七）确定地方苏维埃的权力,并解决地方苏维埃间的争执。

（八）划分行政区域,并有建立合并改造或解散地方政权机关之权。

（九）对外宣战与媾和。

（十）制定度量衡和币制。

（十一）发行内外公债。

（十二）审查并批准预算决算。

（十三）制定税率。

（十四）组织并指导海陆空军。

（十五）制定中华苏维埃共和国国民的公民权,及居住在中华苏维埃共和国领土内的其他国籍人民的居留和公民权。

（十六）宣布全部或一部的赦免。

（十七）制定国民教育一般原则。

（十八）选任和撤消人民委员会的委员及主席。

（十九）规定工业农业商业及交通事业的政策和计划。

（二十）代表中华苏维埃共和国与中国境内各民族订立组织苏维埃联邦共和国的条约。

（二十一）有撤换和变更下级苏维埃执行委员会委员之权。

第六章　人民委员会

第二十五条　人民委员会为中央执行委员会的行政机关,负指挥全国政务的责任。

第二十六条　人民委员会以下列的人员组织之:

(一)人民委员会主席,

(二)外交人民委员,

(三)劳动人民委员,

(四)土地人民委员,

(五)军事人民委员,

(六)财政人民委员,

(七)国民经济人民委员,

(八)粮食人民委员,

(九)教育人民委员,

(十)内务人民委员,

(十一)司法人民委员,

(十二)工农检察委员会主席。

附注(一)看工作的需要,各人民委员可由中央执行委员会随时增加之。

附注(二)人民委员这个名称,只有人民委员会的委员才能用,中央和地方的其他委员不得用这个名称。

第二十七条　为镇压反革命之目的,在人民委员会之下,设国家政治保卫局,其组织另定之。

第二十八条　人民委员会为达到本组织法第二十五条的目的,在中央执行委员会所指定的范围内得颁布各种法令和条例,并得采取适当的行政方针,以维持行政上的迅速和秩序。

第二十九条　人民委员会的决议及所颁布的各种法令和条例,须报告中央执行委员会主席团。

第三十条　人民委员会的决议,如与大政方针有关系者,应提交中央执行委员会或他的主席团去审查批准,但遇紧急事项,人民委员会得先解决,并报告中央执行委员会或其主席团。

第三十一条　人民委员会有审查修改或停止各人民委员部所提出的法令及其决议之权。

第三十二条　各人民委员部及各省苏维埃执行委员会,如对人民委员会的决议和各种法令有不同意见时,可向中央执行委员会或他的主席团提出意见,但不得停止执行。

第三十三条　人民委员会对中央执行委员会及其主席团负责,须按时向他们做工作报告。

第七章　最高法院

第三十四条　为保障中华苏维埃共和国革命法律的效力,在中央执行委员会之下,设立最高法院。

第三十五条　最高法院设院长1人,副院长2人,由中央执行委员会主席团委任之。

第三十六条　在最高法院之下设刑事法庭、民事法庭及军事法庭,各设庭长1人。

第三十七条　最高法院的权限规定如下:

(一)对于一般法律作法定的解释。

(二)审查各省裁判部及高级军事裁判所的判决书和决议。

(三)审查中央执行委员以外的高级机关职员在执行职务期间内的犯法案件(中央执行委员的犯法案件由中央执行委员会或主席团另行处理之)。

(四)审判不服省裁判部或高级军事裁判所的判决而提起上诉的案件,或检察员不同意省裁判部或高级军事裁判所的判决,而提起抗议的案件。

第三十八条　在最高法院内组织委员会,其人数由中央执行委员会主席团按需要规定,以最高法院院长为主席,讨论并决定关于最高法院职权内各项重要的问题及案件。

第三十九条 最高法院设检察长 1 人,副检察长 1 人,检察员若干人。检察长副检察长由中央执行委员会主席团委任之。

第四十条 最高法院的详细组织另定之。

第八章 审计委员会

第四十一条 在中央执行委员会之下,设立审计委员会,其职权是:

(一)审核国家的岁入与岁出。

(二)监督国家预算之执行。

第四十二条 审计委员会由 5 人至 9 人组织,由中央执行委员会主席团委任之。

第四十三条 审计委员会设主任副主任各 1 人。其他职员,按需要设置。

第九章 各人民委员部及其部务委员会

第四十四条 在人民委员会之下,设外交、劳动、土地、军事、财政、国民经济、粮食、教育、内务、司法各人民委员部。

第四十五条 各人民委员部设副人民委员 1 人至 2 人由中央执行委员会主席团委任之,以助理人民委员的工作,人民委员因故缺席时代理人民委员的职务。

第四十六条 为便利各人民委员部进行工作起见,得在各人民委员部之下设立部务委员会,为讨论和建议该部工作的机关。

第四十七条 各部委员会的委员,由人民委员会任命之,委员的人数,由人民委员会随时规定增减。以各该人民委员为该部委员会的当然主席。

第四十八条　各人民委员在他的权限内有单独解决一切问题之权。但重要的问题须交给该部的委员会去讨论。如委员会对于人民委员的决定有异议时，有提交人民委员会或中央执行委员会主席团之权。

第四十九条　各人民委员部的职权及详细组织，另定之。

第五十条　人民委员会之下设革命军事委员会及工农检察委员会，其职权及组织另定之。

第十章　附则

第五十一条　本组织法自公布之日起发生效力。

（录自1934年2月22日出版的《红色中华》第153期第5—6版）

中华苏维埃共和国中央政府执行委员会命令

（中字第二号）

——颁布审计条例①

（1934 年 2 月 20 日）

兹制定审计条例公布之。此令

主　席　毛泽东

副主席　项　英

张国焘

1934 年 2 月 20 日

审计条例

第一条　为着保障苏维埃财政政策的充分执行，裁判检举对贪污浪费的行为，使财政收支适合于目前革命战争的需要，特制定本条例。

第二条　本条例的施行，中央审计委员会及分会须与中央、省及中央直属县、市工农检察委员会取得密切联系，使更能吸收广大工农群众对于审计的意见。

第三条　各级苏维埃财政收支的预算和决算，由中央财政人民

---

① 副标题为本文库编者所加。

委员部汇编,经中央审计委员会审查,人民委员会通过,中央主席团批准。未经审查和批准的预算财政机关不得支款,决算亦必在批准后,该用款机关不能解除其责任。

第四条 各级苏维埃机关须遵照中央财政人民委员部规定的会计季度编造预算、决算。逾期不做决算的,中央审计委员会、分会对于该机关后来的预算,得拒绝审查。

第五条 预算决算的编制,须遵照中央财政人民委员部规定的表式,详细填载,决算须附送单据,否则中央审计委员会及分会得拒绝审查。

第六条 各级苏维埃对苏维埃所属机关的预算决算,须严加审查(省及中央直属县、市的预决算由中央审计委员会分会审查),然后送中央财政人民委员部,由中央财政人民委员部汇集加以审查后,送到中央审计委员会。

第七条 预算决算书送达中央审计委员会及分会,除有特殊情事外预算须于 5 天内审查完毕,决算的审查期亦不得超过 10 天。

第八条 由中央审计委员会审查的事件〔项〕:

(一)岁入岁出的总预决算。

(二)全国行政费的预决算。

(三)海陆空军的预决算。

(四)关于经济建设的收支预决算。

(五)由中央政府发补助费的群众团体的预决算。

第九条 由中央审计委员会分会审查的事项:

(一)省苏维埃及省一级机关,中央直属市、县及市、区苏维埃的预决算。

(二)各县、市苏维埃的预决算。

(三)地方武装的预决算。

第十条 中央审计委员会分会得向中央审计委员会提出该省或该县市预算□□□□□□□□□□□□批准,在这原则下进行审查。

第十一条　中央审计委员会分会的职权,除本条例另有规定外,悉依据地方苏维埃组织法第一八六条至一九二条之规定。

第十二条　中央审计委员会每会计季度之终,应将审计经过情形向中央主席作总结报告。

第十三条　中央审计委员会及分会对于下级苏维埃财政收支,认为有调查必要时,得随时派遣审计员实地调查之。

第十四条　中央审计委员会及分会审查决算认为有浪费或贪污应处罚的及应负赔偿责任的,随时报告主席团(中央或省、中央直属县、市)执行,在分会同时应报告中央审计委员会。被处分人如不服时,在分会被处分的得提出辩明书,请求中央审计委员会审查。在中央审计委员会被处分的亦得提出辩明书,请求再议,但均以1次为限。

第十五条　中央审计委员会得编定关于审计上各种规则及表式。

第十六条　中央审计委员会及分会须随时检查各机关现用簿记,其不合格的通知该机关更正之。

第十七条　中央审计委员会及分会对于审查事项,在必要时,可以委托审查,受委托之人或机关须报告审查结果于中央审计委员会或分会。

第十八条　本条例如有未尽或不适宜之处,得由中央审计委员会随时提议,请求中央执行委员会主席团修改之。

第十九条　本条例自公布之日起施行。

(根据中华人民共和国审计署、江西省审计厅编《中华苏维埃共和国审计委员会纪念画册》(中国审计出版社2001年版,第34页)刊印,并与中共赣州市委党史工作办公室保存原件之复印件校核)

中华苏维埃共和国临时中央政府
执行委员会命令①
（中字第三号）
——颁布雇用辅助劳动暂行条例
（1934年2月20日）

兹制定雇用辅助劳动暂行条例公布之。

主　席　毛泽东

副主席　项　英

张国焘

公历 1934 年 2 月 20 日

中华苏维埃共和国雇用辅助劳动暂行条例

第一条　本条例依据 1933 年 10 月 15 日颁布的劳动法第一条注一的规定制定之。凡是自己劳动力为生活而劳动力不足的中农、贫农、小船主、小手工业者雇用他人劳动力，以辅助自己劳动之不足者，均得遵守本条例，免除劳动法某条文的拘束，但经常剥削他人劳动力的富农，及经常雇用 2 人及 2 人以上的企业、机关、商店、作坊等不能适用本条例。

———————

①　标题有所改动。——本文库编者注。

第二条　雇用辅助劳动力的劳动介绍手续,依照劳动法关于雇佣手续的一般规定施行之。但在农忙时候或其他季候工作期间,雇用季候工作者,雇主得自行招雇劳动者工作,但须到介绍员处报告。

第三条　被雇佣为辅助劳动的劳动者,每日平均的实在工作时间不得超过 8 小时,但在工人同意之下,得进行额外工作,额外工作时间,连续 2 天内不得超过 4 小时。

第四条　被雇佣为辅助劳动的未成年人,每日平均实在工作,一般的不得超过 6 小时,但因工作需要须与成年人做同等时间工作时,在被雇人同意之下,雇主得要求被雇人延长相当工作时间进行额外工作。但此项工作时间,以与成年人共同担负该项工作为限。

第五条　每日实在的上工与休工时间。由雇主与被雇人在工作前双方议定,如为长工月工,则在合同内订定之。

第六条　每日工作时间内上午及下午应有一次至二次的停工时间,为工人休息喝茶吃烟的需要,中午应有较长时间的停工为工人吃饭及午睡等之需,这些停工时间均不计入实在工作时间之内。

(注)哺乳的妇女,其哺乳小孩,在停工时间行之。

第七条　长工月工工作,每逢例假,应行休息,工资照发,其不在例假日休息,于相当时期内补给若干日一次休息者亦可。

第八条　劳动法上规定的纪念节日及地方政府所规定的地方性的革命纪念节日,一律停工,其在纪念节日进行工作者,无论为长工月工零工必须得到工人同意,并一律发给加倍工资。

第九条　被雇佣为辅助劳动的劳动者,连续工作 5 个半月以上者,其休假期限,休假办法及休假期间的工资,依照劳动法第二十六条第二十七条第二十八条办理之。

第十条　所有被雇用为辅助劳动的劳动者,应得工资的额数及工资的支付办法,应在合同内规定。如系零工,应在工作前由雇主与工人双方议定,但均不得少于当地政府所颁布的最低工资。

第十一条　工资以当地通用的货币支付为主,但得到被雇人的同意时,可以物品代替工资。

第十二条　工资不得拖欠,长工月工分期支付工资的日期,应在合同内规定。

第十三条　法定时间以外的额外工作,应给额外工资,额外工资的支付办法,应在合同内订定,如系零工应于工作前议定。

第十四条　凡担负各种有害卫生的工作(如担粪拆除破坏房屋等),雇主应给被雇人以围裙等用具,并给与鸡蛋肉类等特别食品。

第十五条　被雇人的住宿地点,应分配于清洁适合卫生的所在,不得叫被雇人在灰寮牛栏或厕所侧近住宿,寒天应给被雇人以棉被,热天应给蚊帐或蚊香。

第十六条　雇主对被雇人的饭餐待遇,应与雇主同等,并须有足够的菜饭。

第十七条　被雇用的妇女,如系长工,在产前产后共应有 2 个月的休息,工资照给。此项休息期间的工资须由雇主付给。

第十八条　被雇人担任连续 6 个月以上的长工工作者,其工作已满 2 个月后,如有疾病或受伤,在 1 月以内由雇主医治,工资照给,工作不满 2 个月者,照本条例第十九条办理。

第十九条　被雇人担负连续 3 个月以上的月工者,其工作满 1 个月后,发生疾病或受伤,在一星期内由雇主负责医治,并发工资,工作不满 1 个月的,照本条例第二十条办理。

第二十条　论月工作的月工,被雇人在上工满 10 天后发生疾病或受伤,在 3 天之内,由雇主负责医治,并照发工资,上工不满 10 天的,照本条例第二十一条办理。

第二十一条　按日计工的零工,被雇人在工作中发生疾病或受伤,应给予当日工资及药物。

第二十二条　被雇人为辅助劳动的劳动者,如遇在雇用期间死亡时,雇主应给被雇人家属以丧葬费,此项津贴的付予照下列办法付给:

(一)长工因职业病及因工作受伤致死者,无论上工久暂,均给被雇人 2 个月工资额数的津贴,若系因普通原因受伤致死者,如其工作已满 1 个月的,则雇主应给与被雇人家属以被雇人 1 个半月的工资金额为死亡丧葬津贴,工作未满 1 个月的,则雇主应给被雇人的家属以被雇人 1 个月工资金额为死亡丧葬津贴。

(二)月工因职业病及因工作受伤致死者,不拘上工久暂,雇主均须给被雇人家属以被雇人 1 个月工资额数的死亡津贴,如系由普通原因生病或受伤致死者,如被雇人上工已满 10 天,雇主应给被雇人家属以被雇人半个月的工资金额为死亡丧葬津贴,上工不满 10 天的,雇主应给被雇人家属以被雇人 10 天工资的金额,为死亡丧葬津贴。

(三)零工因工作受伤致死者,雇主应给被雇人家属以被雇人丧葬费 10 元。

第二十三条　本条例自公布日发生效力。

（根据中共江西省委党史研究室资料处藏件刊印）

中华苏维埃共和国中央粮食人民委员部
关于粮食突击运动的指示第三号

（1934 年 2 月 20 日）

在粉碎敌人五次"围剿"的当前，为保证红军给养及后方机关的粮食，调剂粮食市价，改善工人农民的物质生活，党中央委员会及二次全苏大会特责成各级党部与政府进行收集粮食的突击运动，并决定于 2 月底完成这一突击。

第一，现在突击的时间已过去了三分之二，各县突击运动虽有相当的开展，个别县份已经完成（瑞京）或将要完成（石城、西江），个别区乡有许多完成并且超过的。然而，就整个看来，突击运动得到的成绩，还非常微弱，平均不过百分之四十，流产的危险已明显的威胁着我们。我们检查粮食突击运动不能广大开展的原因，在于：

动员方式问题。突击运动必须集中力量为完成某一中心任务而斗争，不应分散目标，同时提出两个或两个以上的任务，使突击运动失去中心。如粤赣提出扩大红军与收集粮食并列突击，江西则以归队运动、扩大赤少队与收集粮食三种任务同时进行。这样突击的结果，必然会使领导机关力量分散，顾此失彼，群众注意力亦弄得模糊不清。这是突击运动中最有害的方式。粤赣、江西两省应迅速纠正过来，集中力量于收集粮食突击运动，为争取于 2 月底以前完成这一突击任务而斗争。

这次省县区所组织的突击队，以及中央派出的工作团，多半是超〔越〕过当地组织直接进行推销和征收的突击工作，所以这次突击运动不能有更广泛深入的群众动员。这种工作方式应当彻底转变,首先要抓紧乡苏代表会为动员的中心机关,我们的突击队和工作团必须经过乡苏的代表会,依靠每一个代表去动员他周围的群众,挨家挨户的宣传解释收集粮食的意义,于是再召集全村群众大会,鼓动他们购买公债,交纳谷子。在群众大会之先必须组织积极分子,特别是政府主席和代表,以及群众组织的领袖,在群众会上领头先买先交来激励群众。兴国长冈乡推销公债的光荣模范(全乡 1500 余人,半个月推销公债 4500 余元)正是以这样的动员方式得来的。在这次突击运动中,许多乡完成了它的任务,大半也是采用了这种方式的。同时有些突击队挨家挨户的劝销劝纳,但收效很少(赣县田村乡)。正因为不能取得在群众大会中互动鼓励互相激励的效果。这里再重复的指明,群众的动员,领导艰苦的说服工作,要从政治上和群众切身利益上,使群众了解,收集粮食的重大意义,坚决反对任何强迫命令或平均摊派的官僚主义方式。

第二,反机会主义斗争,有些地方正确的开展了,但多半还不具体,没有抓住首要的和标本的机会主义者做斗争的目标,而是不分轻重的一概给以打击(如胜利),甚至仅是一时的动摇或者仅是一种机会主义的倾向,即戴上鼓吹机会主义者的头衔,不是教育和说服他,纠正他的错误,只是给以打击(如胜利、雩都①)。没有指出非机会主义的布尔什维克的道路。这样,使一般干部仍旧不能了解什么是机会主义,不能提高他们的积极反机会主义的斗争。必须具体□□□抓住具体的人和具体的事实,具体地抓住主要的和标本的机会主义者和事实的表现。(以下字迹不清。——本文库编者注。)

(根据中共江西省委党史研究室资料处藏件刊印)

---

① 雩都,现称于都。——本文库编者注。

中华苏维埃共和国中央内务人民委员部训令
（中字第一号）
——关于春季卫生运动问题
（1934 年 2 月 21 日）

近据各地报告，黄泥铺一带发生鼠疫，瑞金城市附近发生脑膜炎、肺炎，中央苏区各地发现天花，汀东□□亦发生鼠疫，可见春季传染病已在各地发现，为着消灭鼠疫，保障工农劳苦群众的健康，特规定进行春季卫生运动，责成各级内务部切实依照执行：

（甲）规定 3 月内为春季卫生运动月，□□省县区内务部根据当地情况，择一周的时间为卫生运动周，其工作如左：

（一）要深入群众中做宣传，使群众了解卫生运动对于增加生产，和革命战争的关系，指出不讲卫生所发生的疾病死亡的实际例子，□□□□叫魂，拜菩萨，□□□□□□□□□□迷信的危险。

（二）□□□□工作，要共产青年团，少先队，儿童团，列宁小学生联合去进行□□□□这一运动的先锋，组织宣传队，卫生联合，作卫生报□□□□□□

（三）以□□□□□□□□□□□□都加入分发打扫村内外地面（□□□，可各家自行打扫），开通沟渠，洗刷用具，在太阳下面曝晒，□□□□□一律煮熟。

（四）□□□□□河水的□□外，发动群众挖井，老的井要洗净，并要计划限期完成。

（五）说明室内要通光，不通空气的害处，发动群众□□，同样要有计划的来进行。

（六）在这一运动周内，各县区乡村可订竞赛条约，以推动工作。

（乙）运动周□□□□：

（一）说明不种牛痘会发生天花的危害。

（二）各县内务部要召集会种牛痘的人员，适当分配到县区乡村。

（三）各省□□□□□□，分发各县，买痘苗的钱，接种牛痘的□□□□□□。

（丙）□□□□□□□□□□□□□□□□□□□□内务人民委员部公布的传染病预防条例所指的9种传染病，必须送到隔离所休养，除医生及招呼人员外，无论何人不得前往与病人交谈，违者政府则强制禁止之。隔离所必须找单独的房子，以免传染。要找医生去诊治隔离所的病人。

（丁）其他卫生工作，应依照去年各省县卫生科长联席会议的决议，防疫条例，并□□□□□□等文件规定去进行。此令

代内务人民委员　梁柏台

卫生管理局长　贺　诚

1934 年 2 月 21 日

（根据中共江西省委党史研究室资料处藏件刊印）

托儿所组织条例

（1934 年 2 月 21 日）

（一）组织托儿所的目的是为着要改善家庭的生活，使托儿所来代替妇女担负婴儿的一部分教养的责任，使每个劳动妇女可以尽可能的来参加生产及苏维埃各方面的工作，并且使小孩子能够得到更好的教育与照顾，在集体的生活中养成共产儿童的生活习惯。

（二）小孩进托儿所的条件：凡是有选举权的人生下来，过 1 月至 5 岁的小孩都可以进托儿所，但是有传染病（疥疮、梅毒、肺病、瘟疫等）的小孩都不收。

（三）托儿所以大屋子或附近几个屋子为单位来组织，每个托儿所收容小孩至多不能超过 20 个，同时最少须有 6 个小孩以上才能建立托儿所。各托儿所，总的领导属于乡苏维埃及女工农妇代表会议。

（四）托儿所指定些能脱离家庭生活的妇女专门来做看护，负责管理小孩的事情，每个至少要管理 3 个小孩，每所设主任 1 人，托儿所的工作人员得享受优待，除了代他耕种土地之外，在群众自愿的原则下，每年可给他一些谷子。

（五）托儿所的房子要选择比较清洁，光线充足及空气好的地方。托儿所的用具，由群众的力量设法购置，在特殊情形之下，苏维埃政府可津贴一部分。

（六）托儿所只能在白天寄托小孩，所以母亲早起把小孩送到托儿所去，到晚上必须领回家里来，小孩子的饭食由父母供给。

（七）当地政府与妇女代表须经常检查托儿所的工作，每月应召集小孩的母亲会议一次至二次,要向他们提出对托儿所工作的意见。

(八)责成卫生机关经常派人检查托儿所的卫生和小孩身体的健康。

(九)托儿所的主任管理该所内总的一切事务,他计划全所工作,并管理小儿日常的必需品和器具(如床、桌子、玩具等)。

(十)托儿所的看护人对待小儿要耐烦照顾,注意饭食、着衣等,特别是小孩的卫生。小孩进托儿所时,看护人必须给他洗脸或洗身,饭前要洗一次手。

(十一)在特别情形之下,小孩的母亲出外,不能当天回家的,应事先通知托儿所看护人,由他照顾。

(十二)托儿所每天于上午8时开始办事,下午5时停止工作,小孩子由家里吃了早饭送来托儿所,回家吃晚饭。在托儿所只吃中饭。

(十三)本条例由中央内务人民委员部颁布,由省县区各级内务部检查其实行。

代内务人民委员 梁柏台

1934 年 2 月 21 日

(录自 1934 年 2 月 27 日出版的
《红色中华》第 155 期第 5 版)

中华苏维埃共和国邮政总局通知第五十三号
——关于禁止带饭带米问题

（1934 年 2 月 21 日）

目前正当着革命战争紧张，当前邮局递送的速度，务宜特别的加紧起来，应付战争的需要。近得各局来信，总是说米价飞涨，各局为要节省经济粮食起见是很正确的，推广人人要带饭带米的办法是不妥当的，但递送邮件是要挑担赶路，当然要吃饱而后才能走路，同时自带饭米对于时间上是要加倍的延误，在这样的战争紧张时代，邮局应尽量求得递送的加强，故应当不能因任何的方法来减低递送的速度。万一因为菜米价多少不同时，应在各局互相的来人将每日记起饭餐数目，到月底时双方将餐数对比，若吃多了餐数的应照该局的饭餐每餐需要多少钱和当月以予补算饭钱是可以的，若各带饭米就会延误时间，妨碍递送的速度，总局是绝对不同意的。兹特通知前来，希一律遵照执行，望再可议妥，各带饭米来妨碍工作的速度，总局即认为你们是故意要延误邮件，忽视上级的指示。各级邮局希为注意。

代总局长　王醒才

公历 1934 年 2 月 21 日

（录自江西省邮电管理局邮电史编辑室编《苏区邮电史料汇编》上，

人民邮电出版社 1988 年版，第 181 页）

中央政府内务部、
教育人民委员部的联合通知
——红军子弟免费读书

（1934 年 2 月 23 日）

为百分之百执行优待红军条例，根据该条例第十一条"红军在服务期间，子女读书，免纳一切费用。"的规定，特由内务人民委员部及教育人民委员部共同决定具体实施的统一办法如下：

凡是在服役期间的红军子弟入校读书的，由乡优待红军家属委员会，于优待红军家属的基金中抽取一部分，作为津贴纸张、笔墨、书笈等费，每名每学期津贴大洋 2 角 5 分到 3 角，交由乡教育委员会代购书笈纸笔等文具发给红军子弟。这是鼓励红军子弟读书的兴奋，免除红军对子弟教育费的负担，使他们能更安心的在前线作战，争取粉碎敌人五次"围剿"的彻底胜利。

乡优待红军家属委员会、乡教育委员会接此通知后须共同负责，遵照执行为要，特此通知。

2 月 23 日

（根据江西省瑞金中央革命根据地纪念馆馆藏件刊印）

中华苏维埃共和国人民委员会通知
（中字第一号）
——关于规定船筏工人为国家义务运输粮食期间的优待条例
（1934 年 2 月 25 日）

中央苦力运输工会最近号召 500 个船筏工人，为帮助国家运输粮食 5 个月的义务劳动，并节省 7 万担谷子的运费。船筏工友们这种帮助自己国家的热忱，是值得我们钦佩与奖励的。因此人民委员会特有下列五项规定，望各级苏维埃政府遵令切实执行。

一、在实际运输粮食时，仍由国家发给每人每天米两斤半，油 8 钱，盐 6 钱，柴菜钱大洋 5 分。但停航时则酌量减少每人每天的食米半斤。

二、船筏工人在义务运输粮食期间，他们家属的耕种事件，由当地政府发动群众给以优待和帮助，并免除他本人在运输期间的其他义务劳动（如优待红军家属及长夫等）。

三、凡参加义务运输粮食的船筏工人，他本身及其家属的日用品（如油盐布），运〔应〕在运输期内得向粮食调剂局购买，并可享受便宜折扣及优先权，但必须经过乡苏的证明，并携带苦力运输工会的会员证。

四、在义务运输期内，国家除按照第一项规定发给伙食外，并给予船筏工人以相当的津贴（每月大洋 3 元至 4 元 5 角）。

五、在义务运输期内，如工人发生疾病，其伙食与医药津贴由国家发给，但生病在半月以上者则由政府负责送他回家，回家后的伙食和医药费,国家均不负担。

主　席　张闻天

1934 年 2 月 25 日

（根据中共江西省赣州市委党史工作
办公室保存原件之复印件刊印）

人民委员会关于粮食突击运动的决定

（1934 年 2 月 26 日）

一、由于 2 月份收集粮食突击计划没有完成，3 月份必须继续这一突击运动，务必在 3 月 15 号以前求得全部完成，江西省必须以赣县、胜利、杨殷、公略、龙岗、万太〔泰〕为突击的中心。粤赣省以雩都①、门岭两县，福建省以长汀、宁化两县为中心。

二、在 3 月份突击中必须特别注意于建立与健全各级苏维埃政府的粮食部，并加强对于他们的领导，使各级粮食部能够负担领导与指挥收集粮食的突击运动。

三、各级苏维埃政府，首先是省苏维埃与县苏维埃政府，应该立刻转变过去突击运动的方式，使突击运动不致妨碍他们本身的经常工作，使突击运动的完成，首先经过当地区乡苏维埃政府，尤其是乡苏代表会议、贫农团、工会支部，及青年团支部以及女工农妇代表会。

四、在加强对于粮食部的领导，转变过去突击方式的条件之下，省县苏维埃政府应该有步骤的有计划的召回他们派出去的突击队，一方面来恢复苏维埃本身的经常工作，一方面在不损害苏维埃政府经常工作的原则之下，派出个别的强有力的巡视员到中心县区去帮助收集粮食突击运动的迅速完成。

---

① 雩都，现称于都。——本文库编者注。

五、各级苏维埃政府主席团必须经常讨论粮食部的工作,检阅与监督自己突击计划的全部实现,各级苏维埃政府对于粮食突击运动的能否完成,负有绝对的责任。

主席　张闻天(洛甫)

2 月 26 日

(录自 1934 年 3 月 3 日出版的《红色中华》第 157 期第 1 版)

国民经济人民委员部
关于中央印刷厂工作的决定

（1934 年 2 月 28 日）

国民经济人民委员部,检查了中央印刷厂的工作,发现了如下的浪费的不可容忍的事实:

（一）印一期《红色中华》实际只需要油墨 12 磅,而任意浪费报账 24 磅半。

（二）煤炭每天用 500 斤,只烧三分之一,三分之二作为废物。

（三）印每期《红色中华》,实际只需要油墨 3 斤半,而浪费至 5 斤半。

（四）每期《红色中华》排字只需 7 工半,而浪费人工报账 12 工半。

（五）最熟练的,工资最大的工人(如在排字部铅印部)没有做实际的生产工作。

（六）以 106 人的生产工人,杂务人员有 24 人,工资 230 元,甚至加油专用 1 人(而油灯则经常无油),工资 6 元半,有 3 人给工作人员买鱼肉等物,工资每人每月 11 元。

（七）工厂用的木炭,任私人拿来烤火,每做一个围裙,要多费一尺以上的布等。

（八）照军委印刷所价格计算,每期全张报纸(2 万份算)除营业管理费与利益外,只需 134 元 3 角,而中央印刷厂,因种种浪费,所以每期全张《红色中华》(2 万份算)需 164 元 6 角 1 分,相差至 30 元 2

各区红色教员联合会主任,或区教育部,遇有必要时,得召集会员紧急大会,检查工作和讨论重要的问题。

1934.4.3 印

(录自《苏区教育资料选编 1929—1934》,
江西人民出版社 1981 年版,第 214 页)

中央工农检察委员会主席项英
致李克钧同志的信

（1934 年 3 月 1 日）

李克钧同志：

关于你负责通讯员 2 月份已结束了，你通讯贴了邮花 8 分，本会开始前来 8 分，信套 3 个，希接洽查收为是。致以

赤礼！

中央工农检察委员会　项　英

1 号／3

（录自江西省邮电管理局邮电史编辑室编：《苏区邮电史料汇编》（上）
人民邮电出版社 1988 年版，第 88 页）

中央工农检察委员会
公布在于都继续检举情形①

（1934 年 3 月 13 日②）

市区政府正副主席和 7 个部长做生意
机关合作社是工作人员的合股公司
绝大多数贩谷盐进出口赚钱腐化
现已由县苏下令解散重新成立市苏改造合作社

雩都③县在拿公款私做生意的贪污分子——熊仙璧领导之下（现熊仙璧已由中央执行委员会开除中央委员，并交最高法庭审判，已解到瑞金），很多政府工作人员，对于工作消极，互相竞争似的贩卖谷盐进出口，假立合作社，几乎在雩都城成为一种风气。

雩都城区政府正主席易效美，土地部长邱玉池，内务部长赖晃乐，国民经济部长罗志恒，财政部长肖仁焕，裁判部长管德桂，工农检

---

① 1934 年 2 月，中共中央党务委员会、中央工农检察委员会联合对于都县工作进行检查，发现该县县委、县苏政府机关存在严重贪污腐败现象。1934 年 3 月 8 日出版的《红色中华》报第 159 期第 3 版，公布了中共中央党务委员会、中央工农检察委员会《检举雩都县营私贪污行为》一文。此件系中央工农检察委员会公布在于都继续检举情形。——本文库编者注。

② 原件无时间，此为该消息在《红色中华》发表的时间。——本文库编者注。

③ 雩都，现称于都。下同。——本文库编者注。

察委员会主席刘福元,都是贩谷盐进出口,劳动副部长丁云汉,不仅贩卖谷盐,而且还拿社会保险金 14 元做资本做生意,经过我们详细检查,其中副主席丁良科是工人,分了田无人耕,已做生意 3 年,靠此为生;内务部长赖晃乐未分田,赚了钱维持家庭;工农检委主席虽有维持家庭关系,但他是大做而特做,赚的钱也最多。其他正主席、各部长,家中都分了田,并不靠他们维持,主要的是赚了钱为自己有钱用,吃好,穿好,这是在市苏主席团他们正式承认的(因为谷子出口卖了现金买盐回来就可大赚钱),但对于工作,除了军事部最近编了赤少队外,各部都是没有什么工作,甚至连工作不大清楚,公债到现在还有 1000【元】未推销,8200【元】只收了 4000 元。零都的米很贵,老早 1 元只买 6 升,市苏从未过问群众这样迫切困难问题。市苏的人员大家都是自由行动,市苏常无负责人在家。这样的苏维埃政府,简直是违反苏维埃的意义,不成其为苏维埃政府,经由中央检委提到县苏新主席团决定于 6 日下令解散,并指定劳井长等 5 人组织临时区政府,在 3 天内召集区的临时代表会,成立新区苏,并立即派人到各乡村召集选民大会报告。

机关合作社是苏维埃各机关工作人员集股本组织的,他不是为了供给各工作人员的消费,而是假藉合作社名义贩卖谷盐进出口,赚钱分红利,完全违反了合作社的组织条例,现已由县苏新主席团下令解散,召集股东审查账目。其他合作社大多数与机关合作社相同,不过群众股子多些,大半是苏维埃工作人员,各人跑到本乡及其他地方找些群众入股,因此这些合作社决定令其选举改组,召集各社员大会进行,并由县苏出布告召集群众积极组织与发展群众的真正合作社,已令国民经济部来领导这一运动。

古田区粮食合作社周振兴,假合作社名义出谷 37 担后,被我们检举,又煤矿合作社管账的造假账掩饰,现已检查出,准备公审后送法庭。

在这一检举中,正在检查各合作社工作人员是否利用公款做自己的生意。

　　另外在雩都查出粤赣一分区曾运出三次谷共 102 担,军委动员武装部蒋渊在机关合作社入股 5 元,这两件限该机关和本人于 10 日内正式向本会答复详细说明这一件事。

(录自 1934 年 3 月 13 日出版的《红色中华》第 161 期第 3 版)

人民委员会训令
——关于继续开展查田运动的问题
（中字第一号）
（1934 年 3 月 15 日）

　　上届人民委员会为了纠正过去查田中一些过"左"的倾向，发表了"关于土地斗争中一些问题的决定"显然是正确的。但在决定发表后，各地查田运动中又发生了许多严重的问题，许多地方苏维埃政府竟抛弃了继续开展查田运动的工作，而忙于"纠正"过去在查田运动中甚至在查田运动前的一些过"左"的错误，并且给了地主富农以许多反攻的机会，地主富农也利用"决定"中一些条文（特别是第一第二第三 3 条）大施〔肆〕活动，企图拿"算阶级"来代替查阶级，拿数字的玩弄来夺回他们过去所失去的土地与财产。人民委员会为得要镇压地主富农的反攻与他们的反革命活动，为得要进一步开展查田运动与彻底解决土地问题，特有以下的决定：

　　（一）在暴动后查田运动前已经决定的地主与富农，不论有任何证据不得翻案，已翻案者作为无效。

　　（二）在纠正查田运动中个别错误时，只有群众怀疑的或有意见的个别过去决定为地主富农的分子，才能重新审查。如群众没有怀疑或没有意见的，那不论地主富农提出任何证据，不得翻案。已翻案者作为无效。

　　（三）绝对禁止在审查过去决定为地主富农的分子时，召集地主富农的任何会议与他们同贫苦工农对质的方式（如像胜利县的例子）。这种审查应该由当地查田委员会，与他们领导之下的工农同志负责,用个别调查或个别谈话解决。

（四）在查田运动中中农被错误决定为富农的须尽量补还其原有数量的土地,如富农被错误决定为地主的,则可助〔补〕给以相当坏地与荒田,在查田运动中工人所分的土地不再抽回。这里发生的困难,主要的要深入查田运动中去解决。

（五）在继续开展查田运动中必须坚决反对拿"算阶级"来代替查阶级,拿百分数的计数代替阶级斗争。上届人民委员会决定上的第二第三两条,及第一条的"注七"能作为查田运动中碰到特别困难的阶级成分而又在群众同意下的适用条文,不能机械的使用,以妨碍查田的迅速开展。在这种时候,最后决定阶级成分之权属于当地最大多数的群众,同时,对于"决定"第一条的"注四",及第十五条的"注"中关于"劳动"的模糊字,应该很清楚的指出:区别农民与地主的主要标准的劳动,是指农业生产上的重要劳动,不是指那些做饭洗衣的家务劳动,更不是指那些管账经商或其他非农业生产上的劳动。地主富农利用决定上的任何条文作为翻案的武器,必须防止。他们的一切反革命活动应该受到最严厉的苏维埃法律的制裁。

（六）纠正在查田运动中所发生的个别错误,不但不能停止查田运动的继续进行,而正是为了要正确的执行联合中农的阶级路线,更顺利的开展查田运动的斗争,必须坚决打击以纠正过去"左"的倾向为藉口,而停止查田运动的右倾机会主义,开展查田运动依然是目前的中心工作。右倾机会主义是目前的主要危险。

（七）各省应特别抓住几个落后的中心县与边县,各先进的县必须特别注意于落后的区乡,来开展查田运动。在土地问题根本没有解决的新区必须重新分配土地。过去已经查出的土地,必须立刻分配。在有些地方,因筑路等关系而减少了红军公田,必须从查出的土地留出一部分作为红军公田。

（八）必须把查田运动与目前的春耕运动紧密的联系起来,并在查田运动中发展广大工农群众的积极性,动员与组织他们更热烈的参加革命战争。

主　席　张闻天

1934 年 3 月 15 日

（录自 1934 年 3 月 20 日出版的《红色中华》第 164 期第 1 版）

中央审计委员会审查三月份
中央政府预算的总结

（1934 年 3 月 17 日①）

为着开展节省运动,健全与建立会计制度,我们首先检查中央各部,先由总务厅召集各部工作人员组织突击队相互到各部查阅账目,号召节省运动,并帮助编制预算决算,迨接到 3 月份预算时,又直接与各部负责人按照工作需要上来详细检讨,现在已把这个月预算查讫,特宣布其结果如下：

（一）3 月份核定预算与前几月的比较

名称 月份	总务厅	劳动部	土地部	财政部	检委会	国民经济部	教育部	司法内务部	粮食部	合计
11 月	4173	376	1473	349	252	778	03②	626		12032
2 月	1345	221	600	543	258	193	156	258		3678
3 月	110③	104	411	384	215	103	192	237	170	2831

注:1. 主席团,人民委员会,中审会,最高法院的经费是包括在总务厅之内的。

2. 11 月份是赵宝成做总务厅长时代,也正是他领导浪费时代,自开展反赵宝

---

① 原件无时间,此为该总结在《红色中华》发表的时间。——本文库编者注。

② 原文如此,数字似有误。——本文库编者注。

③ 原文如此,数字似有误。——本文库编者注。

成的浪费斗争,用费遂有大的递减,现在又是新的开展节省运动,看这3个月的数字,就可见其内容。

3. 2、3月预算食米不在内,11月预算是包括食米的。

4. 3月份有些部门是新成立或重新整理的,如粮食部教育部,故总数比2月份没有节省到百分之三十。但如劳动部国民经济部节省到百分之五十以上,司法内务土地部节省百分之三十以上。除粮食、教育部外,各部平均已达到节省百分之三十。

5. 3月份若照各部原来预算数,则不但比上月未有节省,而且一般的增加了的。

(二)这次的预算,都能按照工作实际需要上,来详细加以核减,从前随便开列数字的现象,差不多没有了,可保证将来的决算与预算无大出入,这是预算确立过程中的大进步。

(三)关于改善工作方式与裁减不必要的工作人员方面,除新成立的粮食部外,2月份共849人(运输队通信排在外),3月份则为680人,减了169人,这不能不算是一个大的数目。同时减人不是机械的平均主义的减,而是按照实际工作的需要及人的能力上来进行的,因此,有的减得很多,如总务厅和土地部,有的不但没减,反而增加了的,如教育部工农检委会。裁减的结果,据确实调查所得,短短时间,一般的说,各部门的工作方法改善了,工作的情绪比前紧张了,劳动纪律提高了。

(四)关于经费问题与节省运动,劳动部做得最好,国民经济部次之。劳动部在工作人员方面比经济部多17人,而办公什支的用费却是一样多。劳动部买印厂里的纸头纸尾来办公,一月只块把钱,灯火有一定的限制,每月减少预算只7元,修理房屋器具自己动手,每日节省一分菜钱,出发工作的,从远来〔处〕买回比较便宜的油盐,自己种菜养猪,伙食反而较好。尤其他们负责人经常注意经费问题,也能及时举发贪污浪费行为,差不多整个动员做这一工作,这是值得大家学习的。

(五)在审核预算中,有几个问题——我们的缺点,须得指出的:

一是各部首长对于预算决算制度，还未有提到与整个苏维埃政策的重要性来注视这一工作，有的没有配合实际工作的需要，来负责检讨经费问题，单就土地司法内务三部，造来的预算上，关于工作人员方面来说，在详细审核时，会计科长算不出这么多人来，总务处长又说那么多，部长说实在没有这多，即此可见一班〔斑〕。一般的说，预算决算行政首长是很少过问的，最多是过一过目而已。

二是阶级警觉性不够，如土地部会计科长王宗元是一个地主，在我们突击队发现他的贪污时，他就开小差逃了，几乎被卷去巨款，他们的工作团李兴全是被公审过的，在宁化工作时就有贪污行为，土地部就未曾加紧追究他，接着他又报说失掉200多元。明知王宗元是地主，而忽视了，将财政权放在他掌握中，使他贪污了且逃跑，这是值得提出来警觉我们的。

三、有些工农出身的干部，不会写算，不懂管账，差不多成了一般的现象，在这里应警觉我们，提高"热忱学习管理自己国家的财政"！

四、各部裁减冗员，节省不必要的开支，还没在积极方面提高应有的限度，我们要求各部负责同志决心做出更进一步的成绩，作成全苏维埃模范的领导。

（录自1934年3月17日出版的《红色中华》第163期第3版）

中央审计委员会
审核粤赣省三月的预算的总结
——给粤赣省苏主席团一封信
（1934 年 3 月 22 日①）

审查你们 3 月份的预算，有几点须严重指出的：

一、2 月的 11 日人民委员会第七号命令重新规定省县区乡苏工作人员，而你们 3 月份预算，省的人数 220，县的如斗岭 127，西江 125，零都② 177，会昌 166，区的人员也未有核减。似乎你们未有接到第七号命令一样。又 2 月 22 日人民委员会第一号指示，关于裁减人员和节省经费，要各级政府按照这一指示编制 3 月份预算，须交〔较〕2 月份预算经费节省百分之三十。而你们的预算，如省苏本身 990，比 2 月份预算核定的数 665 增加了，会昌 1990，比 2 月 1561 增加了，西江 2095，比 2 月 1659 也增加了，特别是零都 7536，比 2 月 2151 增加了 3 倍以上，这完全反映出这次零都大检举案的严重性。这里又似乎你们没有接到人委会第一号指示一样。这样忽视上级命令，忽视节省一个铜片为着战争的意义，尤其零都的贪污浪费，还未有引起你们的警觉，不能不使我们视为惊奇的事！

在中央号召之下的节省运动，各地正在开展，江西，瑞金自定县

---

① 原件无时间，此为该总结在《红色中华》发表的时间。——本文库编者注。

② 零都，现称于都。下同。——本文库编者注。

区人数都比七号命令少些，力求三成经费节省的实现或超过，为着战争，粤赣省就不应该落后呀！

二、你们忽视了节省运动，现在又须防止机械的进行节省，人委会要求各级政府按照节省三成经费做预算的指示上说到以"提高每个工作人员的劳动纪律，发扬他们的工作积极性，来达到节省运动的目的，一切以为减少经费，工作就做不好的消极观念，必须给予严重的打击。"因此，减少你们的预算，同时必须唤起你们对于这一预算的执行，格外加以考虑。比如工作人员不是机械的或平均的减，而是看他实际需要，就是说所有工作人员，是不是每天都有工作，都有 8 小时工作，都有能力工作，如果没有，就可以减少或调动，所谓"宁少毋滥"，人委的规定是一般的不能超过这限度，不是说一定要有这多，少一个都要不得，就要补足。在减少人员时，还要注意某些地方经验，如瑞金县苏，从 300 多人减到百零几人，工作并未因此减弱了，这里没有别的，就是需要提高我们的劳动纪律，改善我们的工作方式，其次在办公费方面，节省方法很多，最近在"红中"报上，发表了不少的好例子，如果十分认真的用，那些核准的文具印刷费必不会不够，不过这里来不得一点儿官僚主义，而是要深刻的检查和了解实际支付情形，不仅注意大处，即在小的消费上如用好纸□□，浪用信纸信套之类，也不许忽视。尤其要注意政治上的群众动员提高每个群众的积极性与创造性。以及切实监督自己的财政。

三、省审计委员会虽然建立起来了，还未有根据地方苏维埃组织法和中央审计条例，真正的工作起来，对于这次预算是未有尽到他的作用的。这里希望你们的审委很快的认真工作。

四、末了，你们的预算来得太迟了，经过中央财政人民委员部和粮食人民委员部，到 3 月 15 日才到达我们这里来，而事实上你们已在那里开支了半个月，那不是预算已等于形式主义吗？在这里又使我们感觉到，过去预算的不合实际，决算之未有按期交来，使我们苏维埃财政政策正确执行上不能不发生某些困难，这是值得在此地向你们提出来的。

　　（附注）这封信刚写好，便接到 3 月 11 日粤赣省苏发的第五号"关于执行中央人委会第七号命令，规定县区乡苏常住工作人员"的命令，这里证明经过一个月才讨论和执行上级的命令，而人委会 2 月 22 日的第一号关于节省经济的指示，还未有讨论到。

　　　　　　　（录自 1934 年 3 月 22 日出版的《红色中华》第 165 期第 3 版）

（十一）浆糊：

1. 面粉太贵，宜磨米浆或糯米粉。

2. 浆糊不要煮得太多，只要合用，又不宜做得太硬。

3. 前一天用的浆，到第二日不能丢掉不要。

（十二）灯火：

1. 夜间没有做事，不点火灯，做完事就要吹灭。

2. 可以共灯的应要共灯。

3. 夜间有月亮，送信不要点火。

4. 递信员间内不要用光烛，只能点小灯。

（十三）油箩每担最低限度要用一年半，油纸每张要用半年。

（十四）毛笔写得不能写小字了，用以写稍大的字，铅笔用短了，要以竹筒驳长再用，复写纸照着第三期《赤邮通讯》上载的法子自做来用。

（十五）不要进馆子，不要吃东西食物，不要买没有实际用的东西，各级邮局接到这一通知按实际情形详细讨论去进行。

总局长　张善初

公历 1934 年 3 月 23 日

（根据中共江西省委党史研究室资料处藏件刊印）

人 民 委 员 会 命 令

（中字第十四号）

——为批准各级政府红军后方机关国家企业学校等工作人员请求减少伙食谷子事

（1934 年 3 月 26 日）

红色中华"为 4 个月节省 80 万元而斗争"的号召,得到了各级政府,红军后方机关,国家企业,学校等工作人员的热烈的响应,特别为了节省粮食,保证红军给养,都自愿每人每天减少食米 2 两,并一致要求本会命令公布这一决定。甚至还有许多政府工作同志,愿意自带伙食为政府工作,国家企业与国家工厂工人,公开提出免发或少发工资问题。本会认为这种一切服从革命战争的牺牲精神,是值得极大赞扬的。

本会为满足各方面同志热烈的要求,特首先批准各级政府,红军后方机关,国家企业,学校等每人每天减发食米 2 两的请求。除前方红军部队,红校学生,兵站运输员,兵站卫戍员仍每人每日食米 1 斤 6 两,医院休养员,军区作战人员,后方卫戍部队仍每人每日食米 1 斤 4 两外,特有如下的规定:

类别	每日每人食米	每月（如 30 日计算）谷子
红军后方机关,军区警备区,兵站,红校,国家企业的工作人员,党校与苏维埃大学等学生,长伙班,通讯员	1 斤 2 两	50 斤

类别	每日每人食米	每月（如 30 日计算）谷子
补充师	1 斤 6 两	60 斤
新编师	1 斤 4 两	55 斤
政府工作人员	1 斤	45 斤

此命令自 4 月 1 日起实行。

主　席　张闻天

1934 年 3 月 26 日

（录自 1934 年 3 月 29 日出版的《红色中华》第 168 期第 3 版）

关于开展查田运动中一个问题的答复
——张主席给王同志的信

（1934 年 3 月 26 日）

王同志：

你最近来信说，你承认人民委员会关于继续开展查田运动的中字第一号训令第一，即"在暴动后查田运动前已经决定的地主富农，不论有任何证据，不得翻案，已翻案者作为无效"，给了地主富农利用"关于土地斗争中一些问题的决定"的某些条文进行反攻的活动，以最有力的打击。但是你问，如果在个别地方，有极大多数，甚至全体群众认为在这类地主富农中有个别分子，的确是在暴动时查田运动前弄错了的，因此他们赞成把这类分子的成分改正过来，分给他们应得的土地与财产，而且我们已经这样做了，那又怎么办？

毫无问题的，如果群众要这样做，那我们在同一训令上所说的话，即"在这种时候，最后决定阶级成分之权，属于当地最大多数群众"，同样是正确的。在这种特殊情形下的翻案，当然是可以有效的。但我们所以在训令第一条上不写上这样的附带条件，像第二条那样，是因为这种附带条文会混乱群众向前开展查田运动的视线，而使他们对于暴动后已经正确解决了的问题发生不必要的顾虑。

暴动是残酷的阶级斗争的最高表现，这是革命与反革命的决死的斗争。在这种时候，一切可以使革命得到胜利的行动都是必要的与合理的。在这种时候，可以发生对于个别成分的"不公平"，但这种"不公平"在任何的暴动中都是不能够免去的，因为暴动到底是暴动，而不是算账！但这种"不公平"到底是不多的，值不得我们多大的注意。

　　对于我们，地主富农在暴动后冒充"贫苦工农"，分得好田或坏田，都是极大的不公平！消灭这类的不公平，使地主根本分不到一寸土地，使富农只能分得坏田，依然应该是我们继续开展查田运动的中心任务。此致

　　革命的敬礼！

张闻天
3 月 26 日

（录自 1934 年 3 月 29 日出版的《红色中华》第 168 期第 1 版）

中央审计委员会
审查国家企业会计的初步结论

（1934 年 3 月 27 日）

我们曾经分别召集中央印刷厂、造币厂、邮政总局、贸易总局、粮食调剂总局等负责人来开会（有些地方并派过突击队去工作），检查其经济收支状况，所得情形如下：

中央印刷厂

该厂每月有 7000 元以上的营业收入，是一个大的印刷机关。但还说不上有生产计划和完善的管理，还未有尽到苏维埃国家企业机关应有的作用。他们有支出豫〔预〕算，无收入豫〔预〕算。问他们过去几月赚钱成蚀本，成本费如何？他们可以答不知道。只知道收来的钱都用光了，而且每月的开支，似乎还向国家领过钱，但没缴过钱给国家。——厂长古远来同志这样说的。该厂印刷物的估价，是把原料、工资、管理费，及例假双工资等算入，另加百分之十的纯利。又据中央国民经济部检查，该厂印刷《红中》一期，只需油墨 12 磅，而报账为 24 磅半，排字只 7 工半而报账为 12 工，这是说印厂得的利益当更多（国民经济部说这是浪费，其实并未有用到这多，不过向红中报社却收了这么个数目，应该是增加了印厂的纯利）。但这些利益那里去了，他们也可以回答不知道。这里面当然包含着很大的不仅是浪费而是贪污。他们的账簿极不完全（现正在清查中），用钱没有标准，如工人借款，有时竟达到七八百元。负责人不了解整个生产情形及每个生产品的成本，因而不知道那些是浪费，那些人是多余，所谓生产计划、劳动纪律、节省运动，都提不出具体办法来。

邮政总局

邮局自 1932 年建立了会计制度,1933 年成立各级经济审查委员会及节省运动委员会,并开始了反贪污浪费斗争,这不能不说是有相当的成绩,但实际上据我们派去的突击队的报告,这一成绩,只在当时某一种运动刺激之下,就兴奋了一下子,未有在积极方面建立经常的工作,所以现在的审委和节委会部〔都〕形成了停顿状态,同时发现了去年 12 月决算存余 300 多元,没有转入 1 月份的账,而 1 月的决算已做了,这笔钱就不知下落了(现已责成他们限期清查出来)。又 3 月份豫〔预〕算,我们以其未有遵照人民委员会节省三成经费的指示原则,责令重做,而重做来的仍然一样,这由于该负责人不了解各邮局实际情形,也没有发动工作人员来共同讨论,不知道怎样节省,只好把上月预算数照抄,把下级豫〔预〕算照转,就算了事。最严重的:2 月份邮局工人节省和募捐达 2000 余元,该局总务同志说,邮局工人自 1932 年以来,每月都有自动节省,平均在千元左右,那么,一直到现在,这笔数当然是很大,但总局只知道大概数字,钱是工会收集,有的存在省一级工会,有的存在本工会,有的解到全总执行局,而国家(中央财政部)并未在〔再〕收到一个片。有一位节委负责同志告诉我们说,时间已久,当时收款人又未有发回收条,连我自己节省了多少钱也忘记了。工人热烈帮助战争,而国家不能及时的实际收到此款,该局不去追问这个下落,中央内务部也似乎不完全知道这回事,如果如此巨款,竟被吞没了,这是谁应负的责任?!

中央造币厂

也只有支付的豫〔预〕算,没有每月生产品的数字,对于国币的铸费多少? 合算不合算? 厂长全然不晓。工资每月未有开支到豫〔预〕算的数字,原因是请假的多,这也可见其劳动纪律的松懈。最近发现有 3 担原科〔料〕95 斤 1 担,实际只 70 斤,因为厂里过去没有检查过原料和出品的比数,恐怕以前还有不少这样的事。

粮食调剂总局

1 月以前因贸易局长兼调剂局长的原故,两局账目混起来,且 2

月以前未有豫〔预〕决算,只知道粮食调剂局从开始到2月底盈余17000多元,在去年青黄交接时总局粮食价比市价便宜百分之六十,分局百分之三十,起了相当的调剂作用,——于此可见有计划的进行,其调剂作用,当更有可观。而因为豫〔预〕决算没有建立,不能随时随地明了收支状况,因此不能提出整个计划,与分局的关系很坏,劳动纪律也很差,竟有工作人员出发半年,局里负责人不知他是干什么的,等到他要回来时,算了一笔很大的费用给他,也就完事了。

贸易总局

同样也是2月以前的账弄不清楚,每月盈余的数字,约莫知道一些,比较完全不知盈亏的,可说是进了一步了。他们也未有能够有计划的进行对外贸易,对各分局工作,也是不能了解。

上列诸厂局,一般的缺点是不明了本身在苏维埃经济上的性质和作用,不知道也不考察产品的成本,不知计算盈亏,有钱就用,没钱向国家主管机关要。邮局虽不是生产机关,但他造的豫〔预〕算竟未列邮票一项的收入,如果仅看他的豫〔预〕算竟成有出无入的机关。毫无疑问的,我们苏维埃的国家企业是簇新的发展的形势,但因上述的缺点,还未能得到尽可能应有的进步,这是一。第二,各厂局都曾做过检举贪污浪费和反官僚主义运动,而因为没有从斗争中去抓住各厂局的特殊性质与缺点,来从积极方面整理账簿,建立会计制度,和管理法制,以致贪污浪费现象无法肃清,官僚主义的领导方式,未能彻底转变,厂长局长不了解实际情形,提不出具体的办法,反使节省运动和提高劳动纪律,变成空喊(如贸易局早就在《红中》登载过要求政府停止津贴,但我们的突击队去进行深入的节省号召之后,才发现以前要求停止津贴之举,是从上而下的决定,往后连举手赞成过的人也忘了,到了这时,才真正的从下而上的,成为群众的自愿与自决的实现)。同时上级机关,没有经常的检查和具体的指导,也应负相当的责任。

此外还有两种现象:一是工人同志积极性的提高,邮局工人经常的大量的节省,调剂局贸易局工人响应《红中》号召,自动的完全不要工资,贸易局工人且每天减少一分半钱伙食,这是值得赞扬的。但各厂局长,则对于原料、生产、营业、办公费的节省,尚待考虑,而对工人节省是有把握。这里,恰恰与领导者的作风相反,这就是告诉我们,反对官僚主义的作风,把各厂局来彻底整理,我们倚靠着群众劳动热忱,是不难得到应有成绩的。

二是在大多数工人的革命竞赛与冲锋突击来提高生产情势底下,各厂局长一般的不仅不能领导这一劳动热情,反而容忍不可避免的混进苏维埃经济机关来的害虫,以破坏劳动纪律,有些领导者诿为工会的事,工人自己的事,似乎表示这是重视工人,重视无产阶级的领导(?)①这里,又恰恰相反,这正是向工人向无产阶级领导开玩笑。这就是告诉我们,张闻天同志在最近《斗争》上发表的《从强迫的劳动到自由的劳动》一篇文章,对于我们目前是有非常重要意义的。

(3 月 27 日)

(录自 1934 年 4 月 3 日出版的《红色中华》第 169 期第 6 版)

---

① 原件如此。——本文库编者注。

中央工农检察委员会公布
关于中央一级反贪污斗争的总结
——中央工农检察委员会主席团总结

（1934 年 3 月 27 日①）

中央工农检察委员会,在执行中央第二十九号反贪污浪费的命令下,首先在中央一级开展反贪污的检举运动,经过 2 个多月,获得了大的成绩。

反【贪污】检举的机关有中央总务处,招待所,财政、劳动、土地三部,粮食调济〔剂〕局,贸易总局。国家企业,有中央印刷厂,造币厂,军委印刷所,中央合作总社,邮政局,钨矿公司,苏大工程处。群众团体,有工农剧社,互济总会,及斗争委员会等等。被检举的分子,计会计科长与科员 10 个,管理科科长及科员 8 个,总务处长 3 个,司务长 4 个,采办科长及科员 8 个,财政处长 3 人,总务厅长 1 人,局长 3 人,所长 1 个,厂长 2 人。共查出贪污款项大洋 2053 元 6 角 6 分,棉花270 斤(苏大会的),金戒子 4 个。

被检举的处罚,经过群众提议贪污分子送法庭制裁的 29 人,开除工作的 3 人,包庇贪污与官僚主义者送法庭的 1 人(总务厅长),建议行政机关撤职改调工作的 7 人,给严重警告的 2 人,警告的 4 人。

这一检举运动,发动了中央一级的工作人员,积极参加这一斗争,特别各机关的工农通讯员,他们起了很大的作用,大多数的贪污案件,是由于通讯员的通讯而检举的,更由于群众的参加与揭发,使

---

① 原件无时间,此为该总结在《红色中华》发表的时间。——本文库编者注。

中央工农检察委员会布告第一号
——关于检察委员会权责范围
(1934 年 3 月 28 日)

　　苏维埃政府是工农群众自己的政府,每个工农群众,对于苏维埃的机关与其工作人员,都有权力的监督一切政策法令的实施,举发一切不遵守革命纪律、违反法令、妨害工农群众利益的工作人员,并且有权力的来控告他们,这是工农群众对于自己的政府——苏维埃政府应有的权力与责任。

　　□□胜利,如若那一个苏维埃机关,有不坚决执行政策法令,或是执行得不正确,其结果都要妨碍革命的胜利,与工农群众的利益。苏维埃的工作人员,都自觉革命,替工农阶级来服务的,他应当服从革命的利益,服从工农群众的利益,绝对遵守苏维埃的法令和纪律,因此每个工农群众应当经常地来监督苏维埃各机关的工作,揭发工作上的缺点与错误,使他自己与各级机关迅速的来纠正。监督苏维埃机关工作人员的工作态度,举发那些破坏苏维埃的法令、违反纪律的坏分子。那些分子是革命的害虫,工农群众的仇敌。特别是举发暗藏的苏维埃机关的阶级异己分子,和反革命分子。这些反革命,他们混进苏维埃机关来反对革命,不是来为苏维埃做工作的,而是利用苏维埃的机关和权力,好来破坏革命,进行反革命的阴谋。这是我们工农阶级最凶险的敌人,不应该让这些敌人多存在苏维埃机关一天,将他立即赶出苏维埃机关外。这是我们保障革命胜利的必要的办法。

工农检察委员会是苏维埃政权中代表工农群众的监察机关,他的责任就是监督与检察苏维埃机关与工作人员的工作和行动,保证苏维埃一切政策法令的正确实施。同时也是接收工农群众的意见与控告的机关,凡属下列各项的事情,每个工农群众都可到工农检察委员会报告与控告:

一、凡属苏维埃机关、武装部队、经济机关有不执行苏维埃各种政策法令,或是执行得不正确的。

二、凡属苏维埃机关、武装部队、经济机关有违反苏维埃法令,妨害□□□□□□□□□□□□。

三、凡属苏维埃机关、武装部队、经济机关的工作人员中有以下行为的:

甲、破坏苏维埃的政策法令,违反工农群众利益的分子。

乙、假藉机关名义,包庇地主富农与反革命,欺压群众的分子。

丙、在工作中消极怠工的分子。

丁、官僚、腐化、贪污、浪费的分子。

戊、违反命令与强迫群众的分子。

己、假公济私、自私自利的分子。

庚、暗藏在机关内的反革命与阶级异己分子。

辛、暗藏在机关内的开小差的分子。

各级工农检察委员会之下,设有控告局,专为工农群众控告的机关。在各地挂有控告箱,凡是有意见和控告的,都可写成信投在箱子内,有不会写字的可请人代写,最好是亲到控告局作口头报告。控告局收报告与控告箱的控告书后,就立即调查并解决。凡是控告的事情,最好能写得(或说得)详细清楚,便于调查,即或工农劳苦群众有控告的事实不确实的,也没有诬告的罪,不过这些控告只限于苏维埃机关、武装部队、经济机关及其工作人员,凡是群众中争执的私事,分析阶级成分,或属于法庭的一类的控告,就不受理,因为这些事,应归裁判部和政府其他部门来办的，这是我们要告诉大家分别□□□□□□□□□□□□□。

　　我们号召每个工农群众积极的来参加苏维埃机关的检察工作，热烈的揭发苏维埃机关的工作缺点与错误，举发暗藏在苏维埃机关的坏分子，经常的向各级工农检察委员会的控告局控告，不断的向控告箱投递控告书，这样的巩固与健全我们苏维埃机关与工作，来争取苏维埃在全中国的胜利。

主席　项　英

1934 年 3 月 28 日

（根据中共江西省赣州市委党史工作办公室资料室保存复印件刊印）

项英:于都检举的情形和经过

(1934 年 3 月 29 日①)

我此次代表中央党务委员会与中央工农检察委员会,到雩都②检举,经过了 10 天的工作,揭发出雩都党与政权机关的领导者及大批工作人员,违反党,违反苏维埃的行为。这批坏东西,占据党与苏维埃机关,形成最标本式的投机商人,贪污腐化与机会主义者,反革命分子联合的集团。他们这种行为是明的暗的来破坏党与苏维埃政权,因为时间的关系,仅仅是将些严重现象揭发出来,开始的在县一级开展了斗争。还需要我们继续的彻底的去检举,将这一斗争开展到各区各乡去,因为这次检举与斗争,在中央苏区,特别是粉碎敌人五次"围剿"中,是有很大的政治意义的。

一、雩都问题的爆发

雩都在粤赣省还算比较有斗争历史与群众基础的县,可是在工作上表现不断的严重事件发生。在去年扩大红军中发生严重的强迫命令,很多群众登山;在查田运动中发生很多侵犯中农,政府人员包庇地主富农,致使地主富农反革命利用来煽惑群众向白区逃跑(小溪等地发生几百人跑往白区)。以前的县委书记李宗白引诱少共巡视

---

① 此时间为《红色中华》发表的时间。——本文库编者注。

② 雩都,现称于都。下同。——本文库编者注。

员郑茂德(早已开除)卖公家骡子上馆子,并帮助他偷骡子等怪事。在任何工作上,都没有成绩,扩大红军在5月虽扩大了千余名,但半路开小差的很多,由红五月后直到11月,雩都扩大红军无丝毫成绩,12月扩大红军突击运动,虽到今年1月半间完成,但在12月20余天只扩大了200余人,经过了中央与省的突击队,坚决的执行了中央与省的正确指示,才获得任务的完成。

雩都的严重现象,在去年已暴露出来,党与苏维埃的中央,早已注意了这个问题,因此直接派人到雩都检查工作,并责成了粤赣省委省苏,特别注意雩都问题。但因派去巡视工作的同志,没有深刻的去揭发雩都的严重现象,尤其是粤赣的省委省苏没有在中央指示之下,很警觉的以最大力量来解决雩都问题。直到今年2月粮食突击运动中,才更严重的暴露出来。

苏维埃中央为要检查雩都工作,帮助雩都工作转变,曾由中央工农检察委员会,中央财政部,中央土地部,各派一个工作团到雩都工作。经过工作团在区乡中的检察,特别是在收集粮食突击中,发觉了不少的贪污案件,反革命的活动,暗藏在党与苏维埃机关的阶级异己分子与反革命分子,公开破坏突击运动,包庇富农地主,不断的提到县委县苏,均未得到解决。特别是在县苏,查出军事部长和科长科员大贪污和私做生意的案件,少共县委书记与总务处长等的贪污案件,拘捕送到法庭迟迟不解决,发觉县委县苏的负责人私做生意,粮食运动表现惊人落后。我们根据工作团的这些报告,始而由中央党务与检委派张振芳肖义生两同志去考察,确属事实,于是中央党委〔务〕与检委决定派我到雩都检举并开展斗争。

二、雩都所发现的严重现象

我到雩都后,在检查县委与县苏工作中,以及收集工作团所得的材料,发现了很多严重的事实,兹分述如下:

（甲）反革命的活动

A.反革命在群众中公开活动

雩都在去年已发生反革命欺骗与威胁群众反水的事实。到今年,在收集粮食运动中,表现更加活跃,不仅是敌人的侦探假充红军跑进小溪苏区作反革命宣传,并且进行铲共团的反动组织;反水的地主富农公开跑回阻止代表推销公债,并强迫群众带公债逃走。在禾丰小溪,罗江岭背均发生反革命威胁群众逃走的事,在苍前潭头黎村发现反革命标语;甚至雩都城北门外反动派写打倒共产党的标语,并将保卫局检察邮件的印子贴在旁边来示威,在黎村新陂几次发生打工作团与政府人员,寨下面更发生打副主席,抢保卫局的枪。这些反革命的活动,共有十七八件之多,可是经过群众与工作团报告后,县委县苏都搁着不办。

B.机关内暗藏的反革命积极活动

更严重的是暗藏在党与苏维埃机关内反革命与阶级异己分子的公开活动。

里仁区委宣传部长公开包庇 AB 团分子鼓动群众打工作团。黎村区土地部长是公开包庇地主,领导群众打工作团。

禾丰区组织部长包庇地主宣传"工作团是私打地主,将来有一碗吃的人都会被打为地主的。"要群众打工作团。

禾丰区委书记,与区副主席,欺骗群众在路上抢劫保卫局长所捉的反革命,后来反水了。

岭背区特派员故意将中农当土豪,造成群众恐慌。潭头财政部长是 AB 团自新分子,公开破坏收谷运动,至于在各区乡,也有这些反革命的活动,共有 15 件之多。

C.暗藏的阶级异己分子与反革命

还有很多阶级异己的分子与反革命占据党与苏维埃机关而未举发的如:

城市区书记是 AB 团,从前被捉,被靖卫团打进城来放出去的,现当书记。段屋区书记是反过水的。岭背区组织科长是老算流年的。黎村核委主席是老地理先生。更怪的是犯罪罚苦工未满期的梓山区主席。这种分子,多是在区负责,现在已发现的有 8 件之多。

(乙)大批的贪污案件

贪污案件特别多,几乎各级机关都有。贪污的种类也分几种。贪污分子由县主席部长以至乡代表。贪污成为风气,大家反不以为异,而且互相包庇,互相隐瞒。人家检举出来,不是搁着不办,就是马虎赔点款了事。现在将这些事实分述如下:

一、造假账冒领公款

以县军事部长刘仕祥为首,勾接科员李其采等 3 人,共同造假账假收据向总供给部冒领动员费 410 余元,已分藏〔赃〕,还贪污土豪与游击队所缴的烟土款项并大做生意。

二、贪污公款做生意

县苏主席熊仙璧为代表,以主席名义强拿公款 50 元做私生意。县委组织部长高举赞拿保险金做生意。市区前财政部长贪污公款做生意。还有部员与乡主席等,共有 8 件这样贪污公款的生意的事情。

三、吞没公款

县前劳动部长贪污保险金,少共县委书记滕琼总务处长等贪污公款及群众的飞机捐百余元。大吃大喝。城市区委书记,梓山区副主席,财政部长,罗垌区军事部长,潭头与苍前区财政部长,以至很多乡主席代表,共有 23 件之多,都是贪污公款由 500 元至几元的。

四、贪污公物

由县财政副部长,小溪裁判部长,潭头土地与教育部长,几个乡主席,贪污公谷与没收烟土钟表及各种东西。

另有保险金几百元被人用了还未查出。

(丙)党与苏维埃人员大做投机生意

雩都城党与苏维埃机关绝大部分工作人员,特别是负责人互相竞争的贩卖谷盐进出口,因为这种生意,是最赚钱的,谷子出口可换现洋,再贩盐进口,每担谷子经过这一周转后,可赚 2、3、4 元不等。

子、县委书记刘洪清做领导

县委书记刘洪清,为了图个人的生活快乐,竟放弃雩都整个工作的领导,违背党与阶级的立场,学习奸商富农,领导党员做投机事业,刘洪清始而由他发起城市工农检委主席刘福元,城市总支书佘当文,贫农团主任易林,和另外一个商人合股组织商店卖酒,后因赚不着钱,于是他就转变策略,贩买谷盐进出口,以每人20元的资本,不到4个月,就赚了70元的利钱。后来前县委书记李同盛(现调到军区工作),曾发元(区妇女书记,后调粤赣少共省委工作,现病回家)等加入扩大营业。雩都县在刘洪清这样领导之下,自然使雩都城的机关负责人与工作人员,大家效尤,争先恐后的贩卖谷盐,有的贪污公款,有的假供〔借〕合作社名义招股,以发展投机事业:使雩都城内的党与苏维埃机关形成了商人联合的集团。

丑、县苏主席熊仙璧拿公款发展生意

县苏主席熊仙璧,自第三次苏维埃代表大会,当选为主席后,为了增加资本贩卖盐,于是以主席的资格,在财政部强拿公款50元,交他的弟弟贩卖盐。后因军事部贪污公款,私做生意的事,被中央工作团检查出来,于是才偷偷的将钱补还,企图掩盖他的贪污,并在县委常会与县苏主席团会议上非常强硬的否认拿公款做生意,只承认借公款买牛种田,经我们派人到他家调查,由熊的母亲,亲口告诉我们,买牛只用了16元大洋,其余34元,由他的弟弟去贩了两次盐,赚到了一些钱,由于军事部贪污案件发觉,就归还了。我们提出了这样的真实证据,熊仙璧才正式承认错误。县主席既然是贪污私做生意的,所以影响到县政府工作人员,不少的贪污公款去做生意,同时熊仙璧自己是贪污,不仅不愿意去反对贪污浪费,而且对于已查出的贪污分子,用迤延不办的方式,来包庇那些贪污分子。

寅、县财政副部长私打出口证偷瞒关税

县副财政部长罗风林,更有本领的,利用副部长的地位,把出口证拿在自己手里,于是与税务科长,共同假公家的名义打谷子出口证,为自己贩卖谷子出口,因为商人每担5角出口税,公家与合作社只要4角,这样更可多赚一笔钱。

卯、县互济会主任是假借合作社做私生意的领袖

互济会主任袁成文，更是异想天开，在会员中假办互助合作社名义，招收股，一方面是借着合作社的招牌，为自己偷瞒国税，现已查出，他自己有 100 余担谷，是用合作社名义出口的。另一方面，也可利用互济会的捐谷与群众股金，作自己周转的资本，这是极可能的，现正在检举中。互助合作社的主任，也就用合作社名义，做了几十担谷子出口。新口乡的合作社会计，假合作社名义出了 150 多担谷子。西郊合作社主任，假公家名义，出口谷子 40 多担。其他还在继续检举中。

辰、市苏变成商人联合会

雩都城市区苏，3 个主席，9 个部长，就有 3 个主席（区正副主席，工农检察委员会主席）6 个部长（土地，劳动，内务，国民经济，财政，裁判）都是做生意的，只有副主席没有做贩卖谷子，只卖点果子，家庭靠此作生【意】外，其余都是贩卖谷盐，有内务部长，是做生意为养家。工农检委会主席，虽有养家的关系，可是他生意做得最大，赚钱也最多，这就不是简单的为着家庭生活了。其余都是分了田，家庭生活不生问题，完全是为了赚得点钱，来大吃大捞。劳动副部长，更是私拿保险金做生意。至于谈到工作，除了军事部最近正在编赤少队外，其他各部连自己应做的事，都不大清楚。城市区，是工人贫农最多的区乡，都是未分田的。目前米价涨到一块钱买六升。群众这样的困难，市苏从未讨论过，因为群众的利益，与他们大多数——主席，部长的利益，是有冲突的，当然不愿意管。市苏每天看不见许多人在政府做事，常常是每人门上一把锁，也不是出外工作，我们只拿粮食突击运动来讲，几个月以来，公债推销到目前，还有 1000 元搁在家里，推销出去的 8200 元，连□□到现在突击月完了，还只收到了 4000 元，其他工作也未看见有什么成绩。可是做投机生意，大家都肯努力，这样的市苏在这些商人样的主席，部长领导之下，变成商人联合会了，真是污蔑苏维埃！

巳、合作社是合股公司

　　合作社的运动,在雩都全县是不大发展的,统计全部有粮食合作社 43 个,消费合作社 12 个,但在县城的合作社,要占半数上下,其中有一半是其他区乡的名义,开设在县城的,城市区名义的,只有 5 个粮食合作社,8 个消费合作社,很多合作社开在城市,主要的是为交通便利,进出口容易,生意做得大,钱赚得多。因此合作社的组织,多半是由党与苏维埃,群众团体的负责人,所创办,所主持的;合作社的营业,不是为了适应社员的要求,而是为了赚钱。特别是为了一些工作人员,借着合作社机关的招牌,大做投机生意,垄断市场,贩卖谷盐进出口,就成为整个合作社的主要营业。一般社员入股,也不是为了购买东西的便利,而是为了多得红利,我现拿几个最标本的例子来讲。

　　▲机关工作人员消费合作社

　　这个合作社,顾名思义,当然是各机关人员,为了自己消费的合作社。可是事实上不是这一回事,股东主要的是保卫队的士兵,县苏的负责人,是全部加入了的,另外有上十个城市工人与贫民加入,甚至在中央革命军事委员会动员武装部工作的蒋渊,上次到雩都扩大红军,也投了 5 元大洋的资本。他的营业,主要的是贩卖了谷盐进出口,带买点杂货。但是这些,并不供给社员的,而是卖给群众。不到两个多月的营业,每元的股金,可分四五角钱的红利,这还是因为最近禁止谷米出口,否则一元股金,可以赚一二倍的利息,这是一个月最标本的合股公司。

　　▲潭头煤矿合作社

　　煤矿合作社,也是标本的合股公司之一,他是用机关合作社,互助合作社,与保卫局三个机关名义,所开办的合股公司。群众一个没有入股。开采的煤,不是供给机关内用,而是出卖群众。

　　▲互助合作社

　　这是县互济会主任袁成文所创办的。社员,一部分是散在各区乡的互济会员,特别是他家乡的(古田)人居多,另外城市商人也有入股的。社员从未到合作社买东西,主要的不仅是贩卖谷盐的合股商店,而且是该主任与合作社主任,共同所利用为自己偷税的机关。

这三个标本例子以外,还有红军家属合作社,股金是由募捐而来的,但是将股分给城市一部分红军家属,还有一半的未分给,因此闹得红军家属,争夺股票,至今尚未解决。红军家属购买东西,与其他合作社一样,并不特别减价。这个中间,还有其他的黑幕,正在检举中。

至于各机关工作人员贩卖谷盐的,党有 9 个,政府有 18 个,群众团体有 5 个,合作社工作人员中,由总社起至各分社共有主任有 11 人。其他会计、文书、采办员等,已查出的有 18 人。至于假借合作社名义,偷瞒国税,利用社金,去私做生意的还很多,现正在继续核查中。

现在总计各机关工作人员做这一投机生意的共有六十几人,就查出数目的共出了谷子 1263 担,还有很多未查出。

（丁）粮食突击运动惊人落后

零都原来规定的推销公债是 20 万,土地税是预计到 27000 担谷子,按照零都的人口计 178998 名,土地 11084424 担看来,中央所规定的数目完全正确而且完全能达到的。但在去年几个月的时间中,只推销了 8 万元,集中的只有 28149 元,谷子 711 担 7 斗 2 升,土地税只收到谷子 1508 担 9 斗 9 升,现洋 51228 元 4 角 4 分 1 厘。县苏特别国民经济部长,在突击月开始前的会议上说扩大红军运动,阻碍了公债与土地税的发行与缴收。这是明显的用这些话来掩盖他们的消极怠工。因为公债与土地税在 12 月以前很早就开始的,扩大红军突击运动在 12 月才开始。

在突击月中他们的成绩仍然是很坏。我 24 号到零都,在主席团检查他们 2 月 1 号到 20 号为止的收集粮食的成绩:公债票是推销了 58303 元。还有 61000 多未推销出去。集中谷子只 205 担 4 斗 5 升,现洋 8906 元 8 角。土地税 2 月份只收了 2033 担 4 斗,现洋 1173 元。这样的成绩,表示十分严重的。公债票连前总计推销了 138303 元,只推销了三分之二;集中的连前总计,现洋 37055 元 8 角,谷子共 917

担2斗4升。不过占推销出去的总数三分之一。土地税连前共收谷子3542担3斗9升,现洋52399元4角4分1厘,按照预定土地税款额,只达到一半上下。

从上面推销,集中,缴收中所表现的严重现象中,充分证明不执行中央的命令,在突击中,公债大部分是收的钱,土地税也有一部分收钱,这显然是违反中央的命令。

在粮食突击中,表示这样惊人的落后与严重现象,县委县苏都看为是很平常的事。下面很多的情形不太了解,会是开过,也不过一般的说一说,没有深刻的去了解这些问题的严重,不具体解决下面发生的问题。就是决定了,也不负责执行的。对于巡视员与突击队也不严格检查,只问一问就算了。无疑的,县委县苏对于粮食突击运动,是消极怠工的。

雩都的粮食突击运动为什么这样惊人落后?主要的由于县委县苏领导机关的消极怠工,特别是反革命分子,有的在党与苏维埃机关内面来破坏,有的在下面群众中公开活动,贪污成为风气,县委县苏的领导者完全是采取旁观态度,公开包庇与放任,这是最主要的原因。

雩都是产谷的县。去年的收成,比前年多一二成。群众是有谷的,为什么收不到谷呢?主要的是由县委县苏的领导者与大批机关工作人员大做贩谷子出口的投机生意,更帮助了奸商的操纵,把谷价提高将近8元1担,这样增加了群众对于春夏米贵的威胁。自从中央决定收谷子以来,各圩场没有谷子挑去了,显然是富农奸商从中操纵。在群众中有一种谣言说:"去年粮食调济〔剂〕局把大批谷子出口,使得谷子少了;今年又要收谷子。"这种谣言,主要的是反革命富农奸商造谣,另一方面我们雩都党与政府的工作人员大做出口生意,也有很大的影响。我们县委县苏对于这样关于整个收集粮食的中心问题,当然不愿意的去迅速解决,严厉打击奸商富农的操纵,详细的向群众解释。因为这一问题——收谷子的问题,与他们的利益有直接冲突的。

（戊）对于查田查阶级运动的消极

雩都的土地问题，还没有完全彻底的解决。去年在中央召集八县查田运动大会以后，在雩都是开始了这个运动。但不久就停滞下来，没有彻底的进行。到现在，全县的山还没有分配好，在小溪禾丰富农分得山，地主将好山拿回去，段屋保林还有地主跑回收租的事，在禾丰与黎村争地发生杀伤七八人，最近工作团都不断查出地主富农，同时遭受各地党与政府机关的阻迟，公开包庇地主富农，反对工作团，县委县苏对于这一革命的基本工作，是采取旁观的态度，从未讨论过。很明显的，我们可以看到在收集粮食运动最落后的区，在反革命最活动的地方，都是土地问题未解决的地方（如罗江禾丰黎村等）。因此，许多豪绅地主富农保存着他的势力，在下面大肆活动，尤其是使他们易于混到党与政权机关内来，占据机关来破坏党与政府的一切工作。雩都反革命的活动与暗藏在党与政府机关内的很多阶级异己分子，土地问题未解决是一个基本的原因。

（己）道路未修赤色戒严没有

我这次由西江到雩都，发生一个最大的感觉，就是使我很清楚的知道两县管辖地区的分界，以修路与赤色戒严两件事做标准，西江县动员很多群众在路上大修道路，大体说是修好了。但一过黄龙到雩都的梓山管辖内，就看不见了。依然是崎岖的窄小的道路。赤色戒严，西江县虽不十分严密，但在要路口上都有人检查路票。一到雩都的境地，就无人过问了。这是说明雩都没有进行修道路，没有进行赤色戒严。直到回来的时候，潭头区才开始修路，城市在城门外也有个把人查路票了。

省委省苏决定要雩都扩大 400 新战士补充独立六团，调 2 连模范营到信康配合工作团工作。可是直到我走的时候，只扩大了四十几个新战士，模范营一个也未集中，全县赤少队都是写名字，我只看见城市正在编制赤少队。

（庚）奇奇怪怪的现象

（一）取消了党团的组织，直接参加群众团【体】的会议，工会到互济会反帝拥苏都是无党团的组织。县苏只有名单,没有开过会,大小问题都来县委,特别是书记解决。书记也就每天跑各团体参加会议,这样不仅取消与削弱党对于各团体的正确领导方式,而且又变成立三路线的行动委员会的方式,因为一切工作都集中在书记身上。

(二)联席会议是县苏会议的一种公式,任何部门开会都要其他部门与党团工会保卫局来参加的。这样轮流式的联席会议,大家每天忙于会议,反将自己的工作放弃了。

(三)县苏机关形成散漫乱杂的场所,无办公地方与时间,胡琴可以整天的在县苏拉,有时人的闹杂像圩场,工作人员自由行动无人管。但是收发处官僚气倒十足,送市苏开会的通知等我们去到市苏后,通知仍躺在家里,使我们空跑了一次。

三、检举经过与开展斗争

1. 县常委会的斗争

当我到雩都那一天,粤赣省委已正式决定撤刘洪清书记的职,召集扩大会检举县委的工作,并派匡守达同志去担任书记。当天正是开常会讨论这一问题,除了刘洪清很简单的做了一个工作报告,照着省委的批评自己承认了一点错误,至于党与苏维埃内的严重现象,只就我们所知道的说一说,特别是做生意的事,只承认自己的错误,与我们工作团提出的几个,其他一点也不讲。县委其他委员与县苏参加人我们尽力鼓励他们的讲话很久,县主席才说了一次,省委指示是正确的,刘洪清不对,以及自己不应借钱和官僚主义等等,宣传部长王达三除了照样的批评刘洪清一下,就谈到领导方式不好,他自己没有将宣传委员会组织好,将中心指到旁一地方去,并证明熊仙璧借钱去买牛,不是做生意,其他的人也是照样说一说,没有很好的发展这一斗争,更多的揭发一些严重现象。县委组织部长始终一句话未讲,反而中央与省委派到雩都工作的同志成为会议中积极斗争的中心人物。仅将刘洪清职撤掉,决定了扩大会的日期与参加的人数。

言的有了二三十人,但乡一级讲话很少。在大会上提出了开除刘洪清与刘国盛,熊仙璧刘福元的执行委员,很多提议将刘洪清交省监委讨论他的党籍问题,并补选新执委与改造常委,选举新的党务委员会(过去有监委未正式组织起来,五个人一个犯了强迫命令,一个是开小差,一个病成聋子,还未好,一个老太婆,并且是候补执委,一个住党校,无法成立监委)。

二、县苏扩大会到了乡一级 14 人,区一级 19 人,县一级 16 人。在这一会议上,由反熊仙璧的斗争,开展到各乡与各区的工作(特别是城市区与国民经济部财政部)。打击了商人似的说话,更具体的讨论了目前几个中心工作(粮食,查田与春耕,检举与肃反,赤少队,发展合作社),并在会议宣布中央开除熊仙璧中央委员,送往法庭的命令。提拔几个新的分子到主席团与各市工作,改组工农检察委员会。但缺点仍是乡区二级说话的少。

这两个会议在事前,为了发动斗争,分配同志与区乡来的谈话,并组织了小组来讨论,这样来发动斗争。

在这两个会议中,为要提拔新干部来改造县委县苏,我们因旧的县委县苏,特别是县委的同志,都是答应不大清楚,问各区也无多大的结果,特别是选举党务委员会的委员,几乎费了一点多钟才勉强选出。

我们在一切会议与工作中所看见党与苏维埃的县区两级干部中,表现两种样子:一种是商人的态度大半数是做生意与有问题的。你批评某一工作与某一个人时,他跟着你一路说一顿,至于进一步的斗争与揭发,那就没有了。另一种是年纪大一点或是很老实的,斗争精神不强,不爱发言,能坚决起来斗争的还是少数。乡一级不敢说话,还是证明在刘洪清熊仙璧等东西统治之下(所提拔的不是相类的东西,便是弄一些老实人做样子,至于积极分子,被他们把持压制下去,这是很清楚的事实)。

于是我们在扩大会后,党决定在开展斗争中,改造各级党部,提拔斗争中的积极分子。苏维埃决定在两月内完成当前中心工作,在检举中来准备由下而上的改选乡区苏维埃，召集县四次代表大会，改选县苏。

8. 改选市委解散市苏

在两个扩大会以后，进行市的检举，开展斗争。首先由新县委召集市的各支部全体党员大会，检查市委工作。区常委对于下层情形不了解，揭发宣传部长贩卖谷子的事件，特别是发觉市委书记过去当过靖卫团，后来查出他是 AB 团被捕入狱，被靖卫团放出去的，改造了市委。

我们到市苏详细检查他们的工作与做生意的原因，认为这般东西，占据市区，简直把苏维埃变成了商人集团，必须解散来教育全苏区的苏维埃工作人员，并将私拿保险金做生意的劳动副部长，经过斗争决定送法庭，召集工人来公审。第二天，由新的县苏主席团决定下令解散市苏维埃，并出布告，通令指定 5 人组织临时区政府，准备在 3 天内召集临时代表大会，成立新市苏，并由县苏派人与临时市苏到各乡村去召集选民大会做报告。

9. 解散机关合作社与改组各合作社

合作社经过我们突击队的检举，大大的发现了私做生意的事，特别是互济会主任袁成文等，假借合作社名义，瞒税出私谷，已将这东西送法庭追究。并发动互济会员与各合作社社员来审查合作社的营业与账目，准备在最近将互济会主任财政副部长及几个假公家名义做私生意的东西，组织全县公审，枪决为首的。在扩大会中，已正式决定解散机关合作社，改组其他有群众股子的合作社，并要国民经济部有计划的在这一运动中来发展与建立真正的合作社，动员广大群众加入合作社。

10. 打击包庇贪污的分子

在新主席团第一次会议时，我们突击队已查出县劳动部的文书又拿保险金回家去做糖的生意。当即询问劳动部长——仁功，他坚决否认有此事，后来拿出证据，并且该部长自己知道，不仅没有立即揭发出来，开展斗争，反而公开包庇，于是在主席团开展斗争，正式决定开除他主席团的委员,撤消其劳动部长的职。

11. 开始到各区进行检举

除了城市区正在大的检举与开展斗争外,党与工农检委的突击队已在里仁区进行检举,已检举出区委宣传部长赌钱,公开包庇 AB 团分子,鼓动打工作团,区委书记消极怠工,跑回家很久不管工作,并在区苏查出几个开小差分子。我们计划在城市合作社与保险金的检举稍结束后,转变我们的突击方法,到各区进行检举,开展斗争。

12. 目前几件中心工作的布置

一、争取粮食运动在最近期内完成。将工作团改组以 2 个工作团(中央土地部,财政部)到潭头梓山由县委县苏抓住段屋寨下面等 3 个区为中心,争取这几个区在最近 10 天内,首先完成公债票土地税,来推动全县其他的区。由县委加强各区的领导具体指示各区的工作,并将刘洪清熊仙璧做生意的事在下面作广大宣传,严重打击奸商富农等反革命,首先发动群众向富农斗争,要他缴谷子来开展收集粮食运动。

二、迅速进行查田春耕运动,这两个工作要联系起来做,特别是对于土地问题解决最差的几个区(如禾丰罗江等)进行突击,首先以中央工农检察工作团到禾丰突击,候潭头粮食运动完成,即调中央土地部的工作团到罗江,其他区县委县苏领导各区进行春耕运动。要在各区乡召集各种会议,动员群众来讨论与进行春耕计划,造成一种广泛的群众运动。

三、肃反与检举。把检举运动开展到各区一直到乡,首先从几个已发生问题的区开始(如里仁潭头梓山禾丰),彻底揭发各种坏现象,洗刷阶级异己分子与坏分子,严厉打击那些包庇反革命与贪污的分子,组织大的群众审判会来审判这些东西,将各级机关的坏东西彻底赶出党与苏维埃机关去,提拔新的积极分子来改造区乡党与政府。在检举中,加紧肃反是不可分离的,继续将各区已捉或未捉的反革命来组织巡回法庭审判,枪决,并检查裁判部的工作,健全与改造工农检察委员会,严厉惩办贪污分子。

四、进行赤少队的突击运动,应由党与政府军事部拟定具体计划,首先以大力整顿扩大靠边区的赤少队(如禾丰黎村等等),纠正抄名字的办法,实际的将组织与训练建立起来,特别是赤色戒严。迅速完成省委省苏所规定的400新战士到独立团,2连模范营到信康配合工作团工作。

四、结论

此次雩都的检举,虽然是很短的时间,但我们已将隐藏很久而未举发的黑幕,将他大大的揭发出来,开始的在县与市二级开展了斗争,洗刷了一批占据党与苏维埃机关的坏分子,初步的改造了县市二级的党与苏维埃机关,枪决了一批反革命,严厉制裁贪污为首的分子,解散了商人分子所把持的市苏,解散了合股公司的冒牌合作社,拘捕了一批假冒合作社名义的偷瞒谷税的为首分子,开始的向区一级进行检举,开展斗争。

但是这一检举与斗争,仅仅是得着初步的成功。雩都的问题,根据上面所检举的事实,几十件反革命的事件,特别是暗藏在党与苏维埃机关内的阶级异己分子,反革命分子,公开作反革命的活动。40件各种各色的贪污案件,由县主席到乡代表六十几个以县委书记为首的大做投机生意,任何工作都落后,这些不可容忍的严重现象,让他继续存在与发展,这些显明的事实是说明雩都问题不是一个简单问题,绝不是某一种错误或是某几个人所犯的个别错误,而是许多坏东西形成有组织的集团活动,这一集团包括是投机商人,机会主义,反革命三种分子。他们是互相勾接,互相为用,并且是上下呼应着,统治了雩都党与苏维埃的领导机关,利用机关的地位与权力来发展私人投机事业,进行反革命的活动,明的或暗的来破坏党与苏维埃与群众的关系,防碍与破坏革命的胜利与发展,事实上是帮助蒋介石对于革命的进攻。

雩都是靠近赣州的县,又是水路交通便利的地方,是我们与白区通商的主要城市,商人的思想与行动是易于影响到我们党内来的。加以商人的利诱与勾接,特别是反革命更可利用这一方式来腐化我们的党员,以及利用这一关系打入我们的党与政权机关以进行反革命的阴谋。党内一部分不坚定无气节的分子,在这引诱与传染中,就溶化为商人了。他们的思想生活,都商人化了,商人的道法学得十足。在雩都大批做投机生意分子,不但会运用商人投机的手段——操纵市场,利用群众股金作周转的资本,私拿公款来发展生意,假冒合作社名义与机关偷漏关税等,而且生活上穿得很整齐,说话很漂亮,但是不说真话,你说什么他说什么,那种圆滑虚伪的商人习气与道德,真是学得活像。雩都几十个负责人做生意的,其中大部分就是这种分子。

反革命分子已经是在城区里仁潭头禾丰岭背黎村等区一级机关内明显的露暴〔暴露〕出来了,虽然我们还没有在更上层发觉以及破坏他的组织,因为时间不够,检举还在开始进行,可是无疑义的,反革命分子是这一集团中的主要脚〔角〕色。最近我得着雩都突击队的报告,因为我们揭开了雩都这一黑幕,使许多反革命不能很好的隐藏,于是连接发生禾丰区委书记区苏副主席与保林区副主席的反水,更可证明这一问题的严重。

投机商人特别是反革命分子,能够占据党与苏维埃的领导机关,正因为雩都党内有一部分机会主义者来掩护与包庇这些分子,在任何斗争中都是表示不坚定,动摇,办事只要〈和〉和平,马马虎虎了事,真是睡在茅坑里不知香和臭的东西,在斗争中都是标本的两面派,这种分子在每次斗争中都表现得很清楚。

这三种分子是互相包庇,相互为用的联合一气,形成有组织的集团,统治了雩都党与苏维埃机关。我们在检举中斗争中没有一次是从他们中得着新的材料与揭发,新的事实问起来都是佯为不知,候你揭发出来——也可照你的话来批评一顿。显见他们是互相依靠为用的。

这一集团在我们检举中,已在上层打破了。投机商人分子已大批的揭发出来了。机会主义只个别的打击与洗刷。反革命分子虽然严厉的制裁了一批,可是都是公开的已破获的。最近虽继续的发觉几个分子还没有彻底破坏其组织,但雩都的反革命问题无疑的是有组织的,并且是这集团中间的支配者。他为了掩盖他们的阴谋与行动,不仅团结一批投机商人的分子在其周围,并特找一批老机会主义者来作他们的掩盖,装门面。目前检举运动最中心的问题,就是要很警觉的去彻底破坏反革命组织,根本的来粉碎这一集团!

雩都在这些东西统治之下,贪污腐化,消极怠工,官僚主义,种种坏分子与恶劣现象,使雩都的机关,形成最肮脏的乱泥坑。目前要继续检举,在党与苏维埃机关去开展反投机商人,与贪污腐化斗争,反机会主义的斗争,来彻底洗刷投机商人者机会主义者及一切肮脏东西出党与苏维埃机关,积极提拔在斗争中最积极的新的下层分子到党与苏维埃机关,改造这些机关,开展斗争彻底转变雩都的工作。

现在雩都县与市的党与苏维埃机关虽已初步改造,但是能力很弱,还有一部分老的分子留在指导机关内,并且继续发觉这些分子中仍有坏分子存在(如新县委的组织部长高兴赞私拿保险金贩米谷)。为了继续开展检举运动与斗争到各区乡去,以及彻底来改造雩都党与苏维埃机关,消灭雩都落后现象,开展各种工作,除了我们的突击队继续进行检举外,必须要求中央各方面在这一时候要加强力量到雩都去开展斗争,特别是粤赣省委省苏,更要直接加强对于雩都的领导,这是在目前十分必要的。

雩都问题不仅要我们认识这一问题的性质与严重性,不仅要我们抓紧雩都的问题去彻底进行检举,开展斗争,来改造雩都党与政权机关,来教育雩都广大的党员与工农群众,而且我们应该由雩都的教训,提起我们无产阶级的警觉性,去揭发其他各县隐藏着的同一黑幕。当然不是说各地都如雩都一样,而是说雩都揭发的这些黑幕中之一部或几部,在其他地方,特别是边区与通商地区,是有可能发生的。雩都不过是我们中央苏区中这些现象的总合与最标本的例子。我们党与苏维埃政府应当抓紧雩都问题,来警觉与教育全苏区的党员与政府工作人员,特别是党的监委与党委政府的工农检查会很警觉的抓紧零都问题,到各地,特别是边县与靠近通商的县区进行检举,揭发那些地方的同样隐藏的黑幕,开展党与群众中斗争,来为党的路线与争取苏维埃新中国胜利而斗争,这一斗争的开展,是目前彻底粉碎敌人五次"围剿"中必要的胜利保证。

—完—

(录自 1934 年 3 月 29 日出版的《红色中华》第 168 期第 5—9 版)

红五月消灭文盲运动总检阅政治试验

（1934 年 3 月 31 日）

1. 消灭文盲是消灭哪个人吗？还是怎样？

2. 什么人是文盲？

3. 消灭文盲协会是什么组织？

4. 哪些人才可入会？

5. 会员要做什么工作？

6. 要用经过什么组织及工作方式才能消灭你的文盲？

7. 不消灭你文盲有什么害处？

8. 消灭了文盲有什么益处？

以上 8 条是试验能写普通信件及短篇墙报的人用的，此件三四县临时干事会或县教育及给每乡每区发一张做材料，并不是每人发一张，但试验人须告诉各人自带纸笔墨，我们只把问题写在黑板上或纸上，由各人照问题答写在纸上。

一、消灭文盲是消灭哪些人（　　　）

二、不识字不能看写普通信件的是文盲吗（　　　）

三、消灭文盲协会凡有〔是〕苏维埃公民都可加入，但地主富农在不违犯苏维埃法令条件之下方可以加入（　　　）

四、会员的工作是负责教育或学习（　　　）

五、消灭文盲协会是工人和农【民】的组织（　　　）

六、文盲是光眼的瞎子（　　　）

七、只有大家努力的到补习学校及识字组去学习才能消灭文盲（　　　）

八、学会了看写普通信及做墙报就不是文盲了（　　　）

而不会看字的人□□□□□□□□□□到后须发动会员及群众首先拿纸或钱去买纸,由乡协会指定能写字的人写好,到检阅时发给各会员及群众去填,对的在( )内打圈,不对的在( )内打×。

红五月消灭文盲运动总检阅工作大纲

我们认为团中央与中央教育人民委员部关于"红五月(5月15到5月30日)消灭文盲运动总检阅"的决定是万分必要的,因此我们为要彻底的完成这一决定,更进一步的去改善消灭文盲协会工作,更快的消灭广大群众的文盲,提高工农群众的文化水平和政治水平,为鼓动革命的战斗力起见,特现定下列的具体办法来进行这一项的总检阅:

(一)过去省县会组织的(尤其是乡村)各级教育必须协同各群众团体(对文化工作有关系的)讨论立即执行具体的方法,领导乡教育委员会发动群众起来建立协会组织,同时区教育部须经常具体的指示与帮助,领导乡教委会去动员全乡一切文化团【体】,使群众加入协会,并须立即编好小组,每一小组即成立识字班或夜学校、半日学校,开始识字工作。另一方面须将原有的补习学校及识【字】组整理起来,征求这些学生加入协会,以按新章程组织消灭文盲小组,区应抓住一个乡或一个村的夜学识字组为中【心】,创造该校及识字组工作模范。

以前没有夜学及各种补习学校、识字组等组织的地方,在4月底应该协同全乡各团体(赤少队、工会、妇女代表会等),在每个团体的基本单位内至少须建立一个有经常识字工作【的】识字小组(这小组要尽量吸收团体外的群众来识字),并共同建立一个夜校。同时须注意消灭干部的文盲,我们4月底须把各级机关内协会组织建立完善,并且须编好识字组进行识字工作。

(二)现有补习夜学及识字组协会组织的地方,如兴国、博生、长胜、洛口及瑞京等处,应首先把现在协会的组织方式转变(照现发来的新章程),加强对各补习学校及识字组的领导,将原有的补习学校及识字组(现在停止了工作的)一律整理起来,动员原有的学生及组员经常到课学习,但须按照每人的生活情形,利用休息时间去进行教育,绝对不得呆板式的规定时【间】,以妨碍了生产时间。

（三）今年的总检阅是为着转变协会工作、扩大协会组织、总结几年来消灭文盲工作的成绩及经验等,我们在未开始以前就须吸收对消灭文盲工作有兴趣的同志建立宣传队,经常到各县群众大会上或利用挨户宣传方式进行解释总检阅的意义,在这解释中须注意动员没有加入协会的群众加入协会,在这个月内应动员到 50 万的群众入会,同时还须动员各会员及群众自动募捐买奖品,准备给优胜者,并作消灭文盲协会的经费。

1. 在未检阅前,县必须计划抓住比较有基础的某区,区须计划抓住某乡,去开始进行准备的检阅,把这一区乡检阅经验得着后,再推广到其他区乡。

2. 建立评判会,区 5 人至 7 人,乡 3 人至 9 人组织之。建立了评判会后,评判会应准备布置检阅场,而在负责检查时的评判以及事后的结论。

3. 首先是由乡检阅,开始乡检阅时应动员会员及群众积极参加,发动那些过去不识一个字号的,而现在已经识字甚至能看普通文件的同志出来,向群众尤其是向那些不识字【的群众】报告他学习的经验及成绩,同时即举行大规模的征求会员,而且发动每个会员介绍新会员若干,每个小组发展新会员若干,可以组织限期的竞赛。

4. 在乡的检阅须把各人的成绩及整个的工作经验总结起来,并推选举那些工作好的先进分子去参加区的检阅（大的乡 15 人以上,小的乡 10 人以上）,在区检阅时,须把各乡派来的人的成绩及各乡整个的工作经验与弱点指示出来,并奖励那些有成绩的乡及小组或最有成绩的个人（奖品用旗子、徽章或识字课本等）。各区检阅的结果应立即报县教育部的干事会以及县教育部,以便报省及中央（限 6 月 15【日】寄至中央教育部及协会中央临【时】干事会）。关于下列的数目字,须照下面附【表】来制好一表,将数目填入表格内。

5.5 月 15 至 5 月 30 日必须将各县的协会的干事会成立,以便在

6 月底以前成立省协会的正式干事会。

6. 检阅项目（以乡为单位）

（1）能认写 100 字的多少？

（2）能认写 200 字的多少？

（3）能写普通文件及短篇墙报共有多少？

（4）能阅读红中报①的多少？

（5）能认识革命标语口号，但不会写字的多少？

（6）现在还有多少完全不认识字的？

（7）这样的成绩是怎样得来的？

（8）政治问答（政治试验问题——附录）。

（9）宣布本乡暴动〈后〉以前不识字的人之中产生出来革命干部，现在能够识字读报的大概人数？

附：群众文化程度统计表

（说明）革命前革命后是指大概的数目。

（一）文盲是不能写普通信件的，非文盲是能写普通信件的。

总检阅方式及项目：

		男	女	总共统计
文盲	完全不识字的多少？			
	能写些字不能看写普通文件的多少？			
非文盲	革命前学到多少？			
	革命后学的多少？			
会员	多少非文盲？			
	文盲多少？			

---

① 此处"红中报"似为《红色中华》。——本文库编者注。

　　附:此件只发至县止,但各〈级〉县协会或县教育部必须立即的讨论,深入到区乡去,使区乡能执行的具体的办法,最好是把这一大纲委托【从】县一级各机关出发的巡视员及本教育部的巡视员等,到区乡应传达以及帮助执行。

消灭文盲协会中央临时干事总会

3 月 31 日

广昌县教育部翻印

4 月 10 日

（根据中共江西省委党史研究室资料处藏件刊印）

中央审计委员会
稽核瑞金经济开支的总结

（1934 年 3 月 31 日）

我们稽核瑞金最近几个月一般的财政状况，认为他们反浪费斗争已得到很大成绩，拿数目字来讲，去年 10 月全县用 7466 元，今年 2 月减到 4616.1【元】，节省五分之二强。县苏本身去年 10 月用 2444.2 元，今年 2 月减到 749.4【元】，节省三分之二强。3 月份造来的预算除食米外，县区乡行政经费共 1766【元】，县苏本身只 329.5【元】，总计达到三成经费的节省（比 2 月份）。同时在节省过程中，县区工作都有进步，县苏从前 300 人的，现已达到 104 人，有些区从前五六十人，现亦作到大区 30 人小区 22 人，因执行集中指导与个人负责制有了新的转变，工作反而紧张起来了。这证明人委会为着提高劳动纪律，增加工作效能，来重新规定工作人员数目，开展节省运动之完全正确。瑞金县苏坚决执行这一指示，是值得赞扬的。

2 月份瑞金在节省过程中缴回剩余谷子 30 多石，内县苏本身 19 石，这证明瑞金工作人员已能够涓滴归公。他们响应《红中》的节省号召，进行自带伙食和减吃 2 两米等，也已有了成绩，据他们初步统计，县苏本身已有 80 余人自带伙食。

这一成绩是与他们在党和中央政府直接领导底下，积极执行了完成和超过扩大红军、收集粮食、赤少队等突击运动，是有互相关联的。这就是说：谁能坚决执行党和政府的正确策略，谁就在各个战线上达到应有成绩。

虽然有了上列成绩,但工作上还有不少缺点:

一、县苏本身豫〔预〕算制度相当建立了,但区一级虽有决算,而豫〔预〕算是县苏代做的,没有发扬区级工作同志对于执行财政政策的积极性,节省运动也还未有深入到区乡去,区乡节省的百分比,还不及县苏本身的数字,节省的政治宣传也做得不够,除裁减人员外,对于各项开支,还未有发动群众的积极性自觉做到更多创造的光荣例子。

二、裁减人员未有更好的联系到改善工作方式和增加工作效能,虽人人有工做,仍未免有人力浪费和分配不得其当的缺点。

三、检举贪污浪费,追缴贪污款子达 6000 多元,但未有把发生贪污的根源(如官僚主义的领导方式,豪绅地主阶级恶报性的遗留,与阶级异己分子隐藏在苏维埃做经济破坏等等)和防止贪污的方法(如建立正确会计制度,号召工农学习管理自己财政,和群众审查监督财政等等),来教育广大群众,造成群众运动的热潮。因此,反贪污斗争只限于几个区发展,不能使一切贪污分子都被检举,更难保证贪污现象不继续发生。

四、县审计委员会虽然成立了并开始了查账工作,且各区都有经济审查委员会的组织,便在审核豫〔预〕决算上,深入节省运动上,起的积极作用还很小。我们要求瑞金负责同志更深刻的从实际工作中补救这些缺点,创造出有效的方法,使瑞金真正成为财政上的模范。

(3 月 31 日)

(录自 1934 年 4 月 5 日出版的《红色中华》第 171 期第 3 版)

消灭文盲协会章程①

（1934 年 3 月）

消灭文盲，提高广大劳动群众的文化水平和政治水平，这是苏维埃革命的重大任务之一。苏维埃革命进展中，已经产生了许多工农干部，三五年前一个字不识的人，现在能够看文件，能够在县区苏维埃负责工作，甚至省苏维埃里也有这样的同志了。这是中国苏维埃文化革命的伟大胜利，虽然这样，新干部还是很少。

本来工农在地主资本家的剥削压迫之下，不能够有系统的学习，不能够在文化上充分的发展；大多数人在革命中，无时无刻不感觉到文化程度不够的痛苦。列宁曾经说过："不识字的人是同政治隔离的"。革命战争的剧烈战斗，使得我们更加急迫的要识字需要知识，这也是我们粉碎敌人的武器。

因此，为着最大多数工农群众的学习识字和取得最低限度的常识起见，为着发展成年劳动者有系统的补习教育起见，我们组织了消灭文盲协会。不过，以前本会的章程草案与我们的工作大不适宜。例如，各级协会的成立，需要极繁难的手续，复杂的形式，而同时，并没有规定各级协会的具体工作。所以本会特宣布以前的章程草案作废，重新规定本会章程。

---

① 1934 年 3 月消灭文盲协会临时中央干事总会重订，教育人民委员部批准。——本文库编者注。

第一章　总纲

第一条　本会在广大群众的迫切要求及教育人民委员部的领导之下,已组织广大群众实行消灭文盲为任务。

第二章　会员资格及任务

第二条　凡是赞成本会宗旨愿负责为本会工作执行本会决议的苏维埃公民,皆可加入本会。会费采取自由捐的办法,及会员入会时,自己约定每月交纳会费若干,不交纳亦可。非苏维埃公民(剥夺选举权的)经分会建议和区协会干事会同意之后,亦得加入,但必须积极为协会工作,并不违反苏维埃法令。

第三条　每个会员的任务是负责教育或学习文字和常识。非文盲的会员,应当帮助识字班夜校等工作,如有不能担任教员者,则至少也要负责宣传消灭文盲运动,或按照他的生活工作情形,由他自己在入会时正式认定消灭文盲协会的某种工作。文盲的会员,则在加入协会后,必须加入某种补习学校或识字班学习。对不肯执行上述的一种工作的会员,须发动会员群众同他斗争,甚至可以取消他的会员资格:

第三章　各协会的组织系统及人员分工

第四条　本会以村协会为基本组织。村协会之下,分为若干消灭文盲小组,每个小组同时就应当是一个识字班或夜学校或半日学校。

第五条　村协会设干事会,其干事即由各识字班各补习学校所选举的组长充任,并互选一人为主任。乡协会的干事会由村分会的主任联合组织之,并互选一人为主任。村和乡的协会须定期召集会员大会,检查工作和研究经验。

第六条　区县省的协会机关各由下一级主任联席会选举干事会成立之。例如区可召集乡,有可能时召集村及小组长的联席会议,选举干事会执行区协会的工作,省县也可同样(各级干事人数,照依工作的需要决定)。各级干事会各设主任一人,必须能实际负责担任协会工作的人员充任。区协会主任,最好是区教育委员会的委员,而不脱离生产。县协会常驻一人办公,大的省三人,小的省二人常驻。

第七条　各机关及团体(政府党团工会少队等)内所建立的消灭文盲小组,亦同时即为识字班或夜校。每级设立一干事会,其干事即以组长充任,而选举一人为主任。(组织系统参看附表)

第八条　遇必要时,县省中央得召集消灭文盲协会代表会,其组织及选举方法临时规定之。

第四章　经费

第九条　各机关及各个团体的识字班及补习学校的经费,概由他们自备。但补习学校的用具(如黑板桌凳等)无法解决时在不妨碍列小工作原则之下,可借用列小学校的用具。如果油灯费不够时,由各团体(合作社工会等)的文化基金津贴一部分。

第十条　省县中央协会的常驻人员生活费及办公费印刷费等,大部分是依靠本会会员所交的会费(即会员的每月自由捐)以及群众团体筹助的款项开支。此外当在群众中举行定期的募捐运动。如仍不够开支时,可向教育部领取少数津贴,但不应完全依靠教育部供给。

附注

(一)省县干事会的干事,除第五条规定的常驻人员外,其他干事须不脱离生产的人员兼任,各干事由干事会决定适当的分工。

(二)省以下,只须设立组织巡视两科。组织科管理发展会员,综合下级经验,并调查消灭文盲的成绩、缺点,编制各种统计。巡视科管理检阅工作,综合巡视员的报告,分配巡视员的工作。中央除这两科外,另设编审科。

（三）各级协会的巡视员,是吸收各机关各团体的巡视员,及干事会的干事兼任,不得开支常驻伙食及其他用费,同时县以上的协会,可以委托同级教育部的巡视员去巡视。

附录

协会组织系统表

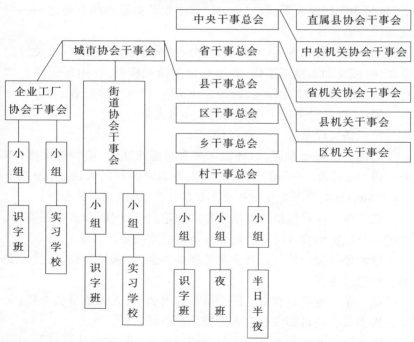

（录自《苏区教育资料选编 1929—1934》,
江西人民出版社 1981 年版,第 183—187 页）

苏维埃大学简章

（1934 年 3、4 月间）

第一条　苏维埃大学,以造就苏维埃建设的各项高级干部为任务,定名为沈泽民大学,以纪念中国苏维埃革命运动的领袖之一——沈泽民同志。

第二条　凡年在 16 岁以上,不分种族、性别,曾在政权机关或群众团体,或党和团负责工作,有半年以上而积极的,在边区积极参加过革命斗争的,其文化程度,能看普通文件,均有入学资格。

附注:在各种突击工作有成绩者亦可入学。

第三条　设本科、予〔预〕科两部。

第四条　修业期限,以环境需要和可能来决定,但最低限度,本科不得少于半年,予〔预〕科部随学生入学时的程度来决定,设立予〔预〕科的目的,是要对文化程度不足的学生,给以补习的教育。

第五条　课程包括苏维埃工作的理论、实际问题和实习三项,其中的百分比例照修业时间长短和环境需要来决定。

第六条　设校长一人及大学管理委员会,以领导全校,校长为委员会的当然主任。

第七条　校长由教育人民委员部提出名单,人民委员会委任,大学管理委员会委员则由教育人民委员部委任之。

第八条　在校长及管理委员会监督之下,设立"学生公社",由全体学生大会选举干事会领导之。

第九条　在校长和管理委员会指导监督之下,设校务、教务二处,校务处管理全校一切行政事宜,教务处管理一切教务及训育事宜。

第十条　教员分正教员、副教员,正教员负各科目领导的责任,副教员帮助正教员搜集教材,编辑提纲及【准】备学生质问并检查学生的学习。

第十一条　学费、膳费、书籍纸笔费,由学校支给,被服及其他日常用品(如碗筷等等)由学生自备。

第十二条　为要生活军事化,全校工作人员、学生均得加入赤卫军,进行经常的军事教育。

第十三条　本章程如有未尽善的地方,得由教育人民委员部随时酌【改】提交人民委员会审定之。

(录自《苏区教育资料选编 1929—1934》,

江西人民出版社 1981 年版,第 150—151 页)

中央农业学校简章^①

（1934 年 3、4 月间）

第一条　为着苏维埃农业建设的需要建立中央农业学校，执行左列任务：

一、培养农业建设中下级【干】部。

二、搜集苏区农民群众经验和农事试验场的经验，加以科学的整理，广泛进行一般农业技术传播。

三、与土地人民委员部建设局发生亲密的联系，计划苏区的农业建设。

第二条　根据第一条的任务，中央农业学校（简称农校）附属农事试验场及农产品展览所，进行以下的工作：

一、农事试验场和农产品展览所试验和研究的结果，定期的临时的向全苏区农民群众作报告。

二、随时注意纠正苏区农民群众对于农作上方法的错误，用来教育群众同时教育学生。

三、搜集选择优良的农作物种子经过试验场的试验，将所得的经验发动群众进行育种，以供给苏区各种优良的种子。

四、关于主要农作物的病害、虫害的予〔预〕防法及临时消灭法，利用农民的经验和苏区物质条件之可能，决定具体的办法，随时向群众作报告。

---

① 1934 年 3、4 月间教育人民委员部订定。——本文库编者注。

五、调查苏区主要的农作物制成简明的耕种与收获日历公布之。

六、经过试验场展览所从实际方面给学生以必要的农业知识。

第三条　农事试验场和农产品展览所一方面供给学生学习之用,另一方面准备各种优良的品种及优良的栽培方法,尽可能供给农民群众采用。

第四条　农校设本科、予〔预〕科及教员研究班。本科一年毕业,在需要条件之下得以缩短或延长。予科修业两个月。教员研究班无定期。

第五条　本科课程和教法如左:

一、政治常识:最基本的政治常识及苏维埃建设的实际问题。

二、科学常识:气候常识,植物生理和病理常识,简易测量和算术常识。

三、及〔以〕实习为中心学习以下的农业知识:

1. 苏区主要农作物栽培法、育种法。

2. 苏区现有的主要肥料的制造、保存和施用法。

3. 主要农作物的虫害、病害的予〔预〕防和消灭的方法。

4. 农业经营法,尤其是节省土地、肥料、劳动力的方法。

5. 作物概论。

6. 土壤改良法。

7. 农产品简单的制造及保存法。

第六条　予〔预〕科从实习中准备农业简单常识,和农业上必要的文字和算术。

第七条　教员研究班以教员组织之。用科学实验的方法,根据苏区的经济条件,具体的研究苏区的农业。

第八条　学生入校手续和工作分配如左:

一、农民和农业工人,及有志愿学习农业【的】公民,年龄在16岁以上32岁以下,有决心学习的不分性别【均】有入学资格。

二、入校,由土地人民委员部介绍;毕业,交土地人民委员部分配工作。

第九条　设校长一人主持全校事务。由教育人民委员部委任之。学校的管理，直接受教育人民委员部管理。——在校长领导之下设管理委员会，以校长为当然主任，其余委员，由教育人民委员部和土地人民委员部委任之。

第十条　在校长领导之下，设立学生公社，由全体学生大会选举委员会领导之。

第十一条　全体学生和工作人员加入赤卫军、少先队，进行经常的军事训练。

第十二条　本简章由教育人民委员部和土地人民委员部共同颁布之，如有要修改之处，校长和管理委员会均得提出意见，由教育人民委员部和土地人民委员部共同审核修改之。

（录自《苏区教育资料选编1929—1934》，
江西人民出版社1981年版，第143—145页）

高级师范学校简章①

（1934 年 3、4 月间）

第一条　高级师范学校的任务如左：

一、培养目前实际上急需的初级及短期师范学校教员、训练班教员及社会教育与普通教育的高级干部。

二、用马克思主义唯物辩证法的教育方法，来批评传统的教育理论与实际，培养中小学校的教员，以建立苏维埃教育的真实基础。

三、利用附属小学校，与成人补习学校，进行实习，以实验我们苏维埃新的教育方法。

第二条　以学习关于教育文化的专门知识为原则，但在目前急需干部，而学生又缺乏普通教育基础的条件之下，仍以综合教学为主要部分，只在某些必要条件之下，才分科。

第三条　学科大概分为教育学、教育行政、社会政治科学、自然科学及国文文法（课程另订）。教学时间的比例，按修业期限的长短和环境需要来决定，但政治工作、教育实习和科学实验在任何条件之下，都不可放松。

第四条　修业期限以一年为标准，按战争环境需要伸缩之，但最低限度，不得少于 6 个月。

第五条　学生以能看普通文件的工农劳动群众为原则，但劳动妇女不限定识字，另设予〔预〕科教育之。旧的知识分子，确有相当知

---

①　1934 年 3、4 月间教育人民委员部订定。——本文库编者注。

识技能可在短期间训练成就的，只要他们愿为苏维埃服务，另设教员班训练之，并得同时任本校副教员。

第六条　设校长及管理委员会，为学校最高领导机关；校长为管理委员会当然主任，校长及其他委员，由教育人民委员部委任之。

第七条　校务，教务，各设一专员，由校长委任之。

第八条　为着学生自己管理自己，及进行社会工作，在校长和管理委员会监督之下，设立"学生公社"，由全体学生大会选举干事会领导之。

第九条　为着学校军事化，全体工作人员和学生，均得加入赤卫军进行经常的军事训练。

第十条　附设小学校，并参加附近的夜校识字班补习学校工作，以便实验苏维埃新的教育方法，同时要领导学校附近的农村工场的教育，以取得实际经验。

第十一条　学生不收学膳书籍等费，被服及其他日常用品，由学生自备。

第十二条　本简章，由教育人民委员部颁布之，如有要修改之时，校长或管理委员会，得提出意见，由教育人民委员部审核修改之。

（录自《苏区教育资料选编 1929—1934》，
江西人民出版社 1981 年版，第 220—221 页）

初级师范学校简章①

（1934 年 3、4 月间）

第一条　初级师范，以养成能用新的方法，从事实际的儿童教育及社会教育的干部为任务。

第二条　学习小学五年课程的教授法、小学组织与设备、社会教育问题、教授方法总论、教育行政概论、政治常识与自然科学的常识，均以实际问题为中心，在可能条件之下，仍教学一般基础理论。当以百分之三十的时间，从事于实际问题的讨论、教学的实习和社会工作。

第三条　修业时间，以 6 个月为标准，得按照环境伸缩之，但最低限度，不得少于 3 个月。

第四条　学生资格，以能看普通文件的工农劳动者，在政治上积极的为原则，但收劳动妇女，不限制文化程度，收旧的知识分子，必须有相当的文化水平，而愿为苏维埃服务的。

第五条　设校长一人及管理委员会，为学校最高的领导机关，校长为当然主任，校长及其他委员，由省教育部委任之，并报告教育人民委员部存案。

第六条　校务、教务，均须有专人负责。由校长委任之，但学生在 100 名以下的，可由教员兼任。

第七条　为着学生自己管理自己，及进行社会工作，在管理委员

---

①　1934 年 3、4 月间教育人民委员部订定。——本文库编者注。

会和校长监督之下,设立"学生公社",由学生大会选举干事会领导之。

第八条　为着实行军事化,全体工作人员和学生,均得加入赤卫军进行经常的军事训练。

第九条　学生不收学膳费与书籍费,被服及其他日常用品,由学生自备。

(录自《苏区教育资料选编 1929—1934》,
江西人民出版社 1981 年版,第 218—219 页)

短期师范学校简章①

（1934年3、4月间）

第一条　短期师范，以迅速养成教育干部及小学教员为任务。

第二条　课程以小学五年课程的教授原则、小学管理法、社会教育问题为主，此外必须学习教育行政略论、政治常识及科学常识。学习时间之百分之三十当从事小学教授的实习及社会工作。

第三条　修业时间以三个月为标准，得照环境伸缩之，但最低限度，不得少于两个月。

第四条　学生资格，以能了解小学前三年的全部教科书，而政治上积极者为原则，但劳动妇女可不限制文化程度（程度太低而政治上确甚积极者，亦得收纳，并特别增加一个月补习时间）。旧知识分子，的确愿意为苏维埃服务者，方得收纳。

第五条　设校长一人，管理全校事务。由省或县教育部委任之，并报告教育人民委员部存案。

第六条　校务教务均须有专人负责，由校长委任之，但学生在100名以下时，应由教员兼任。

第七条　在校长监督之下，设立学生公社，由学生大会选举干事会领导之。

第八条　为着实行军事化，全校教职员及学生均须加入赤卫军进行经常的军事训练。

---

①　1934年3、4月间教育人民委员部订定。——本文库编者注。

第九条　学生不收学费、膳费与书籍费，被服及其他日常用品概由学生自备。

（录自《苏区教育资料选编 1929—1934》，
江西人民出版社 1981 年版，第 216—217 页）

小学教员训练班简章[①]
（1934 年 3、4 月间）

第一条　小学教员训练班，以只在寒假暑假期间开办为原则，专收现任或将任列宁小学教员者为学生。

第二条　学生文化程度以能看前三册小学教科书为原则，男女兼收，首先当收工农分子，但忠实于苏维埃的旧知识分子，亦得收纳。

第三条　课目，以小学管理法及小学五年教科书为主，注重小学教育的实习批评会的工作，并须讨论社会教育问题及政治问题。

第四条　训练班，设校长一人，由县教育部委任之；在校长指导之下，由学生组织"学生公社"，选举干事会，管理学生的日常生活。

第五条　学生不收学费，伙食费以自备为原则，一切日常用品，概由学生自备。

（录自《苏区教育资料选编 1929—1934》，

江西人民出版社 1981 年版，第 215 页）

[①]　1934 年 3、4 月间教育人民委员部订定。——本文库编者注。

1. 校长一人,由教育人民委员部委任领导全校工作。

2. 管理委员会五人,由教育人民委员部委任,协助校长的工作,讨论全校重要问题。

3. 校长之下设教务及校务两处:

一、教务处

计划分配各科教育工作,经常检查学生成绩,领导训育工作。

二、校务处

分设文书科与管理科,进行各种事务工作。

4. 教员:

一、正教员,教授各种专门技术与理论。

二、助教员,教授各种初步技术,并指导学生课外教育。

(九)本校章程若有不当的地方,得由中央教育人民委员部增订或修改。

(录自《苏区教育资料选编 1929—1934》,
江西人民出版社 1981 年版,第 146—148 页)

短期职业中学试办章程①

（1934 年 3、4 月间）

（一）职业中学以完成青年的义务教育，使能了解马克思列宁主义的最低限度常识，及实际的生产劳动之一种为任务。

（二）13 岁至 16 岁为职业中学的年龄，中学年限应为四年。但暂时先试办一年至两年毕业的短期中学，以适应极紧张的革命战争的需要。因此，年龄也可变通为 13 岁至 18 岁。

（三）短期职业中学的课程，分为社会科学、自然科学、某种技术及文字课目四项，生产技术必须占课目百分之四十以上，社会科学（政治常识等）——百分之十五，自然科学（数学在内）——百分之二十，文字课——百分之十五，其他（学术政治讲演社会工作等……）——百分之十。

（四）职业中学的设备，必须适应生产技术实习的需要，例如农业中学，要靠近农村或红军公田，棉业中学要靠近棉田，纺织业中学要靠近机织工场等。

（五）短期职业中学，设校长一人，副校长一人，由县教育部委任。经费亦归县教育部负责。（注：省教育部亦得直接办理短期职业中学。）

（六）职业中学，设校务教务二处，由正副校长分别兼任之，校务处管理全校一切行政事宜，教务处管理一切教务及训育事宜。

---

① 1934 年 3、4 月间教育人民委员部订定。——本文库编者注。

中华苏维埃共和国中央司法人民委员部命令
（中字第三号）
——关于剥夺抚恤权的问题
（1934 年 4 月 1 日）

过去对享有抚恤权的残废员,犯了罪是否剥夺抚恤权的问题,没有明确的规定,因此各裁判机关的判决也不一致,现特作以下的决定:

（一）享有抚恤权的残废员,如犯了反革命罪,则法庭可判决永远剥夺他的抚恤权。

（二）享有抚恤权的残废员,如犯了普通的刑事罪,则在执行判决——监禁或苦工——期间可停止他的抚恤权,刑期满后,则仍恢复他的抚恤权。

（三）法庭判决剥夺或暂时停止抚恤权的案件之后,必须通知当地的内务部和□抚恤委员会及当地分会,使他们知□什么人剥夺了抚恤权。同时法庭必须将残废员的抚恤证收回,送当地内务部或抚恤委员会。

司法人民委员　梁柏台

（根据中共江西省委党史研究室资料处藏件刊印）

中央审计委员会检查互济会
反帝拥苏同盟财政收支的总结

（1934 年 4 月 1 日）

互济总会：互济会的财政状况　有下列严重缺点：

一、拿救济费做机关开支，总会 1 月份决算，共收大洋 1157 元多，内会费只 4 元 4 角 6 分，付出大洋 1501 元，内机关行政费占 308 元 5【角】，2 月份决算机关行政费用去 270 元 6【角】，而会费收入也只 4 元多。又据福建省苏审计委员会检查该省互济会从去年 8 月至今年 2 月，共开支机关行政费大洋 1074 元 4 角，而收入除各种募捐外，会费仅收到 3 元 8 角 4【分】，总会与福建分会如此，其他省县可想而知。很明显的互济会不仅没有拿会费的大部或一部分来做救济事业，反而把群众为着某种事件，热烈的捐助款项，因为经过互济会之手而做了他们本身机关开支，这是绝对不可容许的事。

二、会费一榻〔塌〕糊涂：据总会负责人报告，全苏区会员有 46 万多，平均能收百分之四十的会费（说是各省的报告），且不讲不止收这些，就算百分之四十，每人收两片，每月该有 368000 片，合大洋 1120 多元，这些钱哪里去了？总会不晓，也没有企图去晓得，照福建的情形，省会与总会是一样。自然这里面包含着很大的贪污，福建省会就发现了司务长与宣传部陈道雄的贪污浪费的事件，可是互济会的主要负责人没理会这件"小事"，反正他们手里有钱可以自由使用，这里明显的表现出官僚主义的领导。

三、各种捐款没去检查：除总会号召募捐的，如援助东北义勇军和援助德国反法西【斯】工人的款子有数外（是否实际检查过还是问题），其他募捐如慰劳红军、救济难民等，经过互济会的，总会全然不晓，下级也没有报告。福建省苏审委会检查该省互济会"去年 8 月至今年 2 月共收有各种募捐除被用去仍存大洋 1470 元"，这些数字，总会似乎是不知道。这是一个最严重不过的问题。

四、开支项目的不适当：机关的开支，是为着要达到该机关的目的，互济会在总的革命任务之下，有他自己的行动纲领，他应该拿反对白色恐怖援助革命来团结群众，特别是边区及苏区附近的白区遭受白色摧残的地方；可是总会 1 月 2 月的决算中，找不出宣传费，虽然宣传部有两个工作人员，至于深入边区及附近的白区去做宣传和救济的工作，更不消说得。在经济开支里面看不出这些工作的具体表现。就办公费方面来说，拿人数和其他行政费作比，也用得多些。

由上所述，互济会工作尚在严重状态中，怎样转变呢？

第一，要认清互济会本身的特别任务，为要达到他的任务来检查各级的用费和捐款，使所有款子都用在发展工作和救济事业上。为要达到他的任务来进行征收月费运动，造成反对白色恐怖援助革命的热烈空气，使每个会员为着反对白色恐怖参加革命战争而缴纳月费，这样机关中的宣传组织救济巡视等人员才联系着工作起来，同时财政系统也能建立起来。

第二，建立各级会计制度，收款支款和经手的救济款项，都要有详细的计算和检查，发动会员群众来监督款项的保管和检查用途，捐助款绝对禁止做机关的开支，月费也应做到大部用在救济事业。关于保管，如援助义军援助德国工人等款，在未寄出前，绝对不准挪移，去年秋募集的七八千石谷子，要有计划的保管。至于各级办公费的节省，以及检举和防止贪污事件，总会均要有计划的立刻开始执行。像目前任其自然的状态，是再也不能容许其存在了。

反帝拥苏同盟：反帝拥苏收月费工作比互济会好些，江西省盟未成立前，公略、兴国、博生、胜利等县盟月费为总盟主要收入，省盟成立后，红军、兵工厂等 1、2 两月交到总盟的月费，还有 229 元多。不过总盟对于月费，也是任其自然，据称有 40 万会员，月收一片，全收有 1300 多元，折半也有六七百元，他们没去整理，只靠中府津贴和红军月费来开支。最近才检查出粤赣省门岑县一只区主任贪污 30 多元，西江一只区主任贪污了十六七元，砂星区一只区主任贪污 3 吊多钱，又前主任贪污百多毛，赤鹅区主任贪污 4 元，梅坑区一只乡主任贪污百多毛，都是贪污了月费。可惜他们没把检查月费和反帝拥苏工作联系起来，用宣传鼓动提高会员反帝拥苏的热忱，来开展节省，收月费及扩大战争运动，他们 2 月份决算宣传费只 7 角 5 分，占开支总数二百五十分之一，这是一个的大的缺点。

总盟与各级分盟关系没建立好，粤赣福建要总盟去钱津贴，会计制度一般的未建立起来，总盟本身开支也还有浪费。在目前节省经济来帮助战争的任务下，反帝拥苏应做到停止政府津贴，实行经费自给。

（4 月 1 日）

（录自 1934 年 4 月 7 日出版的《红色中华》第 172 期第 3 版）

中央工农检察委员会训令
（检字第二号）
——继续开展检举运动
（1934 年 4 月 2 日）

在目前粉碎敌人五次"围剿"的决战，已到了最紧张最尖锐的决定最后胜负的阶段〔段〕。这一决战的胜负，有决定中国苏维埃革命的发展与胜利的重要意义。这个时候，动员与领导全苏区的工农劳苦群众加入决战，巩固与扩大红军，动员与集中一切力量与资源，为着战争前线的胜利，来争取彻底与完全的粉碎五次"围剿"的全部胜利，这是我们当前最战斗的紧迫任务。

我们各级苏维埃为了执行与完成这一最光荣的历史的伟大任务，就要最高度的提高我们的工作能力，改善一切工作方法，紧张我们的工作速度，正确的实施一切政策与法令，使苏维埃与千百万工农劳苦群众更亲密的联系起来，这样来领导和执行当前的一切战斗任务。

在这一最战斗的紧急任务之下，一切工作中不好的现象和坏的分子都要妨碍任务的实现，影响战争的胜利，尤其要警觉的苏区内阶级异己分子与反革命，他们不仅在下面更加积极活动，以与敌人进攻相呼应，而且必然的用各种方法混入苏维埃机关，直接的来进行反革命的阴谋，因此，为了保障目前一切战斗任务的实现，为了使一切工作围绕于战争任务的周围，必须坚决的反对一切防〔妨〕碍任务实行，削弱战争力量的现象与行为，扫除我们工作中的障碍，中央工农检察委员会为执行这一战斗的紧急任务,决定继续在各地开展检举运动。

继续检举运动,主要的是反对对于目前一切战斗任务的消极怠工,反对退却逃跑,不坚决领导群众斗争,反对将工作与战争脱离,反对对于阶级敌人妥协,反对不执行和曲解一切政策法令,反对贪污浪费的现象,反对官僚主义的领导。在这一斗争中,来检举苏维埃机关内的消极怠工的分子,贪污、腐化、浪费的分子,脱离群众离开群众利益和工作上的官僚分子,退却逃跑、动摇不坚定的分子,包庇地主富农与妥协的分子,违反法令与破坏纪律的分子,特别是检举暗藏在苏维埃机关内的阶级异己分子和反革命。

继续检举运动的目的,主要的是在检举与斗争中来改善与加强苏维埃的工作,教育工作人员转变工作方式,建立劳动纪律,提高工作速度,节省经济充裕战费,保证一切任务正确的执行,使各级苏维埃〈成为〉更坚强而有力的来动员群众领导群众充分的执行一切的战争任务,因此我们在检举与斗争中不仅是反对某一现象或某一坏分子,而是拿着这一现象与分子来做例子开展斗争,教育群众,实际的改善与转变我们的工作,比如反贪污浪费不仅是检举几个贪污的分子,而是拿这一事实来教育全体工作人员,什么是贪污浪费,他对于革命的危害是怎样,并实际建立和改善会计制度,实行节省,使一切工作人员热烈参加反贪污浪费斗争,自动的来开展节省运动,减少各种费用,订出许多具体的节省办法。这不过是举一个例子,我们在每一检举与斗争中,都要达到这一目的,

过去的检举运动,虽在某些检举上(如反贪污浪费洗刷阶级异己分子)得着一些成绩,在某些地方(如中央一级瑞金西江博生〈就同〉等地)有了相当开展,但仔细检查起来,还没有在全苏区各地更大的开展起来,主要的有两个大缺点:第一,是将检察运动形成了消极的洗刷坏分子,没有在每一检举中从积极方面来转变与改羲〔善〕该机关的工作。第二,是只检举而不开展斗争,几乎一般的将坏分子检举出来后,撤职了事,很多群众审判会,也变成法庭的公审,只批评了错误,经过群众做一个结论,而不是运用群众公审会来教育工作人员与

群众,特别是由这一斗争开展更大的斗争,由这一分子的检举更进一步的揭发其他的分子与现象,普遍将斗争单纯化,不能由这一斗争,继续开展其他的斗争,如反贪污的斗争,就不能开展反浪费斗争,反官僚主义斗争,因此过去的检举运动不能更大的普遍的开展起来,这是我们在继续开展检举运动中应立即纠正与改善的。

检举运动是广大群众斗争的行动,我们不仅动员自己的工农通信员、突击队来参加,揭发一切坏现象与坏分子,来帮助检举的进行,而在某一机关进行检举时,要召集各种会议(如列宁室,工会,青年团,及工作人员会等等),报告检举的意义来动员群众积极参加检举,举发一切坏现象与坏分子,吸收他们中间积极分子来组织检举委员会,发动该机关中的通信员突击队轻骑队积极活动,采用一切方法来鼓动和吸收群众的意见,特别是依靠该机关党的领导与帮助。这样才能使检举运动成为广大的群众的斗争行动。

检举的标准,应当以工作为主体,任何机关和部分,任何工作人员,要从工作上去检察他们,每一工作人员的检举,当然要注意他的斗争历史,阶级成分,特别是现在的工作。

检举的进行不是普遍的检举,而是首先选择目标,选择最标本的代表来作例子,发动斗争去揭发一切现象与坏分子,使检举运动开展和深入。

检举运动是带着充分的实际教育性质,不仅利用每一事件来教育全体工作人员,而对于每个人的错误,应分大小与轻重,处置上同样要有区别,大的重的应受检举与做组织上的结论,小的轻的或偶然的错误,不必用检举方式或在工作人员会议上或用个别谈话的方式来批评,特别是细心教育与说服他们,对于成分不同,处置也不同,工农群众应着重在教育,阶级异己分子犯了错误的应该洗刷,严格纠正过去检举中没有区别的一律撤职处罚,这是惩办主义,是检举中最凶的官僚办法。

边区特别是战争邻近区域是我们检举运动的工作中心,各省检委应当以大力来领导这些区域的检举工作,每一县区应该以他的工作最落后最严重的区乡为开展检举工作的中心。每一县与每一机关的检举，都应以当地情形与工作最严重的现象为检举与斗争的主要目标（如边区县主要的是反对退却逃跑，反对对参战工作怠工，对于查田分田运动的检查，洗刷机关中阶级异己分子与暗藏的反革命和侦探，等等，如合作社，经济机关，主要的是开展反贪污腐化斗争等等。各县订出检举与斗争的主要目标；在这一主要目标下再联系其他各种检举与斗争）。反对一般的平均的进行检举。

对于一切检举应当以当前的一切战斗任务（例如目前春耕与赤少队等等）为主体，离开了当前的工作，那完全失掉了检举运动的主要意义与目的。

各级检委接到这一训令后，应当立即的具体讨论，计划与开展各级检举运动，并将自己的计划与工作，随时按级报告。

这一检举运动的成绩，应当以该地工作的转变与开展为检阅工作的标准。

主席　项英

1934 年 4 月 2 日

（录自 1934 年 4 月 19 日出版的《红色中华》第 177 期第 3 版）

人民委员会为万泰群众逃跑问题给
万泰县苏主席团的指示信

（1934 年 4 月 3 日）

江西省苏主席团转万泰县苏主席团：

自从接到你们 3 月 9 日关于 3 月 7 日沙村事件损失的报告，以及你们 3 月 16 日给我们的关于万泰群众逃跑问题的复信，我们认为你们对于万泰群众逃跑的解释，是完全不能满意的，你们来信说：

"2 月份发生 2600 群众逃跑是由于 2 月份间太〔泰〕和城内的敌人经常向我们的寺下文塘等边区边乡进攻，欺骗和逼群众逃跑，而有部分落后的群众脑筋不健，就受到他们的欺骗，逃跑到河西去。"

此外你们更说，你们一方面要争回逃跑的群众，一方面要"防止落后群众再发生逃跑"，而你们防止群众逃跑的方法，一方面是不给群众打路条，另一方面是"今后捉到反水的分子，应提到群众中公审，依从群众的意见，执行枪决"。

从这里，可以充分的看出万泰县苏是以"群众的落后"与"群众的脑筋不健"来解释群众的逃跑，并且想采取不打路条，与枪决逃跑群众的行政办法，来停止群众逃跑的现象，在这里也可以充分的看出，万泰县苏完全没有了解县苏本身在这一事件中所负担的责任，而企图以"群众的落后"的机会主义者的陈腐套语，来掩盖自己在工作中所犯的严重错误。

不论县苏在"为争回逃跑群众回头革命"的第一号训令上（2 月 24 日）怎样说到了"县苏对战争的领导不够"，"县苏区苏对边区工作的忽视"，"县苏过去对群众逃跑缺乏阶级警觉性"，"赤色戒严没有加紧"，"肃反工作仍然表现放松"以及"我们的实际工作还存着强迫命令的方式与官僚主义的领导"等许许多多好听与不好听的话，但是究竟群众逃跑的中心问题在那里，没有明确的回答。因此这一训令上，除了说一些空洞的"指示"外，也不能提出任何基本的解决办法。这种"指示"自然不会发生丝毫效力的。正像你们自己所说的，"虽然县苏在每次群众逃跑有及时的讨论，而没有及时实际的克服下去，特别是没有在我们经常的实际工作中来克服这一严重问题。"（3月16日的信）事实上，我们也看到在3月份群众逃跑的现象不但没有减轻，却反而加重了。

根据我们同万泰回来的个别同志的谈话，群众逃跑的主要原因是由于我们苏维埃政府领导上的错误，我们许多区乡苏维埃的工作人员，不论在推销公债、扩大红军或收集粮食方面都采取了严重的摊派与强迫命令的办法，任何宣传鼓动、解释说服的工作也没有，坐禁闭，罚苦工，差不多是这些工作人员对付群众的唯一办法。不但这样，这些工作人员常常乱打土豪，把贫农中农当做地主富农，而对于真正的地主富农则反而常常置之不理，以至包庇妥协。其中更有不少坏分子在乡村中作威作福，无所不为。他们无论到那里，要群众预备酒肉给他们吃喝，他们除摊派与强迫命令之外，就这样东吃一顿西吃一顿过日子。并且常常利用募捐帮助红军战费的名义，实行敲诈。群众惧怕这些人，群众不敢同这些人讲话。差不多在那些区乡，没有一个群众敢到区乡苏维埃中话事的。

同志们！这些下层的实际情形，就是群众逃跑的主要原因，再加上外部反革命派的积极活动，那末逃跑自然会变成成群结队整村整乡的现象。你们会在县苏的房间里今天发一个"命令"，明天发一个"训令"，后天发一个"通令"，但是你们却始终不肯到下面去巡视一下，考察一下实际事情的真相，你们想拿空喊拥护中央的路线，来代替对于这一路线的实际执行，显然是劳而无功的。

在那些群众大批逃跑的区乡，无疑的机会主义者两面派以及阶级异己分子与反革命分子，互相勾结着，互相利用着，盘据在苏维埃

没有负到土地实际解决的完全责任。"请问这种无聊的话对于土地问题的解决有什么帮助?! 以为土地问题没有解决,土地部应负完全责任,而县苏可以不负责任,请问县苏口头上所说的"自我批评"在那里?!

同志们! 万泰群众的逃跑,不自今日始,你们空喊"反对机会主义与官僚主义"也何止数十万遍,但是万太〔泰〕工作的转变在哪里?! 我们必须指出万泰工作的落后,万泰群众大批逃跑的现象,首先万泰县苏应该负完全的责任,万泰县苏一天到晚空喊坚决执行中央所给与的任务,但坚决执行中央所给与的任务的实际工作,我们是看不见的。这不能不使我们指出万泰县苏是在拿两面派的态度来对付中央所给与他的紧急任务。我们相信在这种两面派的背后,不能没有阶级异己分子与反革命分子的阴谋与活动。两面派的机会主义者,不论是有意的无意的,在这里显然充当了阶级敌人的工具或俘虏!

我们认为万泰县苏这种两面派的机会主义领导,是再不能继续下去了,不坚决的开展这种反对两面派的机会主义的斗争,万太〔泰〕苏维埃工作的转变是不可能的。这种事实决不是再来空喊一阵,或是再来承认一次"万太〔泰〕县苏的确犯了两面派的机会主义的严重错误",而是要在这一斗争中真正开始实际工作的转变。没有实际工作的转变,任何的漂亮的决议与宣誓对于我们是一个片也不值的。

同时,这一反对两面派机会主义的斗争,必须同检举运动密切的联系起来。我们认定在两面派的掩盖之下,不能没有阶级异己分子与反革命分子的阴谋与活动。因此在开展反机会主义的斗争中,必须立刻机警的检举我们苏维埃的工作人员,将那些不可救药的腐化的两面派机会主义者,官僚主义者,危害苏维埃政权的阶级异己分子与反革命分子大批的洗刷出去,大批的提拔真正与群众有密切联系的,能够在实际上做工作的,坚决勇敢的工农积极分子,来担任领导工作,把他们团结在中央的正确路线的周围。这种斗争,与检举运动,一定要深入到下层去。在这种斗争与检举运动中来加强与改造区乡的各级苏维埃政府的领导,来彻底改善苏维埃与群众的联系,使群众不但不惧怕苏维埃,而且积极的参加苏维埃的工作,使苏维埃政府真正在实际工作中来执行中央所给与你们的紧急任务!

在许多紧急任务中间,应该特别指出在"保卫万太〔泰〕苏区""不让敌人占领万太〔泰〕一寸苏区"的口号之下动员广大群众来加入赤少队、模范赤少队,以及游击队。对于已有的地方武装与游击队,必须立刻整理与健全起来,动员最可靠的干部到那里去负担领导工作,只有这些群众武装与游击队的积极行动,才能打击敌人,疲劳敌人,消灭敌人,才能使敌人不再像过去那样毫无阻碍的深入苏区,才能使过去三次沙村事件之类的牺牲不再重复,才能保卫万泰与巩固万泰苏区!动员广大工农群众参加革命战争,是万泰苏维埃目前最中心的任务。

最后必须最坚决的肃清内部反革命、动员最广大群众参加肃反的斗争,必须立刻动员广大群众进行分配土地与查田运动,来最后摧毁豪绅地主的势力,将土地革命的果实完全放到雇农贫农与中农的手里。在反机会主义斗争与检举运动中,必须警觉的破获每一反革命的组织与集团,在广大群众的前面揭破他们的反革命阴谋与活动,利用每一回转苏区的逃跑群众,将他们在白区所受的痛苦与屠杀的真相,告诉本乡本村的父老兄弟来揭破反革命派别的一切欺骗宣传。县苏维埃对于保卫局与裁判部的领导,必须大大加强起来,使他们真正成为同反革命做斗争与保护苏维埃的法律与秩序的权力机关!

我们认为万泰苏区有过长期的革命斗争的历史,万泰苏区的群众是苏维埃政权的坚决拥护者,我们依靠在万泰苏区广大群众的力量上面,我们相信,我们能够胜利的保卫万泰苏区,配合前方英勇红军的决战,来粉碎敌人的五次"围剿"!我们相信在我们彻底转变万泰苏维埃工作之后,我们不但能够争取所有逃跑的群众回来,而且将团结广大的白区的群众在我们苏维埃的旗帜之下,为创造新的苏维埃区域而斗争。

我们委托省苏立刻派一得力同志到万泰传达这一指示,并采取一切必要的办法来保障这一指示的实际执行。

人民委员会主席　张闻天
（4 月 3 日）

（录自 1934 年 4 月 10 日出版的《红色中华》第 173 期第 2—3 版）

中央内务人民委员部通知

（中字第二号）

（1934 年 4 月 6 日）

　　兴国为试行路线，试行的结果很好，每日夜可保证走 200 里路，因此决定从即日起，凡特别快信，一律改用按时开班，改变过去随到随送的办法。各机关请于每开班之前将信送来邮局，以免耽误递送时间。并且以后的特别快信，不必要该机关主要负责人盖章就可寄递。特此通知。此致
军政机关
革命团体

代内务人民委员　梁柏台

1934 年 4 月 6 日

（录自江西省邮电管理局邮电史编辑室编：《苏区邮电史料汇编》

（上），人民邮电出版社 1988 年版，第 79 页）

中华苏维埃共和国中央执行委员会命令
（中字第五号）
——颁布司法程序①
（1934 年 4 月 8 日）

兹制定中华苏维埃共和国的司法程序，公布之。此令

主　席　毛泽东

副主席　项　英

张国焘

1934 年 4 月 8 日

中华苏维埃共和国司法程序

在国内战争环境内，苏维埃法庭、政治保卫局、肃反委员会等机关，应该采取坚决迅速正确的办法，去镇压反革命，保障革命民众的利益，巩固苏维埃政权。因此，特制定下列的司法程序。

（一）区保卫局特派员，区裁判部，区肃反委员会（新苏区革命委

---

① 　副标题为本文库编者所加。

员会之下的),民警局,劳动法庭,均有捉拿反革命及其他应该捉拿的犯人之权,过去关于区不得上级同意不能捉人的规定,应废止之。并且规定:当紧急时候,乡苏维埃与市区苏维埃,乡革命委员会与市区革命委员会,只要得到了当地革命民众的拥护,均有捉拿反革命分子及其他重要犯人之权。捉拿后分别送交区级肃反裁判机关。

(二)区裁判部,区肃反委员会,有审讯和判决当地一切犯人(反革命分子及其他)之权。

新区边区,在敌人进攻地方,在反革命特别活动地方,在某种工作的紧急动员时期(例如查田运动、扩大红军、突击运动等等),区裁判部,区肃反委员会,只要得到了当地革命民众的拥护,对于反革命及豪绅地主之犯罪者,有一级审判之后直接执行死刑之权。但执行后须报告上级处置。

(三)省县两级裁判部,肃反委员会,高初两级军事裁判所,均有捉拿、审讯、判决,与执行判决(包括死刑)一切犯人之权。

(四)一切关于反革命案件,各级国家政治保卫局,均有预审之权,预审后交法庭处置。

但在边区的地方保卫局,在战线上的红军保卫局,对于敌人的侦探、法西斯蒂分子、刀匪团匪,及反革命的豪绅地主,有权采取直接处置,不必经过裁判部。在严重的紧急的反革命案件上,国家政治保卫局及其地方分局,红军分局,军区分局,有权采取紧急处置。紧急处置后,如与地方政府、军政首长,或其他机关发生争议时,决定其处置当否之权,属于人民委员会。在与中央区不相连属的苏区,属于省苏主席团。

(五)废止上级批准制度,实行上诉制度。犯人不服判决者,准许声明上诉。并规定声明上诉之期最多为7天,从判决书送到被告人之日算起(被告人不识字的,须对他口头说明)。

但在新区边区,在敌人进攻地方,在其他紧急情况时,对反革命案件及豪绅地主犯罪者,得剥夺他们的上诉权。

(六)规定苏维埃法庭为两级审判制,即限于初审终审两级。如区为初审机关,则县为终审机关。县为初审机关,则省为终审机关。省为初审机关,则最高法院为终审机关。初级军事裁判所为初审机关,则高级军事裁判所为终审机关。高级军事裁判所为初审机关,则最高法院为终审机关。最高法院在审判程序上为最后的审判机关。任何案件,经过两级审判之后,不能再上诉,但是检察员认为该案件经过两审后,尚有不同意见时,还可以向司法机关抗议,再行审判一次。

（七）除本例规定各机关外,其他机关没有逮捕、审判处罚各种犯人之权。只在紧急情况时不在此内。

（八）中央执行委员会1931年12月16日所颁布的第六号训令,1932年6月9日颁布的裁判部暂行组织及裁判条例,1932年2月1日颁布的军事裁判所暂行条例上所规定的司法程序,均废止之。

（录自1934年4月17日出版的《红色中华》第176期第5版）

中华苏维埃共和国中央执行委员会命令
（中字第六号）
——颁布惩治反革命条例①
（1934 年 4 月 8 日）

兹制定惩治反革命条例，公布之。此令

主　席　毛泽东

副主席　项　英

张国焘

1934 年 4 月 8 日

中华苏维埃共和国惩治反革命条例

第一条　凡犯本条例所列举各罪者，不论是中国人外国人，不论在中华苏维埃共和国领土内或在领土外，均适用本条例以惩治之。

第二条　凡一切图谋推翻或破坏苏维埃政府及工农民主革命所得到的权利，意图保持或恢复豪绅地主资产阶级的统治者，不论用何

---

①　副标题为本文库编者所加。

种方法,都是反革命行为。

（注）本条例所称为对于苏维埃或在苏维埃境内的反革命犯罪，包括对于革命委员会或在革命委员会管理之下的一切反革命犯罪。

第三条　凡组织反革命武装军队及团匪土匪侵犯苏维埃领土者，或煽动居民在苏维埃领土内举行反革命暴动者，处死刑。

第四条　凡勾结帝国主义国民党军阀，以武力来进攻苏维埃领土，或抵抗苏维埃红军的行动者，处死刑。

第五条　组织各种反革命团体，实行反对或破坏苏维埃，意图维持或恢复豪绅地主资产阶级统治者，处死刑。其情形较轻者，处 3 年以上的监禁。

第六条　组织或煽动居民拒绝纳税，或不履行其他义务，企图危害苏维埃者，处死刑。其情形较轻者，处 1 年以上的监禁。

第七条　以反革命为目的，故意反对或破坏苏维埃的各种法令及其所经营的各种事业者，处死刑。其情形较轻者处 1 年以上的监禁。

第八条　以反革命为目的，混入苏维埃机关或苏维埃经营的事业，意图窃取或破坏苏维埃政权及其事业者，处死刑。其情形较轻者处 2 年以上的监禁。

第九条　以反革命为目的，暗杀或谋害苏维埃政府、红军、革命团体的工作人员，及其他革命分子，不论用何种方法，其指使者以及其执行者，均处死刑。

第十条　以反革命为目的，或希图取得报酬为反革命服务，进行各种间谍行为，或传达盗窃收集各种有关国家秘密性质的材料或军事秘密者，处死刑。因玩忽职务，不感觉其行动所能发生的结果而泄漏上项秘密者，处 1 年至 5 年的监禁。

第十一条　在反动统治方面曾担负重要责任，对工农利益及革命运动作积极反对行为者，处死刑。但遇特种情形时，得减轻其处罚。

第十二条　以反革命为目的用反动的文字图画演讲及谈话，对于居民或红色战士进行宣传鼓动或制造散布谣言,使社会发生恐慌,破坏苏维埃及红军信仰者,处死刑。其情形较轻者,处 6 个月以上的监禁。

第十三条　制造或保存各项反动煽惑的文字图画以便作反革命的宣传鼓动者,处 1 年至 5 年的监禁。

第十四条　以反革命为目的,利用宗教迷信,煽惑居民破坏苏维埃及其法令者处死刑。其情形较轻者处 6 个月以上的监禁。

第十五条　投降反革命并向反革命报告中华苏维埃共和国的各种秘密,或帮助反革命积极反对苏维埃红军者(革命叛徒)处死刑。

第十六条　携带枪械或其他军用品投敌者,教唆或组织他人投敌者,均处死刑。

第十七条　以反革命为目的,混入革命武装部队,企图夺取或破坏这种部队以帮助敌人者,处死刑。

第十八条　领导和组织红色战士逃跑,或红色战士跑至五次以上者,均处死刑。有特殊情形者,得减轻其处罚。

第十九条　以反革命为目的,故意破坏或抛弃枪支及其他军用品者,或偷卖军用品于敌人者,均处死刑。其情形较轻者处 1 年以上的监禁。

第二十条　以反革命为目的,故意违抗上级指挥员的命令,意图破坏某种战斗任务,或在战线上故意向自己部队打枪,或乘机扰乱战线者,均处死刑。

第二十一条　以反革命为目的杀害革命民众,或故意破坏与抢夺革命民众的财物,致损害苏维埃与红军在群众中的威信者,处死刑。其情形较轻者处 6 个月以上的监禁。

第二十二条　藏匿军火,意图达到其反革命目的者,处死刑。

第二十三条　以反革命为目的,组织秘密机关,破坏水陆交通、公共仓库、国营企业,及各项建筑物者,处死刑。其情形较轻者,处 6 个月以上的监禁。

第二十四条　以反革命为目的,放火焚烧房屋或山林,致国家及居民遭受重大损失者,处死刑。其情形较轻者,处 6 个月以上的监禁。

第二十五条 以破坏中华苏维埃共和国经济为目的,制造或输入假的苏维埃货币、公债票,及信用券者。或煽动居民拒绝使用苏维埃的各种货币或抑低苏维埃各种货币的价格引起市面恐慌者。或煽动居民向苏维埃银行挤兑者,或藏匿大批现金,或偷运大批现金出口,故意扰乱苏维埃金融者。均处死刑。其情形较轻者,处 6 个月以上的监禁。

第二十六条 以反革命为目的,阻止或破坏苏维埃共和国的贸易使国家企业合作社及居民受到重大损失者,或故意停闭企业造成经济恐慌者,均处死刑。其情形较轻者,处 1 年以上的监禁。

第二十七条 假冒苏维埃红军或革命团体的名义,或假造苏维埃红军或革命团体的公私印章文件,以进行反革命的活动者,处死刑。其情形较轻者,处 6 个月以上的监禁。

第二十八条 凡以反革命为目的混入苏维埃机关,对于反革命分子或地主资产阶级之任何犯罪分子故意纵容,或唆使逃跑,或重罪轻罚,对于革命分子则加以冤枉,或施以非刑,或压制其对于反革命分子控告与揭发者,处死刑。其情形较轻者,处 2 年以上的监禁。

第二十九条 被苏维埃驱逐出境,又秘密进入苏维埃境内意图进行反革命活动者,处死刑。

第三十条 凡藏匿与协助本条例第三条至二十九条所规定的各种罪犯同罪。

第三十一条 凡犯本条例第三条至第三十条所例举各罪之一或一项以上,经法庭判处监禁,又再犯本条例所举各罪之一项或一项以上者,加重其处罚。

第三十二条 虽有本条例条规定的犯罪行为之企图而未达到目的者(未遂罪),或为该项犯罪行为所附和者,得减轻其处罚。

第三十三条 凡被他人胁迫,非本人愿意,又确无法避免其胁迫,因而犯罪者,或未觉察该项犯罪行为的最终目的者,或与实施该项犯罪行为无直接关系者,均得按照各该条文的规定减轻或免除其处罚。

第三十四条 工农分子犯罪,而不是领导的或重要的犯罪行为者,得依照本条例各该条文的规定,比较地主资产阶级分子有同等犯罪行为者,酌量减轻其处罚。

第三十五条 凡对苏维埃有功绩的人,其犯罪行为,得按照本条例各该条文的规定减轻处罚。

第三十六条 凡犯本条例所列各罪之一,未被发觉,而自己向苏维埃报告者(自首分子),或既被发觉而悔过,忠实报告其犯罪内容,帮助肃反机关破获其他同谋犯罪者(自新分子),得按照各该条文的规定减轻处罚。

第三十七条 年龄在 16 岁以下的未成年人,犯本条例所举各罪者,得按照该条文的规定减轻处罚。如为 14 岁以下的幼年人,得交教育机关实行感化教育。

第三十八条 凡本条例所未包括的反革命犯罪行为,得按照本条例相类的条文处罚之。

第三十九条 凡犯本条例所列各罪之一者,除按照该条文上的规定科罪外,得没收其本人的财产全部或一部,并得剥夺其公民权一部或全部。

第四十条 本条例所规定的监禁期限,以 10 年为最高限度。

第四十一条 本条例自公布之日起发生效力。

中央执行委员会主席　毛泽东

副主席　项　英

张国焘

(录自 1934 年 4 月 17 日出版的《红色中华》第 176 期第 5 版)

中华苏维埃共和国中央执行委员会命令
（中字第七号）
——颁布新婚姻法①
（1934 年 4 月 8 日）

兹制定婚姻法公布之。1931 年 12 月 1 日颁布的中华苏维埃共和国婚姻条例自本法公布之日起作废。

主　席　毛泽东

副主席　项　英

张国焘

1934 年 4 月 8 日

中华苏维埃共和国婚姻法

第一章　总则

第一条　确定男女婚姻以自由为原则，废除一切包办强迫和买卖的婚姻制度。禁止童养媳。

第二条　实行一夫一妻，禁止一夫多妻与一妻多夫。

---

① 副标题为本文库编者所加。

第二章　结婚

第三条　结婚的年龄男子须满 20 岁,女子须满 18 岁。

第四条　男女结婚须双方同意,不许任何一方或第三者加以强迫。

第五条　禁止男女在三代以内亲族血统结婚。

第六条　禁止患花柳病、麻疯、肺病等危险性传染病者结婚。但经医生验明认为可以结婚者,不在此例。

第七条　禁止患神经病及疯瘫者的结婚。

第八条　男女结婚须同到乡苏维埃或"市区"苏维埃举行登记,领取结婚证,废除聘金、聘礼及嫁装〔妆〕。

第九条　凡男女实行同居者不论登记与否均以结婚论。

第三章　离婚

第十条　确定离婚自由,男女一方坚决要求离婚的,即可离婚。

第十一条　红军战士之妻要求离婚,须得其夫同意。但在通信便利的地方,经过两年其夫无信回家者,其妻可向当地政府请求登记离婚,在通信困难的地方,经过四年其夫无信回家者,其妻可向当地政府请求登记离婚。

第十二条　男女离婚,须向乡苏维埃或"市区"苏维埃登记。

第四章　离婚后男女财产的处理

第十三条　离婚后男女原来的土地、财产、债务,各自处理。在结婚满一年,男女共同经营所增加的财产,男女平分。如有小孩,则按人口平分。

男女同居所负的共同债务,则规〔归〕男子负责清偿。

中华苏维埃共和国人民委员会命令
（中字第十六号）
——苏维埃国有工厂管理条例
（1934 年 4 月 10 日）

1. 国有工厂的负责者为厂长，厂长由各该隶属的上级苏维埃机关委任，对于厂内一切事务，有最后决定之权，并向苏维埃政府负绝对的责任。

2. 厂内其他人员或组织，如对厂长的决定有不同意时，可向该管上级机关控告，但在上级机关未废除厂长的决定以前，绝对无权停止决定的执行。

3. 在厂长之下，设工厂管理委员会，由厂长、党支部代表、工会代表、团支部代表、工厂其他负责人、工人代表等 5 人至 7 人组织之，开会时以厂长为当然主席，以解决厂内的重大问题。管理委员会内组织"三人团"由厂长、党支部代表及工会支部代表组织之，以协同处理厂内的日常问题。

4. 工厂的各生产部门，须建立主任及领班的制度。主任与领班，执行厂长的命令与决定，对于各该所属生产部门的工作，负有绝对的责任，并有解决该部门内一切问题之权，但因工人违犯厂规而处分或开除工人时，必须呈报厂长才能执行。

5. 为发扬工人创造性发展生产起见，应设生产讨论会，以研究生产技术，推进生产发展。生产讨论会应尽量吸收广大的工人积极分子参加。

6. 国家工厂内工资不得豫〔预〕支，但工人有特别事故（如家有丧葬、结婚、生小孩、生病等）得厂长批准，可以豫〔预〕支工资，但最多不得超过该工人一个月工资，并须在下两月的工资内扣还。

7. 国家工厂的工资由国家机关与工会双方议定，国家工厂内不领工资的职员，得与政府工作人员受同等的待遇。

8. 工厂内关于扩大或缩小生产，或非因临时事变而停工，或普遍增加工人工资，或签订足以影响其他工厂工人一般待遇的合同条件，或增加豫〔预〕算等等，厂长必须得到上级经济机关的允许才能执行。

9. 厂长不执行上级命令，或浪费金钱物料，或使工厂受到重大损害者，须受刑事处分。

10. 国家工厂必须确立经济核算制度，按月规定生产计划，与财政豫〔预〕决算，按月将生产计划的实行情形，详细报告该管上级机关，此外，工厂必须详细规定，三月半年以至一年的生产计划，完成生产计划和减少成本费，是国有工厂管理的最大任务。

11. 国有工厂的工人除一般的适用劳动法外，对于个别问题得按实际需要，由工会代表与工厂负责人另行订定解决的办法。

主　席　张闻天
1934 年 4 月 10 日

（录自 1934 年 4 月 14 日出版的《红色中华》第 175 期第 4 版）

中央审计委员会检查中央各部
三月份节省成绩的总结

（1934 年 4 月 14 日①）

自红色中华报号召节省后,中央政府各部工作人员热烈的响应,经过党团支部小组、各群众团体、工作人员会议迭次讨论,讨论一次就热烈一次,他们在 3 月份已有如下的成绩:

一、行政经费的节省

部　别	2 月份实支数	3 月份预算数	3 月份实支数	与 2 月份比较
总　务　厅	2968.544	1446.5	1455.587	减 1512.957
财　政　部	701.62	384.70	192.023	减 509.588
劳　动　部	236.577	104.6	134.872	减 101.705
教　育　部	205.459	192.3	180.9	减 69.559
司法、内务部	331.48	237.7	197.49	减 133.99
土　地　部	1016.974	643.6	679.771	减 337.203
国民经济部	136.436	103.5	137.95	减 1.514
粮　食　部	431.2	170.6	202.66	减 228.54
工农检察部	274.931	215.1	239.255	减 35.676
国　家　银行	1272.505		1237.558	减 37.947
总　计	7620.726		4658.066	2962.66

---

① 原件无时间,此为该总结在《红色中华》发表的时间。——本文库编者注。

3月份实支总数与2月份比较,节省2962元6角6【分】,达到了百分之四十,单拿中央各部讲,差不多达到百分之五十。国民经济部、粮食部、劳动部超过豫〔预〕算,一因买了下月用纸,一因粮食突击运动,邮花增多,一因工作团出发在先,未领米票。其他项目,只减少,无增多。纠正了过去造豫〔预〕算不顾实际,随便填写数字,及用钱时不遵守豫〔预〕算的毛病。

二、工作人员节省伙食(在规定伙食数内节省的)

部别	节省米(或谷)	节省菜钱	说　明
总务厅	米207斤6两	121元8角6	内输送队连存了好久的伙食尾子全部捐入,计85元8角6
财政部		56元9角	内节省的米算成钱
劳动部	谷100斤	6元8角5	内有猪洋5元
工农检察部	米35斤	2元8角6分5	
教育部	谷150斤	19元3角9分	内有私人做菜钱9元3角
土地部		31元8分5	内有自备伙食的钱15元1角1分
国民经济部	米40斤	5元5角	
国家银行		31元1角2	连训练班的在内
财部训练班		31元9分	
总计	米282斤6两、谷210斤	306元6角6	

节省的款子,都交了金库,节省的谷米,报告粮食部作为下月食米。还有银行工作人员退回公债60元5角,输送队退回公债20元不在内,又"三八"节省50多元,交区委集中的,也不在此数内。

三、节省运动的深入

由于动员得好,每个工作人员都来想法子节省,为着战争不肯浪费一张纸,甚至一根火柴,如财部的节省委员会有调查员,见点着空灯就吹熄,可以合并的灯即合并,因此比上月洋油减少 60 两,樟油减少 145 两,伙食委员会轮流监厨,检查菜价,贵的不买。到远点地方去买便宜的油盐(成篓买),钱节省了,伙食还吃得过。各部都合并办公油灯,限制点的时间,教育部从前 20 盏灯,现只 9 盏,劳动部每晚只要樟油 7 两,总务厅从前每夜用 8 斤樟油,现只用 3 斤半。办公用纸头,信封用废纸做。笔墨责令要用好久。劳动部 3 月份只添买得 3 角钱笔墨。灯泡注意保护,打坏的少了。司法内务部发火柴每个房子 1 盒,每月减少 20 余盒。出版处同志研究毛边纸当蜡纸,得到意外成功,减少蜡纸 130 多张。4 月以后可以完全不用蜡纸。同时对于津贴和工资,最大多数不要。4 月 1 日银行发放上半月工资,当纷纷退回,差不多是全数。各部不要公家发夏衣的,也差不多是全数。

四、节省运动的经验

由上所述,节省运动和其他运动一样:一是动员要深入,只有每个同志都来想法子节省,都来监督节省,才能有料不到的成绩。那些以为群众不愿节省的固然是胡说,而不耐心做宣传鼓动工作,只简单的在会议上通过节省也是得不到好的成功的。二是节省不仅要注意大处,同时要注意小处,一张纸、一盒火柴、一餐客饭、一盏小灯集起来可以成多。三、实行节省,可以促进劳动纪律,而劳动纪律的提高,又可以促进节省。中府各部人员都减少了,经费减少了,但工作比以前做得更好。就是如赤少队下操、卫生运动、苏维埃菜园、养猪等,也都在这个时期做得成样子了。这里给了那些说"钱少了不好办事"的胡说以事实的回答。四、因为群众热烈的监督节省,反贪污斗争也大大的开展起来。赵宝成时代遗下的贪污分子,可说已全数揭发。同时会计制度相当建立了,在月终的第二天,多数部的会计同志能报告上月实支和节省的数字。五、为着使节省的款子,很快送给前线,各部节省委员会都把集中的款子,直接送交财务金库,取得收据,免去从前由各团体转交各团体上级集中,经手太多,很久不能送到财政机关,甚至还发生挪用和遗失的毛病。上列这些,都是值得各级苏维埃机关和革命团体学习的。

不过这些成绩,我们还不能认为满足。节省还没达到顶高度,报名自带伙食的,还不很普遍,各部节省运动还不是平衡发展,就是与节省运动联系着劳动纪律,也还是布尔塞维克化的初步。我们期望着,准备红扳〔板〕来登载他们4月份节省战线的捷报。

（录自 1934 年 4 月 14 日出版的《红色中华》第 175 期第 5 版）

中华苏维埃共和国中央政府
为援助上海美亚绸厂工人罢工宣言

（1934 年 4 月 16 日）

亲爱的全国工友们！劳苦群众们！

4 月 10 日，上海发生了帝国主义国民党法西斯屠杀数千工人的空前残酷的惨剧！

工人阶级的英勇的战士，上海美亚绸厂的罢工工友们，在国民党刽子手的屠刀下面，流了他们的鲜血。100 个工人被枪毙了，900 个受伤了。在风雨交迫的寒夜中，几千个美亚工人，饿着肚皮与国民党的警察保安队，搏斗了 23 小时。他们在国民党法西斯的血手的野蛮的袭击下面挣扎着、抵抗着。

全国工友们！国民党法西斯就是这样企图用残酷的血的屠杀来镇压工人阶级的斗争！

但是，不管刽子手蒋介石和他的党徒勾结了帝国主义者，采取何等残酷的手段来对付工人阶级，工人阶级的英勇斗争，从唐山五矿总同盟罢工一直到美亚工友的血战法西斯，不但没有被镇压下去，反而发展到了与国民党军警直接肉搏的更高的阶段了。这次美亚工人的斗争显示了我们工人阶级战士的可敬英勇性与顽强性。正因为我们有这样英勇的斗争所以引起了国民党法西斯的极端仇恨，遭到了他们极端野蛮的暴行。

苏维埃政府与工农红军始终是最坚决的反对国民党法西斯的屠杀政策的，始终是和全国工友们站在一起奋斗的。正因为如此，帝国主义国民党调动了全部军队向苏区与红军进行着最残酷的五次"围剿"。而我们也正在集中一切力量,以胜利的进攻和全国工人斗争呼应着,我们要在这一粉碎五次"围剿"的决战中,消灭帝国主义国民党,同时,我们必须指出,只有推翻帝国主义国民党的统治,才能消灭法西斯的白色恐怖,只有建立苏维埃政权,工人阶级才能获得彻底地解放。我们苏区的广大群众与工农红军自从听得美亚工友被惨杀的消息后,已经在各种会议上表示他们对于国民党法西斯这种暴行的忿恨,誓死为打倒帝国主义国民党而斗争,同时正在各方面募集捐款援助美亚罢工工友与被难的家属。我们并且号召全国工友及一切劳苦群众一致起来援助美亚工人,鼓励他们坚持到底,直至获得最后的胜利。

全国工友们! 我们相信你们的每一个经济斗争,每一个罢工,都是给于苏维埃与红军的最有力的帮助。为着争取苏维埃的伟大胜利,求得工人阶级的彻底解放,让全国工人的罢工斗争与苏维埃红军粉碎五次"围剿"最亲爱〔密〕的汇合起来吧! 反对资本家的残酷剥削! 反对国民党法西斯的血腥屠杀! 打倒帝国主义! 打倒国民党! 推翻帝国主义国民党的法西斯统治!

主 席 毛泽东

1934 年 4 月 16 日

（录自 1934 年 4 月 21 日出版的《红色中华》第 178 期第 8 版）

人民委员会为节省运动的指示信

(1934 年 4 月 19 日)

各省县苏主席团及后方各军事机关负责同志:

目前正处在彻底粉碎帝国主义国民党五次"围剿"的紧急关头,一切帮助应该给予战争,最大限度的开展节省运动,充分保障前线上红军的物质资源,是保证战争全部胜利的重要条件之一。最近在"红色中华"节省 80 万的号召之下,节省运动在许多地方热烈的开展着,得到了许多成绩。在政府方面节省行政经费,节省粮食,自带伙食等运动都在进行着,特别是中央政府各部,在 3 月份及最近半个月来的节省运动,得着更伟大的成绩,行政经费一般的做到比 2 月份减少百分之四十以上,普遍的实现了每人每天节省二两米一分菜钱又一个铜板(有的是二个铜板)。4 月份还在继续不断的努力。在这里人员大大的裁减,苏维埃菜园大大的开辟,并进行养猪养鸡等等生产工作。国家企业的工人和职员都热烈的大部或全部的节省工资和津贴。由于节省运动的开展,反贪污浪费斗争的深入,最高度的发扬了工作人员的劳动热忱,在工作的进行上不但不因人员的裁减而使工作有多少妨害,而且更增高了工作的速度与效能,发扬了工作人员的创造性。然而,仔细检查我们全部的节省运动,却还有许多地方表现得异常之差,行政经费的支付,在许多县份,没有依照中央审计委会核准的数目来开支,以致超过核定的豫〔预〕算(福建省苏 3 月份超过百分之九十),人员的裁减还没有全部做到人民委员会规定的数量。有些县份的行政经费豫〔预〕算,不但没有减少而且增加了。省苏对于各县节省运动的领导极端薄弱,对于各县的豫〔预〕算更不负责审核。节省运动显然还没有全部开展起来,特别是没有开展到群众中去,这是再不能容许下去的现象。

为了战争的全部胜利,为了苏维埃的利益,继续开展节省运动,是各级政府机关及后方军事机关的当前最紧急的中心任务之一,因此人民委员会认为:

(一)各级政府主席团及后方军事机关,必须立即检查各该所属范围节省运动的情形,定出具体的节省计划,有系统的去领导进行,经常检查这一计划的执行情况,给各该下级以经常的具体的指示,发扬节省的光荣例子,建立会计制度,严格执行豫〔预〕算决算制度,绝对负责的审查各该所属机关的豫〔预〕算与决算。

(二)为了充分保障红军给养,立即在群众中开展每人节省 3 升米帮助红军的群众运动。

(三)各级苏维埃政府及后方军事机关工作人员,要多开辟苏维埃菜园,多种杂粮蔬菜,养猪养鸡养鹅等,做到完全能供给工作人员的食用,并以收获的三分之一来帮助前方红军(多晒干菜,运送前方),特别要实际的领导群众多种杂粮蔬菜,消灭夏荒,并多晒干菜捐助红军。

在执行上列诸任务中,各级苏维埃政府必须注意于:

(一)每人节省 3 升米的群众运动,必须依据于深入的广泛的群众动员,依靠于群众自觉自愿的原则,及干部带头节省的模范领导作用,联系着红色五月的各方面动员,来实现超过,防止一切强迫摊派及流为征发的现象的发生。一切不经过群众的动员,企图用强迫摊派的方法来进行和实现这一运动的,都必须受到最严厉的打击以至行政上的处分。各级政府对于这一运动的执行,必须具体的估计所属地方的情况,规定自己的计划,为实现和超过这计划而斗争。同时对于谷米缺乏的个别的区个别的乡以及个别的群众,不能机械的一律的来进行 3 升米运动。但是在这一运动中,必须普遍的深入宣传鼓动工作,使个别地方个别群众食粮比较缺乏不能完全做到节省 3

升米运动时,也要使他们完全了解节省一切给予战争的战斗意义,尽量来帮助革命战争,尽其可能拿出多少米来捐助红军。

(二)在开展节省运动中,必须联系到工作的改善,要从节省运动中去开展反贪污浪费与消极怠工的斗争,从节省运动与反贪污浪费消极怠工的斗争中来肃清混入苏维埃及军事机关中的阶级异己分子,为改善苏维埃及军事机关的组织与工作而斗争。

依据于工农群众拥护革命战争的积极性的更高度的发展,依据于去年生产的增加(一成至二成),人民委员会相信在党的积极领导之下,在各级苏维埃工作人员的努力之下,是能够胜利的完成和超过这一运动的。

主席　张闻天

4 月 19 日

（录自 1934 年 4 月 24 日出版的《红色中华》第 179 期第 3 版）

中国人民对日作战的基本纲领①

（1934 年 4 月 20 日）

民国二十年 9 月 18 日，因为张学良和南京政府采取无抵抗政策，所以日本帝国主义很容易的把我们的东北三省占了去。民国二十一年 1 月 28 日，日本帝国主义轰炸了我们的上海，但是因为上海工人、十九路军兵士、贫民、苦力、学生们的英勇的武装反抗，所以日本没有能够占领我们的上海华界（闸北、南市、吴淞等等）。去年 1 月 1 日，日本帝国主义占领了我们的山海关，2 月间占领了我们的热河，以后几个月，日本帝国主义占领了我们的察哈尔，实行进攻绥远、内蒙与华北。最近且以哀的美敦书的方式与政府当局谈判，要求获得统治华北与中国的一切条件。东北军已经南下，日本已派遣大军实行占领黄河以北的省分〔份〕，并公开宣言整个中国是它的保护国。

显然的，日本帝国主义不仅想用武装力量来实行民国四年向中国提出的二十一条件，它并且用流血政策来开始实现田中内阁的所谓对华的积极政策（即完全占领全中国及把全中国变成日本的殖民地）。

因此，现在全中国的民众，不管是汉人或是其他民族（蒙古、回族、满洲、西藏、苗瑶等等），都处在一个非常危险的生死的关头，他们都有受日本帝国主义轰炸、枪毙、格杀、拷打、强奸、污辱的危险。他

---

① 1934 年 4 月 20 日，中国民族武装自卫委员会筹备会提出。——本文库编者注。

们都要更加受冻、受饿、受穷、失业，他们将要受到和高丽人、台湾人同样的悲运。他们将要受到和在东三省3000万兄弟姊妹，热河与华北千百万兄弟姊妹同样的牛马生活的痛苦！

中国人民在自己的痛苦的实际的经验当中，已经深刻的觉悟到：要想依靠国民党政府来抗日救国，已经是完全没有希望的事了；要想从美国或国际联盟方面出来帮忙反对日本，也只是一种幼稚的蠢笨的思想，因为大家都晓得，美国和国际联盟什么具体的反日办法也还没有拿出来，而且大家晓得，就作为美国和国联能拿出一点办法来反对日本，那么与中国民众一定也不会有什么好处，这只是"前门拒虎，后门进狼"的办法罢了。由此可见：中国人民只有自己起来救自己——中国人民唯一自救和救国的方法，就是大家起来武装驱逐日本帝国主义，就是中华民族武装自卫——换言之，就是中国人民自动对日作战，已经成为绝大多数中国人民所公认为唯一的正当的方法了。的确，这是中国人民自救救国唯一出路，这是中国人民对日本帝国主义的战争，这是正义的战争，这是进步的战争，这是保障中国民族生存的战争，这是拯救4万万人民的战争，这是为保障我国国家独立自主和领土完整的战争，换言之，这是使全人类四分之一的人口不当亡国奴的神圣战争。

然而，因为我们对于组织和实行这个正义的民族战争，没有一个共同的具体的纲领，所以直到现在我国人民反对日本帝国主义的行动就成为散漫的、无计划的、不能集中的，所以因此也就不能成为强有力的行动。关于这一点，拿已有的具体事实一看就明白了。比如说，我们的反日义勇军、反日救国军、反日游击队，虽然在东三省、热河和日本强盗打了很多仗，虽然我们的兄弟姊妹们英勇的实行了各种各样的反日斗争（反日罢工、罢课、示威、反日宣传、抵货等等），但是直到现在，我们不仅没有能够把东三省、热河和察哈尔收复回来，并且简直还不能阻止日本帝国主义向我们继续的进攻。因此，我们认为目前绝对必要提出几点最根本最具体的办法来，作为我国人民武装抗日的共同行动纲领。我们提出下列各点：

（一）全体海陆空军总动员对日作战——中国的陆军常备军，在数量上比全世界任何国家要多些，除警察、民团、商团不计外，我国人民平时要养活300万人的军队；海军和空军虽然还比较薄弱，但是人民为得养活他们，花了很大的经费，特别在最近几年，海军和空军的开支比以前大得多了。"养兵千日，用兵一时"，因此人民完全有权利要求，把一切海陆空军立刻开赴前线，对日作战，立刻停止一切内战，立刻停止屠杀中国同胞的战争。然而大家都晓得，和日本帝国主义作战，仅仅靠我们的军队是不够的，所以必须：

（二）全体人民总动员——就是说，开始的时候，可以用志愿军的办法，将来要逐渐的实行征兵制，要立刻成立广大的千百万人的群众的反日民众义勇军（工人反日义勇军、农民反日义勇军、学生反日义勇军、职员及各种自由职业者——医生、教职员、新闻记者等等的反日义勇军，同样要组织商人的反日义勇军），并且要使他们到前方和后方对敌作战。此外，必须组织广大的人民的参战组织（如供给粮食队、交通队、救护队、破坏队、宣传队等等）。很明显的，要想这样作，那就必须：

（三）全体人民总武装——为达到这一点，必须要求国民党中央政府和地方政府立刻把全国兵工厂、军械处、火药局已有的、正在制造和将来制造的各种武器（大炮、步枪、机关枪、手枪、炸弹、迫击炮、大炮子弹、飞机，甚至土炮、土枪、长枪、大刀等等），完全发给人民反日义勇军，以便实行武装训练，并直接对日作战。如果谁要不愿意将武器自动的发出来，那么，人民只有自动的去拿这些武器；如果这些武器还不够，那么就要想法筹款向外国购买。但是大家都知道，要对日作战，这还不够，所以我们还须要：

（四）立刻设法解决抗日经费——在战争一开始时，我们提议采取下列办法，解决经费问题：

1. 没收日本帝国主义在华一切财产——银行、工厂、矿山、铁路、轮船、大商店、日货等等（这已经是一笔很大的经费，因为日本在华投资已经超过日洋20亿，就等于中国大洋40亿元以上），停付日债一切本息（这又是一笔大款）。

2. 没收一切卖国贼的财产。

3. 国库一切收入，都用作对日作战的经费。

4. 实行征收财产累进所得税。

5. 在国内人民和国外华侨以及一切同情中国人民的人士当中，进行广大的募捐运动。

如果这些办法都实行的话，至少可以保证第一个时期的对日作战经费；如果将来还感觉经费不够时，我们还可想出其他的办法，来保证对日作战的经费，以便取得对日作战的胜利。

此外，在对日作战时，我们还须要强有力的集中的领导机关，因此必须：

（五）成立工农兵学商代表选举出来的全中国民族武装自卫委员会——这是全国人民武装抗日的总领导机关。这个委员会的各界代表，是由各团体（各界反日会、反日义勇军等）在全体会员大会或代表大会上选出来的。在各省由各界反日团体，选出各省的民族武装自卫委员会，在各县、各城市、各乡村、镇、各区，成立县、市、乡、区民族武装自卫委员会，在各工厂、各铁路、各矿山、轮船、乡村、兵营、学校、公司、商店等等组织反日会分会和反日义勇军及其他反日队伍。全中国民族武装自卫委员会，有权力解决和支配与中国人民武装抗日有关系的一切事件。此外，为保证对日作战的胜利，我们还必须：

（六）联合日本帝国主义的一切敌人——首先就是要联合高丽、台湾、内蒙古和日本代管的各种岛屿的一切被日本帝国主义压迫的民族，同样的要联合在日本国内进行英勇斗争，反对日本天皇和日本帝国主义的革命工人、农民、兵士、知识界等等，以便共同打倒我们的共同敌人——日本帝国主义。同时，我们公开向全世界宣言：一切对中国人民武装抗日作战表同情、援助或守善意的中立的国家和民族，我们都认为是我们中华民族的朋友；同时，对于那些帮助日本帝国主义反对中国人民的，或者学日本强盗一样实行瓜分中国的国家，我们把他们看成是日本帝国主义的强盗伙伴，我们将他们视为中国人民之敌。

我们上列六点，虽然还不敢说是包括了组织反日战争一切必要条件，但是，我们认为这些条件是最基本的、最具体的，只要能够作到这六件事情，我们就能够实行对日作战。我们号召一切中国同胞———一切愿意过人的生活，不愿当日本帝国主义的亡国奴的同胞，立刻在工厂、矿山、铁路、轮船、学校、乡村、公司、商店、兵营等等地方，举行谈话会、露天大会、代表会等，来讨论我们这个武装抗日纲领，并且立刻实行起来；首先就要实行组织反日会、反日义勇军，实行组织援助东北义勇军募捐委员会，并采取各种方法来为本纲领推行全国而奋斗。

我们完全相信：如本纲领能见诸实行，则结果不仅能阻止日本帝国主义对我们继续进攻，不仅能收复东三省、热河、察哈尔和一切失地，而且我们能够把日本帝国主义从中国赶出去。

中华民族反日神圣战争万岁！

大中华民族解放万岁！

中国民族武装自卫委员会筹备会

（录自《六大以来》（上），人民出版社 1981 年版，第 611—613 页）

中央内务人民委员部通知第四号
——关于残废退伍战士到地方分土地后的粮食问题
（1934 年 4 月 21 日）

　　关于才到地方分得田的残废和退伍战士要求政府维持他们在收获前的粮食问题，本部已和中央粮食人民委员商定，凡是外籍残废（有残废证的）和退伍战士（有退伍优待证的），在初分田而未收获之前的期间，如对粮食的确自己不能维持的，可在红军公谷内依照他们需要程度，发一部分红军公谷给他们，但必须经过该乡政府介绍，到区内务部登记姓名□□及所需谷子数目（每个人每月不能超过 45 斤），报告到县内务部，由县内务部做总的预算，到中央粮食人民委员部批准，发给支票到仓库□□□□□，否则不能发给。如不是外籍残废又不是退伍战士，而被红军洗刷出来的，或曾当过红军，□后方□□□离红军已久者，亦不能发给谷子。就是外籍残废或退伍战士，除供给粮食一项外，□□的额外要求不能允许，但要器具等项政府必须负责为他们找寻，并要发动群众优待他们，帮助耕种田地。特此通知希为照行。

　　　　　　　　　　　（根据中共江西省委党史研究室资料处藏件刊印）

中华苏维埃共和国
中央政府"五一"劳动节宣言

（1934 年 4 月 24 日①）

全苏区的工农群众们！

今年的"五一"节，正值我们同帝国主义国民党的五次"围剿"进行残酷决战的一天！

国民党全国正式步〔部〕队的三分之二，所有法西斯蒂匪首蒋介石的主力步队，66 个师，8 个独立旅，70 万以上的白军，正向着我们中央苏区进攻！

在前方各个战线上是国民党白军飞机大炮的轰炸，机枪步枪的扫射，堡垒线的封锁，与残酷的，非人的烧杀，帝国主义国民党，就想这样来把我们工农的苏维埃政权，浸到血海中去！

但是帝国主义国民党，这种疯狂的绝望的进攻，丝毫也不能造成我们前方英勇红军与全苏区工农劳苦群众的恐怖与失望。恰正相反，帝国主义国民党的这种进攻，更引起了前方每一个红色战士与全苏区每一个劳苦群众的忿怒与斗争的决心！成千成万的工农群众，卷入了参战的洪流，誓为保卫苏维埃政权而奋斗到底！

五次战争，是比较过去所有的战争，更为残酷的与持久的战争。这是地主资产阶级的国民党政权，与工农的苏维埃政权，决定生死存

---

① 　原件无时间，此为该宣言在《红色中华》发表的时间。——本文库编者注。

亡的战争,只有动员全苏区所有的工农劳苦群众积极参加这一战争,我们苏维埃政权,才能得到最后的胜利!!

中华苏维埃共和国中央政府,在今年的"五一"节,号召全苏区每一个工人与农民武装起来,加入红军中去!加入赤卫军、少先队、模范赤少队,与游击队中去!为保卫我们的苏区,同进攻的敌人决战。

红五月参加武装检阅的模范赤少队的队员同志们!整连整营整团的加入到红军中去!为粉碎敌人的五次"围剿"而斗争到底!

广泛的发展游击战争,来扰乱敌人,围困敌人,疲劳敌人,打击与消灭敌人,来保卫我们每一寸的苏区!来帮助与配合我们主力红军,争取决战的胜利!

只有武装斗争的胜利,首先是消灭蒋介石匪首的主力,我们才能保障苏维埃革命所给与我们的土地、自由、8 小时工作制,以及一切革命的权利;只有武装斗争的胜利,我们才能最后的推翻帝国主义国民党的统治,建立全中国的苏维埃政权,从地主资产阶级的铁蹄之下,最后的解放出来!

后方的工农劳苦群众们!集中我们的一切资财,来保障我们红军的给养,每个工农群众,节省 3 升米来帮助红军的粮食,多种蔬菜,多养肥猪,来慰劳我们前线上战斗着的红色战士!最迅速的完成经济建设公债的推销,集中与运输我们的粮食到需要的地方去!节省后方一切的费用,节省每一个铜片,为了前线上的胜利而斗争!

全苏区的工农劳苦群众们!决定生死存亡的战争,是在我们的前面。拿铁的拳头,与工农群众统一的坚强的意志,去粉碎帝国主义国民党的五次"围剿"来争取在苏维埃全中国的胜利!只有苏维埃的道路,是一切被剥削民众与被压迫民族解放的道路。

"五一"劳动节万岁!

苏维埃的新中国万岁!

中央执行委员会主席　毛泽东

(录自 1934 年 4 月 24 日出版的《红色中华》第 179 期第 1 版)

教育行政纲要①

（1934 年 4 月）

目录：

第一章　教育部的组织系统与经费

第一条　教育部的基本组织为乡教育委员会，设主任 1 人，在乡苏主席团领导之下执行一乡的教育工作，对于区教育部负责报告教育成绩并受其教育工作上的指导。乡教育委员会的委员最好要每村一个，以便直接管理各村教育，乡教育以不脱离生产为原则。而乡苏维埃政府常驻人员之中必须有一人负责管理教育事宜，领导乡教育委员会。

第二条　区教育部长之下设立区教育委员会；部长及副部长 1 人或 2 人常驻，其余均以不脱离生产为原则。区教育委员会除 3 人至 5 人在区苏所在地外，其余各委员宜于不脱离生产而居住于各乡

---

① 原名《教育工作纲要》，1934 年 4 月教育人民委员部修改。——本文库编者注。

的人担任,以便每次开会时即可检查各乡教育工作,具体规定各乡工作计划。区教育部虽不分科,但必须兼顾普通教育及社会教育。

第三条　县教育部分为普通教育科及社会教育科,县教育委员会必须包含党、团、工会、儿童团等的文化教育工作人员,必须与各群众团体互相检查,互相协助。县教育部的巡视员必须兼为某科科员,使在工作中不但了解教育工作的一般状况,而且有机会学习某科的专门知识。

第四条　省教育部的分科与县同,省教育委员会的组织及巡视员的职务亦同。

第五条　中央教育人民委员部分为:(一)初等教育,(二)高等教育,(三)社会教育,(四)艺术四局。初等及高等教育两局协同管理普通教育,社会教育局及艺术局协同管理社会教育。此外另设编审局领导编审教材事宜;及巡视委员会,计划并领导巡视工作。

第六条　初高级列宁小学以区立为原则,乡教育委员会在区教育部领导之下,监督并检查各列宁小学的工作,以及各乡社会教育的进行。

第七条　短期职业中学以县立为原则;小学教员的假期训练班亦以县立为原则。县以下的一切教育经费应由县教育部负责;县教育部应领导各种群众团体,每年定期募集地方教育基金,存放国库,由县教育部按照予〔预〕算。县立区立各种学校,以及社会教育津贴费,皆不领取中央教育经费;但县区教育经费的全部决算予〔预〕算,仍当按照月呈报省教育部核准,转报中央存案。

第八条　短期师范,初级师范以省立为原则;其经费及省一级文化团体及省立苏维埃剧团等的津贴,归省教育部支付,由省教育部每月具造全部予〔预〕算呈报告中央核准后,向中央领取,并每月综合报告全省一切教育经费的总决算,不得零星报账领费,以致紊乱会计制度。省县教育部如不按期交到予〔预〕算,中央得减半以至完全停发其经费,并通告群众团体停止县教育经费的供给。

第九条　中央教育人民委员部直接支付国立学校经费及中央一

级文化团体的津贴费,但一切群众的文化的团体或职业的戏剧文艺学术团体,均以自给为原则。应发动群众募集各该团体的基金;只在不得已的情势下,方能向教育人民委员部领取少数津贴。

第十条　教育部在教育方针及在政策上领导全国学校教育(普通教育)及社会教育。各级教育部除直接指导所办学校外,必须负责协助或领导各种社会教育及一般文化革命运动的团体。小学教育必须与儿童团取得最密切的联系,中等以上的教育,必须与马克思主义研究会等学术团体建立必要的联系。社会教育方面,尤须依据群众的俱乐部,工农剧社,苏维埃剧团,工农通信协会,赤色体育会……尤其是消灭文盲协会,应当同这些团体建立最密切的关系以文化教育方针上的领导。教育部必须取得共产党及共产青年团方面的政治上的领导和协助,负担文化战线上的动员一切群众与儿童参加政治斗争及革命战争的责任。

第二章　反对文化战线上的错误倾向的斗争

第一条　要利用一切群众的力量,群众的物质条件,来帮助教育工作;尤其是消灭文盲协会的会员,日夜学校的学生和教员,必要用组织的方法,吸收他们参加工作,反对脱离群众,专靠政府供给经费的主张。

第二条　要在工作中逐渐来建立和健全各种教育组织,同时要有组织的来建立和健全工作,所以组织和工作要亲密联系起来,消灭只建立机关而不工作的现象,例如以前的消灭文盲协会。

第三条　要消灭一切官僚主义的工作方式,如:脱离实际的工作计划;检阅后不改正错误;巡视不作调查登记,不解决问题;做了决议和计划,不按期进行工作等等。

第四条　要消灭离开群众的工作方式,例如以前的工农剧社,必须利用群众所了解的形式(不论新旧),充实以革命的内容,去教育群众。

第五条　消灭过去把政治斗争和教育工作对立起来的错误,应该以战争动员做教育的中心目标,同时为着战争的需要,更要加紧我们的阶级教育和消灭文盲运动。

第六条　消灭过去生产工作和教育工作对立起来的错误:在农忙的时候,要有计划的有定期的休业,使儿童参加生产;除规定参加生产时间外,不得藉口儿童无时间求学而缺课。

第七条　反对藉口党和团及苏维埃主席团不帮助教育工作,来掩盖自己对工作的消极,而与党和团及主席团对立起来。

第八条　消灭藉口群众不了解教育,而放弃〈机会的〉工作机会:要向更落后的地方,加紧工作。

第三章　巡视和报告的方法

第一条　巡视教育工作,同时要了解当地政府一般政治的领导和工作方式,才能具体指出缺点优点和错误。

第二条　巡视员除直接在教育机关考查外,还应该询问当地的党和团及群众团体,甚至向个别的群众去询问,征求他们的意见,尤须亲自到学校及文化团体之中去亲切的考察具体的情形,有时可参加苏维埃主席团会议,和代表会议,或翻阅主席团的会议记录。

第三条　巡视检阅各级教育部的工作,除口问目见外,还要检阅他们的工作计划,会议录,指示信,及工作布置与执行的程度,切实从实际调查,加以正确的批评。

第四条　出发巡视,须配合下级教育部的人员,一同去巡视,以便在工作中教育下级工作人员,同时还可吸收下级的经验。

第五条　用定期普遍的巡视,以了解整个的情形;同时要用抽查的方法,以抽查最好的,最坏的,和可疑的,及检查某一特别问题。

第六条　巡视不只是调查登记,除巡视已有的日夜学校,俱乐部,工农剧社,消灭文盲协会,及其他教育组织外,还应该帮助建立和改选学校,及其他属于教育的组织。

第七条　到下级巡视工作,每日要填写巡视日记,以备考查;尤其是要记入待解决的问题,和可学习的问题。

第八条　调查登记为着求事实的真确,必须登记自己当日所亲见最具体的事实,更补充各方面所得的材料,同时要指出错误缺点和优点,帮助改善工作。

第九条　每次调查巡视登记的表册,及开会的记录与决议,都要准备两份,一份存本部,一份送上级。

第十条　巡视员除随时随地用简单信件报告外,在一区或一县巡视完毕时,还须作一个总的书面报告,报告所属的教育部,各级的教育部长,对巡视员的一切报告,应在教育委员会议或工作会议时,提出讨论回答,并将讨论的结果,做成指示信,指示巡视员,及下级教育机关。

第十一条　各级教育部向上级报告,每月一次报告整个的工作,对于某些特别问题,还须随时报告;但调查统计及学期总结,只在每学期终报告。3 个月不报告,尤其是不做学期总结报告者,以故意消极怠工论。

第十二条　各级教育部巡视与报告工作,具体规定如下:

一、乡教育委员,按村分工,2 日或 3 日检查该村的学校,识字小组,消灭文盲协会分会的工作一次,检查的结果,报告教委主任,主任应该随时加以指示。

二、区教育部,每月抽查各学校及其他的教育组织一次,同时每10 天开区教育委员会一次,令驻在各乡的教育【委员】报告工作并讨论决定以后的工作。

三、县教育部,每二个月要把全县各学校及其他教育组织,普遍检查一次、二次,所派巡视员应抽查最好的及最坏的区,以便普遍的运用这些区的经验,而改良全县的工作;同时在这期间必须研究各区报告指出缺点和优点,而做一次总结。每学期再综合三次检查,做学期总结。

四、省教育部,除正副部长两科长文书调查统计等驻部工作外,其余按县分配巡视指导工作,但派遣巡视员时,切勿全部派出,使留部的巡视员得学习全部工作及某科专门工作。

第四章　各级教育部的会议

第一条　乡教育委员会,每星期开会一次,检阅本星期的工作,并计划下星期的工作,同时召集于所讨论的问题,有关系的人出席,在每月最后的那星期的会议,要召集列小和夜校的校长及教员,俱乐部主任,消灭文盲主任等,到会参加,做一个月的总结,和计划下一月的工作。

第二条　区教育部,每10天一次,召集区教育委员会,检阅10日内区教育部的工作,每月最后5日内,召集乡教育委员会主任会议一次,检阅本月的工作,并计划下一月的工作,有特别需要时,可召集某些学校校长和教员参加。

第三条　县教育部,每半月召集县教育委员会一次,检阅县教育部工作,并计划工作。每两个月召集各区教育部长会议一次,检阅和计划工作。每学期结束以后,召集区教育部长,及有成绩的夜校,和列小教员校长,乡教育委员会主任等会议一次,检阅本期工作,和计划下期工作。

第四条　省教育部,每半月召集教育委员会一次,每半年要召集各县教育部长会议一次,检阅和计划工作。

第五条　教育人民委员部,每一月召集教育委员会一次,检阅和计划工作。每月召集某些省教育部长,和某些省或县区乡的某一部分工作人员会议,检阅工作。每半年召集省教育部长,和某一科或几科长会议一次,检阅本学期的工作,并计划下一学期的工作。

第六条　各级教育部,除上列各种会议外,并应该随时召集办公会议。

第七条　在工作中要组织突击队,以先进的区域,帮助落后区域的工作。

第八条　各级教育部联席会议,要有竞赛精神,订立竞赛条约:省与省竞赛,县与县竞赛,区与区竞赛,乡与乡竞赛,村与村竞赛,这校与那校竞赛,以至在一校之中,这班与那班竞赛。

（录自《苏区教育资料选编 1929—1934》,
江西人民出版社 1981 年版,第 235—242 页）

苏维埃剧团组织法①

（1934 年 4 月）

（一）中央苏维埃剧团

1. 中央苏维埃剧团由中央政府教育人民委员部根据工农剧社中央总社的推荐，抡选国立戏剧学校（前称蓝衫团学校）毕业生及其他戏剧干部组织之。

2. 中央苏维埃剧团设委员会及主任一人（委员会人数随时由教育人民委员部协同剧社主任决定。剧团委员会及其主任由中央教育人民委员部委任，管理剧团全部事务（内部分工由剧团委员会自己决定）。

3. 剧团工作人员除每次表演前后的会议，讨论具体的分工及检查该次成绩外，应定期召集全体大会，在主任及委员会领导之下，讨论检查并总结一定期间的工作，将决议及报告书，送交教育人民委员部审定。

4. 中央苏维埃剧团的任务是：（一）研究并发展苏维埃的革命的戏剧运动，争取无产阶级意识在戏剧运动之中的领导权。（二）在戏剧的技巧内容等方面，帮助广大工农群众的工农剧社运动的发展。（三）用表演戏剧等的艺术宣传，参加一般的革命斗争，赞助工农红军的革命战争。（四）发挥革命和斗争的精神，并有计划有系统进行肃清封建思

---

① 1934 年 4 月教育人民委员部订定。——本文库编者注。

想、宗教迷信,以及帝国主义及资产阶级的文艺意识的坚决斗争。

5. 中央苏维埃剧团在中央教育人民委员部领导之下,举行定期的巡回表演——其经过苏区各省的路线每次临时决定。

6. 中央苏维埃剧团设在"高尔基"戏剧学校内,助理戏剧学校实习课目的教授,所以剧团在不出发表演期间的一切经费(伙食与办公费)由高尔基戏剧学校负担。

7. 中央苏维埃剧团在出发表演期间一切经费以自给为原则,即发动当地群众供给伙食,募集必需的办公费及伙食费。

8. 中央苏维埃剧团每年举行两次基金募集运动,并得收受各种团体机关部队或个人的捐款(定期的经常的或一次的)。此等捐款募集之后,应以剧团名义存入国家银行,作为改进剧团工作,购置布景物件维持团员生活等的用途。一俟基金充足,即应自己支付不出发期间的一切用费,不再由高尔基戏剧学校供给伙食等费。基金尚未充实之时,遇有临时支出必须款项之时,得向教育人民委员部领取相当数量的津贴。

9. 每次巡回表演之后,委员会必须向中央教育人民委员部做书面的总结报告,并先在团员大会上讨论评判,采纳团员意见,一并报告教育人民委员部。

10. 每次巡回表演出发之前,必须充分准备剧本,练习表演戏剧、活报,及其他简单的表演,如跳舞、唱山歌、说故事、奏音乐、化装讲演等。

11. 剧团的工作不应当只限于大规模的戏剧,还应当组织最简单的化装宣传队(十几个人到五六个人的)以适应乡村的条件,和政治斗争等的需要,因为这样可以分成几组出发,同时进行几处的宣传,而且行动和供给都较为便捷的多。

12. 剧团在巡回表演的时候,应考察当地情形及群众的生活,采取当地材料,临时更改剧本的节目,或编制新的剧本和活报,这样去适应文化战线上的战斗任务。

(二)省立苏维埃剧团

13. 省立苏维埃剧团由省教育部抡选中央高尔基戏剧学校的毕

业生及当地其他戏团干部组织之。

14. 省立苏维埃剧团的任务、组织及工作方式与中央剧团相同，不过巡回的地域较狭，表演的规模更小。

15. 省立苏维埃剧团在出发期间以自给为原则，在不出发表演期间的伙食等费用，暂由省教育部津贴。一挨省立剧团自己的基金募集充实之后，即应以完全自给为原则。

16. 省立剧团每次巡回表演的总结和检查，以及政治上组织上的领导，由省教育部负责；但是在戏剧问题上的研究、方法、经验、剧本等，中央剧团得直接指导省立剧团。

（三）县立临时苏维埃剧团

17. 各县不必成立经常的苏维埃剧团，但得建立临时苏维埃剧团。其组织法如下：

一、县教育部抡选当地各区乡及机关的一切俱乐部戏剧组，或工农剧社支社与分社的干部，组织临时剧团，人数的多少依当时的需要和可能决定。

二、临时苏维埃剧团的职务，只在县教育部领导下出发本县各区（或邻近县区）巡回表演，表演的节目，不必全要繁重的分幕戏剧，可以更多量的采用轻巧而灵活的方式。例如春耕唱歌队、山歌队、锣鼓队，化装说故事或化装演讲、独幕活报等。

三、临时苏维埃剧团，每次表演成绩的检阅和总结，由县教育部负责。出发期间的经费，皆以自给为原则。县教育部只津贴少数的出发费（化装品、布景等）。

四、临时苏维埃剧团，巡回表演终了之后，即行解散，其工作人员各自回到自己的机关去，或照旧从事工农生产事业。因此对于戏剧问题上的指导可由中央及省立剧团经过工农剧社及教育部的系统去执行。

（录自《苏区教育资料选编 1929—1934》，
江西人民出版社 1981 年版，第 204—207 页）

小学管理法大纲①

（1934 年 4 月）

目录：

引言

第一章　小学的组织

校长的职务——教员的职务——学生会

第二章　小学的教务

小学的招生——小学的编制——小学的规则（课堂，运动场，请假）——小学的课程——小学的考试——小学的赏罚

第三章　小学的设备

校舍——俱乐部——运动场——儿童工场或儿童园地

第四章　小学与群众的关系

学生家长联席会议——工会、贫农团、合作社、女工农妇代表会——儿童团——消灭文盲协会——小学评判会——小学应为文化中心

附录：

（一）报名册式

（二）点名册式

（三）星期成绩检阅册式

（四）学期或学年学生成绩鉴定书式

（五）学期或学年考试总结表

---

①　1934 年 4 月教育人民委员部颁布。——本文库编者注。

引　言

苏维埃的小学管理法，主要的目的是发展儿童的自治能力，养成学生自觉的遵守团体纪律的习惯，确立整个学校（校长教员学生）的集体生活，这决不是地主资产阶级的学校管理法，他们的学校是把学生群众当做"被统治者"看待的。单就处罚学生的态度来说，苏维埃的列宁小学就绝对不准采取惩办制度，而且要发展群众的自我批评的精神，养成工农民主集权的习惯。至于学生成绩的检查，班次的编定，升级降级的办法，学校的设备等等，也都要完全适合苏维埃教育政策的三大原则。（参看"小学课程教则大纲"）

第一章　小学的组织

一、列宁小学设校长一人（参看"小学制度暂行条例"）由乡教育委员会提出，乡苏主席团委任，报告区教育部核准。

二、列宁小学的教员，由校长征求乡教育委员会主任的同意聘请之（辞退教员的手续亦同），其人数的多少依照学生数量的多寡决定（参看同上条例）。

三、小学校长的职务如下：

（1）领导全校的工作，负责编造予〔预〕算决算报告乡教育委员会及区教育部，保管小学的财产器具，计划并进行学校设备的改良。

（2）领导教员进行全校的教务及训育事宜，并负责检查其成绩。

（3）领导学生会的工作，协助校内儿童团训练全校学生。

（4）负责定期召集学生家长联系会议，讨论教授及训育方法，及其他与家长有关系的问题。

（5）在学校行政问题上，校长对外代表全校，并领导教员学生参加种种社会工作。

（6）负责对乡教育委员会及区教育部报告每月工作及每学期的

成绩总结。

四、校长因故不能工作时，须向乡教委主任请假，并指定相当的代理人。

五、小学教员的职务如下：

（1）分别负责教授学生的各种课目，训育各班学生，遵照中央教育人民委员部所颁布的"小学课程教则大纲"进行教育工作。

（2）分别负责领导各班学生的劳作实习及社会工作。

（3）参加各种社会工作，协助乡苏及当地群众团体。

（4）经常的注意各班学生的健康与卫生问题（例如儿童的种牛痘等）。

（5）测验学生的成绩，编造各该班学生的成绩登记表及每学期的鉴定书。

六、教员因故不能工作时，必须向校长请假，并推荐暂时的代理人。

七、小学校内组织学生会，由全校学生大会或代表会选举委员会为执行机关，在校长领导之下，进行学生自治及参加政治动员的工作。其组织法另定之（参看"列宁小学学生组织大纲"）。

第二章　小学的教务

一、小学的招生：

（1）每学期开学前 10 天至 15 天，即须组织招生委员会，以校长为主任，必须邀请当地儿童团代表，贫农团代表，农妇代表会代表等参加。

（2）招生委员会应发动全学区的群众，号召他们送学龄儿童入学，尤其要使得已经超过 8 岁的儿童来插班。

（3）特别重要的是要经过儿童团动员儿童自己来报名入学。

（4）招生广告必须详细确定的规定报名日期，开学日期及入学条件。

（5）凡是初入学的儿童,必须每学期立一报名册,详细登记学生的年龄,成分,住址,家长的名字等(参看附录的报名册式)。

（6）每学期入学的新学生,必须经过甄别试验(常识问答——如果已经识字即可令书写,依照他的程度插入二年级或三年级等)。

二、小学的编制：

（1）小学按照程度分为初级小学:一年级、二年级、三年级;高级小学:四年级、五年级。

（2）每年秋季开学时,入学的新学生,程度较高者分别插班,即已经能够了解第一、二册国语算术教科书的儿童,可令插入二年级,其余类推,此外一概编入一年级。

每年春季开学时的新学生,除程度较高可插入高年级者外,皆应插入一年级的第二学期,即一开始就读第二本教科书,其程度不及者,须特别补习,有必要时,得在课程表外,另外每天增加一小时,专门替新生补习第一册教科书的主要内容。（此种特别班可称为春季新生补习班）

（3）每一年级以组织一班为原则,即每班须有一专门课堂,这种编制,叫做单式编制。

但是在物质条件不可能时,得使几个年级同在一个课堂上课,编为一班。这种编制,叫做复式编制。在复式编制的时候,教员应适当分配教材,例如一年级上课时,二年级应使自习,或习字算算题等,勿使一部分学生荒废时间。

（4）单式编制,每级即为一班,由学生选一班长。复式编制,每班包含几个年级,应先由各级选一级长,然后各级长互选班长一人。班长和级长的任务是在教员领导之下,维持课堂秩序,注意学生的纪律等。

三、小学的规则：

（1）小学必须有明确简单的(一)课堂规则,(二)运动场规则,(三)请假规则,由校长公布之。

（2）课堂规则,应规定上课下课点名(参看附录"点名册式")的秩序,禁止随地吐痰骚扰喧哗等妨碍学习的行为。

（3）运动场规则,应规定游戏时的秩序,禁止毁坏公物等违犯集体利益的行为。

（4）请假规则,应规定学生因事不能到校（事假）时,应在前一天向教员或校长请假,不请假而不到者作为旷课论。

学生因病不能予〔预〕先请假（病假）者,应派班长或级长到这学生家里去慰问,并且叫他补行请假。

凡是无故不到的逃学学生,必须发动学生群众及儿童团去劝告他或他的父母,以儿童群众的"归校运动"来肃清逃学的现象。

（5）凡是学生家长（或学生自己）不愿再叫儿童入学的时候,亦必须发动儿童群众的"归校运动",向他们斗争;至少要做到家长或儿童自己说明理由,正式向校长请求退学。

四、小学的课程：

（1）校长应会同教员规定课程表,一切课程的时间均须遵照"小学课程教则大纲"的规定,妥为排列,使各班各年级的课目不相冲突。

（2）课程表必须在开学前两天公布,使学生周知。

（3）课程表的编排,必须使各种课目相互间隔,并使游艺、社会工作,劳作实习的时间与国语算术等的时间,极适当的配合着,务使儿童不感到学校生活的枯燥无味。

五、小学的考试：

（1）每星期教员应检阅学生成绩一次,检阅的方法,即用课内的练习题为标准,检阅的结果,必须登记作为积分。

（2）每月在儿童墙报上公布四星期的成绩总批评表一次,加以相当的说明,并征求学生群众自己的意见,发展自我批评,而且要发动他们革命竞赛,订立每月的竞赛条约。

（3）每学期举行学期考试,初级小学的考试科目：（一）国语——认字,讲书,造句,写字等；（二）算术——笔算,心算；（三）常识问题。高级小学考试的科目：（一）国语——讲书,作文；（二）社会科学问题；（三）自然科学问题；（四）算术试题；（五）政治问答和演讲。考试的方法,须运用革命竞赛及学生的自我批评,不得采用地主资产阶级的学校考试的旧方法。

每年暑假时的学期考试,即为学年考试。寒假学期考试不及格者,暂留本级继续学习,到暑假学年考试仍不及格者,则应降级。

(4)平时成绩的积分,每月的批评,及学期学年考试,除上述功课的检阅及测验外,皆须加入劳作实习及社会工作的成绩综合计算,例如每个学生的工艺,园艺耕种等技能及积极性,每个学生参加政治动员的成绩和积极性(如扩大红军,收集粮食,春耕秋收等宣传工作,参加群众大会,慰劳和优待红军家属的工作,公共卫生的注意,学生会中的工作等等),都要估计到,同功课的成绩配合着,来决定学生的等级。

(5)学生成绩只须分为五等:完成任务百分之一百者为第一等,百分之八十以上者为第二等,百分之五十以上者为第三等,不及百分之五十者为第四等,不及百分之二十者为第五等。不及格及最劣等的学生降级后,教员应特别帮助他们学习和工作,有必要时,得在一般课程表外,增加"降级生补习班"的时间。

(6)学期学年考试的总结,应与学生会及儿童即共同决定每个学生的批评,制定每个学生的鉴定书(参看附录的格式),然后提出学生大会报告,在儿童墙报上登载"红板"和"黑板",交学生群众讨论,并发动他们订立假期自修的竞赛条约。

(7)学期或学年考试的鉴定书及总结报告,应由校长签名分送:(一)乡教育委员会,(二)区教育部,(三)而各个学生的鉴定书,应另录一份分别送给各该学生的家长。

六、小学的赏罚:

(1)小学学生的成绩和平日的行动,应当配合着去衡量,对于懒惰和不守纪律的学生必须加以处罚,而对努力学习和工作,并且遵守纪律的学生,应当加以奖励。

(2)苏维埃小学的赏罚,绝对不应当有惩办主义和锦标主义的现象,而应当是发展革命竞赛和集体批评的办法。

（3）对于怠工和破坏学校规则的学生的处罚，可以分做三等：（一）最轻的处罚是在儿童墙报的"黑板"上宣布某一学生的犯规，发动学生群众在学生的各种集会上对他批评，给他以警告；（二）屡次犯规不改的学生，经过学生大会或代表会的决议，给严重警告或最后严重警告；（三）在最后严重警告之后，仍旧故意违犯规则或怠工的学生，就应当经过学生全体大会的详细讨论和批评，而决定开除。开除的决定必须得校长的核准和乡教育委员会的批示方发生效力。被开除的学生，应交给当地儿童团去监视和教育，如果能够改正错误，仍得恢复学籍。

（4）对于成绩极好，而且特别积极的学生的奖励，也可以分做三种：（一）在墙报"红板"上登载他的成绩或社会工作中的事实；（二）在学生大会上宣布他的特别优良成绩，由学生会赠送光荣牌给他；（三）由学生会议决请求校长特制奖品，如旗帜之类赠送给他。

第三章　小学的设备

一、学校的房屋，要合于卫生，不可潮湿，必须宽畅〔敞〕，尽可能要能容纳全学区的儿童；而教员校长的办公室，最好要不设在学生课堂之内。每一年级最好要有一个单独的课堂，以便单式编制。课堂必须明亮，空气流通，所以窗户应当开阔。再则校舍附近不可任意抛弃污物，尤其要离开厕所远些。总之，必须清洁，必须经常打扫——经过学生会的组织，分配小学生轮流值日，每天打扫课堂及校舍，每星期举行共同的扫除。

校舍的位置，第一须在学区的中心，尽可能勿使儿童过高山，过河。如果是在圩场上，那就要选择较僻静的地点。

二、学校的俱乐部（小学都设儿童俱乐部，下设墙报委员会，图书室等，不必再分设列宁室——参看"列宁小学学生组织法大纲"）最好要单独的一间房屋，如果不可能而要设在课堂内，那末，也要布置得宜，勿使妨碍学习。俱乐部里的布置要儿童化，除各种容易得到的游戏器具和玩物,以及一般廉价而美观的布置外,必须选择儿童自己的作品(图画、剪纸、扎纸等手工品)由儿童自己帮助着布置陈列。尤其要有革命意义的图画和挂像。这些陈列品,至少每月要更换一次,并且要对学生说明新陈列品的内容,历史意义等。

三、学校的课堂至少要有黑板和抹黑板的湿布(不能置备黑板的学校,应当利用简便的方法,例如刷黑的墙壁等来代替),黑板的位置要适中,要不反光,使黑板上的字迹清楚,不致损害儿童的目光。揩拭黑板要用湿布,以免白粉飞扬,损伤儿童及教员的肺部。课堂内的桌椅要适合儿童的身量,便于写字读书。

四、学校的运动场,至少须有一平坦的草坪,尽可能设备一些体育用具和建筑,例如秋千架、杠子、跳远的沙池等等。

五、学校的工场或园地依照当地情形设置:在城市工人区域的小学,可以建立儿童工场(木工、铁工、泥水工等等)同时也要设立儿童菜园,而在农村中的学校必须建立儿童园地(不但种植蔬菜,并且可以种植米〔稻〕麦)并附设儿童肥料所——作为儿童劳作实习的场所,使儿童于优待红军家属的杂役之外,还可以在校内的劳作之中观察农产品生长的过程,或工艺制造品的生产过程。

第四章　小学与群众的关系

一、学校必须与学生家长有密切的联系。至少每月必须召集家长联席会议一次,讨论学校的改良,学生的增加,教授方法的改善,学校设备的进步等问题,要经常的征求家长的意见和他个别谈话来改进教育儿童的方法,并研究对于各个儿童所应特别注意之点。

二、学校须与工会或贫农团合作社等建立经常的关系,工会贫农团,消费合作社,以及女工农妇代表会是最基本的群众组织,事实上组织了最大多数的学生家长,小学经费的来源固然要靠这些团体动员群众每月或每学期募集经费建立经常的地方教育的基金,而且小学教员的成绩,也须由这些团体经常的从旁督促和推动,所以学校应定期的约会这些团体派代表参观或开联席会议讨论学校的改良问题。

二、儿童团在共产青年团和共产党领导之下,应当成为每一列小的核心。儿童团应当在小学学生会之中实现他的领导作用,因此,儿童团同小学校校长必须有最密切的联系,双方互相通知协商重要的决定等等。

四、学校与其他的群众团体,例如消灭文盲协会,工农剧社,反帝拥苏同盟,革命互济会等等,也须有密切的联系,尤其是消灭文盲协会,这个团体同列【宁】小学校有最重要的关系,因为列宁小学的教员,大半兼着夜学校等的教员,也就大半是消灭文盲协会的会员,列宁小学之中应当附设夜学校或其他补习学校。

五、所有上述的一切团体与学校的关系,自然都应当经过乡或市教育委员会去建立。乡或市教育委员会以及小学校长,应当定期邀请各团体代表组织评判会,来审查列宁小学,检举最坏的小学,奖励最好的小学。优待小学教员条例的执行应当根据这种评判会的结论。群众团体的小学评判会于每学期总结的时候,应当经过乡或市教育委员会,向区教育部提出最好的学校和教员,报告他们的具体成绩,而由区教育部决定给奖的办法。各团体还可以参考这种决定募集特别奖品、奖章、奖旗赠给这些教员及校长。

六、列宁小学在每个学区之内,应当成为当地文化的中心:经过儿童俱乐部的晚会,学生家长联系会等等去宣传苏维埃文化,宣传卫生知识,发展社会教育,反对迷信宗教,传播科学农业工艺等的常识,帮助群众以至乡苏等的文化工作。不但如此,小学的学生教员校长,还应当努力参加政府的一切战斗动员,经过学生去影响他们的家长,影响一切群众,宣传当地的群众更热烈的拥护革命战争。

七、小学教员自己的群众组织——红色教员联合会的简章另行规定之。

(录自《苏区教育资料选编 1929—1934》,
江西人民出版社 1981 年版,第 243—254 页)

列宁小学校学生组织大纲[①]

（1934 年 4 月）

共产主义的人生观和宇宙观,必须在斗争中劳动中实际工作中去学习。离开了斗争、劳动与实践,专拿书本来读,是说不上共产主义教育的。因此,小学之中,就必须要有学生的组织,应该养成学生的集体生活和有组织的参加革命斗争的能力,使他们在实际工作中去了解集体的劳动和学习的意义。

一、列宁小学学生组织应称为某某列宁小学“学生会”。

二、小学学生会的任务主要的是:

1. 使教育与实际工作不相分离,发扬学生的创造性,加强他们的学习与工作的积极性,巩固入学儿童,使全体学生有集体的生活,互助的精神和革命斗争的组织能力。

2. 学生会组织学生自己的生活,发展自治的能力,参加学校行政的管理,并动员学生参加校外的社会工作,培养将来社会主义的建设者。

三、学生会的组织

1. 学生会在校长的领导之下进行工作,是各个学校学生的单独组织,不必建立上下级的整个系统。学生会对于一切问题得向校长教员建议,一切决议必须经校长审查。

2. 学生会的最高组织为全校学生大会,40 人以下的学校由学生

---

① 1934 年 4 月教育人民委员部订定。——本文库编者注。

大会选举委员会为执行机关,40 人以上的学校,得斟酌情形,由大会选举代表若干人组织代表会,再由代表会选举委员会执行一切事务。

3. 40 人以下的学校,其学生委员会由 3 人组织之,分工如下:主席 1 人(兼军事、裁判、劳作的职务),检查委员 1 人,文化委员 1 人。

小学(40 人以上的小学)学生会组织系统表

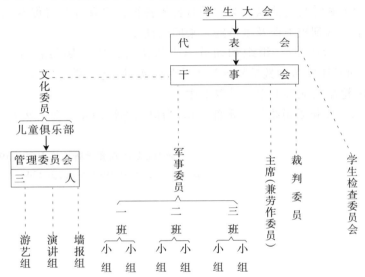

4. 40 人以上的学校,其学生委员会由 5 人组织之;主席(兼劳作委员),军事委员,裁判委员,文化委员。各该委员之下,得设各种委员会;再由代表会选举检查委员若干人,组织检查委员会。

四、会议:

1. 全体学生大会,一个半月一次,改选代表。

2. 代表会,半月开一次。

3. 学生委员会,七天开一次(必要时临时召集)。检查和指导各委员会的工作。

说明　各委员的工作:

1. 学生检查委员会,主要的是检查学生及委员等的工作和行为,但同时还应调查校外破坏教育工作的反革命分子,向裁判委员报

三、初级小学的算术应教完整数加减乘除四法及诸等数因数以及小数的(最初)阶段。

四、初级小学的游艺,包含唱歌、图画、游戏、体育等,发展儿童的艺术才能,使能从模仿进到自动的创造,并养成其集体生活的习惯,发扬革命奋斗的精神。

五、高级小学的国语,仍应包含政治及自然的教材,增加议论和批评的成分,同时必须在高级小学的二年中教授儿童以初步的议论文的作法,使高级毕业时,学生能自动的写作最浅易的短篇文字,尤其是应用文(如信、路条、短篇论文等)。

六、高级小学添设社会常识及科学常识两种科目:

(一)社会常识课应包含有系统而最浅易的历史地理及社会关系的常识,从社会现象的叙述,逐渐引导到时代及地域的普通概念以及社会经济和阶级关系等的观念。

(二)科学常识课应包含有系统而最浅易的理化生物生理卫生的常识,从具体的自然界现象的叙述,逐渐引导到最浅显的科学公【理】的概念。

高级小学增设社会、科学两课的目的,是在于给儿童以最低限度的有系统的知识,而且使国语课中可以侧重议论文(政治)和描写文(自然),并增加关于革命斗争的实际问题的教材(例如苏维埃公民的最低限度的常识等)。但同时,社会、科学两种课本的文字,必须与高级小学国语程度相配合,并辅助叙述文的练习。

七、高级小学的算术至少应学完百分数、小数、分数〈分〉、开方及比例,并给以最浅显的几何学知识,且必须教授簿记(记账)会计等实用科目的简单方法。

八、高级小学的游艺,应培养并发扬儿童的艺术上的创造性,以及集体行动中自我组织能力。

九、小学的一切课目都应当使学习与生产劳动及政治斗争密切联系,并往课外组织儿童的劳作实习及社会工作,劳作实习应当同当地经济情形相配合,有计划的领导学生学习各种工艺、园艺、耕种及其他生产劳动。

十、小学的一切课目都应当与游艺有相当的联系,尤其是初级三年(上课不必完全在教室以内),应当配合着游戏,参观、短途旅行等去教授各科常识及文字。社会政治工作,亦应当与当时当地的政治任务密切相关,采取相当的教材,配合国语及算术等课目。

第二章 小学课程之分配

一、初级小学每星期上课时间为 18 小时,课外教学(劳作及社会工作)至少 12 小时,其分配如下:

(1)国语 每星期 6 小时(每星期教完 3 课)

(2)算术 每星期 4 小时(每星期教 2 课)

(3)游艺 每星期 8 小时

(4)劳作实习 每星期 6 小时 课外

(5)社会工作 每星期 6 小时 课外

二、高级小学第一学年(即小学四年级)上课时间为 24 小时,第二学年(即五年级)为 26 小时。其分配如下:

(1)国语 每星期 6 小时(每星期教 3 课)

(2)算术 每星期 6 小时(每星期教 3 课)

(3)社会常识 四年级每星期 2 小时(每星期教 1 课)

　　　　　　　五年级每星期 3 小时(每星期教 1 课半)

(4)科学常识 四年级每星期 2 小时(每星期教 1 课)

　　　　　　　五年级每星期 3 小时(每星期教 1 课半)

(5)游艺 每星期 8 小时

(6)劳作实习 每星期 6 小时至 8 小时 课外

(7)社会工作 每星期 6 小时至 10 小时 课外

三、小学课目的分配应使每学期有两星期以上的空余时间,以便组织儿童的长途旅行参观等,以及农忙时的休业,纪念节日的放假,或必要时的复习及补习,并实行考试。列宁小学概以秋季为第一学期,春季为第二学期,破除阴历过年的旧习惯。所以最重要的学年考试(决定学生的升、降级)及毕业考试,都在上半年末举行。

四、初级小学每年第一学期(8 月 20 日至 1 月 20 日),共 22 星期——应教国语 56 课,算术 38 课;第二学期(2 月 10 日至 7 月 20 日)共 23 星期——应教国语 60 课,算术 40 课。

五、高级小学第一学年的第一学期——教国语 56 课,算术 56 课,社会常识及科学常识各 18 课;第二学期——教国语 60 课,算术 60 课,社会常识及科学常识各 20 课。高级小学第二学年的课程,国语算术与第一学年同,但社会常识及科学常识——在第一学期各 28 课;第二学期各 30 课。

第三章　小学教授方法的原则(一)
——小学教育与政治斗争的联系

一、苏维埃的小学教育,同地主资产阶级的儿童教育是绝对不同的:首先就是我们的教育公开的和工人阶级及农民群众的政治斗争联系着,成为阶级斗争的一种武器,而地主资产阶级的教育表面上说"要离政治而独立",事实上都在用一切种种方式经过教育来维持剥削制度和地主资产阶级的专制,蒙蔽和欺骗群众,民众从最早的儿童时期起,就在有意的无意的受着一种奴隶教育。

二、苏维埃政权公开的宣布工农民主专政,公开的认定教育政策是发展阶级斗争和革命战争的一种武器。而且,在剧烈的革命的国内战争的环境中,教育也只有同革命战争的各方面——儿童的实际生活联系着,方才能够真正培养共产主义建设者的新后代。

三、教育和政治的联系,应当表现在养成儿童的共产主义的道德:阶级的友爱和互助精神,集体生活和遵守纪律的习惯,勇猛的克服困难的精神,坚实的意志,刻苦耐劳,勤快敏捷的品性;对于同阶级的劳动者和革命者(不论是父母伯叔兄弟姐妹或是朋友同伴),都能够敬爱、体恤、服务,绝对不谎骗,不虚伪;而对于阶级敌人,剥削者和压迫者,能够反抗斗争,有组织的,经过集体,接受正确的领导,开始参加反对阶级敌人的种种斗争;能够排斥和克服自私自利的利己主义和个人主义,能够尊重和爱护公共的财物,注意公共卫生;能够厌恶和改正懦弱的性格,吐〔唾〕弃投降困难的卑怯的性格;能够有辨别是非的判断力,不盲从,不机械的服从命令,了解无产阶级的民主集权的意义等等。

四、苏维埃的儿童教育……,因此,必须着重在养成儿童的自治能力,必须领导儿童参加社会工作(例如扩大红军,慰劳红军,地方苏维埃的工作,地方的赤色戒严,各种社会群众团体的活动等),在适合于儿童能力的条件之下,参加一切群众革命斗争。课外的社会工作以及学生会、儿童团的组织和工作,应当成为小学教育的极重要的成分。

五、小学一切课目的教材,都应当根据上面的所说的原则,适当的配合课外的实际行动。小学教员不但应当在教科书之外采取当地的材料(例如乡土地理、当地的革命历史)来做教材,而且应当在讲授功课的时候,随时插入当时政治斗争的材料,以及当时当地学生会或儿童团生活之中的材料。这必须配合着每一年级学生的程度,同时加强他们的文字知识,科学知识及政治知识。

六、儿童教育与政治斗争的联系,决不应当机械的限于动员他们参加各种突击运动,还应当从根本上训育儿童,读书讲解和实际行动要有密切的联系,有系统的加强儿童的知识能力和对于政治问题的了解。

第四章　小学教授方法的原则(二)
——小学教育和生产劳动的联系

一、地主资产阶级教育,目的总在于造成少数的知识阶层作为统治阶级的工具。苏维埃教育的目的恰好相反,是要从培养极大多数的工农的知识分子,进到将来完全消灭智力劳动和体力劳动之间的分别,要教育极广大的劳动群众的子弟,使他们成为有能思想的头脑,有能劳作的两手,有对于劳动的坚强的意志的完全的新人物;苏维埃的教育,是要扫除那种"读书"同生产脱离的寄生虫式的教育制度的残余,而使学校教育同生产劳动密切的联系起来。

二、普通教育应当建立真正科学的唯物论的——马克思列宁主义的世界观的基础上,但是假使没有"工艺教育"(polytechnic),那末,真正唯物的普通教育也是不能有的。一切科学知识,一切对于社会经济的认识,都必须在生产劳动的过程中去取得,这样才能消灭理论与实践的分离。

三、因此,小学的劳作实习有十分重要的意义。8 岁到 12 岁的儿童,自然还只能够给他们认识各种生产过程的表面动作。但是,在这时候,就必须使儿童脑力的发展同劳动生产的技能密切的联系起来,并且逐渐使儿童了解并认识集体分工的大规模生产的优点。(现在苏区,至少已经有了分工的手工工场可以作为实例。)

四、小学劳作实习的教授方法,应当尽现在所有的可能,使得学校与附近的农场(红军公田及一般农田)或者市圩的工场发生密切联系,有计划的领导学生参加生产劳动,从简单的动作进到复杂的动作,从单纯的个人生产进到复杂的分工的互相配合的生产。甚至学校本身的打扫,整理,布置,使学生轮流值日和分工,也可以成为劳作的实习。

五、劳作实习的材料,必须尽量配合每一年级的程度加入国语、算术等的课目,作为教材。

第五章　小学教授方法的原则(三)
——小学教育及儿童创造性的发展

一、地主资产阶级的教育大半是灌输式的,使儿童机械的记忆教员所教授的东西。苏维埃的教育,必须采取启发式,要充分发展儿童自动的能力和创造性,用实物显示,参观各种机关团体,观察自然界的物产和现象,儿童自己练习选举,办事等等,用具体的问题,去引起儿童对于课目的兴趣,自动的思索、解答。对于儿童,必须用种种游艺,适合着儿童智力体力的发展,去引导他们来观察和了解新的问题,新的事物,新的现象和运动;必须完全用诱导劝告和帮助的方法,绝对禁止强迫威吓,甚至敲打的手段。

二、地主资产阶级的教育,总是把整个科学知识——对于自然和社会公〔规〕律的认识——极呆板的分割成为许多琐屑的片段,甚至小学教育方面也用这种分割的不相联系的各部门知识,去教授幼年的儿童(例如加法和乘法分离,字法和句法分离等等)。苏维埃教育应当反对这种教授方法,必须采用混合和统一教授的方法,拿实际生活里的整个现象做对象,显示他的各个方面之间的联系(例如加法与乘法的密切关系等等),显示一切现象的不断变更和突然的变动(例如风、雷的现象,例如植物的生长和果实的降落等)。

三、苏维埃小学的教授方法,还必须从具体的进到抽象的;不应先叙述某种科学公〔定〕律,极端抽象的概念和术语,然后呆板的去讲解,证明。应当从叙述和描写客观的现象,逐渐归纳,逐渐引导到科学公〔定〕律的概念,从具体的某种生产劳动的动作和技术,引导到对于整个生产过程的了解。同样,在文字课目方面,必须注意到韵文(山歌、儿歌、诗)及儿童戏剧,故事等教材,这些教材都是合于"从具体到抽象"的原则:文艺性质的文章不但可以同游戏、运动、跳舞、唱歌等密切联系着,而且这里所表现的总是具体的事实、人物、动作,直接从实际生活里采取来的。必须从这种文艺性的记叙文和描写文进到议论文。

四、儿童教育必须领导儿童知识和能力的发展,使他们不但能够在行动中逐渐了解或发见许多新的问题,并且,从新的知识进到自动的创造的行动,因此,必须运用"联想"的公〔规〕律,先了解儿童所已经有的旧观念,逐渐的引导他们进到新的观念,必须把一切课目同课外的社会工作和劳作实习联系起来。就是国语课的本身,目的也决不仅在于使儿童认识多少新字,而在于使他们能够逐渐运用自己的言语以至文字，来发表自己的思想，表现自己的感情，国语课必须要有练习题或问题，直到作文的练习。而且必须根据社会工作及劳作实习的材料，组织儿童的演讲练习，表演最简单的戏剧等。

五、小学教育成绩的检查，应当以儿童自动能力和创造性的发展做标准，以发展儿童的集体批评和自我批评能力为目的。经常的，每一星期要记录这种成绩（打分数），每一学期要在综合各星期的成绩之后，举行学期考试和学年考试。考试的方法，不仅是背书、默书，而是用革命竞赛的方法，组织儿童的活泼的表演，演讲，自动的写作，口头的答问。而且必须综合社会工作和劳动实习的成绩和笔试口试的成绩，要学生会及儿童团方面的批评。根据这三项：（一）课外教学的社会工作和（二）劳作实习（三）课内的平常成绩和考试的结果，再加上（四）儿童团方面的，（五）学生会中间的批评——来决定小学生的成绩，而制定每个学生的"鉴定书"，应当将鉴定书向全班学生讲解，征求儿童自己的意见，经过充分的讨论批评，然后作为考试的最后决定，通知儿童的家长，并报告乡教育主任及区教育部。如果总计这三方面的成绩，有些学生了解所授的功课，及执行课外工作的任务，都不及百分【之】四十五的成绩，那末，这种学生，就要留级以便给他补习的机会。

小学的年级制度（附）

一、列宁小学暂定一律秋季始业，从本年 8 月 20 日起至来年 7 月 20 日止为一学年，第一学期（本年下半年）举行一次学期考试，而第二学期（即来年上半年）举行学年考试。

二、凡是上半年（2 月间）插班的一年级生，教员应另外替他们补教第一册列宁小学教科书上的新字及算术，有必要时得每日增加 1 小时的补习课。

三、凡是第一学期学期考试不及格的学生，可以暂时随同本级继续上课，假使学年考核的结果仍旧不及格者，即实行留级 1 年。

（录自《苏区教育资料选编 1929—1934》，

江西人民出版社 1981 年版，第 113—123 页）

夜学校及半日学校办法^①

（1934 年 4 月）

凡是政府机关、群众团体、俱乐部、工厂等皆得出资创办夜学校或半日学校。

（一）校址：必须设在入口比较集中的地方，以便利学生来校。（兴国平均每乡有夜校 15 个，很便于群众来校，所以在兴国 35 岁以下的失学男女差不多都入了夜校。）

（二）组织：每个夜校至少须有校长一人负专责（或由教员兼任），请定二三人任课（以免缺课）。同时教员和学生应该组织为一消灭文盲小组，须选举一人为组长帮助校长、教员进行工作。校长、教员又由同级教育部或消灭文盲协会推荐，而由各该主办团体机关委任。

（三）功课：除采用本部编印的各种读本外，还必须采取带地方性（如某人发现贪污或浪费，即将他的名字事实……），时间性（如现在开展春耕运动，即以春耕运动的中心口号）做辅助教材，尤其要注意写墙报、写记录、写信、做报告、决议等的练习。

（四）夜学教员的培养：由区教育部开办夜校教员短期训练班，而各乡可以开办夜校教员经常训练班，不脱离生产，夜间上课（以列小教员做训练班的教员）。夜校学生成绩比较好的应兼任识字小组的教员。夜校教员训练班所需经费不多，即由区一级群众团体募集，其

---

① 1934 年 4 月教育人民委员部重新审定。——本文库编者注。

功课即以夜校教材为教材。

（五）经费：夜学校教员学生公用的粉笔灯油等费，主办团体或机关负责津贴，再由当地合作社职工会的文化基金经常供给一部分，贫农团供给一部分，发动群众募捐供给一部分。但各人私用的文具书籍以自备为原则；贫苦而不能自备者方由夜学校募集津贴。

（六）毕业标准：以能写信，做报告，看"红中"为毕业标准。

半日学校的办法与夜学校同。

凡是夜间不便而白天有闲暇的人，就可以进半日学校。

（录自《苏区教育资料选编1929—1934》，
江西人民出版社1981年版，第193—194页）

业余补习学校的办法①

（1934 年 4 月）

工人补习学校简章

说明：合作社、政府机关等均可参照这一简章创办补习学校，只须将工人生产技术课合作社或政府机关的工作方式等。

目的　提高工人的文化政治水平，扫除工人中的文盲，加强工人工业技术上的进步。

编制　在大的企业工厂设立的，就所有企业工厂的工人学徒与工作人员都可以加入；在城市圩场设立的，就所有城市圩场的各业工人学徒，都可以加入，而按程度按职业分班教授。

学生　除吸收一切工人及其家属来校学习外，在可能范围内，还须吸收附近群众来校学习。

教员　文化政治上的教员由教育部供给，工业技术上的教员由国家经济及职工会供给，一切教员校长的聘任概归工会。

教材　照各种工业的需要，随时选择教材。文化政治课的教材，必须要与各工业生产情形及技术有密切的联系，使学生易懂易记而且所学到的即合于实用。技术课的教材与教法，由各业工会文化部规定，同时，还要加入苏维埃基本常识及每一时期的中心口号做教材，使学生了解一般的政治问题。

---

① 1934 年 4 月教育人民委员部重新审定。——本文库编者注。

时间　每天日间或夜间,随各处情形自由决定,但要不妨碍各工人的做工,使每人每天至少须受一点钟的教育(星期日例外)。

经费　学校一切经费开支,概由职工会的文化基金经常供给,如不够用时,由政府教育部津贴。

校址　企业工厂设立的,或以本企业工厂的余地做校址,或在企业工厂附近找校址,随各地情形决定之。但在大的城市圩场设立的,学生是各街各店的工人,就一定要在便利工人来校的地方设立。

组织　学校须设立校长一人主管学校一切校务与教务,领导教员进行工作,教员和校长任期以不领生活费为原则,学生中设班长小组长若干人赞助校长教员的工作。

附录:

大规模的工人补习学校得按下列组织建立各种组织和推选负责人。附表如下:

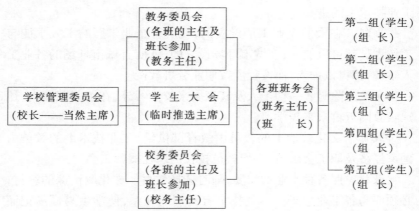

注解:学校管理委员会的委员,应由当地教育部与同级工会的文化教育部及企业工厂的主要负责人共同开会决定之。所决定的委员,须分任教务主任校务主任及各班班务主任等职责,班长由学生各班自己推选,小组长除各班在必要时分组推选外,还必须要按学生生活接近分组,各组学生来校时到课时由组长负责邀集。

学校中每一件问题，倘小组会不能解决的交班务会，班务会不能解决的的交学生会以至于学校管理委员会。

学校管理委员会所决定的问题关于教务方面的则由教务主任召集教务委员会讨论，传达到学生大会、班务会以至各学生了解执行。关于校务方面则由校务主任召集校务委员会讨论，传达到学生大会、班务会以至各学生了解执行。

注意学校中必须要有党团的组织以便在学校中起领导作用（党团的苏维埃的以及学校的重要工件）

（录自《苏区教育资料选编 1929—1934》，
江西人民出版社 1981 年版，第 188—191 页）

识字班办法[①]

（1934 年 4 月）

凡是政府机关、群众团体的基本单位,均得在自己的列宁室创办识字班。

（一）一切不能加入夜校或半日学校的完全文盲,都得编入识字班。

（二）编制:依生活（住所、饮食、工作）接近,少的 3 人,多的 10 人为一班;每班各自经过列宁室或消灭文盲协会找识字的人充当教员,有程度比较好的日学或夜学学生充当也可以。

（三）教法:随时随地随人数都可以教（即是在乘凉时,喝茶时三四个人都可以教）,起初划地为字,随后各立一簿,或用识字片。字应以适合环境,适合实用为第一要紧,各人自立簿子记录,每日所识的字,规定几天或一星期由消灭文盲小组长收集送交教员看改。

（四）检查:识字班工作或成绩的检查,归消灭文盲协会负责。例如村协会干事会负责检查该村各识字班,乡协会干事会负责检查各村识字运动的成绩（余类推）。各级消灭文盲协会负责综合各地经验及成绩,定期公布,以推动识字运动的发展。

（录自《苏区教育资料选编 1929—1934》,

江西人民出版社 1981 年版,第 192 页）

---

① 1934 年 4 月教育人民委员部重新审定。——本文库编者注。

俱乐部纲要①

（1934 年 4 月）

一、俱乐部应该是广大工农群众的"自我教育"的组织，集体的娱乐、学习、交换经验和学识，以发扬革命情绪，赞助苏维埃革命战争，从事于文化革命为目的，所以俱乐部是苏维埃社会教育的重要组织之一。俱乐部的一切工作都应当是为着动员群众来响应共产党和苏维埃政府每一号召的，都应当是为着革命战争，为着反对封建及资产阶级意识的战斗的。

二、（甲）俱乐部的设置：俱乐部是每一级政府机关或每一个大的工厂企业，每一地方的工会，合作社之内的组织。乡苏的俱乐部，同时也是该乡一切农民基本群众的俱乐部。每一俱乐部之下，按照伙食单位（或村庄）成立列宁室，每一列宁室至少须有识字班、图书室及墙报，此外，还必须有运动场或游艺室的设备（规模小的列宁室，则图书室和游艺室可以合用一间）。至于一般的政治动员及社会工作（例如优待红军家属的礼拜六工作等）由列宁室主任负责领导。

（乙）俱乐部的部员：凡是苏维埃公民都得加入他所在地方的某一俱乐部，非公民而能担负俱乐部工作，并无违反苏维埃法令的行为者，亦得加入。加入的手续是向俱乐部管理委员会报名，并自己认定俱乐部某种工作（在俱乐部尚未成立之前由各机关或团体的主管人指定临时主任组织之）。

---

① 1934 年 4 月教育人民委员部订定。——本文库编者注。

（丙）俱乐部的经费：各俱乐部的经费由部员大会决定募集方法，不够时得请求各该机关或团体津贴。

三、俱乐部的执行机关和俱乐部的部员之间应该有最密切的联系，必须定期召集部员大会或部员代表会议。俱乐部的执行机关须向部员群众定期报告自己的工作（或者向大会及代表会议口头报告，或者在墙报公布书面报告），每次部员大会或代表会议的决议，必须切实执行，在限期以内完成自己的任务，将检查结果报告部员群众。

四、俱乐部机关必须每星期规定俱乐部的工作日程，按照一定的计划，进行自己的工作。而这些工作之中，应当以政治动员为中心工作。俱乐部部员应随时向俱乐部机关建议，提出自己对于俱乐部工作的意见，监督工作日程的执行。

五、俱乐部的组织形式，应当适合当时当地的条件，灵活的适应当地一般群众的需要。高级政府机关或群众团体，国家企业，文化程度较高，物质条件较丰富的俱乐部，可以有比较复杂的组织；而在乡村中，却宜建立比较简单的组织。但是一切俱乐部必须由部员大会选举管理委员会（人数自定）及其主任，各自规定报告及选举的期限，及定期募捐，保管基金的方法。

六、最简单的俱乐部除各种政治动员由主任及管理委员会领导负责外，其组织可分为三部分：

（1）演讲股——由主任按照每月工作日程，规定演讲次数及题目，聘请演讲员，事前必须广泛的通知群众到会，最好在讲演会时，同时组织小规模的晚会（山歌队、音乐队、双簧、化装表演等），同时可以组织部员的演讲练习和演讲比赛。

（2）游艺股——由部员自己分别组织歌谣音乐（中国乐器）图画（壁画布景画标语插画）以及戏剧等组，平时各组自己研究练习。而管理委员会或主任决定组织晚会时，就可以登台表演，唱歌说故事……再则可以组织各种体育游艺的竞赛。

（3）文化股——甲、由部员中选出墙报委员会负责编辑墙报并组织投稿人，协助工农通讯协会发展其会员，就是向投稿的同志宣传加入红色中华的工农通讯协会。乙、布置俱乐部的图书室（或即在某一列宁室内），组织部员的读报组负责宣传当地群众读报，不能读的人，俱乐部的读报组应当负责定期召集他们到一定的地点，最好就在俱乐部的图书室，宣读各种报纸，同时讲解给他们听，甚至逐字逐句的解释。丙、协助消灭文盲协会发展俱乐部部员之中的消灭文盲小组，组织识字班，以至夜学校、半日学校等。

七、俱乐部的工作必须深入群众，因此在乡村农民中，在城市贫民中，尤其是文化水平较低的群众之中，一定要尽量利用最通俗的广大群众所了解的旧形式而革新他的内容——表现和发扬革命的阶级斗争的精神。例如：

（一）讲演——题目当然要和当时政治斗争的突击任务联系（政治演讲），同时，也要针对着当地群众的旧习惯，具体的进行有计划的反对宗教迷信的斗争，改革风俗，改良卫生，研究生产（春耕、秋收、植棉等技术上的问题）等等的讲演（科学讲演）。而讲演的方法，却必须用最通俗的日常谈话的语句，逐渐的加入政治科学的专门名词，切忌千篇一律的术语堆砌起来的讲演。而且这种讲演会，可以用谈话的方式，问答的方式，使听的群众自己参加意见，或者再进一步成为讨论会。

（二）游艺——更可以用最大众化的方式。就是：

甲、体育方面，未必每地方都可以打乒乓球，兰球，而最荒僻的地方也可以组织踢毽子，放风筝，或赛跑、跳远等简易运动的竞赛。

乙、游戏方面，除新式的游戏以外，同样可以运用象棋竞赛等类的旧方法。

丙、音乐唱歌方面，可以多量收集"民间"的本地的歌曲、山歌，编制山歌队，或练习中国乐器（锣鼓、拍板、笛、胡琴等）编成音乐队。

丁、表演方面，可以采用说大鼓书，说故事（或者配上简单的音乐）等方法，以至最简单的化装表演等。

戊、戏剧方面，戏剧（分幕的新戏）是复杂的表演。不必每个俱乐部都能办到。假使能够有这样的力量，也得估计到群众的了解力，必须适当的配合中国乐器,表演得清楚明了,同时还可以组织"说戏队"向群众讲解剧本的内容,练习说故事的技能,这同样可以引起群众的兴趣。

戏剧及一切表演的内容,必须具体化,切合当地群众的需要,采取当地群众生活的材料,不但要一般的宣传红军战争革命,而且要在戏剧故事里,表现工农群众的日常生活,暗示妇女解放,家庭及生产条件等的革新,揭破宗教迷信的荒谬,提倡卫生及一切科学思想,发扬革命的集体主义的战斗精神。

(三)文化工作——首先是墙报,墙报必须吸收群众的投稿,使他们学习写作,编辑者必须要具体的指示和帮助他们文法上的学习。墙报应当反映一般的政治问题,尤其要联系到当地的地方政治情形,要发展当地群众的日常生活问题上的自我批评,要包含文艺作品(山歌、尤其是故事之类)。要新辟"新闻栏",使墙报不仅只登载论文,而且每期有系统的记载当地的地方新闻(例如当地春耕或粮食收集、赤少队、扩大红军等工作的发展的事实),加以简单的批判和指示。一切稿件的文句,都要浅显简短通俗(像口头上说的话一样)。至于读报和识字的工作,也同样要适合群众的需要,便利群众参加。

八、俱乐部的基本工作的发展,随着当地群众文化水平的提高,可以日益进到比较复杂的组织,例如省一级或县一级的机关俱乐部就可以:

1. 把讲演股分做政治演讲,科学演讲,或者组织经常的政治研究会,各种科学研究会等等。

2. 游艺股分为体育,各种各式的新式游戏,以及音乐、画等股。而戏剧股独立出来。

3. 文化股中的墙报委员会,可以独立。读报组可以指定专门的委员会负责等等。

总之,应当适合着当地的条件去进行组织工作,而用不着纸面上的呆板的条规,来自己束缚自己。

九、俱乐部的戏剧组(或戏剧股)发展扩大之后,研究和参加的人比较多,比较有经常的工作,那时,就可以成立工农剧社支社,其社员仍旧兼做各该俱乐部的部员;所以工农剧社在地域关系上,一定隶属于某一俱乐部,而在戏剧运动的组织上,隶属于全苏区的工农剧社系统。剧本的政治内容的审查,归当地同级教育部负责,有争执时可以经过上级工农剧社转报上级教育部决定。至于组织演戏晚会一切组织上的问题,仍由各该剧社所属俱乐部管理委员会协同剧社决定(工农剧社的组织法另有章程)。

十、俱乐部与消灭文盲协会,工农通讯协会,各种学术研究会,或体育文艺等的研究会的关系,应当和俱乐都与工农剧社的关系同样办理。

（录自《苏区教育资料选编 1929—1934》,
江西人民出版社 1981 年版,第 195—200 页）

中华苏维埃共和国临时中央政府
财政人民委员部训令第十号
——整理国有财产建立国有财产管理科工作

（1934 年 4 月①）

　　国有财产，是包括店房租、矿产租、国有山林、借出公款、没收物品等收入，这是苏维埃财政收入重要部分之一，过去各级政府对这一工作一般没有注意，也没有专人管理，这在国家财政上是一个大损失。譬如店房租一项，各处只在城市收了一些，各圩场店租以及摊寮、油槽、纸槽、车寮、水碓等租金大部分没有开始，国有山林到处都没有设法拍卖，有些卖了却没有收到钱，如福建之杉木，瑞金之樟脑树，会昌、寻邬②、安远、瑞金、宁化等处之香菰〔菇〕山，年中出息不小，都不见多大款子交库，各地没收土豪物品，更是无人过问，财弃于地，如旧年南广泉区没收长钢条几十条、红毛泥几十桶、棺木板几百块，今年没收莲子四五千斤，雩都③没收砖瓦百余万、钨沙〔砂〕十余担，石城没收菌陈千余斤、泽泻千余斤、木头几百根，这些东西都可以卖钱，但至今仍然散放各处，没有拍卖，也没有人负责看管，会昌去年没收木头千余根，堆在河边，后来大部被水冲走，这不是苏维埃财政上的损失吗？至于老苏区，在过去财政未统一以前，借给合作社及私

---

　　①　原件无时间，此为本文库编者根据内容所判断。

　　②　寻邬，现称寻乌。——本文库编者注。

　　③　雩都，现称于都。下同。——本文库编者注。

人之公款还是不少,单兴国一县,已知道的就有四五万元以上,其他如公略、万泰、胜利、□□、雩都、赣县及福建之上杭、新泉等处,更不消说。这些公款统计起来,当在二三十万以上,但现在各级政府都没有人去登记整理,有些发生严重贪污,有些因不善于经营垫了本,将来时间久了,这二三十万公款不是都会变成乌有吗? 所有这些不能不说是财政上的损失,把这些国有财产登记起来、整理起来,增加国家财政收入,充裕战费供给,争取战争更大的胜利,是目前财政部中心工作之一。

在此本部特在各级财政部之下,增设国有财产管理科,专门负责管理店房租、矿产租、国有山林、没收物品,以及借出公款之清查登记,保管□□等事宜,并负责管理土豪罚款和没收款之筹划与收纳之责,现中央□□□□□都渐次设立,特于 4 月 24 日召集各省县国有财产管理科长联席会议讨论这一工作,兹根据联席会议讨论的意见,指出国有财产科几个中心工作如下:

1. 店房租

店租须照店房没收与出租条例,立刻将城市及各圩场自去年起之租金收齐,先要把归政府没收之店房登记起来,从〔重〕新订定租金,要改正过去照原租打七折打对折的错误,有些藉口贫苦工农或红军家属免租者,要按情形补收,重新签订租据。万泰将店房分与小商人不收租是错误,要马上收回令其交租。

2. 房租在城市中归苏维埃,没收之房屋或祠庙等出租与商人及无选举权分子住居的,须向他订定租金,按期收取。

3. 摊寮租要实行征收。首先要召集各摊寮老板开会,按照各个摊寮好坏大小,地位当市不当市,分别订定租金,按期收取,其摊寮几人争租者,可用投票办法。

4. 油槽、纸槽、车寮、水碓归苏维埃没收的(已分配或应该分配给群众的不收租),应照工具多少,房屋大小好坏,分别订定租金,按期收取。去年的也须向〔补〕收,油槽打油工,须比【以】前减轻。

5. 上述各种租金,合作社应比商人减轻一半,并有优先租借权,至于免税的须按情形①

（根据中共江西省委党史研究室资料处藏件刊印）

---

① 原稿至此结束。——本文库编者注。

赤卫军(少先队)誓词[①]

(1934年5月1日)

一、我们都是工农,自愿武装起来,加入赤卫军(少先队),为土地,为自由,为民族解放,为苏维埃政权,我们要奋斗到底。

二、我们是(少先队)赤卫军,要保证自己思想和行动做模范,努力学习政治军事,武装自己的头脑和手足,参加革命战争,与苏维埃建设。

三、我们是工农群众的武装,誓以我们的血与肉,参加民族革命战争,开展土地革命,推翻国民党,消灭法西斯蒂,保护苏维埃,打倒帝国主义,争取中国解放,武装保护苏联,完成民族革命,为社会主义前途斗争。

四、现在敌人正在大举进攻,我们要团结一致,拿我们的梭镖和枪炮,配合红军作战,发展游击战争,保卫苏区,推广领土,消灭敌人,争取苏维埃新中国的胜利。

五、我们为着阶级利益,遵守革命纪律,服从上级命令,爱护武器,爱护同伴,如若违犯和不忠实,甘受革命纪律制裁,愿听同志指斥。谨誓。

人民委员会颁布

1934年5月1日

(录自1933年4月24日出版《红色中华》报第179期第1版)

---

① 此标题为本文库编者所拟。

中华苏维埃共和国中央政府
国民经济、财政人民委员部布告
——为发展信用合作社彻底消灭高利贷而斗争
（1934 年 5 月 1 日）

　　信用合作社是便利于工农群众的借贷机关，它一方面吸收群众存款，并向国家银行取得款项帮助，另一方面借款给需要钱用的工人、农民，并供给他们发展工农业生产与商业流通的资本，使工农群众不再受到无处借钱，资本缺乏及因无钱用而贱价出卖农产品的困难，这在彻底消灭高利贷，更进一步发展苏区经济，改善工农生活是有着极重大的意义。

　　近半年来消费合作社粮食合作社等都在蓬勃的发展，对于群众日常需要品的供给有了很大的成绩，但信用合作社尚未普遍建立，这在群众钱款的借贷方面，□是非常不便的。为广泛发展信用合作社组织起见，国家银行及各地群众要求本部准将第二期革命战争公债票本息作为群众入社股金，这是非常需要的。为此本部特批准这一要求，除了各地群众热烈地自动退还以外，准许各地群众将二期公债本息作为各人加入信用合作社股金，并特许各地信用合作社吸收此项债票持向各地银行抵押借款，望各地工农群众在国民经济部领导银行帮助之下，踊跃入股，组织信用合作社并与国家银行发生密切关系，以充实工农商业的资本，并便利个人借款，促进苏区经济更进一

步的发展。此布

国民经济人民委员　吴亮平

财政人民委员　林伯渠

1934 年 5 月 1 日

（根据江西省瑞金中央革命根据地纪念馆藏件布告 0104 刊印）

中央财政部公布退还公债数字

（1934 年 5 月 4 日）

兹将自 2 月 1 日至 4 月 8 日各地所退还的公债,公布如下：

瑞金：83500 元

兴国：291950 元

博生：500000 元

胜利：29000 元

赣县：17500 元

（根据中共江西省赣州市委党史工作办公室资料室复印件刊印）

中华苏维埃共和国
中央政府关于没收条例说明书

（1934 年 5 月 7 日）

一、要彻底消灭帝国主义、国民党军阀、豪绅地主的反革命力量，就只有采取没收政策，完全摧毁反革命的经济基础。苏维埃政府为要消灭帝国主义的侵略与地主封建剥削发财人的压迫，所以要没收帝国主义在华的一切银行与企业，归苏维埃经营管理，同时更主要没收地主豪绅及一切反革命分子的土地财产（富农的土地和一部分农具），分配给劳动工农享用。只有这样，才能够完全摧毁反革命的经济基础，使穷人得到彻底的解放。

二、没收政策的用意最要紧的是满足贫苦工农群众的迫切物质要求。苏维埃政府目前的没收政策，除了供给革命战争的需要之外，最要紧的是满足贫苦工农群众的迫切物质要求。要领导这些群众起来为自己的苏维埃政权而斗争，就要使这些群众从没收（打土豪）斗争中获得衣物、粮食，提高他们的斗争决心，没收的耕牛、耕具，一定要尽先分给没有耕具或少耕具的贫农，雇农和红军家属。

三、没收工作必须动员群众参加成为群众斗争。

没收工作打土豪必须要动员群众参加，成为群众斗争。决不是单独苏维埃工作人员的事情，特别是宣传队和事务人员，地方武装中的个别人员没有没收的权利，区以下的苏维埃不能执行没收工作，没收要经过区苏维埃以上的批准，对于被没收者的罪恶必须向群众宣传，使个个群众了解，没收委员会要有群众的代表参加。

出许多办法去解决。比如把公田的一部分拨给他们，或是组织红军家属的生产合作社，吸收红军家属参加生产。第三，优待红军家属委员会的组织，除了少数的县份建立了县区乡村四级组织外，大部只有三级。许多只是形式上的组织，没有实际工作。对于优待工作没有负起领导的责任。而一些工作人员的家属本来只应该受到帮助，然而事实上却比红军家属受到更好的优待。无疑的，这些都是极端严重的问题。

这些严重的问题，应该引起我们尖锐的注意，立即设法迅速的去解决。

为着在红五月中彻底改善优待红军家属的工作，人民委员会特有如下决定：

一、各级主席团必须立即检阅过去对于每条优待红军家属条例的执行状况，给内务部以及土地部以具体的严格的指示，首先限期调动耕田队将红军家属的田完全耕好，禾完全莳好，并给生活困难的红军家属以紧急的物质上的帮助！

二、实际的把县区乡村四级的优待红军家属委员会建立和健全起来，加强各级内务部的优待红军家属科，把改善红军家属工作当做红五月内务部的最中心的工作，并使这一工作的彻底改善与红五月的战争动员工作与扩大红军的突击运动最密切的联系起来。

三、必须抓住忽视与破坏优待工作的具体事实，来开展残酷的斗争。凡对于优待条例不坚决执行的消极怠工的官僚主义者，必须给以严厉的处罚。对于那些破坏优待工作的分子，应以破坏扩大红军的反革命论罪，从公审直至枪决。我们要在这种斗争中揭破反革命分子破坏优待工作的一切阴谋，给他们的反革命活动以严厉的打击，同时在这种斗争中来教育广大工农群众与苏维埃机关的工作人员更好的去执行优待红军家属的条例。

四、必须极大的加紧宣传与说服工作，把优待红军家属条例的内容向广大群众解释清楚，使每个工农群众了解优待红军家属是每一个苏维埃公民神圣的义务，使优待红军家属的劳动成为最光荣的共产主义的劳动。只有依靠广大群众的热忱与互助精神的发扬,我们才能解决红军家属的一切需要和困难。

最后,各级主席团对于优待红军家属的工作,必须负起绝对的责任。任何对于这一工作的忽视,应该受到行政上的处分与苏维埃法律的制裁!

主　席　张闻天

1934 年 5 月 11 日

（录自 1934 年 5 月 16 日出版的《红色中华》第 189 期第 3 版）

财政人员委员林伯渠关于二期公债的谈话

（1934 年 5 月 14 日[①]）

　　自本报号召退还当期革命战争公债以来，在广大群众热烈拥护之下，已经退还了 90 余万元。虽二期公债原定 6 月份偿还，但一直到现在为止，群众退还公债的潮流，并未低落。本报收到此类退还消息，日有数起。为明了对于这一问题的处理办法，本报记者特往访财政人民委员林伯渠同志，□谈财部对于未退还的公债，已经充分准备款项于今年 6 月份照本利如数发还。但近来有不少革命群众与革命团体向财部提议，为了充裕革命战争的经费，必须将二期公债偿还时间再行延期，使没有退还的群众，有充分的时间来继续退还。同时更有要求将二期公债来购买经济建设公债，以帮助苏维埃的经济建设。这两种提议，都充分表示出群众拥护革命战争的积极性。财部为满足群众的热烈要求。主张：凡愿意继续退还的仍可退还，同时凡未退还的到期公债均可掉换经济建设公债。这样使群众的要求都可得到满足，而对于宽裕红军给养，也有不少帮助云。

　　（录自 1934 年 5 月 14 日出版的《红色中华》第 188 期第 3 版）

---

　　① 原文无时间，此为该谈话在《红色中华》发表的时间。——本文库编者注。

中央国民经济人民委员部布告

（中字第一号）

——为收买子弹、子弹壳、铜、锡、土硝、旧铁 供给军用事

（1934 年 5 月 16 日）

目前革命战争到了决定胜负的紧急关头，前线上军用品的需要，万分迫切。为着充裕前方军用品的供给，中央国民经济人民委员部特号召苏区广大工农群众将所拾到或留存的子弹、子弹壳、铜、锡、土硝、旧铁等物品，作价卖与国家以供给军用，兹将价格表列下：

物品	价格	物品	价格
子弹	每粒大洋 5 分	锡	每斤大洋 2 角
子弹壳	每斤大洋 5 分	土铁	每斤大洋 7 分
上等铜	每斤大洋 3 角	硫黄	每斤大洋 3 角 3 分
普通铜	每斤大洋 1 角 5 分	白硝	每斤大洋 1 角 5 分

每个工农群众如有上述物品，都应很踊跃的、很迅速的尽量卖给苏维埃。如能够比表上价格更低廉的卖给苏维埃，或甚至赠送给苏维埃，当然更好。本部责成各地合作社、贸易局、采办处以及供给机关等用力收买，以便迅速汇集按价加运费转卖与中央贸易总局或总

供给部,这是充裕前方军用品供给的重要工作,希苏区工农群众,大家一致执行。

国民经济人民委员　吴亮平

公历 1934 年 5 月 16 日

（录自 1934 年 6 月 1 日出版的《红色中华》第 196 期第 1 版）

中央内务人民委员部
为救济红军家属及缺乏粮食的
群众问题给各级内务部的指示信

（1934 年 5 月 19 日）

　　现在是青黄不接，粮食渐渐缺乏，夏荒到来的时候，这个时候缺乏粮食的红军家属与群众渐渐增加，这是一个群众的生活问题，必须立即引起我们的注意，并设法救济，我们对于他们的救济，特有如下的指示：

　　（一）首先是对于红军家属的救济。在救济红军家属之外的多余粮食和经费，则救济缺乏粮食的一般的工农群众和城市贫民。至于地主富农及阶级异己分子则不必救济。

　　（二）城市的工人红军家属，已商同中央劳动人民委员部和工会，有他们负责救济。各城市的内务部，可以同当地劳动部和工会去商量进行办理。

　　（三）救济经费的来源，主要的是要靠群众的阶级互助，由群众的力量，想各种办法来解决这个救济问题。现在我们指出几种办法以作大家的参考：

　　①向工农群众募捐（捐米谷、捐钱、捐菜、捐杂粮等均可），所募得的捐款作救济费。

　　②发动群众的阶级互助精神，将有粮食多余的供给缺乏粮食的，由几多家共同帮助一家，因为每乡都有千数人口，缺乏粮食的不过少数的几家（一乡有 5 家至 10 家），由多数的人来帮助少数的人，是不

难解决的问题。

③将备荒仓的谷子借给红军家属和缺乏粮食的群众。

④向互救会借一部分谷子,去年互救会募了一批谷子,这些谷子有些地方尚存的有,也可以向他们借出一部分来。

⑤同当地的粮食部商量由粮食合作社借一部分或者向粮食合作社及粮食调剂局廉价买一部分。

⑥由群众集股组织信用合作社,使缺乏粮食的红军家属和工农群众向信用合作社借些款子。

⑦在查田运动开展的地方,将没收地主的谷子,得当地群众的同意,可拿一部分来救济。

⑧发动群众开荒,将荒田中所种的东西来帮助缺乏粮食的红军家属和缺乏粮食的群众。

⑨缺乏粮食的红军家属和群众自找生活,多种杂粮和蔬菜,或者砍柴去卖,将卖来的钱去买米。

⑩各城市和圩场普遍的设立公卖所禁止牙行,由优待红军家属委员会来管理。这种公卖所,将所收入的来救济红属。

以上所列举的,不过我们所想到解决群众缺乏粮食问题的一些办法,除上述的办法之外,如有更好的办法都可以采用,总之要靠群众的力量来解决这个群众的生活困难问题,但是进行解决这个救济问题的时候,必须注意:

(一)不是单纯的救济,而是要告诉他们,我们所有这些困难,都是帝国主义国民党向我们进攻和封锁所造成的,提高他们对帝国主义国民党的仇恨,使他们积极的来参加革命战争。

(二)每乡在乡苏之下,组织一个救济委员会,由区内务部监督进行工作。这个委员会可由5人至7人组织之。

代内务人民委员　梁柏台

1934 年 5 月 19 日

（根据中共江西省赣州市委党史工作办公室资料室保存的手抄件刊印）

中华苏维埃共和国人民委员会训令

（中字第三号）

——关于地主富农编制劳役队与没收征发问题

（1934 年 5 月 20 日）

人民委员会根据各方面所得新的材料,为了使各级苏维埃政府更正确的执行中字第十八号命令"关于尽量利用地主富农的劳动力与资财问题"的重要指示,认为必须明白指出在革命战争日益紧张的条件下,我们对于地主富农的方法不能不有相当的变动,但消灭地主阶级与反对富农的我们的基本策略还是不变的。因此必须更明确的规定:

（一）地主应该编入永久的劳役队,富农则应该编入临时的劳役队,在直接作战的区域（狭义的战区,即坚壁清野与准备坚壁清野的战区）,在军事必要时,即在直接作战区域的近后方（即广义的战区）,地主富农可以编入同一劳役队内,在基本地区,则仍应有这种区别。

（二）在所有战区进行反革命活动的地主富农应就地处决外,地主的家产全部没收,地主家属一律驱逐出境或移往别处,但对富农则只实行征发其粮食与现金,富农家属一般的仍可留在原地。征发的程度可由当时战争的环境与战争的需要来决定,但不得少于基本地区的征发量。

（三）在所有基本地区,对于地主家产仍然是全部没收,富农亦应开始征发其粮食,暂时决定每人五斗谷子,富农捐款的百分比应相当增加。

（四）除对于关店、停业、逃跑、操纵居奇，造成经济恐慌，以响应敌人进攻的商人与资本家的财产应全部没收外，目前应开始在主要市镇向商人资本家募集捐款，帮助革命战争的经费。

主　席　张闻天

1934 年 5 月 20 日

（录自 1934 年 5 月 23 日出版的《红色中华》第 192 期第 1 版）

中央内务人民委员部给乡苏主席团的信

（1934 年 5 月 20 日）

乡苏主席团：

"我们正处在同进攻的敌人进行残酷的决战关头！""已经到来的最近几个月的决战，将要决定我们的生存或者死亡，是争取我们胜利和敌人死亡的最后的最残酷的决战关头。我们的地位正处在战争的前沿线上，党和苏维埃的每一个环节，都要为着这个决定五次'围剿'的命运的决战，最高限度的紧张起来。"

近来我们检查各级内务部的工作，对于配合战争，服从战争一方面的工作是做得非常不够的。例如优待红军家属是扩大红军有极密切的关系，对于优红工作，在各地发生许多严重现象，有的地方到现在红属的田还未莳下去，有的红属的田因无人耕种而出租，有的红属的田荒了，替红属耕田要吃红属的饭，是很普通的现象，而且还有要红属的酒肉吃的，有红属缺乏粮食油盐不替他们设法解决的，甚至有些地方，苏维埃工作人员比红属优待更好的，如此这些事实，列举起来是很多的，由此可以说，优红工作还处在很严重的状态中，优红工作的好坏，与扩大红军工作有很大的关系，在此扩大红军突击中，优待红军家属的工作是很有大意义的。内务部对于这样重要的工作，还没有担负起他应负的责任。

又如义务劳动，对前后方的运输有很大的关系，至今劳役队和义务劳动队的编制，到现在没有一个县做好的，内务部对于这样重要的工作同样没有负起责任来。

又如社会保证工作,在此敌人加紧进攻中,被难群众的增加,对于难民组织和领导他们参加革命战争及对于他们的救济,在政治上都有很大的意义,并且青黄不接的时候快要到来,缺乏粮食的红军家属,在数量上是不少的,以及一般缺乏粮食的工农群众同样很大的数量,对于他们的救济是迫切的放在我们面前的一个群众的生活问题。

以上这些都是内务部的中心工作,是与战争有极密切的关系,各级内务部没有拿住这些中心工作来做,在工作中没有很好的配合着战争,追究其中的原因:

一、各级内务部组织不健康,在工作人员中还隐藏着阶级异己分子,消极怠工的分子,这是由于在内务部的系统组织中,没有进行检举工作,将一切阶级异己分子及消极怠工的分子洗刷出去,以健全内务部的组织。

二、有的地方的主席团对于内务部的工作,注意得不够,没有按时来检查他们的工作,推动他们的工作。好像内务部的工作是不关重要的样子。

三、在各次突击运动中没有联系到内务部的本质工作,把内务部的工作人员大批的派去做突击工作,放弃了内务部本身的工作,忘记了做突击运动不但不要抛弃本身的工作。而且要加强本身工作。如优待红军家属就是扩大红军突击的一部分的工作,及将红军家属的工作做得不好,就要妨碍到扩大红军的工作。

为了要加强以后内务部的工作,我们要主席团进行以下的工作。

1. 在内务部的系统组织中开展思想斗争,进行检举,将那些不执行本身任务放弃战争工作消极怠工以及阶级异己分子,从内务部的组织中洗刷出去,吸引些积极的新的工农干部,以加强内务部的组织。这个工作,我们已指示了各级内务部去进行,同时通知中央工农检查〔察〕委员会转知各级工农检查〔察〕委员会去注意进行,希望你们对于这个工作加以注意,督促内务部去执行。

2. 在各种突击运动中,调动工作人员组织突击队的时候,要注意到内务部的本身的工作,使内务部经过自己的系统组织□□着突

中央内务人民委员部关于优待
城市红军家属工作的指示信

（1934 年 5 月 23 日）

对于城市红军家属的优待工作，在去年 10 月 16 日，本部曾下了第十二号命令，指出优待红军城市家属的一些办法。今年 2 月 8 日，人民委员会所颁布的优待红军家属条例，更明确地规定了城市优红工作，但是最近检查各城市的优红工作，除了博生、汀州较好外，其余各城市还差得很，严格的讲起来，还没有一个城市完全执行了优红条例和本部去年 10 月 16 日所颁布的第十二号命令，现再指出：

（一）未建立城市优红委员会，或已建立而未健全的地方，必须根据优红条例在 6 月 10 日前建立和健全起来。

（二）经过主席团用命令禁止各种牙行，由优红委员会普遍的组织公卖所，将公卖所所收入的交给优红委员会来优待红军家属。

（三）由油商盐商及肉商所卖的油盐上按每担油抽半斤，每担盐抽四两，每只猪抽六两来优待红军家属。

（四）去年 10 月 16 日，本部的第十二号命令曾规定将收入经费的百分之七十归未分田的红属，百分之三十归未分田的苏维埃及各革命团体的工作人员。但是红军扩大了红军家属增加了如仍照这个比例分配，工作人员分得的园〔圆〕钱比红属更多。所以必须很快改变这个比例。现在重新规定为四与一之比，如一家红属能分得 4 元，则工作人员仅能得到 1 元，不是以收入的总数为标准来做比例，而是红属与工作人员每家所分得的园〔圆〕钱数来做比例。但同时须注意到他们的经济状况和有无劳动力,不能平均的来分配。

以上四点,省县内务部必须加紧督促城市内务部去进行,在进行二、三两项工作时,必须进行必要的解释工作。为要防止贪污,省内务部必须给各城市的优红委员会以各种收据本子,以便按月检查账目向群众公布。

代内务人民委员　梁柏台

1934 年 5 月 23 日

（中共江西省赣州市委党史工作办公室资料室保存的手抄件刊印）

中央内务人民委员部、中央各机关联合布告
——关于收集与分配慰劳红军的慰劳品问题

（1934 年 5 月 30 日）

（字迹不清。——本文库编者注）

工作人员□将群众送给红军的慰劳品随便取去，这些现象应立即纠正。因此中央各机关对收集与分配慰劳品问题，特共同决定各项办法，布告如下：

一、指定各级互济会为收集慰劳品的机关。各地群众慰劳红军的慰劳品，一律送交互济会接收，不要送到其他的团体去，各机关亦不得随便接收。

二、各乡村、各工厂、各学校、各机关的慰劳品，均由该乡村、工厂、学校、机关的互济会收集，登记种类数目，随时转送给县互济会（或直送县互济会亦可）取回收条，同时将数目种类向群众公布，不准存留起来不送。

三、各区互济会须将所收集的慰劳品送县互济会转送军委总供给部指定的接收机关。各区互济会向上级转送，应须迅速，每月至少有一二次（以下字迹不清。——本文库编者注）

四、（字迹不清。——本文库编者注）

五、（字迹不清。——本文库编者注）

六、如果慰劳品是草鞋布鞋以及其他……的机关接收，统一分配并转送给前方各部队；如有青菜鱼肉及其他容易腐败而不能晒干的，和不能送前方的东西，即由当地互济会、工会、内务部、党妇女部开联席会议，自行送给附近驻扎或经过的部队与医院，但同时必须登记数目与种类向上级作报告。

七、各县慰劳品暂时集中的地点总供给部指定如下：

1. 雩都①、登贤，集中于赣南军区供给部（目前暂设雩都公略学校），

2. 会昌、门岭，集中粤赣军区供给部，

3. 瑞金、西江，集中瑞金总兵站，

4. 博生、胜利，（字迹不清。——本文库编者注）

5. 兴国、万泰、公略、杨殷、赣县、龙冈，集中兴国互济会，

6. 石城、太雷、赤水，集中石城兵站，

7. 兆征、长汀、汀东，集中汀州福建军区供给部，

8. 上杭、新泉、连城、武平、南广、乐安、崇仁等地的慰劳品，集中当地分区供给部慰劳分给所属之前方部队。

八、（字迹不清。——本文库编者注）

九、（字迹不清。——本文库编者注）

十、各联系县到各县的联系部队去慰劳所派的慰劳代表团，须将慰劳品一同到接受保管委员会，以百年不遇②按部队的需要统一分配。

十一、接收保管委员会送慰劳品之运输员，由接收保管委员会商同县苏军事部征调赤少队担任，沿途伙食则鼓动群众自带或向群众募捐。

中央内务人民委员部　少先队总队部

总政治部　总动员武装部

全总执行局　互济总会

少共中央局　总供给部

中共中央妇女部　总兵站部

公历 1934 年 5 月 30 日

（根据中共江西省赣州市委党史工作办公室保存原件之复印件刊印）

---

① 雩都，现称于都。下同。——本文库编者注。

② 原文如此。——本文库编者注。

中华苏维埃共和国粮食人民委员部布告

（中字第一号）

——为紧急动员 24 万担谷子供给红军的事

（1934 年 6 月 5 日）

共产党中央委员会和中央人民委员会，号召我们紧急动员 24 万担谷子给红军，充实红军给养去消灭进攻我们苏区的白匪！

工农群众们！国民党法西斯蒂匪徒，已经踏进我们苏区的大门，所到之处到处大烧大杀，奸淫掳掠。白匪是想要夺回我们已得的土地与自由，想消灭我们苏维埃，把我们已得到解放的千百万工农群众浸死在血海里！

工农群众们！我们无论如何要消灭万恶的白匪，我们最近至少要扩大 5 万红军！同时我们一定要解决红军的粮食问题，因为红军吃得饱才更有力量更快的消灭敌人。所以我们要紧急的动员 24 万担谷子供给红军。我们动员粮食的办法：

第一，每个工农节省 3 升米捐助红军，每个工农要自觉自愿的把粮食节省下来捐助红军。

第二，把地主的粮食全部没收出来，把富农多余的粮食征发出来供给红军。

第三，我们工农多余的粮食，自愿的借给政府供给红军，到新谷出了以后还给大家，或在今年收土地税时抵除。

为了实现上列三项任务，本部号召全体工农群众执行下列的工作：

第一，大家要做宣传，一人传十，十人传百，使个个人明了战争的紧张的形势，热心供给和筹办红军的给养。反对用摊派的办法来强迫工农同志节省粮食及借谷。

第二,坚决消灭地主阶级,要把每一个地主的每一粒谷子都查出来,不准暗藏一个地主,不准地主暗藏一粒谷子。

第三,应该(以下字迹不清。——本文库编者注)的粮食查出来,要尽可能的征发每个富农5斗谷子。但是不能把富农的粮食一概没收,要留一小部分必需的谷子给富农,绝对不准因为征发富农的谷子征发到中农身上去。

第四,要严厉镇压一切反革命派破坏我们动员粮食,防止他们造谣破坏,防止地主富农埋没粮食,抗缴抗交——把这些反革命捉起来公开严办。

第五,要反对包庇地主富农的分子,向他们开展严厉的斗争。

我们要防止贪污分子吞没我们的粮食,要使每一粒一升谷都要上交到政府仓库里,用来供给红军,我们交了节省米谷,就要取得县苏粮食部盖了公印的收据。我们借出了谷,就要取得中央粮食部印发经县苏粮食部盖了公印的收据。没收征发谷,也要有收条,还要乡苏出榜公布收到谷子的数目,我们大家自己去核对。

工农群众们!战争紧张得很,现在是我们同敌人生死决战的时候,大家动员起来,把粮食供给红军,来消灭万恶的敌人。

粮食人民委员　陈潭秋

公历 1934 年 6 月 5 日

(根据中共江西省委党史研究室资料处藏件刊印)

中央内务人民委员部给各级内务部
及优待红军家属委员会的信

（1934 年 6 月 10 日）

各级内务部及优待红军家属委员会：

本部与中央教育人民委员部，在 2 月 23 日的联合通知上，关于红军子弟读书津贴书籍纸笔的问题，已经指出红军子弟读书所需要之纸笔墨书籍文具等项，各乡优委要负责供给，但现在检查起来，各地大部分还没有实现，这是同样是对执行优待红军条例的怠工，是不能容许的，请于接信后立即执行如下各点：

1. 各乡优委必须立即调查该乡有几多红军子弟读书，按人数之多少，以每人在每学期二角半至三角大洋的经费，买得他们需要之书籍笔墨纸张等项，交给该乡各列校之教员发给红军子弟，或者由列小教员去买来发给红军子弟，优委同列小教员算账。

2. 此项经费由优红基金里面支出，如基金有时缺乏可向群众募捐，或从其他优红疑〔移〕项下支取，不能因为没有优红基金便不发纸笔书籍给红军子弟。

3. 各乡村优委负责人如不负起这个责任，有钱都不去买或买了又不交教员去发给红军子弟，发出去了又不去检查等等事情发生都应受到处罚。

各级内务部接到信后，必须切实检查和严格督促进行实现。

为要。

　　　致以
赤礼！

　　　　　　　　　　　　　　　　代内务人民委员　梁柏台
　　　　　　　　　　　　　　　　6 月 10 日

　　（根据中共江西省赣州市委党史工作办公室资料室保存的手抄件刊印）

中央土地人民委员部、
内务人民委员部联合通知

（1934 年 6 月 13 日）

由本部介绍到各地去分田的外籍残疾或退伍战士同志，往往有些地方（如西江、长胜），政府未能很好的设法解决他们当前的困难，以致又介绍回来，这不但徒费国家的经济（路费、伙食费等），而且使得残疾或退伍战【士】空事往返，引起他们的不满，这是不好的。此后所介绍到各地方上分了田的，你们绝对不能随便又把他们介绍回来，或又介绍到红军中去，对于他们初到地方分田时，所有他们的困难，应要当地政府尽可能的设法替他们解决。如果无适当的工作给他，或者物质上发生困难，对于衣服房屋，以及日常必需的用品，必须发动工农群众，以阶级的互助精神借给或募集来解决，或者在查田运动中将没收地主及富农多余的东西，经过当地群众的同意，分给他们一部分。就是犯了错误而退伍的外籍战士也须尽可能的去设法帮助他们解决困难，特此通知。

土地人民委员　高自立

代内务人民委员　梁柏台

1934 年 6 月 13 日

（根据中共江西省赣州市委党史工作办公室资料室保存的手抄件刊印）

没收征发粮食三联收据用法说明

（1934 年 6 月 14 日）

没收征发粮食存根

没收征发粮食三联收据　永字第陆佰五十一号

缴谷人	缴谷数量

立此存根　右谷照收无误

县　区　乡主

一九三年　月　日存

此联由乡苏交给区仓库时缴支区仓库存查

没收征发粮食收据

没收征发粮食三联收据　永字第陆佰五拾壹号

缴谷人	缴谷数量

缴给人民委员凭据为此　右谷照收无误

县粮食　陈潭秋　区乡主席

一九三年　月　日存

此联支缴谷人

没收征发粮食收据报告

没收征发粮食三联收据　永字第陆佰五十一号

缴谷人	缴谷数量

粮食人民委员会（盖章）（县）　区乡主席

特此报告无误　右谷照收

一九三年　月　日存

此联由乡特区粮食部送中央部

用法说明

一、此三联收据，专为本年六七两月动员粮食时没收地主粮食发征发富农粮食之用。如有涂改不得撕去，如有遗失，须速报明中央粮食部，由中央粮食部专发，交县粮食部盖公印于三联收据的骑缝中，交乡苏主席专用（如有翻印伪造于以苏维埃法律制裁）。各联数字一定要相符。

二、凡没收地主谷子，交到乡苏时，乡苏都填明经手缴谷人及各谷子数目及年月日，经乡苏主席盖章后，将收据交缴谷机关，凡征发富农谷子，同样手续与收据交缴征发的富农。

三、三联收据的报告，每五天由乡苏汇送区苏粮食部，即县送中央粮食部。

四、三联收据存根由乡苏交给区苏粮食部时，连同此存根缴到区粮食部，以资证明收入数目之□。

五、三联收据存根由乡苏交给区苏粮食部时，连同此存根缴到根据地粮食部，即直送中央粮食部。

六、没收征发粮食结束时，那将使用完空据送缴回中央粮食部。

中华苏维埃共和国中央政府粮食委员　陈潭秋

1934 年 6 月 14 日发给

没收征发粮食三联收据

永字第 651 号至第 700 号　发给永丰县

（根据中共江西省委党史研究室资料处藏件刊印）

中共中央组织局、
中央政府粮食部、总动员武装部
为加紧 24 万担粮食动员
给各级党部扩红突击队及粮食部的信

（1934 年 6 月 15 日）

　　紧急动员 24 万担谷子供给红军的运动，已过去 10 天了，□□□□材料来检查这一运动，我们所得的成绩，还非常微弱，节省运动自红五月到现在还只完成四分之一的任务，没收征发与借谷，除个别战区外，都还在开始进行的阶段上，到今天为止，我们应该说，动员粮食，还没有开展成为群众的运动，对于这一运动如果不以极大的紧张性，迅速去开展与按期完成，那么我们红军的粮食的急迫需要，将不能充分供给，这是不能允许的，因此中央特有如下的指示：

　　一、从过去 10 天的动员中，我们看到各地宣传鼓动工作，还是表现不普遍不深入。必须把"收集 24 万担谷子"的口号与"扩大 5 万红军"的口号一样在群众中作普遍的详细的解释，使每个干部、每个群众明白供给红军用的 24 万担粮食与动员 5 万红军同样是争取战争胜利的重要条件，把粮食动员达成像扩大红军一样的热潮，在每个会议上，必须紧急地联系到粮食动员（以下字迹不清。——本文库编者注）红军增加多就要更多粮食征【集】，这对于群众是很容易了解的。只有这一粮食动员的宣传鼓动，深入到群众中去，我们才能保证他的顺利开展与完成。在广泛的深入的群众宣传鼓动之下，我们应随时推进运动发展的热潮，使粮食动员不仅仅限止于原定计划的范围之内,也不能拘泥于 3 升米的节省。在粮食更多的地方,群众的热情发展到更高度的地方,应尽可能的使每个工农□□3 升米的节省,借谷亦可以尽量多借,为超过原定计划而斗争。

二、节省与借谷,必须联系的作一次动员来进行,不能机械的分成阶段来做,但必须指出,我们绝对不能把借谷代替节省,而放弃节省运动的艰苦动员。一切贪图方便藉此进行借谷,不去进行节省的错误,必须受到严厉纠正。完成节省计划,同时必须完成借谷计划。

三、在动员中必须纠正已经发生与防止可能发生的倾向,首先必须指出在没收征发中,任何向地主富农姑息妥协,认为老地主富农无可没收证发的机会主义观点,应该受到最严厉的打击,因为这将取消我们的阶级斗争,障碍我们运动的开展。同时,对一切消灭富农的企图,也须严格的克服与防止。对待地主与对待富农的差别,不仅要干部了解,还必须向广大群众说明,把党与苏维埃的明确阶级路线去教育群众,使群众都能正确运用党与苏维埃对待地主与对待富农的不同的政策,同时,对地主的没收与对富农征发谷子,也必须发动群众参加,而不是简单的由乡代表去没收征发。其次,决不能把解决红军家属粮食困难和节省运动及借谷运动对立起来。认为先解决红军家属粮食困难,然后再进行整个粮食动员,或者先进行粮食动员,然后再进行解决红属粮食困难,都同样是错误的。粮食运动要尽量发动红属参加,对于粮食有余的红属,应该同样的发动他们来节省米、借谷,供给他们去前方的父子兄弟吃,这对于他们是很能了解的,一切认为红属太多,不能完成粮食动员计划的错误,必须立即克服。再次,在节省运动中,过去有不少的地方收折钱和杂粮,这是不对的,节省粮食是为了以谷子供给红军,充足红军给养。如果某些群众真正没有粮食而却有钱或杂粮,那应尽可以将节省的钱或杂粮买换谷子来帮助红军,在这次的粮食动员中,部分谷与借谷的收集,要绝对的停止折钱与收杂粮的办法(杂粮中只麦子可以收),对于这些,我们必须进行更艰苦的动员群众的工作,使群众能充分了解,更加努力的推进粮食突击的工作。

掠,而且更引起了它并吞全中国的野心与贪欲。日本帝国主义的血手正在伸向福建与长江一带。在今年的4月17日日本帝国主义公开宣言:中国是日本的,日本是东亚的主人翁,日本反对任何其他国家在任何名义之下"掠夺中国"! 同时华北的出卖,和日本帝国主义独占中国的企图,自然更促使其他帝国主义国家加速度的来直接瓜分中国。英帝国主义在新疆、青海与康、藏等广大的区域内正在建立着它的"西藏国",云南的班洪与沧澜等地亦已为它所占领。法帝国主义在云南、贵州、广西侵掠,以及美帝国主义争取统治中国的行动都在疯狂的进行着。这些帝国主义的国家联合(如英日同盟)与冲突(如日美冲突)都不是为了帮助中国,而正是为了更快的瓜分中国,把中国变为帝国主义的殖民地。对于一切帝国主义国家,国民党的政策是一贯的投降出卖。国民党不但要出卖华北给日本帝国主义,而且要把全中国出卖给一切帝国主义! 南京国民党政府与广东国民党政府的冲突,决不是因为他们对于出卖中国有什么不同的意见,而正是由于他们在卖国时的分赃不均与卖国时的争宠与竞赛。

全中国的民众们! 在日本帝国主义并吞整个华北,在一切帝国主义直接瓜分中国,在国民党卖国辱国的情形之下,只有全中国民众一致的团结起来,武装起来,开展武装民众的民族革命战争,驱逐日本与英美法等帝国主义出中国,打倒出卖华北出卖整个中国的国民党,我们才能免去亡国奴的痛苦,才能把中国从殖民地道路上挽救过来,建立独立自由与领土完整的新中国! 时间是很紧迫了,我们不能有一刻的狐疑与犹豫不决。迟缓等于死亡!

只有卖国贼国民党才会无耻的说,中国目前"国力未充,无力抗日"。国民党有着200万军队,但国民党说"无力抗日";国民党有着大批的武器,但国民党说"无力抗日";国民党有着数万万元的借款与岁收,但国民党说"无力抗日";而一切这些,国民党都用来进攻中国唯一反帝国主义的苏维埃政府与工农红军,用来镇压全中国民众的反日反帝的革命运动。每一个工人、每一个农民、每一个革命者都会看到这不是国民党的"无力抗日",而是由于国民党是日本帝国主义与一切帝国主义的走狗与帝国主义瓜分中国的清道夫。

中华苏维埃共和国中央政府号召全中国的民众团结起来,武装起来,反对国民党的一切压迫屠杀与欺骗,同日本及一切帝国主义作战! 中华苏维挨共和国中央政府完全拥护中国共产党中央委员会所提出的反帝纲领。这一纲领是:(一)坚决反对国民党整个的投降出卖政策,反对国民党南京政府出卖东北华北与全中国的"塘沽协定"和"中日直接交涉",抛弃对国联与美国的任何幻想。只有工人农民和一切劳动者的团结与统一才是中国民族对帝国主义的抵抗力量与胜利的保证。(二)全中国民众必须起来为保卫中国领土与独立而作神圣的民族革命战争。(三)号召民众直接参加反日战争与游击战争。用所有军器库及入口武装〔器〕来武装民众,组织民众的反日义勇军,积极援助与参加东北的抗日义勇军,以及广大群众抵制日货的行动。(四)没收日本帝国主义者及汉奸卖国贼的财产,停止支付一切借款本息,设施累进税,来作为抗日的费用。(五)中国必须立即完全对日绝交,动员整个海陆空军对日作战,立即停止进攻苏区及军阀战争。

中华苏维埃共和国号召一切真正愿意反对帝国主义不甘做亡国奴的中国人,不分政治倾向,不分职业与性别都在中国共产党这一反帝纲领之下团结起来,只有执行这个纲领,中国民族才能得到彻底的解放。中华苏维埃共和国中央政府,曾经向全国进攻苏区的武装队伍一再宣言,愿意在下列三个条件之下,订立反对帝国主义的作战战斗协定:(一)立即停止进攻苏维埃区域;(二)立即保证民众集会、结社、言论、出版、罢工的民主权利;(三)立即武装民众,创立武装的义勇军,以保卫中国及争取中国的独立、统一与领土的完整。但卖国贼首蒋介石、陈济棠、何健〔键〕等对于我们这些宣言的回答,是出卖整个华北与整个中国给日本与英美法等帝国主义。从他们那里得到更多的金钱武装,加紧对于我们苏区的五次围攻,这使得我们苏维埃政府不得不集中一切力量首先消灭卖国贼首蒋介石的主力部队。不消灭帝国主义走狗蒋介石等的武装力量,我们全苏区的工农红军以及全苏区千百万劳苦群众直接同日本与其他帝国主义作战是不可能的。

中华苏维埃共和国中央政府向全中国民众宣言,在上列三个条件之下时刻准备着动员我们数十万工农红军与千百万劳苦群众首先同日本帝国主义作战。我们相信一切愿意反对帝国主义不甘做亡国奴的中国人都会自动的参加这一神圣的民族革命战争,我们相信卷入全中国千千万万群众参加的民族革命战争,不但能够战胜日本帝国主义,而且能够战胜一切帝国主义!我们已经从苏维埃区域内把帝国主义完全驱逐出去,我们还要从全中国把他们扫荡干净。

开展民族革命战争把日本与一切帝国主义驱逐出中国!

民众自动武装起来,收复东北与华北的中国领土!

打倒日本帝国主义与一切帝国主义!

反对国民党出卖东北与华北的中国领土,取消一切卖国辱国的中日密约!

打倒出卖东北华北与出卖中国的南京国民党政府与一切国民党政府!

粉碎帝国主义对于中国苏维埃与红军的五次"围剿",保卫反帝国主义的中国苏维埃政权!

拥护中国共产党反对日本帝国主义的纲领!

全中国民众反日反帝的统一战线万岁!

独立自由的苏维埃新中国万岁!

中央执行委员会主席　毛泽东

副主席　项　英

张国焘

1934 年 6 月 19 日

(录自 1934 年 6 月 23 日出版的《红色中华》第 206 期第 1 版)

中央组织局、人民委员会关于粮食动员的紧急指示
——无论如何要在 7 月 15 日前完成 24 万担谷的计划

（1934 年 6 月 27 日）

各级党部苏维埃与突击队中央粮食部代表：

24 万担粮食的突击，经过了三个礼拜，还只完成六分之一，远远的落在扩红突击之后，并且动员了的 4 万多担谷子，有些还散在乡代表之手，没有完全集中。现在的情形，已经使红军在粮食供给方面，感受了极大的威胁！根据扩红的热潮与个别县份收集粮食的成绩，绝对没有根据可以说粮食突击的落后，是由于群众没有粮食或群众不愿拿出粮食。原因是在主观方面，而且只在主观方面：

第一，粮食突击还没有成为广大群众的运动，没有像扩大红军一样，广大群众都被吸引到粮食战线上来。原因是由于我们没有把收集粮食的意义与"24 万担谷子"的号召，在群众中进行广泛的宣传鼓动，没有经过扩红突击时各种组织和群众的会议，同时进行粮食的动员。突击队在自己的领导上没有以同样的注意力去加紧扩红与粮食的动员，许多地方放松了粮食突击，因此不能够利用开展着的群众热潮，一鼓气同时完成扩红与粮食的计划。

第二，在突击中，对于粮食的集中运输、保管，许多地方是无人负责的状态，例如三联单制度没有实行，动员起来的谷子没有集中，仓

库没有按照计划建立,这主要的是各级粮食部没有认真执行自己的任务。

第三,地方党与地方苏维埃对粮食动员与粮食集中保管的检查与指导也没有给以应有的注意,中央粮食部在审查自己的决定与指示执行的程度以及具体的指导上同样表现着薄弱。

我们无论如何要在7月15日以前完成24万担谷子的计划,在我们的领导上要有极大的转变,除开中央前此已经指示的,要经过极广泛的宣传解释去开展粮食突击成为群众的运动,纠正对于富农的过左倾向,并把节省、借谷、没收征发同时进行外,各级党部苏维埃以及突击队必须严格执行下列具体办法。

一、严格的分区负责:

(一)中央直接负责的:直属四县,长汀,宁化,石城,杨殷。

(二)江西省直接负责的:博生,兴国,胜利,万太〔泰〕,龙冈,洛口,赤水,宜乐。

(三)赣南战委直接负责的:雩都①,赣县,登贤。

(四)粤赣省负责的:粤赣所属地区。

(五)福建省负责的:长汀以外各县。

(六)闽赣战委负责的:宁化以外各县。

中央决定已派在洛口负责的姜春南,宜乐的徐达志,赤水的王观澜,龙冈的曾三等同志仍在原县负责,江西省对上述各县应按照动员情形分配突击的力量,此外各省与各战委派在中央直接负责各县的突击力量不应调动,以免混乱与减弱突击。

一切派出的突击队不到任务完成不能调回。

二、中央及省派到各县的突击队,对中央与省负责,保障完成动员计划,并且要检查当地党与苏维埃对粮食突击的各种工作,县派到区的突击队同样担负这种责任。

三、省县区乡党的书记必须负责检查粮食的动员,省县区乡苏维

---

① 雩都,现称于都。——本文库编者注。

进行有计划有步骤的调动与调剂劳动力。特别在战区边区要即刻动手去做。在一切地方,速即发展与健全劳动互助社,鼓动一切男女老幼进入秋收战线中去。同时注意种子与肥料,以便在收割后立即不失时机完成秋耕(栽晚禾、种豆、种番薯等)。

(三)各作战分区在中央革命军事委员会及军区总的意图之下,统一指挥所属独立团营、各游击队、各游击小组、警卫连,以及所在地的军事部、赤少队来进行保护秋收的军事行动,特别要调节各部队间的协同动作。为保障秋收工作敏捷一致起见,各分区首长已决定为所在地域武装保护秋收委员会之一员,其下级赤卫军司令员(军委曾规定由同级军事部长兼任)也要参加保护秋收委员会。各分区,应特别有计划地分遣大小游击队以及独立团营等,去袭击伏击急袭敌人抢禾部队,直接掩护群众的收割。有时并使用部队参加割禾。为先发制敌积极掩护秋收起见,除由军委军区令远殖敌人后方的部队发动广大群众的秋收斗争外,并得依上级指示,挺入被敌占领地域,帮助并掩护退入边区的群众,从那里把自己的禾割回来,并反对地主白匪强割、土豪富农收租。一切战区边区,立即检查军事戒严和赤色戒严,把检查哨、游动哨、观察哨、潜伏哨、巡察队的组织和行动,日夜加强起来,不让一个敌人从大路小路侵入边区。要普遍建立号炮,并预定号炮响后的动作。

(四)在敌人严重威胁的区域,割禾的时期应当提早。应指出具体的某区某乡,那里有什么敌人及怎样企图抢禾的危险,说服群众不要机械的等候旧历节气,或固守“九黄十收”的办法。在这些地方,割禾的时间应多利用月夜与早晨,甚至黑夜明火去割。割禾与打禾的方法也要改变,可先割脱运到安全地点打晒。或仅割禾穗,最紧急时甚至只把谷子捋下,以后再去收集禾草。

(五)在一切战区边区及刀团匪骚扰区域,谷子的运输与保管,是秋收主要工作之一,各级粮食部对此应负绝对的责任。要派得力干部到指定地点去建立仓库,收割前须将谷仓完全弄好,一经收割,就能将土地税谷群众借谷立即运到指定仓库。在敌情严重地方,仓库应建立在距敌较远地点,并应分段设站运输(先运到第一站,割完再运到仓),以免妨害紧急收割。这些地方群众的粮食,必须告诉群众,除留一部供吃之外,须将一部以至大部运到安全不被敌抢的地区,存放亲友家中,或共同设立收藏处。这个工作,区乡政府须有计划的指导群众。关于运输工作,各地赤少队应担负主要的力量,因此各级军事部、少队部,应与各级粮食部共同计划,有组织的调动赤少队担负国家粮食的运输,在敌情严重区域还要帮助群众粮食的搬运。

(六)在伟大的秋收斗争中,各级农业工会要起积极的领导作用,要立即发动自己的会员,领导农民群众积极参加秋收,特别注意领导贫农团女工农妇代表会热烈参加收割运输及其他许多必要工作。

(七)整个今年的秋收斗争,必须有政治上广泛深入的宣传鼓动,要依照党中央宣传部指示的内容,向一切地方部队,一切有组织与无组织的群众,作明白有力的说明,把一切地方部队与群众,都动员到秋收战线上去。对被欺骗压迫逃跑到白区去的群众,要用一切方法(布告、传单、群众会上的解释、宣传他们的家属等)揭破敌人的无耻欺骗与残酷压迫,争取他们回来割禾,而不让他们被敌人利用来抢苏区的谷子。

同志们!秋收即刻到来了,今年的秋收是残酷的斗争,我们要最警觉最紧张的争取时间,去完成上述各项具体工作,一刻的迟延与疏忽,都要造成极大的损失。

中央土地人民委员部

中央粮食人民委员部

军委总司令部

军委总动员武装部

少队中央总队部

农业工会中央委员会

1934 年 7 月 10 日

(录自 1934 年 7 月 14 日出版的《红色中华》第 214 期第 1 版)

帝国主义,决不能让全中国为国民党汉奸卖国贼所拍卖干净,决不能容许全中国广大劳苦民众为日本帝国主义整批的屠杀与蹂躏以及东北义勇军的孤军奋斗,故即在同国民党匪军的优势兵力残酷决战的紧急关头,苏维埃政府与工农红军不辞一切困难,以最大的决心派遣抗日先谴〔遣〕队,北上抗日。只要进攻苏区的武装队伍接收〔受〕我们提出的三个条件,那我们工农红军的主力,即可在先谴〔遣〕队之后,全部出动,同全中国武装队伍联合起来共同抗日。

全中国的民众们！我们中国工农红军北上抗日先谴〔遣〕队,愿意同全中国的民众与一切武装力量,联合起来共同抗日,开展民众的民族革命战争,打倒日本帝国主义。一切反日的民众都应该帮助我们工农红军北上抗日先谴〔遣〕队,团结在我们北上抗日先谴〔遣〕队的周围,加入我们的抗日先谴〔遣〕队,武装起来,直接同进攻中国的日本帝国主义的盗匪们作战,一切抗日的民众,都是我们的同胞,一切抗日的武装,都是我们的同伴,我们都要联合起来。一切禁止与压迫我们抗日的个人团体与武装队伍都是汉奸卖国贼,我们应一致起来消灭他们。

我们认为只有全中国民众的武装的民族革命战争,才能打倒日本与一切帝国主义,取得中国民族的独立解放与保持中国领土的完整。

为了争取民族革命战争的胜利,苏维埃政府与工农红军更具体主张：

（一）坚决反对国民党政府出卖东三省、热河、内蒙古、华北、福建以及全中国。反对国民党政府卖国辱国的中日直接交涉,反对承认满洲伪国。抛弃对帝国主义强盗集团国际联盟以及美帝国主义的帮助的幻想。

（二）立刻宣布对日绝交,宣布"塘沽协定"与一切中日秘密条约的无效。动员全中国海陆空军,对日作战。立刻停止进攻苏区与封锁苏区,使工农红军能够完全用来同日本帝国主义直接作战。

（三）号召全国民众将国民党军库中兵工厂中所有武装〔器〕以

及一切入口武装〔器〕用来武装自己,组织民众的反日义勇军与游击队,直接参加反日战争与游击战争。积极援助东北义勇军与中国工农红军北上抗日先谴〔遣〕队。

(四)没收日本帝国主义者以及卖国贼汉奸的一切企业与财产,停止支付一切中日债款本息,设施累进税,并将国民党全部军费,拿来作为反日经费。

(五)普遍组织民众反日团体,如反日会、抵制日货委员会、募捐援助义勇军与红军委员会,以及各种的反日纠察队、破坏队、交通队、宣传队、运输队等。吸收广大的群众,不分男女老幼、宗教信仰、政治派别到反日团体中来。用罢工、罢课、罢岗、罢市与示威来反对日本帝国主义的侵掠与国民党政府的卖国投降。

苏维埃政府与工农红军是不顾一切牺牲,要为这一纲领而奋斗。苏维埃政府与工农红军要求全国民众拥护这一纲领,同我们在一起为这一纲领的全部实现而奋斗到底!

让帝国主义的走狗国民党,让国民党的汉奸卖国贼去叫喊"中国无力抗日"罢!全中国民众的反日总动员,全中国民众的反日武装,全中国民众的反日团体,有全部的力量打倒日本与一切帝国主义,打倒卖国贼汉奸的集团的国民党!

中华苏维埃共和国中央政府主席 毛泽东

副主席 项 英

张国焘

中国工农红军革命军事委员会主席 朱 德

副主席 周恩来

王稼穑

1934 年 7 月 15 日

(录自 1934 年 8 月 1 日出版的《红色中华》第 221 期第 1 版)

关于秋收中国家粮食的征收集中
运输保管工作的指示

(1934 年 7 月 25 日)

秋收已逼在眼前了。秋收中国家粮食的征收集中运输与保管，均是非常重大的工作。为了切实地做好进行这项工作，使一切国家粮食(借谷，土地税，红军公谷，以前的节省谷，没收征发谷，均在内)都得到迅速的征集搬运，与适当的保管，中央粮食部专有如下的指示：

(一)与收集工作，依照中央 7 月 22 日决定，由各级秋收委员会负总的领导责任。与主席团的各级粮食部在秋收委员会领导之下，进行征收集中运输与保管的工作。

(二)征收与收集工作，直接由乡负责。在乡一级立即成立粮食收集委员会(县区二级部成立有 9 人至 11 人组织之)，以乡主席党支书、团支书、乡原有粮食委员会主任、乡工会支部长、贫农团主任、女工农妇代表会主席、赤卫军连长、少队长为委员，必要时还可增加 2 人。依照中央 7 月 22 号的决定，以乡苏主席或支书为主任，必要时还可设一副主任，在区的秋收委员会与区粮食部指挥下担任全乡动员群众借谷交税，并把粮食很快集中与很好保管起来。

(三)乡粮食收集委员会之下，设技术员 4 人，他们的工作是负责调查和填写免税减税及纳税的证明书，收集工作开始后，1 人管打收条、发借谷票及□征收账，3 人验收，3 人中 1 人管锁匙、送谷入库、核

中央内务人民委员部重要通知

（1934 年 7 月 28 日）

最近各地经过邮局寄的信,有发现在邮局□□□□□件机关的银信收条,而收件人没有收到钱,但是收件人不去追究本机关的收条□□□□□□□甚至于有假装买邮票而强把邮票拿去抵数,至邮局无邮票出卖而受到□□□□现象。但是检查的结果,是被该机关的收发贪污了。交去□□□□□银钱的事发生,邮局不负赔偿的责任,为要免去这种无谓的纠纷,□□□后对□□□□□□□□□必须按照邮章第六章三十四条的规定:"邮局接到银信时,先将通知单送与收件人,该收件人须携带盖好公章的收据,并带介绍信到邮局领取钱"。以免再有遗失银信的情弊发生。特此通知。

（录自江西省邮电管理局邮电史编辑室编:《苏区邮电史料汇编》(上),
人民邮电出版社 1988 年版,第 80 页）

苏区合作社营业部的组织
及营业事务的一般程序

（1934 年 7 月）

（一）······

（二）合作社营业部的组织

合作社的事务非常复杂，凡每一种交易，都要经过好多次手续，如无精密的分工和严格的手续，必致每事无一定的人员负责因而发生错误，使合作社受到损失，所以合作社要依照营业性质的需要，分立各股画〔划〕清各职员的权限，使每一交易的经过，都有一定的秩序，以收分工合作的效果，合作社的组织，除正副主任接受管理委员会的一切决议，总理全社一切事务，指挥全体职员外，并在营业部之下设左列各股：

1. 发售股办理社内各种商品发售之事务。

2. 采办股采办工农群众日常需用品等事务。

3. 保管股掌管营业上买卖的商品之收付保管事务。

4. 出纳股掌管现金之收付与保管事务。

5. 会计股掌管登记主要账和关于全社会【计】事务。

6. 收钱股掌管日常收入现金事务。

（三）合作社营业事务一般的程序

1. 合作社与顾客发生交易，先由发售股接洽后，按交易发生的前后各给以发票，到收钱股按照发票收钱后，仍交顾客持发票到保管股发货。

2. 合作社发生交易时,应按照规定次序递送有关系的,各股办理逐日营业完毕后,应由主任、会计股、保管股、收钱股会同算账。

3. 凡属收入现金,不必先得主任允许,可经出纳股收款后,仅于手续办理完毕后,报告主任并由主任在凭证上盖章。

4. 凡付出现金,必先得主任允许并在凭证上批准盖章后,出纳股才可付款。

5. 凡收付款项,均以会计登记草簿,经过有关系的各股都要盖章为证。

6. 合作社所出的票据以及用合作社名誉〔义〕的书类,都要盖合作社的公章并要盖主任的私章方可发生效力。

7. 会计股每一条胀〔账〕应有单据证明,否则不生效力。

注:摘抄于兴国县革命历史纪念馆藏文物。其文物总号是72号,分类号是书籍(三)3号。此文物是1934年7月兴国县国民经济部印发的"合作社会计训练班教授材料"。以上抄的是该教材中的二、三部分。其余部分是会计业务教材。该以上抄的文题"苏区合作社营业部的组织及营业事务的一般程序"是抄者加的。

(根据中共江西省赣州市委党史工作办公室资料室保存的手抄件刊印)

中央国民经济人民委员部
为紧急发动群众广泛开展熬硝盐运动

（1934 年 7 月）

万恶的敌人不但进攻与屠杀我们工农群众，而且还在经济上封（缺十余字。——本文库编者注）工农群众没有盐吃，没有衣穿，帝国主义国民党的这种罪恶政策，（缺十余字。——本文库编者注）的力量来打破他们的办法，就是紧急的迅速的开展熬硝盐运动！（缺十余字。——本文库编者注）

第一，工农群众大家都可以组织熬盐厂来熬盐，苏维埃非但不应该（缺十余字。——本文库编者注）极提倡与领导熬盐工作，凡放过了盐的泥土，以及年久的房屋内的泥土，（缺十余字。——本文库编者注）法可参考本所〔部〕印的小册子。大家都要明白熬盐的重要，破除不能动土的迷信□□□□。

第二，每个合作社无论是消费合作社、粮食合作社，或是其他生产合作社，都应该成立□□□，合作社至少建立一只熬盐厂，我们前方红军急需盐吃，我们合作社应该把熬出的□□□□，是我们合作社为战□□务。我们的苏维埃机关与各群众革命团体，都应当提倡熬盐□□□做模范！

第三，有毒的泥土，如坟墓里的泥土，不能熬盐，因为熬出的盐，吃了会生病，如有人拿这□□盐，应将盐没收，如果地主富农奸商故意捣乱，煮熬毒盐来卖，除没收毒盐外，必须给以法□□。

第四，大家应该学熬好盐，我们一定要使所熬的盐没有杂物，没有硝质,潔白可口,所以大□力研究,到熬盐厂去实地学习,不但要学会熬盐,而且要更进一步改善我们的熬盐方法,务使熬出的盐和外来的盐一样好。

工农群众们！我们红军和我们自己一定要有盐吃,这是一个战斗的任务,现在盐的供给,已在该地方发生了困难,只有我们工农群众,大家起来熬盐,合作社大批熬盐才能解决这一困难,才能□□敌人的罪恶封锁政策,工农群众们！大家一致起来用力的进行熬盐运动呵！

国民经济人民委员部
公历 1934 年 7 月

中共江西省委党史研究室翻印
1959 年 5 月 13 日

（根据中共江西省赣州市委党史工作办公室资料室复印件刊印）

中华苏维埃共和国土地税免税减税暂行条例

（1934 年 8 月 1 日）

为了彻底粉碎敌人"围剿"，保证红军给养，中央政府批准工会、各革命团体、政府工作人员的请求，工人及其家属不免减土地税，各级政府及各革命团体工作人员及其家属不减土地税，红军家属则免土地税，受灾民众久则免减税。将颁布《免税减税暂行条例》如下：

（一）关于工人的：

（1）雇农及各业工人（苦力运输工人，店员手艺工人，国家企业工人，邮政工人及各种产业工人）分田的本人及其家属一概不免不减土地税。

（2）残疾军人及年老失业工人，本人失去劳动能力，而分了田的，经工会支部大会通过，区工会批准，认为有免税或减税必要时区苏得准酌量减免。

（二）关于政府及各革命团体工作人员的：

（3）凡政府工作人员各革命团体工作人员（党团，工会，少先队，儿童团，及反帝护苏同盟，互济会等）本人及其家属，一概不减土地税。

（三）关于红军及其家属的：

（4）凡红军部队、独立团营、游击队、保卫队、警卫连、关税检查队、红军学校、军事机关、红军医院、兵站等的指挥员战斗员等，都照红军优待条例，一律免税。

（5）上述指战员的家属一律免税，但以其父母妻子和 16 岁以下的弟妹为限。祖父母伯叔的子女及本人17岁以上的兄弟姊妹,均不免税。

(6)上述指战员及其家属的免税,均以收税前一个月入伍者为限。

(7)红军指战员是地主、富农、商人成分,坚决苏维埃作战,而分有田地者,本人及其家属同样免税。

(8)红军开小差不归队的不免税,归队的免税。

(9)红军因故请假回家,假期未满时,照样免税,假期已满无故(如无病)不归队的补税。

(10)意图免税而去前方1月或2月,收税过后又回来的,补税。

(11)红军指战员残废的,服兵役满5年因年老退伍领有凭证的,本人终身免税,家属免税3年。

(12)被开除军籍的不免税。

(13)红军在作战中牺牲的,从牺牲时起,本身及其家属免税3年。

(14)残废战士,或服兵役5年以上因年老退伍的战士,他们所讨的老婆如是中农平〔贫〕农成分,女子本人及带来的子女照红军家属例免税3年,如是富农成分,女子本人免税1年带来子女不免。

(15)红军家属(父母妻子及16岁以下的弟妹)在本年收税前死的,本年免税。在收税后死的,本年不免税。

(16)子□□父母有祖父母的,祖父母免税(有父母的祖父母不得免税,见前)。

(17)党团政府革命团体工作人员,赤少队、模范赤少队、游击队领导等配合红军作战满半年的,长期伏子满半年的本身免税,在作战中牺牲的,本人免税3年,家属免税1年,残疾的本人终身免税,家属免税1年。

(18)红军医院的医生、看护员,红军后方机关中的勤务员(洗衣队,火夫,长夫等)脱离生产,其工作在半年以上的,本人免税。

(四)关于灾害和开荒的:

（19）受白匪摧残，受旱灾、水灾、虫灾，因而失收或减收的按情形轻重，议免税或减税。其免税减税办法，在中央粮食部颁布之土地税征收细则中规定。

（20）故意荒废的田地不免税。

（21）开辟荒地，按荒废年限，开荒人成分分别免税减税如下表：

土地荒废年限	免税	减税	年度①
	中农平〔贫〕农开垦者	富农开垦者	地主开垦者
荒废一年以上者	免一年	减半税	不免税
荒废二年以上者	免两年	免一年	减半税
荒废三年以上者	免三年	免一年半	免一年

（22）棉花免税。

（五）关于孤寡残废的：

（23）中农、平〔贫〕农孤寡或残废的，家中无劳动力又无亲属维持的，免税，家中尚有劳动力或有亲属维持的，不免税，家中只有一半劳动力或亲属只能维持一半的，减半税。

本暂行条例自 1934 年 8 月 1 日施行。

本条例颁布后，1933 年 9 月 18 日中央执行委员会颁布之《农业税暂行补充条例》及 1933 年 11 月 8 日中央财政人民委员部第四号通令中，与本条例不一致的条文，均废止之。

中华苏维埃共和国中央执行委员会主席　毛泽东

付〔副〕主席　项　英

张国焘

1934 年 8 月 1 日

（根据江西省瑞金中央革命根据地纪念馆馆藏件刊印）

---

① 原件如此。——本文库编者注。

核对无错,即填入粮食部四联收谷书,以存根自存外,以正收据交区粮食部持去保存,以报告联交中央,报查交省(直属县不要报查),然后将区仓库收条向县仓库驳取四联仓库收据,每天晚上要将本日各科收入多少,交仓库(即解送中央)多少,分别登记下来,清查收付数目无错后,即填日计及日报表,随着报告联县仓库收据,合并寄交中央粮食部。

(2)县仓库接到各区仓库交来之报告联与县粮食部缴来的区仓库收条,核对无错后,登记下来,随填仓库四联收谷书,以存根自存,收据交县粮食部,以报告中央,以报查交省征收保管科(直属县不要报查)。然后根据存根记中粮部来账,再根据各区收条付各区仓库去账,并每日做日计表随着报告合并寄交中粮部。

[附注]日计表日报表 粮部与仓库均填做三份,一份自存,一份粮部与仓库互换,一份寄中央。

附:乡粮食收集委员会三联收据(及说明),乡仓库三联收据,区粮食部收条各一件。

粮食人民委员 陈潭秋

1934 年 8 月 3 日

(根据江西省瑞金中央革命根据地纪念馆藏件通令 321 刊印)

中华苏维埃共和国中央执行委员会命令

（1934 年 8 月 15 日）

　　孔荷宠，中央执行委员，原红军第十六军军长，在湘鄂赣苏区工作，屡次违抗中央革命军事委员会命令，对敌进攻恐慌动摇，领导红军退却逃跑，容忍反革命取消派分子混入部队，致红十六军与湘鄂赣苏区群众受到严重损失，多次批评教育毫无改变，去年 10 月撤消其十六军军长，但望其尚可教育，令来中央入红军大学学习，不但毫无进步，竟由动摇走到公开的反革命，今年 7 月于被派往补充师工作时，乘机逃跑投敌。孔荷宠身任中央执行委员，有过较长斗争历史，当我英勇红军与广大群众向着敌人五次"围剿"作最后决战时期，不认识革命胜利前途，竟出于最可耻的叛变行为。除开除其中央执行委员外，特通令全国各红军，各地方部队，各级苏维埃政府，及号召各地革命团体，及苏区白区工农群众，如遇该孔荷宠者应就地扑〔捕〕杀之以为动摇叛变者戒。此令

主　席　毛泽东

副主席　项　英

张国焘

1934 年 8 月 15 日

（录自 1934 年 8 月 30 日出版的《红色中华》第 228 期第 1 版）

中央审计委员会关于总卫生部系统中五、六月节省成绩的总结

五、六月节省成绩的总结

(1934 年 8 月 15 日①)

　　总卫生部领导下各部门——医院、疗养院、残废院、疗养所、卫生学校的节省运动，4 月底才开始，但在红五月开支方面减少了 43123 元 6 角 3 分，已领去而又缴还，及自备伙食捐助战费，退还公债等项，达 17244 元 2 角 5 分，共计 60367 元 8 角 8 分。6 月份全部节省共 26161 元 1 角 7 分(6 月节省数比红五月少，是因为红五月节省内有不领夏衣的 5000 人计 2 万元，回家残废同志捐 1500 元，第八预备院捐出余款约 5000 元，这是 6 月份没有的，又 6 月休养员减少菜钱节省比红五月少 3300 多元)。这一惊人成绩，证明了我们的休养员工作人员对于拥护战争之如何热烈，打破了认为医院不能节省的机会主义观点，突破了"红中"4 个月节省号召的记录。

　　他们所以得到这些成绩是因为：在动员方面，召集了西北线医院与东北线医院两个会议，组织了突击队。其任务为：(一)提高治疗。(二)倡导节省。(三)用挑战方式，激起群众节省热潮。(四)每院举代表二人(有一个懂医的)组织参观团相互参观其治疗及节省成绩。(五)提出在节省运动中改善休养员的给养的积极口号。

　　这一号召，得到了各医院响亮的回答。

　　第一后方医院和疗养院动员最好，深入到每组每班都讨论了节

---

　　①　原件无时间，此为该总结在《红色中华》发表的时间。——本文库编者注。

省意义及方法,因此他们的成绩更好。许多休养员说:"没有革命时,我们不是几年都难做套衣服吗,现在每年发新单衣棉衣,节省套把,甚么要紧?"有的说:"工作人员吃4分菜钱,我们节省2分,还吃8分,应该更节省一点。"有些医院休养员要求把伙食尾子,捐作战费,有的把医院余款,全部捐助(如第八预备院)。至【于】红色医生节省津贴三四五个月的更是普遍。

治疗和生产,也都相当的提高。

5月6月出院人数都超过了计划。个别医院的伙食,在节省运动中改善了。

但不是没有缺点的,有如下的严重缺点。

第一,动员工作除了个别医院外,多数是自上而下的方式。甚至如第七预备院第六预备院采取命令摊派,说上级有命令,节省两分菜钱,有公债票的缴上来,致引起休养员不满。过左和锦标主义,有不少医院存在着。这种错误,虽曾引起领导机关的注意,但迅速的严格的去纠正的工作,还是非常不够。

第二,以节省运动推进医院工作还做得很差。休养员和工作人员怎样自己提出意见来管理自己的生活——建立和健全伙食委员会与生产委员会,怎样检查和改善各院的财政与会计工作,怎样反对贪污浪费与消极怠工等等,来改善和健全总卫生部系统中各部门的工作。这一方面,不能举出好的例子(但应估计到各院已有了一些创造,只是没有反映到上面来)。相反的方面,5、6两月各院中还发生许多贪污事情。这是我们上级卫生领导机关的注意不够,而存在着一种节省成绩好坏看各院原来工作如何而定的观念,没有把节省运动抓得很紧,作为推进整个卫生工作的工具,这是我们没有能够普遍的深入的动员各级领导机关及全体工作人员大大发展创造性与积极性的主要原因。

惊人的节省成绩,是休养员工作人员拿一切给予战争的热烈回答。为着发扬与巩固这一成绩,必须更进一步的推动群众积极性创造性,使整个卫生工作的效率飞速提高以配合目前战争的急切要求。

使每个休养员在节省运动中得着更好的给养和治疗, 更快的恢复康健继续参加战争工作。

这是我们的各级卫生领导机关要深切注意的。

(录自 1934 年 8 月 15 日出版的《红色中华》第 226 期第 3 版)

国民经济人民委员部关于
江口贸易分局损失事件的决定

（1934 年 9 月 2 日）

一、8 月 10 日早晨 6 时许，敌人袭击江口，从开始进攻时起，经过 40 分钟的时间，才占领江口，占领以后不到 2 小时，因受到我红军及地方部队的攻击，即行溃逃。敌人在占据江口的 2 小时内，大肆劫掠，江口的各经济机关，特别是贸易分局遭受了巨大的损失，总计贸易分局所损失的现金与货物，达 37926 元之巨。

二、贸易局之所以遭受这样巨大损失，是因为，第一，贸易分局的负责同志，直接违背中央国民经济人民委员部的屡次指示与警告，对于敌人的进攻，没有任何的警觉，并且不作任何必要的准备。第二，在敌人开始进攻以后贸易局的负责同志没有能够沈〔沉〕着地坚决地负起应有的责任，在 40 分钟的时间内，有计划的领导分局工作人员把主要财产或甚至最轻便可带的 3 万余元钞票拿出。在事变中，分局负责同志表现了极不可允许的怆惶〔仓皇〕失措的态度，四散奔逃，置巨量财产于不顾，以致我们所宝贵的巨量现金，为敌人轻易抢夺。

三、这一损失的直接负责者，为贸易总局局长钱之光与江口分局局长刘炳奎二同志，当时二人均在江口，事前既未能很好的准备，事变中间又未能尽其应有的责任，来保护苏维埃的财产，更不可允许的，是刘炳奎同志在事变发生后，竟能安然回家休息三天，而放弃自己在这一巨大损失以后所应负担的任务。

四、因此国民经济人民委员部决定撤消钱之光同志的贸易总局局长职务和刘炳奎同志的江口分局局长的职务，另委任毛泽民同志为贸易总局局长,继续追究这一事件,并在整个贸易局及其他经济机关的系统内,开展严厉的斗争,反对在敌人进攻前面怆惶〔仓皇〕失措退却逃跑的机会主义动摇,坚决纠正脱离战争的营业主义与官僚主义的工作方式,为彻底转变贸易局及其他经济机关的工作,保证红军的供给而坚决斗争。

人民委员　吴亮平
9 月 2 日

（录自 1934 年 9 月 6 日出版的《红色中华》第 230 期第 2 版）

中央审计委员会关于四个月节省运动总结

（1934 年 9 月 11 日①）

　　苏维埃的号召：从 4 月至 7 月 4 个月内节省行政费 80 万元来拥护革命战争，这一号召得到各级全体工作人员及广大工农群众布尔塞维克的回答，而且继续的日益深入的开展下去。

　　总计 4 个月节省数字在开支方面，以 2 月开支数字为准，计：

4 月份　减少　213221.3 元

5 月份　减少　210377.1 元

6 月份　减少　142795.4 元

7 月份　减少　59482.1 元

共计　　625876

　　这是根据财粮两部预算的支付数比较，其中应特别说明的，即：（一）5、6、7 月扩大红军 6 万多名，保卫队战士 2000 多名，实际需要是必然加多，但预算总数反而减少，这里因为我们各级会计工作不完善之故，估计在上面数字里未有表现出的节省，当不下三四十万元。（二）上面数字是根据预算，而不是根据决算（因决算没全做来）。一般地说决算超过的少而有余的多。比如中央各部预算核定数，比 2 月份减少百分之三十（根据人委会 2 月 22 日第二号指示信），而实际开支减少到百分之五十至六十，有的百分之六十以上（6、7 月），总卫

----

　　① 　原件无时间，此为该总结在《红色中华》发表的时间。——本文库编者注。

生部各医院5、6月份缴还款在1万元以上。各省县区政府以前多有超过,4月以后,此现象克服了。因此,如以决算来比较,节省数目还要增加许多。

关于缴纳节省款(包括捐助、自缴伙食钱、节省箱〔款〕,及已开支的工资津贴,而又自动缴还等),据金库报告:

4月份　　收　30375.122元

5月份　　收　16718.758元

6月份　　收　18712.447元

7月份　　收　22089.833元

共　　　　　87896.208元

这是根据金库收到的数字,但是我们知道实际数字并不止此,而且要超过很远,举个例子:

邮务工人在这几个月内缴还工资达7000元,邮总局没把他马上送交金库(8月内才送到4000多元,又邮务工人以前交把邮工会的节省款数目还没弄清)。又总卫生部各院5月节省及捐助款15166.225元,6月份8172.206元(退回公债在外),都没有列入金库的收账。

保卫局报告:3月至6月节省钱共4693.732(节省衣服在外),而已在金库收账的只336.968元。瑞金直属县报告:自4月份节省以来收到节省款2565.384元,而在金库收账的只3352.601元。

粤赣审计分会报告:2月至6月节省款1805.689元,又群众节省款1398.154元,而在金库收账的只1992.79元。总供给部各部队节省金额统计:4月份970元,5月份5409元,6月份2135.256元,而金库5月至7月收总供给部的账只386.124元。江西审计分会统计:2月至6月全省各项节省款20105.015元,而金库4月至7月收入江西各项节省款却有30678.358元,这是统计没有确实。又国家企业机关(经济部收管的)的节省,据国民经济部会计局报告:共计有4072.623元(没说何时起至何时止),但这一统计是不确实的,比如金库曾收到中央印刷厂节省款322.7元,而会计局的统计,却没有印刷厂的名字。

由上面这些不完全的报告,可知道群众节省的实际数目,与金库的收入相距很远。这些款子,有的缴到了某团体的上级,没有转来;有的有意打埋伏或扯用,甚至还有个别企图贪污的。中央财政部曾通知凡捐助款节省款都须直交当地金库,取得三联收据,这一手续没普遍的在各地实行,广大群众拥护战争的热烈与帮助,不能使国家财政机关马上收到。这是立刻要纠正的。

其次,粮食节省,许多机关学校、后方部队人员于人委会批准每人节省食米2两外,还自动节省1两或2两,及食谷多出的米子归公(100斤谷折米68斤12两,实际好的谷子做米70多斤),这笔数目也不是小(粮食部尚没把他统计出来)。

关于节省夏衣方面,这是预算上有,而实际不要开支的,比如保卫局系统不领夏衣的2066人,总卫生部各院不领夏衣的5000人,中央各部及中央一级机关差不多全部不领。每套衣服以4元计,要节省三四万元。

关于退回公债,在节省热潮里,许多同志定要把他的公债退还公家,据江西审计分会报告:2月至6月退还公债的有30471元,总卫生部各院5、6两月退还公债2543元,合之其他地方退还为数当亦不小。

4月至7月的节省运动,不仅完成了80万元的计划,而且可以说将近超过一倍,即130万以上,这一估计不会离开实际的。

在这一运动中须得指出的,即:

一、随着节省运动的开展,工作人员的劳动纪律提高了,发扬了他们的积极性与创造性,对革命任务的认识加强了,反贪污腐化消极分子的斗争开展了,这些成绩比节省的金钱还要大,这是伟大的成绩,不能以数目字估计的。

二、节省运动还在不断开展中,开展到了县区乡政府中,开展到了广大群众中,在3升米节省运动【中】表现出惊人的成绩。虽然还有些县区乡政府,还不免落后,特别是各省苏对于节省的领导,还很不够。

三、工作人员的生活，医院休养员的生活，一般说来在节省运动中改善了，他们注意管理自己生活，增加生产，普遍的种菜养猪，中央总务厅还自制苏维埃蜡纸、苏维埃蚊香，现又通知各级总务处熬苏维埃盐，使得我们的生活更能改善。

四、在节省运动中粉碎了对群众节省力量估计不足的观点（如总卫生部），同时也打击一些平均主义，不吃菜、不吃饱的过左办法。这些倾向，以后须注意。

五、在收集和统计检查节省款子谷子的工作，较前已有进步，但仅仅是有进步。在统计方面，除财政部保卫局能告诉我们以数字外，其他各个部门还不能有系统的报告，各群众团体的统计更差，不能提出任何数字，并了解其情形。为着鼓励广大群众更热烈的帮助战争，并使群众了解他的物质帮助，能马上送到前线，不要损失了一片一粒，这就需要我们对于收集检查与统计工作，加以有力的改善。

六、在节省运动高潮底下，推动了我们苏维埃的会计工作的建立，和预决算制度之初步实现。在我们财政经济战线上，在苏维埃法度里，打下了一个根基，使我们〈行〉可以夸耀着：只有苏维埃是空前的真正的廉洁政府。尤其在争取国内战争"无论如何要胜利"的上面，存在着伟大的实际的意义。为着继续发扬与巩固这一节省的胜利，在这里我们要说到：中央财政人民委员部的会计工作，是有了长足的进步，中央各部过十数的部门，模范的瑞金县，国家企业如银行，是正确的执行了预决算制度的，其他如国民经济建设、教育、司法、内务、土地、劳动等经费系统中的会计工作和预决算制度正在开始建立中，群众团体如全国总工会才开始转变，反帝拥苏总同盟，特别是互济总会还未有应有的转变（依照"红中"第一七二期公布了的本会给他们的总结于 7 月 26 日再检阅他们工作是未有应有转变的）。这里还说到一个问题，一个重要的问题，就是我们苏维埃的会计工作，还未曾提到政治水平的最高点，我们的会计工作往往不能设想到战争的实际状况，正确的估计到每一个财政经济上的动员在政治上发展的状况,如中央粮食部的会计工作正有如党中央所指出他们的文牍主义发展到最高点,不再举例说明。如军委总供给部国家政治保卫局等会计工作,他们对于红五月以来,扩大了 6 万多红军 2000 多赤色保卫队里头人就应有必要的经费的增加,而预算总数反减少了,显然包含着另方面有很大的节省,而他们未曾估计到我们说这里的节省数字,不下三四十万(见上面特别说明),而他们说 4 个月节省计划(军事后方机关 16 万元)未有完成。保卫局会计负责同志说,自己承认了的每月节省 6000 元,未有达到。这不是仅仅依靠死的数目所能了解的,这不仅是简单的技术问题,而是一个政治工作,恰在这个地方表现了我们会计工作弱点,很大的弱点。

我们号召:我们苏维埃的会计工作与预算决算制度的正确建立,节省运动成绩继续的巩固与发扬,要把他提到"必须积极的改善过去不好的工作方式,提高每个工作人员的劳动纪律,发扬他们的工作积极性……"配合争取战争胜利的政治任务的最高地位上来。

(录自 1934 年 9 月 11 日出版的《红色中华》第 232 期第 3 版)

人民委员会关于边区战区工作给
各省县苏维埃的指示信

（1934 年 9 月 19 日）

各省县苏维埃政府：

我们检查各战区边区在执行今年 4 月 24 日党中央与人民委员会给战地党与苏维埃政府的指示信的状况，认为是完全不能令人满意的。因此特向你们再提出下列三个问题：

一、一切苏维埃的工作人员，应该清楚的了解我们所处的是直接同敌人作战的环境，发动与组织群众的武装斗争与游击战争，是我们一切工作的中心。然而我们战区边区的同志，一直到现在，对于这一问题，还缺乏清楚的认识，还是太平无事的在那里照旧的工作。比如杨殷县苏在 8 月 12 日敌人进攻茶元区，敌人走到前面，我们苏维埃的工作同志完全不知道，以至遭受极大的牺牲与损失。然而这种血的教训，依然没有使我们杨殷县苏维埃工作的同志，真正警觉起来。在 8 月 27 日敌人直接进攻县苏所在地的均村，敌人走到县苏的眉前还是不知道，号炮所还是没有炮响，以至又遭受到了极大的牺牲与损失。在均村事变之后，县苏的唯一决定，就是"责成军事部要讨论赤色戒严等"，再加上许多纸头上的"血的教训"。

杨殷的例子，当然不是特殊的。可惜得很，这种例子在我们战区边区是经常发生的，这种在敌人进攻与骚扰前面太平无事的现象，实际上就是以后张皇失措与退却逃跑的变相。而且问题的中心，也不在赤色戒严与号炮所，问题的中心是在如何领导群众的武装斗争与

有工作人员 318 名。永丰县苏 9 月 4 日报告,永丰也只有 2 个区的样子,县苏常驻人员还有 90 人,区的 77 人,乡的 74 人,共 261 人。福建的代英,只有 4 个乡有政府,而我们县一级工作人员,以及独立营难民等共有 800 人,都集中在这 4 个乡中照旧工作。在永定都是一个完全的游击区域,但我们县一级机关工作人员还有 40 余人。

环境变化了,任务是不同了,但是我们的组织,还是同过去一样。在我们机关里还是拥挤着很多的工作人员,还是依照人民委员会中字第十三号命令所规定的人数,不论苏维埃区域从 9 个区减到 2 个区,从 70 个乡减到 20 个乡(如永丰)。甚至有些县苏因人员还未完全达到人民委员会所规定的数目,而引以为憾事。如永丰县在报告中说:"现因环境关系,干部尚未找足,特别是劳动部、内务部、教育部、经济部等 4 个部门人员少。"宜乐县苏则以宜乐两县合并之后人员充实,而引以为快事。有些县则尚在物色人员,来"充实"各部。

事实是这样:在苏维埃的机关里充满了人,有着许多干部,特别是地方干部,但是游击队里就没有人,也没有很好的当地干部去领导。关于游击队的扩大及领导干部的充实与适当的配备,我们就很少注意。这种现象,同样的表现出我们战区边区的苏维埃组织,是如何的脱离了战争的领导。

我们为什么不把拥挤在各级苏维埃机关里的工作人员派到游击队中去,一方面以身作则的领导更多的群众到游击队中去,一方面真正在实际上加强对于游击队的领导,如若把万太〔泰〕县区乡一级 325 个工作人员,拿出一半放到游击队中,那我们立刻就可以有 160 多名强有力的干部在那里去领导游击战争,我们说,在万太〔泰〕应该而且可以放到游击队中去的人员,还可以超过这点数目字。拿出 200 人来,也不会算多罢,但据万太〔泰〕县苏报告,8 月下半月万太〔泰〕一共扩大 62 名游击队,而这个数目字的是否可靠,还是一大问题。

大大的减少我们战区边区的苏维埃工作人员来加强游击队地方苏维埃与群众中的工作,是目前的迫切任务。

许多我们苏维埃的工作同志,往往以为苏维埃政府一定要有中心苏区那样的各部才能进行工作,以为各人的组织,是永远不能改变的,似乎有苏维埃就必须有那么多的部门。而有了那么多的部门,就必须有那么多人。其实这是一种成见。苏维埃的各部是为了各种工作有专人负责,便利于工作的进行与开展而设立的。但在战区边区某种工作的进行已经没有可能,或者已经大大减少了它的重要性,那这一部门的存在,就已经失去了它的意义,这一部门就可取消,这一部门的工作人员,就可放到别个方面去工作。比如,在直接作战的区域,教育部想同中心苏区一样,建立列宁小学、夜校、识字组等已没有可能,教育部的工作人员,就应到游击队与群众中去,直接进行宣传鼓动的工作,号召广大群众参加战争,教育部的工作,显然已经不复存在,教育部也就没有存在的必要。

如果在战区边区我们要想同中心区域一样去建立各部门的工作,显然是不会成功的。我们看各县苏维埃的报告,都谈到各部工作的散漫与不紧张,甚至"没有事做的样子",但到底如何改变自己的组织,来使我们的工作紧张起来,则一字未提。这种空洞的批评就没有任何意义。

我们认为在战区边区苏维埃各部门,应该依照当地的环境,而加以彻底改造。在许多地方,国民经济部、财政部、粮食部均可取消,而代以财政经济委员会。保卫局与裁判部可合并为肃反委员会。其他各部除军事部应加强外,或者根本取消,或者由个别同志负责。在战争特紧张的区域,甚至苏维埃所有的各部都可取消,而由个别同志直接负责去解决当前特别重要的战争问题,至于在被占领区域中间,这种"部"的组织,显然都没有存在的必要,县苏维埃的领导机关可以缩小到 3 人至 5 人,并直接在县委领导与支配之下,领导群众的武装斗争与游击战争,或群众中的秘密工作,在那种情形之下,苏维埃已经没有单独的自成系统的行政的任务,而只有号召群众斗争与组织群众斗争的任务了。

所有苏维埃机关中各种无用文件都应销毁,一切重要文件及资财,应该减少到最底限度,并且应该有最好的整理与保管,机关中工作人员的家属,应该另行安顿,不使有一个不相干的人停留在我们的机关内。这都不是为了退却逃跑,而是为了更便利于同敌人作战。因为在必要时,战区边区的苏维埃可以随着游击队行动,去进行领导群众斗争的工作。

总之,我们必须使我们的组织军事化,使我们的领导机关非常灵敏、活泼、简单、集中、坚实,而便利于领导战争。没有这种组织,我们就不能作战!

三、工作方式的改变同组织上的转变,是密切联系着的。如像在前面我们所说的,战区边区苏维埃内过分细密的各部的分工,已经没有必要。这里需要抓住战争为中心的更集中的领导。战争问题不解决,其他的工作就无法进行,比如土地建设、文化教育、劳动保卫、预决算建立、合作社的发展,在我们不能以发展游击战争,配合主力红军的突击,取得战争中的胜利,将万恶国民党匪军团匪驱逐出去以前,是很难进行的。敌人的直接进攻,造成了我们工作中的一些困难,这种困难的彻底解决,只有革命战争的胜利。

在战区边区,正因为一切工作的中心,是战争的直接的领导,所以我们的工作的方式,也完全要适合于战争的环境。脱离直接战争的领导,而想完全依照中心区域的办法派出工作团突击队到一区一乡去突击去巡视,企图脱离战争的任务而单独的解决问题,必须〔然〕会遭受到极大的失败。这种教训,已经是很够的了,在那里,即扩大赤少队与扩大游击队的突击工作,也不但不能脱离战争,而且必须在群众的直接的参战动员中去进行,在坚壁清野,在挖掘暗坑,在截击敌人辎重,在捉杀回家收租收债的豪绅地主及国民党官僚,反抗每一屠杀、抢掠、奸淫、压迫等的实际的群众行动中,去武装群众与发展游击战争。在这种区域,我们工作团与突击队的同志,必须要直接领导群众的武装斗争与游击战争,才能完成苏维埃所给与他的任务,这些同志必须首先就是群众武装斗争与游击战争的组织者与领导者。

我们看见许多战区边区的领导机关,对于工作方式的转变,还未引起丝毫的注意。一切办法,都是中心苏区的办法。苏维埃的各部照例的派出巡视员或突击队去进行工作，但对于如何发动群众、武装群众与发展游击战争，则一般的很少注意，似乎这是军事部的事，同他们不相干。甚至武装群众与组织群众武装的赤少队的突击，也可以完全同战争没有任何联系的去和平的进行。永丰县8月份工作总结报告，说到"模范赤少队的组织一般检查起来，班排连形式上已有组织，各种数目字比7月份更精确"，"军事政治训练根本谈不上"，一般说起来，突击工作非常沉寂。这原来是不足为怪的，因为在那里，当前紧急的战争问题已经退到后面去了。我们苏维埃政府的工作同当前战争问题没有密切联系，那"非常沉寂"，也是必然的罢。

我们战区边区的苏维埃领导机关，在工作不紧张或"非常沉寂"时，往往责备各部的同志以及下面的工作同志，说他们工作不切实，说他们消极怠工，但是在战区边区究竟应该如何转变工作方式，则一字未提，所以每次批评或斗争之后，工作并没有新的进步。比如万太〔泰〕县苏责备财政部没有完成筹款计划，但从未想一下在苏区缩小、敌人进攻、义勇队骚扰的形势之下，究竟财政部应该如何进行筹款工作的问题。就是在筹款问题上，如若我们不积极的发展游击战争，截击敌人的辎重财粮，活捉回到苏区来的土豪，搜查国民党的机关，大大的进行没收与征发的工作，那请问款如何去筹？这里，财政部的同志也就应该不是在机关里"冒事做"，而是到游击队中去，加强那里的筹款工作，来解决部队与机关的给养问题。

必须使我们的同志能够很灵活的依照战争环境的变化而改变自己的工作方式。我们学会了公开的工作方式，我们还要学会秘密的工作方式，我们学会了和平的工作方式，我们还要学会战时的工作方式，我们学会了防御工作方式，我们还要学会进攻的工作方式，我们要能够学会驾御一切革命斗争的工作方式，而且时刻准备着非常迅速地出其不意地，以一个方式代替别一个方式。共产党员所以能够在任何环境之下始终同群众在一起，领导群众斗争到底，正因为我们知道在任何环境之下去进行布尔什维克的工作，我们不因为环境的变坏，而悲观失望，也不因为环境的顺利，而使胜利冲昏了头脑。

　　比如在敌人被占领的区域,那我们的同志应该知道如何把公开的工作方式同秘密的工作方式密切的联系起来。在这种地方政权已经不在我们手里,国民党白鬼子必然用最残酷的手段来对付我们的同志与群众,在这种地方,我们必须要学会在秘密环境之下进行工作。在这种地方不学会秘密工作,就会使我们脱离群众,而使我们在没有群众的山头上建立苏维埃政府的空机关。

　　此外,在直接战争的环境下,我们要特别注意工作的迅速与决断,每一临时的问题,必须最迅速的实际的解决,不能丝毫的等待。比如捉到一个反革命,我们就要在当地解决,用不到很多转弯与形式主义,我们不能像杨殷县苏那样,把生死存亡的问题责成某一部门去讨论解决,或制定一个脱离战争的议事日程,依照次序日期,来慢慢的开会解决。我们要在今天此刻使目前发生的问题,得到实际的具体的解决。特别在战区边区,空谈等于死亡。

　　最后,在战区边区的集中领导,决不能解释成为由上而下的决定一切。这里,由于战争形势的迅速变化,上级对于下级的指示,必须更多的灵活性,使下级能依照变化着的环境而布置工作。特别对于某一决定在原则上必须讲得非常清楚,使下面工作同志能够依照不同的环境,而运用正确的原则。就是他们同上级领导机关脱离交通关系时,依然能够去进行工作。对于下级同志政治上的原则上教育工作,在战区边区也是极端的重要。

　　这就是我们检查边区与战区工作中所见到的三个问题,望你们讨论执行,并把执行结果告诉我们。

　　顺致革命敬礼!

主　席　张闻天

9 月 19 日

（录自 1934 年 9 月 23 日出版的《红色中华》第 237 期第 1 版）

邮政会计规则

（1934 年 9 月）

第一章　总则

第一条　凡中华苏维埃共和国附属各级邮局、各红军信柜编制预计算书均需按照办理，其式样如下：

															分类	邮局行政经费编制预计算的详细表
														1	年数	
														本局经费	款	
8	7	6		5		4				3			2	1	号数	
失业	文化办公	代办所		特别费		修置费				办公费			伙食费	工资	项	
1	1	1	3	2	1	2	1	3	2		1		1	1	号数	
保险金	经费	津贴	其他	运输	医药	购置	修理	什支	消耗		文具		伙食	工资	项	
1	1	1	1	1	1	1	1	1		3	2	1	1	1	号数	
经费	经费	津贴	其他	运输	医药	购置	修理	什支	灯火	印刷	笔墨	纸张	伙食	工资	项	

		津贴，如超过销票之邮资列此节。	不属上列各项之用费，为做夜工稀饭等列此节。	应临时交通工资伙食，如短期武装押送邮件伙食列此节。	本局人员之□□医药等列此节。	办公应用之类，如油箩、油纸等列在此节。	修理及其附属物，如作灶等列在此节。	面粉、茶叶、蚊香及公共之什品等列此节。	灯油、灯芯、灯管、洋火等列此节。	印刷、文件、纸袋、信纸、油墨等列此节。	洋笔、墨、粉笔等列此节。	信纸、□、□□等列此节。	工作人员伙食递信员伙食等列此节。	工作人员工资递信员工资等列此节。		

第二章　预算及花名册

第二条　预算编制暂定一季(3 个月)一次,计算书须□编制。

第三条　每月预算须 3 个月分开编制,每月编制一张,用时递送。

第四条　分局每月支付预算 6 份,送县局审核汇编。

第五条　县局每月支付预算须汇合分局预算数,编成总预算 8 份,连同分局预算各 6 份于前一个半月(如 12 月份的 10 月 15 号)送到省局主管审核。

第六条　省局每月预算除本身(总务科编的)支付预算 5 份外,汇合县局所属全省总预算 5 份连同所属各县各局 6 份,于前一个月(如 12 月份的 10 月 30 号)送到中央邮政总局审核汇编。

第七条　花名册每月有份预算应填一份花名册连同预算递送

（花名册的工资由估价委员会工会估定的和估价委员会盖章与局长盖章证明）。

第八条　县局接到分局预算时，即详细审核（每格核定数目字）汇编总预算（审核者应盖章证明）转送省管理局，省局接到县局预算时，应照上列手续审核汇编总预算，转送中央邮政总局审核汇编。

第三章　计算及工资伙食一览表

第九条　分局计算，每月须做 6 份，连同收支对照表及其一切单据、工资伙食一览表等，于本月 25 号及 22 号以前送到县局审核汇编（第一个月第二个月 25 号以前送县，第三个月 22 号前送到县，24 号送省，28 号送中央）。

第十条　县局计算，每月汇合各分局计算数编成总计算 6 份，连同支付对照表、单据贴存薄及工资伙食一览表于每月 27【号】及 24 号以前送到省局审查汇编（第一、二个【月】27【号】，第三个月 24【号】）。

第十一条　省局计算，每月除本身编制计算（总务科编的）5 份外，汇合各县局所属全省总计算 5 份，连同各县分邮局各 4 份，及收支对照表、贴存单据薄及工资伙食一览表等下月 4 号及本月 28 号以前送到中央邮政总局审查汇编（第一、二个月下月 4 号，第三个【月】本月 28 号）。

第十二条　工资伙食一览表，每月有份计算，应填一份伙食工资一览表，连同计算缴交（工资伙食一览表应由原人盖章证明之，如人员调动或无私章由工会盖章证明）。

第十三条　计算项目，除照预算编制外，如有失款失邮票事则列入特别款项（一）失款、（二）失邮票（如有赔的不能列入，要确无法赔的才可列入，但须有收存证明单据，有赔的列入此项销数者以贪污论）。

第十四条　县局接到分局计算时，即仔细审查和汇编总计算（审核者应盖章证明)送省局审查。省局接到县局计算时,应即详细审查核对汇编总计算(审核者应盖章证明)转送中央邮政总局。如县局查有分局计算或单据及工资伙食一览表的数目差错,应即将数目改正和收回,如查到差错不改正数目收回者,□□□□查出,以同贪污□□论。

第四章　编制预计算方法

第十五条　各级邮局信柜编制预算时,应将各项支付根据之原则,及其所列数目之数确实理由,详载说明栏。

第十六条　预算书中之科目,应按照上列之科目表办理,如有某局不适合之科目,可不列入预算。

第十七条　编制预算时,须切实计划,各级邮局在预算期间内所需要的开支精确的编入预算,一经批准之后,在进行开支中,非有重大事故或特别变迁,不得请求变更预算,或随便编造后增加预算。

第十八条　各级邮局信柜,人员多少应该填花名册附在预算后面,并须在册内分别填各工资多少、伙食多少,并须在备考栏内说明米价(每元大洋几斤)和每天吃米多少。

第十九条　估计物件□□之价值时,有规定者以规定价格为标准,无规定价格者,以当时当地市价为标准。

第二十条　预算之科目做到节,计算则至目为止不分节,预算小数至角为止,以下五去六收。

▲编制预算与制法说明:

(一)临时支付预算须支经费与支付预算分开编制,另成一份,但编制的项目与经常费支付预算一样。

(二)支付预算书上端编制机关应填到编制该预算邮局名称(某省县分预算邮局信柜局名),月份上空格,应填明某月如9月(则加填"9"字)。

(三)"项目"栏应填上列规定之科目,不得另立新奇。分款项目节填入一个预算,如无开支之科目则可空开不填。

（四）下级经费一款,省局预算以县为项,不分目节,将各县预算总数列入。县局以分局为项,不分目节,将各分局预算总数列入。

（五）各节预算数分别填入"节"字栏,每月合计数列入"目"字栏,位置与该目最后一节同列一行,每项合计数列入"项"字栏,位置与该项最后一目同列一行。每款合计数则在每款之末用红笔写在科目栏"本项共计"数字,并将某数目用红笔填入同一行于项目节各款各栏总数填入最末"总计"一行。

（六）"上月预算核定数"栏,应将上月核定数次序填入以资比较。

（七）"比较增减数"栏,如本月多于上月时,则将增减〔加〕数填于"增"字栏,减少时则将减少数填于"减"字栏。

（八）说明栏是说明各节之理由（如伙食费则说明工作人员多少,递信员多少,某人某天吃米和钱数。纸钱则说明要买纸几刀,每刀多少价钱。购置则说明购置何种器具,每件价钱多少。消耗灯油应说明大小灯多少,每晚每盏需要多少油,在夜晚时开班几次,每班夜信需要几多油或烛,其价钱多少,□□费用须详细说明）,每格只限说明本行所列数目,其本行写不下者,可另用纸说明,粘在预算之后面,在本行写另纸说明四字。

（九）"核定数"栏,分局预算由县局初步审核并且将核定理由,填于核定数理由栏,如县预算由省局审核,省局预算,由总局初步审核。

第五章　收据

第二十一条　省管理局实用三联总收据,截留第一联存根,以第二联连同第三联送中央邮政总局财务处,截留第二联收据存查,第三联转送中央内务人民委员部。

第二十二条　县局实用三联总收据,截留第一联存根,以第二联连同第三联送省局财务科,截留第二联收据存查,第三联转送中央邮政总局财务处。

第二十三条　分局实用四联总收据,截留第一联之后,以第二联连同第三第四【联】送县局,县局截留第二联收据存查,第三联第四联转送省局财务科存查,第四联由省局财务科转送中央邮政总局财务处。

第二十四条　每月多余款额多余邮票,都须退还上级,由上级给收据,每月领款及领邮票则由下级寄给上级收据。

（收据式样:附本规则尾页。）

第六章　收据之证明

第二十五条　收据上金额应写大写数目字(如壹贰叁肆伍等字样)并在收据上之骑缝上将金额填上,同样写大写数目字。

第二十六条　每半年收款机关向上级领来收据须造报一次,将领来发出剩余数目及实支数实销数造报一次。

第二十七条　凡一切支出,收款必须取得凭证单据。

第二十八条　凡支出,收款人本身或其代理人之收据为主要凭证,其他凭证单据均为参考附件,凡支出非有收据不能证明,但事实不能取得收据者,得由经手人声明理由回单署名盖章证明之。

第二十九条　凡收据须由发〔收〕款人本身或其代理人亲笔署名盖章,但不识字者,可由经手人代写,使其画押或盖章证明。

第三十条　凡收据填明实收数目、收款年月日,及交款机关之名称。

第三十一条　购置物品应予商号于发票上证明实收现金数目及日期,并某机关查照字样作为收据,如未写某机关及只写货品数目,未载明实收数目之发票不能为凭,其另具有收据者,仍应付其发票。

第三十二条　凭证单据上有各种货币者,应注明折合国币总数及折合价格。

第三十三条　凡非华文之凭证单据,应由经手人将其中要点附译华文。

第三十四条　原赁〔凭〕证单据所开名目价格数量等,如不甚明了之处,如无法使受款人填开完备者,应由经手人于数目上注明盖章,并附以说明(填写画押的,则须有证明人盖章)。

第三十五条　各邮局应有单据贴存簿,将各种单据按交付计算书,分项目依次贴存,多项编号以便清查(如属文具类之单据以文字编号,属于购置类之单据,以购字编号)。

第三十六条　单据贴存簿须按月连同支付计算书送交上一级邮局审核至省为止,不必逐级汇送。

第七章　账簿及记簿

第三十七条　各级邮局账簿,一经启用无论现金、邮票、特种汇票账簿或补助账簿已用完或未用完,均须由各级邮局负责人与财务会计人员负责保管。

第三十八条　各种账簿启用时,应在首页填具下列各项,并由负责人签名盖章。其式样如左:

机关名称		签名盖章	职名 职名 职名 职名	印 章
账簿及号数	第　　　号			
本账簿总页数	本账簿共　页			
启用日期	公历 193　年　月　日			

第三十九　本账簿应于尾页填具下列各项,并由各经管本账簿人员盖章,其式如左:

	职名	姓名	盖章	接管 年月日	移交 年月日	备　注
经管本账簿 人员一览表						

第四十条　　县分邮局还未用此式簿账者,暂用旧式簿账的,须分日记账和总账两本,每天凡一切收入支出之数目应经日记账并在本晚结存总数一次,并点过箱中现款,以免遗失不知(邮票账、特种汇票账各用两本)。

第四十一条　　凡未用传票之邮局,应根据各种单据或单据存根记账,每条账目均须有单据证明,无单据之账不能成立。

第四十二条　　各邮票账、特种汇票账、现金账及总账等簿之首页,应填具科目或账户目录。

第四十三条　　各种账簿须按页顺序编号。

第四十四条　　现金收付均以国币为本位币,以元为单位,小数至厘为止,厘以下四去五收。

第四十五条　　收支对照表表式一样,凡现金数、邮票数、特种汇票数分开,各用此表结算汇目。

第四十六条　　各种簿账表单之保存年限如左:

(一)保存 10 年者　1. 决算,2. 收支对照表,3. 日记簿,4. 总账,5. 有对外关系重要单据。

(二)保存 5 年者　1. 各种收据,2. 各种收据存根,3. 预算表,4. 各种报告表。

第八章　附则

第四十七条　　预算销票数须在支付预算上的左端格子处填明预

算销票的数目字。

第四十八条　凡一切账簿、收据、预计算书及工资伙食一览表、货〔凭〕单等等,数码不得涂改、刀挖、补贴、皮擦、药水消灭字迹,如有涂改、刀挖、补贴、皮擦、药水消灭字迹数码者,以贪污论。

第四十九条　凡一切数码因错写时,可另写过数字,原错数码用红线降消,并盖章证明,如更改数码不盖章者,以贪污论。

中央邮政总局财务处制

1934 年 9 月

（根据中共江西省委党史研究室资料处藏件刊印）

中华苏维埃共和国中央政府
办事处布告第一号

（1934 年 11 月 7 日）

白军士兵弟兄　　多是工农出身　　受了军阀压迫　　开来进攻红军
长年离乡背井　　永别儿女双亲　　残杀自己兄弟　　究竟为谁牺牲
修筑马路堡垒　　天天辛苦不停　　干饭两顿不饱　　军饷克扣干净
于今天寒地冻　　棉衣还没上身　　受尽官长打骂　　当做牛马畜牲
可恨国民狗党　　代表资本豪绅　　出卖满洲华北　　半个中国送尽
高叫无力抗日　　屠杀革命人民　　不管中国灭亡　　围攻苏区红军
我苏维埃政府　　工农自己政权　　工人增加工资　　八时工作一天
打倒豪绅地主　　农民分地分田　　实行反帝抗日　　大队已经先遣
野战红军出动　　快要对日作战　　白军士兵弟兄　　莫听军阀欺骗
切勿烧杀抢掠　　你我本无仇冤　　协同群众游击　　大家打成一片
快把枪头掉转　　实行暴动兵变　　杀死反动官长　　加入红军作战
实现自由解放　　革命反日分田　　工农兵大团结　　胜利就在眼前

主　任　陈　毅

副主任　梁柏台

（录自中共江西省委党史资料征集委员会、
中共江西省委党史研究室编：《江西党史资料》第 2 辑,1987 年版,第 63 页）

中华苏维埃共和国中央政府
办事处布告第三号

（1934 年 12 月 1 日）

　　近查有些地方的奸商富农,趁国民党匪军侵入中心苏区城市的时候故意拒用国家银行纸票,或抬高物价,抑〔压〕低国票价格。很明显的,这是扰乱市场,危害群众生活,响应白匪进攻的反革命行为。特此布告各地:凡中华苏维埃共和国国家银行纸票,银角铜元等国币在苏区境内,应一律照常通用。在苏维埃所管辖的地方及红色武装队伍所到达的地方,如有奸商富农反革命分子拒用国币,或鼓惑群众拒用国币者,各级政府应具体捉拿严办,如系个别工农分子被人蒙蔽,拒用国票者,各级政府应一面向其解释,一面追求原因,严办造谣鼓动破坏国币信用的反革命分子。此布

主　任　陈　毅

副主任　梁柏台

（录自中共江西省委党史资料征集委员会、中共江西省委党史研究室编:《江西党史资料》第 2 辑,1987 年版,第 64 页）

中央政府办事处紧急命令
——动员工农群众,积极击杀革命叛徒

（1934 年 12 月 20 日）

当革命战争最紧急的时候,有少数无气节的、不坚决的或假冒革命的坏分子乘国民党深入苏区的时候,执行背叛革命投降白军,有的替白军带路来惨杀群众,有的替白军作欺骗宣传,强迫群众上敌人圈套,起民团,办守望队、义务队等,企图更残酷的屠宰工农群众,血洗苏区。这些革命叛徒是万恶的帝国主义、国民党最忠实的走狗,是我工农阶级的死敌,应以坚决的手段来击杀这些叛徒。这是目前战胜敌人,保卫苏区最主要的条件。中央为扑灭叛徒,胜利保卫苏区,特颁发紧急命令如下:

一、在苏维埃机关、群众团体和党内团内、红色部队内担任干部及负责的工作人员叛变革命投降敌人的,或企图组织投敌,或勾结敌人进攻苏区查实有据的,这类分子叫革命叛徒,概处死刑,本人及家中的财产全部没收,其知情不报,或与叛徒案有关系的分子,则分别轻重处以死刑或驱逐出境。

二、现在苏区居住的人民跑入敌方,投降敌人作侦察或带路来进攻苏区时帮助和响应白军走漏消息的,这一类危害革命分子,名叫反动分子,当革命叛徒同罪处死刑,没收本人财产并追究其家属有无关系来分别处理。

三、对于革命叛徒及反动分子,凡我工农及红色指战员均有权就地击杀,事后报告苏维埃和上级。努力这一光荣事业的同志,苏维埃

应予奖励。凡属叛徒与反动分子的家属，能揭发叛徒、反动分子的阴谋，向苏维埃报告的，应以模范苏区公民的光荣称号并奖励之，同时即将叛徒反动分子本人的财产留给该家属不没收。

四、凡工农群众，因受敌人欺骗走入敌方，甚至被迫加入民团等反动组织，只要不积极帮助白军团匪等进攻苏区，不参加反革命的工作，一概不加追究，欢迎回来革命，其留在苏区的家属及财产予以保护。

五、凡工农群众被〔在〕白军到达时被敌人包围截断不能走出的，只要不帮助白军团匪工作，均仍然得为自由的苏维埃公民，不仅不能认为是反水分子，而且与被欺骗反水的有别，当地苏维埃政府应设法奖励。这类群众能开展反抗白匪斗争，有必要时并予以生活上的救济。

六、凡苏区群众往白区做生意或做工等，应经乡苏报告转苏区〔区苏〕审查批准，如有借此进行反革命活动，与叛徒分子勾连的，一概以叛变革命论罪。

七、各级苏维埃机关及红色指挥员在执行上列命令时，首先应从政治生活上将本命令在群众中进行宣传和解释，来激发广大群众反抗敌人击杀叛徒的活动，同时在执行裁判时，应将叛徒的〔和〕反动分子及被敌人欺骗的工农群众分别清楚正确处理，不得曲解命令延不执行，不得故意混淆挟嫌报复。上列错误一经查出，应受苏维埃法则最严厉的判裁。

八、本命令自本月 20 日颁布立即施行。

中华苏维埃共和国临时中央政府办事处

（录自中共江西省委党史资料征集委员会、中共江西省委党史研究室编：《江西党史资料》第 2 辑，1987 年版，第 65—67 页）

本卷后记

《中央革命根据地历史资料文库》由中共江西省委党史研究室、中共赣州市委党史工作办公室、中共龙岩市委党史研究室联合编纂。

《文库》本卷全体编纂人员克服重重困难,不辞辛苦,广泛收集历史文献资料,认真进行编辑、校对、注释,历时数年,终于完成了编纂工作,真诚奉献给读者。

编纂委员会负责统筹协调编纂工作各项事宜。主编沈谦芳和副主编王瀚秋、何友良等负责审定编纂大纲、书稿。总编辑组负责统编、终审。中共江西省委党史研究室编辑组成员还有黄宗华、卫平光、彭志中、王洁;中共赣州市委党史工作办公室编辑组成员还有胡日旺、陈安、许伟卿、林云生、袁芳;中共龙岩市委党史研究室编辑组成员还有邓建芬、石少菁;编务组成员为周少玲、胡小珍、宋艳萍等。

凌步机同志负责提供全套文库目录资料,由总编辑组筛选、补充、完善,并确定编纂目录。

中共江西省委党史研究室负责中央档案馆、江西省档案馆、本室资料处以及《中共中央文件选集》《六大以来》《革命根据地经济史料选编》《青年实话》《斗争》等相关历史文献资料的查阅、收集、录入、编校,并负责所有书稿的统稿工作。

中共赣州市委党史工作办公室负责《中央革命根据地史料选编》《瑞金纪念馆文献资料》《中华苏维埃共和国法律文件选编》《苏维埃教育资料选编》等以及赣州市档案馆、赣州市所辖县(市、区)档案馆(纪念馆)、中共赣州市委党史工作办公室所藏相关历史文献资料的收集、录入、编校工作。

中共龙岩市委党史研究室负责《红色中华》以及龙岩市档案馆、龙岩市所辖县(市、区)档案馆(纪念馆)、中共龙岩市委党史研究室所藏相关历史文献资料的收集、录入、编校工作。

本《文库》在编纂过程中,得到中共中央文献研究室、中共中央党史研究室、中央档案馆、江西省档案馆、中央文献出版社、江西人民出版社等单位和个人的大力协助。

编务组负责落实运行经费,筹措出版经费,联系出版等事宜。

在此,谨向所有关心、支持、帮助本《文库》编纂出版的单位和个人表示衷心的感谢。

由于中央革命根据地历史资料十分丰富,涉及的内容非常广泛,加之编者的水平有限,错误、不当之处在所难免,敬请广大读者特别是党史专家批评指正。

编者

2013 年 4 月

图书在版编目(CIP)数据

中央革命根据地历史资料文库·政权系统/中共江西省委党史研究室等编.
—北京:中央文献出版社.南昌:江西人民出版社,2013.6
(中央革命根据地历史资料文库)
ISBN 978 – 7 – 210 – 05927 – 1

Ⅰ.①中… Ⅱ.①中 Ⅲ.①中央革命根据地—史料
②中央革命根据地—政权—史料 Ⅳ.①K269.406

中国版本图书馆 CIP 数据核字(2013)第 096297 号

中央革命根据地历史资料文库·政权系统(6—8 册)
作者:中共江西省委党史研究室等编
出版:**中央文献出版社　江西人民出版社**
地址:江西省南昌市三经路 47 号附 1 号
编辑部电话:0791 – 86898890
发行部电话:0791 – 89898893
邮编:330006
网址:www.jxpph.com
E – mail:laxue888@foxmail.com
2013 年 6 月第 1 版　2013 年 6 月第 1 次印刷
开本:880 毫米 × 1230 毫米　1/32
印张:56.125
字数:1600 千字
ISBN 978 – 7 – 210 – 05927 – 1
赣版权登字—01—2013—162
版权所有　侵权必究
定价:260.00 元(全 3 册)
承印厂:深圳市森广源印刷有限公司
赣人版图书凡属印制、装订错误,请随时向承印厂调换